Internationales Verwaltungsrecht

Von

Dr. Karl Neumeyer
Professor des internationalen Privatrechts
an der Universität München i. R.
Membre de l'Institut de droit international

Vierter Band

Allgemeiner Teil

1 9 3 6

Verlag für Recht und Gesellschaft AG
Zürich . Leipzig

ISBN 3 8059 0366 9
Unveränderter Nachdruck
der Ausgabe von 1936

Nach einer Vorlage aus dem Besitz der
Stadt- und Universitätsbibliothek Frankfurt/M.

Vorwort

Endlich —

Es war im Sommer 1893. Ich war Rechtspraktikant am Bezirksamt Miesbach, einer Verwaltungsbehörde an der Landesgrenze, und las in freien Stunden Bars Theorie und Praxis des internationalen Privatrechts. Damals ist mir der Gedanke gekommen, es müsse gleichartige Fragen wie im internationalen Privatrecht auch für das Verwaltungsrecht geben, wurden die ersten Notizen über den Gegenstand zu Papier gebracht. Als ich einige Jahre später, um mir Klärung über sie zu verschaffen, die leitenden Gedanken für ein internationales Privatrecht niederschrieb, wurden die Aufzeichnungen auf das Prozeßrecht, Strafrecht und Verwaltungsrecht erstreckt, und es hat sich zu jener Zeit das wissenschaftliche Bild geformt, wie es mir seither vor Augen steht. Wenig später, bei meiner Habilitation als Privatdozent, 1901, hatte ich Thesen aufzustellen, die ich verteidigen sollte. Unter ihnen befand sich der Satz: „Das internationale Verwaltungsrecht ist ein neu zu begründender Zweig des internationalen Privatrechts" — es ist freilich niemand aufgetreten, der die These diskutiert hätte. Und dann sind nach einander die Bände dieses Werkes erschienen. Sie haben, auf einen ungeschriebenen Allgemeinen Teil ausgerichtet, zuerst die einzelnen Verwaltungseinrichtungen behandelt — und das konnte bei der Unbekanntheit des Gegenstands nicht anders sein, sollte jener Allgemeine Teil nicht Gefahr laufen, sich in blutlosen Abstraktionen zu erschöpfen oder gar voreiligen Verallgemeinerungen zum Opfer zu fallen. Es war freilich ein Wagnis, so zu verfahren, und es ist glimpflich genug ausgegangen: die Leitgedanken eines solchen Allgemeinen Teils haben dem Kreuzverhör der vielen Verwaltungseinrichtungen, für die sie gelten sollten, und der nunmehrigen zusammenfassenden Nachprüfung nahezu ausnahmslos standgehalten. Ich darf das gleiche für die meisten unter den Fragen zweiten Ranges feststellen. Bei den Verzweigungen der allgemeinen Lehren ins Einzelne hat sich eine Revision früher geäußerter Meinungen nicht ganz selten erforderlich gezeigt. Es ist auf solche Abweichungen jeweils hingewiesen worden.

Das Werk hatte sich zunächst die bescheidenere Aufgabe gestellt, an Hand praktisch gewordener Fragen die Problemstellung zu beleuchten, die Verfasser an den Gegenstand heranbrachte. Dafür konnte geltendes und früheres Recht, heimische und fremde Regelung dienen. Den Stoff zu beschaffen, wurden die internationalrechtlichen Zeitschriften durchgearbeitet, um nichts Wesentliches zu übersehen, ein materielles Verwaltungsrecht beigezogen (als dem Verfasser am nächsten vertraut, das bayerische Verwaltungsrecht mit seinen Ergänzungen durch Reichsrecht), sonst noch Zufallsergebnisse, welche Lektüre verschiedenster Art abwarf. Vom zweiten Band an hat sich das Werk weitere Ziele gesteckt. Die Erfahrungen, die Verfasser bei der Bearbeitung des ersten Bandes sammeln konnte, und die seither erfolgte Besserung der Bibliotheksverhältnisse ließen es nicht mehr völlig aussichtslos erscheinen, über den Rahmen von Beispielen hinaus die Verwaltungseinrichtungen der wichtigeren Staaten systematisch auf ihre Stellung im internationalen Verwaltungsrecht zu prüfen — wenngleich die Unmöglichkeit, zu den ersten Quellen durchzudringen, bei der Lückenhaftigkeit der Hilfsmittel diesem Bestreben überaus häufig Einhalt gebot.

Auch der Allgemeine Teil des Werkes ist zunächst auf die innere Verwaltung gerichtet. Sollte er indessen wirklich die ihm zugeschriebene Allgemeinheit besitzen, so war es unausweichlich, auch auf die andern Teile der Verwaltung auszugreifen, und wenn die Annahme des Verfassers zutrifft, daß die hier entwickelten Lehren für alle Zweige des internationalen öffentlichen Rechts entsprechend giltig sind, für das internationale Zivilrecht zum größeren Teile Übereinstimmung, zum Teil aber auch Verschiedenheit ihnen gegenüber besteht, so waren auch Ausgriffe auf diese Bereiche nicht völlig zu entbehren. So ist dieser Allgemeine Teil unerwünscht angeschwollen. Und der Wunsch, saubere Gedankenarbeit zu tun, hat seinen Umfang noch einmal gesteigert.

Nun ist mit dem vorliegenden Band ein umfängliches Werk zum Abschluß gekommen, und es mag zweckmäßig sein, einem Leser, dem die Arbeit noch in allen ihren Teilen fremd ist, schon an dieser Stelle einen knappen Hinweis zu geben,

was das Werk will:

Zunächst aber sei gesagt, was dies Werk nicht will. Es hat gar nichts zu tun mit einem sogenannten internationalen Verwaltungsrecht, das von dem Recht gemeinsamer Verwaltung innerhalb einer Staatengruppe oder auch innerhalb der gesamten völkerrechtlichen Gemeinschaft zu handeln vorgibt. Die Arbeit bezieht sich auf das Verwaltungsrecht der einzelnen Staaten. Auch auf diesem Boden soll sie nicht rechtsvergleichendes Material zusammentragen, will auch nicht sammeln, was sich innerhalb des Verwaltungsrechts irgendwie auf Ausland und Ausländer bezieht. Sie strebt vielmehr einem scharfumrissenen Ziel zu: für das Verwaltungsrecht, und zunächst für das Recht der inneren Verwaltung diejenigen Lehren zu entwickeln, die für das Privatrecht, dessen Sonderart entsprechend, die Lehre vom internationalen Privatrecht längst behandelt hat. Also und in erster Reihe, die örtlichen Grenzen aufzuzeigen, innerhalb deren das Verwaltungsrecht eines Staats für dessen verschiedene Aufgaben Geltung besitzt, und die rechtliche Überwirkung festzustellen, die von fremder Verwaltung auf das Recht dieses Staates ausgeübt wird.

München, den 1. April 1936.

Karl Neumeyer

Inhalt des IV. Bandes, Allgemeiner Teil:

6. Kapitel. Die rechtliche Eigenart des internationalen Verwaltungsrechts.

7. Kapitel. Besondere Rechtslagen.

Abkürzungen

Journal = Journal du droit international (privé).

Revue = Revue de droit international privé.

Zeitschrift = Zeitschrift für internationales Recht (für internationales Privat- und Strafrecht, für internationales Privat- und öffentliches Recht).

Martens = G. F. Martens, Nouveau recueil général de traités (Martens³ = 3e série).

Die folgenden Werke werden nur mit dem Namen des Verfassers angeführt:

Frankenstein Ernst, Internationales Privatrecht. Bln.-Grunewald 1926/35.

Gutzwiller Max, Internationalprivatrecht, in Das gesamte deutsche Recht, herausgegeben von R. Stammler. Berlin 1931.

Lewald Hans, Das deutsche internationale Privatrecht. Leipzig 1930/31.

Melchior George, Die Grundlagen des deutschen internationalen Privatrechts. Berlin und Leipzig 1932.

Niboyet J.-P., Manuel de droit international privé. 2e éd. Paris 1928.

Nußbaum Arthur, Deutsches internationales Privatrecht. Tübingen 1932.

Raape Leo, Internationales Privatrecht. München, Berlin und Leipzig 1931.

Wolff Martin, Internationales Privatrecht. Berlin 1933.

Zitelmann Ernst, Internationales Privatrecht. Leipzig 1897/1912.

Druckfehler

in früher erschienenen Bänden.

Vgl. schon Band 1 S. VIII und Band 3 II S. 387.

Band 1 Seite 126 Zeile 19 lies: die statt: der.
„ 136 „ 19 „ 2 „ 1.
„ 201 „ 3 „ 4 „ 6.

Band 2 „ IV*) „ 1 „ Leser statt: Lehrer.
„ 4 „ 22 das Wort „zu“ ist zu streichen.
„ 60[6] „ 3 lies: § 58 Z. 1 statt: § 57 Z. 3.
„ 120[96] „ 5 „ 132 statt: 130.
„ 157[20] „ 1 „ Zuchtpolizeigericht statt: Zuchtpolizeigesetz.
„ 174[65] „ 1 „ 258 statt: 158.
„ 410[109] „ 8 „ Baden statt: Bäder.
„ 497[170] „ 2 „ 1907 statt: 1917.
„ 519[13] letzte Zeile lies: erneute statt: erneue.
„ 669[71] Zeile 11 lies: Baudez statt: Bauder.

Band 3 I „ 76[195] „ 1 „ 30 statt: 49.
„ 252 „ 8 „ Besetzung statt: Besatzung.

Band 3 II „ 49[33] „ 4 „ 47 statt: 48.
„ 155 Die Zeilen 23 und 17 müssen vertauscht werden.
„ 197 Zeile 6 lies: ausländischer statt: inländischer.
„ 247 „ 21 „ Landesgesetze statt: Landesgrenze.
„ 272 „ 13 „ welche statt: welcher.

Allgemeiner Teil.

Einleitung.

Die wissenschaftliche Behandlung des internationalen Verwaltungsrechts.

§ 1.

„Im Anfang war das Wort."

Als im 17. Jahrhundert das Völkerrecht zum Rang eines selbständigen Rechtszweiges aufgestiegen war, hat man es, noch ehe das Jahrhundert zu Ende ging, unternommen, ihm auch die altüberkommene Lehre von der Statutenkollision einzuordnen [1] *. Die Meinung hat insbesondere durch Vattel weitere Verbreitung gefunden [2]. Und sie ist im frühen 19. Jahrhundert ausgebaut worden in systematischen Unterteilungen. Josef Story hat, wie es scheint, als erster diese Lehren von der Statutenkollision als *jus gentium privatum* oder, in Benutzung der eben aufgekommenen Bezeichnung für Völkerrecht, als *private international law* zusammengefaßt [3]. Der Gegensatz zu einem *jus gentium publicum* lag darin schon beschlossen, zumal das Völkerrecht selbst seit dem 18. Jahrhundert und auch von Story gern als „öffentliches Recht" bezeichnet wurde [4]. Und dann hat 1843 Foelix den berühmt gewordenen Satz aufgestellt: *Le droit international se divise en droit public et en droit privé* [5]. Das nunmehr als *droit international public* bezeichnete Völkerrecht kann hier einstweilen beiseite bleiben. Für die „internationalen Beziehungen der Privatpersonen" aber gab es jetzt in der Bezeichnung *droit international privé* eine Zusammenfassung, die allerwärts rascheste Aufnahme fand [6], und es mag nur beigefügt sein, daß bei der Übernahme der Wendung in das Deutsche und dann auch in andere Sprachen, augenscheinlich ohne Absicht, eine Vertauschung der Begriffe stattfand, die aus dem Privatvölkerrecht ein „internationales Privatrecht" gemacht hat [7]. Aber gab es nicht auch „internationale Beziehungen der Privatpersonen", deren Inhalt außerhalb des Privatrechts belegen war? In der Tat hat schon Foelix „die Anwendung der Strafgesetze eines Staats im Gebiet eines anderen Staats" als *droit criminel international* dem internationalen Privatrecht eingereiht, der Sache nach auch das internationale Prozeßrecht. Einem internationalen Staatsrecht schien das Völkerrecht zu entsprechen. Sollte es da nicht

* Die Anmerkungen zu § 1 finden sich am Schluß des Textes.

auch ein internationales Recht für andere Rechtsteile geben? Es waren die Jahrzehnte, in denen nach langer Vernachlässigung die Lehre vom Verwaltungsrecht zu blühender Entfaltung kam — es lag in der Luft, nach einem internationalen Verwaltungsrecht auszuschauen.

Kaltenborn [8] hatte einem Teil des Völkerrechts die Aufgabe zugewiesen, dem internationalen Gemeinwesen die Rechtsgrundlage zu geben, Robert v. Mohl den Gedanken aufgenommen und in vielfältiger Verzweigung weitergeführt [9], und es war nur die Formung eines in seinem Inhalt vorhandenen Gedankenguts, wenn für einen Ausschnitt aus diesem Recht der internationalen Gemeinschaft eine Leidener Dissertation, 1860 von Jan van Eik veröffentlicht, die Aufschrift wählt: *De algemeene Beginselen van het internationaal Policieregt* [10]. Doch ist dieser Seitentrieb unbeachtet geblieben. Die für lange Zeit entscheidende Wendung vollzieht sich, beginnend mit einer Veröffentlichung des Jahres 1866, bei Lorenz v. Stein [11]: Dem Völkerrecht ist neben einer Regelung der Souveränität der einzelnen Staaten die Aufgabe zugewachsen, dem europäischen Gesamtleben seine Ordnung zu geben, sie führt zu einer „internationalen Verwaltung“, ihr Recht ist das „internationale Verwaltungsrecht“. Die internationale Verwaltung erfaßt die Staatswirtschaft (Finanz), die Rechtspflege, die innere Verwaltung (auch diejenige des Äußern und des Heerwesens wird in der Folge beigefügt); bei ihrer Betätigung in Angelegenheiten der inneren Verwaltung handelt es sich um das „internationale Verwaltungsrecht im engeren Sinn“. Der „Form“ nach tritt dies Recht in Staatsverträgen in Erscheinung, handelt es sich um Völkerrecht; sein Inhalt ist Verwaltungsrecht [12]. Auf dieser Grundlage hat alsdann F. v. Martens weitergebaut [13]: das internationale Verwaltungsrecht ist die Ordnung der internationalen Gemeinschaft, sie regelt die gesamte „internationale Wirksamkeit“ der Staaten; handelt es sich dabei um Völkerrecht, zum Teil um eine Festsetzung in Staatsverträgen, so sind seine Normen doch auch aus dem innerstaatlichen Recht zu erschließen, aus dessen Bestimmungen nämlich, die die internationale Gemeinschaft „berühren“ [14]; und es hat die Werbekraft dieser Gedanken beträchtlich verstärkt, daß Martens sein Handbuch des Völkerrechts nunmehr zu einem erheblichen Teil als ein derart verstandenes internationales Verwaltungsrecht ausgestaltet hat. Die Auffassung des internationalen Verwaltungsrechts als eines Rechts für die internationale Gemeinschaft der Staaten hat sich noch lange erhalten [15], gelegentlich mit der Variante eines Rechts für die Menschheit [16]. Vielfach ist sie verblaßt zu einer Gleichsetzung mit einem völkerrechtlichen, insbesondere mit dem durch Staatsverträge geregelten Verwaltungsrecht [17], hat sich zuweilen auch konzentriert auf die Verwaltung, welche von den Organen völkerrechtlicher Verbände ausgeübt wird [18].

Abseits dieser Entwicklung indessen setzen schon frühzeitig Versuche ein, ein internationales Verwaltungsrecht auf dem Boden innerstaatlichen Rechts aufzufinden, als ein Nachbargebiet, das auch in seinem Inhalt dem internationalen Privatrecht mehr oder weniger angenähert wäre — wobei freilich die Unklarheiten, die über das Verhältnis des internationalen Privatrechts zu dem Völkerrecht selbst bestanden, der Entwicklung manchmal sehr störend im Wege waren. Schon 1867 hat ein verschollener Artikel Bluntschli's die „Statutenkollision" behandelt als die Lehre, welches von zwei an sich möglichen Rechten zur Anwendung komme, zunächst für Privatrecht und Strafrecht, doch mit dem Beifügen, es „erheben sich ähnliche Zweifel auch innerhalb des Staats- bzw. Verwaltungsrechts und sind hier nicht minder wichtig"[19]. Seit den achtziger Jahren des 19. Jahrhunderts werden solche Äußerungen häufiger, ich nenne den Germanisten Gerber, Fiore, Lainé, Martitz[20]. In Deutschland haben bemerkenswerte Erörterungen Otto Mayer's der weiteren Klärung vorgearbeitet[21]. Besonders nachdrücklich aber hat die Diskussion, ob es ein internationales Verwaltungsrecht geben könne und welches sein Inhalt sei, in Italien eingesetzt. Eine Programmschrift von Fusinato legt den bisherigen Anschauungen gegenüber Gewicht auf die Herkunft solcher Rechtssätze: es handle sich bei dem internationalen Verwaltungsrecht um innerstaatliches Recht (wenn nicht zufällig sein Inhalt gleichzeitig den Inhalt von Staatsverträgen bilde); um die Sätze des Verwaltungsrechts, die eine Auslandsbeziehung aufweisen und deren Inhalt aus dem Grundsatz der internationalen Rechtsgemeinschaft hergeleitet sei[22]. Die Erörterung ist alsdann von den angesehensten Schriftstellern Italiens aufgenommen worden[23] und findet ihren Höhepunkt in Donati: Es bedarf der Scheidung zwischen zwei Fragen, welche die Diskussion zusammengeworfen hat. Gibt es ein *diritto internazionale amministrativo*, somit einen Teil des Völkerrechts, der als verwaltungsrechtlich anzusprechen ist? Die Frage wird verneint. Und kann man von einem *diritto amministrativo internazionale* als einem Teil des innerstaatlichen Rechts sprechen? „Vielleicht besteht dazu keine Möglichkeit, und jedenfalls mangelt dafür bisher ein rechtfertigender Grund"[24]. Unter dem Einfluß dieser Gedanken bemüht sich alsdann die weitere Diskussion in Italien um eine Fortbildung der Begriffe[25]. Inzwischen hatte auch das deutsche Schrifttum gelegentlich von dem Problem Kenntnis genommen, ihm später zunehmende Aufmerksamkeit zugewendet[26]; dasselbe gilt für die Literatur anderer Rechtsgebiete[27], und es darf dabei die wachsende Einwirkung des gegenwärtigen Werkes festgestellt werden.

1907 ist der Verfasser dieses Buches zuerst mit einer Aufsatzreihe hervorgetreten, die an einer Durcharbeitung von Einzelgebieten der

Verwaltung seine Auffassung des Gegenstands klarstellen sollte[28]; 1910 ist der erste Band des vorliegenden Werkes erschienen[29]. In den Mittelpunkt stellt der Verfasser, gleichartig den übrigen Zweigen des innerstaatlichen Rechts, die Lehre von den räumlichen Grenzen der Verwaltung, und er wünschte über den Rahmen eines Programmstreits hinaus den Gegenstand selbst, zunächst beschränkt auf die innere Verwaltung, durchzuarbeiten. Eine Darstellung von anderer Seite ist leider immer noch nicht erschienen. Doch hat neuerdings Isay dem Gegenstand seine Aufmerksamkeit zugewendet[30], und es hat sich vor kurzem Fedozzi mit einem Ausschnitt aus den allgemeinen Lehren des internationalen Verwaltungsrechts näher befaßt[31].

Indessen wäre der bisher gegebene Überblick unvollständig, wenn nicht der besondern Entwicklung gedacht würde, welche das internationale Finanzrecht genommen hat. Seitdem es im Mittelalter autonome Steuergewalten gab, werden die räumlichen Grenzen dieser Abgabenhoheit erörtert[32]; Fragen, welche den Geltungsbereich einzelstaatlicher Verwaltung in Reinheit zur Erörterung stellen. Und wo von der stillschweigenden Voraussetzung ausgegangen wurde, daß Doppelbesteuerung unstatthaft sei, da wurde sogar die Fragestellung möglich, welche Gemeinschaft von mehreren zuständig sei, eine Abgabe zu erheben. In der Gegenwart haben solche Untersuchungen über den Geltungsbereich der Abgabengewalt nach Umfang und Vertiefung beträchtliche Bedeutung gewonnen[33]. Seitdem es zusammenfassende Darstellungen der Statutenkollision gab, hat man demgemäß Fragen des internationalen Steuerrechts ohne weiters zwischen solchen des internationalen Privatrechts behandelt[34], und ihre Einreihung in das internationale Privatrecht, ihre Behandlung als „Gesetzeskonflikt" ist auch heute vielfach anzutreffen[35]. Seit den bemerkenswerten Untersuchungen Zürcher's über Doppelbesteuerung hat man aber auch begonnen, solche Erörterungen mit besonderer Rücksicht auf die öffentlichrechtliche Natur der Steuern anzustellen[36], und so konnte es nicht ausbleiben, daß auch Verbindungen zwischen internationalem Steuerrecht und einem aufkommenden internationalen Verwaltungsrecht gesucht wurden[37]. Der Verfasser dieses Buches hat sich bemüht, dessen Anschauungen einheitlich auch dem internationalen Finanzrecht zugrunde zu legen[38], hat darin auch seither Zustimmung gefunden[39], und es hat auf diese Grundlage jetzt auch Isay sein Buch über internationales Finanzrecht gestellt.

---

[1] Ulrich Huber († 1694), de jure civitatis l. 3 s. 4 c. 1 n. 13 ed. Franequerae 1694 p. 606; praelectiones juris civilis zu D 1, 3 ed. Francof. 1749 2, 538.

[2] Le droit des gens l. 2 ch. 8 § 99 ed. Leide 1758 1, 140. Vattel folgt auch darin Chr. de Wolff, jus gentium §§ 299 ff. ed. Halae 1749 p. 231 ff. Auf den

Widerspruch, den die Lehre gefunden hat, braucht hier nicht eingegangen werden.

[3] Commentaries on the conflict of laws, Boston 1834 § 24 und § 9. Zu den Quellen, die Story benützt, gehört J. Kent, Commentaries on American law. Aber wenn die neueren Ausgaben dieses Buches auch zahlreiche einschlägige Äußerungen enthalten, in der 1. Auflage von 1826 fehlen sie noch völlig. Zu den Quellen, aus denen Story schöpft, gehört ferner S. Livermore, Dissertations on the contrariety of laws, New Orleans 1828. Nach Mitteilungen, die ich der Freundlichkeit von Professor Beutel, New Orleans, verdanke, bezeichnet dieser Autor Fragen der Statutenkollision des öfteren als Gegenstand des „internationalen Rechts" (p. 133, 142, 151); die von Story gebrauchten Wendungen kommen bei ihm noch nicht vor. Auch in der von Story benützten Rechtsprechung findet man in diesem Zusammenhang gelegentlich die Wendung *international law*, und wiederum ohne Zusatz. So etwa in Selkrig v. Davis (Schottland 1813/14) oder Holmes v. Remsen (Newyork 1822; Erörterung, ob auf *comity* oder *international law* beruhend); ich verdanke die Mitteilung Professor Coffey, Ann Arbor. Als Angelegenheit des *law of nations* behandelt den Gegenstand schon die berühmte englische Entscheidung Scrimshire v. Scrimshire von 1752, Story § 80.

[4] Vgl. die Angaben bei F. v. Martitz, Internationale Rechtshilfe in Strafsachen 1, 414[33]; E. Nys, Le droit international[2] 1, 61. Story § 9. Einen neuen Antrieb erhielt diese Auffassung, seitdem Hegel den Gegenstand als „äußeres Staatsrecht" bezeichnet hatte.

[5] Traité de droit international privé (1843) 1, 1 f.; entsprechend wird die Gegenüberstellung: *jus gentium publicum* — *jus gentium privatum* gebraucht (Foelix kennt das Buch von Story). In seinem bekannten Aufsatz von 1840, Revue étrangère et française de législation 7, 81 verwendet derselbe Verfasser das Gegensatzpaar *droit des gens* und *droit international.* — Schon vorher, 1837, liest man bei N. Rocco, Dell'uso e autorità delle leggi del regno delle Due Sicilie 1 p. XVIII von *scrittori sperti insiem dell'uno e dell'altro diritto, pubblico delle genti e civile.* Doch ist der Sinn der Wendung — Rocco kennt das Buch von Story noch nicht — zweifelhaft, das letzte Wort wohl eher auf *diritto civile* (nicht *diritto delle genti civile*) zu ergänzen.

[6] Schon vor Foelix haben sich des Ausdrucks bedient 1841 Schäffner (dazu gleich nachher); 1842 Portalis, 1843 Mancini, diese beiden in Besprechungen des Buches von Rocco, dessen dritter Auflage vorgedruckt (1858) 1 p. IX und XLIV.

[7] So W. Schäffner, Entwickelung des internationalen Privatrechts 1841. Bei A. W. Heffter, Das europäische Völkerrecht 1844 S. 65 ff. noch „Privatvölkerrecht *(jus gentium privatum)*". — Das Wesentliche dieser ganzen Entwicklung hat schon Zitelmann, Zeitschrift 27, 177 ff. zusammengestellt.

[8] Kritik des Völkerrechts (1847) 294 ff.

[9] Kurz in Enzyklopädie der Staatswissenschaften (1859) 430 ff., in einer eindringlichen Abhandlung Staatsrecht, Völkerrecht und Politik (1860) 1, 579 ff.

[10] Unter Polizei versteht Verfasser die Abwehr von Gefahren, und er behandelt unter dem Gesichtspunkt einer *internationaale Policiezorg*, die Teil der *internationaale Staatszorg* sei — unter Berufung auf Kaltenborn und Mohl — internationale Sicherheitspolizei, Gesundheitspolizei, Armenpolizei, Verkehrspolizei, Seepolizei. Den Stoff liefern ihm innerstaatliches Recht, Staatsverträge, allgemeines Völkerrecht, ohne daß nach dem Geltungsgrund der einzelnen Vorschrift gefragt würde. Das „internationale Recht", das der

Staatengemeinschaft ihre Ordnung gibt, stellt er dem „Völkerrecht stricto sensu" gegenüber, bei dem es sich um die Rechte zwischen Staaten handle, und wenn er die Bezeichnung auf seinen Lehrer de Bosch Kemper zurückführt, so berührt sie sich jedenfalls in ihrem Inhalt mit verwandten Unterscheidungen bei Kaltenborn und Mohl. Die Dissertation ist seither gänzlich verschollen, und sie ist auch dem Verfasser dieses Buches nur aus dem Antiquariatsbuchhandel bekannt geworden. — Übrigens hat schon vorher ein Außenseiter von einem *droit administratif des peuples* gesprochen, L. Bara in seiner 1849 preisgekrönten, aber erst 1872 veröffentlichten Schrift La science de la paix S. 141 ff. Es handelt sich dabei um die Utopie eines Überstaats, in dem zwischen den Staaten rechtens ist, was innerhalb des Einzelstaats zwischen den Individuen, und dessen Recht demgemäß in dieselben Teile zerfällt, wie sie dem innerstaatlichen Recht zu eigen sind.

[11] Die Verwaltungslehre 1866 S. 94—98 „Anhang. Die Idee des internationalen Verwaltungsrechts". Handbuch der Verwaltungslehre 2. Auflage 1876 S. 91 ff. (noch nicht in der 1. Auflage des Handbuchs). „Einige Bemerkungen über das internationale Verwaltungsrecht", Jahrbuch für Gesetzgebung 1882 6, 395 ff. Handbuch 3. Auflage 1888 1, 249 ff.

[12] Dem „reinen Völkerrecht" wird insoweit ein „internationales Völkerrecht" gegenübergestellt. In der 3. Auflage des Handbuchs 264 f. tritt neben das staatsvertragliche noch ein „autonomes internationales Verwaltungsrecht", das die Rechtslage der Ausländer im innerstaatlichen Verwaltungsrecht ohne Rücksicht auf die Bedingungen des Gesamtlebens mit ausschließlicher Rücksicht auf die Interessen der eigenen Staatsangehörigen ordnet. Diese Unterscheidung nach dem Motiv überschneidet sich mit derjenigen zwischen völkerrechtlichem und innerstaatlichem Verwaltungsrecht, zumal auch das erstere als ein „Recht in der Verwaltung des einen für den andern" Staat aufgefaßt wird. Für eine billige Würdigung dieser soziologisch eingestellten Gedankengänge wird man sich vor Augen halten müssen, daß Stein vornehmlich Nationalökonom gewesen ist, und daß gerade die ersten Ausführungen über den Gegenstand sich in einem Buch über Verwaltungslehre vorfinden.

[13] Das Konsularwesen, übersetzt von Skerst 1874 S. 5—43. Völkerrecht, übersetzt von Bergbohm Bd. 1 (1883) S. 199 ff.; Bd. 2 (1886) S. 1 ff.

[14] Daß eine jede solche Berührung im gemeinschaftsfreundlichen Sinn erfolge, wird dabei als selbstverständlich vorausgesetzt; ob im einzelnen Fall eine solche Regelung im Sinn der Gemeinschaft vom Völkerrecht gefordert werde, wird nicht geprüft.

[15] Vgl. etwa J. C. Bluntschli, Gesammelte kleine Schriften 2, 307 ff. (Aufsatz von 1878). G. Jellinek, Lehre von den Staatenverbindungen (1882) 109 ff. Ulbrich, Zeitschrift für das Privat- und öffentliche Recht (1882) 9, 13. A. v. Kirchenheim's Einführung in das Verwaltungsrecht (1885) ist das erste Lehrbuch des Verwaltungsrechts, das dem Gegenstand ein eigenes Kapitel widmet. M. Torres Campos, Elementos de derecho international publico (zuerst 1890) und A. Posada, Tratado de derecho administrativo (1897) nach den Angaben bei Marin (unten Anm. 27) 487. E. Mischler, Allgemeine Grundlagen der Verwaltungsstatistik (1892) 1, 64 ff. Wohl auch Buzzati, Revue de droit international (1894) 26, 38. E. Ullmann hatte 1895 Kritische Vierteljahrsschrift 37, 158 f. über ein internationales Verwaltungsrecht auf innerstaatlicher Grundlage gesprochen, die Ausführung auch in die 1. Auflage seines Völkerrechts (1898) 11 übernommen, unverbunden S. 253 neben

Erörterungen im Sinne von Stein und Martens; die 2. Auflage von 1908 S. 78 f. 371 f. bringt nur mehr Ausführungen der letzteren Art. E. Weißenborn, Ansätze einer internationalen Rechtshilfe in der Bevölkerungskontrolle (1898) 7. C. F. Gabba, Introduzione al diritto civile internazionale (1906) 4. A. Rapisardi-Mirabelli, Il diritto internazionale amministrativo (1907) S. VI ff. J. Hein, Die völkerrechtlichen Einrichtungen . . . der Sozialgesetzgebung (1907) 42. Schücking in Festgabe für Laband (1908) 1, 595. W. v. Rohland, Grundriß des Völkerrechts (1908) §§ 17 ff. (doch verweisen die späteren Auflagen auf das vorliegende Buch). Held im Staatslexikon[5] (1927) 2, 1549 f. (neben einem davon verschiedenen innerstaatlichen Internationalen Verwaltungsrecht). Neuerdings widmet A. S. de Bustamante, Derecho internacional público (1934) wiederum den 2. Band seines Handbuchs einem *derecho internacional público administrativo* im Sinn von Martens (läßt aber auch, als inhaltlich verschieden, die Ausführungen dieses Buches als Teil des „internationalen Privatrechts" gelten). Indessen bemühen sich auch Fusinato und mehrere unter den an ihn anschließenden anderen Schriftstellern, ihr innerstaatliches internationales Verwaltungsrecht durch eine „Herleitung aus dem Grundsatz der internationalen Rechtsgemeinschaft" zu legitimieren. — Gegen die Auffassung von Stein-Martens Heilborn und besonders Donati; s. unten.

[16] So J. Jitta, Die Neugestaltung des internationalen Rechts (1919, auch französisch und englisch: die Menschheit bildet eine rechtliche Gemeinschaft, unabhängig von einem Dazwischentreten der Staaten; sie hat für Beziehungen, die sich nicht ausschließlich innerhalb eines Staats abwickeln, ein internationales Recht, Privatrecht und öffentliches Recht, in diesem ein internationales Verwaltungsrecht, das die Verwaltungsmaßnahmen enthält, die das Wohl des menschlichen Geschlechts fordert; es kann in übereinstimmenden Einrichtungen der einzelnen Staaten wie in überstaatlichen Maßregeln in Erscheinung treten. Kritik bei Neumeyer, Kritische Vierteljahrsschrift 55, 213. (1890 in La méthode du droit international privé 38, 45, 459 und nach anderer Richtung 1895 in La codification du droit international de la faillite 32 hatte Jitta abweichende Anschauungen vertreten; die oben erwähnte Auffassung für die privatrechtliche Seite schon 1900 im Archiv für öffentliches Recht 15, 573 f.; das Buch von 1919 will „den ziemlich kühnen Schritt vorwärts tun", ein internationales öffentliches Recht zu begründen.) Ziemlich ähnlich alsdann, auf die „internationale Gesellschaft" bezogen, Scelle, Revue générale de droit international public (1923) 30, 135 ff.

[17] A. Rivier, Principes du droit des gens 1896 1, 25 (rechtliches Zusammenwirken der Staaten). Über Vareilles-Sommières unten Anm. 27. Über Liszt unten Anm. 26. K. Gareis, Institutionen des Völkerrechts[2] (1901) 30. Seit 1904 die Bibliographie der Zeitschrift für internationales Recht. Zorn in Das Recht 1907, 8 ff. F. Dochow, Vereinheitlichung des Arbeiterschutzes durch Staatsverträge (1907) 5 ff.; Zeitschrift 17, 267 ff. und 45, 189 ff. (das durch Völkerrecht, insbesondere durch Staatsverträge geregelte Verwaltungsrecht im Gegensatz zu dem überstaatlichen Recht der internationalen Verwaltungsgemeinschaften; Zeitschrift 17, 274 ist freilich unvermittelt von „Kollisionsnormen" des internationalen Verwaltungsrechts die Rede. Über Sinzot und Mahaim unten Anm. 27. L. de Feo, I trattati di lavoro (1916) 93. J. Hatschek, Völkerrecht (1923) 239. Das Programm der Haager Académie de droit international seit 1924. Über mehrere Schriftsteller, die in einem völkerrechtlichen und einem innerstaatlichen internationalen Verwaltungsrecht zwei getrennte Materien erblicken, später, desgleichen über solche, die den einheitlichen Gegenstand

ausdrücklich für das Völkerrecht und für das innerstaatliche Recht in Anspruch nehmen — und über solche, die derart vorgehen, ohne sich des Gegensatzes bewußt zu werden. Sc. Gemma, Prime linee di un diritto internazionale amministrativo (1902) legt gleichfalls eine völkerrechtliche Auffassung zugrunde, hat sich aber in späteren Äußerungen von diesem Standpunkt wohl wegentwickelt. Den umgekehrten Weg hingegen ist Catellani gegangen: 1895, Storia del diritto internazionale privato 9 bringt er das internationale Verwaltungsrecht in Verbindung mit der räumlichen Wirksamkeit der Verwaltungsgesetze; Bemerkungen von 1901, Revue générale de droit international public 8, 396 scheinen den Gegenstand als staatsvertragliches Recht anzusehen; 1926, Lezioni di diritto internazionale 2, 501 ff. wird der Gegenstand als unlöslicher Teil des Völkerrechts dargestellt, es handle sich um eine Zusammenarbeit der Staaten zur Erreichung gemeinsamer Zwecke, und es wird eine ins einzelne gehende Darstellung einschlagender Staatsverträge gegeben. J. P. A. François, Handboek van het volkenrecht (1931) 1, 24 ff.: das internationale Recht zerfällt in internationales öffentliches und internationales Privatrecht; das internationale Verwaltungsrecht bildet den Teil eines „internationalen Staatsrechts" (= Völkerrecht?), der Vorschriften gibt über die Art, wie die Organe ihre Vollmachten auszuüben haben. — Über Erörterungen, die sich mit der Möglichkeit eines Verwaltungsvölkerrechts befassen, unten § 2.

[18] Nach dieser Richtung weist es schon, wenn man in dem internationalen Verwaltungsrecht das Recht einer „internationalen Verwaltung" erblickt. Dahin gehört bereits ein Teil der vorstehend genannten Schriften. Weiter etwa E. Nys, Les origines du droit international (1894) 404. G. v. Mayr, Theoretische Statistik 1895, 155 ff. (soll auch freie wissenschaftliche Zusammenarbeit umfassen). Kazansky, Revue générale de droit international public (1902) 9, 353 ff. (auch Zusammenarbeit privater Vereinigungen). Über Stier-Somlo unten Anm. 26. A. H. Fried, Das internationale Leben der Gegenwart (1908) 21 ff., 31 ff.; Handbuch der Friedensbewegung[2] (1911) 121 ff. Über Spiegel wiederum unten Anm. 26. Reinsch, International administrative law and national sovereignty, American Journal of international law 1909 (etwa auch Zeitschrift für Völkerrecht 1909 3, 454); das mir nicht zugängliche Buch des Verfassers Public international Unions von 1911 scheint gleichartige Ausführungen zu enthalten. A. S. Hershey, The essentials of international public law (1912, in der 2. Auflage 1927 S. 6; S. 18: neben einem internationalen Verwaltungsrecht im Sinne dieses Buches, das ein Teil des internationalen Privatrechts ist). F. B. Sayre, Experiments in international administration (1919). R. R. Foulke, Treatise on international law (1920) 162. J. A. Salter, Allied shipping control (1921) 243 ff. (über den internationalen Transportausschuß der Alliierten während des Kriegs). P. B. Potter, An introduction to the study of international organisation[2] (1925) 267 ff. L. D. White, Introduction to the study of public administration (1926) 81. Burns, British Yearbook of international law 1926, 57. I. R. Moreno, La teoría de la administración internacional 1929 (aber S. 7?). — 1923 ist im Völkerbundsrat mehrfach erörtert worden, ob für die Zwecke der Völkerbundsverwaltung in Danzig und im Saargebiet eine *Commission consultative d'administration internationale* eingerichtet werden solle; Journal officiel 1923 p. 243, 555, 880, 1271. Von anderen ist das internationale Verwaltungsrecht vornehmlich oder auch ausschließlich auf die Tätigkeit der internationalen Unionen bezogen worden. So Fuld in

Eisenbahnrechtlichen Entscheidungen (1895) 11, 262f. O. Nippold, Fortbildung des Verfahrens in völkerrechtlichen Streitigkeiten (1907) 29, 60f. A. Rapisardi-Mirabelli, Il diritto internazionale amministrativo (1907) p. XI ff. B. v. Toll, Die internationalen Bureaux der allgemeinen völkerrechtlichen Verwaltungsvereine (1910) 20ff. J. Claveirole, L'internationalisme (1910) passim. In denselben Gedankenkreis gehört es, wenn neuerdings mit dem Begriff eines *service public international* gearbeitet wird. So S. Basdevant, Les fonctionnaires internationaux und in der Vorrede des Buches Gidel; Gascon y Marin in Académie de droit international, recueil des cours (1932) 41, 721 ff. Über Schriftsteller, die die Bezeichnung auf das Recht einer internationalen Verwaltung und auf ein innerstaatliches internationales Verwaltungsrecht als getrennte Gegenstände anwenden, und über solche, die von einem Recht der internationalen Verwaltung ausgegangen sind, später aber den Anschauungen dieses Buches sich angeschlossen haben, unten. Erörterungen über die grundsätzliche Möglichkeit einer internationalen Verwaltung in § 2 und § 34.

[19] Deutsches Staatswörterbuch 10, 205 ff. Behandelt werden unter diesem Gesichtspunkt die Staatsangehörigkeit, die nicht durch den Aufenthalt begründet werde, zu diplomatischem Schutz berechtige, eine Rückrufung aus dem Ausland ermögliche; Steuerpflicht; Wehrpflicht; Stimmrecht und Wählbarkeit. — Noch bevor die Bezeichnungen internationales Privat- oder Strafrecht nach einer Ergänzung verlangten, sind dem, was heute ihren Inhalt bildet, gelegentlich Verwaltungsangelegenheiten von verwandter Art an die Seite gestellt worden. Vgl. etwa Schmalz, Das europäische Völkerrecht (1817) 133 ff. und noch eingehender Schmelzing, Systematischer Grundriß des praktischen europäischen Völkerrechts (1818) 210 ff. — Für einzelne Vorschriften des Polizeirechts begegnen Festsetzungen über den Geltungsbereich und literarische Erörterungen desselben schon sehr früh und im Zusammenhang mit anderen Erörterungen über die Statutenkollision. Doch bleiben diese Ausführungen der Literatur noch für lange in das Gewand strafrechtlicher Untersuchungen gehüllt, unter dem Gesichtspunkt einer Strafbarkeit wegen Zuwiderhandlung. Vgl. schon Neumeyer, Gemeinrechtliche Entwickelung des internationalen Privat- und Strafrechts bis Bartolus 2, 25 ff. 88 ff.

[20] C. F. v. Gerber, System des deutschen Privatrechts[14] (1882, noch nicht in den vorausgehenden Auflagen) 84[6]. P. Fiore, Le droit international privé trad. par Antoine 1890 1, 4f. (noch nicht in der Übersetzung von 1875. Die dazwischen liegenden italienischen Ausgaben sind mir nicht erreichbar). A. Lainé, Introduction au droit international privé (1888) 1, 13f. (vgl. auch 1905 Revue 1, 18). F. v. Martitz, Internationale Rechtshilfe in Strafsachen (1888) 1 S. 412f., 417, 423; ein wesentliches Verdienst des Buches liegt in der mittelbar wichtigen Untersuchung 1, 400 ff. über das Verhältnis, in dem das internationale Strafrecht zum internationalen Privatrecht und zum Völkerrecht steht. Unter dem Namen von Rivier führt Martitz 1, 409 eine weitere sehr verständige Äußerung über den Gegenstand an: an der angegebenen Stelle steht sie freilich nicht, Rivier selbst (Principes du droit des gens 1, 329[1]) lehnt ihre Urheberschaft ab; wer mag ihr Verfasser sein? Über das „autonome internationale Verwaltungsrecht" Stein's oben Anm. 12. Vgl. ferner K. Heimburger, Erwerb der Gebietshoheit (1888) 37. Erwähnt sei, daß 1889 auf dem Kongreß von Montevideo gestritten wurde, ob eine Berufszulassung auf Grund auswärtigen Titels eine Angelegenheit des internationalen Privatrechts bedeute (oben Bd. 2, 282[16]).

„Internationales Verwaltungsrecht" als Seitenstück des internationalen Prozeßrechts und Strafrechts bei Meili, Zeitschrift 1, 6 f. (1891); vgl. auch Zeitschrift 9, 8 (1899). Pann, Zeitschrift 1, 488 f. Schriftsteller über internationales Finanzrecht unten Anm. 37. — Äußerungen über den Geltungsbereich öffentlichen Rechts oder des Verwaltungsrechts im besonderen, noch ohne Ansatz zu systematischer Zusammenfassung: Ch. Brocher, Nouveau traité de droit international privé (1876) 346 f. Esperson, Journal 1879, 341 ff (unter fremdenrechtlichen Gesichtspunkten). Georg Meyer, Lehrbuch des deutschen Verwaltungsrechts ([1] 1883) 1, 9. Störk bei Holtzendorff, Handbuch des Völkerrechts (1887) 2, 642 f. (der S. 520, 596, vgl. auch 541 verwendete Ausdruck internationales Verwaltungsrecht scheint auf die Verwaltung in ihrer Berührung mit dem Ausland zu gehen). F. Laghi, Il diritto internazionale privato (1888) 1, 168. — Dagegen H. O. Lehmann, Rechtsbegriff und Rechtssystem (1895) 42 [23]: „Internationales Verwaltungs- und Prozeßrecht gibt es deswegen nicht, weil jeder Beamte bei seiner Amtsausübung stets das Recht seines Staates zur Anwendung zu bringen hat."

[21] Es handelt sich bei dem internationalen Verwaltungsrecht nach Otto Mayer um Rückwirkungen des Völkerrechts, welche wie im internationalen Privatrecht dazu führen, die natürliche Abgeschlossenheit des Gebiets zu durchbrechen, aber freilich anders als bei jenem mangle ihm „der wesentliche Stoff", einen eigenen Wissenschaftszweig zu bilden. Im folgenden werden dann Handlungen der Verwaltung im Ausland und Erstreckung von Rechtssätzen auf das Ausland, Fremdenrecht und Grenzrecht ungeschieden besprochen. Bemerkenswert ist dabei die Einsicht in die grundsätzliche Einseitigkeit in der Begrenzung öffentlichen Rechts, besonders wesentlich die klare Herausarbeitung des Begriffs der „völkerrechtlich gebundenen Verwaltung". Die Ausführungen stehen in der 1. Auflage des Deutschen Verwaltungsrechts von 1896 Bd. 2, 453 ff., auch in der französischen Ausgabe von 1906 4, 353 ff., dagegen ist der ganze Abschnitt in den neueren deutschen Ausgaben weggeblieben. Ich muß befürchten, daß das Erscheinen des vorliegenden Werkes und ein daran anschließender Briefwechsel mit dem bedeutenden Verfasser zu diesem unerwünschten Ergebnis beigetragen hat. Im Archiv des öffentlichen Rechts 28, 350 ff. (1912) hat Otto Mayer sein Einverständnis mit den Anschauungen dieses Buches ausgesprochen. — Sehr beachtlich sind auch die kritischen Bemerkungen die P. Heilborn, System des Völkerrechts (1896) 386 ff. gegen die Steinsche Auffassung des internationalen Verwaltungsrechts vorbringt. In dem von Stier-Somlo herausgegebenen Handbuch des Völkerrechts (1912) 1 I 102 nimmt Heilborn bereits Anschluß an das vorliegende Werk.

[22] G. Fusinato, Di una parte alquanto trascurata del diritto internazionale 1892. S. 5 f.: handle es sich hier um „internationales" Recht, so werde das Wort doch in einem andern Sinn genommen als im Völkerrecht, bedeute es innerstaatliches Recht mit Auslandsbeziehungen, ebenso wie bei dem internationalen Privat- oder Strafrecht. Indessen stellen die weiteren Ausführungen S. 15 ff. nur Staatsverträge zusammen, welche auf das Verwaltungsrecht Bezug haben.

[23] P. Fedozzi, Il diritto amministrativo internazionale, in Annali dell' Università di Perugia (1901) Nuova serie 12, 5 ff.: innerhalb des internationalen öffentlichen Rechts (der Doppelsinn des Ausdrucks wird noch nicht bemerkt) habe sich von dem Teil, der die politischen Beziehungen zwischen den Staaten behandelt, ein internationales Verwaltungsrecht ab-

gespalten, das Beziehungen zwischen den Staaten von verwaltungsrechtlicher Art zum Inhalt hat; doch sind darunter neben Rechtssätzen für die Beziehungen zwischen den Staaten auch solche für die Beziehungen zwischen Staaten und ausländischen Einzelpersonen zu verstehen, auch letztere so wenig in das innerstaatliche Recht gehörig wie das internationale Privatrecht (wenn schon eine Frage nach dem anwendbaren Recht wie im internationalen Privatrecht hier nicht denkbar sei); übrigens falle auch ein Zusammenschluß privater Bemühungen, wie bei den Gesellschaften vom Roten Kreuz, unter das internationale Verwaltungsrecht. (Dies letztere konnte man schon in desselben Verfassers Buch Gli enti collettivi 123 von 1897 lesen). Auch dem Werk Il diritto processuale civile internazionale von 1905 liegt noch der Doppelsinn des Begriffs „internationales öffentliches Recht" zugrunde, doch mit dem ungeklärten Bestreben, den Gegenstand einem internationalen öffentlichen Recht einzureihen und ihn dennoch dem Völkerrecht zu entziehen; auch wird jetzt für möglich gehalten, entsprechend dem internationalen Privatrecht die Frage nach dem anwendbaren Recht aufzuwerfen. — Über das Buch von Gemma (das die Untersuchungen Fedozzi's erst bei der Korrektur kennengelernt hat), oben Anm. 17, über dasjenige von Rapisardi-Mirabelli (das die Ausführungen von Donati noch nicht kennt), oben Anm. 15. Wegen der kürzeren Ausführungen von Catellani oben Anm. 17, von Garelli unten Anm. 33, von Gabba oben Anm. 15.

[24] D. Donati, I trattati internazionali nel diritto costituzionale (1906) 430 ff., vgl. auch schon 385 ff. Über die Äußerungen Donati's zum Verwaltungsvölkerrecht später. Für das innerstaatliche internationale Verwaltungsrecht wird (zum Teil im Anschluß an Heilborn und Otto Mayer) ausgeführt, daß Verwaltungsrecht nur innerstaatlich möglich ist, daß es aber ein Seitenstück zum internationalen Privatrecht nicht liefern könne, da eine Anwendung ausländischen Rechts, eine Vollstreckung ausländischer Verwaltungsakte und Urteile für die Verwaltung des Inlands nicht in Betracht komme; auch in dem international wesentlichen Verwaltungsrecht sei kein brauchbares Ausscheidungsmerkmal gegeben; und so mangle für eine Ausscheidung aus dem Verwaltungsrecht bisher „das systematische Element". Die ausgezeichneten Ausführungen, die in ihrer Klarheit und Schärfe in der damaligen Literatur nicht ihresgleichen haben, führen, wie man sieht, bis hart an die Schwelle.

[25] Fedozzi, Rivista di diritto internazionale (1908) 3, 59 ff. entgegnet, es bestehe ein Bedürfnis, bei der Darstellung des Verwaltungsvölkerrechts (das er als gegeben ansieht), auch das innerstaatliche internationale Verwaltungsrecht einzubeziehen, und es handle sich bei diesem letzteren um die Teile des Verwaltungsrechts, die Beziehungen zum Ausland aufweisen, mit völkerrechtlichen Normen zusammenhängen, in ihrem Inhalt durch Rücksichten auf die Staatengemeinschaft beeinflußt sind. — Die Untersuchung von Cavaglieri, Sonderabdruck aus Archivio giuridico (1908) 80 akzeptiert die Zweiteilung Donati's, befaßt sich vornehmlich mit dem Verwaltungsvölkerrecht und will (Sonderabdruck 24) offenlassen, ob es nicht doch auch ein innerstaatliches internationales Verwaltungsrecht gibt. (In den bisher erschienenen Bänden des gegenwärtigen Werkes sieht Cavaglieri eine rechtsvergleichende Materialsammlung als „Vorarbeit" für ein internationales Verwaltungsrecht; Archivio giuridico 90, 126; Rivista di diritto internazionale 18, 419.) — Für Diena handelt es sich um *diritto internazionale pubblico* (der Doppelsinn des Ausdrucks wird auch hier nicht bemerkt), dessen

Quelle in Staatsverträgen und völkerrechtlichem Gewohnheitsrecht, aber auch in innerstaatlichem Recht über die Stellung der Ausländer und anderes zu suchen ist. So in Principi di diritto internazionale (1908) 1, 30 f. 292 ff. (vgl. auch schon Trattato di diritto commerciale internazionale 1, 4[1]; 2, 336.) Desselben Verfassers eingehendere Erörterungen in Studi Senesi 1908 sind mir nicht erreichbar gewesen. In der 2. Auflage der Principi von 1914 S. 320 wird zurückhaltender von der Notwendigkeit gesprochen, Verwaltungsvölkerrecht und innerstaatliches Recht *nel campo degli studi* zu vereinigen. — Borsi, Carattere ed oggetto del diritto amministrativo internazionale, Sonderabdruck aus Rivista di diritto internazionale (1912) 6 legt wiederum die Scheidung Donati's zugrunde und sucht in dem internationalen Verwaltungsrecht einen neuen Zweig des staatlichen Rechts (29 f. der Gegenstand sei bis heute nicht ausreichend behandelt, der Aufsatz soll den Weg zu seiner sachgemäßen Systematisierung „eröffnen"); das von Donati vermißte systematische Element wird im Anschluß an Cammeo (s. unten) in der Rücksichtnahme verwaltungsrechtlicher Bestimmungen auf die internationale Gemeinschaft gefunden (und Bestimmungen, die den Ausländer schlechter stellen als den Inländer?); als Inhalt des neuen Rechtszweigs werden die verschiedensten Verwaltungsnormen mit Auslandsbeziehung aufgezählt; sie bilden eine Ordnung neben dem gemeinen Verwaltungsrecht, und es wird ihre materiellrechtliche Art als so selbstverständlich angenommen, daß S. 25 f. sogar von dem Maß räumlicher Geltung gesprochen wird, das den Normen des internationalen Verwaltungsrechts zukomme. — Auch d'Alessio, Il diritto amministrativo internazionale e le sue fonti, Rivista di diritto pubblico (1913) 5, 276 ff. geht von der Zweiteilung Donati's aus, die allerdings gegenstandslos sei, weil es kein Verwaltungsvölkerrecht gebe. Das innerstaatliche internationale Verwaltungsrecht sei ein (materiellrechtliches) Sonderrecht innerhalb des Verwaltungsrechts, das durch das Vorhandensein eines „außerstaatlichen Elements" gekennzeichnet werde; doch könne es kein internationales Verwaltungsrecht von gleicher Beschaffenheit wie das internationale Privatrecht, Strafrecht, Prozeßrecht geben, weil im Verwaltungsrecht, anders als in jenen Disziplinen, jeder Staat nur für seine Interessen sorge. Dazu beachtliche Kritiken fremder Meinungen. — Kürzere Erwähnungen in der Literatur des internationalen Rechts: D. Anzilotti, Corso di diritto internazionale (1912, nicht mehr in neueren Ausgaben): das Problem des anwendbaren Rechts und der behördlichen Zuständigkeit besteht auch für das internationale Verwaltungsrecht. Gemma, der von völkerrechtlichen Anschauungen ausgegangen war (oben Anm. 17), findet immerhin seither — vorausgesetzt in Diritto internazionale del lavoro (1912) 5 f., ausdrücklich formuliert Revue 1930, 38 — daß die Probleme des internationalen Privatrechts auch für das Verwaltungsrecht bestehen. Ähnlich handelt es sich für Marinoni, Rivista di diritto internazionale (1913) 7, 482 ff. bei dem internationalen Verwaltungsrecht um „internationales Privatrecht, das Verwaltungsangelegenheiten betrifft", in dem Sinn, daß auch hier Verweisung auf ausländisches Recht vorkommen kann. C. Ghirardini, Il diritto processuale civile internazionale (1914) 41 ff. sucht das internationale Prozeßrecht entsprechend dem internationalen Verwaltungsrecht in denjenigen Sätzen des Prozeßrechts und Verwaltungsrechts, die auf Grund einer außerstaatlichen Beziehung besonderen Inhalt haben. Über Salvioli unten Anm. 37. Udina, Annali dell'Università di Trieste (1929) 1, 3 f. im Anschluß an Borsi: Zweiteilung; bei dem innerstaatlichen Teil handelt es sich um Beziehungen der inländischen Verwaltung zu Ausländern oder zu Verwaltungsakten des Auslands. — Über die jüngste Arbeit von Fedozzi unten. — Bemerkenswert ist bei dieser Entwicklung aber auch, daß die Lehrbücher des Verwaltungsrechts sich des Gegenstands angenommen haben. Ranelletti, Principi di diritto amministrativo (1912) ist mir trotz vieler Bemühungen nicht erreichbar gewesen; nach den Berichten Späterer geht auch dieser Autor von der Zweiteilung Donati's aus und sieht das internationale Verwaltungsrecht in denjenigen Sätzen des Verwaltungsrechts, die mit Rücksicht auf den Bestand der internationalen Gemeinschaft eine außerstaatliche Beziehung enthalten. F. Cammeo, Corso di diritto amministrativo (1914, doch muß schon eine Ausgabe von 1912 mit entsprechenden Ausführungen vorhanden sein) bringt 1, 611 ff. inhaltreiche und beachtliche Erörterungen, die zunächst als internationales Verwaltungsrecht die Sätze des innerstaatlichen Verwaltungsrechts ansehen, die zur Förderung der internationalen Gemeinschaft erlassen sind; Erörterungen indessen, die, unbestimmt empfunden, über eine Beschränkung auf Sätze dieses Inhalts hinausdrängen (S. 620[1]!) und, freilich neben anderem, die räumliche Geltung verwaltungsrechtlicher Vorschriften behandeln. M. La Torre, Elementi di diritto amministrativo (1925) 219 ff. glaubt das Erforderliche gesagt zu haben, wenn er den Gegenstand als „Grenzgebiet" bezeichnet, so daß es unnütz sei, zwischen einem Verwaltungsvölkerrecht und einem innerstaatlichen internationalen Verwaltungsrecht zu unterscheiden; als sein Inhalt werden regellos etliche Verwaltungsangelegenheiten mit Auslandsbeziehung aufgezählt. Dagegen befassen sich die neuesten Lehrbücher des Verwaltungsrechts wiederum eindringlicher mit dem Gegenstand. U. Forti, Diritto amministrativo[2] 1, 127 ff. (1931, jedoch schon in der 1. Auflage enthalten) behandelt unter der Aufschrift „Grenzen der Wirksamkeit der Normen im Raum" mehrerlei Auslandsbeziehungen im Verwaltungsrecht, bringt zwischen anderem Bemerkungen über den Geltungsbereich verwaltungsrechtlicher Vorschriften; für Teilrechte innerhalb des Staats wird die Frage nach dem anwendbaren Recht gestellt; internationales Verwaltungsrecht ist ihm (gegenübergehalten einem Verwaltungsvölkerrecht, das sich auf eine gemeinschaftliche Staatstätigkeit beziehe) ein Ausschnitt aus dem allgemeinen Problem des internationalen Privatrechts und könne zu einer Anwendung ausländischen Verwaltungsrechts führen. Verwandt sind die knappen Ausführungen bei S. Romano, Corso di diritto amministrativo (1930) 1, 74 ff. und die eingehenden Erörterungen bei C. Vitta, Diritto amministrativo (1933) 1, 86 ff.

[26] Nach Otto Mayer (s. oben) hat zunächst E. Zitelmann den Gegenstand berührt. In seinem Internationalen Privatrecht (1897/1912) 1, 329 ff. geht Zitelmann anscheinend davon aus, daß es sich auch bei einem öffentlichrechtlichen Gegenstück zum internationalen Privatrecht um die Frage nach dem anwendbaren Recht handle. Der zweite Band (S. 94 ff., 646 ff., auch 226 und öfter) bringt bemerkenswerte neue Einsichten: die Frage nach dem anwendbaren Recht muß auch auf privatrechtlichem Gebiet scharf geschieden werden von der Begrenzung einer behördlichen Tätigkeit; diese Grenzen müssen selbständig bestimmt werden (gerade hierfür verwendet Zitelmann den Ausdruck internationales Verwaltungsrecht); doch sei ein solches internationales Verwaltungsrecht wesensverschieden von dem internationalen Privatrecht, weil es sich nicht wie bei diesem um Anwendungsnormen handle, sondern um Sätze, die inhaltlich dem Verwaltungsrecht angehören (dem „inländischen" Verwaltungsrecht; es liegt allen diesen Ausführungen der noch nicht bewußt gewordene Gedanke einer grundsätzlichen

Einseitigkeit des internationalen Verwaltungsrechts zugrunde). Erst 1919 in Festgabe der Bonner juristischen Fakultät für Bergbohm 211 erklärt Zitelmann, daß sich die „Recht-über-Recht-Sätze" auf jeden Teil der Rechtsordnung, auch des öffentlichen Rechts beziehen können. — Nach F. v. Liszt, Völkerrecht ([1] 1898, [12] 1925) kann eine „Lösung der Statutenkollision" für alle Rechtsgebiete ohne Ausnahme wichtig werden ([1] 41, [12] 128); seit der 2. Auflage ([12] 1) wird betont, daß es sich bei dem internationalen öffentlichen Recht nicht um Völkerrecht, sondern um ein Gegenstück des internationalen Privatrechts handle, das Rechtsregeln auch über das Anwendungsgebiet des Verwaltungsrechts umfasse. Daneben freilich wird, ohne des Unterschieds gewahr zu werden, vom internationalen Verwaltungsrecht gesprochen als den Staatsverträgen, die sich auf Verwaltung beziehen ([1] 17, [12] 36); eine Beziehung des Ausdrucks auf die Verwaltungsgemeinschaften (zuerst [6] 230) wird seit der 10. Auflage ([12] 340) ersetzt durch Erwähnung von Vereinbarungen über die Grenznormen des öffentlichen Rechts, während die Verwaltungsgemeinschaften mit einem international gemeinsamen Verwaltungsrecht in Verbindung gebracht werden. — D. Bezzola, Über Rechtsverhältnisse an öffentlichen Wasserläufen (1898) 83 (bezogen auf die Grenzen einer Zwangsenteignung). — H. Triepel, Völkerrecht und Landesrecht (1899) 274 (internationales Verwaltungsrecht als innerstaatliches Recht, gleichgestellt dem internationalen Privatrecht). — F. Kahn in Jherings Jahrbücher (1899) 40, 53; Abhandlungen 1, 297 („Kollisionsnormen des Staatsrechts" und der andern Rechtsdisziplinen). — F. Affolter, Geschichte des intertemporalen Privatrechts (1902) 1 ff.; Zeitschrift für das Privat- und öffentliche Recht (1903) 30, 133; vgl. auch Verhandlungen der 1. Hauptversammlung der Vereinigung für vergleichende Rechtswissenschaft (1912) 58: das „Recht der Rechtsordnungen" hat das Herrschaftsgebiet auch der öffentlichen Rechtsordnungen abzugrenzen, daher neben internationalem Privatrecht usw. auch ein internationales Verwaltungsrecht. — Das tschechisch geschriebene Buch über österreichisches Verwaltungsrecht von G. Prazak (1905) ist mir weder körperlich noch inhaltlich erreichbar. Da indessen die sehr beachtlichen Ausführungen von Herrnritt (s. unten) sich dessen Darstellung in § 6 „vielfach anschließen", sei hier wenigstens dieser Hinweis aufgenommen. — Über Dochow oben Anm. 17. — Rosin, Verwaltungsarchiv (1908) 16, 173 stellt dem völkerrechtlich gebundenen Verwaltungsrecht ein internationales Verwaltungsrecht in dem von mir verwendeten Sinne als „räumliche Kollisionsnormen" gegenüber. — Wittmayer, Österreichische Zeitschrift für Verwaltung (1911) 44, 71 ff. nimmt den Ausgangspunkt in den Anschauungen, die der 1. Band dieses Werkes entwickelt hatte, stellt aber dann auf die Anwendung ausländischen Verwaltungsrechts, überhaupt die Kooperation mit ausländischen Ländern ab. — Städler, Zeitschrift (1911) 21, 595 („inländisches im fremden Staatsgebiet sich betätigendes Staatsverwaltungsrecht"). — Bousek, Zeitschrift für Völkerrecht 1913, 39 (Lehre vom anwendbaren Recht). — In hohen Jahren hat sich noch L. v. Bar dem Gedanken des internationalen Verwaltungsrechts erschlossen, bei Holtzendorff, Enzyklopädie der Rechtswissenschaft[7] (1914) 2, 278 ff.: es handelt sich um die Grenzen, welche das Völkerrecht und in dessen Ermangelung das Landesrecht der Zuständigkeit des Verwaltungsrechts zieht. Die Abscheidung gegenüber fremdenrechtlichen Vorschriften des Verwaltungsrechts und gegenüber dem Recht internationaler Verwaltungskommissionen will dabei allerdings nicht mehr völlig gelingen. — Th. Niemeyer hat sich den Anschauungen dieses Buches völlig angeschlossen, in Deutschland unter Kaiser Wilhelm II. (1914) 1, 350; vgl. auch schon Zeitschrift 20, 608; seither Zeitschrift 31, 202; 37, 427 und öfter (1910, Zeitschrift 20, 14 wird noch von der „internationalen Verwaltung" der Unionen gesprochen). — Für H. Giesker-Zeller, Die Rechtsanwendbarkeitsnormen (1914) 44 ist die Zugehörigkeit des internationalen Verwaltungsrechts zu den internationalen Geltungsgebietsnormen „selbstverständlich"; gegenüber der Frage, wie weit ausländisches öffentliches Recht anzuwenden, bekennt Verfasser, Schweizerische Juristenzeitung (1917) 14, 137 f., leitende Gedanken noch nicht gefunden zu haben. — L. Spiegel, Zeitschrift für das Privat- und öffentliche Recht 1915, 45 [29] (Frage nach dem anzuwendenden Recht. Dagegen 1909 Verwaltungswissenschaft 39 [11] noch auf eine gemeinschaftliche Verwaltung durch mehrere Staaten bezogen). — O. Fischer in Jherings Jahrbücher (1915) 65, 126 und Einführung in die Wissenschaft von Recht und Staat (1920) 179 (Frage nach dem anwendbaren Recht). — K. Schulthess, Das internationale Wasserrecht (1916) 3, 78 (Lehre vom anwendbaren Recht). — Lederle in Annalen des Deutschen Reiches 1917, 711 714 f. (desgleichen); vgl. auch Das Recht der internationalen Gewässer (1920) 1, 53 [11], 200. — F. Stier-Somlo, Verwaltungsarchiv (1917) 25, 129; Die Freiheit der Meere (1917) 130 f.; Zeitschrift für Theorie des Rechts (1931) 5, 222 ff. (der Ausdruck wird einerseits auf die internationalen Verwaltungsgemeinschaften bezogen; dazu schon Blätter für vergleichende Rechtswissenschaft 1905, 204 — andrerseits, entsprechend dem „wirklichen internationalen Privatrecht" auf innerstaatliches Recht, das (materiellrechtlich?) übereinstimmend für mehr als einen Staat gelte, wie dies das vorliegende Buch ergeben soll). — Ruegger, Zeitschrift (1918) 28, 475 [89] (innerstaatliches Recht soweit nicht durch Staatsvertrag geordnet). — Mendelssohn Bartholdy, Deutsche Juristenzeitung 1919, 51 (man wird wohl schon die Ausführungen Kritische Vierteljahrsschrift 51, 150 ff. als Zustimmung zu den Anschauungen dieses Buches ansehen dürfen). — Kamps, Deutsche Juristenzeitung 1919, 306 ff. („Recht der Kollision von mehreren Staatsgewalten und Staatsfunktionen auf demselben Gebiet": im besetzten Gebiet, bei Zoll- und Eisenbahngemeinschaften, bei der Konsulargerichtsbarkeit). — G. Walker, Internationales Privatrecht ([1] 1921) 7 („Kollisionsnormen"). — Sehr bemerkenswert sind die Ausführungen bei R. H. Herrnritt, Grundlehren des Verwaltungsrechts 1921 § 8 „Die räumlichen Grenzen der Wirksamkeit der Verwaltungsnormen"; vgl. auch Österreichisches Verwaltungsrecht (1925) 21 f. Ist die Argumentierung noch etwas unsicher, auch nach seiten der Abscheidung vom Fremdenrecht (S. 106 [13]), so wird doch auf dem Boden des innerstaatlichen Rechts klar die Frage nach dem „Sitz des Rechtsverhältnisses" gestellt und an Hand der Rechtsprechung der Versuch gemacht, einige selbständige Lösungen von allgemeinerer Bedeutung aufzustellen. — Wieland, Zeitschrift für schweizerisches Recht (1924) 43, 221 ff. (legt im wesentlichen die Anschauungen dieses Buches zugrunde). — (Desgleichen unter Offenlassung einer Teilfrage) Bühler, Zeitschrift für Handelsrecht (1924) 87, 339. — F. Tezner, Rechtsquellen des österreichischen Verwaltungsrechts (1925) 25 ff.: „das internationale österreichische Verwaltungsrecht ist österreichisches Recht." Behandelt werden an Hand einer umfänglich beigezogenen Rechtsprechung Fragen des Geltungsbereichs (nach den Kategorien „Personalstatut", „Realstatut") und des Fremdenrechts ohne erkennbare Scheidung. — A. Verdross, Die Verfassung der Völkerrechtsgemeinschaft (1926)

167 (im Anschluß an dies Buch). — Simons in Académie de droit international, recueil des cours 1926 15, 446 ff. (Teil des „internationalen öffentlichen Rechts", zu dem auch das Völkerrecht gehört). — E. Frankenstein, Internationales Privatrecht (1926) 1, 259 (jede Rechtsdisziplin hat ihr Grenzrecht; es ist „die Rechtsmaterie selbst sub specie des Raumes"; dazu aber auch Neumeyer, Zeitschrift für ausländisches Privatrecht 3, 263). — Held im Staatslexikon[5] (1927) 2, 1549 f. (es gibt ein manchmal internationales Verwaltungsrecht geheißenes Verwaltungsvölkerrecht und einen Rechtszweig dieses Namens als Teildisziplin des internationalen Privatrechts im Sinn dieses Buches). — W. Jellinek, Verwaltungsrecht ([1] 1928 137 ff.; [3] 1931 144 ff.) bringt klare und mehrfach förderliche Ausführungen über die „räumliche Herrschaft" des inländischen Verwaltungsrechts, im besondern über einige „Hauptpunkte": die Rechtsgeltung bei Gebietsveränderungen; die der Rechtssetzungsgewalt gesteckten räumlichen Grenzen; Erörterungen, ob nur das öffentliche Interesse des Inlands Gegenstand verwaltungsrechtlichen Schutzes ist. — W. Sauer, Lehrbuch der Rechts- und Sozialphilosophie (1929) 287 (Frage nach dem anwendbaren Recht). — Raape (1931) 3 (Rechtsfälle mit Auslandsbeziehung). — M. Wolff (1933) 1 (Frage nach dem anwendbaren Recht). — Schwarz (zit. unten § 7 Z. 2) S. V (im Sinn des vorliegenden Buches). — Dagegen der österreichische Verwaltungsgerichtshof 1. 3. 1913 Zeitschrift für Völkerrecht 7, 56: es wäre „ein unzulässiger Anachronismus", hinter Gesetzen von 1869 und 1870 bereits „ein internationales Wasserrecht nach Art des autonomen internationalen Privatrechts" zu suchen.

[27] J. Kosters, Het karakter van het internationaal privaatrecht (1908) 41; Het internationaal burgerlijk recht (1917) 2 (Kollision der Gesetzgebungen). H. Marcella, Allgemeene bepalingen van wetgeving voor Nederlandsch-Indië (1913) 161 (Gesetzeskonflikte). — A. N. Makarov, Das russische Zwischenprivatrecht (1926) 5 (örtliches Anwendungsgebiet der Sachnormen des Verwaltungsrechts). A. A. Bogolepov, Die Rechtsstellung der Ausländer in Sowjetrußland (1927) 8 (Erstreckung des einheimischen Verwaltungsrechts). — Streit in Festgabe für Fleiner (1927) 318 f. (Teil des innerstaatlichen internationalen Privatrechts; auch Gegenstand des Völkerrechts, wenn durch Staatsverträge geregelt). — Vareilles-Sommières, La synthèse du droit international privé (1897) 1 S. XXX ff. (das internationale Privatrecht hat einen verwaltungsrechtlichen Teil; gehört als Fremdenrecht dem innerstaatlichen Recht an, aber auch dem Völkerrecht). I. Sinzot, Les traités internationaux pour la protection des travailleurs (1911) 23 f. (Gegenstand gehört teils in das Völkerrecht, teils mit Rücksicht auf Gleichstellung der Ausländer in das innerstaatliche Recht). E. Mahaim, Le droit international ouvrier (1913) 22 f., 71 (teils Völkerrecht, teils internationales Privatrecht). Am weitestgehenden haben die neuen Anschauungen unter den französischen Schriftstellern bei J. P. Niboyet, Manuel de droit international privé[2] (1928) 13 Aufnahme gefunden (Bestimmung des zuständigen Rechts; vgl. auch 613 ff. über Anwendung ausländischer Gesetze; die ersteren Ausführungen schon bei Pillet-Niboyet [1] 1924 16); auch die Besprechungen Revue 1925, 319 und 1926, 628 dürften auf Niboyet zurückgehen. — J. de Dios Trias, Estudios de derecho internacional privado (1910) 23, 30 (Teil des internationalen Privatrechts). Marin, El derecho administrativo internacional in International Law Association, Report 1913, 486 ff. übernimmt von den Italienern die Teilung in *derecho internacional administrativo* und in *derecho administrativo internacional*, räumt innerhalb des letzteren mit

dem Verfasser dieses Buches der Begrenzung des Inlandsrechts einen Platz ein; „aber wenn man das mit Übertreibung bis zu seinen letzten Konsequenzen führt, würde man das internationale Verwaltungsrecht (derecho administrativo internacional) zu einem Teil des sogenannten internationalen Privatrechts herunterdrücken und damit die Einbeziehung in das internationale öffentliche Recht leugnen, zu dem ein großer Teil des hier behandelten Rechts unzweifelhaft gehört." (Bei Marin auch Hinweis auf ein Buch von Royo 1909, das anscheinend die Wahrnehmung staatlicher Interessen außerhalb des Gebiets als internationales Verwaltungsrecht ansieht.) Ruiz Funes, gleicher Report 596 ff. (Konflikt der Gesetzgebungen beim Arbeiterschutz). R. Bielsa, Derecho administrativo argentino (1921) 1, 14[39] (etwa im Anschluß an Otto Mayer). — Über Hershey und Bustamante oben Anm. 18, 15. — Andererseits T. Baty, Polarized law (1914) 14 f.: öffentliches Recht verbleibt außerhalb des internationalen Privatrechts, weil der Staat das öffentliche Recht anderer Staaten nicht durchsetzt.

[28] Zeitschrift 17, 50 ff. 130 ff. 275 ff. Gelegentliche Hinweise schon 1902 Zeitschrift für die gesamte Strafrechtswissenschaft 23, 445; 1906 ebenda 27 S. 1, 3, 50, 51 und in Vergleichende Darstellung des deutschen und ausländischen Strafrechts, Besonderer Teil 9, 505[1].

[29] Dazu seither Grundlinien des internationalen Verwaltungsrechts 1911, Sonderabdruck aus Blätter für vergleichende Rechtswissenschaft 7, 10 ff. und für französische Leser (nicht Lehrer, wie mich ein böser Druckfehler im Vorwort des 2. Bandes sagen läßt!) Revue générale de droit international public 1911 18, 492 ff. Wörterbuch des deutschen Staats- und Verwaltungsrechts[2] (1912) 2, 438 ff. Archiv des öffentlichen Rechts (1913) 31, 99 ff. Zeitschrift (1914) 24, 186 ff. Wörterbuch des Völkerrechts (1924) 1, 577 ff. Genfer Revue de droit international 1925, 102 ff.

[30] E. Isay, Das deutsche Fremdenrecht 1923; Zwischenprivatrecht und Zwischenverwaltungsrecht in Bonner Festgabe für Zitelmann (1923) 289 ff.; Académie de droit international, recueil des cours 1924 5, 457 ff.; Artikel Internationales Verwaltungsrecht in Handwörterbuch der Rechtswissenschaft (1928) 3, 344 ff. Das Buch über Fremdenrecht umfaßt auch Einzelerörterungen über die räumliche Geltung des Polizeirechts, der zuletzt genannte Artikel bringt eine Anzahl grundsätzlicher Zusammenfassungen. Die Ausführungen Isay's stehen in enger Fühlung mit den Anschauungen des vorliegenden Buches; über einzelne Abweichungen später.

[31] De l'efficacité extraterritoriale des lois et des actes de droit public in Académie de droit international, recueil des cours 1929 27, 144 ff. (im folgenden nach dem Sonderabdruck angeführt). Fedozzi glaubt den Rechtsstoff von der Anwendung ausländischen Rechts her systematisieren zu können. — Eine Dissertation von Käte Weiss, Die Anerkennung ausländischer Verwaltungsakte 1933 schöpft aus den bisher erschienenen Bänden dieses Werkes, enthält einige hübsche Ansätze, ist aber den Schwierigkeiten des Gegenstands nicht gewachsen.

[32] Neumeyer, Gemeinrechtliche Entwickelung des internationalen Privatrechts 2 S. 27, 33 ff., 93, 94, 141; für die Folgezeit Zeitschrift 24, 187[1].

[33] Aus der rasch anschwellenden Literatur seien etwa hervorgehoben: E. Zürcher, Kritische Darstellung der bundesrechtlichen Praxis betreffend das Verbot der Doppelbesteuerung 1882. M. v. Seydel, Bayerisches Staatsrecht ([1]1889) 4, 103 ff. L. v. Bar, Theorie und Praxis des internationalen Privatrechts (1889) 1, 317 ff. Die besonders einflußreich gewordene Ab-

handlung von Schanz, Finanzarchiv (1892) 9 II 1 ff. W. Vocke, Grundzüge der Finanzwissenschaft (1894) 212 ff., 256. Die erste selbständige Untersuchung über den Gegenstand A. Garelli, Il diritto internazionale tributario 1899. G. Fasolis, Le doppie imposizioni 1914. E. Blumenstein, Schweizerisches Steuerrecht (1926) 31 ff., 123 ff. H. F. Goodrich, Handbook of the conflict of laws (1927) 63 ff. Niboyet in Académie de droit international, recueil des cours 1930 31. 1 ff. Herzfeld, Vierteljahrsschrift für Steuer- und Finanzrecht (1932) 6, 423 ff. W. Wengler, Beiträge zum Problem der internationalen Doppelbesteuerung 1935. Die wesentlichste Darstellung bietet jetzt E. Isay, Internationales Finanzrecht 1934. Vgl. ferner die Arbeiten des Völkerbunds und der Internationalen Handelskammer über Doppelbesteuerung. Daneben etwa A. Pillet, Principes de droit international privé (1903) 240 ff.; Griziotti in Académie de droit international, recueil des cours 1926 13, 3 ff. Weitere Angaben Zeitschrift 24, 187 und 217 ff.; Angaben über Doppelbesteuerung auch bei Isay 111[119].

[34] So schon, um 1280, Jacobus de Ravanis, lectura in Codicem (gedruckt unter dem Namen des Bellapertica) C 1, 1, 1. — Mit Rücksicht auf die Verbindung, die später zwischen internationalem Privatrecht und Völkerrecht hergestellt wurde, sei erwähnt, daß auch Grotius, de jure belli ac pacis l. 2 c. 2 § 14 einschlagende Fragen behandelt.

[35] Nachweise Zeitschrift 24, 187, 217 ff. Dazu beispielsweise Blumenstein 44; Goodrich 63; Rodriguez-Ramon in Répertoire de droit international (1929) 5, 674. Als innerhalb des Institut de droit international die Doppelbesteuerung behandelt wurde (Nachweise Zeitschrift 218), hat es freilich erstaunlich lange gedauert, bis man über den Standort dieser Fragen ins reine kam; vgl. noch Annuaire 22, 302 (Pierantoni); 29, 183 (Jitta); auch der Bericht Strisower's 28, 68 ff. dringt noch nicht durch. — Reichsgericht 25. 6. 1914 VII 119/1914 (ungedruckt, Auszug Leipziger Zeitschrift 1914, 1847): im internationalen Steuerrecht gibt es anders als im internationalen Privatrecht keine bestimmten Grundsätze, deren Verletzung eine Revision begründen könnte.

[36] Zürcher a. a. O. 55: auch bei der Doppelbesteuerung handelt es sich um die Grenzen der Rechtsherrschaft; die Fragestellung Savigny's, Einreihung des Rechtsverhältnisses in das Rechtsgebiet, dem es seiner Natur nach angehört, ist auch für öffentlichrechtliche Verhältnisse und damit für das Steuerrecht die allein wissenschaftliche. Ähnlich Clauss, Finanzarchiv (1888) 5 I 138, der bereits die grundsätzliche Begrenzung der Fragestellung auf das Inlandsrecht erkannt hat. Schanz a. a. O. 2. J. v. Bartoscewicz, Die Erbschaftssteuer im internationalen Rechte (1899) 9 ff.

[37] Für ein internationales Verwaltungsrecht als Recht des europäischen Gesamtlebens schon Stein in Jahrbuch der Gesetzgebung 6, 435 442 und in der 3. Auflage des Handbuchs der Verwaltungslehre 1, 266. Garelli 7, 20 erliegt noch dem Doppelsinn des Begriffs *diritto internazionale pubblico* und will demgemäß den Gegenstand unter das „internationale öffentliche Recht" stellen. G. Salvioli, Le doppie imposte in diritto internazionale (1914) 10 ff., 57 f. unterscheidet entsprechend der Zweiteilung Donati's ein *diritto internazionale finanziario* und ein *diritto finanziario internazionale*, beschränkt seine Behandlung aber auf das Finanzvölkerrecht (doch ist der 1. Band des hier vorliegenden Werkes für Salvioli 14[1] „eher eine rechtsvergleichende Studie"). Niboyet weist der Lehre ihren Platz im „internationalen Privatrecht" und innerhalb dieses in einem „internationalen Verwaltungsrecht" an.

[38] Kurz im Wörterbuch des deutschen Staats- und Verwaltungsrechts[2]

1. Kapitel.

Vorbemerkungen.

§ 2.

Verwaltungsrecht und Völkerrecht.

1. Völkerrecht und innerstaatliches Recht. — 2. Verwaltungsrecht im Völkerrecht? — 3. Völkerrecht im Verwaltungsrecht.

Völkerrecht und innerstaatliches Recht.

1. Das internationale Verwaltungsrecht ist, wie spätere Ausführungen zeigen sollen, grundsätzlich ein Teil des innerstaatlichen Rechts. Um Mißverständnisse auszuschließen, erscheint es wünschenswert, von vornherein Klarheit darüber zu schaffen, in welchem Sinn dies Buch vom Völkerrecht spricht. Kann an dieser Stelle keine ausdrückliche Auseinandersetzung mit abweichenden Meinungen erfolgen, so wird hier immerhin das Ergebnis einer solchen Auseinandersetzung vorgelegt.

Völkerrecht ist eine Rechtsordnung zwischen Staaten. Es ist eine über den Staaten stehende Ordnung, getragen von der Staatengemeinschaft, eine einheitliche Ordnung für die Gesamtheit der angeschlossenen Staaten, als Wille einer unorganisierten Gemeinschaft notwendig ungeschriebenes Recht, in ihren Bestandteilen erkennbar an der Überzeugung, ein Satz sei verbindliches Recht. Verhaltensvorschriften für Staaten, die durch Beschluß eines völkerrechtlichen Vereins oder durch völkerrechtlichen Vertrag begründet werden, können ihre Verbindlichkeit nur aus einem Rechtsgeschäft des Völkerrechts gewinnen, in Anwendung der allgemeinen Rechtssätze, die dem nach Völkerrecht gebildeten Verein Vereinsgewalt über die Mitglieder einräumen, die den Inhalt einer gegenseitigen Willensbindung als Vertrag für wirksam erklären.

(1912) 2, 444; eingehend Zeitschrift 24, 186 ff. Die letzteren Ausführungen kleiden sich in die Form einer Besprechung von G. Lippert, Internationales Finanzrecht 1912. Dies Buch (als Materialiensammlung nützlich) ist, systematisch gesehen, ein wüstes Gemenge von Sätzen des Völkerrechts, Staatsrechts, Verwaltungsrechts, Privatrechts, die Auslandsbeziehungen enthalten und nach der Meinung des Verfassers mit dem Finanzrecht in Verbindung stehen. Das Vorwort der 2. Auflage von 1928 zeigt, daß der Verfasser das systematische Problem, das hier vorliegt, gar nicht erfaßt hat.

[39] Dorn, Deutsche Juristenzeitung 1924, 682 ff.; Kritische Vierteljahrsschrift für Steuer- und Finanzrecht (1927) 1, 195; Zeitschrift für ausländisches Privatrecht (1934) 8, 665. P. Guggenheim, L'imposition des successions en droit international (1928) 12 ff., 37. Herzfeld a. a. O. Etwa auch F. E. Stalder, Die internationale Doppelbesteuerung (Dissertation 1927) 5.

Als eine Ordnung für die Staaten kann das Völkerrecht nur für Staaten (und für Staatenvereine, die als Rechtssubjekt des Völkerrechts anerkannt sind) Recht begründen. Der einzelne Bürger, aber auch die Person, die als Organ für den Staat handelt, sind dem Völkerrecht nicht erreichbar. Wo immer ein Rechtssatz Pflichten für den Bürger oder für ein Staatsorgan aufstellt, da kann nur ein Rechtssatz des innerstaatlichen Rechts vorliegen. Wohl aber ist es möglich, daß ein Rechtssatz oder ein Rechtsgeschäft des Völkerrechts den Staat verpflichtet, seinen Bürgern oder seinen Organen gegenüber Vorschriften eines bestimmten Inhalts zu besitzen.

Das Völkerrecht als eine Ordnung für die Staaten ist autonom und in seinen Inhalten unabhängig von der Zustimmung der einzelnen Staaten der Gemeinschaft. Es entspricht dem derzeit gegebenen geschichtlichen Zustand, daß jener Staatengemeinschaft die Macht zuerkannt wird, von sich aus verbindliche Ordnung zu setzen. Auf der andern Seite aber ist es wiederum geschichtliche Gegebenheit, daß der Staat in seinem Verhältnis zum Bürger und im Verhältnis zu seinen Organen oberste, in ihrer Legitimation von niemand weiter abhängige Gewalt besitzt. So bilden Völkerrecht und innerstaatliches Recht getrennte Systeme, deren jedes dem andern unabhängig gegenübersteht. Es hat sich ein rechtlicher modus vivendi zwischen ihnen herausgebildet, der mögliche Konflikte zu einem Teil verhindert. Aber grundsätzlich liegen die beiden Ordnungen in verschiedenen Ebenen, und es entscheidet im einzelnen Fall der Ausgangspunkt des Beurteilers: ob er eine Rechtsfrage vom Boden des innerstaatlichen Rechts aus oder vom Boden des Völkerrechts aus prüft; je nach dem Ausgangspunkt muß der Primat der einen oder der andern Ordnung zukommen[1].

Verwaltungsrecht im Völkerrecht?

2. Kann man innerhalb des Völkerrechts einen verwaltungsrechtlichen Teil ausscheiden? Es ist zuweilen behauptet worden. Und ist doch völlig unvereinbar mit einer Auffassung des Völkerrechts, wie sie im Vorausgehenden vertreten wurde. Ist das Völkerrecht eine Ordnung für die Staaten, so müßten es die Staaten sein, die als Rechtsunterworfene von einer solchen Ordnung gebunden würden, und es müßte diese Ordnung ausgehen von der Staatengemeinschaft als der Macht, die Träger solcher Ordnung ist. Verwalten heißt Tätigkeit ausüben. Wo eine Gemeinschaft verwaltet, muß sie Organe haben, die für sie

[1] Es mag mit Rücksicht auf den Inhalt dieses Buches beigefügt werden, daß ein solcher Dualismus auch für das Verhältnis des kirchlichen zum staatlichen Recht vorkommen kann; insofern nämlich der Beurteiler sich in seinem Gewissen verpflichtet fühlen mag, kirchlicher Ordnung unabhängig von den Gesetzen des Staates Verbindlichkeit zuzuerkennen.

wirksam werden. Die Staatengemeinschaft aber, die Träger des Völkerrechts ist, ist eine unorganisierte Gemeinschaft. Sie kann keine Organe haben, ohne aufzuhören, diejenige geschichtliche Macht zu sein, als die sie heute anerkannt ist. Sie vermag Träger einer Rechtsüberzeugung zu sein, deren Inhalt verbindliche Norm für die Staaten ist, aber sie kann nicht den Staaten gegenüber eine Verwaltung durchführen[2].

Vielmehr: wo wirkliche Verwaltung ist, da kann dies nur eine Verwaltung sein, die der Staat über die Einzelnen als Rechtsunterworfene führt. Das allgemeine Völkerrecht mag Anforderungen irgendwelcher Art an diese innerstaatliche Verwaltung stellen. Etwa, dem Exterritorialen gegenüber ist die Polizeigewalt gehemmt, außer es wäre Gefahr auf Verzug. Häufiger sind es Rechtsgeschäfte des Völkerrechts, vor allem Staatsverträge, welche den Inhalt der einzelstaatlichen Verwaltung binden. Z. B. eine Vereinbarung, welche die Nachtarbeit der Frauen verbietet. Dem Völkerrecht aber gehört im einen und im andern Fall nur die Bindung an, auf Grund deren die staatliche Verwaltung eine bestimmte Ausgestaltung empfangen soll; das Verhältnis zwischen Staat und Einzelperson, auf das derart Einfluß genommen werden will, bleibt eine Angelegenheit des innerstaatlichen Rechts. Und das ist auch nicht anders bei Vereinbarungen, die eine sehr mißverständliche Auffassung rechtserzeugende Staatsverträge nennt. Wenn ein Staatsvertrag über die Vereinheitlichung des Wechselrechts formulierte Regeln enthält, nach denen ein Wechsel zur Zahlung vorgelegt, ein nicht bezahlter Wechsel protestiert werden müsse, so sind das Regeln des innerstaatlichen Wechselrechts, nicht des Völkerrechts; völkerrechtlicher Bestandteil des Abkommens ist nur, daß die beigetretenen Staaten verpflichtet sind, diese Regeln in ihr Wechselrecht aufzunehmen. Wenn im Landkriegsabkommen zu lesen steht, daß die Plünderung verboten ist, so gehört auch hier dem Völkerrecht nur die Verpflichtung an, daß die angeschlossenen Staaten ihren Militärpersonen ein solches Verhalten vorschreiben und für die Durchführung der Vorschrift verantwortlich sind; die Vorschrift selbst verpflichtet ein Staatsorgan gegenüber Einzelpersonen, sie gehört (vgl. dazu unten § 3 Z. 4) dem innerstaatlichen Recht der auswärtigen Verwaltung an.

---

[2] So mit vollkommener Klarheit schon Donati (angeführt oben S. 11 [24]) 432 ff. Entsprechend Neumeyer in Wörterbuch des Völkerrechts 1, 581. Die Einwendungen, die gegen Donati erhoben worden sind, lassen zu einem Teil die Klarheit empfindlich vermissen, wer bei einem als bestehend angenommenen Verwaltungsvölkerrecht verwaltet und über wen Verwaltung geführt wird. Soweit eine bestimmte Anschauung darüber erkennbar ist, handelt es sich durchweg um eine Verwaltung des Staats über den Bürger als Rechtsunterworfenen, die in irgendeine Verbindung mit dem Völkerrecht gebracht wird.

Die gleiche Rechtslage besteht, wo Angelegenheiten des Verwaltungsrechts einen völkerrechtlichen Verein beschäftigen. Der völkerrechtliche Verein ist kenntlich an der Möglichkeit, Mehrheitsbeschlüsse zu fassen (auch ist er zuweilen, aber keineswegs immer oder auch nur regelmäßig, mit der Eigenschaft eines Rechtssubjekts des Völkerrechts ausgestattet). Wenn hier eine Vereinsgewalt über die Mitglieder besteht, so ist das eine auf der Vereinsgründung als einem Rechtsgeschäft des Völkerrechts beruhende Gewalt über Staaten, die ihnen die völkerrechtliche Verpflichtung auferlegt, sich Mehrheitsbeschlüssen zu fügen. Wenn aber der Inhalt des Vereinsbeschlusses darauf abzielt, es solle irgendeine Verwaltungsmaßnahme Platz greifen, so kann das wiederum nur die Verwaltung eines Staats über ein Individuum zum Gegenstand haben; z. B. der Völkerbund verpflichtet seine Mitglieder zu einer gerechten Behandlung der Eingeborenen.

Eben das gilt aber auch, wo eine Mehrheit von Staaten sich eines gemeinschaftlichen Organs bedient, um Verwaltungsangelegenheiten durchzuführen[3]. Auch hier muß es sich um die Verwaltung eines Staats über Einzelpersonen handeln, und die Eigentümlichkeit besteht nur darin, daß an der Willensbildung des verwaltenden Staats andre Staaten mitbeteiligt sind. Wenn eine gemeinschaftliche Kommission der Uferstaaten eine wasserrechtliche Konzession an dem Grenzfluß verleiht, so ist das ein Verwaltungsakt innerhalb des Verwaltungsrechts der beiden Uferstaaten. Aber es ist durch den Zusammenschluß nicht etwa ein neuer Träger von Hoheitsrechten entstanden, der in einem Rechtssystem außerhalb der beiderseitigen Verwaltungsrechte Hoheitsakte setzen könnte. Das ist nicht anders, wenn die Europäische Donaukommission im rumänischen Donaudelta Abgaben erhebt: die Einräumung des das Gebiet beherrschenden Staats macht solche Betätigung der Steuergewalt möglich; die in der Kommission vertretenen Staaten üben sie als eigene Aufgabe und in Verbindung mit den andern in der Kommission vertretenen Staaten. Wenn die Regierungskommission des Saargebiets diesen Landstrich — deutsches Gebiet — verwaltete, so schaffte die Einräumung Deutschlands wiederum die Grundlage; es schob sich diesmal ein völkerrechtlicher Verein, der Völkerbund, dazwischen, den die Vertragsstaaten des Versailler Vertrags mit der Verwaltung des Gebiets beauftragt hatten, und der seiner-

[3] Neuerdings hat der Völkerbund ein *„tribunal administratif"* für Streitigkeiten mit seinen Angestellten eingerichtet. Aber die „Verwaltung", von der hier die Rede ist, bedeutet nur die Zusammenfassung der personalen Kräfte, mit denen der Völkerbund seine Zwecke verfolgt, nicht anders, wie auch ein großes Privatunternehmen eine Verwaltung in diesem Sinn besitzen kann. Zu einer völkerrechtlichen Verwaltung führt auch hier kein Weg. Nicht frei von Mißverständnissen S. Basdevant (zit. oben S. 9[18]) 272 ff.

seits den Auftrag durch die Regierungskommission ausführte. Völkerrechtlich aber ist an alledem nur das Rechtsgeschäft, das die beteiligten Staaten zu gemeinschaftlicher Tätigkeit verbindet; möglicherweise auch die Einräumung eines drittbeteiligten Staats (Rumänien für die Donaukommission, Deutschland für das Saargebiet), die eine fremde Verwaltung im Inland zuläßt; die Begründung eines völkerrechtlichen Vereins, dem der Auftrag erteilt ist. Aber die Verwaltung selbst, die derart geführt wird, ist staatliche Verwaltung über Individuen, wie in jedem andern Fall[4]. —

Dennoch mag es vorkommen, daß das einzelstaatliche Verwaltungsrecht unter andern Gesichtspunkten mit dem Völkerrecht Berührung erlangt. Die völkerrechtliche Gemeinschaft nimmt kein Interesse an den einzelnen Rechtsverhältnissen völkerrechtlicher Art, die in Anwendung ihrer allgemeinen Rechtssätze oder vermittelt durch Rechtsgeschäfte des Völkerrechts wirklich werden. Aber die Außenverwaltung der einzelnen Staaten nimmt an solchen Rechtsverhältnissen als berechtigte oder verpflichtete Partei den lebhaftesten Anteil. Es besteht für den einzelnen Staat das Bedürfnis, die Gesamtheit der Bindungen zu überblicken, an denen er beteiligt ist, und es liegt sehr nah, die ungeordnete Masse dieser Bindungen dadurch übersehbar zu machen, daß sie nach dem System eingeteilt werden, das dem Staat für sein innerstaatliches Recht vertraut ist. So mag es auch zu einer Gruppe völkerrechtlicher Bindungen, vor allem vertraglicher Bindungen kommen, die auf die Verwaltung Bezug haben. Aber selbstverständlich verbleibt es hierfür bei der oben S. 21 geschilderten Rechtslage: völkerrechtlich ist in solchen Fällen nur die Bindung; das Verwaltungsreht, auf das die Bindung Bezug hat, ist das innerstaatliche Verwaltungsrecht des verpflichteten Staats; erfüllt der gebundene Staat die Verpflichtung, seiner Verwaltung einen bestimmten Inhalt zu geben, so entsteht innerstaatliches Verwaltungsrecht der gewöhnlichen Art; erfüllt der gebundene Staat seine Verpflichtung nicht, so hat sein Verwaltungsrecht eben einen andern Inhalt; von einem völkerrechtlichen Verwaltungsrecht läßt sich auch dabei selbstverständlich nicht sprechen. —

---

[4] Eine sehr häufig vertretene Meinung sieht in den zusammengeschlossenen Staaten eine neue Einheit, die von sich aus den Bereich der zusammengeschlossenen Staaten verwaltet, und da der Zusammenschluß nur auf völkerrechtlicher Grundlage entstehen kann, wird daraus schlankweg eine „völkerrechtliche Verwaltung“ gemacht. Solche Verwaltung indessen auf die verbundenen Staaten als Einheit zu beziehen, ist eine typisch soziologische Betrachtungsweise, die der juristischen Analyse nicht standhält. Sie aber auch noch als völkerrechtliche Verwaltung anzusprechen, wird nur durch den Mißbrauch des Wortes „international“ möglich, das durch die Vielfalt seiner Bedeutungen manchen vor der Anstrengung einer klaren Begriffsbildung beschützt. — Weiteres hierzu unten § 34.

Und endlich noch eine andre Form möglicher Berührung zwischen Völkerrecht und Verwaltungsrecht. Wie jede Sozialnorm, so verweisen auch die Normen des Völkerrechts und die auf sie gegründeten Rechtsgeschäfte auf zahllose Einrichtungen, die außerhalb ihrer selbst bestehen. So finden sich solche Verweisungen auch auf Rechtseinrichtungen des innerstaatlichen Rechts, auch des innerstaatlichen Verwaltungsrechts. Z. B. um die Dreiseemeilengrenze der Küstengewässer zu bestimmen, muß die Länge der Seemeile selbst bestimmbar sein; ihre Ausdehnung ist nicht in allen Ländern die gleiche. Das allgemeine Völkerrecht und häufige Staatsverträge kennen Geldschulden von Staat zu Staat; eine Geldschuld aber muß währungsmäßig begrenzt sein und sich damit in einer bestimmten Währung ausdrücken lassen. Die völkerrechtliche Gemeinschaft selbst kann weder Maß noch Währung haben; ein unorganisierter Verband kann keine Einrichtungen organisieren. Aber es handelt sich hier nicht um unmittelbare Regelung, sondern um Verweisung. Die Verweisung geht notwendig auf das Maßsystem, auf die Währung irgendeiner einzelstaatlichen Verwaltung. Welche das ist, entbehrt an dieser Stelle des Interesses[5]; wesentlich ist nur, daß auch auf diesem Weg keine völkerrechtliche Verwaltung entsteht.

Völkerrecht im Verwaltungsrecht.

3. Wohl in den allermeisten Staaten der völkerrechtlichen Gemeinschaft gilt heute im Endergebnis der Rechtssatz, daß das innerstaatliche Recht im Zweifel so auszulegen ist, daß sein Inhalt mit den völkerrechtlichen Verpflichtungen dieses Staats vereinbar bleibt, und in zahlreichen Fällen erfolgt solche Anpassung durch ausdrückliche Vorschrift. Damit erwächst die Möglichkeit, daß Verpflichtungen nach Völkerrecht sich in innerstaatliches Recht umsetzen, und es kann damit das Völkerrecht, wie auf alle andern Teile des Rechtssystems, auch auf das Verwaltungsrecht Einfluß nehmen. Beispiele sind oben S. 21 erwähnt worden. In jedem solchen Fall ist der Bestand der völkerrechtlichen Verpflichtung Vorfrage; der Verwaltungsrechtssatz selbst, dem auf Grund ihrer ein Inhalt zugewiesen wird, ist innerstaatliches Recht und unterscheidet sich in nichts von andern Rechtssätzen des Verwaltungsrechts, die ohne völkerrechtlichen Zwang verbindlich geworden sind. Für das Folgende sind solche völkerrechtlich beeinflußte Vorschriften des Verwaltungsrechts unwesentlich[6]. Und nur da, wo

---

[5] Vgl. über die aufgeworfenen Fragen oben 3 II 91[50] und eingehend 122 f.; auch die Beispiele S. 150 f., 235 ff.

[6] Über sonstige Einwirkungen des Völkerrechts auf das materielle Verwaltungsrecht auch unten § 8; über sein Verhältnis zum Recht der auswärtigen Verwaltung unten § 3 Z. 4.

Völkerrecht auf den Inhalt des innerstaatlichen internationalen Verwaltungsrechts unmittelbar oder mittelbar Einfluß nimmt, wird Anlaß sein, auf einen Zusammenhang dieser Art einzugehen [7].

§ 3.

Die Einteilung des innerstaatlichen Rechts [1].

1. Öffentliches und Privatrecht. — 2. Staatsrecht. — 3. Die Teile des Verwaltungsrechts. — 4. Fortsetzung. Das Recht der auswärtigen Verwaltung. — 5. Die andern Teile des Rechts. Der Staat und das Privatrecht im besondern.

Öffentliches und Privatrecht.

1. Die Einteilung in öffentliches und Privatrecht ist ein Ergebnis wissenschaftlicher Betrachtung, nicht eine Scheidung, die unmittelbar in den Rechtsinhalten gelegen wäre, die Frage, ob solche Einteilung zutrifft, also eine Frage nach der Richtigkeit von Erkenntnissen, nicht eine Frage nach dem Soll-Gehalt von Rechtsnormen. Und das ist nur da [2] anders, wo ein Rechtssatz eine Verweisung auf jene wissenschaftliche Einordnung vornimmt und ihr damit Bedeutung für die Rechtsinhalte gibt, z. B. ein Rechtssatz, nach dem „bürgerliche" Rechtsstreitigkeiten vor die ordentlichen Gerichte gehören.

Aber freilich, jene wissenschaftliche Einteilung ist ihrerseits aus der Betrachtung der Rechtsinhalte abgezogen, und wenn dies Buch im Verlaufe seiner Ausführungen davon ausgeht, daß für das öffentliche Recht zum Teil andres gilt als für das Privatrecht, so ist dabei vorausgesetzt, daß es Rechtsinhalte gibt, die, zusammengefaßt unter der Bezeichnung öffentliches Recht, unter sich gemeinsame Eigentümlichkeiten aufweisen, die den als Privatrecht bezeichneten Rechtsinhalten fehlen. Wo liegen diese Eigentümlichkeiten des Rechtsinhalts?

Der Unterschied eines so verstandenen Gegensatzes von öffentlichem und Privatrecht muß zunächst als ein Gegensatz innerhalb der Vorschriften aufgesucht werden, die ein Verhalten regeln; ein Verhalten von Privaten oder von Staatsorganen. Rechtssätze, die Verhaltensvorschriften nicht zum Inhalt haben, entziehen sich dem alsbald festzustellenden Kennzeichen solchen Gegensatzes, dem Verhältnis von Überordnung oder von Nebenordnung zwischen dem Anspruchsberechtigten

---

[7] Vgl. dazu unten § 36 Z. 2; § 42 Z. 3 und das letzte Kapitel.

[1] Auch die folgenden Ausführungen sollen die Auffassungen klarlegen, von denen dies Buch ausgeht. Auch sie sind das Ergebnis einer Auseinandersetzung mit umfänglicher Literatur, ohne daß doch die Einzelheiten dieser Auseinandersetzung hier Raum finden könnten.

[2] Zufälligerweise und gewiß nicht in allen staatlichen Rechtsordnungen.

und dem Anspruchsverpflichteten: die Rechtssätze über den Aufbau des Staats und über die staatliche Rechtserzeugung im besondern; alsdann die Ordnung zuständlicher Rechtslagen, an die Verhaltensvorschriften nicht geknüpft sind, z. B. die Regelung der Währung. Man wird zunächst geneigt sein, die Frage als müßig anzusehen, ob auch solche Rechtssätze dem öffentlichen Recht angehören. Da indessen positive Gesetze zuweilen voraussetzen, daß der Gegensatz die Gesamtheit des Rechts aufteilt, z. B. jene Vorschrift, daß vor die ordentlichen Gerichte bürgerliche Rechtsstreitigkeiten gehören, bedarf es einer Aufteilung über den Bereich der Ansprüche hinaus — es ist etwa streitig, ob eine Feststellung der Staatsangehörigkeit von den Zivilgerichten oder den Verwaltungsbehörden zu treffen ist — und es wird unter derartigen Umständen nichts übrigbleiben, als für Fälle dieser Art ein zweites Kennzeichen zu Hilfe zu nehmen und insoweit als öffentlichrechtlich zu erklären, was sich auf den Staat bezieht, oder genauer: was nicht die gegenseitigen Beziehungen von Privaten zum Inhalt hat. Indessen können solche Sonderschwierigkeiten für das Folgende beiseite bleiben, und es handelt sich nunmehr darum, das regelgemäße Kennzeichen des Unterschieds zwischen Privatrecht und öffentlichem Recht, wie es für Verhaltensvorschriften in Betracht kommt, klarzustellen.

Herrschaftsverhältnisse begegnen zunächst auf außerrechtlichem Boden als Gebilde des Gemeinschaftslebens, die Herrschaft des Hausvaters über die Familie, die Herrschaft des Staats über die Untertanen. Die Rechtsordnung mag solche Tatbestände unter ihre Regelung ziehen, z. B. sie ordnet die elterliche Gewalt. Sie ordnet dies Verhältnis von außen her. Ob der Vater Regeln aufstellt für das Verhalten der Kinder oder Anordnungen für den einzelnen Fall trifft, und wie er seinen Willen durchsetzt, ist rechtlich gleichgültig, soweit nicht Mißbräuche von Rechts wegen abgeschnitten werden, und nur darin äußert sich die rechtliche Anerkennung des Herrschaftsverhältnisses in seiner Richtung gegen die Gewaltunterworfenen selbst, daß Auflegung und Durchsetzung des väterlichen Willens nicht rechtswidrig ist, deshalb z. B. nicht der Strafdrohung wegen Nötigung verfällt. Im deutschen Mittelalter werden auch die Befugnisse der Staatsgewalt nicht anders behandelt; die Herrschaftsrechte des Grundeigentümers über die unfreien Hintersassen und diejenigen des Trägers einer Gerichtsbarkeit über die Gerichtsunterworfenen sind von gleicher Art: der Zentralgewalt gegenüber nutzbare Rechte, deren Ausübung (wiederum abgesehen von der Abschneidung von Mißbräuchen) rechtlich gleichgültig ist. Jedoch mit der Ausbildung einer einheitlichen Staatsgewalt und dem Zusammenschluß der Rechtsbildung und der Regierung in der Hand des Staats wird das anders: das Innenverhältnis zwischen dem Träger der Herrschaft und den Beherrschten wird Gegenstand rechtlicher Regelung.

Es ist dieselbe Staatsgewalt, die Forderungen an die Beherrschten stellt, und die nunmehr diese Forderungen als Recht ausgestaltet, dieselbe Staatsgewalt, die ihren Willen bei den Beherrschten durchsetzt, und deren Machtäußerungen nunmehr nur dem eigenen Gutbefinden unterliegen. Diese Möglichkeit rechtlicher Selbstbestimmung, die so für den Staat erwächst, führt zu der Begründung besondrer Rechtsinhalte. Die Ansprüche, die der Staat auf Grund seiner Herrschaft erhebt (zusamt ihren Voraussetzungen und Beschränkungen), werden rechtlich anders behandelt als Ansprüche, bei denen der Staat ohne Rücksicht, wer der Gläubiger ist, den allgemeinen Rechtsschutz verleiht. Jene Sonderbestimmungen, verstreut in Einzelheiten des positiven Rechts, erweisen sich einheitlich als die Auswirkung eines rechtlichen „Mehrwerts“, der dem Staat als dem Träger der Herrschaft zugebilligt wird. Und so werden die Ansprüche des öffentlichen Rechts durch das Merkmal der Überordnung, diejenigen des Privatrechts durch das Merkmal der Nebenordnung der Beteiligten bezeichnet, scheiden sich insoweit die Rechtssätze selbst je nach dem Gegenstand ihrer Regelung in solche des öffentlichen und des Privatrechts[3].

Eine Verschiedenheit zwischen öffentlichem und Privatrecht ist keineswegs notwendiger Bestandteil eines jeden Rechtssystems. Sie ist weder dem auf dem Boden der Gleichheit geordneten Völkerrecht, noch dem auf der Grundlage der Unterworfenheit geordneten Normensystem der katholischen Kirche eigen. Aber für ihr innerstaatliches Recht kehrt eine solche Verschiedenheit in allen Kulturstaaten der Gegenwart wieder. Auch in den Ländern angloamerikanischen Rechts.

Die wissenschaftliche Scheidung zwischen öffentlichem und Privatrecht hat bei dem wenig entwickelten systematischen Bedürfnis der englischen Rechtslehre nur geringe Beachtung gefunden. Und es hängt das insbesondre mit der Verspätung zusammen, mit der die Rechtslehre dort die systematische Einheit eines Verwaltungsrechts erfaßt hat. In neuerer Zeit ist die Scheidung auch dem englischen Rechtsdenken vertrauter geworden[4]. Doch wäre das auch anders: jene Scheidung ist, wie früher erwähnt, nicht Norminhalt, sondern wissenschaftliche Erkenntnis, und es ist für den Inhalt des englischen Rechts gleichgültig, wie dieser Inhalt wissenschaftlich eingeordnet wird und

---

[3] Wer die beiden oben und hier entwickelten Kennzeichen des öffentlichen Rechts zu einer einheitlichen Formel zusammenziehen wollte, könnte danach sagen: Öffentliches Recht ist das Recht, das den Staat regelt, soweit er sich nicht für sein Verhalten dem Privatrecht unterstellt. Privatrecht sind Verhaltensvorschriften zwischen Personen, die das Recht als gleichwertig behandelt.

[4] Nachweise bei O. Köllreuter, Verwaltungsrecht und Verwaltungsrechtsprechung im modernen England (1912) 214.

wer diese Einordnung vollzieht. Was für den gegenwärtigen Zusammenhang allein in Betracht kommt, ist die Frage, ob auch für das englisch-amerikanische Recht hinsichtlich der Rechtsinhalte Gruppen von Vorschriften bestehen, auf Grund deren ein Verhalten[5] kraft staatlicher Überordnung gefordert wird. Für das Strafrecht und das Prozeßrecht gilt eine Bejahung der Frage nun freilich als selbstverständlich. Daß es ein englisches Verwaltungsrecht gibt, hat man zuweilen bezweifeln wollen. Und doch handelt es sich bei diesen Einwendungen nur um Mißverständnisse. Daß auch der englische Staat außerhalb der Justiz Tätigkeiten im öffentlichen Interesse vornimmt, also verwaltet, ist so gewiß wie, daß solche Tätigkeit nach Rechtssätzen erfolgt, mögen sie dem Staatsorgan freies Ermessen einräumen oder die einzelne Aufgabe selbst unter rechtliche Ordnung stellen. Und ebenso gewiß ist, daß solche Aufgaben mit den Machtmitteln des Staats kraft Rechtens verwirklicht werden. Was jenen Erörterungen zu grunde liegt, ist nicht die Frage, ob es dergleichen Recht gibt, sondern ob seine Ausgestaltung sich nicht in wesentlichen Punkten von der Ausgestaltung unterscheidet, die das Verwaltungsrecht in Frankreich und in Deutschland gefunden hat. Das aber betrifft Verschiedenheiten, die für die folgenden Ausführungen völlig unerheblich sind[6].

Staatsrecht.

2. Wenn im folgenden von den einzelnen Teilen des Rechtssystems gehandelt wird, so geschieht auch das nur im Hinblick auf die These, daß einem jeden dieser Teile ein Internationalrecht ent-

[5] Ob man in England auch außerhalb des Bereichs der Verhaltensvorschriften von einem öffentlichen Recht sprechen kann, ist hier unwesentlich. Daß es auch für England ein Verfassungsrecht gibt, ist ja unbestritten.

[6] Es ist vornehmlich Dicey gewesen, der das Bestehen eines englischen Verwaltungsrechts geleugnet hat. Er erblickt das Kennzeichen eines Verwaltungsrechts („nach französischer Art") in der Übertragung der Rechtskontrolle an besondre Verwaltungsgerichte, während in England die Zuständigkeit der ordentlichen Gerichte ungeschmälert geblieben sei. Das aber betrifft offenbar die besondere Ausgestaltung, nicht das Bestehen eines englischen Verwaltungsrechts. Und dasselbe gilt auch für andere Merkmale, auf die man gelegentlich abgestellt hat, das Maß des freien Ermessens, das englischen Verwaltungsbehörden zukomme, oder die mangelnde Zusammenfassung ihrer Tätigkeit in Zentralinstanzen. In der Tat hat auch Dicey selbst später seine Aufstellungen wesentlich eingeschränkt. Vgl. den Streitstand bei Köllreuter a. a. O. 208 ff. Dazu seither Dicey, Law Quarterly Review (1915) 31, 148 ff. W. A. Robson, Justice and administration (1928) 26 ff. mit weiteren Angaben. E. Freund, Administrative Powers (1928) 227 und sonst. Auch G. Jèze, Verwaltungsrecht der französischen Republik (1913) 1[1]. Erich Kaufmann in Wörterbuch des Staats- und Verwaltungsrechts[2] (1914) 3, 693. Marx in Verwaltungsarchiv (1931) 36, 393 ff.

sprechenden Inhalts zur Seite stehe, und um dem Verhältnis der Zweige dieses Internationalrechts zu einander die Grundlage zu geben [7].

Zunächst das Staatsrecht. Schon die vorausgehenden Erörterungen zeigen, daß man nicht einfach sagen kann, im Staatsrecht ordnet der Staat sich selbst. Alles Recht will letzten Endes ein menschliches Verhalten regeln, und auch ein Staatsrecht als Summe von Rechtsinhalten kann sich dem nicht entziehen [8]. Die Verhaltensvorschriften aber, um die es sich hier handelt, liegen zumeist in den andern Rechtsteilen beschlossen. Wenn der verwaltende, richtende, strafende Staat sich in seinen Organen irgendwie verhalten oder die Einzelnen ihm gegenüber ein Verhalten beobachten sollen, wenn der Staat am allgemeinen Rechtsverkehr teilnimmt, so ist dabei überall vorausgesetzt, daß eine rechtliche Ordnung darüber besteht, wie der Staat aufgebaut und seine Einrichtungen beschaffen sind. Und nicht minder häufig sind andre Vorschriften, die in bezug auf den Staat oder seine Einrichtungen (ohne daß er selbst beteiligt wäre) irgendein Verhalten fordern, die das Staatswappen zum Gegenstand eines Verhaltens im Warenzeichenrecht machen, von der Staatsangehörigkeit eine Pflicht zur Sicherheitsleistung im Prozeß abhängen lassen, und die gleichfalls eine vorgängige Ordnung des Staats und seiner Einrichtungen voraussetzen. Solche rechtliche Ordnung aber hat alsdann für die übrigen Rechtsteile die Bedeutung von begriffsentwickelnden Rechtssätzen, so wie es in kleineren Verhältnissen nicht selten vorkommt, daß ein Gesetz irgendein Merkmal in seinen Tatbestand aufnimmt und in einem besondern Rechtssatz dieses Merkmal näher bestimmt.

Nur freilich wäre es mißverständlich, alsdann einer verbreiteten Meinung zu folgen und anzunehmen, es handle sich im Staatsrecht um die Ordnung des ruhenden Staats gegenüber den Tätigkeiten, die der durch das Staatsrecht geformte Staat zumal nach Verwaltungsrecht entfalte. Es mag nur gestreift sein, daß der Gegensatz von ruhend und bewegt eine außerrechtliche Betrachtungsweise bedeutet, die nicht als Merkmal für eine Scheidung von Rechtsinhalten dienen könnte. Der Staat kann selbst der Verhaltensvorschriften nicht entraten. Um seine Ordnung fertigzustellen, muß der Staat unmittelbar die mannig-

---

[7] Und es richten sich Kürze und Länge der folgenden Ausführungen selbstverständlich nach diesem Bedürfnis, nicht nach der Bedeutung, die ein Gegenstand bei selbständiger Behandlung zu beanspruchen hätte.

[8] Wer davon ausgehen wollte, daß der Staat sich mit den Mitteln des Rechts organisiert, um in der Welt der Wirklichkeit wirksamer handeln zu können, würde auf die gesellschaftliche Funktion, nicht auf den Sollgehalt der Rechtssätze abstellen. Es würde also die Zugehörigkeit eines Satzes zu Vorschriften über solche Organisation noch kein Kennzeichen für die Scheidung von Rechtsinhalten abgeben.

fachsten Tätigkeiten fordern und unter rechtliche Regelung bringen: „verfassungsrechtliche Hilfstätigkeiten", wie man sie (etwas zu eng) manchmal genannt hat, und die augenscheinlich auch zu den Inhalten des Staatsrechts gehören[9]. —

Bemüht man sich, den ungefähren Inhalt eines Staatsrechts der Gegenwart aufzunehmen, so sieht man sich zunächst auf den rechtlichen Aufbau des Staats selbst hingewiesen. Ist er Rechtssubjekt, und ist er ein einheitliches Rechtssubjekt? (Für England wird bekanntlich andres vertreten.) Der Bestand des Staats in seinen festen und beweglichen Teilen verlangt Umgrenzung: das Staatsgebiet mit seinen Ausstrahlungen, etwa dem Luftraum. Das bewegliche Zubehör des Gebiets wie die fließende Wasserwelle. Und insbesondre die Menschen, die mit ihm verbunden sind[10].

---

[9] Da das Staatsrecht insoweit sich der gleichen Rechtsformen bedient, wie das Verwaltungsrecht, kann es sich bei der Regelung dieser Hilfstätigkeiten nicht um eine Artverschiedenheit gegenüber den Regeln des Verwaltungsrechts handeln, sondern nur um die Anwendung der für beide geltenden Rechtsformen auf einen andern Inhalt. Der Versuch, solche Hilfstätigkeiten als „Regiminalverwaltung" zu einem besondern Teil des Verwaltungsrechts zusammenzufassen, wäre deshalb (wenn man nur die auf das Recht der auswärtigen Verwaltung bezüglichen Bestandteile aussondert) an sich möglich. Aber es würde ein Recht der Regiminalverwaltung, neben ein abgesondertes Staatsrecht gestellt, zusammengehöriges auseinanderreißen, und es würde damit der Unterschied begriffsentwickelnder Rechtssätze und solcher, die unmittelbar ein Verhalten bestimmen, zum Unterscheidungmerkmal erhoben, während in andern Rechtsteilen Rechtssätze der einen und andern Art unterschiedslos vorkommen. — Eine neuere Lehre will unter Staatsrecht das Recht der staatlichen Selbstgestaltung („Integration") verstehen gegenüber dem Verwaltungsrecht als nur technischem Recht. Indessen auch das sind Anschauungen von außerrechtlicher Art. Alles Recht ist für den Juristen technisches Recht. Und wenn als Niederschlag jener Lehre der Satz aufgestellt wird, daß Staatsrecht nach „politischen", Verwaltungsrecht nach „technischen" Rücksichten ausgelegt werden müsse, so läßt sich — zumal diese Auslegungsregeln sich mit jener Einteilung überkreuzen — auch daraus keine Scheidung der Rechtsteile gewinnen. — Ein Versuch, das Verfassungsrecht als das in Form der Verfassungsgesetzgebung begründete Recht dem übrigen Recht, insonderheit dem Verwaltungsrecht gegenüberzustellen, macht die Einteilung von dem zufälligen Umstand abhängig, ob ein Staat überhaupt solche Gesetzgebung kennt — wichtige Rechtsordnungen wie diejenigen Englands und Frankreichs entbehren einer entwickelten Gesetzgebung dieser Art — und bedeutet in Wirklichkeit den Verzicht auf eine Scheidung.

[10] Es wäre unrichtig, das Recht der Staatsangehörigkeit deshalb als Gegenstand des Staatsrechts anzusehen, weil den Staatsangehörigen vielfach die Stellung eines Staatsorgans z. B. in der Ausübung des Wahlrechts zukommt. Das könnte von vornherein nur für den Verfassungsstaat der Gegenwart zutreffen; geschichtlich hat sich das Recht der Staatsangehörigkeit als Anknüpfung für Rechtsunterworfenheit ausgebildet, und das spielt,

Seine Attribute, Fahnen, Wappen können rechtliche Bedeutung besitzen[11].

Entsprechende Fragen für andre öffentliche Körper, die der Staat anerkennt. Auch für sie bedarf die Stellung als Rechtssubjekt, als Träger öffentlicher Gewalt, bedarf der Bestand nach der räumlichen und der persönlichen Seite der Bestimmung, und es tritt die Notwendigkeit einer Ordnung des Verhältnisses zwischen Staat und Verband hinzu.

Sollen Staat und andre öffentliche Körper aber handeln, so müssen Organe vorhanden sein, deren Tätigkeit ihnen zugerechnet wird[12]. Und es bedarf der Vorsorge, daß die Menschen zu Gebote stehen, die als Organ für den Verband handeln sollen. Das Ämterrecht mit Einschluß des Rechts der Berufsbeamten hat hier seinen rechtlichen Standort.

Die Art der amtlichen Tätigkeit verlangt rechtliche Regelung: Voraussetzungen, Formen, Wirkungen der Amtshandlungen, im besondern etwa auch deren Sicherung durch Beurkundung. Soweit öffentliche Aufgaben bestimmten Organgruppen zugewiesen sind, wird vielleicht eine grundsätzliche Ziehung und Sicherstellung der Grenze zwischen ihnen nötig: für das Verhältnis von Rechtspflege und Gesetzgebung, von Justiz und Verwaltung, zwischen bürgerlicher und militärischer Gewalt. —

Die rechtliche Ordnung der einzelnen Aufgaben der öffentlichen Gewalt hat sich im Lauf der Zeit als selbständiger Gegenstand der Erkenntnis abgespalten und stellt demgemäß besondre Rechtsteile dar. Nur für die zentrale unter diesen Aufgaben ist das anders und muß das anders sein: für die Rechtserzeugung als Tätigkeit öffentlicher Verbände. Einer Normierung der besondern Rechtsinhalte muß eine rechtliche Ordnung dieser Normierung selbst vorangehen. Sie ist

---

wie etwa die Wehrpflicht zeigt, auch heute seine Rolle. Wo aber in Gestalt des schweizerischen oder österreichischen Heimatrechts eine Gemeindeangehörigkeit als Zugehörigkeit entsprechender Art ausgebildet ist, da erhellt die Unmöglichkeit, einen solchen Status in das Verfassungsrecht der Gemeinde unter dem Gesichtspunkt der Organstellung einzugliedern, von vornherein.

[11] Auch Vorzugsstellungen im Staat wie Adel und akademische Grade könnte man hier anreihen. Doch hat bezüglich ihrer schon früh ein Bedeutungswandel stattgefunden, der sie heute zusammen mit Verleihungen nichtstaatlicher Art als „Auszeichnungen" zu einem Gegenstand des Verwaltungsrechts macht. S. darüber Bd. 1, 283[7].

[12] Für die Aufnahme in das Staatsrecht kommt die Ordnung derjenigen Organe in Betracht, deren Aufgabe inhaltlich über einen besondern Rechtsteil hinausreicht, oder deren Aufgabe eine besondre staatsrechtliche Angelegenheit ist. Wo die Grenze im einzelnen läuft, beläßt dem Urteil des Beobachters einigen Spielraum.

ihrerseits wieder Rechtsinhalt und hat in der Welt des Tatsächlichen zur Voraussetzung die Anerkennung einer unabhängigen Gemeinschaft, deren Wille als Recht gilt. Als Rechtsinhalt betrachtet, bedarf die Rechtserzeugung einer Ordnung ihrer Voraussetzungen: der Bezeichnung der Organe, die befugt sind, für den Staat und andre autonome Körper Recht zu bilden. Das Verfahren der Rechtsbildung kann Gegenstand von Rechtssätzen sein. Die Arten der Rechtsbildung sind zu regeln: geschriebenes und ungeschriebenes Recht und ihr wechselseitiges Verhältnis; die Arten geschriebenen Rechts, das Gesetz und seine Verstärkung zum Verfassungsgesetz, die Verordnung. Hinzu treten vielleicht Regeln über die Auslegung, die unabhängig von besondern Rechtsinhalten Anwendung finden wollen. Die Wirkungen der Rechtsbildung bedürfen der Normierung: etwa gegenüber einer fehlerhaften Gesetzgebung. Die Abgrenzung, die zeitlich, räumlich, persönlich zwischen mehreren Ordnungen desselben Rechtsträgers besteht, mag in Frage kommen. Insbesondre aber bedarf es einer Umgrenzung der Tatbestände, die, gegenübergehalten der Wirksamkeit andrer unabhängiger Gemeinschaften, unter die eigene Regelung fallen sollen: hier ist der Standort des internationalen Privatrechts und seiner Nachbargebiete im Rechtssystem!

Weiter macht die Rechtserzeugung auch eine Ordnung derer nötig, die dem Recht unterworfen sein sollen: die Rechtsfähigkeit als Teilnahme an der Rechtsordnung, die Geschäftsfähigkeit als die selbständige Teilnahme an der Rechtsordnung werden Gegenstand der Normierung.

Die Lehre von den Rechtsverhältnissen des öffentlichen Rechts hat im Staatsrecht ihren Platz, soweit es sich dabei nicht nur um eine Zusammenfassung von Sondervorschriften in abstrahierender Darstellung handelt, sondern aus solcher Zusammenfassung Rechtssätze von positiver Verbindlichkeit hergeleitet werden, die auch für andre Rechtslagen gelten als diejenigen, aus denen sie abgezogen sind. —

Dagegen genügt der Umstand, daß Verfassungsgesetze gewissen besondern Rechtsinhalten verfassungsmäßigen Schutz verleihen, dem Postgeheimnis, der Versammlungsfreiheit, nicht, solche Rechtsinhalte selbst in das Staatsrecht zu ziehen; nur der hinzutretende besondre Schutz wird Gegenstand des Staatsrechts. Auch Einrichtungen, die der fertige Staat begründet, gehören nicht in diesen Zusammenhang: die Währung ist Sache des Verwaltungsrechts. Aber auch die Abgrenzung zwischen einer Unterworfenheit unter die Staatsgewalt und bürgerlicher Freiheit, wie sie insbesondre in französischen Werken über Staatsrecht begegnet, kann[13] systematisch nicht hierher gehören; denn

[13] Unbeschadet selbstverständlich einer Darstellung im Staatsrecht.

es handelt sich bei ihr um die Abstraktion aus Sonderregelungen, die nach ihrem Inhalt lediglich Bestandteil der einzelnen Sonderrechtszweige sind.

Die Teile des Verwaltungsrechts.

3. Von den Rechtssätzen über die Tätigkeit, welche der Staat zur Durchführung seiner Aufgaben entfaltet, haben sich im Lauf der Jahrhunderte die Sätze des Strafrechts und des Prozeßrechts abgespalten. Die Rechtssätze über die gesamte Staatstätigkeit, die einer solchen Abspaltung nicht unterlag, bilden — soweit es sich nicht nach dem Vorausgegangenen um Staatsrecht handelt — das Verwaltungsrecht. Kennzeichen der Zugehörigkeit zu einem dieser Rechtsteile ist (von den begriffsentwickelnden Sätzen des Staatsrechts abgesehen) je die Eigenart der Rechtsfolge.

Die Inhalte, die hienach dem Verwaltungsrecht verbleiben, sind außerordentlich vielgestaltig. Sie sind übereinstimmenden Rechtsformen unterstellt. Aber es ist nicht möglich, mit der bloßen Kenntnis solcher Formen eine Kenntnis des Verwaltungsrechts selbst zu erschließen. Erst die Rechtssätze, welche die einzelne Einrichtung regeln, ergeben in ihrer Aufreihung den bestehenden Rechtszustand. Und es ist deshalb gar nicht anders möglich, eine Kenntnis dieses Rechtszustands zu vermitteln, als die einzelnen Aufgaben zur Grundlage zu nehmen, deren Ordnung das geltende Verwaltungsrecht ausmacht. Eine Teilung nach Aufgaben aber bedeutet Teilung nach den Zwecken, denen eine öffentliche Tätigkeit dient, und so werden zur Aufteilung innerhalb des Verwaltungsrechts andre Gesichtspunkte verwertet als diejenigen, die das Verwaltungsrecht von den übrigen Rechtsteilen scheiden.

So ergibt sich als erster Einteilungsgrund des Verwaltungsrechts die Scheidung von Maßnahmen, die den eigenen Bedürfnissen des Gemeinwesens dienen, von solchen, die in den Dienst seiner Beziehungen zu andern Gemeinwesen gestellt sind. Das Recht der inneren Verwaltung tritt dem Recht der auswärtigen Verwaltung gegenüber. Von letzterem später. Doch pflegt nicht die gesamte Ordnung der eigenen Angelegenheiten eines Staats dem Recht der inneren Verwaltung eingerechnet zu werden. Man scheidet zunächst die sogenannte Justizverwaltung aus, die auch hier einstweilen beiseite bleiben soll; eine Erörterung der staatlichen Tätigkeit im Dienst des Strafrechts und des Privatrechts wird Anlaß geben, auf sie zurückzugreifen. Und man verselbständigt die Ordnung der beiden großen Mittel, deren der Staat bedarf, seine unmittelbaren Aufgaben durchzuführen: des Heeres als der physischen Macht und des Vermögens als der wirtschaftlichen Macht des Staates.

Ob es veranlaßt ist, das Recht der Heeresverwaltung mit Komma oder mit Strichpunkt dem Recht der inneren Verwaltung anzuschließen, läßt der Meinung des Beurteilers Raum, läßt insbesondre den zeitlichen und örtlichen Umständen, unter denen er schreibt, Einfluß. Es ist hier entsprechend den Anschauungen, die bei Beginn dieses Werkes in Deutschland herrschten, das Militärverwaltungsrecht aus dem Recht der inneren Verwaltung ausgeschieden worden. Seinen Inhalt bilden die Rechtssätze über die Organisation der bewaffneten Macht, über den Militärdienst und über die Militärlasten, die im Interesse des Heeres Dritten auferlegt sind. Dagegen wäre es völlig mißverständlich, auch die Rechtssätze über die Verwendung der bewaffneten Macht in das Recht der Heeresverwaltung einzubeziehen — so mißverständlich, wie es sich augenscheinlich darstellen würde, wollte man in das Recht der Finanzverwaltung die Ordnung der Aufgaben einbeziehen, für die das staatliche Vermögen verwendet wird — es handelt sich da, etwa bei der Unterdrückung von Unruhen, um Sicherheitspolizei und handelt sich insbesondre bei der Kriegführung um eine Angelegenheit der auswärtigen Verwaltung.

Sichtbar hebt sich innerhalb des Umkreises des Verwaltungsrechts der Bereich der Finanzverwaltung von dem der inneren Verwaltung ab. Man will allerdings ein solches Finanzverwaltungsrecht öfter einem „Finanzrecht" eingliedern. Und eine Darstellung, welche die Gesamtheit der Rechtsvorschriften über das Vermögen öffentlicher Verbände mit seinen aktiven und passiven Bestandteilen, über die Beschaffung der öffentlichen Einnahmen, den Vollzug der öffentlichen Ausgaben als Finanzrecht zusammenfaßt, ist sicherlich aufschlußreich und nützlich. Aber ein derart zusammengefaßtes Finanzrecht kann in ein Rechtssystem, das nach der Art der Rechtsfolge einteilt, nicht eingereiht werden. Die öffentlichen Verbände bewirtschaften ihr Vermögen zu einem erheblichen Teil auf privatrechtlichem Boden, beschaffen sich mit dessen Mitteln zu einem Teil ihre Einnahmen, und es müssen auch Sondersätze privatrechtlicher Art, die sich auf solche Maßnahmen beziehen, dem Privatrecht eingegliedert bleiben. Entsprechendes gilt für Sondersätze zivilprozeßrechtlichen Inhalts, die sie ergänzen. Auf der andern Seite obliegt es dem Staatsrecht, die Willenbildung der öffentlichen Verbände, die Verteilung von Zuständigkeiten, die Ordnung von Aufsichten zwischen solchen Verbänden in Finanzsachen zu bestimmen. Dem Finanzverwaltungsrecht aber verbleibt als Gegenstand der Regelung: die Behördeneinrichtung innerhalb des Verbands, die mit seinen Finanzen befaßt ist. Die dienstliche Tätigkeit, die auf sie Bezug hat, zum mindesten insoweit, als diese Tätigkeit innerhalb des Behördenorganismus sich abspielt. Nach außen, dritten Personen gegenüber, kommt dem Verwaltungsrecht je nach der Art der finanzrechtlichen Betätigung verschiedene Bedeutung zu. Die Verwaltung der einzelnen Bestandteile des öffentlichen Vermögens, die sich nach deutscher Rechtsauffassung wesentlich auf privatrechtlichem Boden vollzieht, gibt nur ergänzend Anlaß zu hoheitlichem Eingreifen; nach französischer Rechtsauffassung freilich ist diese Verwaltung selbst eine Angelegenheit des öffentlichen Rechts, zumal in Gestalt eines öffentlichen Eigentums oder öffentlichrechtlicher Schulden. Vorschriften über den Vollzug der Ausgaben sind zu einem erheblichen Teil staatsrechtlicher Art, jedenfalls geben sie kaum Anlaß zu Vorschriften des Verwaltungsrechts, die Dritte verpflichten[14]. Der eigentliche Bereich solcher Vorschriften sind die öffentlichen Einnahmen. Vielleicht handelt es sich auch hier nur um ergänzende Anordnungen des Verwaltungsrechts: bei der Durchführung von Aneignungsrechten, bei bodenwirtschaftlichen oder gewerblichen Betrieben der öffentlichen Hand[15]. In umfassendstem Ausmaß ist das Verwaltungsrecht beteiligt, wo es sich um die Auflegung von Geldleistungen zu gunsten des öffentlichen Vermögens handelt: von Gebühren, Vorausleistungen[16], Steuern.

Fortsetzung. Das Recht der auswärtigen Verwaltung[17].

4. Die Teile des innerstaatlichen Rechts finden ihren Einteilungsgrund in der Art der Rechtsfolge. Innerhalb des insoweit einheitlichen Verwaltungsrechts erweist sich, so wurde oben ausgeführt, eine Scheidung nach den einzelnen Aufgaben der Verwaltung als veranlaßt. Als eine scharf sich absondernde Gruppe unter diesen Aufgaben erscheint die Wahrnehmung der Beziehungen von Staat zu Staat.

Die auswärtige Verwaltung hat dementsprechend eine Eigentümlichkeit, die sie von allen andern Betätigungen im Bereich der innerstaatlichen Verwaltung unterscheidet. Überall sonst sind es entweder Wirksamkeiten der Behörde, die innerhalb des öffentlichen Organismus

---

[14] Zahlungspflichten öffentlicher Verbände (soweit sie nicht privatrechtlicher Art sind) werden in ihrer systematischen Zugehörigkeit selbstverständlich durch den Rechtsgrund bestimmt, auf dem sie inhaltlich beruhen, z. B. armenrechtliche Zahlungspflichten einer Gemeinde an eine andre.

[15] Dabei gehören Aneignungsrechte und Betriebe ihrerseits nur in das Finanzrecht, soweit sie Erwerbszwecken dienen, also etwa ein Bernsteinregal oder Waldbesitz der öffentlichen Hand. Dagegen nicht, wo die Tätigkeit, wenn auch gegen Vergütung, zunächst einem öffentlichen Bedürfnis genügen will; vielleicht bei einer staatlichen Kanalschleppschiffahrt, stets bei staatlichem Postbetrieb.

[16] Es handelt sich auch hier um Leistungen, welche als Ausgleich für einen besondern Vorteil das Finanzvermögen des berechtigten Verbands vermehren sollen. Beiträge, welche den Gegenstand einer Verwaltungseinrichtung bilden, Prämien einer staatlichen Lebensversicherung, Beiträge zu einer öffentlichen Arbeiterversicherung, werden durch die Zugehörigkeit dieser Einrichtung bestimmt.

[17] Neumeyer, Vom Recht der auswärtigen Verwaltung und verwandten Rechtsbegriffen, Archiv des öffentlichen Rechts (1913) 31, 99 ff.; auch Wörterbuch des Völkerrechts 2, 579 f. Auf die dort gegebenen Einzelheiten und näheren Ausführungen muß hier verwiesen werden.

verbleiben, oder und insbesondre, es ist ein Verhalten der Behörde gegen den Einzelnen, und es ist das Verhalten des Einzelnen selbst, das den Gegenstand rechtlicher Regelung bildet. Bei der auswärtigen Verwaltung handelt es sich — in ihrem Kern — um Wirksamkeiten, die den Organismus des eigenen Staats überschreiten, um ein Verhalten der Staatsorgane des Inlands gegenüber den Staatsorganen des Auslands, und nur zufällig um ein Verhalten, das private Interessen betrifft. Die Beziehungen zwischen den Staaten aber werden durch Völkerrecht geregelt. Und so bleibt für eine innerstaatliche Regelung insoweit nur Raum nach Seiten der Organisation und für die innere Ordnung des Dienstes. Der friedliche Staatenverkehr vollzieht sich (von Fällen der Selbsthilfe abgesehen) im Weg der Unterhandlung, der feindliche Staatenverkehr auf den Wegen der Gewalt, ohne daß doch Verhandlungen dabei ausgeschlossen wären. Für das Recht der auswärtigen Verwaltung besteht hier die Möglichkeit einer Regelung innerhalb der eigenen Organe, meist durch Verwaltungsverordnung und Dienstbefehl, zuweilen durch Rechtssatz. Aber auch wenn solche Regelung bis zur äußersten Spitze des innerstaatlichen Organismus vordringt und auf der Gegenseite dasselbe geschieht — von Spitze zu Spitze kann eine rechtliche Ordnung der Beziehungen zwischen gleichgestellten Staaten nur nach Völkerrecht bestehen, und es müssen die Organe der auswärtigen Verwaltung selbst, wo sie die Inhalte ihrer dem Ausland zugewendeten Tätigkeit prüfen, das Völkerrecht — ohne Umsetzung — zugrunde legen.

So hätte das Recht der auswärtigen Verwaltung insoweit also einen winzigen Inhalt, neben der Ordnung der Organisation und jenen dienstlichen Anweisungen etwa noch irgendwelche Vorschriften darüber, daß für gewisse Inhalte Verhandlungen geführt oder nicht geführt werden sollen. So der Anspruch auf diplomatischen Schutz, den die meisten Staaten ihren Angehörigen einräumen, so Gesetze einiger Länder, nach denen Verhandlungen mit andern Staaten, die ihren Angehörigen den Schutz gewähren, in bestimmten Fällen abgelehnt werden sollen. Oder die Vorschrift, daß in Angelegenheiten des innerstaatlichen Rechts ein diplomatisches Verfahren dazwischengeschoben werden muß, z. B. um die Einflugserlaubnis für ein fremdes Flugzeug einzuholen; oder auch, daß ein solches Verfahren entbehrlich ist, etwa bei der Erwirkung von Rechtshilfe. Und es treten dazu noch Vorschriften über die Organisation und über die Betätigung gemeinschaftlicher Stellen mehrerer Staaten, denen die Wahrnehmung von Beziehungen zwischen den Staaten zur Aufgabe gesetzt ist (es wird von ihnen unten § 34 Z. 2 zu sprechen sein).

In Wirklichkeit hat denn auch die Masse der Vorschriften im Recht der auswärtigen Verwaltung andern Inhalt. Sie bezieht sich, wie bei aller Verwaltung, vornehmlich auf das Verhalten von Privatpersonen oder von staatlichen Organen gegenüber Privatpersonen. Im Dienst der Beziehungen von Staat zu Staat erwächst, vereinzelt im Frieden, in weitestem Ausmaß in Kriegszeiten, unbeteiligten Dritten die Pflicht, eine Leistung vorzunehmen, einen Eingriff zu dulden, vielleicht auch eine Pflicht öffentlicher Organe, ein Verhalten ihnen gegenüber zu beobachten. Seitdem die letzte Rechtsbildung den Wirtschaftskrieg gebracht hat, ist die Grenze zwischen denen, die den Staat vertreten, und den unbeteiligten Dritten allerdings verwischt worden. Aber eben das führt auf ein weiteres: die Staatsorgane des Gegners selbst werden Objekt eines Verhaltens, das rechtlicher Regelung zugänglich ist. Wohl will friedliche Verhandlung, will die Anwendung von Gewalt auf den gegnerischen Staat als solchen einwirken. Aber die Tätigkeit, die dabei entfaltet wird, wendet sich gegen leibhafte Menschen. Bei Verhandlungen kommen Maßnahmen gegen die Person des gegnerischen Vertreters, die einer rechtlichen Ordnung bedürfen, kaum in Frage. Die Exterritorialität des Gesandten, die Unverletzlichkeit des Parlamentärs sicheren deren Unabhängigkeit; immerhin gibt es Vorschriften, die bestimmen, wie mit dem Parlamentär zu verfahren ist, um etwa eine Ausspähung zu verhüten. Im Krieg aber richtet sich die Wucht des Angriffs und der Abwehr gegen die Soldaten des Gegners, gegen ihre Person, und ein jeder Staat ist genötigt, (unter der Kontrolle des Völkerrechts) Vorschriften darüber zu haben, wie solche Gewalt zu handhaben ist. Nicht Beziehungen von „Staat“ zu „Staat“ sind insoweit in Frage; der einzelne Soldat ist dem gegnerischen Angriff ausgesetzt, den Verhaltensvorschriften dieses Staats unterworfen (und umgekehrt), wie ja auch die strafrechtliche Verantwortlichkeit des feindlichen Soldaten diesen als Einzelnen der Staatsgewalt des Gegners unterworfen zeigt.

Bevor diese Gedanken weiter erörtert werden, bedarf es allerdings einer Verständigung über die Natur des Kriegsrechts. Sehr häufig wird Kriegsrecht einfach mit Völkerrecht gleichgesetzt, und selbstverständlich ist richtig, daß Rechtssätze über die Ordnung feindlicher Beziehungen zwischen Staaten nur dem Völkerrecht angehören können. Aber in seiner Durchführung wendet sich der Krieg gegen Menschen und ihre Güter. Der Soldat darf nicht plündern: ein Staatsorgan soll das Vermögen eines Privaten nicht schädigen dürfen. Die Bevölkerung hat unter bezeichneten Voraussetzungen eine Kontribution zu entrichten: der Pflichtige hat an die militärische Macht eine Geldzahlung zu leisten. Das alles ist Übung der Staatsgewalt über den Einzelnen, ist innerstaatliches Recht, nicht Völkerrecht. Denn das Völkerrecht regelt Rechte und Pflichten zwischen Staaten, der Einzelne ist ihm rechtlich unerreichbar. Und deshalb m u ß, wo es sich um Verpflichtungen des Einzelnen gegen den Staat oder um die Bindung von Staatsorganen gegenüber dem Einzelnen handelt, innerstaatliches Recht vorliegen. Gewiß greift in alle diese Angelegenheiten Völkerrecht ein: aber nur in dem Sinn, daß ein jeder Staat verpflichtet ist, innerstaatliches Recht zu haben, das diesen völkerrechtlichen Anforderungen entspricht. So setzt sich auch hier das Kriegsvölkerrecht um in innerstaatliche Ordnung. Vielleicht in Sätze des Strafrechts, wenn verboten ist, den erfolgreich zurückgekehrten Spion zu bestrafen. Oder auch in bürgerliches Recht, wenn über das Testament der Kriegsgefangenen Bestimmungen bestehen. Aber die große Masse der Vorschriften des Kriegsvölkerrechts ist, umgesetzt in innerstaatliches Recht, verwaltungsrechtlichen Inhalts. Und da solche Vorschriften im Dienst der Beziehungen von Staat zu Staat bestehen, sind es Vorschriften aus dem Recht der auswärtigen Verwaltung. — Im übrigen aber hat das innerstaatliche Recht auch von sich aus, unabhängig von den Geboten des Völkerrechts, Anlaß, die mannigfachsten Bestimmungen über Kriegsrecht zu treffen. Insbesondre auch bezüglich der vielfältigen Einzelheiten, für die eine völkerrechtliche Bindung nicht besteht. Die Einzelheiten einer Prisenordnung und Prisengerichtsordnung, wo ein Prisengericht seinen Sitz haben soll, wie mit einer eingebrachten Prise zu verfahren ist, gehören von vornherein nur einem Recht der auswärtigen Verwaltung an, wie es der einzelne Staat von sich aus aufstellt.

Und nunmehr kann der ungefähre Inhalt eines Rechts der auswärtigen Verwaltung angegeben werden. Hat das Staatsrecht geordnet, wer den Gesamtstaat dem Ausland gegenüber zu vertreten hat, so bleibt die Organisation des Außendienstes selbst dem Verwaltungsrecht überlassen. Hinzukommt die Ordnung für die innere Tätigkeit dieses Dienstes. Gelegentliche Bestimmungen über das diplomatische Verfahren, die schon erwähnt wurden. Sonst etwa die Verwaltung der Landesgrenze mit ihren Vorschriften über die Tätigkeit der mit dem Gegenstand beauftragten Behörden, mit den Verpflichtungen, die sie vielleicht für die angrenzenden Grundbesitzer vorsieht. Weiterhin die Durchführung von Repressalien. Und es wirft auch das Kriegsverwaltungsrecht seine Schatten in das Recht der Friedenszeit oder in friedlich gebliebene Länder. So, wenn den Gewerbetreibenden verboten ist, das Zeichen des Roten Kreuzes zu verwenden. Es wird ein Waffenhandelsverbot erlassen gegenüber Unruhen, die in einem bestimmten Staat ausgebrochen sind. Oder es stellt der neutrale Staat (vielleicht schon in Friedenszeiten) Grundsätze auf für die Schiffahrt der Kriegsparteien in seinen Gewässern; er verfügt Beschränkungen zu Lasten der Einzelnen, um seine Neutralität nicht beeinträchtigen zu lassen. Und dann (davon gleich unten) das gewaltige Ausmaß, in dem die

Durchführung eines Friedensvertrags dazu führen kann, dem Einzelnen verwaltungsrechtliche Verpflichtungen aufzuerlegen.

Aus dem Kriegsrecht selbst gehört die gesamte Normierung der Feindseligkeiten hieher, wie sie im Landkrieg und im Seekrieg der Übung von List und von Gewalt gegen Personen und Sachen Schranken zieht; gegen die Militärpersonen und die militärischen Einrichtungen des Staats, und gegen die Zivilbevölkerung und ihr Vermögen, zumal auch gegen die neutrale Schiffahrt. Der Schutz gegen Übergriffe der Zivilbevölkerung im Landkrieg gibt Anlaß zur Ausbildung eines besonders bezeichnenden Kriegspolizeirechts[18]. Die Beschaffung des Kriegsbedarfs an Menschen und Gütern veranlaßt, dem Einzelnen Lasten aufzuerlegen. Und dann mag ein Friedensschluß dazu führen, den Staatsorganen der Ordnung bedürftige Aufgaben zuzuweisen[19], und er kann dazu führen, den Einzelnen mit Geldleistungen, Sachleistungen und dem ganzen Apparat ihrer Durchführung zu belasten.

Neben alle diese Angelegenheiten, die im Rahmen eines einzelnen Staats verbleiben, treten alsdann gemeinschaftliche Einrichtungen, die den Beziehungen von Staat zu Staat dienen sollen, rechtlich geregelt nach seiten ihrer Organisation und ihrer Betätigung, Einrichtungen der Vermittlung wie der Völkerbund, oder Einrichtungen zur Streitentscheidung wie der Haager Gerichtshof.

Und schließlich gehört in den Bereich der auswärtigen Verwaltung die Wahrnehmung staatlicher Interessen auch da, wo ein anerkannter Staat nicht gegenübersteht. Also die Begründung staatlicher Herrschaft in bisher staatenlosem Gebiet[20], mit der Ordnung des Vorgehens, das dabei zu befolgen ist, zusamt den Vorschriften über ein Verhalten gegenüber etwa widerstrebenden Eingeborenen. Und auch bei der administrativen Bekämpfung des Seeraubs handelt es sich um Abwehr gegen eine von außen eindringende Gewalt, hinter der kein anerkannter Staat steht; Seeraub denationalisiert[21].

---

[18] Grenze zwischen Verwaltungsrecht und Strafrecht: ob als Rechtsfolge einer Zuwiderhandlung Unschädlichmachung oder Ausgleich eines Rechtsbruchs in Frage kommt. Als Anhaltspunkt kann Dazwischenschiebung eines geordneten Verfahrens verwertbar sein.

[19] Man könnte zweifeln, ob die Durchführung einer Gebietsveränderung nach seiten des Gebiets und nach seiten der Staatsangehörigkeit (bei Regelung der Optionen) nicht als Hilfstätigkeit dem Staatsrecht einzureihen wäre. Indessen nach dem Grundsatz der Systembildung, daß das Besondere dem Allgemeinen vorgeht, dürfte der Anlaß solcher Tätigkeiten für eine Einreihung in das Recht der auswärtigen Verwaltung entscheiden.

[20] Dazu des Näheren Archiv 116.

[21] Während sonst das Verhalten gegen Staatenlose lediglich im Rahmen des Rechts der inneren Verwaltung und der Rechtsteile außerhalb der Verwaltung sich abwickelt.

Quelle aller dieser verwaltungsrechtlichen Vorschriften sind zuweilen Landesgesetz, weit häufiger Verwaltungsverordnung und Dienstbefehl, und auch da, wo es sich um eine Umsetzung aus Völkerrecht handelt, mag die Norm vielleicht Gesetzeskraft erlangen; in zahlreichen Fällen hat die umgesetzte Vorschrift wiederum die Eigenschaft einer Verwaltungsverordnung. Die Haager Landkriegsordnung ist in Deutschland in der Weise eingeführt worden, daß sie der Felddienstordnung, selbst eine Verwaltungsverordnung, als Anlage beigegeben wurde. Der „Kriegsbrauch", auf den manchmal verwiesen wird, kann völkerrechtliches Gewohnheitsrecht in sich schließen und wird dann in gleicher Weise umgesetzt wie andre Sätze des Völkerrechts; vielfach wird es sich dabei aber um eine übereinstimmende Übung der Heere selbst handeln, so daß ihm (vielleicht die Kraft eines einzelstaatlichen Gewohnheitsrechts, häufiger) die Bedeutung einer Verwaltungsverordnung zukommen wird. Das Gesetz bindet auch den Gegeninteressenten des Staatsorgans, die Verwaltungsverordnung regelt zunächst nur die Tätigkeit des Staatsorgans selbst als einen Gegenstand des aufgetragenen Dienstes. Aber freilich, gerade im Bereich der auswärtigen Angelegenheiten scheint in manchen Staaten ein Gewohnheitsrechtssatz zu gelten — dessen Bestand und Umfang noch näherer Prüfung bedarf —, nach dem der Einzelne genötigt ist, Eingriffe der Verwaltung zu dulden, auch wenn kein Gesetz zu dem Eingriff ermächtigt, und es wird damit der Unterschied von Gesetz und Verwaltungsverordnung insoweit gegenstandslos.

Daß ein Recht der auswärtigen Verwaltung, wie es im Vorausgehenden dargestellt wurde, nicht zusammenfällt mit dem Recht, das die einem Außenministerium unterstellten Organe bindet, liegt auf der Hand. Zumal die Konsuln werden außer Landes, aber (regelmäßig) nicht im Dienst der Beziehungen von Staat zu Staat tätig. Dasselbe gilt für andre im Ausland errichtete Behörden, Zollstellen, Forstämter und dergleichen, die dem Außenministerium nicht unterstehen. Und ebensowenig handelt es sich um auswärtige Verwaltung bei einer Verwaltung in Außengebieten der staatlichen Herrschaft; die Gemeindeordnung, die das Reich für die vormalige deutsche Niederlassung in Tientsin erlassen hatte, hat innere Verwaltung geregelt. Vollends bedeutet ein Recht der auswärtigen Verwaltung nicht internationales Verwaltungsrecht — so wenig, daß (s. unten § 5 Z. 3) solche Vorschriften selbst einer Begrenzung nach internationalem Verwaltungsrecht bedürfen. Denn das Recht der auswärtigen Verwaltung ist materielles Recht.

Die andern Teile des Rechts. Der Staat und das Privatrecht im besondern.

5. Von den vielfältigen sonstigen Tätigkeiten des Staats, wie sie unter dem Schlagwort Verwaltung zusammengefaßt werden, hat sich die Übung der Strafgewalt abgespalten, und es bildet die Regelung ihrer Voraussetzungen und Wirkungen den Inhalt des Strafrechts. Um der Rechtssicherheit willen aber ist allerwärts vorgesehen, daß eine solche Betätigung des Staats nur dann statthaft sein soll, wenn in einem besondern gerichtlichen Verfahren vorher festgestellt ist, daß und in welchem Ausmaß die Strafgewalt geübt werden kann, und es ist Aufgabe des Strafprozeßrechts, diesem Verfahren seinerseits die rechtliche Ordnung zu geben. Jedoch es wäre mißverständlich, wenn man, verleitet durch die beherrschende Stellung, die Gesetzbüchern für das materielle Strafrecht zukommt, derart trennen wollte, daß man dem Strafrecht den Inhalt des Strafgesetzbuchs, alles Verfahren dem Strafprozeßrecht überweisen wollte. Die Übung der Strafgewalt ist selbst Tätigkeit und darum notwendig an ein Verfahren gebunden (das mit jener dazwischengeschobenen Feststellung, die den Voraussetzungen ihrer Ausübung gilt, nichts zu tun hat), gerade der Strafvollzug ist der eigentliche Kern einer solchen Betätigung der Strafgewalt. Das Recht über die Organisation der Behörden für Strafvollzug und für das Zwischenverfahren wird man in den Bereich des Strafrechts und Strafprozeßrechts einzubeziehen haben; es fehlt jeder innere Grund, die Sorge für diese Organisation als „Justizverwaltung" systematisch zu verselbständigen. Und das gilt ebenso für die Organisation der Zivilgerichte.

Die Tätigkeit des Staats, die sich mit Zivilsachen befaßt, und damit das Recht, das solche Tätigkeit regelt, hat sehr verschieden gestaltete Inhalte. Unter der Bezeichnung Zivilprozeßrecht wird vornehmlich die Ordnung für zwei solcher Tätigkeiten zusammengefaßt, die unter sich jedoch von verschiedener Art sind. Der Staat betrachtet es als seine Aufgabe (anders als bei dem Strafprozeß als seine selbständige Aufgabe), zweifelhafte Rechtsverhältnisse des Privatrechts zur Klärung zu bringen, nicht unähnlich, wie eine öffentliche Waage aufgestellt wird, im Dienst der Privaten Gewichte feststellen zu lassen — wiederum eine Abspaltung von der sonstigen verwaltenden Tätigkeit des Staats, deren Ordnung einer besondern Gruppe von Rechtssätzen zufällt. Den Parteien des Rechtsstreits steht der Staat dabei neutral gegenüber, er gewährt die begehrte Rechtsklärung unabhängig davon, ob dem Kläger ein Recht zusteht oder nicht. Das verhält sich anders bei der zweiten der Aufgaben, die dem Zivilprozeßrecht üblicherweise zugewiesen werden: bei der Zwangsvollstreckung handelt es sich für den

Staat darum, unbefriedigtem Recht zur Durchsetzung zu verhelfen; er geht davon aus, daß der Schutzbegehrende einen Anspruch auf den Rechtszustand hat, der noch nicht verwirklicht ist, und er verbündet sich mit dem Gläubiger, um unter Einsetzung der staatlichen Machtmittel ihm zur Befriedigung zu verhelfen. (Zwischen diesen beiden Teilen des Zivilprozeßrechts besteht nur die sozusagen zufällige Verbindung, daß der Staat seine Machtmittel für eine Vollstreckung lediglich einsetzt, wenn er sich von der Berechtigung des Vollstreckungswerbers überzeugt hat, und daß das wesentlichste Mittel, ihm diese Überzeugung zu verschaffen, das Urteil ist, das in einem über den Anspruch geführten Rechtsstreit erlassen wurde.) Kodifikationen des Zivilprozeßrechts umfassen gelegentlich noch andre Aufgaben von geringerer Bedeutung, z. B. staatliche Mitwirkung bei einem privaten Schiedsverfahren.

Neben den beiden genannten Tätigkeiten aber entfalten öffentliche Behörden die mannigfachste sonstige Wirksamkeit in bezug auf Angelegenheiten des bürgerlichen Rechts. Sie vervollständigen beschränkende Rechtssätze des Privatrechts durch Gewährung von Befreiungen, sorgen für die gleichmäßige Verteilung eines unzureichenden Vermögens im Konkurs, schützen Rechte gegen Bestreitung durch öffentliche Beurkundung, und — neben vielfältigen weiteren Obliegenheiten— sie wirken mit zur Begründung und Aufhebung der Rechtsverhältnisse. Man faßt solche Verrichtungen, wenn sie den Gerichten zugewiesen sind, manchmal als freiwillige oder nichtstreitige Gerichtsbarkeit zusammen. Jedenfalls nun kann innerhalb der staatlichen Tätigkeiten, die auf Privatrecht Bezug haben, für die systematische Einreihung nicht der zufällige und nur partikulare Umstand bestimmend sein, welcher Behörde die Verrichtung zugewiesen ist. Ob die Auflassung eines Grundstücks vor dem Notar oder vor dem Gericht erfolgt, ist für die Eigenart des Vorgangs unwesentlich. Vor allem indessen, wo läuft die Grenze zwischen einem solchen Recht der nichtstreitigen Gerichtsbarkeit und dem bürgerlichen Recht? Sollte es sich bei der Abgrenzung zwischen dem Recht der nichtstreitigen Gerichtsbarkeit und dem Privatrecht um eine Gegenüberstellung von „formellem“ und „materiellem“ Recht handeln? Hinter der mißverständlichen Einkleidung liegt ein brauchbarer Ausgangspunkt. Es mag im bürgerlichen Recht vorgesehen sein, daß eine Adoption durch die bloße Willenserklärung der Parteien zustande kommen kann, und es mag sein, daß der Staat ihre Wirksamkeit an die Mitwirkung einer Behörde knüpft: das eine und das andre sind Vorschriften des bürgerlichen Rechts von übereinstimmender Beschaffenheit, sie regeln eine Rechtsbeziehung im Verhältnis der beteiligten Privaten zueinander. Wenn jedoch der Staat eine Behörde beauftragt, einlaufende Adoptionsgesuche zu prüfen, wenn er die örtliche und die sachliche Zuständigkeit hierfür festsetzt, über die Aufklärung des Tatbestands Weisungen gibt, die Art der Verbescheidung bestimmt, so ist der Inhalt dieser Bestimmungen ein aliud gegenüber der privatrechtlichen Ordnung der Adoption selbst, nicht die Adoption, sondern behördliche Tätigkeit in bezug auf eine Adoption wird geregelt, ein Verfahrensrecht, das dem öffentlichen Recht angehört, und wenn der Antragsteller innerhalb dieses Verfahrens in rechtliche Beziehungen zu der Behörde tritt, so handelt es sich auch dabei um ein Rechtsverhältnis des öffentlichen Rechts. Die erteilte Genehmigung aber — so wenig, wie ihre Versagung — schafft nicht etwa privates Recht (ihre eigene Wirkung beschränkt sich auf eine Unwiderruflichkeit nach öffentlichem Recht); es ist vielmehr ein Privatrechtssatz, der eine Adoption dann als verbindlich erklärt, wenn die Behörde ihre Zustimmung ausgesprochen hat. Ergebnis: nicht, weil es sich bei der nichtstreitigen Gerichtsbarkeit um „formelles" Zivilrecht handelt[22], sondern darum, weil sie verschiedenerlei Inhalt haben, ist das Recht der nichtstreitigen Gerichtsbarkeit als eine Regelung behördlicher Tätigkeit in Zivilsachen verschieden von dem Zivilrecht.

Für das Zivilrecht aber ergibt sich eine Abscheidung vom Recht der streitigen und der nichtstreitigen Gerichtsbarkeit damit von selbst. Bei dem bürgerlichen Recht handelt es sich um eine Ordnung zwischen Privaten. Ob eine Eheschließung der Mitwirkung des Standesbeamten bedarf, und wie beschaffen diese Mitwirkung sein muß, um Rechtsfolgen zu erzeugen, das zu bestimmen ist eine Angelegenheit des bürgerlichen Rechts; hat der Standesbeamte anders gehandelt als vorausgesetzt, so ist eine privatrechtlich gültige Ehe nicht zustande gekommen. Aber der Dienst des Standesbeamten ist dem Privatrecht nicht erreichbar, verbindliche Vorschriften, wie er zu handeln hat, kann ihm nur das öffentliche Recht erteilen, und eine Zuwiderhandlung gegen sie hat öffentlichrechtliche Folgen. Zugleich aber ergibt sich die Tatsache, daß eine Ordnung des bürgerlichen Rechts nur durch allgemeine Rechtssätze erfolgen kann. Weder ein Urteil noch ein sonstiger Staatsakt vermögen *von sich aus* privatrechtliche Wirkungen zu erzeugen.

---

[22] Ein gedankenloser Ausdruck. Es handelt sich, wie auch bei der streitigen Gerichtsbarkeit, um selbständige Inhalte staatlicher Tätigkeit, die man insoweit selbst als materielles Recht bezeichnen möchte.

2. Kapitel.

Nachbargebiete.

§ 4.

Internationales Staatsrecht.

1. Grenznormen. — 2. Sachliche Anknüpfungen. — 3. Verweisungen. — 4. Fortsetzung. — 5. Überwirkung.

Entsprechend den Anschauungen, die oben § 3 Z. 2 über den Inhalt des Staatsrechts entwickelt wurden, muß es im Sinn einer Begrenzung der eigenen Ordnung und der rechtlichen Überwirkung fremder Ordnungen auch ein internationales Staatsrecht als ein Stück positiven Rechts geben [1].

Grenznormen.

1. Grundform der Probleme des internationalen Privatrechts ist die Frage nach den Grenzen inländischer Regelung; die Frage kehrt auch im Staatsrecht wieder [2]. Vorweg allerdings trifft man hier auf den Satz, daß ein jeder Staat selbst bestimmt, ob er einen Gegenstand regeln will, und wie eine solche Regelung beschaffen sein soll. Der Satz ist noch keine Grenznorm, er entbehrt der Beziehung auf bestimmte Rechtsinhalte, und es handelt sich in ihm nur um eine Entfaltung der geschichtlichen Feststellung, daß ein solcher Staat un-

---

[1] Neumeyer in Wörterbuch des Staats- und Verwaltungsrechts [2] (1912) 2, 444, durch die folgenden Ausführungen zum Teil modifiziert; dazu seither Zeitschrift 32, 13 [17]. Bei der Unbekanntheit des Gegenstands soll zunächst die Art der Probleme aufgezeigt werden, die für ein internationales Staatsrecht in Betracht kommen. Eine systematische Darstellung der Lehre hätte in andrer Anordnung vorzugehen. — Man spricht neuerdings zuweilen von einem „internationalen Verfassungsrecht" als dem Recht, das die Verfassung der völkerrechtlichen Gemeinschaft regelt (Scelle, Jascenco, Bustamante; die Wendungen und ihre Ausdeutung erscheinen in verschiedener Abschattung) und glaubt damit ein Gegenstück zu dem internationalen Verwaltungsrecht gefunden zu haben, das (oben S. 2) die Verwaltung der völkerrechtlichen Gemeinschaft regeln soll. Die Wendung ist wenig glücklich; jedenfalls hat der Inhalt eines solchen internationalen Verfassungsrechts nichts mit dem hier behandelten Gegenstand zu tun. Beides gilt auch für das Buch von Mirkine-Guetzévitch, Droit constitutionel international 1933, in dem Beziehungen des einzelstaatlichen Verfassungsrechts zum Völkerrecht besprochen werden. Kritik der Bezeichnungen und der hinter ihnen stehenden Begriffe bei Lo Verde, Rivista di diritto pubblico 1933 I 530 ff.

[2] Die völlige Wertlosigkeit von Formeln freilich, wie: Verfassungsrecht gilt strikt territorial. ist nicht zweifelhaft.

abhängige Macht ist, die ihr Leben unter Rechtssätze stellt. Innerhalb des Rechtssystems wird der Satz zur Grundlage für alle sachliche Wirksamkeit des Staates.

In den einfachsten Fällen einer sachlichen Regelung nun aber, wo es sich um den Aufbau der staatlichen Organisation und die Ordnung von Tätigkeiten handelt, die im Bereich der staatlichen Organisation verbleiben, ist es eben die Eingliederung in diesen Staat, die als Anknüpfung dient, um — in einer wirklichen Grenznorm — derartigen Rechtsinhalten den Anwendungsbereich zu bestimmen. Sachnormen des Staatsangehörigkeitsrechts entscheiden, ob die Zugehörigkeit durch Abstammung oder Geburt im Land erworben wird; was hierüber in Reichsgesetzen enthalten ist, gilt für den Besitz der deutschen Staatsangehörigkeit[3]. Und es mag diese Anknüpfung auch bei Verhaltensvorschriften wirksam werden. Die Gemeindeaufsicht des französischen Rechts wird über die Gemeinden geübt, die dem französischen Staat eingegliedert sind, das italienische Beamtenrecht bindet die Beamten dieses Staats. Oder, eine Kehrseite des gleichen Gedankens, ein Strafurteil darf nicht die Amtsfähigkeit gegenüber einem fremden Staat, eine Wahlberechtigung zu fremden Wahlkörpern aberkennen[4]. Die praktische Bedeutung solcher Sätze tritt vornehmlich bei den später, unter Z. 3 und 4 behandelten Rechtslagen zutage.

---

[3] Man darf nicht etwa in solchen Inhalten, weil bei ihnen (fremdenrechtlich) „territoriale" oder „personale" Merkmale vorkommen, selbst eine Grenznorm suchen wollen. Was bliebe auch, wenn das Grenznorm wäre, inhaltlich zu regeln übrig, da doch die Staatsangehörigkeit als Status jedes weiteren rechtlichen Inhalts bar ist? (Eine Ergänzung dazu unten § 12 Z. 3.) Entsprechendes gilt alsdann für die räumlichen oder persönlichen Merkmale, durch welche die Heimat als eine verselbständigte Gemeindeangehörigkeit bestimmt wird; etwa auch in Monarchien für die persönlichen Merkmale, nach denen sich die Zugehörigkeit zu dem landesherrlichen Haus regelt; und es gilt ebenso, wo ausnahmsweise die Beziehung des Staats zu einer Sache rechtlich verselbständigt ist, wie bei der Staatszugehörigkeit der Seeschiffe. Auch hier ist Ausgangspunkt, daß jeder Staat die Zugehörigkeit seiner Schiffe bestimmt; ob die Beziehung begründet wird durch das Eigentum eines Staatsangehörigen oder wie sonst, ist wiederum inhaltliche Regelung. Und es können nur in allen diesen Fällen die räumlichen oder persönlichen Merkmale, nach denen sich sachlich ein Status bemißt, mittelbar Bedeutung für eine Grenznorm gewinnen, wenn für irgendein andres Verhalten die Staatsangehörigkeit einer Person oder die Zugehörigkeit eines Schiffs als Anknüpfung verwendet wird. Daß der „Deutsche" einen Paß erhält, begründet einen Anspruch für denjenigen, der von einem Deutschen abstammt, mit einem solchen verheiratet ist. Die deutsche Seeunfallversicherung ist auf die Mannschaft eines Schiffs anwendbar, das als Eigentum eines Deutschen im deutschen Schiffsregister eingetragen ist. Entsprechendes gilt für den Umfang des Staatsgebiets; dazu unten § 15 Z. 2.

[4] Vgl. dazu unten § 36 Z. 2.

Entsprechend der Artgleichheit mancher Bestimmungen des Staatsrechts mit Sätzen andrer Gebiete des öffentlichen Rechts fehlt es aber auch nicht an Grenznormen, die über den staatlichen Organismus hinaus nach außen gerichtet sind und Verhaltensvorschriften für den Privatmann oder für Staatsorgane in ihrer Beziehung zu Privaten den Geltungsbereich anweisen. Art. 132 der Reichsverfassung verpflichtet jeden Deutschen, ehrenamtliche Tätigkeit zu übernehmen, in den Vereinigten Staaten kennt man auch den Wohnsitz als Bestimmungsgrund für solche Auflagen[5]. Belgien hat die Wahlpflicht eingeführt: sie bindet die belgischen Staatsangehörigen (belgischen Wohnsitzes; doch dies letztere ist sachliche Regelung).

Daß irgendeine Sonderbeziehung zwischen Bürger und Staatsorgan den formellen Schutz des Verfassungsrechts gefunden hat, gibt ihr wohl verstärkte Sicherheit, ändert aber nichts an ihrem Inhalt und beläßt der Regelung die Reichweite, die ihr sonst zukommt. Der Umfang, in dem das Postgeheimnis bindet, wird durch das internationale Postverwaltungsrecht bestimmt (vgl. dazu oben 3 II 8 f., 19), und es änderte an diesem Geltungsbereich nichts, als die Wahrung des Postgeheimnisses in Deutschland 1919 unter die Grundrechte der Verfassung aufgenommen wurde. Nur mag es sein, daß die Gewährung des Verfassungsschutzes als ein Indizium verwertet werden kann, einem Rechtssatz zwingende Bedeutung zuzuschreiben, die bei jeder Berührung mit der Staatsgewalt wirksam wird, wie das oben 1, 380 für die Gewissensfreiheit festgestellt wurde.

Es gibt unechte Fälle internationalen Staatsrechts, bei denen es sich zwar darum handelt, räumlich nebengeordnete Staatsrechtssätze voneinander abzugrenzen, bei denen aber die eine und die andre der verschieden gestalteten Regelungen auf demselben Willen beruht (also nicht, was Kennzeichen allen wirklichen Grenzrechts ist, autonome Rechtskreise sich voneinander abscheiden). So unterstellt das deutsche Recht die Reichsbeamten in Ermangelung reichsrechtlicher Vorschriften den landesrechtlichen Bestimmungen über Beamtenhaftung, und da diese innerhalb des Reichs verschieden sind, erhebt sich dabei die Frage, welche der Vorschriften (stets eine, und nur eine) auf einen Tatbestand Anwendung findet. Die Rechtsprechung verweist in der Regel auf das Recht des Lands, in dem sich der Tatbestand ereignet hat, es ist zuweilen auch auf den Wohnort des Beamten ab-

---

[5] Über die einzelnen Arten öffentlicher Dienstleistung, Wehrpflicht, Zeugenpflicht, Schöffenpflicht, Verpflichtung Nothilfe zu leisten, Ämter der Arbeiterversicherung zu übernehmen usw. in den besonderen Rechtsteilen. Die Pflicht zur Übernahme von Gemeindeämtern, zusamt den Zweifeln, ob sie durch *origo* oder *domicilium* bestimmt werde, war bei den italienischen Juristen des Mittelalters zu einem gleichartigen Problem geworden.

gestellt worden; ein Obergericht hat einmal dem Geschädigten die Wahl gelassen, ob er sich auf das Recht am Ort der Tätigkeit oder das Recht am Ort des Erfolgs berufen wolle. Und ähnliche Fragen und ähnliche Zweifel über die Antwort haben sich auch bei der Haftung des Reichs für seine Beamten ergeben[6].

Auszuscheiden aus dem Bereich des internationalen Staatsrechts ist, wie überall im internationalen Privatrecht und seinen Nachbargebieten, das Fremdenrecht, also solche Regelung von Rechtsinhalten, bei der im Rahmen einer gegebenen Zuständigkeit persönliche oder räumliche Beziehungen zum eigenen oder zu einem fremden Staat als Tatbestandsmerkmal benützt werden. Z. B. Sondervorschriften für den Dienst der Auslandsbeamten, eine Beschränkung der Naturalisation auf Personen inländischen Wohnsitzes, die Frage, wieweit Ausländer den verfassungsmäßigen Schutz von Grundrechten anrufen können, ob, räumlich gesehen, solche Grundrechte in der Kolonie gelten usw.

Auszuscheiden ist weiter die Überwirkung des Völkerrechts in das materielle Staatsrecht. Etwa die Frage, ob ohne Erlaubnis der örtlichen Staatsgewalt ein fremdes Staatsoberhaupt während seines Aufenthalts im Gebiet ein Gesetz sanktionieren kann; ob es dem Reichstagswähler verstattet ist, von seinem Wahlrecht Gebrauch zu machen, solang das deutsche Schiff, auf dem er wählen soll, in fremdem Hafen liegt; und vielerlei mehr.

Sachliche Anknüpfung.

2. Eine jede Grenznorm hat zwei Bestandteile: die sachliche Anknüpfung, welche die Tatbestände nach ihrem Inhalt bezeichnet, deren Regelung umgrenzt werden soll; und die örtliche Anknüpfung, welche die Tatbestände, die von der Sachnorm erfaßt werden sollen, nach ihren örtlichen Beziehungen aussondert; liegen die Voraussetzungen vor, so wird als Rechtsfolge die Zuständigkeit des durch die beiden Beziehungen bezeichneten Staats verordnet, den Sachverhalt zu regeln. Auch für das Staatsrecht können Zweifel, wie über die örtlichen, so über die sachlichen Anknüpfungen auftreten. Insbesondre entstehen solche Zweifel nicht selten für den Satz, daß jeder Staat die staatsrechtlichen Beziehungen ordne, die ihm gegenüber bestehen. Denn es ist manchmal fraglich, ob ein Tatbestand staatsrechtlicher oder anderweitiger Regelung unterfällt. Freilich, eine scharfe Fragestellung wird hier häufig schon die richtige Antwort in sich schließen.

---

[6] Wiederum dieselben Fragen bestehen für die Vorrechte des Reichsfiscus, der insoweit den Landesfisci gleichgestellt ist. Doch handelt es sich hier um eine Summe einzelner privatrechtlicher, prozeßrechtlicher, verwaltungsrechtlicher Vorrechte, die dem Zusammenhang dieser Rechtsteile angehören.

Den mannigfachen Fällen, welche die Praxis zu Gebote stellt, seien zunächst Beispiele entnommen, bei denen es sich in der Tat um Angelegenheiten des Staatsrechts handelt: Kann der Staat eine ausländische Ehefrau ohne Zustimmung des Mannes naturalisieren? Nicht das persönliche Eherecht ist in Frage, sondern das Staatsangehörigkeitsrecht des naturalisierenden Teils, das Stellung nehmen muß, wieweit es dem Grundsatz der Familieneinheit Rechnung tragen will. Der Sohn, in Frankreich geboren, ist unter Vorbehalt einer Ablehnung Franzose geworden, der Vater, ein Spanier, hat als gesetzlicher Vertreter seines Kinds auf die Ablehnung verzichtet; das französische Recht muß entscheiden, ob es die Ablehnung der Staatsangehörigkeit als eine höchstpersönliche Angelegenheit betrachtet, oder ob es der Erklärung des gesetzlichen Vertreters Wirksamkeit einräumt. — In dem Prozeß, den eine italienische Gemeinde in Frankreich führte, wurde bemängelt, daß die Gemeinde keine staatliche Prozeßerlaubnis eingeholt hätte: es war unerheblich, daß das französische Staatsrecht die Einholung einer solchen Erlaubnis vorschreibt; Frankreich war nur für die Ordnung des Prozesses zuständig, aber nicht unter dem Gesichtspunkt des Gemeinderechts. Eine Gemeinde der bayrischen Pfalz hat Waldbesitz in Baden; die bayrische Staatsaufsicht erstreckt sich auch auf dies auswärts belegene Vermögen, Aufsicht über die Vermögensverwaltung gilt der Gemeinde als Körperschaft. Einer andern bayrischen Gemeinde gehört Wald im angrenzenden tschechoslowakischen Gebiet; bei einem Streit zwischen Gemeinde und Gemeindebürgern um die Waldnutzung handelte es sich um die Verteilung von Erträgnissen des Gemeindevermögens, und es war bayrisches Gemeinderecht anzuwenden, bayrische Verwaltungsgerichtsbarkeit begründet, mochte immerhin auf das Eigentum am Wald und auf dessen Bewirtschaftung das Recht der Tschechoslowakei Anwendung finden. — Bei der Verfolgung verdächtiger Personen kann Nacheile über die Grenzen statthaft sein. Ob der fremde Beamte bei einer solchen Verfolgung von der Waffe Gebrauch machen darf, bedeutet eine Angelegenheit der Sicherheitspolizei, die von dem Staat am Ort der Handlung zu regeln ist; aber die dienstliche Verantwortung des Beamten bleibt unter dem Amtsrecht des Staats, dem der Beamte angehört. Nicht anders verhält es sich bei einem Staatsbahnbeamten in fremdem Grenzbahnhof, der dienstliche Anweisungen möglicherweise von dem fremden Bahnhofsvorstand empfängt. — Ein Handelsverbot für Beamte bestimmt sich nach Dienstrecht, nicht nach dem Recht am Ort des Gewerbebetriebs. — Es mag auch sein, daß eine Vorschrift zwar zunächst dem Privatrecht angehört, aber als Hilfsbestimmung für Amtsrecht oder Dienstrecht deren Geltungsbereich teilt. Einige Gesetzgebungen verbieten die Abtretung streitiger Forderungen an Beamte, die dienstlich mit dem Streit befaßt sind; formell eine Frage des Zessionsrechts, gilt für sie doch nicht die Rechtsordnung, die sonst für die Abtretung maßgebend wäre, sondern das Recht des Staats, dem der Beamte angehört. Die Haftung des Staats für pflichtwidrige Handlungen seiner Beamten im Ausland kann gleichfalls dem Privatrecht angehören, bestimmt sich aber dennoch nach dem Recht des Staats, für den gehandelt wurde. — Und möglich bleibt bei alledem, daß der fragliche Rechtssatz dem Staatsrecht angehört, daß aber seine Anwendung von einer Vorfrage abhängt, die einem andern rechtlichen Bereich angehört, z. B. die familienrechtlichen Voraussetzungen für den Erwerb der Staatsangehörigkeit durch Abstammung oder Heirat.

In andern Fällen dagegen wird die Zugehörigkeit des zweifelhaften Tatbestands zu andern Rechtsteilen festzustellen sein. Das Einwanderungsgesetz der Vereinigten Staaten enthält Regeln darüber, wer als Angehöriger eines fremden Staats anzusehen sei; aber die Bestimmung erfolgt „für die Zwecke dieses Gesetzes". Eine Verletzung der Regel, daß jeder Staat über seine Staatsangehörigkeit entscheide, ist darin nicht enthalten. — Ein Erbvertrag war vor einem preußischen Notar aufgenommen, war dem hessischen Nachlaßgericht vorgelegt worden, nach preußischem Notariatsrecht hatte die Aufbewahrung bei dem Notar, nach hessischem Nachlaßrecht bei dem Nachlaßgericht zu erfolgen; aber es war unnötige Selbstverleugnung der hessischen Gerichte, wenn sie für Rückgabe der Urkunde an den Notar entschieden, die spätere rechtmäßige Einwirkung hebt die frühere rechtmäßige Einwirkung auf, soweit die beiden Vorschriften unvereinbar sind. — Ein andermal sollten die Antragsbefugnisse des Notars zum Handelsregister dem Recht des Notars unterstehen; aber nicht Amtsrecht des Notars, sondern die Ordnung des Handelsregisters war in Frage. — Die Entschädigung, welche die als Zeuge oder Sachverständiger vernommenen Beamten beanspruchen können, ist in den verschiedenen deutschen Ländern verschieden geregelt; ein württembergischer Beamter war in Bayern als Sachverständiger beigezogen worden und beanspruchte die höheren württembergischen Sätze. Zu Unrecht, nicht das Beamtenverhältnis, sondern die Abwicklung eines Prozesses hat den Anspruch geschaffen. — Ebenso gehört das im Vorausgehenden erwähnte Beispiel einer Nacheile über die Grenze hierher, insoweit es sich dabei um die Zulässigkeit des Waffengebrauchs im andern Gebiet handelt. Auch im folgenden finden sich noch verwandte Fälle.

Verweisungen.

3. Unter Z. 1 ist der Satz entwickelt worden, ein jeder Staat bestimme seine öffentlichen Einrichtungen. Seine augenfällige Be-

deutung für das internationale Staatsrecht gewinnt dieser Satz, wo es sich um die Angelegenheiten eines fremden Staats handelt. Denn wenn das Inland staatsrechtliche Angelegenheiten eines andern Staats in seine Rechtsnormen aufnimmt, so führt das notwendig zu der Anwendung ausländischen Staatsrechts auf die Frage, ob solche Angelegenheiten gegeben sind. In allen diesen Fällen aber handelt es sich nicht um die Begrenzung von Verhaltensvorschriften bei der Herstellung des staatsrechtlich erheblichen Tatbestands; sondern es wird der dem fremden Staat Zuständigkeit gewährende Satz angewendet auf Ergebnisse staatsrechtlicher Normierung, die als Voraussetzung für den Eintritt anderer Rechtswirkungen im Inland benützt werden.

Die Beispiele für eine solche Verweisung auf ausländisches Staatsrecht sind überaus zahlreich. Im folgenden einige praktisch gewordene Fälle: Ist ein Gesamtstaat Rechtssubjekt? Ein belgisches Gericht hat einmal an Hand des Reichsstaatsrechts geprüft, ob das Deutsche Reich als Kläger auftreten könne. Ist ein Gliedstaat Staat? Eine brasilianische Provinz hat den Schutz des Satzes in Anspruch genommen, daß Klagen gegen einen fremden Staat unstatthaft sind. Ob fremde Selbstverwaltungskörper Rechtssubjekt sind, ist nach deren Staatsrecht zu prüfen. Das deutsche Warenzeichengesetz schützt den Namen eines „weiteren Kommunalverbands“: schützt das die Bezeichnung steirischer Kapaun oder Brabanter Spitzen? Besonders häufig begegnet die Abstellung auf den Besitz einer ausländischen Staatsangehörigkeit. Wird eine Staatsangehörigkeit im Ausland erworben, so erlischt die Staatsangehörigkeit des Inlands; es hängt von der Staatsangehörigkeit je nach dem Staat, in dem sie besteht, der Schutz des Urheberrechts ab, die Zuständigkeit zur Ehescheidung — immer bildet das fremde Staatsrecht die Unterlage der Entscheidung. In einem bemerkenswerten Rechtsstreit sah sich das Kammergericht einmal vor die Frage gestellt, wem nach dem Recht der Tschechoslowakei die Befugnisse einer staatsrechtlich geschützten Minderheit zukommen (die Frage wurde bei Vollstreckung eines Urteils erheblich, dessen formelle Rechtskraft von Vorschriften über das Sprachenrecht der Minderheiten abhing). Oder es entscheidet der Besitz der Heimat im Sinn einer Gemeindeangehörigkeit über das Personalstatut, wenn im Staat, dessen Angehörigkeit die Person besitzt, verschiedenerlei Recht gilt. Die Zugehörigkeit zum landesherrlichen Haus begründet besonderen Strafschutz. Es kann sich darum handeln, ob der Wirkungskreis, den jemand im Ausland übernimmt, ein öffentliches Amt darstellt; in Italien verliert die Staatsangehörigkeit, wer eigenmächtig ein solches Amt annimmt. Nach der deutschen Zeugengebührenordnung gelten für „Beamte“ besondere Gebührensätze, und es muß festgestellt werden, ob der Zeuge, der dem

Dienst eines andern Bundesstaats angehört, dort Beamter ist. Die öffentliche Urkunde des Inlands und Auslands genießt erhöhten Strafschutz, bei einer Urkunde des Auslands aber muß der Staat, unter dessen Hoheit sie errichtet ist, ihr die Eigenschaft einer öffentlichen Urkunde verliehen haben. Der fremde Staat bestimmt, ob er eine Rechtseinrichtung in sein öffentliches Recht aufnimmt oder dem Privatrecht freigibt; nur wenn dies letztere zutrifft, kann ein Anspruch, der sich auf die Einrichtung gründet, vor inländischen Gerichten geltend gemacht werden.

Hat es sich in den vorstehenden Beispielen darum gehandelt, ob eine staatsrechtliche Beziehung des Gegenstands zu einem fremden Staat gegeben ist, so geht die Frage in andern Fällen auf die staatsrechtliche Ausgestaltung einer Einrichtung, deren Zurechnung an den fremden Staat nicht bezweifelt wird. Es soll auf irgendeinen privatrechtlichen Tatbestand ein ausländisches „Gesetz" angewendet werden: alle die unten § 24 erörterten Fragen über die Art der Rechtsquellen, über die ordnungsmäßige Aufstellung von Rechtssätzen, über Zeit oder Raum ihrer Geltung sind hier zu nennen. Ist der einzelne Staatsakt, der im Ausland erlassen wurde, rechtmäßig zustande gekommen, und welche Wirkungen hat ein fehlerhafter Staatsakt? — gleiche Antwort. Urteile eines ausländischen „Gerichts" können in Deutschland anerkannt werden; welchen Behörden die Aufgabe eines Gerichts zukommt, bestimmt die fremde Ordnung. Sie entscheidet, ob der Strafantrag, der für den beleidigten Beamten gestellt wird, von der „vorgesetzten Behörde" ausgeht, ob die Stelle, die einen Staatsvertrag ratifiziert, dazu befugt ist. Sie bestimmt über den Dienstgrad des kriegsgefangenen fremden Offiziers. Entscheidet über die „Hoheitszeichen", welche die im Inland zugelassene Auslandsbehörde anbringen darf, über das Staatswappen, das bei uns Warenzeichenschutz genießt.

Erhöhtes Interesse gewinnen diese Fragen, wo zweifelhaft ist, ob eine solche Verweisung auf das Staatsrecht eines andern Staats vorliegt, zumal in Verbindung mit Fragen über die sachliche Zugehörigkeit eines Tatbestands, wie sie in Z. 2 behandelt wurden. Ein Auslieferungsgesetz verbietet die Auslieferung, wenn der Beschuldigte im Empfangsstaat vor ein Ausnahmegericht gestellt würde. Welche Merkmale gegeben sein müssen, um ein Gericht als Ausnahmegericht erscheinen zu lassen, bestimmt das Recht des um Auslieferung ersuchten Staats; welche Stellung aber das zur Aburteilung berufene Gericht im Rahmen der Gerichtsverfassung seines Landes einnimmt, kann nur nach dessen Recht beurteilt werden. — Anhaltischer Staatswald liegt in Preußen, eine Urkunde, die der anhaltische Oberförster ausgestellt hatte, ist dort verfälscht worden; war die Handlung in Preußen als Fälschung einer öffentlichen Urkunde mit erschwerter Strafe zu belegen? Eine Angelegenheit des Strafrechts ist wiederum mit einer staatsrechtlichen Vorfrage in Verbindung gebracht. Aber freilich, wenn das Reichsgericht zum Ausgangspunkt nimmt, eine in Preußen errichtete Urkunde könne als öffentliche Urkunde nur eine solche Preußens sein, so ist das irrig. Die Urkunde war (vermutlich) eine öffentliche Urkunde Anhalts, und es konnte nur in Betracht kommen, ob mangels einer Ermächtigung von seiten Preußens die Urkunde in ihrer amtlichen Eigenschaft anerkannt werden durfte. — Beamte haben, wie früher erwähnt, besondere Gebührensätze zu beanspruchen, wenn sie als Zeuge vernommen werden; ein lothringischer Lehrer hatte in Hessen Zeugnis abzulegen, besaß nach dem Recht Elsaß-Lothringens, aber nicht nach hessischem Recht die Eigenschaft eines Beamten. Anders als in dem früher erwähnten Fall mußte hier das Staatsrecht Elsaß-Lothringens entscheiden. — Ein ausländischer Beamter, ein ausländischer Wähler (auch der Fall ist schon vorgekommen) verweigert im Inland das Zeugnis unter Berufung auf das Amtsgeheimnis oder das Wahlgeheimnis. Hier ist es zunächst eine Angelegenheit des Prozeßrechts, die Interessenabwägung vorzunehmen, ob das Interesse an der Geheimhaltung oder dasjenige an der Wahrheitserforschung im Prozeß stärker sein soll. Entscheidet das Prozeßrecht im letzteren Sinn, so ist eine Rechtslage gegeben, wie sie im Vorausgehenden behandelt wurde. Wird dagegen von der Prozeßordnung ein Zeugnisweigerungsrecht anerkannt, so entscheidet das fremde Amtsrecht, das fremde Wahlrecht, ob und wieweit Recht oder Pflicht zur Geheimhaltung bestehen. — Ein feindlicher Soldat wird von dem Staat des Tatorts strafrechtlich verantwortlich gemacht, er beruft sich auf Befehl seines Vorgesetzten. Es mag sein, daß der Befehl für das Strafrecht des Tatorts überhaupt keine Entlastung bewirkt. Trägt dieser Staat einer solchen Pflichtenkollision jedoch Rechnung, so wird er auf den Umfang abstellen müssen, in dem der Befehl nach fremdem Staatsrecht bindet, denn soweit ist eine Pflichtenkollision gegeben.

Fortsetzung.

4. In Z. 2 wurden Fälle behandelt, bei denen fraglich war, ob eine Rechtsbeziehung dem Staatsrecht oder einem andern Rechtskreis angehört, mit der Folge, daß je die eine oder andre Rechtsordnung zur Anwendung kommen mußte. In gleicher Weise mag es auch fraglich sein, ob das Staatsrecht des einen oder das Staatsrecht eines andern Staats an einem Tatbestand beteiligt ist. Eine französische Kriegsverordnung zieht die erteilte Einbürgerung zurück, wenn der Eingebürgerte eine fremde Staatsangehörigkeit besitzt, und sie stellt Rechtsvermutungen auf über den Besitz einer Staatsangehörigkeit im Ausland; aber die Vermutungen sollen nur auf den Tatbestand der

inländischen Staatsangehörigkeit einwirken, sie enthalten (ähnlich der oben erwähnten Vorschrift des amerikanischen Einwanderungsgesetzes) keinen Übergriff in eine Regelung, die andern Staaten zusteht. — Wenn bei Unruhen die Zivilgewalt auf militärische Stellen übergeht, so muß das dem Staatsrecht am Sitz der Zivilgewalt entsprechen, die dienstliche Herkunft des Militärbefehlshabers oder seiner Truppen (in Deutschland sind solche Verschlingungen wiederholt aufgetreten) ist dafür unerheblich. — Freiheit oder enge Bindung des Richters an das Gesetz? Es dürfte sich dabei nicht um eine stärkere oder schwächere Wirkung der Rechtsnormen handeln, sondern um die Ordnung, welche die Tätigkeit des Richters als ein neu hinzutretender Tatbestand empfängt. Und damit entscheidet das Staatsrecht des Richters. — Bei Rechtssätzen über das Verhältnis des Richters zum Gesetz handelt es sich um die richterlichen Vollmachten gegenüber einer Rechtsnorm, deren Inhalt als feststehend gedacht ist. Anders muß die Lösung bei Rechtssätzen über die Ausfüllung von Lücken und über die Auslegung von Normen zweifelhaften Inhaltes sein. Rechtssätze dieser Art bedeuten in aller Regel Anweisungen zur Fertigstellung der Rechtsordnung, und das Staatsrecht des Lands, dessen Vorschriften sachlich anzuwenden sind, hat (soweit durchführbar) die Rechtssätze über die schließliche Ausgestaltung dieser Vorschriften bereitzustellen. Immerhin kommen auch Rechtssätze über Auslegung vor, die irgendwelchen sonstigen Zwecken dienen und diesen Zwecken gemäß anzuwenden sind. Ist etwa die Regel *in dubio pro reo* zum Rechtssatz erhoben, so handelt es sich um einen Satz über die Tragung der Prozeßgefahr, und sie kommt zur Geltung, wenn sie im Recht des Prozeßrichters enthalten ist[7]. — Von besonderem Interesse für den Gegenstand dieser Arbeit ist die Frage, ob stets das internationale Privatrecht des Inlands oder unter Umständen auch fremdes Recht dieser Art Anwendung finden könne. Es wird darauf unten § 26 zurückzukommen sein.

In gleicher Weise wie in Z. 3 für die Beziehungen zwischen verschiedenartigen Rechtsteilen behandelt, mag es alsdann auch sein, daß ein Tatbestand dem Staatsrecht des einen Staats angehört, eine Vorfrage hiefür aber aus dem Staatsrecht eines andern Staats beantwortet werden muß. Z. B. es erlischt die Staatsangehörigkeit im bisherigen Heimatstaat, wenn der Beteiligte die Staatsangehörigkeit in einem

---

[7] Rechtssätze über die Auslegung von Rechtsgeschäften des Privatrechts gehören selbst dem Privatrecht an, bilden ganz regelmäßig einen Bestandteil der Ordnung dieser Rechtsgeschäfte und sind demgemäß der lex causae zu entnehmen. Beispiele oben 3 II 92ff., 172ff., 311. Doch finden sich auch hier zuweilen Regeln, die abweichenden Zwecken dienen, und deren Anwendung diesem Zweck entsprechen muß; auch hierfür ein Beispiel 3 II 311 f.

andern Staat erwirbt. Insbesondre weisen die staatsrechtlichen Bestandteile der allgemeinen Rechtslehre Eigentümlichkeiten auf, die in diesen Zusammenhang gehören. Der Rechtsschutz des Inlands kann nur nach Rechtssätzen gewährt werden, die das Inland als solche gelten läßt. Ermächtigen die Kollisionsnormen des Inlands aber zur Anwendung eines ausländischen Rechtssatzes, so wird dessen Inhalt für das Inland doch erst dann erheblich, wenn er für den fremden Staat und damit nach dessen Staatsrecht Recht ist, und so kommt es entsprechend dem, was oben S. 51 bemerkt wurde, auf die ordnungsmäßige Begründung der Rechtsnormen nach deren Staatsrecht an. — Auf seiten der Rechtsunterworfenen begegnet man einer ähnlichen Erscheinung. Die Rechtsfähigkeit als die Fähigkeit, an der Rechtsordnung teilzunehmen, die Geschäftsfähigkeit als die Fähigkeit, selbständig an ihr teilzuhaben, müssen dem Rechtsschutz des Inlands gegenüber stets nach Inlandsrecht begründet sein. Aber das Inland nimmt sie manchmal als gegeben an, wenn sie auch im Verhältnis zu einem näher beteiligten andern Staat begründet sind. Die Parallele zu der vorerörterten Erscheinung — Bestimmung der Rechtsqualität eines Satzes durch Verweisung auf das Staatsrecht das fremden Gesetzgebers — ist vollkommen, wenn (wie zum Teil im angloamerikanischen Recht) auch die Zuerkennung der Eigenschaft als Rechtssubjekt und als selbständiges Rechtssubjekt gewährt wird, falls sie nach dem Staatsrecht der lex causae besteht. Das kontinentaleuropäische Recht allerdings hat diese Eigenschaften zu einem einheitlichen und dauernden Status ausgestaltet, sie damit von den wechselnden Bestimmungen der lex causae abgelöst und nimmt sie dann als gegeben an, wenn auch das Staatsrecht des Heimat- oder Sitzstaates sie als begründet annimmt. —

Es kann nun aber auch weiterhin vorkommen, daß die Einreihung eines Tatbestands in einen Bereich sachlich zweifelsfrei ist, auch Verweisungen nicht in Betracht kommen, und demgemäß der sachlich und örtlich bezeichnete Staat berufen wäre, den Tatbestand zu ordnen: aber aus einem Nebeneinander oder Nacheinander mehrerer sich berührender Staatsgewalten entspringen Zweifel, ob die zugrunde gelegte Anknüpfung auf einen bestimmten Staat hinweist oder nicht. Es ist oben S. 51 ein Straffall mitgeteilt worden, bei dem es sich um Verfälschung der in Preußen ausgestellten Urkunde eines anhaltischen Beamten handelte; es wurde festgestellt, nicht Strafrecht, sondern Staatsrecht bestimme, ob die Urkunde eine öffentliche war; dann aber blieb noch die Frage, ob eine öffentliche Urkunde Preußens oder Anhalts. Ähnlich bedurfte einmal der Entscheidung, ob eine seuchenpolizeiliche Verfügung, der zuwidergehandelt war und die während des Kriegs von einer österreichischen Pferdesammelstelle auf deutschem Boden ausging, als Verfügung einer deutschen Behörde angesehen werden konnte.

Als die Gegenseitigkeit in der Anerkennung ausländischer Zivilurteile noch im Verhältnis zwischen Deutschland und den einzelnen Kantonen der Schweiz geprüft werden mußte, ist in einem Rechtsstreit notwendig geworden, nach dem Staatsrecht der Eidgenossenschaft zu untersuchen, inwieweit die Entscheidungen des Bundesgerichts den einzelnen Kantonen zugerechnet werden dürfen. Die Zugehörigkeit der Behörden, welche die besetzende Macht während einer feindlichen Besetzung einrichtet, bedarf der staatsrechtlichen Festlegung. Dasselbe gilt für die staatsrechtliche Zugehörigkeit der Ämter und Beamten einer Gemeinschaftsorganisation (unten § 34), des Völkerbunds, der Ämter der internationalen Unionen. Dann wieder mag die Zugehörigkeit eines Gebietsteils gleichartige Zweifel aufwerfen: für das Vergehen, das auf einer Grenzbrücke begangen wurde; für Kriegshandlungen, die vor den „Küstengewässern“ des Neutralen Halt machen mußten; es war einmal in den Zeiten der Auflösung der europäischen Türkei zu prüfen, ob Samos postrechtlich als Teil der Türkei zu behandeln war. —

Bei alledem ist auch nicht ausgeschlossen, daß ein Tatbestand gleichzeitig staatsrechtliche Beziehungen zu mehreren Staaten aufweist, wobei jede dieser Beziehungen je dem Staatsrecht des beteiligten Staats unterworfen ist. Neuere Staatsverträge sehen in Verbindung mit Gebietsveränderungen nicht selten eine Wahl der Staatsangehörigkeit in Gestalt der „Option“ vor, sowohl zugunsten des Staats, der das Gebiet erwirbt, wie auch zugunsten dessen, der auf das Gebiet verzichtet. Die Staatenpraxis pflegt die Option als eine Angelegenheit des Teils zu behandeln, für den optiert wird; soweit indessen mit der Option der Verlust einer andern Staatsangehörigkeit verbunden ist, und wenn der zugrunde liegende Staatsvertrag nichts andres bestimmt, muß dieser Verlust als eine Angelegenheit des Staats behandelt werden, dessen Angehörigkeit aufgegeben werden soll. — Aber auch Zustandsrechte können gleichzeitig gegenüber mehreren Staaten begründet sein. An die Möglichkeit einer doppelten Staatsangehörigkeit braucht nur erinnert werden. Nicht ganz selten (es wird darauf in § 34 zurückzukommen sein) vereinigt dieselbe Person Ämter mehrerer Staaten, steht sie zu mehreren Staaten in dienstrechtlicher Beziehung. — Wird bei einer Gebietsveränderung ein Gemeindebezirk von der neuen Grenze durchschnitten, so entscheidet jeder Staat für seinen Teil, ob auf dem Gebiet eine selbständige Gemeinde bestehen und ob sie als identisch mit der früheren Gemeinde angesehen werden soll (unten § 32 Z. 3e).

Und endlich mag es sein, daß staatsrechtliche Normen eines andern Staats nach ihrem eigenen Inhalt für eine Anwendung in andern Staaten nicht in Betracht kommen. Insbesondre sind die Einrichtungen, welche eine Teilung der Gewalten sicherstellen sollen, nur auf den Ausgleich der Kräfte innerhalb des eigenen Staats berechnet [8]. Und ähnlich wird es sich in der Regel mit der bevorrechteten Stellung der Abgeordneten verhalten [9].

Überwirkung.

5. Wie für das internationale Privatrecht und seine andern Nachbargebiete ist auch für das internationale Staatsrecht schließlich noch festzustellen, in welchen Formen und für welche Inhalte eine rechtliche Überwirkung des Staatsrechts andrer Staaten Platz greift. Der wesentlichsten Art einer solchen Überwirkung ist schon in Verbindung mit den vorausgehenden Erörterungen gedacht worden: das inländische Recht macht in irgendwelchen Zusammenhängen eine Rechtsfolge abhängig von einer staatsrechtlich wesentlichen Handlung oder einer staatsrechtlich wesentlichen Einrichtung des Auslands — vielleicht im Sinn einer Abwehr, vielleicht im Sinn einer Unterstützung des fremden Staats. Z. B. es wird die Staatsangehörigkeit des Inlands für verwirkt erklärt, wenn die Person eine Staatsangehörigkeit im Ausland erworben hat. Die Folge einer solchen Verknüpfung ist alsdann, wie oben ausgeführt, die Anwendung ausländischen Staatsrechts und die Anerkennung ausländischer Staatsakte nach Maßgabe des ausländischen Staatsrechts, um das Vorliegen des Tatbestandsmerkmals festzustellen.

Über eine Anwendung fremden Rechts hinaus führt die Überwirkung, wo sie dem Inland Anlaß zu Handlungen der eigenen Behörden gewährt. Die Rücksicht auf den fremden Staat mag dabei als bloßer Beweggrund in Betracht kommen. Z. B. die Beurlaubung eines Beamten, um ihm den Eintritt in den fremden Dienst zu ermöglichen. Sie mag aber auch als Rechtshilfe in Erscheinung treten. Z. B. ein Staatsvertrag vereinbart Unterstützung bei der Feststellung, ob jemand die Staatsangehörigkeit im andern Gebiet besitzt. Oder es erfolgt Auslieferung wegen eines Amtsverbrechens. Aber freilich, es wird dafür stets einer besonderen vertraglichen Grundlage bedürfen. Nicht einmal zwischen den deutschen Ländern hatte bisher eine Pflicht zur Rechtshilfe in Beamtendisziplinarangelegenheiten bestanden.

Sonstige Unterstützung mag vorgesehen sein etwa in Gestalt eines besonderen Strafschutzes auswärtiger Staatseinrichtungen, in Deutsch-

---

[8] Dazu unten § 18 Z. 5 Entscheidung von Kompetenzkonflikten; § 24 Z. 3 und § 32 Z. 4 f) Nachprüfung von Gesetzen und Staatsakten. Vgl. auch § 18 Z. 7 über Vorentscheidungen der Verwaltung bei Haftbarmachung eines Beamten.

[9] Nur wenn besondere Anhaltspunkte vorliegen, könnte auch das Schema in Betracht kommen: gleiche Vorrechte wie die inländischen Abgeordneten; vielleicht mit der Einschränkung: vorausgesetzt, daß das eigene Staatsrecht des Abgeordneten überhaupt eine gleichartige Befreiung gewährt.

land z. B. in dem Abschnitt des Strafgesetzbuchs „feindliche Handlungen gegen befreundete Staaten". Aber von selbst versteht sich auch ein solcher Schutz nicht; er besteht nach deutschem Strafrecht, soweit nicht Sonderstaatsverträge eingreifen, nur für die hier genannten Fälle.

In gesteigerter Form ergibt sich die aktive Zusammenarbeit mehrerer Staaten im Bereich des Staatsrechts, wo einem Staat Mitherrschaft in einem Gebiet zusteht; Erscheinungen, die im 7. Kapitel näher besprochen werden. Es kann aber auch sein, daß sich die Zusammenarbeit zur Begründung gemeinsamer Einrichtungen verdichtet. Insbesondre sind gemeinsame Ämter mehrerer Staaten keine ungewöhnliche Einrichtung. Es wird in § 34 Anlaß sein, auf die Rechtsfragen, die solche Einrichtungen aufwerfen, einzugehen.

§ 5.

Internationales Verwaltungsrecht außerhalb der inneren Verwaltung.

1. Heeresverwaltung. — 2. Finanzverwaltung. — 3. Auswärtige Verwaltung.

Heeresverwaltung.

1. Über die inhaltliche Teilung des Verwaltungsrechts ist oben S. 33 ff. das Erforderliche vorgebracht worden. Besieht man auf dieser Grundlage das internationale Recht der Heeresverwaltung, so können bei der völligen Gleichartigkeit seiner Fragen mit jenen, die sonst in diesem Werk behandelt werden, einige Hinweise genügen.

Unter den Grenznormen, welche in den Bereich der Heeresverwaltung eingreifen, steht im Mittelpunkt die Begrenzung der Wehrpflicht. Sie bestimmt sich (von Sonderfällen abgesehen) ganz regelmäßig nach der Staatsangehörigkeit, und es bleibt dabei nur die Qualifikation zu beachten gegenüber Dienstleistungen, die lediglich der Sicherheitspolizei dienen, in Bürgergarden, Schützenkorps und dergl. Dagegen erfassen Militärlasten, soweit sie die Zivilbevölkerung zu persönlichen Dienstleistungen verpflichten, die Personen inländischen Aufenthalts, soweit sie Sachleistungen zum Gegenstand haben, die Sachen, die sich im Inland befinden (sofern als Träger der Last nicht die Gemeinde dazwischengeschoben ist und mittelbar damit für den Einzelnen die Beitragspflicht zu Gemeindelasten entscheidet) — unbeschadet einer materiellrechtlichen Freistellung der Exterritorialen und ihres Eigentums.

Dabei veranlassen bekannte Sätze des Völkerrechts zu Abgrenzungsfragen von besonderer Art: die Exterritorialität, die in Friedenszeit fremden Truppen zukommt, wenn sie sich mit Erlaubnis des Inlands im Gebiet aufhalten; die räumliche Exemtion der Kriegsschiffe; die

Herrschaft, die die eingedrungene Macht auf dem fremden Kriegsschauplatz, im besetzten Gebiet ausübt.

Eine Überwirkung ausländischen Militärverwaltungsrechts mag auch hier in der Weise vorkommen, daß ein Tatbestand dieses Bereichs im Inland zur Voraussetzung irgendeiner andern Rechtswirkung genommen wird. Z. B. hat Deutschland vormals Ausländer ausgewiesen, die die Wehrpflicht gegen ihren Heimatstaat nicht erfüllt hatten; denn die Anwesenheit solcher Personen erschien als anstößig. Die Erfüllung der Wehrpflicht im ausländischen Heimatstaat gilt unter Umständen als gleichwertig einer Ableistung des Militärdienstes im Inland; vielleicht bei den Vergünstigungen, die ein solcher Dienst bei der Arbeiterversicherung genießt; wenn es sich um den Dienst bei einer verbündeten Armee handelt, etwa bei der Unterstützung der Familienangehörigen. Insbesondre hat die durch den Besitz einer doppelten Staatsangehörigkeit herbeigeführte Wehrpflicht gegenüber mehreren Staaten vielfach zu Sonderbestimmungen geführt: durch Bezeichnung des Staats, dem unter solchen Umständen allein die Wehrpflicht geschuldet wird; durch die Bestimmung, daß die Ableistung des Dienstes im einen Staat von einer weiteren Dienstleistung in andern befreie.

Es kommt aber gelegentlich auch aktive Unterstützung der fremden Verwaltung vor. Zwischen Deutschland und Österreich war vereinbart, daß die Untersuchung der Wehrpflichtigen des andern Teils, die im Inland wohnen, durch die inländischen Militärärzte erfolgen könne. Die früher sehr häufige Auslieferung von Deserteuren begegnet heute für das Landheer nur mehr ausnahmsweise, während sie für die Kriegsmarine allerdings noch in regelmäßiger Übung steht. Überhaupt aber beobachten die Staaten in der Unterstützung einer fremden Heeresverwaltung, wenn nicht besondere Gründe für das Gegenteil vorliegen, große Zurückhaltung, und wenn eine Maßregel in zivilrechtlichem Gewand erscheint wie die Versagung der Eheschließung für Militärflüchtige, so gilt (unten § 25) der Satz, daß — in Ermangelung eines abweichenden Staatsvertrags — die Staaten in den normalen Ablauf eines Rechtsverhältnisses nicht hemmend eingreifen, um einer der fremden Staatseinrichtung dienenden Vorschrift zur Durchsetzung zu verhelfen; auch dann nicht, wenn diese Vorschrift der sonst zuständigen Rechtsordnung angehört.

Finanzverwaltung.

2. In dem internationalen Recht der Finanzverwaltung ist derjenige Teil des internationalen Verwaltungsrechts gegeben, der dem internationalen Recht der inneren Verwaltung an Bedeutung ziemlich nahekommt, in der Praxis sich zuweilen in den Vordergrund stellt, neuerdings auch eine beachtliche zusammenfassende Darstellung emp-

fangen hat[1]. In der Art der Behandlung muß sich bei Untersuchung der einzelnen Tatbestände eine wahrnehmbare Verschiedenheit dadurch ergeben, daß im Bereich der Finanzverwaltung die Zahl der gesetzlich formulierten Grenznormen sehr beträchtlich größer ist als im Umkreis der inneren Verwaltung, daß für wesentliche Fragen also an Stelle einer Untersuchung über die Eigenart des abzugrenzenden Tatbestands eine Aufreihung von Gesetzesbestimmungen tritt, daß auf der andern Seite aber die Auslegung der von dem Gesetzgeber verwendeten Merkmale Anlaß zu neuen Zweifeln bietet, die ihrerseits der Beantwortung bedürfen.

Auch dieser Teil des internationalen Verwaltungsrechts verlangt eine Reinigung von Bestandteilen, die nicht in seinen Bereich gehören. Insbesondre von Fragen, die eine Überwirkung des Völkerrechts in den Inhalt des Finanzverwaltungsrechts bedeuten (Beispiele: Einkommensteuer von ausländischem Staatseigentum im Inland; Statthaftigkeit der Zustellung eines Steuerbescheids im Ausland durch eingeschriebenen Brief). Und vor allem von Fragen des Fremdenrechts. Die zahllosen Bestimmungen, bei denen inhaltlich irgendeine Regelung getroffen wird, je nachdem räumliche Beziehungen zu Inland oder Ausland vorliegen (z. B. die Anmeldefristen für eine Steueramnestie sind verschieden lang, je nachdem sich der Steuerpflichtige bei Erlaß der Amnestie im Inland oder Ausland aufhält); die nach der Staatsangehörigkeit einer Person unterscheiden (z. B. Kampfzölle zu Lasten der Einfuhr durch Angehörige eines bestimmten Auslandsstaats); die Beziehungen zu einem ausländischen Staat verwerten (Währung, in der die Vermögenssteuer für ausländische Wertpapiere zu entrichten ist) — gehören in das materielle Recht der Finanzverwaltung und haben mit internationalem Verwaltungsrecht nichts zu tun.

Unter den Gegenständen, deren Aufklärung ihm obliegt, steht auch hier im Mittelpunkt die Begrenzung der Wirksamkeit, welche die Finanzverwaltung des Inlands entfaltet — der Wirksamkeit des inländischen Staats und der Verbände unter ihm, die eine selbständige Finanzverwaltung besitzen. Soweit es sich dabei um die Verwaltung des vorhandenen Vermögens mit seinen Aktiven und Passiven handelt, werden sich die verwaltungsrechtlichen Vorschriften zumeist auf das Verhalten der öffentlichen Organe innerhalb ihres Organismus beschränken, so daß für eine weitere Begrenzung kein Bedürfnis besteht. Denn den Dritten gegenüber vollzieht sich diese Tätigkeit unter Privatrecht. Aber auch in Rechtsgebieten französischer Art, wo die verwaltungsrechtliche Ordnung nach außen wirkt, ist das Recht durch

---

[1] E. Isay, Internationales Finanzrecht 1934 (dazu Dorn, Zeitschrift für ausländisches Privatrecht 8, 664). Über sonstige Arbeiten oben S. 17 ff.

den Träger des öffentlichen Vermögens bestimmt, bleibt nur mehr Raum für eine sachliche Regelung. Dagegen mögen gelegentlich Hilfspflichten dritter Personen, die dem öffentlichen Recht angehören, eine Begrenzung verlangen; z. B. die Anzeigepflichten für Militärgut, die in Deutschland begründet wurden, als mit der Auflösung der Armee fiskalisches Eigentum zerstreut worden war.

Auch die Normen über den Vollzug der Ausgaben halten sich, soweit sie überhaupt dem Verwaltungsrecht angehören, regelmäßig innerhalb des öffentlichen Organismus und geben keinen weiteren Anlaß zu Zweifeln. Der Schwerpunkt solcher Zweifelsfragen liegt in der Ordnung der öffentlichen Einnahmen. Vielleicht handelt es sich dabei um einen Sachgütererwerb von finanzrechtlicher Art, etwa um Aneignungsrechte, die zugunsten eines öffentlichen Verbands begründet sind, oder um öffentliche Betriebe, deren Zweck Gelderwerb ist. Auch solche Veranstaltungen verlangen eine verwaltungsrechtliche Ordnung, aber sie beschränkt sich zunächst auf die Vorgänge innerhalb des Behördenorganismus. Denn nach außen werden Aneignung und Betrieb im allgemeinen mit den Mitteln des Privatrechts[2] durchgeführt. Immerhin mögen auch dabei dritte Personen zuweilen verwaltungsrechtlichen Bindungen besonderer Art unterstehen; vielleicht in Gestalt der Verpflichtung, Erzeugnisse des Betriebs abzunehmen oder Tatbestände anzumelden, die Anlaß zur Ausübung des Aneignungsrechts geben; insbesondre mit der Verpflichtung, einer Ausschließlichkeit des öffentlichen Betriebs oder des Aneignungsrechts nicht entgegenzuhandeln, und damit ergeben sich wiederum Grenzfragen des internationalen Verwaltungsrechts. —

Die wesentlichste Form der Einnahmebeschaffung besteht in der Auferlegung von Geldleistungspflichten. Handelt es sich dabei um Gebühren, so ist die Festlegung des Kreises der Gebührenschuldner freilich einfach: wer die Dienste des Verbands in Anspruch nimmt, wird ihm gebührenpflichtig. Aber die bestehenden Schwierigkeiten sind mit dieser Antwort häufig nur vorverlegt, zumal in den Fällen, in denen eine öffentliche Leistung eben deshalb vorgenommen wird, um für sie eine Gebühr verlangen zu können. Denn nunmehr verlangt die Frage Antwort (sie hat natürlich ihren Standort außerhalb des Finanzverwaltungsrechts), welche Personen diese öffentliche Leistung in Anspruch nehmen müssen. Das französische *enregistrement* ist dafür besonders anschaulich; aber auch auf die Ausführungen über Stolgebühren oben Bd. 1, 541 sei hier hingewiesen. — Die Vorausleistungen,

---

[2] Vielleicht auch des für Private geltenden allgemeinen Verwaltungsrechts. Beispiele oben 3 I 30 f. 172 ff.

die das Finanzrecht als besondere Gruppe von Geldleistungspflichten unterscheidet, werden bestimmt durch den Vorteil, dessen Genuß die Pflicht zur Vorzugsleistung begründet, durch den Weg, den der Anlieger benützen, durch die Schule, in der er seine Kinder schicken kann. Ist der Kreis der Pflichtigen damit im wesentlichen lokalisiert, so bleibt dem Ermessen doch ein nicht geringer Spielraum, wenn bestimmt wird, wer als Empfänger eines solchen Vorteils angesehen werden soll. Insoweit also wiederum die Erheblichkeit einer Begrenzung. —

Bei weitem die wichtigsten und zahlreichsten Grenzfragen ergeben sich indessen bei der Auferlegung von Steuern. Ihre Bedeutung ist gegenüber den andern hier erwähnten Problemen so durchgreifend, daß praktisch internationales Finanzrecht und internationales Steuerrecht beinahe zusammenfallen. Denn eine jede Steuer bedarf der Abgrenzung im Raum. Es kann nicht Aufgabe dieser Übersicht sein, auf alle die Steuerarten einzugehen, welche die Erfindungsgabe der Steuerpolitiker geschaffen hat, noch weniger, die positivrechtlichen Lösungen zu registrieren, mit denen sie begrenzt wurden. Zumal hier auch eine reichliche Literatur zur Verfügung steht. Und nur andeutungsweise sollen einige juristische Gesichtspunkte vorgebracht werden.

Der Geltungsbereich der Steuergesetze bestimmt sich im Zweifel nach dem Objekt der Besteuerung. Das kann ein einzelner Gegenstand — Sache oder Person — sein, und es entscheidet, ob sie den Aufenthaltsort, zumal den gewöhnlichen Aufenthaltsort im Steuergebiet haben (Beispiele: Grundsteuer, Kopfsteuer). Die Steuer kann auf einen Vorgang gelegt sein und erfaßt die Vorgänge im Gebiet, Herstellung oder Ortsveränderung einer Sache (Zölle), den Abschluß von Rechtsgeschäften, wobei im Zweifel nicht der für das Privatrecht maßgebende, sondern der tatsächliche Ort des Abschlusses in Betracht kommt. Besteht der besteuerte Vorgang jedoch in der Erwirkung einer Amtshandlung, so ist das sachlich verschieden, aber ebenso umgrenzt wie eine Gebührenerhebung. Bei wichtigen Steuertypen erscheint ein Gesamttatbestand, Vermögen oder Einkommen, als Steuerobjekt. Auch hier erfolgt die Belastung zuweilen nach den einzelnen Bestandteilen des Vermögens und vornehmlich des Einkommens. Wo sie als Gesamttatbestand Gegenstand der Besteuerung sind, treten die räumlichen Beziehungen der Person in den Vordergrund, die sie zur Einheit zusammenfaßt, der Wohnort (Wohnsitz) des Inhabers und Beziehers; wenn staatspolitische Erwägungen überwiegen, etwa auch deren Staatsangehörigkeit. Welche Verschiedenartigkeiten bei alledem möglich bleiben, mag die Erbschaftssteuer veranschaulichen, die als abschließende Vermögensbesteuerung des Erblassers, als Belastung eines Vermögenswechsels schlechthin, als Besteuerung des Vermögenszuwachses für den Erben vorkommt, zuweilen sogar als Gebühr behandelt wird. Auslegungsbehelf für die Lokalisierung des Steuergegenstands ist seine wirtschaftliche Zugehörigkeit. Verfolgt die Besteuerung aber nach ihrem Tatbestand andere als wirtschaftliche Zwecke, so wird sie regelmäßig durch diese Zwecke bestimmt, und so können ungewöhnliche Begrenzungen entstehen, wie bei der Wehrsteuer, die der nicht zum Dienst berufene Wehrpflichtige schuldet, und für die es wie für die Wehrpflicht selbst auf die Staatsangehörigkeit ankommen muß. —

Alsdann sind es neben der Leistungspflicht selbst mancherlei Hilfspflichten, die hier der Abgrenzung bedürfen, Hilfspflichten eines Steuerschuldners, die etwa auf Anmeldungen oder Vermeidung einer Steuergefährdung gehen; Hilfspflichten dritter Personen, die mit Auskunftspflichten belastet oder, als Arbeitgeber etwa, zur Erhebung der Abgabe herangezogen werden. Es ist klar, daß eine Zuständigkeit zur Steuererhebung noch nicht die Zuständigkeit begründet, jedem Dritten Hilfspflichten aufzuerlegen [3].

Die zur Begrenzung verwendeten Anknüpfungsbegriffe bedürfen der näheren Bestimmung, der Ort, an dem eine Patentlizenz als Vermögensbestandteil belegen ist, oder der Begriff einer „Agentur", die den vertretenen Unternehmer gewerbesteuerpflichtig macht. Und es wird damit nötig, auf das Problem der Qualifikation einzugehen (dazu unten § 25).

Schließlich bleibt zu beachten, daß unter der Einwirkung des Völkerrechts mannigfach besondere Rechtslagen entstehen, bei denen Zuständigkeiten abgegrenzt werden müssen; aber nicht auf Grund des finanzrechtlichen Inhalts irgendeiner Vorschrift, sondern deshalb, weil zwei öffentliche Gewalten hier in Berührung kommen, unter denen der finanzrechtlich beteiligte Teil bestimmt werden muß. Zollstellen, die in das Gebiet eines andern Staats vorgeschoben sind, bieten Beispiele; die Geltung von Vorschriften im Seeverkehr, die Verhältnisse, die durch Änderung eines Gemeindebezirks entstehen, Gemeinschaftseinrichtungen mehrerer Staaten können zu Fragen dieser Art führen [4].

[3] Beispiele Zeitschrift 24, 205 Auskunftspflicht einer Gesellschaft über den Wert eines steuerpflichtigen Geschäftsanteils. Über die Verpflichtung der russischen Handelsvertretung in Deutschland, als Arbeitgeber die Lohnsteuer für ihre Angestellten abzuführen, Denkschrift zum Schlußprotokoll des deutsch-russischen Wirtschaftsabkommens 1925. Über gleichartige Pflichten bei öffentlichen Betrieben und Aneignungsrechten oben S. 60.

[4] Über Staatswald und Gemeindewald in fremdem Staatsgebiet, über Jagd und Fischerei unter gleichen Umständen oben 2, 74 ff. und 104 ff. Über Nutzung des Staatswalds durch die besetzende feindliche Macht oben 2, 79 ff. Vgl. auch 1, 553 über kirchliche Abgaben in Grenzpfarreien; 3 II 236 f. (unter dem Gesichtspunkt der Währung) über Gerichtskosten der Gemischten Schiedsgerichte, der Rheinschiffahrtskommission, über Schiffahrtsabgaben der Europäischen Donaukommission. Über vorgeschobene Zollstellen unten § 45.

Als zweiter Teil ergibt sich alsdann auch für eine Darstellung des internationalen Finanzverwaltungsrechts die Zusammenfassung der Vorschriften, in denen eine rechtliche Überwirkung ausländischer Finanzverwaltung geregelt wird. Wo ein Rechtssatz des Inlands irgendeinen finanzrechtlichen Tatbestand als Voraussetzung verwendet, um an ihn eine Rechtsfolge zu knüpfen, da mag es sein, daß nur eine finanzrechtliche Beziehung zum Inland darunter zu verstehen ist, z. B. es macht ein Wahlgesetz die Wahlberechtigung von einer Steuerzahlung abhängig. Es kann aber auch sein, daß finanzrechtliche Beziehungen zu einem fremden Staat gleichfalls unter das Gesetz fallen, oder nur dessen Finanzordnung in Betracht kommt, z. B. es ist der Ehemann verpflichtet (§ 1385 BGB.), „die der Ehefrau obliegenden öffentlichen Lasten“ zu tragen, oder es wird dem Grundbesitz eines fremden Staats Steuerfreiheit gewährt, wenn Gegenseitigkeit besteht. Wo immer aber finanzrechtliche Angelegenheiten eines andern Staats für rechtserheblich erklärt werden, da kommt ausländisches Finanzrecht zur Anwendung, um festzustellen, ob eine derartige Angelegenheit gegeben ist. Und ebenso kann es unter solchen Umständen zur Anerkennung ausländischer Staatsakte kommen, z. B. bei einer vereinbarten Anerkennung von Zollverschlüssen.

Eine Überwirkung von besonderer Bedeutung ist da gegeben, wo die Vermeidung einer Doppelbesteuerung zur Rechtspflicht gemacht ist. In ihrer wichtigsten Erscheinungsform tritt solche Überwirkung freilich nur als Motiv zutage: wenn Zuständigkeitsregeln für die Besteuerung aufgestellt werden, die eine Überschneidung verhüten. Und es ist in diesem Zusammenhang auf die eigentümliche Lösung einer Teilbesteuerung hinzuweisen (man spricht im deutschen Finanzrecht von „beschränkter Steuerpflicht“), die einseitig festlegt, was bei einer Konkurrenz der Steuergewalten das Inland für sich in Anspruch nimmt, und damit zu neuen Abgrenzungsfragen Anlaß gibt (dazu unten § 17 Z. 3). Darüber hinaus mag der Steuerleistung an eine andre Gemeinschaft in verschiedenstem Ausmaß unmittelbare Wirkung auf die Steuerschuld an das Inland eingeräumt sein, von der anspruchtilgenden Kraft einer Leistung an das Ausland bis herunter zur Berücksichtigung des Betrags als eines Postens der Werbungskosten.

In wachsendem Umfang wird neuerdings auch für das Finanzrecht aktive Unterstützung eines andern Staats vereinbart, bei der Vorbereitung der Abgabenerhebung und bei deren Vollzug, bei der Verhütung und bei der Bestrafung von Zuwiderhandlungen. Aber auch hier gilt, daß die Pflicht, Rechtshilfe zu leisten, eines besonderen Rechtstitels bedarf. Und auch hier gilt, daß Sätze einer im übrigen anwendbaren ausländischen Privatrechtsordnung unanwendbar werden, wenn in sie Bestimmungen über die Durchsetzung ausländischer

Steueransprüche eingebaut sind, und es würde das Inland genötigt, durch deren Anwendung in den normalen Ablauf eines Rechtsverhältnisses hemmend einzugreifen. Es ist darüber unten § 25 gehandelt worden.

Endlich die Möglichkeit, daß eine Zusammenarbeit mehrerer Staaten sich zu gemeinschaftlicher Wirksamkeit verbindet. Mit Wirkung nach außen mag dergleichen im Bereich pfleglicher Tätigkeit vorkommen, wie bei dem Verband zur Veröffentlichung der Zolltarife. Es kann sogar zur gemeinsamen Erhebung von Gebühren und Steuern führen, bei den Gebühren, die das Internationale Amt für gewerbliches Eigentum für eine Eintragung in das Marken- oder das Musterregister fordert, bei den schon erwähnten Schiffahrtsabgaben, die der Europäischen Donaukommission zu entrichten sind, und es bleibt nur festzuhalten, daß als öffentlichrechtliche Leistungen solche Zahlungen nicht der Gemeinschaft, sondern nur den zusammengeschlossenen Staaten geschuldet sein können.

Auswärtige Verwaltung.

3. Das internationale Recht der auswärtigen Verwaltung ist ziemlich reich an Grenznormen für Vorschriften, die dem Einzelnen ein Verhalten auferlegen, vornehmlich im Hinblick auf einen Krieg. Es ist verboten, das Zeichen vom Roten Kreuz im Inland zu geschäftlichen Zwecken zu „gebrauchen". Während eines Bürgerkriegs in China wird allen Personen im Reich und den Deutschen im Ausland der Waffenhandel mit China untersagt; in gleicher Begrenzung haben wiederholt deutsche Neutralitätserklärungen Handlungen verboten, die der Neutralität des Reiches zuwiderlaufen. Ist ein Staat Kriegspartei, so gibt die Durchführung der Feindseligkeiten selbst allerdings wenig Anlaß zu derlei Bestimmungen: seine Vorschriften gelten für die eigenen Militärpersonen (daher auch die Pflicht, Kriegsbeute abzuliefern, für diese besteht; ohne Unterschied, wo die Beute gemacht wurde oder das Beutestück sich befindet). Aber der Wirtschaftskrieg hat solche Sätze nötig gemacht: das deutsche Zahlungsverbot hat die Personen inländischen Aufenthalts verpflichtet, das französische die Personen mit Aufenthalt in Frankreich und die Franzosen im Ausland, das englische Handelsverbot die Personen, die im Land den Aufenthalt oder den Wohnsitz hatten. Dazu etwa Beschlagnahme, Zwangsverwaltung für Vermögen im Gebiet. Dagegen sind die Fragen, gegen wen der Kampf sich richtet, ob gegen Personen mit Staatsangehörigkeit oder mit Wohnsitz in Feindesland, was als feindliches Schiff, als feindliche Ware anzusehen ist, Fragen des Fremdenrechts. — Grenznormen werden wiederum erforderlich, wo es sich um die Beschaffung des Kriegsbedarfs handelt. Persönliche Dienstleistungen be-

stimmter Art mögen bei jedermann requiriert werden, der sich im Gebiet aufhält[5]. Daneben hatte Deutschland eine allgemeine Dienstverpflichtung in Gestalt des vaterländischen Hilfsdiensts eingeführt, die von den Staatsangehörigen zu erfüllen war. Die Beschaffung des Sachbedarfs erfaßt als Requisition die Sachen im Gebiet. Vielleicht werden aber auch Geldleistungen als Kontribution gefordert, die nach Maßgabe einer Steuerpflicht umgelegt werden. — Und dann kann die Erfüllung eines Friedensvertrags notwendig machen, private Pflichten zu umgrenzen. Zur Aufbringung der baren Kriegsentschädigung ist die deutsche Industrie belastet worden, soweit sie dem Reich vermögenssteuerpflichtig war. Sachleistungen zur Verfügung zu stellen, wird etwa den „Betrieben“ im Land auferlegt. Oder es richtet sich der Zugriff auf bestimmte Sachen. Vorbereitet durch eine Anzeigepflicht, die die Personen im Inland verbindet, erfaßt die Zwangsenteignung die Sachen, die im Gebiet liegen (exzessiv freilich der Versailler Vertrag, der Deutschland verpflichtet, Lagerplätze in Rotterdam, Nothafenladungen im Ausland zu enteignen!). Auf das Vermögen im Gebiet hat sich insbesondere auch die Konfiskation feindlichen Privateigentums nach dem Versailler Vertrag erstreckt.

Neben solchen Bindungen der Einzelnen aber kommen zuweilen auch Tätigkeiten des Staats selbst vor, die mit Rücksicht auf ihren Gegenstand unter Grenznormen gestellt sind. So der Umfang, in dem diplomatischer Schutz zu gewähren ist[6].

Und es bedürfen bei solcher Umgrenzung unter Umständen auch die Anknüpfungsbegriffe einer näheren Bestimmung[7]. Bei den Konfiskationen des Inlandsvermögens, die die Friedensverträge einräumen, sind schwierige Fragen erwachsen, als bestimmt werden mußte, ob ein Vermögensgegenstand seinen Ort im Inland hatte, das fremde Warenzeichen eines inländischen Betriebs, die Aktie, die den Anteil an einer fremden Gesellschaft beurkundet, Forderungen in ihrer mannigfachen Ausgestaltung, Forderungen an eine Zweigniederlassung, hypothekarisch gesicherte Forderungen, Wechselforderungen usw. —

Vom Standpunkt des zu regelnden Tatbestands aus gesehen kann sich in derlei Fällen wiederum die Frage ergeben, welcher Staat von mehreren berufen ist, die Regelung zu treffen. Bei einem Teil solcher

[5] Befreiungen neutraler Staatsangehöriger, die auf Staatsvertrag beruhen, sind Fremdenrecht.

[6] Dazu unten § 13 Z. 2. Der Umfang, in dem der Einzelne einen verfassungsmäßigen Anspruch auf diplomatischen Schutz besitzt (Reichsverfassung 1919 Art. 112), mag enger sein als die staatliche Zuständigkeit, ihn zu gewähren. Aber das ist eine inhaltliche Beschränkung. — Fremdenrechtlich ist etwa auch die Frage, wie weit ein Staat den Ersatz von Kriegsschäden auf sich nimmt, vgl. unten § 9 Z. 2.

[7] Über Qualifikation dieser Begriffe unten § 27.

Zweifel genügt freilich schon die Klarstellung, um was es sich bei der Normierung (oder bei der an sie geknüpften subjektiven Leistungspflicht) sachlich handelt, um die Lösung zu kennen. Es ist wiederholt gefragt worden, ob die Unterstützung, die der Staat den Familien der eingezogenen Militärpersonen gewährt, sich — unter Verbündeten — nach der Staatsangehörigkeit des Eingezogenen oder nach der seiner Angehörigen bestimme; die Unterstützung ist die Ergänzung der Einziehung, und selbstverständlich entscheidet über solche Ergänzung die einziehende Macht. In Deutschland ist Vermögen eines feindlichen Staatsangehörigen beschlagnahmt und bei einer Bank in Wien hinterlegt worden, welcher Staat hatte bei Friedensschluß für Rückgabe und Aufwertung aufzukommen? Wenn es sich nur um privatrechtliche Hinterlegung gehandelt hatte, nicht um einen Hoheitsakt Österreichs, war es eine Last Deutschlands, die der Friedensvertrag an die Übung seiner Staatsgewalt geknüpft hatte. Häufige Fragen verlangen Antwort, ob das Konterbanderecht der einen oder der andern Kriegspartei oder die Auffassung des Neutralen entscheide, welches Recht den Zeitpunkt bestimme, an dem das Eigentum an der Prise übergeht, welches Recht für die Abgrenzung zwischen feindlichen und neutralen Personen, Schiffen, Waren maßgebend sei, für die Befugnisse, die den Schiffen der Kriegspartei im neutralen Hafen zukommen, für die Abgrenzung zwischen hoher See und Küstengewässern als Grundlage der Seekriegsführung, und ähnliches mehr. Hier handelt es sich zunächst um Fragen, die durch Völkerrecht einheitlich bestimmt werden, und wenn über den Inhalt dieses einheitlichen Völkerrechts in verschiedenen Staaten verschiedene Auffassungen bestehen, so führt das zu Widersprüchen, die (wenn nicht schiedsrichterliche Entscheidung möglich ist) mit den Mitteln des Rechts unlösbar sind. Aber es ist bei diesen Fragen dem Ermessen der beteiligten Staaten vom Völkerrecht einiger Spielraum gewährt, und dann entscheidet wieder, wessen Hoheitsübung dem Tatbestand zugrunde liegt. Insoweit kommt es auf die Konterbandeliste des Nehmestaats an, entscheidet sein Recht über das Prisenverfahren, während der neutrale Staat festsetzt (nur ihm, nicht der Kriegspartei ist insoweit ein Ermessen eingeräumt), wie lang Schiffe der Kriegsparteien in seinen Häfen verweilen dürfen.

In andern Fällen hingegen erwächst die Frage nach dem beteiligten Staat aus besonderen Rechtslagen, bei denen mehrere Staaten innerhalb eines Gebiets nebeneinander tätig werden. Die eindringende Macht schiebt ihre Staatsgewalt auf den Kriegsschauplatz, mit erweitertem Inhalt auf das besetzte feindliche Gebiet vor: ihre Regelung bestimmt (in den Schranken des Völkerrechts), nicht die des Gegners, welche Kriegsleistungen von der ansässigen Bevölkerung aufzubringen sind, mit welchen Maßnahmen der Kriegspolizei der Schutz der eingedrungenen Truppen sicherzustellen ist. Die Abgrenzung zwischen Verbündeten schafft hier besondere Schwierigkeiten. Verbündete Truppen dürfen nur mit Erlaubnis des Aufenthaltsstaats in dessen Gebiet einrücken; aber bewirkt solche Erlaubnis, daß Schäden, die die Truppe verursacht, nach deren Recht zu entschädigen sind? Für Handlungen innerhalb des eigenen Kreises steht der Truppe Exterritorialität zu, die solche Handlungen der eigenen Gerichtsbarkeit vorbehält; was ist rechtens, wenn der Ungar auf Grund des ungarischen Kriegsleistungsgesetzes im eigenen Land bei einer deutschen Truppe Zivildienste tut, und es steht Unbotmäßigkeit nach deutschem, aber nicht nach ungarischem Recht unter Militärgerichtsbarkeit? Hoheitsakte gegenüber der Zivilbevölkerung kann die Truppe nur auf Grund einer Einräumung der örtlichen Staatsgewalt vornehmen; jedoch wenn die Zulassung vorliegt, welches Recht entscheidet über Ausmaß und Rechtsfolgen einer Requisition? — Betrachtet man solche Schwierigkeiten nicht von seiten des betroffenen Privaten, sondern, wie erforderlich, von seiten des handelnden Staats, so ergibt sich, daß auch bei ihnen nach den Grenzen der Staatsgewalt gefragt wird, wie sie unter den gegebenen Umständen bestehen. Und das ist von vornherein so, wo neben der eigenen eine konkurrierende fremde Staatsgewalt gar nicht zur Wahl steht. Z. B. bei der Frage, ob der Gesandte einer neutralen Macht berechtigt ist, entgegen einem Zahlungsverbot Geld in den feindlichen Staat gelangen zu lassen. —

Einer Überwirkung ausländischer Regelungen im Bereich der Außenverwaltung begegnet man bei jeder diplomatischen Verhandlung, insofern die Zuständigkeit des Gegenparts, die Verhandlung zu führen, die Vollmacht, die er vorlegt, nach ausländischem Recht zu prüfen ist. In unsicherem Umfang besteht auch ein Herkommen, nach dem gewisse Tatsachen, für deren Richtigkeit ein Staatsorgan im auswärtigen Verkehr eintritt, nicht nachgeprüft werden können (unten § 32 Z. 4f). — Unter den Inhalten des friedlichen Staatenverkehrs gibt die Sichtbarhaltung der Landesgrenze Anlaß, dem mitbeteiligten andern Staat Einfluß einzuräumen: mittelbar durch Aufteilung erforderlicher Tätigkeiten, unmittelbar durch Mitteilungen, Einholung von Zustimmung, durch gemeinschaftliche Tätigkeit der beiderseitigen Organe oder auch eines gemeinsamen Ausschusses. — Aber auch in diesem Zusammenhang bedarf das Kriegsrecht bevorzugter Beachtung.

Wo eine Kriegsmaßnahme des Auslands als Tatsache zur Voraussetzung einer inländischen Rechtsfolge gemacht ist, kommen auch ausländische, selbst feindliche Maßnahmen zu rechtlicher Bedeutung. Z. B. Handlungen ausländischer Organe — selbst wenn sie nach deren eigenem Recht rechtswidrig sind — bilden die Grundlage einer

Vergütung von Kriegsschäden, oder es schützt eine Konterbandeversicherung gegen die Verluste, die aus der Tatsache einer Aufbringung folgen. Rechtsvorschriften freilich, die eine Kriegspartei als Mittel der Feindseligkeit, insbesondre im Wirtschaftskrieg, erläßt, können auf seiten des Gegners, aber auch auf seiten eines Neutralen keine Durchsetzung erwarten. Der Fragenkreis ist unten § 25 Z. 8 des näheren erörtert worden.

Ein Zusammenwirken im Bereich des Kriegsverwaltungsrechts findet zwischen verbündeten Heeren oft in weitem Ausmaß statt, doch verbleiben die Rechtswirkungen zumeist innerhalb des militärischen Organismus. Zuweilen mag ein Bedürfnis nach schärferer Sonderung bestehen; Beispiel jene ins einzelne gehende Vereinbarung der Alliierten, welchem Staat bei einem Zusammenwirken der Seestreitkräfte die Aburteilung der aufgebrachten Prise und der Prisenerlös zukomme. In Rechtssätzen für Dritte wird das Bündnis manchmal die Grundlage für eine Gleichstellung mit dem inländischen Heer abgeben, z. B. daß Kriegsleistungen auch zugunsten verbündeter Truppen gefordert werden können, oder daß Zuwiderhandlung gegen seuchenpolizeiliche Anordnungen der fremden Pferdesammelstelle die Straffolgen des inländischen Rechts auslöst.

§ 6.

Internationales Strafrecht und Strafprozeßrecht.

1. Strafrecht. — 2. Strafprozeßrecht.

Strafrecht.

1. Anders als die im vorausgehenden behandelten Gebiete stellt das internationale Strafrecht einen so bekannten Gegenstand dar, daß auf ihn hier nur soweit eingegangen werden muß, um zu zeigen, daß sein Aufbau demjenigen des internationalen Verwaltungsrechts vollkommen parallel läuft. Um seinen Inhalt klarzustellen, müssen auch hier Erscheinungen ausgeschieden werden, die einem andern Zusammenhang angehören: Fremdenrecht im Strafrecht (z. B. Urheberrechtsverletzungen, die im Inland zum Schaden eines Ausländers begangen werden, sind nur strafbar, wenn Gegenseitigkeit besteht); internationales Privatrecht im Strafrecht (der ausländische Ehemann öffnet die Briefe seiner Frau: ist die Eröffnung unbefugt geschehen?); Völkerrecht im Strafrecht (Straflosigkeit des fremden Gesandten). Das Kernproblem des internationalen Strafrechts aber bildet auch hier die Frage, wie weit die Wirksamkeit eines Staats bei der Übung der Strafgewalt reicht, gegenübergehalten der gleichartigen Wirksamkeit andrer Staaten, Zuständigkeitslehre, und auch hier, wie bei allem öffentlichen Recht, lediglich auf die Zuständigkeit des inländischen

Staats abgestellt[1]. Es handelt sich dabei um positives Recht der einzelnen Staaten. Das Völkerrecht wäre an sich in der Lage, den Staaten vorzuschreiben, daß sie sich bei der Wahl dieser Begrenzung an Schranken zu halten hätten; doch sind in dem derzeit geltenden Völkerrecht solche Schranken nicht vorgesehen. Rechtstechnisch vollzieht sich die Begrenzung durch eine Aufstellung von Anknüpfungsbegriffen, bei deren Vorliegen die Strafgewalt begründet sein soll, Ort der Handlung im Gebiet, Staatsangehörigkeit des Täters usw., und wie bei jeder staatlichen und darum einseitig nur für diesen Staat umgrenzten Wirksamkeit besteht auch für die Übung der Strafgewalt die Möglichkeit, nebeneinander mehrere Anknüpfungen aufzustellen, bei deren Vorliegen Zuständigkeit gegeben sein soll. Der Inhalt der Anknüpfungsbegriffe aber, man denke an den „Tatort", bedarf selbst wieder der Feststellung. — Wie die örtliche, so kann alsdann auch die sachliche Zugehörigkeit eines Tatbestands zu der Strafgewalt eines Staats der Ausscheidung bedürfen[2]: etwa bei fortgesetzten, fortdauernden Verbrechen, die sich über mehrere Gebiete erstrecken, bei inländischer Teilnahme, inländischer Hehlerei zu einem im Ausland begangenen Verbrechen.

Dabei gibt die Zuständigkeit, zu strafen, noch nicht die Zuständigkeit, jedes Strafmittel zu gebrauchen, das die Gesetzgebung dieses Staats vorsieht[3]. Denn es sind unter diesen Strafmitteln Eingriffe in Güter rechtlicher Herkunft, die entweder öffentlichen Rechts sind, also nur gegenüber einem bestimmten Staat bestehen, oder zwar dem Privatrecht angehören, an sich der Einwirkung verschiedener Staaten offen sind, aber der Einwirkung eines einzelnen Staats nur, wenn er Herrschaft über sie besitzt. Auch wenn die Tat im Inland begangen ist, können dem Täter nicht gewerbliche Befugnisse entzogen werden, die ihm gegen einen andern Staat zustehen; eine Konfiskation ausländischen Vermögens ist nicht statthaft. Denn die Zuständigkeit, Strafe zu verhängen, ermächtigt noch nicht, in die Rechte eines fremden Staats einzugreifen. Sanktion wie stets: das Inlandsrecht ist im Zweifel solcherart auszulegen; Auslandsbestimmungen, die sich darüber hinwegsetzen, werden nicht anerkannt.

---

[1] Den Ausgangspunkt bildet natürlich auch hier (oben S. 44) der Satz, daß jeder Staat sein Strafrecht selbst ordnet, und erst auf dieser Grundlage kann die weitere Frage gestellt werden, auf welche Tatbestände sich die Strafgewalt eines Staats räumlich oder persönlich erstreckt. Man mag danach den Wert einer Behauptung ermessen, es gebe kein internationales Strafrecht, weil jeder Staat seine Strafgesetze anwende.

[2] Von seiten des Tatbestands gesehen: welcher Staat ist strafrechtlich beteiligt?

[3] Dazu und zu den weiteren Ausführungen Neumeyer, Zeitschrift für die gesamte Strafrechtswissenschaft (1906) 27, 1 ff.

Auf der andern Seite muß auch hier der Überwirkung Rechnung getragen werden, die ausländische Strafgesetze und deren Handhabung in das Recht des Inlands ausüben können. Strafdrohungen des Auslands können als Voraussetzung einer — strafrechtlichen oder andersgearteten — Rechtsfolge Bedeutung für inländisches Recht erlangen: der Seemann, der sich im Ausland eine Krankheit bei Begehung einer strafbaren Handlung zugezogen hat, verliert den Anspruch auf kostenlose Heilbehandlung; als Teilnehmer kann der Gehilfe im Inland nur bestraft werden, wenn die Haupttat — von einem Ausländer im Ausland begangen, nach ausländischem Recht — eine strafbare Handlung darstellt. Der Strafvollzug des Auslands kann dem des Inlands gleichstehen: etwa, wo eine Strafdrohung nur subsidär aufgestellt ist (der Deutsche, der Hochverrat zum Schaden eines fremden Staats begangen und von diesem bestraft worden ist, kann in Deutschland nicht mehr wegen feindlicher Handlung gegen einen befreundeten Staat verantwortlich gemacht werden) — während für die Rückfallschärfung nach deutschem Recht Vorstrafen des Auslands bis vor kurzem nicht in Betracht kamen; durch ein Gesetz von 1933 ist auch diese Art der Überwirkung sichergestellt. Und sie ist vollends zweifellos, wo der Strafvollzug nur in seiner Eigenschaft als Tatsache zu Rechtswirkungen führt, z. B. lebenslängliche Freiheitsstrafe ist als Scheidungsgrund erklärt.

Von besonderer Bedeutung ist solche Überwirkung, wo mit der Strafzuständigkeit des Auslands eine Zuständigkeit des Inlands für dieselbe Handlung konkurriert. Das geltende deutsche Recht begnügt sich für solche Fälle im allgemeinen mit der Anrechnung der im Ausland vollzogenen Strafe, macht aber bei Handlungen der Inländer im Ausland die eigene Strafgewalt abhängig von der Strafbarkeit und der Verfolgbarkeit nach den Gesetzen des Tatorts und gewährt dem Strafvollzug des Tatorts konsumierende Wirkung.

Um eine aktive Unterstützung fremder Strafgewalt handelt es sich bei der Auslieferung[4]. Dagegen können mangels besonderer Unterlagen Strafurteile des Auslands in den meisten Staaten nicht vollstreckt werden, und das gilt auch für die Anerkennung von privatrechtlichen Verwirkungen, die das Ausland an die Handlung knüpft,

[4] Gehört der Strafvollzug (oben S. 41) zum materiellen Strafrecht, so wird die Auslieferung ihren Platz im internationalen Strafrecht finden müssen. Das ergibt sich von vornherein, wenn ein Täter ausgeliefert wird, der nach der Verurteilung flüchtig geworden ist, die Maßregel also nur dem Strafvollzug dient. Auslieferung, die vor Beginn des Verfahrens gewährt wird, ermöglicht zwar meistens erst dieses Verfahren. Aber auch dann erfolgt der schwere Eingriff in die persönliche Freiheit nicht deshalb, um ein Verfahren abwickeln zu können, sondern um den Verdächtigen der zu erwartenden Strafe zuzuführen.

wenn die Verwirkungen ausschließlich Strafzwecken dienen und die Anerkennung eine unmittelbare Durchsetzung der Entrechtung im Inland bedeuten würde.

In seltenen Fällen kommt es vor, daß eine Strafgewalt von mehreren Staaten gemeinsam geübt wird, so von den Mächten, welche die Europäische Donaukommission bestellt haben[5].

Endlich bedarf es des Hinweises, daß besondere Rechtslagen, bei denen sich die Staatsgewalt mehrerer Staaten berührt, auch hier zu der Frage führen können, welches der beteiligte Staat ist, dessen Strafgewalt tätig werden soll[6]; bei Handlungen im Luftraum, in Feindesland, vor Ämtern, die in fremdes Gebiet vorgeschoben sind, und in manchen Lagen mehr, über die das 7. Kapitel berichten soll. In besonderm Maße ergeben sich Schwierigkeiten dieser Art für Bundesstaaten wie vormals das Deutsche Reich, wo die Strafgewalt im allgemeinen den einzelnen Ländern zustand, aber das Reich für den Großteil der Handlungen — neben einem weiterbestehenden Landesstrafrecht — die Strafdrohungen aufstellte und für die Bestrafung nach beiderlei Strafrecht von Reichs wegen Vollmachten gab, die über das einzelne Land hinausreichten.

Strafprozeßrecht.

2. Wenn man auch für das internationale Strafprozeßrecht die Gegenstände ausscheidet, die nicht in diesen Bereich gehören[7], so ergibt sich als erstes Problem wiederum die Begrenzung der staatlichen Zuständigkeit, ein Strafverfahren durchzuführen. Aber freilich, der Strafprozeß ist eine Hilfseinrichtung im Dienst der materiellen Strafrechtspflege, seine Aufgabe ist nicht, im Prozeßweg aufzuklären, ob dem oder jenem Staat aus einem Tatbestand ein Strafanspruch erwachsen ist, er hat lediglich festzustellen, ob demjenigen Staat, der die Prozeßgewalt übt, ein Strafanspruch zusteht und mit welchem Inhalt. Daraus ergibt sich die akzessorische Bedeutung einer solchen Übung der Prozeßgewalt, und der weitere Satz, daß sie nur dann und immer dann besteht, wenn auch materiell für die Strafgewalt dieses Staats eine Zuständigkeit gegeben ist; der Unterschied staatlicher Zuständigkeit dem Ausland gegenüber und örtlicher Zuständigkeit von Gericht zu Gericht innerhalb des Staats wird hier besonders deutlich.

---

[5] Dagegen urteilen die Rheinschiffahrtskommission und die Elbschiffahrtskommission über die Strafgewalt des Staats, in dem die strafbare Handlung begangen wurde, während allerdings die Prozeßgewalt auch in diesen Fällen von sämtlichen Vertragsstaaten getragen wird.

[6] Über Fragen nach dem inhaltlich beteiligten Staat oben S. 69.

[7] Beispiele für die drei Gruppen: erweiterte Untersuchungshaft gegen Ausländer — der „gesetzliche Vertreter" kann einen Verteidiger wählen — Verfahren vor den Rheinschiffahrtsgerichten.

Doch gewährt die Zuständigkeit, das Strafverfahren für einen Tatbestand durchzuführen, auch hier noch nicht die Zuständigkeit, jedes einzelne Mittel zu diesem Behuf zu verwenden. Um Auskunftspersonen, voran Zeugen, zu einer Mitwirkung zu verpflichten, muß eine Herrschaft über diese Personen gegeben sein — sie wird durch Wohnsitz oder Aufenthalt des Zeugen im Inland vermittelt —, wie auch eine Herrschaft über Gegenstände bestehen muß, die der Beweiserhebung dienstbar gemacht werden; wenn sie durch unmittelbaren Zugriff beigebracht werden sollen, über Gegenstände, die sich im Inland befinden (während etwa einer Verhaftung des Beschuldigten außer Landes nicht mangelnde Zuständigkeit entgegenstünde, sondern das völkerrechtliche Verbot, Hoheitsakte in fremdem Staatsgebiet vorzunehmen).

Von seiten des Tatbestands gesehen mag dann auch für den Strafprozeß gelegentlich die Frage vorkommen, ob der eine oder der andere Staat prozessual beteiligt ist, so bei Zustellungen in das Ausland, die durch öffentlichen Anschlag, die durch eingeschriebenen Brief vorgenommen werden.

In einem zweiten Teil des internationalen Strafprozeßrechts handelt es sich um die Rechtsfolgen, die ein fremder Strafprozeß unter inländischem Recht auslöst, und es muß dabei auf die Frage, ob die vorausgesetzten Merkmale vorliegen, fremdes Strafprozeßrecht angewendet werden. Wenn die rechtskräftige Freisprechung im Ausland einer Verfolgung derselben Handlung im Inland entgegenstehen kann, so bestimmt sich die Rechtskraft des fremden Urteils dabei nach ausländischem Recht. Insbesondre kann in Betracht kommen, ob Prozeßhandlungen des Auslands solchen des Inlands gleichwertig sind. Unter mehrerlei Fällen dieser Art ist öfter die Frage praktisch geworden, ob, wenn das Inlandsrecht die urteilsmäßige Feststellung einer Tatsache voraussetzt, auch Urteile des Auslands dieser Voraussetzung genügen. Z. B. es wird vom Börsenbesuch ausgeschlossen, wer wegen betrügerischen Bankerotts „verurteilt" worden ist, oder es kann Bestrafung wegen übler Nachrede durch den Wahrheitsbeweis abgewendet werden, der Wahrheitsbeweis aber soll als erbracht oder mißlungen gelten, wenn über die behauptete Tatsache ein verurteilendes oder freisprechendes Erkenntnis ergangen ist.

Das fremde Verfahren kann zu aktiver Mitwirkung des Inlands Anlaß geben. Von der Auslieferung ist schon gesprochen worden. Andre Inhalte einer Rechtshilfe sind Vornahme von Beweiserhebungen, Zwangsgestellung von Zeugen oder Mitbeschuldigten, Übersendung von Beweismitteln, von Auszügen aus dem Strafregister und andres mehr.

Und dann mag auch für den Strafprozeß die Berührung mehrerer

Staatsgewalten in einem Gebiet zu der Frage führen, wessen Staatsgewalt bei einem Verfahren beteiligt ist. Wo Zweifel dieser Art in gleicher Weise für das materielle Strafrecht bestehen, da gilt auch hier, daß derjenige Staat verfahrensrechtlich beteiligt ist, um dessen materielle Strafgewalt es sich handelt, z. B. im Bereich der Konsulargerichtsbarkeit[8]. (Nicht in allen Fällen freilich, bei denen der materiellrechtlich beteiligte Staat bestimmt werden muß, kommen gleichartige Fragen für das Verfahrensrecht überhaupt in Betracht.) Es können Zweifel über den beteiligten Staat aber auch entstehen, wo die mehreren Staatsgewalten sich lediglich im Verfahren berühren. Welche Prozeßgewalt ist im Spiel, wenn der deutsche Konsul im Ausland eine Beweiserhebung vornimmt; wenn er — in England — hiefür eine Ermächtigung von seiten des englischen Gerichts erhalten hat? — Über eine gemeinschaftliche Übung der Prozeßgewalt durch mehrere Staaten oben S. 71.

§ 7.

Das internationale Recht der streitigen und nichtstreitigen Gerichtsbarkeit in Zivilsachen. Internationales Zivilrecht.

1. Prozeßrecht. — 2. Nichtstreitige Gerichtsbarkeit. — 3. Zivilrecht.

Prozeßrecht.

1. Entsprechend den andern Bereichen des internationalen Rechts ist auch das internationale Zivilprozeßrecht in seinen beiden Bestandteilen[1] von artfremden Fragen abzugrenzen, von den Angelegenheiten des Fremdenrechts (Arrest, wenn ein Urteil „im Ausland" vollstreckt werden müßte), der Anwendung internationalen Privatrechts im Prozeß (der „Rechtsnachfolger" der verstorbenen Partei kann das Verfahren aufnehmen), der Einwirkung des Völkerrechts (keine Klage gegen einen ausländischen Staat). Im Mittelpunkt steht auch hier Zuständigkeitslehre.

Wo es sich um die staatliche Aufgabe der Rechtsklärung handelt, muß demgemäß die Prozeßgewalt gegenüber derjenigen andrer Staaten festgelegt werden. Die Zuständigkeit des Staats, einen Rechtsstreit

[8] Eine Beleidigung durch die Presse ist in München begangen, der Beleidigte wohnt in Berlin; ist die bayrische Vorschrift, die (anders als das preußische Recht) Preßvergehen dem Schwurgericht vorbehält, auch bei einer Verfolgung in Berlin anzuwenden? Auch hier folgt die Prozeßgewalt der Strafgewalt. Doch wird die zuständige Strafgewalt dabei ihrerseits durch prozessuale Anknüpfungen — das mit der Sache befaßte Gericht — bestimmt.

[1] Für eine systematische Darstellung bedürfen die beiden Teile der Trennung.

durchzuführen, ist in ihrem Wesen gänzlich verschieden von der örtlichen Zuständigkeit des einzelnen Gerichts innerhalb des Staats, sich mit einem Rechtsstreit zu befassen, die örtliche Zuständigkeit eine Angelegenheit der Geschäftsverteilung zwischen den mehreren einander nebengeordneten Gerichten eines Gemeinwesens, die staatliche Zuständigkeit eine Frage nach den Grenzen der Staatsgewalt. Wo freilich, wie im deutschen Recht, die örtliche Zuständigkeit von Gesetzes wegen genau, die staatliche Zuständigkeit gar nicht geregelt ist, bedarf es der im einzelnen Fall schwierigen Untersuchung, wieweit die Gründe, die zur Aufstellung einer örtlichen Zuständigkeit geführt haben, analog auch für die Annahme einer staatlichen Zuständigkeit verwertet werden können. Jedenfalls läßt sich solche staatliche Zuständigkeit auf zweierlei Grundgedanken stützen: sie kann unmittelbar aus der Eigenart des Streitverfahrens geschöpft werden (wichtigste Erwägung: die Abwehrpflicht, die den Beklagten trifft, ist so schwer, daß sie ihm wenigstens durch Klagerhebung an dem für ihn günstigsten Ort, seinem Wohnsitz, erleichtert werden soll), und sie kann auf den Anlaß des Rechtsstreits Rücksicht nehmen, insbesondre durch Erfüllung des Postulats, daß in dem Staat, der ein Rechtsverhältnis privatrechtlich regelt, auch die Möglichkeit bestehen müsse, einen Rechtsstreit über den Gegenstand durchzuführen. Wie bei aller öffentlichrechtlichen Betätigung hat auch die Begrenzung der Entscheidungsgewalt zunächst nur für die Durchführung eines inländischen Rechtsstreits Bedeutung. Eben die Beschränkung gibt aber auch die Möglichkeit, für die Zuständigkeit des Inlands verschiedene Anknüpfungen nebeneinander zur Wahl zu stellen. Das Privatrechtsverhältnis, über das der Rechtsstreit geführt wird, kommt für das Verfahren nur als dessen Objekt in Betracht und kann deswegen auch von einer andern Rechtsordnung geregelt sein als derjenigen des Prozeßstaats. Eben darum ist allerdings eine scharfe Scheidung vonnöten, ob eine Vorschrift das Verfahren betrifft oder das aufzuklärende Privatrechtsverhältnis (etwa bei Fragen der Beweislast).

Einer grundsätzlichen Begrenzung der Vollstreckungsgewalt — sie wird sehr vernachlässigt — bedarf es bei der staatlichen Durchsetzung unbefriedigter Ansprüche (unabhängig von der völkerrechtlichen Möglichkeit, solche Gewalt auszuüben); sie wird im wesentlichen darauf abstellen müssen, ob der Gegenstand der Vollstreckung sich im Inland befindet. Und es bedarf auch hier einer Unterscheidung zwischen den Vorschriften über die Vollstreckung und solchen, die das Privatrechtsverhältnis betreffen, das die Vollstreckung veranlaßt, etwa bei Beschränkungen mit Rücksicht auf den Notbedarf des Vollstreckungsschuldners.

Für beide Gruppen von Rechtssätzen ist alsdann festzustellen, daß der Besitz der Entscheidungsgewalt und der Vollstreckungsgewalt noch nicht ermächtigt, jedes für sie benötigte Mittel zu gebrauchen. Zeugen und sachliche Gegenstände der Beweisführung können auch im Zivilprozeß nur beigezogen werden, soweit über sie die Hoheit zuständigerweise geübt werden kann. Und bei der Vollstreckung findet der Gedanke, daß dritte Personen, die in den Dienst der Vollstreckung gestellt werden sollen, selbst der Herrschaft dieses Staats unterstehen müssen, vornehmlich seine Anwendung in der Unstatthaftigkeit, Forderungen, die der Exequendus im Ausland hat, zugunsten des Vollstreckungsgläubigers beizuziehen.

Den zweiten Teil der beiderlei Ordnungen bildet wiederum eine Festsetzung der Überwirkung, die fremdem Rechtsstreit und fremder Vollstreckung für das Inland zukommt. Es mag sein, daß der fremde Vorgang dabei lediglich in seiner tatsächlichen Auswirkung zu werten ist und eben darum berücksichtigt werden muß; so kann der Bürge in gewissen Fällen Befreiung von der Bürgschaft erlangen, wenn der Gläubiger „ein vollstreckbares Urteil" auf Erfüllung gegen ihn erwirkt hat; auch wenn er das Urteil im Ausland erwirkt hat. Es können an eine Prozeßhandlung im Ausland Rechtsfolgen geknüpft sein, wenn sie im zuständigen Staat vorgenommen worden ist: das gilt insbesondre für die Rechtskraft, die auswärtigen Urteilen zugebilligt wird, und es gilt ebenso, wenn solche Urteile die Grundlage einer inländischen Vollstreckung bilden sollen.

Aktive Zusammenarbeit wird für das Entscheidungsverfahren vielfältig als Rechtshilfe geleistet, vornehmlich bei Zustellungen und Beweiserhebungen. Sie kommt auch im Vollstreckungsverfahren vor — aber in aller Regel nicht für die Hauptsache, die Durchführung einer Vollstreckungsmaßregel selbst[2]. — Auch gemeinschaftlicher Betätigung mehrerer Staaten begegnet man im Zivilprozeßrecht. So für einen Teil ihrer Aufgaben bei den Gemischten Schiedsgerichten der Friedensverträge.

Und schließlich bedarf es bei den besonderen Rechtslagen, in denen sich die Staatsgewalt mehrerer Staaten berührt, auch für den Zivilprozeß der Feststellung, welches der beteiligte Staat ist. Es kann dafür auf die früheren Ausführungen verwiesen werden und als Beispiel die Frage genannt sein, ob die saarländischen Zivilurteile in Deutschland als deutsche Urteile vollstreckt werden konnten.

---

[2] Bei der Vollstreckung fremder Zivilurteile handelt es sich (unten § 33 Z. 2) nicht um Rechtshilfe, der Staat, in dem vollstreckt wird, handelt in eigener Sache und stellt nur für den Nachweis, daß die Voraussetzungen der Vollstreckung vorliegen, den fremden Titel einem eigenen gleich.

Nichtstreitige Gerichtsbarkeit[3].

2. Wie für alle Teile des öffentlichen Rechts ergeben sich gleichartige Fragestellungen auch für die zahlreichen Inhalte, die in einem internationalen Recht der freiwilligen Gerichtsbarkeit zusammengefaßt werden. Nach Ausscheidung des nicht dazugehörigen Rechtsstoffes (Stellung ausländischer Gläubiger im Konkursverfahren — Nachlaßsicherung durch den Konsul —) steht auch hier im Mittelpunkt eine Umgrenzung der Zuständigkeit: der Zuständigkeit, behördliche Tätigkeit in Privatrechtssachen vorzunehmen. Es sind die aktiven Handlungen der Staatsorgane, für die bestimmt wird, wie beschaffen die Tatbestände sein müssen, um ihnen Anlaß zur Tätigkeit zu geben, für den Beginn der Tätigkeit wie für ihren Fortgang, für einen ablehnenden wie für einen rechtsgewährenden Abschluß, für Handlungen, die auf den Bestand von Privatrechtsverhältnissen rechtliche Wirkungen üben, und für solche, bei denen das nicht zutrifft (Nachlaßsicherung). Schon daraus ergibt sich, daß solche Zuständigkeit nicht etwa aus der Regelung des Privatrechtsverhältnisses geschöpft sein kann, das die Behörde zum Handeln veranlaßt (es ergibt sich daraus auch die völlige Unbegründetheit einer Annahme, die freiwillige Gerichtsbarkeit könne nur tätig werden für Angelegenheiten, die privatrechtlich unter dem Recht des handelnden Staates stünden). Wie bei einem Zivilprozeß, so ist auch bei sonstiger Staatstätigkeit in Zivilsachen das materielle Rechtsverhältnis lediglich Objekt der behördlichen Betätigung. Es kann Zuständigkeit begründet sein, über einen letzten Willen eine öffentliche Urkunde zu errichten, auch wenn für den Inhalt des Testaments, soll es privatrechtlich gültig sein, ausländisches Erbrecht berücksichtigt werden muß. Freilich befaßt sich auch das materielle Privatrecht mit Handlungen der nichtstreitigen Gerichtsbarkeit, insofern es Rechtssätze aufstellt, die an bestimmte Handlungen privatrechtliche Wirkungen knüpfen: eine Ehe ist zustande gekommen, wenn der Standesbeamte nach Vorschrift mitgewirkt hat. Nicht die behördliche

---

[3] Neumeyer in Wörterbuch des Staats- und Verwaltungsrechts[2] (1912) 2, 441 f. und Grundriß des internationalen Privatrechts[2] (1930) S. 3, 10 f., 16. Neuerdings H. Reichel, Die Anerkennung ausländischer Akte der freiwilligen Gerichtsbarkeit (Dissertation 1932, unzureichend, aber doch nicht ganz unbeachtlich). Melchior 308 ff., Frankenstein 3, 10 ff. Eine Dissertation von F. Swoboda, Das internationale Privatrecht der freiwilligen Gerichtsbarkeit 1934, ist unter meinem Einfluß entstanden, befriedigt mich wenig, führt aber doch merklich weiter als die vorgenannten Schriften. Förderlich auch Hanna Schwarz, Die Anerkennung ausländischer Staatsakte 1935 (dazu Neumeyer, Zeitschrift für ausländisches Privatrecht 1935, 540). Vgl. ferner die Literatur oben S. 17[31]. — Die nichtstreitige Gerichtsbarkeit berühren nunmehr zahlreiche Ausführungen dieses Buches, im besondern §§ 13, 29 ff. Über den Inhalt eines Rechts der nichtstreitigen Gerichtsbarkeit oben S. 42 f.

Tätigkeit als solche, erst ihr Ergebnis im Falle eines positiven Abschlusses wird hier zur Voraussetzung privatrechtlicher Folgen gemacht. Und für diese Rückwirkung behördlicher Tätigkeit ist es allerdings Sache des Privatrechts, zu bestimmen, wie beschaffen die Amtshandlung sein muß, um die privatrechtliche Folge auszulösen, und damit auch, von welchem Staat sie ausgehen muß, um Berücksichtigung finden zu können. Mittelbar übt das natürlich einen Druck dahin aus, die Zuständigkeit für die behördliche Tätigkeit so einzurichten, daß sie mit der privatrechtlich vorausgesetzten Zuständigkeit zusammengeht, und es wird inhaltlich den Behörden der freiwilligen Gerichtsbarkeit vielfach aufgetragen sein, nur dann amtliche Tätigkeit vorzunehmen, wenn deren Ergebnisse privatrechtlich verwertbar sind (vielleicht auch, in gewissen Grenzen, stets dann und so wirksam zu werden, daß privatrechtlich verwertbare Ergebnisse zustande kommen), und das alles auch, wenn die privatrechtlich maßgebende Rechtsordnung eine fremde ist. Die Möglichkeit von Diskrepanzen bleibt dabei bestehen — und es hängt das mit jener Relativität aller rechtlichen Ordnung zusammen (unten § 10), der es versagt ist, einfach von einem Tatbestand auszugehen und ihm sein Recht zu suchen, die vielmehr immer genötigt bleibt, eine staatliche Wirksamkeit zum Ausgangspunkt zu nehmen und die Wirksamkeit dieses Staats für einen Tatbestand zu prüfen; auf die vorliegende Schwierigkeit angewendet, es kommt darauf an, ob eine Behörde sich vor die Frage gestellt sieht, in einen Tatbestand eingreifen zu sollen, oder ob zwischen Privaten die Frage Antwort heischt, was zwischen ihnen rechtens ist.

Die Abgrenzung der behördlichen Tätigkeit ist auch hier überall einseitig, nur für die Wirksamkeit des eigenen Staats aufgestellt, mit der Alternative: eigene Zuständigkeit oder Untätigkeit gegenüber dem Tatbestand. Und eben darum besteht die Möglichkeit, eine Mehrheit von Anknüpfungen zur Wahl zu stellen und damit einem Staat Zuständigkeit zum Handeln einzuräumen, auch wenn er den Gegenstand der Tätigkeit nach seiten des Privatrechts zu regeln nicht zuständig ist. Es kann Fälle geben, in denen die Zuständigkeit zum Handeln angemessenerweise nur dem Staat eingeräumt wird, der privatrechtlich auf solches Handeln verweist, zumal wenn eine Gewährung seinem freien Ermessen vorbehalten ist. So wird die Zuständigkeit zur Ehelicherklärung im Zweifel nur dem Heimatstaat zuzusprechen sein. Es kann Fälle geben, in denen eine solche einheitliche Anknüpfung bestehen muß: wenn das Gesetz eine Rechtswirkung versagt, etwa ein Ehehindernis aufstellt, falls nicht im einzelnen Fall Befreiung gewährt wird, dann wird der Staat, der das allgemeine Verbot erläßt, auch über die besondere Durchbrechung entscheiden müssen. Es kann aber auch sein, daß ein Bedürfnis zu behördlicher Mitwirkung in weitestem Ausmaß besteht, auch außerhalb des Staats, der das Rechtsverhältnis privatrechtlich beherrscht: für eine Sicherung der Rechtsverhältnisse durch Errichtung einer öffentlichen Urkunde wird es (von einer Beurkundung durch den Konsul abgesehen) zumeist keinerlei Schranken der Zuständigkeit geben, und auch für die staatliche Mitwirkung zum Abschluß einer Ehe besteht ein fast ebenso weit gespanntes Bedürfnis.

Einer Überwirkung fremder Staatstätigkeit in Privatrechtssachen kommt unmittelbar oder mittelbar besonders große Bedeutung zu. Vielleicht besitzt das Recht, das die fremde Handlung bestimmt, für das Inland schon um seiner tatsächlichen Rückwirkung willen Bedeutung. Wenn im Heimatstaat des fremden Mündels die Vormundschaftsbehörde unzuständig ist, Grundstücke außer Landes zu verwalten, dann muß am Ort des Grundstücks eine Sonderfürsorge getroffen werden. Vor allem jedoch ist es die Verweisung der Privatrechtssätze auf behördliche Mitwirkung bei der Rechtsgestaltung, die dazu führt, Staatsakten des Auslands Anerkennung zu gewähren, vielleicht eine Verweisung in Sachnormen des Inlands, vielleicht eine Verweisung in Sachnormen des Auslands, die im Inland angewendet werden, und es müssen, wenn die Verweisung einer Sachnorm des Inlands angehört[4], ähnlich wie für die Anerkennung von Zivilurteilen, auch für die Anerkennung solcher Staatsakte des Auslands allgemeine Vorschriften erlassen sein oder erschlossen werden, die die Voraussetzungen der Anerkennung festlegen, Vorschriften über Zuständigkeit, Ordnungsmäßigkeit nach fremdem Verfahrensrecht, über Wahrung der Vorbehaltsklausel.

Ebenso kann eine Übung freiwilliger Gerichtsbarkeit im Ausland Anlaß zu Rechtshilfe geben, z. B. für Zustellungen in einem Nachlaßverfahren; sogar Vollstreckungshilfe ist hier nicht gänzlich unbekannt, wie die Behandlung ausländischer Konkurse in einigen Ländern zeigt. Und es kann das Zusammenwirken bis zu gemeinschaftlicher Tätigkeit sich steigern: der Eintrag in das Zeichenregister oder Musterregister, die das Internationale Amt für gewerbliches Eigentum führt, macht dies anschaulich.

Endlich, besondere Rechtslagen, bei denen es darauf ankommt, den beteiligten Staat unter mehreren festzustellen, können auch bei der freiwilligen Gerichtsbarkeit Fragen aufwerfen. Ein Beispiel aus vielen bietet etwa die Eheschließung in der Kapelle einer fremden Gesandtschaft.

---

[4] Läuft die Erheblichkeit des Akts über einen ausländischen Privatrechtssatz, so hat es das Inland zunächst nur mit diesem zu tun.

Zivilrecht.

3. Es ist oben festgestellt worden, daß eine Regelung privatrechtlicher Beziehungen nur durch allgemeine Rechtssätze geschehen kann; Handlungen der Behörden können privatrechtliche Wirkungen nur soweit veranlassen, als ein Rechtssatz des Privatrechts solche Wirkungen an die Handlung knüpft. Aber auch mit der Bereithaltung von Rechtssätzen für die Beziehungen zwischen Privaten erfüllt der Staat eine ihm zukommende Aufgabe, und es bedürfen die materiellrechtlichen Vorschriften, die er hierfür aufstellt, einer Begrenzung gegenüber gleichartiger Vorsorge andrer Staaten. Darum sind auch die Grenznormen des Privatrechts insoweit einseitig, nur der Abgrenzung eigenen Rechts bestimmt.

Anders jedoch als in allen Bereichen des öffentlichen Rechts kann sich der Staat nicht mit der Alternative begnügen: eigene Zuständigkeit oder Unbeteiligtheit gegenüber dem Tatbestand. Es wäre eine Gefährdung der Rechtssicherheit im eigenen Land, wollte ein Staat Tatbestände des bürgerlichen Rechts, die seinen Vorschriften nicht unterstehen, als rechtlich ungeregelt behandeln. Das aber bedeutet für den Staat eine neue Aufgabe von ganz eigentümlichem Inhalt: er erfüllt sie durch Verweisung auf fremde Ordnung, die dem Tatbestand sein Recht bestimmen soll. Und solche Verweisung hat wiederum zur Voraussetzung eine Entscheidung darüber, welchem Staat der Beruf zugeschrieben werden will, diese Regelung zu treffen. Die Zuschreibung erfolgt zumeist nach den gleichen Gesichtspunkten, nach denen sich die Anwendbarkeit des eigenen Privatrechts bestimmt: werden die beiderlei Zuschreibungen in gemeinsame Regeln zusammengefaßt, so erweitert sich die einseitige „Grenznorm" zur zweiseitigen „Kollisionsnorm". Immer noch handelt es sich dabei um Fürsorge des Staats, der die verweisende Norm gesetzt hat. Immer noch vollzieht sich die Anwendung ausländischen Rechts so, daß sie Voraussetzung für den Eintritt einer inländischen Rechtsfolge ist. Diese Rechtsfolge eigenen Rechts aber ist die Rechtserheblichkeit, die der Staat an den fremden Rechtssatz knüpft; denn von sich aus könnte der fremde Satz rechtliche Bedeutung für das Inland nicht besitzen. Und noch einmal bestätigt sich, daß alle staatliche Tätigkeit nur für die eigenen Staatszwecke erfolgt und darum einseitig ist: verwirklicht sich solche „Rechtsfürsorge durch Verweisung" in der Aufstellung von Kollisionsnormen, so stellt der Staat seine Kollisionsnormen doch nur für den eigenen Bedarf auf (oder umgekehrt, den Ausgangspunkt des Rechtsschutzes bilden die eigenen Kollisionsnormen) — für den Rechtsschutz in ihrem Bereich mögen andre Staaten nach ihrem internationalen Zivilrecht sorgen oder nicht sorgen.

So stehen also auch im Mittelpunkt des internationalen Zivilrechts Zuständigkeitsfragen. Auf Grund ihrer wird das eigene Privatrecht begrenzt, wird fremdes Privatrecht zum Mittel jener staatlichen Fürsorge, die sich durch Verweisung betätigt. Wie die andern Gebiete bedarf das internationale Zivilrecht einer Entlastung von Fragen, die ihm nicht angehören, vor allem von Sätzen des Fremdenrechts [5]. Auf der andern Seite aber spielt die Überwirkung fremden Privatrechts hier eine entscheidende Rolle. Nicht nur, daß im eigenen Privatrecht des Inlands vielfach Merkmale privatrechtlicher Art als Voraussetzung verwendet werden, die möglicherweise nach fremdem Recht zu würdigen sind. Jene Rechtsfürsorge durch Verweisung wird gerade dadurch verwirklicht, daß der angezogene fremde Rechtssatz im Inland zur Anwendung gebracht wird. Dabei jedoch ist es immer die Verweisung, auf Grund deren das fremde Recht Rechtswirkungen übt, und es ist darum das Inland in der Lage, die Bedingungen aufzustellen, unter denen solche Wirkungen eintreten sollen; die Vorbehaltsklausel hat hier ihren Standort. Dagegen kann die Überwirkung fremder Regelung für das internationale Zivilrecht [6] nicht wie in Nachbarbereichen zu behördlichen Handlungen des Inlands führen; nicht beispielsweise für Gewährung der Rechtshilfe oder für eine gemeinschaftliche Staatstätigkeit.

3. Kapitel.

Innere Verwaltung.

Angelegenheiten, die nicht in das internationale Verwaltungsrecht gehören.

§ 8.

Übersicht.

Daß jenes schwankende Gebilde eines „internationalen Verwaltungsrechts", von dem oben S. 2 ff. gesprochen wurde, bei dem es sich um eine Verwaltung der völkerrechtlichen Gemeinschaft oder auch einer durch Vertrag zusammengeschlossenen Gruppe von Staaten handeln soll, nur den Namen, aber nicht den Gegenstand gemeinsam hat mit den rechtlichen Erscheinungen, von denen dies Werk handelt, ist augenscheinlich, und es braucht deshalb nicht weiter den Unklarheiten nach-

[5] Dazu Grundriß [2] 4.

[6] Abgelöst vom Recht der freiwilligen Gerichtsbarkeit.

gegangen werden, die jenen Begriff auch für die von ihm umfaßten Inhalte juristisch unhaltbar machen.

Doch eben dann, wenn man das internationale Verwaltungsrecht in dem hier erörterten Sinn versteht, wird es notwendig sein, will man seinen Begriff klar herausstellen, eine Anzahl rechtlicher Erscheinungen auszuscheiden, die außerhalb dieses Begriffs liegen. Dahin gehören zunächst Einwirkungen des Völkerrechts auf das Verwaltungsrecht. Vielfältig mag es sein, daß Sätze des allgemeinen Völkerrechts, daß insbesondre völkerrechtliche Verträge oder auch Beschlüsse völkerrechtlicher Vereine den Staat verpflichten, Verwaltungsrecht bestimmten Inhalts zu haben, etwa, er müsse Vorsorge treffen, daß erkrankte Rebstöcke vernichtet werden. Dem Völkerrecht gehört in solchen Fällen die Verpflichtung des Staats an, seinem Verwaltungsrecht entsprechenden Inhalt zu geben, das Verwaltungsrecht des verpflichteten Staats aber hat, wenn der Verpflichtung genügt wird, juristisch genau denselben Inhalt wie Anordnungen, die ohne den Zwang des Völkerrechts zustandegekommen sind — und wenn ihr nicht genügt wird, dann ist eben ein derartiger Satz für das Verwaltungsrecht dieses Staats nicht vorhanden. Es ist von den Beziehungen zwischen Völkerrecht und Verwaltungsrecht schon oben § 2 des näheren die Rede gewesen.

Nicht in den Bereich des internationalen Verwaltungsrechts gehört ferner das Recht der auswärtigen Verwaltung, das oben S. 35 ff. behandelt wurde, z. B. Zahlungsverbote, die während eines Kriegs erlassen werden. Es ist materielles Recht der einzelnen Staaten und selbst einer Begrenzung durch internationales Verwaltungsrecht bedürftig.

Auch das Verwaltungsrecht, das in Außenbereichen eines Staats gilt, z. B. in geschlossenen Niederlassungen unter Konsulargerichtsbarkeit oder Kondominien [1], ist je nach seinem besondern Inhalt Recht der inneren Verwaltung, Finanzverwaltungsrecht von materiellem Inhalt (und es bedarf nur einer völkerrechtlichen Festlegung, inwieweit es sich hier um Außenbereiche eines Staats handelt; dazu unten Kapitel 7).

Ebensowenig gehört das international gleiche Verwaltungsrecht in diesen Zusammenhang; z. B. es führen mehrere Staaten (mit oder ohne Verpflichtung durch Staatsvertrag) eine übereinstimmende Währung ein. Das Ergebnis ist das Vorhandensein einer verwaltungsrechtlichen Ordnung im Staat, für die es rechtlich unerheblich ist, daß auch ein andrer Staat eine Ordnung mit gleichem Inhalt besitzt.

Wie in allen Rechtsteilen wird es alsdann auch im Verwaltungsrecht häufig vorkommen, daß irgendwelche Rechtsfolgen abhängig ge-

[1] Vgl. dazu Archiv des öffentlichen Rechts 31, 117 ff.; Wörterbuch des Staats- und Verwaltungsrechts[2] 2, 580.

macht sind von Merkmalen rechtlicher Art, die einem andern rechtlichen Zusammenhang angehören und dort als geregelt vorausgesetzt werden. Z. B. der „eheliche Vater" ist zur Anzeige einer Geburt verpflichtet; die „Staatsangehörigen" bestimmter Staaten haben eine bevorzugte Stellung bei dem Vollzug der Arbeiterversicherung zu beanspruchen; die Steuerpflicht eines Verschollenen erlischt „mit der Rechtskraft des Ausschlußurteils"; wer wegen betrügerischen Bankrotts verurteilt worden ist, wird vom Börsenbesuch ausgeschlossen. Es mag in manchen Fällen fraglich sein, ob auf das verwendete Merkmal in seiner Eigenschaft als Rechtsbegriff verwiesen ist; darüber wird unten § 18 des näheren zu sprechen sein. Ist aber festgestellt, daß es sich um eine Verweisung im Rechtssinn handelt, so erwächst die Möglichkeit, daß auch rechtliche Vorgänge oder rechtliche Beziehungen des Auslands das vorausgesetzte Merkmal verwirklichen, und es bedarf dann unter Umständen der Entscheidung, welcher Staat des Auslands den Rechtssatz aufgestellt, den Staatsakt erlassen haben muß, um eine Verwirklichung des Merkmals annehmen zu können. Es sind somit Fragen des internationalen Privatrechts, Staatsrechts, Zivilprozeßrechts, Strafrechts, die unter solchen Umständen für das Verwaltungsrecht Bedeutung gewinnen, aber es sind keine Fragen des internationalen Verwaltungsrechts.

Ein Staat will in fremdem Land ein Gesandtschaftsgebäude errichten — er ist dabei an die Vorschriften des örtlichen Baupolizeirechts gebunden wie jedermann, der dort bauen will. Nicht weil internationales Verwaltungsrecht dergleichen forderte, sondern nach dem materiellen Verwaltungsrecht des fremden Landes. Denn er wird unter solchen Umständen nicht als Träger der Rechtsordnung, sondern gleich einem Privaten in Unterworfenheit unter das Recht eines andern Staats tätig [2].

Daß Grenzfragen, die sich aus einer Über- und Unterordnung von Verbänden, oder auch solche, die sich aus einem Nebeneinander von örtlichen Amtsbereichen und örtlichen Teilregelungen innerhalb eines einheitlichen Verbands ergeben, nicht in das internationale Verwaltungsrecht gehören, wird später auszuführen sein. Vor allem aber gilt dies für das Fremdenrecht.

---

[2] Dazu oben 2, 7f. für Wasserbauten; 2, 62f. Bergbau; 2, 216 Gewerbebetrieb; 2, 660 [48] Arbeiterversicherung; 3 I 30f. Staatseisenbahnen; 3 I 172 Seeschiffahrt; 3 I 220 Binnenschiffahrt; 3 I 266f. Luftfahrt; 3 II 29 [105], auch RGBl. 1930 II 1188 Postdienst; 3 II 150 Geldschulden. Vgl. auch unten § 33 Z. 1 a. E. Über etwaige Beschränkungen unter dem Gesichtspunkt der Exterritorialität — sie beruhen auf Völkerrecht — unten § 44.

§ 9.
Das Fremdenrecht.

1. Erscheinungsformen. — 2. Verhältnis zum Grenzrecht. — 3. Das Fremdenrecht und die Überwirkung ausländischer Verwaltung.

Erscheinungsformen.

1. In allen Teilen des Rechts und so auch im Verwaltungsrecht finden sich zahlreiche Bestimmungen, die für ausländische Staatsangehörige irgendeine Sondervorschrift aufstellen. Ausländer bedürfen eines Reisepasses, erhalten keinen Wandergewerbeschein, ein Staatsvertrag sichert den Angehörigen des andern Teils freien Aufenthalt usw. Es mag einem praktischen Bedürfnis entsprechen, vielleicht auch kulturelles Interesse besitzen, derartige Bestimmungen zusammenzustellen, so wie man auch die Bestimmungen einer Gesetzgebung sammeln mag, welche die Frauen betreffen, vom Ärztestand handeln — oder solche, die mehr als drei Nebensätze enthalten. Die Zahl der möglichen Querschnitte durch eine Rechtsordnung ist unbegrenzt. Zur systematischen Einteilung der Rechtsinhalte ist eine Zusammenfassung von Vorschriften für Ausländer ungeeignet, nicht als oberster Einteilungsgrundsatz, nicht innerhalb der durch die Art der Rechtsfolge bezeichneten Rechtsteile. Vielmehr handelt es sich um eine Vielzahl von Einzelregelungen, die unter sich unverbunden sind, um Rechtsinhalte von besonderer Art, die nach den Bedürfnissen des einzelnen Rechtsstoffes bestimmt werden.

Wenn aber in Verbindung mit Erörterungen über internationales Privatrecht auf Vorschriften dieser Art eingegangen wird, dann ist es auch unberechtigt, sich auf Vorschriften über fremde Staatsangehörige zu beschränken. Alle Tatbestandsmerkmale mit Auslandsbeziehung bedürfen alsdann der Beachtung, und es gibt deren neben der Staatsangehörigkeit noch zahlreiche andre, Beziehungen von persönlicher und von räumlicher Art. Der Wohnsitz einer Person im Ausland mag eine Rolle spielen: nur wer im Inland wohnt, kann Redakteur einer Zeitung sein. Im Kriegsverwaltungsrecht hat die Heereszugehörigkeit unabhängig von der Staatsangehörigkeit rechtliche Bedeutung. Die Zugehörigkeit zu einer nationalen Minderheit im Staat veranlaßt zu Sonderbestimmungen des Schulrechts. Und auch bei autonomen Verbänden innerhalb des Staats kommen entsprechende Unterscheidungen vor, Gemeindesatzungen über Benützung einer Anstalt durch Gemeindefremde, Bestimmungen eines Bekenntnisses über Mischehen.

Der Aufenthalt einer Person im Ausland kann rechtliche Wirkungen haben. Leistungen aus der Arbeiterversicherung entfallen, wenn der Empfänger sich im Ausland aufhält. Oder es sind Rechtsfolgen an die Herkunft geknüpft. Einwanderer aus bestimmten Ländern werden bei der Zulassung in die Vereinigten Staaten verschieden behandelt. Der Bestimmungsort einer Person kann Bedeutung haben, z. B. bei Stellenvermittlung in das Ausland.

Die Lage einer Sache in Inland oder Ausland oder in bestimmten Teilen dieser Gebiete mag Erheblichkeit besitzen, z. B. Grundstücke an der Landesgrenze dürfen nicht überbaut werden. Oder es kommt auch bei Sachen auf deren Herkunft oder Bestimmungsort an, bei Zollbegünstigungen, bei dem Recht der Kriegskonterbande.

Die wirtschaftliche Zugehörigkeit eines Tatbestands kann entscheidend sein: der Wirtschaftskrieg hat sich gegen die von feindlichen Untertanen „kontrollierten" Unternehmungen gerichtet. Unter andern Auslandsbeziehungen spielt die Sprache eine Rolle. Etwa, Unfallverhütungsvorschriften müssen, wenn in einem Betrieb fremdsprachige Arbeiter in größerer Zahl beschäftigt sind, in deren Sprache bekanntgemacht werden. Vor allem aber sind es Auslandsbeziehungen staatlicher Art, mit denen die mannigfachsten Rechtsfolgen verbunden werden. Ausländische Währung gibt Anlaß zu Sondervorschriften; einer Versicherungspflicht kann nur genügt werden durch Versicherung bei einem im Reich zugelassenen Unternehmen; wie die Staatsangehörigkeit von Personen kann die Staatszugehörigkeit von Seeschiffen oder Luftfahrzeugen rechtliche Bedeutung haben. Besonders erwähnenswert die Abstellung auf Rechtssätze des Auslands als Unterscheidungsmerkmal; so gestattet das deutsche Weingesetz die Bezeichnung Kognak für „Weinbrand, der nach französischem Recht die Bezeichnung Cognac tragen darf". Ja sogar fremdenrechtliche Anknüpfung an Kollisionsnormen kommt vor: nach einem deutsch-polnischen Abkommen[1] sollen gewisse Sondervorschriften über Aufwertung für hypothekarisch gesicherte Forderungen gelten, wenn das belastete Grundstück im andern Gebiet liegt und das Aufwertungsrecht dieses Gebiets auf die Forderung Anwendung findet.

Für eine Zusammenfassung aller dieser Rechtssätze, die Merkmale mit Auslandsbeziehung enthalten, gilt in gesteigertem Maß, was für die Rechtssätze bemerkt wurde, die auf ausländische Staatsangehörigkeit Bezug nehmen: sie sind unter sich völlig verschiedenartig und nicht geeignet, innerhalb des Rechtsganzen oder seiner Teile die Grundlage für eine Systembildung abzugeben. Für den gegenwärtigen Zusammenhang freilich haben sie ein Gemeinsames: sie sind verschieden von Grenznormen und Kollisionsnormen. Und insoweit besteht auch ein Bedürfnis nach einer zusammenfassenden Bezeichnung. Man pflegt Sätze, die Rechtswirkungen an die ausländische Staats-

[1] Vgl. oben 3 II 379[104].

angehörigkeit knüpfen, als Fremdenrecht zusammenzufassen. Zur Not genügt die Bezeichnung, um Rechtssätze einzubeziehen, die auf Fremde als Personen und auf die Fremde als Gebiet verweisen (wenngleich die entsprechende Verwendung des Ausdrucks in andern Sprachen bereits Schwierigkeiten bereiten mag). Vollends anfechtbar wird die Bezeichnung, wenn sie auch die wirtschaftlichen und staatlichen Beziehungen zum Ausland umfassen soll, von denen oben gesprochen wurde. Indessen, solang kein besserer Ausdruck vorgeschlagen wird, mag es auch für sie bei der Bezeichnung bewenden. Wir verstehen unter fremdenrechtlichem Verwaltungsrecht in diesem Buch die Rechtssätze des Verwaltungsrechts, welche Tatbestandsmerkmale mit Auslandsbeziehung enthalten.

Verhältnis zum Grenzrecht.

2. Der entscheidende Unterschied zwischen Fremdenrecht und Grenznorm [2] liegt in folgendem beschlossen [3]: Bevor die sachliche Regelung eines Gegenstands, die ein Staat vorsieht, wirken kann, muß feststehen, daß dieser Staat überhaupt berufen ist, solche Regelung zu treffen, und es ist, wie unten § 11 näher auszuführen, Aufgabe der Grenznormen, diese Zuständigkeit festzusetzen. Kommt auf Grund solcher Zuweisung aber eine Sachnorm zur Anwendung, so kommt sie mit den Merkmalen zur Anwendung, die in das Gesetz aufgenommen sind, wie mit andern, so auch mit allen ihren Merkmalen, die eine Auslandsbeziehung enthalten. Sie bedeuten, wenn es sich um Merkmale eines Privatrechtssatzes handelt, ein Stück Inhalt dieses Privatrechtssatzes, wenn um Merkmale eines Verwaltungsrechtssatzes, ein Stück Rechtsinhalt dieser verwaltungsrechtlichen Regelung, mögen solche Rechtssätze bestimmen, daß Ausländer anders behandelt werden als Inländer, daß für Vorgänge im Ausland, die unter der Herrschaft inländischer Gesetze stehen, andres rechtens sein soll als für Vor-

---

[2] Das gleiche gilt für das Verhältnis des Fremdenrechts zu den Kollisionsnormen, wie nicht jedesmal eigens hervorgehoben werden soll.

[3] Aus den Äußerungen über den Gegenstand sind hervorzuheben Franz Kahn, Abhandlungen 1, 27 ff. 263 ff. (von 1890 und 1900) und Zitelmann 1, 250 ff. und mehrfach; vgl. auch H. Giesker-Zeller, Die Rechtsanwendbarkeitsnormen (1914) 17 ff.; E. Isay, Das deutsche Fremdenrecht (1923) 1 ff.; Frankenstein 1, 259 ff.; Raape 49 ff.; Nußbaum 3 ff. — Neuerdings schreibt Dorn, Zeitschrift für ausländisches Privatrecht 8, 666, es müsse das Fremdenrecht in das internationale Abgabenrecht einbezogen werden, denn erst dann umfasse dies „alle Regeln, die den Umkreis der Steuergewalt des Inlands abstecken". Hier wird der Doppelsinn des Wortes Umkreis nicht bemerkt, das für Grenznormen und für rechtsinhaltliche Beschränkungen der verschiedensten Art verwendet werden kann. Und wenn eine Sachnorm für die Angehörigen des einen Staats dies, für die Angehörigen eines andern andres vorschreibt?

gänge gleicher Art, die im Inland sich ereignen usw. Erst muß somit eine Grenznorm die anwendbare Rechtsordnung bezeichnet haben, dann erst kann gefragt werden, ob das hiernach zur Regelung berufene Recht sachliche Unterscheidungen trifft, die durch eine Auslandsbeziehung des Tatbestands veranlaßt werden[4]. Die Grenznorm bestimmt den zur Regelung zuständigen Staat, die Sachnorm zusamt ihren fremdenrechtlichen Bestandteilen bringt die Regelung selbst, für welche die Grenznorm Zuständigkeit gewährt hat. Grenznorm und

---

[4] Völlig anders erscheint das Verhältnis von Kollisionsrecht und Fremdenrecht bei angesehenen französischen Schriftstellern: erst müsse festgestellt werden, ob der Ausländer dem Inländer gleichgestellt sei, dann erst könne man fragen, welches Recht im Falle der Gleichstellung für ihn gelte. So schon F. Despagnet, Précis de droit international privé[2] (1891) 27, 47. Besonders nachdrücklich A. Pillet, Principes de droit international privé (1903) 40 ff. und Traité pratique de droit international privé (1923) 1, 310 ff., sowie J. P. Niboyet, Manuel de droit international privé[2] (1928) 6 ff. Neuerdings E. Bartin, Principes de droit international privé (1930) 1, 9 ff. Es hängt dies zusammen mit der dem französischen Recht eigentümlichen Ausscheidung von *droits civils*, die dem Fremden verschlossen bleiben — Hauptbeispiel war bei Erlaß des Code civil die Erbunfähigkeit der Ausländer in Frankreich — und es ist in der Tat möglich, daß eine Gesetzgebung mit Rücksicht auf die Ausländereigenschaft, das Bekenntnis, die Hautfarbe einer Person Entrechtungen aufstellt, die für diesen Staat schlechtweg und ohne Rücksicht auf das sachlich maßgebende Recht gelten sollen. Man wird freilich zweifeln dürfen, ob dies bei der allmählichen Annäherung, die der Rechtszustand Frankreichs in diesem Punkt an die Rechte der andern Staaten angenommen hat, heute noch rechtens ist, und ob nicht die wenigen Rechtsminderungen, die den Fremden im französischen Privatrecht jetzt noch treffen, auf die Voraussetzung einzuschränken sind, daß der Tatbestand materiell unter französischem Recht steht — ebenso wie das im französischen Recht für Differenzierungen zutrifft, die durch andre Merkmale mit Auslandsbeziehungen veranlaßt werden, und schließlich auch im Einklang mit der geschichtlichen Entstehung jenes Ausschlusses vom jus civile. Für andre Staaten, die an dieser Sonderrechtsbildung nicht teilhaben, ist der Vorrang der Kollisionsnorm vor der Sachnorm fremdenrechtlichen Inhalts unzweifelhaft, und es mag nur noch zur vollen Klarstellung das Verhältnis dieser Entrechtungen zu den Kollisionsnormen über Rechtsfähigkeit festgestellt sein. Die allgemeine Rechtsfähigkeit (Eigenschaft, Rechtssubjekt zu sein) ist hier überhaupt nicht im Spiel, auch bei der härtesten Auslegung hat man immer nur den Ausschluß der Fremden von bestimmten einzelnen Rechtseinrichtungen gefordert. Eben deshalb handelt es sich um das, was man manchmal besondere Rechtsfähigkeit nennt, und für Staaten ohne anomale Rechtsbildung steht die Zulassung zu einem Rechtsverhältnis unter lex causae, unter der Rechtsordnung, die auch sonst für dies Rechtsverhältnis gilt. Für das französische Recht dagegen liegt, vom Standpunkt der bisherigen Auslegung aus, eine Grenznorm über die besondere Rechtsfähigkeit der Ausländer vor, welche die sonst geltende Regel „besondere Rechtsfähigkeit unter lex causae" beseitigt und die lex fori für maßgebend erklärt.

fremdenrechtliche Sachnorm unterscheiden sich demgemäß durch die Rechtsfolge: dort Anwendbarkeit eines Rechtssatzes, hier inhaltliche Gestaltung eines Tatbestands[5]. Und es hat diese Scheidung zur Folge, daß die Grenznorm einem Staat Zuständigkeit verleiht ohne Rücksicht auf sein jeweils geltendes materielles Recht (sofern nur Gesetze gleichen örtlichen Schwerpunkts sich ablösen), während Sätze des Fremdenrechts an die jeweilige Sachnorm gebunden sind, die sie aufgenommen hat[6]. Für das öffentliche Recht im besondern wird der Unterschied der beiderlei Regelungen sehr deutlich sichtbar in der Negative: fehlt die Zuständigkeit, welche die Grenznorm verlangt, so enthält sich der Staat einer Regelung; fehlen die Voraussetzungen einer fremdenrechtlichen Unterscheidung, so gilt das allgemeine Recht. Wenn jemand für die Anlage an einem ausländischen Wasserlauf Polizeierlaubnis in Deutschland nachsucht, so erhält er nicht den Bescheid, die Anlage könne ohne Erlaubnis errichtet werden, sondern Deutschland erklärt sich für unzuständig; wenn bei der Anlage an einem inländischen Wasserlauf eine Zurücksetzung der jenseits der Grenze beteiligten Anlieger nicht Platz greift, dann ergeht Sachbescheid, der ihre Interessen in der sonst vorgeschriebenen Weise würdigt.

So einfach nun aber die grundsätzliche Scheidung der beiden Bereiche ist, so kann doch die Trennung im einzelnen Fall Schwierigkeit bereiten. Jede vorstellbare Staatstätigkeit muß irgendeiner Begrenzung unterliegen. Nur mag es sein, daß solche Zuständigkeit ohne räumliche oder persönliche Schranken besteht und eine gleich weite Zuständigkeit aller andern Staaten überlagert. Dergleichen kommt vor, wo keinem Dritten eine Verpflichtung auferlegt wird, somit bei der reinen Zuwendung von Vorteilen. Ein Staat mag überallhin in der Welt eine wissenschaftliche Expedition entsenden oder dort eine Hungersnot lindern; er muß dabei den völkerrechtlichen Rücksichten Rechnung tragen, das Verwaltungsrecht und Privatrecht des

[5] So im wesentlichen schon Zitelmann, aber freilich unter Abstellung auf den „Zweck" einer Vorschrift und damit auf ein Mittel, die sich anknüpfende Rechtsfolge zu erkennen, anstatt einer Abstellung auf die Rechtsfolge selbst. (Auf Bedenken über Einzelheiten der Zitelmannschen Ausführungen braucht hier nicht eingegangen werden).

[6] Herausgearbeitet von Giesker-Zeller; dazu aber auch unten § 40. Bei Zitelmann Versuche, noch weitere praktische Auswirkungen der Scheidung aufzufinden, die wichtigste unter ihnen die Annahme, daß bei Anwendung einer ausländischen Sachnorm auch deren fremdenrechtliche Bestandteile angewendet werden, dagegen Kollisionsnormen, die auf Merkmale der ausländischen Sachnorm einwirken, stets unserm eigenen Recht entnommen werden müßten. Indessen wird für diesen Punkt hier eine abweichende Meinung vertreten, s. unten § 26.

Orts seiner Tätigkeit beachten, nach seiten der Zuständigkeit ist er frei. Wenn auf Grund solcher unbeschränkten Möglichkeit das Reich in Olympia Ausgrabungen veranstaltet, so ist die Festsetzung des Orts in dem hierüber geschlossenen Staatsvertrag und seine Umsetzung in innerstaatliches Recht augenscheinlich Fremdenrecht. Ein besonders gelagerter Fall, für den unbeschränkte Zuständigkeit besteht, dürfte aber auch im Kriegsverwaltungsrecht vorkommen[7]: soweit völkerrechtliche Schranken nicht entgegenstehen, wendet sich die Kriegführung an jedem Ort gegen jedermann, durch dessen Beeinträchtigung ein Druck auf den Feind geübt werden kann; von einer Verteilung der Zuständigkeit unter den Staaten der Völkerrechtsgemeinschaft dabei auszugehen, würde des Sinnes ermangeln, und so kann die nähere Begrenzung des Personenkreises, gegen den sich der bewaffnete Kampf und der Wirtschaftskrieg wenden, nur fremdenrechtliche Bedeutung haben (während eine Belastung dritter Personen mit Pflichten, z. B. mit einem Zahlungsverbot zur Durchführung des Wirtschaftskriegs, voraussetzt, daß eine näher umschriebene Grenznorm den Kreis der Verpflichteten bestimmt hat). — Auf der andern Seite kann gerade das Vorhandensein einer Grenznorm, welche die Wirksamkeit des Staats einschränkt, darauf hinweisen, daß Auslandsbeziehungen eines Rechtssatzes, die abseits dieser Grenznorm aufgestellt sind, fremdenrechtliche Bedeutung haben. So etwa die Einwirkung der völkerrechtlich geforderten Exterritorialität des fremden Gesandten auf eine im übrigen begründete Prozeßgewalt des Inlands (dazu unten § 44). Insbesondre wird die gleichzeitige Verwendung von zwei Anknüpfungen für denselben Tatbestand in der Regel[8] nur dann ausschließlich grenzrechtliche Bedeutung haben, wenn nacheinander zwei Rechtskreise bestimmt werden müssen, um die anwendbare Sachnorm zu finden, z. B. es gilt im Bereich der Konsulargerichtsbarkeit die Polizeiverordnung des Konsuls nur für Vorgänge im Gebiet, und sie verpflichtet nur dann, wenn der Beteiligte die Staatsangehörigkeit im Staat des Konsuls besitzt. Wird dagegen die Anwendbarkeit des deutschen Krankenversicherungsrechts durch den Beschäftigungsort des Versicherten bestimmt, und es ist vorgesehen, daß Wöchnerinnenhilfe, die den Angehörigen des Versicherten zu leisten ist, den gewöhnlichen Aufenthalt im Inland voraussetzt, so bestimmt das Merkmal des Beschäftigungsorts im Sinn einer Grenznorm die Versicherungspflicht, und innerhalb ihrer kommt der gewöhnliche Aufenthalt als weitere fremdenrechtliche Einschränkung der an sich geschuldeten Versicherungsleistung in Betracht.

---

[7] Eine zum Teil abweichende Meinung Zeitschrift 32, 14 [19] muß ich berichtigen.

[8] Dazu unten § 17 Z. 3.

Zu alledem aber treten mehrfache Erscheinungen, die vollends geeignet sind, die Scheidung zwischen Grenznorm und Fremdenrecht zu verdunkeln. Es versperrt den Einblick in das Wesen des Fremdenrechts, wenn man es auf Unterscheidungen nach der Staatsangehörigkeit einer Person beschränkt; vielmehr müssen (von erwähnten Sonderfällen abgesehen) alle Tatbestandsmerkmale mit Auslandsbeziehung in die Betrachtung einbezogen werden [9], und so kommen für das Fremdenrecht wie für das Grenzrecht die mannigfachsten Anknüpfungen persönlicher und räumlicher Art in Frage. Auf der andern Seite aber arbeiten die Grenznormen und Kollisionsnormen ihrerseits mit Merkmalen, die ausnahmslos irgendeine Inlands- oder Auslandsbeziehung enthalten, und es wäre nicht falsch — aber freilich gänzlich unersprießlich — insofern von einem Fremdenrecht im internationalen Privatrecht zu sprechen [10]. Die Verschiedenheit zwischen fremdenrechtlichem Verwaltungsrecht (fremdenrechtlichem Privatrecht usw.) und zwischen fremdenrechtlichem Grenzrecht freilich würde auch dann unvermindert weiterbestehen. Und es wäre eine solche Bezeichnung um so ungeeigneter, als es singulärerweise und kraft besonderer Festsetzung sogar vorkommen kann, daß zweierlei internationales Privatrecht auf einen Tatbestand Anwendung findet, je nachdem Inländer oder Ausländer an ihm beteiligt sind. Für eine Eisenbahnlinie, die unter sehr verwickelten Hoheitsverhältnissen steht, bestimmt ein deutsch-belgisches Abkommen [11], daß zwischen „deutschen Bewohnern" und der belgischen Eisenbahnverwaltung oder ihren Angestellten auf Rechtsstreitigkeiten, die mit der Eisenbahnstrecke zusammenhängen, deutsches Recht anzuwenden ist, während zwischen nichtdeutschen Bewohnern und der Verwaltung oder ihren Angestellten die allgemeinen Kollisionsnormen gelten. In solchen Fällen handelt es sich nicht bloß darum, daß eine Kollisionsnorm selbst Auslandsbeziehungen enthält: bei jener „Rechtsfürsorge durch Verweisung" (oben S. 79), die h i n t e r den Kollisionsnormen steht, tritt noch einmal eine fremdenrechtliche Spaltung auf [12].

---

[9] Hier liegt der Ausgangspunkt der Verwirrungen, die sich bei Isay über das Verhältnis zwischen Fremdenrecht und internationalem Verwaltungsrecht finden.

[10] Um echtes Fremdenrecht hingegen handelt es sich bei den Verschiebungen im Begriff des räumlichen und persönlichen Anwendungsbereichs, von denen unten § 17 Z. 4 die Rede ist.

[11] Vom 7. 11. 1929 Art. 6 § 1, RGBl. 1931 II 125.

[12] Ein andres Beispiel bietet der unerfreuliche Art. 25 Satz 2 EG. BGB.: der Deutsche, der den Nachlaß eines Ausländers als Erbe beansprucht, kann in gewissen Fällen den Anspruch nach seiner Wahl auf die nach sonstigem Kollisionsrecht geltenden Gesetze und auf das deutsche Recht stützen. Ähnlich Art. 12: unerlaubte Handlungen unter dem Recht des Tatorts; aber

Noch andre Erscheinungen sind geeignet, die notwendige Scheidung zwischen Grenznorm und Fremdenrecht zu verdecken. Vielfach setzt eine gesetzliche Regelung die Grenznorm stillschweigend voraus und nimmt deren Anknüpfung als fremdenrechtliches Merkmal in die Sachnorm auf („jeder Deutsche ist wehrpflichtig"); es wird von dem Verhältnis, das unter solchen Umständen zwischen Grenznorm und Sachnorm besteht, noch unten § 40 und § 41 Z. 1 zu sprechen sein. — Zuweilen (ein Beispiel wurde oben S. 84 gegeben) wird die kollisionsrechtliche Geltung einer Regelung zur Anknüpfung für weitere fremdenrechtliche Bestimmungen gemacht. — Es kommt vor, daß gleichartige Maßregeln im einen Fall durch eine Grenznorm, unter andern Umständen durch einen fremdenrechtlichen Satz in ihrer Anwendbarkeit bestimmt werden[13]. — Es kann weiter sein, daß die Auswirkung einer Grenznorm durch Sätze des Fremdenrechts umgebogen wird: die deutschen Devisenvorschriften von 1931 gelten (vgl. oben 3 II 329) zu einem Teil für Handlungen im Gebiet, z. B. wenn die Veräußerung ausländischer Wertpapiere bei Meidung der Nichtigkeit nur mit Genehmigung zugelassen wird; ein späterer Zusatz aber fügt bei: „Die Nichtigkeit eines Geschäfts kann nicht zum Nachteil von Personen geltend gemacht werden, die im Ausland ansässig sind." Ein Satz des Fremdenrechts, kann die Bestimmung unter Umständen zu demselben Ergebnis führen, wie wenn eine Grenznorm die Vorschrift auf Personen deutschen Wohnsitzes bezogen hätte[14]. — Und insbesondre kann es vorkommen, daß ein Satz, der für die eine Rechts-

gegen einen Deutschen können nicht weitergehende Ansprüche geltend gemacht werden, als nach den deutschen Gesetzen begründet sind. Vgl. auch ZPO. § 328 Z. 3: ausländische Urteile in Angelegenheiten des Familienrechts werden nicht anerkannt, wenn in ihnen „zum Nachteil einer deutschen Partei" das Personalstatut nicht nach den heimatlichen Gesetzen bestimmt wurde.

[13] So bei dem Berner Abkommen zum Schutz des geistigen Eigentums. Nach Art. 2 der ursprünglichen Fassung sollte dieser Schutz, auch seine Dauer, in den andern Vertragsstaaten abhängig sein von der Gesetzgebung des Ursprungslands (und das war als Kollisionsnorm zu verstehen). Bei der Neufassung von 1908 wurde das einheitliche Schutzrecht aufgelöst in eine Vielheit selbständiger Schutzrechte, deren jedes nunmehr nach Voraussetzungen und Wirkungen dem Recht des Staats unterstehen soll, der den Schutz gewährt. Darum auch Art. 7: die Dauer des Schutzes richtet sich nach dem Gesetz desjenigen Landes, wo der Schutz beansprucht wird. Wenn aber trotzdem beigefügt wird: diese Dauer kann die in dem Ursprungsland festgesetzte Dauer nicht überschreiten, so hat sich die einstige Kollisionsnorm in eine sachliche Beschränkung von fremdenrechtlicher Art umgewandelt.

[14] Wenngleich in einem Fall, bei dem der Vorteil der Nichtigkeit auf seiten des Ausländers ist, die fremdenrechtliche Natur des Zusatzes klar zutage tritt.

folge Grenznorm ist, in Verbindung mit einer andern Rechtsfolge in einen Satz des Fremdenrechts umschlägt[15]:

Solche Umwandlung kann auf den besondern Inhalt einer Einzelbestimmung zurückgehen[16]. So ist es Aufgabe der Polizei, die Begehung strafbarer Handlungen zu verhindern, man wird ergänzen müssen: der Handlungen, die im Inland strafbar sind[17]. Damit werden die Regeln des internationalen Strafrechts zur inhaltlichen Bezeichnung derjenigen Handlungen, deren Verhinderung der Polizei obliegt. — Auf Grund des Versailler Vertrags waren gewisse Gegenstände zu enteignen und abzuliefern, verpflichtend für Gegenstände, die sich in Deutschland befanden; eine vorbereitende Anzeigepflicht galt für die Personen im Gebiet[18]. Aber in ihrem Inhalt war die Anzeigepflicht auf die abzuliefernden Gegenstände gerichtet und damit wiederum auf die Gegenstände im Gebiet.

In andern Fällen kommt solcher Umwandlung grundsätzliche Bedeutung zu. Überall, wo eine verwaltungsrechtlich selbständige Anordnung ergänzenden Strafschutz genießt (und dasselbe gilt bei selbständigen Anordnungen andrer Rechtsbereiche), da kommen für diesen Strafschutz als Grenznorm nur die Sätze des internationalen Strafrechts in Betracht. Strafbar ist dabei, was verwaltungsrechtlich verboten ist, und so wird auch die verwaltungsrechtliche Begrenzung zum Tatbestandsmerkmal der Strafdrohung. Wenn bestraft wird, wer ohne obrigkeitliche Erlaubnis öffentliche Lotterien veranstaltet (oben 1, 265), so gilt das verwaltungsrechtlich für eine Veranstaltung in Deutschland und es gehört demgemäß das Merkmal einer Veranstaltung „in Deutschland" zu den sachlichen Voraussetzungen des straferzeugenden Tatbestands[19]. Oder auf den Ausschluß einer sonst begründeten Rechtswidrigkeit bezogen[20]: wenn in einem praktisch gewordenen Fall der Anklage wegen unbefugter Brieferöffnung entgegengehalten wurde, der Täter sei Ungar und nach ungarischem Eherecht berechtigt, die Briefe seiner Frau zu öffnen, so würde (wenn die Annahme zutrifft und wenn ihr schuldausschließende Wirkung bei-

---

[15] Es kann auch sein, daß eine Ausgabe in den öffentlichen Haushalt eingestellt wird für eine Aufgabe, deren Durchführung ihrerseits unter einer Grenznorm steht, z. B. der Reichszuschuß zur Invalidenversicherung. Der Umfang, in dem die deutsche Invalidenversicherung zuständig ist, kommt im Inhalt des Ausgabepostens zur Geltung. Aber in dem Ansatz selbst wird eine Beziehung zu Ausland oder Ausländern überhaupt nicht mehr sichtbar.

[16] Über eine Umwandlung bei zeitlicher Aufeinanderfolge oben Anm. 13.

[17] Beispiele etwa oben 2, 211 212[13].

[18] Vgl. die Bestimmungen oben 2, 164[42].

[19] Ein andres Beispiel wird oben 2, 172[62] erwähnt.

[20] Dazu Neumeyer, Zeitschrift für die gesamte Strafrechtswissenschaft 23, 441 ff.

gemessen wird) die Staatsangehörigkeit des Mannes wiederum inhaltliche Bedeutung für den Tatbestand erlangen [21].

Das Fremdenrecht und die Überwirkung ausländischer Verwaltung.

3. Wenn der Streitrichter auf einen Kaufvertrag ausländisches Recht anwendet, der Standesbeamte eine Ehe nach fremdem Recht abschließt, der Notar einen letzten Willen nach ausländischen Gesetzen beurkundet, so wird die Zuständigkeit dieser Behörden, ihre Tätigkeit vorzunehmen, durch selbständige Grenznormen geregelt, die außer rechtlichem Zusammenhang stehen mit den Kollisionsnormen, die für den Kaufvertrag, für die beabsichtigte Eheschließung, für die letztwillige Verfügung gelten. Es gehört unzweifelhaft zum Inhalt ihrer Tätigkeit, diese Kollisionsnormen anzuwenden — zu deren Inhalt, aber die Kollisionsnormen verwandeln sich damit nicht etwa in Sätze des materiellen Rechts; sie bleiben, was sie sind, gerade mit ihrer Hilfe vollzieht sich ja jene „Rechtsfürsorge durch Verweisung" (oben S. 79), in deren Dienst hier Richter, Standesbeamter, Notar tätig werden.

Für das Verwaltungsrecht sind solche Zweifel von vornherein gegenstandslos, denn zu unmittelbarer Anwendung kann hier nur das eigene Recht gelangen. Wenn auch im Verwaltungsrecht eine Anwendung ausländischen Rechts begegnet, so ist das nur in der Weise möglich, daß inländisches Recht oder auch ausländische Gesetze, die im Inland anwendbar sind, in ihrem Tatbestand Merkmale besitzen, die nach fremdem Verwaltungsrecht bestimmt werden müssen. Z. B. es sollen in Deutschland auf Grund eines Staatsvertrags Zuwiderhandlungen gegen die österreichischen Zollgesetze bestraft werden. Daß gegen die österreichischen Gesetze verstoßen wird, ist sachliche Voraussetzung für die deutsche Rechtsfolge, ist als ein Merkmal mit Auslandsbeziehung Fremdenrecht. Und ebenso verhält es sich, wo die Amtshandlung eines andern Staats zur Voraussetzung einer Rechtsfolge gemacht ist, z. B. es werden die Schiffsmeßbriefe gewisser Auslandsstaaten bei der Erhebung von Hafenabgaben als Grundlage der Gebührenberechnung anerkannt. Die Rechtslage bleibt auch dann die

---

[21] Folgen des Unterschieds: der Geltungsbereich, der der vorausgesetzten Norm des Verwaltungsrechts oder Privatrechts zukommt, gehört zur „Schuldfrage", der Besitz der Zuständigkeit, zu strafen, zur „Straffrage", und dieser Unterschied äußert sich wieder, wenn etwa für eine Bejahung der Schuldfrage andre Mehrheiten erforderlich sind als für eine Bejahung der Straffrage, oder wenn die das Verfahren abschließende Entscheidung bei mangelnder Schuld anders lautet als bei mangelnder Strafbarkeit. Auch für die Umstände, auf die sich der Vorsatz erstrecken muß, kann der Unterschied Bedeutung haben.

gleiche, wenn in den Gesetzestext ein Merkmal augenscheinlich deshalb aufgenommen ist, weil dem fremden Staat die Zuständigkeit zugesprochen wird, den Sachverhalt zu regeln. So wenn das deutsche Weingesetz die Einfuhr von Wein verbietet, der „den am Ort der Herstellung geltenden Vorschriften zuwider hergestellt worden ist“, oder eines der Haager Abkommen die Einholung eines Vermögenszeugnisses bei der Behörde des gewöhnlichen Aufenthaltsorts vorsieht — und sie bleibt die gleiche, wenn mit ausdrücklichen Worten Recht oder Amtsakt eines „zuständigen“ Staats vorausgesetzt werden [22]. Ob Recht oder Handlung eines zuständigen Staats zur Voraussetzung gemacht sind, oder ob eine solche Zuständigkeit im Wortlaut des Gesetzes spezialisiert wird, stets handelt es sich um den Inhalt einer Sachnorm.

Aber freilich, mit einer Bezeichnung als Fremdenrecht wird die Besonderheit solcher Merkmale nicht erschöpft. Wo ausdrücklich oder auf Grund der Auslegung Recht oder Handlung eines „zuständigen“ Staats zur Voraussetzung gemacht ist, da ist wohl das Erfordernis der Zuständigkeit als ein Stück der Sachnorm von fremdenrechtlicher Art. Um jedoch unter mehreren örtlich in Betracht kommenden den zuständigen Staat festzustellen, bedarf es der Anwendung von Grenznormen und Kollisionsnormen, die jenseits des verweisenden Rechtssatzes liegen. Und ebenso verhält es sich bei jeglichem Merkmal, das durch eine Anwendung ausländischen Rechts sachlich bestimmt werden muß. Man nehme als Gegenstück den Satz: der Bezug der Invalidenrente ruht bei einem Aufenthalt im Ausland. Außerhalb seiner Bedeutung für das Recht der Invalidenversicherung läßt sich über diesen Satz nicht mehr aussagen, als daß er eine Auslandsbeziehung enthält, die Fremdenrecht ist. Merkmale mit staatlichen Auslandsbeziehungen (oben S. 84) enthalten demgegenüber einen Überschuß. Zunächst darum, weil sie in jedem Fall zu der Anwendung ausländischen Rechts führen können. Aber auch wenn dies im einzelnen Fall nicht erforderlich wird, bleibt eine Eigentümlichkeit, die sie von fremdenrechtlichen Beziehungen eines Privaten unterscheidet: sie eröffnen der fremden Verwaltung einen Einfluß auf das Inlandsrecht, den schon ihr bloßes Dasein ausübt. Es wird davon unten § 40 mehr zu sagen sein.

---

[22] Deutsche ZPO. § 328: „Die Anerkennung des Urteils eines ausländischen Gerichts ist ausgeschlossen, wenn die Gerichte des Staats, dem das ausländische Gericht angehört, nach den deutschen Gesetzen nicht zuständig sind.“

4. Kapitel.

Die örtliche Anwendbarkeit des Verwaltungsrechts.

§ 10.

I. Anerkennung und Verbindlichkeit der Rechtsordnung.

1. Anerkennung. — 2. Verbindlichkeit. — 3. Verbindlichkeit der Rechtssätze über örtliche Anwendung.

„Zinseszinsen sind verboten." Wo ein Rechtssatz dieser Art besteht, ist eine Sollvorschrift von bestimmtem Inhalt gegeben, und es bedarf der Feststellung, in welcher örtlichen Begrenzung die Vorschrift zur Anwendung kommen kann [1]. Von diesen Grenznormen wird weiterhin zu sprechen sein. Um aber eine reine Fragestellung zu erreichen, ist es erforderlich, solche Grenznormen, welche den Rechtsinhalt betreffen, abzuscheiden von andern Erscheinungen, die nicht den Inhalt, sondern die Rechtsqualität einer Vorschrift zum Gegenstand haben [2]. Aber freilich, auch die Frage nach der Rechtsqualität einer Vorschrift ist mehrdeutig.

Anerkennung.

1. Damit der Inhalt einer Vorschrift rechtlich verpflichtet, muß die Vorschrift einer geltenden Rechtsordnung angehören, d. h. sie muß auf dem Willen einer Stelle beruhen, der in der geschichtlichen Wirklichkeit die Fähigkeit zuerkannt wird, Recht zu erzeugen. Stets muß sich eine solche Macht im geschichtlichen Ablauf selbst begründen

[1] Es muß die „örtliche Anwendbarkeit" des Rechtssatzes (unten S. 104) aufgesucht werden.

[2] Einen Unterschied von „Geltung" und „Anwendung" hat auch Zitelmann in der letzten Form, die er seinen Anschauungen gegeben hat (Festgabe für Bergbohm 1919 207 ff.), zugrundegelegt. Unter Geltung faßt er dabei ungeschieden die Verbindlichkeit der Rechtssätze in dem hier behandelten Sinn und ihre Erstreckung auf die Tatbestände zusammen, mit denen sich die Rechtssätze in ihrem Inhalt befassen, und es ist nicht verwunderlich, daß er von da aus zu dem Ergebnis gelangt, der Anwendungsbereich der Gesetze falle mit ihrem Geltungsbereich zusammen. — Wieder anders Gutzwiller in Festgabe Ulrich Lampert 1925 162 ff. Einem Geltungsbereich, der auf die Rechtsqualität einer Vorschrift bezogen, aber in eigentümliche Verbindung mit dem räumlichen oder persönlichen Gegenstand des Rechtsinhalts gebracht ist, wird ein Anwendungsbereich gegenübergestellt, bei dem es sich nicht um die örtliche Zusammenfassung der Tatbestände handelt, auf die ein Rechtssatz angewandt wird, sondern um den Bereich, in dem nach Kollisionsrecht die Anwendung eines Rechtssatzes als Vorgang erfolgen kann, und das ist für den Großteil des Privatrechts die ganze Erde.

und die Anerkennung derer erlangen und bewahren, über die sie Gewalt ausübt. Ist ein solcher Vorgang erfolgt, so erzeugt, was als geschichtliches Begebnis von außen betrachtet wurde, nach innen die Möglichkeit einer Ordnung für die Willensbildung dieser Macht und für die Gestaltung der Willensinhalte gegenüber den Machtunterworfenen: die Gewalt organisiert sich als Rechtsordnung.

Bei jener Anerkennung aber handelt es sich um einen massenpsychologischen Tatbestand von vor-rechtlicher Art, und es kann deshalb auch keinen fest umschriebenen Kreis derer geben, von denen die Anerkennung ausgegangen ist; über ihren Umfang entscheidet die tatsächliche Gruppenverbundenheit, auch für Kinder, auch für Personen, deren Widerspruch unbeachtet geblieben ist. Erst der geographische Raum, in dem sich die anerkannte Macht tatsächlich entfaltet (unten § 15 Z. 2), schafft dieser amorphen Gruppe einigen Zusammenhalt. Der Kreis der Anerkennenden steht demgemäß außer rechtlichem Zusammenhang mit dem Kreis derjenigen, die durch den Rechtsinhalt einer Vorschrift verpflichtet werden[3]. Und er steht außer Zusammenhang mit dem Kreis derjenigen, für welche eine Rechtsordnung in dem nunmehr zu besprechenden Sinn verbindlich ist.

Verbindlichkeit.

2. Die Rechtsqualität der Vorschriften, von der im Vorausgehenden gehandelt wurde, betrifft jede einzelne Vorschrift eines Rechtssystems ohne Unterschied ihres Inhalts, und sie betrifft diese Vorschriften in ihrer Eigenschaft als abstrakte allgemein lautende Rechtssätze. Nach einer andern Richtung aber muß dem System, dem eine Vorschrift angehört, Rechtsqualität zukommen, wo es sich um die Anwendung der Vorschrift auf einen konkreten Tatbestand handelt. Dem abstrakten Rechtssatz sind konkrete Lebensbeziehungen nicht erreichbar, sie bedürfen, um rechtlich gewertet zu werden, einer Beurteilung, die im Wege der Subsumtion den Tatbestand an dem Rechtssatz mißt. Und damit erwächst als neues Problem die Frage, welches (als anerkannt vorausgesetzte) Rechtssystem für den Beurteiler verbindlich ist, wenn er eine Rechtsnorm als Obersatz für seine Beurteilung aufsucht. Eine solche Bindung nun besteht jedenfalls für eine Rechtsanwendung durch diejenigen, die für die rechtserzeugende Macht handeln, für die Staatsorgane jeder Art, wenn sie im Inland oder im Ausland tätig werden, wenn sie als Richter oder als Standesbeamter, als Konsul oder Finanzbehörde mit der Rechtsanwendung befaßt sind. Aber der private Beurteiler, mag er in eigener oder fremder Angelegenheit sein Urteil abgeben, ist grundsätzlich frei; er

[3] Über den Sonderfall des Gewohnheitsrechts unten § 16 Z. 3.

kann nicht unter rechtliche Bindung gestellt sein, wo die Verbindung mit einer Rechtsordnung erst hergestellt werden soll. Er handelt dabei auf eigene Gefahr. Und wenn die Angelegenheit so beschaffen ist, daß nur die Behörden eines bestimmten Staats auf sie einzuwirken vermögen, so wird auch der private Beurteiler veranlaßt sein, dessen Rechtsordnung zum Ausgangspunkt zu nehmen. Die Tatsachenlage kann aber auch anders sein. Der Beurteiler mag seine Meinung über Vorkommnisse abzugeben haben, die der Einwirkung fremder Behörden unterstellt sind, und er wird das für jene Behörden geltende Rechtssystem zur Grundlage seiner Beurteilung nehmen. Für den Privatmann ist aller Rechtsschutz relativ.

Verbindlichkeit der Rechtssätze über örtliche Anwendung.

3. Diese Wahl des privaten Beurteilers ist aber praktisch gesehen keine Wahl zwischen Rechtsordnung und Rechtlosigkeit, sondern eine Wahl zwischen dem Rechtsschutz dieses oder eines andern Staats. Und sie erlangt damit gerade für diejenigen Fragen unmittelbare Bedeutung, die den Gegenstand des vorliegenden Buches bilden, bei Grenznormen und Kollisionsnormen. Es ist nicht möglich, eindeutig auf die Frage zu antworten, welchem Recht ein Kauf untersteht. Erst muß der Beurteiler die Verbindung mit einem Rechtssystem hergestellt haben, das er zum Ausgangspunkt nimmt, dann erst vermag er zu entscheiden, ob die sachliche Ordnung dieses Rechtssystems oder welche sonst nach dem Willen dieses Systems der Beurteilung zur Grundlage dienen soll. Und wenn das schon für das Privatrecht zutrifft, das mit einer geordneten Aufteilung der Zuständigkeiten rechnet, so tritt jene Relativität des Ausgangspunkts in gesteigertem Ausmaß bei Angelegenheiten des öffentlichen Rechts hervor, für die eine solche Aufteilung regelmäßig überhaupt nicht besteht. Es ist nicht möglich, schlechtweg zu sagen, ob ein Erwerb steuerpflichtig ist. Die Antwort kann nur gefunden werden, wenn man nacheinander die Rechte der Staaten durchprobt, die erfahrungsgemäß für eine Besteuerung in Betracht kommen können, also prüft, ob vom Standpunkt des Staats aus eine Steuerpflicht besteht, in dem die Erwerbshandlung vorgenommen wird, vom Standpunkt des Staats, aus dem die Vermögensmehrung herrührt, vom Standpunkt des Staats, in dem das gemehrte Vermögen seinen Sitz hat usw.[4].

Darum kann es für den beratenden Rechtsanwalt keine „lex fori" im Sinn des Grenzrechts geben, so wenig wie für den Notar[5] oder

[4] Unzutreffend gerade für das Verwaltungsrecht Isay, Handwörterbuch der Rechtswissenschaft 3, 355 f.

[5] Dazu Josef, Zeitschrift 27, 366 ff.

den Testamentsvollstrecker[6], kann auch ein privates Schiedsgericht sein Recht nur dadurch finden, daß es sich in gedankliche Verbindung mit derjenigen Rechtsordnung setzt, für die der Schiedsspruch vornehmlich Bedeutung erlangen soll[7].

Seit dem beginnenden 13. Jahrhundert war die Einsicht erarbeitet, daß es sich im Grenzrecht um den Herrschaftsbereich der Gesetze handle. Savigny hat auf den ersten Seiten seines großen Werkes ausgeführt, es sei gleichbedeutend und heiße nur denselben Gegenstand von zwei Seiten betrachten, wenn man nach der Herrschaft der Regeln über die Verhältnisse, und wenn man nach der Unterwerfung der Verhältnisse unter die Regeln frage. Er selbst hat die zweite Fragestellung bevorzugt und auf ihr insbesondre seine berühmte Frage nach dem Sitz der Rechtsverhältnisse aufgebaut. Man hat die Formel seither im einzelnen angegriffen, aber man hat ihre Grundlage, den Beginn bei dem Rechtsfall, ganz regelmäßig beibehalten, die Umkehrung der Fragestellung gelegentlich als einen großen Fortschritt gepriesen. Sie ist ein Rückschritt, denn sie verschleiert die Ausgangspunkte.

Indessen kommt dieses Relativität der Ausgangspunkte nur da in Betracht, wo es sich um die unmittelbare Regelung einer Tatsachenlage handelt. Dagegen ist ein (insoweit) fester Ausgangspunkt gegeben, wo der Sachverhalt, der rechtlicher Beurteilung bedarf, zu den Voraussetzungen gehört, an die sich in einer bestimmten Rechtsordnung irgendwelche andre Rechtsfolgen knüpfen, z. B. es handelt sich um den Erbanspruch „ehelicher" Kinder oder um ein Zeugnisweigerungsrecht auf Grund beruflicher Schweigepflicht. Es wird darauf unten § 22 Z. 3 zurückzugreifen sein.

Für die weiteren Erörterungen ist vorausgesetzt, daß die Rechtsordnung irgendeines Staats Verbindlichkeit im Sinn der vorstehenden Ausführungen besitzt. Wir nennen sie die inländische Rechtsordnung.

---

[6] Dazu W. Haudek, Die Bedeutung des Parteiwillens im internationalen Privatrecht (1931) 100[1].

[7] Vgl. über das von einem privaten Schiedsgericht anzuwendende Recht F. Prager, Schiedsrecht (1931) 59 ff. und Nußbaum 228[3], 233[5], 469, beide mit weiteren Verweisungen. Anders stellt sich die Frage für gemeinsame Amtsstellen mehrerer Staaten, die nicht einer lex fori entbehren, sondern eine solche in dem Recht jedes der beteiligten Staaten finden. Dazu unten § 34 Z. 7.

§ 11.

II. Die örtliche Anwendbarkeit der Rechtssätze.

1. Die Notwendigkeit einer Begrenzung für das Verwaltungsrecht. — 2. Rechtssätze und Rechtseinrichtungen. — 3. Rechtssätze und Teilrechtssätze.

Die Notwendigkeit einer Begrenzung für das Verwaltungsrecht.

1. Wenn Sozialnormen einem Kräftezentrum entspringen, dem anerkannte andre Zentren derselben Art gegenüberstehen, so pflegen sie ihre Ordnung nicht auf alle Vorgänge zu erstrecken, die sich irgendwo und in irgendwelchen Kreisen abspielen. Mehr oder weniger klar erfaßt, beschränken sie sich alle auf Begebnisse, die dem eigenen Bereich näher verbunden sind. Das gilt etwa für die Gebote der gesellschaftlichen Sitte, der Berufsordnungen, für kirchliche Sonderregelungen innerhalb eines Bekenntnisses[1]. Es gilt ebenso und mit der gerade hier gebotenen schärferen Umgrenzung bei den Rechtsnormen. Für das Privatrecht handelt es sich dabei um eine geordnete Aufteilung der Tatbestände unter die sich gegenüberstehenden Rechtsbereiche, die letzten Endes auf eine völkerrechtliche Verpflichtung zurückführt (unten § 36). Für das öffentliche Recht besteht die Nötigung zu einem solchen Entweder-Oder für den Regelfall freilich nicht, es bedarf hier, wie in § 14 zu erörtern, zunächst nur einer Umgrenzung der Inlandswirksamkeit. Aber auch für das öffentliche Recht und für das Verwaltungsrecht im besondern zeigt die kürzeste Beobachtung, daß ein Staat nicht wahllos alle Tatbestände unter seine Herrschaft zieht, die sich irgendwo in der Welt ereignen. Deutschland macht es sich nicht zur Aufgabe, über die Aufbewahrung von Sprengstoffen in Brasilien Bestimmungen zu treffen. Auch hier gibt es Grenzen, die (auch wenn man von den rechtlich begründeten Hindernissen absieht, die unter Umständen das Völkerrecht aufrichtet) der Rücksicht auf ein geordnetes Zusammenleben mit andern Staaten entspringen, die auf ein Bedürfnis nach Ökonomie im eigenen Recht zurückführen. Begegnet man ausdrücklichen Beschränkungen dieser Art in größter Zahl, so wird darüber hinaus im Zweifel angenommen werden dürfen, daß eine jede inhaltliche Vorschrift des Verwaltungsrechts ihre geordnete Begrenzung besitzt[2]. Auch hier ist es nicht möglich, einfach auf die Durchsetzbar-

---

[1] Neumeyer, Das „internationale Privatrecht" der Sozialnormen, Zeitschrift für öffentliches Recht 11, 34 ff.

[2] In einer ungedruckten Entscheidung des Reichsgerichts 26. 6. 1914 VII 119/1914 handelt es sich um die Möglichkeit, die Revision mit einer Verletzung von Grundsätzen des internationalen Steuerrechts zu begründen; eine solche Möglichkeit sei wohl für die geschriebenen und ungeschriebenen Sätze des internationalen Privatrechts gegeben, „ein Gleiches gilt jedoch

keit einer Vorschrift abzustellen. Für das Verwaltungsrecht nicht anders wie für das Privatrecht muß der Rechtssatz seinen Anwendungsbereich haben unabhängig von dem Zufall, ob seine Befolgung Widerstand findet und ob dieser Widerstand gewaltsam überwunden werden soll. Und wo wäre auch die Grenze für eine zuständigkeitsbegründende Wirkung der Durchsetzbarkeit? Ist sie in Frage, wenn, um die Verwaltungsvorschrift durchzusetzen, dem Ehewerber die Trauung, dem Reiselustigen der Paß versagt wird?

So gilt auch für das Verwaltungsrecht, nicht anders, als für die Nachbargebiete im 2. Kapitel ausgeführt wurde, daß der inhaltlichen Ordnung eine Begrenzung vorausgehen muß, daß irgendein Tatbestand nicht einfach den „Sachnormen" des Inlands unterstellt werden kann, sondern daß zuerst die Vorfrage gelöst sein muß, ob die Sachnormen des Inlands auf den Tatbestand angewendet werden können. Wenn man die Gesamtheit der Norminhalte, die ein Staat regelt, sich als eine Kreisfläche vorstellt, so zieht sich eine Linie begrenzender Rechtssätze als Peripherie um diese Inhalte, und daran hat, wie alle Sektoren des Kreises, auch das Verwaltungsrecht seinen Anteil: solche Begrenzung bildet den wesentlichsten Gegenstand eines internationalen Verwaltungsrechts.

Die Artverschiedenheit, die zwischen diesen begrenzenden Rechtssätzen und zwischen den Sachnormen besteht, tritt besonders zutage, wo die Sachnormen selbst unter örtlichen Gesichtspunkten ihren Inhalt empfangen, als Sätze des „Fremdenrechts", wie sie oben § 9 beschrieben wurden. Es ist hier auf diese Ausführungen zu verweisen.

---

nicht für das Gebiet des internationalen Steuerrechts und kann hierfür schon deshalb nicht gelten, weil in dieser Beziehung ausdrückliche oder stillschweigende Vereinbarungen des Deutschen Reichs mit anderen selbständigen Staaten nicht bestehen, auch nicht bestimmte Grundsätze von den Staaten übereinstimmend gewohnheitsmäßig gewahrt werden, jeder Staat vielmehr sein Besteuerungsrecht so weit nach freiem Ermessen zu erstrecken pflegt, als es ihm zweckmäßig erscheint und er zur Durchführung die Macht besitzt". Indessen zeigt der Tatbestand des Urteils, daß bei dem Fall eine ausdrückliche Begrenzung der Steuergewalt durch ein landesrechtlich ordnungsmäßiges Gemeindestatut vorlag und daß die Nichtigkeit des Statuts aus völkerrechtlichen oder ähnlichen Gründen behauptet werden wollte. Ebenso verhält es sich wohl mit Bedenken, die Bartoscewicz, Erbschaftssteuer im internationalen Recht 11 gegen eine Gleichstellung von internationalem Privatrecht und internationalem Steuerrecht vorbringt. — Oben 2, 30 wurde einer wunderlichen Entscheidung des Österreichischen Verwaltungsgerichtshofs gedacht, die den Bestand eines „internationalen Wasserrechts" in Abrede stellt. Doch handelte es sich dabei um die Frage, ob innerhalb des inländischen Wasserrechts ausländische Interessen berücksichtigt werden könnten, nicht um eine Begrenzung des inländischen Wasserrechts, und schon darum kann das Urteil aus der gegenwärtigen Erörterung ausscheiden.

Im Einklang mit den Bemerkungen S. 97 sei aber auch festgehalten, daß die folgenden Ausführungen sich auf eine Begrenzung der Rechtssätze als Sollvorschriften beziehen, auf Rechtssätze, die ein menschliches Verhalten unmittelbar bestimmen wollen; daß jedoch Vorschriften, in denen das Ergebnis einer rechtlichen Würdigung als Voraussetzung für Rechtswirkungen abweichenden Inhalts verwendet wird, entsprechend ihrem abweichenden Aufbau erst später behandelt werden können.

Rechtssätze und Rechtseinrichtungen.

2. Ein jeder Rechtssatz bedarf grundsätzlich einer Begrenzung seiner Anwendbarkeit im Raum. Wo aber eine Mehrheit von Rechtssätzen dazu dient, derselben Rechtseinrichtung zur Durchführung zu verhelfen, da wird vielfach der Bestimmungsgrund für die Begrenzung bei solchen Rechtssätzen der gleiche sein, und es erwächst damit die Möglichkeit, zusammenfassend der Ordnung einer Rechtseinrichtung einen Geltungsbereich zuzuschreiben. Wenn es für die Berufung zur gesetzlichen Erbfolge, für die Möglichkeit, gesetzliche Erbfolge durch eine letztwillige Verfügung auszuschließen, für den Vorbehalt von Pflichtteilen jeweils auf das heimatliche Recht des Erblassers ankommen soll, so mag man schlechtweg „die Erbfolge" diesen heimatlichen Gesetzen unterstellen. Nicht anders, wie man im Verwaltungsrecht etwa „die Schulpflicht" nach dem gewöhnlichen Aufenthaltsort des Kindes, „die Wehrpflicht" nach der Staatsangehörigkeit des Pflichtigen bestimmen wird.

Aber nur durch Zusammenfassung, wenn für den einzelnen Rechtssatz die entsprechende Begrenzung bereits feststeht, können solche Gruppenbegrenzungen zustande kommen. Der Rückschluß, daß deshalb, weil eine Grenznorm für die Einrichtung gilt, auch jede Maßnahme, die ihrer Verwirklichung dient, derselben Begrenzung unterstehen müßte, ist unstatthaft. Stets muß insoweit die einzelne Maßnahme geprüft werden, und es kommt gar nicht selten vor, daß eine Einrichtung, d. h. die Mehrzahl der sie begründenden Rechtssätze, einer einheitlichen Ordnung untersteht, irgendwelche mitwirkende Vorschriften in ihrer Anwendbarkeit eine abweichende Begrenzung verlangen[3].

[3] Es wird hier von mangelnder Zuständigkeit für die einzelne Maßnahme gehandelt, dagegen nicht von dem Fall, daß die Maßnahme aus völkerrechtlichen Gründen unstatthaft ist, insbesondere nicht von der Unstatthaftigkeit, Hoheitsakte in einem andern Staatsgebiet vorzunehmen. Eine Arbeitsverrichtung im Ausland mag als Ausstrahlung eines deutschen Betriebs unter deutschem Unfallversicherungsrecht stehen, aber es ist nicht möglich, wenn sich bei ihr ein Unfall ereignet, die vom deutschen Recht vorgesehene Unfalluntersuchung im Ausland vorzunehmen. Vgl. darüber unten § 42 Z. 3.

Das zeigt sich, wo dritten, an der Angelegenheit nicht unmittelbar beteiligten Personen Hilfspflichten auferlegt werden. Besteht dem Beklagten gegenüber im Zivilprozeß eine Entscheidungsgewalt im Inland, so kann dennoch eine Auskunftspflicht von Zeugen nur dann in Anspruch genommen werden, wenn der Zeuge kraft Aufenthalts oder (vielleicht) kraft Wohnsitzes der Staatsgewalt des Inlands unterworfen ist[4]. Werden, die Vollständigkeit der Standesregister zu sichern, Dritte mit einer Anzeigepflicht belastet, so muß dem Staat Herrschaft über diese dritten Personen zukommen[5]. Die gleiche Rechtslage besteht bei Zahlungsverboten, die Privaten, etwa zur Durchführung des Wirtschaftskriegs, auferlegt werden[6].

Aber auch da, wo im Dienst einer öffentlichen Aufgabe zu Lasten des Einzelnen Duldungspflichten gegenüber einer Zwangsmaßnahme des öffentlichen Rechts begründet werden, kann das nur geschehen, wenn der Staat Zuständigkeit besitzt, diese Rechtsfolge eintreten zu lassen. Hier wird in den verschiedensten Zusammenhängen der Satz wichtig, daß eine Enteignung im Zweifel nur Gegenstände im Inland erfaßt[7]. Aufenthaltsverbote, Wirtshausverbote haben, nach Strafrecht oder Verwaltungsrecht verhängt, nur Wirkung für das Inland. Und vollends gilt das, wo die Maßnahme unmittelbar in öffentliche Rechte gegen einen andern Staat eingreifen würde. Besteht eine Zuständigkeit nach internationalem Strafrecht, so ist es dennoch nicht möglich, dem

---

[4] Oben 3 I 160 in Anwendung auf Seeunfalluntersuchung. Ähnlich 2, 174 f. für wirtschaftliche Auskunftspflichten.

[5] Oben 1, 48 f. Entsprechend bei der Sicherung der Reichsfluchtsteuer nach der Verordnung 8. 12. 1931 (RGBl. I 699) VII, III, I § 9: die Steuer trifft die Reichsangehörigen, die Anzeigepflicht für Ansprüche des Flüchtigen Personen mit Wohnsitz, gewöhnlichem Aufenthalt, Sitz, Geschäftsleitung oder Grundbesitz im Inland. — Ähnlich verhält es sich mit der Auferlegung gewerblicher Bezugspflichten, oben 2, 174, und dem verwandten Postzwang 3 II 12 ff. Gleichartige Fragen für Beförderungspflichten, mit denen Dritte zugunsten der Post belastet sind, oben 3 II 15 ff. Etwa auch bei der Verpflichtung dritter Personen, einen Adelstitel zu gebrauchen, Bd. 1, 320. Vgl. auch oben S. 62.

[6] Vgl. oben S. 88. Über Zahlungsverbote bei der Reichsfluchtsteuer, Anm. 5.

[7] So bei Maßnahmen des Wirtschaftskriegs, Neumeyer, Der Fall Mumm 1922. In Frankreich praktisch geworden bei Auflösung der Kongregationen oben 1, 181 f., bei Einführung des Zündholzmonopols oben 2, 175[68]. Ebenso bei den Sozialisierungen in Rußland, vgl. auch oben 2, 208. Für das Strafrecht Neumeyer, Zeitschrift für die gesamte Strafrechtswissenschaft 27, 21 ff. Übereinstimmend bei Zwangsvollstreckung und Konkurs. Weiteres unten § 36 Z. 2. — Auch sonst unterliegen einer hoheitlichen Einwirkung auf Sachen nur die Gegenstände, die im Gebiet belegen sind. Eine Annahme (so Moreau, Manuel de droit administratif 584), französische Gesandtschaftsgebäude im Ausland stünden im öffentlichen Eigentum Frankreichs, könnte nur nach Maßgabe des örtlichen Rechts zutreffen.

Verurteilten die Wahlrechte gegenüber einem andern Staat, die von diesem verliehenen Auszeichnungen zu entziehen, ihm die Ämterfähigkeit, die Befugnis zum Gewerbebetrieb in einem fremden Staat abzusprechen, in die Rechts- und Geschäftsfähigkeit, die er diesem gegenüber besitzt, einzugreifen.

Möglich bleibt nur etwa, in Fällen, in denen eine solche Rechtsbeziehung zu dem fremden Staat für Zwecke des Inlands von seiten des inländischen Staats rechtlich selbständige Anerkennung genießt, wie bei Auszeichnungen oder bei der Rechts- und Geschäftsfähigkeit, die Zwangsmaßregel gegen die Anerkennung zu wenden[8]. Und da alle durch Auslegung erschlossenen Grenznormen nur im Zweifel geltendes Recht darstellen, mag ausdrücklich oder nach dem Zusammenhang für irgendeinen Rechtssatz auch eine weiterreichende Zuständigkeit in Anspruch genommen werden (so bei familienrechtlichen Verwirkungen, die einige Strafgesetzgebungen kennen)[9]. Und es mag, ganz allgemein und über den Fall einer Zwangsmaßnahme hinaus, auf eine unten § 22 Z. 4 zu besprechende Erscheinung hingewiesen sein, nach der die Verbindung eines Rechtssatzes mit einer umfassenderen Rechtseinrichtung zuweilen eine Verlagerung des Schwerpunkts für diesen Rechtssatz selbst mit sich bringt und damit seinen Geltungsbereich einheitlich demjenigen, der sonst für die Rechtseinrichtung gilt, einordnet. Als Beispiel kann die Behandlung der Aufwertung nach dem Recht des Staats, auf dessen Währung der Geldbetrag lautet (oben 3 II § 116), dienen.

Rechtssätze und Teilrechtssätze.

3. Ein jeder Rechtssatz, oder wie nunmehr schärfer zu präzisieren ist, eine jede Rechtsfolge, steht aber auch nur unter einer Begrenzung. Eben ihrethalben werden die Tatbestände, aber auch die ganzen Tatbestände örtlich bestimmt, bei deren Vorliegen die Folge eintreten soll. Und das ist nur da anders, wo vom positiven Recht Merkmale des Tatbestands abgespalten und einer eigenen Grenznorm unterstellt werden. Dergleichen kommt im Privatrecht vor für die Form der Rechtsgeschäfte, und auch für die Rechtsfähigkeit und Geschäftsfähigkeit pflegen die kontinentalen Rechte eine Ablösung dieser Art vorzunehmen. Von selbst indessen verstehen sich solche Möglichkeiten durchaus nicht, und wenn (ohne positivrechtliche Grundlage) die Rechtsprechung mancher Länder bei einem Vertrag das Zustandekommen nach einer andern Ordnung beurteilen will als die Wirkungen des Vertrags, so ist das Willkür.

---

[8] Oben 1, 326 350 374 für Adel, akademische Grade, Titel und Orden.

[9] Wie weit solche Zuständigkeitserweiterungen in andern Staaten anerkannt werden, ist für den gegenwärtigen Zusammenhang unwesentlich.

Im öffentlichen Recht ist der Satz *locus regit actum* gänzlich unanwendbar. Man stelle sich vor, eine Konzession, die das Inland für einen Gewerbetrieb im Inland erteilt, sollte nach den „Formvorschriften" eines andern Staats verbindlich werden — eine öffentlichrechtliche Betätigung des Staats sollte ihre Einkleidung aus dem Recht eines andern Staats, den das Verhältnis nichts angeht, empfangen können! Da doch eine Amtshandlung, die den Vorschriften des handelnden Staats nicht entspricht, rechtlich zumeist gar nicht vorhanden ist. Und nicht anders verhält es sich mit öffentlichrechtlich erheblichen Handlungen der Privaten, der Ausübung des Wahlrechts, einer Steuererklärung, einem Strafantrag. Sie kommen nur in Beziehung auf einen bestimmten Staat vor und müssen dessen Anforderungen entsprechen; man kann nicht eine Berufung im rechtsleeren Raum einlegen, sondern nur im Rechtszug des Staats, vor dem das Verfahren anhängig ist[10]. Möglich bleibt in diesem Zusammenhang nur — aber das hat mit Grenznormen nichts zu tun —, daß mit Rücksicht auf die beteiligten Privaten Amtshandlungen des Auslands einer Rechtsfolge des inländischen öffentlichen Rechts zur Voraussetzung dienen, zuweilen sogar Amtshandlungen des Inlands ersetzen können (vgl. darüber unten § 30).

Dagegen dürfte, wo das Privatrecht eines Landes die Rechtsfähigkeit und die Geschäftsfähigkeit von den übrigen Voraussetzungen der Rechtsgeschäfte abspaltet, eine Übertragung dieser Rechtslage auf Geschäfte des öffentlichen Rechts im Zweifel gleichfalls rechtens sein. (Genauer: die Abspaltung erfolgt alsdann für Handlungen der Privaten von öffentlichrechtlicher Bedeutung, während im übrigen das Merkmal Rechtsfähigkeit oder Geschäftsfähigkeit als Voraussetzung einer Wirkung des öffentlichen Rechts in seiner Tragweite nur nach dem Zusammenhang ausgelegt werden kann; es wird das unten S. 179 f. näher auszuführen sein.) Aber auch da, wo Rechts- und Geschäftsfähigkeit einer gesonderten Beurteilung unterstellt werden, handelt es sich selbstverständlich nicht darum, eine öffentlichrechtliche Angelegenheit des Inlands als solche teils dem eigenen, teils einem fremden Recht zu unterwerfen, sondern es wird der Besitz dieser Eigenschaften nach dem Willen des Inlands zur Voraussetzung einer inländischen Rechts-

[10] Über die wüsten Verwirrungen, die hier nicht selten begegnen, schon oben 1, 43 f. und 57[86] für Beurkundung des Personenstandes (dazu seither Kammergericht, Rechtsprechung der Oberlandesgerichte 33, 385); 1, 398 f. Austritt aus der Kirche (dazu seither Kammergericht, Jahrbuch 48, 10; Walker, Internationales Privatrecht[4] 207 mit weiteren Angaben); 1, 459 ff. Verträge und Erklärungen über religiöse Erziehung (dazu seither Verwaltungsgerichtshof München, Sammlung 39, 109); 3 I 152[55], 154[59, 60] Verklarung und Seebericht; 3 II 115[48], 117[57] Feiertage. Über Rechtshilfehandlungen unten § 33 Z. 6. Außerdem etwa noch Zitelmann 2, 158; Raape 177.

folge gemacht und die Eigenschaft für das Inland als gegeben angenommen, wenn sie auch für das Recht des Heimat- oder Wohnsitzstaats gegeben ist.

Überhaupt aber kann es für das öffentliche Recht das Problem einer abweichenden Grenznorm für Teilrechtssätze ganz allgemein schon darum nicht geben, weil (unten § 14) eine unmittelbare Anwendung fremden Rechts in öffentlichrechtlichen Angelegenheiten des Inlands nicht möglich ist.

§ 12.

III. Der Gegenstand der Grenznormen.

1. Der Tatbestand als Gegenstand der Begrenzung. — 2. Der Rechtssatz als Anlaß der Begrenzung. — 3. Begrenzung von Verhaltensvorschriften.

Der Tatbestand als Gegenstand der Begrenzung.

1. Noch bedarf der Mechanismus einer Aufklärung, der abläuft, wenn begrenzende Rechtssätze eingreifen. Es begegnen hier erstaunliche Mißverständnisse. Nicht die Sachnormen werden begrenzt, sondern die Tatbestände, die unter die Sachnormen fallen sollen. Wenn ein Gesetzesparagraph Zinseszinsen verbietet, so gilt ein solcher Satz schlechthin, und es wird ihm nicht irgendwo räumlich etwas weggeschnitten. Da er aber als Rechtssatz auf eine unbeschränkte Vielzahl gleichartiger Tatbestände Anwendung finden kann, so wird unter diesen sachlich übereinstimmenden Tatbeständen noch einmal eine Auswahl nach örtlichen Gesichtspunkten getroffen, und es besagt ein hinzutretender andrer Rechtssatz, daß die Vorschrift nur auf Tatbestände angewendet werden solle, bei denen der in Anspruch Genommene etwa im Inland den Wohnort hat[1]. Der Rechtssatz, der die Anwendbarkeit der Sachnorm bestimmt, tritt als ein selbständiger Rechtssatz neben diese. Es ist nicht fremdenrechtlicher Inhalt der Sachnorm selbst, daß das Verbot der Zinseszinsen sich auf Personen inländischen Wohnsitzes beschränken würde.

So ergibt sich für eine jede sachliche Regelung ein Bereich örtlicher Anwendbarkeit, für den allein die Sachnorm zur Wirkung kommen kann. Man mag diesen Bereich allenfalls als das örtliche Anwendungsgebiet der (materiellen) Rechtssätze bezeichnen, wenn dabei nur das primitive Mißverständnis vermieden bleibt, als hätte dies „Gebiet" irgend etwas mit dem Staatsgebiet zu tun. Wesentlich ist jedenfalls, daß in diesem Anwendungsbereich die Gesamtheit der Tat-

---

[1] Wenn man zuweilen liest, es handle sich bei dieser Auswahl um eine Abgrenzung der „Rechtsverhältnisse", so ist das im Ausgangspunkt richtig und nur insofern unzutreffend, als eine Lebensbeziehung, bevor sie einem Rechtssatz unterstellt ist, noch kein Rechtsverhältnis sein kann.

bestände zusammengefaßt ist, auf die eine Sachnorm unter örtlichen Rücksichten Anwendung finden kann; nicht etwa nur Fälle, bei denen das nach Überwindung irgendwelcher Zweifel zutrifft, sondern erst recht die Fälle, bei denen die Einreihung mit aller Selbstverständlichkeit erfolgt — das deutsche Schuldrecht gilt nicht bloß, wenn der Schuldner zwar Ausländer ist, im Ausland abgeschlossen hat, aber in Deutschland wohnt, sondern es gilt auch und vor allem für die zahllosen Fälle, in denen ein Deutscher deutschen Wohnsitzes in Deutschland sich verpflichtet. Und darum ist es durchaus mißverständlich, im internationalen Privatrecht eine Ordnung für Tatbestände zu suchen, denen irgendeine Auslandsbeziehung innewohnt, oder gar es auf „Konflikte" zu beschränken, die eine Auslandsbeziehung zwischen der Geltung verschiedener Rechtsordnungen herbeiführen könnte.

Der geographische Raum eines Staatsgebiets wird häufig durch Angabe der Grenzen bezeichnet, in denen es sich von andern Staatsgebieten abscheidet. Und so kann auch der örtliche Anwendungsbereich von Rechtssätzen in seinem Inhalt dadurch gekennzeichnet werden, daß man die Grenzen zieht, an denen er fremden Bereichen gegenüber endigt[2]: in diesem Sinn mag man auch von „Grenzrecht" sprechen und sich insbesondere des handlichen Ausdrucks „Grenznormen" bedienen, sofern nur vor Augen bleibt, daß der Ausdruck in Wirklichkeit nicht dem Rand, sondern dem Boden des Tellers gelten soll. Der Ausdruck Grenznormen wird in diesem Buch auf Rechtssätze beschränkt, die den Anwendungsbereich inländischer Sachnormen bestimmen, während Rechtssätze über die Anwendbarkeit ausländischen Rechts — sie können nur für Privatrecht vorkommen (unten § 14) — einem eingeführten Sprachgebrauch folgend als Kollisionsnormen bezeichnet werden.

Von der Seite des beteiligten Privaten gesehen, steht dem Tatbestand möglicherweise eine Mehrheit staatlicher Ordnungen gegenüber, die auf den Fall Anwendung finden könnten; wenn man sich die Anwendbarkeit der Rechtssätze auf einen Tatbestand unter dem Bild einer staatlichen Tätigkeit denkt, die den Tatbestand rechtlich ordnet (das Bild kann freilich irreführen), so mag man[3] auch von einer Zuständigkeit des Staats sprechen, dessen Recht auf den Tatbestand Anwendung findet (auch diese Bezeichnung ist in ihrer Handlichkeit kaum zu entbehren), und es ist nur vonnöten, eine solche „staatliche Zuständigkeit" auseinanderzuhalten von der Zuständigkeit der Behörden innerhalb des Staats, also von der Befassung einer Behörde mit Tatbeständen, die, gegenübergehalten dem Aufgabenkreis andrer

---

[2] Wiederum, muß darauf hingewiesen sein, daß solche „Grenzen" nichts mit den Landesgrenzen zu tun haben?

[3] Unter dem Vorbehalt, den die Bemerkungen S. 96 ergeben.

Behörden, nach örtlichen oder sachlichen Merkmalen zusammengeordnet sind.

Alledem entsprechend kann also auch das Verwaltungsrecht nur nach Maßgabe seines örtlichen Geltungsbereichs zur Anwendung kommen, gibt es eine staatliche Zuständigkeit in Verwaltungssachen und muß es Grenznormen geben, jenen Geltungsbereich zu bestimmen.

Der Rechtssatz als Anlaß der Begrenzung.

2. Gegenstand der Begrenzung sind Tatbestände. Anlaß der Begrenzung sind Rechtssätze. Grundsätzlich verlangt ein jeder Rechtssatz Begrenzung seiner Anwendbarkeit im Raum[4]. Das Problem ist das gleiche, ob es sich um Gesetze handelt, um Verordnungen, deren Erlaß besonders delegiert ist, oder um solche, die in Ausübung freien Ermessens erlassen werden. Wenn kraft Kriegspolizeirechts der Befehlshaber in Feindesland fordert, die Zivilbevölkerung habe ihre Waffen abzuliefern[5], so muß die Vorschrift in rechtlich faßbarer Begrenzung gelten. Und eben darum besteht ein internationales Verwaltungsrecht unabhängig von den jeweiligen Verfassungsformen; auch in Zeiten der absoluten Monarchie waren Verwaltungsvorschriften für den Untertan verbindlich[6].

Wenn aber grundsätzlich das Problem der Begrenzung für jeden Rechtssatz besteht, so ist das allerdings anders, wo der Inhalt des Rechtssatzes einer unmittelbaren Verbindung mit privaten Interessen entbehrt. Ein Staat führt die mitteleuropäische Zeit ein; er begründet in einer Reihe verwaltungsrechtlicher Sätze seine Währung: Währung und Zeitbestimmung können als solche keinen Geltungsbereich haben[7], erst Rechtssätze, die einen Gebrauch der Einrichtung vorschreiben, geben Anlaß zu bestimmen, für wen der Gebrauch verpflichtend sein soll. Und dasselbe gilt für die Ergebnisse amtlicher Tätigkeit, für eine Münz-

---

[4] Wenn es auch sein mag, daß diese Begrenzung in einer Anwendbarkeit auf Tatbestände jeder Art besteht, wie das bei der Zuwendung von Vorteilen vorkommt, vgl. oben S. 87.

[5] Eine Rechtsverordnung, nicht eine Verwaltungsverordnung. Sie verpflichtet auf Grund des Rechtssatzes im Recht der eindringenden Macht, der die Kriegführung dem freien Ermessen unterstellt.

[6] Wo Verwaltungsverordnungen für den Privaten rechtsverbindlich sind, muß das auf einem besondern Gewaltverhältnis beruhen, das dem Privaten durch Rechtssatz unmittelbar oder mittelbar aufgelegt oder durch seinen rechtlich zugelassenen Eintritt wirksam geworden ist, und es bestimmen sich die Grenzen der Verordnung — so schon Otto Mayer, Deutsches Verwaltungsrecht 2, 496 der 2. Auflage — nach den Grenzen, in denen diese Gewalt begründet ist. Im übrigen können Verwaltungsverordnungen, entsprechend dem, was unten S. 112 ausgeführt werden soll, für eine Begrenzung behördlicher Tätigkeit in Betracht kommen.

[7] Vgl. schon oben 3 II 125, 284.

prägung oder die Feststellung amtlicher Kurse[8]. Vollends aber wäre es Widersinn, einer konkreten Rechtslage einen Geltungsbereich zuschreiben zu wollen; nur Rechtssätze können in ihrer Anwendbarkeit begrenzt werden, denn nur sie vermögen auf eine Vielheit gleichartiger Tatbestände Anwendung zu finden.

Begrenzung von Verhaltensvorschriften.

3. Alles Recht will nach seinem letzten Ziel menschliches Verhalten bestimmen. Und darum erscheint der Vorgang der Begrenzung in seiner Grundform bei Rechtssätzen, die von dem rechtsunterworfenen Privaten unmittelbar ein Verhalten verlangen. Das ist die Regel bei den Sätzen des Privatrechts: der Käufer soll den Kaufpreis bezahlen. Eine verfeinerte Rechtstechnik hat dann neben die Vorschriften, welche ein Verhalten unmittelbar bestimmen, die selbständige Regelung von Rechtslagen gestellt, welche die Grundlage von Verhaltensvorschriften bilden, Ehe und Eigentum werden geordnet, und es ist unvermeidbar, aus der Vielzahl möglicher Tatbestände, die unter solche Regelung gezogen werden können, unter örtlichen Gesichtspunkten wiederum diejenigen auszuwählen, bei denen dies wirklich rechtens sein soll.

Auch das öffentliche Recht und das Verwaltungsrecht im besondern kennt Vorschriften, die auf ein Verhalten von Privaten unmittelbar gerichtet sind: Es ist verboten, zur Herstellung von Bier andre Stoffe als Wasser, Hopfen und Malz zu verwenden. Jemand muß eine Handlung vornehmen, etwa den Besitz von Wertpapieren fremder Währung anzeigen. Duldungen spielen eine Rolle: bei Enteignungen, bei der Zwangsvollstreckung des Zivilprozesses, bei der Strafrechtspflege. Auch solche Vorschriften können eine unbeschränkte Vielzahl gleichartiger Tatbestände unter ihre Regelung ziehen, und es bedarf, nicht anders als bei Vorschriften des Privatrechts, einer Auswahl nach örtlichen Merkmalen, einer Grenznorm also, um festzulegen, welchen Personenkreis das gewerbliche Verbot, die Anzeigepflicht binden, welcher Art Vermögen von der Enteignung erfaßt werden soll. Und dasselbe gilt für zuständliche Rechtslagen des Verwaltungsrechts, die einer privaten Verpflichtung (oder deren Einschränkung) zur Grundlage dienen können, für den Personennamen als Ausgangspunkt der polizeilichen Verpflichtung, einen bestimmten Namen zu führen, oder für die Befähigung zum einjährig-freiwilligen Dienst als Ausgangspunkt für die Bemessung der Wehrpflicht[9].

---

[8] Oben 3 II 284, 333.

[9] Nach H. O. Lehmann, Rechtsbegriff und Rechtssystem (1895) 42[23] soll es freilich weder ein internationales Verwaltungsrecht noch ein internationales Prozeßrecht geben, weil hier stets das eigene Recht des Staats

Ganz anders jedoch verhält es sich im öffentlichen Recht — da die Pflichtseite den Rechtsinhalt bestimmt — bei Verpflichtungen des Staats gegen den Einzelnen[10], bei einem öffentlichen Wahlrecht oder einer Gewerbeberechtigung. Der Anspruch wendet sich eindeutig gegen einen bestimmten Staat, er ist bereits rechtlich lokalisiert, und es kann nur mehr der sachliche Inhalt dieses Anspruchs sein, der einer Festlegung durch das Recht des verpflichteten Staats bedarf. Dasselbe trifft wiederum zu bei zuständlichen Rechtslagen, die auf eine öffentliche Verpflichtung Bezug haben, etwa dem Unterstützungswohnsitz oder (als Aufhebung einer Bindung) dem Verlust der bürgerlichen Ehrenrechte[11], und es gilt auch für die Mitgliedschaftsstellungen des öffentlichen Rechts wie die Staatsangehörigkeit und verwandte Zuordnungen, insoweit sie als Grundlage öffentlicher Verpflichtungen gedacht sind[12].

Vor allem aber ist es das Ineinandergreifen von Rechtssatz und Amtshandlung, das für den ersten Anblick ein verwirrendes Bild gibt,

---

zur Anwendung komme. Indessen (von dem Mißverständnis abgesehen, daß es sich bei Grenznormen um eine Wahl zwischen mehreren Rechten handeln müsse), wenn man weiß, daß die Strafrechtspflege nach Inlandsrecht erfolgt, so beginnt erst die Möglichkeit einer Fragestellung, die den Inhalt der Grenznorm bestimmt: welches sind, örtlich gesehen, die Tatbestände, für die eine Bindung nach Inlandsrecht eintreten soll? Darüber, daß auch behördliche Mitwirkung an dieser Fragestellung nichts ändert, gleich unten.

[10] Natürlich handelt es sich hier nicht um die allgemeine Verpflichtung des Staats, sein Recht anzuwenden und das, was auf Grund dieses Rechts geschehen ist, als rechtmäßig gelten zu lassen. Eine solche Verpflichtung bindet den Staat gegenüber jedermann. — Staatstätigkeiten, auf deren Vornahme der Einzelne ein Recht hat, hören jedoch nicht auf, in ihrer Eigenschaft als Tätigkeit unter Grenznormen zu stehen (s. unten), z. B. die Entscheidungsgewalt im Zivilrechtsstreit gegenüber dem (wenn er besteht) Rechtsschutzanspruch des Einzelnen. In solchen Fällen geht das Recht eben auf Vornahme der Amtstätigkeit in den ihr gezogenen Grenzen. — Negative Bindungen des Staats, wie Bekenntnisfreiheit, Pressefreiheit und dergleichen, können mangels eines rechtserheblichen Inhalts keinen bestimmten Geltungsbereich haben. Einen solchen besitzen erst die positiven Vorschriften, die zur Durchführung dieser Freiheiten erlassen werden; vgl. dazu oben S. 46.

[11] Gegenbeispiele: Wenn eine Gewerbeberechtigung Bezugspflichten Dritter oder den Ausschluß andrer Bewerber in sich schließt, so bedarf die Bindung der Dritten einer Begrenzung. Wenn die bürgerlichen Ehrenrechte als Strafe entzogen werden, ist wohl der Wegfall der staatlichen Bindung lokalisiert, aber die Bindung des Verurteilten, Strafe zu dulden, setzt eine örtliche Abgrenzung voraus.

[12] Als Grundlage privater Verpflichtungen stehen sie, wie oben S. 45 ausgeführt, zwar unter einer Grenznorm: es müsse sich um die Zugehörigkeit zu d i e s e m Staat, zu d i e s e r Gemeinde handeln. Die Merkmale, nach denen sich eine solche Zugehörigkeit bestimmt, bilden auch dann den Inhalt einer Sachnorm.

wenn man das internationale Verwaltungsrecht unter dem Gesichtspunkt eines Grenzrechts betrachtet.

§ 13.

Rechtssatz und Amtshandlung.

1. Vorbemerkungen. — 2. Grenznormen. — 3. Wechselwirkungen.

Vorbemerkungen.

1. Arbeitet das bürgerliche Recht im allgemeinen mit festen Rechtssätzen, so fordert doch auch dessen Ordnung in manchen Fällen eine Beweglichkeit, wie sie nur durch behördliche Mitwirkung erreicht werden kann. Für das öffentliche Recht, seiner Natur nach auf Tätigkeit eingestellt, ist solche behördliche Mitwirkung die völlig regelmäßige Erscheinungsform.

Alle behördliche Tätigkeit bewegt sich im Reich des Tatsächlichen. Ob der Hausmeister das Schulzimmer heizt oder der Richter sich in das Gerichtsgebäude begibt, einen Zeugen verhört, ein Urteil verkündet, das alles ist zunächst ein außerrechtliches Geschehen und gelangt zu rechtlicher Bedeutung erst da, wo es zum Gegenstand eines Rechtssatzes wird.

Solche rechtliche Regelung aber ist auf zwei grundsätzlich verschiedenen Wegen möglich. Es kann sein, daß die amtliche Tätigkeit selbst den Inhalt der Regelung bildet, und es kann sein, daß eine Regelung dem rechtsunterworfenen Privaten gilt, und daß dessen Bindung von einer näher bezeichneten behördlichen Mitwirkung als einer Voraussetzung der Bindung abhängig gemacht wird.

Die Tätigkeit eines Staatsorgans bildet zunächst den Gegenstand einer dienstlichen Verpflichtung, und sie mag demgemäß in ihrem Inhalt durch allgemeine Dienstanweisung bestimmt, einem besondern Dienstbefehl vorbehalten oder auch dem eigenen Ermessen des Handelnden überlassen sein. Die Ordnung solcher Tätigkeit kann aber auch unter Rechtssätze gestellt sein, und das wird vornehmlich dann geschehen, wenn die amtliche Tätigkeit Rückwirkungen auf die Rechtslage dritter Personen übt: aus der Dienstanweisung werden Rechtssätze über Verfahrensrecht. Unter den mannigfachen Formen amtlicher Tätigkeit kommen für den gegenwärtigen Zusammenhang nur solche in Betracht, die sich unmittelbar mit privaten Angelegenheiten befassen, unter ihnen in erster Reihe[1] diejenigen Tätigkeiten, die auf Hervorbringung „rechtsgeschäftlicher Staatsakte" gerichtet

---

[1] Doch nicht ausschließlich. Vgl. etwa unten Z. 2 über die Gewährung diplomatischen Schutzes.

sind, also (das Nähere unten § 30) auf die Begründung oder auf die Beurteilung eines rechtserheblichen Tatbestands.

Den Rechtssätzen, die derart eine amtliche Tätigkeit regeln, stehen andre gegenüber, bei denen es sich um eine Ordnung für die Privaten handelt. Ein unehelich Geborener mag die Stellung eines ehelichen Kindes kraft Gesetz durch nachfolgende Eheschließung seiner Eltern erwerben, vielleicht erwirbt er dieselbe Rechtslage, wenn die Behörde ihn für ehelich erklärt hat; Staatsangehörigkeit wird kraft Gesetz durch Abstammung begründet, vielleicht hat sie der Beteiligte durch behördliche Verleihung erlangt. Handelt es sich um die rechtliche Ordnung der Staatsangehörigkeit, der Ehelichkeit, so wird die behördliche Mitwirkung dabei zur Voraussetzung. Niemals freilich ist es in Fällen dieser Art die behördliche Tätigkeit als solche, es sind immer nur ihre Ergebnisse, denen dabei rechtliche Bedeutung beigemessen wird. Solange das Gesuch um Ehelicherklärung geprüft, wenn es abschlägig verbeschieden wird, ist das Verfahren privatrechtlich unerheblich, erst sein positiver Abschluß wird verwertet, und die Verwertung erfolgt durch den Satz des Privatrechts, der eine solche Wirkung mit der Amtshandlung verbindet. Es ist auch dann nicht der Staatsakt selbst, der irgendwelche materielle Rechtsfolgen erzeugen würde, es bedarf eines „Wirkungsstatuts" (der Ausdruck stammt von Zitelmann), das ihn als Voraussetzung für den Eintritt einer Rechtsfolge benützt. Nicht der Trauungsakt des Standesbeamten begründet die Ehe, sondern der Privatrechtssatz, der das Rechtsverhältnis entstehen läßt, wenn neben den übrigen Voraussetzungen verbindlicher Eheschließung auch der Trauungsakt vollzogen wurde — so wie in Staaten, die Eheschließung durch privates Rechtsgeschäft zulassen, nicht der Parteiwille, sondern das Gesetz, das ihn als ausreichende Voraussetzung ansieht, die Ehe entstehen läßt.

Dabei aber soll nicht übersehen werden, daß es nicht bloß Sätze des „materiellen" Rechts sind, für welche behördliche Tätigkeit als Voraussetzung in Betracht kommen kann. Auch die Ordnung des Verfahrens kennt Bindungen des beteiligten Privaten, für welche, unter dem Gesichtspunkt seiner Rechtslage gesehen, die behördliche Tätigkeit Voraussetzung ist. Wenn im Zivilprozeß der Empfang der Klage oder ein ähnlicher Vorgang einen Abwehrzwang für den Beklagten begründet, wenn ein Beweisbeschluß der Partei in ihrer Einwirkung auf das Verfahren Schranken zieht, so sind auch das Rechtssätze über eine private Rechtslage.

Auch für das Verwaltungsrecht besteht der Unterschied von Verfahrensvorschriften und von Vorschriften, die sachlich das Verhältnis zwischen dem Staat und dem rechtsunterworfenen Privaten ordnen. Auch bei verwaltungsrechtlichen Vorschriften der letzteren Art kann eine Tätigkeit der Behörde als Voraussetzung in Betracht kommen, z. B. die Aufbewahrung von Sprengstoffen darf nur mit polizeilicher Genehmigung erfolgen. Und auch dem Verwaltungsverfahren sind Vorschriften nicht unbekannt, die eine verfahrensrechtliche Bindung der Partei begründen, wie das nach deutschen Landesrechten nicht selten bei Zwischenentscheidungen im Enteignungsverfahren oder etwa bei der Entziehung des Bergwerkseigentums vorkommt.

Grenznormen.

2. Der Zwiespältigkeit einer Ordnung behördlicher Handlungen und einer Ordnung privater Rechtslagen entspricht es, wenn auch die Grenznormen, die der einen und der andern Gruppe von Rechtssätzen gelten, verschiedenerlei Inhalt haben.

Wo eine Rechtsfolge für Private geregelt wird, und es ist unter deren Voraussetzungen behördliche Wirksamkeit aufgenommen, da handelt es sich um eine Umgrenzung von Verhaltensvorschriften für Private von völlig der gleichen Art wie in jenen früher besprochenen Fällen, bei denen die Bindung ohne Dazwischentreten einer Behörde erfolgt. Ob die Steuerpflicht kraft Gesetz eintritt oder von der Zustellung eines Steuerbescheids abhängig gemacht ist, stets bedeutet das einen Rechtssatz über private Verpflichtungen, dessen örtliche Anwendbarkeit von einer Grenznorm festgelegt wird. Der Großteil des internationalen Verwaltungsrechts, des internationalen Zivilprozeßrechts, des internationalen Strafrechts in ihrer Eigenschaft als Grenzrecht fällt (wenn auch bei den einzelnen Rechtszweigen nicht in gleichem Umfang) in diese Gruppe.

Anders, wenn die Rechtssätze behördliche Handlungen ordnen. Natürlich ist hier abzusehen von dem Verhältnis der Behörde zu dem Staat, für den sie handelt; für dies Verhältnis kann nur gelten, daß ein jeder Staat die Tätigkeit seiner Behörden regelt[2]. Wenn aber für die Tätigkeit der Behörden nach einer örtlichen Auslese gesucht wird, so muß auch sie nach außen gehen, und sie kann nur in einer Richtung liegen: sie muß sich auf den Gegenstand der Amtstätigkeit beziehen. Jede Amtstätigkeit, die nach außen gerichtet ist, bedarf einer

---

[2] Ansätze zu einer Scheidung der beiderlei Betrachtungsweisen auch bei E. Isay in Bonner Festgabe für Zitelmann (1923) 289 ff.; Das deutsche Fremdenrecht (1923) 10 ff.; in Handwörterbuch der Rechtswissenschaft (1928) 3, 345. Aber es ist sehr mißlich, wenn diese Ausführungen (um von weiteren Mißverständnissen abzusehen) bei einer amtlichen Tätigkeit von dem Rechtssatz ausgehen, der die Behörde zu solcher Tätigkeit ermächtigt, und nun internationales Verwaltungsrecht in dem „Geltungsbereich des inländischen Ermächtigungssatzes" suchen. Für den Geltungsbereich des Ermächtigungssatzes kommt man nur zu der Feststellung, daß der inländische Staat die inländischen Behörden ermächtigt.

solchen Umgrenzung, es kommt nicht darauf an, ob die Tätigkeit zu einer privaten Bindung führen soll. Auch wenn die Vormundschaftsbehörde einen Rat gibt oder die Polizeibehörde den Verein mahnt, er solle seine Satzungen einreichen, geschieht dies im Rahmen ihrer Zuständigkeit. Neben Tätigkeiten, die auf Rechtsbegründung abzielen, sind es vornehmlich Feststellungen der verschiedensten Art, die dabei für das internationale Verwaltungsrecht von Belang sind; Grenznormen besagen, daß ein Reisepaß nur Staatsangehörigen ausgestellt werden kann, die Standesregister für Vorgänge im Land zu führen sind[3]. Es ist ein Beispiel anderweitiger Staatstätigkeit, wenn im Recht der auswärtigen Verwaltung diplomatischer Schutz nur nach Maßgabe der Zuständigkeit gewährt werden kann[4]. Und so mag es auch sein, daß eine Tätigkeit nur durch Verwaltungsverordnung (nicht durch Rechtssatz) aufgetragen wird, und daß die Grenznorm dabei selbst die Eigenschaft einer Verwaltungsverordnung besitzt.

Ein Punkt bedarf bei diesen Grenznormen des Verfahrensrechts noch der Beachtung. Wie bei den materiellen Rechtssätzen, die den Privaten binden, so kann es auch bei der Ordnung behördlicher Tätigkeit vorkommen, daß innerhalb des Amtsauftrags fremdenrechtliche Verschiedenheiten nach örtlichen Rücksichten bestehen, und es mag gerade bei Vorschriften für staatliche Handlungen nicht immer leicht sein, sie von Grenznormen zu unterscheiden. Aber grundsätzlich kann über den Unterschied auch hier kein Zweifel bestehen: jenseits der Grenznorm mangelt der Behörde die staatliche Zuständigkeit, vermag sie mangels ihrer überhaupt nicht tätig zu werden, bei Sätzen

[3] Daß es nicht etwa möglich ist, Grenznormen des Verfahrensrechts auf Handlungen zu beschränken, die unmittelbar eine private Rechtslage begründen sollen, zeigen schon die Verschlingungen, die zwischen Rechtsbegründung und Feststellung vorkommen. Der Konsul darf nach deutschem Recht ein Rechtsgeschäft nur dann beurkunden, wenn eine der Parteien die inländische Staatsangehörigkeit besitzt: man kann nicht annehmen, es handle sich um Zuständigkeit im Sinn einer Grenznorm, wenn die Beurkundung die vom Gesetz geforderte Form eines Geschäfts liefern soll, die Rechtslage sei aber anders, wenn die Urkunde für eine Beweissicherung bestimmt ist. Die Rückwirkung des Völkerrechts nötigt hier für jeden Fall zu einer echten Zuständigkeitsbegrenzung. — Dabei aber bietet gerade die Beurkundung privater Rechtsgeschäfte in ihrer gewöhnlichen Form ein Beispiel für die nicht seltenen Fälle einer Feststellung, für die unbeschränkte Zuständigkeit besteht und die nur sachlich durch die Voraussetzung eines Parteiantrags ihre Grenze finden.

[4] Während im allgemeinen (oben S. 87), wo der Staat Vorteile gewährt, eine Beschränkung staatlicher Zuständigkeit nicht in Betracht kommt, ist das unter der Einwirkung des Völkerrechts auch bei der Gewährung diplomatischen Schutzes anders. Darüber, daß die Begründung eines subjektiven Rechts auf den Schutz der Wirksamkeit einer Grenznorm nicht entgegensteht, oben S. 108[10].

des Fremdenrechts ist eine staatliche Zuständigkeit der Behörde vorausgesetzt, und auf Grund dieser Zuständigkeit hat sie den einen Fall so, einen andern anders zu behandeln.

Wechselwirkungen.

3. Wenn ein Rechtssatz privates Verhalten von einer Amtshandlung abhängig macht, so ist dabei vorausgesetzt, daß es Vorschriften für die Behörde gibt, auf Grund deren sie die Handlung vornimmt, und es wird wenig Vorschriften über eine Amtshandlung in Privatangelegenheiten geben, bei denen nicht angenommen wird, daß ihnen irgendeine rechtliche Bedeutung auf seiten der Privaten zukomme. In unmittelbare Wechselbeziehung aber treten die beiderlei Regelungen, wo die Amtshandlung auf Begründung von Rechtslagen für den rechtsunterworfenen Einzelnen gerichtet ist. Und daraus erwächst die Forderung, daß auch die beiderlei Grenznormen sich entsprechen.

Für das Privatrecht bestehen hier erhebliche Schwierigkeiten (es ist auf sie schon oben S. 76 ff. hingewiesen worden und auch hier nur ein gedrängter Hinweis möglich). Denn der Staat, der für eine Rechtslage des Privatrechts tätig wird, und der Staat, dessen bürgerliches Recht diese Rechtslage materiell regelt, können verschieden sein. Wo freilich die Amtstätigkeit auf die Herbeiführung einer unmittelbaren Rechtswirkung gerichtet ist, da bedeutet die Zuständigkeit, die das Inland nach seiten der Amtstätigkeit beansprucht, zugleich die Inanspruchnahme einer Herrschaft über die bürgerlichrechtliche Folge[5]. Erklärt das Inlandsrecht eine Zuständigkeit zur Legitimation als Amtstätigkeit für gegeben, so gilt der Legitimierte auch für das bürgerliche Recht des Inlands als ehelich, ist das Scheidungsurteil im Inland nach Verfahrensrecht gültig gesprochen worden, so ist die Ehe auch für das bürgerliche Recht des Inlands gelöst. Und das gilt erst recht, wo die Amtshandlung in Verfolg einer außerhalb der Fürsorge für das Privatrecht liegenden Aufgabe des Staats vorgenommen wird, wenn das inländische Strafurteil dem Vater die elterliche Gewalt abspricht, wenn die Zwangsvollstreckung, die prisengerichtliche Verurteilung Eigentum überträgt. Andre Amtsakte haben freilich für das privatrechtliche Ergebnis nur vorbereitende oder nur mitwirkende Bedeutung, die Befreiung von einem Ehehindernis oder die Bestätigung einer Adoption; eine Zuständigkeit, die Handlung vorzunehmen,

[5] Sei es, daß mit der Inanspruchnahme der verfahrensrechtlichen Zuständigkeit die entsprechende Zuständigkeit für das bürgerliche Recht überhaupt mitbeansprucht wird; oder doch so, daß an den verfahrensrechtlich unanfechtbaren Akt, auch wenn er nach dem maßgebenden fremden Privatrecht wirkungslos wäre, dennoch die dem fremden Recht entsprechende bürgerlichrechtliche Wirkung geknüpft wird.

schließt in solchen Fällen die Zuständigkeit zur privatrechtlichen Regelung nicht in sich. Auf seiten des inländischen bürgerlichen Rechts aber, das privatrechtliche Folgen an Amtsakte knüpft, wird man im Zweifel annehmen dürfen, daß Akte des Inlands geeignet sind, die Voraussetzung zu begründen. Dennoch kann es sein, daß die Konzentration des Rechts für die Amtshandlung und des Rechts für die privatrechtliche Folge im selben Staat nicht möglich ist, und es kann insbesondre vorkommen, daß sie in andern Ländern, die mit dem Fall befaßt werden, nicht anerkannt wird. Unter solchen Umständen mag von seiten der Amtshandlung her ein Satz des Verfahrensrechts nützlich sein, der in den meisten Staaten gewohnheitsrechtliche Geltung haben dürfte: daß die zur Rechtsgestaltung berufene Behörde in Fällen, in denen sie materiellrechtlich fremde Gesetze anzuwenden hat, von ihrer Zuständigkeit nicht Gebrauch machen soll, wenn ihrer Tätigkeit privatrechtlich keine Wirkung zukommen kann. Das deutsche Nachlaßgericht, das mit dem Nachlaß eines Ausländers befaßt ist, wird von seiner Ermächtigung, einen Testamentsvollstrecker zu entlassen, keinen Gebrauch machen, wenn dem heimatlichen Recht des Erblassers eine solche Möglichkeit nicht bekannt ist[6]. Auf seiten des bürgerlichen Rechts findet man zuweilen Vorschriften, nach denen nur Amtsakte des Inlands tauglich sein sollen, die privatrechtliche Folge auszulösen[7]. Und für einen Teilbereich des bürgerlichen Rechts wird der Satz *locus regit actum* Dienste tun, der das privatrechtlich maßgebende Recht in den Staat der Amtshandlung verlegt. — Wenn aber alle diese Aushilfen versagen, kann es zu widersprechenden Lösungen kommen, je nachdem die Beurteilung vom Standpunkt der Amtstätigkeit oder vom Standpunkt des bürgerlichen Rechts aus geschehen muß. Es wird darauf unten § 31 Z. 1 und öfter zurückzukommen sein.

Sehr viel einfacher jedoch liegen alle diese Fragen im Gesamtbereich des öffentlichen Rechts. Denn Handlungsstatut und Wirkungsstatut müssen hier grundsätzlich zusammenfallen. Es ist nicht möglich, daß der eine Staat eine Amtshandlung für die Zwecke seines öffentlichen Rechts vornähme und ein andrer Staat über deren Wirkungen entscheiden sollte. Der Staat, der für eine Wasserkraft-

---

[6] Hingegen ist es jedenfalls für das deutsche Recht eine unbegründete Annahme, daß die Behörden der freiwilligen Gerichtsbarkeit in Fällen, für die materiell fremdes Recht gilt, überhaupt nicht tätig werden dürften.

[7] So nach deutschem Recht die öffentliche Beurkundung sachenrechtlicher Geschäfte. Aber es ist eine leichtfertige, den Fortschritt von sieben Jahrhunderten bedrohende Behauptung, daß überall da, wo das deutsche bürgerliche Recht eine öffentliche Urkunde fordere, nur eine deutsche Urkunde dieser Anforderung zu genügen vermöge.

anlage Polizeierlaubnis fordert, und der Staat, der das Verfahren regelt, in dem die Erlaubnis zu erteilen ist, muß der gleiche sein [8].

§ 14.

IV. Die Einseitigkeit der Grenznormen des öffentlichen Rechts.

1. Der Grundsatz. — 2. Scheinbare Abweichungen. — 3. Zur Literatur. — 4. Folgerungen.

Der Grundsatz.

1. Die Rücksicht auf anerkannte andre Staaten, die eine Rechtsordnung für ihren Bereich aufstellen, veranlaßt die Staaten der Gegenwart, dem eigenen Recht in der Anwendbarkeit Schranken zu ziehen: den Sachnormen des Inlands werden Grenznormen zugeordnet. Das gilt, wie für alle Sachnormen, auch für die Sätze des bürgerlichen Rechts. Indessen, wie oben S. 79 näher ausgeführt, für das bürgerliche Recht begnügt sich der Staat von heute nicht mit einer Grenzbestimmung für die eigenen Vorschriften. Auch solche Tatbestände, die der eigenen Ordnung nicht unterliegen, sollen rechtlich geregelt sein, und sie empfangen vom Standpunkt des Inlands aus diese Regelung durch ein System von Verweisungen, das die Sachnormen andrer Staaten bezeichnet, denen der Tatbestand unterstellt werden soll.

Eine solche Lösung ist für das Privatrecht möglich bei der Unstaatlichkeit der Lebensbeziehungen, die hier ihre Regelung empfangen. Seine Tatbestände bestehen zwischen Privaten, der Staat ist nicht in ihnen, sondern über ihnen. Das verhält sich jedoch anders im Gesamtbereich des öffentlichen Rechts. Niemand schuldet schlechtweg Steuer, macht sich in abstracto strafbar, kann im staatsleeren Raum eine Klage erheben — die Steuerpflicht kann nur gegenüber einem bestimmten Staat begründet sein, nur auf einen bestimmten Staat bezogen, läßt sich von der Strafbarkeit einer Handlung sprechen, ist eine Klagerhebung vorstellbar. Denn die Rechtssätze des öffentlichen Rechts enthalten in ihrem Inhalt die Beziehung zu einem bestimmten Staat.

Ein jeder Staat aber kann nur seine eigenen Angelegenheiten regeln. In diejenigen eines andern Staats bestimmend eingreifen zu wollen, wäre so undurchführbar, wie es gegen elementare Regeln des Völkerrechts verstieße. Und wenn eine Grenznorm die Tatbestände aus-

[8] Vgl. z. B. oben 1, 416 für religiöse Erziehung, 444 f. für Dispensation in solchen Angelegenheiten. Deutsch-österreichisches Abkommen über Sozialversicherung 8. 1. 1926 RGBl. II 355 Art. II Abs. 4; deutsch-südslawisches Abkommen über Sozialversicherung 15. 12. 1928 RGBl. 1929 II 562 Art. 5. Über seltene Ausnahmen auf vertraglicher Grundlage unten § 18 Z. 4; vgl. auch § 31 Z. 1.

wählt, die von solcher Regelung umfaßt werden sollen, so kann auch sie nur der Geltung des Inlandsrechts Schranken ziehen. Deshalb die grundsätzliche Verschiedenheit: die Grenznormen des öffentlichen Rechts sind einseitig, während die Kollisionsnormen des Privatrechts (wenn man die Grenznorm für Inlandsrecht und die Verweisung für Tatbestände außerhalb seiner zusammenzieht) zweiseitig dem Inlandsrecht und dem Auslandsrecht einen Anwendungsbereich zuweisen.

Scheinbare Abweichungen.

2. Aber wird eine solche Annahme nicht durch zahlreiche Bestimmungen, zumal durch Bestimmungen von Staatsverträgen widerlegt, die das Gegenteil besagen? Man liest etwa in einem französisch-italienischen Arbeiterschutzvertrag (oben 2, 286): „*L'emploi dans les industries insalubres et dangereuses est réglé par la loi du pays dans lequel a lieu le travail*“[1]. Es müssen hier zwei Dinge auseinandergehalten werden. Grundsätzlich bestimmt ein jeder Staat die Grenzen, innerhalb deren seine Verwaltung tätig werden soll, und er bekümmert sich weder darum, ob der Tatbestand, für den er tätig wird, auch einem andern Staat Anlaß gibt, einzuschreiten, noch darum, ob sich bei Ablehnung eigener Zuständigkeit ein andrer Staat findet, der sich mit dem Tatbestand befassen will. Z. B. es handelt sich um die Wehrpflicht eines Staatenlosen. Nun gibt es aber Fälle, bei denen innerhalb einer Gruppe öffentlicher Verbände auf Grund besonderer Umstände und insbesondre, durch Staatsvertrag geregelt, zwischen den Parteien solcher Verträge rechtens ist, daß für einen Tatbestand stets die Zuständigkeit, aber auch nur die Zuständigkeit eines Staats gegeben sein soll. So sind beispielsweise — zwischen unabhängigen Staaten — mancherlei Zuständigkeiten dieser Art in den Verträgen des Weltpostvereins und in den Welttelegraphenverträgen begründet[2]. In einem zusammengesetzten Staat wie vormals dem Deutschen Reich sind vielfach die organisatorischen Bestimmungen, die der Durchführung eines Reichsgesetzes dienen, den Ländern überlassen, und das nötigt, die Tatbestände, die diesen Bestimmungen unterfallen, einheitlich aufzuteilen[3]. Im Verhältnis von Gemeinde zu Gemeinde ergibt sich die

---

[1] Weitere Beispiele oben 1, 260; 1, 488; 2, 76; 2, 364; 2, 495 ff.; 3 I 89; 3 I 242; 3 II 6 ff.; 3 II 57, 62, 64 ff. Beispiele aus dem Recht der Finanzverwaltung in zahlreichen Doppelsteuerverträgen (dazu Neumeyer, Zeitschrift 24, 209 ff.). Für Zivilprozeß und freiwillige Gerichtsbarkeit die Haager Abkommen über Ehescheidung, Vormundschaft, Entmündigung. Für Strafrecht die Verträge über Forstschutz oben 2, 71 ff. usw.

[2] Dazu oben 3 II 6 und 64.

[3] So für Armenfürsorge oben 2, 394 399 ff., für Arbeiterversicherung 2, 541 ff.

Notwendigkeit solcher Zuweisung, wo sie für Reichsrecht oder Landesrecht nähere Bestimmungen treffen sollen, z. B. ob die landwirtschaftliche Unfallrente in bar oder in Sachleistungen zu gewähren ist, oder nach Kriegsrecht bei Bestimmung von Höchstpreisen[4]. Und es kommt dergleichen auch innerhalb eines Einheitsstaates vor, in dem autonom verschiedenerlei Recht gilt; so hat ein französisches Gesetz von 1926 die Anwendbarkeit des elsaß-lothringischen Unfallversicherungsrechts und des altfranzösischen Unfallgesetzes nach einheitlichen Merkmalen abgegrenzt[5].

In solchen Fällen wird auf Grund der besonderen Rechtslage in der Tat ebenso wie im internationalen Privatrecht die Fragestellung möglich: kommt das Recht der einen oder andern Gemeinschaft zur Anwendung? Aber damit endet auch die Übereinstimmung. Ist durch Staatsvertrag die verwaltungsrechtliche Ordnung des Arbeiterschutzes dem Staat des Arbeitsorts zugewiesen, so heißt das, Frankreich wendet auf Arbeiten in Frankreich das französische, Italien auf Arbeiten in diesem Land das italienische Recht an. Jeder Staat in seinem Bereich. Aber es ist durchaus nicht vereinbart, daß Frankreich auf Arbeiten in Italien die italienischen Bestimmungen anzuwenden hätte, und umgekehrt. Wie sollte das auch denkbar sein, da es doch die italienischen Behörden sind, denen die Durchführung dieser Schutzbestimmungen für ihr Land obliegt? Wenn in einem Doppelsteuervertrag zwischen dem Reich und der Tschechoslowakei bestimmt wird, daß das Einkommen am Wohnsitz besteuert werden soll, so heißt das, wer in Deutschland wohnt, wird von Deutschland besteuert, wer in der Tschechoslowakei, von diesem Staat; aber (von dem Fall einer Rechtshilfe abgesehen) keiner dieser Staaten kommt in die Lage, Personen mit Wohnsitz im andern Gebiet etwa nach dortigem Recht zu besteuern. Die Begrenzung der Zuständigkeit erfolgt nach übereinstimmenden Merkmalen, aber sie erfolgt auch unter solchen Umständen nur für die eigene Verwaltung.

---

[4] Oben 2, 543[75]; 2, 166.

[5] Vgl. auch oben 1, 487 ff. über Abgaben der Pfarrangehörigen, in deren Pfarrei verschiedenerlei Recht gilt. — Für Teilrechte innerhalb des Staats stellt auch die jüngste verwaltungsrechtliche Literatur Italiens: Forti, Romano, Vitta (zit. oben S. 13[25]) die Frage nach dem anwendbaren Recht, und man verweist, sie zu lösen, auf die Formel Savignys vom Sitz der Rechtsverhältnisse; die Formel sei (und das ist gewiß eine beachtliche Einsicht) für das Verwaltungsrecht sogar noch besser verwertbar als für das Privatrecht, weil als der Sitz des Rechtsverhältnisses hier mit Sicherheit dasjenige Gemeinwesen erscheine, das an der Beziehung beteiligt ist. In Fällen, bei denen eine Frage: entweder das eine oder das andre Recht, überhaupt möglich ist, mag jene Formel unter Umständen für die Fragestellung nützlich werden. Als Antwort könnte sie nur eine Scheinlösung bedeuten, da ja erst festgestellt werden muß, welches Gemeinwesen an der Beziehung beteiligt ist.

Immerhin gibt es vereinzelte Fälle, in denen auch für eine Behörde in Frage kommt, ob sie das Verwaltungsrecht des einen oder eines andern Gebiets anwenden soll: nämlich da, wo innerhalb eines Staats nur die Aufstellung der Rechtssätze einem autonomen Verband zukommt, die Handhabung dieser Normen aber Sache einer andern, insbesondere der Staatsgewalt selbst ist. So hatten unter Kriegsrecht die deutschen Gemeinden Höchstpreise aufzustellen, aber die strafrechtliche Durchsetzung solcher Vorschriften war den staatlichen Gerichten überlassen. Und es erklärt sich von hier aus auch die früher (1, 534 537) besprochene Eigentümlichkeit des Rechts der katholischen Kirche, die für das Verhältnis autonomer Partikularrechte innerhalb der Kirche zweiseitige Kollisionsnormen kennt; denn ihre Handhabe im forum externum und internum steht Organen zu, die ihre Gerichtsbarkeit aus dem Willen der Zentralgewalt herleiten. Die Ähnlichkeit mit der Abgrenzung zwischen Privatrechtssätzen kann sogar noch größer sein: wenn nämlich einer autonomen Gemeinschaft auch für das Privatrecht nur die Rechtsbildung selbst zusteht, die Handhabung dieses Rechts aber auf dem Willen einer andern Gemeinschaft beruht. So etwa, wenn in Bayern bis 1900 Preußisches und Bayrisches Landrecht und französisches Recht nebeneinander galten, die Handhabung dieser Rechte aber einheitlich den staatlich-bayerischen Gerichten zukam[6]. Aber freilich, für die Landesgerichte, die solche Bestimmungen handhaben, handelt es sich nicht darum, ihr eigenes oder statt seiner ein fremdes Recht anzuwenden: die Bestimmung des Rechtsinhalts erfolgt durch Verweisung in andre Rechtsbereiche.

Zur Literatur.

3. Es ist unter solchen Umständen einleuchtend, wie mißverständlich die zahlreichen Äußerungen sind, von denen oben S. 3 berichtet wurde, Äußerungen, die im internationalen Verwaltungsrecht eine Statutenkollision, die Lehre vom anwendbaren Verwaltungsrecht, suchen[7]. Und es konnte darum auch der bemerkenswerte Versuch

[6] Eine gleichartige Rechtslage war schon bei dem System der persönlichen Rechte gegeben, vgl. darüber Neumeyer, Gemeinrechtliche Entwicklung des internationalen Privat- und Strafrechts 1, 8 ff.

[7] v. Bar hat in seiner letzten, oben . . . angeführten Veröffentlichung gemeint, der Unterschied zwischen internationalem Privatrecht und internationalem Verwaltungsrecht, von dem hier gesprochen wird, sei nur „Schein“, der entstehe, weil es sich für das Privatrecht in der Regel um die Würdigung von bestehendem Recht handle, in einem Verwaltungsverfahren aber sehr häufig entschieden werden müsse, was Recht sein soll. Aber das führt gerade auf den entscheidenden Punkt hin: es gibt keine Verwaltung ohne behördliche Tätigkeit; und als unmittelbarer Gegenstand rechtlicher Würdigung (nur davon ist einstweilen die Rede) kann lediglich die Tätigkeit der Inlandsbehörden in Betracht kommen. — Auch die Einwendungen, die

Fedozzi's, von seiten der Anwendbarkeit fremden Rechts her dem Problem des internationalen Verwaltungsrechts näherzukommen (oben S. 4), nur zu beschränkten Ergebnissen führen.

Zu völliger Verwirrung aber mußte es sich steigern, wenn man unternahm, den Gegenstand rechtlicher Würdigung nach Maßgabe angeblicher Kollisionsnormen nun dem einen oder dem andern Verwaltungsrecht unterwerfen zu wollen. Was alles unter Berufung auf das „Personalstatut" für das Verwaltungsrecht behauptet worden ist, ergibt eine bedrängende Folge geistiger Unmöglichkeiten[8]. Es bestehen in Italien Vorschriften über ein Mindestalter, unterhalb dessen ein jugendlicher Arbeiter nicht beschäftigt werden darf: ein angesehener Schriftsteller hat untersucht, ob diese „*minorità di lavoro*" bei Ausländern als ein Stück ihrer Geschäftsfähigkeit nach dem Personalstatut zu bemessen sei — und doch kann über die Bedingungen einer Arbeit, die in Italien vorgenommen wird, schlechthin nur italienisches Recht entscheiden. Es gibt nicht Arbeitsbeschränkungen an sich, die nun im einen oder andern Gebiet zur Geltung kommen könnten, solche Beschränkungen können nur gegenüber einem bestimmten Staat bestehen. Der Staat ist im öffentlichen Recht nicht Mittler zwischen gegenüberstehenden Interessen anderer, er ist Partei. Ihm gegenüber besteht eine Beschränkung in der Verfügung über die Arbeitskraft, oder sie besteht für ihn überhaupt nicht.

Sind solche Mißverständnisse handgreiflich, wo sie zur Anwendung ausländischen Verwaltungsrechts auf inländische Angelegenheiten führen, so ist es auch schon irreführend, von einem „Personalstatut" oder „Realstatut"[9] bei einer Begrenzung inländischer Einrichtungen zu sprechen; wie wenn es ebenso gut möglich wäre, auf Grund einer andern Anknüpfung zu der Anwendung ausländischen Rechts zu kommen.

Wittmayer, Österreichische Zeitschrift für Verwaltung 44, 71 ff. gegen den hier vertretenen Unterschied erhebt, beruhen (neben andern Mißverständnissen) auf der mangelnden Scheidung, ob fremdes Recht auf den Gegenstand der Amtstätigkeit oder auf Vorfragen dieses Gegenstands angewendet werden soll. Und es darf auch gegenüber ähnlichen Bedenken Niboyet's (zit. oben S. 18[33]) 44 ff. neben dem vorstehend Bemerkten auf die Ausführungen unten § 20 Z. 3 und § 33 (übrigens auch oben § 7 Z. 3) verwiesen werden.

[8] Vgl. oben 1, 25 administrative Ehebeschränkungen. 1, 205 Lehrbefähigung. 1, 214 f. Schulpflicht. 1, 294 ff. 299 ff. 327 f. Adel. 1, 335 f. 348 f. akademische Grade. 1, 369 Orden. 1, 393 Austritt aus der Kirche. 1, 426[46] religiöse Kindererziehung. 2, 148[28] Ausübung eines Gewerbebetriebs. 2, 247[60] Ausübung ärztlicher Befugnisse. 2, 254[2] Ausübung der Rechtsanwaltschaft. 2, 287[9] Arbeiterschutz für Jugendliche. 2, 430[156], [158] Anspruch auf Armenunterstützung, 410[110] Rückforderung einer solchen. 2, 471[98] Unfallversicherung.

[9] Oben 2, 476[113] Unfallversicherung. Tezner, Rechtsquellen des österreichischen Verwaltungsrechts 27 für Wasserpolizei, Einkommensbesteuerung.

Zu welchen Verwirrungen jene Übernahme zivilistischer Gedankengänge bei dem Satz *locus regit actum* geführt hat, ist oben S. 103 bemerkt worden. Daß die gleichen Irrtümer auch bei der Behandlung des internationalen Strafrechts und internationalen Prozeßrechts vorkommen, soll hier nur gestreift sein. Dagegen darf darauf hingewiesen werden, mit welcher Klarheit schon Savigny (System 8, 86) die Auswirkungen der Verschiedenheit zwischen privatrechtlichen und öffentlichrechtlichen Grenzfragen erkannt hat.

Folgerungen.

4. Für das bürgerliche Recht gibt es kein rechtliches Vakuum. Ein jeder solcher Regelung zugängliche Tatbestand steht entweder unter der Ordnung des inländischen oder unter der Ordnung irgendeines ausländischen Rechts, es ist weder möglich, ihn gleichzeitig mehreren, vielleicht sich widersprechenden Rechten zu unterstellen, noch ihn als ungeregelt anzusehen, und es folgt daraus[10] für den Regelfall, daß es nur eine „Anknüpfung" (unten § 17) sein kann, nach der das anwendbare Recht bestimmt wird. Für das öffentliche Recht besteht ein derartiges Entweder-Oder nicht, die Gegenüberstellung lautet hier nicht: heimisches oder fremdes Recht, sondern: Recht des inländischen Staats oder Unbeteiligtheit des Inlands. Wenn jemand als Ausländer der Wehrpflicht des Inlands nicht unterliegt, so heißt das nicht, daß er nach dem Willen des Inlands nun einem andern Staat Heeresdienst zu leisten habe; ob die Person alsdann keinem oder mehreren Auslandsstaaten Wehrpflicht schuldet, ist für das Inland rechtlich unerheblich. Und weil für das öffentliche Recht demgemäß eine rechtserhebliche Aufteilung der Zuständigkeiten (regelmäßig) nicht in Frage kommt, so steht es, anders als für das Zivilrecht, dem Inland grundsätzlich frei, seine Zuständigkeit durch eine Mehrheit von Anknüpfungen nebeneinander zu begründen: ein Verbot trifft denjenigen, der — sachlich — verfälschte Erzeugnisse im Inland herstellt oder feilhält: die Strafgewalt des Inlands wird — örtlich — durch Begehung der Handlung im Gebiet, aber auch durch die Staatsangehörigkeit des Täters begründet[11].

---

[10] Vorbehaltlich positivrechtlicher Ausnahmen zugunsten der Sachnormen des Inlands, die eben doch dartun, daß deren Begrenzung nicht völlig wesensgleich ist der Bezeichnung anzuwendender Auslandsrechte.

[11] Mendelssohn Bartholdy in Vergleichende Darstellung des deutschen und ausländischen Strafrechts, Allgemeiner Teil 6, 314 meint freilich, daß eine solche Häufung der Anknüpfungen „dem Wesen des internationalen Rechts zuwider" sei, und kommt von hier aus zu bedenklichen Reformvorschlägen für internationales Strafrecht.

V. Inhalt der Grenznormen.

§ 15.

Vorbemerkungen.

1. Gebietshoheit?

1. Gebiet und Völkerrecht. — 2. Gebiet und innerstaatliches Recht. — 3. Gebietshoheit.

Wenige Bezirke der juristischen Mythologie genießen eine gleich große Verehrung wie der Komplex Gebietshoheit. Will man dem Wirrsal von Unklarheiten entgehen, die sich mit dem Schlagwort verbinden, insbesondre die petitiones principii vermeiden, für die das Wort nützlich ist, so wird man zunächst feststellen müssen, in welchen Zusammenhängen dem „Gebiet" rechtliche Bedeutung zukommt. Auch hier sei zur Vereinfachung darunter ein Staatsgebiet verstanden[1].

Gebiet und Völkerrecht.

1. Für das Völkerrecht handelt es sich bei dem „Gebiet" (wegen der Bezeichnung unten) um den Gegenstand eines echten Haben, in seinem rechtlichen Gehalt in gleicher Weise geordnet wie das Eigentum des Privatrechts: durch den Ausschluß dritter Staaten von einer Einwirkung auf den Gegenstand, auch durch Beschränkungen, denen der Inhaber bei Ausübung seines Rechts zugunsten Dritter unterliegt, und durch Regeln für den Übergang der Berechtigung auf einen andern Staat. Aus den Rechtssätzen, die dritte Staaten von der Einwirkung auf das Gebiet ausschließen, folgt für den Inhaber die tatsächliche Möglichkeit, das Gebiet für die verschiedensten staatlichen Zwecke nutzbar zu machen. Insbesondre die Reichtümer des Gebiets für den berechtigten Staat zu verwerten[2]. Eine weitere Möglichkeit

---

[1] Aus der unabsehbaren Literatur über den Gegenstand treten heraus: A. V. Fricker, Das Staatsgebiet 1867 und Gebiet und Gebietshoheit 1901. Radnitzky, Archiv des öffentlichen Rechts (1905) 20, 313 ff. D. Donati, Stato e territorio 1924. H. Kelsen, Das Problem der Souveränität (1920) 70 ff. und Allgemeine Staatslehre (1925) 137 ff. Das in den Ausgangspunkten bemerkenswerte, dann aber versagende Buch von W. Henrich, Theorie des Staatsgebiets 1922. Neuestens die gewichtige Arbeit von W. Hamel, Das Wesen des Staatsgebiets 1933 (im wesentlichen auf eine philosophisch unterbaute Soziologie des Staatsgebiets gerichtet). Übersicht bei Henrich, Zeitschrift für Völkerrecht 13, 28 ff. 194 ff. 325 ff.; zur Ergänzung die Angaben bei Donati passim, etwa auch bei Tachi, Revue générale de droit international public 1931, 406 ff.

[2] Dabei ergibt sich die Notwendigkeit, zu bestimmen, was an beweglichem Zubehör zu dem Gebiet gehört: die fließende Wasserwelle, wandernde Tiere. Aber auch die Menschen dieses Bereichs gehören — von der Seite des Gebiets her betrachtet — zu diesem Besitz, und es liegt hier die Wurzel des diplomatischen Schutzes der Bürger im Ausland.

neben andern: das Gebiet für die Durchführung einer Rechtsordnung zwischen Staat und Privaten nutzbar zu machen. Dagegen hat diese Rechtsordnung als solche, als eine Summe von Verhaltensvorschriften zwischen Staat und Privaten, mit dem völkerrechtlichen Gebietsrecht gar nichts zu tun. Das Völkerrecht gewinnt mit ihnen nur mittelbare Berührung: denn der Ausschluß dritter Staaten von einer Einwirkung auf das Gebiet verwehrt diesen Staaten, Handlungen im Gebiet vorzunehmen[3], läßt eine solche Möglichkeit nur für den inländischen Staat offen, und zu diesen vorbehaltenen Handlungen gehören auch solche, die der Durchführung der innerstaatlichen Ordnung dienen. Selbstverständlich aber, der Umkreis, innerhalb dessen das Inland — im Verhältnis zu andern Staaten — Handlungen vornehmen kann, und der Umkreis, für den — im Verhältnis zwischen Staat und Privaten — die Sachnormen des Inlands anwendbar sind, haben grundsätzlich nichts miteinander zu tun.

Durch den Ausschluß der dritten Staaten von einer Einwirkung auf das Gebiet entsteht eine Undurchdringlichkeit des Staats, wie man es genannt hat, aber nicht als ein präexistentes „Merkmal" des Staatsbegriffs, sondern eben als Wirkung jenes Ausschlusses. Hinzu treten Rechtssätze über Beschränkungen bei der Nutzbarmachung des eigenen Gebiets, wie sie insbesondre das völkerrechtliche Wasserrecht (oben Band 2, 4 f.) kennt. Der Staat, der am Oberlauf des Flusses herrscht und Wasser ableitet, handelt möglicherweise völkerrechtswidrig, wenn er dem andern Staat, der den Unterlauf des Flusses beherrscht, Wasser entzieht; nicht weil er unzulässige Handlungen im Gebiet des andern vorgenommen hätte, sondern weil er von dem Recht an seinem Gebiet unzulässigen Gebrauch gemacht hat. Hinzu treten endlich Rechtssätze über den Übergang des Rechts auf einen andern Staat, über einen selbständigen Erwerb, über eine Übertragung von seiten des bisherigen Inhabers. Es ist nicht so, daß bei einer Übertragung der bisher berechtigte Staat sich zurückzöge, ein andrer die Herrschaft übernähme; dann könnte jeder dritte Staat in den freigewordenen Raum einrücken. Es handelt sich auch nicht um eine Übertragung der „Staatsgewalt", das heißt doch wohl, der rechtlichen Herrschaft des Staats über die Privaten: seitdem Helgoland deutsch geworden ist, übt das Reich die deutsche, nicht die englische Staatsgewalt auf der Insel. Will man aber in dem Übergang nicht eine Übertragung des imperium, sondern der Möglichkeit, ein imperium zu üben, erblicken, so ist das, auf hoheitliche Handlungen bezogen, richtig, aber nur eine Teilwirkung des Umstands, daß mit dem Übergang des Gebiets jede Art der Nutzbarmachung für den Erwerber

---

[3] Näheres über den Umfang des Verbots unten § 42 Z. 3.

eröffnet wird. Dabei mag auch noch darauf hingewiesen sein, daß das Völkerrecht Teilübertragungen des Rechts am Gebiet kennt. Teilübertragungen, insofern nur ein Teil seines Nutzungsinhalts übertragen wird, z. B. bei der Besetzung durch eine fremde Macht in Friedenzeiten. Teilübertragungen auch dann, wenn zwar der Gesamtinhalt der Nutzbarmachung übertragen ist, aber nur auf Zeit und ohne die Befugnis zu einer Weiterveräußerung, wie das bei einer Überlassung zur Verwaltung zutrifft.

Wenn im Vorausgehenden von dem „Gebiet" als dem Gegenstand eines Rechts gesprochen wurde, so ist das freilich nur eine Metonymie, ein Ausfluß jener Verdinglichung des Rechts[4], die es seit dem Mittelalter liebt, Rechtverhältnisse auf den Boden zu projizieren, auf dem sie sich abwickeln. Es handelt sich eben um einen eigentümlichen sozialen Tatbestand auf physikalischer Grundlage, wie er durch den Ausschluß der andern Staaten, die Beschränkungen des Berechtigten, die Möglichkeit eines Rechtsübergangs in der außerrechtlichen Welt geschaffen wird. Dagegen kommt das Gebiet dabei in seiner Eigenschaft als Rechtsbegriff zur Geltung, insofern alle die Möglichkeiten, die in diesem Haben beschlossen sind, durch das Gebiet zu einer räumlichen Einheit zusammengefaßt werden. Hier steht ein Merkmal im Rechtssinn in Frage, aber freilich kein selbständiger Begriff des Völkerrechts: er ist rezipiert aus dem innerstaatlichen Verfassungsrecht, so wie überhaupt die Staaten mit der Verfassung in das Völkerrecht rezipiert werden, die sie im innerstaatlichen Recht empfangen haben.

Gebiet und innerstaatliches Recht.

2. Völlig andre Gedankenkreise sind es, wenn von der Bedeutung des Gebiets im innerstaatlichen Recht zu sprechen ist. Hier findet man die verschiedensten Rechtsinhalte, für die das Staatsgebiet Bedeutung haben kann. Beispielsweise im Fremdenrecht: die Zustellung der Klage erfolgt nach französischem Prozeßrecht an den Beklagten, wenn er sich im Inland aufhält, an den Staatsanwalt, wenn dies nicht zutrifft; nach deutschem Strafrecht muß eine Handlung bestraft werden, wenn sie im Reich begangen ist, sie kann bestraft werden, wenn sie im Ausland verübt wurde. Insbesondre kann das Gebiet rechtliche Bedeutung für die Kollisionsnormen besitzen, wenn die Anwendbarkeit einer Rechtsordnung von dem Ort einer Person oder einer Sache abhängig gemacht wird.

In allen solchen Fällen ist das Gebiet wiederum Rechtsbegriff, aber freilich ein Begriff, der in diesen Verbindungen nicht erst mit-

---

[4] Neumeyer, Gemeinrechtliche Entwickelung des internationalen Privat- und Strafrechts 1, 19.

geregelt wird, sondern der dabei als geregelt vorausgesetzt ist. Es muß also notwendig eine Stelle im System des innerstaatlichen Rechts geben, an der diese Regelung selbst erfolgt. Sie liegt im Verfassungsrecht. Schon oben S. 94 wurde darauf hingewiesen, daß es positives Recht nur da geben kann, wo in der Welt der Tatsachen eine Macht sich als oberste Gewalt durchsetzt und als solche von den ihr unterworfenen Menschen anerkannt wird; mit ihrer Anerkennung wird die Macht Staat, erwächst ihr die Möglichkeit, verbindliche Verhaltensvorschriften als Recht aufzustellen. Grundlage einer solchen Ordnung ist die Verfassung des Staats selbst. In ihr erscheint jene Macht entsprechend ihrer geschichtlichen Herkunft als individuelle Gegebenheit. In neueren Zeiten aber begründet sich eine solche Macht — es ist von dem geschichtlichen und außerrechtlichen Vorgang die Rede — nicht in schrankenloser Ausdehnung: sie setzt sich in einem scharf umrissenen geographischen Raum fest, neben dem Raum, den andre Gewalten ausfüllen. Und mit der Macht selbst wird demgemäß auch ihre räumliche Begrenzung Gegenstand der Verfassung. So wie Verfassungen monarchischer Staaten zuweilen die landesherrliche Familie benennen, der individuell die Regierung des Landes zustehen soll, so wird damit auch das konkrete geographische Gebiet, auf dem die Macht sich begründet hat, zum Gegenstand eines verfassungsrechtlichen Satzes. Vielleicht ausdrücklich, wie das in der Reichsverfassung von 1871 geschehen ist, vielleicht unausgesprochen, wie in der Verfassung von Weimar. Selbstverständlich, wie alle andern Sätze über die oberste Gewalt, enthält auch dieser eine Feststellung, keine Verhaltensvorschriften. Erst in andern Rechtssätzen, die auf das Gebiet als Voraussetzung verweisen, erlangt der Begriff Auswirkung auf Einzelpersonen.

Gebietshoheit.

3. Den Ausdruck Gebietshoheit auf das völkerrechtliche Gebietsrecht zu beziehen, ist unergiebig und irreführend. Denn eine „Hoheit" hat der Staat nicht gegenüber andern Staaten, sondern gegenüber den ihm unterworfenen Privaten. Nur eine so beschaffene „Gebietshoheit" und im besondern ihre Verbindung mit den Grenznormen des innerstaatlichen Rechts soll Gegenstand der weiteren Erörterung sein. Jedenfalls ist sie, um ein erstes Mißverständnis beiseite zu räumen, nicht vom Völkerrecht verliehen. Der Staat, dem oberste Gewalt zukommt, ist grundsätzlich frei, den Anwendungsbereich seiner Vorschriften zu bestimmen. In sehr seltenen Fällen mag das Völkerrecht einen Mißbrauch dieser Freiheit *beschränken*, in keinem Fall wird die Freiheit vom Völkerrecht *verliehen*. Und daß vollends das Völkerrecht für jede denkbare Sachnorm der Staaten

eine Begrenzung bestimmter Art bereit hätte, bedeutet ein freies Spiel der Gedanken, hinter dem keinerlei Wirklichkeit steht[5].

Hat es aber irgendeinen Erkenntniswert, vom Standpunkt des einzelnen Staats aus von einer Gebietshoheit zu sprechen? Man denkt sich solche Gebietshoheit nicht selten als eine geheimnisvolle Kraft, die Menschen und Dinge im Gebiet unter ihre Ordnung beugt[6], die für den Anwendungsbereich der Gesetze im Verhältnis von Ursache und Wirkung steht, und man glaubt die räumliche Geltung irgendeines Rechtssatzes nicht weiter aus seinem besondern Inhalt begründen zu müssen, eben darum, weil die Gebietshoheit solche Geltung ergebe. Und doch ist das Gespensterspuk. Die Hoheit des Staats über die ihm unterworfenen Personen ist eine, und kennt keine Aufteilung nach Arten. Soweit sie sich in der Aufstellung von Grenznormen äußert, wird sie in ihrem Ausmaß durch den Gegenstand bestimmt, auf den sich die Grenznorm bezieht. Man kann nicht aus dem Gedanken einer Gebietsherrschaft erkennen, ob es der Ort des Nachlaßgegenstands oder etwa der Wohnsitz des Erblassers ist, der erbrechtliche Vorschriften anwendbar macht, ob es für nachbarrechtliche Beschränkungen auf den Ort des belasteten oder des begünstigten Grundstücks ankommen muß. Wohl führt eben diese der Natur der Rechtseinrichtungen folgende Analyse in zahlreichen Fällen zu einer Anknüpfung an Beziehungen, die dem Gebiet angehören, und es steht auch nichts entgegen, solche Grenznormen nachträglich zusammenzurechnen und festzustellen, daß hier überall der Staat von seiner Gesetzgebungsgewalt in Anknüpfung an das Gebiet Gebrauch gemacht habe. Wer das freilich Übung der Gebietshoheit heißen wollte, würde einen schiefen Ausdruck gebrauchen. Und er würde mit seiner Zusammenrechnung wenig nützliche Arbeit getan haben; denn nicht die Beziehung zum Gebiet, sondern die Art der Beziehung zum Gebiet ist für das Grenzrecht wesentlich.

Vollends aber scheitert eine solche Herleitung des räumlichen Anwendungsbereichs der Gesetze, wo dieser Bereich mit dem verfassungsmäßigen Staatsgebiet gar nicht zusammenfällt. Das Saargebiet war auch vor 1935 Reichsgebiet geblieben; dennoch fanden die Reichsgesetze seit 1920, soweit sie räumlich anwendbar sind, auf Tatbestände des Saargebiets keine Anwendung. Auf deutschen Grenzbahnhöfen im Ausland kommt deutsches Zollrecht, deutsches Paßrecht zu räumlicher Geltung, und doch kann dies nicht auf Gebietshoheit beruhen; Salzburg und Kufstein sind österreichische Städte.

---

[5] Dazu unten § 36 Z. 2.

[6] Vgl. schon oben 1, 2; 1, 217[44]; Zeitschrift für öffentliches Recht 11, 37.

§ 16.

2. Personalhoheit und räumlich geltendes Recht.

1. Personalhoheit. — 2. Die Möglichkeit räumlich geltenden Rechts. — 3. Der Geltungsbereich des Gewohnheitsrechts. — 4. Räumliche und persönliche Rechtsordnungen.

Personalhoheit.

1. Sehr viel einfacher gestaltet sich eine Auseinandersetzung mit der Meinung, es gebe eine völkerrechtliche „Personalhoheit". Denn hier bedarf es nicht erst wie bei der „Gebietshoheit" der Scheidung gleichlautender Bezeichnungen für verschiedenerlei Inhalte, es kann kein Zweifel sein, daß der Anwendungsbereich innerstaatlicher Rechtssätze den Gegenstand einer solchen Personalhoheit bilden soll. Damit ist aber auch schon die Unbegründetheit der Annahme gegeben. Es ist Sache des einzelnen Staats, den Anwendungsbereich seiner Vorschriften zu bestimmen. Das Völkerrecht befiehlt den Staaten so wenig, ihre Vorschriften an die Staatsangehörigen zu richten, wie es befiehlt, sie in irgendeinem andern Umfang anzuwenden. Auch hier kann es sich nur etwa darum handeln, daß in seltenen Fällen das Völkerrecht einzelstaatlichen Vorschriften mit Rücksicht auf ihren besondern Inhalt die Anwendung über den Kreis der Staatsangehörigen hinaus versagt. Auch hier bleibt nach Völkerrecht vollkommen offen, ob für die einzelne Rechtseinrichtung eine Anknüpfung an das Gebiet oder eine Anknüpfung an die Staatsangehörigkeit entscheidet, bleibt es offen, welche von mehreren Staatsangehörigkeiten entscheiden soll, wenn an einer rechtlichen Beziehung mehrere Personen beteiligt sind, ob bei einer Ehescheidung das Recht des Mannes oder der Frau oder beider, das heimatliche Recht im Zeitpunkt der Scheidung oder das eines früheren Zeitpunkts zur Anwendung gebracht werden soll. Und wenn vollends das Personalstatut gar nicht nach der Staatsangehörigkeit, sondern nach dem Wohnsitz bestimmt wird?

Von einer andern Seite her hat man eine „aprioristische" Geltung des persönlichen Rechts aufzustellen versucht[1]: es gebe „wissenschaftliche Axiome", die unabhängig von allem positiven Recht bestehen; zu ihnen gehöre die Ansicht, daß der Mensch e i n e r Rechtsordnung „angehöre", und das sei die Rechtsordnung des Heimatstaats. Ich habe mich anderwärts mit diesen Meinungen auseinandergesetzt[2] und darf mich hier mit einer Zusammenfassung begnügen: jene Axiome

[1] F r a n k e n s t e i n, Internationales Privatrecht 1, 34 ff.; auch Band 2 Vorwort; Académie de droit international, recueil des cours 33, 285 ff. und neuestens Band 4, 646 ff.

[2] Juristische Wochenschrift 1926, 1908 ff. und Zeitschrift für ausländisches Privatrecht 3, 260 ff.

mögen soziologischen Erkenntniswert besitzen oder sonst in einem außerrechtlichen Zusammenhang von Interesse sein, für eine juristische Würdigung haben sie nur dann Existenz, wenn sie (unmittelbar oder mittelbar) Inhalt eines Rechtssatzes geworden sind. Dann aber müssen sie sich auch den Maßstab der Positivität gefallen lassen. Es ist aber durchaus nicht positiven Rechts, daß der Mensch einer Rechtsordnung angehört. Die menschlichen Handlungen sind grundsätzlich rechtsfrei, und sie treten nur von Fall zu Fall und je nach dem Gegenstand der einzelnen Betätigung unter eine rechtliche Normierung. Solche sachliche Regelung mag verschiedenerlei Staaten oder demselben Staat zukommen; auch im letzteren Fall geschieht es nicht deshalb, weil ein Staat über alle Beziehungen herrschte, sondern weil Staatsangehörigkeit, Wohnsitz, Aufenthalt oder welche Anknüpfung sonst nach den jeweiligen Umständen auf denselben Staat hinweisen. Als Begründung aber für diese einheitliche Geltung des persönlichen Rechts wird angeführt, daß die Staatsangehörigen die Träger der Rechtsüberzeugung im Staat seien, und daß sie im modernen Staat die Träger der Staatsgewalt sind [3].

Bei dem ersten dieser Gründe handelt es sich um einen Nachklang der historischen Rechtsschule, nur daß der „Volksgeist" dabei durch die Überzeugung der Staatsangehörigen ersetzt worden ist — und es wird damit ein Großteil der Einwendungen, die der Kampf gegen die historische Schule gezeitigt hat [4], auch hieher anwendbar, vermehrt durch Bedenken, die sich aus der Abstellung auf den Kreis der Staatsangehörigen ergeben [5]. Dagegen verlangt der zweite der an-

---

[3] Neuerdings, in seinen Haager Vorlesungen und im 4. Band des Internationalen Privatrechts hat Frankenstein seine Lehre modifiziert, insofern nach wie vor eine „Rechtsmacht", die Gesamtheit der Lebensverhältnisse zu ordnen, dem Heimatstaat zugeschrieben wird, für einige Angelegenheiten jedoch und mit Vorrang auch dem Gebietsstaat eine Rechtsmacht zugesprochen wird. Geblieben ist die Zurückführung solcher Befugnisse auf aprioristische Einsichten (es sei begrifflich unmöglich, daß die Grenznormen dem positiven Recht angehörten, man könne es nicht streitenden Nachbarn überlassen, daß jeder von ihnen selbständig die streitige Grenze bestimme — ein mißverständlicher Gedanke, da doch jeder Staat die Rechtssätze über die Abgrenzung nur für den Bereich seines Rechtsschutzes aufstellt, jeder also dem andern gegenüber ein aliud regelt). Und geblieben ist, was hier im Vordergrund steht, eine Zurückführung persönlicher Rechtsgeltung auf den Umstand, daß der Einzelne für das heimatliche Recht nicht bloß Objekt, sondern auch Subjekt der Rechtsordnung sei.

[4] Übersicht bei A. Roß, Theorie der Rechtsquellen (1929) 435. Dazu insbesondre die gleich zu nennende Schrift von Strisower 22 ff.

[5] Ein erheblicher Teil des Rechts beruht überhaupt nicht auf einer Rechtsüberzeugung der Bevölkerung. Wo eine solche Rechtsüberzeugung besteht, kann sie über den Staat hinausreichen, zumal wo ein Volk politisch in mehreren Staaten organisiert ist, aber auch auf Grund der mannigfachsten

geführten Gründe in diesem Zusammenhang allerdings eine grundsätzliche Auseinandersetzung.

Die Möglichkeit räumlich geltenden Rechts.

2. Ein Reichsgesetz kann an sich keine Rechtsnorm für die Angehörigen andrer Staaten schaffen[6], eine Rechtsgemeinschaft kann Recht nur für ihre Mitglieder begründen[7], so erklären neuere Theorien, und wenn sie zutreffen, kann es aus eigener Kraft überhaupt kein räumlich geltendes Recht geben. Die Zweifel sind alt. Die mittelalterliche Romanistik ist erfüllt von Auseinandersetzungen, ob die Statuten einer universitas (und Stadt und Zunft werden gleichermaßen diesem Begriff unterstellt) nur *inter se* Geltung haben, oder ob sie auch Verbandsfremde erfassen können[8], und es ist die Frage für das Partikularrecht der katholischen Kirche von neueren Moraltheologen und Kanonisten umfänglich erörtert worden[9]. Daß die geltenden Rechte jene Folgerung nicht gezogen haben, ist augenscheinlich. Aber wo liegt alsdann der Geltungsgrund für eine Rechtsanwendung auf Fremde[10]?

Man hat es auch hier mit der „Gebietshoheit" versucht, und sie ist dabei nicht beweiskräftiger wie in den im Vorausgehenden er-

---

Rezeptionen und gegenseitigen Beeinflussungen. Vielfältig wird innerhalb des Staats eine Verschiedenheit der Rechtsüberzeugung über denselben Gegenstand anzutreffen sein: räumlich, wo mehrere Völker in einem Staat zusammengefaßt sind, zumal wo innerhalb des Staats eine Vielheit von Partikularrechten nebeneinander gilt — in stärkerem Ausmaß geschieden nach den sozialen Gruppen innerhalb des Staats. Insbesondre aber wird sich die Rechtsüberzeugung sachlich differenzieren nach dem Gegenstand der Regelung: für Grundstücksrecht wird es auf eine einheitliche Überzeugung der Grundbesitzer (und der ortsverbundenen Gegeninteressenten), für politische Angelegenheiten auf die Überzeugung der Staatsangehörigen, für Verkehrsangelegenheiten auf die Meinung der Wohnbevölkerung ankommen. — Es mag dabei auch an die nah verwandte Anschauung Mancinis und der ihm Folgenden erinnert werden, die gleichfalls auf die grundsätzliche Maßgeblichkeit des Rechts der „Nation" aus biologischen und sozialen Gründen verweisen, freilich mehr im Sinn einer Anforderung an die Gesetzgebungen als mit dem Anspruch, damit im Weg der Auslegung unmittelbar verbindliches Recht aufzustellen. Über und gegen diese Lehre L. Strisower, Die italienische Schule des internationalen Privatrechts 1881.

[6] Bruns, Zeitschrift für ausländisches öffentliches Recht (1929) 1 I 54 f. und schon 10.

[7] Frankenstein, Académie a. a. O. 290, 295. Vgl. auch schon Internationales Privatrecht 1, 36 und jetzt 4, 649.

[8] Sehr sorgfältige Angaben bei O. Gierke, Das deutsche Genossenschaftsrecht (1881) 3, 216 307 387 ff. 453 458 460.

[9] Nachweise oben 1, 536[10].

[10] Vgl. zum folgenden schon oben 1, 534 ff. 547 f. 548 ff. Auch Zeitschrift für öffentliches Recht 11, 36 ff.

örterten Zusammenhängen. Und auch mit der Zurückführung des Rechts auf den Willen von „Gebietskörperschaften“ (unten Z. 4) ist nicht weiterzukommen; arbeitet diese Lehre doch selbst mit der Berufung auf Gebietshoheit, um die Herrschaft über Fremde darzutun[11].

Wo sich in der Welt der geschichtlichen Tatsachen eine oberste Gewalt begründet und die Anerkennung einer Bevölkerung gefunden hat, da erwächst ihr (oben S. 95) die Möglichkeit, Verhaltensvorschriften aufzustellen, die, auf diese Macht bezogen, Recht sind. Die Inhalte solcher Vorschriften sind a priori unbegrenzt, und unbegrenzt ist auch deren Anwendungsbereich, soweit nicht eine übergeordnete Macht, das Völkerrecht für Staaten, der Staat für Teilverbände, denen er Herrschaft zubilligt, für bestimmte Inhalte Einschränkungen vorsieht. Auf welche Personen diese legalisierte und von außen nicht beschränkte Macht wirken will, ist ihrem Ermessen überlassen und kann (außerhalb der genannten Einschränkungen) nicht selbst Gegenstand von Rechtssätzen sein.

Man kann auch nicht etwa eine Verbindung herstellen wollen zwischen dem Kreis derer, die den Staat als oberste Gewalt anerkannt haben, und dem Kreis derjenigen, für die er Rechtssätze erläßt. Denn, so wurde oben S. 95 ausgeführt, jene Anerkennung wird wirksam, bevor es zu einer Rechtsbildung kommen kann, die Gruppe derer, von denen sie ausgeht, ist ungeformt, und es kann die Anerkennung als Massentatbestand überhaupt nicht auf bestimmte Einzelpersonen bezogen werden[12]. Es ist aber auch nicht möglich, ein Abhängigkeitsverhältnis herzustellen zwischen den Personen, die von dem Inhalt einer Vorschrift erfaßt werden, und denjenigen, die in modernen Verfassungsstaaten berechtigt sind, bei der Wahl gesetzgebender Organe mitzuwirken. Die Funktion des Wählers erschöpft sich in der Bestellung des Organs und steht außer jedem rechtlichen Zusammenhang mit den Rechtsinhalten, an deren Aufstellung das Organ mitwirkt. Und auch da, wo in selteneren Fällen der Einzelne an einer unmittelbaren Volkgesetzgebung sich beteiligt, besteht zwischen der Befugnis zur Mitwirkung und dem Inhalt der Beschlüsse keine Verbindung.

Dabei ist die ganze Gedankenführung auf zeitlich und örtlich wechselnde politische Zustände eingestellt. Die Frage einer Verpflicht-

---

[11] H. Rosin, Das Recht der öffentlichen Genossenschaften (1886) 47. Rehm oben 1, 535; auch 547[27].

[12] R. W. Bierling, Juristische Prinzipienlehre (1894) 1, 44 nimmt einen solchen Zusammenhang in der Tat an und meint 120 f., die Erstreckung des Rechts auf Ausländer damit erklären zu können, daß der Ausländer, der das Inland „ohne ausdrückliche Rechtsvorbehalte“ betritt, „tatsächlich das inländische Recht als auch für sich gültig anerkennt“. Indessen das Inlandsrecht gilt, auch wenn er „Vorbehalte“ macht. Und wenn es sich um die Bindung von Personen handelt, die das Inland gar nicht „betreten“?

barkeit von Ausländern hat aber auch zu Zeiten der absoluten Monarchie bestanden. Jene Möglichkeit eines Zusammenhangs versagt ganz allgemein, wo es sich nicht um genossenschaftliche, sondern um anstaltliche Rechtsbildung handelt. — Und schließlich sei bemerkt, daß es sich bei einer Verwendung der Staatsangehörigkeit als Grundlage einer Mitwirkung am Staat und bei einer Verwendung der Staatsangehörigkeit zur Begrenzung persönlich geltender Sachnormen nur um ein zufälliges Zusammentreffen handelt. Es kann sein, daß in modernen Staaten der Staatsangehörige die gesetzgebenden Körper wählt, daß aber [13] das, wie angenommen wird, einheitliche Recht der Person sich nach dem Wohnsitz bestimmt. Und auch bei einer persönlichen Geltung von Partikularrechten innerhalb des Staats kann jener vorausgesetzte Zusammenhang nicht bestehen.

Der Geltungsbereich des Gewohnheitsrechts.

3. Eine besondere Erörterung verlangt in diesem Zusammenhang das Gewohnheitsrecht, dem in Gestalt von Observanzen, zumal in Preußen, eine nicht ganz geringe Bedeutung für das Verwaltungsrecht zukommt. Denn wenn die Anerkennung der Rechtsunterworfenen bei geschriebenem Recht sich auf die Feststellung beschränkt, daß ein „Staat" entstanden sei, bei Satzungen eines Unterverbands die Anerkennung seiner gesetzgebenden Gewalt vom Staat ausgeht, muß für jede einzelne Vorschrift des Gewohnheitsrechts die Frage nach der rechtssetzenden Macht der Gruppe neu gestellt werden. Die opinio necessitatis, welche einer Gruppe die Macht der Rechtserzeugung zuspricht, muß für jeden Rechtsinhalt gesondert begründet sein, und damit wird, anders als bei staatlicher Rechtsbildung, auch der Kreis derjenigen, deren Anerkennung vorliegen muß, genau umgrenzt. Es entscheidet nicht die Meinung des Richters oder Gutachters, der über fremde Überzeugung aussagt, sondern die Meinung der Beteiligten, genauer derjenigen, die durch den Inhalt des Rechtssatzes verpflichtet werden, und damit fallen für das Gewohnheitsrecht der Kreis derer, auf deren Willen das Recht beruht, und der Kreis derer, die sein Inhalt verpflichtet, in der Tat zusammen [14].

---

[13] Dies hat auch Frankenstein, Académie 293[1] der Kritik eingeräumt.

[14] Die Romantik hatte auch für das Gewohnheitsrecht als den Träger der Vorschriften „das Volk" angesprochen. Bei örtlichem Gewohnheitsrecht konnte die Inhaltlosigkeit einer solchen Beziehung nicht lange unbemerkt bleiben, und es sind zu Trägern des Gewohnheitsrechts die „Beteiligten" erklärt worden (auch hierzu Roß a. a. O. 435). Wenn Zivilisten jene Meinung im rechtsleeren Raum noch lange weitervertreten haben, die Rechtsprechung in Verwaltungsachen hat sich mit aller Selbstverständlichkeit auf den Standpunkt gestellt, daß örtliches Gewohnheitsrecht eine Angelegenheit der Beteiligten sei. Gelegentlich (in einem Urteil 17. 11. 1902 Entscheidungen 42, 203)

Mit dieser Feststellung ist indessen noch nichts ausgesagt über die Möglichkeit eines räumlich geltenden Gewohnheitsrechts. Die Frage hat sich vielmehr dahin verlagert, ob Gewohnheitsrecht in einem nach räumlichen Merkmalen bestimmten Kreis entstehen kann. Für ursprüngliches, revolutionäres Gewohnheitsrecht können hier unmöglich Schranken bestehen. Bei abgeleitetem Gewohnheitsrecht, das auf staatlicher Anerkennung beruht — und nur solche Fälle haben die Rechtsprechung beschäftigt — besteht die Möglichkeit einer staatlichen Beschränkung. Eine solche Beschränkung wäre vor allem dann gegeben, wenn die einst herrschende Anschauung zu Recht bestünde, daß das Gewohnheitsrecht als *statutum tacitum* einem organisierten, mit Autonomie begabten Verband zugerechnet werden müsse[15], und es würde sich um Angelegenheiten eines Verbands handeln (unten Z. 4), der nur für seine Mitglieder Recht setzen kann; indessen jene Auffassung hat sich noch zu Zeiten des gemeinen Rechts als unhaltbar erwiesen, und sie ist für das kanonische Recht — das unter dem Gesichtspunkt der Kirchenlasten hier in das weltliche Recht hereinragt — schon seit dem späteren Mittelalter verlassen worden. Dennoch verbleiben ernste staatsrechtliche Zweifel[16]. Denn die Zulassung eines Gewohnheitsrechts, das sich außerhalb der rechtssetzenden Verbände entwickelt, bedeutet eine Verwirrung der Kompetenzen; besonders augenfällig, wo die Ordnung einer Angelegenheit verwaltungsrechtlich bestimmten Sonderverbänden zugewiesen ist, wie das bei den hier in erster Reihe stehenden Schullasten, Wegebaulasten, Lasten aus dem Kirchenverband zutrifft. Jedoch gerade das Preußische Landrecht, aus dessen Bereich die Großzahl der streitig gewordenen Fälle stammt, hat in diesem und verwandten Zusammenhängen häufig abweichendes Gewohnheitsrecht vorbehalten[17], und nicht in der Meinung, damit Sonderrecht geschaffen zu haben, sondern in Anlehnung an das gemeine Recht[18]. In der Tat hat ein solcher Rechtszustand damals in Mitteleuropa bestanden, die Kompetenzen waren lockerer, und mit der Zulassung abweichenden Gewohnheitsrechts war auch dessen Bildung

---

hat das Preußische Oberverwaltungsgericht noch offen gelassen, ob das bei einem Landesgewohnheitsrecht sich vielleicht anders verhalte. Doch handelt es sich auch hier — und gerade von dem Boden der Meinungen aus, die das Oberverwaltungsgericht sonst vertritt — nur um Mengenunterschiede in dem Kreis der Beteiligten.

[15] Angaben bei O. Gierke, Deutsches Privatrecht 1, 162[11] und für das kanonische Recht bei G. Michiels, normae generales juris canonici (1929) 2, 42.

[16] Sie haben oben 1, 550 f. dazu geführt, einen dem Text entgegengesetzten Standpunkt zu vertreten.

[17] Vgl. etwa Reichsgericht 14. 10. 1886, Preußisches Verwaltungsblatt 9, 438.

[18] So Obertribunal 18. 4. 1871 Entscheidungen 65, 196.

in abweichend umgrenztem Kreis vorbehalten. Dem entspricht es denn auch, wenn die preußische Rechtsprechung sich in zahlreichen Entscheidungen mit einer „tatsächlichen Gemeinschaft" als dem Träger einer Observanz begnügt: trifft die Wege- und Brückenbaulast die Gemeinde, so kann sich doch eine Observanz zwischen Gemeinde und Staat, zwischen Gemeinde und (gemeindefreier) Gutsherrschaft, zwischen Baupflichtigen und Mühlenbesitzer entwickeln, eine Observanz über Bachreinigung zwischen Ufereigentümern und Mühlengrundstück, eine solche über Kirchenbaulast zwischen Kirchengemeinde und Stadt; während etwa der Bayrische Verwaltungsgerichtshof annimmt, es könne eine Observanz nur auf der Grundlage einer rechtlichen Gemeinschaft entstehen.

Fragt man nunmehr, wie weit Gewohnheitsrecht auf räumlicher Grundlage möglich ist, so dürfte zunächst außer Zweifel sein, daß ein durch räumliche Beziehungen vermitteltes Gewohnheitsrecht Bestand haben kann, wo Leistungen für Schule oder Kirche zu dinglichen Reallasten geworden sind[19]. Aus ihrer Annahme, daß eine jede tatsächliche Gemeinschaft Grundlage für die Bildung von Observanzen sein könne, hat die preußische Rechtsprechung aber auch gefolgert, daß eine bloß örtliche Gemeinschaft der Beteiligten genügt, um Gewohnheitsrecht zu erzeugen[20], und sie hat das insbesondre auf den Fall angewendet, daß Forensen (die im Bezirk des Schul- oder Kirchenverbands Grundstücke besitzen, aber nicht wohnen, also dem Verband nicht angehören) auf Grund einer Observanz für Schule oder Kirche leistungspflichtig werden können[21]. Der Bayrische Verwaltungsgerichts-

---

[19] So Oberlandesgericht Celle 14. 6. 1881, Seufferts Archiv 37, 257. Oberverwaltungsgericht 24. 11. 1905 Entscheidungen 48, 212 (mit der begründeten Feststellung, daß die Verdinglichung, die für Leistungen zugunsten einer Schule im Bezirk rechtens geworden ist, nicht von selbst für Leistungen zugunsten einer andern Schule im Bezirk gilt). Entsprechende Anwendung auf Leistungen aus dem Kirchenverband, die zufolge ihrer Verdinglichung auch Angehörige andrer Bekenntnisse verpflichten: Reichsgericht 3. 2. 1890, Entscheidungen 25, 312.

[20] Oberverwaltungsgericht 18. 5. 1887 Preußisches Verwaltungsblatt 9, 6; 28. 11. 1896 Entscheidungen 31, 194. Anwendung auf „Rechte und Pflichten bei Grundstücken" in einem (nicht erreichbaren) Urteil 14. 1. 1895, angeführt bei O. v. Arnstädt, Preußisches Polizeirecht (1905) 1, 10[5].

[21] So für Leistungen aus dem Kirchenverband die schon oben 1, 550 genannten Urteile des Obertribunals von 1861 und (gleichfalls in landrechtlichen Fällen) des Reichsgerichts von 1881 und 1891. Für Schulumlagen Oberverwaltungsgericht 19. 6. 1900 bei Kamptz, Rechtsprechung des Oberverwaltungsgerichts 2. Ergänzungsband 300; 13. 5. 1902, Deutsche Juristenzeitung 1902, 535; 24. 11. 1905, Entscheidungen 48, 212. Dagegen hatte das oben Anm. 19 erwähnte Urteil des Oberlandesgerichts Celle (hannöversches Rechtsgebiet) eine Observanz zu Lasten der Forensen nur bei einer Umwandlung in privatrechtliche Reallast, jedoch nicht in andern Fällen zulassen wollen.

hof hingegen[22] hat ein Gewohnheitsrecht, das Forensen zu Leistungen aus dem Kirchenverband verpflichtet, für nicht möglich gehalten.

Die Fragen sind auch für das derzeit geltende kanonische Recht gestreift worden, und man hat hier schon aus der Gleichstellung des Gewohnheitsrechts mit dem Gesetz (c. 25) ohne weiters gefolgert, daß Gewohnheitsrecht in den gleichen Fällen räumliche Geltung beanspruchen könne, in denen solche dem geschriebenen Partikularrecht zukommt[23]. Wenn aber im kanonischen Recht die alte Lehre, die das Gewohnheitsrecht autonomen Kreisen als Trägern zugerechnet hatte, die eigentümliche Umformung erfahren hat, es genüge zur Bildung des Gewohnheitsrechts, wenn sie für eine communitas erfolge, die Objekt gesetzlicher Regelung sein kann, und wenn man darunter auch hier jede rechtliche oder tatsächliche Gemeinschaft[24], auch eine solche auf örtlicher Grundlage[25], verstanden hat, so ist die Möglichkeit räumlichen Gewohnheitsrechts auch für den Bereich der katholischen Kirche gesichert.

Räumliche und persönliche Rechtsordnungen.

4. Wenn im Vorstehenden von der Möglichkeit räumlich geltenden Rechts gehandelt wurde, so sind dabei Rechtssysteme vorausgesetzt, für die eine räumliche Anwendung überhaupt in Betracht kommen kann. Neben Ordnungen, die — auch — kraft räumlicher Beziehungen anwendbar sind, gibt es jedoch andre, deren Anwendbarkeit nur durch Verbindung mit einer Person möglich wird[26]. Sie werden hier der Kürze halber als räumliche und persönliche Rechtsordnungen bezeichnet. Es handelt sich bei solchen persönlichen Systemen zu einem Teil um Sonderordnungen, die dem allgemeinen Recht gegenüberstehen, zum Teil um Ordnungen, die zu gleichem Recht nebeneinander gelten. Ihr klassisches Vorbild ist das System der persönlichen Rechte gewesen[27]. Man findet in der Gegenwart dergleichen bei dem Gegensatz eines Eingeborenen- und eines Weißenrechts in den Kolonien, bei dem Nebeneinander einer durch die Bekenntniszugehörigkeit bestimmten Ordnung, wie sie manche weltlichen Rechte aufrechterhalten haben; vielleicht ist einer Minderheit im Staat Selbstbestimmung gewährt[28];

---

[22] Siehe oben 1, 550 f.

[23] Vgl. etwa J. Trummer, Die Gewohnheit als kirchliche Rechtsquelle (1931) 159 ff.

[24] Trummer 30 ff.

[25] Michiels a. a. O. 1, 142.

[26] Über die Vieldeutigkeit des Begriffs einer personalen und einer territorialen Rechtsgeltung Neumeyer, Gemeinrechtliche Entwickelung des internationalen Privat- und Strafrechts 1, 5 ff.

[27] Dazu Neumeyer a. a. O. 1, 6 f. 12 f.

[28] Untersuchungen, die Lukas, Jahrbuch des öffentlichen Rechts (1908) 2, 333 ff. über „Territorialitäts- und Personalitätsprinzip im österreichischen

die Zugehörigkeit zu einem Geburtsstand hatte bis zum Umsturz von 1918 in dem Privatfürstenrecht Deutschlands zu einer entsprechenden Rechtslage geführt. Auch das sonst räumlich geltende staatliche Recht kann unter besonderen Voraussetzungen in eine nur persönlich geltende Ordnung umschlagen: im staatenlosen Gebiet, zumal für Schiffe auf hoher See; aber auch in einem Gebiet, in dem mehrere Staaten nebeneinander Herrschaft üben, im Bereich der Konsulargerichtsbarkeit, vielleicht bei Kondominien, bei exterritorialen Verbänden, soweit es sich um Angelegenheiten der feindlichen Armee handelt auf dem Kriegsschauplatz und im besetzten Gebiet.

Bei manchen dieser Ordnungen nun kann über die nur persönliche Anwendbarkeit kein Zweifel bestehen. Sie gehören Gruppen an, die ein Gebiet im Rechtssinn nicht besitzen, deren Recht also (unten § 17 Z. 4) durch eine räumliche Anknüpfung nicht erreichbar ist; dieselbe Rechtslage besteht aber auch bei einer Anwendung staatlichen Rechts im staatenlosen Gebiet oder da, wo wegen einer Mehrherrschaft eine Anknüpfung an das Gebiet versagt. Wie aber verhält es sich in andern Fällen? Es ist in neuerer Zeit der Begriff der Gebietskörperschaft aufgestellt worden [29], und man wird darunter folgerichtig diejenigen Verbände zu verstehen haben, die verfassungsmäßig ein Gebiet besitzen [30]. Jedoch es wäre ein Trugschluß anzunehmen, daß jeder Verband, der ein Gebiet besitzt, auch räumliches Recht haben könnte. Die Grenze läuft innerhalb dieser Verbände.

Notwendig muß nach dem früher Ausgeführten der Staat räumlich geltendes Recht begründen können. Aber auch die Gemeinde ist nach der geschichtlichen Entwicklung Mitteleuropas der Träger einer umfassenden, wenn auch seither eingeschränkten Lebensordnung geblieben, und es dürfte der Schluß vom Kleinen zum Großen dazu führen, höheren Gemeindeverbänden, wenn sie nur überhaupt Rechts-

---

Nationalitätenrecht" angestellt hat, sind für den gegenwärtigen Zusammenhang kaum ergiebig.

[29] Übersicht bei Henrich, Zeitschrift für Völkerrecht 13, 39 ff.

[30] Es ist willkürlich, diese Gemeinschaften auf die „gewordenen" Körperschaften Staat und Gemeinde zu beschränken. Mögen sie sich von andern Verbänden nach andrer Richtung auch nachdrücklich unterscheiden, sie teilen mit ihnen die Verbindung der Merkmale Körperschaft und Gebiet, wenn die Individualität des Verbands im Hinblick auf seine Betätigung in einem bestimmten Raum verfassungsmäßig festgelegt ist. Übrigens zeigt der gegenwärtige Zusammenhang, daß schon die Verbindung mit dem Körperschaftsbegriff zu eng ist. Der Gegensatz besteht auch bei Gemeinschaften, die nicht Körperschaften sind, z. B. bei (auch) räumlich anwendbaren Partikularrechten innerhalb des Staats auf der einen Seite und (nur) persönlich anwendbaren Ordnungen, wie den Stammesrechten des fränkischen Reichs auf der andern Seite.

setzungsbefugnis haben, eine solche im gleichen Ausmaß zuzuschreiben. Daß Partikularrechte, die einstens als staatliche oder städtische Rechte ins Leben getreten sind, auch bei einem späteren Wegfall dieser Verbindung die bisherige Geltungsmöglichkeit bewahrt haben, ist ohnehin zweifellos. Dagegen ist die große Menge öffentlichrechtlicher Verbände, die ein Gebiet haben. nur für engbegrenzte und erschöpfend aufgestellte Zwecke geschaffen, Sondergemeinden für Schul- oder Wegebaulasten, Unterverbände der Kirche, die in das weltliche Recht übernommen sind wie Pfarrstiftungen und Kirchengemeinden, ständische Körperschaften wie die Innungen, und die gewaltige Menge der Verbände für wirtschaftliche Zwecke, Verbände von genossenschaftlicher Art wie die Berufsgenossenschaften oder Wassergenossenschaften, Kredit- und Versicherungsverbände des öffentlichen Rechts, Verbände von anstaltlicher Art wie die Versicherungsanstalten, und manche mehr. Soweit diesen Verbänden eine Rechtssetzungsbefugnis verliehen ist, kommt sie ihnen doch nur für die genannten Zwecke und nur für deren Durchführung im Kreis ihrer Angehörigen zu, und es folgt daraus die Unmöglichkeit, aus eigener Macht räumlich anwendbares Recht zu begründen [31].

Eine Zwangsmitgliedschaft in solchen Verbänden, eine Zwangszugehörigkeit zu ihnen, wenn es sich um Anstalten handelt, (ob durch räumliche oder persönliche Beziehungen vermittelt,) kann demgemäß nur auf staatlichem Willen beruhen und wird meistens unmittelbar durch Staatsgesetz auferlegt [32]. Und wenn ein Verband dieser Art in seltenen Fällen Verhaltensvorschriften für Nichtangehörige aufstellen kann, so übt er damit wohl autonome Rechtssetzungsgewalt, aber er vermag es nur auf Grund besonderer staatlicher Ermächtigung [33].

---

[31] Vollends können Verhaltensvorschriften, die ihre Wirkung aus einem Rechtsgeschäft des Privatrechts schöpfen, nur für die Parteien des Rechtsgeschäfts verbindlich sein. Vereinsbeschlüsse, die auf Grund des Beitritts zum Verein verbindlich werden, die Arbeitsordnung, die auf dem Dienstvertrag beruht, Versicherungsbedingungen, Beförderungsbedingungen bieten Beispiele.

[32] Vgl. etwa oben 2, 209[4] für Zwangsinnungen; 2, 544 566 614 für Berufsgenossenschaften, Krankenkassen, Versicherungsanstalten. Über Mitgliedschaft in der Kirchengemeinde — bei der sich mit staatlicher Anerkennung der Wille einer übergeordneten kirchlichen Gemeinschaft dazwischenschieben kann — oben 1, 547 f.; entgegen Mess, Archiv des öffentlichen Rechts 49, 115 f., dürfte der dort geschilderte Rechtszustand für Deutschland auch heute noch fortdauern.

[33] Beispiele: der frühere § 100 e der Reichsgewerbeordnung, Vorschriften einer Innung über Lehrlingswesen, die für Nichtmitglieder verbindlich sind. Reichsversicherungsordnung §§ 848 mit 851, Unfallverhütungsvorschriften der Berufsgenossenschaften, verbindlich für die Arbeiter in den Betrieben der Mitglieder. Dazu auch unten § 17 Z. 3.

§ 17.

Die Inhalte der Grenznormen.

1. Die Anknüpfung. — 2. Örtliche Anknüpfung. — 3. Fortsetzung. Einzelfragen. — 4. Verbindung mit einem Rechtssystem. — 5. Unterwerfung.

Die Anknüpfung.

1. Nunmehr kann auf die möglichen Lösungen eingegangen werden, die den Inhalt der Grenznormen zu bilden vermögen. Sie erhalten ihren rechtlichen Niederschlag in der „Anknüpfung“[1].

Eine jede Grenznorm — und dasselbe gilt für Kollisionsnormen, die ausländischem Recht den Anwendungsbereich bestimmen — ist zweiteilig. Sie benennt Rechtsinhalte, die Erbfolge, den Pflichtbesuch der Volksschule, und sie bezeichnet die Rechtsordnung, der die Vorschriften über diese Inhalte entnommen werden sollen; die Bezeichnung erfolgt nach örtlichen Merkmalen, die dem Tatbestand dieser Inhalte zu eigen sind, dem Wohnort des Kindes, der Staatsangehörigkeit des Erblassers. Man nennt die Bezeichnung durch solche Merkmale seit Franz Kahn (mit unwesentlichen Varianten) Anknüpfung, und man mag auf der andern Seite den besondern Rechtsinhalt, für den die Grenznorm die örtlich anwendbare Rechtsordnung bestimmt, als Gegenstand sachlicher Anknüpfung bezeichnen, wenn nur solche sachliche Anknüpfung der Grenznorm von ihrer örtlichen Anknüpfung ausreichend unterschieden wird[2].

Über die Bedeutung der sachlichen Anknüpfungen bestehen schwere Streitfragen, die aber freilich nur bei der Anwendung ausländischen Rechts sichtbar werden; es soll auf sie dementsprechend erst unten § 27 eingegangen werden. Bei Grenznormen über inländisches Recht kann über diese Tragweite kein Zweifel bestehen. Hat das Kind den Wohnort im Inland, so kommen die inländischen Vorschriften über Schulpflicht, so wie sie sind, zur Anwendung.

Örtliche Anknüpfung.

2. Die Merkmale, nach denen die Anwendung des Inlandsrechts oder die einer fremden Rechtsordnung bestimmt wird, sind mehrgliedrig. Es bedarf in jedem Fall einer örtlichen Beziehung; so bei der Schulpflicht eines „Wohnorts“. Die Person oder Sache, deren Beziehung maßgebend sein soll, muß bezeichnet sein: der Wohnort des Kindes entscheidet[3]. Eine Bezeichnung des Zeitpunkts ist erforder-

---

[1] Über die Anknüpfungen des Steuerrechts sehr förderlich W. Wengler, Beiträge zum Problem der internationalen Doppelbesteuerung 1935.

[2] Übrigens kann man von Anknüpfung in gleicher Weise auch bei örtlichen Verschiedenheiten nach Fremdenrecht sprechen, vgl. oben S. 83 f., 88.

[3] Dies Merkmal der örtlichen Anknüpfung darf selbstverständlich nicht verwechselt werden mit Bestimmungen einer Sachnorm, die angibt, welche

lich, in welchem die vorausgesetzte Beziehung bestehen soll[4]: etwa der Wohnort des Kinds während des schulpflichtigen Alters. Und es muß die Beziehung eine Verbindung mit einem Rechtssystem vermitteln können: der Wohnort muß im „Gebiet" belegen sein.

Die Zahl der möglichen Anknüpfungen ist grundsätzlich unbeschränkt. Denn die Anknüpfung ist das Ergebnis der Eigenart, die einer Rechtseinrichtung zukommt, und die Zahl der Rechtseinrichtungen, die Verschiedenheit, in der die einzelne Einrichtung ausgestaltet werden kann, ist ihrerseits unbegrenzt[5]. Überwiegend begegnen im Verwaltungsrecht räumliche Anknüpfungen. Der Ort der Sache unterwirft sie der Zwangsenteignung, der Ort des Vermögens (es mögen zu ihm Forderungen, Urheberrechte gehören) einer Erbschaftsbesteuerung, der Liquidation nach Maßgabe der Friedensverträge. Weil sich die Person im Gebiet aufhält[6], ist sie den Vorschriften der Verkehrspolizei unterworfen, längerer Aufenthalt macht impfpflichtig, die Entscheidungsgewalt des Zivilprozesses wird durch den Wohnsitz des bürgerlichen Rechts bestimmt, der „Steuerwohnsitz" verpflichtet zur Zahlung der Einkommensteuer. Auf Grund des Beschäftigungsorts werden Krankenversicherung, Invalidenversicherung

---

Person an dem Rechtsverhältnis beteiligt ist. Wird gefragt, ob sich die Schulpflicht nach dem Wohnort des Vaters oder des Kindes bestimmt, so ist doch nicht zweifelhaft, daß es sich dabei um die Schulpflicht des Kindes handelt. Verordnet dagegen eine Steuergesetzgebung, daß das Vermögen der Frau bei dem Mann besteuert werden soll, so ist das sachliche Regelung, und es ist nur eine Folge derselben, wenn für diese Zurechnung nun auch örtlich darauf abgestellt wird, ob der Mann den Wohnsitz im Gebiet hat.

[4] Dazu unten § 23.

[5] Für das Privatrecht haben sich im Lauf der Jahrhunderte einige Typen der Anknüpfung herausgebildet, die allmählich der Versteinerung anheimgefallen sind und zu der Meinung verleitet haben, es könne nur Anknüpfungen der bezeichneten Art geben; die Meinung bedarf heute keiner Widerlegung mehr. In neuerer Zeit hat man nicht selten angenommen, sich (neben dem Personalstatut) auf „natürlich" gegebene Anknüpfungen beschränken zu müssen, wie den Aufenthaltsort einer Person oder die Lage einer Sache im Land. Nun mag es rechtspolitisch zweckmäßig sein, möglichst einfache Beziehungen als Anknüpfung in die Grenznorm aufzunehmen. Aber auch solche Beziehungen erscheinen im Rechtssatz als Rechtsbegriffe, und es fehlt jeder Anlaß, sie rechtlich anders zu bewerten, als andre Anknüpfungen. Wegen der besonderen Ausprägung, welche eine Beschränkung der Anknüpfungen bei Zitelmann gefunden hat, oben § 15 Z. 3, § 16 Z. 1 und Wörterbuch des Völkerrechts 1, 570, über Einschränkungen bei Frankenstein oben S. 16 Z. 1 und in den S. 126[2] angeführten Erörterungen.

[6] In dem oben S. 94[2] genannten Zusammenhang will Gutzwiller 167 in einer Unterworfenheit des Fremden kraft Aufenthalts nicht räumliche, sondern persönliche Rechtsgeltung erblicken. Soweit es sich um die Bestimmung des anwendbaren Rechts handelt, ergibt nur der Ort, nicht die Person, die Verbindung mit der Rechtsordnung.

zuständig, die Standesordnung der Ärzte, der Rechtsanwälte verpflichtet die Personen, die den Berufssitz im Inland haben; gewerbliche Niederlassung ist die Grundlage zahlreicher Bestimmungen, manchmal genügt dafür ein Teilbetrieb wie bei der deutschen Unfallversicherung, oder eine Zweigniederlassung, für die Sätze des Firmenrechts gelten, Vorschriften über die Buchführung mögen die Hauptniederlassung verpflichten auch für ihre Zweigniederlassungen im Ausland. In andern Fällen wird an Vorgänge im Gebiet angeknüpft, Vornahme von Sammlungen veranlaßt zur Einholung einer Genehmigung, und es ist hier an den Tatort zu erinnern, von dem unten noch gesprochen werden soll.

Persönliche Anknüpfungen kommen für das Verwaltungsrecht seltener in Betracht, doch fehlt eine Verbindlichkeit von Vorschriften nach Maßgabe der Staatsangehörigkeit nicht völlig[7]; die Wehrpflicht, das polizeiliche Erfordernis, einen Familiennamen bestimmter Art zu führen, bieten Beispiele. Eine ausgebildete Gemeindeangehörigkeit in Gestalt der „Heimat“ wird zuweilen als Anknüpfung benützt, wie in der Schweiz als Grundlage der Armenhilfe, und es kennt das internationale Zivil- und Verwaltungsrecht, zumal bei den oben § 16 Z. 4 erwähnten persönlich geltenden Ordnungen, auch sonstige Gruppenzugehörigkeiten verschiedener Art als Anknüpfung[8]. Bei unorganisierten Verbänden mag auch der Wohnsitz (der im Verwaltungsrecht regelmäßig einer räumlichen Anknüpfung dient) die Bedeutung einer persönlichen Anknüpfung besitzen. Die persönlichen Anknüpfungen sind den räumlichen Anknüpfungen derselben Rechtsordnung artgleich, und nur in der unten zu besprechenden staatlichen Beziehung der Anknüpfung zeigt sich ein Unterschied.

Im übrigen müssen es nicht immer Beziehungen der beteiligten Privaten sein, welche die Zuständigkeit einer Rechtsordnung vermitteln. Die Verwendung der lex fori zeigt schon für das Privatrecht das Gegenteil. Und es kommt auch vor, daß die Anknüpfung erst mittelbar über ein als Voraussetzung behandeltes andres Rechtsverhältnis gegeben wird: Verkehrssteuern werden erhoben, wenn das steuerpflichtige Geschäft des bürgerlichen Rechts im Inland abgeschlossen worden ist[9]. Entscheidungsgewalt im Zivilprozeß besteht, wenn die streitige Forderung des bürgerlichen Rechts den Erfüllungsort im Gebiet hat, das Luftfahrzeug kann in das Register eingetragen werden, wenn der Eigentümer die Angehörigkeit des Registerstaats besitzt. Und es kann sein, daß eine eigene Anknüpfung für den Gegen-

---

[7] Näheres bei Neumeyer, Die Staatsangehörigkeit als Anknüpfung im internationalen Verwaltungsrecht, Zeitschrift 32, 1 ff.

[8] Dazu Neumeyer a. a. O. 13 f.

[9] Vgl. oben 2, 160[28].

stand überhaupt nicht festgesetzt, sondern auf die Grenznorm für Rechtsverhältnisse andrer Art verwiesen wird. Entweder durch einfache Gleichstellung: dahin gehören oben S. 65 genannte Fälle, die Bemessung der Industriebelastung zur Durchführung des Versailler Vertrags, die Erhebung von Kontributionen im Krieg nach dem Maßstab der Steuerpflicht. Bemerkenswert sind Erbschaftssteuergesetze[10], die eine Steuergewalt des Inlands dann in Anspruch nehmen, wenn die Erbfolge privatrechtlich unter inländischen Gesetzen steht. Oder es wird auf Staatsakte präjudiziellen Inhalts abgestellt, die nach der für sie geltenden Zuständigkeitsordnung im Inland vorgenommen sind; so kann nach Art. 13, 23 des deutschen Einführungsgesetzes die Frau eines Ausländers nach deutschem Recht eine neue Ehe eingehen, wenn ihr Ehemann in Deutschland für tot erklärt worden ist; kann in Deutschland unter Vormundschaft gestellt werden, wer hier entmündigt worden ist.

Fortsetzung. Einzelfragen.

3. Daß das Merkmal, nach dem die örtliche Anwendbarkeit des Inlandsrechts bestimmt wird, nach Inlandsrecht beurteilt werden muß, ist nicht zweifelhaft. Schwierigkeiten, die sich auch hier (vgl. oben S. 136) bei einer Anwendung ausländischer Gesetze erheben, müssen später besprochen werden. Dagegen mag nicht unnütz sein zu bemerken, daß einer gleich benannten Anknüpfung in verschiedenen Grenznormen des Inlands ein verschiedener Sinn zukommen kann. Als bezeichnendes Beispiel sei der „Ort der Handlung" hervorgehoben[11]. Es kann dabei erforderlich sein, örtliche Beziehungen der sachlichen Anknüpfung klarzustellen, z. B. ob es sich bei Jagd und Fischerei um eine Regelung der sportlichen Tätigkeit oder der Aneignung von Wild und Fisch handelt; denn Jäger und Wild können sich in verschiedenen Rechtsgebieten befinden. Es kann erforderlich sein, die genehmigungspflichtige Veranstaltung abzusondern von den Handlungen, die zu ihrer Durchführung bestimmt sind, die Genehmigung der Lotterie, der Wasserkraftanlage demgemäß dem Staat am Ort der Veranstaltung vorzubehalten, auch wenn Auswirkungen des Betriebs in andre Rechtsbereiche sich erstrecken.

---

[10] Wengler a. a. O. 61 f.

[11] Dazu oben 2, 15 ff. und 96 ff., auch (teilweise der Richtigstellung bedürftig) 1, 272 ff.; ferner 1, 91; 2, 59; 2, 151 f. 155 ff.; 3 I 271 f.; 3 II 53 ff.; 3 II 208; 3 II 321 324. — Seither hat Nussbaum 83 ff. im selben Sinn auch auf den „Ort des Vermögens" hingewiesen. Zu den dort behandelten Rechtsbeziehungen (Ort des Vermögens als Grundlage eines Erbscheins, der Zivilgerichtsbarkeit, eines Konkursverfahrens, bei Zwangsvollstreckungen, Beschlagnahmen, Liquidation nach den Friedensverträgen) tritt als besonders beachtenswert noch dessen Bedeutung für Besteuerungen verschiedener Art hinzu.

Polizeilich zu würdigende Handlungen sind im Zweifel nur der Regelung am Ort der Tätigkeit, nicht der Regelung am Ort ihrer Wirkung auf Dritte unterstellt[12], denn der Polizeibefehl wendet sich nicht gegen einen polizeiwidrigen Zustand, sondern gegen Menschen, die ihn herbeiführen. Doch kann es sein, daß durch eine ausdrückliche Vorschrift oder zweckgebotene Auslegung dem auswärts Handelnden zugerechnet wird, was die von ihm beauftragten Menschen im Inland bewirken, bei einer Zusendung von Lotterielosen, bei einer brieflichen Werbung von Auswanderern. Insbesondere kann es auch durch eine Häufung der sachlichen Anknüpfungen erreicht werden, daß das Inland zuständig wird, wenn auch nur eine von mehreren aufeinanderfolgenden Handlungen sich hier abwickelt („es ist verboten, Süßstoffe herzustellen, einzuführen, feilzuhalten . . .“), und es kann auf diesem Weg sichergestellt werden, daß Wirkungen auswärtiger Handlungen in das Inland erfaßt werden (es ist verboten, Zahlung in fremder Währung „anzubieten oder anzunehmen“).

Eine Häufung der Anknüpfungen kommt vor, um unter mehrfachen Gesichtspunkten eine Zuständigkeit des Inlands zu begründen; eine Häufung sachlicher Anknüpfungen, wie die eben genannten Beispiele zeigen; eine Häufung örtlicher Anknüpfungen, z. B. (2, 130), wenn in der Hochseefischerei bestimmte Vorschriften den inländischen Schiffen und den inländischen Staatsangehörigen auferlegt werden. Auch durch Spaltung einer für gewöhnlich eindeutigen Anknüpfung kann solche Häufung zustande kommen, z. B. wenn jemand die Staatsangehörigkeit, den Wohnsitz in mehreren Staaten besitzt, wenn der Täter einer strafbaren Handlung im einen Gebiet handelt, der tatbestandsmäßige Erfolg in einem andern Gebiet sich verwirklicht. Weist eine dieser gespaltenen Anknüpfungen auf das Inland, so ist allerdings dem Inland gegenüber nur diese rechtserheblich, falls die Befolgung der mehreren Anknüpfungen zu rechtlich unvereinbaren Ergebnissen führen würde. — Es kann indessen auch vorkommen, daß zur Herstellung einer einzigen Anknüpfung mehrere Merkmale nebeneinander berücksichtigt werden müssen. Dergleichen begegnet, wo ein Rechtsbereich räumlich oder persönlich untergeteilt ist in eine Mehrheit von Rechtsbereichen. Dabei mögen die Anknüpfungen zu dem weiteren und dem engeren Bereich gleichartig sein, z. B. es handelte sich[13] um die Namensänderung eines Deutschen, die erst durchführbar wurde nach Maßgabe seiner Zugehörigkeit zu einem einzelnen deutschen Land. Die Anknüpfungen können aber auch von

---

[12] Wenn die Handlung in der Vornahme eines privatrechtlichen Rechtsgeschäfts besteht, der Regelung am Ort der Tätigkeit, nicht des privatrechtlichen Geschäftsschlusses, 1, 273; 2, 101; 2, 156 [10]; 2, 169 [52]; 3 I 271 [6].

[13] Rechtszustand vor 1934.

verschiedener Art sein. Soll der Konsul zuständig sein, einen Sterbefall zu beurkunden, so muß der Todesfall im Gebiet eingetreten sein und der Verstorbene die Staatsangehörigkeit des Konsuls besessen haben. Schulpflicht in einer Bekenntnisschule setzt den Wohnsitz im Gebiet und Bekenntnisgleichheit voraus. In seltenen Fällen — es handelt sich dabei wohl stets um positivrechtliche Aufstellungen außerhalb einer als normal gedachten Zuständigkeitsregelung — kommt auch eine Häufung von Merkmalen vor, um die Anwendbarkeit einer einheitlichen Rechtsordnung zu bestimmen. So waren nach dem Reichsmilitärgesetz von 1874 in Deutschland die Reichsangehörigen wehrpflichtig, und außerdem staatenlose Personen, die früher die Reichsangehörigkeit besessen hatten und im Reich sich dauernd aufhielten. Das deutsch-polnische Aufwertungsabkommen von 1928 beläßt das internationale Privatrecht der Vertragsstaaten in Geltung, bestimmt jedoch unmittelbar, daß über die Aufwertung hypothekarisch gesicherter Forderungen das Recht am Ort des belasteten Grundstücks entscheiden solle, wenn der Schuldner zur Zeit der gerichtlichen Geltendmachung in diesem Gebiet seinen Wohnsitz hat. In aller Regel freilich wird eine Häufung der Merkmale in derlei Fällen so zu verstehen sein, daß das eine der Merkmale die Zuständigkeit bestimmt, das andre (fremdenrechtlich) eine weitere sachliche Voraussetzung für den Eintritt der Rechtsfolge aufstellt. Z. B. wenn eine Wahlpflicht der Staatsangehörigen nur dann bestehen soll, wenn sie den Wohnsitz im Inland haben. Vgl. dazu oben S. 88.

Zuweilen wird die Zuständigkeit von der Entschließung eines mitbeteiligten fremden Staats abhängig gemacht. So nach Art. 50 des Londoner Abkommens zum Schutz des menschlichen Lebens auf See, wenn Sicherheitszeugnisse für Seeschiffe auf Ersuchen des Heimatsstaats auch von einem andern Vertragsstaat ausgestellt werden können. Oder wenn nach deutschem Strafrecht Auslandsvergehen eines Ausländers, der vor der Aburteilung Deutscher geworden ist, nur auf Antrag des am Tatort herrschenden Staats der deutschen Strafgewalt unterstellt sind. Inwieweit die Unterwerfung des beteiligten Privaten zur Begründung einer Zuständigkeit beitragen kann, soll unten Z. 5 erörtert werden.

Zu beachten bleibt weiterhin, daß eine Zuständigkeit über ihren Bereich hinaus durch eine Auflage wirksam werden kann, die der zuständige Staat mit einem Vorgang innerhalb seiner Zuständigkeit verbindet[14]. So bei einem Verbot, Waren im Inland zu veräußern, die (gleichviel wo) nicht in bestimmter Weise hergestellt worden sind.

---

[14] Anwendungsfälle oben 2, 155. 3 I 107[70] und 112. 3 I 252 ff. — 1, 72. 2, 128 131 f. 2, 218. 3 II 16[56]. — 2, 174[67]. — 1, 521[2]. — Vgl. auch Zeitschrift für öffentliches Recht 11, 38.

Oder es wird fremden Seeschiffen die Landung verboten, wenn sie nicht schon auf hoher See gewissen gesundheitspolizeilichen Vorschriften entsprechen oder nicht bereit sind, Post in das Ausland mitzunehmen. Insbesondre wird in diesem Zusammenhang auch die Konzessionspflicht benützt, der ein Unternehmen für seinen inländischen Betrieb unterliegt, um individuell, im Wege der Konzessionsbedingung, ein Verhalten außer Landes sicherzustellen[15]. Z. B. für den auswärtigen Betrieb fremder Auswanderungsunternehmen, die zu einem Betrieb im Inland zugelassen sind. In Fällen dieser Art handelt es sich nicht darum, den auswärtigen Vorgang selbst einer Zuständigkeit des Inlands zu unterstellen, es verbleibt für das Inland bei der sonst gegebenen Zuständigkeitsordnung, und das zeigt sich sofort bei einer Zuwiderhandlung gegen Auflage oder Konzessionsbedingung. Verstößt das fremde Schiff auf hoher See gegen die gesundheitspolizeilichen Vorschriften des Inlands, so kann deren Befolgung nicht unmittelbar erzwungen werden. Der Zuständigkeit des Inlands fällt lediglich die Entscheidung darüber anheim, ob das fremde Schiff zur Landung im Gebiet zugelassen werden soll, und als Sanktion für eine Zuwiderhandlung kann nur ein Verbot des Anlegens in Betracht kommen.

Schließlich gibt es auch mancherlei Fälle einer eingeschränkten Zuständigkeit. Wer in Deutschland den Wohnsitz hat, ist unbeschränkt einkommensteuerpflichtig; einer beschränkten Steuerpflicht unterliegen Personen auswärtigen Wohnsitzes, die gewisse Einkünfte aus Deutschland beziehen. Die Versicherungsaufsicht über inländische Niederlassungen auswärtiger Gesellschaften beschränkt sich auf den deutschen Betrieb und das deutsche Geschäft (oben 2, 329 ff.). Es gibt einen beschränkten Erbschein, Todeserklärungen mit beschränkter Wirkung und dergleichen mehr. In allen diesen Fällen tritt neben eine erste vorausgesetzte Grenznorm allgemeiner Art eine zweite Grenznorm besonderer Art mit veränderter örtlicher Anknüpfung: dort werden der Versicherungsaufsicht Unternehmungen mit Hauptniederlassung im Inland unterstellt, hier Unternehmungen mit Zweigniederlassung im Gebiet. Und zugleich wird, verglichen mit der ersten, die sachliche Anknüpfung der zweiten Grenznorm durch einen fremdenrechtlichen Zusatz eingeschränkt: dort ist die Versicherungsaufsicht des Inlands für alle Geschäfte des Unternehmens als zuständig erklärt, hier nur für das inländische Geschäft der Zweigniederlassung[16].

---

[15] Anwendungsfälle oben 2, 332 ff. 342. — 3 I 272[6] 274 ff. 282 f. 296 f. — 3 II 17. — 3 II 55.

[16] Die fremdenrechtlich beschränkte sachliche Anknüpfung kann zusammenfallen mit dem zur örtlichen Anknüpfung verwendeten Merkmal, so

Verbindung mit einem Rechtssystem.

4. Ziel der örtlichen Anknüpfung, welche eine Grenznorm enthält, ist die Verbindung mit einem Rechtssystem, nach dem gewöhnlichsten Fall mit dem Rechtssystem eines bestimmten Staats. Werden als solche Anknüpfung Beziehungen einer Person verwendet, so wird diese Verbindung durch Mitgliedschaft der Person in einer Gemeinschaft (oder auch durch ein Abhängigkeitsverhältnis gegenüber einer Gemeinschaft) vermittelt, die Träger einer Rechtsordnung ist. Es ist handgreiflich, daß die Staatsangehörigkeit (Untertanenschaft) eben um dieser Zugehörigkeit willen als Anknüpfung gewählt wird, und Entsprechendes gilt bei der Gemeindeangehörigkeit und der Zugehörigkeit zu anderweitig umgrenzten Personengruppen.

Räumliche Anknüpfungen wie Aufenthalt der Beteiligten oder Ort einer Sache schließen die Verbindung mit einem Rechtssystem noch nicht unmittelbar in sich. Erst der Umstand, daß der Ort der Person oder Sache auf ein Rechtsgebiet bezogen wird, schafft die gesuchte Verbindung. Bei Grenznormen und Kollisionsnormen ist dies Rechtsgebiet im Zweifel das verfassungsmäßige Gebiet der Gemeinschaft. Also bei staatlichem Recht das Staatsgebiet, bei Ortsstatuten das Gemeindegebiet. Aber auch Partikularrecht, dessen Träger keine organisierte Gemeinschaft ist (dem vielleicht nicht einmal eine administrative Einteilung innerhalb des Staats zur Grundlage dient, wie das etwa bei dem bis 1900 geltenden Bayrischen Landrecht der Fall war), muß eben für diesen einen Punkt organisiert sein und sein festumschriebenes Rechtsgebiet besitzen.

Indessen, der räumliche Anwendungsbereich einer einzelnen

---

wenn Einkommen inländischer Herkunft als steuerpflichtig erklärt wird. Die Merkmale können aber auch verschieden sein, wie in dem Beispiel des Textes oder etwa bei einer Todeserklärung nach Art. 9 II EG. BGB. — Die eigentümliche Erscheinung, die hier besprochen wird, ist gekennzeichnet durch das Vorhandensein zweier verschiedener Grenznormen nebeneinander. Sie unterscheidet sich damit von andern Fällen einer beschränkten Zuständigkeit, bei denen es sich gleichfalls um einen gedanklichen Gegensatz zu andern „unbeschränkten" Zuständigkeiten handeln mag, aber eben jenes Nebeneinander von Grenznormen verschiedenen Inhalts mangelt. Unter sich können solche andern Fälle sehr verschieden sein. Sie kommen vielleicht ebenfalls so zustande, daß die sachliche Anknüpfung einer Grenznorm eine fremdenrechtliche Beschränkung empfängt, z. B. wenn die deutsche Konsulargerichtsbarkeit in Ägypten auf Rechtsverhältnisse beschränkt ist, an denen kein Angehöriger eines andern Staats beteiligt ist. Es kann auch sein, daß die Beschränkung erst bei den Sachnormen einsetzt. So wenn in Deutschland eine Vormundschaft über einen Deutschen deutschen Wohnsitzes geführt wird, und es wird von der vormundschaftlichen Verwaltung ein Grundstück ausgenommen, das der Mündel in England besitzt, und zu dessen Verwaltung dort eine eigene Vormundschaft eingesetzt ist.

Rechtsvorschrift — der Umkreis, in den Anknüpfungen verweisen müssen, wenn die Vorschrift räumlich anwendbar sein soll — kann von jenem verfassungsmäßigen Gebiet verschieden sein[17]. Es kommt vor, daß ein solcher Anwendungsbereich enger ist als das Staatsgebiet, z. B. galt das preußische Einkommensteuergesetz nicht für Helgoland, ein Einfuhrverbot für gewisse Phosphorzündhölzer ist in Deutschland nur für das „Zollinland" erlassen worden. Und es kommt vor, daß dieser Anwendungsbereich (wenn die Vorschriften zu behördlicher Tätigkeit veranlassen, natürlich mit Zustimmung des Aufenthaltsstaats) in einen fremden Staat übergreift: räumliche Wirksamkeit von Vorschriften der Zollpolizei, Fremdenpolizei, Veterinärpolizei in Bahnhöfen jenseits der Grenze ist keine Seltenheit. In Fällen dieser Art bedeutet die Einschränkung oder Ausweitung des Anwendungsbereichs Fremdenrecht. Nicht die Grenznorm: Einkommensteuer für Personen im Gebiet, wird verändert, sondern das Merkmal Gebiet empfängt eine rechtsinhaltliche Abänderung. Es ist bei einer Einschränkung des Anwendungsbereichs (bei einer Ausweitung kann die Frage von vornherein nicht auftauchen) für das Verhältnis des einbezogenen zu dem

[17] Dieser räumliche Anwendungsbereich wird nicht selten, auch von der Gesetzgebung, als „Inland" bezeichnet, z. B. die deutschen Arbeiterversicherungsgesetze galten nicht in den deutschen Kolonien, und man sagte, die Kolonien seien Ausland im Sinn des Arbeiterversicherungsrechts. Ein solcher Sprachgebrauch ist freilich die Quelle böser Mißverständnisse geworden. Denn häufig enthält auch der Inhalt der Gesetze räumliche Merkmale, die mit derselben Wendung bezeichnet werden, etwa, der Bezug der Invalidenrente ruht, solang sich der Empfänger nicht im Inland aufhält. Und doch kann der Sinn einer solchen Bezeichnung nur nach dem Zusammenhang der Vorschrift verstanden werden, die sie verwendet. Es kann sein, daß sich der Anwendungsbereich eines Gesetzes auf ein bestimmtes Gebiet nicht erstreckt und trotzdem ein Rechtssatz desselben bei einer Anwendung in seinem Bereich Beziehungen zu jenem Gebiet einbegreift; der Bezug der Invalidenrente bei einem Aufenthalt in der Kolonie bot ein Beispiel. Und es kann sein, daß der Anwendungsbereich eines Gesetzes auf ein solches Gebiet erstreckt ist, und dennoch das Verhältnis von Teilgebiet zu Teilgebiet als „Ausland" angesehen werden muß; in den deutschen Kolonien galt das Bürgerliche Gesetzbuch, mit ihm § 1944, der die Ausschlagungsfrist verlängert, wenn sich der Erbe „im Ausland aufhält": war der Nachlaß im Schutzgebiet eröffnet und der Erbe in Berlin, so trat die Auslandsfrist in Geltung. Sehr mißlich die Entscheidung des Reichsversicherungsamts, Amtliche Nachrichten 1906, 287 n. 1253 (Invalidenrente). Das Reichsgericht hat sich nach anfänglichen Unsicherheiten, vornehmlich seit den Urteilen vom 5. 3. 1914 und 25. 6. 1915, Entscheidungen 84, 259 und 87, 129, zu einer zutreffenden Auffassung durchgefunden. Vgl. auch den Reichsfinanzhof 26. 2. 1930: der Inlandsbegriff des Einkommensteuergesetzes kann ein andrer sein als derjenige des Umsatzsteuergesetzes. Näheres über diesen Fragenkreis bei Neumeyer in Das Recht 1906, 1431; auch Zeitschrift 24, 203 ff.; oben 2, 60 f. und 664[59]; 3 II 378[101].

ausgeschlossenen Bezirk kein Problem des internationalen Verwaltungsrechts gegeben; denn (unten § 39) es stehen sich keine autonomen Ordnungen gegenüber. Wohl aber liegt ein solches Problem dem Ausland gegenüber vor: der Umfang, in dem paßpolizeiliche Vorschriften in einem fremden Grenzbahnhof wirksam werden können, ist eine echte Frage des internationalen Verwaltungsrechts.

Alles das kann übrigens in entsprechender Weise auch bei persönlich anwendbarem Recht vorkommen. Etwa im Bereich deutscher Konsulargerichtsbarkeit, wenn Handelsgesellschaften des Bezirks, die unter deutschem Recht errichtet sind, nicht als reichsangehörig behandelt werden; wenn andrerseits Angehörige befreundeter Staaten, die in das Register des Konsuls eingetragen sind, als Schutzgenossen deutscher Hoheit unterstehen. Auch hier bedeutet Einengung und Ausweitung Fremdenrecht, die Begrenzung des so bestimmten Kreises nach außen, z. B. bei Gewährung des diplomatischen Schutzes, internationales Verwaltungsrecht.

Unterwerfung.

5. Aber kann die Verbindung mit einem Rechtssystem auch durch Unterwerfung der Partei hergestellt werden? Es ist hier zunächst eine Anzahl von Erscheinungen auszuscheiden, bei denen es sich nicht um solche Unterwerfung handelt.

a) Häufig hat der Private die Wahl, ob er die Voraussetzungen schaffen will, an die eine Inlandszuständigkeit sich anknüpft. Er entscheidet über den Wohnsitz, der Voraussetzung für die Entstehung einer Schulpflicht ist, bestimmt, ob er das Bekenntnis annehmen will, das Grundlage seiner Kirchensteuerpflicht wird. Aber die Rechtssätze über Schulpflicht gelten für alle Bewohner des Gebiets, die Rechtssätze über Kirchensteuern für die Bekenntnisangehörigen; es bedarf keines vermittelnden Willens des Verpflichteten, um sie anwendbar zu machen [18]. Ähnlich verhält es sich bei der rechtsgeschäftlichen Verwendung einer Währung. Die Wahl der Währung steht den Beteiligten regelmäßig frei. Ist aber die Währung einmal bestimmt, so sind die Rechtssätze, aus denen diese Währung sich aufbaut, kraft Verweisung von selbst verbindlich, und es bedarf nicht irgendeiner Unterwerfung, um ihnen Anwendbarkeit zu verleihen [19].

---

[18] Vgl. etwa W. Haudek, Die Bedeutung des Parteiwillens im internationalen Privatrecht (1931) 2.

[19] Vgl. oben 3 II 170 und Juristische Wochenschrift 1928, 137. — Vollends entfällt es dem gegenwärtigen Zusammenhang, wo das tatsächliche Verhalten der Partei andern Rechtssätzen, als denen über Begrenzung des inländischen oder Anwendung ausländischen Rechts zur Grundlage dient. So ist die Amtstätigkeit fremder Konsuln manchmal zugelassen, wenn sie ohne

b) In seinen inhaltlichen Vorschriften kennt das Verwaltungsrecht mannigfach, gleich andern Teilen des öffentlichen Rechts, Bestimmungen, deren Verwirklichung von dem Willen der beteiligten Partei abhängig gemacht ist. Wenn die Vornahme einer Schiffsvermessung, die öffentliche Beurkundung eines Rechtsgeschäfts nur auf Verlangen erfolgt, so hat ein solches Verlangen nicht die Bedeutung, eine ohne den Antrag mangelnde Zuständigkeit zu begründen; die Zuständigkeit besteht schlechthin für Messungen, Beurkundungen im Inland, der Antrag ist sachliche Voraussetzung der Tätigkeit, nicht anders wie der Antrag des Verletzten im Strafrecht. Näher liegt es, von einer Unterwerfung bei der Übernahme von Bindungen zu sprechen, und in der Tat begegnen im öffentlichen Recht vielfältige Formen einer solchen Übernahme, deutsche Bauordnungen kennen die Unterwerfung unter ein Bauverbot, der italienische Strafprozeß Vereinbarungen über die Höhe einer Geldstrafe. In diesen Zusammenhang gehört die Unterwerfung unter eine Wegebaupflicht, von der oben 3 I 3 gesprochen wurde, der Verzicht des Auszuliefernden auf schützende Förmlichkeiten des Auslieferungsverfahrens, die Zustimmung des fremden Staats, gegen dessen Gesandten ein Verfahren durchgeführt werden soll. Hier überall ist die Zuständigkeit des Inlands außer Zweifel; ein sachliches Hindernis, das ihrer Verwertung entgegensteht, wird durch die Einwilligung beseitigt. Und es kann aus der Rechtserheblichkeit von sachlichen Einwilligungen dieser Art nichts gefolgert werden für die Möglichkeit, durch private Willenserklärung eine staatliche Zuständigkeit zu begründen, die ohne sie nicht bestünde.

c) Zuweilen hat privater Parteiwille zur Folge, daß Rechtssätze, die an sich räumlich nicht anwendbar wären, vermöge einer solchen Willenserklärung Anwendbarkeit gewinnen, und dennoch handelt es sich dabei nicht um eine Rechtsgeltung kraft Unterwerfung. Oben Z. 3 war von Fällen die Rede, bei denen die Partei in der Form einer Konzessionsbedingung sich verpflichtet, ein Verhalten außerhalb des inländischen Bereichs zu beobachten. Z. B. die fremde Versicherungs-

---

Zwang gegen die Beteiligten vorgenommen werden kann. Z. B. bei der Vornahme von Zustellungen oder (oben 3 I 296 f.) im Dienst der Auswanderungspolizei ihres Staats. Der Aufenthaltsstaat, der dem Konsul unter solcher Voraussetzung die Tätigkeit gestattet, bedarf keiner „Unterwerfung" der Beteiligten, um für eine Regelung des Verhältnisses, das zwischen ihm und dem fremden Konsul bestehen soll, zuständig zu sein. Für das Verhältnis der Beteiligten zu dem Absendestaat des Konsuls aber bedeutet solche „Unterwerfung" vielleicht Wegräumung eines völkerrechtlichen Hindernisses, das sonst der Amtshandlung des Absendestaats entgegengestanden wäre. Ob dieser Staat zuständig war, die Amtshandlung vorzunehmen, muß unabhängig von solcher Einwilligung der Privaten bestimmt werden.

gesellschaft, die zu inländischem Betrieb zugelassen wird, verpflichtet sich, in ihrem auswärtigen Betrieb bestimmte Vermögensanlagen zu machen, gewisse Versicherungszweige nicht zu pflegen. Maßnahmen, die für den inländischen Betrieb möglicherweise den Gegenstand von Rechtssätzen bilden, werden für den Betrieb im Ausland zum Gegenstand rechtsgeschäftlicher Klauseln. Aber es wird, wie schon oben bemerkt, in diesem Umfang nicht einfach das inländische Recht auf den auswärtigen Betriebsteil erstreckt. Handelt der Unternehmer der Zulassungsbedingung zuwider, die ihm ein Verhalten im fremden Betrieb vorschreibt, so ist die Sanktion, die ihn trifft, aufsichtliche Einwirkung auf den inländischen Betrieb, die sich bis zu einer Rücknahme der Zulassung steigern mag, aber nicht unmittelbare Durchsetzung der Vorschrift.

In diesen Zusammenhang gehört aber auch die vielberedete „Parteiautonomie" des internationalen Zivilrechts in ihrer regelmäßigen Wirkungsweise. Wenn ein Vertrag nach seinen objektiven Merkmalen dem österreichischen Recht untersteht und die Parteien „unterwerfen" ihn den deutschen Gesetzen, so bleibt der Vertrag unter österreichischem Recht, und nur so weit, als das österreichische Recht ihn mit nachgiebigen Vorschriften regelt, mögen Vertragsklauseln vereinbart werden, die ihren Inhalt aus gesetzlichen Bestimmungen des deutschen Rechts übernehmen. Wie weit die Normierung nachgiebig ist, bestimmt das österreichische Recht; dasselbe Recht bestimmt die Gültigkeit des Unterwerfungsvertrags; Gegenstand der Rezeption ist nach dem vermutlichen Parteiwillen die deutsche Gesetzgebung, wie sie im Zeitpunkt der Abrede bestand, ohne Rücksicht auf deren spätere Änderungen; und wenn im Rechtsstreit vor deutschen Gerichten behauptet wird, das derart übernommene Recht sei unrichtig angewendet worden, so kann auf eine solche Behauptung die Revision nicht gestützt werden, denn revisibel ist nur die Verletzung von Rechtssätzen, nicht von Vertragsbestimmungen [20].

d) Für eine Unterwerfung als Bestimmungsgrund staatlicher Zuständigkeit läßt sich das Folgende feststellen:

Wo in einem Gebiet Personengemeinschaften verschiedenen Rechts nebeneinander leben, kommt es zuweilen als Angleichserscheinung vor, daß ein Angehöriger der Minderheit oder des schwächeren Verbands sich dem Rechtssystem der Mehrheit, der bevorzugten Gemeinschaft durch Willenserklärung anschließen kann. Dergleichen begegnet in den Zeiten seines Abwelkens bei dem System der persönlichen Rechte [21]

---

[20] Eine weitere Auswirkung dieser Auffassung oben 3 II 160 [17].

[21] Neumeyer, Gemeinrechtliche Entwickelung des internationalen Privatrechts 1, 159 ff. Geltungsgrund für die Möglichkeit des Übergangs ist das örtliche Gewohnheitsrecht.

und ist für das Personalstatut des gemeinen Rechts gegenüber jenem der Provinzialrechte im heutigen Spanien vorgesehen[22], in Kolonialreichen wird zuweilen den Eingeborenen gestattet, zu der Rechtsordnung der Weißen überzugehen[23]. Jedenfalls aber bedarf solcher Übergang einer Ermächtigung durch besondere Rechtssätze.

Wichtiger ist für den gegenwärtigen Zusammenhang die Frage, ob durch Unterwerfung Zuständigkeit für ein einzelnes Rechtsverhältnis abseits der sonst geltenden Zuständigkeitsordnung begründet werden kann. Auch dergleichen wird zuweilen auf räumlicher oder persönlicher Grundlage besonders vorgesehen, um die Angleichung an eine bevorzugte Ordnung zu fördern[24]. Doch was gilt in solcher Hinsicht unter gleichberechtigten Ordnungen[25]? Es ist dafür vornehmlich die Entwicklung lehrreich, welche die neueren Anschauungen über die prorogatio fori im Zivilprozeß genommen haben. Der Gegenstand gehört hieher, insoweit durch eine Vereinbarung der Parteien nicht bloß eine Verschiebung in der Geschäftsverteilung der Gerichte des-

[22] Codigo civil Art. 15 Z. 1 (in Z. 3 bezieht sich die Wahl nicht auf die Zugehörigkeit zu einem der Rechtssysteme, sondern auf das Bürgerrecht, das die Zugehörigkeit vermittelt).

[23] H. Solus, Traité de la condition des indigènes (1927) 136 ff. Häufiger (und das traf auch für die deutschen Schutzgebiete zu) ist ein solcher Rechtswechsel die Folge einer Naturalisation, die im gegenwärtigen Zusammenhang ebenso ausscheidet, wie ein Bekenntniswechsel, der eine Änderung des Rechtssystems zur Folge hat. — Zuweilen kommt auf kolonialem Boden der freiwillige Anschluß an ein Rechtssystem auch für Weiße vor. So haben sich in dem britisch-französischen Kondominium der Neuen Hebriden die Angehörigen dritter Staaten für die eine oder andre dieser Rechtsordnungen zu entscheiden (unten § 49). In „nationalen" Fremdenniederlassungen Chinas fordert man von zuziehenden Angehörigen dritter Staaten manchmal Unterwerfungserklärungen von zweifelhafter Tragweite (unten § 46 Z. 2). Vgl. auch für staatenlose Gebiete unten § 50. Dagegen liegt es wiederum außerhalb des gegenwärtigen Zusammenhangs, wenn im Bereich der Konsulargerichtsbarkeit Angehörige eines andern Kulturstaats als Schutzgenossen aufgenommen werden. Zwar unterstellt die Aufnahme den Schutzgenossen, von Fragen des Personalstatuts abgesehen, dem Recht der schützenden Macht, und es bedarf, um diesen Rechtszustand herbeizuführen, (für den Regelfall) eines Antrags der Person. Aber der Antrag ist auf Aufnahme in das Schutzverhältnis gerichtet; wird ihm entsprochen, so erlangt das Recht der Schutzmacht von selbst Anwendbarkeit. — Über die Wahl des Ritus innerhalb des muhammedanischen Rechts unten § 38 Z. 4.

[24] So in Frankreich für das Verhältnis des elsaß-lothringischen zum allgemeinen Landesrecht nach Art. 10 ff. des Gesetzes 24. 7. 1921. Über das Vorkommen gleichartiger Erscheinungen auf kolonialem Boden eingehend Kollewijn in Rechtsgeleerde Opstellen angeboden aan Scholten (1932) 279 ff.

[25] Über gemischte Gesellschaften im Bereich der Konsulargerichtsbarkeit oben 1, 132 ff. Einige Seltsamkeiten, die durch die gemeinsame Beherrschung von Neutral-Moresnet hervorgerufen waren, sind unten § 49 erwähnt. Ebenda auch über Art. 20 des Neuhebridenprotokolls.

selben Staats, sondern eine Verschiebung von Gerichtsgewalt zu Gerichtsgewalt begründet werden soll[26]. Für den ausgehenden gemeinen Prozeß war einer Prorogation in zugeschliffener Form die Bedeutung zugesprochen worden[27]: „Die Parteien unterwerfen freiwillig ihre Streitsachen der sie an sich nicht ergreifenden Gerichtsgewalt; der Richter übernimmt freiwillig die Rechtsprechung in der nicht vor ihn gehörigen Sache." Also in der Tat eine Begründung staatlicher Zuständigkeit durch Unterwerfung in reinster Ausbildung. Indessen, wenige Jahre später hat Bülow in seinen grundlegenden Untersuchungen über dispositives Zivilprozeßrecht den wirklichen Sachverhalt herausgestellt: enthält die Ordnung der Gerichtsstände nachgiebiges Recht, so handeln die Parteien, die einen Gerichtsstand durch Vereinbarung begründen, nicht außerhalb, sondern innerhalb der Rechtsordnung und machen von der ihnen eingeräumten Befugnis Gebrauch[28]; in der heutigen Ausdrucksweise: die Vereinbarung ist eine Anknüpfung für die staatliche Entscheidungsgewalt, artgleich (wenn auch auf andern Rücksichten beruhend) den sonstigen Anknüpfungen, welche das Gesetz zuläßt. Ihr Rechtsgrund ist die Grenznorm, welche der Vereinbarung zuständigkeitsbegründende Wirkung zuschreibt. Nicht weil die Parteien, sondern weil das Gesetz so will, hat eine Vereinbarung derartige Wirkung. Erst innerhalb dieses Rahmens gewinnt der Parteiwille rechtliche Bedeutung.

Und nun noch einmal zu der „Parteiautonomie" des internationalen Zivilrechts. Die Grenzordnung der Sachnormen, ob geschrieben oder ungeschrieben, ist allerwärts objektives Recht, an Rechtswert gleich allen andern Rechtssätzen, die dieser Staat aufstellt. Es wäre Anarchie, wollte man dem Individuum freilassen, von sich aus sich über diese Grenzen wegzusetzen, hieße den Einzelnen über die Rechtsordnung stellen, die doch ihrerseits als oberste Rechtsmacht anerkannt ist[29]. Der Staat bestimmt, für wen seine Rechts-

---

[26] Die Statthaftigkeit einer solchen Verschiebung im Verhältnis zwischen Inland und Ausland ist bestritten, für Deutschland beruht sie auf einer gleichmäßigen Rechtsprechung. Streitstand bei R. Neuner, Internationale Zuständigkeit (1929) 27 f., 36 ff., 48.

[27] Wach, Archiv für die zivilistische Praxis (1878) 62, 374.

[28] Archiv für zivilistische Praxis (1880) 64, 1 ff. 46 74. Die Anschauung ist seither allgemein aufgenommen worden, vgl. z. B. Richard Schmidt, Lehrbuch des deutschen Zivilprozeßrechts (1898) 226 mit 102. Für Österreich Pollak, Zeitschrift für das Privat- und öffentliche Recht (1891) 18, 80; H. Sperl, Vereinbarung der Zuständigkeit (1897) 5. Für Italien F. G. Lipari, La proroga della competenza (1928) 77 f.

[29] Es wird unnötig sein, darauf hinzuweisen, daß die Frage nach der Herrschaft der Rechtsordnung, wie sie hier zur Erörterung steht, verschieden ist von dem Problem der Relativität des Rechtsschutzes, von dem oben S. 95 gesprochen wurde. Dort handelt es sich um die Freiheit des Beurteilers,

sätze verbindlich sein sollen, ein Versuch autonomer Bestimmung durch das Individuum entbehrt der rechtlichen Bedeutung. Möglich ist in diesem Zusammenhang nur eines: die Grenzordnung selbst, die ein Staat aufstellt, könnte (ähnlich wie bei der Entscheidungsgewalt des Prozeßrechts) den Privaten eine solche Vollmacht einräumen, sie ermächtigen, die Rechtsordnung zu bezeichnen, der ihre Angelegenheit unterstellt sein soll[30]; zu den andern Grenznormen dieses Staats tritt die weitere, die das anwendbare Recht nach dem Inhalt einer privaten Willenserklärung bestimmt. Auch hier also die Verleihung eines Antragsrechts, und in den Grenzen, in denen es von der Rechtsordnung verliehen ist. Solche Ermächtigungen kommen in der Tat zuweilen vor. In Art. 7 des polnischen Gesetzes vom 2. August 1926 heißt es: „Die Parteien können ein Schuldverhältnis dem Recht des Heimatstaats, dem Recht des Wohnsitzes, dem Recht des Orts der Errichtung des Rechtsgeschäfts, dem Recht des Erfüllungsorts oder dem Recht des Orts der belegenen Sache unterwerfen.“ Es ist wahrscheinlich, daß hier kollisionsrechtlich jene Gesetzgebungen in ihrer Eigenschaft als objektives Recht für verbindlich erklärt sind, falls eine von ihnen, die ohnehin schon mit dem Tatbestand in Verbindung steht, durch den hinzutretenden Parteiwillen besonderes Gewicht erhält. Als objektives Recht gelten sie nunmehr mitsamt den zwingenden Normen, die diese Rechtsordnung aufstellt; als kollisionsrechtliches Geschäft muß die Unterwerfungserklärung den Anforderungen des Inlandsrechts genügen; die Verweisung der Parteien erfaßt die bezogene Rechtsordnung in ihrer jeweiligen Geltung; und wenn die Parteierklärung auf Inlandsrecht geht, kann die Behauptung, es sei falsch angewendet, die Revision begründen. Aber von selbst versteht sich eine solche Ermächtigung der Parteien durchaus nicht; sie besteht nur, wenn und soweit sie verliehen ist. Sie kann auch nicht präsumiert werden. Denn die früher besprochene Möglichkeit, nachgiebige Bestimmungen der objektiv herrschenden Rechtsordnung mit dem Inhalt auszustatten, den eine andre Gesetzgebung aufstellt, ist ohnedies und allerwärts gegeben, und sie führt bei der Durchführung zu so viel brauchbareren Ergebnissen, daß eine stillschweigende Grenznorm in dem letzterwähnten Sinn und gar eine solche, die keine Beschränkung der Wahl vorsehen würde, außerhalb einer Auslegung liegt, die den Willen

---

eine konkrete Lebensbeziehung mit der oder jener als herrschend vorausgesetzten Rechtsordnung in Verbindung zu bringen. Hier wird zu der Meinung Stellung genommen, es könne der Einzelne in Überordnung über den Staat als Gesetzgeber Recht begründen.

[30] Es ist das Verdienst des genannten Buchs von Haudek, im Anschluß an ältere Ansätze (auch oben 3 II 160 [17]). den Unterschied einer materiellrechtlichen und einer kollisionsrechtlichen Parteiautonomie herausgearbeitet zu haben.

eines verständigen Gesetzgebers zu ergänzen hat. Die deutsche Rechtsprechung freilich ist hier zu einem Teil in völlige Zügellosigkeit verfallen. Sie hat vom Bereich des nachgiebigen in das zwingende Vertragsrecht übergegriffen, vom Vertragsrecht in das Reich der gesetzlichen Verpflichtungen, hat schließlich (als stünde der Einzelne im archimedischen Punkt!) die gesamte Geltung eines Rechtssystems von Unterwerfung abhängig gemacht — ohne sich auch nur die Frage vorzulegen, ob und in welchem Sinn dem internationalen Privatrecht Deutschlands Unterwerfung als eine Rechtseinrichtung bekannt ist[31].

Eine Nutzanwendung dieser Erwägungen auf das Verwaltungsrecht ergibt, daß auch hier der Gesetzgebung die Möglichkeit bleibt, dem Parteiwillen Einfluß auf die Grenze der Inlandszuständigkeit einzuräumen. Beispiele sind selten, mangeln aber doch nicht völlig. So haben Deutschland und die Tschechoslowakei vereinbart, daß die deutschen Angestellten deutscher Amtsstellen im andern Gebiet der deutschen Sozialversicherung unterstehen sollen und umgekehrt, daß jedoch in der Krankenversicherung die Rechtsvorschriften des Empfangsstaats gelten, wenn der Arbeitgeber dies beantragt[32]. Gewiß ist, daß ohne besondere Ermächtigung dem beteiligten Privaten eine solche Unterwerfung nicht freisteht, und gerade nicht im Bereich des öffentlichen Rechts. Handelt es sich doch im öffentlichen Recht um Rechtsbeziehungen, bei denen der Staat (oder ein andrer öffentlicher Körper) selbst Partei ist; um Rechtsbeziehungen, bei denen häufig Leistungen dieser öffentlichen Partei in Frage kommen, bei denen unabhängig von der Parteieigenschaft in aller Regel die Mitwirkung inländischer Behörden vorausgesetzt ist, und es bedarf diese Mitwirkung gerade dann, wenn ein Tatbestand unter Inlandszuständigkeit sich nicht ausschließlich im Inland abwickelt, einer besondern Anpassung an ihre

---

[31] Beispiele in diesem Werk, in dem nur Ausläufer einer solchen Rechtsprechung sichtbar werden können, oben 3 II 281, 374 für zwingendes Recht; 3 II 280[57] für gesetzliche Verpflichtungen; 3 II 276, 374 für den Rechtszustand bei Gebietsveränderungen.

[32] Abkommen 21. 3. 1931 Art. 2 RGBl. 1933 II 1016. — Anders, wenn nicht selten von Auswanderungsunternehmern, die einen Betrieb im Inland unterhalten, für Auslandshandlungen, die sich auf diesen Betrieb beziehen, eine „Unterwerfungserklärung" gegenüber Vorschriften des Inlands verlangt wird (zum Teil beschränkt auf privatrechtliche Beziehungen des Unternehmers zu den Auswanderern, zum Teil auf die verwaltungsrechtliche Überwachung des Betriebs erstreckt), vgl. darüber oben 3 I 273 f., 282 f., 296 f. Es handelt sich dabei um Auflagen, die dem inländischen Betrieb für Vorgänge außerhalb der Inlandszuständigkeit gemacht werden (vgl. oben Z. 3), und sie verpflichten, wenn nur der Betrieb im Inland aufrechterhalten werden will, von sich aus, ohne daß eine Unterwerfungserklärung das rechtliche Band verstärken würde. Die Erklärung vermöchte nur etwa nach Art einer Konzessionsbedingung zu wirken, die einer Bestreitung der Rechtslage vorbeugt.

Aufgabe. Man stelle sich vor, ein Arbeitsverhältnis in Australien solle nach dem Willen der beteiligten Privaten der deutschen Unfallversicherung „unterworfen" werden; wie könnte dergleichen funktionieren bei der Organisation der Beitragsleistung, bei der Vornahme einer Unfalluntersuchung usw. Eine lehrreiche Entscheidung des Reichsarbeitsgerichts [33] hatte sich mit einem Betrieb zu befassen, den deutsche Unternehmer in Frankreich, unabhängig von einem deutschen Betrieb, mit deutschen Arbeitern ausführten, und es fragte sich, ob privatrechtliche Rückwirkungen des (dem Verwaltungsrecht angehörenden) deutschen Betriebsrätegesetzes [34] für den Betrieb in Betracht kamen. Das Gericht meint, das Arbeitsverhältnis selbst stehe „kraft vermuteten Parteiwillens" unter den deutschen Gesetzen, und es unterstellt den Fall, daß im Arbeitsvertrag Errichtung einer Arbeitnehmervertretung entsprechend dem deutschen Betriebsrätegesetz besonders vereinbart worden wäre: aber auch dann seien die Bestimmungen des Betriebsrätegesetzes nicht „als gesetzliches Recht" anwendbar, das Gesetz enthalte eine Reihe näher besprochener öffentlichrechtlicher Bestimmungen, die bei einem ausländischen Arbeitsverhältnis nicht durchführbar seien.

Überhaupt könnte man sich eine Unterwerfung wohl nur da vorstellen, wo dem Privaten eine geordnete verfahrensrechtliche Mitwirkung bei der Tätigkeit der Behörde eingeräumt ist, was in weiten Teilen der Verwaltung nicht zutrifft, zumal nicht bei der Ausübung unmittelbaren Zwanges.

e) Bei den vorausgehenden Erörterungen hat es sich um eine Erweiterung der Inlandszuständigkeit durch Unterwerfung gehandelt. Noch weniger versteht es sich von selbst, daß durch Parteiwillen eine Zuständigkeit des Inlands vereitelt werden kann. Oder vermöchte man sich einer Steuer, einer Strafe auf diesem Wege zu entziehen? Eine Ausschließung der Inlandszuständigkeit kann auch dann nicht in den Willen der Partei gestellt sein, wenn mit ihr die Unterwerfung unter fremde Zuständigkeit verbunden wäre. Es ist bezeichnend, daß man im gemeinen Prozeß (bei dem es sich häufig um eine Verschiebung von Gerichtsgewalt zu Gerichtsgewalt handelte) eine prorogatio fori zugunsten des fremden Gerichts von einer Zustimmung des inländischen Richters — er war an den Gerichtsgebühren beteiligt — abhängig machen wollte [35]. Auch hier also kann solche Ausschließung nur auf Grund einer besondern (wenn auch vielleicht durch Auslegung zu erschließenden) Ermächtigung Rechtswirksamkeit erlangen. Und

---

[33] 1. 4. 1931, Juristische Wochenschrift 1932, 604.

[34] Über dieses oben 2, 298 ff.

[35] Streitstand über eine Zulässigkeit der Vereinbarung ausländischer Zuständigkeit wiederum bei Neuner a. a. O.

wenn sie davon abhängig gemacht ist, daß die Partei den Tatbestand einer fremden Zuständigkeit unterworfen hätte, so müßte in Angelegenheiten des öffentlichen Rechts solche Unterwerfung nach dem Recht des fremden Staats Verbindlichkeit besitzen.

§ 18.

VI. Das Verwaltungsverfahren und das Verwaltungsstreitverfahren im besondern.

1. Vorbemerkungen. — 2. Die Grenzen der Entscheidungsgewalt. — 3. Grenzen der Vollstreckungsgewalt. — 4. Entscheidungen über ausländische Verwaltung? — 5. Die Qualifikation. — 6. Verwaltungsverfahren in Streitsachen des bürgerlichen Rechts. — 7. Unanwendbarkeit ausländischen Verfahrensrechts.

Vorbemerkungen.

1. Es ist in § 13 ausgeführt worden, daß viele Verwaltungstätigkeiten sich nach festen Regeln vollziehen und daß solche Regeln da, wo sie mit rechtlicher Verbindlichkeit aufgestellt sind, zu Rechtssätzen über Verfahrensrecht werden. Auch verfahrensrechtliche Vorschriften, welche die Grundlage einer Amtstätigkeit bilden, bedürfen einer Begrenzung im Raum, und es gilt für sie entsprechend, was in den vorausgehenden Paragraphen ausgeführt wurde. Indessen ist schon oben S. 114 bemerkt worden, daß die Begrenzung materiellen Rechts und die Begrenzung von Verfahrensvorschriften, die seiner Verwirklichung dienen, für das Verwaltungsrecht zusammenfallen muß. So bedarf dieser Gegenstand als solcher hier keiner weiteren Ausführung, und es soll nur auf eine Gruppe von Verfahrensvorschriften eingegangen werden, die durch ihren besondern Inhalt zusammengefaßt sind, nämlich die Vorschriften für eine Streitentscheidung in Verwaltungssachen. Die rechtliche Vorsorge dieses Inhalts bedeutet Erfüllung einer für sich stehenden, durch ihren Gegenstand gekennzeichneten öffentlichen Aufgabe, und ihre Regelung bildet damit ein Stück des „Besondern Teils" des Verwaltungsrechts, unter dem Gesichtspunkt des internationalen Verwaltungsrechts ein Stück von dessen Besonderem Teil. Doch ist die Berührung mit den allgemeinen Lehren dieses Gebiets so eng, daß eine Darstellung des Fragenkreises wenigstens in seinen Grundzügen hier nicht entbehrt werden kann. Zugleich ergibt sich dabei Gelegenheit, einige peripherische Fragen zu streifen, die vornehmlich im Verwaltungsstreitverfahren vorkommen, aber auch bei sonstigen Verwaltungsverfahren von Belang werden können [1].

---

[1] Entsprechend diesem Zusammenhang ist auch die Anordnung des Stoffes so gewählt, daß im Anschluß an die vorausgehenden Erörterungen

Jedoch wann ist ein Verwaltungsstreitverfahren gegeben? Bei jeder Amtstätigkeit, die verfahrensrechtlich geordnet ist, wird die Behörde prüfen, ob die rechtlichen Voraussetzungen der Tätigkeit vorliegen, wird dabei auch abwägen, wie weit widerstreitende Interessen der Beteiligten materiellrechtlichen Schutz genießen, und es mag sein, daß die Verfahrensgesetze die Beteiligten selbst in das vorbereitende Verfahren einbeziehen und ihnen Gelegenheit zur Wahrnehmung ihres Rechtsstandpunkts gewähren. Noch handelt es sich dabei um das Verwaltungsverfahren. Es kommt aber auch vor, daß ein Amtsakt nur dann erfolgen kann, wenn ihm ein echter Rechtsstreit darüber vorausgeht, ob die Voraussetzungen für seinen Erlaß vorliegen, unter den Amtsakten des Privatrechts etwa bei der Ehescheidung, bei Akten des öffentlichen Rechts besonders ausgebildet im Strafprozeß, dessen verurteilender Abschluß die Voraussetzung einer Bestrafung bildet. Vollends unzweifelhaft aber tritt ein Rechtsstreit in Erscheinung (die vielfältigen Zwischenbildungen können hier beiseite bleiben), wo den Beteiligten ein Verfahren zu Gebote gestellt ist, um nach der Vornahme eines Amtsakts oder unabhängig von einem solchen durch eine unbeteiligte Stelle eine bestrittene Rechtslage feststellen zu lassen, und gerade dies ist eine Möglichkeit, von der das Verwaltungsrecht häufigen Gebrauch macht. Ob die Entscheidung derartiger Streitigkeiten den sonst bestehenden Verwaltungsbehörden, besonderen Verwaltungsgerichten oder den Gerichten des bürgerlichen Rechts übertragen ist, ob das Verfahren den Anforderungen, die man an einen modernen Zivilprozeß oder Strafprozeß zu stellen pflegt, mehr oder weniger nahekommt, ist für das Folgende unwesentlich.

Die Grenzen der Entscheidungsgewalt.

2. Schafft der Staat Einrichtungen, um bestrittene Rechtslagen des bürgerlichen Rechts zur Entscheidung zu bringen, so tut er das in Grenzen, die der Eigenart dieser Vorsorge entsprechen, unabhängig von der Regelung, die für den privatrechtlichen Gegenstand der Entscheidung gilt. Das Bedürfnis nach Rechtsschutz kann für das Inland auch dann bestehen, wenn der bestrittene Anspruch privatrechtlich gemäß fremden Gesetzen bestimmt werden muß. Das ist für den Rechtsschutz im Bereich des öffentlichen Rechts anders. An der Klärung öffentlichrechtlicher Streitigkeiten nimmt der Staat nur soweit

---

an dieser Stelle nur die Begrenzung inländischer Streitverfahren behandelt wird. Auf die rechtliche Erheblichkeit eines ausländischen Verfahrens soll unten § 30 Z. 4 und 5, § 32 Z. 2 und 5, auf Rechtshilfe zu einem solchen und Vollstreckung der in ihm ergangenen Entscheidungen in § 33 zurückgekommen werden. Über Beteiligung fremder Staaten an der Gerichtsbarkeit unten § 34.

Interesse, als sie ihm und den ihm eingegliederten öffentlichen Körpern gegenüber bestehen. Darüber hinauszugehen wäre er schon durch die Unabhängigkeit der andern Staaten behindert, die er nach Völkerrecht anerkennen muß. Auf der andern Seite muß seine Zuständigkeit notwendig alle Streitigkeiten umfassen, die ihm und seinen Verbänden gegenüber erwachsen, da doch kein andrer Staat die Möglichkeit hätte, sie zur Entscheidung zu bringen. Und so ergibt sich, wie für das Verwaltungsverfahren selbst, so auch für das Verfahren in Verwaltungsstreitsachen: die Zuständigkeit, Verwaltungsgerichtsbarkeit zu üben, wird mittelbar bestimmt und schließt sich der Zuständigkeit an, die das Inland über den Streitgegenstand nach materiellem Verwaltungsrecht in Anspruch nimmt [2]. So hat etwa der Reichsfinanzhof zutreffend entschieden, daß auch nach der Abtretung deutschen Gebiets, auch wenn die Vorinstanzen seither Behörden des Auslands geworden sind, die Entscheidungsgewalt des Reichsfinanzhofs begründet bleibe, wenn die bestrittene Steuer, vor der Abtretung fällig geworden, dem Reich geschuldet wird [3]. Und es ist mannigfach in Staatsverträgen eine derartige Lösung ausdrücklich festgelegt worden [4]. Umfaßt diese Zuständigkeit aber alle Streitsachen des Verwaltungsrechts, die dem Inland gegenüber bestehen, so muß auch unter dem Gesichtspunkt der Geschäftsverteilung zwischen nebengeordneten Behörden des Inlands in jedem Fall eine inländische Behörde zu finden sein, die „örtlich zuständig" ist, sich mit der Streitsache zu befassen; es wird darauf unten § 39 näher einzugehen sein.

Die Zuständigkeit des Inlands bedeutet den Besitz einer Prozeßgewalt über die Parteien ohne Unterschied ihrer Staatsangehörigkeit oder ihres Aufenthaltsorts [5], und sie wird nur in ihrer Durchführung beeinflußt von dem Verbot des Völkerrechts, hoheitliche Handlungen außer Landes vorzunehmen. Eine solche Prozeßgewalt besteht aber auch nur über die Parteien. Dritte Personen, zumal Zeugen, können

---

[2] Vgl. schon oben 2, 22 f. für Wasserrecht; 2, 688 f. für Arbeiterversicherung.

[3] Urteile 31. 3. 1920 und 16. 11. 1920, Juristische Wochenschrift 1921, 1104. Wenig scharf (und teilweise mißverständlich) für eine Steuerveranlagung des Saargebiets auch das Preußische Oberverwaltungsgericht 2. 10. 1920, Deutsche Juristenzeitung 1922, 260.

[4] So für Arbeitsversicherung in Art. 204 des Oberschlesien-Abkommens RGBl. 1922 II 238; in dem 14. der deutsch-dänischen Verträge vom 10. 4. 1922 Art. 17 RGBl. II 218; in den S. 115 [8] genannten Vereinbarungen. Für Versorgungsansprüche der Beamten und Militärpersonen in dem 12. deutsch-dänischen Abkommen Art. 13 RGBl. 1922 II 207. Für Steuern in einem deutsch-polnischen Vertrag 26. 8. 1922 Art. 1, 10, 14 RGBl. 1923 II 317. Für Schiffahrtsabgaben in Art. 35 der Rheinschiffahrtsakte und Art. 2 eines Zusatzabkommens zur Elbschiffahrtsakte 27. 1. 1923 RGBl. II 485.

[5] Dazu etwa oben 3 I 40 [53] für fremde Eisenbahngesellschaften.

der Streitentscheidung nur dann dienstbar gemacht werden, wenn (vgl. schon oben S. 101) über sie selbst kraft Aufenthalts, vielleicht auch Wohnsitzes, die Hoheit des Inlands begründet ist. Und ebenso erscheint ein unmittelbarer Zugriff auf Gegenstände, die als Beweismittel dienen sollen, nur dann statthaft, wenn sie durch ihre Lage im Gebiet der Hoheit des Inlands unterstehen.

Die Frage, die für das internationale Zivilprozeßrecht so viele Schwierigkeiten birgt: ob eine Vorschrift das Verfahren, oder ob sie den privatrechtlichen Gegenstand des Rechtsstreits regelt, ist für den Verwaltungsprozeß des Inlands gegenstandslos, denn Verfahrensvorschriften und materielle Regelung müssen derselben Rechtsordnung angehören. Dagegen kommt es auch für den Verwaltungsprozeß in Betracht, daß einzelne Merkmale, von denen Verfahrensvorschriften des Inlands Gebrauch machen, ausgegliedert und als Vorfragen behandelt werden, auf deren rechtliche Regelung verwiesen ist. So wird für Verwaltungsstreitsachen in Österreich angenommen, daß die Prozeßfähigkeit eines Ausländers sich nach der Geschäftsfähigkeit richte, die ihm das heimatliche Recht zuerkennt, daß es allerdings genüge, wenn eine solche Geschäftsfähigkeit auch nur nach österreichischem Recht begründet ist[6]. Der öffentliche Glaube einer fremden Urkunde (unten § 30 Z. 3), die als Beweismittel verwendet wird, reicht nicht weiter als nach dem Recht des Ursprungslands. Wo die Zeugenpflicht entfällt, wenn ihr eine Verpflichtung zur Berufsverschwiegenheit gegenübersteht, richtet sich diese Verpflichtung meistens nach dem Recht des Berufssitzes, zuweilen nach dem Recht am Ort der Kenntnisnahme des Geheimnisses, jedenfalls nicht nach der lex fori[7].

Grenzen der Vollstreckungsgewalt.

3. Anders als im Zivilprozeß kann es im Verwaltungsrecht auch für die Durchsetzung unbefriedigter Ansprüche keine selbständige Begrenzung derjenigen Angelegenheiten geben, die der Zuständigkeit des Inlands angehören. Auch hier steht die Vollstreckung samt den Verfahrensvorschriften, nach denen sie sich abspielt, im Dienst der inländischen Verwaltung.

Ist solche Zuständigkeit gegeben, so bestehen der Partei gegenüber wiederum keine andern Schranken als diejenigen, die das Völkerrecht für Amtshandlungen außer Landes aufstellt. Mit Wirkung gegen Dritte indessen ist ein unmittelbarer Zugriff auf Gegenstände der Vollstreckung nur dann möglich, wenn sich der Gegenstand der Vollstreckung im Inland befindet — und damit wird die Fülle der Zweifel,

---

[6] R. H. Herrenritt, Grundlehren des Verwaltungsrechts (1921) 110[20]. — Die Frage kann sich auch in sonstigen Verwaltungsverfahren ergeben.

[7] Vgl. oben 1, 499 ff. für Geistliche; 2, 240 ff. für Ärzte; 2, 258 ff. für Rechtsanwälte.

die für das Vollstreckungsrecht in Zivilsachen und für das Konkursrecht über den Ort der Gegenstände bestehen, auch in das Verwaltungsrecht übertragen. Zur Befriedigung eines preußischen Steueranspruchs war eine Forderung überwiesen worden, die dem in Preußen wohnenden Steuerschuldner gegen einen Drittschuldner bayrischen Wohnsitzes zustand: das Oberlandesgericht Zweibrücken[8] hat die Überweisung als rechtmäßig erklärt, weil in der Mitteilung der Überweisung an den Drittschuldner „keine Zwangsvollstreckungshandlung, sondern nur ein Zustellungsakt" enthalten sei. Man wird der Lösung kaum zustimmen können.

Entscheidungen über ausländische Verwaltung?

4. Wurde oben ausgeführt, daß sich die Zuständigkeit in Verwaltungsstreitsachen auf Angelegenheiten des Inlands beschränkt, so bedeutet es nur die Umkehrung dieses Satzes, wenn festzustellen ist, daß über Verwaltungsangelegenheiten eines andern Staats Entscheidung im Inland nicht getroffen werden kann. Steht eine öffentliche Stiftung nicht unter der Stiftungsaufsicht des Inlands, so kann auch ein Streit über die Stiftung nicht Gegenstand eines inländischen Verwaltungsrechtsstreits sein[9]. Wenn Bundesverfassung und Betreibungsgesetz der Schweiz verlangen, daß Klage und Vollstreckung am Wohnsitz des Beklagten, des zu Betreibenden anhängig gemacht werden sollen, so kann das auf öffentlichrechtliche Ansprüche der Kantone nicht bezogen werden[10]. Auch der einseitige Wunsch eines fremden Staats, Angelegenheiten seines öffentlichen Rechts im Inland zur Entscheidung zu bringen, kann das Inland nicht zu solchem Vorgehen verpflichten[11];

---

[8] Urteil 19. 4. 1910, Preußisches Verwaltungsblatt 31, 771.

[9] So der Bayrische Verwaltungsgerichtshof oben 1, 146 f. Entsprechend beispielsweise das Kammergericht 19. 11. 1908, Zeitschrift 20, 97 für ausländische Gemeindesteuern; High Court Bombay 1909, Blätter für vergleichende Rechtswissenschaft 6, 157 für ausländische Zölle. Vgl. auch oben 1, 69 f. (Bestattungszwang); 1, 416 (Bekenntniszwang für Kinder); 2, 11 f. und 55 f. (Wasserrecht); 2, 108 f. (Fischereirecht); 2, 411 419 (Armenwesen); 2, 688 ff. (Arbeiterversicherung). Sehr bedenklich hingegen das 2, 690 [3] angeführte Luxemburger Urteil über deutsche Unfallfürsorge; auf einer Verkennung der öffentlichrechtlichen Natur von Zwangsvorschriften über religiöse Erziehung beruhend, auch die österreichischen und preußischen Entscheidungen 1, 416 f.; vgl. ferner unten S. 161.

[10] Vgl. oben 2, 411 [114] für armenrechtliche Ersatzforderungen (auch als Gegenstück 2, 417 [129]). Nicht überzeugend das Bundesgericht 11. 2. 1915, Entscheidungen 41 III 47 für Steuerforderungen.

[11] In einer wunderlichen englischen Entscheidung von 1861, Emperor of Austria v. Day, wird der Klage des Kaisers von Österreich stattgegeben, die Anerkennung seines ausschließlichen Rechts fordert, Papiergeld für sein Gebiet auszugeben. Dazu Westlake, Private international law [6] 206; Dicey, Conflict of laws [4] 226 f.

vollends nicht Ansprüche eines fremden Staats, z. B. Steuerforderungen zu vollstrecken, zu deren Vollstreckung das Inland sonst nicht verpflichtet wäre. Dagegen finden sich, zumal bei Abtretung von Gebietsteilen, zuweilen Staatsverträge, die Behörden des einen Staats auftragen, über öffentlichrechtliche Angelegenheiten des andern Teils zu entscheiden [12].

Wenn indessen im Vorausgehenden angenommen wurde, daß über Angelegenheiten einer ausländischen Verwaltung inländische Behörden nicht entscheiden können, so gilt das zunächst nur für Entscheidungen, deren unmittelbaren Gegenstand fremde Verwaltung bilden würde; sie könnten dazu führen, daß sich ein Staat in die verwaltungsrechtliche Ordnung eines andern Staats einmischt. Es trifft regelmäßig nicht zu, wo ausländisches Verwaltungsrecht als Vorfrage für Angelegenheiten des Inlands in Betracht kommt, die Entscheidung über die Vorfrage also nur der Begründung eines Urteils über Inlandsangelegenheiten dient [13]. Vielleicht ist es zweckmäßig, auch in solchen Fällen den Staat, dessen Verwaltung die Vorfrage angehört, um maßgebliche Entscheidung zu bitten [14], ein rechtliches Bedenken, über die Vorfrage im Inland zu entscheiden, besteht nicht.

Allerdings bedarf auch dieser Satz der Einschränkung. Denn es gibt Rechtslagen, bei denen eine vorausgesetzte Beziehung öffentlichen Rechts mit dem Gegenstand der unmittelbaren Entscheidung derart verbunden ist, daß diese Entscheidung durch ihr Ergebnis auf die vorausgesetzte Rechtsbeziehung selbst einwirkt, wenn die Beziehung dem öffentlichen Recht eines fremden Staats angehört, in öffentlichrechtliche Angelegenheiten eines andern Staats eingreift; und damit erwächst auch unter solchen Umständen ein völkerrechtliches Hindernis für das Verfahren [15]. Der Fall liegt vor,

---

[12] So für Arbeiterversicherung in Elsaß-Lothringen § 34 der Entscheidung des Völkerbundsrats 21. 6. 1921 RGBl. 1289; in Danzig Abkommen mit Polen-Danzig 24. 1. 1927 § 13 RGBl. II 424. Nach dem Oberschlesienabkommen Art. 183 kommt die erste Entscheidung in Unfallsachen des abgetretenen Gebiets den deutschen Berufsgenossenschaften zu, der weitere Rechtszug geht an die polnischen Behörden.

[13] Ein Beispiel oben 2, 591 [68].

[14] Eine solche Verwaltungspraxis scheint in Österreich bestanden zu haben, wo Heimatfragen von dem Besitz einer ausländischen Staatsangehörigkeit abhängig waren. So Verwaltungsgerichtshof Wien 14. 2. 1889, 13. 6. 1896, 30. 6. 1897, Erkenntnisse 13, 100 Nr. 4508; 20 I 1004 Nr. 9753; 21 I 1037 Nr. 10880 gegenüber Ungarn. Ein bei E. Collard, Staatsangehörigkeit der Ehefrau (1895) 43 mitgeteilter Fall gegenüber Bayern.

[15] L. van Praag, Juridiction et droit international public (1915) 309 ff. hat das Verdienst, diese Rechtslage herausgestellt und von den Überlagerungen befreit zu haben, mit denen sie Fragen des Exterritorialitätsrechts überdeckt hatten.

wo das Inland um Sanktionen gegenüber öffentlichrechtlichen Verpflichtungen ausländischen Rechts angegangen wird, in erster Reihe[16], wenn im Inland Schadensersatz begehrt wird mit der Behauptung, ein ausländischer Beamter habe seine Dienstpflicht verletzt. Es ist nicht statthaft (nicht wegen mangelnder Zuständigkeit, sondern weil sachlich unzulässig), vor inländischen Gerichten gegen einen fremden Konsul Klage zu erheben, weil er bei einer Amtshandlung im Inland pflichtwidrig gehandelt habe[17]. Eine Rechtslage dieser Art ist auch da gegeben, wo ein fremder Staat Enteignungen vorgenommen hat, der Enteignete aber mit der Begründung, die Maßnahme sei rechtswidrig erfolgt, gegen den Erwerber der enteigneten Sache oder den mit der Weiterveräußerung beauftragten Inhaber im Inland die Eigentumsklage stellt[18]. Es wird auch nicht angehen, auf die Erschleichung eines ausländischen Verwaltungsakts Ersatzansprüche im Inland zu gründen — außer der fremde Staat hätte den Akt selbst wieder auf-

---

[16] Über die strafrechtliche Seite unten § 35.

[17] Dazu van Praag 323 ff. Ausdrücklich in diesem Sinn jetzt die deutschen Konsularverträge mit Litauen Art. 11, der Türkei Art. 10, Bulgarien Art. 11 RGBl. 1929 II 245, 1930 II 748 und 763. — Die Frage ist auch bei Kommissaren praktisch geworden, die fremde Staaten zu internationalen Ausstellungen entsandt hatten. Sehr bedenklich Kassationshof Brüssel 23. 5. 1898, Journal 1899, 618. Voraussetzung der hier behandelten Rechtslage ist nur, daß es sich um amtliche Kommissare handelt, daß sie nicht der diplomatischen Vertretung ihres Heimatstaats angehören, und daß sie innerhalb des ihnen vom Aufenthaltsstaat eingeräumten Wirkungskreises gehandelt hatten (Material hiezu bei van Praag 491).

[18] Praktisch geworden gegenüber Enteignungen beweglichen Guts durch Sowjetrußland. In den hier behandelten Zusammenhang gehören nur Ansprüche, die sich, gemessen an dem Recht des enteignenden Staats, auf eine behauptete Rechtswidrigkeit der Maßregel gründen. Anders (und dazu unten § 25 Z. 4), wo der Anspruch auf die Behauptung gestützt wird, die Enteignung sei zwar nach den Gesetzen des handelnden Staats rechtmäßig, verstoße aber gegen die guten Sitten. Einer Prüfung unter diesem letzteren Gesichtspunkt stehen keine prozessualen Hindernisse entgegen. In dem Urteil des Court of Appeal, Paley v. Weisz 21. 3. 1929, Law Times Reports 141, 207, fließt die prozessuale Unzulässigkeit zusammen mit der vieldeutigen Lehre von den *acts of state*, bei deren Sonderstellung es sich in erster Reihe um die materiellrechtliche Unverantwortlichkeit derjenigen handelt, die für den Staat gewisse Amtshandlungen von bevorzugter Art vornehmen. (Vgl. über die Behandlung ausländischer *acts of state* etwa Halsbury, The laws of England 1912 23, 310 f.; J. B. Moore, A digest of international law 1906 2, 23 ff.) Ein solcher materiellrechtlicher Schutz bewirkt nach deutscher Rechtsanschauung den Ausschluß einer sonst begründeten Rechtswidrigkeit (lehrreich das Reichsgericht, Entscheidungen in Strafsachen 16, 167), ist aber im ordentlichen Verfahren festzustellen. Von prozessualen Rückwirkungen ausländischer *acts of state* spricht schon Pitt Cobbett, Leading cases on international law[4] (1922) 1, 85 ff. 92; dagegen van Praag 315[843]. Die Kritik, die Nolde, Genfer Revue de droit international 1929, 209 f. an dem Londoner

gehoben; die Entscheidung könnte nicht ohne Aburteilung über fremde Amtstätigkeit ergehen [19]. Vollends aber kann eine privatrechtliche Zuständigkeit des Inlands nicht dadurch geschaffen werden, daß die Abhängigkeit des Streitfalls von ausländischem Verwaltungsrecht einfach ignoriert wird [20].

Die Qualifikation.

5. Ist eine Entscheidung über öffentlichrechtliche Angelegenheiten des Auslands in dem bisher besprochenen Sinn unzulässig, so wird nicht selten die Frage auftauchen, ob die Angelegenheit überhaupt dem öffentlichen Recht angehört. Es handelt sich dabei um „Qualifikation" der Rechtsbeziehung, um einen Ausschnitt also aus dem Fragenkreis, der grundsätzlich unten § 27 behandelt ist. Doch darf die Nutzanwendung für den gegenwärtigen Zusammenhang vorweggenommen werden: über den Systembegriff „öffentlichrechtlich" entscheidet das Inlandsrecht; ob die hienach vorausgesetzte Art der staatlichen Beziehung zum Inhalt eines fremden Rechtssatzes gehört, kann nur der fremde Staat bestimmen, der den Rechtssatz aufstellt [21].

Urteil übt, trägt dem Unterschied von „Staatsakt" und sonstigem Verwaltungsakt nicht Rechnung.

[19] Anerkannt für die mißbräuchliche Erwirkung eines Arrests im Ausland vom Handelsgericht Rouen 2. 3. 1885, Journal 1885, 427; vom Zivilgericht Paris 12. 1. 1899, Journal 1899, 345. Bedenklich der Kassationshof Turin 18. 12. 1911, Giurisprudenza italiana 1912, 1 I 171 Schadensersatz für Erschleichung richterlicher Bewilligung, ein österreichisches Fideikommiß zu belasten. Das Hindernis bleibt auch dann bestehen, wenn auf das Delikt die Gesetze des Tatorts angewendet und als solche die Gesetze am Ort der Amtshandlung angesehen werden. Vgl. zu diesen Fällen auch unten S. 173 [9]. Ein anfechtbares Urteil des Reichsgerichts auf strafrechtlichem Boden unten § 35 Z. 1.

[20] So in einem sehr bedenklichen Urteil der Pariser Kassationshof 1. 3. 1875, Dalloz 1876 I 178: ein Franzose soll der französischen Konsulargerichtsbarkeit unterstehen und innerhalb ihrer schadensersatzpflichtig sein, wenn er bei der Räumung eines ägyptischen Kanals, wie er angibt auf Befehl der ägyptischen Behörden, den geräumten Schlamm auf dem Grundstück eines andern Franzosen abgelegt hat.

[21] Es ist richtig, wenn Triepel in Festschrift der Berliner Juristenfakultät für Brunner (1914) 542 [1] für diesen Zusammenhang auf den „inländischen Maßstab der Unterscheidung" verweist, aber es erschöpft die Fragestellung nicht; dasselbe gilt für Melchior 130, auch für Nußbaum 385. Es ist richtig, wenn v. Bar, Theorie und Praxis 2, 397 f. und Lehrbuch 169 [1] oder Hellwig, Lehrbuch des Zivilprozeßrechts 1, 62 [12] annehmen, es handle sich bei der Frage um den materiellen Charakter des Anspruchs; aber das betrifft nur den Inhalt des Rechtssatzes, nicht seine systematische Einreihung. — Erste Voraussetzung für eine Verwertung dieser Sätze ist natürlich die Klarstellung, was den Gegenstand der begehrten Entscheidung bildet. Ein Ungar führt den Namen einer preußischen Adelsfamilie, ein Mitglied der Familie klagt auf Unterlassung, der Beklagte bestreitet die Zulässigkeit des Rechtswegs, denn er sei in das Personenstandsregister mit

Dabei muß freilich ein öfter begegnendes Mißverständnis vermieden werden. Wenn es sich um eine Beurteilung der Unfallfürsorge oder der Verjährung handelt, so ist dem Inlandsrecht nicht etwa die Entscheidung vorbehalten, ob „die" Unfallfürsorge oder „die" Verjährung dem öffentlichen oder dem Privatrecht angehört, nur über den Systembegriff einer Zugehörigkeit zum öffentlichen Recht hat ausschließlich das Inlandsrecht zu entscheiden. Dabei aber kann es sehr wohl sein, daß in Anwendung dieses Maßstabs zwar die inländische Einrichtung als privatrechtlich anzusprechen ist, dennoch aber fremde Einrichtungen nach ihrem besondern Inhalt als öffentlichrechtlich anerkannt werden müssen und sich damit einer Entscheidung des Inlands entziehen [22]. Das ist insbesondre in häufigen Entscheidungen französischer Gerichte verkannt worden. Hier hat die Rechtsprechung sehr lang daran festgehalten, daß es sich bei der Staatsangehörigkeit um einen Status des Privatrechts handle [23], und sie hat daraus unbedenklich die Folgerung gezogen, französische Gerichte könnten auch die Zugehörigkeit zu einem ausländischen Staat zum unmittelbaren Gegenstand ihrer Entscheidung machen [24]. Staaten gegenüber, welche die Staatsangehörigkeit als öffentlichrechtlich ansehen wie nach deutschem Recht, bedeuten solche Urteile einen völkerrechtlich unzulässigen Übergriff. Aber freilich, die Verschiedenheit der Auffassungen über eine Zuteilung an das Privatrecht oder öffentliche Recht beruht manchmal nicht auf einer wirklichen Verschiedenheit der Inhalte in den ver-

diesem Namen eingetragen und nach ungarischem öffentlichem Recht verpflichtet, den Namen zu führen, mit dem er eingetragen stehe. Das Kammergericht 28. 5. 1901, Zeitschrift 13, 417, hat — im Ergebnis zutreffend — den Rechtsweg für zulässig erklärt. Denn Streitgegenstand war nicht die Pflicht zu Namenführung, die dem Beklagten in seinem Verhältnis zum ungarischen Staat oblag, sondern das Recht des Klägers, eine Namensanmaßung abzuwehren.

[22] Vgl. für Unfallfürsorge oben 2, 688 ff. Ist man genötigt, eine ausländische Regelung der Verjährung als öffentlichrechtlich (prozessual) gelten zu lassen, so heißt das freilich nicht, wie man öfter liest, daß alsdann die fremde lex fori anzuwenden sei: die Ordnung fremder Gerichtstätigkeit ist für das Inland grundsätzlich unerheblich, und es gäbe solchenfalls dem Inland gegenüber überhaupt keine anwendbare Verjährungsbestimmung — wenn nicht (unten S. 162) durch Konversion nachgeholfen werden kann.

[23] 1921 hat der Kassationshof der besseren Einsicht Bahn gebrochen. Da die Zuständigkeit der Zivilgerichte zur Entscheidung von Staatsangehörigkeitsstreitigkeiten unberührt geblieben ist, fällt seither die Frage, ob der Besitz einer ausländischen Staatsangehörigkeit Streitgegenstand sein könne, in den unten Z. 6 behandelten Problemkreis.

[24] Tenor einer Entscheidung des Appellhofs Paris 15. 12. 1921, Journal 1922, 137: X. „hat die deutsche Staatsangehörigkeit verloren". Über weitere Rechtsprechung dieser Art etwa A. H. van Scherpenberg, Privatrechtsentwicklung in Elsaß-Lothringen (1931) 104 f.

glichenen Rechtsordnungen, sondern auf theoretischen Fehlmeinungen, und wenn solche Fehlmeinungen nicht in das positive Recht rezipiert sind, so sind sie für den Beurteiler nicht verbindlich. Das wird wohl für die ältere französische Auffassung über die Natur der Staatsangehörigkeit zutreffen, wird meistens bei einer prozessualen Auffassung der Verjährung richtig sein; dahin gehört die Meinung, „politische“ Ehehindernisse eines fremden Rechts seien als öffentlichrechtlich von der Anwendung ausgeschlossen[25], gehört eine in den Vereinigten Staaten immer noch nicht ganz überwundene Anschauung, *penal laws* eines fremden Staats, die im Inland nicht angewendet werden können, seien auch Vorschriften über Ansprüche, die dem Verletzten nicht deshalb zugebilligt werden, weil er einen Schaden dieses Ausmaßes erlitten hat, sondern darum, weil dem Täter ein Übel zugefügt werden soll.

Wenn es sich aber hier darum handelt, bei Angelegenheiten, die unter fremdem Recht stehen, die Grenzen der inländischen Entscheidungsgewalt darnach abzustecken, ob der Streitgegenstand dem Privatrecht oder dem öffentlichen Recht angehört, so darf nicht übersehen werden, daß in gewissen Fällen für die Zwecke einer Rechtsanwendung und damit auch einer Streitentscheidung im Inland Sätze des öffentlichen Rechts als privatrechtlich behandelt werden müssen. Umformungen fremder Rechtseinrichtungen, um sie einer Rechtsanwendung im Inland zugänglich zu machen, begegnen überaus häufig. Eine Konversion öffentlichen in privates Recht aber ist vonnöten bei Vorschriften des Zivilprozeßrechts, mit denen ein materiellrechtliches Ergebnis erreicht werden soll, z. B. bei Verschiebungen der Beweislast, um eine Haftung auszudehnen, und hier wird auch die Lösung liegen, wenn ein Auslandsrecht die Verjährung prozessual auffaßt. Ohne sie wäre eine geordnete Aufteilung der privatrechtlichen Herrschaftsbereiche nicht durchführbar[26].

Erwähnt sei schließlich noch, daß organisatorische Maßnahmen, wie die Einsetzung von Kompetenzkonfliktsgerichtshöfen, um Zweifel über die Zuständigkeit der Gerichte oder Verwaltungsbehörden zu entscheiden, nur für die Ämterordnung innerhalb desselben Staats bestimmt sind. Das Inland hat weder ein rechtliches Interesse daran, eine Klarstellung für ausländische Behörden herbeizuführen, noch die völkerrechtliche Möglichkeit, ihnen eine Bindung aufzuerlegen[27].

---

[25] Dazu unten § 35 Z. 5.

[26] Vgl. über Konversionen aus öffentlichem in Privatrecht unten S. 177[10].

[27] Dazu etwa Wach, Handbuch des deutschen Zivilprozeßrechts 104; F. Stein, Grenzen und Beziehungen zwischen Justiz und Verwaltung (1912) 75; Laband, Staatsrecht des Deutschen Reiches[5] 3, 388 f.; Reichsgericht, Entscheidungen 44, 377 (383). Entsprechend der Oberste Gerichtshof Wien

Verwaltungsverfahren in Streitsachen des bürgerlichen Rechts[28].

6. Ein häufig vertretener Lehrsatz besagt, daß die lex fori bestimme, ob die Entscheidung eines Rechtsstreits den Zivilgerichten oder den Verwaltungsbehörden zukomme[29]. Nichts könnte den Gegenstand weniger erschöpfen. Es ist deutsches Recht und wird in vielen Staaten ebenso gelten, daß die Zivilgerichte grundsätzlich über Streitigkeiten des bürgerlichen Rechts zu entscheiden haben, die Verwaltungsbehörden über Angelegenheiten der Verwaltung, und wenn Verschiebungen nach beiden Richtungen vorkommen, so bedürfen sie doch eines besondern Rechtsgrunds. Die erste Frage, um zwischen einer Zuständigkeit der Zivilgerichte und der Verwaltungsbehörden abzugrenzen, ist demgemäß, ob der Streitgegenstand materiell dem einen oder dem andern Bereich angehört, und für die weitaus überwiegende Anzahl der Fälle ist mit der Beantwortung dieser materiellrechtlichen

---

26.10.1910 Spruchpraxis 29, 298 für § 42 II der Jurisdiktionsnorm. Vgl. auch unten § 37 Z. 2.

[28] Eine zum Teil gleichlaufende Frage ergibt sich bei der Anwendung ausländischen Privatrechts, das den Eintritt einer Rechtsfolge von der Mitwirkung einer Verwaltungsbehörde abhängig macht, vielleicht einschränkend in Gestalt einer Genehmigung, oder auch rechtsbegründend, so daß die Verwaltungsbehörde etwa eine Unterhaltspflicht auferlegen kann (dazu unten § 25 Z. 7). Da es bei der freiwilligen Gerichtsbarkeit nicht ungewöhnlich ist, daß ein Staat in Rechtslagen eingreift, die materiell unter ausländischem Privatrecht stehen (oben S. 114 [6]), bedarf die Frage entsprechend der Beantwortung, wenn die lex causae das Eingreifen einer Verwaltungsbehörde vorsieht. Nur wird freilich, wo ein Privatrechtssatz Verwaltungserlaubnis verlangt, wohl immer Erlaubnis der eigenen Behörde vorausgesetzt sein; für die Behörden andrer Staaten kommt ein Eingreifen unter solchen Umständen nicht in Betracht. Vielleicht ist das auch so bei Auflegung einer Unterhaltspflicht: wenn nämlich die Verwaltungsbehörde mit ihrem Eingreifen ein konkurrierendes öffentliches Interesse wahrnehmen soll. Aber es verhält sich anders, wenn das Ermessen sich nach den Verhältnissen der Beteiligten bestimmen soll und nur aus Gründen der Geschäftsverteilung in dem fremden Staat eine Verwaltungsbehörde mit der Verfügung beauftragt ist. Hier kann auch das Inland Anlaß haben, einzugreifen, und es entscheidet die Behördenverfassung des Inlands, wem der Eingriff zukommt. (Der Gesichtspunkt hätte in dem § 25 Z. 7 genannten Urteil von Altona Erwägung verdient.)

[29] Wach, Handbuch 106 f.; Hellwig, Lehrbuch 1, 66 f.; Weismann, Lehrbuch des deutschen Zivilprozeßrechts 1, 30; Stein-Jonas, Zivilprozeßordnung für das Deutsche Reich [14] 1, 9. G. Walker, Streitfragen aus dem internationalen Zivilprozeßrecht (1897) 99 f.; P. Fedozzi, Il diritto processuale civile internazionale (1905) 497 ff.; F. Meili, Das internationale Zivilprozeßrecht (1906) 181; Niboyet 627; Nußbaum 385; Melchior 130. (Gegen die Meinung Hellwigs, daß die Frage für das Verhältnis der deutschen Länder zueinander anders zu behandeln sei als gegenüber dem Ausland, Neumeyer, Blätter für Rechtsanwendung 71, 337; Stein-Jonas a. a. O.)

Frage auch über den Rechtszug endgültig bestimmt. Aber auch dann, wenn die Entscheidung einzelner Streitigkeiten des öffentlichen Rechts oder sogar die regelmäßige Entscheidung solcher Streitigkeiten im Inland den Zivilgerichten zugewiesen ist, bleibt der in Z. 4 entwickelte Satz bestehen, daß es unzulässig ist, öffentlichrechtliche Angelegenheiten eines andern Staats zum unmittelbaren Gegenstand der Entscheidung zu machen; wie es auch unerheblich ist, wenn die Angelegenheit, wiewohl dem öffentlichen Recht eines andern Staats angehörend, im Streitfall dort vor die Zivilgerichte kommt.

Neue Fragen ergeben sich, wenn die privatrechtliche Natur des Streitverhältnisses nach dem maßgebenden Recht feststeht und es greift eine zuweilen vorkommende Regelung ein, die gewisse Privatrechtsstreitigkeiten der vorläufigen oder auch endgültigen Entscheidung durch Verwaltungsbehörden zuweist. Wird ein Privatrechtsstreit der administrativen Behandlung überwiesen, so bedeutet das eine Vorsorge, daß Rechtssätze, welche das öffentliche Interesse an dem Ausgang des Rechtsstreits schützen, ausreichend beachtet werden, daß insbesondre bei Ermessensfragen diesem Interesse Einfluß geschaffen wird; auch die prozessualen Erleichterungen, die ein solches Verfahren bietet, mögen zu seiner Einrichtung führen, wenn eine öffentliche Stelle oder auch eine besondern Schutzes bedürftige Privatperson Partei ist. Aus alledem aber folgt, daß Einrichtungen dieser Art nur dann zu Gebote stehen, wenn das öffentliche Interesse des Inlands sie in Wirksamkeit setzt; die Zuweisung an die Verwaltungsbehörden ist in ihrem Inhalt (fremdenrechtlich) auf Inlandsangelegenheiten beschränkt[30]. Nur unter besondern Voraussetzungen, vereinzelt kraft freiwilliger Gewährung[31], bei einer Zusammenfassung verschiedener Rechtsgebiete im Staat unter derselben Verwaltung[32], kraft Staatsvertrags[33] kommen Erweiterungen vor. Und es mag unter solchen Umständen auch die Frage sich ergeben, wie beschaffen die örtlichen Voraussetzungen sein müssen, um das inländische Interesse zu begründen, das die Verwaltungsbehörde zur Entscheidung beruft; es ist

---

[30] Vgl. oben 2, 23 für Wasserrecht; 2, 304 f. Gesinderecht; 2, 412 415 417 425 für armenrechtliche Ansprüche; 3 I 64[149] für Eisenbahnsachen; 3 I 125 für Streitigkeiten zwischen Schiffer und Mannschaft; 3 I 147 f. für Hilfeleistung und Bergung in Seenot. Wo die Entscheidung dem Konsul aufgetragen wird, ist eine Beschränkung auf inländische Interessen von vornherein gegeben, so 3 I 274[14], 294[81], 297[87] für Streitigkeiten zwischen Auswanderungsunternehmern und Auswanderern.

[31] Oben 3 I 125[36] für Streitigkeiten zwischen Schiffer und Mannschaft.

[32] Oben 2, 305 für Gesinderecht. Vgl. auch 2, 417 425 für landesrechtliche Regelungen in Armensachen, wenn das Interesse von Reichs wegen geschützt ist.

[33] 2, 427 f. Armensachen.

dergleichen früher mehrfach erörtert worden[34]. Bleibt aber das öffentliche Interesse des Inlands unbeteiligt, so steht für den Rechtsstreit lediglich der Zivilrechtsweg zur Verfügung, und das ist auch dann nicht anders, wenn der Auslandsstaat, dessen Privatrecht anzuwenden ist, Streitigkeiten dieses Inhalts im eigenen Land vor die Verwaltungsbehörden verweist; zumal für Arbeitsstreitigkeiten unter ausländischem Recht ist das nicht ganz selten praktisch geworden[35]. Nur unter solchen Umständen also kommt der Satz vorbehaltslos zur Geltung, daß über die Form des Rechtsschutzes die lex fori bestimmt[36].

---

[34] So 2, 23 f. für Wasserrecht; 3 I 64[149] für Eisenbahnstreitigkeiten; 3 I 148 für Hilfeleistung und Bergung; vgl. auch 3 I 296 f. über die Zuständigkeit des Konsuls in Auswanderersachen.

[35] So das Anm. 27 angeführte Urteil des Obersten Gerichtshofs Wien; Landesarbeitsgericht Berlin 17. 11. 1930, Zeitschrift für Ostrecht 1930, 1195; dazu oben 2, 304 f. Vgl. ferner 2, 11 f. (Wasserrecht); 2, 108 f. (Fischereirecht); 2, 412 414 f. 417 419 (Armenwesen); 3 I 64[149] (Eisenbahnsachen); 3 I 147 (Hilfeleistung und Bergung).

[36] Zwei besondere Rechtslagen mögen noch Beachtung finden. Kommt die Frage, ob Justiz oder Verwaltung zur Entscheidung berufen ist, vor ein gemeinschaftliches Gericht mehrerer Staaten, so ist das Recht des Staats maßgebend, aus dessen Gebiet die Streitsache herrührt. So auch ein preußisch-oldenburgischer Vertrag 20. 8. 1878 Schlußprotokoll I bei C. Pfafferoth, Jahrbuch der deutschen Gerichtsverfassung (1880) 265. In Art. 8 eines Vertrags Oldenburg-Lübeck 30. 9. 1878 (ebenda 317) hat das zu der Fassung geführt: „Streitigkeiten zwischen dem (gemeinschaftlichen) Landgericht und einer Verwaltungsbehörde eines der beiden Staaten über die Zulässigkeit des Rechtswegs sind nach den Gesetzen des Staats zu entscheiden, dem die betreffende Verwaltungsbehörde angehört." — Bei einer Gebietsveränderung bleibt mit dem Verwaltungsrecht des Landes auch die Möglichkeit eines Verwaltungsstreitverfahrens unter der bisherigen Ordnung, bis sie der Nachfolger ändert — soweit nicht die Vorbehaltsklausel zu Abweichungen führen sollte. (Nur unter diesem Gesichtspunkt ließe sich eine Entscheidung des Pariser Staatsrats 26. 11. 1924 Journal 1925, 1035 begründen: für die Entziehung einer Apothekenkonzession hatte das zunächst aufrechterhaltene Recht Elsaß-Lothringens nur den Beschwerdeweg vorgesehen; der Staatsrat erklärt ein Verwaltungsstreitverfahren für statthaft, weil der Staatsrat nach französischem Recht der gemeine Verwaltungsrichter sei.) Hat der Nachfolger den Rechtszustand geändert, ist insbesondre eine bisher verwaltungsrechtliche Einrichtung, die fortbesteht, privatrechtlich geworden oder umgekehrt (vgl. unten § 23 Z. 5), so bestimmt sich die Gerichtsbarkeit mangels besonderer Vorschriften nach der materiellen Natur, die dem Streitverhältnis nunmehr zukommt. Kennt das Recht des Nachfolgers aber Sondervorschriften, die Verwaltungsstreitigkeiten bestimmter Art vor die Zivilgerichte verweisen, Zivilstreitigkeiten bestimmter Art vor die Verwaltungsbehörden, so sind diese Sondervorschriften anwendbar, ohne Unterschied, ob sich der streitige Tatbestand unter der Herrschaft des Vorgängers oder des Nachfolgers ergeben hat. Material zu diesen Fragen oben 2, 65 f.; 2, 82[35]. Bayrischer Verwaltungsgerichtshof 10. 3. 1905, Sammlung 26, 241. Tribunal des conflits Paris 18. 5. 1925, Dalloz 1926 III 52 mit Anmerkung

Unanwendbarkeit ausländischen Verfahrensrechts.

7. Als eine hoheitliche Betätigung kann die Tätigkeit, welche die Behörden des Inlands bei einem Verwaltungsverfahren vornehmen, nur unter inländischer Ordnung stehen. Für die Anwendung ausländischen Verfahrensrechts ist bei einem Verfahren im Inland[37] kein Raum; auch nicht, wenn materiell fremdes Recht zur Anwendung kommt. Das zeigt sich etwa bei Bestimmungen, die der Entscheidung eines Rechtsstreits ein administratives Vermittlungsverfahren vorausschicken[38]. Daß Auslandsvorschriften, die eine Zivilsache vor die Verwaltungsbehörden, eine Verwaltungsangelegenheit vor die Zivilgerichte verweisen, für das Inland unverbindlich sind, wurde soeben ausgeführt. Der Satz kommt auch da zur Geltung, wo eine Entscheidung zwischen Verwaltungsbehörden und bürgerlichen Gerichten aufgeteilt ist[39]:

Bestimmungen dieser Art sind zuweilen in der Weise aufgebaut, daß die negative Entscheidung der Verwaltungsstelle ein weiteres Verfahren vor den Gerichten unmöglich macht. In diesem Sinn ist (oder war) in mehreren deutschen Ländern die Verfolgung von Beamten von der Vorentscheidung besonderer Behörden abhängig gemacht, und man hat zutreffend angenommen, daß eine landesrechtliche Vorschrift solchen Inhalts für ein Verfahren in andern deutschen Bundesstaaten nicht verbindlich ist[40]. In andern Fällen können die Gerichte zwar über den ganzen Streitstoff befinden, aber sie sind in seiner Würdigung nach gewissen Richtungen an die Entscheidung einer Verwaltungsstelle gebunden. Dahin gehört es, wenn die Annahme richtig war (sie war freilich nicht richtig), daß eine Entscheidung über den Besitz preußischen Adels, die das preußische Heroldsamt getroffen hatte, die Gerichte von einer Nachprüfung solchen Besitzes ausschloß. Auch das war, wenn sie bestand, eine prozessuale, keine materiellrechtliche Vorschrift und damit außerhalb des Bereichs des Preußischen Landrechts, auf das sie gegründet wurde, unverbindlich[41].

Nast, Journal 1926, 142. Kassationshof Paris 25. 11. 1895 Dalloz 1896 I 37 (Rücksicht auf Verfahrenswirkungen, die unter der früheren Herrschaft zum Abschluß gekommen waren).

[37] Nur davon ist hier die Rede. Anders möglicherweise, wo Handlungen eines fremden Staats verfahrensrechtlich zu bewerten sind, so unten § 32 Z. 1.

[38] Ungenau oben 2, 304 für Gesinderecht.

[39] Dazu auch unten § 32 Z. 4.

[40] Reichsgericht 12. 11. 1907, Entscheidungen 67, 77. Stein, ZPO.[11] 1, 9. Laband, Staatsrecht des Deutschen Reichs[5] 3, 390 f. Anders Aull, Hessische Rechtsprechung 1930, 14 (der Beamte habe ein Recht auf den Schutz der Vorschrift; ist jedoch unergiebig, solange nicht feststeht, welchem Staat gegenüber ein solches Recht besteht).

[41] Dazu oben 1, 323 f. Das dort erwähnte Darmstädter Urteil hält die hessischen Gerichte für verhindert, über preußischen Adel zu entscheiden,

Nur unter besondern rechtlichen Voraussetzungen kann es vorkommen, daß derartige verfahrensrechtliche Bestimmungen auch für die Gerichte andrer Staaten maßgebend sind. Es ist oben 3 I 32[27] ein Fall erwähnt worden, bei dem ein preußischer Eisenbahnbeamter mit der Behauptung, er sei zu Unrecht entlassen worden, vor hamburgischen Gerichten gegen die ihm vorgesetzte in Hamburg stationierte preußische Behörde auf seine Bezüge klagte; nach preußischem Recht ist die Entscheidung der vorgesetzten Behörde über die Entlassung einer Nachprüfung durch die Gerichte entzogen. Das Reichsgericht hat damals die Vorschrift auch im hamburgischen Rechtszug für anwendbar gehalten; mit Grund, aber es beruhte auf den Staatsverträgen, die erst über die Errichtung, dann über die Verstaatlichung der Bahn zwischen Preußen und Hamburg geschlossen waren, wenn die hamburgischen Gerichte in einer preußischen Dienstsache überhaupt entscheiden konnten, und wenn Bestimmungen des preußischen Dienstrechts auch für sie anwendbar wurden[42].

Verschieden hingegen ist die Rechtslage, wo die administrative Feststellung zur Voraussetzung einer andern, materiellrechtlichen Folge gemacht ist, die für das Inland Bedeutung hat, vielleicht in einem Rechtssatz des Inlands, der ausländische Feststellungen einbezieht, vielleicht in einem Satz des ausländischen Rechts, der im Inland anwendbar ist. Die Aufnahme eines solchen Merkmals bedeutet zum mindesten, daß die Folge nicht eintreten kann, wenn nicht eine

---

auch wo sein Besitz nur als Vorfrage in Betracht kam, ja es hat dem Heroldsamt sogar Beschwerderechte im hessischen Verfahren eingeräumt. Anders ein bemerkenswertes Urteil des Oberlandesgerichts Köln 6. 10. 1911, Archiv für Strafrecht 59, 213, das dem Heroldsamt das Recht zur Streitentscheidung überhaupt abspricht, es für den Fall seines Bestehens als prozessual erklärt und daraus folgert, daß selbst preußische Gerichte nur im Geltungsbereich des Preußischen Landrechts, nicht in andern Teilen Preußens, an eine solche Entscheidung gebunden seien.

[42] Vgl. auch Oberlandesgericht Zweibrücken 12. 12. 1900, Zeitschrift 11, 297: nach dem Vereinszollgesetz ist die Festsetzung der Zollschuld durch die Zollbehörde für die Gerichte verbindlich; als Luxemburg dem Deutschen Zollverein angehörte, hatte in einem streitig gewordenen Fall die luxemburgische Zollbehörde gegenüber der deutschen Eisenbahnverwaltung, die im Auftrag des Versenders den Zoll auslegte, die Zollschuld festgesetzt; in dem Verfahren auf Ersatz, das die Bahnverwaltung gegen den Versender vor deutschen Gerichten anstrengte, konnte die Entscheidung der Zollbehörde auf ihre Richtigkeit nicht mehr nachgeprüft werden. Das beruhte eben auf jener Zollgemeinschaft; nur hatte die besondere Rechtslage hier nicht zur Folge, daß die (auch in Luxemburg geltende) Vorschrift über die Bindung der Gerichte als das Recht eines andern Staats zur Anwendung gekommen wäre, sondern bei Anwendung der deutschen Vorschrift wurden Bescheide der luxemburgischen Zollbehörde als gleichwertig deutschen Bescheiden der Nachprüfung entzogen.

Feststellung der vorausgesetzten Art erfolgt ist; sie kann aber auch bedeuten, daß die Feststellung einer weiteren Nachprüfung nicht unterliegen soll. Besonders lehrreich sind dafür verwandte Fälle, bei denen die Begehung einer strafbaren Handlung den Anlaß zu irgendwelchen weiteren Rechtsfolgen geben soll und bei denen man, um Erörterungen abzuschneiden, nicht die Begehung, sondern die strafgerichtliche Verurteilung wegen der Handlung zum Tatbestandsmerkmal erhebt; hier kommt es nicht selten vor, daß auch eine Verurteilung im Ausland als ausreichend angesehen wird, die Rechtsfolge herbeizuführen [43]. Z. B. wenn jemand vom Börsenbesuch ausgeschlossen wird, der wegen betrügerischen Bankerotts verurteilt worden ist. Bayern, Sachsen haben die Führung des Adels nur dann gestattet, wenn der Adel in das Adelsbuch eingetragen war, nicht der Erwerb, sondern der Eintrag sollte das Recht auf Führung begründen; haben andre Staaten die Führung bayrischen, sächsischen Adels davon abhängig gemacht, daß er auch im Ursprungsland geführt werden durfte, so kam auch jene Abstellung auf den Eintrag zur Geltung. In einem Streitfall, der unten § 32 Z. 5 besprochen werden soll, hatte ein schottisches Gesetz verordnet, daß angesichts einer Kirchenspaltung, die eingetreten war, derjenige Teil Eigentümer des Kirchenvermögens sein solle, dem ein hiefür eingesetzter Ausschuß den Gegenstand zusprechen werde; sinngemäß sollte die Entscheidung des Ausschusses jeder weiteren Nachprüfung entzogen sein, und das mußte als Faktor einer Vermögensauseinandersetzung im zuständigen Staat auch in andern Staaten wirksam werden, in denen sich Kirchengut befand. Mit Rücksicht auf die Geldentwertung, die nach dem Krieg eintrat, wurde in Deutschland (oben 3 II 384 ff.) für die Versicherten der Lebensversicherungen ein Verteilungsverfahren eingerichtet, in dem die Gläubiger aus einem durch die Prämienrücklagen gebildeten Verteilungsstock gleichmäßige Befriedigung finden sollten, und es wurde die Maßnahme auch auf ausländische Versicherungsunternehmungen erstreckt, die nach der Entscheidung der deutschen Aufsichtsbehörde unter deutscher Versicherungsaufsicht standen; die Feststellung der Aufsichtsbehörde, ob eine fremde Unternehmung unter deutscher Versicherungsaufsicht stand, war als Ausgangspunkt der materiellen Rechtslage auch für außerdeutsche Gerichte verbindlich [44].

---

[43] Darüber des Näheren Neumeyer, Zeitschrift für die gesamte Strafrechtswissenschaft 27, 37 ff.

[44] Angewendet vom Gerichtshof Arnheim 2. 2. 1932 Weekblad vaan het recht 1932 Nr. 12453.

5. Kapitel.

Die Überwirkung ausländischer Verwaltung in das inländische Recht.

§ 19.

Vorbemerkungen. Die Selbständigkeit des inländischen Rechts.

Die Entscheidung des Inlands, ob eine Angelegenheit seiner Regelung unterstehen soll, und wenn ja, mit welchem Inhalt, ist endgültig [1]. Verzichtet das Inland auf eine Regelung des Tatbestands, so bleibt er dem Inland gegenüber ungeregelt, trotz der Lücke, die für die Interessen beteiligter Privater entsteht, wenn auch andre Staaten von einer Regelung absehen. Hat das Inland eine Regelung getroffen, so ist für das Inland nur diese maßgebend, auch wenn der gleiche Tatbestand andern Staaten Anlaß zu einer abweichenden Regelung gibt. Das kann für die betroffenen Privaten zu schweren Härten führen. So sind im Seeverwaltungsrecht Schwierigkeiten entstanden, weil die Sorge für die Sicherheit der Schiffe sowohl von dem Heimatstaat des Fahrzeugs, wie in zahlreichen Fällen auch von dem Uferstaat, den die Fahrt berührt, in Anspruch genommen wird. Die Zuständigkeitshäufungen im Steuerrecht, bei Ausübung der Strafgewalt, der Entscheidungsgewalt im Zivilprozeß sind bekannt. Über Häufungen unter dem Gesichtspunkt zeitlicher Geltung wird unten § 23 Z. 2 zu sprechen sein. Und das hat denn auch in besonders drückenden Fällen — aber freilich unsystematisch und zufallsmäßig — zu Bemühungen geführt, einem solchen Mißstand mit rechtlichen Mitteln abzuhelfen [2]. Die wesentlichste Abhilfe bleibt hier immer eine sachgemäße Begrenzung der eigenen Zuständigkeit (besonders wirksam, wenn sie, zwischen Staaten, auf Staatsvertrag beruht, zwischen Selbstverwaltungskörpern durch die übergeordnete Staatsgewalt bestimmt wird). Vielleicht erklärt das Inland seine Zuständigkeit für subsidiär, oder es wird durch sachliche Anordnungen Vorsorge getroffen, durch Gleichstellung ausländischer Amtshandlungen der verschiedensten Art, von Anzeigen, Prüfungen, Beurkundungen, durch Anerkennung von Zivilurteilen, im Strafrecht durch Anrechnung einer Strafe, die wegen desselben Verbrechens im Ausland verbüßt wurde; zumal das Finanzrecht ist reich an Abstufungen, um eine Doppelbesteuerung zu vermeiden oder doch

---

[1] Über etwaige Einwirkungen des Völkerrechts unten § 36 Z. 2.

[2] Vgl. zum Folgenden auch unten § 20 Z. 2, § 21 Z. 2, § 22 Z. 3 e) und g), § 31 Z. 3.

in ihren Wirkungen zu mildern[3]. Wo aber das Inlandsrecht dergleichen nicht anordnet, da bleibt für das Inland schlechthin nur seine Regelung maßgebend.

Es ist die Handhabung des Privatrechts, welche die Selbständigkeit inländischen Rechtsschutzes in ihrer vollen Deutlichkeit erkennen läßt. Denn derjenige, der nach inländischem Privatrecht (oder wenn das Inland eine fremde privatrechtliche Ordnung für maßgebend erklärt, nach dieser) ein Recht hat, besitzt einen Anspruch auf die Ergebnisse dieses Rechtszustands, und er hat Anspruch auf einen Ausgleich, wenn ein andrer Staat durch sein Eingreifen das Ergebnis verändert hat[4]. Ein solcher Ausgleich mag in irgendwelchen Auflagen sich äußern[5]. Er kann zu Nachforderungen führen, wenn der An-

---

[3] Beispiele bei Lippert, Internationales Finanzrecht[2] 647ff.

[4] Voraussetzung ist nur, daß der fremden Betätigung nach dem Willen des Inlands verbindliche Bedeutung nicht zukommt. Das mag auf dem Umstand beruhen, daß dem fremden Staat die Zuständigkeit versagt wird, und mag auf dem sachlichen Ausschluß einer Anerkennung beruhen, z. B., wenn das Inland ein Konkursverfahren zur gleichmäßigen Befriedigung der Gläubiger durchführt, und es würden Sonderaktionen im Ausland die Gleichmäßigkeit der Befriedigung vereiteln. Anerkennung eines ausländischen Urteils bedeutet den Verzicht, gegenüber abweichenden Ergebnissen der fremden Entscheidung das Recht oder die tatsächliche Würdigung des Inlands geltend zu machen. Doch entfällt diese Bindung wiederum, wenn ungeachtet der Zuständigkeit eine der sonstigen Voraussetzungen für die Anerkennung des fremden Urteils mangelt. Vgl. insbesondre über die Freiheit, welche dem Inland bei Urteilen, die sonst anzuerkennen wären, auf Grund der Vorbehaltsklausel oder durch Ablehnung von Sondereingriffen erwächst, unten § 32 Z. 3.

[5] Bei einem inländischen Konkursverfahren in der Auflage, in die Masse einzuwerfen, was der Gläubiger im Ausland durch Sondervollstreckung oder Teilnahme an einem Teilkonkurs aus dem Vermögen des Gemeinschuldners erlangt hat. Zu weit geht freilich der Appellhof Paris 11. 5. 1927, Journal 1928, 654, der den ausländischen Gläubiger von der Teilnahme am inländischen Konkurs ausschließt, weil er nach dem Stand seines heimatlichen Konkursrechts eine doppelte Befriedigung erlangen könnte. — Die englischen und amerikanischen Gerichte nehmen in zahlreichen Entscheidungen die Befugnis in Anspruch, der Partei Handlungen bei einem ausländischen Gericht aufzutragen, welche Übereinstimmung mit Entscheidungen des Inlands herstellen sollen (dazu des Näheren Dicey[4] 357ff.; Goodrich, Conflict of laws 153ff.). So beispielsweise Whitwham v. Piercy, Chancery Division 5. 8. 1898, Journal 1899, 1031: das englische Nachlaßgericht hatte die Anordnung des Erblassers bestätigt, es solle sein italienisches Grundstück zugunsten gewisser Erben verkauft werden; ein Verwandter, nach englischem Recht Miterbe, hat vor italienischen Gerichten entsprechend dem dortigen Recht Urteil erwirkt, das ihn zum Alleinerben des Grundstücks beruft; er wird vom Nachlaßgericht verpflichtet, die nötigen Schritte zu tun, um eine Änderung des italienischen Urteils herbeizuführen. (Auflagen dieser Art gehören dem S. 141 f. geschilderten Typus an.)

spruch im Ausland abgewiesen oder in geringerem Ausmaß zugebilligt wurde[6], und muß dem Schuldner möglich machen, zurückzufordern, was er im Ausland — nach der Auffassung des Inlands ohne Rechtsgrund — leisten mußte[7], sofern nur eine Zuständigkeit im Inland be-

[6] Oben 3 II 322, 325, 343: ausländische Vorschriften haben eine Schuld fremder Währung in Ortswährung, Goldschulden in Nennwertschulden umgewandelt; sind die Vorschriften im Inland unanwendbar (weil sie dem Schutz der Währung, also einer fremden Staatseinrichtung dienen, oder weil sie, auf den Schutz des Schuldners gerichtet, nach Lage des Falls der Vorbehaltsklausel unterliegen), so kann der Gläubiger, der durch sie zu Schaden kam, den Ausfall nachfordern. — Appellhof Nancy 8. 6. 1921, Journal 1923, 267: der Arbeiter eines luxemburgischen Betriebs verunglückt in Frankreich, die (öffentlichrechtliche) luxemburgische Unfallversicherung hat ihm, wie es scheint, eine Rente zugesprochen; der Appellhof Nancy hält das (privatrechtliche) französische Unfallgesetz anwendbar und verpflichtet den Arbeitgeber unter Einrechnung des in Luxemburg zugesprochenen Betrags zu einer erhöhten Entschädigung. Dazu B a r t i n, Journal 1924, 857 ff. und Principes 1, 511 f.

[7] Die Selbständigkeit des inländischen Rechtsschutzes überschneidet sich hier mit der Anerkennung, die regelmäßig ausländischer Zwangsvollstreckung gewährt wird, und es muß bei dem unzulänglichen Stand der Literatur (nur H e l l w i g, Lehrbuch des Zivilprozeßrechts 1, 139 ff. macht eine beachtliche Ausnahme) wenigstens andeutungsweise auf diese Fragen eingegangen werden: Eine Anerkennung ausländischer Zwangsvollstreckung hat die Zuständigkeit des vollstreckenden Staats zur Voraussetzung, d. h. es muß sich der Gegenstand der Vollstreckung in dem Gebiet dieses Staats befinden; trifft dies nicht zu, so entbehrt die Vollstreckung für das Inland überhaupt der rechtlichen Wirkung. Kann die Anerkennung erfolgen, so bedeutet sie Anwendung jener Sätze im Privatrecht des handelnden Staats, die an den Akt eine Rechtsveränderung anknüpfen, an eine endgültige Vollstreckung den Übergang des Eigentums an einer Sache, die Übertragung eines Gläubigerrechts, an vorläufige Maßnahmen zum wenigsten eine Beschränkung der Verfügungsmacht des bisher Berechtigten. Solche Rechtsveränderung wirkt gegen Dritte, zumal solche, die gleichfalls Vollstreckung in den Gegenstand betreiben wollen (Oberlandesgericht Hamburg 10. 10. 1900 Zeitschrift 11, 271). Sie wirkt aber auch gegen den enteigneten Eigentümer oder Gläubiger selbst. War die Forderung im zuständigen Auslandsstaat Gegenstand einer Zwangsvollstreckung, so kann der frühere Gläubiger im Inland nicht mehr auf Erfüllung klagen (Reichsgericht 6. 11. 1895 Zeitschrift 6, 58 und 18. 6. 1907, Seufferts Archiv 63, 41; vgl. auch schon Kassationshof Paris 14. 2. 1810 Sirey 1810 I 243). Die Anerkennung der Vollstreckung ist auch unabhängig davon, ob dem Urteil, auf Grund dessen vollstreckt wird, für das Inland F e s t s t e l l u n g s w i r k u n g (Rechtskraft) zukommt. — Jedoch die Anerkennung der Rechtsänderung, die hier zur Erörterung steht, wirkt nur formal und läßt die Frage offen, ob ein Rechtsgrund für den Eintritt der Rechtsänderung vorliegt. D i e s e Frage ist der freien Entscheidung des Inlands unterstellt (wobei auch ein anerkennungsfähiges Urteil des Auslands als solche Rechtsgrundlage in Betracht kommen kann). — Zwei besondere Fälle müssen dabei noch gestreift werden: 1. Ist das Inland mit einer Vollstreckungshandlung vorangegangen, so ist das Ausland nicht mehr

steht, das Verfahren durchzuführen und den sachlichen Erfordernissen für eine Rückforderung nichtgeschuldeter Leistungen Genüge getan ist [8]. Der Ausgleich mag auch in der Zusprechung von Schadenersatz

---

berechtigt, abweichend über den Vollstreckungsgegenstand zu verfügen (Reichsgericht 3. 11. 1911, Entscheidungen 77, 250; vgl. auch Landgericht Hamburg, Zeitschrift 6, 519, dazu die Parallelen unten § 37 Z. 3 b). 2. Besteht die Vollstreckung nicht in der Herbeiführung einer Leistung durch die Machtmittel des Staats, sondern in der unmittelbaren Begründung einer Rechtsänderung durch Gestaltungsurteil (z. B. einer Ehescheidung), so ist nach der offenbaren Absicht solcher Bestimmungen die Anerkennung der Vollstreckungswirkung (Auflösung der Ehe) an dieselben Voraussetzungen gebunden, die das Inland für eine Anerkennung der Feststellungswirkungen des Urteils (Vorliegen der Voraussetzungen einer Scheidung) aufstellt; dazu auch unten § 30 Z. 4, § 31 Z. 1.

[8] Appellhof Alexandrien 15. 5. 1913, Zeitschrift 24, 328: der deutsche Lieferer hatte sich an einem Zwangsvergleich in Ägypten beteiligt, nach dessen Abschluß zu weiterer Befriedigung Zwangsvollstreckung in deutsches Vermögen des Schuldners betrieben; der Schuldner läßt Vermögen des Gläubigers in Ägypten beschlagnahmen, das Gericht bestätigt die Beschlagnahme. — Minna Craig Steamship Co. v. Chartered Mercantile Bank of India, Court of Appeal 1897, Law Times Reports 76, 310: ein englisches Schiff wird in Hamburg beschlagnahmt, deutsche Gerichte machen den Reeder für ein betrügerisch ausgestelltes Konnossement nach deutschem Recht haftbar; ein Rückforderungsanspruch, der in England nach englischem Recht erhoben wird, wird abgewiesen, weil — aber auch nur deshalb, weil — das deutsche Urteil ein *judgement in rem* sei, das Anerkennung zu beanspruchen habe. — Kammergericht 27. 9. 1907, Rechtsprechung der Oberlandesgerichte 18, 55: Verurteilung und Vollstreckung in England, Rückforderung in Deutschland wegen Bereicherung ohne rechtlichen Grund, weil das englische Urteil auf einem irrtümlichen Anerkenntnis des Klägers beruhe; die Klage wird abgewiesen, weil die Parteien durch ihre Teilnahme am Verfahren sich der englischen Entscheidung unterworfen hätten und „das rechtskräftige Urteil" einen selbständigen Schuldgrund bilde. Das ist mehrfach mißverständlich. Teilnahme am Verfahren enthält keine selbständige privatrechtliche Unterwerfung unter das künftige Urteil. Sonst könnten sich Bestimmungen wie § 328 ZPO. von vornherein nur auf Versäumnisurteile beziehen; rechtskräftig aber ist das fremde Urteil für den deutschen Rechtsschutz eben nur dann, wenn die gesetzlich bestimmten Vorausetzungen für eine Anerkennung der Rechtskraft gegeben sind. Frankenstein 1, 356 f. und Nußbaum 295 [1] billigen das Urteil, falls die streitige Verpflichtung unter englischem Recht gestanden sei; aber vom englischen Schuldrecht führt (dazu auch unten § 31 Z. 1) keine Brücke zu der Verbindlichkeit englischer Streitentscheidungen. Nußbaum 428 [4] und M. Wolff 82 [1] halten die Entscheidung für begründet, weil auch Urteile, die der Anerkennung nicht fähig sind, einen „Rechtsgrund" für die Leistung bilden, der den Bereicherungsanspruch ausschließe. Nun liegt ein solcher Rechtsgrund für die Leistung gewiß vor, soweit sie für Tatbestände wesentlich ist, die das Inland nach ausländischen Gesetzen würdigen muß; der Vollstreckungsbeamte, der das Urteil seines Staats vollzogen hat, kann nicht wegen Erpressung belangt werden, er hat rechtmäßig gehandelt. Aber die Leistung selbst ist für den inländischen Rechtsschutz dann rechtlich be-

bestehen[9]; sogar auf Strafe ist gelegentlich erkannt worden[10] bei Handlungen, die das Ausland als rechtmäßig, das Inland als rechtswidrig erklärt hat[11].

Bildet eine solche Selbständigkeit inländischer Stellungnahme den Ausgangspunkt auch für das öffentliche Recht, so bestehen für dessen Bereich Gründe, die sie vollends außer Zweifel setzen. Denn es gehört zum Inhalt einer öffentlichrechtlichen Beziehung, daß sie einem bestimmten Staat gegenüber begründet ist, und wenn derselbe Tatbestand auch von dem öffentlichen Recht eines andern Staats erfaßt wird, so wird damit ein weiteres Rechtsverhältnis mit neuem Inhalt geschaffen. Wer einer Doppelbesteuerung unterliegt, schuldet dem einen und dem andern Staat Steuer. Daß ein Staat aber über öffentliche Rechtsverhältnisse eines andern Staats entscheiden würde, ist von vornherein ausgeschlossen.

So entbehren also Rechtssätze und Amtshandlungen des Auslands von sich aus jeder rechtlichen Bedeutung für das Inland. Nun ist es

---

gründet, wenn sie entweder auf einem anerkennungsfähigen Urteil beruht oder in Ermangelung eines solchen nach eigener rechtlicher und tatsächlicher Würdigung des Inlands zu Recht besteht. — Der Widerspruch bei Bartin, Principes 1, 516 scheidet die hier erörterten Fälle nicht von den gleich zu erwähnenden andern, bei denen der fremde richterliche Akt zur Grundlage eines Deliktsanspruchs gemacht werden will. — Und schon v. Bar, Theorie und Praxis 2, 417 f. hatte auf die Gefahren eines Justizkriegs hingewiesen, die aus der Zulassung einer Rückforderung erwachsen; er will daraus folgern, daß Urteile des Auslands grundsätzlich anerkannt werden müßten — da aber eben dies nicht positiven Rechtens ist, ist damit auch nichts gegen die Zulässigkeit einer Rückforderung dargetan.

[9] Appellhof Paris 2. 1. 1906 Revue 2, 928: das französische Gericht hatte einem Sekthaus in Reims das Recht zugesprochen, den Namen des Unternehmers als Firma zu benutzen, wiewohl es in Reims ein andres Sekthaus mit ähnlicher Firma gibt; der zweite Unternehmer erwirkt in Neuyork Urteil, das dem ersten Einfuhr und Verkauf in den Vereinigten Staaten unter seiner Firma verbietet; der Appellhof Paris spricht dem ersten Unternehmer hierwegen Schadenersatz zu. — Anders ist die Rechtslage bei den S. 160[19] behandelten Fällen, bei denen der Ersatzanspruch auf eine Irreführung der fremden Behörden gestützt wird. Solche Fälle können aus verfahrensrechtlichen Gründen im Inland nicht zur Entscheidung gebracht werden.

[10] So das Schweizerische Bundesgericht in einem der oben 1, 181 f. besprochenen Chartreuse-Prozesse (hierher gehörig, wenn man in der zweideutig gefaßten Verfügung der französischen Behörde auch eine Enteignung der Auslandsmarken des Klosters zu erblicken hatte).

[11] Auch der Satz, daß Zivilurteile eines ausländischen Staats, denen Zuständigkeit zugebilligt, aber aus sonstigen Gründen die Anerkennung versagt ist (unten § 25 Z. 4, 8), nur von einer unmittelbaren Durchsetzung im Inland ausgeschlossen bleiben, vermag keine Milderung zu bringen. Denn es wäre unmittelbarste Durchsetzung des fremden Urteils, wenn seinethalben eine selbständige Würdigung des Inlands unterbleiben müßte.

freilich nicht so, daß in der Gegenwart ein Staat jeglicher Verbindung mit ihnen entraten könnte. Ob aber eine solche Verbindung bestehen und wie weit sie reichen soll, darüber entscheidet einzig der Rechtswille des Inlands[12], und wenn im Folgenden Untersuchungen über die Anwendung ausländischen Rechts, die Erheblichkeit ausländischer Amtshandlungen unter dem Schlagwort einer „Überwirkung" ausländischer Verwaltung zusammengefaßt werden, so ist damit selbstverständlich nicht gemeint, daß fremde Verwaltung nach ihrem Willen innerhalb der inländischen Rechtsordnung irgendeine Wirkung hervorbringen könnte.

I. Die Anwendung ausländischer Rechtssätze.

§ 20.

Einleitung.

1. Die Verweisung. — 2. Anwendung fremden Rechts. — 3. Arten der Verweisung.

Die Verweisung[1].

1. Rechtssätze bilden die Grundlage, auf der entwickelte Gemeinschaften das menschliche Zusammenleben ordnen. Der Rechtssatz in seiner regelmäßigen Gestalt ist Aussage über ein Verhalten, das gefordert wird; als Aussage bedeutet er ein Gefüge von Begriffen, und wenn er andern verständlich sein soll, so müssen diese Begriffe in einen Sprachgebrauch gekleidet sein, der einer Mehrheit von Menschen ermöglicht, solchen Begriffen übereinstimmenden Inhalt zuzuschreiben. Durch diese Einkleidung hindurch aber greifen die Rechtsbegriffe aus in die unermeßliche Welt des natürlichen und sozialen Geschehens. Wo immer solches Geschehen den Anlaß zu einer Voraussetzung, zu einer Wirkung im Recht bieten soll, da ist es der von dem Rechtssatz verwendete Begriff, der dies Geschehen hereinzieht, und das Zaubermittel, mit dem er den Kosmos beherrscht, ist die Verweisung. Ein jeder Rechtsbegriff weist über sich selbst hinaus und erfüllt sich mit der Bezugnahme auf irgendein Geschehen. Verweisung macht dem Rechtssatz den Kreislauf der Erde untertan, wenn er eine Frist nach Jahren bemißt; Verweisung ist ihm der Hebel, eine Gesellschaftsordnung aus den Angeln zu stürzen, wenn er für verbindlich erklärt, was naturgegeben erscheint. So mündet das große und das kleine Geschehen in den Rechtssatz, und wie die Verweisung zu andern sozialen Ordnungen die Brücke schlägt, so stellt sie — in Verweisungen von Recht

[12] Dazu Neumeyer, Zeitschrift für öffentliches Recht 11, 45. Kelsen, Allgemeine Staatslehre 121.

[1] Zum Folgenden Neumeyer, Zeitschrift für öffentliches Recht 11, 44ff.

auf Recht — die Zusammenarbeit mit Rechtssätzen sicher, mit Rechtssätzen des eigenen Systems, mit Rechtssätzen, die einer autonomen fremden Rechtsgemeinschaft angehören.

Anwendung fremden Rechts.

2. Für den Bereich des Privatrechts hat heute grundsätzlich eine Aufteilung der Zuständigkeiten stattgefunden, die dazu führt, unter der Hoheit des Inlands diejenige privatrechtliche Ordnung, auch die Ordnung eines fremden Staats anzuwenden, dem die Zuständigkeit zur Regelung zugeschrieben wird, und es kann, wie alsbald näher auszuführen, in allen Rechtsbereichen vorkommen, daß irgendwelche Vorfragen, die das inländische Recht aufwirft, aus dem Recht eines ausländischen Staats beantwortet werden müssen [2]. Niemals freilich (oben S. 174) kann das Recht eines fremden Staats von sich aus Geltung innerhalb der inländischen Ordnung gewinnen, der Wille des Inlands schafft ihm rechtliche Bedeutung. Das Mittel aber, solcher Anwendung die Rechtsgrundlage zu bereiten, ist wiederum die Verweisung. Der verweisende Satz gehört notwendig der Rechtsordnung des Inlands an. Dasjenige aber, worauf verwiesen wird (das ist ja eben der Sinn einer Verweisung), bleibt, was es ist: der Sprachgebrauch, das Naturgesetz, auf die ein Rechtssatz abstellt, verwandelt sich damit nicht selbst in einen Rechtssatz, die Verweisung gibt ihnen rechtliche Erheblichkeit, aber eben in ihrer Eigenschaft als Sprachgebrauch oder Naturgesetz. Und so bleibt es Zivilrecht, auf das verwiesen wird, wenn das Verwaltungsrecht fordert, der „Eigentümer“ müsse Steuer bezahlen; es bleibt Verweisung auf ausländisches Recht, wenn Inlandsnormen dessen Anwendung vorschreiben [3]. Und auch ausländischem Recht gegenüber läßt sich als Rechtswirkung der Verweisung, die alle Fälle deckt, nur die eine feststellen: daß ausländisches Recht durch sie für das Inland Rechtserheblichkeit gewinnt [4].

Eine Anwendung fremden Rechts hat nun freilich zur Voraussetzung, daß die rechtlichen Einrichtungen der Kulturstaaten als ver-

---

[2] Über „die Vorfrage im Kollisionsrecht“ neuerdings sehr beachtlich Wengler, Zeitschrift für ausländisches Privatrecht 8, 148 ff. Über Abgrenzung zwischen Vorfrage und Hauptfrage unten § 25 Z. 4; auch oben S. 158 ff.

[3] Hier liegen bekannte Irrtümer, die beispielsweise sichtbar werden, wenn Rechtsmittel nur für eine Nachprüfung inländischen Rechts zu Gebote stehen. Anders hingegen verhält es sich bei einer inhaltlichen Übernahme fremden Rechts, von der unten S. 182 ff. zu sprechen sein wird. Hier wurzeln auch die Mißverständnisse, die Marinoni, Rivista di diritto internazionale 7, 482 [1] zu Einwendungen gegen die unten vertretenen Ansichten veranlassen.

[4] Bei den Kollisionsnormen des Privatrechts wird das fremde Recht unter dem Gesichtspunkt seiner „örtlichen Anwendbarkeit“ (oben S. 104) erheblich. Unter den Verweisungen, die für Vorfragen fremdes Recht als erheblich erklären, trifft dies, wie später zu zeigen, nur bei einem Ausschnitt zu.

gleichbar angesehen werden. Und in der Tat ist — nach seiten des Stoffs durch die Gleichartigkeit der Bedürfnisse, nach seiten seiner gedanklichen Durchdringung auf der Grundlage römischer Rechtswissenschaft vornehmlich durch die Arbeit der mittelalterlichen Legisten und Kanonisten — eine solche Gleichartigkeit in so weitem Ausmaß erwachsen, daß dies System einer Aufteilung der Regelungen funktioniert.

Das System funktioniert, funktioniert auch in Verwaltungssachen. Es wäre nicht möglich, für Fremde einen Paßzwang einzuführen, wenn nicht deren Heimatstaat Pässe ausstellen würde, man könnte nicht die Schiffspapiere nachprüfen, wenn nicht der Heimatstaat das Seeschiff mit den vorausgesetzten Papieren versehen würde[5]. Und so mag es vorkommen, daß ein Land eigene Interessen wahrnimmt, wenn es die Befolgung von Vorschriften, die ein andrer Staat für seinen Bereich aufgestellt hat, fordert[6]. Aber freilich, eine völlige Übereinstimmung der Rechtseinrichtungen ist dennoch selten. Und es bedarf darum der mannigfachsten Vorkehrungen, um die unvermeidlichen Unstimmigkeiten in ihrer Zahl zu vermindern, in ihrer Wirkung unschädlich zu machen. Man begnügt sich etwa bei der Aufeinanderfolge oder auch dem gleichzeitigen Bestand der Zuständigkeit in Inland und Ausland mit der Befolgung des fremden Rechts, z. B. für Anforderungen an die Beschaffenheit ausländischen Weines[7], und man findet sich bereit, Amtshandlungen des Inlands mit dem Inhalt vorzunehmen, wie ihn fremdes Recht fordert[8]. Vor allem wird solche Rücksicht bei der Auf-

[5] Vgl. die Beispiele 1, 31 ff. (Pässe); 1, 59[88] (Standesurkunden); 3 I 93 ff. (Bordpapiere der Seeschiffe); 3 I 205, 208 (der Binnenschiffe); 3 I 249 f., 255, 267 (der Luftfahrzeuge). Hieher auch die Ermächtigung oder Verpflichtung, eine Erklärung vor einer fremden Behörde abzugeben, unten § 29 Z. 2.

[6] So 3 I 290, wenn Binnenstaaten verlangen, daß den Schutzvorschriften für Auswanderer, die der Staat des Ausreisehafens aufstellt, entsprochen werde; auch Einwanderungsstaaten stellen, zuweilen sogar unter Strafzwang, derartige Forderungen. Vgl. ferner den Ausschluß staatenloser Seeschiffe und Flugzeuge vom Verkehr 3 I 93 und 245. Hieher gehört es auch, wenn Deutschland Personen ausgewiesen hat, die der Wehrpflicht in ihrem Staat nicht genügt haben: ein Ärgernis, das daraus für die Inländer entstehe, sollte abgewendet werden. So der Vorbehalt in Art. 3 des deutsch-niederländischen Niederlassungsvertrags 17. 12. 1904, dazu die Denkschrift der Reichsregierung Zeitschrift 16, 97; im Verhältnis zur Schweiz Münchener Neueste Nachrichten 20. 6. 1900.

[7] Oben 2, 155 224. Weitere Beispiele 1, 185 Presserecht; 2, 355 f. Versicherungsreserve; 3 I 115[93] Anforderungen an Seeschiffe; 3 I 140 Vermeidung von Schiffszusammenstößen; 3 I 289 f. Beförderung von Auswanderern.

[8] Es handelt sich dabei vornehmlich um Messungen und ähnliche Feststellungen, unten § 30 Z. 3. Vgl. auch 3 I 70 über Bahnbau oder Zugabfertigung nach fremden Vorschriften. Über Vornahme von Rechtshilfehandlungen nach fremdem Recht unten § 33.

stellung von zweiseitigen Kollisionsnormen und ihrer Durchführung erforderlich. Kollisionsnormen bedürfen (es wird darauf in der Lehre von der „Qualifikation“ zurückzukommen sein) einer besonders biegsamen, von dem materiellen Inlandsrecht sich ablösenden Bestimmung der sachlichen Kategorien, mit denen sie arbeiten, und sie müssen überdies als Typenlösungen aufgefaßt werden, neben denen eine abweichende Lösung nach den Erfordernissen des einzelnen Falls vorbehalten bleibt (unten § 22 Z. 4). Auf seiten der Sachnormen aber, die von der Kollisionsnorm zur Anwendung berufen sind, wird es vielfältig jener Umformung bedürfen, der schon Zitelmann [9] den Weg gewiesen hat: daß zusammentreffende Rechtsbegriffe aufeinander abgestimmt werden müssen, wie wenn der Tatbestand sich auf dem Boden einer einzigen Rechtsordnung ereignet hätte [10]. Und im Hintergrund verbleibt die Abwehr durch den Vorbehalt der guten Sitten, mittelbar auch ein Druck durch Gegenseitigkeits- und Vergeltungsbestimmungen.

Soziologisch betrachtet handelt es sich bei einer Anwendung fremden Rechts zunächst nicht um Betätigung im Dienst einer angenommenen Rechtspflegegemeinschaft unter den Völkern, noch weniger um eine Maßnahme, mit der dem Willen eines fremden Staats, eine Regelung zu begründen, Rechtshilfe geleistet würde: es sind die Bedürfnisse einer Ordnung im eignen Bereich, die veranlassen, der Tatsache einer Rechtswirksamkeit andrer Staaten Rechnung zu tragen. Das gilt schon bei der Anwendung fremden Rechts, die unter dem Gesichtspunkt einer Zuständigkeitsverteilung statthat. Und es wird vollends deutlich, wo fremdes Recht unter andern Gesichtspunkten zur Anwendung kommt. Wenn Zwangsvollstreckung in Geldzeichen fremder Währung (sie zu bestimmen, bedarf es einer Anwendung des Rechts dieser Währung) nach den Grundsätzen über Vollstreckung in Geld, nicht über Vollstreckung in andre bewegliche Sachen erfolgt, so ist das Interesse des Staats der Währung an dieser Entscheidung unbeteiligt. Und es ist Abwehr gegen den fremden Staat, wenn die Anwendung fremden Rechts ergibt, daß Gegenseitigkeit nicht besteht und seine Angehörigen deshalb Prozeßkostensicherheit leisten müssen [11].

---

[9] Internationales Privatrecht 1, 146.

[10] Dabei mögen auch Konversionen aus öffentlichem in Privatrecht notwendig werden. Beispiele oben S. 162, unten § 23 Z. 5 und § 35 Z. 3. Selbstverständlich aber kommt es dazu nur, wenn die Einpassung des fremden in das örtliche Recht solches fordert; dazu unten § 35 Z. 3.

[11] Das schließt natürlich nicht aus, daß im einzelnen Fall die Anwendung fremden Rechts den Zweck verfolgt, einem fremden Staat Unterstützung zu gewähren. So etwa oben 3 I 112 [88] (Schiffskesselprüfung nach fremden Bestimmungen) und häufig in Verbindung mit der Gewährung einer nachgesuchten Rechtshilfe (unten § 33).

Arten der Verweisung.

3. Kein Lebensvorgang, so wurde schon oben S. 96 ausgeführt, untersteht von sich aus irgendeiner rechtlichen Ordnung. Immer muß es eine mit rechtlicher Macht begabte Gemeinschaft sein, die nach ihrem Willen den Vorgang unter ihre Regel zieht, und erst, wenn solches geschieht, erwächst die Möglichkeit, zu fragen, ob freundliche oder feindliche Berührung mit der Regelung andrer Rechtsgemeinschaften Anlaß gibt, in eigenen Vorschriften — über Begriffe, die auf fremdes Recht verweisen — an Rechtssätze, die einem fremden System angehören, Wirkungen für das eigene Recht anzuknüpfen.

Eine Verweisung auf fremdes Recht kommt dabei in zwei Grundformen vor:

a) In Angelegenheiten des Privatrechts kann sich der Staat nicht begnügen, eine Ordnung für diejenigen Tatbestände bereitzustellen, die sachlich dem eigenen Recht unterliegen. Die Wahrung des Rechtsfriedens verlangt, daß auch Tatbestände, die außerhalb seiner sachlichen Ordnung bleiben, nicht einfach als ungeregelt behandelt werden, und dem dient jene „Rechtsfürsorge durch Verweisung", von der oben S. 79 gehandelt wurde, die durch Bezeichnung des anzuwendenden Auslandsrechts eine Regelung herbeiführt. Kommt aber auf Grund solcher Verweisung fremdes Recht zur Anwendung, so ist es der Gegenstand der Beurteilung selbst, den diese Anwendung erfaßt, das fremde Recht gelangt im Inland zu unmittelbarer Anwendung. Dem öffentlichen Recht und so auch dem Verwaltungsrecht (oben S. 115) sind solche Möglichkeiten verschlossen.

b) Dagegen kann es in allen Teilen des Rechtssystems vorkommen, daß eine Angelegenheit als solche der Ordnung des inländischen Rechts unterliegt, daß aber unter die Voraussetzungen, an die sich eine Folge anknüpft, Merkmale aufgenommen sind, für deren Bestimmung auf fremdes Recht verwiesen wird, oder auch, daß die Rechtsfolge selbst durch eine derartige Verweisung ihre nähere Bestimmung empfängt. Z. B. es ist der deutsche Urheberschutz zugunsten eines Ausländers begründet, wenn in dessen Heimatstaat Deutschen der Urheberschutz gewährleistet ist; als der gesetzliche Erbe eines Deutschen ist das „eheliche Kind" des Bruders berufen, und es wird für das Merkmal der Ehelichkeit auf das Recht des fremden Staats verwiesen, dessen Staatsangehörigkeit der Bruder besitzt. Gleichartige Fragen sind auch dem internationalen Verwaltungsrecht bekannt. Von ihnen wird im weitern zu handeln sein[12].

---

[12] Dazu schon Neumeyer, Zeitschrift für die gesamte Strafrechtswissenschaft 23, 437 ff.; auch oben 3 II 285.

c) Ausgangspunkt der Verweisung ist regelmäßig ein Rechtssatz. Doch mag sie auch in einem Rechtsgeschäft, vielleicht in Ausübung richterlichen und administrativen Ermessens aufgestellt werden[13]. Zielpunkt einer Verweisung ist stets deren Ergebnis. Nicht daß im Auslande Vorschriften über Staatsangehörigkeit bestehen, sondern daß jemand die fremde Staatsangehörigkeit hat, besitzt für das Paßrecht des Inlands Interesse. Da aber ein solches Ergebnis nur festgestellt werden kann, wenn jene Vorschriften ihrerseits angewendet werden, so erlangen auch sie für das Inland rechtliche Erheblichkeit. Die Verweisung führt in der Regel unmittelbar auf die Sachnorm, deren Ergebnis benützt werden soll[14]. Es kommt aber auch vor, daß sich ein weiterer Normenkreis dazwischen schiebt: bei einer Verweisung auf die „zuständige" Rechtsordnung (unten § 22 Z. 4). Dann ist die Rechtslage so beschaffen, daß erst das Ergebnis einer Anwendung von Grenznormen oder Kollisionsnormen, mit dessen Hilfe das Ergebnis einer Anwendung von Sachnormen, und auf dieser Grundlage die Rechtsfolge des inländischen Rechts bestimmt werden muß.

d) Weiter ist hier des Zweifels zu gedenken, ob ein Tatbestandsmerkmal des inländischen Rechts im Sinn einer Verweisung auf ausländisches Recht gemeint ist, oder ob die Auslegung ergibt, daß entweder das Merkmal überhaupt nicht als Verweisung auf einen andern Rechtsbegriff gemeint sein soll, oder doch, daß sie in jedem Fall auf das inländische Recht geht. „Verlobte" können sich nach deutschem Recht des Zeugnisses gegen einander entschlagen: man ist darüber einig, daß hier kein Verlöbnis im Sinn des Privatrechts vorausgesetzt ist, und die Frage ist gegenstandslos, welches Recht alsdann über den Bestand eines solchen Verlöbnisses zu entscheiden hätte[15]. Andrerseits ist es als technischer Rechtsbegriff gemeint, wenn eine Vorschrift Geschäftsfähigkeit oder Volljährigkeit verlangt, aber es bleibt dabei noch offen — und ist mannigfach bestritten —, ob bei öffentlichrechtlichen Angelegenheiten des Inlands stets eine Geschäftsfähigkeit oder Volljährigkeit nach inländischem Recht zu fordern sei, oder ob hierüber wie für Zivilsachen (ungenau gesprochen) das Personalstatut ent-

[13] Beispiel des ersteren: Schuldbegründung in ausländischer Währung. Verweisung auf Grund Ermessens: unten S. 193; etwa auch Reichsfinanzhof, Juristische Wochenschrift 1932, 606 (es handelt sich bei diesen Entscheidungen um Beiziehung fremden Rechts zur Feststellung von Tatsachen).

[14] Rechtstechnisch wird dabei überwiegend (so auch in dem genannten Beispiel) das Ergebnis als Merkmal in den Tatbestand aufgenommen, und es muß daraus die Norm erschlossen werden, die zu seiner Feststellung erforderlich ist. Zuweilen wird aber auch auf die Normen selbst verwiesen, denen das vorausgesetzte Ergebnis entnommen werden soll, z. B. steuerfrei ist nach Reichsrecht, wem „nach Völkerrecht" Steuerfreiheit zusteht.

[15] Vgl. auch oben 1, 386 über Bekenntniszugehörigkeit.

scheide[16]. Möglich ist dabei in der Tat, daß eine Gesetzgebung, wie die andern Voraussetzungen einer Rechtsfolge, so auch die Beurteilung der Geschäftsfähigkeit unter dem eigenen Recht konzentriert. Wenn aber für Zivilsachen der Besitz der Geschäftsfähigkeit zu einem eigenen Status verselbständigt ist und als solcher unter Personalstatut steht, so wird im Zweifel anzunehmen sein (zumal die Geschäftsfähigkeit ja selbst gar keine Einrichtung des Zivilrechts ist), daß dies auch für Angelegenheiten des öffentlichen Rechts zutreffen soll[17]. Aber das gilt selbstverständlich nur, wo in Angelegenheiten des öffentlichen Rechts die Beurteilung verfahrensrechtlicher Handlungen von Privaten in Frage steht, es gilt (von Sonderfällen abgesehen) nicht, wo das Merkmal der Volljährigkeit sachliche Voraussetzung einer öffentlichrechtlichen Einrichtung des Inlands ist. Ein lehrreiches Beispiel enthielt das ältere bayrische Gemeinderecht: darnach hatte (und zu einer Zeit, da das Personalstatut durch den Wohnsitz bestimmt wurde, die Termine der Volljährigkeit innerhalb Deutschlands verschieden waren) der Erwerb des Gemeindebürgerrechts Volljährigkeit zur Voraussetzung; diese materielle Voraussetzung des bayrischen Gemeindebürgerrechts mußte sich in jedem Fall nach der bayrischen Volljährigkeitsgrenze bestimmen, während über die Rechtserheblichkeit des Gesuchs unter dem Gesichtspunkt der Geschäftsfähigkeit das Personalstatut des Bewerbers zu entscheiden hatte[18].

---

[16] Für die in der Sache maßgebende Rechtsordnung Herrnritt, Grundlehren (zit. oben S. 15) 109. Für das Personalstatut Tezner (zit. ebenda) 27. — Eine andre und nur nach der lex causae zu beantwortende Frage ist es selbstverständlich, ob für den Eintritt einer Rechtsfolge Geschäftsfähigkeit überhaupt Voraussetzung sein soll, vgl. oben S. 48 und dazu Zivilgericht Paris, Journal 1902, 621 und 547; gleiches Gericht Journal 1917, 1053.

[17] In Deutschland ist das unzweifelhaft für den Bereich der Finanzverwaltung rechtens; s. § 83 der Reichsabgabenordnung (dazu etwa Kommentar von Mrozek [2] 1, 377). Eine ausdrückliche Verweisung auf die heimatlichen Gesetze enthielt für die Einbürgerung in Deutschland Art. 8 des Staatsangehörigkeitsgesetzes von 1870, während das erneuerte Gesetz von 1913 nach dem Vorbild der Zivilprozeßordnung §§ 52, 55 (dort für eine Prozeßführung in Deutschland) grundsätzlich die gleiche Lösung beibehielt, daneben aber sich mit einem Besitz der Geschäftsfähigkeit nach deutschem Recht begnügte.

[18] So richtig G. v. Kahr, Bayerische Gemeindeordnung (1896) 1, 157 ff. gegenüber abweichenden Meinungen. — Gleichartige Fragen bestanden unter dem früheren französischen Recht für den Erwerb der Staatsangehörigkeit. Wer in Frankreich geboren und im Zeitpunkt der Volljährigkeit niedergelassen war, konnte die französische Staatsangehörigkeit beanspruchen, und es handelte sich dabei, wie das Gesetz von 1889 zutreffend bestimmte, um die „Volljährigkeit, wie sie von dem französischen Recht geregelt ist". Dagegen war es bestritten und m. E. zu verneinen, daß dies auch für das Naturalisationsgesuch eines Ausländers zu gelten hatte; es handelte sich dabei nicht um Volljährigkeit als Voraussetzung der Einbürgerung, sondern um die verfahrensrechtliche Wirksamkeit des Gesuchs (das Gesetz von 1927 hat jetzt

e) Die Verweisung auf fremdes Recht, die hier untersucht wird, ist Verweisung im Recht des einen Staats auf Rechtssätze, die dem Recht eines andern Staats angehören; vielleicht in der besondern Ausgestaltung, daß auch entschieden wird, welches unter mehreren Rechten als das zuständige zur Anwendung berufen ist. Sehr verschieden von einer solchen Verweisung ist die Festlegung einer andern „Zuständigkeit", von der in den vorausgehenden Bänden zuweilen gehandelt wurde. Welcher Staat ist verpflichtet, einen Ausgewiesenen zu übernehmen, der Heimatstaat, der Staat, in dem er längeren Aufenthalt gehabt hatte? Welche Postverwaltung hat im Innenverhältnis der Verwaltungen für eine beschädigte Sendung Ersatz zu leisten, die Aufgabeverwaltung, diejenige, in deren Bereich eine Beschädigung erfolgt ist, oder welche sonst [19]? Hat eine Auslieferung in Strafsachen an den Staat des Tatorts oder an den Heimatstaat des Beschuldigten zu erfolgen? Soweit es sich hier um Beziehungen von Staat zu Staat handelt, liegt ihre rechtliche Ordnung auf einer andern Ebene: nur ein völkerrechtlicher Vertrag kann solche Leistungen zu einer Verpflichtung gegenüber andern Staaten erheben. Erst die amtliche Tätigkeit, die zur Geltendmachung des Anspruchs im einen Staat, und zur Ausführung der Verpflichtung im andern Staat erforderlich wird, gewinnt Beziehungen zum innerstaatlichen Recht der Beteiligten, und die Richtung auf den andern Staat, in bezug auf den gehandelt werden soll, wird dabei zu einem Stück des Inhalts von Sachnormen [20].

---

für das erstere Merkmal unmittelbar, für das zweite mittelbar die Altersgrenze von „21 Jahren" festgesetzt). — Für andre Vorschriften, die Mangel der Volljährigkeit voraussetzen, bedarf es der Feststellung, ob sie einen Schutz der elterlichen oder vormundschaftlichen Gewalt bezwecken. In diesem Sinn hat der schweizerische Bundesrat die Bestimmung des Auswanderungsgesetzes ausgelegt, die Unbefugten Abschluß von Auswanderungsverträgen mit „Minderjährigen" verbietet; v. Salis, Schweizerisches Bundesrecht² 5, 551. Im selben Sinn werden auch die Arbeiterschutzbestimmungen der deutschen Gewerbeordnung §§ 107, 113, 119a aufzufassen sein. Auch auf strafrechtlichem Boden kann dies vorkommen: wo Entführung einer „Minderjährigen" unter solchem Gesichtspunkt bestraft wird (Neumeyer, Annuaire de l'Institut de droit international 34, 262). Doch wird es sich bei diesem Delikt vielfach um den Schutz der Entführten selbst handeln, und es liegt nahe, alsdann ebenso wie bei andern Sittlichkeitsvergehen gegen „Minderjährige" das Inlandsrecht zur Grundlage zu nehmen. Weiteres bei Neumeyer, Zeitschrift für die gesamte Strafrechtswissenschaft 23, 439⁸ und den dort Angeführten; dazu seither Appellhof Brüssel Revue 1, 543 mit den Angaben der Note; das Mädchenhandelsabkommen 1910 Schlußprotokoll B RGBl. 1913, 31; M. Travers, Le droit pénal international (1920) 1, 277 ff.; Annuaire a. a. O. 225 ff., 596 ff., 754.

[19] 1, 10 ff., 3 II 6 ff. Vgl. auch für den Fall einer mehrfachen Staatsangehörigkeit 1, 52 (Übersendung von Standesurkunden); 2, 431 f. (Armenhilfe).

[20] Möglicherweise entstehen bei dieser Umsetzung in innerstaatliches Recht auch Rechtsbeziehungen zwischen der Verwaltung und dem Einzelnen,

Gleichartige Fragen können zwischen Selbstverwaltungskörpern innerhalb des Staats entstehen; für die Armenverbände, deren einer — vielleicht der Verband des Wohnorts, vielleicht der des Dienstorts — die Armenlasten zu tragen hat; für die Versicherungsträger, die mit den Leistungen der Arbeiterversicherung belastet sind [21]. Auch hier kann eine Lastenverteilung zwischen den Verbänden nur im Rahmen eines übergeordneten Systems erwachsen; es ist Sache des staatlichen Rechts, sie zu begründen. Dabei wird aber auch die Normierung für die Durchführung der Leistung und für deren etwaige Einforderung durch den berechtigten Teil vielfach außerhalb der Autonomie liegen, die diesen Selbstverwaltungskörpern eingeräumt ist, so daß in ihrem gegenseitigen Verhältnis für eine Verweisung auf fremdes Recht von vornherein kein Raum bleibt.

§ 21.

Vorfragen unter ausländischem Verwaltungsrecht. Typen.

1. Die inhaltliche Übernahme fremden Rechts. — 2. Voraussetzungen abweichenden Inhalts. — 3. Fremdes Verwaltungsrecht als Tatsache? Der Begriff der Rechtsanwendung.

Die inhaltliche Übernahme fremden Rechts.

1. Wenn im folgenden versucht wird, unter den vielfältigen Erscheinungen, die eine Anwendung ausländischen Verwaltungsrechts aufweisen, Typen herauszufinden [1], so bedarf zunächst diejenige Gruppe der Aufklärung, bei der ausländisches Recht zum Inhalt gleichartigen Inlandsrechtes wird. Aber auch diese Gruppe ist in sich nicht einheitlich.

---

der Objekt der Amtstätigkeit wird. Soweit es sich dabei um Bindungen der Verwaltung gegenüber dem Einzelnen handelt, können örtliche Merkmale — oben S. 108 — wiederum nur als Teile einer Sachnorm in Betracht kommen, z. B. bei Bezeichnung des Personenkreises, den ein Staat verpflichtet ist, in sein Gebiet aufzunehmen. Denkbarer Weise kann es dabei auch zu Verpflichtungen des Einzelnen und damit zu Grenznormen kommen, die den Kreis der verpflichteten Personen umschreiben; so für die Verpflichtung des Ausgewiesenen, die Freiheitsbeschränkungen hinzunehmen, die mit dem Übernahmeverfahren verbunden sind. Aber eine solche Verpflichtung trifft (bei Vorliegen der sonstigen Voraussetzungen) den, der sich im Staatsgebiet befindet; die Frage, welcher Staat von mehreren übernahmepflichtig ist, kann auch hier nur unter den sachlichen Voraussetzungen der Freiheitsbeschränkung erscheinen.

[21] Dazu oben 2, 370 ff.; 2, 565 ff. und öfter.

[1] Fälle, bei denen die Anwendung ausländischen Rechts in Verbindung mit einer Amtshandlung des Auslands auftritt, sollen erst unter § 30 behandelt werden.

a) Als Irland Staat wurde, hat das Land die britische Währung übernommen. Berufsgenossenschaften (und die deutsche Berufsgenossenschaft ist ein autonomer Verband des öffentlichen Rechts) sind reichsrechtlich verpflichtet, die Unfallsverhütungsvorschriften einer andern näher beteiligten Genossenschaft zu übernehmen [2]. Hier werden Rechtssätze aus einem fremden System in das eigene übertragen, ein konkreter Fall, auf den die Rechtssätze anzuwenden wären, liegt noch nicht vor.

b) Ein Staat wünscht Angleichung an den Rechtszustand eines andern, z. B. in Grenzgebieten, wo Feiertagsbeschränkungen gemildert werden, wenn den Bewohnern des Nachbargebiets gleichartige Handlungen gestattet sind [3]. Oder es hatte ein Reichsgesetz von 1912 Ausfuhrvergütungen für Branntwein vorgesehen, mit dem Beisatz, die Vergünstigung könne entsprechend erhöht werden, wenn im Ausland eine höhere Vergütung gewährt wird. Vornehmlich gehören hieher die mannigfaltigen Bestimmungen, die eine Rechtsfolge von dem Bestand einer Gegenseitigkeit abhängig machen [4] oder sie vergeltungsweise eintreten lassen. Die Vereinigten Staaten (Gesetz 1887) haben Ausländern gegen entsprechende Zulassung ihrer Angehörigen die Küstenfischerei erlaubt. Vergeltungsmaßnahmen sieht beispielsweise § 64 der Reichsgewerbeordnung für den Marktverkehr vor [5]. Und sehr vielfältig wird von Gegenseitigkeitsklauseln, von Vergeltungsbestimmungen im Recht der Finanzverwaltung und der auswärtigen Verwaltung Gebrauch gemacht [6].

---

[2] Über die irländische Währung oben 3 II 222. Für die Berufsgenossenschaften 2, 549 [89]. Vgl. auch RGBl. 1931 II 125: nach Art. 12 ff. eines deutsch-belgischen Abkommens soll auf einer belgisch gewordenen Strecke die deutsche Eisenbahnverkehrsordnung in Geltung bleiben.

[3] Oben 3 II 114 [46] für die Fischerei auf dem Bodensee. Fleischmann im Wörterbuch des Staats- und Verwaltungsrechts [2] 2, 711 für den Handelsbetrieb.

[4] Die Übernahme fremden Rechts wird besonders deutlich, wo Gegenseitigkeitsklauseln nicht bloß negativ dazu dienen, einen bedingungsweise geformten Satz des Inlandsrechts von der Geltung auszuschließen, wenn im Ausland der entsprechende Rechtszustand nicht besteht; wo vielmehr durch Verweisung auf Gegenseitigkeit das Inlandsrecht Inhalte erlangen kann, die im voraus nicht bestimmt sind. So § 101 der österreichischen Jurisdiktionsnorm: gegenüber Ausländern ist eine Zuständigkeit österreichischer Gerichte auch für Klagen begründet, für die eine Zuständigkeit nach dem Gesetz sonst nicht besteht, wenn in dem Gebiet des Ausländers solche Klagen gegen einen Österreicher zugelassen werden.

[5] Weitere Beispiele oben 1, 542 f. Erhebung von Stolgebühren. 2, 354 Anforderungen an Versicherungsunternehmen.

[6] Dagegen handelt es sich bei einer Gewährung der Meistbegünstigung um die Übernahme inländischen Fremdenrechts, das in bezug auf die Angehörigen eines Staats besteht, in fremdenrechtliche Bestimmungen, die

Wo die Verwirklichung der Gegenseitigkeit, der Eintritt des Vergeltungsfalls durch eine selbständige Rechtsnorm festgestellt wird, ähnelt der juristische Vorgang der zu a) besprochenen Erscheinung: es wird durch die Feststellung ein Rechtssatz des Inlands vervollständigt; indessen wird die Verweisung auf den fremden Rechtszustand von der geschehenen Feststellung an zum bloßen Motiv und verliert ihre weitere rechtliche Bedeutung. Wo aber Gegenseitigkeit oder Vergeltungsfall bei der Würdigung eines konkreten Tatbestands nachgeprüft werden müssen, kommt es zu einer Anwendung ausländischen Rechts; wenngleich nur in der hypothetischen Form, daß gefragt wird, was rechtens wäre, wenn ein andrer, in seinen örtlichen Merkmalen umgestellter Tatbestand dem fremden Recht unterfiele.

c) Abhängigkeit von fremdem Recht begegnet nicht selten in der Weise, daß das Inland ein konkretes Lebensverhältnis seiner Zuständigkeit unterstellt, aber einen andern Staat für näher berechtigt ansieht, dessen Regelung vorzunehmen; die Inlandsordnung erhält unter solchen Umständen denjenigen Inhalt, mit dem der andre Staat für seinen Bereich das Verhältnis geregelt hat. So wird im Staatsrecht dem Ausländer Teilnahme an der Rechtsordnung des Inlands gewährt, wenn der Heimatstaat für die dort geltende Rechtsordnung Rechtsfähigkeit und Geschäftsfähigkeit eingeräumt hat[7]. Im Strafrecht sollen Auslandsvergehen strafbar sein, wenn auch der Staat des fremden Tatorts die Handlung mit Strafe bedroht. Im Prozeßrecht ist ein Anspruch klagbar, wenn ihm die Durchsetzbarkeit seiner Art nach auch vor den Gerichten des Staats zukommt, der privatrechtlich den Anspruch beherrscht[8]. Und so kennt auch das Verwaltungsrecht mancherlei Regelungen von gleichartiger Beschaffenheit. Die Führung eines Personennamens, einer Firma, einer Adelsbezeichnung soll nur dann rechtmäßig sein, wenn ein Recht auf Führung auch im Ursprungsland der Benennung oder Auszeichnung besteht, und sie ist mit dem Inhalt zugelassen, auf den das Ursprungsland die Befugnis erstreckt[9]. Von mancherlei Zulassungen, die aus einem andern Staat

das Inland für Angehörige eines andern Staats aufstellt. Z. B. es gestattet ein Handelsvertrag den Angehörigen des meistbegünstigten Staats den Gewerbebetrieb im Inland, wenn der Gewerbebetrieb im Inland den Angehörigen eines dritten Staats eröffnet ist.

[7] Vgl. oben S. 54.

[8] Ein privatrechtliches Gegenstück schafft Art. 275 des Versailler Vertrags: die Verwendung von Herkunftsbezeichnungen für Weine und Spirituosen soll in Deutschland als unlauterer Wettbewerb behandelt werden, wenn die Verwendung nach dem Recht des Ursprungslands unzulässig ist. Vgl. für das Privatrecht auch — nicht völlig zweifelsfrei — Wengler (zit. oben S. 175[2]) 161 ff.

[9] So für Personennamen z. B. nach dem südslavischen Gesetz vom 19. 2. 1929. Für die Firma der Zweigniederlassung oben 2, 193. Für den Adel 1, 321 ff.

übernommen werden, soll unten § 30 Z. 2 gesprochen werden. Auch Gebietsveränderungen geben zuweilen Anlaß, dem Recht des abtretenden Staats in solcher Weise Einfluß zu gewähren [10]. Auf den Tatbestand, der Gegenstand inländischer Regelung sein soll, muß in diesen Fällen ausländisches Recht angewendet werden, um die vorausgesetzte Rechtslage, wie sie dem Ausland gegenüber besteht, feststellen zu können.

d) Einen solchen Aufbau haben in Wirklichkeit auch Vorschriften oder mißverständliche Auslegungen von Vorschriften, nach denen auf Angelegenheiten des Inlands ausländisches Recht anscheinend unmittelbar angewendet wird. Man trifft dergleichen, wo Ausländer inländischen Wohnsitzes von Inlands wegen der Schulpflicht, einem Bekenntniszwang bei der Erziehung unterworfen werden, dieser Zwang aber nach den Gesetzen des Heimatstaats durchgeführt werden soll [11]. Und es wird nützlich sein, beizufügen, daß es sich auch mit einer Anwendung ausländischen Strafrechts in der Strafrechtspflege des Inlands nicht anders verhält [12]. Die hier genannten Fälle unterscheiden sich von den unter c) besprochenen Erscheinungen nur darin, daß die Unterstellung des Tatbestands unter das inländische Recht verdeckt

---

Doch handelt es sich bei diesen Erscheinungen nur zum Teil darum, das Recht auf Führung im Inland von einem heimatlichen Recht auf Führung abhängig zu machen, vgl. unten S. 188.

[10] Vgl. des Näheren unten § 23 Z. 5.

[11] Dazu des Näheren oben 1, 215 f. und 427. Vgl auch 3 I 115 [93] über die Prüfung der Seetüchtigkeit fremder Schiffe. 1, 349 über die Notwendigkeit, zur Führung eines ausländischen Doktortitels Erlaubnis einzuholen.

[12] Dergleichen kommt in neueren Rechten etwa in der Form vor, daß bei Auslandshandlungen das mildere Recht des Tatorts dem Täter zustatten kommt. In alten Zeiten ist man noch weiter gegangen und hat schlechtweg den Satz aufgestellt, Verbrechen seien nach den Gesetzen des Tatorts zu bestrafen. Hat der Satz zunächst dazu gedient, die Strafgewalt des Inlands für Inlandshandlungen zu begründen, so ist er immerhin auch dahin verstanden worden, daß auf Auslandsverbrechen ausländisches Strafrecht von den Gerichten des Inlands anzuwenden sei, und es hat das, zumal auf die Autorität des Bartolus hin, auch Eingang in die Gerichte gefunden. Eine staatsrechtlich wesentliche Verschiedenheit war freilich, daß damals die Ausübung der Strafgewalt aus dem gemeinen römischen Recht hergeleitet wurde, das den beteiligten Stadtrechten gegenüber als das übergeordnete Reichsrecht galt. Auf das Verhältnis unabhängiger Staaten übertragen, bleibt von vornherein nur die Auffassung möglich, daß, was ein fremder Staat für seine Strafrechtspflege verordnet hat — ein jeder Staat bestimmt den Inhalt seiner hoheitlichen Betätigungen selbst — das Inland als Richtschnur der eigenen Strafrechtspflege übernimmt; dazu des Näheren Neumeyer, Zeitschrift für die gesamte Strafrechtswissenschaft 23, 457. Wunderlich genug bleibt demgegenüber, was man bei einem angesehenen Schriftsteller wie Donnedieu de Vabres, Les principes modernes du droit pénal international (1928) 186 ff. 210 auch heute noch zu dem Gegenstand lesen kann.

bleibt, die Anwendung der ausländischen Vorschriften in der Meinung erfolgt, sie könnten den Tatbestand unmittelbar formen.

e) So verschieden nun alle diese Erscheinungen unter sich sind, so weisen sie ein Gemeinsames auf: ausländisches Recht wird in den Inhalt inländischen Rechts übergeführt. Der Satz aber, der auf Grund der Übernahme gebildet wird, ist ein Satz des Inlandsrechts mit allen Eigenschaften eines solchen, und es bleibt nur zu beachten, daß bei einer Eingliederung öffentlichrechtlicher Sätze des Auslands eine Umstellung vonnöten wird. Denn anders als im Zivilrecht ist der öffentliche Verband hier nicht nur Ordner, sondern Partei. Man schuldet Steuer nicht schlechthin, sondern einem bestimmten Staat, und wenn im Weg der Vergeltung Steuern gefordert werden, wie sie ein fremder Staat von Inländern erhebt, so erfolgt innerhalb der übernommenen Vorschrift eine Umwandlung des Empfangsberechtigten; nicht anders wie bei der Anwendung ausländischen Strafrechts in der Strafrechtspflege des Inlands.

Die Abhängigkeit des so entstandenen Inlandssatzes von der Regelung des Auslands bleibt zuweilen bloße Erinnerung und hinterläßt in den Merkmalen des inländischen Rechtssatzes überhaupt keinen rechtlichen Niederschlag. Öfter aber ist eine solche Abhängigkeit selbst rechtlich formuliert: wenn etwas im Ausland gilt, dann soll Entsprechendes im Inland rechtens sein. Und damit wird der Rechtszustand des Inlands abhängig von einer Vorfrage, er gewinnt nur Geltung, wenn die vorausgesetzte Regelung im Ausland besteht. Und so erhellt, daß es sich bei solcher Übernahme ausländischen in inländisches Recht nur um eine Teilerscheinung handelt innerhalb der weitergreifenden Möglichkeit, daß Rechtsfolgen inländischen Rechts von einer Regelung nach ausländischem Recht abhängig sein können.

Das vorausgesetzte Auslandsrecht mag dabei übereinstimmenden oder abweichenden Inhalt besitzen. In der Tat, es ist handgreiflich, daß die Art der Abhängigkeit vom Auslandsrecht dieselbe ist, wenn die Erhöhung einer Ausfuhrvergütung im Ausland (mit Rücksicht auf den Auslandsmarkt) dem Inland Veranlassung gibt, die gleiche Erhöhung auch in sein Recht aufzunehmen; und wenn eine solche Erhöhung das Inland veranlaßt, (mit Rücksicht auf den Inlandsmarkt) der erhöhten Vergütung einen erhöhten Eingangszoll — also rechtlich ein aliud — entgegenzusetzen.

Voraussetzungen abweichenden Inhalts.

2. a) Die Vorschriften über Gegenseitigkeit und Vergeltung finden ihr Gegenstück in Rechtssätzen des Inlands, die ihren Inhalt von dem Bestand gewisser sachlich verschiedener Rechtssätze des Auslands abhängig machen. So bei dem eben genannten Fall erhöhter Eingangs-

abgaben, wie sie der Weltzuckervertrag von 1902 vorgesehen hatte. Oder bei artverschiedenen Repressalien, z. B. es werden die Kriegsgefangenen vom Nehmestaat einer Freiheitsbeschränkung unterworfen, die der Heimatstaat bei den Gefangenen seiner Botmäßigkeit mit einer Briefsperre beantwortet. Auch hier handelt es sich nur um Fertigstellung des inländischen Rechts, wenn eine besondere Rechtsnorm des Inlands feststellt, daß die vorausgesetzte Beziehung zu einem bestimmten Staat bestehe; aber es handelt sich um Anwendung ausländischen Rechts, um dessen Anwendung allerdings auf einen andern, nicht nur örtlich, sondern auch sachlich verschiedenen Tatbestand, wenn die Voraussetzung des inländischen Rechtssatzes im einzelnen Fall geprüft werden muß.

Ähnliche Entsprechungen, bei denen jeweils die fremde Rechtslage nach fremdem Recht zu prüfen ist, kommen auch sonst mannigfach vor. So untersagt die Schweiz Auswanderungsagenten die Beförderung von Personen, denen die Gesetze des Einwanderungslands den Eintritt verbieten, Opium soll nach dem Weltvertrag nur ausgeführt werden, wenn das Bestimmungsland dem Empfänger die Einfuhr gestattet hat[13]. Oder es werden die Transportfristen unter Inlandsrecht verlängert, wenn die Beförderung in einem Durchgangsland wegen eines gesetzlichen Feiertags unterbrochen wurde[14].

b) In andern Fällen ist es der nämliche Tatbestand, der für das Recht des Inlands und des Auslands — nur je mit umgekehrtem Vorzeichen — in Betracht kommt und zu einer Prüfung der fremden Rechtslage nötigt: wo das Inlandsrecht nur subsidäre Geltung in Anspruch nimmt. Das gleiche kommt zur Vermeidung einer mehrfachen Belastung vor, zur Vermeidung einer Doppelbesteuerung, einer Doppelbestrafung wegen desselben Verbrechens, findet sich mannigfach bei Zwangsversicherungen des öffentlichen Rechts[15]. Und ähnlich verhält es sich, wo das Inland bei Wahrnehmung einer Aufsicht, z. B. über die Reinheit von Nahrungsmitteln oder über die Sicherheit von

---

[13] Schweizerisches Gesetz 10. 7. 1888 Art. 11. Opiumvertrag 1925 Art. 13; ähnlich Art. 21 des deutsch-österreichischen Vertrags 29. 7. 1930 über Rechtshilfe in Zollsachen. Österreichische Ministerialbekanntmachung 1867 § 75: die Schiffsmannschaft erhält Pässe, wenn das Bestimmungsland solche fordert. Eine gleichartige Bestimmung für den Bereich der auswärtigen Verwaltung oben 3 I 121[18].

[14] Internationales Eisenbahnfrachtabkommen, Fassung 23. 11. 1933 Art. 11 § 8. Ein rein privatrechtliches Gegenstück in der deutschen Kriegsverordnung RGBl. 1914, 361, welche die Fristen für wechsel- und scheckrechtliche Handlungen verlängert, wenn die rechtzeitige Vornahme der Handlung durch eine im Ausland erlassene gesetzliche Vorschrift verhindert wird.

[15] Zusammenstellung für die Sozialversicherung oben 2, 727. Für Schlachtviehversicherung 2, 361. Andre Beispiele solcher Subsidiarität unten § 22 Z. 3; § 27 Z. 5.

Verkehrseinrichtungen, es für ausreichend erklärt, wenn nicht den eigenen, aber gleichwertigen Vorschriften eines andern Staats Genüge geschehen ist [16].

Vielleicht sind es auch nur verwandte Tatbestände, die Inland und Ausland beschäftigen und deren Regelung nach Auslandsrecht das Inland rechtliche Bedeutung beimißt. War oben davon die Rede, daß die Rechtmäßigkeit einer Führung von Personennamen, Firmen, Auszeichnungen manchmal abhängig gemacht wird von der Rechtmäßigkeit ihrer Führung im Ursprungsland, so kommt es ebensowohl vor, daß die Statthaftigkeit einer Führung im Inland abhängen soll von der Begründung nach dem Recht des Ursprungslandes. Auch bei den unten § 23 zu besprechenden Fällen eines Statutenwechsels und besonders bei einer Gebietsveränderung (§ 53) finden sich dergleichen Abhängigkeiten. — In denselben Zusammenhang gehört es aber auch, wenn das Inland Sanktionen, Ersatzpflichten, Polizeimaßnahmen, Strafen an eine Zuwiderhandlung gegen fremde Verwaltungsvorschriften knüpft. Z. B. es wird ein Arzt, ein Rechtsanwalt wegen Verletzung des Berufsgeheimnisses bestraft, das ihn nach dem Verwaltungsrecht eines andern Staats bindet [17]. Mehrfache ähnliche Fälle sind schon oben S. 176 erwähnt worden.

c) War unter den eben genannten Umständen die Anwendung fremden Rechts veranlaßt bei Staatstätigkeiten, deren Inhalt sich irgendwie ergänzend anschließt an Tätigkeiten des fremden Staats, auf dessen Recht verwiesen ist, so lockert sich in andern Fällen ein solcher Zusammenhang oder er mangelt völlig. Handelte es sich oben um die Beurteilung einer beruflichen Schweigepflicht nach fremdem Recht in Verbindung mit einem Strafzwang, den das Inland hinter eine solche Verpflichtung stellt, so mag die gleiche Beurteilung nötig sein, wenn das Inland den von einer Schweigepflicht Gebundenen von der Zeugenpflicht in einem Rechtsstreit befreit. Ob Schweigepflicht besteht, bleibt Vorfrage, die Zeugenpflicht aber, auf die sie Einfluß nimmt, gehört einem völlig verschiedenen Zusammenhang an. Papiere ausländischer Unternehmungen werden nur dann zum Börsenhandel zugelassen, wenn sich die ausgebende Stelle verpflichtet, die Bilanz der Unternehmung für eine Reihe von Jahren im Inland zu veröffentlichen; die Bilanz muß den Vorschriften genügen, die am Sitz der Unternehmung in Geltung sind [18]. Vorschriftsmäßig geführten Handelsbüchern wird bisweilen eine besondere Beweiskraft zugeschrieben; auch aus-

---

[16] Vgl. die Anführungen oben S. 176 [7].

[17] Oben 2, 240 ff. für den Arzt; 2, 258 f. für den Rechtsanwalt; auch 1, 500 ff. für den Geistlichen. (Über den Strafschutz ausländischer Verwaltungseinrichtungen im allgemeinen unten § 35 Z. 1.)

[18] Oben 2, 224.

ländischen Büchern, wenn ihre Führung dem dortigen Recht entspricht[19]. Nach Z. 12 der deutschen Prisenordnung soll das Schiff des Gegners fortdauernd als feindlich behandelt werden, wenn es zu einer neutralen Flagge übergegangen ist, aber die Bedingungen nicht erfüllt hat, von denen das Flaggenrecht nach der Gesetzgebung des Flaggenstaats abhängt. In allen diesen Fällen gehören Voraussetzung und Rechtsfolge getrennten Stoffgebieten an — aber der Unterschied der Rechtsinhalte, die an eine Voraussetzung unter fremdem Verwaltungsrecht geknüpft sind, ist für den hier wesentlichen Vorgang, die Anwendung ausländischen Rechts, unerheblich.

d) Dient in den genannten Beispielen die Verweisung auf fremdes Recht, den Tatbestand zu vervollständigen, von dem die Rechtsfolge des Inlands abhängt, so enthalten andre Vorschriften solche Verweisung, um der Rechtsfolge selbst ihren endgültigen Inhalt zu geben. Jemand schuldet Geld fremder Währung, hat Waren ausländischen Maßes zu liefern[20]: zwar betrifft eine Zahlungspflicht in fremder Währung lediglich den sachlichen Inhalt der Leistung; wird ihr Inhalt aber nach Seiten der Währung zweifelhaft, so gibt das Recht des Währungslandes die nähere Bestimmung.

Jedoch es macht keinen Unterschied aus, ob die Verweisung den Tatbestand ergänzen soll, aus dem die Rechtsfolge hergeleitet wird, oder ob sie die Rechtsfolge selbst vervollständigt, der Vorgang der Rechtsanwendung vollzieht sich übereinstimmend. Ein bezeichnendes Beispiel bietet der unten zu erwähnende § 515 HGB. Während es dort heißt, daß sich der Schiffer ersatzpflichtig macht, wenn er die im Ausland geltenden Zollgesetze nicht beachtet, bestimmt der ähnliche Art. 22 der Donauschiffahrtsakte von 1857, der Schiffer hat die Zollvorschriften des Uferlands zu befolgen. Was hier die Rechtsfolge ergänzt, ist dort zur Voraussetzung im Tatbestand geworden.

Von gleicher Beschaffenheit sind aber auch Vorschriften, welche staatliche Behörden verpflichten, nach fremdem Recht tätig zu werden. Es ist oben S. 176 von Messungen die Rede, die der Staat nach fremden Vorschriften vornimmt, Schiffsvermessungen, Feingehaltsprüfungen und dergleichen. Wohl besteht ein Unterschied, wenn der Staat nach fremden Maßen mißt, und wenn ein Privater nach fremdem Maß leisten soll. Denn im ersteren Fall muß ein Rechtssatz oder eine Verwaltungsverordnung vorhanden sein, die der Behörde die Verwendung fremden Maßes zur Pflicht macht. Jedoch der anweisende Satz bedeutet selbst noch keine Anwendung ausländischen Rechts: inländische Vorschrift besagt, daß eine Verwaltungstätigkeit mit bestimmtem In-

---

[19] Oben 2, 223.

[20] Oben 3 II 184 ff. Währung. 3 II 93 Maß und Gewicht. Vgl. auch die Verweisung auf ausländische Börsenkurse 3 II 220.

halt vorgenommen werden soll. Und erst wenn dieser Inhalt näher bestimmt werden muß, trifft man auf eine Verweisung: auf die Vorfrage, wie beschaffen das fremde Maßsystem ist, und es muß an Hand der Rechtssätze, die das ausländische Maßsystem aufbauen, gewürdigt werden, ob die messende Behörde ihrem Auftrag richtig nachkommt.

Auch andre Erscheinungen gleicher Art begegnen nicht ganz selten. So, wenn die Behörde nachprüfen soll, ob die Bordpapiere fremder Seeschiffe oder Luftfahrzeuge deren heimatlichem Recht entsprechen[21]; wenn innerhalb des Weltpostvereins das Empfangsland der Sendung feststellt, ob die Bestimmungen über Freimachung, wie sie im Land der Aufgabe bestehen, befolgt sind[22]. In diesen Zusammenhang gehören die mannigfachen Formen einer Anrechnung; einer Anrechnung von Steuerleistungen an das Ausland, um den Druck einer Doppelbesteuerung zu mildern, einer Anrechnung von Strafen, die wegen derselben Handlung im Ausland verhängt worden sind. Insbesondre hat die Anrechnung von Beiträgen zur Sozialversicherung eines andern Staats in neuerer Zeit beachtliche Entwicklung genommen[23]. Und es mögen auch öffentliche Leistungen in gleicher Weise geregelt sein. Die Postverwaltung des Aufgabelands kann eine Zustellung nur so versprechen, wie sie nach den Vorschriften des Bestimmungslandes erfolgen kann[24]. Sogar Zahlungspflichten dieser Art kommen vor, so, wenn ein Armenverband ersetzen muß, was ein andrer Armenverband nach seinem Recht aufgewendet hat[25].

Fremdes Verwaltungsrecht als Tatsache? Der Begriff der Rechtsanwendung.

3. Es gibt Fälle einer Beachtung fremden Verwaltungsrechts, deren Motiv augenscheinlich nicht in Rücksichten auf die fremde Regelung als solche begründet ist, sondern in der Rückwirkung, die eine derartige Regelung gegenüber Dritten besitzt. Man ist geneigt, bei Bestimmungen dieser Art von einer Einwirkung fremden Rechts als „Tatsache" zu sprechen. Ein französisches Urteil[26] verpflichtet

---

[21] Dazu für Seeschiffe oben 3 I 86 ff. Staatsangehörigkeit, 100 Identität, 130[53] Vorschriften über Höchstzahl der Fahrgäste, 3 II 53 f. Mitführung und Zulassung der Funkanlage. 3 I 210 Binnenschiffe. 3 I 246 f. Luftfahrzeuge; s. auch § 101 der deutschen Verordnung über den Luftverkehr 1930.

[22] Oben 3 II 34.

[23] Oben 2, 728 ff. und neuere Staatsverträge.

[24] Oben 3 II 4 f. Über Abhängigkeit der Post- und Telegraphenverwaltungen von dem Recht der Durchgangsländer bei Beförderung eines Briefs oder Telegramms 3 II 8 ff., 65 ff.

[25] Oben 2, 396.

[26] Journal 1889, 687.

den Erben, die im Ausland beerdigte Leiche des Erblassers entsprechend dessen letztem Willen in das Inland verbringen zu lassen: ob die Auflage durchgeführt werden kann, hängt davon ab, ob der Staat des Begräbnisorts die Wiederausgrabung rechtlich oder doch tatsächlich gestattet. Gerade die Lehre von der Unmöglichkeit ist reich an derartigen Zusammenhängen, und es haben unter solchen Umständen sogar Handelsverbote und Zahlungsverbote des Kriegsgegners rechtliche Bedeutung gewonnen.

Ein Reichsgerichtsurteil der Kriegszeit[27] erklärt den Vertrag für gültig, nach dem unter Verletzung eines schwedischen Ausfuhrverbots Waren von Schweden nach Deutschland geliefert werden sollten, und hat auf dieser Grundlage geprüft, welche Handlungen dem Lieferer zugemutet werden konnten, bevor er sich auf eine Unmöglichkeit der Erfüllung berufen durfte. Ist hier nicht augenscheinlich das fremde Ausfuhrverbot in seiner Geltung als Rechtssatz verneint, seiner tatsächlichen Rückwirkung aber Rechnung getragen? Ja, in einer sehr bemerkenswerten weiteren Entscheidung hat das Reichsgericht diese Rechtslage systematisiert[28]: die deutsche verlangt von der englischen Partei Schadenersatz wegen Nichterfüllung; die englische Partei beruft sich gegenüber dem Handelsverbot ihres Staats auf Unmöglichkeit der Erfüllung; der Kläger wendet ein, daß die britische Verordnung, die das Handelsverbot aufstellt, auf Grund der Vorbehaltsklausel nicht angewendet werden dürfe; die Klage wird abgewiesen: „Das Berufungsgericht führt zutreffend aus, die richterliche Rechtsanwendung bestehe darin, daß vom Richter ausgesprochen wird, ein bestimmter Fall werde von einer bestimmten Rechtsvorschrift erfaßt und sei nach ihr zu ordnen. Eine solche Rechtsanwendung kommt hier nicht in Frage . . . (Wenn das Berufungsgericht) zu dem Ergebnis gelangt, daß das englische Gesetz mit seinen schweren Strafdrohungen, in Verbindung mit der strengen Zensur und den scharfen Kontrollmaßregeln der englischen Regierung einen so starken Hinderungsgrund für die Erfüllung der Kontrakte dargestellt hat, daß . . . Unmöglichkeit der Erfüllung vorlag, so hat es das englische Gesetz nicht angewendet, sondern nur entschieden, ob dieses im Sinne des deutschen Rechts ein Hindernis für die Vertragserfüllung gebildet, eine tatsächliche Unmöglichkeit für sie geschaffen hat." Eine im Ergebnis unanfechtbare Entscheidung. Was dabei über die Vorbehaltsklausel zu sagen ist, wird unten § 25 zu erörtern sein. Aber ist es wahr, daß hier fremdes Recht nicht „angewendet" wird?

Einen Rechtssatz anwenden heißt (natürlich im Sinn der Logik) ein Urteil fällen. Inhalt des Urteils ist die Aussage, daß ein konkreter

---

[27] 22. 12. 1916 Beiträge zur Erläuterung des deutschen Rechts 61, 460.
[28] 28. 6. 1918 Entscheidungen 93, 182.

Sachverhalt den Voraussetzungen entspricht, die ein abstrakter Rechtssatz für den Eintritt einer Rechtsfolge aufstellt, und daß eine konkrete Rechtswirkung der vorgesehenen Art auf Grund jenes Sachverhalts eingetreten ist. Der deutsche Richter, der mit dem vorerwähnten Fall befaßt ist, leitet seine Entscheidung über die Unmöglichkeit der Erfüllung von zwei Merkmalen her: daß die englische Regierung die Lieferung verboten hat, und daß sie dies Verbot durchgeführt hat. Wie sollte aber eine Entscheidung über das erste dieser Merkmale möglich sein, wenn nicht für den konkreten Fall jene Subsumtion vollzogen worden wäre, der streitige Lieferungsvertrag an jenem Handelsverbot gemessen und als ihm unterfallend befunden worden wäre? Gewiß sollte das eben gegen Deutschland gerichtete Verbot damit nicht zur Richtschnur des Handelns unter deutschem Rechtsschutz erklärt werden, es kam als Tatbestandsmerkmal für andre Rechtsfolgen in Betracht. Aber das gilt für jegliches rechtliche Merkmal, das zur Voraussetzung einer Rechtsfolge gemacht ist. Bei solchen Voraussetzungen handelt es sich niemals um den normativen Charakter des Rechtssatzes, der das Merkmal bestimmt. Seine Aufgabe ist in diesem Zusammenhang nicht, einem Privaten ein Verhalten vorzuschreiben. Niemand „soll“ auf Grund des Rechtssatzes, er ist wertfreier Maßstab, zu entscheiden, ob das abstrakte Merkmal, das für den Eintritt der Folge vorausgesetzt wird, im konkreten Fall vorliegt [29], und es gehört die Feststellung nicht in die conclusio derjenigen rechtlichen Entscheidung, um deren willen der Beurteiler entscheidet, sondern es ist eine Hilfsfolgerung, die den Untersatz dieser Entscheidung vervollständigt. Der „Eigentümer“ soll Steuer bezahlen: nicht die Pflichten, die ein Eigentumserwerb nach Seiten des Privatrechts auflegt, kommen dabei in Betracht, sondern eine Voraussetzung der Steuerpflicht bedarf der Feststellung. In diesem Sinn ist jegliche Feststellung eines Tatbestandsmerkmals Feststellung einer Tatsache, und es unterscheiden sich die hier besprochenen Fälle in nichts von den andern, die in Z. 1 und 2 erörtert worden sind. Eine „Anwendung“ fremden Rechts liegt hier überall vor. Eine normative Anwendung aber, die Feststellung, daß auf Grund fremden Rechts etwas geschehen soll, kann es nur für das Privatrecht auf Grund jener mehrfach erwähnten „Rechtsfürsorge durch Verweisung“ geben, und auch hier nur in dem Sinn, daß der Inhalt der fremden Sachnorm von seiten des Inlands zum Gegenstand eines Sollens gemacht wird.

Zur vollen Verdeutlichung des Vorgangs mag jenen Entscheidungen über Handelsverbote § 515 des deutschen Handelsgesetzbuchs gegenübergestellt werden [30], der den Schiffer zum Schadenersatz ver-

---

[29] Dazu Neumeyer, Zeitschrift für öffentliches Recht 11, 45.

[30] Bd. 3 I, 177; vgl. auch oben S. 189.

pflichtet, wenn er im Ausland die dort geltenden Polizei-, Steuer-, Zollgesetze nicht beachtet oder Konterbande lädt. Die Vorschrift ist nicht ergangen, um die Rechtstreue des Schiffers zu stärken, sondern um die Rückwirkung einer Zuwiderhandlung auf den Reeder zu verhüten. Also auch hier Rücksicht auf fremdes Recht als „Tatsache". Und doch liegt auf der Hand, daß die Bestimmung nur praktisch werden kann, wenn eine Anwendung des fremden Rechts ergibt, daß einem Polizeigesetz zuwidergehandelt worden ist. Der Unterschied gegen die vorerwähnten Fälle aber liegt darin, daß § 515 die vorausgesetzte Schädigung des Reeders spezialisiert und dabei auf die ausländischen Gesetze, von deren Verletzung die Schädigung ausgeht, ausdrücklich verweist. Bei dem Rechtssatz: Unmöglichkeit macht frei, läßt dagegen der Gesetzgeber die Tatsachen, die eine Unmöglichkeit begründen können, offen, und es ist das Ermessen des Richters, das diesmal eine Verweisung aufstellt mit dem Inhalt: die Unmöglichkeit kann aus einem durchgeführten Handelsverbot erwachsen. Auch hier aber eine Verweisung, und eine Verweisung, welche die Anwendung fremden Rechts zur Folge hat.

Anders wird die Rechtslage erst da, wo die Verweisung nicht auf den fremden Rechtssatz selbst gerichtet ist, sondern auf Rückwirkungen, die dessen Handhabung zur Folge hatte. Z. B. es verliert der Ehemann die Nutzung am Frauengut, wenn über sein Vermögen der Konkurs eröffnet worden ist. In Fällen dieser Art ist es dann auch gleichgültig, ob der Rechtssatz, der angewendet worden ist, einem nach Auffassung des Inlands zuständigen Staat angehört, ja auch nur, ob er die staatsrechtlichen Voraussetzungen erfüllt, die der gesetzgebende Staat für die Verbindlichkeit seiner Rechtssätze aufgestellt hat.

§ 22.

Die Bestimmung des anwendbaren Rechts.

1. Unmittelbare Verweisung auf ein einzelnes Recht. — 2. Mittelbare Verweisung auf ein einzelnes Recht. — 3. Die Wahl zwischen mehreren Rechten. — 4. Anwendung des zuständigen Rechts. — 5. Verweisung in ausländischem Recht.

Unmittelbare Verweisung auf ein einzelnes Recht.

1. Zivilistische Gewöhnung pflegt in der Anwendung ausländischen Rechts einfach die Auswirkung zu erblicken, die sich aus der Bezeichnung der zuständigen Rechtsordnung ergibt. Nichts vermöchte den Gegenstand weniger zu erschöpfen [1].

---

[1] Daß eine solche Auffassung selbst für das Privatrecht nicht genügt, zeigen mehrfache Anführungen im Vorausgehenden.

Es kann zunächst sein, daß die Verweisung nach ihrem eigenen Inhalt auf ein einzelnes oder mehrere einzelne Auslandsrechte geht. Belgien hat[2] für eine gewisse Bahnstrecke die deutsche Eisenbahnverkehrsordnung übernommen. Schiffsvermessungen können in Deutschland nach den französischen, schwedischen, niederländischen Vorschriften vorgenommen werden.

Hier überall kann es zur Anwendung ausländischen Verwaltungsrechts kommen. Für eine Zuständigkeitsfrage bleibt dabei kein Raum. Denn Zuständigkeit bestimmen heißt Tatbestände begrenzen.

Mittelbare Verweisung auf ein einzelnes Recht.

2. In der Regel werden Verweisungen auf fremdes Recht in einem abstrakten Rechtssatz mit abstrakten Merkmalen bezeichnet. Dabei aber sind diese Merkmale nicht selten so beschaffen, daß sie bei ihrer Anwendung, also im konkreten Fall, die Verweisung auf das Recht eines einzelnen Staats ergeben. Denn manchmal verwendet ein Rechtssatz Merkmale, denen eine staatliche Beziehung bestimmten Inhalts unmittelbar innewohnt, und mit der Anwendung auf einen konkreten Fall ist auch der Staat eindeutig festgelegt, auf den diese Beziehung hinweist; handelt es sich bei solchen Merkmalen um verwaltungsrechtliche Maßnahmen oder Einrichtungen, so kann[3] das zu der Anwendung ausländischen Verwaltungsrechts führen, und für eine Frage, welcher Staat hier unter örtlichen Rücksichten zuständig wäre, bleibt dabei kein Raum. Schadenersatz muß in der geschuldeten Währung bezahlt werden: ist erst einmal inhaltlich festgestellt, daß englische Währung geschuldet ist, so ist damit eindeutig festgelegt, daß englisches Währungsrecht über das Maß der geschuldeten Leistung, über die Mittel, ihr zu genügen, entscheidet. Nicht anders, wenn durch ein fremdes Ausfuhrverbot die Unmöglichkeit einer Lieferung dargetan werden soll.

Um dieselbe Erscheinung handelt es sich bei Bestimmungen, die an das Verhalten andrer Staaten Abwehrmaßnahmen knüpfen. War nach dem Weltzuckervertrag der Eingangszoll zu erhöhen, wenn ein andrer Staat die Ausfuhrvergütung erhöht hatte, so war mit einer solchen Maßnahme auch der Staat bezeichnet, gegen den sich die Abwehr wenden mußte, und es hatte das Recht jenes Staats etwa zu entscheiden, ob eine Leistung als Ausfuhrvergütung anzusprechen war. Insbesondre sind alle Gegenseitigkeitsklauseln, alle Vergeltungsvorschriften von dieser Beschaffenheit. Und ebenso mag es sich bei einer Zusammenarbeit verhalten; wo Beförderung von Auswanderern nicht

---

[2] Die Beispiele sind, soweit nicht anders angegeben, dem vorausgehenden Paragraphen entnommen.

[3] Dazu unten § 40 5).

statthaft sein soll, falls das Bestimmungsland den Einwanderer nicht aufnimmt; wo eine Ware nicht ausgeführt werden darf, wenn die Einfuhr nicht zulässig ist[4]. —

Es gibt auch Fälle, bei denen die Verweisung auf mehrere an einem Tatbestand beteiligte Staaten zugleich geht, derart, daß aus dem Recht eines jeden von ihnen eine Erfüllung der Voraussetzung, die das Inlandsrecht aufstellt, hergeleitet werden kann. Im übrigen aber ist die Rechtslage die gleiche wie vorher. Die konkrete Verfolgung der Verweisung führt eindeutig auf das Recht eines räumlich bestimmten Staats. Im bayrischen Bodenseegebiet ist an Feiertagen die Fischerei freigegeben, soweit sie „den Fischern der anderen Staaten" gestattet ist. Das kann heißen, die Befugnis besteht, wenn sie in sämtlichen Uferstaaten gegeben ist, kann auch bedeuten (und es ist die zutreffende Auslegung), daß die Ermächtigung in einem der Uferstaaten hiezu ausreicht. Jedenfalls aber ist das eine materiellrechtliche Frage, die mit irgendwelchen Zuständigkeitserwägungen nicht verbunden ist.

Ebenso verhält es sich, wenn die Transportfristen der Eisenbahn verlängert werden durch Feiertage, die in irgendeinem der Durchgangsländer die Beförderung aufhalten, wenn der Versendung von Poststücken, von telegraphischen Nachrichten Hindernisse entgegenstehen, die das Recht irgendeines der Durchgangsländer aufstellt. Und wenn zuweilen Staaten, die auf Grund solcher Beziehungen beteiligt wären, dennoch außer Betracht bleiben — z. B. brauchen im Weltpostverein für den Höchstbetrag der Postanweisungen nur die Vorschriften der Aufgabeverwaltung beachtet werden[5] —, so ist auch das eine rein sachliche Anordnung. Daß die Aufgabeverwaltung diesen Höchstbetrag festsetzen soll, beruht nicht auf einer örtlich bestimmten Zuständigkeit derselben, sondern es ist keine andre Verwaltung übergeblieben, die sachlich mit der Regelung des Gegenstands befaßt sein könnte.

Die Wahl zwischen mehreren Rechten.

3. In zahlreichen Fällen ergibt eine Abstellung auf Vorfragen — nur davon ist in diesem Zusammenhang die Rede —, daß sie aus einer einzigen Rechtsordnung bestimmt werden sollen, aber es bleibt

[4] Die Erscheinung kommt auch in der Art vor, daß — zumal auf grund von Staatsverträgen — die Verweisung nur auf das Recht eines einzelnen Auslandsstaats erfolgt. Z. B. Deutschland bestraft eine Zuwiderhandlung gegen österreichische Zollgesetze. Auch hier bedarf es der Subsumtion eines Tatbestands. Aber auch hier ergibt sich bei der Rechtsanwendung eindeutig, an welchem Zollrecht der Tatbestand gemessen werden muß, und es bleibt nur der in diesem Zusammenhang unerhebliche Unterschied, daß Folgen für das deutsche Recht lediglich dann entstehen, wenn sich die Zuwiderhandlung gegen die österreichischen Zollgesetze richtet, nicht wenn gegen Zollgesetze eines andern Staats.

[5] Vgl. dazu oben 3 II 11 f.

zunächst zweifelhaft, welches diese Rechtsordnung ist. Und wenn es, wie oben S. 96 ausgeführt, grundsätzlich unrichtig ist, eine solche Fragestellung zum Ausgangspunkt zu nehmen für Tatbestände, die unmittelbarer Gegenstand rechtlicher Würdigung sind, so ist das bei der rechtlichen Bewertung von Vorfragen anders: der für den Gegenstand der Regelung zuständige Staat steht fest, und es ist sein Recht der Ansatzpunkt für die ergänzende Frage, welches von mehreren Rechten ein vorausgesetztes Merkmal bestimmen soll. Zweifel über das maßgebende Recht aber können sich unter sehr verschiedenen Gesichtspunkten ergeben.

a) Es kann zweifelhaft sein, ob der inländische Rechtssatz, der ein Merkmal voraussetzt, überhaupt die Möglichkeit einräumen will, das Merkmal nach fremdem Recht zu bestimmen, z. B. wenn für Handlungen der Privaten in Verwaltungssachen „Volljährigkeit" verlangt wird. Vgl. darüber oben S. 179 f.

b) Es kann die Möglichkeit, fremdes Recht anzuwenden, außer Zweifel stehen, aber es ist staatsrechtlich zweifelhaft, auf welchen Staat die sachlichen und örtlichen Anknüpfungen hinweisen. Z. B. es handelt sich um Bewirtschaftung des Staatswalds in einem vom Feind besetzten Gebiet. Dazu unten Kapitel 7.

c) Die Mehrzahl der Fragen, die das internationale Privatrecht bewegen, wird durch Zweifel veranlaßt, ob die sachliche Anknüpfung, deren sich eine Kollisionsnorm bedient, auf die eine oder andre Rechtsordnung Bezug hat. Das wiederholt sich bei der rechtlichen Würdigung von Vorfragen und gilt für alle Rechtszweige. Auf zahlreiche Beispiele dieser Art ist für das internationale Staatsrecht hingewiesen worden. Beispiele aus dem Verwaltungsrecht sind etwa die folgenden: Ein im Ausland niedergelassener Arzt soll über Dinge, die er beruflich erfahren hat, im Inland Zeugnis ablegen; welches Recht entscheidet über seine Befugnis, das Zeugnis zu verweigern? Wenn es sich um eine Angelegenheit des Prozeßrechts handelt, offenbar das Recht des Inlands, wenn Standespflichten entscheiden, das Recht des fremden Sitzes (dazu oben 2, 240 ff.). Deutschland bestraft Zuwiderhandlungen gegen die österreichischen Zollgesetze, unter Umständen nach dem Wert der hinterzogenen Ware; ob für die Wertberechnung die deutschen oder die österreichischen Vorschriften maßgebend sein sollen[6], wird davon abhängen, ob es sich bei solchen Vorschriften um Zollrecht oder um Strafrecht handelt. Der Familienname eines Adeligen ist streitig (oben 1, 330 ff.): Namenrecht oder Adelsrecht?

d) Nun kann es aber auch sein, daß die örtliche Verzweigung des Tatbestands in mehrere Rechtsgebiete führt, daß aber nach dem Zu-

---

[6] Art. 2 des Reichsgesetzes 29. 7. 1930 RGBl. II 1114 erklärt die österreichischen Vorschriften anwendbar.

sammenhang notwendig ist, nur eines der so bezeichneten Rechte bei der Beurteilung des vorausgesetzten Merkmals zum Maßstab zu nehmen, und wiederum, hier ist auch für das öfffentliche Recht die Fragestellung eröffnet, welches von den mehreren Rechten angewendet werden soll. Um das Beispiel von der Schweigepflicht des auswärtigen Arztes weiterzuführen: wenn das Prozeßrecht vor einer Schweigepflicht des Arztes zurücktritt, so wird dabei Schweigepflicht nach dem zuständigen Recht vorausgesetzt sein; was gilt, wenn der Arzt im einen Rechtsgebiet den Berufssitz hat, in einem andern die Behandlung vornimmt? Die Zweigniederlassung eines ausländischen Unternehmens wird im Handelsregister mit der Verfassung eingetragen, die sie nach ausländischem Recht besitzt; vielleicht aber erweist sich der Eintrag als unmöglich, wenn diese Verfassung sich dem Recht eines andern Staats angepaßt hat als desjenigen, dem nach den Anschauungen am Ort der Zweigniederlassung Zuständigkeit zukommt. Fragen dieser Art sind außerordentlich häufig, nur bleiben sie im Schatten, weil ihre Beantwortung in vielen Fällen selbstverständlich erscheint.

e) Nicht anders ist die Rechtslage, wo Inland und Ausland gleichzeitig für denselben Tatbestand Zuständigkeit beanspruchen oder auch für einen zusammenhängenden Tatbestand, der nacheinander der Zuständigkeit des einen und des andern Staats unterfällt, und wo das Inland, um eine unbillige Beschwerung der Beteiligten zu verhüten, vor dem Recht des andern Staats zurückweicht. Doch müssen hier zwei Dinge geschieden werden. Die Tatsache, daß das Inland unter irgendwelchen Voraussetzungen sich mit Rücksicht auf die Tätigkeit eines andern Staats innerhalb seiner Zuständigkeit beschränkt, ist ein Stück Rechtsinhalt und gehört nicht weiter in diesen Zusammenhang. Aber nur ausnahmsweise begnügt sich das Inland bei solchem Zurückweichen mit der Einwirkung irgendeines Staats, der selbst Einwirkung beansprucht [7], in aller Regel wird dabei nur der Einwirkung eines nach Auffassung des Inlands zuständigen Staats Rechnung getragen. Z. B. führt es bei dem Betrieb der Lebensversicherung zu unleidlichen Behinderungen, wenn über die Anlegung der Prämienrücklage widersprechende Vorschriften bestehen. Deshalb in der Praxis manchmal ein Ausweichen, und man räumt am Sitz der Hauptniederlassung die Zuständigkeit zuweilen dem Recht ein, das für die versichernde Zweigniederlassung gilt; es findet sich aber auch die umgekehrte Selbstbeschränkung, der Staat der Zweigniederlassung begnügt sich mit einer

---

[7] Ein Beispiel bietet es, wenn nach deutschem Strafrecht die Strafe, die irgendein Staat wegen desselben Verbrechens verhängt hat, bei einer Bestrafung in Deutschland angerechnet wird (während ein Verfahren völlig unterbleibt, falls das frühere Verfahren im Staat des ausländischen Tatorts durchgeführt worden ist).

Regelung, die für die Hauptniederlassung getroffen ist. Die Verbreitung von Presseerzeugnissen im Inland ist an die preßpolizeilichen Vorschriften des inländischen Rechts gebunden; handelt es sich aber um Preßerzeugnisse des Auslands, so hat man sich mehrfach mit einer Befolgung der Vorschriften begnügt, wie sie am Ort des Erscheinens in Geltung sind. Dergleichen Selbstbeschränkungen kommen nur kraft besonderer Anordnung vor, und es pflegt eine solche Anordnung alsdann die Art der vorausgesetzten Zuständigkeit ausdrücklich zu bezeichnen.

Von derselben Beschaffenheit sind aber auch die früher erörterten Bestimmungen, bei denen das Inland im Rahmen eigener und ausschließlicher Zuständigkeit seinem Recht nur eine akzessorische Geltung zuschreibt. Der Umstand, daß das Inland sein Recht von einem fremden Rechtsinhalt abhängig macht, ist wiederum sachliche Vorschrift. Jedoch abermals, nur aus der Ordnung des zuständigen Staats soll dieser Inhalt übernommen werden, und so erwächst auch hier wieder die Vorfrage, welches Recht ist nach örtlichen Rücksichten berufen, als Voraussetzung der Übernahme zu dienen. Die Beispiele solcher Rechtslage sind zahlreich. Es sei daran erinnert, daß das Problem des internationalen Staatsrechts, welches Recht für Rechtsfähigkeit und Geschäftsfähigkeit gilt, einen derartigen Aufbau hat. In all den S. 184 ff. genannten Angelegenheiten des Verwaltungsrechts, bei denen eine inländische Regelung abhängig gemacht wird von der gleichartigen Regelung eines andern, näher berechtigten Staats, handelt es sich um dieselbe Erscheinung. Die Pflicht, den Behörden gegenüber einen bestimmten Familiennamen zu führen, steht für jedermann unter Inlandsrecht, aber der Inhalt dieser Verpflichtung richtet sich bei Personen vorübergehenden Aufenthalts nach den Vorschriften eines andern, näher berufenen Staats. Alle Kinder, die längeren Aufenthalt im Inland haben, sind der Schulpflicht des Inlands unterworfen, aber man hat bei ausländischen Familien die Dauer der Schulpflicht gelegentlich nach heimatlichem Recht bemessen. Soll eine Person inländischen Wohnsitzes Kirchensteuer entrichten, so hat das Inland zuständigerweise auch darüber zu entscheiden, welchem Bekenntnis die Person zuzurechnen ist; handelt es sich dabei um einen Zugewanderten, so wird es im Zweifel dem inländischen Recht entsprechen, ihn dem Bekenntnis zuzurechnen, mit dem er in das Inland gekommen ist, und damit wird auf das Recht des früheren Wohnsitzes verwiesen, wenn festgestellt werden soll, ob einem Austritt aus der Kirche, der vor der Übersiedlung stattgefunden hat, rechtliche Wirkung zukommt.

Ist unter solchen Umständen die maßgebende örtliche Anknüpfung in Sätzen geschriebenen Rechts nicht ausdrücklich bezeichnet, so geht die Verweisung auf die „zuständige“ Rechtsordnung; es wird davon in Z. 4 näher zu handeln sein.

f) Noch einmal mag sich die Fragestellung, welches Recht anwendbar sei, wiederholen, wo der verweisende Rechtssatz Anknüpfungen benützt, die ihrerseits einer mehrfachen Ausdeutung fähig sind. Das deutsche Weingesetz von 1909 stellt Mindestforderungen an die Beschaffenheit des Weins, der im Inland veräußert wird, begnügt sich jedoch für Weine ausländischer Herkunft mit einer Beobachtung gleichwertiger Vorschriften des Ursprungslands: das Reichsgericht sah sich einmal (vgl. oben 2, 224 f.) vor die Frage gestellt, ob bei ausländischem Süßwein als dies Ursprungsland das Land der Trauben oder das Land der Zubereitung anzusehen sei; der Gerichtshof hat sich für das Land der Zubereitung entschieden — und dabei als selbstverständlich vorausgesetzt, daß die Anknüpfung nur eine sein könne[8].

g) Um andre Dinge handelt es sich, wo zur Begünstigung eines Beteiligten eine Voraussetzung nach dem Schema „es genügt“ bestimmt werden soll; wo das vorausgesetzte Ergebnis als verwirklicht angenommen wird, wenn es auch nur bei Anwendung einer Rechtsordnung von zweien, die dem Tatbestand näher stehen, verwirklicht ist. Es sind S. 180[17] solche Fälle bei einer Regelung der Geschäftsfähigkeit erwähnt worden. Auslandsvergehen werden zuweilen nach dem milderen Recht, Inlandsrecht oder Recht des Tatorts, bestraft. Für das Verwaltungsrecht kommen hier die oben S. 176 behandelten Vorschriften in Betracht. So müssen Seeschiffe den Anforderungen entsprechen, welche der Uferstaat für ihre Sicherheit aufstellt; aber es genügt unter Umständen, wenn sie auch nur den Vorschriften entsprechen, deren Erfüllung der Heimatstaat von ihnen fordert[9].

---

[8] Die entsprechende Lösung wird auch für das Strafrecht richtig sein, wenn Auslandsvergehen nur bestraft werden sollen, die auch nach den Gesetzen des ausländischen Tatorts strafbar sind, und es wäre der Ort der Täterhandlung im einen Auslandsstaat belegen, der Ort ihres tatbestandsmäßigen Erfolgs in einem andern Auslandsstaat, z. B. es hätte ein Deutscher durch einen von Wien nach Budapest geschickten Brief einen Betrug begangen. — Es wäre allerdings denkbar, diesen wie den im Text behandelten Tatbestand in dem Sinn auszulegen, daß die eine oder die andre Rechtsordnung zur Entlastung der Beteiligten „genügt“ (dazu gleich unten unter g). Aber von selbst versteht sich eine solche Auslegung nicht, und es scheint mir im zweiten Fall sicher, im ersten wahrscheinlich, daß eine derartige Auslegung nicht veranlaßt ist. — Über die entsprechende Frage bei Amtsakten des Auslands unten § 31 Z. 3. — Beachtung verdient schließlich, daß die Rechtslage hier, wo es sich um Beurteilung von Vorfragen handelt, verschieden ist von der Rechtslage, wie sie (oben S. 140) für gespaltene Anknüpfungen bei Beurteilung der Hauptfrage begründet ist.

[9] Stets wird unter solchen Umständen der regelgemäßen Anknüpfung eine sonst nicht in Betracht gezogene weitere Anknüpfung hinzugefügt. Diese

Verschieden von einer solchen Regelung ist die Begründung einer subsidiären Zuständigkeit, bei der es sich nicht um eine Wahl des günstigeren Rechts handelt, sondern die nächstberufene Rechtsordnung zunächst allein zur Anwendung kommt, und erst bei deren Ausfall, wiederum allein, die Ordnung des hilfsweise berufenen Staats. So wenn die Funkstellen der Seeschiffe zunächst unter der Betriebsordnung des Uferstaats, in deren Ermangelung unter der Ordnung des Heimatstaats stehen[10]. Und völlig andre Dinge sind in Frage, wo ein Vorgang gleichzeitig der Kontrolle mehrerer Staaten unterstellt wird. In allen den S. 184 ff. genannten Bestimmungen, nach denen eine Rechtsfolge unter inländischem Recht eintreten soll, wenn sie auch nach dem Recht eines ausländischen Staats eintritt, z. B. die Zulassung eines Versicherungsunternehmens zu Geschäftszweigen, die ihm auch nach dem Recht am Sitz des Unternehmens zugänglich sind, handelt es sich um die Anwendung zweier Rechte nebeneinander. Aber nicht auf das gleiche Merkmal. Sondern es sind für eine solche Zulassung zwei Merkmale vorausgesetzt, Zulassung nach inländischem und Zulassung nach heimatlichem Recht; ein jedes dieser Merkmale aber wird selbst nur durch eine Rechtsordnung bestimmt[11].

Anwendung des zuständigen Rechts.

4. Wo eine Vorfrage in ihrem Tatbestand örtliche Beziehungen zu mehreren Staaten hat, bedarf es der näheren Bestimmung, auf welche der beteiligten Rechtsordnungen die Verweisung gehen soll. Die Bezeichnung wird vielfach in dem verweisenden Rechtssatz selbst gegeben, und sie dient zunächst nur einer Bestimmung der Zuständigkeit für die besonderen Zwecke der Verweisung. Das mag sich zu eigentümlichen Formulierungen erweitern wie in dem Gothaer Vertrag[12]: er verpflichtet die angeschlossenen Staaten, einen Ausgewiesenen mit seiner Ehefrau zu übernehmen, und bestimmt in § 3: „Die Frage, ob eine Ehe vorhanden sei, wird im Falle des § 1 nach den Gesetzen desjenigen Staats beurteilt, welchem der Ehemann angehört, im Falle des

zweite Anknüpfung kann, wie die letztgenannten Beispiele zeigen, auch auf ausländisches Recht verweisen. Doch wird von dem Schema „es genügt" nicht selten zur Begünstigung inländischer Staatsangehöriger oder inländischer Einrichtungen Gebrauch gemacht, und es kommt die zweite Anknüpfung dann nur in Betracht, wenn sie auf Inlandsrecht geht; z. B. nach § 55 ZPO bei der Prozeßfähigkeit eines Ausländers.

[10] Oben 3 II 56.

[11] Über Rechtsanhäufungen auf grund der Vorbehaltsklausel unten § 25 Z. 5, 6. Über Rechtshäufungen, die aus der gleichzeitigen Anwendung zweier Kollisionsordnungen entstehen können, unten § 26.

[12] Dazu Neumeyer, Annalen des Deutschen Reiches 1902, 393 ff. Der im folgenden erwähnte § 1 des Vertrags handelt von der Übernahme eines eigenen Staatsangehörigen, § 2 von der Übernahme eines Ausländers.

§ 2 aber nach den Gesetzen desjenigen Staats, wo die Eheschließung erfolgt ist." Das ist keine Kollisionsnorm, die entschiede, welches Recht bei einer Eheschließung zugrunde gelegt werden soll; die Bestimmung setzt Recht für eine Vorfrage, die bei der Übernahme Ausgewiesener sich ergeben kann.

Doch das sind Sonderfälle. Wo für Vorfragen ausdrücklich oder dem Sinn nach auf das zuständige Recht verwiesen wird, da ist in aller Regel diejenige Zuständigkeit gemeint, auf Grund deren die Rechtsfrage auch dann ihr Recht empfängt, wenn sie als Hauptfrage im Inland zur Beurteilung steht. Es handle sich um die Besteuerung der „Ehefrau": wird im Steuerverfahren die Gültigkeit der Ehe streitig, so ist sie nach denselben Kollisionsnormen zu beurteilen, die für einen Abschluß der Ehe in Betracht kämen. Verweisung auf das zuständige Recht ergibt der Sinn der Steuernorm. Dasjenige, worauf verwiesen wird, die Zuständigkeit zu bestimmen, sind Rechtssätze über das anwendbare Recht, die von der verweisenden Norm als bestehend vorausgesetzt werden und irgendwo im Rechtsganzen als selbständige Rechtssätze vorhanden sein müssen. Gehört die Vorfrage dem Privatrecht an, so stehen als solche selbständige Rechtssätze ohne weiters die Kollisionsnormen zur Verfügung; sie sagen über die Zuständigkeit inländischen und ausländischen Rechts aus. Gehört die Vorfrage dem öffentlichen Recht an, so kann eine Verweisung auf das zuständige Recht gleichfalls die Anwendung ausländischer Vorschriften erforderlich machen — aber es gibt nirgends im Recht selbständige Rechtssätze, die bestimmen würden, unter welchen örtlichen Voraussetzungen öffentliches Recht des Auslands zuständig wäre! Denn das öffentliche Recht kennt nur Grenznormen für die eigenen Vorschriften. In der Tat geht die Verweisung bei solchen Vorfragen dahin: es solle das anwendbare Recht nach der Anknüpfung bestimmt werden, die das Inlandsrecht anwendbar machen würde, wenn ihm gegenüber die Anknüpfung verwirklicht wäre. Selbständig besteht und Gegenstand der Verweisung ist nur die Grenznorm.

Soll eine Vorfrage verwaltungsrechtlichen Inhalts somit nach zuständigem Auslandsrecht beurteilt werden, so findet die Beurteilung ihren Maßstab in der Zuständigkeit, die das Inland für sich in Anspruch nimmt[13]. Es handle sich etwa um die Berufspflichten eines

---

[13] Doch kommen bei der Begrenzung des inländischen Zivilrechts „Exklusivsätze" vor (Th. Niemeyer, Internationales Privatrecht des Bürgerlichen Gesetzbuchs 101 ff.), die, im einseitigen Interesse des Inlands erlassen, die entsprechende Zuständigkeit des Auslands nicht begründen können. Beispiele öffentlichen Rechts begegnen vornehmlich bei Amtsakten, deren Zuständigkeit nach dem Maß inländischer Zuständigkeit beurteilt werden soll, s. unten § 31 Z. 2.

Arztes, der im einen Land niedergelassen, in einem andern ärztlich tätig geworden ist. Ob aber der Staat, auf dessen Recht verwiesen ist, seine Zuständigkeit ebenso begrenzt, ist mangels besonderer Vorkehrungen unerheblich[14]. Und es liegt in diesem Maßstab auch ein Schutz gegen Zuständigkeitsüberschreitungen andrer Staaten. Hat der fremde Staat nach der Anschauung des Inlands seine Zuständigkeit unzulässig in Anspruch genommen, so sind die Voraussetzungen nicht erfüllt, von denen die Anwendung des fremden Rechtssatzes abhängt; seine Anwendung entfällt, ohne daß es irgendwelcher weiterer Abwehrmaßnahmen bedürfte.

Wenn als Maßstab für die Würdigung fremder Zuständigkeit somit die Grenznormen des Inlands dienen, so verbleibt allerdings noch eine Schwierigkeit. Ein Staat kann, wie früher ausgeführt, für die Begrenzung seiner eigenen Tätigkeit mehrere Anknüpfungen nebeneinander verwenden. Jedoch es ist in der Regel unmöglich, dies auf die Anwendung ausländischen Rechts zu übertragen. Denn das vorausgesetzte Merkmal kann nur vorhanden sein oder nicht vorhanden sein, es ist nicht möglich, zweierlei Maßstäbe zugleich zu verwenden[15]. Wird jemand auf Kirchensteuer in Anspruch genommen, so gibt es nur ein Entweder-Oder: entweder er gehört dem vorausgesetzten Bekenntnis an, oder es ist nicht der Fall. Und so ergibt sich in Fällen dieser Art die Notwendigkeit, jenen Reduktionsprozeß, von dem schon Band 1, 401 gesprochen wurde, noch weiter zu führen und schließlich dasjenige Merkmal als entscheidend festzuhalten, das unter den für die Abgrenzung inländischen Rechts benützten Merkmalen als das für den Tatbestand wesentlichste erscheint. Es ist in diesem Buche angenommen worden, daß Zwangsvorschriften, die das Inland für den Austritt aus der Kirche aufstellt, im Zweifel auf Personen inländischen Wohnsitzes und auf Personen, die sich im Inland länger aufhalten, angewendet werden müssen. Kommt aber für die Beurteilung eines Austritts inländisches Recht nicht in Frage, so wird das Recht des Staats entscheiden müssen, in dem der Ausgetretene den tatsächlichen Aufenthalt hatte[16].

Schließlich aber könnte auch der Fall sich ergeben, daß dem Inland eine Grenznorm, die zur Vergleichung dienen könnte, gar nicht zu Gebote steht. Den Weg wird eine grundsätzliche Erörterung über internationales Zivilrecht ebnen müssen:

---

[14] Hier schließt das Problem der Rückverweisung an, von dem unten § 26 zu handeln ist.

[15] Inwieweit bei Staatsakten des Auslands eine wirkliche Mehrheit von Zuständigkeiten bestehen kann, wird unten § 31 Z. 3 zu erörtern sein.

[16] Vgl. oben 1, 401 f. Ebenso für Zwangsvorschriften über religiöse Erziehung 1, 452. Vgl. auch 1, 308 [43] Prädikatsrechte des hohen Adels.

Die Bestimmung des maßgebenden Rechts erfolgt (wie unten § 36 Z. 1 auszuführen) nach der Natur der Rechtsverhältnisse; das gilt für inländisches und gilt für ausländisches Recht. Und wenn Kollisionsnormen über die Anwendung inländischen und ausländischen Rechts einheitliche Anordnungen geben, so hat dies zur Voraussetzung, daß die Rechtsverhältnisse, die der Kollisionsnorm unterfallen sollen, den gleichen örtlichen Schwerpunkt haben. Sind Sachnormen des Auslands abweichend gebaut, so können sie nicht von der Kollisionsnorm erfaßt werden — und doch wird jener Gedanke von der Rechtsfürsorge durch Verweisung (wenn nicht besondere Gegengründe bestehen, das fremde Recht unberücksichtigt zu lassen) auch bei ihnen wirksam, und es wird sich im Inland eine andre Kollisionsnorm finden müssen, die der Rechtslage entspricht, vielleicht eine Kollisionsnorm, die das Inland für andre Sonderbildungen gleicher Beschaffenheit besitzt, vielleicht eine Vorschrift, die für umfassendere Kategorien verwertbar ist, oder es mag letzten Endes erforderlich werden, eine Kollisionsnorm neu zu bilden, die nach der Methode, nach der inländische Kollisionsnormen gebildet werden, und in analoger Anwendung andrer Kollisionsnormen, die das Inland besitzt, aufgestellt wird. Alles das aber gilt offensichtlich nicht bloß dann, wenn die Einrichtung, die eingeordnet werden soll, im Ausland anders aufgebaut ist als im Inland, sondern auch dann, wenn die Einrichtung dem Inland unbekannt ist. Beispiele, auch solche, die mit dem Verwaltungsrecht Berührung haben, begegnen zahlreich. So wurde früher (2, 692 f.) ausgeführt, daß Unfallfürsorgegesetze des Auslands, die dem Privatrecht angehören, entsprechend ihrem örtlichen Aufbau[17] auch in Deutschland angewendet werden können; wiewohl das Reich privatrechtliche Bestimmungen dieser Art, da der Gegenstand verwaltungsrechtlich geregelt ist, nicht hat. Und es sind solche Fälle zumal da häufig, wo in den Ablauf der Privatrechtsverhältnisse aus Gründen eingegriffen wird, die außerhalb seiner normalen Regelung liegen (sofern nur unter solchen Umständen die Anwendung ausländischen Rechts überhaupt möglich ist; darüber unten § 25 Z. 7). Mag das Erbstatut dergleichen nicht vorsehen, dennoch wird das Vermächtnis an eine juristische Person nichtig sein, wenn das Recht am Sitz der Person Genehmigung für den Erwerb fordert und die Genehmigung versagt wird. Beschränkungen einer Vereinbarung oder Bezahlung von Geldschulden in Gold, in fremder Währung, die dem Schutz des Schuldners dienen, sind wirksam für die Einwohner des Lands, auch wenn das Schuldverhältnis selbst einer andern Ordnung unterworfen ist. Aufwertung ist entsprechend dem Recht der notleidenden Währung ge-

[17] Aber ohne Bindung an die Grenznormen, welche das fremde Recht für seine Anwendung aufstellt! Vgl. oben 2, 692.

schuldet ohne Unterschied des Rechts, dem die Verpflichtung sonst untersteht[18]. Die Kollisionsnormen enthalten grundsätzlich nur Typenlösungen[19].

Das alles nun gilt auch, wo für Vorfragen auf zuständiges Auslandsrecht, auch auf zuständiges Verwaltungsrecht des Auslands verwiesen wird, ohne daß dem Inland die entsprechende Grenznorm zur Verfügung stünde. Den Zwang, dem fremden Recht Rechnung zu tragen, schafft hier die Verweisung, den Zwang, seiner Eigenart Rechnung zu tragen, wiederum der Gedanke der Zuständigkeit. Ein Beispiel bietet es etwa (3 I 290), wenn die Schweiz fordert, daß Auswanderer in einem als Auswandererschiff zugelassenen Fahrzeug befördert werden, ohne anzugeben, ob dies auf eine Zulassung nach den Gesetzen des Ausreisehafens, der Flagge, des Staats, in dem der Unternehmer den Sitz hat, bezogen werden soll.

Verweisung in ausländischem Recht.

5. In den bisherigen Erörterungen war stets vorausgesetzt, daß es Inlandsrecht ist, das eine Rechtsfolge von Vorfragen abhängig macht, die möglicherweise nach ausländischen Vorschriften bestimmt werden müssen. Nun kann es aber auch sein, daß ein fremdes Gesetz im Inland angewendet werden muß, mit Merkmalen, die selbst wieder rechtlicher Bestimmung bedürfen, z. B. die Staatsangehörigkeit eines Ausländers wird nach dem Recht des Staats beurteilt, dessen Angehörigkeit in Anspruch genommen wird: erwerben nach dem Recht dieses Staats eheliche Kinder die Angehörigkeit des Vaters, so bedarf es der Feststellung ihrer ehelichen Abstammung, und um diese Frage beantworten zu können, einer Entscheidung, ob die Sachnormen, welche die Ehelichkeit bestimmen, dem Kollisionsrecht des Beurteilers oder den Vorschriften der Rechtsordnung zu entnehmen sind, welche

---

[18] Oben 1, 157 ff. 3 II 315 und 324; 323. 3 II 370[82].

[19] Das wird auch für Kollisionsnormen des geschriebenen Rechts richtig sein. Wenn Art. 30 EG. BGB. dem sonst zuständigen Auslandsrecht die Anwendung versagt, das gegen den „Zweck eines deutschen Gesetzes" verstößt, so wird das nur besagen, daß bei einer Verschiedenheit der Zwecke der deutsche Zweck vorgeht. Ein Verbot, die Zwecke fremder Sachnormen zu berücksichtigen, wird dem Gesetz nicht zu entnehmen sein (meine Bemerkungen Grundriß[2] 10 bedürfen in diesem Sinn einer Erweiterung). — Hat man es mit einer Mehrheit ausländischer Sachnormen zu tun, die denselben Gegenstand regeln, aber abweichend aufgebaut sind, so kann die Wahl nur nach Lage der Umstände getroffen werden. Meist wird der Satz von dem Vorrang des Besondern vor dem Allgemeinen die Lösung geben. Liegt ein fremdes Schiff zur Zeit der hypothekarischen Belastung in dem Hafen eines dritten Staats und es ist Eintrag der Belastung in das Schiffsregister nach dem Recht des Heimathafens, aber nicht nach dem Recht des Liegeorts für die Begründung der Hypothek gefordert, so muß das Recht des Heimathafens entscheiden.

von der Verweisung Gebrauch macht[20]. Zitelmann[21] hat geglaubt, die Antithese aufstellen zu können zwischen Kollisionsnormen, die stets der lex fori angehören müssen, und zwischen rechtsinhaltlichen Bestimmungen, die als Teil der anzuwendenden Sachnormen dem Wirkungsstatut angehören. Ich halte die Gegenüberstellung nicht für erschöpfend. Wohl besteht ein Gegensatz zwischen Kollisionsnorm und Sachnorm, aber es trifft m. E. nicht zu, daß die Kollisionsnorm stets der lex fori zu entnehmen wäre. Wenn das fremde Gesetz für die Übertragung der Staatsangehörigkeit eheliche Abstammung verlangt, so wird der Rechtskomplex der ehelichen Abstammung dabei als geregelt vorausgesetzt, und zwar als geregelt durch die „zuständige" Rechtsordnung. Da es aber keine Zuständigkeitsordnung in abstracto gibt, sondern nur eine solche des oder jenes Staats, muß der staatsrechtlich beteiligte Staat mit seiner Verweisung auf eine staatlich bestimmte Zuständigkeitsordnung verwiesen haben, und es ist selbstverständlich, daß dies seine eigene ist[22]. Mit solcher Verweisung verwandeln sich die Regeln, welche die Zuständigkeit bezeichnen, nicht etwa selbst in Sachnormen (vgl. dazu oben S. 92). Wohl ist es ein Stück der Sachnorm über den Erwerb der Staatsangehörigkeit, daß Fragen der Ehelichkeit nach der „Zuständigkeitsordnung des Inlands" bestimmt werden sollen; die Zuständigkeitsregeln aber, auf die solcherart verwiesen wird, werden damit nicht selbst ein Stück Staatsangehörigkeitsrecht, so wenig wie die angezogenen Regeln bei irgendeiner Verweisung[23].

Ihren Schwerpunkt haben diese Feststellungen in Vorfragen privatrechtlichen Inhalts. Sie mögen immerhin auch auf öffentlichrechtlichem Boden vorkommen. Ob jemand die vorausgesetzte Geschäfts-

---

[20] Aus der spärlichen Literatur über den Gegenstand ist jetzt hervorzuheben Melchior 245 ff.; auch Wengler, Zeitschrift für ausländisches Privatrecht 8, 198 ff.

[21] Internationales Privatrecht 1, 266 f.; 2, 836 ff. und öfter.

[22] Möglich bliebe ja immerhin folgende Ausdeutung: das Inland, das für die Bestimmung einer fremden Staatsangehörigkeit auf das Recht des fremden Staats verweist, kann, wie einer jeden Verweisung, so auch dieser Einschränkungen beifügen, also etwa die Bestimmung der Staatsangehörigkeit zwar im übrigen dem fremden Staat überlassen, aber auftretende Zuständigkeitsfragen der eigenen Zuständigkeitsordnung vorbehalten. Indessen, es würde eine solche Annahme nicht nur völlig in der Luft schweben, sie würde augenscheinlich auch gegen den Sinn der Verweisung gehen. Denn wenn jemand die Angehörigkeit eines fremden Staats zugesprochen oder abgesprochen würde, und es wäre dieser Staat selbst nicht damit einverstanden, so wäre das ein Ausgangspunkt für unabsehbare Konflikte.

[23] Das Problem reicht über Verweisung in Rechtssätzen hinaus und wiederholt sich bei Sozialnormen jeglicher Beschaffenheit; dazu Neumeyer, Zeitschrift für öffentliches Recht 11, 61.

fähigkeit besitzt, eine fremde Staatsangehörigkeit zu erwerben, bestimmt gleichfalls das Kollisionsrecht dieses Staats. Ein verwickelter Tatbestand verwaltungsrechtlicher Art, der hier einschlägt, ist oben 2, 73 besprochen worden: auf Grund eines Staatsvertrags sind Forstpolizeiübertretungen in Bayern auch dann strafbar, wenn sie in Österreich verübt und nach dortigem Recht gleichfalls mit Strafe bedroht sind; die Anklage ging auf unbefugte Entnahme von Waldstreu, eine Handlung, die nach beiden Rechten strafbar ist; das Merkmal der „Unbefugtheit" aber mußte bei der Beurteilung einer Strafbarkeit nach bayrischem Recht dem hier geltenden internationalen Verwaltungsrecht, bei einer Beurteilung der Strafbarkeit nach österreichischem Recht dem internationalen Verwaltungsrecht Österreichs entnommen werden[24] — nur führten freilich die beiden Kollisionsrechte zu dem gleichen Ergebnis, daß die Befugtheit sich nach dem Forstverwaltungsrecht am Ort des Waldes richten müsse[25].

§ 23.

Fortsetzung. Statutenwechsel.

1. Änderungen im Tatbestand. Privatrecht. — 2. Änderungen im Tatbestand. Öffentliches Recht. — 3. Verweisungen bei einer Änderung im Tatbestand. — 4. Änderungen der Staatsgewalt. — 5. Verweisungen bei einer Änderung der Staatsgewalt.

Zeitliche Beziehungen, die das internationale Verwaltungsrecht berühren, können für die Anwendbarkeit eines Rechtssatzes in Betracht kommen; denn jeder Rechtssatz, Sachnorm und Kollisionsnorm, ist der Änderung unterworfen. Von Fragen dieser Art wird unten § 28 zu handeln sein. Zeitliche Beziehungen kommen für das internationale Verwaltungsrecht aber auch als Inhalte in Betracht, insofern die Grenznormen Anwendung des Inlandsrecht für einen bestimmten Zeitpunkt vorsehen, Verweisungen auf Auslandsrecht für einen bestimmten Zeitpunkt das fremde Recht zur Anwendung be-

---

[24] Eine abweichende Meinung oben 2, 73 ist insoweit zu berichtigen.

[25] Ein andres Beispiel bietet ein 1, 403 besprochener Rechtsstreit: Österreicher französischen Wohnsitzes sollten in Frankreich geschieden werden, das österreichische Scheidungsrecht, das auf den Fall anzuwenden war, ist konfessionell verschieden, es wurde deshalb wesentlich, ob die Parteien, vormals Juden, während der Zeit ihres französischen Wohnsitzes gültig aus diesem Bekenntnis ausgetreten waren. Die Bekenntniszugehörigkeit und damit die Gültigkeit des Austritts bedeutete eine Vorfrage, die nach dem internationalen Verwaltungsrecht Österreichs zu beantworten war (damit erledigen sich Einwendungen bei Melchior 269[4]). Nach diesem aber mußte es, wenn die Antwort zutreffend gegeben wurde, auf das Recht des Wohnsitzes ankommen.

rufen. Bei Tatbeständen von Dauer aber kann es sein, daß sie entsprechend ihrer zeitlichen Entwicklung nacheinander dem Recht verschiedener Staaten unterstellt werden — man spricht von einem „Statutenwechsel" —, und es kann dabei zu einer Anwendung ausländischen Rechts kommen, die als ein Sonderfall im Anschluß an die vorausgehenden Untersuchungen zu erörtern ist. Änderungen im Tatbestand, welche die Parteien herbeiführen, und Änderungen der Staatsgewalt, welche mit einer Gebietsveränderung verknüpft sind, können solche Erscheinungen entstehen lassen[1].

Änderungen im Tatbestand. Privatrecht.

1. Völlig abgeschlossene Rechtslagen — eine Ehe, deren Gatten gestorben sind — können rechtliche Bedeutung bewahren als Vorfragen andrer Rechtsverhältnisse. Es sind die gewöhnlichen Sätze des internationalen Privatrechts, die ihnen das anwendbare Recht bestimmen.

Es kann aber auch sein, daß die Verhältnisse der Beteiligten, auf denen die Herrschaft einer Gesetzgebung über eine Rechtslage beruht, sich derart ändern, daß die Rechtslage unter die Ordnung einer andern Gesetzgebung tritt, z. B. die persönlichen Beziehungen der Ehegatten, die während der Ehe eine neue Staatsangehörigkeit erwerben. Daß die Rechtslage für die Zeit vor dem Wechsel im Tatbestand dem damals geltenden Recht unterstellt wird, ist nur ein Ausfluß der allgemeinen Regeln des internationalen Privatrechts, das die Herrschaft der zuständigen Rechtsordnung anerkennt, wie auf Grund dieser Regel der früher herrschende Staat auf den späteren Abschnitt der Rechtslage die nunmehr geltende Rechtsordnung zur Anwendung bringt. Als ein Neues aber tritt hinzu, daß der später herrschende Staat nicht eine Neubegründung der Rechtslage fordert, sondern sie als wesensgleich mit der unter dem früheren Recht bestehenden Rechtslage behandelt; wie auch umgekehrt der früher herrschende Staat diese Nämlichkeit für den späteren Abschnitt anerkennt.

Ist solcherart die Rechtslage selbst unter ein andres Recht gekommen, so können die Wirkungen der fortbestehenden Rechtslage ihrerseits zu Fragen führen. Handelt es sich nämlich um teilbare Wirkungen, so werden regelmäßig die Wirkungen, die unter dem früheren Recht entstanden sind, dessen Ordnung verbleiben, die Wirkungen, die unter dem späteren Recht entstehen, dessen Ordnung anheimfallen[2]. Wiederum

---

[1] Aus den Erörterungen über Statutenwechsel im internationalen Privatrecht sind hervorzuheben Zitelmann 1, 149ff. und Frankenstein 1, 131 ff.

[2] Die Rechtslage, die sich aus der zeitlichen Aufeinanderfolge mehrerer zuständiger Ordnungen ergibt, hat zuerst wohl v. Bar dahin entwickelt, daß

jedoch handelt es sich insoweit um die gewöhnlichen Fragen des internationalen Privatrechts und wie stets um die einander ausschließende Forderung, entweder das eine oder das andre Recht als zuständig zu erklären. Für unteilbare Wirkungen einer fortbestehenden Rechtslage aber kann es keinen Statutenwechsel in dem hier erörterten Sinn geben (anders unten Z. 4). Wenn man mit dem Verfasser annimmt, daß die Wirkungen einer schuldrechtlichen Verpflichtung unteilbar sind, so ist das nur ein andrer Ausdruck dafür, daß das beherrschende Recht durch eine nachträgliche Änderung im Tatbestand nicht geändert werden kann; daß die nachträgliche Änderung der schuldrechtlich maßgebenden Gesetzgebung nicht nur dann ausgeschlossen ist, wenn die Ersatzpflicht durch den Tatort einer unerlaubten Handlung, wenn die schuldrechtliche Verbindlichkeit, den Pflichtteil zu gewähren, durch die Staatsangehörigkeit des verstorbenen Erblassers bestimmt wird, sondern auch dann, wenn die vertragliche Leistung von dem Recht am Wohnsitz des Verpflichteten abhängig gemacht ist.

Die Fragen, ob Wirkungen einer Rechtslage teilbar und ob sie, wenn teilbar, unter der früheren Ordnung zum Abschluß ge-

---

die Auswirkungen der mehreren Rechtsordnungen nebeneinander bestehen bleiben, soweit sie unter sich verträglich sind, daß aber eine früher begründete Rechtsfolge wegfällt, wenn sie mit einer später begründeten Rechtsfolge nicht mehr vereinbar ist (so 1, 110 ff. für sich überlagernde rechtliche Einwirkungen gleichviel welcher Art und 1, 611 f. für artgleiche Einwirkungen im besondern). Demgegenüber können Kollisionsnormen, die eine zeitliche Anknüpfung auf den Zeitpunkt der Entstehung des Rechtsverhältnisses verlegen, zu Schwierigkeiten führen; z. B. Art. 22 EG. BGB., der die Adoption dem heimatlichen Recht des Annehmenden im Zeitpunkt der Annahme unterstellt. Was soll gelten, wenn ein deutscher Adoptivvater später die niederländische Staatsangehörigkeit erwirbt, da doch dem niederländischen Recht die Annahme an Kindesstatt unbekannt ist? Es wird in solchen Fällen die Kollisionsnorm im Weg der Auslegung doch wohl auf die Begründung des Rechtsverhältnisses und auf diejenigen seiner Auswirkungen zu beschränken sein, die sich ergeben, solang die ursprüngliche Staatsangehörigkeit weiter besteht, und eine derartige Auslegung wird erst da unstatthaft sein, wo die Absicht des Gesetzgebers feststeht, eine Rechtslage als unveränderlich zu behandeln, z. B. das eheliche Güterrecht, das für eine Ehe bei deren Abschluß maßgebend wurde. Ja man könnte (von solchen Sonderfällen abgesehen) noch weitergehend die Frage aufwerfen, ob nicht die Kollisionsnormen grundsätzlich auf die letzte Rechtsordnung zu beziehen seien, die nach der beabsichtigten Anknüpfung das Rechtsverhältnis zu gestalten vermag, und ob es nicht dieser überlassen bleibt, im Wege der materiellrechtlichen Verweisung auf vorausgehende Regelungen zu verweisen, soweit sie es für zweckmäßig hält; doch scheint es dem herkömmlichen Sinn der Kollisionsnormen immerhin mehr zu entsprechen, bei einer aufeinanderfolgenden Begründung der Anknüpfung in verschiedenen Rechtsgebieten unmittelbar und von sich aus den verschiedenen Ordnungen Zuständigkeit zuzuweisen.

kommen sind, sind Rechtsfragen, die eine jede der beteiligten Ordnungen nach ihren Maßstäben beurteilt[3].

Änderungen im Tatbestand. Öffentliches Recht.

2. Auch im öffentlichen Recht kann es vorkommen, daß abgeschlossene Rechtslagen als Vorfragen andrer Rechtsverhältnisse rechtliche Bedeutung erlangen, und daß nach internationalem Verwaltungsrecht (internationalem Staatsrecht usw.) beurteilt werden muß, welches das beherrschende Recht ist. Wiederum ist das für den gegenwärtigen Zusammenhang ohne Bedeutung. Dagegen kann es im öffentlichen Recht Fragen über den Fortbestand einer Rechtslage in dem eben erörterten Sinn nicht geben. Denn soweit es sich um die unmittelbare rechtliche Erledigung einer Angelegenheit handelt, befaßt sich der Staat (von Sonderfällen abgesehen) nur mit der Erledigung seiner eignen Angelegenheiten, entbehren die öffentlichrechtlichen Angelegenheiten eines andern Staats für ihn des rechtlichen Interesses, und es wird damit die Frage gegenstandslos, ob die frühere oder die spätere Ordnung anzuwenden ist. Eine Veränderung der tatsächlichen Umstände mag ja freilich dennoch dazu führen, daß die Herrschaft des früher zuständigen Staats erlischt, diejenige eines andern Staats in Wirksamkeit tritt. Aber es fehlt (in Ermangelung übergeordneter Normen) jede Nötigung, den Herrschaftswechsel auf den gleichen Zeitpunkt zu verlegen. Der eine Staat bestimmt, wie lang er eine Angelegenheit verfolgen will, deren zeitliche Verbindung mit seinem Recht wegfällt, der andre, zu dem solche Beziehungen geknüpft werden, entscheidet, von wann ab seine Herrschaft über den Tatbestand gelten soll. Als es in Deutschland noch Krankenversicherungen nach Landesrecht gab, konnten empfindliche Lücken der Versorgung entstehen, wenn der Erkrankte den Ort wechselte und die eine Regelung ihre Fürsorge an den Zustand der Hilfsbedürftigkeit, die andre an deren Beginn anknüpfte[4]. Zahlreiche Staaten kennen eine perpetuatio fori in dem Sinn, daß eine Entscheidungsgewalt der bürgerlichen Gerichte begründet bleibt, wenn sie im Zeitpunkt der Klagerhebung begründet war, auch wenn das Merkmal, auf welchem die Zuständigkeit beruhte, etwa der Wohnsitz des Beklagten im Inland, während des Ver-

[3] Die Möglichkeit, daß diese Maßstäbe auseinandergehen, ist empfindlich sichtbar geworden, als bei Einführung des Bürgerlichen Gesetzbuchs ein Teil der deutschen Länder Überleitungsvorschriften für das eheliche Güterrecht erließ, welche die gegenwärtige Staatsangehörigkeit der Eheleute zur Anknüpfung nahmen, während die andern Länder an der Staatsangehörigkeit im Zeitpunkt der Eheschließung festhielten. Dazu Franz Kahn, Abhandlungen 1, 327 ff.; R. Kuenzer, § 1 des badischen Gesetzes betreffend die Überleitung der ehelichen Güterstände 1903.

[4] Oben 2, 590.

fahrens wegfällt[5]. Auf der andern Seite aber nehmen manche Rechte die Entscheidungsgewalt auch dann in Anspruch, wenn die maßgebende Anknüpfung bei Prozeßbeginn mangelte, aber während des Verfahrens sich verwirklicht hat; die deutsche Rechtsprechung beansprucht Zuständigkeit unter dem einen und unter dem andern Gesichtspunkt. Beruht die Strafgewalt für Auslandsverbrechen auf der Staatsangehörigkeit des Täters, so gilt sie als begründet, wenn der Täter bei der Begehung der Handlung Inländer war, auch wenn er im Zeitpunkt der Aburteilung diese Eigenschaft nicht mehr besaß; es gibt aber auch Strafgesetzbücher — das deutsche Recht bietet wiederum ein Beispiel nach beiden Richtungen —, welche eine Strafgewalt kraft Staatsangehörigkeit auch dann in Anspruch nehmen, wenn der Täter in der Zeit zwischen Handlung und Aburteilung Inländer geworden ist. Beruht die Steuerpflicht auf Wohnsitz und es wird der Wohnsitz verändert, so bestimmt der Staat des ersten Wohnsitzes, wie lang er die Steuer erheben will, der Staat des zweiten Wohnsitzes, von wann an ihm Steuer bezahlt werden muß, und es mag nur etwa sein, daß ein Staatsvertrag oder in zusammengesetzten Staaten die Zentralgewalt hier für einheitliche Begrenzung sorgt[6].

Ist aber auf Grund einer Veränderung der Umstände ein andrer Staat öffentlichrechtlich zuständig geworden, so entbehrt die Rechtslage, wie sie vorher gegenüber einem andern Staat begründet gewesen war, für ihn in aller Regel der rechtlichen Bedeutung, und es ist die Rechtslage selbst, die nunmehr besteht, eine andre als die Rechtslage, die dem früher zuständigen Staat gegenüber bestanden hatte. War jemand im einen Staat als Arzt zugelassen und er verlegt den Wohn-

[5] Man ist so weit gegangen, das sogar auf den Wegfall der Staatsangehörigkeit im Bereich der Konsulargerichtsbarkeit anzuwenden: Appellhof Aix 24. 3. 1909 Revue 6, 513 und von seiten der Inlandsgerichtsbarkeit her Appellhof Kairo 3. 3. 1907 Journal 1909, 553. Anordnung des Reichskanzlers 27. 10. 1900 § 6 Zentralblatt für das Deutsche Reich 574 für Schutzgenossen.

[6] So das Schlußprotokoll des deutsch-italienischen Doppelsteuervertrags 1925 Z. 14 RGBl. II 1146. Über die Rechtsprechung des schweizerischen Bundesgerichts gegenüber den Kantonen Blumenstein, Schweizerisches Steuerrecht 146 f. Vgl. auch Schwarz im Wörterbuch des Staats- und Verwaltungsrechts[2] 1, 608. — Andre Beispiele aus dem Verwaltungsrecht, bei denen es sich um Fortdauer der Zuständigkeit trotz Wegfalls der die Zuständigkeit begründenden Anknüpfung handelt, oben 1, 85[12] und 86[14] Festhaltung in einer Irrenanstalt trotz Änderung der Staatsangehörigkeit als angeblicher Voraussetzung der Zuständigkeit; 2, 329 und 353 f. Fortdauer der Versicherungsaufsicht, wenn der Versicherte den Wohnsitz verlegt; Reichsfinanzhof 22. 4. 1932 Juristische Wochenschrift 2321, Reichsfluchtsteuer nach Wegfall des deutschen Wohnsitzes und der Reichsangehörigkeit. Inanspruchnahme einer Zuständigkeit ohne Rücksicht auf frühere Regelung: 1, 190 Ablieferung von Pflichtstücken, wenn ein Buch nachträglich in inländischen Verlag übergeht; 3 I 15 Zulassung eines Kraftwagens bei Wohnsitzwechsel.

sitz in das Ausland, so bildet die Ausübung der ärztlichen Tätigkeit nunmehr eine Angelegenheit zwischen dem Arzt und dem Staat des neuen Wohnsitzes, und es ist die Zulassung, die der andre Staat gewährt hatte, hier ohne rechtliches Interesse. Verändert eine Familie den Wohnort, so entscheidet das Recht des neuen Wohnorts über die Schulpflicht der Kinder, und eine Vorschrift dieses Rechts, nach der die Schulpflicht fortdauert, verpflichtet, auch wenn nach dem Recht des früheren Wohnorts die Kinder bereits schulfrei geworden waren[7]. Man trifft hier freilich zuweilen auf erhebliche Mißverständnisse, nirgends mehr als bei einer Zwangsordnung der religiösen Erziehung, wie sie vormals in deutschen Ländern einen so breiten Raum eingenommen hatte[8].

Verweisungen bei einer Änderung im Tatbestand.

3. Ist auf Grund einer Änderung im Tatbestand das Inland zuständig geworden, so kann es dennoch sein — und damit wird der Zusammenhang mit den vorausgehenden Paragraphen aufgenommen —, daß eine Betätigung dieser Zuständigkeit zu Verweisungen auf ausländisches Recht führt.

Für das Privatrecht ist oben festgestellt worden, daß eine Rechtslage bei einer Veränderung der Umstände, die ihr das Recht vermitteln, regelmäßig unter die Herrschaft einer neuen Ordnung tritt, und daß eine solche Rechtslage in ihrer Eigenschaft als die früher bestehende Rechtslage von dieser Ordnung ergriffen wird. Das aber bedeutet Verweisung auf ihren rechtmäßigen Bestand unter früherem Recht, genauer, es macht den gegenwärtigen Rechtszustand davon ab-

---

[7] Oben 1, 226[67] (der dort erhobene Zweifel, ob die Frage in das internationale Verwaltungsrecht gehöre, ist nicht begründet). — Auch in solchen Fällen kann man nicht etwa von einem „Schutz erworbener Rechte" sprechen. Die Schulpflicht, die gegenüber der öffentlichen Gewalt des neuen Wohnorts besteht, ist ein aliud gegenüber jener, die der öffentlichen Gewalt des andern Wohnorts geschuldet war. Über positivrechtliche Abweichungen unten Z. 3.

[8] Vgl. darüber oben 1, 414 und eingehend 436 ff. Dergleichen Mißverständnisse haben zuweilen gesetzlichen Niederschlag gefunden. Z. B. in einem braunschweigischen Gesetz von 1902, wonach im Falle eines Wohnsitzwechsels das Bekenntnis vorhandener und künftiger Kinder nach dem Recht des Lands sich bestimmen sollte, in welchem die Eheleute ihren ersten Wohnsitz hatten. Und doch konnte es sich auch hier nicht um eine Verteilung der Zuständigkeiten wie im Zivilrecht handeln, nahm die braunschweigische Verwaltung lediglich an der Zwangsordnung des Inlands rechtliches Interesse, und es ergab das Gesetz nur die Besonderheit, daß (s. unten Z. 3) bei einem Zuzug in das Inland das Bekenntnis maßgebend sein sollte, das vordem maßgebend war; und daß bei einer Zuweisung des Bekenntnisses an Kinder, die unter der Hoheit des Inlands einem Bekenntnis neu zugeführt wurden, das Inlandsrecht seinen Inhalt aus der Ordnung des früheren Wohnsitzes schöpfen sollte.

hängig, daß die Rechtslage unter der ersten sie beherrschenden Rechtsordnung giltig begründet und von dieser oder einer andern dazwischenliegenden Rechtsordnung nicht wieder aufgehoben worden ist[9]. Insoweit also bedarf es für Zwecke des Inlandsrechts einer Anwendung ausländischer Vorschriften.

Für das öffentliche Recht kann es im Regelfall eine solche Verweisung nicht geben; denn die Rechtslage des Inlands ist nicht die Fortsetzung einer dem Ausland gegenüber begründeten Rechtslage. Indessen es gibt einige Tatsachenlagen, bei denen das Inland ein Interesse daran nimmt, um des eignen Bedürfnisses willen eine Regelung mit dem Inhalt herzustellen, wie sie vorher gegenüber einem andern Staat bestanden hatte. Wo die Führung eines bestimmten Familiennamens zur verwaltungsrechtlichen Pflicht erhoben ist, da bezweckt dies, die Identität der Person sicherzustellen. Hat jemand die Staatsangehörigkeit gewechselt, so steht sein Name (familienrechtliche Vorfragen können beiseite bleiben) unter der Herrschaft des nunmehrigen Heimatstaats. Aber der Zweck der Regelung wird nur erreicht, wenn die Person mit demjenigen Namen unter die neue Staatsgewalt tritt, den sie unter der früheren Staatsgewalt zu führen verpflichtet war. Ähnlich gestatten manche Vorschriften über eine Zwangsordnung des religiösen Bekenntnisses die mildernde Auslegung, daß jemand bei seinem Eintritt in den Machtkreis des Inlands dasjenige Bekenntnis behält, das er vorher rechtmäßig geführt hatte[10] — in allen diesen Fällen ergibt sich auch im Bereich des Verwaltungsrechts eine Verweisung auf die frühere Ordnung.

Man findet auch sonst positivrechtliche Vorschriften, in denen aus Gründen der Billigkeit bei einem Wechsel der staatlichen Beziehungen irgendwelche Rücksichten auf die dem andern Staat gegenüber begründete Ordnung genommen werden, und wieder mit der Folge, daß insoweit auf fremdes Recht verwiesen wird. Wurde oben

[9] Die Begründung des Rechtsverhältnisses muß den Voraussetzungen entsprochen haben, die das damals maßgebende Recht aufgestellt hat. Aber es ist nicht erforderlich, daß sie den Voraussetzungen genügt, die das nunmehr zuständige Recht für den Fall aufstellt, daß ein gleichartiges Rechtsverhältnis unter seiner Herrschaft neu begründet würde. Wird eine Sache, an der ein Pfandrecht ohne Besitzübertragung, an der ein Eigentumsvorbehalt begründet worden ist, in ein andres Rechtsgebiet verbracht, das Belastungen und Vorbehalte dieser Art nicht kennt, so können dennoch Pfandrecht oder Eigentum fortdauern, und erst bei einem weiteren Rechtsgeschäft, das nach dem Ortswechsel vorgenommen wird, mögen die Grundsätze über gutgläubigen Erwerb vom Nichtberechtigten oder Nichtvollberechtigten zu einem Ausschluß der mit ihnen unvereinbaren Sätze des früheren Rechts führen.

[10] Oben 1, 439 ff. über religiöse Kindererziehung. Vgl. auch 1, 399 über Austritt aus der Kirche.

ausgeführt, daß bei einem Wechsel des Wohnsitzes über die Dauer der Schulpflicht lediglich der Staat des nunmehrigen Wohnsitzes entscheidet, so ist doch gelegentlich vereinbart worden, daß eine Beendigung der Schulpflicht unter dem früheren Recht in gewissen Fällen auch den Staat der jetzigen Niederlassung veranlassen solle, die Schulpflicht als beendigt gelten zu lassen[11]. Auch die Volljährigkeit, die vor einem Wechsel der Staatsangehörigkeit erlangt war, wird zuweilen (Art. 7 II EG. BGB.) ebenso behandelt.

Und weiterhin kommt es vor — der Gedanke einer Berücksichtigung zeitlicher Aufeinanderfolge der Rechte wird dabei allerdings gänzlich verwischt —, daß administrative Einrichtungen des Auslands derart mit gleichartigen Einrichtungen des Inlands verbunden werden, daß sie ihnen für die Bedürfnisse des inländischen Rechts als gleichwertig gelten sollen. Man findet dergleichen etwa in Staatsverträgen über die Invalidenversicherung[12]: tritt jemand unter solchen Umständen bei einem Wechsel des Arbeitsorts aus der Versicherung des einen in die Versicherung des andern Staats über, so ist für ihn allerdings nur die neue Ordnung maßgebend; wenn aber Handlungen und Zustände, die sich unter der früheren Ordnung verwirklicht haben, dabei als rechtserheblich gelten sollen, so kann deren Vorliegen nur auf Grund der früheren Ordnung festgestellt werden.

Änderungen der Staatsgewalt.

4. Änderungen im Tatbestand können den Anlaß bilden, eine Rechtslage der Herrschaft eines andern als des bisher zuständigen Staats zu unterstellen, und es kommt bei solcher Unterstellung manchmal zu Verweisungen auf das früher geltende Recht. Ähnliche Erscheinungen können sich aber auch von seiten des Staats her ergeben, wenn die Staatsgewalt, der eine Rechtslage unterstellt ist, selbst vorübergehend oder dauernd von einer andern Staatsgewalt abgelöst wird. Es wird von den Gebietsveränderungen unten § 53 im Zusammenhang zu handeln sein. Soweit es sich bei ihnen jedoch um zeitliche Abgrenzungen und um Verweisungen handelt, die aus solcher Aufeinanderfolge erwachsen, bedarf es schon hier einer Gegenüberstellung[13].

---

[11] So ein bayrisch-hessisches Abkommen oben 1, 212.

[12] Oben 2, 728 ff. und neuere Vereinbarungen.

[13] Die folgenden Erörterungen befassen sich im allgemeinen nur mit endgiltiger Gebietsveränderung und, soweit nicht besonders einbezogen, nur mit einer solchen zwischen Staaten, nicht zwischen öffentlichen Verbänden innerhalb des Staats. Doch sind gerade die hier besprochenen Regeln über zeitliche Abgrenzung auch auf vorübergehende Gebietsveränderungen und auf Veränderungen zwischen Verbänden innerhalb des Staats anwendbar.

Mit dieser zeitlichen Abgrenzung ist indessen nicht die Frage gemeint, ob bei einer Gebietsveränderung Gesetze, die im Stammland des Erwerbers gelten, auch im erworbenen Landesteil sogleich in Geltung treten, oder wie weit bei einer nachfolgenden Rechtsänderung Tatbestände der früheren oder der späteren Ordnung zugewiesen werden. Das sind, wie unten zu zeigen, Fragen des innerstaatlichen Bereichs, die das internationale Verwaltungsrecht nicht berühren. Das Problem, das hier Erörterung verlangt, ist in dem Wechsel der Staatsgewalt selbst gegeben, und wenn der Zeitpunkt dieses Wechsels in der Regel eindeutig bestimmt ist, so können doch Zweifel bestehen, ob auf einen Tatbestand der früher oder der nachmals herrschende Staat rechtlichen Einfluß nimmt. Handelt es sich um die Formung des Tatbestands durch Gesetz, so bleibt die Frage auch dann wesentlich, wenn der Nachfolger in der Herrschaft die Gesetze des Vorgängers in sein eigenes Recht rezipiert. Denn, wie gleichfalls später auszuführen, dies rezipierte Recht erfährt eine Umstellung aller seiner staatlichen Beziehungen, und gerade für das öffentliche Recht setzt sich die Gesamtheit der Beziehungen, wie sie vordem zwischen Privaten und dem früher herrschenden Staat bestanden, um in Beziehungen, die nunmehr gegenüber dem Nachfolger begründet sind. Haben aber Amtshandlungen stattgefunden, die auf das Rechtsverhältnis Einfluß nehmen, so muß sich bestimmen lassen, wie sie auf die zeitliche Zuweisung des Tatbestands einwirken, und es ist eine solche Ausscheidung insbesondre da vonnöten, wo das Rechtsverhältnis durch eine Mehrheit von Amtshandlungen seine Prägung erhält, an denen Vorgänger und Nachfolger beteiligt sind. Denn es kann nur ein Recht von zweien auf den Tatbestand anwendbar sein. Die zeitliche Abgrenzung mag allerdings der Vorgänger und mag der Nachfolger selbständig bestimmen (nur daß für übergehende Rechtsverhältnisse bei einer Teilabtretung die Freiheit des Vorgängers durch Treu und Glauben beschränkt ist, und daß die Frage für ihn gegenstandslos wird, wenn mit der Gebietsveränderung seine Staatspersönlichkeit erlischt). Und es wird auch nicht unnütz sein, auf die Verschiedenheit der beiden Fragen hinzuweisen, ob ein Rechtsverhältnis unter der früheren oder der späteren Herrschaft entstanden ist; und ob der Nachfolger Pflichten oder Rechte übernimmt, die vor dem Herrschaftswechsel aus einem Rechtsverhältnis für den Vorgänger in der Herrschaft erwachsen sind.

Ist ein Rechtsverhältnis gegeben, das vor dem Übergang der Hoheit völlig zum Abschluß gekommen ist, eine abgewickelte Enteignung, eine bezahlte Geldschuld, so greifen wiederum die gewöhnlichen Sätze des internationalen Privat- und Verwaltungsrechts Platz. Und es sind solche Rechtslagen gerade für das Verwaltungsrecht nicht so ganz selten, denn es zählen zu ihnen auch diejenigen, die als unvereinbar mit dem Recht des Nachfolgestaats den Herrschaftswechsel nicht überdauern. Solche Rechtsverhältnisse werden für den Nachfolger zumeist der rechtlichen Bedeutung überhaupt ermangeln. Als Großbritannien nach der Eroberung Deutschostafrikas den Noten der Ostafrikanischen Bank die Eigenschaft eines Zahlungsmittels versagte, konnte es sich auch nicht mit der auf öffentliches Recht gegründeten Einlösungspflicht der Bank gegenüber den Noteninhabern befassen [14]. Wo aber unter besondern Voraussetzungen das Rechtsverhältnis auch für den Nachfolgestaat erheblich wird, steht es als Angelegenheit eines andern Staats unter dessen Gesetzen. Als 1860 bei der Einverleibung Savoyens Frankreich einen Prokuratorenstand vorfand, der nach sardinischem Recht, anders als in Frankreich, freier Beruf war, wurde ein Teil dieser Vertreter von der Übernahme ausgeschlossen, aber entschädigt; die Höhe der Entschädigung bestimmte sich nach der Stellung, die das sardinische Recht den Prokuratoren eingeräumt hatte [15].

Die bezeichnenden Fragen zeitlicher Abgrenzung indessen ergeben sich bei einer Gebietsveränderung erst da, wo eine Rechtslage den Herrschaftswechsel überdauert. Sie liegen für das Privatrecht zumeist ebenso wie bei einem Statutenwechsel, der durch eine Änderung des Tatbestands veranlaßt wird, und brauchen hier nicht verfolgt werden. Für das Verwaltungsrecht ergeben sich Schwierigkeiten vornehmlich durch die Notwendigkeit behördlicher Mitwirkung, die häufig eine Mehrheit von Amtshandlungen erforderlich macht [16]. Handelt es sich dabei um rechtsbegründende Akte, so wird in der Regel der Zeitpunkt des Verwaltungsakts entscheiden. Wurde die Ausweisung von einer Behörde des später abgetretenen Gebiets vor dem Herrschaftswechsel ausgesprochen, die Mitteilung dem Ausgewiesenen nach diesem Zeitpunkt zugestellt, so ist eine verbindliche Verfügung ergangen, die für den abtretenden Staat wirksam bleibt. Ebenso ist es für diesen Staat ein inländischer Grad, wenn eine Promotion vor dem maßgebenden Zeitpunkt stattgefunden hat, die Pflichtstücke der Dissertation aber, von deren Vorlage die Führung des Doktortitels abhängig gemacht ist, erst später eingereicht werden. Es macht auch einen Unterschied, ob die behördliche Mitwirkung der Feststellung oder der Begründung, eines Rechtsverhältnisses dient. Hat sich der steuerpflichtige Tat-

---

[14] Oben 3 II 263 f. Vgl. über die Verbindung des Rechtsschutzes in öffentlichrechtlichen Angelegenheiten mit dem Staat, auf dessen Angelegenheiten sich der Rechtsschutz bezieht, oben S. 155.

[15] Oben 2, 277 [61].

[16] Vgl. im übrigen über die Erheblichkeit von Amtshandlungen des Vorgängers bei einer Gebietsveränderung unten § 31 Z. 4.

bestand unter der früheren Herrschaft verwirklicht, der für die Fälligkeit erforderliche Steuerbescheid aber ist vor dem Herrschaftswechsel nicht mehr ergangen, so ist dennoch die Steuer dem Vorgänger geschuldet. Anders dagegen, wo der Verwaltungsakt, wenn auch vielleicht rechtlich gebunden durch zurückliegende Vorgänge, dem Herrschaftswechsel nachfolgt. Gegen ein coburgisches Bergwerksunternehmen wurde ein Verfahren auf Entziehung des Bergwerkseigentums eingeleitet und unter der Hoheit Coburgs das Vorverfahren soweit „rechtskräftig" abgeschlossen, daß nur mehr der behördliche Ausspruch der Entziehung ausstand; inzwischen wurde Coburg bayrisch und das bayrische Bergrecht dort eingeführt: über die Entziehung hatte nunmehr Bayern und nach bayrischem Recht zu entscheiden [17].

Hat es sich im Vorstehenden um den Zeitpunkt gehandelt, in dem eine Rechtslage begründet wurde, so mögen sich gleichartige Zweifel wiederholen, wo die zeitliche Zugehörigkeit der Auswirkungen bestimmt werden soll, die sich aus einer den Herrschaftswechsel überdauernden Rechtslage ergeben. Die Zuweisung ist einfach, wo ein Rechtsverhältnis teilbare Inhalte besitzt. Eine Stiftungsaufsicht, die Ordnung klösterlichen Gemeinschaftslebens, die Haftung öffentlicher Versicherungen für Krankheit oder Unfall, ärztliche Standespflichten, Anforderungen an die Führung einer Firma — hier überall wird bis zum Wechsel der Herrschaft der alte, seither der neue Staatswille wirksam [18]. Schwierigkeiten bereiten in diesem Zusammenhang die Schuldverhältnisse des öffentlichen und des Privatrechts. Man wird annehmen müssen, daß mit der Begründung des schulderzeugenden Tatbestands auch der Inhalt des Schuldverhältnisses festgelegt wird, der Inhalt, wie er zunächst besteht, und wie er durch später hinzutretende Umstände schuldrechtlicher Art modifiziert werden kann, daß also die gesamte Ordnung des Schuldverhältnisses unter der Hoheit des Vorgängers in der Herrschaft geformt worden ist, auch wenn die Abwicklung der Rechtslage den Herrschaftswechsel überdauert. Geht eine Steuerforderung, die vor diesem Zeitpunkt entstanden ist, überhaupt auf den Nachfolger über, so bestimmt sich deren Verjährung auch für den Nachfolger nach den früher geltenden Gesetzen. Und es wird dabei auch bei aufeinanderfolgenden Leistungen auf den Zeitpunkt der Entstehung, nicht der Fälligkeit der einzelnen Leistung

[17] So im Ergebnis auch der Bayrische Verwaltungsgerichtshof 28. 6. 1922 Nr. 66 I/21 (ungedruckt); freilich mit der unzutreffenden Begründung, daß es sich um ein abgeschlossenes Rechtsverhältnis handle, das dem coburgischen Recht unterstehe, daß nach diesem das Eigentum aberkannt werden müsse, aber einer Entziehung unter Umständen, die nach bayrischem Recht eine solche Wirkung nicht haben, (so in Kürze der Sinn) die Vorbehaltsklausel entgegenstehe.

[18] Vgl. etwa oben 1, 123; 1, 151; 2, 252; 2, 685 [121].

ankommen müssen. Ist bei der Arbeiterversicherung der Versicherungsfall vor dem Herrschaftswechsel eingetreten, so ist grundsätzlich die Gesamtheit der Rentenverpflichtungen zu Lasten des damals beteiligten Staats oder Verbands eingetreten, und es ist Sache besondrer Vereinbarung (bei öffentlichen Verbänden innerhalb des Staats vielleicht auch eines Staatsgesetzes), wenn dies als unzweckmäßig angesehen wird, eine abweichende Regelung herbeizuführen[19]. Dennoch kann nicht übersehen werden, daß auch Schuldverhältnisse bis zu ihrer Abwicklung eine Rechtslage von Dauer darstellen, und wenn es unmöglich ist (oben Z. 1), bei einem Schuldverhältnis durch Änderung im Tatbestand einen Rechtswechsel herbeizuführen — der Ort, der ihm sein Recht vermittelt: der Tatort im Zeitpunkt der Begehung der unerlaubten Handlung, der Wohnsitz des Verkäufers, wie er bei Vertragsschluß bestand, verweist immer auf dieselbe Rechtsordnung —, ist das bei Gebietsveränderungen anders. Tatort und Wohnsitz des maßgebenden Zeitpunkts bleiben freilich auch dann die nämlichen, aber von dem Herrschaftswechsel an nicht mehr das Recht, das für einen solchen zeitlich bestimmten Ort gilt. Und wenn im Vorausgehenden ausgeführt wurde, daß ein Schuldverhältnis dieser Art auch für den Nachfolgestaat unter der früheren Ordnung verbleibt, so ändern sich vom Herrschaftswechsel an doch die staatlichen Beziehungen dieser früheren Ordnung. Es bietet ein eindringliches Beispiel (dazu oben 3 II 264 f. und 375 f.), wenn in einem solchen Schuldverhältnis ein Betrag „gesetzlicher Währung" zu leisten ist; verbleibt ein solches Rechtsverhältnis schuldrechtlich unter der früheren Ordnung, so geht die Leistung von dem Herrschaftswechsel an dennoch auf die Währung des Nachfolgestaats.

In manchen Fällen bedarf es, um eine Rechtslage der alten oder der neuen Ordnung zuweisen zu können, der Klarstellung, was Gegenstand der rechtlichen Regelung sein soll. Es mag sich dabei um sachliche Zweifel handeln. Ein Bergwerk war von sardinischer unter französische Herrschaft gekommen, die Bergbauberechtigung noch vorher erloschen, doch ohne daß die Verwaltungsbehörde den Verfall ausgesprochen hätte, wie das nach französischem, aber nicht nach sardinischem Recht erforderlich war. Hatte es sich bei dieser Verfallserklärung um ein Erfordernis des materiellen Rechts gehandelt, so blieb die Berechtigung auch für Frankreich untergegangen, wenn um eine Streitentscheidung, so hatte es nach dem Herrschaftswechsel auf die französische Vorschrift anzukommen[20]. Es können auch zeitliche

---

[19] Dazu oben 2, 677, aber auch unten § 53 Z. 3 e).

[20] Vgl. Bd. 2, 65 f. Über die Form des Rechtsschutzes bei einer Gebietsveränderung schon oben S. 165[36].

Beziehungen des Tatbestands sein, von denen die Zuweisung abhängt. In Preußen kann ein Ortsstatut der Gemeinde den Eigentümer, der an einer neuen Straße baut, zu den Herstellungskosten der Straße beiziehen; wird während des Baues die Straße einem andern Gemeindebezirk einverleibt, so soll es für die Beitragspflicht auf den Baubeginn ankommen [21]. Es gab früher zwiespältige Lösungen bei der Krankenversicherung, ob der Beginn der Erkrankung oder der Zustand des Krankseins den Träger der Versicherung leistungspflichtig mache, und das ist gerade auch bei dem Übergang eines Versichertenkreises vom einen auf einen andern Verband zweifelhaft geworden; nach gegenwärtigem Reichsrecht macht der Zustand des Erkrankten leistungspflichtig [22]. Insbesondre gehört in den hier behandelten Zusammenhang auch die Frage, ob Verleihungen, Erlaubnisse und ähnliche Akte als einmalige, auf die Begründung des Rechtsverhältnisses gerichtete Willensäußerungen aufzufassen sind oder als eine dauernde Lebendighaltung des Zustands, den sie gewähren oder gestatten. Denn im zweiten Fall würde ihre Wirkung mit einer Gebietsveränderung erlöschen. Aber es wird wohl sicher den bestehenden Anschauungen entsprechen, wenn man sie auf die Begründung der Rechtslage bezieht und es einem weiteren, hinzutretenden Rechtssatz überläßt zu bestimmen, daß eine rechtmäßig begründete Rechtslage so lang bestehen bleibt, bis ein Rechtsgrund für ihre Abänderung sich ergibt. Dieser Satz ermöglicht alsdann (s. gleich unten) die Fortdauer der Rechtslage unter dem Willen des Nachfolgers, und es bleibt auch für diesen die vordem erfolgte Rechtsbegründung verbindlich. Die Erlaubnis des Zusammenschlusses, die Sardinien als der Vorgänger in der Herrschaft einem Kloster gewährt hatte, ist entgegen abweichenden Meinungen auch für Frankreich als Nachfolger verbindlich geblieben. Der Droschkenführer, der vor der Eingemeindung eine Betriebserlaubnis von der damals selbständigen Vorortgemeinde erhalten hatte, hat sie auch gegenüber der aufnehmenden Stadt bewahrt [23]. Anders dagegen scheint sich eine russische Verordnung zu erklären, die 1888 nach der Abtretung Bessarabiens ergangen ist: Personen, die vor der Abtretung eine Zivilehe geschlossen hatten, seien zur Nachholung der kirchlichen Trauung verpflichtet, widrigenfalls sie nur für die Zeit bis zum Erlaß der Verordnung als verheiratet zu gelten hätten. Die Verordnung beruht augenscheinlich auf der Annahme, daß im

---

[21] Oben 3 I 21.

[22] Oben 2, 685 [121]. Dazu die Parallele in Z. 2.

[23] Über die savoyischen Klöster 1, 121 ff. (die dort gegebene Begründung bedarf einer Modifikation). Vgl. auch 1, 506 f. über die Verleihung der Rechtsfähigkeit an die Kirchenfabriken, gleichfalls ein savoyischer Fall. Über die Betriebserlaubnis der Droschke 3 I 21 ff.

Bereich der griechisch-orthodoxen Kirche eine Ehe nicht Bestand haben könne, die nicht kirchlich eingesegnet worden ist[24].

Verweisungen bei einer Änderung der Staatsgewalt.

5. Soll ein Herrschaftswechsel nicht zu der Zerstörung des Rechtslebens im Gebiet führen, so muß der Nachfolger in der Herrschaft an die Betätigung des Vorgängers rechtlichen Anschluß nehmen. Das bedeutet auch die Übernahme bestehender Rechtsverhältnisse unter die Regelung des Nachfolgers, wenn sie nach dieser Regelung einer Fortführung fähig sind. Mit Einschluß der Rechtsverhältnisse des öffentlichen Rechts. Auch sie gelten, wenn übernommen, als die nämlichen, die sie unter der Herrschaft des Vorgängers gewesen waren, nur selbstverständlich umgestellt von der Beziehung zu dem früher herrschenden Staat auf den Erwerber. Und so reicht unter solchen Umständen eine Rechtslage unter gegenwärtigem Recht zurück in den Rechtskreis des Vorgängers: die Rechtslage kann unter der neuen Herrschaft nur weiterbestehen, wenn sie unter der Herrschaft des Vorgängers nach dessen Recht gültig begründet, vielleicht auch verändert worden ist. Sohin abermals Verweisung auf ausländisches Recht. Nur bleibt auch dabei richtig, daß inländische Angelegenheiten des öffentlichen Rechts lediglich unter inländischen Gesetzen stehen können: denn es wird unter inländischem Recht zur Vorfrage, ob das Rechtsverhältnis unter der früheren Ordnung rechtmäßig begründet worden ist, und so ist hier ein ähnliches Abhängigkeitsverhältnis von fremdem Recht gegeben, wie es bei den oben § 21 behandelten Fällen einer „Näherberechtigung" besteht. Die Verweisung auf das Recht, wie es bei Begründung des Rechtsverhältnisses galt, hat aber auch zur Folge, daß das Verhältnis weiterbestehen kann, wenn es bei seiner Begründung den Anforderungen des damals maßgebenden Rechts entsprach, auch wenn das nunmehr geltende Recht an seine Begründung andre Anforderungen stellen würde[25].

Wiederum erheben sich dabei Fragen zeitlicher Abgrenzung: soll auf eine Angelegenheit, die der rechtlichen Fürsorge des Nachfolgers untersteht, dessen gegenwärtiges Recht angewendet werden, oder greifen auf Grund einer Verweisung Rechtssätze des Vorgängers Platz? Jedoch das Problem ist identisch mit dem im Vorausgehenden behandelten. Denn die Verweisung ist eben für den Fall vorgesehen, daß die Rechtslage schon unter der Herrschaft des Vorgängers begründet wurde, und es wird nur die Fragestellung auf den Rechtszustand bezogen, wie er für den Nachfolgestaat besteht (so daß auch nur dessen zeitliche Maßstäbe zur Geltung kommen). Demgemäß sind

---

[24] Oben 1, 475 [11].

[25] Ein Beispiel (Wassernutzung) oben 2, 53.

diese Abgrenzungsfragen schon im Vorausgehenden mitbehandelt worden.

Vorausgesetzt ist dabei allerdings, daß die vordem begründete Rechtslage mit dem Rechtszustand des Nachfolgestaats überhaupt vereinbar ist. Nicht jede Verschiedenheit bedeutet hier ein Hindernis. Vielleicht ergibt die Auslegung des nunmehr geltenden Rechts, daß eine Einrichtung, umgeformt in eine andre, ähnlichen Zwecken dienende Einrichtung, weiterbestehen kann, z. B. das frühere öffentliche Eigentum des Staats verwandelt sich in staatliches Privateigentum[26]. Wo aber eine solche Konversion nicht in Betracht kommt, da kann die Rechtslage bei einem Wechsel der beherrschenden Ordnung nicht fortdauern. War ein Wasserlauf Krongut, und gewährt das nach der Einverleibung eingeführte Recht Gemeingebrauch, so kann diesem Gemeingebrauch auch ein ausschließliches Nutzungsrecht, das an dem früheren Krongut verliehen worden war, nicht entgegengehalten werden[27].

Gelegentlich begegnet man bei einer Gebietsveränderung Verweisungen auf das frühere Recht auch da, wo es sich um eigne Angelegenheiten des Nachfolgers handelt. Etwa wenn Dänemark sich verpflichtet hat, die Pensionen übernommener deutscher Beamter nach den deutschen Bestimmungen zu bezahlen[28]. Dergleichen kann nur auf der Grundlage einer besondern Vorschrift vorkommen und bedeutet, wenn auch veranlaßt durch die Gebietsveränderung, einen echten Fall der Näherberechtigung. Hieher wird aber auch ein Fall des preußischen Straßenrechts gehören[29]: Die Gemeinde kann durch Ortsstatut das Bauen an unfertigen Straßen verbieten. Liegt die Straße in einem einverleibten Gebiet und es hat der Hausbau erst nach der Eingliederung begonnen, so liegt unzweifelhaft eine Angelegenheit des erwerbenden Teils vor. Aber das Oberverwaltungsgericht nimmt an

[26] Oben 2, 53. Verwandlung einer öffentlichrechtlichen Konzession in einen privatrechtlichen Vertrag mit dem Staat und umgekehrt: oben 2, 82 und (gänzlich unrichtig) Gemischtes deutsch-französisches Schiedsgericht 24. 7. 1923 und 2. 2. 1924 Recueil 3, 401 939. — Andre Beispiele einer Konversion: 2, 54 kannte das frühere Recht Zulassung durch allgemeinen Rechtssatz, während das neue Recht für jeden Fall Polizeierlaubnis verlangt, so steht doch Erfüllung der vordem geforderten gesetzlichen Voraussetzungen der Erteilung einer besondern Erlaubnis gleich. 2, 277[61] ein käufliches Amt ist früher unbewegliches, nunmehr bewegliches Gut.

[27] Oben 2, 53. Andre Beispiele oben 1, 205[12]; 2, 221; 2, 276 f.

[28] 12. Abkommen 10. 4. 1922 Art. 10 RGBl. II 207. Ähnlich Art. 174 des Oberschlesienabkommens RGBl. 1922 II 238, nach dem die polnischen Krankenkassen auch für Versicherungsfälle zuständig sind, die sich vor dem Hoheitswechsel ereignet haben; „jedoch hat die neue Kasse die Leistung nach der Satzung der bisher verpflichteten Kasse zu bemessen, falls dies für den Berechtigten günstiger ist".

[29] Oben 3 I 22[70].

(und beruft sich auf einen ungeschriebenen Rechtssatz), daß eine Straße, die nach dem Recht der vor der Eingliederung zuständigen Gemeinde „fertig" war, diese Eigenschaft behalte, auch wenn sie nach dem seither geltenden Recht als „unfertig" angesehen werden müsse. Es wird hier der gegenwärtig begründete Status der Straße von ihrem Status unter früherem Recht abhängig gemacht[30].

Schließlich, wo immer ausländisches Recht anzuwenden ist — und das gilt bei einer Gebietsveränderung wie bei einem Wechsel im Tatbestand —, da kann auch die Vorbehaltsklausel nicht entbehrt werden[31]. Nur wird ihr Eingreifen unterschieden werden müssen von andern Rechtslagen, bei denen weitergehend die Verweisung auf das fremde Recht selbst entfällt[32].

§ 24.

Weitere Voraussetzungen für die Anwendung fremden Rechts.

1. Staatsrechtliche Maßgeblichkeit.

1. Staatsrechtliche Voraussetzungen. — 2. Beschränkungen. — 3. Die Nachprüfung der staatsrechtlichen Voraussetzungen.

Staatsrechtliche Voraussetzungen.

1. Wo immer auf Normen eines fremden Staats verwiesen wird, da wird auf sie in ihrer Eigenschaft als Rechtssätze verwiesen[1], und sie kommen demgemäß als Gegenstand der Verweisung nur dann in Betracht, wenn sie nach dem Staatsrecht des bezogenen Staats Giltigkeit besitzen[2]. Dies Recht bestimmt, ob eine Norm nach ihrem Inhalt

---

[30] Vgl. das Gegenstück oben Z. 3.

[31] Unveranlaßte Anrufung der Vorbehaltsklausel in Fällen, in denen es sich um die unmittelbare Geltung des Inlandsrechts handelt, findet man auch in diesem Zusammenhang. Vgl. z. B. den französischen Kassationshof über Lebensgemeinschaft in aufgelösten Klöstern Bd. 1, 123[26] oder den Bayrischen Verwaltungsgerichtshof über Entziehung des Bergwerkseigentums oben Z. 4. Für religiöse Kindererziehung (ein Fall von Änderung im Tatbestand) 1, 437.

[32] Dazu für Gebietsveränderungen des näheren unten S. 238[28]. Als Beispiel einer Änderung im Tatbestand (Rechtszustand vor 1935): ein Deutscher hatte einen adeligen Familiennamen geführt und wurde in Österreich naturalisiert; die lex generalis, die Identität des Familiennamens fordert, trat für das österreichische Recht zurück hinter der lex specialis, die eine Führung adeliger Namensteile verbot.

[1] Dazu oben S. 193.

[2] Vgl. zum Folgenden vornehmlich Zitelmann 1, 286. Hubert Kunz, Das richterliche Prüfungsrecht im internationalen Staatsrecht, Zeitschrift 32, 26 ff. (erweiterter Vortrag meines Seminars; Thema und Material vom Seminarleiter). Niboyet, Qu'est-ce que la loi etrangère aux yeux des juges d'un pays déterminé, Revue de droit international (Brüssel) 1928, 753 ff. Melchior 81 ff.

Rechtssatz ist oder dem Bereich der Sitte, religiöser Vorschriften überlassen bleibt[3]. Diese Rechtsordnung regelt das Verfahren, in dem ein giltiges Gesetz zustande kommt, die verfassungsmäßigen Schranken, die sein Inhalt beobachten muß, sie bestimmt die Voraussetzungen, unter denen eine verbindliche Verordnung erlassen werden kann[4]. Sie entscheidet, ob einer Körperschaft innerhalb des Staats Autonomie zukommt, entscheidet über die Zulassung, die Voraussetzungen gewohnheitsrechtlicher Normen[5]. Der Rechtsprechung dieses Staats muß Folge gegeben werden, wenn sie in der Lage ist, formell verbindliche, über den entschiedenen Fall hinausreichende Rechtssätze aufzustellen[6]. Staatsrecht bestimmt (oben S. 124) das verfassungsmäßige Gebiet einer Rechtsgemeinschaft, bestimmt, welche von mehreren Sprachen, in denen die Vorschriften eines Lands veröffentlicht werden, die verbindliche sein soll. Auch in der Festsetzung des Geltungsbeginns und des Geltungsendes eines Rechtssatzes liegen staatsrechtliche Entscheidungen, die von andern Staaten zu berücksichtigen sind; aber es gehört nicht mehr in diesen Zusammenhang, wenn ein Staat bei einem Rechtswechsel inhaltliche Anordnungen über die Anwendbarkeit der einen und der andern Vorschriften gibt, davon wird in § 28 näher zu handeln sein.

Nach dem Staatsrecht des bezogenen Staats ist auch die Frage zu entscheiden, ob eine staatliche Willenserklärung, die in Gesetzesform ergangen ist, *als Rechtssatz oder als rechtsgestaltender Staatsakt* angesehen werden muß. Da es Rechtssätze auch für einen individuellen Tatbestand geben kann, wird es offenbar darauf ankommen, ob hinter jenem „Sondergesetz" bereits ein ungeschriebener Rechtssatz steht, als dessen Anwendung das Sondergesetz erscheint (und das wird im Zweifel anzunehmen sein, wenn Sondergesetze bei gleichartigen Tatbeständen mehrfach ergehen); oder ob für den einzelnen Fall eine gesetzliche Regelung getroffen

[3] Beispiele bei Melchior 82. Über Eingeborenenrecht als Recht Neumeyer, Zeitschrift für Völkerrecht 6, 139 ff. Dazu aber auch unten S. 225 f.

[4] Prüfung einer fremden Verordnung auf ihre staatsrechtliche Verbindlichkeit, z. B. Reichsgericht 8. 10. 1918 Entscheidungen in Strafsachen 52, 308. Landgericht Hamburg 13. 6. 1924 Zeitschrift 34, 465.

[5] Bayrischer Verwaltungsgerichtshof 6. 7. 1894 Sammlung 15, 230. Melchior 87[1]. Das gilt auch für die Frage, ob Handelsgebräuchen die Kraft von Sätzen des Gewohnheitsrechts zukommt. Wenn dies in Italien zutrifft, so doch nur für italienische Handelsgebräuche. Mißverständlich Diena, Trattato di diritto commerciale internazionale 1, 390 ff.; Fedozzi in Il diritto commerciale Bd. 29.

[6] Dazu etwa Kunz 29; Niboyet 791 ff.; Melchior 86, 87 ff. Wie weit der Rechtsprechung des Ursprungslands einer Vorschrift tatsächliche Bedeutung für andre Länder zukommt, gehört nicht in den gegenwärtigen Zucommerciale Bd. 29.

wird, die von dem sonst bestehenden Rechtszustand abweicht[7]. Die Frage ist vornehmlich für die Ehescheidung von Kanadiern erörtert worden, die in deren Heimat einer Parlamentsakte bedarf[8]. Augenscheinlich bedeutet die Notwendigkeit einer Parlamentsakte die erschwerte Form für eine als statthaft vorausgesetzte Ehescheidung, und es folgt daraus, daß die Scheidung von Kanadiern auch anderwärts in den Formen des örtlichen Rechts möglich ist. Um die Anwendung eines vorausgesetzten Rechtssatzes handelt es sich auch, wenn für die Verleihung der Rechtsfähigkeit an Religionsgesellschaften, für die Zulassung einer klösterlichen Niederlassung ein „Gesetz" gefordert wird; nur daß eine solche Verleihung oder Zulassung selbstverständlich nicht von einem fremden Staat ausgehen kann. Die Frage mag praktisch werden, wenn bei einer Gebietsveränderung die Gewährung von der früher herrschenden Gewalt nach deren Staatsrecht erteilt worden war[9].

Dagegen handelt es sich nicht mehr um die staatsrechtlichen Voraussetzungen der anzuwendenden Rechtsordnung, wenn innerhalb ihrer, geschieden nach Personengruppen, Gebieten, Sachbereichen, aber ausgehend von dem Willen derselben Gemeinschaft, mehrfaches Recht besteht und dessen gegenseitiges Verhältnis zu bestimmen ist, z. B. wenn neben dem bürgerlichen ein besonderes Handelsrecht besteht, wenn Bayern ein besonderes Forstgesetz für die rechtsrheinischen Gebiete und für die Pfalz besitzt, wenn es sich um das Verhältnis von *law* und *equity* im englischen Recht handelt[10]. Vielleicht macht der Inhalt der Verweisung auch die Beachtung solcher Abgrenzung erforderlich (unten § 39 Z. 1). Jedenfalls handelt es sich dabei nicht um die Eigenschaft des bezogenen Rechtssatzes, Recht zu sein.

Manchmal hat in diesem Zusammenhang schon die Frage, welchem Staat ein Rechtssatz angehört, zu Unsicherheiten geführt: in Fällen, in denen das allgemeine Völkerrecht oder ein Staatsvertrag die Einführung eines Rechtssatzes in das innerstaatliche Recht vorschreibt oder gestattet[11]. Es kann sein, daß solche

---

[7] Ein Beispiel unten S. 233.

[8] Ausgangspunkt Appellhof Douai 29. 1. 1924, Sirey 1924 II 113. Dazu Niboyet 772 ff. R. Neuner, Der Sinn der internationalprivatrechtlichen Norm (1932) 51 ff. Melchior 82 f.

[9] Zivilgericht Annecy 13. 5. 1903 Journal 1903, 819.

[10] Anders natürlich die Feststellung, daß *equity* Rechtsquelle sein kann.

[11] Klein, Zeitschrift 14, 150: „ein Verstoß gegen das Völkerrecht bedeutet einen Verstoß gegen deutsches Recht". Heyland, Juristische Wochenschrift 1927, 2332: die auf Grund des Rheinlandabkommens erlassenen Verordnungen des interalliierten Ausschusses sind für Deutschland deutsches Recht und können deshalb entsprechend dem deutschen Recht nachgeprüft werden.

Sätze in dem Staatsvertrag selbst bereits feste Fassung gefunden haben, z. B. in der Haager Landkriegsordnung oder der Genfer Wechselordnung. Bei einem Übergang in die einzelstaatlichen Rechtsordnungen werden sie notwendig Rechtssätze des Staats, der sie übernimmt, und es muß solche Übernahme den staatsrechtlichen Erfordernissen des Staats entsprechen, in dessen Recht sie aufgenommen werden sollen; für andre Staaten, auch für die andern Vertragsstaaten handelt es sich bei einer Anwendung dieser Sätze um die Anwendung ausländischen Rechts. Erst recht aber gilt dasselbe, wenn der Vertrag nur die Ermächtigung zur Rechtssetzung gewährt, der Rechtsinhalt von dem ermächtigten Teil zu bestimmen ist. Wenn das Rheinlandabkommen von 1919 den besetzenden Mächten eine beschränkte Verordnungsgewalt eingeräumt hat, so ist es fremde, nicht deutsche Staatsgewalt, die über die Bevölkerung des besetzten Gebiets geübt wurde, die hienach erlassenen Verordnungen waren fremdes Recht für Deutschland und einer Beeinflussung durch das Staatsrecht des Reichs oder der beteiligten deutschen Länder entzogen.

Beschränkungen.

2. Der Anwendung eines staatsrechtlich einwandfrei begründeten Rechtssatzes können in andern Staaten Hindernisse entgegentreten.

Zunächst, eine Verweisung auf die Regelung andrer Staaten geht nur auf das Recht derjenigen Staaten, die in dem Staat der verweisenden Rechtsordnung völkerrechtlich anerkannt sind[12]. Denn die Aufteilung der Zuständigkeiten, auf der eine solche Verweisung beruht (unten § 36 Z. 1), gründet sich auf eine völkerrechtliche Verpflichtung, die nur zugunsten der Mitglieder der völkerrechtlichen Gemeinschaft besteht. Über diese Mitgliedschaft zu urteilen, ist Sache des mit der Frage befaßten Staates. Daß aber wechselseitige Anerkennung der Rechtsordnung zu denjenigen Punkten gehörte, für die auch gegenüber nicht anerkannten Staaten Behandlung nach Völkerrecht rechtens ist, wird sich positivrechtlich kaum dartun lassen[13].

In gleicher Weise hat der verweisende Staat dazu Stellung zu nehmen, welche Staatsgewalt auf einem umstrittenen fremden Gebiet herrscht; und wenn es sich um Mitherrschaft in einem fremden Staat handelt, wo die sachliche Grenze zwischen den beiderlei Gewalten läuft. Nach dem Rheinlandabkommen kam dem Interalliierten Aus-

---

[12] Die Frage ist bestritten, Streitstand bei Melchior 83ff.

[13] Der Satz ist ohne weiters durchführbar bei politischen Gebilden von vorübergehendem Bestand wie in dem Fall 3 II 252[25] (Währung der ungarischen Räterepublik). Bei gefestigten Staatswesen (3 II 291 Währung Sowjetrußlands) wird man nach einem Ausgleich zwischen Recht und Wirklichkeit suchen müssen; vgl. dazu unten § 26 Z. 3.

schuß ein Verordnungsrecht für Unterhalt, Sicherheit und Bedürfnisse der Streitkräfte zu, im übrigen verblieb das besetzte Gebiet unter deutscher Gesetzgebungsgewalt: als der Ausschuß eine Verordnung erließ, nach der deutsche Gesetze nur nach Eintrag in ein Register und, wenn innerhalb einer Sperrfrist kein Widerspruch erfolgt sei, in Geltung treten, war das eine unverbindliche Verschiebung der Zuständigkeiten, und es hatte z. B. das nichtregistrierte deutsche Kohlensteuergesetz (etwa als Grundlage privater Ausgleichspflichten) auch vor den Gerichten dritter Staaten Anwendung zu beanspruchen. War auf der andern Seite eine Verordnung des Ausschusses „zur Sicherung der Truppen" erlassen, und es ergab sich bei der Nachprüfung in andrem Staat, daß diese Begründung mißbräuchlich angerufen war (vgl. z. B. oben 3 II 257), so fehlte es an der sachlichen Anknüpfung für die Zuständigkeit, und es war eine solche Verordnung nicht anwendbar[14].

Der Zwang für den dritten Staat, Stellung zu nehmen, beruht in den vorerwähnten Fällen auf der Nötigung, den zur Regelung zuständigen Staat zu bestimmen. Dagegen ist eine Völkerrechtswidrigkeit im Inhalt eines fremden Rechtssatzes nicht in jedem Fall geeignet, der mit diesem Makel behafteten Vorschrift die Anwendbarkeit zu entziehen. Hier ist zunächst nach dem Staatsrecht des gesetzgebenden Staats zu bestimmen, ob ein völkerrechtswidriger Satz seines innerstaatlichen Rechts überhaupt rechtlich Bestand haben kann. Besteht ein solcher Satz landesrechtlich zu Recht, so kann für andre Staaten Anlaß gegeben sein, nach Lage der Umstände seiner Anwendung die Vorbehaltsklausel entgegenzustellen (unten S. 233); daß er von selbst nichtig wäre, wird sich nicht erweisen lassen[15]. Wenn beispielsweise im Saargebiet „aus Gründen allgemeiner Ordnung" die Reichswährung durch die Frankenwährung ersetzt wurde (3 II 258 f., 378) und es war Anlaß, diese Begründung als unzutreffend anzusehen, so handelte es sich dabei anders als unter ähnlichen Umständen im besetzten Rheinland nicht um eine unbefugte Inanspruchnahme der Zuständigkeit — Deutschland war damals von einer Mitherrschaft im Saargebiet für jeden Fall ausgeschlossen — sondern um eine inhaltlich vertragswidrige Maßnahme, und sie konnte, wenn überhaupt, anderwärts nur mit der Vorbehaltsklausel von der Anwendung ausgeschlossen werden.

Die Qualifikation, ob die Vorschrift eines fremden Staats als Rechtssatz anzusehen sei, steht dem Inland zu. In diesem Sinn ist ein-

[14] So hinsichtlich der eben genannten Registrierungsverordnung z. B. Reichsfinanzhof 7. 12. 1926 Juristische Wochenschrift 1927, 2330; Reichsgericht 9. 3. 1929 ebenda 1929, 1594.

[15] Eine Bemerkung 3 II 252[26] ist in diesem Sinn zu präzisieren.

mal der Zweifel aufgeworfen worden[16], ob das Sowjetrecht, das geheimgehaltene Gesetze kennt, Gesetze, die den revolutionären Zwecken nicht dienen, von der Anwendung ausschließt, in westlichen Staaten als Recht angewendet werden könne. Natürlich aber handelt es sich bei solcher Bemessung nach Inlandsrecht um die abstrakten Merkmale, die den Rechtsbegriff begründen, während die Verwirklichung der Merkmale (vgl. z. B. oben S. 221 f.) an dem Staatsrecht des fremden Staats geprüft werden muß.

Die Nachprüfung der staatsrechtlichen Voraussetzungen.

3. Völlig verschieden von der Frage, welches Recht über die staatsrechtlichen Voraussetzungen eines Rechtssatzes entscheidet, ist die andre Frage, welches Recht bestimmt, ob und von wem diese Voraussetzungen geprüft werden können.

Vorweg ist festzustellen, daß die Zuständigkeit des fremden Staats, dessen Recht angewendet werden soll, der freien Nachprüfung unterliegt[17]. Und das ist auch dann nicht anders, wenn diese Zuständigkeit auf einem völkerrechtlichen Vertrag beruht wie dem oben erwähnten Rheinlandabkommen. Denn auch die Völkerrechtswidrigkeit eines fremden Rechtssatzes, der zur Anwendung kommen soll, steht der Nachprüfung offen. Es ist nicht die völkerrechtliche Beziehung von Staat zu Staat, die unter solchen Umständen den unmittelbaren Gegenstand der Nachprüfung bildet, sondern der Inhalt des fremden Satzes als einer Regelung zwischen Staat und Individuen[18].

Nicht ebenso selbstverständlich verhält es sich mit einer Nachprüfung, ob die Voraussetzungen für die staatsrechtliche Giltigkeit eines fremden Rechtssatzes gegeben sind. Die Schwierigkeiten, die hier erwachsen, beruhen auf der Überschneidung zweier Gedankengänge. Wenn es sich bei der Beschränkung oder dem Ausschluß einer Nachprüfung um eine Art der Rechtsbildung selbst handelt, so hat über sie das Staatsrecht des Lands zu entscheiden, dem der Rechtssatz angehört. Wenn solche Beschränkungen und Verbote dagegen einer Vermischung der Gewalten im Staat vorbeugen wollen, oder wenn sie den Gesetzen Schutz gegen eine vorschnelle Anzweiflung im Rechtsstreit bieten, entbehren sie fremden Rechtssätzen gegenüber der Bedeutung; denn wenn Vorschriften dieser Art in dem Staat des ausländischen Rechtssatzes bestehen, bedeuten sie eine innere Angelegenheit dieses Staats, mit der das Inland keine rechtliche Verbindung hat,

---

[16] Niboyet 781 ff.

[17] Vgl. dazu oben S. 202.

[18] Dazu schon Band 2, 5 f. Über eine mißverständliche Auffassung oben Anm. 11.

wenn im Inland vorgesehen, haben sie nach ihrem Inhalt nur Bezug auf eine Abgrenzung zwischen den inländischen Gewalten oder auf einen Schutz der eigenen Gesetze[19]. In Frankreich ist die Nachprüfung eines Gesetzes auf seine Giltigkeit unstatthaft, nach deutschem Staatsrecht[20] besteht ein solches Hindernis nicht. Unzweifelhaft nun bleibt die Prüfung eines deutschen Gesetzes vor französischen Gerichten möglich, ein deutsches Gesetz, das nicht im vorgeschriebenen Verfahren zustande gekommen ist oder dessen Inhalt gegen die Verfassung verstößt, ist ipso jure nichtig, und auch dann, wenn die französischen Vorschriften als Bestimmungen über den Schutz der Gewaltenteilung, über eine Sicherung der Gesetze gegen voreilige Bestreitung aufzufassen wären, wären sie auf ausländische Gesetze nicht anwendbar. Wie aber verhält es sich mit der Nachprüfung französischer Gesetze vor deutschen Gerichten?

Wo ein völliges Verbot der Nachprüfung besteht, nicht einmal bei den gesetzgebenden Körpern ein eigenes Nachprüfungverfahren eingerichtet ist, da kann es sich nicht um einen Schutz der Gewaltenteilung handeln, auch nicht um einen bevorzugten Schutz der Gesetze im Rechtsstreit. Der Rechtsbildungsprozeß selbst hat hier seine Besonderheiten: Verstöße im Gesetzgebungsverfahren, Aufnahme unzulässigen Inhalts in das Gesetz bewirken keine absolute Nichtigkeit; trotz seiner Mängel bleibt das Gesetz verbindlich, sie werden durch einen abschließenden Vorgang, die Zeichnung des Staatsoberhaupts oder des mitwirkenden Ministers, die amtliche Veröffentlichung, geheilt. Darnach ist ein französisches Gesetz unerachtet seiner Mängel auch für Deutschland schlechthin Gesetz.

Zweifelhafter ist die Entscheidung, wo eine Nachprüfung nicht völlig verboten, sondern nur beschränkt ist. Z. B. in Spanien ist die Entscheidung über die Verfassungswidrigkeit eines Gesetzes dem Staatsgerichtshof vorbehalten. Hier dürfte es darauf ankommen, ob das Urteil der angegangenen Stelle über den einzelnen Fall hinauswirkt. Trifft dies zu, so handelt es sich wiederum um Rechtsbildung von besondrer Art; das Urteil, das die Verfassungswidrigkeit verneint, heilt Mängel, die dennoch vorhanden waren, das bejahende Urteil entzieht

---

[19] Mehrere Schriftsteller verweisen für die Zulässigkeit einer Nachprüfung auf das Recht, das im Staat des anzuwendenden Rechtssatzes gilt. Doch wird der Sitz des Problems nur bei Kunz a. a. O. erkennbar (der sich gleichfalls für das Recht im Ursprungsland des Rechtssatzes ausspricht, weil es sich auch um Vorschriften über Rechtsbildung handle). — Daß es nicht Aufgabe eines um Rechtshilfe angegangenen Gerichts ist, die Verfassungsmäßigkeit des Gerichts nachzuprüfen, von dem das Ersuchen ausgeht, hat das Oberlandesgericht Hamburg 1. 6. 1923, Deutsche Juristenzeitung 440, mit Recht festgestellt.

[20] Jedenfalls nach dem Rechtszustand vor 1933.

einem vielleicht einwandfreien Gesetz die Geltung. Kann dagegen die Verbindlichkeit des Gesetzes bei jedem Fall von neuem in Zweifel gezogen werden, so dürfte die Zuweisung der Entscheidung an bestimmte Organe regelmäßig die Bedeutung haben, daß eine nach ihrer Zusammensetzung besonders geeignete Stelle über den Streit entscheiden soll, vielleicht auch, daß Übergriffe der ordentlichen Gerichte im Sinn der Gewaltenteilung vermieden werden sollen. Die eine und die andre Regelung aber ist für dritte Staaten unverbindlich.

§ 25.

2. Die Vorbehaltsklausel und verwandte Tatbestände.

I. Die Vorbehaltsklausel. 1. Ausgangspunkte. — 2. Zuständigkeit kraft öffentlicher Ordnung. — 3. Abwehr kraft öffentlicher Ordnung. — 4. Ausschluß einer unmittelbaren Durchsetzung. — 5. Wirkungen. — 6. Ergänzungen. — II. Artfremde Eingriffe. 7. Der Grundsatz. — 8. Einschränkungen. — III. 9. Gesetzesumgehung.

I. Die Vorbehaltsklausel.

Ausgangspunkte.

1. Die Lehre von der öffentlichen Ordnung kann hier als bekannt vorausgesetzt werden. Doch bedarf es an dieser Stelle einer Klarlegung derjenigen Ausgangspunkte, in denen sich die Anschauungen des Verfassers auch für das Privatrecht von den herrschenden Anschauungen unterscheiden[1]. Denn unter dem Schlagwort der Vorbehaltsklausel werden nach der Meinung des Verfassers zwei völlig disparate Erscheinungen äußerlich zusammengefaßt.

Es kommt vor, daß nach allgemeinen Regeln des internationalen Privatrechts eine bestimmte Rechtsordnung anzuwenden wäre, daß aber bei Prüfung des besondern Falls eine Anknüpfung, die auf eine andre Rechtsordnung verweist, als die stärkere erscheint. Folgt man dieser stärkeren Anknüpfung, so ist das Ergebnis, daß die Anwendung der Rechtsordnung, die zunächst anwendbar geschienen hätte, unterbleibt, eine andre an deren Stelle tritt, und wenn man sich hiefür auf die „öffentliche Ordnung", auf den „Zweck des Gesetzes" beruft, so nennt man ein Motiv, das zu dieser kollisionsrechtlichen Lösung geführt hat. Wo keine im Gesetz formulierte Kollisionsnorm entgegensteht, handelt es sich bei solcher Berücksichtigung der besondern Rechtslage um einen Vorgang, der für die Handhabung des internationalen Privatrechts völlig normal ist; aber auch da, wo das positive Recht allgemeine Kollisionsregeln aufgestellt hat, deren Wortlaut die

---

[1] Vgl. des näheren Grundriß des internationalen Privatrechts[2] 9 f. Auch oben 2, 459 f., 3 II 268 und öfter.

Berücksichtigung eines abweichenden Sonderfalls nicht vorsieht, wird es (vgl. dazu oben S. 203) im Zweifel möglich bleiben, derartigen Erwägungen Rechnung zu tragen. Es ist bekannt, daß nach der Lehre Mancini's die Gesamtheit der privatrechtlichen Beziehungen, auch bei Ausländern, unter der Regelung des Heimatstaats verbleiben sollte, wenn es sich aber etwa um das Eigentum an italienischen Grundstücken handelte, dann sollte die „öffentliche Ordnung" die Anwendung einer andern als der italienischen Gesetzgebung ausschließen: das bedeutete letzten Endes, daß über das Eigentum an Grundstücken eben nicht das heimatliche Recht, sondern das Recht der belegenen Sache zu entscheiden hatte[2]. Es handelt sich bei einer solchen Anwendung des in Wirklichkeit maßgebenden Rechts, unter Beiseiteschiebung der anscheinend maßgebenden Rechtsordnung, um einen juristisch-technischen Vorgang, mit dem keinerlei Werturteil über den Inhalt des einen oder des andern Rechts verbunden ist, sie kann ohne Unterschied bei dem Gegenstand der rechtlichen Beurteilung selbst oder bei dessen Vorfragen in Betracht kommen, zu der Anwendung inländischen oder ausländischen Rechts führen, und ihre Wirkung ist, daß die so bezeichnete Rechtsordnung alleinig maßgebend ist, die andre nur scheinbar maßgebende Rechtsordnung völlig ausscheidet.

Das alles verhält sich anders bei dem zweiten Rechtsbehelf, der mit dem Namen der Vorbehaltsklausel bezeichnet wird (und der allein eine selbständige Rechtseinrichtung darstellt). Das internationale Privatrecht führt zu der Anwendung der verschiedensten ausländischen Rechtsordnungen, und es muß Abweichungen dieser Rechtssysteme von dem Inlandsrecht als selbstverständlich in Rechnung ziehen. Indessen kann es vorkommen, daß die gesellschaftlichen und staatspolitischen Anschauungen, auf denen der fremde Rechtssatz beruht, sich von den Anschauungen des Inlands sehr weit entfernen, so sehr, daß es anstößig erscheint, wenn die öffentliche Gewalt des Inlands zu einer Verwirklichung der auf sie gegründeten Rechtssätze beiträgt. Unter solchen Umständen ermächtigen alle Rechtsordnungen, eine Verweisung auf fremdes Recht so weit einzuschränken, daß der öffentlichen Gewalt erspart bleibt, selbst zu der Herbeiführung derartiger Ergebnisse mitzuwirken. Die Fassung des Vorbehalts ist in den einzelnen Gesetzgebungen verschieden, ihre Bedeutung ziemlich überall die gleiche, und es ist deswegen auch gegen den Sinn solcher Schutz-

---

[2] Eine bedeutende Untersuchung Franz Kahn's, jetzt Abhandlungen 1, 161 ff., hat diesen Nachweis für eine große Zahl von Fällen erbracht, bei denen die öffentliche Ordnung angerufen wurde, und es ist zutreffend, wenn er in den so entschiedenen Fällen den „unfertigen Teil des internationalen Privatrechts" erblickt. Privatrechtliche Beispiele dieser Art oben 2, 446 454; 3 II 360 [40a] 370 [81].

maßnahmen, an dem Wortlaut zu haften, in dem die Vorbehaltsklausel gesetzlichen Ausdruck gefunden hat. Anders als in dem früher besprochenen Fall wird bei einer solchen Berufung auf die öffentliche Ordnung über die Auswirkung des fremden Rechtssatzes auf das Inland ein Unwerturteil gefällt, und nur zum Schutz der sittlichen Anschauungen, der politischen Interessen des Inlands kann zu der Abwehr gegriffen werden. Es handelt sich auch nicht darum, unter solchen Umständen an Stelle des fremden Rechtssatzes einen solchen des Inlands zu setzen: der fremde Rechtssatz bleibt grundsätzlich anwendbar, und wenn seine Wirkungen außerhalb der Rechtssphäre des Inlands eingetreten sind, so sind sie auch für das inländische Recht eingetreten. Aber auch dann, wenn das Inland in die Lage kommt, die eigene Mitwirkung zu versagen, verbleibt es bei der Anwendbarkeit des fremden Rechts, wenn auch Anpassungen an die Bedürfnisse der Rechtslage erforderlich werden mögen, wie sie unten S. 239 näher zu erörtern sind. Entsprechend der Eigenschaft der Vorbehaltsklausel als eines Notbehelfs ist ihre Anwendung denn auch subsidiär, sie greift nur Platz, wenn die Ausscheidung der beanstandeten Rechtsfolge nicht schon mit andern rechtlichen Mitteln zu erreichen ist.

Zuständigkeit kraft öffentlicher Ordnung.

2. Man liest in einem Buch, das sich mit der Begrenzung gewerbepolizeilicher Arbeiterschutzgesetze befaßt, erste Aufgabe sei, in ihnen die Bestimmungen aufzusuchen, die der „internationalen öffentlichen Ordnung angehören“ [3]. Die öffentliche Ordnung soll nach der Meinung eines andern Schriftstellers dazu ermächtigen, Vereinspolizei über einen Verein zu üben, den Ausländer im Inland gegründet haben [4], und es begegnen ähnliche Anrufungen der öffentlichen Ordnung, die räumliche Geltung eines Verwaltungsrechtssatzes zu begründen, auch sonst nicht selten [5]. Solche Begründungen sind schon darum mißlich, weil sie den Gedanken nahelegen, es könnte für Verwaltungsangelegenheiten des Inlands vielleicht auch eine andre Rechtsordnung als die des Inlands Geltung beanspruchen, und es bedürfe einer besondern Ermächtigung, damit Inlandsrecht sich hier durchsetzt. Aber die Vereinspolizei über Vereine im Inland übt der Staat aus eigner Zuständigkeit, eine Bestrafung der im Inland begangenen Verbrechen kommt dem Staat unmittelbar zu, und wenn man eine Berufung auf die öffentliche Ordnung in solchen Fällen nicht als völlig inhaltlos beiseite legen will, so kann man ihr nur etwa den elementaren Hinweis

---

[3] Mahaim, Droit international ouvrier 71 und 74.

[4] Fedozzi, Enti collettivi nel diritto internazionale privato 244 f.

[5] Beispiele oben 1, 123 [24]; 1, 472 [5]; 2, 470; 3 II 297 [5] 298; 3 II 327. Weitere Fälle oben S. 221 [31].

entnehmen, daß die Ordnung gestört würde, wenn Vorschriften des Verwaltungsrechts nicht auch Ausländern gegenüber räumliche Herrschaft zuerkannt wird, oder etwa, wenn nach einer Gebietsveränderung nicht der nunmehr herrschende Staat Recht begründen könnte. Vollends über die Art dieser räumlichen Herrschaft — ob sie durch Aufenthalt, Wohnsitz, Ort einer Veranstaltung oder welche Anknüpfung sonst vermittelt wird —, über die zeitliche Abgrenzung zwischen neuem und altem Recht bei einer Gebietsveränderung läßt sich einer solchen Begründung überhaupt nichts entnehmen.

Ist eine Anrufung der öffentlichen Ordnung zur Begründung einer privatrechtlichen Zuständigkeit unerwünscht, wo es sich um den unmittelbaren Gegenstand der Entscheidung handelt[6], so entbehrt sie für das öffentliche Recht, in diesem Sinn verwendet, jeglicher Berechtigung. Bei der Beurteilung von Vorfragen könnte es gelegentlich auch für das Verwaltungsrecht angängig sein, mit einer Berufung auf den Zweck den verschleierten Geltungsbereich inländischen Rechts klarzulegen[7].

Abwehr kraft öffentlicher Ordnung.

3. Dagegen kann die eigentliche Aufgabe der Vorbehaltsklausel, unannehmbare Wirkungen eines fremden Rechtssatzes, auf den verwiesen ist, abzuwehren, auch für das öffentliche Recht und für das Verwaltungsrecht im besondern Bedeutung erlangen. Der Gebrauch einer Währung schließt eine Verweisung auf die Rechtssätze in sich, nach denen die Währung sich aufbaut; demgemäß bei einer Währungsänderung die Verweisung auf den Umrechnungssatz, nach dem die neue an Stelle der bisherigen Währung tritt. Als jedoch bei der Abtretung deutschen Gebiets an Polen und an Frankreich Umrechnungssätze mit dem Zweck einer bewußten Schädigung deutscher Gläubiger

---

[6] Die Wendung hat jetzt auch in c. 14 des Codex juris canonici Aufnahme gefunden. Dazu etwa van Hove, leges, quae ordini publico consulunt, Ephemerides theologicae Lovanienses (1924) 1, 153 ff.

[7] Ein Schweizer, wohnhaft in Basel, hatte entsprechend einem Gewohnheitsrecht der Schweiz seinem Namen den Mädchennamen seiner Frau, einen adeligen Namen preußischer Herkunft, als „Ehenamen" beigefügt und von diesem Namen (zur Zeit der Monarchie) in Preußen Gebrauch gemacht. Ein Urteil des Reichsgerichts 12. 12. 1918 Entscheidungen 95, 268 hat angenommen, daß diesem Gebrauch die Vorbehaltsklausel nicht entgegenstehe, aber freilich die wesentliche Frage m. E. nicht ausreichend gewürdigt. Auch in einem derart zusammengesetzten Ehenamen nimmt der Träger (vom Standpunkt des damaligen deutschen Rechts aus) die Mitberechtigung an einer Adelsbezeichnung in Anspruch, und wenn über den Gebrauch von Ehenamen im allgemeinen das heimatliche Recht zu entscheiden hat, so galt doch auch für diesen Fall der Satz (oben 1, 329 ff.), daß ein adeliger Familienname nur geführt werden konnte, wenn seine Führung nach dem Recht im Ursprungsland des Adels statthaft war.

aufgestellt wurden, ist deren Anwendung in Deutschland die Vorbehaltsklausel entgegengehalten worden [8]. Nach deutschem Prozeßrecht kann das Zeugnis abgelehnt werden, wenn den Zeugen eine Pflicht zur Berufsverschwiegenheit trifft, eine Verpflichtung, die ihrerseits möglicherweise unter ausländischem Recht steht. Dennoch wäre es unstatthaft, einen katholischen Geistlichen in Deutschland zur Verletzung des Beichtsiegels zu nötigen, auch wenn in dem Staat, in dem die Beichte abgenommen wurde, eine rechtliche Verpflichtung dieses Inhalts nicht anerkannt ist [9]. Vereinzelte Gesetze und mißverständliche Auslegungen haben geglaubt, die Zwangsvorschriften über religiöse Kindererziehung auch bei einem späteren „Statutenwechsel" fortdauernd dem Recht am ersten Ehewohnsitz entnehmen zu müssen. Aber das ließ sich bei der Empfindlichkeit der Anschauungen auf diesem Gebiet, die gegen ein Zuviel und gegen ein Zuwenig sehr reizbar sind, nur mit einer reichlichen Anwendung der Vorbehaltsklausel durchführen [10].

Für das Privatrecht begründen die deutschen Vorschriften den Vorbehalt auf einen Verstoß „gegen die guten Sitten". Damit ist stets die Verletzung eines Sozialwerts gemeint, vielleicht verkörpert in der persönlichen Freiheit des einzelnen, vielleicht in Bestimmungen, die sich gegen den Mißbrauch einer solchen Freiheit wenden. Doch reichen die Befugnisse, denen die Klausel nach der Absicht des Gesetzes genügen soll, über diese Tatbestände wesentlich hinaus, und es wird dafür wichtig, was oben S. 229 f. bemerkt wurde: daß nämlich die Einkleidung der Klausel nicht buchstäblich genommen werden darf, die gebrauchten Worte nur als Symbol gelten können für den Willen des Gesetzgebers, unannehmbare Überwirkungen fremden Rechts abzuschneiden. Das gilt insbesondre auch für eine Abwehr aus staatspolitischen Gründen.

Im Bereich des Verwaltungsrechts werden Überwirkungen fremder Rechtssätze, die als eigentlich unsittlich empfunden werden, selten sein, zumal wenn auch die Abwehr gegen konkrete Amtshandlungen an dieser Stelle einstweilen ausgeschieden wird [11]. Am ehesten mag dergleichen noch auf religiösem Boden vorkommen. Abweisung fremden Rechts aus staatspolitischen Gründen dagegen begegnet hier häufig. Ein Beispiel für das Eingreifen der Vorbehaltsklausel, schädigende Umrechnungssätze bei einer Währungsänderung, wurde schon er-

---

[8] Oben 3 II 277 f., 282 f.; vgl. auch für eine Teiländerung der Währung während einer feindlichen Besetzung 252 [28]. Unberechtigte Anrufung der Vorbehaltsklausel oben 3 II 255 [33].

[9] Oben 1, 503.

[10] Oben 1, 437. Vgl. auch 1, 454.

[11] Dazu unten § 32 Z. 3.

wähnt. In der großen Mehrzahl der Fälle freilich handelt es sich dabei um die privatrechtliche Rückwirkung öffentlichrechtlicher Vorschriften und Handlungen, der die Folge versagt wird, und es ist nicht die Vorbehaltsklausel, sondern eine verwandte, unten Z. 7 zu besprechende Einrichtung, die das fremde Recht von der Anwendung ausschließt. Doch mag es sein, daß im einzelnen Fall außerdem noch die Merkmale vorliegen, die ein Eingreifen der Vorbehaltsklausel rechtfertigen würden [12].

Hingegen bedarf es wiederum der Vorbehaltsklausel (und auch das ist ein Fall staatspolitischer Abwehr), wenn fremdem Recht die Folge versagt wird, das zum Schaden des Inlands von einer den beiden Teilen gemeinsamen übergeordneten Norm abweicht. Dergleichen kann bei völkerrechtswidrigem Landesrecht vorkommen [13], mag es sich um die Verletzung eines Staatsvertrags handeln, der zwischen den beiden Ländern geschlossen worden ist, oder um eine Verletzung des allgemeinen Völkerrechts [14]. Ein Landesgesetz des Freistaats Gotha hatte das Vermögen des früheren Herzogs eingezogen, darunter Grundbesitz, der in Preußen belegen war. Der Herzog stellt in Preußen die Negatorienklage, das Reichsgericht hat ihr (im preußischen Rechtszug) stattgegeben: Enteignung von Grundbesitz in einem fremden Staat verletze das Völkerrecht und sei als absolut nichtig anzusehen [15].

Auch in zusammengesetzten Staaten, in denen der Gesamtstaat Vorschriften für das Recht der Gliedstaaten gegeben hat, ist eine gleichartige Rechtslage denkbar. Die Reichsverfassung hatte die Verleihung

---

[12] Beispiele 3 II 318; 323; 343 [25] und 344.

[13] Dazu etwa Melchior 350 ff. mit weiteren Angaben.

[14] Darüber, daß Völkerrecht bei seiner Umsetzung in Landesrecht der Gegenpartei zu fremdem Recht wird, oben S. 223 f. Die Frage, wann eine Völkerrechtswidrigkeit das eigene Interesse des Inlands verletzt, bietet Schwierigkeiten. Bei der Verletzung eines zwischen fremden Staaten geschlossenen Vertrags wird eine solche Beteiligung nur in Ausnahmefällen von besonderer Art anzunehmen sein, bei einer Verletzung von Normen des allgemeinen Völkerrechts, die sich nicht unmittelbar gegen das Inland wendet — wenn überhaupt — nur bei schweren Eingriffen.

[15] Urteil 7. 6. 1921 Entscheidungen 102, 251 (der allgemeine in Z. 7, 8 behandelte Rechtsbehelf versagte in diesem Fall, s. die Ausführungen unten § 35 [83]). Das gothaische Gesetz konnte freilich schon unter dem Gesichtspunkt einer Zuständigkeitsüberschreitung in Preußen als nicht vorhanden angesehen werden, dazu gleich unten. Das Reichsgericht spricht nicht ganz unzweideutig von der Verletzung eines „Grundsatzes des zwischenstaatlichen Rechts". — Über die Währung des Saargebiets oben S. 225. Andre Beispiele 1, 288 f.: Verleihung höherer Adelsgrade durch Kleinstaaten („Graf von San Marino"), Nobilitierung mit einem Titel, der örtliche Beziehungen zu fremdem Staatsgebiet aufweist. Bei der engen Gemeinschaft, die zwischen den Staaten bei der Anerkennung des Adels bestand, waren Übergriffe von einer Anerkennung in allen andern Staaten ausgeschlossen.

von Titeln verboten, Bayern hatte auf Grund einer Auslegung dieses Verbots, welche in den andern deutschen Ländern als unrichtig angesehen wurde, dennoch Titel verliehen. Einer Führung solcher Titel in den andern Ländern konnte in der Tat die Vorbehaltsklausel entgegentreten [16]. Der letzterwähnte Fall zeigt gleichzeitig, daß auch bei einer Rechtsverschiedenheit innerhalb desselben Staats die Klausel in Wirksamkeit treten kann [17]. Die Frage wird unten § 38 Z. 1 und 3 ihre grundsätzliche Erörterung finden.

Stets sind es die Interessen des Inlands, denen der Schutz der Klausel gilt [18], mag der fremde Rechtssatz, dessen Folgen abgewehrt werden sollen, durch das internationale Privatrecht des Inlands unmittelbar oder in Ausnahmefällen durch Vermittlung ausländischen internationalen Privatrechts zur Geltung berufen sein. Die Anschauungen aber, die im Ausland über die Notwendigkeit einer Abwehr bestehen, sind für das Inland schlechthin ohne Belang [19].

Ausschluß einer unmittelbaren Durchsetzung.

4. Nicht jeder fremde Rechtssatz, der, auf die Verhältnisse des Inlands bezogen, unannehmbar wäre, ist darum allein schon von der Anwendung im Inland ausgeschlossen. Zunächst, wie schon oben S. 192

---

[16] Eine Nachprüfung in den andern Ländern war möglich, weil es sich um Verleihung nach Landesrecht, nicht nach Reichsrecht handelte. Vgl. dazu unten § 32 Z. 4 f.) *a*.

[17] Man begegnet darüber verschiedenerlei Meinungen. Vgl. etwa Raape 823 f. mit weiteren Angaben; Niboyet [2] 534 ff.

[18] Ist ihre Handhabung einem gemeinsamen Organ zweier Staaten übertragen wie den Gemischten Schiedsgerichten der Friedensverträge, und es handelt sich um die Abwehr von Rechtsfolgen eines dritten Rechts, so dürfte der Widerstand nur dann ausreichend begründet sein, wenn die Abwehr nach den Anschauungen beider Staaten veranlaßt ist. Dazu auch unten Anm. 38.

[19] Man streitet, ob eine Rückverweisung möglich ist, wenn nach der Auffassung des zuständigen, aber rückverweisenden Auslandsstaats Anlaß ist, gegenüber dem Recht, auf das die Rückverweisung geht, von der Vorbehaltsklausel Gebrauch zu machen. Die Frage ist keiner einheitlichen Antwort fähig. Sie muß bejaht werden bei der Zuständigkeit schaffenden Vorbehaltsklausel (oben Z. 2), weil in solchen Fällen das fremde Recht auf Grund der Klausel selbst die unmittelbare Geltung beansprucht. Sie ist zu verneinen bei der abwehrenden Vorbehaltsklausel, denn die abstrakte Verweisung, welche das Kollisionsrecht dieses Staats aufstellt, schafft nur erst die Möglichkeit, daß bei einer Rechtsanwendung innerhalb seines Bereichs von der Klausel Gebrauch gemacht werden könnte; irgend ein behördlicher Akt aber, der von der Klausel Gebrauch gemacht hätte und damit der Verweisung entgegenträte, hat gar nicht stattgefunden. Und hat man bedacht, daß man bei einer Abschneidung der Rückverweisung (immer unter der Voraussetzung, daß Rückverweisung überhaupt rechtens ist) gerade zu einer Disqualifizierung des Inlandsrechts mitwirken würde?

ausgeführt, die Anwendung der ausländischen Rechtssätze ist wertfrei und gibt einer Vorbehaltsklausel keinen Raum. Wenn die Schweiz solchen Personen die Auswanderung nicht gestattet, denen das Einwanderungsland den Zutritt versagt, so wird auf die Frage, ob dies letztere zutrifft, das fremde Recht auch dann angewendet, wenn sein Inhalt ein Gegenstand starker Mißbilligung ist[20].

Nicht die Anwendung, sondern die Durchsetzung des fremden Rechtssatzes kann Anlaß geben, zu der Vorbehaltsklausel zu greifen[21], und es handelt sich um Durchsetzung, wenn unter Mitwirkung der Behörden des Inlands eine mißbilligte Rechtsfolge herbeigeführt oder in ihren Wirkungen verstärkt wird. Die Rechtsfolge wird herbeigeführt, wenn der fremde Rechtssatz im Inland auf den unmittelbaren Gegenstand der Entscheidung angewendet wird, wenn im Inland die Ehe unter den beanstandeten Umständen geschlossen, der Vollzug des Dienstvertrags trotz ihres Vorliegens erzwungen werden soll. Dergleichen kommt nur im Privatrecht vor und scheidet für das Verwaltungsrecht wie für die andern Teile des öffentlichen Rechts aus. Hier beschränkt sich die Möglichkeit eines Eingreifens der Vorbehaltsklausel auf Vorfragen, die allein unter ausländischem Recht stehen können, wie selbstverständlich auch innerhalb des bürgerlichen Rechts Gleichartiges vorkommt. Mit Recht nun hat man (zunächst für das Privatrecht) wiederholt darauf hingewiesen, daß eine Anwendung fremden Rechts auf Vorfragen die Vorbehaltsklausel nicht ausschließe[22]. Aber freilich, es ist nicht möglich, unter den Vorfragen, an die sich eine Rechtsfolge knüpft, nach rechtstechnischen Merkmalen diejenigen auszusondern, die in so enger Beziehung zu dieser Rechtsfolge stehen, daß auch ihnen gegenüber die Vorbehalts-

---

[20] Vgl. auch die Parallelen unten S. 253 f.

[21] Dies gegen Raape 810.

[22] Zitelmann 1, 355 ff. Raape 810. Melchior 263 f. Die beiden Entscheidungen, die Melchior hiefür anführt, dürften allerdings nicht in diesen Zusammenhang gehören: Die Ehe eines Italieners war vor 1900 an seinem deutschen Wohnsitz (nach dem Wohnsitzgrundsatz des damaligen Kollisionsrechts) geschieden worden; als er nach 1900 eine neue Ehe in Deutschland eingehen wollte, konnte ihm dies trotz des entgegenstehenden italienischen Rechts (das nach dem nunmehr geltenden Heimatgrundsatz maßgebend war) nicht verwehrt werden — nicht ein Ausschluß des fremden Rechts aus Gründen der guten Sitte, sondern die positive Maßgeblichkeit der deutschen Scheidung führte zu diesem Ergebnis. Ausländer hatten in Deutschland lediglich in kirchlicher Form geheiratet, die Kinder wurden als unehelich erklärt — wenn man wirklich die Kinder der nichtigen Ehe als unehelich zu erklären hatte (das Urteil weist hier peinliche Irrtümer auf), so geschah dies wiederum nicht auf Grund der Vorbehaltsklausel, sondern deshalb, weil für die Beurteilung der Eheschließungsform das deutsche Recht zuständig war.

klausel wirksam werden kann[23]; bei jeder Rechtsfolge, die von einer rechtlichen Vorfrage abhängig gemacht wird, ist der Gegenstand der Beurteilung ein aliud gegenüber dem Rechtsinhalt, um den es sich bei der Vorfrage handelt. Nicht förderlicher ist es, nach örtlichen Merkmalen zu suchen, bei deren Vorliegen die Klausel soll wirksam werden können[24]: gewiß läßt sich in jedem Fall, in dem von der Klausel Gebrauch gemacht wird, ex post eine örtliche Beziehung zum Inland feststellen — jede Handlung vollzieht sich im Raum — aber es ist nicht möglich, von vornherein örtliche Merkmale aufzustellen, bei deren Eintritt die Klappe automatisch fällt (die einzige Verbindung mit dem Inland, die in jedem Fall vorliegen muß, ist die Beurteilung durch inländische Behörden). Der Anlaß, sich gegen Anwendung fremden Rechts auf eine Vorfrage abzuschließen, liegt in den tatsächlichen Überwirkungen, zu denen die vorbehaltslose Anwendung des

---

[23] Einen bemerkenswerten Versuch dieser Art hat (für einen andern Zusammenhang) Melchior 258 f. unternommen, indem er zu der Hauptfrage, bei der es sich um das streitige Rechtsverhältnis selbst handelt, auch anscheinende Vorfragen rechnet, die einen „begriffsnotwendigen Bestandteil" dieses Rechtsverhältnisses bilden. Die angeführten Fälle sind nicht gleichartig. Wenn angenommen wird, daß für Fragen des persönlichen Eherechts, des Ehegüterrechts, des Scheidungsrechts auch der Bestand der Ehe zur Hauptfrage gehöre, so ist das sicherlich zutreffend, nicht anders, wie mit dem Eigentumsanspruch die Frage nach dem Bestand des Eigentums zur Einheit verbunden ist. Der Bestand der Ehe ist hier ein Teil des rechtserzeugenden Tatbestands selbst. Nicht ebenso verhält es sich m. E. mit den beiden andern Fällen: Bei der Frage, ob eine Leistung geschuldet war, und der andern, ob, unter welchen Voraussetzungen, in welchem Umfang jemand die Bereicherung, die ihm auf Grund einer nicht geschuldeten Leistung zugeflossen ist, herausgeben muß, handelt es sich um die Ordnung von verschiedenartigen Einrichtungen, handelt es sich nicht um die Entfaltung der ursprünglichen Schuldverpflichtung selbst. Ebenso verhält es sich, wenn aus der Verletzung eines Rechts sich gegen Dritte ein Anspruch aus unerlaubter Handlung ergibt. Das Recht ist zunächst für die Beziehungen zwischen den Rechtsbeteiligten geregelt; empfängt es außerdem noch Deliktsschutz gegen Dritte, so tritt ein neuer, selbständiger Tatbestand hinzu. Gewiß handelt es sich in diesen beiden Fällen um eine begriffliche Voraussetzung der zweiten Rechtsfolge, und man kann sie vom Standpunkt des positiven Rechts aus eine begriffsnotwendige Voraussetzung nennen. Aber das gilt für jede Vorfrage, die ein Rechtssatz unter die Voraussetzungen der von ihm angeordneten Folge aufnimmt.

[24] So schon Zitelmann 1, 356 f.; dann Franz Kahn in der Anm. 2. bezeichneten Abhandlung 180 ff. Auch Lewald in Mitteilungen der Deutschen Gesellschaft für Völkerrecht 7, 65 ff.; Raape 800; Melchior 343 ff. Bei Franz Kahn schließt sich die gesuchte örtliche Anknüpfung der abwehrenden Vorbehaltsklausel zusammen mit der örtlichen Anknüpfung der Kollisionsnormen, die verhüllt, aber normal an Stelle einer scheinbar geltenden Kollisionsnorm zur Anwendung kommen, und es werden dieser wesentlichen Abhandlung damit die letzten Einsichten versperrt.

fremden Rechts auf die Vorfrage führt: soweit es sich bei der Vorfrage um Verhaltensvorschriften handelt, die der Zuständigkeit des Inlands entzogen sind, kann das Inland die Herbeiführung der mißbilligten Rechtsfolge freilich nicht verhüten, wohl aber kann es die Rechtsfolge des eigenen Rechts einschränken, wenn eine Durchführung dieser Rechtsfolge zum Ergebnis hätte, die mißbilligte Wirkung des fremden Rechtssatzes zu verstärken.

Die Frage, ob die Anwendung des inländischen Rechts dazu führt, in einem solchen Fall die Auswirkungen des fremden Rechtssatzes zu verstärken, läßt sich häufig nicht mit einem einfachen Ja oder Nein beantworten, in aller Regel handelt es sich bei zweifelhaften Fällen um ein Mehr oder Weniger. Wenn (um ein Beispiel von Frankenstein zu gebrauchen) der Unterhaltsanspruch des unehelichen Kinds gegen seinen Erzeuger in Italien abgewiesen wird und der Beklagte verlangt Erstattung der Prozeßkosten in Deutschland, so ist es gewiß richtig, daß den Klaggrund dieses Erstattungsanspruchs die rechtskräftige Abweisung der Klage, nicht das Abstammungsverhältnis des Kindes bildet. Und doch könnte man in der Belastung des Kindes mit den Prozeßkosten die Verschärfung eines mißbilligten Rechtszustands erblicken. Augenscheinlich aber wird hier die bekannte Erwägung wesentlich, daß das Inland nicht die Aufgabe hat, den Sittenrichter für fremde Rechtsordnungen zu machen, daß die Vorbehaltsklausel nur einen Notbehelf bedeutet und deswegen in engsten Grenzen gehandhabt werden muß. So wird man also dazu kommen, die Vorbehaltsklausel auf Vorfragen nur dann anzuwenden, wenn ohne Benutzung der Klausel die Ziehung der inländischen Rechtsfolge zu der unmittelbaren Durchsetzung eines mißbilligten Rechtszustands führen würde.

Praktische Anwendungen sollen das beleuchten. Es ist oben S. 231 von Umrechnungssätzen gesprochen worden, die Polen und Frankreich nach dem Erwerb deutschen Gebiets bei der Einführung einer neuen Währung zum Schaden deutscher Gläubiger aufgestellt haben: die Vorbehaltsklausel wird wirksam, wenn es sich um Forderungen handelt, die in die neue Währung übergegangen sind, und eine Zahlung nach diesem Umrechnungssatz mit Hilfe der deutschen Behörden begehrt wird. Anders, wenn in Deutschland Prozeßkosten zu Lasten des unehelichen Kinds gefordert werden, das in Italien mit einem Unterhaltsanspruch gegen den Erzeuger abgewiesen wurde; der Ersatzanspruch für den Schaden aus nutzloser Prozeßführung steht nur in mittelbarem Zusammenhang mit dem Gegenstand des Prozesses [25].

[25] Womit natürlich nicht die Möglichkeit zu verwechseln ist, wegen der Hauptsache einen neuen selbständigen Rechtsstreit in Deutschland zu beginnen.

Um eine Verstärkung der fremden Rechtsfolge kann es sich insbesondre auch dann handeln, wenn auf Grund des fremden Rechts ein Schutz versagt werden müßte, den das Inland sonst gewährt. Ein Ausländer in Deutschland erbricht die Briefe seiner Frau, mißhandelt sie und behauptet, daß ihm nach dem persönlichen Eherecht seines Heimatstaats das Recht der Eröffnung, ein Züchtigungsrecht gegen die Frau zustehe; man wird den Einwand bei einem Strafverfahren in Deutschland mit der Vorbehaltsklausel ablehnen können [26]. Die oben genannten Fälle von der Zeugnisfreiheit des Priesters, dessen Pflicht zur Verschwiegenheit am Beichtort nicht anerkannt wird, von der Negatorienklage des Grundeigentümers, über den von einem andern Staat völkerrechtswidrig eine Enteignung verhängt wurde, bieten weitere Beispiele.

Wirkungen.

5. Die Wirkung eines Eingriffs der abwehrenden Vorbehaltsklausel besteht, wie schon oben S. 230 bemerkt, nicht darin, dem an sich anwendbaren Recht die Zuständigkeit zu entziehen und an seiner Stelle etwa die Zuständigkeit auf das Inlandsrecht zu übertragen [27]. Die Zuständigkeit der fremden Rechtsordnung bleibt bestehen [28]. Kann die

[26] Neumeyer, Zeitschrift für die gesamte Strafrechtswissenschaft 23, 444. Für den ersteren Fall seither auch das (unzureichend begründete) Urteil des Oberlandesgerichts Dresden 14. 1. 1914 Archiv für Strafrecht 65, 178.

[27] Es ist deshalb unrichtig, in der abwehrenden Vorbehaltsklausel eine „Kollisionsnorm" zu suchen. Das hat Auswirkungen z. B. bei der zeitlichen Geltung des Kollisionsrechts.

[28] Darum unterscheidet sich die Vorbehaltsklausel auch von Erscheinungen, die in Kolonialländern nicht selten begegnen. Wo das Eingeborenenrecht grundsätzlich aufrechterhalten ist, kann es dennoch vorkommen, daß einzelne Sätze dieses Rechts der kolonisierenden Macht so anstößig erscheinen, daß sie von der Anwendung ausgeschlossen bleiben. Das aber bedeutet nicht eine Ablehnung ihrer Auswirkung für den einzelnen Fall, sondern die Aufhebung des Satzes selbst, eine Rechtsänderung innerhalb des Eingeborenenrechts und für die Beziehungen zwischen den Eingeborenen. Und dasselbe trifft offensichtlich zu, wo „aus Gründen der öffentlichen Ordnung" in das im übrigen weitergeltende Eingeborenenrecht einzelne Sätze des Europäerrechts eingeführt werden. Die Verschiedenheit der beiderlei Erscheinungen ist von Kollewijn in dem Sammelwerk The effect of western influence on native civilizations (1929) 221 ff. scharf herausgearbeitet worden. — Eine gleichartige Feststellung ist aber auch veranlaßt, wenn bei einer Gebietsveränderung das bisherige Recht als das Recht des Nachfolgers in der Herrschaft aufrechterhalten bleibt. Daß eine inhaltliche Veränderung dieser Ordnung in Frage steht, ist handgreiflich, wo in das im übrigen weitergeltende Recht Bestimmungen aus dem Recht des Erwerbers eingefügt werden. Eine solche Rechtsänderung liegt aber auch vor, wenn einzelne Bestimmungen des bisherigen Rechts als unvereinbar mit den nunmehr geltenden Rechtsanschauungen von der weiteren Anwendung ausgeschlossen werden (und es hat das Staatsrecht — das nunmehr geltende Staatsrecht —

beanstandete Rechtsfolge aus dem Gefüge der fremden Rechtsordnung entfernt werden, ohne daß eine Lücke bleibt, so wird der Satz bei der Rechtsanwendung im Inland gestrichen, im übrigen aber (soweit dazu Anlaß bleibt) die fremde Rechtsordnung angewendet. Das konnte in Deutschland beispielsweise vorkommen bei Zwangsvorschriften über religiöse Erziehung, wo sie nach dem Recht des ersten Ehewohnsitzes beurteilt wurden[29]. Nicht selten aber reicht die Wirkung der Vorbehaltsklausel über diese Negative hinaus und verlangt die positive Ausfüllung von Lücken, die durch Ausscheidung der angefochtenen Rechtsfolge entstehen. Wird der inländische Rechtsschutz mit einer Zahlungspflicht in fremder Währung befaßt, so verweist das nach Seiten der verwaltungsrechtlichen Ordnung der Währung auf das Recht des Staats, dem die Währung angehört, und das gilt auch für eine Währungsänderung; wird unter besondern Umständen der Umrechnungssatz der alten in die neue Währung so bestimmt, daß daraus den Angehörigen eines andern Staats beabsichtigtermaßen eine erhebliche Benachteiligung entsteht, so verfällt ein solcher Umrechnungssatz in dem geschädigten Staat der Vorbehaltsklausel. Selbstverständlich muß auch dann die Währung des andern Staats unter dessen Recht verbleiben, aber an Stelle der schädigenden Vorschrift tritt eine objektive Wertberechnung, Umrechnung nach dem Marktwert, den die beiden Währungen im Zeitpunkt des Wechsels besaßen[30]. Bei solcher Ergänzung mag es sogar erforderlich werden, Vorschriften des Inlandsrechts in die fremde Ordnung zu projizieren, vielleicht auf Grund der besondern Rechtslage[31], oder auch darum (die Fälle dürften nur

---

des Erwerbers darüber zu entscheiden, welchen Mindestformen eine solche Rechtsänderung genügen muß). Anders verhält es sich selbstverständlich, wenn unannehmbare Bestimmungen im Recht des Vorgängers, beanstandete Amtshandlungen desselben ausgeschlossen werden sollen für Tatbestände, die sich vor der Gebietsveränderung zugetragen haben; ein Beispiel etwa oben 3 I 68.

[29] Ein Beispiel aus dem Privatrecht oben 2, 694 f. (Entrechtung von Ausländern bei der Unfallfürsorge).

[30] Oben 3 II 277 f., 282 f., 292.

[31] Wenn (oben S. 225) der Einführung französischer Währung im Saargebiet, die 1923 erfolgt ist, deutscherseits als völkerrechtswidrig die Anerkennung versagt wurde, so mußte die Lücke durch den völkerrechtsgemäßen Zustand geschlossen werden: eben die fortdauernde Geltung der deutschen Währung. Freilich ist 1924 die Reichswährung beseitigt und durch eine neue Währung ersetzt worden, die nicht von selbst Geltung im Saargebiet erlangt hätte, und es war eine starke Anspannung des Gedankens, wenn auch, solang der deutsche Widerspruch bestand, kaum zu vermeiden, bei der Ausfüllung der Lücke nun auch dieser Änderung der Reichswährung Rechnung zu tragen.

im Privatrecht vorkommen), weil das zuständige Auslandsrecht jeden Anhaltspunktes für die geforderte Einrichtung entbehrt[32]. —

Die rechtliche Beurteilung, die unter Beiziehung der Vorbehaltsklausel erfolgt, ist eine Sachentscheidung wie jede andre[33]. Ob der fremde Rechtssatz so angewendet wird wie er im fremden Gesetzbuch steht, oder mit dem Inhalt, den er durch Streichung und Ergänzung auf Grund der Klausel empfängt, stets handelt es sich um eine Entscheidung über den Rechtsinhalt, der zur Beurteilung steht[34], und es wirkt die Amtshandlung, bei der von der Klausel Gebrauch gemacht wurde, in dem Maß, das ihr sonst zukommt[35], auf das ganze inländische Recht. Hat der deutsche Gläubiger eine Forderung in fremder Währung und es ist eine feindselige Umrechnungsbestimmung dieser Währung in dem Urteil, das der Klage stattgibt, durch einen objektiven Maßstab ersetzt worden, so besteht die Forderung in der festgestellten Höhe auch für die Steuerbehörde.

Nun hat freilich ein älteres Reichsgerichtsurteil[36] und ihm folgend eine Anzahl neuerer Erörterungen gemeint, wenigstens dem Ausland gegenüber komme einer Sachentscheidung, die sich auf die Vorbehaltsklausel stützt, eine schwächere Wirkung zu als andern Sachentscheidungen: „Das Urteil erhebt keinen Anspruch darauf, über das Recht des Klägers schlechthin entscheiden zu wollen. Der Kläger wird nicht behindert, den Anspruch bei dem Richter eines andern Staats zu verfolgen, dessen Gesetzgebung jenen Anspruch nicht ausschließt.“ Jedoch das gilt für jede Rechtsanwendung durch inländische Behörden. Sie können immer nur für den deutschen Rechtsschutz eine Entscheidung treffen. Wie ein andrer Staat sich zu Amtsakten

---

[32] Beispiele bei Frankenstein 1, 231 f.; Raape 817 ff. Entlehnt die Hilfsnorm unter solchen Umständen ihren Inhalt aus dem Inlandsrecht, so wird sie dennoch als ein Stück der fremden Rechtsordnung angewendet. Die Behauptung, sie sei unrichtig angewendet worden, berechtigt beispielsweise in Deutschland nicht zur Revision.

[33] So auch Melchior 368 ff. mit weiteren Angaben.

[34] Zitelmann 1, 367 meint, in der „Weigerung der Tätigkeit“, die bei rechtsbegründenden Handlungen der Behörden vorkomme, eine verfahrensrechtliche, nicht eine materiellrechtliche Wirkung der Vorbehaltsklausel suchen zu sollen z. B. bei der Weigerung des Standesbeamten, eine Ehe abzuschließen. Das ist mißverständlich. Verfahrensrechtlich führt der Standesbeamte seine Tätigkeit auch dann durch, wenn er bei Prüfung der Ehevoraussetzungen befindet, das Zustandekommen der Ehe sei unerwünscht; er gibt bei Abschluß des Prüfungsverfahrens einen abweisenden Sachbescheid, wie etwa, wenn er auf ein Hindernis unter inländischem Recht trifft. — Ein andres ist es selbstverständlich, daß die Vorbehaltsklausel nur bei Gelegenheit einer Amtshandlung zu rechtlicher Wirksamkeit kommt.

[35] Dies gegen Folgerungen aus einem Beispiel bei Niemeyer, Internationales Privatrecht des Bürgerlichen Gesetzbuchs 98.

[36] 9. 7. 1892, Entscheidungen 29, 90.

des Inlands stellt, die von der Klausel Gebrauch gemacht haben, darüber kann nur das Recht dieses andern Staats entscheiden. Das aber ist der Fragenkreis, von dem nunmehr zu handeln ist.

Privatakte, die zu dem Rechtsschutz eines andern Staats noch keine Beziehungen gewonnen haben, eine Privatscheidung etwa, werden im Inland unmittelbar gewürdigt. Die Möglichkeit, daß ein andrer Staat bei ihrer amtlichen Behandlung von der Klausel Gebrauch gemacht hätte, ist ohne Belang. Ebenso verhält es sich bei Amtshandlungen eines andern Staats, denen das Inland keine rechtliche Erheblichkeit zuschreibt, z. B. bei Zivilurteilen eines unzuständigen Staats. Freilich, gerade für Akte, denen das Inland sonst Erheblichkeit zuspricht, ist öfter behauptet worden, die Bindung entfalle bei einem Akt, der auf die Klausel gestützt ist, schon mit Rücksicht auf das Recht des andern, des handelnden Staats. Das wäre rechtlich wohl nur so vorstellbar[37], daß der handelnde Staat seinem Akt einen besondern Inhalt gibt, der ihn zur Anerkennung außer Landes untauglich macht. Also etwa, der Standesbeamte, der entgegen dem heimatlichen Recht traut, würde die Brautleute „für das Inland als rechtmäßig verbundene Eheleute" erklären, der Urteilstenor, der eine Geldsumme abweichend von dem Umrechnungssatz der geschuldeten Fremdwährung zuspricht, würde zur Zahlung „für den Bereich des inländischen Rechtsschutzes" verurteilen. Somit: während sonst eine Amtshandlung die mit ihr verbundenen Rechtsfolgen schlechthin auslöst (und es den grenzrechtlichen Bestimmungen überlassen bleibt, zu bestimmen, wie weit diese Wirkung reicht), würde hier eine inhaltliche Beschränkung der Rechtsfolge den unter solchen Umständen erlassenen Akt von allen andern Akten gleicher Art unterscheiden. Jedoch ich kenne weder für das deutsche noch für ausländische Rechte eine Rechtsgrundlage für solche Beschränkung, und wo wäre in der Praxis irgendein Anhaltspunkt für sie zu finden?

Ergänzungen.

6. Auf die Anwendung der Vorbehaltsklausel wird in Staatsverträgen zuweilen Verzicht geleistet[38]. Vielleicht gestattet schon die Be-

---

[37] Wenn angenommen worden ist, das Zivilurteil, das auf der Klausel beruht, entbehre der „materiellen Rechtskraft" für das Ausland (Franz Kahn), wirke nur „angebrachtermaßen" (Niemeyer, Lewald), so nähert sich das dem oben Anm. 34 bezeichneten Mißverständis, als könne das Ergebnis einer materiellrechtlichen Würdigung von sich aus verfahrensrechtliche Wirkungen haben.

[38] Nach einem verwandten Gedanken muß auch bei einer gemeinsamen Ausübung der Gerichtsbarkeit durch mehrere Staaten die Disqualifizierung des Rechts eines der Vertragsteile als unstatthaft gelten. Der Fall mag bei den mit Gerichtsbarkeit ausgestatteten Flußschiffahrtskommissionen vor-

nennung des anwendbaren Rechts, ohne der Klausel Erwähnung zu tun, einen solchen Rückschluß. Und wenn ein Vertrag gewisse Fälle aufzählt, in denen von der Klausel soll Gebrauch gemacht werden dürfen, so wird die Absicht der Parteien, für andre als die genannten Fälle die Klausel auszuschließen, kaum zweifelhaft sein; das Haager Eheschließungabkommen bietet dafür ein bekanntes Beispiel[39].

Die Zwecke, denen die abwehrende Vorbehaltsklausel dient, sind manchmal mit verstärkten Mitteln verwirklicht worden: durch besondre Rechtssätze, nach denen das Inland seine Mitwirkung bei der Durchführung einer fremden Rechtsfolge davon abhängig macht, daß die gleiche Rechtsfolge auch nach Inlandsrecht eintreten könnte. So verlangt die Auslieferung Strafbarkeit der verfolgten Handlung nach dem Recht des ersuchenden Staats; aber ganz regelmäßig wird die Rechtshilfe von dem Zufluchtsstaat nur dann gewährt, wenn die Handlung auch nach seinem Recht mit Strafe bedroht ist. Die Statthaftigkeit einer Ehescheidung wird vielfach nach den heimatlichen Gesetzen der Eheleute bemessen, aber doch nur ausgesprochen, wenn auch nach dem Recht des scheidenden Gerichts ihre Voraussetzungen gegeben sind[40]. Unter solchen Umständen ist der beschränkende Rechtssatz auf jeden Fall anzuwenden, mit dem die inländischen Behörden befaßt werden, und ohne Rücksicht auf die Einschränkungen, die für eine Handhabung der Vorbehaltsklausel gelten.

Ebenso führt es über die Vorbehaltsklausel hinaus, wenn Amtshandlungen des Auslands, die für das Inland Rechtserheblichkeit besitzen, in jedem einzelnen Fall einer Nachprüfung unterstellt werden, und wenn dabei auch ihre Vereinbarkeit mit der öffentlichen Ordnung des Inlands mitgeprüft wird. Eine spezialisierte Vorbehaltsklausel dieser Art enthält etwa § 328² ZPO.: ein fremdes Zivilurteil soll nur anerkannt werden, wenn Gewähr besteht, daß der Beklagte von dem Verfahren rechtzeitig Kenntnis erhalten hat. Die Verbindung ist noch lockerer, wo die Erheblichkeit der Amtshandlung von einer formellen Anerkennung abhängt, deren Gewährung in das Ermessen der inländischen Behörde gestellt ist. Eine Genehmigung, wie sie für

---

kommen, und er ist insbesondre bei den Gemischten Schiedsgerichten der Friedensverträge praktisch geworden; s. unten § 34 Z. 7.

[39] Vgl. auch die Parallelen S. 257.

[40] Andre Beispiele aus dem deutschen Recht EG. Art. 12, 21. Dagegen handelt es sich nicht um eine Spezialisierung der abwehrenden Vorbehaltsklausel, wenn eine Eheschließung im Inland nur in den Formen des Inlandsrechts erfolgen kann; wenn Ausländer für Inlandsgeschäfte als volljährig gelten, falls sie auch nur nach örtlichem Recht die Volljährigkeit besitzen (Art. 7). Hier werden neue Grenznormen geschaffen, und wenn man sie überhaupt mit der Vorbehaltsklausel in Verbindung bringen will, so könnte das nur in dem unter Z. 2 besprochenen Sinn geschehen.

die Führung akademischer Grade des Auslands, ausländischen Adels, ausländischer Titel und Orden gefordert wird, dient zu einem erheblichen Teil der Nachprüfung, ob solche Auszeichnungen nicht unlauter erworben worden sind, aber sie dient nicht ausschließlich diesen Zwecken [41].

Ganz allgemein ist schließlich festzustellen, daß die Berufung auf die abwehrende Vorbehaltsklausel gegenstandslos ist, wo eine weitergehende rechtliche Abwehr zu Gebote steht, und daß sie insbesondre entfällt, wenn der beanstandete Rechtssatz aus andern Rechtsgründen von der Anwendung völlig ausgeschlossen ist, die beanstandete Amtshandlung aus andern Gründen der Erheblichkeit entbehrt. So hat das Reichsgericht gelegentlich festgestellt, daß erst die Verbindlichkeit eines Geschäfts (und dasselbe gilt natürlich für Amtshandlungen) nach seinem eigenen Recht geprüft werden müsse, ehe zu einer Abwehr mit der Klausel gegriffen werden könne [42]. Insbesondre besteht zu einer solchen Prüfung kein Anlaß, wenn der fremde Rechtssatz schon unter dem Gesichtspunkt mangelnder Zuständigkeit für das Inland nicht in Betracht kommt [43].

II. Artfremde Eingriffe.

Der Grundsatz.

7. Es ist nicht bloß die abwehrende Vorbehaltsklausel, welche die Anwendung ausländischen Rechts hindert. Mit dem Ausschluß artfremder Eingriffe ist eine zum Teil ähnliche Einrichtung gegeben. Sie tritt freilich nur gegenüber ausländischem Privatrecht in Erscheinung. Aber der Privatrechtssatz, der den Eingriff in sich schließt, ist in häufigen Fällen einem Rechtssatz, einer Amtshandlung ausländischer Verwaltung angegliedert, und so muß auf diese Rechtslage wenigstens insoweit hier eingegangen werden.

Die Tatsache, daß ein Satz des Privatrechts gleichzeitig Bedürfnissen der Verwaltung nützt, ein Satz ausländischen Privatrechts den Bedürfnissen der auswärtigen Verwaltung, tut seiner Geltung keinen Eintrag [44]. Mag ein Ehehindernis der Geisteskrankheit oder geschlechtlicher Erkrankung auch zum Schutz der Volksgesundheit erlassen sein, so müssen Vorschriften dieses Inhalts, die ausländischem Recht angehören, dennoch Anwendung finden. Und wenn eine privatrechtliche

---

[41] Vgl. dazu oben 1, 314 ff. 344 ff. 361 ff.

[42] Urteil 17. 2. 1914, Das Recht 1914 Nr. 946.

[43] Vgl. etwa den oben S. 233 behandelten Enteignungsfall. Wer Wert darauf legt, die in Z. 2 behandelten Erscheinungen mit der Vorbehaltsklausel in Verbindung zu bringen, könnte sagen: die Zuständigkeit schaffende Vorbehaltsklausel geht der abwehrenden Vorbehaltsklausel vor.

[44] Vgl. insoweit oben 1, 23 f.; 1, 170.

Bestimmung des Auslands den Eintritt einer Rechtsfolge von der Handlung einer Verwaltungsbehörde abhängig macht, so ist auch die Anwendung eines solchen Satzes nicht deshalb ausgeschlossen, weil eine ausländische Verwaltungsbehörde handeln soll oder tätig geworden ist[45]. Zumal Erlaubnisse der Verwaltungsbehörden, ohne deren Vorliegen das einzelne privatrechtliche Geschäft nicht soll zustandekommen können, sind zumeist vorgesehen, um einem entgegenstehenden Interesse der Verwaltung Einfluß zu gewähren, und doch kann es sein, daß Geschäfte unter ausländischem Privatrecht für das Inland nicht wirksam werden, wenn nicht die Erlaubnis der fremden Behörde nach Maßgabe dieses Rechts gegeben ist, z. B. die Zustimmung der Verwaltungsbehörde zu einem Jagdpachtvertrag[46]. Unerwünschte Auswirkungen mag auch hier die Vorbehaltsklausel abwehren.

Anders verhält es sich, wo in das Privatrechtsverhältnis eingegriffen wird aus Gründen, die außerhalb des einzelnen Rechtsverhältnisses liegen. Wichtigstes Indizium ist die Verschiedenheit der lex causae, die für das private Rechtsverhältnis sonst gilt, von dem Geltungsbereich, der für den eingreifenden Rechtssatz in Betracht kommt. Es gibt Rechtslagen, bei denen diese Verschiedenheit hand-

---

[45] Landgericht Altona, Juristische Wochenschrift 1926, 1357: Dänemark gewährt der geschiedenen Ehefrau einen Unterhaltsanspruch nur, wenn er von der Verwaltungsbehörde zugesprochen ist; da dies nicht geschehen, muß die Klage der Frau abgewiesen werden (dazu auch oben S. 163[28]). Landgericht Bartenstein, Rechtsprechung über internationales Privatrecht 1930, 164: hat die schweizerische Verwaltungsbehörde einen Anspruch auf Unterhalt zugebilligt, so kann in Deutschland zwar kein Vollstreckungsurteil für den Beschluß erwirkt werden, aber es ist Erfüllungsklage auf Grund desselben möglich. Sehr bedenklich eine grundsätzliche Ablehnung ausländischer Verwaltungsakte Reichsgericht 20. 3. 1913, Entscheidungen 81, 373 (angewendet auf Akte vormundschaftlicher Fürsorge). Diese Anerkennung kommt insbesondre auch für landesherrliche Verfügungen in Betracht, für eine legitimatio per rescriptum principis und andre Majestätsrechte im Bereich der freiwilligen Gerichtsbarkeit, und sie wird nicht ganz selten praktisch bei landesherrlicher Ehescheidung, für diesen Fall in Art. 7 des Haager Scheidungsabkommens ausdrücklich anerkannt. Entsprechend Zivilgericht Rom, Journal 1910, 670; dem Grundsatz nach wohl auch Kammergericht, Rechtsprechung über internationales Privatrecht 1931, 251. Aus dem Umstand, daß bei Verwaltungsverfügungen des Auslands die für gerichtliche Urteile bestimmte Form der Vollstreckbarkeitserklärung nicht zu Gebote steht (unten § 32 Z. 2), kann nicht etwa gefolgert werden, daß sie für das inländische Recht überhaupt unerheblich sind. Gegen Mißbrauch im einzelnen Fall schützt die Vorbehaltsklausel (Beispiel in dem Urteil des Zivilgerichts Paris, Journal 1875, 20). Vgl. im Sinn des Textes F e d o z z i, Diritto processuale civile internazionale 497 ff.; N e u n e r, Sinn der internationalprivatrechtlichen Norm 54; S e r e n i, Rivista di diritto internazionale 1932, 515; H. G e s l e r § 328 ZPO. (1933) 17[18].

[46] Oben 2, 89. Dazu aber auch unten S. 249 f.

greiflich ist. Um ein Beispiel vorwegzunehmen: erklärt ein Gesetz Wechsel ausländischer Herkunft für nichtig, wenn sie im Inland umlaufen, ohne die hier vorgeschriebene Stempelmarke zu tragen, so ist diese Nichtigkeit für das Inland verbindlich, obwohl die Wechselverpflichtungen selbst nach Form und Inhalt unter fremden Gesetzen stehen. Für andre Staaten aber — und das ist der Gesichtspunkt, um dessentwillen die Erörterung hier erfolgt — kann eine derartige Nichtigkeit unmöglich in Betracht kommen.

Die Zahl solcher Eingriffe ist nicht gering, und es treten dabei einige Gruppen auseinander, zumal im Hinblick auf den Unterschied, ob der Eingriff auf einem allgemeinen Rechtssatz beruht oder auf einer Amtshandlung im einzelnen Fall (hinter der freilich wiederum der Rechtssatz stehen muß, daß sie als Voraussetzung für eine privatrechtliche Wirkung dienen kann).

a) In manchen Fällen sind Nichtigkeit und sonstige privatrechtliche Hindernisse als Druckmittel benützt, um Handlungen auf andrem, insbesondre auf verwaltungsrechtlichem Gebiet herbeizuführen. So werden Rechtsgeschäfte für nichtig, unklagbar, unbeweisbar erklärt, um die Erfüllung steuerrechtlicher Vorschriften zu erwirken, eine Verpflichtung aus Wechsel oder Scheck, ein Börsengeschäft, wenn die Urkunde nicht auf Stempelpapier geschrieben oder die Stempelmarke nicht beigesetzt ist[47]: aber der Geltungsbereich einer Besteuerung von Rechtsgeschäften ist grundsätzlich ein andrer als der Geltungsbereich, der für die privatrechtliche Ordnung solcher Rechtsgeschäfte in Betracht kommt, die Verkehrsbesteuerung hält sich an den Ort des körperlichen Abschlusses, an die bloße Verwendung der Urkunde im Inland, und es kann nicht ausbleiben, daß die beiderlei Rechte nach Lage der Umstände auseinanderfallen[48]. Die Finanz-

[47] Aus der umfänglichen Literatur über die Anwendbarkeit ausländischer Wechselstempelgesetze hervorzuheben Herzfeld (zit. oben S. 18[33]) 452 ff. mit weiteren Verweisungen; ergänzende Angaben bei Bosco, Rivista di diritto internazionale 1927, 271. Für den Stempel auf Börsengeschäfte J. Brändl, Internationales Börsenprivatrecht (1925) 133 f. Hier 132 f. auch über das Erfordernis eines inländischen Stempels auf ausländische Börsengeschäfte.

[48] Alsdann versagt die oft gebrauchte Begründung, die Benützung des Stempelpapiers oder Verwendung der Marke sei ein Formerfordernis des Wechsels — davon abgesehen (schon Bonelli, Rivista del diritto commerciale 1910 I 248 hat darauf hingewiesen), daß die Wechselgesetze, welche die Erfordernisse erschöpfend aufzuzählen pflegen, des Stempels in diesem Zusammenhang nicht Erwähnung tun. Es ist auch nicht sinnvoll, wenn eine Gesetzgebung für die Form ausländischer Wechselverpflichtungen das Recht des Errichtungsorts und das gemeinsame Heimatrecht der Beteiligten zur Wahl stellt und, ausgehend von der Annahme, die Stempelerfordernisse des Wechsels gehörten zu dessen Form, im einen Fall (so Diena, Diritto

kunst hat den Eingang der Steuern aus Arbeitslohn und Kapitalerträgen nicht selten dadurch gesichert, daß der Schuldner solcher privatrechtlichen Leistungen sozusagen als Geisel mit einer Vorauszahlung der Steuer belastet und ihm dafür ein Abzugsrecht gegen den Gläubiger eingeräumt wurde (dazu unten S. 255 f.); wiederum geschieht dergleichen ohne Rücksicht auf das Recht, dem die Beziehungen zwischen Schuldner und Gläubiger sonst unterstehen. Man hat zuweilen einen Impfzwang dadurch gesichert, daß nichtgeimpften Personen die Eheschließung verweigert wird [49]; der Geltungsbereich eines Impfzwangs und der aus dem Wesen der Ehe geschöpften Voraussetzungen ist verschieden. Zumal um die Einholung von Verwaltungserlaubnissen herbeizuführen — von Erlaubnissen nicht für das einzelne Geschäft, sondern für die Tätigkeit eines Unternehmens, das Geschäfte schließt — ist von diesem Mittel Gebrauch gemacht worden; vornehmlich bei Versicherungsunternehmungen [50]; auch bei der Veranstaltung von Lotterien [51]. Und ähnlich verhält es sich bei unentgeltlichen Zuwendungen an eine juristische Person, bei denen zwar nicht die Erbeinsetzung oder Schenkung, aber die Annahme der Zuwendung an Erlaubnis geknüpft ist [52].

b) In andern Fällen ist es nicht eine Handlung, sondern eine Unterlassung, die zum Schutze öffentlicher Einrichtungen oder Tätigkeiten gefordert und durch eine privatrechtliche Sanktion erzwungen wird. So wenn während eines Kriegs Handelsverbote, Zahlungsver-

---

commerciale internazionale 3, 37 f.; Oberlandesgericht Dresden 20. 6. 1913 Sächsisches Archiv für Rechtspflege 1914, 141) die Steuervorschriften des Errichtungsorts durch Anwendung unterstützt, im andern Fall nicht. Das englische Wechselgesetz s. 72 erklärt privatrechtliche Folgen, die sich an das Fehlen des ausländischen Stempels knüpfen, ausdrücklich für unbeachtlich. Neuere Staatsverträge haben die Teilnehmerstaaten verpflichtet, an das Fehlen des Wechsel- und Scheckstempels Nichtigkeit und dauernde Unklagbarkeit überhaupt nicht mehr anzuknüpfen; s. die umfassenden Vereinbarungen vom 7. 6. 1930 und 19. 3. 1931.

[49] Oben 1, 68. Unterschied zu andern Ehehindernissen, die der Volksgesundheit dienen: hier soll mit dem Hindernis eine selbständige Verwaltungsmaßnahme geschützt werden.

[50] Über Anerkennung des Erfordernisses in andern Staaten oben 2, 354 und seither Kammergericht 19. 12. 1928 Rechtsprechung über internationales Privatrecht 1929, 26; Landgericht I Berlin ebenda 28; Kammergericht 8. 2. 1930 und Reichsgericht 1. 10. 1930 ebenda 1930, 51.

[51] Rückwirkung auf andre Staaten wird gestreift 1, 266 [5].

[52] Oben 1, 154 ff. und über Anwendung in andern Staaten 169 ff. (dazu aber auch unten Anm. 67). — Gegenstück (2, 185 ff.): Genehmigung zur Ausgabe von Schuldverschreibungen auf Inhaber. Entsprechend auch Zustimmung zur Veräußerung von Kunstwerken (über Anwendbarkeit dieser letzteren Bestimmungen in andern Staaten Pillet, Traité pratique de droit international privé 1, 730 f.).

bote mit privatrechtlicher Wirkung ergehen; sie gelten (die Lösungen gehen auseinander) für Geschäfte, die im Land geschlossen werden, für Personen inländischen Wohnsitzes, inländischer Staatsangehörigkeit — jedenfalls nicht für den Bereich der Geschäfte, die sachlich unter Inlandsrecht stünden. Entsprechend, wo zur Wahrung eines Monopols entgegenstehende Geschäfte für nichtig erklärt werden[52a]. Sonntagsgeschäfte sollen der Geltung entbehren[53]. Neu eingeführte Maßsysteme werden gesichert durch Entrechtung von Geschäften, die von einem andern System Gebrauch machen[54], und es hat insbesondre der Schutz der Landeswährung zu den mannigfachsten Vorschriften Anlaß gegeben, die eine Bewertung oder Bezahlung in fremder Währung, in Gold beschränken, durch eine Nichtigkeitsdrohung, den Zwang, Erlaubnis einzuholen, durch unmittelbare Umstellung; es sind Bestimmungen über Bewertung und Bezahlung, nicht über das Darlehen oder den Kaufvertrag, bei dem Bewertung und Bezahlung erfolgt, und deshalb immer und nur anwendbar, wenn der Schutz der Inlandswährung dazu veranlaßt[55]. In diesen Zusammenhang gehören aber auch Bestimmungen allgemeiner Art, wie sie zahlreichen Gesetzgebungen bekannt sind (in Deutschland § 134 BGB.), Vorschriften, nach denen Geschäfte, die gegen ein gesetzliches Verbot verstoßen, im Zweifel nichtig sein sollen, und die das inländische Verbot schützen, auch wenn das Geschäft selbst einer fremden Privatrechtsordnung untersteht[56].

c) Rechtssätze, die in den freien Ablauf eines privatrechtlichen Verhältnisses eingreifen, kommen auch zum Schutze privater Interessen vor, und sie stehen außerhalb der lex causae, wenn der Anlaß des Eingriffs dies fordert; so Moratorien aus Anlaß eines allgemeinen

---

[52a] Z. B. bei dem russischen Außenhandelsmonopol. Über eine Anwendung in andern Staaten (wenig aufschlußreich) Olewsky, Zeitschrift 38, 197 ff.

[53] Anwendung in andern Staaten (dazu aber auch im Folgenden Anm. 67): oben 2, 311 ff.

[54] Verbindlichkeit in andern Staaten: 3 II 90.

[55] Über die Anwendung dieser und verwandter Schutzbestimmungen in andern Staaten 3 II 128, 318, 325, 330, 336, 342 f. Dazu seither Oberlandesgericht Hamburg 16. 5. 1929 und Reichsgericht 1. 7. 1930 Rechtsprechung über internationales Privatrecht 1930, 43; Landgericht I Berlin Juristische Wochenschrift 1932, 2307; Oberster Gerichtshof Wien 12. 3. 1930 Rechtsprechung 1930, 105 mit Anmerkung Wahle; derselbe, Beiträge zum Devisenrecht (1933) 6 f., 35 f.; Nußbaum 71.

[56] Reichsgericht 19. 2. 1924 Juristische Wochenschrift 1924, 1710, verbotene Einfuhr holländischer Blumenzwiebel, Vertrag unter holländischem Recht. Herzfeld 451 für Verträge unter fremdem Recht, die Schmuggel in das Inland zum Gegenstand haben. — Einem andern Zusammenhang gehört es an, wenn an Zuwiderhandlung gegen ein Verbot als Verstoß gegen die guten Sitten Nichtigkeit geknüpft wird. Darüber unten § 35 Z. 4.

wirtschaftlichen Notstands, im besondern die Maßnahmen des Schuldnerschutzes bei einem Währungsverfall [57], und ein solcher Verfall mag ebenso zu Maßnahmen des Gläubigerschutzes führen, zumal in Gestalt der Aufwertung, deren Regelung [58] sich nach der Währung richtet, deren Verfall ausgeglichen werden soll. Auch Lohnschutzbestimmungen des Arbeitsrechts können hier genannt werden [59].

d) Ein andres Bild ergibt sich, wo die Einwirkung nicht durch Anwendung allgemeiner Rechtssätze, sondern durch behördlichen Eingriff in das einzelne Rechtsverhältnis geschieht. Einen Hauptfall bilden Zwangsenteignungen verschiedener Art, die zu privatrechtlicher Vermögensverschiebung führen, strafrechtliche, kriegsrechtliche Konfiskationen, Enteignungen aus staatspolitischen Gründen wie die Enteignung von Fürstenvermögen, die Sozialisierung privaten Guts, die Zuweisung des Vermögens juristischer Personen, denen aus staatspolitischen Gründen die Rechtsfähigkeit entzogen wurde, aufgelöster Kongregationen oder Handelsgesellschaften [60]. Auf strafrechtlichem Boden findet man die Entziehung sonstiger privatrechtlicher Befugnisse, die als Nebenstrafe verhängt wird [61]. Aber auch der private Rechtsverkehr selbst kennt solche Eingriffe, die Zwangsvollstreckung [62], das Konkursverfahren; und ebenso können administrative Entscheidungen und Auseinandersetzungen über das Vermögen öffentlichrechtlicher Verbände zu privatrechtlichen Vermögensverschiebungen führen [63]. Bei allen diesen behördlichen Maßnahmen schiebt sich eine Frage dazwischen: ob die Amtshandlung selbst anzuerkennen ist, und ob im besondern Zuständigkeit zur Handlung als Voraussetzung ihrer Anerkennung gegeben ist (darüber unten §§ 29 ff.). Gerade dann aber, wenn beides zutrifft, zeigt sich, daß die privatrechtlichen Wirkungen dieser Eingriffe unabhängig von der lex causae eintreten, die sonst für das Rechtsverhältnis gilt. Die Enteignung einer Forderung ist zuständig vorgenommen, wenn der Drittschuldner im Lande wohnt, auch dann, wenn die Forderung selbst unter fremdem Recht steht; prisenrechtliche Verurteilung trifft Schiffe fremder Flagge, obwohl (in der Regel) deren Eigentum sonst von dem Recht der Flagge bestimmt

---

[57] Über deren Anwendung in andern Staaten — im Gegensatz zu Vorschriften, welche die Währung selbst schützen sollen — 3 II 323, 366 f., 344.

[58] Für andre Staaten 3 II 362 ff.

[59] Oben 3 II 314 f., 324 und überhaupt 2, 288 ff.

[60] Über Anerkennung in andern Staaten unten Z. 8.

[61] Dazu Neumeyer, Zeitschrift für die gesamte Strafrechtswissenschaft 27, 13 ff. und über Anerkennung in andern Staaten 22 ff.

[62] Dazu oben S. 171 [7]. Nicht in diesen Zusammenhang gehören die Feststellungswirkungen der Zivilurteile mit Einschluß der Gestaltungsurteile (unten § 30 Z. 4).

[63] Beispiel einer Wirkung für andre Staaten unten § 32 Z. 5.

wird. — Nächst verwandt diesen eben besprochenen sind Eingriffe, die zwar auf einem allgemeinen Rechtssatz beruhen, aber an eine behördliche Betätigung als unmittelbare Folge sich anschließen, strafrechtliche Verwirkungen, die sich an Strafurteile bestimmter Art von selbst anknüpfen[64]; auch eine gesetzliche Abtretung von Unterhaltsansprüchen, von Ersatzforderungen, die mit der Gewährung von Armenhilfe, mit Leistungen der öffentlichen Arbeiterversicherung sich verbindet[65].

Und nun, was ist rechtens, wenn Eingriffe der unter a)—d) besprochenen Arten in einem fremden Staat erfolgen? Die häufig gehörte Antwort, es entscheide die lex causae[66], sei der Eingriff in deren Staat erfolgt, so sei er verbindlich, sonst nicht — kann nicht richtig sein[67]. Das hieße auf einen Zufall abstellen, würde die Grundregel des internationalen Privatrechts verleugnen, nach der die fremde Rechtsordnung anzuwenden ist, auf welche die wesentlichste örtliche Beziehung des Tatbestands hinweist. Da[68] für eine einheitliche Rechtsfolge grundsätzlich nur ein Recht gilt, liegt schon in jener Verschiedenheit von der lex causae ein Kennzeichen, daß es sich bei der Regelung jener Eingriffe um Rechtssätze handelt, die nicht die Ordnung des Rechtsverhältnisses selbst betreffen, sondern als selbständige Vorschriften zu ihr hinzutreten.

Hat man aber die Selbständigkeit derartiger Vorschriften erkannt, so wird man noch einen kurzen Schritt weitergehen und sie auch da als selbständig behandeln müssen, wo sie — zufällig, darf man für den gegenwärtigen Zusammenhang sagen — stets von dem Staat ausgehen, der das Rechtsverhältnis als solches privatrechtlich regelt. Die Hemmung des Urheberschutzes, bis vorgeschriebene Pflichtstücke an eine Bibliothek abgeliefert sind[69], die Versagung der Heiratspapiere an wehrflüchtige Personen[70], die Zwangsenteignung beweglicher Sachen bieten Beispiele. Kennzeichen für die Selbständigkeit der eingreifenden Vorschriften ist, soweit nicht schon die mögliche Abweichung von der lex causae einen Anhaltspunkt gibt, im besondern ihre Verbindung mit andern Vorschriften des öffentlichen Rechts. Darum zählen zu ihnen beispielsweise Eheerlaubnisse öffentlicher Stellen, wie sie in Verbindung mit einer Ordnung der Thronfolge, mit

---

[64] Neumeyer a. a. O.

[65] Oben 2, 412 f. 414; 715 ff. (dazu aber auch unten Anm. 67).

[66] Bei „Formvorschriften" die hiefür geltenden Bestimmungen.

[67] Zahlreiche Beispiele solcher Lösungen im Vorausgehenden. Neuerdings wiederum Melchior 267 ff. Aber auch die beiden ersten Bände dieses Werkes und frühere Veröffentlichungen des Verfassers sind von der gleichen Meinung ausgegangen.

[68] Von einigen hier nicht einschlagenden Sonderfällen abgesehen.

[69] Oben 1, 191.

[70] Darüber Jordan, Revue 3, 129 ff.

dem Beamtenrecht, mit Gemeinderecht oder Armenfürsorge vorkommen[71].

Jene „Rechtsfürsorge durch Verweisung", von der oben (S. 79) die Rede war, hat die normale Gestaltung des Privatrechtsverkehrs vor Augen, um ihretwillen hält sich der Staat verpflichtet, das Vakuum zu vermeiden, das bei einer Unanwendbarkeit inländischen Privatrechts entstünde. Um aber irgendwelchen Sonderzwecken des Auslands sich dienstbar zu machen, müssen für den Staat besondere Gründe hinzutreten. Daß solche Gründe bestehen können, zeigt jeder Blick auf Zwangsvollstreckungen des Auslands. Daß sie nicht in jedem Fall bestehen, macht schon jenes Beispiel oben S. 245 wahrscheinlich, bei dem das Fehlen des Wechselstempels eine Nichtigkeit der Urkunde herbeiführt, obwohl sämtliche Wechselverpflichtungen dem Recht eines andern Staats unterstehen. Wo aber die Grenzlinie zwischen diesen Möglichkeiten läuft, das kann nur eine zusammenfassende Betrachtung ergeben, über das Maß des Rechtsschutzes, das ein Staat fremder Staatstätigkeit einräumt. Darüber wird unten § 35 Z. 5 zu handeln sein. Das Ergebnis aber, das hier vorausgenommen wird, besagt: Rechtssätze und Amtshandlungen eines andern Staats, die in den normalen Ablauf eines Privatrechtsverhältnisses eingreifen, sind (wenn sonstige Voraussetzungen erfüllt sind) für das Inland rechtserheblich, wo sie den Privatrechtsverkehr zum Gegenstand haben. Wo sie Einrichtungen und Tätigkeiten des öffentlichen Rechts dienen, dann, wenn die Maßnahme auf Fürsorge für Private gerichtet ist, z. B. die Genehmigung für den Betrieb eines Versicherungsunternehmens, Bestimmungen über Lohnzahlung, die im Dienst der Arbeiterfürsorge stehen, strafrechtliche Verwirkungen, die auf den Schutz des Täters oder ihm nahestehender Personen abzielen; auch Bestimmungen zum Schutz der Volksgesundheit, wie jenes Ehehindernis der mangelnden Impfung dürften noch in den Bereich solcher Rechtsgemeinschaft fallen. Und es bleibt für deren Durchführung zu beachten (davon war schon oben S. 203 näher die Rede), daß der Geltungsbereich solcher Sonderrechtssätze des Auslands sich nach deren besonderem Zweck bestimmt, selbst dann, wenn dem Recht des Inlands eine ähnliche Einrichtung nicht bekannt ist, und daß abweichende Kollisionsnormen des Inlands, die für den normalen Ablauf des Rechtsverhältnisses gelten, dem nicht entgegenstehen. Jenseits der Grenzlinie aber, bis zu der solche Sonderrechtssätze erheblich sind, liegen Eingriffe in das privatrechtliche Verhältnis, die staatlichen Bedürfnissen unmittelbar dienstbar sind, die seine Finanzen, seine Wehrmacht fördern sollen, staatspolitische Maß-

---

[71] Den Gegensatz bilden die S. 244 erwähnten Verwaltungserlaubnisse, bei denen sich die Teilnahme der Verwaltung in der Entscheidung über die Zustimmung erschöpft.

nahmen nach außen (bei einem Krieg), nach innen (bei einem verfassungsrechtlichen Umsturz, einer Maßregel des Klassenkampfs) zu unterstützen bestimmt sind. Auch auf strafrechtlichem Boden sind die Staaten noch nicht zusammengeschlossen. Und es mag vorkommen, daß für bestimmte Interessen ein Teil der Staaten sich verbunden fühlt, während das zwischen andern nicht zutrifft; Eingriffe aus kirchlichen Gründen wie die Entrechtung sonntäglicher Geschäfte, bieten ein Beispiel[72].

So ergibt sich also eine Zweiteilung unter den Rechtssätzen des Auslands, die einen Eingriff in den normalen Ablauf der Rechtsverhältnisse in sich schließen, eine Gruppe von Rechtssätzen, die ungeachtet des Eingriffs Anwendung finden, eine andre, bei der das nicht zutrifft. Mit dieser zweiten Gruppe aber ist eine rechtliche Erscheinung gegeben, die außerhalb des Bereichs der Vorbehaltsklausel liegt, eine selbständig neben sie tretende Rechtseinrichtung[73], bei der es sich gleichfalls um den Ausschluß einer Anwendung fremden Rechts handelt. Die beiden Einrichtungen sind aus getrennter Wurzel erwachsen. Bei der Vorbehaltsklausel steht die altüberkommene Anwendung des zuständigen Rechts in Frage, bei der sich mit ihrer wachsenden geographischen Verbreitung und mit der steigenden Verdichtung der Rechtsbeziehungen Schwierigkeiten der Durchführung ergeben haben. Soweit dagegen artfremde Eingriffe von einer Anwendung ausgeschlossen bleiben, handelt es sich um Beziehungen zwischen den Rechtsordnungen, die noch nicht geknüpft sind.

Bei der ersten Gruppe von Eingriffen wird fremdes Recht angewendet, ergibt sich also auch die Möglichkeit, daß dieser Anwendung im einzelnen Fall die Vorbehaltsklausel entgegentritt. Unter besondern Umständen können sich aber auch bei der zweiten dieser Gruppen Beziehungen zu der Vorbehaltsklausel ergeben: wenn in dem Urteil eines fremden Staats, dessen Urteile bei uns anerkannt werden, Eingriffe des Inlands unberücksichtigt bleiben, so kann der Auffassung des Inlands auch hier nur die Vorbehaltsklausel zur Durchsetzung verhelfen[74].

Einschränkungen.

8. Wird hienach privatrechtlichen Vorschriften des Auslands in beträchtlichem Umfang die Folge versagt, so ist dieser Satz doch alsbald in seiner Tragweite zu begrenzen. Wenn der zuständige Auslandsstaat solche Vorschriften aufstellt oder Handlungen dieser Art vornimmt, so verfährt er weder völkerrechtswidrig, noch setzt er sich

---

[72] Dazu auch unten § 35 Z. 5.

[73] Anders Nußbaum 71 und schon oben 3 II 318[18].

[74] Dazu unten § 32 Z. 3.

sonst einem rechtlichen Unwerturteil des Inlands aus[75], falls nicht die besondern Umstände zu solcher Beurteilung Anlaß geben. Seine Maßnahmen sind auch für das Inland rechtmäßig, wie sich zeigt, wenn deren unmittelbare Durchführung von Seiten des Inlands nicht in Frage steht.

Denn völlig übereinstimmend wie bei der abwehrenden Vorbehaltsklausel fallen die Hemmnisse, die einer Anwendung und Anerkennung jener Maßnahmen entgegenstehen, weg, wenn nicht ihre unmittelbare Durchsetzung mit Hilfe des Inlands begehrt wird. Haben sich außerhalb des inländischen Rechtsschutzes auf der Grundlage, die der zuständige Staat geschaffen hat[76], Rechtsverhältnisse aufgebaut, so kann es nicht Aufgabe des Inlands sein, die so geschaffene Ordnung über das rechtlich begründete Maß hinaus zu gefährden. Darum ist es eine Regel, die für jegliche Einschränkung in der Wirksamkeit des zuständigen Auslandsrechts gilt[77], daß sie nur dann Platz greift, wenn der entgegenstehende Rechtszustand mit Hilfe des Inlands durchgesetzt werden müßte. Und das ist auch gegenüber artfremden Eingriffen rechtens. Übereinstimmend aber mit dem, was oben Z. 4 ausgeführt wurde, handelt es sich um eine solche Durchsetzung, wenn die Rechtsfolge, die dem fremden Eingriff entspricht, unter Mitwirkung der Behörden des Inlands herbeigeführt oder in ihrer Wirkung verstärkt wird.

Bezeichnende Beispiele bietet die deutsche und die englische Rechtsprechung gegenüber der Enteignung von Kunstwerken, welche die Sowjetregierung vorgenommen hatte[78]. In dem Fall, der die deutschen Gerichte beschäftigt hat, war der russische Staat noch Eigentümer der Kunstwerke, als sie, zur Versteigerung nach Berlin verbracht, von dem früheren Eigentümer zurückgefordert wurden: hier haben die Gerichte sachgemäß geprüft, ob es sich um eine unmittelbare Durchsetzung

[75] Da über das fremde Recht hier kein Unwerturteil gefällt wird, steht es auf der andern Seite auch einem Ausschluß nicht entgegen, wenn das Inland für seinen Bereich gleichartige Maßregeln kennt. Dies gegen Herzfeld 453 und gegen die amerikanischen Entscheidungen unten Anm. 81.

[76] Und es sei noch einmal daran erinnert, daß diese Zuständigkeit sich nach der rechtlichen Beschaffenheit der ausländischen Maßregel bemißt; oben S. 250.

[77] Die Regel ist schon Zeitschrift für die gesamte Strafrechtswissenschaft 27, 26 ff. entwickelt, auch oben 2, 56 angewendet worden.

[78] Darüber vornehmlich Nolde, Genfer Revue de droit international 1929, 201 ff.; vgl. auch Isay und Frankenstein, Zeitschrift für Ostrecht 3, 1370 ff.; Philonenko, Journal 1929, 13 ff. Dazu allenfalls H. Henrich, Die russischen Enteignungsdekrete und ihre Rechtswirkung im Ausland (Diss. 1933) 56 ff. mit weiteren Angaben. Es wird im Text die Rechtmäßigkeit der Enteignung nach russischem Recht vorausgesetzt; über Zweifel nach dieser Richtung oben S. 159[18].

des Enteignungsanspruchs handle[79], und sie haben die Frage verneint, weil der Eigentumserwerb des Staats sich vollzogen habe, solang die Gegenstände in Rußland waren; in der Tat war die Enteignung im zuständigen Staat erfolgt, und es wurde von den deutschen Gerichten nicht Durchsetzung des staatlichen Anspruchs auf die Sachen, sondern umgekehrt die Aufhebung einer Rechtslage begehrt, die sich außerhalb des deutschen Rechtsschutzes bereits gebildet hatte. Erst recht zweifellos war der englische Fall, in dem ein Dritter Kunstwerke, die in Rußland lagen, vom Staat erworben und nach England zur Verwertung gebracht hatte — während es sich um unmittelbare Durchsetzung mit Hilfe des Inlands handeln würde[80], wenn solche Gegenstände zwar im zuständigen Staat enteignet, dann aber wider den Willen des neuen Eigentümers in das Ausland verbracht worden wären, und wenn nunmehr der enteignende Staat hier die Eigentumsklage stellen würde.

Vielfältig hat sich die gleiche Rechtslage ergeben bei den Handelsverboten und Zahlungsverboten des Wirtschaftskriegs. Selbstverständlich sind Verbote des Gegners nicht zur Durchführung gebracht worden, und auch die Gerichte der neutralen Staaten haben sich ganz überwiegend auf denselben Standpunkt gestellt[81]. Aber auch da, wo solche Verbote als Vorfrage für eine anderweitige Rechtsfolge in Betracht kamen, mußten sie von der Beachtung ausgeschlossen werden, wenn die Beachtung Behörden eines andern Staats genötigt hätte, zu einer unmittelbaren Durchsetzung ihrer Wirkungen beizutragen[82].

Die Rechtsprechung über diese Maßnahmen des Wirtschaftskriegs ist auch lehrreich nach andern Richtungen. Es kann sein, daß der besondre Inhalt einer materiellrechtlichen Vorschrift veranlaßt, ihnen

---

[79] Die Prüfung erfolgte unter dem Gesichtspunkt der Vorbehaltsklausel, doch ist die Begrenzung hier und dort die gleiche.

[80] Der englische Richter erster Instanz trifft eine zum Teil ähnliche Unterscheidung.

[81] So schon 1793 Page v. Pendleton (Virginia) nach dem Bericht von Huberich, International Law Notes 3, 190. Anders freilich die Bundesdistriktsgerichte Neuyork-Ost und Maryland 1915 Zeitschrift 27, 509 515, weil (dazu oben Anm. 75) der Wirtschaftskrieg dem common law entspreche (doch haben die beiden Urteile die Gerichtsbarkeit abgelehnt).

[82] Schweizerisches Bundesgericht 1. 4. 1924 Entscheidungen 50 II 51 schweizerische Aktiengesellschaft hat Vermögen in Frankreich, die auf die deutschen Aktionäre treffende Quote ist eingezogen worden: der an die Gesellschaft zurückgegebene Anteil ist auf alle Aktionäre ohne Unterschied der Staatsangehörigkeit zu verteilen. Appellhof Neuyork 11. 7. 1929 American Law Reports 65, 1490 Deutsche in Paris haben ihre Rechte gegen ein französisches Unternehmen nach Kriegsausbruch an amerikanische Gesellschaft abgetreten, die Abtretung ist entgegen dem französischen Verbot gültig.

Rechnung zu tragen[83]. Und auch bei der Berücksichtigung einer Unmöglichkeit, die sich aus der fremden Maßnahme und ihrer Durchführung ergibt, handelt es sich nicht mehr um unmittelbare Durchsetzung. Eine so begründete Unmöglichkeit, auch wenn sie durch feindliche Maßnahmen bewirkt wurde, hat das Reichsgericht anerkannt zwischen Deutschen[84], auch zu Gunsten eines Neutralen[85]. Daß aber das Reichsgericht einer derartigen Annahme Raum gegeben hat, wo sie dazu diente, einen feindlichen Untertan zum Schaden eines Inländers zu entlasten[86], ehrt wohl die Unparteilichkeit des Gerichts, geht aber m. E. über das Maß der Mitwirkung hinaus, das inländischen Behörden zugemutet werden kann. Denn hier wird wesentlich, was oben S. 237 ausgeführt wurde: daß der Unterschied zwischen unmittelbarer und mittelbarer Durchsetzung fließend ist, und wenn die Berücksichtigung einer fremden Rechtslage als Voraussetzung inländischer Rechtsfolgen im allgemeinen nur als mittelbare Einwirkung erscheint, so kann die Unterstützung, die einer mittelbaren Auswirkung gewährt wird, unter besondern Umständen dennoch als unerträgliche Belastung empfunden werden. — Die bloße Pflichtenkollision aber, in die der Fremde bei Angelegenheiten des Inlandsrechts gerät, wenn sein Staat ihm ein abweichendes Verhalten vorschreibt, begründet überhaupt keine rechtliche Unmöglichkeit[87]. Das Kammergericht erklärt ihn als Kläger zur

---

[83] Wenn mehrere deutsche Entscheidungen dem deutschen Versicherten Rücktritt vom Vertrag gestatten, weil die englische Versicherungsgesellschaft während des Kriegs nicht in der Lage ist, einen Schaden zu vergüten, so beruht das auf besondern versicherungsrechtlichen Erwägungen (Reichsgericht 11. 7. und 5. 12. 1916 Juristische Wochenschrift 1184 und Warneyer, Rechtsprechung 1917, 1; vgl. auch Oberlandesgerichte Kiel 8. 4. 1915 Juristische Wochenschrift 530 und Hamburg 18. 10. 1916 Zeitschrift 29, 92). Wenn der Bürge, sogar der inländische Bürge haftbar gemacht wird für den Ausfall des Hauptschuldners, der wegen eines Zahlungsverbots an der Leistung verhindert ist, so beruht das auf den besonderen Zwecken der Bürgschaftsleistung (vgl. die Entscheidungen Oberlandesgericht Hamburg 7. 7. 1915 Juristische Wochenschrift 1375; Oberster Gerichtshof Neuyork 1915 Zeitschrift 27, 508 Anm.).

[84] 15. 3. 1918 Deutsche Juristenzeitung 449.

[85] 13. 11. 1917 Entscheidungen 91, 260. Vgl. auch die Berücksichtigung des von einem neutralen Staat erlassenen Ausfuhrverbots zu gunsten eines Neutralen oben S. 191.

[86] Siehe den oben S. 191 behandelten Fall: kein Schadenersatz wegen Nichterfüllung, wenn die englische Gesellschaft durch das Handelsverbot ihres Staats verhindert wird, im Ausland eine Lieferung an den deutschen Vertragsteil zu machen. Dabei wurden diese Verbote in Deutschland als völkerrechtswidrig betrachtet und nur vergeltungsweise mit ähnlichen Maßregeln beantwortet. Gegen das Urteil auch K l e i n, Juristische Wochenschrift 1918, 611 und F r a n k e n s t e i n 2, 294.

[87] Kassationshof der Niederlande 2. 11. 1917 Journal 1919, 425.

Sicherheitsleistung verpflichtet[88]. In einem Fall, den das Privy Council[89] zu entscheiden hatte, wurde dem schwedischen Eigentümer einer freigegebenen Prise Schadenersatz wegen unbegründeter Festhaltung versagt; ein schwedisches Gesetz verbot die Auskunfterteilung über die Bestimmung von Schiffsladungen; das Gericht hat den Mangel der Auskunft zu Lasten des Eigentümers ausgelegt.

Eine besondre Erörterung verlangt auch die privatrechtliche Behandlung eines Steuerabzugs[90]. Die Besteuerung des Empfängers von Arbeitslohn und von Zinsen und Dividenden erfolgt vielfach in der Weise, daß der Schuldner solcher Beträge, der dem Machtbereich des besteuernden Staats angehört, zunächst mit der Steuerleistung belastet und ihm dafür ein Abzugsrecht in gleicher Höhe gegen seinen Gläubiger eingeräumt wird, auch dann, wenn der Gläubiger außerhalb des Machtbereichs des besteuernden Staats sich befindet; in diesem Abzugsrecht liegt der artfremde Eingriff, durch den die Steuerleistung erzwungen werden soll[91]. Die Rechtslage wird verschleiert durch die Möglichkeit, daß der Gläubiger in einem privatrechtlichen Vertrag den Abzug zu seinen Lasten übernehmen kann[92], denkbarerweise auch

---

[88] 5. 1. 1916 Deutsche Juristenzeitung 733. Zu gleichartigen Lösungen hat auch die Devisengesetzgebung veranlaßt. So Kammergericht 27. 10. 1932 ebenda 1932, 1485: daß der ungarische Eigentümer eines deutschen Grundstücks durch die ungarische Gesetzgebung verhindert wird, eine fällige Hypothek zurückzuzahlen, schützt ihn nicht vor den Verzugsfolgen. Ähnlich gegenüber der deutschen Devisengesetzgebung Handelsgericht St. Gallen 27. 3. 1933 Schweizerische Juristenzeitung 31, 26.

[89] 22. 11. 1917 The Baron Stjernblad, Law Times Reports 117, 743.

[90] Entscheidungen über Lohnabzug Kassationshof Paris 5. 5. 1924, Sirey 1925 I 376; Reichsarbeitsgericht 21. 12. 1932 Entscheidungen 17, 18. Über Abzug von Zinsen und Dividenden Reichsgericht 4. 10. 1882 Entscheidungen 9, 3; 21. 6. 1888 ebenda. 22, 19; High Court, Chancery Division 30. 3. 1897 Spiller v. Turner, Law Times Reports 76, 622; Kings Bench 9. 12. 1919 Indian & General Investment Trust Corp. v. Borax Cons. Ltd., ebenda 122, 547. Dazu eindringend Herzfeld a. a. O. 448 f.

[91] Die rechtlichen Voraussetzungen des reichsgerichtlichen Urteils von 1882 liegen etwas anders, stimmen aber in dem hier wesentlichen Punkt mit den andern Fällen überein.

[92] So der Tatbestand des Pariser Urteils: eine spanische Eisenbahngesellschaft beschäftigt Angestellte auf französischem Boden, der Abzug der spanischen Lohnsteuer ist in der Dienstordnung vorgesehen, die Grundlage des Dienstvertrags ist. In dem Fall, der dem Reichsarbeitsgericht vorlag — Angestellte der russischen Handelsvertretung Berlin haben unter Druck eine russische Anleihe gezeichnet und Zahlung durch Gehaltsabzug vereinbart — lag unzweifelhaft vertragliche Regelung vor (und zudem überhaupt keine Besteuerung im Rechtssinn). Daß der Wille des Gläubigers, die Steuer zu übernehmen, sich auch sonst aus den Umständen ergeben kann, wird von Herzfeld zutreffend ausgeführt. — Auf der andern Seite ist möglich, daß durch Vertrag ein Ausschluß der Übernahme vereinbart wird. Aber es kann

durch Dazwischentreten sonstiger privatrechtlicher Beziehungen zwischen den Parteien[93]. Wo eine solche Sonderregelung aber nicht Platz greift, ist die Frage rein gestellt, und es wird der fremde Privatrechtssatz, der das Recht auf Abzug gibt, einer Anwendung in andern Staaten nicht fähig sein, denn er bedeutet die Durchsetzung des Steueranspruchs gegenüber dem Gläubiger[94]. —

Beschränkt sich nach alledem der Ausschluß fremder Eingriffe auf eine unmittelbare Durchsetzung im Inland, so ergibt sich wie bei der Vorbehaltsklausel, daß die Berufung auf solchen Ausschluß nur subsidiär sein kann und gegenstandslos wird, wenn aus andern Rechtsgründen sich der Eingriff einer Beachtung völlig entzieht. So mangels der erforderlichen Zuständigkeit, z. B. bei der Enteignung von Vermögensstücken, die außerhalb des enteignenden Staates liegen[95]. —

Schließlich aber ist noch festzustellen, daß es eine Anzahl von Rechtslagen gibt, bei denen jener ganze Ausschluß entfällt. Wo ein Eingriff auf Reichsrecht beruht wie § 134 BGB. (ein Geschäft ist nichtig, wenn es gegen ein gesetzliches Verbot verstößt), da sollte — auch schon vor den Zeiten des Einheitsstaats — der Schutz der Verwaltung, dem die Vorschrift dient, der Verwaltung aller deutschen Länder zukommen, auch wenn die Vorschrift außerhalb des Einzelstaats Anwendung fand, der sie aufgestellt hatte[96]. Und auch bei einem Herrschaftswechsel von vorübergehender oder dauernder Art stehen Rechtssätze und Amtshandlungen des Vorgängers in der Herrschaft (mangels besondrer Gegengründe) solchen des Inlands gleich, müssen demgemäß auch privatrechtliche Eingriffe, die auf dessen öffentlichem

---

sehr wohl ein Vertragswille nach der einen und nach der andern Richtung mangeln, zumal dann, wenn die Besteuerung durch Abzug erst nach Begründung des Rechtsverhältnisses eingeführt worden ist. So auch die Entscheidung Indian Investment Trust.

[93] In Spiller v. Turner streiten Aktionäre und Vorzugsaktionäre darüber, ob in ihrem gegenseitigen Verhältnis die Zusage einer festen Dividende für die Vorzugsaktien den Abzug der Steuer ausschließe, die auf die Dividenden am ausländischen Betriebsort gelegt ist und durch Belastung der Gesellschaft unter Einräumung eines Abzugsrechts beigetrieben wird. In Indian Investment Trust hält sich der Darlehnsgläubiger an den englischen Bürgen des amerikanischen Schuldners, an dessen Sitz die Zinsen durch Belastung des Schuldners und Einräumung eines Abzugsrechts besteuert werden.

[94] Hieher die beiden Reichsgerichtsentscheidungen (die teils auf die Unbilligkeit des Abzugs, teils auf die mangelnde Steuerzuständigkeit im vorliegenden Fall abstellen). Die Meinung Herzfelds, daß nicht die Einziehung der Steuer, sondern das Rechtsverhältnis zwischen den Parteien Prozeßgegenstand sei, ist natürlich richtig. Aber wie in allen hier behandelten Rechtslagen ist das erst der Ausgangspunkt für die weitere Frage, ob bei Beurteilung dieses Rechtsverhältnisses Privatrechtssätze, die einen artfremden Eingriff enthalten, zur Anwendung kommen können.

[95] Dazu oben S. 101 und unten § 36 Z. 2.

Recht beruhen, rechtserheblich sein; das ist bei Vorschriften zum Schutz der Landeswährung mehrfach praktisch geworden[97].

Im übrigen mag jene sonst mangelnde Verbindung auch durch Staatsvertrag hergestellt werden. So in den Art. 297 oder 440 des Versailler Vertrags, durch die Deutschland verpflichtet wird, die außerordentlichen Kriegsmaßnahmen, die prisengerichtlichen Entscheidungen der Gegenseite anzuerkennen. Und wenn oben S. 242 festgestellt wurde, daß das Haager Eheschließungsabkommen durch die erschöpfende Aufzählung der Fälle, in denen von dem heimatlichen Recht der Beteiligten abgewichen werden darf, weitere Abweichungen auf Grund der Vorbehaltsklausel ausschließt, so gilt das ebenso für Abweichungen, die auf die Artfremdheit eines Eingriffs gestützt werden wollten. Das Reichsmilitärgesetz hatte für die Verehelichung von Militärpersonen dienstliche Bewilligung vorgeschrieben und an deren Mangel militärdienstliche und strafrechtliche, in Gestalt eines aufschiebenden Ehehindernisses aber auch privatrechtliche Folgen geknüpft; das Abkommen hat auch das Erfordernis, eine solche Bewilligung einzuholen, gedeckt[98].

Erwähnt sei auch noch, daß das eigene Interesse andre Staaten veranlassen mag, privatrechtliche Sanktionen anzuerkennen, denen nach der Regel Erheblichkeit nicht zukäme. Wenn ein Staat Interesse daran nimmt, daß durch die Ehe, die ein Ausländer im Inland schließt, die Staatsangehörigkeit des Mannes auf die Frau übertragen werde — die Möglichkeit einer Ausweisung und andre Erwägungen können dazu führen — so muß er auch alle Ehehindernisse beachten, die nach dem Recht des Mannes einer Giltigkeit der Ehe entgegenstehen[99].

[96] Die Meinung Melchiors 347 ff., daß aus der Verbundenheit der deutschen Einzelstaaten eine Rücksicht auf deren Recht schlechthin folge, ging freilich zu weit. Vgl. dazu unten § 38 Z. 1. — Erst recht fehlt im Zweifel die vorausgesetzte Verbindung der Rechtsordnungen, wo eine fremde Mitherrschaft im Staatsgebiet geübt wird z. B. bei einer Besetzung von Staatsgebiet.

[97] Oben 3 II 253[30]; 318[18]; 325[26]; 331.

[98] Die Meinungsverschiedenheit über diesen Punkt hat bekanntlich Frankreich veranlaßt, die Haager Verträge über internationales Privatrecht zu kündigen; vgl. darüber Beer, Zeitschrift 25, 305 ff. Dazu auch unten § 35 Z. 5. — Dagegen halte ich die mehrfach geäußerte Meinung, daß Deutschland sich durch den Rapallo-Vertrag zu einer Anerkennung der russischen Nationalisierungen verpflichtet habe, nicht für zutreffend.

[99] Vgl. oben 1, 20 f. — Wenn Rechtsgeschäfte, die fremden Verwaltungsvorschriften zuwiderhandeln, als unsittlich der Wirkung beraubt werden (darüber unten § 35 Z. 4), so wird auch damit ein eigenes Interesse des Inlands wahrgenommen. Doch ist es nicht mehr die fremde Sanktion, sondern Inlandsrecht, aus dem unter solchen Umständen die Unverbindlichkeit des Geschäfts hergeleitet wird.

III. Gesetzesumgehung.

9. Das Problem, ob durch eine Umgehung die Folgen des umgangenen Rechtssatzes ausgeschlossen werden können, ist allen Rechtsteilen gemeinsam und kann auch für das internationale Privatrecht und seine Nachbargebiete nicht isoliert betrachtet werden. Wer freilich einmal begonnen hat, sich lebendig zu machen, in welchem Ausmaß die Privaten im bürgerlichen Recht, im Strafrecht, im Verwaltungsrecht beschränkenden Vorschriften durch einen Umweg ausweichen, wie reichlich die Verwaltungsbehörden, oftmals die Gerichte, ja sogar die Gesetzgebung derart verfahren, der wird es als völlig ausgeschlossen ansehen, daß eine Rechtsüberzeugung bestehen könnte, nach der jede Umgehung eines Rechtssatzes der Wirksamkeit beraubt wäre. Es ist in einer einst berühmten Kontroverse darauf hingewiesen worden, daß die Formulierung gesetzlicher Tatbestände, von denen eine Rechtsfolge abhängt (und solcher Formulierung wird gerade in Deutschland besondre Sorgfalt zugewendet), bedeuten müsse, daß nur dann, wenn diese Voraussetzungen vorliegen, die Rechtsfolge eintreten dürfe. Damit ist selbstverständlich nicht gesagt, es könne der Umstand in keinem Fall rechtliche Bedeutung haben, daß eine Rechtslage durch Umgehung begründet worden ist. Es steht dem Gesetzgeber frei, sie durch positive Vorschrift der Wirkung zu berauben. Manchmal mag ein solches Ergebnis auch durch Auslegung zu gewinnen sein, und es ist wahrscheinlich, daß eine nähere Prüfung dieser Fälle ergeben wird, daß mit der Bezeichnung Gesetzesumgehung mehrere unter sich völlig verschiedene Erscheinungen zusammengefaßt werden. Jedenfalls aber, wenn im Weg der Auslegung einer Umgehung die Wirksamkeit entzogen wird, so geschieht das nicht, weil jede Umgehung unwirksam wäre, sondern darum, weil nach der besondern Rechtslage ein Anlaß zu solcher Auslegung besteht.

Das Gesagte muß auch für das internationale Privatrecht und für das internationale Verwaltungsrecht richtig sein. Eine Umgehung äußert sich hier in einer Veränderung der Tatsachen, welche als Anknüpfung für die Anwendbarkeit einer Rechtsordnung verwendet werden. Ihre Folge ist, wenn der Umgehung nicht rechtliche Hindernisse entgegentreten, Unanwendbarkeit der Rechtsordnung, die auf Grund der vermiedenen Anknüpfung verbindlich gewesen wäre[100]. Das Problem besteht nur, wo die Tatsachenlage wirklich, nicht wo sie nur anscheinend geändert worden ist. Eine Religionsgesellschaft des Inlands kann sich beschränkenden Vorschriften nicht dadurch entziehen, daß sie einen „statutenmäßigen Sitz" im Ausland be-

[100] Daß die Frage auch für fremdenrechtliche Bestimmungen Bedeutung hat, kann hier nur gestreift werden, z. B. bei einem Flaggenwechsel im Seekrieg.

gründet[101], eine Steuerpflicht entfällt nicht darum, weil der Steuerschuldner den Wohnsitz zum Schein in das Ausland verlegt. Und es können solche Richtigstellungen nicht bloß für eine Anwendung inländischen, sondern auch ausländischen Rechts von Belang werden. Auch wenn bei einem im Ausland ausgestellten Wechsel der Ausstellungsort unrichtig angegeben ist, kommt es auf den wirklichen, nicht auf den angegebenen Ausstellungsort an.

Handelt es sich aber um eine der Wirklichkeit entsprechende Veränderung der Tatsachenlage, so mag etwa positive Vorschrift eingreifen, um unerwünschte Verschiebungen des Tatbestands zu verhindern. Eine solche Vorschrift kann dem materiellen Recht angehören, z. B. wird es durch die Notwendigkeit, Entlassung aus dem Reichsverband nachzusuchen, verhindert, daß Deutsche sich durch eine Änderung der Staatsangehörigkeit der Wehrpflicht entziehen können. Es mag auch Vorsorge grenzrechtlicher Art getroffen werden, so wenn nach dem Haager Scheidungsabkommen das letzte gemeinschaftliche Recht der Ehegatten als das anzuwendende Personalstatut gelten soll; auf sehr schwankender Rechtsgrundlage, wenn die deutsche Entscheidungsgewalt im Prozeß nicht dadurch hinfällig gemacht werden kann, daß während eines Verfahrens, das am Wohnsitz anhängig gemacht ist, der Beklagte den Wohnsitz in das Ausland verlegt[102]. Ohne derartige Sondervorschriften wird es, wenigstens nach deutschem Recht, im allgemeinen nicht möglich sein, bestehenden Anknüpfungstatbeständen um der Motive der Beteiligten willen die Rechtserheblichkeit zu entziehen. Bei Aufstellung der Kollisionsnormen für das bürgerliche Recht hat eine Aufteilung der Zuständigkeiten stattgefunden: für die Verlängerung einer Vorschrift in den rechtsfreien Raum, um dort Umgehungen abzufangen, bleibt dabei kein Platz, an die Unzuständigkeit der einen schließt sich nach der Anordnung des Gesetzgebers lückenlos die Zuständigkeit einer andern Gesetzgebung. Sind diese Erwägungen (von Vorfragen abgesehen) für die Grenznormen des öffentlichen Rechts nicht gleichermaßen zwingend, so beruht doch auch bei ihnen die Abgrenzung der Inlandszuständigkeit

---

[101] Oben 1, 128[10]. Über einen Sonderfall, Verlegung des „Ausgabeorts" von Schuldverschreibungen auf Inhaber in das Ausland, in ihrem Verhältnis zu einer administrativen Genehmigung der Ausgabe oben 2, 186[28].

[102] Eine weitergreifende Maßnahme, die dieser Aufgabe dienstbar gemacht werden kann, ist es, wenn Art. 30 EG. gestattet, mit Rücksicht auf den Zweck eines deutschen Gesetzes von den formulierten Kollisionsnormen des deutschen Rechts abzuweichen. Hauptanwendungsfall im gegenwärtigen Zusammenhang: der Abschluß eines Rechtsgeschäfts, das sachlich unter deutschem Recht steht und für das im deutschen Recht eine erschwerende Formvorschrift aufgestellt ist, wird in ein Rechtsgebiet verlegt, das den formlosen Abschluß zuläßt (ein Beispiel Zeitschrift 11, 458).

vielfach auf dem Gedanken, daß jenseits ihrer die Zuständigkeit eines andern Staats beginne, wird man auch hier mit dem Willen rechnen müssen, daß die Inlandszuständigkeit nur soweit reichen soll, als sie bestimmt ist.

Eine abweichende Würdigung könnte nur etwa unter dem Gesichtspunkt eines Handelns gegen die guten Sitten vertretbar erscheinen. Der Gesichtspunkt dürfte für das internationale Privatrecht und seine Nachbardisziplinen verwirklicht sein, wenn es sich um eine Umgehung inländischen Rechts handelt, wenn eine bereits bestehende Anknüpfung, die zu dessen Anwendung führen würde, eigens beseitigt wird, um sich der Anwendung dieses Rechts zu entziehen, und wenn andre örtliche Beziehungen, die bestehen bleiben, den Tatbestand so nah mit dem Inland verbinden, daß sie geeignet sind, ihn als Hilfsanknüpfungen dem inländischen Recht zu unterwerfen. Ein Hamburger Reeder hat, sich den Lasten der deutschen Sozialgesetzgebung zu entziehen, seine Schiffe unter die Flagge von Panama gestellt, dabei aber den deutschen Betrieb mit deutscher Mannschaft aufrechterhalten[103]; hier war es in der Tat geboten, der Änderung des Anknüpfungstatbestands, den die deutsche Sozialgesetzgebung für ihre Geltung voraussetzt, die Rechtserheblichkeit zu versagen[104].

Die Rechtsprechung einiger andrer Länder, insbesondre die französische Rechtsprechung geht in der Abschneidung einer Umgehung für das internationale Privatrecht bekanntlich weiter[105]. Wo immer aber einer Änderung des Anknüpfungstatbestands wegen der mit ihr verbundenen Absicht einer Umgehung die Folge versagt wird, da handelt es sich durchaus nicht um einen Fall der abwehrenden Vorbehaltsklausel[106]. Sie hätte zur Voraussetzung, daß ausländisches Recht, das sonst zur Geltung berufen wäre, in der Anwendung beschränkt wird. Hier dagegen wird dem Inlandsrecht ein erweiterter Geltungsbereich zugeschrieben, und bei öffentlichrechtlichen Tat-

---

[103] Nußbaum 82[2] (es handelt sich hier um ein Beispiel; der wirkliche Vorgang scheint weniger eindeutig gewesen zu sein).

[104] Über steuerrechtliche Entscheidungen von verwandter Art Wengler (zit. oben S. 18[33]) 109[20], [21].

[105] Ohne daß freilich auch die französische Rechtsprechung den Gedanken gleichmäßig durchführte. Und es scheint mir nicht unmöglich, gerade diejenigen Fälle, die den Grundstock der einschlagenden französischen Entscheidungen bilden, dem Vorbehalt einer Wahrung der guten Sitten einzuordnen: die Versuche französischer Staatsangehöriger, durch Erwerb einer fremden Staatsangehörigkeit die Scheidung zu ermöglichen, als eine Scheidung in Frankreich unzulässig war, und dabei den Wohnsitz in Frankreich beizubehalten.

[106] Da unter derartigen Umständen der Geltungsbereich der Inlandsvorschriften verändert wird, mag man die Erscheinung allenfalls mit der Zuständigkeit schaffenden Vorbehaltsklausel (oben Z. 2) in Verbindung bringen.

beständen wie jenem Fall eines betrügerischen Flaggenwechsels kommt überhaupt nur die Geltung oder Nichtgeltung des Inlandsrechts in Frage, ist irgendeine ausländische Vorschrift, die von der Geltung ausgeschlossen werden müßte, gar nicht vorhanden[107].

§ 26.

Anwendung ausländischen Kollisionsrechts.

1. Übersicht. — 2. Rückverweisung. — 3. Undurchführbarkeit einer Kollisionsnorm?

Übersicht.

1. Ein jeder Staat begrenzt den Anwendungsbereich seiner Vorschriften nach eignem Gutbefinden, nur seine Grenznormen können dafür in Betracht kommen. Auch für das bürgerliche Recht, bei dem jenseits der eignen die Zuständigkeit fremder Ordnung der Regelung bedarf, dient der Staat — so wurde schon oben S. 79 ausgeführt — einem Bedürfnis, das der eigne Rechtsschutz ihm aufgibt, wenn er für den Bereich dieses Rechtsschutzes die Zuständigkeiten solcherart regelt. Auch da kann für ihn nur sein eignes internationales Privatrecht maßgebend sein[1].

Das Gesagte trifft zu für eine Beurteilung von Tatbeständen, die den unmittelbaren Gegenstand rechtlicher Würdigung bilden. Es kann anders sein bei der Beurteilung von Vorfragen. Entsprechend den Ausführungen S. 204 ff. bestimmt die Rechtsordnung, die den unmittelbaren Gegenstand der Beurteilung regelt, ob sie ein Merkmal als Voraussetzung der Rechtsfolge aufstellen will, ob sie dies Merkmal selbständig

---

[107] Dementsprechend beschränkt sich auch die Wirkung der Sanktion darauf, dem Inlandsrecht einen erweiterten Geltungsbereich zu gewähren, ohne in die rechtlichen Folgen des Umgehungstatbestands einzugreifen. Als das französische Scheidungsverbot durch Naturalisationen im Ausland umgangen werden sollte, hat man nicht den Naturalisationen die Verbindlichkeit abgesprochen, sondern trotz ihrer das französische Scheidungsrecht angewendet. Vgl. dazu G. Cogordan, La nationalité (1879) 175; Arminjon, Précis[2] 1, 250; Niboyet 588 f.

[1] Dazu auch unten § 38 Z. 3. — Es ist zuweilen versucht worden (Neumann, Eckstein), auch für die Aufstellung von Kollisionsnormen eine Zuständigkeit des Inlands zu fordern, mangels ihrer die Kollisionsnormen des zuständigen Auslands anzuwenden. Das verkennt — um nur das Grundsätzlichste zu berühren — den Zusammenhang, der zwischen den Kollisionsnormen und dem Rechtsschutz des Inlands besteht. Und wenn es einer besondern Zuständigkeit bedürfte, um das zuständige materielle Recht zu bestimmen, ist dann nicht auch eine Zuständigkeit erforderlich, um derartige Puffernormen aufstellen zu dürfen — und so fort mit Grazie? Mit einer Übertragung solcher Konstruktionen auf das öffentliche Recht wird sich wohl von vornherein niemand nützlich machen wollen.

oder durch Verweisung auf eine vorausgesetzte anderweitige Regelung bestimmen will, und auf welche Regelung die Verweisung sich in einem solchen Fall beziehen soll. Ist also die Verweisung Bestandteil eines im Inland anwendbaren ausländischen Rechtssatzes, so bestimmt das internationale Privatrecht, das internationale Verwaltungsrecht dieses ausländischen Staats, auf welches Recht die Verweisung zu beziehen ist. Beispiele, bei denen die Anwendung ausländischen Zivilrechts, ausländischen Strafrechts zu Merkmalen führte, die nach dem internationalen Verwaltungsrecht jenes ausländischen Staats bestimmt werden mußten, sind oben S. 206 gegeben worden.

Dazu kommen mancherlei Einzelfälle. So wenn das Recht eines fremden Staats anzuwenden ist, in dem räumlich oder persönlich verschiedenerlei Recht nebeneinander gilt: hier ist zuweilen nach ausdrücklicher Vorschrift (und öfter nach einer mißverständlichen Annahme) dasjenige Recht anwendbar, das der fremde Staat in seinem eignen Kollisionsrecht für zuständig erklärt[2]. In andern Fällen gewinnt die fremde Kollisionsordnung wenigstens ergänzende Bedeutung. So wenn für den Eintritt einer Rechtsfolge materielle Gegenseitigkeit gefordert wird[3]. Wenn das Inland seine Zuständigkeit nur hilfsweise aufstellt. Auch der Auslieferungsverkehr mag zu einer ergänzenden Abstellung auf fremdes Grenzrecht führen. Hat der Zufluchtsstaat die Aufgabe, nachzuprüfen, ob die Handlung, wegen deren Auslieferung begehrt wird, im ersuchenden Staat strafbar ist, so führt das auch zu einer Prüfung, ob sie nach internationalem Strafrecht unter dessen Strafgewalt fällt[4].

Handelt es sich um einen Staatsvertrag, der einen der Teilnehmerstaaten zu Handlungen unter innerstaatlichem Recht verpflichtet oder berechtigt und es ist die Handlung von rechtlichen Voraussetzungen abhängig, die der Vertrag selbst nicht mitregelt, so wird es zumeist dem handelnden Staat überlassen sein, die Kollisionsordnung zu bestimmen, von der ausgehend der Eintritt solcher Voraussetzungen zu beurteilen ist. Aber es muß als der im Zweifel gewollte Sinn einer solchen Vereinbarung angesehen werden, daß eine Pflicht zu handeln nur dann bestehen soll, wenn die Gegenpartei, von ihrem Recht ausgehend, die Handlung fordern kann; und daß eine durch den Vertrag begründete Berechtigung zu handeln nur gegeben ist, wenn die Gegenpartei die Handlung, von ihrem Recht ausgehend, dulden muß[5].

---

[2] Dazu unten § 38 Z. 4.

[3] Ein Beispiel oben 2, 481[130].

[4] So in der Tat Oberlandesgericht Stuttgart 19. 1. 1933 Juristische Wochenschrift 986.

[5] Ein Beispiel bei Neumeyer, Annalen des Deutschen Reiches 1902, 397 f.: Die Familie eines ausgewiesenen Ausländers zu übernehmen, ist der Heimatstaat des Ausgewiesenen nur dann verpflichtet, wenn die vorausgesetzte

Und häufig gewinnt fremdes Kollisionsrecht mittelbare Bedeutung, wo ein gleichviel nach welcher Zuständigkeitsordnung zustande gekommenes Ergebnis zu Rechtsfolgen führt, z. B. es ist eine im Ausland verbüßte Strafe anzurechnen, wenn wegen derselben Handlung im Inland neuerdings verurteilt wird, oder es soll ein Zivilurteil des Auslands vollstreckt werden, das abweichende Kollisionsnormen zugrunde gelegt hat (wenn nicht einer der Sonderfälle vorliegt, bei denen die Vollstreckung unter solchen Umständen unterbleibt).

Rückverweisung.

2. a) Um Anwendung ausländischen Kollisionsrechts handelt es sich auch bei der Rückverweisung. Das Problem kann hier als bekannt vorausgesetzt werden, es bedarf nur der Standpunkt, den Verfasser in der Frage einnimmt, einer kurzen Feststellung: Der Gedanke, es könnten Rück- und Weiterverweisung ohne besondre Anordnung geltendes Recht sein, wird hier schroff abgelehnt. Es mag davon abgesehen werden, auf Nebenerwägungen einzugehen: daß die Zulassung der Rückverweisung (um damit die beiderlei Arten der Verweisung zu bezeichnen) den Vorteil habe, widersprechende Entscheidungen zu vermeiden — es ist längst dargetan, daß dies unrichtig ist, da ja auch der fremde Richter von der Rückverweisung Gebrauch machen müßte; daß der inländische Rechter so zu entscheiden habe wie der Richter im Land der bezogenen Rechtsordnung — die Anwendung des fremden Rechts erfolgt im Dienst des inländischen Rechtsschutzes, was unter fremdem Rechtsschutz sich abspielt, ist dafür grundsätzlich unerheblich. Den Angelpunkt der Rückverweisungslehre bildet die Annahme einer „Gesamtverweisung", die Vorstellung, es werde mit der Verweisung auf fremdes Recht auf dies Recht in seiner „Totalität", mit Einschluß der dort geltenden Kollisionsnormen verwiesen. Die praktischen Folgen einer solchen Annahme sind bekannt: jenes „logische Spiegelkabinett", das zwischen den Rechten des Inlands und Auslands, zwischen denen des einen und eines andern Auslandsstaats hin- und herschickt und nur durch einen ganz willkürlichen Eingriff an irgend einer Stelle (bei der zweiten, bei der dritten Verweisung, oder wo sonst?) zum Stillstand gebracht werden könnte. Der Unmöglichkeit des Ergebnisses entspricht die Unrichtigkeit seiner Voraussetzungen. Denn die Verweisung auf fremdes Recht (wir sprechen hier zunächst von Privatrecht) ist, was sie seit mehr als 700 Jahren gewesen ist: eine Verweisung auf fremde Sachnormen.

Familienbeziehung nach seinem internationalen Privatrecht vorliegt. Aber der andre Staat kann die Übernahme nur fordern, wenn diese Beziehungen auch nach seinem internationalen Privatrecht bestehen. Über weitere Anwendungsfälle unten § 34 Z. 7.

Wenn für die Beerbung eines Ausländers auf fremdes Recht verwiesen wird, so sind es die privatrechtlichen Vorschriften über Erbfolge, die der inländische Richter anwenden soll, aber nicht die Vorschriften des fremden Prozeßrechts, die der fremde Richter befolgen müßte, wenn vor ihm der Erbrechtsstreit durchgeführt würde, nicht die Vorschriften über Erbschaftsbesteuerung, die in dem Heimatstaat des Erblassers bestehen. Es ist ein Schlagwort, das jeglichen klaren Inhalts entbehrt, von der Anwendung fremden Rechts in seiner Totalität zu sprechen. Nur die Sachnormen des fremden Privatrechts und was mit ihnen unmittelbar zusammenhängt, können Gegenstand der Verweisung sein. Besteht nun aber ein solcher Zusammenhang gerade zwischen Sachnorm und Kollisionsnorm? Handelt es sich um das Erbrecht der Witwe und es würde im Heimatstaat des verstorbenen Ausländers die Erbfolge dem Wohnsitzrecht unterstellt sein, so würde in der Tat die Sachnorm des Heimatstaats: die Witwe erbt den halben Nachlaß, mit dem Satz verbunden sein: diese Regelung gilt bei Personen, die den letzten Wohnsitz im Inland hatten. Man kann mit jener Sachnorm auch noch die negative Feststellung in Verbindung bringen: sie gilt nicht bei Personen, die den letzten Wohnsitz außer Landes hatten. Aber mehr kann eine Sachnorm über das Erbrecht der Witwe nicht hergeben bei jeglicher Folterung. Es kann insbesondre aus einer solchen Sachnorm nicht abgelesen werden, wie der Richter des Heimatstaats zu verfahren hat, wenn seine Sachnorm nicht zur Anwendung berufen ist. Ob er untätig bleiben, nach Ermessen entscheiden, irgend ein fremdes Recht anwenden soll, darüber kann ihn nicht seine Erbrechtsordnung unterrichten, die nicht gelten will; seine Vorschriften über Anwendung ausländischen Rechts müssen ihn leiten, denen insoweit jeder Zusammenhang mit den Sachnormen des eignen Erbrechts mangelt, und er erfüllt dabei eine Aufgabe für den Rechtsschutz seines Lands, die (oben S. 79) völlig unabhängig ist von der Aufgabe, der andre Länder für den Bereich ihres Rechtsschutzes mit den Mitteln ihres Kollisionsrechts genügen.

Beruht sonach die Annahme einer Gesamtverweisung auf einer Selbsttäuschung, so bleibt freilich noch das ganz andre Problem, ob es für die Anwendung einer fremden Sachnorm rechtliche Bedeutung hat, daß eine solche Sachnorm nach den Grenznormen ihres Staats für einen Tatbestand nicht gelten will[6]. Eine grundsätzliche Abstellung

[6] Bei seite bleiben kann hier das wunderliche Mißverständnis, als griffe der Staat, der fremdes Recht ohne Rücksicht auf einen Geltungswillen dieses Rechts anwendet, in die Unabhängigkeit des fremden Staates ein. Es handelt sich nicht darum, dem fremden Staat vorzuschreiben, in welchen Grenzen er sein Recht zur Anwendung zu bringen hätte, nur für die Bedürfnisse des eigenen Rechtsschutzes stellt das Inland Kollisionsnormen auf.

auf den Geltungswillen des angezogenen Rechts ist nun freilich ausgeschlossen, die bekannten Möglichkeiten, daß mehrere fremde Ordnungen für einen Tatbestand gelten wollen oder auch keine von ihnen, zeigen das zur Genüge; und manche Bestimmung des positiven Rechts, insbesondre auch des deutschen Rechts, wäre mit einer solchen grundsätzlichen Abstellung unvereinbar. Immerhin erscheint es denkbar, bei gewissen Sonderfällen, in denen die angezogene Sachnorm des fremden Rechts nicht gelten will, im Weg der Auslegung auf die regelmäßige Anknüpfung der inländischen Kollisionsnorm zu verzichten und sie in Übereinstimmung mit dem fremden Kollisionsrecht durch eine Hilfsanknüpfung zu ersetzen: nämlich dann, wenn nach dem fremden Kollisionsrecht die Sachnormen des Inlands anzuwenden wären; und wenn nach dem fremden Kollisionsrecht die Sachnormen eines dritten Staats anzuwenden wären, dessen Kollisionsrecht die gleiche (von der inländischen abweichende) Anknüpfung benützt, die das Recht des zweiten Staats verwendet. Die erstere Lösung würde alsdann auf den Gedanken gestützt, daß die Anwendung inländischen Rechts Regel, die Anwendung ausländischen Rechts Ausnahme sei; vielleicht auch abseits von Gedanken auf irgendwelche Nützlichkeitserwägungen. Die zweite Lösung könnte mit dem unten Z. 3 zu besprechenden Verzicht auf undurchführbares Recht in Verbindung gebracht werden. Verfasser vermag sich freilich solchen Auslegungen nicht anzuschließen.

Nun kommt es allerdings vor, daß ausdrückliche Gesetzesbestimmungen wie Art. 27 EG. BGB. dennoch „Rückverweisung" vorschreiben, und es ist notwendig, auch solchen Bestimmungen einen vernünftigen Sinn abzugewinnen. Bei näherem Zusehen ergibt sich dabei eine bemerkenswerte Rechtsfigur: es handelt sich um einen Fall der Näherberechtigung (oben S. 184 ff.) aus dem Bereich des internationalen Staatsrechts. Das Inland macht die Rechtswahl für den Rechtsschutz des eignen Landes davon abhängig, wie ein andrer Staat die Rechtswahl für den Umkreis des dort geübten Rechtsschutzes geregelt hat[7].

b) Für das internationale Verwaltungsrecht wie für die übrigen Teile des öffentlichen Rechts soll zunächst unterschieden werden, ob es sich um rechtliche Würdigung der Hauptsache handelt, die zur

---

[7] Auch bei dieser Auffassung entrinnt man freilich nicht dem „logischen Spiegelkabinett". Denn wenn Übereinstimmung mit dem fremden Kollisionsrecht geschaffen werden soll, dann muß auch den Vorschriften des fremden Rechts Rechnung getragen werden, die einem weiteren Staat die Näherberechtigung zuschreiben, und wenn in diesem . . . Immerhin nimmt der Dauermarsch seinen Ausgangspunkt in dem Recht des Staats, der als erster eine solche Näherberechtigung aufstellt, und es ist der Auslegung freigegeben, diesen Rechtswillen auf seine örtliche und sachliche Erstreckung nachzuprüfen.

Entscheidung steht, oder um die rechtliche Beurteilung vor Vorfragen. Bei einer Beurteilung der Hauptsache, d. h. des unmittelbaren Gegenstands der Entscheidung, kann es unmöglich zu einer Rückverweisung kommen. Denn es handelt sich dabei nur um eine Begrenzung der inländischen Einrichtungen; irgend eine Anwendung ausländischer Vorschriften, auf deren „Rückverweisung“ oder auf deren Geltungswillen abgestellt werden könnte, kann insoweit für das öffentliche Recht nicht in Frage kommen[8]. Gerade die Irrtümer, denen man in diesem Zusammenhang zuweilen begegnet, machen das deutlich. Ein Findelkind war in der Türkei von einer französischen Anstalt aufgenommen worden, das französische Gericht spricht ihm französische Staatsangehörigkeit zu. Wie ein Annotator meint, kraft Rückverweisung: für Frankreich sei das im Ausland gefundene Kind grundsätzlich Ausländer, aber das Recht des Auslands verweise hier auf das persönliche Recht dessen, der das Kind gefunden hat[9]. Und doch kann über französische Staatsangehörigkeit einzig das französische Recht entscheiden; ob das Kind daneben türkische Staatsangehörigkeit besitzt oder nicht besitzt, entbehrt der rechtlichen Bedeutung, veranlaßt also auch nicht zur Anwendung türkischen Rechts und gibt gar keine Gelegenheit zur „Rückverweisung“ (davon abgesehen, daß eine solche Verweisung, die das türkische Staatsangehörigkeitsrecht aussprechen soll, der rechtlichen Wirklichkeit ermangelt). Nach dem italienischen Strafgesetzbuch von 1889 ist der Ausländer, der im Ausland delinquiert, im Inland strafbar, wenn er sich hier aufhält: kein Zweifel, daß daraus für Deutschland keine Strafzuständigkeit erwächst, wenn ein Italiener in Italien ein Verbrechen verübt hat und in Deutschland Aufenthalt nimmt. Ein französisches Gericht hat einmal französisches Adelsrecht angewendet auf einen preußischen Staatsangehörigen französischen Wohnsitzes und sich auf die Rückverweisung berufen, die für das Personalstatut in Betracht komme[10]; von dem Mißverständnis abgesehen, den Adel einfach dem Personalstatut zu unterwerfen, in

---

[8] Dazu eine treffende Entscheidung des Bayrischen Verwaltungsgerichtshofs 1. 8. 1884 Sammlung 6, 258. Nach dem vormals geltenden autonomen Heimatrecht der Pfalz erwirbt das uneheliche Kind die Heimat am Wohnsitz des Erzeugers, der das Kind anerkannt hat, nach dem Heimatgesetz für das rechtsrheinische Bayern besitzt das uneheliche Kind die Heimat stets am Wohnsitz der Mutter; die Mutter wohnt in der Pfalz, der Erzeuger, der das Kind anerkannt hat, im rechtsrheinischen Gebiet: eine Heimat im rechtsrheinischen Bayern kann nur nach dem hier geltenden Recht erworben werden, also hat das Kind die pfälzische Heimat bewahrt. (Ausgangspunkt ist dabei der Satz des bayrischen Rechts, nach dem jeder Staatsangehörige eine Heimat haben mußte.)

[9] Zivilgericht Marseille 19. 2. 1910 Journal 1910, 873 mit Anmerkung J. P.

[10] S. oben 1, 328.

die Geltung französischen Adelsrechts könnte sich eine auswärtige Gesetzgebung nicht einmischen. Zuweilen hat man die Gerichtsbarkeit des Inlands, einen Zivilrechtsstreit zu entscheiden, auf ähnliche Weise begründen wollen: mangle die Zuständigkeit des inländischen Wohnsitzes, eine Ehescheidung zwischen Ausländern auszusprechen, so werde eine solche Zuständigkeit dennoch begründet, wenn das Recht des Heimatstaats die Gerichtsbarkeit des Wohnsitzes für zuständig erkläre [11]. Und es ist nicht besser, wenn aus dem Satz: Verfahrensrecht unter lex fori, gefolgert wird, ein ausländischer Rechtssatz, der — für den Bereich des eignen Rechtsschutzes — Vorschriften als prozessual erklärt, könne durch Rückverweisung die lex fori des Inlands zuständig machen, wenn der Rechtsstreit vor inländischen Gerichten geführt wird [12].

Wohl aber kommt für das öffentliche Recht andres vor, das in seinen Ergebnissen einer Rück- oder Weiterverweisung einigermaßen ähnlich sieht. Nicht ganz selten wird der Inhalt einer inländischen Sachnorm abhängig gemacht von dem Inhalt, den ein näherberechtigter ausländischer Staat einer gleichartigen Sachnorm für

---

[11] So Zivilgericht Antwerpen 16. 3. 1895 Journal 1896, 655; Zivilgericht Paris 17. 4. 1912 Journal 1913, 175. Dagegen Ablehnung einer Rückverweisung unter gleichartigen Umständen Zivilgericht Brüssel 26. 11. 1907 Journal 1908, 1221; auch in der Entscheidung Ramos v. Ramos, über die Bentwich, Zeitschrift für Völkerrecht 6, 344 berichtet. Es ist freilich bezeichnend, daß es sich bei allen diesen Fällen um Gestaltungsurteile handelt, für die materiellrechtlich das heimatliche Recht in Betracht kommt (dazu unten Anm. 18). Eine Rückverweisung etwa in der Form: Vertragsschluß im Inland, Erfüllungsort im Ausland, das Inland hat einen Gerichtsstand des Erfüllungsorts, der Erfüllungsort liegt in einem fremden Staat, dessen Prozeßrecht einen Gerichtstand des Abschlußorts kennt, also besteht für das Inland ein Gerichtsstand des Abschlußorts — ist mir nie begegnet. — Verwandt den erstgenannten Urteilen der Appellhof Mailand 15. 6. 1899 Foro italiano 1899 I 785: für die Scheidung von Ungarn gilt ungarisches Recht, nach diesem Recht sind nur die ungarischen Gerichte für eine Scheidung der Staatsangehörigen zuständig, also ist das italienische Gericht unzuständig. Eine ausdrückliche Bestimmung dieser Art enthält § 606 IV der deutschen Zivilprozeßordnung.

[12] So Frankenstein, Académie (zit. oben S. 126 [1]) 314 für den bekannten Fall der Verjährung amerikanischer Wechsel: die Verjährung wird in Deutschland als eine Einrichtung des materiellen Rechts, in den Vereinigten Staaten als eine Einrichtung des Prozeßrechts behandelt; ist nach deutschem Kollisionsrecht amerikanisches Recht anzuwenden, so verweist dies bei einem Verfahren in Deutschland zurück auf die deutsche lex fori. (Vgl. über die Behandlung solcher Fälle auf Grundlage der inländischen Qualifikation oben S. 162). — Mißverständliche Annahme einer Rückverweisung für verwaltungsrechtliche Einrichtungen auf privatrechtlichem Boden in einem Urteil oben 3 II 96 [62] (Kalender); bei Nußbaum, Zeitschrift für Ostrecht 1, 120 (Währung).

seinen Bereich gibt. Den näherberechtigten Staat zu bestimmen, kommt selbstverständlich ausschließlich der inländischen Sachnorm zu. Aber es kann sein, daß jener Auslandsstaat seinen Rechtsinhalt nicht unmittelbar festlegt, sondern, ihn zu bestimmen, selbst eine Verweisung dazwischenschiebt. Und wenn Verweisungen auf den Rechtsinhalt eines näherberechtigten Staats den Zweck haben, für das Inland einen Rechtszustand zu begründen, der mit jenem des näherberechtigten Staats übereinstimmt, so folgt daraus allerdings, daß auch dessen Verweisungen Rechnung getragen werden muß. Bayrische Staatsangehörige haben in Österreich gewohnt, die Kinder kamen nach dem Tod der Eltern nach Bayern; sie traten damit unter den Bekenntniszwang Bayerns, jedoch mit dem Inhalt, den das Recht des früheren Wohnsitzes bestimmte; nach österreichischem Recht wäre ein Erziehungsvertrag, den die verstorbenen Eltern geschlossen hatten, unverbindlich gewesen, aber Österreich bestimmte anders als Bayern den Bekenntniszwang nach dem Inhalt des heimatlichen, hier also des bayrischen Rechts[13], und so hat der Bayrische Verwaltungsgerichtshof[14] den Vertrag — der dem bayrischen Recht genügte — für verbindlich erklärt. Die Entscheidung war zutreffend. Auch Österreich übte nach dem damaligen Recht einen Bekenntniszwang gegen Personen österreichischen Wohnsitzes, aber es bestimmte ihn bei Ausländern nach dem Inhalt ihres heimatlichen Rechts[15]. — Eine gleichartige Rechtslage mag im Namenrecht vorkommen, wenn der Heimatstaat polizeilichen Namenzwang übt, aber etwa dessen Inhalt aus dem Recht des Wohnsitzes schöpfen würde. Insbesondre wird man auch Rechtsfähigkeit und Geschäftsfähigkeit bei einer folgerichtigen Durchführung ihres öffentlichrechtlichen Charakters entsprechend beurteilen müssen[16]. Handelt es sich um die Rechtsfähigkeit einer ausländischen Gesellschaft, so ist sie für den deutschen Rechtsschutz rechtsfähig, wenn ihr diese Eigenschaft für den Rechtsschutz desjenigen Staats zukommt, in dem sie den Sitz hat; sie hat diese Eigenschaft aber auch dann, wenn der Staat des Sitzes über deren Zulassung für seinen Bereich nicht unmittelbar bestimmt, sondern sie vielleicht abhängig macht von der Zulassung des Staats, unter dessen Recht die Gesellschaft sich bei ihrer Begründung gestellt hat.

c) Sollen Sätze des öffentlichen Rechts, nicht wie vorstehend auf

---

[13] Die gleiche Lösung wäre aber auch veranlaßt gewesen, wenn die zugezogene Familie die Angehörigkeit eines dritten Staats besessen hätte. Dazu oben 1, 443 (die Stelle ist im Sinn des Textes zu berichtigen).

[14] Urteil 26. 4. 1918 Sammlung 39, 109.

[15] Vgl. dazu oben S. 185.

[16] Ausdrückliche „Rückverweisung" für Geschäftsfähigkeit in Art. 27 des deutschen Einführungsgesetzes!

den unmittelbaren Gegenstand der Entscheidung, sondern auf Vorfragen angewendet werden, die für eine Sachnorm von Belang sind, so kann abermals von einer Rückverweisung nicht die Rede sein. Für die meisten Fälle müßte schon die bloße Frage zu Sinnlosigkeit führen. Wenn die Schweiz Auswanderung in Länder verbietet, die ihrerseits die Einwanderung versagen, so ist der fremde Staat, dessen Recht angewendet werden muß, eindeutig bestimmt, und für weitere Fragen bleibt kein Raum. Nur in Fällen, in denen das Recht eines „zuständigen“ Staats zur Anwendung kommen soll, entsteht eine Rechtslage, die sich mit der Rechtslage berührt, wie sie bei dem Problem der Rückverweisung vorausgesetzt ist. Aber auch dann kann es keine Rückverweisung geben, schon darum nicht, weil die fremde Ordnung, da es sich doch um öffentliches Recht handelt, nur Grenznormen für das eigne Recht haben kann[17]. Was in diesem Zusammenhang wirklich vorkommt, das sind abermals Bestimmungen über Näherberechtigung: es ist zuweilen angeordnet, daß die Auswahl unter mehreren Zuständigkeiten so getroffen werden soll, wie sie ein näherberechtigter Staat für den eignen Bereich trifft. Beispiele finden sich unten § 31 Z. 2[18]. Aber es scheint, daß dergleichen nur bei einer Wahl unter den Amtshandlungen mehrerer Staaten vorkommt.

Undurchführbarkeit einer Kollisionsnorm?

3. Neuere Untersuchungen[19] stellen es als einen Satz „werdenden Rechts“ hin, daß die Kollisionsnormen des Inlands keine Anwendung

[17] Vgl. dazu oben S. 201.

[18] Hieher auch Art. 7 des Haager Scheidungsabkommens: die Urteile eines fremden Staats werden anerkannt, wenn sie vom Heimatstaat der Parteien anerkannt werden. In einer Entscheidung des High Court of Justice (Armitage v. Attorney general 21. 2. 1906 Law Times Reports 94, 614) handelte es sich um ein Ehepaar mit Wohnsitz in Neuyork, das in Dakota geschieden worden war, und der Gerichtshof hat dies Urteil anerkannt, weil es auch in Neuyork anerkannt werde. Mit einer prozessualen „Weiterverweisung“ jedenfalls könnte die englische Entscheidung nicht begründet werden. Bei einer prozessualen Würdigung des Scheidungsurteils konnte nur gefragt werden, ob der fremde Staat nach den Anschauungen des Inlands Gerichtsbarkeit besaß. Zu dem Recht irgend eines dritten Staats wie des Wohnsitzes, das weiter verweisen könnte, entstanden dabei überhaupt keine rechtlichen Beziehungen. Aber auch für die Annahme einer Näherberechtigung im Sinn des oben Ausgeführten mangelten wohl die Grundlagen. In Wirklichkeit dürfte sich das Urteil ebenso wie die oben Anm. 11 besprochenen Fälle aus einer Rücksicht auf die materiellrechtliche Wirkung der Scheidung erklären, die unter Personalstatut steht.

[19] Melchior 398 ff. im Anschluß an frühere Veröffentlichungen. Ist die Mehrzahl der von Melchior beigebrachten Materialien, wie ich glauben möchte, nicht schlüssig, so erscheint doch die Herausarbeitung des leitenden Gesichtspunkts unzweifelhaft bemerkenswert.

finden sollen, wenn sie mit Rücksicht auf abweichendes Kollisionsrecht eines andern Staats die praktische Durchführbarkeit einbüßen. Z. B. es stünde die Beerbung eines Inländers auch für seinen ausländischen Grundbesitz unter Inlandsrecht, das Recht am Ort der Grundstücke unterstellt die Erbfolge den eignen Gesetzen, der Heimatstaat wendet nun auch seinerseits das Recht der belegenen Sache an. Kann man eine solche Anschauung als geltendes Recht betrachten, so bedeutet das eine Erscheinung, die Verbindung mit der Rückverweisungslehre gewinnt. Wie bei einer sogenannten Rückverweisung dem Nicht-gelten-wollen des angezogenen Rechtssatzes Bedeutung zugesprochen wird, so soll hier umgekehrt der positive Geltungswille der fremden Vorschrift Einfluß auf das Inlandsrecht gewinnen, und es ist damit ein neuer Fall der Anwendung ausländischen Kollisionsrechts gegeben.

Nun ist es in der Tat unzweifelhaft, daß dem Streben, Gesetzen die Durchführbarkeit zu sichern, rechtsbildende Kraft innewohnt. Wie für vielerlei Sätze des materiellen Rechts, so auch bei Grenznormen: Auf diesem Gedanken beruht es, wenn der Haager Entwurf erblosen Nachlaß dem Staat des Lageorts zur Einziehung überweist, der Gedanke liegt dem gemeinrechtlichen forum arresti zu Grunde. Auch bei einer Auslegung, die zwischen mehreren Lösungen zu wählen hat, mag die Lösung, die Recht und Macht vereinigt, unter Umständen zu bevorzugen sein; es ist in diesem Buch von solchen Erwägungen wiederholt Gebrauch gemacht worden [20]. Aber gibt es einen allgemeinen Rechtssatz dieses Inhalts?

Zunächst, die Fragestellung Inlandsrecht oder Auslandsrecht geht nur auf eine zufällige Gestaltung des Problems, die Fragestellung inländisches oder ausländisches Kollisionsrecht wäre überhaupt mißverständlich. Das Problem wird in seiner Reinheit sichtbar bei dem Geltungsbereich inländischen öffentlichen Rechts. Wenn gefragt wird, ob die Undurchführbarkeit einer Bestrafung von Auslandsverbrechen zurückwirkt auf das internationale Strafrecht, die Unvollstreckbarkeit der Besteuerung ausländischen Vermögens auf das internationale Finanzrecht, so ist hier nirgends von einem Zweifel, ob inländisches oder ausländisches Recht anzuwenden, die Rede, es handelt sich dabei nur um Feststellung, ob inländisches Recht gilt oder nicht gilt (oben § 14). Lediglich für das Privatrecht bedeutet der Ausschluß des Inlandsrechts die Maßgeblichkeit einer ausländischen Gesetzgebung.

Dabei aber ist die Undurchführbarkeit, die hier in Betracht kommt, zunächst eine Undurchführbarkeit der Sachnormen. Und es bedeutet erst eine weitere Frage, ob solche Undurchführbarkeit z u r ü c k w i r k t auf die Grenznorm und deren Inhalt verändert. Eine

[20] So 1, 110; 1, 402; 2, 45.

Stelle des deutschen Rechts, Art. 28 EG. BGB., enthält für eine begrenzte Gruppe privatrechtlicher Vorschriften in der Tat eine solche Änderung von Kollisionsnormen. Mangels positiver Anordnung muß solche Rückwirkung schlechthin außer Betracht bleiben.

Das heißt nun freilich nicht, daß jene Undurchsetzbarkeit überhaupt keine Rechtsfolgen haben könnte. Aber diese Folgen erwachsen auf dem Boden der Sachnormen. Als das Rheinland von den Fremdmächten besetzt war, wurde die deutsche Devisengesetzgebung dort widerrechtlich von der Geltung ausgeschlossen: das Reichsgericht hat in einem darüber entstandenen Zivilstreit ausdrücklich festgestellt, daß diese Devisenvorschriften auch für das besetzte Gebiet in Kraft getreten sind, aber es hat daraus zu Lasten Privater keine Folgerungen gezogen, weil „die Anordnungen und Maßnahmen der Besatzungsmächte sie tatsächlich unausführbar gemacht haben und dieser Zustand die Duldung der zuständigen deutschen Amtsstellen gefunden hat“ [21]. Ähnliche Entscheidungen des Reichsgerichts über privatrechtliche Auswirkung andrer verwaltungsrechtlicher Vorschriften, denen die Geltung im besetzten Gebiet versagt wurde, von Einfuhrverboten, von Vorschriften über den Zahlungsverkehr, von solchen über die Zwangsbewirtschaftung von Nahrungsmitteln und Rohstoffen, sind in größerer Zahl ergangen [22]. — Vielleicht könnte der Gedanke auch nutzbar gemacht werden, um durch den Satz, das Recht eines nicht anerkannten Staats sei von der Anwendung ausgeschlossen (oben S. 224) nicht zu unleidlichen Ergebnissen gedrängt zu werden.

Ist aber der mangelnden Durchsetzbarkeit einer Vorschrift Rechnung zu tragen, so muß die so entstehende Lücke irgendwie ausgefüllt werden. Die Ausfüllung erfolgte sehr einfach in jenen rheinischen Fällen: die undurchsetzbar gewordene deutsche Vorschrift wurde gestrichen, und der Tatbestand blieb im übrigen unter dem ihm zukommenden (deutschen oder ausländischen) Zivilrecht. In andern Fällen bedarf es einer positiven Ergänzung, etwa der Ersetzung der unanwendbar gewordenen durch eine andre Währung. Jedenfalls aber liegt die Hilfe stets im Bereich des Rechtsinhalts, nicht der Grenznormen, und es gehört deshalb die ganze Frage nicht in den Bereich des internationalen Zivil- oder Verwaltungsrechts, soweit nicht vorbeugende Vorschriften nach Art des Art. 28 EG. BGB. in Frage kommen.

---

[21] Urteil 9. 3. 1929 Juristische Wochenschrift 1594.

[22] 10. 5. 1921 Juristische Wochenschrift 1454; 7. 6. 1921 Entscheidungen 102, 254; 23. 2. 1922 Entscheidungen 104, 105; 22. 9. 1922 Entscheidungen 105, 179; 13. 12. 1922 Juristische Wochenschrift 1923, 287; 17. 12. 1927 Seufferts Archiv 82, 65. Die Urteile unterscheiden sich von der erstgenannten Entscheidung nur in dem hier unerheblichen Umstand, daß die streitigen Vorgänge nicht in die Zeit der vertragsmäßigen Besetzung, sondern in den Abschnitt zwischen Waffenstillstand und Friedensschluß fielen.

§ 27.

Die Auslegung der Anknüpfungsbegriffe (Qualifikationslehre).

1. Die Fragestellung. — 2. Lösungen. — 3. Das maßgebende Recht. Örtliche Anknüpfungen. — 4. Das maßgebende Recht. Sachliche Anknüpfungen. — 5. Ergänzungen.

Die Fragestellung.

1. Die Handhabung einer Kollisionsnorm geschieht etwa nach folgendem Schema. Obersatz: unerlaubte Handlungen stehen unter den Gesetzen des Tatorts. Untersatz: diese Sachbeschädigung hat in der Schweiz stattgefunden. Folgerung: also kommen die Gesetze der Schweiz zur Anwendung. Es ist somit stets ein tatsächlicher Vorgang, der der Kollisionsnorm eingeordnet wird, nicht etwa ein konkretes Rechtsverhältnis oder eine abstrakte Rechtseinrichtung. Die Maßstäbe aber, an denen der Vorgang gemessen wird, sind Begriffe der Kollisionsnorm, ein Sachbegriff „unerlaubte Handlung“ und ein Ortsbegriff (mit Einschluß seiner zeitlichen und staatlichen Beziehung), der „Tatort“.

Wie bei jedem Rechtssatz, so mag es auch bei einer Kollisionsnorm zweifelhaft werden, welcher Inhalt einem ihrer Begriffe zukommt, und man bezeichnet Zweifel dieser Art gern als Qualifikationsfragen [1]. Die Fragen sind häufig dadurch verdunkelt worden, daß man sie mit andern Fragen zusammengebracht hat, bei denen um den Inhalt einer Kollisionsnorm, um die Art der von ihr benützten Anknüpfung selbst, gestritten wurde. Eine Feststellung, daß die Kollisionsnorm: Recht des Tatorts, nicht nur für unerlaubte Handlungen, sondern auch für schuldlos verursachte Schäden gilt, mag sehr nützlich sein, aber sie betrifft nicht Zweifel über die Begriffe unerlaubte Handlung und Tatort, sondern den Bestand einer neuen Kollisionsnorm für schuldlos verursachte Schäden. Es könnte ein Fortschritt sein festzustellen, daß das Recht der belegenen Sache nicht nur für dingliche Rechte, sondern für alle Gebrauchsrechte an Sachen anzuwenden ist, aber nicht die Auslegung des Begriffs dingliches Recht, sondern eine Erweiterung der Kollisionsnorm über den Bereich der dinglichen Rechte hinaus ist dabei in Frage.

Was hier, um den Zusammenhang mit bekannteren Erörterungen zu wahren, zunächst für die Kollisionsnormen des Privatrechts ausgeführt wurde, gilt in gleicher Weise für die Grenznormen des öffentlichen Rechts und für Verweisungen auf öffentliches Recht des Auslands. Auch sie bedürfen möglicherweise einer Auslegung der sachlichen und der örtlichen Anknüpfungsbegriffe, deren sie sich be-

[1] Übersicht über die sehr angeschwollene Literatur etwa bei R. Neuner, Der Sinn der internationalprivatrechtlichen Norm (1932).

dienen — im Unterschied wiederum zu einer erweiternden oder einschränkenden Anwendung feststehender Grenznormen und Verweisungen; z. B. es wird die Gerichtsgewalt, die für unerlaubte Handlungen dem Inland nach Maßgabe des Tatorts zugesprochen ist, auf schuldlose Schadenszufügungen erstreckt, oder, als Beispiel einer Verweisung, es wird gefragt (oben 3 I 148 ff.), ob nicht nur eine Verklarung, sondern auch ein Seebericht oder ein Seeprotest vor ausländischer Behörde einer Verklarung im Inland gleichgewertet werden kann.

Lösungen.

2. Die Zweifel, welche sich bei einer Auslegung der Anknüpfungsbegriffe erheben, gehen vornehmlich nach zwei Richtungen.

Wie jeder Rechtssatz, so mag auch eine Grenznorm, Kollisionsnorm, sonstige Verweisung auf fremdes Recht Merkmale verwenden, die einer verschiedenen Ausdeutung fähig sind[2]. Wird der Rechtssatz durch wissenschaftliche Überlegung gefunden, so ist die auf seine Feststellung verwendete Arbeit eben noch nicht zu Ende geführt, wenn Zweideutigkeiten verbleiben. Es genügt nicht, eine Grenznorm aufzustellen (oben S. 139 f.): das Verbot, Auswanderer anzuwerben, gilt für Handlungen im Inland; die Grenznorm muß dem Verbot Anwendbarkeit zusprechen, wenn der Werber oder der Geworbene sich im Inland befindet. Und so bilden das nächstliegende Anwendungsgebiet dieser Schwierigkeiten gesetzlich aufgestellte Kollisionsnormen. Die auftauchenden Zweifel aber betreffen merklich häufiger eine Einreihung unter die sachliche Anknüpfung als die Einordnung unter das örtliche Merkmal, das die Anwendbarkeit bestimmt.

Über die Auslegung zweifelhafter Anknüpfungen kann selbstverständlich nur von Fall zu Fall entschieden werden. Doch taucht bei Rechtssätzen, die eine Verweisung auf fremdes Recht einschließen, ein Zweifel von allgemeiner Art auf: wie weit die Anknüpfung der Verweisung abhängig ist von gleichbenannten Rechtsbegriffen, die in der entsprechenden Sachnorm des Inlands vorkommen. Die grundsätzliche Möglichkeit nun, daß gleichbenannte Begriffe in Verweisung und Sachnorm in ihrem Inhalt abweichen, besteht unzweifelhaft, die Voraussetzungen eines Rechtssatzes können nur aus dessen Zusammenhang bestimmt werden. Kommt es doch vor (oben S. 139), daß gleichbenannte Anknüpfungen in verschiedenen Kollisionsnormen derselben

[2] Aber auch die Kollisionsnorm ist ein Rechtssatz, dessen Begriffe grundsätzlich ebenso eindeutig sein müssen wie die irgend eines andern Rechtssatzes. Schon darum kann der Versuch Neuners, unter Ausschaltung der Kollisionsnorm die Ausdeutung in die anzuwendenden Sachnormen zu verlegen, nicht gelingen.

Rechtsordnung verschiedenerlei Bedeutung haben. Und so kann nur der Zusammenhang ergeben, ob Anlaß zu übereinstimmender Auslegung besteht. Er wird ganz regelmäßig vorliegen bei den Grenznormen des öffentlichen Rechts. Wenn eine Sachnorm verbietet, Nahrungsmittel zu „verfälschen", und die Grenznorm sagt, das Verbot gelte für eine Verfälschung im Inland, so kann als sicher angenommen werden, daß der Begriff der Verfälschung in beiden Rechtssätzen den gleichen Inhalt hat. Anders bei den Kollisionsnormen des Privatrechts. Hier muß mit der Erfahrung gerechnet werden, daß die Rechtseinrichtungen des Auslands, die von der Kollisionsnorm umfaßt werden sollen, von denjenigen des Inlands sich unterscheiden, und es muß den Anknüpfungsbegriffen der Kollisionsnorm darum ein wesentlich weiteres Fassungsvermögen zukommen, als denen der inländischen Sachnorm[3]. Das Gleiche gilt bei Verweisungen, die auf eine Vorfrage Bezug haben, auch bei Verweisungen auf ausländisches öffentliches Recht. Z. B. bei der Anrechnung einer im Ausland entrichteten „Einkommensteuer" auf die Einkommensteuer, die das Inland für denselben Erwerb fordert, oder bei der Anrechnung einer im Ausland verbüßten „Zuchthausstrafe" auf die Zuchthausstrafe, die wegen derselben Tat das Inland verhängt[4].

Auf Seiten der ausländischen Sachnormen bedeutet das unter Umständen die Nötigung zu einer Umstellung, um sie in die Begriffe des verweisenden Rechtssatzes einpassen zu können[5]. Bei Kollisionsnormen des Privatrechts findet diese Einpassung allerdings ihre Grenze, wo die fremde Einrichtung den örtlichen Schwerpunkt nicht mehr an der Stelle hat, die das Inland zur Voraussetzung seiner Kollisionsnorm macht. Besteht hier eine Verschiedenheit, so verliert die Kollisionsnorm selbst ihre Anwendbarkeit; es sei dafür auf die Ausführungen oben S. 203 verwiesen.

Das maßgebende Recht. Örtliche Anknüpfungen.

3. Die Auslegung der Anknüpfungsbegriffe kann auch nach einer andern Richtung zu Schwierigkeiten führen: es kann zweifelhaft sein, welches Recht auf sie Anwendung findet. Nun bedeutet freilich eine Grenznorm, Kollisionsnorm, sonstige Verweisung auf fremdes Recht einen Rechtssatz des Inlands, und es ist völlig sicher, daß jedes einzelne Merkmal, dessen sich der Rechtssatz bedient, nur in dem Sinn

---

[3] Das ist bald nach Einführung des Bürgerlichen Gesetzbuchs von der deutschen Rechtsprechung für die Anerkennung ausländischer Handelsgesellschaften herausgearbeitet und neuerdings besonders von Rabel, Zeitschrift für ausländisches Privatrecht 5, 241 ff. klargestellt worden.

[4] Dazu für das internationale Steuerrecht sehr aufschlußreich W. Wengler, Beiträge zum Problem der internationalen Doppelbesteuerung (1935) 115 ff.

[5] Dazu schon oben S. 162; 177 [10]. Auch oben S. 220.

verstanden werden kann, in dem ihn das Inland verstanden wissen will. Aber es ist schon oben S. 179 ausgeführt worden, daß die Voraussetzungen, an die das Inland eine Rechtsfolge knüpft, nur zu einem Teil so bestimmt werden, daß ihr Inhalt einer unmittelbaren Feststellung fähig ist. In andern Fällen wird als Voraussetzung ein Merkmal verwendet, das andern rechtlichen Zusammenhängen angehört und in dem dort festgestellten Sinn gebraucht wird, und es kann dabei vorausgesetzt sein, daß der Umstand stets nach Inlandsrecht, aber auch, daß er nach dem zuständigen Recht, vielleicht auch nach einem von vornherein bestimmten Auslandsrecht beurteilt werden muß. Die Möglichkeit einer solchen Ausgliederung einzelner Merkmale wurde in jenen Ausführungen für die Rechtsbegriffe der Sachnormen erörtert, sie besteht in gleicher Weise auch für die Merkmale der Kollisionsnormen, selbst der Grenznormen.

Was nun zunächst die örtlichen Anknüpfungen betrifft (wie sie in Kollisions- und Grenznormen des Inlandsrechts, aber auch bei inländischen Sachnormen von fremdenrechtlicher Art vorkommen), so sind Merkmale, deren Inhalt durch Beobachtung von Tatsachen festgestellt wird, ohne weiters im Sinn des Inlandsrechts auszulegen. So der Aufenthalt einer Person, der Ort einer Sache, der Ort der Betriebsstätte, der regelmäßige Ort einer Beschäftigung und dergleichen. Und wenn Zweifel bestehen, welche Tatsachen dabei gemeint sind, so müssen auch diese auf dem Boden des Inlandsrechts ausgetragen werden z. B. die Frage, was als „Ursprungsland" von Süßwein anzusehen ist (oben S. 199) oder als „Tatort" einer Handlung. Auch der Ort eines Vertragsschlusses wird für das internationale Verwaltungsrecht vielfach im Sinn des tatsächlichen Vorgangs, nicht einer privatrechtlichen Verweisung festzustellen sein (oben S. 140[12]).

In andern Fällen müssen der örtlichen Anknüpfung Merkmale rechtlicher Art dienen, und es soll ihnen derjenige Sinn zukommen, den sie durch deren Regelung in einem andern Zusammenhang empfangen haben. Wenn nicht besondre Gründe für das Gegenteil vorliegen, ist auch das eine Verweisung auf Inlandsrecht, und das wird insbesondre für den im internationalen Verwaltungsrecht vielverwendeten Begriff des Wohnsitzes gelten. Es verstößt gegen die vorauszusetzende Ökonomie der Begriffsbildung, wenn ohne Notwendigkeit der Wohnsitz als ein besonderer Status der P e r s o n abgespalten und einer eigenen Ordnung unterstellt wird; erst recht aber wäre es ein übler Naturalismus, wenn ein Rechtsbegriff wie der Wohnsitz an soviel Rechtsordnungen gemessen werden müßte, als der von ihm umfaßte Tatbestand Rechtsgebiete r ä u m l i c h berührt[6]. Bei den Kollisions-

[6] Das ist natürlich anders, wenn ein Staatsvertrag den Wohnsitz nach

normen des Privatrechts kann es auch noch aus andern Gründen zu einer Beschränkung auf Inlandsrecht kommen: wenn Begriffe wie Erfüllungsort oder Abschlußort eines Vertrags als Anknüpfung benützt werden, das Recht dieses Vertrags zu bestimmen, dann muß die Anknüpfung bestimmbar sein unabhängig von dem Recht, das auf Grund der Anknüpfung erst gefunden werden soll.

Wiederum in andern Fällen dagegen enthält die örtliche Anknüpfung eine Verweisung, die möglicherweise aus ausländischem Recht ausgefüllt werden muß. Vor allem gilt das für Bestimmungen nach Maßgabe der Staatsangehörigkeit [7]. Es wäre freilich sehr mißverständlich, in einer solchen Rechtslage eine „Ausnahme" von dem Satz suchen zu wollen, daß die Qualifikation der Anknüpfungsbegriffe nach Inlandsrecht erfolgt. Wenn Inlandsrecht bestimmt, daß die Ehefähigkeit sich nach der Staatsangehörigkeit richtet, so ist auch dieser Begriff der Staatsangehörigkeit als Merkmal eines inländischen Rechtssatzes ausschließlich nach Inlandsrecht zu beurteilen. Denn das Inlandsrecht besagt, was es unter Staatsangehörigkeit verstehen will, etwa im Gegensatz zu einer „Eingesessenschaft", wie sie das dänische Recht kannte, zu einem aktiven Staatsbürgerrecht usw. Aber eben dieser Inlandsbegriff verweist auf eine Rechtsbeziehung von bestimmtem Inhalt, es gibt keine Staatsangehörigkeit schlechtweg, sondern nur die Angehörigkeit in einem bestimmten Staat, und es ist nicht Abweichung, sondern Ausführung der Verweisung des Inlandsrechts, wenn festgestellt wird, ob die Angehörigkeit in einem bestimmten Staat nach dessen Recht besteht. Es wird bei sachlichen Anknüpfungen mit staatlicher Beziehung Anlaß sein, diesen Punkt noch weiter zu verfolgen.

Das maßgebende Recht. Sachliche Anknüpfungen.

4. Auch bei sachlichen Anknüpfungen mögen die drei genannten Möglichkeiten sich verwirklichen.

a) Daß die sachlichen Voraussetzungen einer Sachnorm in der Regel einer unmittelbaren Feststellung fähig sind und in dem Sinn festgestellt werden müssen, den der Gesetzgeber der Norm mit ihnen verbindet, ist selbstverständlich, und das gilt auch dann, wenn solche Voraussetzungen eine räumliche Berührung mit andern Gebieten haben. Gewährt das Gesetz dem Eigentümer „zusammenhängenden Grundbesitzes" von bestimmter Größe die Eigenjagd und wird diese

---

dem Recht des Aufenthaltsorts bestimmt, um eine feste Grundlage für seine Bindungen zu schaffen; dazu unten Z. 5.

[7] Beurteilung einer fremden Staatsangehörigkeit kann auch bei Grenznormen des öffentlichen Rechts erforderlich werden, z. B. wenn „Staatenlose" inländischen Wohnsitzes für wehrpflichtig erklärt werden.

Befugnis für das inländische Teilstück zugestanden, auch wenn andre Teile außer Landes liegen (oben 2, 90 ff.), so bestimmt doch darüber, ob der Besitz als zusammenhängend gelten soll, dem Inland gegenüber für alle Teile der inländische Gesetzgeber. Es mag auch vorkommen, daß ein Merkmal je nach dem rechtlichen Zusammenhang, in dem es benützt wird, im einen Fall, weil auf eine Tatsache bezüglich, durch unmittelbare Feststellung bestimmt werden kann, im andern Fall die Verweisung auf einen Rechtsbegriff anderweitiger Herkunft in sich schließt und damit möglicherweise aus fremdem Recht bestimmt werden muß. So kommt (oben 1, 386) für die Benützung eines konfessionellen Friedhofs das Bekenntnis in seiner tatsächlichen Übung, für die Pflicht, Kirchensteuern zu bezahlen, möglicherweise in seiner vom Gesetz geforderten Gestalt zur Geltung.

b) Es kann sein, daß eine Sachnorm, eine Kollisionsnorm des Privatrechts, eine Grenznorm des öffentlichen Rechts Merkmale rechtlicher Art verwendet, denen ein rechtlich bereits feststehender Sinn zugeschrieben wird, so daß also das Merkmal eine Verweisung auf die Feststellungen andrer Rechtsteile in sich schließt. Und es kann weiter sein, daß eine solche Verweisung stets auf Feststellungen der eignen Rechtsordnung zu beziehen ist. Das wird vor allem bei den Grenznormen des öffentlichen Rechts regelmäßig zutreffen. Das deutsche Recht bestimmt, wer „Angestellter“ für die Sachnorm des deutschen Angestelltenversicherungsgesetzes ist, und es bestimmt den Sinn des Ausdrucks für die Grenznorm, die das Gesetz anwendbar erklärt auf die „Angestellten“, deren Beschäftigungsort in Deutschland liegt. Das ist auch da nicht anders, wo der Tatbestand, den der Begriff einschließt, nach andern Richtungen unter Begriffe fällt, die nach fremdem Recht zu regeln sind. So hat das Schweizerische Bundesgericht einmal sachgemäß entschieden[8], daß das waadtländische Erbschaftsteuergesetz unter Deszendenten diejenigen versteht, die das Zivilrecht dieses Kantons als solche betrachtet, ohne Rücksicht auf das Personalstatut des Pflichtigen, dessen Zivilrecht den Begriff anders umgrenzt hatte. Verbietet das Inland den Ankauf von Wild während der Schonzeit (oben 2, 101) und erstreckt sich das Verbot auf Wild auswärtiger Herkunft, so kann der Begriff „Schonzeit“ auch bei Zusendung aus Gebieten, in denen die Jagd zur fraglichen Zeit offen war, nur nach Maßgabe des Inlandsrechts verstanden werden.

c) Schließlich aber — und hier liegt einer der wesentlichen Punkte der Qualifikationslehre — kann der Sinn der Sachnorm, Grenznorm, Kollisionsnorm des Inlands ergeben, daß der verwendete Begriff nicht ohne Beiziehung ausländischen Rechts festgestellt werden kann. Dabei

---

[8] Journal 1887, 376.

sind jedoch zwei Fragen scharf zu scheiden. Wenn ein Rechtssatz des Inlands irgendein Merkmal zur Voraussetzung einer Rechtsfolge macht, so wird das Merkmal zu einem Rechtsbegriff des inländischen Rechts, und es ist schlechthin undenkbar, daß diesem Merkmal ein andrer Sinn zukommen sollte als derjenige, den der inländische Gesetzgeber mit ihm verbinden will. Wenn aber der Tatbestand, der an diesem Begriff gemessen werden soll, selbst von rechtlicher Beschaffenheit ist, so kann es sehr wohl sein, daß dieses Objekt der Begriffsbestimmung nach dem Willen des inländischen Gesetzgebers aus fremdem Recht festgestellt werden muß. Das ist handgreiflich bei den Kollisionsnormen des Privatrechts. Wenn der inländische Rechtssatz besagt: persönliches Eherecht steht unter den heimatlichen Gesetzen des Ehemanns, so kann unter persönlichem Eherecht nur dasjenige verstanden sein, was der inländische Gesetzgeber darunter verstanden wissen will; was jedoch ein so verstandenes persönliches Eherecht fordert, ist bei ausländischen Eheleuten aus deren Recht zu entnehmen. Die gleiche Scheidung ist aber auch da von Nöten, wo nicht die ganze Rechtsfolge, sondern die Verwirklichung eines einzelnen Merkmals innerhalb einer Sachnorm, Grenznorm, Kollisionsnorm von einer sachlichen Anknüpfung abhängig gemacht wird, wo also ein einzelner Begriff ausgegliedert wird und durch Verweisung auf das zuständige oder auf ein bestimmtes ausländisches Recht festgestellt werden soll.

Solche Verweisungen können (um von Verweisungen von Privatrecht auf Privatrecht hier abzusehen) innerhalb öffentlichrechtlicher Vorschriften auf Begriffe des bürgerlichen Rechts zu beziehen sein. Ein trefflich begründetes Urteil des Reichsfinanzhofs[9] bemerkt zu der Vorschrift des Grunderwerbssteuergesetzes, nach der bei Aufhebung der ehelichen Gütergemeinschaft die Steuer nicht erhoben wird, das setze ein Rechtsverhältnis „nach Art der Gütergemeinschaft des BGB.“ voraus; ob ein solches aber vorliege, sei nach den Regeln des internationalen Privatrechts, hier nach schwedischem Recht, zu bestimmen. Eine Besteuerung „unbeweglichen Vermögens“ bedeutet meistens[10] die Besteuerung derjenigen Gegenstände, die nach bürgerlichem Sachenrecht als unbeweglich anzusehen sind. Der Systembegriff, der bewegliches und unbewegliches Gut scheidet, ist hier[11] stets dem Inlandsrecht zu entnehmen, vielleicht auch wesentliche Indizien, wie die Ab-

[9] 23. 9. 1927 Juristische Wochenschrift 2593.

[10] Nicht immer. Vgl. den Fall der elsaß-lothringischen Erbschaftsteuer unten S. 282; auch den deutsch-ungarischen Vertrag 26. 11. 1923 Art. I RGBl. 1925 II 655. Zu dem ganzen Fragenkreis jetzt auch Wengler 73 ff.

[11] Von dem S. 282 besprochenen Fall einer Subsidiarität der inländischen Regelung abgesehen.

stellung auf die Art der Verpfändbarkeit des Gegenstands. Ob aber der Gegenstand die vorausgesetzten Merkmale aufweist, wird bei Gegenständen, die im Ausland belegen sind, nach dem Willen der verweisenden lex fori meistens [12] dem Recht am Ort des Gegenstands zu entnehmen sein. Kann es doch vorkommen, daß Werte in Frage stehen, die dem Inlandsrecht gar nicht bekannt sind, etwa käufliche Ämter, an denen das französische Recht nur ein Mobiliarpfandrecht (Vorzugsrecht) zuläßt, während sie das ältere italienische Recht als Grundlage einer Hypothek ansah [13].

Noch wesentlicher ist es für den hier behandelten Zusammenhang, wo Sachnormen des Privatrechts oder öffentlichen Rechts Merkmale verwenden, die dem öffentlichen Recht angehören. Denn Merkmale des öffentlichen Rechts tragen schon in ihrem Inhalt die Beziehung zu einem bestimmten Staat, nach Lage des Falls also zu einem ausländischen Staat. Und auch hier bedarf es der unentbehrlichen Zweiteilung: den Rahmen, in dem fremdes Recht zur Anwendung kommen soll, bestimmt das Inlandsrecht, die Ausfüllung des Rahmens bleibt dem öffentlichen Recht des Auslands überlassen.

Auf einem guten Rechtsgefühl beruht hier eine ältere Entscheidung des Reichsgerichts [14]: das deutsche Schiff, das für einen Zusammenstoß im Hafen von Curaçao verantwortlich gemacht wird, beruft sich zu seiner Entlastung auf Art. 740 (jetzt § 738) HGB., es habe sich unter der Führung eines „Zwangslootsen" befunden; das Gericht wendet (wohl mißverständlich) auf die Verantwortlichkeit des

---

[12] Nicht immer. § 1551 II BGB. z. B., der die Bestandteile unbeweglichen Vermögens erschöpfend aufzählen will, gilt, wo deutsches Recht sachlich maßgebend ist, auch für Gegenstände im Ausland.

[13] Es war deshalb im Ausgangspunkt zutreffend, wenn der französische Kassationshof ausländische Fideikommißrenten entgegen dem Recht am Ort des Fideikommisses bei der französischen Stempelsteuer als beweglich behandelte, weil sie nicht Bestandteil des fremden Bodens geworden seien, und weil die Immobilisierung nur im Privatinteresse geschehen sei (Urteile vom 28. 7. 1862 Dalloz 1862 I 371 und 15. 7. 1885 Journal 1886, 93); nur waren die gewählten Kriterien anfechtbar. Es war aber auch im Ergebnis richtig, wenn derselbe Gerichtshof in dem Urteil 5. 4. 1887 Dalloz 1888 I 65 die (in ihrer Höhe auf die gleiche Unterscheidung abgestellte) Gebühr für Übertragung einer russischen Bergwerksgerechtsame von einer Prüfung abhängig gemacht hat, welchen Inhalt eine solche Gerechtsame nach russischem Recht besitzt. — Interessant Herzfeld (zit. oben S. 18 [33]) 465: wo das Inland die Verkehrsfähigkeit des Gegenstands zur Grundlage einer Besteuerung macht, da kann bei Gegenständen im Ausland die Verkehrsfähigkeit davon abhängen, ob das ausländische Recht sie als beweglich oder unbeweglich behandelt. Also auch hier als Ausgangspunkt das Kennzeichen des Inlandsrechts, die Verkehrsfähigkeit. Auf ihren Inhalt aber wirkt unter diesen Umständen sogar die Systemscheidung des Auslands ein.

[14] Urteil 12. 7. 1886 Entscheidungen 19, 7.

Reeders deutsches Recht an, entnimmt dem deutschen Recht aber auch, was als „charakteristisch für die Eigenschaften eines Zwangslootsen" anzunehmen ist und bemißt alsdann nach den in Curaçao geltenden Verordnungen, ob „die Übernahme der Führung des Schiffes als unter obrigkeitlichem Zwang stehend" anzusehen war. Entsprechend auf andern Gebieten des öffentlichen Rechts. So gewährt das schweizerische Auslieferungsgesetz Art. 9 eine Auslieferung nur unter der Bedingung, daß der Auszuliefernde nicht vor ein Ausnahmegericht gestellt werden darf: die Merkmale eines Ausnahmegerichts bestimmt die Rechtsauffassung der Schweiz, ob sie zutreffen, die Strafgerichtsverfassung des Lands, das um die Auslieferung ersucht hat. Ähnlich wenn es sich in bürgerlichen Rechtsstreitigkeiten um die Vollstreckung von Urteilen ausländischer „Gerichte" handelt [15]. Ob die Vorschrift des fremden Staats, die angewendet werden soll, ein „Rechtssatz" ist [16], ob Steuerbefreiung eintritt, weil die ausländische Körperschaft „der Ausübung der öffentlichen Gewalt dient" [17], das Schriftstück eine „öffentliche Urkunde" des Auslands darstellt [18], die Person „Beamter" eines andern Staats ist [19], hier überall ist die gleiche Scheidung von Nöten. Und sie kommt auch zur Geltung, wo der Systembegriff „öffentlichrechtlich" zum Merkmal eines positiven Rechtssatzes erhoben ist, bei dem Satz, daß mangels besondrer Vorsorge die Zivilgerichte nur über Streitigkeiten des bürgerlichen Rechts zu entscheiden haben [20], in öffentlichrechtlichen Angelegenheiten Rechtshilfe nicht gewährt, Urteile nicht vollstreckt werden [21], daß dem Völkerrecht entsprechend nicht gestattet ist, über öffentlichrechtliche Angelegenheiten eines andern Staats zu entscheiden [22].

d) Wenn im Vorstehenden ausgeführt wurde, daß bei einer Verweisung der Inhalt der Begriffsbestimmung aus fremdem Recht festzustellen sei, so hat das zur Voraussetzung, daß eine solche Verweisung auf fremdes Recht wirklich vorliegt. Es ist oben 1, 477 ff. [23] gezeigt

---

[15] Die Kennzeichen, die etwa Stein-Jonas, Zivilprozeßordnung [14] § 328 III 2 aufstellen, sind deutsche Rechtsauffassung über den Begriff eines Gerichts.

[16] Dazu oben S. 222.

[17] Begründung zum Körperschaftssteuergesetz, in der Entscheidung des Reichsfinanzhofs 12. 2. 1930 Juristische Wochenschrift 1931, 169.

[18] Dazu die bedenkliche Entscheidung des Kammergerichts 24. 3. 1932 Juristische Wochenschrift 2815.

[19] Oberlandesgericht Darmstadt 8. 7. 1903 Deutsche Juristenzeitung 1905, 869 über Zeugengebühren eines elsaß-lothringischen Lehrers in Hessen; Lehrer galten in Elsaß-Lothringen, anscheinend aber nicht in Hessen als Beamte.

[20] Dazu oben S. 154 f., 160.

[21] Unten § 33.

[22] Auch hiezu oben S. 154 f., 160.

[23] Und in dem Vortrag Zeitschrift für Standesamtswesen 1925 Nr. 20.

worden, daß für Staaten weltlichen Eherechts Eheschließung und Ehescheidung als Vorgänge des bürgerlichen Rechts anzusehen sind, auch wenn der Heimatstaat der Beteiligten sie als kirchlich-öffentlichrechtlich behandelt. Haben Eheschließung, Ehescheidung in einem Staat weltlichen Eherechts in der bürgerlichen Form stattgefunden und es ist dies auch die Auffassung der lex fori, so ist der Vorgang nach dem Satz *locus regit actum* privatrechtlich verbindlich, und eine Berührung mit dem heimatlichen Recht, das abweichend qualifiziert, findet gar nicht statt. Ähnlich verhält es sich auch (oben 1, 457 ff.), wo die religiöse Kindererziehung als eine Angelegenheit des bürgerlichen Rechts behandelt wird: hat der Heimatstaat hierüber eine abweichende Auffassung, so kommt sie selbst dann nicht zur Geltung, wenn es sich um Familien dieses Staats handelt; das Inlandsrecht verweist auf die privatrechtlichen Erziehungsvorschriften des Heimatstaats und gewinnt mit seinen öffentlichrechtlichen Beschränkungen keine Berührung. —

Liegt eine öffentlichrechtliche Angelegenheit vor, ist die inhaltliche Ausfüllung der Verweisung also nach dem Recht des beteiligten Staats vorzunehmen, so kann bei einer flüchtigen Betrachtung immer noch zweifelhaft sein, welches der Staat ist, um dessen öffentlichrechtliche Angelegenheit es sich handelt. Es ist oben[24] ein Fall dieser Art erörtert worden: eine Urkunde, die der Oberförster eines anhaltischen, in Preußen belegenen Staats- (oder Hof-) Waldes ausgestellt hatte, war verfälscht worden, und es fragte sich, ob wegen Fälschung einer öffentlichen Urkunde zu bestrafen war; wenn überhaupt, konnte es sich nur um eine öffentliche Urkunde Anhalts handeln.

Ergänzungen.

5. a) In den bisherigen Ausführungen ist vorausgesetzt worden, daß das rechtlich näher zu bestimmende Merkmal einem inländischen Rechtssatz angehört. Es kann aber auch sein, daß Sachnormen, Grenznormen, Kollisionsnormen des Auslands, die im Inland anzuwenden sind, mit Begriffen arbeiten, die in entsprechender Weise bestimmt werden müssen. Und wenn es zweifellos ist, daß Begriffe eines inländischen Rechtssatzes nur in dem Sinn verstanden werden können, den das Inland mit ihnen verbinden will, so ist es ebenso sicher, daß Rechtssätze eines andern Staats den Sinn haben müssen, den der andre Staat in sie legt. Der begriffliche Rahmen also ist in solchen Fällen stets dem ausländischen Recht zu entnehmen[25].

---

[24] Im Anschluß an ein reichsgerichtliches Urteil vom 26. 6. 1883 Entscheidungen in Strafsachen 8, 372.

[25] Im internationalen Privatrecht besonders anläßlich der Rückverweisung entwickelt, siehe die Rechtsprechung bei Melchior 176 ff., für

Eine solche Rechtslage kann auch vorkommen, wo es sich scheinbar nur um die Anwendung inländischen Rechts handelt. Das ist etwa bei Gegenseitigkeitsbestimmungen der Fall, insoweit es sich bei ihnen um das Recht des andern Teils handelt. So war die Steuerpflicht eines bayrischen Handwerkers, der vorübergehend eine Gewerbsanlage in Hessen begründet hatte, für das hessische Steuerrecht davon abhängig, ob unter solchen Umständen Bayern die Anlage eines hessischen Handwerkers steuerfrei beließ, und das Reichsgericht hat zutreffend den Begriff der Gewerbsanlage dabei nach bayrischem Recht geprüft[26].

Eine ähnliche Rechtslage ist gegeben, wo die inländische Vorschrift nur subsidiäre Geltung in Anspruch nimmt. Es ist oben 3 I 128 festgestellt worden, daß bei Arbeiten an Bord fremder Schiffe in deutschen Häfen die deutsche Arbeiterversicherung nur für Landarbeiter an Bord wirksam wird, nicht aber für die Personen der Schiffsbesatzung, und es wurde weiter angenommen, daß nicht nur über die Frage, wer zur Schiffsbesatzung gehört, sondern auch, wo die Grenze zwischen Landarbeitern und Schiffsbesatzung läuft, ausschließlich das Recht der fremden Flagge zu entscheiden habe. Das bedeutet eine nur subsidiäre Anwendbarkeit der deutschen Versicherung. Und wenn die deutsche Begriffsbestimmung des Landarbeiters ergibt, daß als solcher gelten soll, wer nach ausländischem Recht nicht zur Besatzung gehört, so kann der Begriff der Besatzung hier nur nach ausländischem Recht qualifiziert werden. — Ganz ebenso dürfte § 5 des elsaß-lothringischen Erbschaftssteuergesetzes von 1900 zu verstehen sein, der Erbschaftssteuer von dem Nachlaß der Einwohner des Gebiets fordert „mit Ausnahme der außerhalb Elsaß-Lothringens gelegenen Grundstücke nebst Zubehör und derjenigen Rechte an solchen Grundstücken, welche nach der Gesetzgebung des Staats, in dessen Gebiet die Grundstücke gelegen sind, als unbeweglich gelten“. Mit dieser Verweisung ist augenscheinlich beabsichtigt, Doppelbesteuerung zu verhüten, unveranlaßte Steuerfreiheit zu vermeiden und deswegen die Inlandszuständigkeit wiederum subsidiär zu begründen. Und damit ist auch hier für die Qualifikation die gleiche Rechtslage gegeben wie in dem eben erörterten Fall[27].

Steuerrecht Herzfeld (zit. S. 18[33]) 469. Obergericht Zürich 8.3.1932 Schweizerische Juristenzeitung 29, 83: hat Frankreich einen Verbrecher nur wegen der in Zürich begangenen Handlungen ausgeliefert, so muß der Begriff „Tatort“ insoweit nach französischem Recht beurteilt werden.

[26] Urteil 16.2.1903 Entscheidungen in Strafsachen 36, 97.

[27] Es braucht kaum beigefügt werden, daß die Qualifikation des Begriffs „unbeweglich“ einer fremden Rechtsordnung nur da überlassen bleibt, wo die inländische Sachnorm nach ihrem besondern Inhalt lediglich subsidiär gelten will.

Scharfe Fragestellung wird in solchem Zusammenhang auch Zweifel zerstreuen, welches der Staat ist, dessen Recht die Anknüpfung verwendet[28].

b) Anders sind die Ausgangspunkte, wo der Rechtssatz, dessen Anknüpfung zweifelhaft wird, auf einen Staatsvertrag zurückgeht[29]. Häufig enthalten Staatsverträge die Verpflichtung für die Vertragsteile, Rechtssätze in ihr innerstaatliches Recht aufzunehmen, vielleicht Grenznormen oder Kollisionsnormen, vielleicht Sachnormen irgendwelcher Art. Nach der völkerrechtlichen Seite kann eine so beschaffene Verpflichtung nur zu Stande kommen, wenn über ihren Inhalt ein einheitlicher Vertragswille besteht, und damit ist auch die Notwendigkeit gegeben, daß die einzelnen Merkmale der einzuführenden Rechtssätze nach dem Willen der Vertragsteile einen fest bestimmbaren Inhalt besitzen. Es ist nun die zuverlässigste Lösung vorkommender Schwierigkeiten, wenn der Vertrag selbst, unabhängig von irgendwelchen Landesrechten, derartige Merkmale auch in ihrem Inhalt unmittelbar bestimmt, und es wird vielfach möglich sein, im Weg der Auslegung zu einer solchen unmittelbaren Bestimmung des Vertragsinhalts zu gelangen[30]. Zuweilen aber empfängt der Vertrag auch in der Weise seine Vervollständigung, daß er auf ein oder auch mehrere Landesrechte verweist, aus denen ein Merkmal des vertraglichen Rechtssatzes näher bestimmt werden soll; auch dergleichen kommt als ausdrückliche Verweisung oder als Ergebnis einer Auslegung vor.

Hat nun aber ein Vertragsstaat seine völkerrechtliche Verpflichtung erfüllt und die geforderten Rechtssätze in seine innerstaatstaatliche Ordnung aufgenommen, so ergeben sich für die einzelnen Merkmale dieser Rechtssätze die bezeichnenden Fragen des Qualifikationsproblems — nur daß ihre Beantwortung schon von der völker-

---

[28] Ein Fall dieser Art ist oben 1, 322[1] erörtert worden. Es handelte sich als Voraussetzung ihrer Ebenbürtigkeit um den „hohen Adel" einer Frau ausländischen Adels, deren Recht eine solche Unterscheidung innerhalb des Adels nicht kannte. Das Erfordernis der Ebenbürtigkeit war indessen für den deutschen Ehemann aufgestellt, der nur durch eine ebenbürtige Ehe Standesfolgen für Frau und Kinder begründen konnte, und so war auch das Merkmal des hohen Adels nach deutschem Privatfürstenrecht und Hausrecht zu bestimmen.

[29] In der Literatur ist der Gegenstand eingehender bei Melchior 178 ff. behandelt. Beachtliches Material auch bei Ruegger, Zeitschrift 28, 426 ff.

[30] Nicht selten bietet die Sprache, in der der Vertrag abgefaßt ist, einen Anhaltspunkt für die Folgerung, daß ein Begriff in dem Sinn gebraucht ist, den das Recht jenes Landes mit dem Begriff verbindet. Es handelt sich in solchen Fällen um Rezeption des Landesrechts in das Vertragsrecht, nicht etwa um Verweisung auf Landesrecht in dem gleich zu erwähnenden Sinn.

rechtlichen Seite her festgelegt ist. So kann es sein, daß ausdrückliche Begriffsbestimmungen des Vertrags in das innerstaatliche Recht eintreten. Sie kommen auch für Anknüpfungen vor, deren sich Grenznormen des öffentlichen Rechts bedienen, z. B. wenn neuere Doppelsteuerverträge eine Begriffsbestimmung für die Merkmale Wohnsitz, Betriebsstätte, über die bewegliche Natur der Hypotheken und dergleichen enthalten. Auch durch Auslegung wird vielfach ein solcher unmittelbarer Vertragsinhalt erschlossen werden können — es ist selbstverständlich nicht möglich, bei der Mannigfaltigkeit der Erscheinungen dafür feste Auslegungsregeln zu geben[31]. In andern Fällen enthält der übernommene Vertrag die ausdrückliche Verweisung auf ein Landesrecht. Für die paßrechtliche Behandlung von Angehörigen des einen Teils, die im Gebiet des andern Teils den Wohnsitz haben, soll sich der Begriff Wohnsitz nach dem Recht des Aufenthaltsorts bestimmen[32]. Für die Zwecke eines Doppelsteuerabkommens wird der Begriff Wohnsitz gelegentlich auch einmal dem Personalstatut unterstellt[33]. Und es mag eine solche Verweisung auf Landesrecht zuweilen auch durch Auslegung erschlossen werden. Zu vermuten ist eine solche Auslegung freilich nicht, zumal dann nicht, wenn durch den Vertrag übereinstimmende Rechtssätze eingeführt werden sollen. Denn der Vertrag, der bestimmt ist, Rechtsgleichheit zu schaffen, würde hier zu Ungleichheiten Anlaß geben. Immerhin gibt es Fälle, in denen angenommen werden muß, daß der Vertrag Merkmale, die er verwendet, der Ausfüllung durch Landesrecht überlassen will. Handelt es sich dabei um die Einführung übereinstimmenden Rechts in den Vertragsstaaten (und zumal dann, wenn nur zwei Vertragsteile vorhanden sind), so wird es der vermutliche Wille der Parteien sein, daß die Einheitlichkeit wenigstens nach Möglichkeit gewahrt werden soll, und man wird das Merkmal nur dann als verwirklicht betrachten, wenn es nach dem Landesrecht beider Staaten gegeben ist[34]. Das deutsch-polnische Aufwertungsabkommen, von dem oben 3 II 380 gehandelt wurde, hat

[31] Unrichtig ist jedenfalls die Meinung des Gemischten deutsch-französischen Schiedsgerichts 3. 12. 1925 Recueil 5, 841 (es wurde Rückerstattung von „Kapitalsteuern" nach dem Versailler Vertrag begehrt, Deutschland wollte den Ausdruck im Sinn des französischen Sprachgebrauchs verstanden wissen), es könne bei Regelung einer gemeinsamen Angelegenheit nicht die finanzrechtliche Begriffsbildung eines einzelnen unter den Vertragsstaaten Ausgangspunkt für die Auslegung sein.

[32] Sitzungsprotokoll des deutsch-russischen Niederlassungsabkommens 12. 10. 1925, Drucksachen des Reichstags 1924/25 Nr. 1551, 40.

[33] Abkommen des Reichs mit sieben schweizerischen Kantonen 24. 3. 1923 Art. I RGBl. II 453.

[34] Eine ausdrückliche Lösung dieser Art gibt das deutsch-österreichische Urheberrechtsabkommen 30. 12. 1899 RGBl. 1901, 131 Schlußprotokoll für den „Erscheinungsort" eines Werks.

seine Kollisionsnormen für die Aufwertung mit besonderer Zurückhaltung aufgestellt und wollte augenscheinlich auf die hiebei verwendeten Anknüpfungsbegriffe nicht eingehen; so kann diese Regelung nur Anwendung verlangen, soweit die beiderseitigen Rechtsordnungen die Voraussetzungen für das Eingreifen der vereinbarten Kollisionsnormen begründen [35]. Aber auch da, wo ein Vertrag einseitige Bindungen auferlegt und deren Voraussetzungen nicht selbst regelt, wird mangels andrer Anhaltspunkte anzunehmen sein, daß die Bindung nicht weiter reichen soll, als sie nach dem Recht des belasteten Teils begründet ist, und daß sie sich auf Tatbestände beschränkt, für welche die Bindung nach dem Recht des fordernden Teils geltend gemacht werden kann. Als nach den Friedensverträgen die Einziehung des im Gebiet der alliierten Mächte belegenen Vermögens gegnerischer Untertanen vorgesehen wurde, da konnte diese Einziehung nur solche Gegenstände ergreifen, die ihren „Ort" sowohl nach der Rechtsanschauung der einziehenden wie der betroffenen Macht in diesem Gebiet besaßen [36].

Zu den Verweisungen auf Landesrecht gehört es auch, wenn der Vertrag für die Bestimmung eines Merkmals auf das Recht des jeweils handelnden Staats verweist. So werden in einem Abkommen des Reichs mit der Tschechoslowakei die Sicherheitsorgane des einen Teils ermächtigt, sicherheitsgefährliche Personen in das Gebiet des andern Teils hinein zu verfolgen, und es wird beigefügt: „Die Frage, ob eine Person als gefährlich anzusehen ist, ist von den nacheilenden Sicherheitsorganen nach den Gesetzen ihres Landes zu beurteilen" [37]. Es mag auch sein, daß die Auslegung eines Vertrags dazu führt, die nähere Bestimmung eines Merkmals dem Recht des handelnden Teils, wenn es sich um richterliche Würdigung handelt, also der lex fori zu überlassen. Aber von selbst versteht sich eine solche Auslegung durchaus nicht [38]. Sie setzt den — nicht zu vermutenden — Willen des Ver-

---

[35] Die deutsche Denkschrift zu dem Abkommen (oben 3 II 380 [110]) stellt hier schlechtweg auf die lex fori ab, desgleichen das Reichsgericht 29. 6. 1931 Juristische Wochenschrift 1932, 940 (eine Anmerkung von Haase erhebt dagegen Widerspruch). Dazu gleich unten.

[36] Neumeyer, Der Fall Mumm (1922) 8 f. Das Kammergericht 4. 3. 1922 Juristische Wochenschrift 1131, das Reichsgericht 3. 4. 1925 Entscheidungen 108, 265 gehen hier einfach von der lex fori aus.

[37] Vertrag 5. 6. 1928 Zusatzprotokoll Z. 4 RGBl. 1931 II 87. Ähnlich das Abkommen 26. 9. 1906 RGBl. 1911, 5, das die Nachtarbeit der Frauen in „gewerblichen Betrieben" verbietet und in Art. 1 den einzelnen Staaten die Bestimmung überläßt, was unter gewerblichen Betrieben zu verstehen ist. Hieher auch Art. 6 des Codigo Bustamente, nach dem mehrdeutige Begriffe jeweils aus der lex fori bestimmt werden sollen.

[38] Für eine vorbehaltslose Anwendung der lex fori Nußbaum 27 [2], 51; Melchior 180 und vielfältig die Rechtsprechung. Der spanisch-amerikanische

trags voraus, von einer unmittelbaren Regelung des Merkmals abzusehen, und sie beruht, wo sie Platz greift, nicht auf einer Freiheit, die den einzelnen Vertragsteilen insoweit zustünde, sondern auf dem Willen des Vertrags, seine Bestimmungen aus dem jeweiligen Landesrecht zu ergänzen.

Für dritte Staaten, die nicht Vertragsteilnehmer sind, ist die Regelung des Vertrags unverbindlich, und es verbleibt für sie bei der Begriffsbestimmung des eignen Rechts. Z. B. um den Ort eines Vermögensgegenstands zu bestimmen, der nach den Friedensverträgen zwischen den Vertragsparteien Gegenstand der Einziehung ist[39].

§ 28.

Fragen zeitlicher Geltung.

1. I. Wechsel der Sachnorm. — 2. II. Wechsel der Kollisionsnorm.

I. Wechsel der Sachnorm.

1. Eine oft verwendete Parallele stellt das „intertemporale" an die Seite des internationalen Privatrechts. Die Gleichsetzung ist falsch. Denn während bei dem internationalen Privatrecht zwischen dem Anwendungsbereich von Rechten abgegrenzt werden muß, deren jedes von einer autonomen Gewalt getragen ist (unten § 37), handelt es sich bei einem zeitlichen Wechsel der Gesetze stets um dieselbe Staatsgewalt, die ihrem Willen erst den einen, dann einen andern Inhalt gibt, und es findet ein solcher Wechsel sein räumliches Gegenstück bei einem Rechtszustand, nach dem derselbe Staat seinen einheitlichen Willen örtlich differenziert, z. B. indem er Polizeiverordnungen aufstellt, deren Inhalt nach Landesteilen verschieden ist. Eben darum

---

Friedensvertrag hatte die Vereinigten Staaten verpflichtet, für die Entziehung von „Privatrechten" Entschädigung zu gewähren; käufliche Ämter, so hat der Oberste Gerichtshof der Vereinigten Staaten 21. 2. 1910 Revue 6, 932 entschieden, gehören (offenbar nach amerikanischer Auffassung) nicht zu diesen Privatrechten. Aus der umfänglichen deutschen Rechtsprechung außer den schon genannten Fällen z. B. Reichsgericht 4. 2. 1931 Juristische Wochenschrift 1932, 243. — Noch abwegiger wäre es freilich, bei Rahmenbegriffen, wie sie auch in Staatsverträgen vorkommen, deren Ausfüllung der lex fori zu überlassen. Als 1931 bei den Ausschußberatungen über einen Staatsvertrag für internationales Kaufrecht erwogen wurde, nachgiebige Vorschriften andern Regelungen zu unterstellen als zwingendes Recht, da mußte der Begriff „nachgiebiges Recht" notwendig ein einheitlicher sein. Wie unzutreffend jedoch eine Meinung war, nach der auch die Einordnung einer landesrechtlichen Vorschrift unter diesen Begriff einfach der lex fori überlassen bleiben sollte, zeigte schon die Konsequenz: daß dabei Einrichtungen in Betracht kamen wie Rücktritt wegen laesio enormis, die dem Recht der meisten Vertragsstaaten gar nicht bekannt waren.

[39] Neumeyer, Der Fall Mumm 9.

kann es bei einem solchen Rechtswechsel auch keine Überschneidungen geben; es ist einzig der später geäußerte Wille des Staats, der entscheidet, wann der neue Rechtsinhalt an Stelle des bisherigen Rechtsinhalts treten soll.

Bei der Begründung eines Gesetzes müssen zwei Zeitpunkte geschieden werden, der Zeitpunkt, in dem der staatliche Wille Verbindlichkeit erlangt, z. B. durch Unterschrift des Staatsoberhaupts, und der Zeitpunkt, von dem ab der neue Inhalt auf die rechtlich zu wertenden Tatbestände angewendet werden kann. In diesem Sinn ist das Bürgerliche Gesetzbuch Deutschlands am 18. August 1896 verbindlich, am 1. Januar 1900 anwendbar geworden. Daß der erstere Zeitpunkt bei einem Rechtssatz eingetreten ist, gehört zu den staatsrechtlichen Voraussetzungen seines Bestands (oben S. 222); ob auf Vorgänge eines bestimmten Zeitpunkts altes oder neues Recht angewendet werden soll, betrifft nicht den Rechtssatz, sondern die Tatbestände, die ihm zugeordnet werden sollen.

Entbehren diese Feststellungen der praktischen Bedeutung, wo Inlandsrecht zuständig ist und dessen Sachnormen wechseln, so müssen sie in Betracht gezogen werden, wo nach der Anweisung des Inlands die Sachnormen einer fremden Rechtsordnung zur Anwendung berufen sind. Das Inland bestimmt den Zeitpunkt, der für die Beurteilung maßgebend sein soll. Welche Sachnormen die bezogene Rechtsordnung für diesen Zeitpunkt bereitstellt, ist deren Vorschriften zu entnehmen; was sie über die Verteilung der Tatbestände bestimmt, liegt außerhalb der Verweisung[1].

Die Frage, welche Vorschriften im maßgebenden Zeitpunkt für die bezogene Rechtsordnung gelten, kann Schwierigkeiten begegnen unter dem Gesichtspunkt einer möglichen Rückwirkung. Nimmt eine Änderung der Sachnormen in der bezogenen Rechtsordnung Einfluß auf Rechtslagen, die vor dieser Änderung begründet wurden, so ist zu unterscheiden, ob diese Einwirkung ex tunc, oder ob sie ex nunc angeordnet ist. Im ersteren Fall handelt es sich um echte Rückwirkung, eine bereits geformte Rechtslage wird behandelt, wie wenn sie von Anfang an anders geformt worden wäre, und das für den maßgebenden Zeitpunkt anwendbare Recht ist damit auch für andre Staaten

---

[1] Niboyet (zit. oben S. 221[2]) bespricht Schwierigkeiten, die bei der Anwendung ausländischen Rechts entstehen, wenn ein neu in Kraft getretenes Gesetz des Auslands im Inland, wo das fremde Recht angewendet werden soll, noch nicht bekannt ist. Niboyet gibt keine Lösung. M. E. ist von demjenigen Inhalt des ausländischen Rechts auszugehen, den die inländische Stelle für anwendbar gehalten hat, und es ist Sache des inländischen Verfahrensrechts, zu entscheiden, ob die nachträgliche Aufdeckung des Irrtums zu einer abweichenden Regelung führen kann. Der Fall liegt ebenso wie bei einem sonstigen Irrtum über den Inhalt eines ausländischen Gesetzes.

die rückwirkende Sachnorm geworden. Eine Bestimmung des Versailler Vertrags, in Kraft seit 10. Januar 1920, hat einem Teil der Einwohner Elsaß-Lothringens rückwirkend auf 11. November 1918 die französische Staatsangehörigkeit verliehen, eine nach Inkrafttreten des Vertrags erlassene französische Verordnung hat für den gleichen Zeitpunkt dem französischen Staatsangehörigkeitsrecht dort Geltung zugesprochen; diese Regelung ist auch für dritte Staaten maßgebend geworden. Und wenn Frankreich durch eine Verordnung vom 26. November 1918 in Elsaß-Lothringen die französische Währung eingeführt hat, so ist das als völkerrechtlich unzulässig für andre Staaten zunächst wirkungslos gewesen, hat aber durch Artikel 51 des Versailler Vertrags auch für sie nachträglich Bedeutung erlangt [3]. Nur mag einer solchen Rückwirkung nach Lage des Falls etwa die Vorbehaltsklausel entgegenstehen [3]. Dagegen sind Einwirkungen ex nunc für andre Staaten unbeachtlich, wenn der maßgebende Zeitpunkt vor solchem Rechtswechsel liegt.

Und damit ist bereits die andre Seite der Aufstellung herangezogen: den maßgebenden Zeitpunkt für die Anwendung ausländischen Rechts bestimmt die verweisende Rechtsordnung. In der großen Mehrzahl der Fälle ist dieser Zeitpunkt freilich der gleiche, der auch den Übergangsbestimmungen der bezogenen Rechtsordnung zu Grunde liegt, und so konnte die Meinung herrschend werden, daß die Verweisung auf fremdes Recht für den Fall eines Rechtswechsels auch die Verweisung auf dessen Übergangsbestimmungen in sich schließe [4].

---

[2] Unrichtig deshalb die oben 3 II 253 [29] angeführten Entscheidungen des Reichsgerichts. — Weitere Beispiele in einer Entscheidung des Appellhofs Bordeaux Journal 1883, 621 über eine rückwirkende Zulassung kirchlicher Eheschließung in Mexiko; in Urteilen der obersten Gerichtshöfe Österreichs und der Schweiz Juristische Wochenschrift 1931, 635; 1930, 1899 und 1932, 2337 über rückwirkende Aufwertung bezahlter Forderungen, gelöschter Hypotheken nach § 15 des deutschen Aufwertungsgesetzes.

[3] So haben die Zivilgerichte Paris und Genf einer Rückwirkung des deutschen Aufwertungsrechts die Anerkennung versagt, Journal 1930, 1012; Revue 1930, 395. Niboyet zieht in Zweifel, ob „erworbenen Rechten" gegenüber eine Rückwirkung überhaupt anerkannt werden könne. Aber es gibt erworbene Rechte nur nach Maßgabe der Gesetze, und wenn ein Gesetz den geschehenen Erwerb wieder beseitigt, so liegt ein erworbenes Recht nicht vor; erst der besondre Inhalt des Eingriffs mag veranlassen, dem zuständigen Gesetz die Folge zu verweigern. Inwieweit eine Rückwirkung ausländischen Rechts auf vorher getroffene Entscheidungen des Inlands einwirken kann, bestimmt sich nach dem Verfahrensrecht des Inlands; gewiß ist, daß eine Bestimmung des fremden Rechts, nach der rechtskräftige Urteile der Rückwirkung nicht entgegenstehen sollen, für Urteile eines andern Staats keine Bedeutung haben kann.

[4] Zitelmann 1, 286. G. Diena, Principî di diritto internazionale [2] (1917) 2, 91 *. Niboyet (zit. oben S. 221 [2]) 779ff. Roubier, Revue 1931, 38ff.

Soweit eine solche Annahme ernstlich begründet wurde, hat man diese Übergangsbestimmungen zuweilen unter die staatsrechtlichen Voraussetzungen gestellt, von deren Bestand die fremde Sachnorm abhängt; daß zu Unrecht, wurde schon ausgeführt. Im übrigen aber hat man auch hier[5] mit dem Gedanken einer „Gesamtverweisung" gearbeitet. Dennoch sind es völlig zusammenhangslose Erscheinungen, wenn das Inland für einen bestimmten Zeitpunkt die Anwendung ausländischen Rechts fordert, und wenn bei einem Rechtswechsel im Ausland die Zuweisung der Tatbestände an aufeinanderfolgende Ordnungen nach abweichenden zeitlichen Merkmalen bestimmt wird. Es kommt darauf an, welche Sachnorm in dem fremden Staat für den vom Inland bezeichneten Tatbestand zu dem vom Inland bezeichneten Zeitpunkt gilt, und auf andres kommt es nicht an. Kann es sich doch um Tatbestände handeln, die von Seiten des bezogenen Rechts zu Verhaltensvorschriften überhaupt keinen Anlaß geben. Wird unter Inlandsrecht ein Betrag fremder Währung geschuldet, und es ist zur Bestimmung des Schuldinhalts das fremde Währungsrecht beizuziehen, so kommen Verhaltensvorschriften des fremden Staats dabei nach keiner Richtung in Frage. Und nicht anders, wenn, die Pflicht zur Sicherheitsleistung in einem inländischen Verfahren zu bestimmen, die Staatsangehörigkeit eines Ausländers festgestellt werden muß. Die praktische Bedeutung der Frage wird vornehmlich sichtbar, wo die bezogene Rechtsordnung ihre Vorschriften für Tatbestände, die in der Vergangenheit liegen, mit Wirkung ex nunc abändert. Badener haben 1895 geheiratet und errichten 1905 (auf Grund der Ermächtigung, die ihnen das 1900 in Kraft getretene Bürgerliche Gesetzbuch in Art. 200 EG. gewährt) einen Ehevertrag: für Staaten, die das Güterrecht unwandelbar nach dem Zeitpunkt der Eheschließung bestimmen, wie z. B. Schweden, kann der Vertrag nicht verbindlich sein, das 1895 geltende Recht hat Eheverträge nur vor der Eheschließung zugelassen[6].

Baldoni, Rivista di diritto internazionale 1932, 22[3]. Melchior 68 ff. (aber S. 270 ff.?). Kassationshof Paris 18. 11. 1912 Revue 1913, 482. Obergericht Zürich 19. 12. 1928 Zeitschrift für Ostrecht 3, 1403. Appellhof Genua 6. 5. 1930 angeführte Rivista 1931, 410. Nach Bartin, Principes 1, 299 wäre zunächst das fremde Übergangsrecht anzuwenden, jedoch dasjenige des Inlands, wenn die bezogene Rechtsordnung insoweit „eine Lücke" enthält; aber eine solche Lücke kann es gar nicht geben.

[5] Vgl. dazu oben S. 263.

[6] Anders verhält es sich natürlich bei Rechtsänderungen, die ex nunc wirken, wenn auch die verweisende Rechtsordnung auf einen Zeitpunkt abstellt, der hinter dem Beginn dieser Wirksamkeit belegen ist, z. B. in dem Fall, den das Reichsoberhandelsgericht 28. 6. 1878 Entscheidungen 24, 168 (hier 190 f.) entschieden hat: Pfandbriefe einer Wiener Bank wurden 1872 ausgegeben, ein österreichisches Gesetz von 1874 hat die Verfügungsmacht der einzelnen Pfandbriefgläubiger durch Dazwischenschiebung eines Kurators be-

Die Verschiedenheit des Zeitpunkts, der kollisionsrechtlich, und des Zeitpunkts, der für das Übergangsrecht in Betracht kommt, zeigt sich aber auch innerhalb des Inlandsrechts selbst. Hat im Inland ein Wechsel der Sachnorm stattgefunden, so kann aus dem Zeitpunkt, der hiebei zu Grunde gelegt ist, noch nichts entnommen werden für den Zeitpunkt, der bei einer Abgrenzung zwischen inländischem und ausländischem Recht in Betracht gezogen werden soll[7]. Das deutsche Recht stellt für die Wirkungen einer Verschollenheit kollisionsrechtlich (in Art. 9 EG.) auf den Beginn der Verschollenheit, für den Wechsel der deutschen Sachnormen (in Art. 161, 158 EG.) auf den Beginn eines durch die Verschollenheit veranlaßten Verfahrens ab. Für die Unterhaltsansprüche des unehelichen Kindes gegen seinen Erzeuger erklärt Art. 21 EG. das heimatliche Recht im Zeitpunkt der Geburt des Kindes für unwandelbar maßgebend, während bei der Abgrenzung zwischen altem und neuem Recht in Art. 208 die Ansprüche des Kindes für wandelbar erklärt sind. Die ratio legis hier und dort ist verschieden.

Hingegen sind die Bestimmungen des fremden Übergangsrechts schlechthin maßgebend, wo es sich um die Herstellung eines inländischen Rechtszustands handelt, der mit demjenigen des Auslands im Ergebnis übereinstimmen soll. Wenn eine ausländische Versicherungsgesellschaft im Inland diejenigen Versicherungszweige betreiben darf, zu deren Betrieb sie im Staat ihres Sitzes zugelassen ist, wenn jemand im Inland denjenigen Personennamen zu führen hat, der ihm nach dem maßgebenden Auslandsrecht zukommt, so muß bei einem Wechsel der ausländischen Sachnormen jede Bestimmung des dortigen Übergangsrechts auch für das Inland zum Ausgangspunkt genommen werden.

II. Wechsel der Kollisionsnorm.

2. Jede Vorschrift, die inländischen Sachnormen Grenzen zieht, jede Vorschrift, die ausländisches Recht als anwendbar erklärt, ist selbst ein Rechtssatz, der auf dem Willen der anordnenden Gemeinschaft beruht, und wie jeder Rechtssatz in ihrem Inhalt möglichem Wechsel unterworfen. Damit aber wird auch die zeitliche Anwendbarkeit der Kollisionsnormen (um der Kürze halber den Ausdruck hier zusammenfassend zu gebrauchen) zum Problem[8]. Wer freilich

---

schränkt; diese Beschränkung war für Verfügungen, die seit 1874 getroffen wurden, auch vor deutschen Gerichten verbindlich. — Und ebenso wird die fremde Rechtsänderung verbindlich, wenn ihr Wirkung ex tunc zugesprochen ist. Denn damit wird die neue Sachnorm zu der im maßgebenden Zeitpunkt anwendbaren Vorschrift.

[7] Vgl. etwa Bosco, Rivista di diritto internazionale 1931, 416 ff.

[8] Neumeyer, Zeitschrift 12, 40. Übersicht über den Streitstand etwa bei Anzilotti, Rivista di diritto internazionale 1907, 120. Die letzten Be-

Herkunft und Inhalt der Kollisionsnormen sich klar gemacht hat, für den zerfällt die verwirrende Fragestellung: ob die zeitliche oder die örtliche Geltung vorgehe, in nichts. Welches Recht örtlich anzuwenden sei, bildet den Inhalt der Kollisionsnorm, und es hat die Verweisung auf dies Recht zur Voraussetzung, daß die Kollisionsnorm, welche die Verweisung enthält, selbst zur Anwendung berufen ist. Diese Frage also muß zuerst geklärt sein, es handelt sich auch hier um Fragen der zeitlichen Geltung.

Zuweilen sind solche Zweifel ausdrücklich geregelt. Die deutsche Unfallversicherung erfaßt „Ausstrahlungen" deutscher Betriebe in das Ausland, ohne Unterschied, ob die Auslandstätigkeit vorübergehend oder dauernd stattfindet, ein deutsch-luxemburgisches Abkommen über die Unfallversicherung setzt eine zeitliche Grenze von 6 Monaten, beläßt Auslandstätigkeiten innerhalb dieser Grenze aber unter der heimischen Versicherung, auch wenn es sich um einen selbständigen Teilbetrieb im andern Staat handelt: die neue Grenznorm soll nach Art. 4 des Vertrags (RGBl. 1905, 753) für Unfälle gelten, die sich nach Inkrafttreten des Vertrags ereignen. In aller Regel indessen mangeln solche Bestimmungen, und die Lösung muß alsdann grundsätzlich die gleiche sein wie bei jedem Wechsel inhaltlicher Regelungen: es entscheidet die Vorschrift, die im Zeitpunkt des regelungsbedürftigen Tatbestands gilt. Damit aber ist die weitere Frage gestellt: welches ist der regelungsbedürftige Tatbestand, für den die zeitlich anwendbare Kollisionsnorm aufgesucht wird? Ihr Inhalt ist Rechtswahl, ist die Bezeichnung von Sachnormen, an denen ein Tatbestand zu messen ist. Und da für einen jeden Tatbestand, an dem das Inland rechtliches Interesse nimmt, von seiner Entstehung an Sachnormen bereit sind, nach denen er beurteilt werden kann, so muß um eines Gedankens Schnelle früher bereits die Rechtswahl stattgefunden haben, die bestimmt, welcher Ordnung die maßgebende Sachnorm entnommen werden soll[9].

Der entscheidende Zeitpunkt ist also abhängig von der Beschaffenheit der Sachnorm, die angewendet werden soll. Eine jede Kollisionsnorm aber, so wurde schon oben S. 136 f. festgestellt, bestimmt als ein Stück ihres Inhalts ausdrücklich oder dem Sinn nach den Zeitpunkt, für den die anzuwendende Sachnorm in Betracht gezogen werden soll, die Zeit des Unfalls für die Unfallversicherung, die Zeit der Eheschließung für das eheliche Güterrecht. Nun ist es aber völlig unmöglich, daß die Prägung des Tatbestands durch die Sachnorm und

arbeitungen der Frage bei Roubier, Revue 1931, 38; Baldoni, angeführte Rivista 1932, 3.

[9] Über und gegen eine abweichende Meinung Franz Kahn's meine oben genannte Abhandlung von 1902.

die Bezeichnung der Sachnorm durch die Kollisionsregelung zu verschiedenen Zeitpunkten sollten erfolgen können (von jenem praktisch nicht wahrzunehmenden Vorsprung abgesehen, um den die Rechtswahl der materiellen Bestimmbarkeit vorangehen muß). Es ist nicht möglich, daß die materielle Ordnung auf einen Sachverhalt angewendet werden könnte, die Auswahl der zuständigen Ordnung aber erst zu einem spätern Zeitpunkt geschehen würde. Es ist aber auch nicht vorstellbar, daß zunächst einmal die Rechtswahl vor sich ginge, die als zuständig erklärte Sachnorm mangels eines Tatbestands, auf den sie ihrerseits Anwendung finden kann, zwecklos zur Anwendung berufen wäre. Und damit ist für den Wechsel der Kollisionsnormen eine feste Grundlage gefunden: der gleiche Zeitpunkt, der nach dem Inhalt der Kollisionsnorm die Auswahl der anzuwendenden materiellen Ordnung bestimmt, ist seinerseits maßgebend für die zeitliche Anwendbarkeit der Kollisionsnorm selbst[10]. Wenn die Zuständigkeit unserer Strafgewalt bei Auslandsvergehen bestimmt wird durch die deutsche Staatsangehörigkeit, die der Täter zur Zeit der Handlung besitzt, so ist diese Grenznorm innerhalb des Norddeutschen Bundes anwendbar geworden auf eine Bestrafung der Vergehen, die nach dem 1. Januar 1871 begangen wurden; wenn eine solche Zuständigkeit auch für Auslandsvergehen vorgesehen ist, deren Täter nach der Tat, aber vor der Aburteilung Deutscher geworden ist, so war die Grenznorm (unter Wahrung des § 2 StGB.) auch auf eine Bestrafung vorher begangener Vergehen anwendbar, wenn nur die Verurteilung nach jenem Zeitpunkt erfolgte.

---

[10] Dabei mag es sein, daß eine Einrichtung des materiellen Rechts nach Seiten der zeitlichen Verweisung aufgespalten ist in Untergruppen von Rechtssätzen, für die verschiedenerlei Zeitpunkte in Betracht kommen. Wenn nach Art. 7 I EG. für die Geschäftsfähigkeit Sachnormen des Heimatstaats maßgebend sind, die im Zeitpunkt der zu beurteilenden Handlung bestehen, kommt es für Abs. II, der eine erworbene Geschäftsfähigkeit weiterbestehen läßt, darauf an, ob der Erwerb der Geschäftsfähigkeit sich unter der Herrschaft dieser Kollisionsnorm vollzogen hat. Ähnlich Art. 15 Abs. I und II, Art. 24 Abs. I und III EG. Doch bezeichnet nicht jede zeitliche Angabe im Inhalt einer Kollisionsnorm die Sachnorm, nach der unmittelbar der Tatbestand beurteilt werden soll; es kann sein, daß sich eine solche Verweisung nur auf eine einzelne Voraussetzung bezieht, die für das Urteil in Betracht kommt. Z. B. wenn (Art. 17 EG.) die Ehescheidung sich nach den heimatlichen Gesetzen bestimmt, die im Zeitpunkt der Klagerhebung gelten, wenn aber dennoch nicht auf Scheidung erkannt werden kann, falls die Tatsache, auf welche die Klage gestützt wird, sich zu einer Zeit ereignet hat, zu der das damals maßgebende Recht die Tatsache nicht als Scheidungs- oder Trennungsgrund erklärte. Nur zwischen der unmittelbar anwendbaren Sachnorm und der Kollisionsnorm besteht der Zusammenhang, von dem in den Ausführungen des Textes ausgegangen wird.

Dagegen mangelt jeder notwendige Zusammenhang zwischen dem Zeitpunkt, der den Wechsel der Kollisionsnormen bestimmt, und dem Zeitpunkt, der bei einem etwaigen Wechsel der Sachnormen in Betracht gezogen wird. Kann doch die Kollisionsnorm in ihrem Inhalt geändert werden, ohne daß ein Wechsel der Sachnorm überhaupt Platz greift, wie das bei Kollisionsnormen, die durch Staatsvertrag eingeführt werden, nicht selten der Fall ist. Aber auch da, wo ein Übergangsrecht für zugehörige Sachnormen des Inlands besteht (andres kann von vornherein nicht in Betracht kommen), bedarf es der Verwirklichung zweier Voraussetzungen, um eine solche Beziehung herzustellen: daß das materielle Übergangsrecht auf Grund des zeitlichen Schwerpunkts der Rechtseinrichtung, nicht nach andern Rücksichten gestaltet ist; und daß die Anschauungen über den zeitlichen Schwerpunkt der Rechtseinrichtung, die hier und dort zu Grunde liegen, die gleichen sind. Dies letztere wird regelmäßig zutreffen, wenn Kollisionsnorm und Sachnorm in ihrem Inhalt gleichzeitig geändert werden, nicht immer, wenn eine solche Änderung zu verschiedenen Zeiten erfolgt. Und es können für die Abgrenzung unter den Sachnormen überhaupt andre Gründe maßgebend sein als Rücksichten auf den zeitlichen Schwerpunkt; zumal der Wunsch nach einer rascheren Angleichung des vormaligen an den gegenwärtigen Rechtszustand mag hier bestimmend sein [11]. Wo allerdings jene genannten Voraussetzungen verwirklicht sind, da kann die häufig ausführlichere Regelung des materiellen Übergangsrechts zu einem Ähnlichkeitsschluß benützt werden, um auch den zeitlichen Schwerpunkt für den Wechsel der Kollisionsnormen zu bestimmen [12].

Wie bei jeder Regelung des Übergangsrechts entscheidet auch bei einem Wechsel der Kollisionsnormen über den zeitlichen Schwerpunkt

---

[11] Neumeyer a. a. O. 48 f.

[12] Anzilotti a. a. O. 129 ff. hat geglaubt, unter Übergehung der kollisionsrechtrechtlichen Frage auf die zeitliche Anwendbarkeit der durch die neue Kollisionsnorm berufenen Sachnorm gegenüber der durch die frühere Kollisionsnorm berufenen Sachnorm abstellen zu können. Aber eine zeitliche Abgrenzung zwischen Sachnormen verschiedener Rechtssysteme gibt es nicht, und es ist nicht möglich, zufällig bestehendes Übergangsrecht, das innerhalb einer Rechtsordnung gilt, hierauf einfach zu übertragen; bei Übergangsbestimmungen innerhalb einer Rechtsordnung handelt es sich um den einheitlichen Staatswillen, der notwendig in seiner letzten Gestalt verbindlich sein muß, im andern Fall stehen sich zwei Staatswillen mit gleicher Stärke gegenüber. Die Einwendungen freilich, die Baldoni 19 ff. gegen jene Anschauung erhebt, gehen völlig fehl: es entscheide stets inländisches Übergangsrecht, weil Verweisung auf fremde Sachnormen in Wirklichkeit Erzeugung übereinstimmenden Inlandsrechts bedeute. Man wende diese letztere Meinung auf Rechtssätze über fremde Währung oder über fremde Staatsangehörigkeit an.

die Auffassung des gegenwärtigen, nicht des früheren Gesetzgebers [13]. Wie sonst, mag es auch hier vorkommen, daß der Gesetzgeber der neuen Kollisionsnorm echte Rückwirkung verleiht, so daß eine Rechtswahl, die unter der früheren Vorschrift bereits vollzogen war, mit Wirkung ex tunc noch einmal und abweichend vorgenommen wird [14]. Daß die hier entwickelten Sätze für jeglichen Wechsel der Kollisionsnormen gelten, auch für einen solchen durch Staatsvertrag, kann nicht zweifelhaft sein; wird der Staatsvertrag aufgehoben, so bleibt die Bezeichnung des maßgebenden Rechts wirksam, die unter seiner Herrschaft zustande kam [15]. Was für Vorschriften, die auf ausländische Rechtssätze verweisen, gilt alsdann in gleicher Weise für Vorschriften, die ausländische Staatsakte für erheblich erklären [16]. Und es ist entsprechend anwendbar bei einem Wechsel ausländischer Kollisionsnormen, denen ausnahmsweise für das Inland rechtliche Bedeutung zukommt [17].

---

[13] Beispiele einer auseinandergehenden Auffassung bei Neumeyer 49 [12].

[14] Ein Beispiel bietet das oben 3 II 380 erwähnte deutsch-polnische Aufwertungsabkommen. Die badischen Gerichte (Zeitschrift 11, 455; 15, 600) haben auch den 1900 für das Landesrecht eingeführten Kollisionsnormen Rückwirkung zugeschrieben. Daß Kollisionsnormen, die eine authentische Interpretation enthalten, zurückwirken, ist öfter festgestellt worden; dazu aber auch Neumeyer 42 f.

[15] Beispiele oben 2, 495 [163] für Unfallversicherung.

[16] Auch hier ist der zeitliche Schwerpunkt der gleiche für den Inhalt der Verweisung und für den verweisenden Rechtssatz selbst; wenn es sich z. B. um die Vollstreckung ausländischer Zivilurteile handelt, für die Voraussetzungen solcher Vollstreckbarkeit, wie Gegenseitigkeit, und für Einführung oder Aufhebung des Rechtssatzes, der fremden Urteilen Vollstreckbarkeit gewährt. Wo dieser zeitliche Schwerpunkt selbst liegt, ist oft erörtert worden. Wenn es sich nur um Vollstreckung handelt, kann es sich auch nur um den Zeitpunkt handeln, zu dem Vollstreckung begehrt wird. Wenn wie in Deutschland die Vollstreckbarkeit abhängig gemacht ist von der Möglichkeit, das Urteil anzuerkennen, kommt es auf den Gegenstand solcher Anerkennung an: bezieht sich die Anerkennung auf eine Rechtserzeugung für den einzelnen Fall, die in der Entscheidung gesucht wird, so muß der Zeitpunkt der Urteilsfällung maßgebend sein; wird in der Entscheidung die Feststellung einer Rechtslage gesucht, so muß es auf den Zeitpunkt ankommen, zu dem solche Feststellung für das Inland rechtliche Bedeutung erlangt, also wenn Vollstreckung in Frage steht, wiederum auf den Zeitpunkt des Vollstreckungsbegehrens. Entgegen früher geäußerten Meinungen (insbesondre Deutsche Juristenzeitung 1907, 1193 ff.) muß ich heute die zweite Auffassung für richtig halten; vgl. dazu unten.

[17] Sieht das Inland Rückverweisung vor, und es haben die Kollisionsnormen des Auslands gewechselt, so entscheidet ausländisches Übergangsrecht, welche Kollisionsordnung für den maßgebenden Zeitpunkt besteht, auch wenn diese Übergangsregelung eine andre zeitliche Grenze zieht als das Inland. Dagegen kann sich der Zeitpunkt, für den auf das ausländische Kollisionsrecht verwiesen wird, stets nur nach der inländischen Vor-

II. Die Rechtserheblichkeit ausländischer Amtshandlungen.

§ 29.

Einleitung.

1. Der Begriff „Anerkennung". — 2. Allgemeines über Rechtserheblichkeit ausländischer Amtshandlungen.

Der Begriff „Anerkennung".

1. Soll die Rechtserheblichkeit ausländischer Amtshandlungen klargestellt werden[1], so bedarf es gegenüber einem verwilderten Sprachgebrauch zunächst der Verständigung über den Ausdruck „Anerkennung". Anerkennung ist Zustimmung zu der Aussage eines Andern. Zustimmung kann zu Urteilen jeden Inhalts ausgesprochen werden. Für das Recht kommt in erster Reihe eine Zustimmung zu Aussagen über die Wirklichkeit und über die rechtliche Bewertung von Vorgängen und Zuständen in Betracht.

Dagegen ist es nicht möglich, eine Tatsache oder ein Rechtsverhältnis „anzuerkennen", die eine und das andre kann nur durch eignes Urteil festgestellt werden. Und wenn in ungenauer Redewendung unter solchen Umständen dennoch von einer Anerkennung gesprochen wird, so ist dabei stillschweigend vorausgesetzt, daß ein Andrer, in der Regel ein Beteiligter, die entsprechende Behauptung aufgestellt hat. In diesem Sinn mag man die Tatsache anerkennen, daß das vorgelegte Testament echt ist, mag man, auf das Rechtsverhältnis bezogen, die Erbberechtigung zum Gegenstand einer Anerkennung machen. Anerkennung des Adels, der Staatsangehörigkeit

---

schrift bestimmen. Hat sich im Heimatstaat des fremden Testators zur Zeit der Verfügung das persönliche Recht nach dem Wohnsitz, zur Zeit des Todes nach der Staatsangehörigkeit bestimmt, und es bemißt dieser Staat die Fähigkeit zur Errichtung der Verfügung nach dem Zeitpunkt des Todes, so kommt für eine Beurteilung in Deutschland lediglich der Zeitpunkt des deutschen Rechts, derjenige der Verfügung, in Betracht; im Zeitpunkt der Verfügung hatte das heimatliche Recht auf den Wohnsitz zur Zeit des Todes abgestellt, und so war für Deutschland Rückverweisung gegeben, wenn der Testator zur Zeit seines Todes den Wohnsitz in Deutschland hatte, auch wenn der Wechsel der fremden Kollisionsnormen in die Zeit zwischen Errichtung und Tod fiel.

[1] Über Anerkennung ausländischer Verwaltungsakte handelt auch F e d o z z i (zit. oben S. 17[31]) 41 ff. Über K. W e i s s, Die Anerkennung ausländischer Verwaltungsakte, Diss. 1933, gleichfalls oben S. 17[31]. Dazu die spärliche Literatur über das internationale Recht der freiwilligen Gerichtsbarkeit, insbesondre die Schrift von H. S c h w a r z, oben S. 76[3].

sind von derselben Beschaffenheit. Noch weiter geht die Verkürzung, wenn man von der Anerkennung eines unehelichen Kinds durch den Erzeuger spricht: sie besagt, daß die Behauptung eines Andern, etwa der Kindsmutter, über die Herkunft des Kinds gebilligt werde. Anerkennung einer juristischen Person: der Annahme, daß der Person Rechtsfähigkeit zukomme, wird zugestimmt. Und ebenso bedeutet auf völkerrechtlichem Boden Anerkennung eines Staats die Zustimmung, daß der neubegründete Staat entsprechend seiner eignen Erklärung Mitglied der völkerrechtlichen Gemeinschaft sei.

Hier interessiert im besondern die Anerkennung von Amtshandlungen. Es ist möglich, daß Amtshandlungen eine solche Anerkennung mittelbar gewährt wird. Wird in dem vorerwähnten Sinn von der Anerkennung des Adels, der Staatsangehörigkeit einer Person gesprochen, so kann das Zustimmung zu der Annahme sein, es stehe jemand der Adel, die Staatsangehörigkeit kraft Abstammung, somit auf Grund eines allgemeinen Rechtssatzes zu. Es kann aber auch sein, daß die Person ihren Status durch Verleihung erworben hat: doch bezieht sich die Anerkennung auch unter solchen Umständen nicht auf den Amtsakt der Nobilitierung, der Einbürgerung, sondern auf deren rechtliches Ergebnis, den so erworbenen Status des Adels oder der Staatsangehörigkeit; Gegenstand der Anerkennung verbleibt die Aussage irgend jemands, daß auf Grund eines Rechtssatzes eine Rechtswirkung eingetreten ist. In andern Fällen dagegen schließt sich die Anerkennung dem Amtsakt als solchem an, und zwar kommt dergleichen bei den rechtsgeschäftlichen Staatsakten in Betracht, die selbst eine der Zustimmung fähige Aussage enthalten. Das gilt für die feststellenden Staatsakte, die nach ihrem unmittelbaren Inhalt über die Wirklichkeit einer Tatsache, über das Bestehen einer Rechtslage ein Urteil abgeben, für den Eintrag eines Sterbefalls in das Standesregister oder die Entscheidung eines Zivilrechtsstreits. Gegenstand der Anerkennung ist hier die amtliche Aussage über das Bestehen einer Tatsache oder einer Rechtslage. Um einen Anschluß an den Amtsakt selbst handelt es sich aber auch bei der Anerkennung rechtsbegründender Staatsakte. Das entscheidende Merkmal liegt hier freilich in der Rechtserheblichkeit, die ihnen zugebilligt wird. Insofern sie aber eine Aussage enthalten über die Wirkungen, die ein Rechtssatz mit ihnen verbindet (unten S. 302[2]), kann auch an diese Aussage die Zustimmung anschließen, und so spricht man von Anerkennung einer Naturalisation oder einer Entmündigung. Nur bedarf es der Sonderung solcher Fälle von andern, bei denen die Anerkennung nicht auf den Staatsakt selbst, sondern auf die Echtheit der vorgelegten Urkunde gerichtet ist, bei denen also nur Zustimmung zu einer privaten Behauptung über die Echtheit in Frage kommt. Bei der Anerkennung eines Reisepasses etwa wird es sich häufig um einen Tatbestand dieser Art handeln. Und wenn bei andern als rechtsgeschäftlichen Staatsakten von Anerkennung gesprochen werden sollte, so kann die Anerkennung von vornherein nicht der Amtshandlung gewährt sein, sondern einer privaten Behauptung, die sich auf die Amtshandlung bezieht. Wo gegenüber der allgemeinen Schulpflicht ein Schulbesuch im Ausland „anerkannt" wird, da ist Gegenstand der Anerkennung nicht die Erteilung des Unterrichts im Ausland, sondern die Annahme des Beteiligten, er habe seiner Verpflichtung durch Entsendung in die ausländische Schule genügt[2].

Die Anerkennung ist eine Wissenserklärung. Aber es kann sein, daß der Anerkennende sich an den Inhalt seiner Zustimmung binden will, und wenn dieser Wille auf rechtliche Bindung gerichtet ist, so gewinnt die Anerkennung damit gleichzeitig die Eigenschaft eines Rechtsgeschäfts. Die Anerkennung des unehelichen Kinds ist nach vielen Rechten eine Erklärung, daß sich Vater oder Mutter zu dem Kind bekennen *wollen*. Und dasselbe gilt auf völkerrechtlichem Boden für die Anerkennung eines Staats. Eine so übernommene Verpflichtung, die Aussage über einen Sachverhalt nicht zu bestreiten, mag sich dann wieder auf rechtserhebliche Tatsachen beziehen (es wurde ein Kaufpreis von 100 vereinbart), und sie kann den Rechtszustand selbst (die Verbindlichkeit des Kaufvertrags) zum Inhalt haben.

Es ist aber auch möglich, daß die verpflichtende Kraft der Zustimmung nicht erst im einzelnen Fall durch Rechtsgeschäft begründet wird, sondern daß nach dem Willen des Gesetzes die Anerkennung einer einzelnen Aussage im voraus zur Pflicht gemacht ist, wenn die von dem Gesetz aufgestellten Voraussetzungen vorliegen. Z. B. nach der deutschen Zivilprozeßordnung die Voraussetzungen für die Anerkennung eines ausländischen Zivilurteils. Und wenn über die Anerkennung ausländischer Zivilurteile ein Staatsvertrag abgeschlossen ist, dann verbindet sich mit dieser Rechtslage noch einmal ein völkerrechtliches Rechtsgeschäft des Inhalts, daß der Vertragsstaat sich verpflichtet, einen Rechtszustand der bezeichneten Art bei sich einzuführen: der Verzicht auf Bestreitung wird verallgemeinert und verlagert sich in den Willen des Gesetzes und des hinter ihm stehenden Staatsvertrags.

Dann aber geht ein ungenauer Sprachgebrauch noch einen Schritt weiter und verwertet den Gedanken des Verzichts, der in der rechts-

---

[2] Und ebenso verhält es sich bei rechtsgeschäftlichen Staatsakten hinsichtlich der Anschlußwirkungen, die ein Rechtssatz an sie knüpft und auf die der Akt selbst nicht gerichtet ist. Etwa es würde gefragt, ob im Hinblick auf einen Rechtssatz, daß der Konkurs infamiert, eine solche Wirkung auch bei einem ausländischen Konkurs anerkannt werde.

geschäftlichen Anerkennung und in der gesetzlichen Verpflichtung zu einer solchen liegt, um mit diesem Ausdruck Verzichtleistungen von völlig anderm Inhalt zu bezeichnen. Etwa auf privatrechtlichem Boden den Verzicht, von einer Anfechtungsbefugnis Gebrauch zu machen. Oder es verpflichtet sich ein Staat anläßlich eines Gebietserwerbs, die von dem Vorgänger verliehenen Konzessionen anzuerkennen, d. h. sie nicht aufzuheben oder einzuschränken [3]. Insbesondre wird der Ausdruck in Staatsverträgen nicht selten verwendet, um zu vereinbaren, daß das Inland im Rahmen seiner Zuständigkeit auf die Vornahme einer Amtshandlung verzichte, wenn eine ausländische Amtshandlung von entsprechender Art vorgenommen worden ist. In diesem Sinn bestimmt eine häufige Klausel der Handelsverträge, daß die von dem einen Teil ausgestellten Schiffsmeßbriefe von dem andern Teil anerkannt werden sollen [4]. Und auch ein Verzicht auf die Zuständigkeit selbst wird in die gleiche Wendung gekleidet [5]. Ja, man ist von hier aus dazu gekommen, sogar die Gesetzgebung eines andern Staats „anzuerkennen", wo man ihr gegenüber die Anwendbarkeit des eignen Rechts ausschließen wollte. Liest man doch in dem deutsch-irischen Handelsvertrag von 1930: „Die Regeln und Vorschriften der inländischen Gesetzgebung über die Ausrüstung, Einrichtung und Sicherheitsbedingungen der Schiffe des einen vertragsschließenden Teils werden in den Häfen des andern Teils anerkannt."

Für den gegenwärtigen Zusammenhang kommt lediglich die Anerkennung von rechtsgeschäftlichen Staatsakten des Auslands in Betracht. Solche Anerkennung bedeutet jedoch nur einen Ausschnitt aus dem Kreis der Fälle, in denen Amtshandlungen des Auslands für das Inland rechtserheblich sind, und auch bei denjenigen Tatbeständen, bei denen von einer Anerkennung ausländischer Staatsakte gesprochen wird, handelt es sich nur um eine besondre formale Betrachtungsweise für den grundsätzlich wesentlichen Umstand, daß solche Akte für das Inland Rechtserheblichkeit besitzen. Daß Anerkennung Zustimmung zu einer Aussage bedeutet, fügt demgemäß ihrer Rechtserheblichkeit einen weiteren rechtlichen Inhalt nicht hinzu. Und so besagt eine Anerkennung noch nichts über den Umfang der Erheblichkeit, der einem fremden Staatsakt beigemessen wird (ob der Auszug aus dem fremden Standesregister bezeugt, daß Anzeige von einem Sterbefall erstattet

[3] Oberschlesienabkommen 1922 Art. 4 §§ 1, 2.

[4] In einem deutsch-österreichischen Viehseuchenabkommen von 1905 steht zu lesen: „Die vertragsschließenden Teile werden die im Bereich eines Teils vorschriftsmäßig vollzogene Reinigung und Desinfektion (von Eisenbahnwagen) als auch für den andern Teil geltend anerkennen"!

[5] So oben 3 I 255 Anerkennung der Ausweise, die der Heimatstaat des Flugzeugs ausgestellt hat.

wurde, daß der Standesbeamte die Anzeige für wahr hält, daß die Person, deren Tod angezeigt wurde, gestorben ist). Und sie besagt insbesondre auch nichts über die Art der Wirkung, die auf Grund der Anerkennung eintreten soll, ob die fremde Amtshandlung einer inländischen derselben Art gleichwertig sein soll, ob, wenn die fremde Handlung vorliegt, eine Zuständigkeit des Inlands entfällt, ob die Anerkennung ein Verbot der Nachprüfung bedeutet usw. Wenn im folgenden der Ausdruck gelegentlich verwendet wird, so will damit lediglich die Rechtserheblichkeit der fremden Amtshandlung bezeichnet sein, ohne ein Urteil über Umfang oder Art ihrer Einwirkung.

Allgemeines über Rechtserheblichkeit ausländischer Amtshandlungen.

2. Wo Amtshandlungen eines fremden Staats Bedeutung für das Recht des Inlands zukommt, ist es (oben S. 174) der Wille des inländischen Staats, auf dem diese rechtliche Bedeutung beruht. Niemals ist ein fremder Staat in der Lage, von sich aus mit seinen Amtshandlungen rechtliche Wirkungen in einem andern als dem eignen Rechtssystem hervorzurufen. Ob ein Staat Amtshandlungen des Auslands rechtliche Bedeutung zuschreiben will, ist demnach grundsätzlich in seinen freien Willen gestellt [6]. Nur mag es unter besondern Umständen vorkommen, daß solche Anerkennung mangels eines Ausschlusses den von selbst geltenden Rechtszustand darstellt; so bei einem Gebietserwerb (unten § 31 Z. 4). Und es kann sein und kommt vielfältig vor, daß ein Staat durch Staatsvertrag die Verpflichtung übernimmt, innerhalb seines innerstaatlichen Rechts Amtshandlungen eines andern Staats rechtliche Bedeutung zuzuschreiben, den Geschäftsreisenden auf Grund der Gewerbelegitimationskarte des andern Staats zuzulassen usw.

Handelt es sich bei der Zuschreibung rechtlicher Erheblichkeit in erster Reihe um Akte, die der Hoheitsverwaltung des andern Staats angehören, so begegnet eine Anerkennung von Amtshandlungen doch auch sonst, etwa im fiskalischen Dienst, wenn im Verkehr der staatlichen Telegraphenverwaltungen die Wortzählung eines Telegramms oder die Berechnung der Dauer eines Ferngesprächs im Aufgabeland der Nachricht den andern Teil bindet [7]. Und sie spielt, wie unten § 38 Z. 2 auszuführen, im Verhältnis öffentlicher Verbände inner-

---

[6] Übereinstimmendes Gewohnheitsrecht in verschiedenen Staaten, auf Grund dessen Anerkennung gewährt wird: Bd. 1, 299 ff. Adel; 337 ff. akademische Grade; 359 ff. Amtsehre, Titel und Orden. Für Deutschland jedoch zum größten Teil gegenstandslos geworden oder durch Sonderregelung ersetzt.

[7] Oben 3 II 72.

halb des Staats ihre Rolle. Wo dagegen die Anerkennung einer Tätigkeit privater Organisationen des Auslands gewährt wird, dem Schulzeugnis einer deutschen Auslandsschule, oder dem Flugtüchtigkeitszeugnis einer ausländischen Vereinigung [8], da liegt lediglich eine innere Angelegenheit desjenigen Staats vor, der die Anerkennung gewährt; eine Verbindung mit dem öffentlichen Recht eines andern Staats wird dabei nicht hergestellt [9].

Daß die Rechtserheblichkeit zuweilen dem Staatsakt selbst, öfter den Ergebnissen eingeräumt wird, die er herbeigeführt hat, wird unten weiter zu erörtern sein. Und ebenso ist es möglich, daß eine Rechtsfolge an die Rückwirkungen tatsächlicher Art geknüpft wird, die der Akt auf die von ihm betroffene Person ausübt, z. B. an die Freiheitsentziehung, die Anlaß gibt, den Sträfling unter Vormundschaft zu stellen; auch davon wird unten noch zu sprechen sein.

Endlich sei auf den Unterschied verwiesen, ob die Tätigkeit der ausländischen Behörde als Voraussetzung verwertet wird, an die das Inland irgendeine Rechtsfolge anknüpft, oder ob jene Tätigkeit selbst den Inhalt einer Anordnung des Inlands bildet. Das erstere ist die Regel bei einer Abstellung auf ausländische Amtstätigkeit, doch findet sich auch das letztere. Aber freilich nicht in dem Sinn, daß das Inland nunmehr für die Vornahme einer fremden Amtstätigkeit selbst Anweisung geben könnte [10]. Vielmehr pflegt dergleichen so vorzukommen, daß das Inland einem Privaten das Recht gewährt oder die Pflicht auferlegt, Amtshandlungen eines fremden Staats zu veranlassen [11] und damit den Anforderungen des inländischen Rechts zu genügen. In diesem Sinn ist Musterung vor einer ausländischen Behörde ausreichend, kann der Pflicht, die Aufnahme seetriftigen Guts anzuzeigen,

---

[8] Beispiele oben 1, 202 Zeugnisse deutscher Auslandsschulen. 1, 130 Beurkundungen privater Handelskammern. 1, 342 Grade privater Universitäten. 2, 84 Zeugnisse eines Rennklubs. 2, 226 Zeugnisse wissenschaftlicher Weinprüfungsanstalten. 2, 226 [37] Bescheinigungen industrieller Vereinigungen über Beschwerung von Seidenfabrikaten. 3 I 114 [92] Schiffsprüfung durch ein privates Klassifikationsinstitut. 3 I 116 [95] und 175 Kesselprüfungen für Seeschiffe, 209 [81] für Binnenschiffe. 3 I 248 [43] Flugtüchtigkeitszeugnisse. 3 II 16 Kursfestsetzung an privat organisierten Börsen.

[9] Doch kommt es vereinzelt vor, daß Befolgung von Vorschriften vorausgesetzt wird, die am Ort der anzuerkennenden Tätigkeit gelten. Vgl. für die Prüfung von Eisenbahnwagen oben 3 I 47 [85] und 70. — Zwischenstufe: Bescheinigung einer Kommission der Porzellanindustrie mit Sichtvermerk des Regierungsvertreters als Grundlage einer Zollbegünstigung RGBl. 1932 II 4.

[10] In seltnen Fällen findet man auch solche Bestimmungen. Beispiele oben 3 I 38. Vgl. auch unten § 34 Z. 3; § 31 Z. 3 e).

[11] Es handelt sich dabei um Tätigkeiten, die der fremde Staat im Rahmen seiner Zuständigkeit vornimmt; nicht um Rechtshilfehandlungen (unten § 33 Z. 2 b), bei denen er für das Inland tätig wird.

durch Anzeige bei einer ausländischen Behörde entsprochen werden, können Seebericht und Verklarung vor einer ausländischen Behörde abgelegt werden, mag ein Schulbesuch im Ausland der vom Inlandsrecht auferlegten Schulpflicht genügen. Der Schiffer, der zur Schonung eines Kabels Anker oder Netz geopfert hat, wahrt seinen Ersatzanspruch durch Anzeige bei einer ausländischen Behörde[12]. Es sind Vorschriften des inländischen Seepolizeirechts, des Dienstrechts der Kapitäne, Bestimmungen des inländischen Schulrechts, die Anordnungen dieser Art enthalten. Ob die fremde Behörde unter den bezeichneten Umständen tätig werden will und wie sie ihre Tätigkeit vornimmt, dem wird (soweit nicht Staatsverträge eingreifen) durch solche Verweisungen nicht präjudiziert.

§ 30.

Typen.

1. Übersicht. — 2. Rechtsbegründende Staatsakte des Auslands. — 3. Feststellende Staatsakte des Auslands. — 4. Entscheidungen eines Rechtsstreits. — 5. Fremde Amtshandlungen als Grundlage sonstiger Wirkungen.

Übersicht.

1. Wenn im folgenden die hauptsächlichen Typen fremder Amtshandlungen ins Auge gefaßt werden, die das Inland als Voraussetzung von Rechtswirkungen verwendet, so soll dem zunächst eine Übersicht solcher Typen vorausgeschickt werden[1].

Amtshandlungen, welche zur Voraussetzung einer gesetzlichen Wirkung gemacht sind, werden zu einem Teil deshalb vorgenommen, um die gesetzliche Wirkung, die an sie geknüpft ist, herbeizuführen. Solche Handlungen — man nennt sie insoweit rechtsgeschäftliche Staatsakte — begründen einen rechtserheblichen Tatbestand oder sie beurteilen einen rechtserheblichen Tatbestand.

a) Rechtsbegründende Staatsakte schaffen in zahlreichen Fällen die Voraussetzung für die Entstehung, Veränderung, Vernichtung von Rechtsverhältnissen des Privatrechts, etwa die Eintragung des Eigentumerwerbs in das Grundbuch oder die Entziehung der elterlichen Gewalt. Für das öffentliche Recht handelt es sich vor allem um die gewaltige Menge von Verboten und Geboten oder auch um die Befreiung von solchen, die ein Staatsakt aufstellt und an die ein Rechts-

---

[12] Vgl. oben 3 I S. 120 f., 145, 151 ff.; 1, 222. 3 II 72. Siehe auch (die Begründung ist freilich undeutlich) oben 1, 97[10] über Anzeige eines bevorstehenden Verbrechens.

[1] Ansätze zu einer Typenbildung auch in der oben S. 76[3] genannten Schrift von Schwarz; dazu Neumeyer a. a. O.

satz materielle Wirkungen knüpft, der Einzelne soll auf Grund polizeilicher Anordnung eine Grube verwahren, er darf erkranktes Vieh nicht einführen, er erhält die Erlaubnis, eine Lotterie zu betreiben. Oder auch, es wird ihm eine Befähigung erteilt, ein öffentliches Mitgliedschaftsrecht für ihn begründet. Und dazu kommen unmittelbare Einwirkungen auf Sachen, wie sie etwa die Enteignung in ihren mannigfachen Anwendungsformen zeigt[2]. Manche dieser Akte enthalten den ganzen Vorgang, an den sich die Rechtsfolge anschließt, z. B. die Polizeierlaubnis oder die Zwangsenteignung, andre haben nur vorbereitende oder ergänzende Bedeutung, so eine Dispensation oder die Entgegennahme einer Anmeldung. Ein Artunterschied ist mit dieser Verschiedenheit nicht verbunden, im einen und im andern Fall handelt es sich um Voraussetzungen, an die materielles Recht eine Folge knüpft.

b) Die Amtshandlungen, die einen rechtserheblichen Tatbestand beurteilen, sind auf Feststellung gerichtet und treten als Aussage über die Verwirklichung eines Sachverhalts in Erscheinung. Ihr Gegenstand kann ein natürlicher und ein juristischer Tatbestand sein. So ist Inhalt der amtlichen Aussage etwa, daß dem Standesbeamten der Tod einer Person angezeigt wurde, daß das vom Amtstierarzt untersuchte Stück Vieh gesund ist. Die Aussage kann aber auch auf eine Rechtslage gerichtet sein, kann zum Inhalt haben, daß jemand die Staatsangehörigkeit des Inlands besitzt, daß einer Eheschließung rechtliche Hindernisse nicht entgegenstehen.

An rechtsbegründende Staatsakte müssen sich rechtliche Folgen anschließen, beurteilende Staatsakte können rechtliche Folgen haben: eben dann, wenn ein Wirkungsstatut feststellende Wirkung mit ihnen verbindet. Es kann sein, daß die Beurteilung einer Amtsstelle als bloße Auskunft frei gewertet wird, und das trifft auch zu, wenn etwa, wie bei dem Ehefähigkeitszeugnis, die Einholung der Auskunft vorgeschrieben, eine Bindung an ihren Inhalt aber nicht rechtens ist. Es kann aber auch sein, daß das Wirkungsstatut an die Feststellung bindet, und es ist Sache dieser Gesetzgebung, zu bestimmen, für welche Angelegenheit die Feststellung gelten und ob ihr vorläufige oder endgültige Wirkung zukommen soll.

---

[2] Wie jeder rechtsgeschäftliche Wille, so muß auch der Wille des rechtsbegründenden Staatsakts erkennbar gemacht sein in Gestalt einer Aussage. Inhalt der Aussage ist zum mindesten die Erklärung, daß der Staatsakt die Voraussetzung schaffen wolle, an die das Gesetz seine Wirkung anknüpft. Zumeist wird der rechtsbegründende Staatsakt auch das Urteil in sich schließen, das die gesetzliche Wirkung, um deren willen er erlassen wurde, eingetreten sei, daß die elterliche Gewalt entzogen, die Polizeierlaubnis gültig erteilt ist. Insoweit enthält auch der rechtsbegründende Staatsakt eine Feststellung im Sinn der Ausführungen unter b).

Über die Vornahme von rechtserheblichen Feststellungen wird üblicherweise eine öffentliche Urkunde errichtet. Soll mit dem Vorgang eine Feststellungswirkung verbunden werden, so kann diese Wirkung an die Beurteilung selbst geknüpft sein — die Aussage des Amtstierarztes, daß das Tier gesund ist —, sie kann sich aber auch der Beurkundung des Vorgangs anschließen, der Aussage, daß der Tierarzt ein Urteil dieses Inhalts gefällt hat.

c) Zu den amtlichen Feststellungen gehört die Entscheidung eines Rechtsstreits im Prozeßweg. Auch die Streitentscheidung dient der Beurteilung, nicht der Begründung von Rechtsverhältnissen. Doch wird um der Rechtssicherheit willen ganz regelmäßig mit solchem Staatsakt eine Rückwirkung auf das streitige Rechtsverhältnis verbunden, und diese Rückwirkung ist, wenn der Gegenstand des Rechtsstreits dem materiellen Recht angehört, auch ihrerseits notwendig materiellen Rechts. Sie mag unmittelbar als eine rechtliche Neuformung des Sachverhalts ausgestaltet sein. Aber auch da, wo eine bloße „Unbestreitbarkeit" der abweichenden bisherigen Rechtslage den Rechtsschutz entzieht, einer vorausgesetzten andern Rechtslage Rechtsschutz zuspricht, wird mit verfahrensrechtlichen Mitteln ein materiellrechtliches Ergebnis herbeigeführt, und es nähert sich die Streitentscheidung damit den unter a) behandelten rechtsbegründenden Staatsakten.

d) Überaus zahlreich sind die Rechtssätze, welche Anschlußwirkungen irgendwelcher sonstigen Art mit einer Amtshandlung verbinden, mögen dies Amtshandlungen sein, die nach andrer Richtung rechtsgeschäftliche Staatsakte darstellen oder nicht. Z. B. es wird vom Börsenbesuch ausgeschlossen, wer wegen betrügerischen Bankrotts verurteilt worden ist, der Ehemann verliert die Nutznießung des Frauenguts, wenn über sein Vermögen der Konkurs eröffnet wird. Oder es sollen die Tatsachen, die der Strafrichter zur Begründung seines Strafurteils festgestellt hat, auch für den Disziplinarrichter als festgestellt gelten, der über den Fall nach seiten der Dienstzucht entscheidet. Auch bei diesen Anschlußwirkungen handelt es sich um Rechtsbegründung oder um Feststellung.

Rechtsbegründende Staatsakte des Auslands.

2. Nicht der Staatsakt, so wurde oben S. 110 ausgeführt, vermag neues Recht zu begründen. Es bedarf eines Rechtssatzes, der rechtliche Wirkungen an die Amtshandlung anknüpft. Für das öffentliche Recht fallen der Staat, der handelt, und der Staat, der Wirkungen an die Handlung knüpft, grundsätzlich zusammen. Jedoch es können Staatsakte, die derart mit rechtlicher Wirkung ausgestattet sind, auch

einem fremden Rechtssystem Anlaß geben, Rechtsfolgen für den eignen Bereich von ihrem Bestand abhängig zu machen.

Richtet sich die Pflicht eines Ausländers, Sicherheit für die Prozeßkosten zu leisten, nach seiner Staatsangehörigkeit, so entscheiden die Gesetze des fremden Staats, um den es sich handelt, ob er dort Staatsangehörigkeit besitzt. Auf Grund dieser Gesetze aber erlangt auch eine Naturalisation, die der fremde Staat gewährt hat, Bedeutung. Akte des öffentlichen Rechts, die das Vermögen berühren, Zwangsenteignungen, Vermögensauseinandersetzungen zwischen öffentlichen Verbänden, kommen durch ihr privatrechtliches Ergebnis (darüber oben § 23 Z. 7, 8) in andern Staaten zu rechtlicher Erheblichkeit. Zuweilen veranlaßt eine Gleichwertigkeit, die Verwaltungseinrichtungen des Auslands zugebilligt wird, Amtshandlungen, die der Einrichtung dienen, rechtliche Bedeutung zuzuschreiben; so (oben S. 213) wenn mehrere Staatsverträge die Zugehörigkeit zur öffentlichrechtlichen Invalidenversicherung des andern Teils einer Mitgliedschaft bei der inländischen Versicherung gleichstellen. Die häufigste Form aber, in der rechtsbegründende Akte des Auslands Erheblichkeit gewinnen, ist da gegeben, wo das Inland innerhalb seines Rechtskreises darum Wirkungen an den fremden Akt knüpft, weil ein andrer Staat für seinen Bereich gleiche Wirkungen mit ihm verbindet. Es handelt sich dabei um das Gegenstück zu der S. 182 ff. besprochenen Erscheinung, die Anpassung an Gesetze eines fremden Staats, deren Inhalt übernommen werden soll.

In diesem Sinn begegnet des öftern die Übernahme von Polizeierlaubnissen, die ein fremder Staat gewährt hat. So wird eine Betriebserlaubnis für Beförderungsmittel, Kraftwagen, Seeschiffe, Binnenschiffe, Flugzeuge[3], manchmal auch eine Zulassung der Führer solcher Fahrzeuge übertragen[4]. Nicht selten werden gewerbepolizeiliche Erlaubnisse übernommen, bei Versicherungsunternehmen, die im Staat ihres Sitzes zugelassen sind, bei Geschäftsreisenden, denen der Staat der Niederlassung eine Legitimationskarte im Sinn gewerberechtlicher Zulassung ausgestellt hat[5]. Ähnlich zuweilen bei Ärzten, Rechts-

[3] Oben 3 I 13 f. Kraftwagen. 3 I 114 mit 103 ff. und 178, auch schon 1, 78 Seeschiffe. 3 I 204 und 209 Binnenschiffe. 3 I 249 Flugzeuge. Doch enthält ein Teil dieser Bestimmungen nicht die Übertragung von Polizeierlaubnissen, sondern von Feststellungen des andern Staats, daß sich das Fahrzeug in fahrtüchtigem Zustand befindet; darüber unten Z. 3.

[4] Kraftwagenführer 3 I 13 f. Schiffer in der Binnenschiffahrt 3 I 212. Lotsen in See- und Binnenschiffahrt 3 I 136[5] und 218. Ähnlich die Zulassung als Funker 3 II 72.

[5] Für Versicherungsunternehmen 2, 354 und für Gewerbebetrieb im allgemeinen 2, 224. Gewerbelegitimationskarte 2, 225; dazu aber auch unten

anwälten und andern freien Berufen[6]. Man findet die Übernahme einer Beförderungserlaubnis für Leichen, die der Absendestaat erteilt hat, unter besondern räumlichen Verhältnissen die Übernahme einer Jagderlaubnis[7] und dergleichen mehr.

In andern Fällen ist es eine Befähigung, die ein fremder Staat für den Bereich seiner Verwaltung verliehen hat, und die das Inland in die eigne Verwaltung überträgt, die Befähigung 'zum Hochschulstudium, eine Lehrbefähigung[8]; und auch bei den oben erwähnten Zulassungen zu andern Berufen handelt es sich zu einem Teil nicht um Polizeierlaubnisse, sondern um Verleihung der Fähigkeit, den Beruf auszuüben[9]. Als Erteilung einer Fähigkeit (oder auch als eine Erlaubnis) kann ferner die Befugnis in Betracht kommen, sich einer staatlichen oder staatlich anerkannten Auszeichnung des Auslands zu bedienen, und es ist möglich, daß eine solche Auszeichnung durch besondre Verleihung erworben wurde oder nur durch besondre Verleihung erworben werden kann: Adel, akademische Grade, Orden und Schmucktitel eines fremden Staats können unter solchen Umständen Anerkennung finden[10]. Insbesondre kommt auch der Verleihung eines Personennamens durch den Heimatstaat unter solchen Gesichtspunkten Bedeutung zu. Und es mag auch die zeitliche Aufeinanderfolge mehrerer Rechtsordnungen, zumal bei einer Gebietsveränderung (§ 31 Z. 4), zu Erscheinungen dieser Art führen.

Wo immer nun aber unter solchen Umständen das Inlandsrecht Beziehung zu rechtsbegründenden Akten des Auslands gewinnt, da knüpfen sich diese Beziehungen nicht unmittelbar an den Staatsakt

---

Z. 3. Übernahme einer Kantinenkonzession des Heimatstaats für Seefahrzeuge bei einem Betrieb in Hoheitsgewässern eines andern Staats 1, 259[12] und 2, 225. Vgl. auch die Zulassung von Wertpapieren zum Börsenhandel, wenn sie im Ursprungsland zugelassen sind 2, 184.

[6] Ärzte 2, 247 f. Rechtsanwälte 2, 267. Andre freie Berufe 2, 282 ff.

[7] Leichenpaß 1, 78. Jagdschein für die Vogeljagd auf dem Untersee 2, 132.

[8] Zulassung zum Hochschulstudium 1, 206 f. Lehrbefähigung 1, 205 (anders freilich in früheren Zeiten die *facultas ubique docendi* der Doktoren, die von den obersten Gewalten der Christenheit verliehen gilt, s. 1, 338 ff.).

[9] In andern Fällen begnügt man sich mit einer Verwertung der Feststellung eines andern Staats, daß die für den Beruf vorausgesetzten Eigenschaften vorhanden sind. Vgl. insoweit wiederum unten Z. 3.

[10] Oben 1, 297 ff. für den Adel; 337 ff. für akademische Grade; 359 ff. für Titel und Orden. Wie schon zu gleichartigen Bestimmungen oben S. 185[9] und S. 188 bemerkt, gehört der Gegenstand in den gegenwärtigen Zusammenhang, wenn die Ermächtigung zur Führung der Auszeichnung von einer Ermächtigung zur Führung abhängig gemacht wird, die im Ursprungsland der Auszeichnung besteht, während Vorschriften, die eine Befugnis zur Führung gewähren, wenn die Auszeichnung im Ursprungsland verliehen wurde, den unter a) behandelten Vorschriften anzuschließen sind.

als solchen. Der positive Abschluß der fremden Amtstätigkeit, z. B. die Genehmigung einer Namensänderung, berührt das Inlandsrecht so wenig wie die amtlichen Erhebungen, die der Genehmigung vorausgehen, so wenig wie eine Ablehnung des gestellten Gesuchs; erst das Ergebnis der genehmigenden Amtshandlung, das neue Zustandsrecht, das nach den Gesetzen des verleihenden Staats für den Namensträger erwächst, kann Bedeutung für das Inland gewinnen. Sind es aber die Gesetze des handelnden Staats, in deren Anwendung das Inland Zugang zu dem fremden Amtsakt erlangt, so ist es nur folgerichtig, wenn das Inland nach Lage des Falls auch den Umfang, in dem der Akt wirken soll, aus der Gesetzgebung des andern Staats mitübernimmt. Z. B. (2, 247 f.), es wird der Medizinalperson, die im Grenzbezirk des benachbarten Staats niedergelassen ist, die Berufsausübung im inländischen Grenzbezirk gestattet, wenn sie im andern Staat Zulassung besitzt; die Berufsausübung wird gestattet in dem Umfang, in dem die Zulassung gewährt ist, das Recht dieses Staats soll bestimmen, ob der Arzt Heilmittel abgeben darf usw. Und wie bei aller Übertragung ausländischen öffentlichen Rechts auf Angelegenheiten des Inlands, handelt es sich auch hier darum, eine Rechtslage, die zwischen einem Privaten und einem ausländischen Staat entstanden ist, mit entsprechend verändertem Inhalt umzuschreiben auf die Rechtslage zwischen dem Privaten und dem Inlandsstaat.

Die Beachtung der fremden Akte entspricht zuweilen der ausschließlichen Zuständigkeit des fremden Staats, das Verhältnis zu regeln, wie bei der Staatsangehörigkeit. Wo das Inland eigne Angelegenheiten nach dem Maße fremder Ordnung bestimmt, da mag das aus Rücksicht auf den beteiligten Privaten geschehen, dem es erspart bleiben soll, Erlaubnis oder Ermächtigung bei mehr als einem Staat einzuholen. Es wirken auf seiten des zweitbeteiligten Staats Rücksichten der Arbeitsersparnis mit. Vielfältig spielt aber auch der Gedanke herein, daß ein andrer Staat eher berufen sei, die Entscheidung zu treffen: aus tatsächlichen Gründen, wenn der andre Staat besser in der Lage ist, die tatsächlichen Verhältnisse nachzuprüfen, z. B. der Absendestaat bei Erteilung einer Beförderungserlaubnis für Leichen. Aber auch aus rechtlichen Gründen, wo das Inland nur einen Teilausschnitt zur Regelung beansprucht, während die Einrichtung im übrigen der Zuständigkeit eines andern Staats unterworfen ist. So im Seerecht, wenn der Uferstaat Gewährung einer Schiffahrtserlaubnis, Konzessionierung eines Kantinenboots für seine Gewässer auch bei fremden Fahrzeugen sich vorbehält, gegenübergehalten der umfassenden Zuständigkeit des Heimatstaats des Schiffes. Oder bei der Führung fremder Auszeichnungen, deren Bestand nur der verleihende Staat zu regeln vermag.

Feststellende Staatsakte des Auslands.

3. Häufiger als die Erheblichkeit rechtsbegründender Staatsakte des Auslands begegnet im Verwaltungsrecht eine Erheblichkeit, die amtlichen Feststellungen des Auslands zugesprochen wird, für Vorgänge und Zustände, für rechtliche und tatsächliche Inhalte. Feststellungen dieser Art mögen sich auf Vorgänge rechtlichen Inhalts beziehen. So die Gewerbelegitimationskarte, die im Ausland ausgestellt wurde und eine dort geleistete Steuerzahlung nachweist; ein Zeugnis, daß Robbenpelze rechtmäßig gewonnen wurden, wie es im Pelzhandel mehrerer Staaten gefordert wird; die polizeiliche Bestätigung des Eintritts und Austritts eines Dienstboten[11]. Überhaupt gehört die Rücksichtnahme auf rechtsbegründende Staatsakte des Auslands hieher, insoweit die Rechtserheblichkeit nicht an die Handlung, sondern an die über die Handlung errichtete Urkunde geknüpft wird. Oder es sind Rechtszustände, deren Feststellung Anerkennung findet, so der Eintrag in das Adelsbuch als Voraussetzung einer Adelsführung, die Staatszugehörigkeit ausländischer Seeschiffe und Flugzeuge, die durch deren Bordpapiere dargetan wird[12]. In erster Reihe aber handelt es sich hier um Umstände tatsächlicher Art, die, von einer ausländischen Behörde festgestellt, rechtliche Bedeutung für das Inland besitzen sollen. Feststellungen über Vorgänge dieser Art sind etwa der Eintrag von Geburten und Sterbefällen in das Standesregister, Feststellungen über die Zwischenfälle einer Seereise in Gestalt von Verklarung, Seebericht, Seeunfalluntersuchung, Zeugnisse über die erfolgreiche Ablegung einer Prüfung[13]. Oder in bezug auf Zustände: der fremde Reisepaß, der die Identität einer Person nachweisen soll, oder die Post-

---

[11] Oben 2, 225 Gewerbelegitimationskarte (hier auch über die verschiedenen Bedeutungen, in denen eine Anerkennung solcher Urkunden vorkommt). 2, 133[155] Pelze. 2, 304 Gesinderecht. Beispiele aus andern Rechtsgebieten: Eintrag einer ausländischen Scheidung in das Standesregister, einer strafrechtlichen Verurteilung des Auslands in das Strafregister.

[12] Oben 1, 323 f. für das Adelsbuch (wegen der Entscheidungen, die das Preußische Heroldsamt in Anspruch genommen hat, oben S. 166); 3 I 86 ff., 177 und 243 für Seeschiffe und Flugzeuge. Vgl. auch den Reisepaß als Feststellung der Staatsangehörigkeit eines Ausländers; aus dem Umkreis des Privatrechts das Ehefähigkeitszeugnis.

[13] Vgl. oben 1, 56 ff.; 3 I 153 und 154; auch die oben S. 299 erwähnte Anerkennung der Wortzählung, der Feststellung einer Gesprächsdauer durch die Telegraphenverwaltung des Aufgabelands. Zeugnisse über die erfolgreiche Ablegung einer Prüfung gehören in den gegenwärtigen Zusammenhang, wenn nicht eine Erlaubnis oder Ermächtigung, die ein andrer Staat verliehen hat, auf das Inland übertragen wird, sondern wenn zwar lediglich eine Zulassung des Inlands in Frage ist, aber die für die Zulassung vorausgesetzten Kenntnisse auch durch eine Feststellung ausländischer Behörden dargetan werden können.

ausweiskarte, die demselben Zweck dient, etwa auch ein Hafenentlassungsschein als Nachweis über die Identität der Mannschaft, die Bordpapiere des Seeschiffs, des Luftfahrzeugs, die deren Identität sicherstellen sollen, auch ein zollamtliches Kennzeichen, das beweist, daß der ausgeführte Gegenstand mit dem eingeführten übereinstimmt. Oder es handelt sich um den Gesundheitspaß eines Seeschiffs, um den Nachweis, daß eingeführte Tiere und Pflanzen nicht mit ansteckenden Krankheiten behaftet sind. Ursprungszeugnisse über die Herkunft eingeführter Güter sind vonnöten. Die Zuverlässigkeit von Handfeuerwaffen wird durch ein aufgeprägtes Prüfungszeichen beurkundet, insbesondre ist es auch die zuverlässige Beschaffenheit der Kraftwagen, Seeschiffe, Binnenschiffe, Flugzeuge, die Anlaß zu der Anerkennung ausländischer Nachweise bietet[14]. In andern Fällen geben Maß, Zusammensetzung, Wert Anlaß, eine amtliche Feststellung anzuerkennen, eine Eichung, einen Schiffsmeßbrief, einen öffentlichen Feingehaltsstempel, die Kursfestsetzung einer amtlichen Börse. Oder auch ein Vermögenszeugnis, das eine fremde Behörde ausgestellt hat, bildet die Grundlage einer Zulassung zum Armenrecht im Inland[15].

Soll die Feststellung eines Staats in einem andern Staat Anerkennung finden, so setzt das selbstverständlich voraus, daß eine Feststellung getroffen wurde, und es entscheidet in Zweifelsfällen das Recht des feststellenden Staats, welchen Inhalt seine Aussage haben soll, z. B. ob der Eintrag in das Standesregister beurkundet, daß der Tod einer Person angezeigt worden ist, oder ob der Eintrag beurkundet, daß die Person gestorben ist. Ob aber oder in welchem Umfang einer solchen Aussage in dem andern Staat, der des Nachweises bedarf, rechtliche Bedeutung beigemessen werden will, darüber kann nur

---

[14] Auch hier ist darauf hinzuweisen, daß die Zulassung auswärtiger Fahrzeuge zum Verkehr manchmal, wie unter Z. 2 besprochen, in der Weise erfolgt, daß die Verkehrserlaubnis, die ein andrer Staat erteilt hat, in eine solche des Inlands umgewandelt wird, daß aber in häufigen Fällen der andre Weg gewählt wird, die tatsächliche Feststellung der Verkehrstauglichkeit des Fahrzeugs, die ein andrer Staat getroffen hat, zur Grundlage der inländischen Zulassung zu machen.

[15] 1, 31 Reisepaß; 3 II 35 Postausweiskarte; über Hafenentlassungsscheine Oberprisengericht Berlin Zeitschrift für Völkerrecht 9, 565 567; Bordpapiere 3 I 99 ff. und 245; zollamtliche Kennzeichen für Muster nach zahlreichen Handelsverträgen. 1, 78 mit 75 Gesundheitspaß der Seeschiffe; 2, 83 f. Gesundheit von Tier und Pflanze. 2, 83 f. und 132 Ursprungszeugnisse (Ursprungszeugnisse für Zwecke der Finanzverwaltung nach zahlreichen Handelsverträgen). 1, 91 Prüfungszeichen der Handfeuerwaffen; 3 I 13 f. Beschaffenheit der Kraftwagen, 114 f. mit 103 ff., 289 der Seeschiffe, 204, 209 der Binnenschiffe, 250[52] der Flugzeuge. 3 II 79 Eichung; 3 I 100 ff., 177 Vermessung der Seeschiffe, 203 der Binnenschiffe; 3 II 83 Feingehaltsstempel; 3 II 216 Börsenkurse. 2, 404 ff. Vermögenszeugnisse.

dieser andre Staat entscheiden. Es handelt sich um eine Bindung seines Rechtslebens, und es kommt eine solche „Feststellungswirkung“ nicht bloß für Beweisführung in einem Rechtsstreit in Betracht; sie wirkt überall, wo die Handhabung des Rechts mit dem festzustellenden Inhalt Berührung erlangt. Der Reisepaß des Ausländers weist seine Identität bei der Fremdenpolizei, bei Errichtung einer notariellen Urkunde, bei Erhebung einer Postsendung aus. Demgemäß bestimmt Feststellungen des Auslands gegenüber der inländische Staat, ob die Sach- oder Rechtslage nur durch Feststellungen seiner eignen Behörde dargetan werden kann. Er entscheidet, ob der fremden Urkunde im Rahmen behördlichen Ermessens Bedeutung zukommen soll (etwa einem ausländischen Vermögenszeugnis für die Kostenfreiheit, die § 109 des preußischen Landesverwaltungsgesetzes einräumt). Vielleicht verordnet Inlandsrecht, daß eine Feststellung durch inländische Behörden unterbleibt, wenn die Aussage eines fremden Staats vorgelegt wird, die Beurkundung des fremden Standesbeamten über einen Todesfall oder das Prüfungszeichen auf Handfeuerwaffen. Vielleicht aber muß gerade die Feststellung eines fremden Staats vorgewiesen werden, der Reisepaß des Ausländers, der die Grenze überschreiten will, die Bordpapiere des fremden Seeschiffs, und es kann in solchen Fällen eine Feststellung des Inlands die geforderte fremde Urkunde nicht ersetzen. Ebenso bestimmt der Staat, für dessen Recht ein Nachweis erheblich ist, ob nur Feststellungen des Auslands anerkannt werden, die im gleichen Verfahren getroffen werden, dessen sich das Inland für seine Feststellungen bedient: es kommen hier Erleichterungen vor, etwa bei der Prüfung von Nahrungsmitteln oder bei der Untersuchung von Seeschiffen[16]. Und insbesondre bestimmt dieser Staat auch, was des Näheren der Gegenstand der Feststellung sein soll, deren er bedarf. So kann es kommen, daß Feststellungen, die ein andrer Staat für die Zwecke seiner Verwaltung vornimmt, den Bedürfnissen des Inlands nicht genügen, und rückwirkend ergibt sich daraus die mehrfach begegnende Erscheinung, daß ein Staat, um Nachweisungen außer Landes zu erleichtern, seinerseits Feststellungen zuläßt oder sogar vorschreibt, wie sie nicht das eigne, sondern das in einem andern Staat geltende Recht fordert. Dergleichen trifft man bei Schiffsvermessungen, der Eichung von Fieberthermometern, der Feingehaltsprüfung von Uhrgehäusen, bei einer Untersuchung der Seeschiffe und ihrer Kessel im besondern; Verklarung und Seebericht bekommen unter solchen Umständen einen andern Inhalt, als ihn das Recht der feststellenden Behörde vorsieht; ein Vermögenszeugnis muß

---

[16] Deutsch-französischer Handelsvertrag 1927 Art. 24 RGBl. II 533. Für Seeschiffe oben 3 I 114 f.

die Angaben aufnehmen, deren das fremde Prozeßgericht zu der Entscheidung über ein Armenrechtsgesuch nach seinen Vorschriften bedarf[17]. —

So entscheidet über die Bindung an fremde Feststellungen das Recht des Lands, dessen Behörden derart gebunden werden, und das gilt grundsätzlich auch für den Umfang, in dem eine solche Bindung erwachsen soll. Indessen ist es nicht möglich, das Recht im Ursprungsland der Feststellung dabei völlig unbeachtet zu lassen. Gibt das Recht des Inlands, für das der Tatbestand Bedeutung hat, dessen Nachprüfung ganz oder teilweise frei, so gilt das gegenüber in- und ausländischen Feststellungen, auch dann, wenn die Behörden im Ursprungsland einer ausländischen Feststellung nach dem dort geltenden Recht an die Feststellung gebunden sind; z. B. es wird die Unrichtigkeit einer öffentlichen Urkunde behauptet. Enthält dagegen das Inlandsrecht eine Bindung dieser Art, und es wäre im Ursprungsland der Feststellung die Nachprüfung ganz oder teilweise freigegeben, so kann nicht übersehen werden, daß der Umfang, in dem ein Recht solche Bindung verfügt, im Zusammenhang steht mit der Zuverlässigkeit des Verfahrens, in dem die Feststellung getroffen wird. Wo eine Vorschrift des Inlands an eine Aussage bindet und Aussagen ausländischer Stellen in die Bindung einbezieht, da kann es nicht Sinn der Vorschrift sein, fremde Feststellungen unter Umständen für verpflichtend zu erklären, bei deren Vorliegen der fremde Staat selbst eine Gewähr für seine Aussage nicht übernimmt. Und es bedarf für solche Fälle im Weg der Auslegung einer Beschränkung des inländischen Rechtssatzes, mit dem Ergebnis, daß Feststellungen des Auslands nur dann binden, wenn die Bindung sowohl dem Inlandsrecht, als auch dem Recht im Staat der Aussage entspricht.

Es muß in diesem Zusammenhang aber auch noch einmal auf den Satz zurückgegriffen werden, daß über den Inhalt einer Feststellung des Auslands das dort geltende Recht entscheidet. Beurkundet der Eintrag in das Standesregister des Inlands den Tod einer Person, der Eintrag in das Register eines bestimmten Auslandsstaats nur die Anzeige des Todesfalls, und es bindet das Inlandsrecht an Registereinträge, so kann die Bindung bei einem Eintrag in das fremde Register nicht über den Inhalt hinausgehen, den das Ausland festgestellt hat: der fremde Eintrag beweist, aber er beweist nur, daß Anzeige über den Todesfall erstattet wurde. Hat jedoch umgekehrt der Eintrag in das inländische Register die engere Wirkung, und es kennt das

[17] Schiffsvermessungen 3 I 102 f. Fieberthermometer 3 II 90[47]. Feingehalt der Uhrgehäuse 3 II 82[20]. Seeschiffe 3 I 116 und 178; für Kessel 112[88]. Verklarung und Seebericht 3 I 153[58]. Vermögenszeugnis 2, 404 ff. Dazu die Parallelen unten § 33 Z. 5 c).

Inlandsrecht eine Bindung an die Registereinträge, so bleibt wiederum zu beachten, daß die Einschränkung der Nachprüfung zunächst den inländischen Rechtszustand zur Voraussetzung hat, und daß es nicht im Sinn einer Gleichstellung fremder Einträge liegen wird, die Freiheit einer Nachprüfung über das sonst bestehende Maß hinaus einzuschränken, wenn die Feststellung des Auslands in ihrem Inhalt weiter reicht als gleichartige Feststellungen des Inlands. Somit ergibt sich abermals im Weg der Auslegung eine Beschränkung; auch dem fremden Eintrag gegenüber bleibt die Nachprüfung offen, daß die erstattete Anzeige unrichtig war[18]. So ist trotz des entgegengesetzten Ausgangspunktes das Ergebnis für den Inhalt der Feststellung das gleiche, wie es vorher für den Umfang der Feststellung aufgewiesen wurde: die Bindung reicht nur so weit, als sie beiden Rechten entspricht. —

Wo immer nun aber einer Feststellung des Auslands Anerkennung gewährt wird, da wird diese Feststellungswirkung unmittelbar an den fremden Staatsakt angeknüpft; die Rechtslage ist hier anders als bei der Anerkennung rechtsbegründender Akte des Auslands (Z. 2), deren Rechtserheblichkeit für das Inland über den fremden Rechtssatz läuft, der die Amtshandlung voraussetzt. Aber freilich, auch hier knüpft sich die Wirkung nicht an die fremde Amtshandlung als Tätigkeit, sie verwertet das Ergebnis, das in der Aussage des fremden Staatsakts erscheint.

Die Gründe, die veranlassen, Feststellungen des Auslands Anerkennung zu gewähren, sind im wesentlichen die gleichen, die auch zu der Anerkennung rechtsbegründender Akte führen: Rücksicht auf die beteiligten Privaten, Arbeitsersparnis für die eignen Behörden, aber auch hier manchmal der Gedanke, daß ein andrer Staat dem Sachverhalt aus rechtlichen oder tatsächlichen Gründen nähersteht. Staatsangehörigkeitsausweise für Personen und Fahrzeuge, die Zeugnisse für rechtmäßigen Pelzerwerb sind Beispiele solcher rechtlicher Feststellungen. Oder aus dem Bereich tatsächlicher Feststellungen Identitätsnachweisungen für Personen und Sachen, Ursprungszeugnisse, Erklärungen über den Gesundheitszustand eines fremden Gebiets, Vermögenszeugnisse des fremden Wohnsitzes.

Die Feststellungen, von denen im gegenwärtigen Zusammenhang gesprochen wird, sind zum größten Teil solche, die ein fremder Staat

---

[18] Anders verhält es sich mit den 1, 62 besprochenen Verschiedenheiten der Feststellungswirkung, die sich an eine Berichtigung von Einträgen in das Standesregister knüpft. Dort handelt es sich um die Vorfrage, ob die Berichtigung Teil eines Registereintrags wird und an dessen Feststellungswirkung teilnimmt; darüber aber hat allein der feststellende Staat zu entscheiden.

für die Bedürfnisse seines eignen Rechtsverkehrs getroffen hat. Macht der inländische Staat sie für sich nutzbar, so knüpft er Feststellungswirkung an eine Beurteilung, mit der auch das Ausland Feststellungswirkung verbindet. Das ähnelt den rechtlichen Erscheinungen, wie sie oben Z. 2 unter b) für rechtsbegründende Staatsakte besprochen wurden. Aber die Ähnlichkeit ist nur scheinbar. Denn die Feststellungswirkung, die das Inland an die Beurteilung knüpft, wird ihr unmittelbar verliehen, und sie ist darum auch (von eben genannten Sonderfällen abgesehen) grundsätzlich unabhängig davon, ob eine solche Wirkung im Ausland besteht und wie weit sie reicht. Näher steht es jener besprochenen Rechtsbildung, wenn in seltenen Fällen die Feststellung des Auslands zu einer übereinstimmenden Feststellung von seiten des Inlands Anlaß gibt. So (oben 1, 54 f.) bei der Übertragung von Einträgen in die Standesregister. Dergleichen wird jedoch nur da vorkommen, wo das Inland die Vollständigkeit einer Gruppe von Feststellungen anstrebt, denn es bedarf sonst nicht des Umwegs über eine eigne Feststellung, damit das Inland an eine Aussage Feststellungswirkungen anknüpfen kann, und es ist demgemäß auch der Aufbau solcher Bestimmungen ein andrer als in den vorerörterten Fällen: Wo an eine Polizeierlaubnis des Auslands eine gleichartige Erlaubnis des Inlands geknüpft wird, handelt es sich bei der Erlaubnis des Inlands um ein aliud gegenüber der Erlaubnis für das fremde Gebiet. Ob dagegen dem ausländischen Eintrag unmittelbar Beweiswirkung zugeschrieben oder ein Eintrag im Inland dazwischengeschoben wird, stets handelt es sich dabei um die Feststellungswirkung des inländischen Rechts, und es besteht im letzteren Fall nur die Eigentümlichkeit, daß Grundlage der Feststellungswirkung nunmehr ein Amtsakt des Inlands ist, der damit auch einer Abänderlichkeit nach Inlandsrecht unterliegt[19], und daß die Möglichkeit besteht, an einen Amtsakt des Inlands verstärkte Feststellungswirkungen zu knüpfen.

Entscheidungen eines Rechtsstreits.

4. Auch das Urteil, das in einem Zivilstreit ergeht, gehört zu den amtlichen Feststellungen einer Rechtslage, von denen im Vorausgehenden gehandelt worden ist. Soll aber die Entscheidung eines ausländischen Staats, die im Inland „anerkannt" wird, nicht gestaltlos in der Luft schweben, so muß sie gleichfalls auf eine Sachnorm des Inlands zurückführbar sein, die auf den fremden Staatsakt verweist. Sie ist — für diesen Zusammenhang — in den Vorschriften über

---

[19] Von Belang für Berichtigungen des Eintrags, s. oben 1, 60 f.

Rechtskraft gegeben, die das Inland aufstellt[20]. Für Urteile, die das Ausland in öffentlichrechtlichen Angelegenheiten gefällt hat, kann es im Inland keine Rechtskraft geben. Ihr Inhalt betrifft einen Gegenstand, über den das Inland überhaupt keine unmittelbare Entscheidung treffen könnte, die rechtlichen Beziehungen der Beteiligten zu einem fremden Staat. Immerhin können solche Beziehungen als Vorfrage für das Inland von Belang werden, und so mag es sein, daß als Feststellung derartiger Rechtsverhältnisse auch Urteile des Auslands Beachtung gewinnen. Nicht auf Grund eines allgemeinen Rechtssatzes des Inlands, den es insoweit nicht geben kann, wohl aber auf Grund des freien Ermessens, mit dem der Beurteiler sich über den Bestand jenes Rechtsverhältnisses selbst eine Meinung bildet. Z. B. es handelt sich um die Staatsangehörigkeit einer Person in einem fremden Staat und ein Verwaltungsgericht dieses Staats hätte über deren Bestand Urteil erlassen[21]. Von Fall zu Fall mag es sogar Bindungen über die Anerkennung derartiger Urteile geben. So, wenn ein Staatsvertrag die Beachtung von Urteilen in Steuersachen zur Pflicht macht. Und auch gewohnheitsrechtliche Bindungen kommen vor. Prisenurteile werden mangels besondrer Gegengründe sogar von dem Kriegsgegner anerkannt: ist ein vom Gegner aufgebrachtes Schiff wieder genommen worden, so fällt es dem bisherigen Eigentümer zu, wenn eine Verurteilung der Prise durch den Gegner noch nicht erfolgt ist, andernfalls dem wiedernehmenden Staat.

---

[20] Daraus folgt auch, daß es die Vorschriften des Inlands sind, die den Umfang der Rechtskraft bestimmen, etwa ihre Wirkung gegen dritte Personen. Aber wie für alle Feststellungen, so ergeben die Ausführungen S. 310 auch für Urteile, daß der Umfang der Rechtskraft nicht weiter reichen kann, als er auch nach dem Recht des urteilenden Staats besteht. Dagegen bestimmt den Inhalt dessen, was im Urteil amtlich festgestellt wird, zunächst der urteilende Staat; er entscheidet, ob die verbindliche Festlegung sich auf den geltendgemachten Anspruch beschränkt oder Vorfragen miteinbezieht, ob überhaupt das Rechtsverhältnis unter den Parteien oder nur die tatsächlichen Vorgänge zwischen ihnen Gegenstand der Festlegung sein sollen und manches mehr. Doch greifen auch dabei die Ausführungen S. 310 ein, nach denen eine Bindung hinsichtlich des Inhalts jedenfalls nicht weiter reichen kann, als auch dem Inlandsrecht entspricht.

[21] Ausgehend von der Meinung, daß es sich bei der Anerkennung ausländischer Urteile um die Übernahme einer materiellrechtlichen Regelung des Streitfalls handle, ist oben 1, 324 und 349 angenommen worden, daß Entscheidungen, die im Ursprungsland einer Auszeichnung ergehen, für dritte Staaten, welche der Auszeichnung sonst Rechnung tragen, verbindlich seien. An dieser Voraussetzung kann hier nicht mehr festgehalten werden. — Über die Anerkennung von Verwaltungsentscheidungen in Zivilsachen unten § 32 Z. 2.

Zu Schwierigkeiten kann die Gewährung der Anerkennung führen, wenn rechtsbegründende Akte des Auslands in Verbindung mit einer Prozeßentscheidung darüber ergehen, ob die Voraussetzungen für die Rechtswirkung vorliegen, z. B. bei einer Ehescheidung. Denn solche Gestaltungsurteile können als Akte des materiellen Rechts mit einer andern Rechtsordnung in Verbindung gebracht werden als derjenigen, der sie als Streitentscheidung angehören. Das deutsche und andre Rechte behandeln sie dennoch als Streitentscheidung, somit als Feststellung; es wird darauf unten S. 321 zurückzukommen sein. Doch beschränken auch diese Schwierigkeiten sich auf Urteile privatrechtlichen Inhalts. Zwar kennt das öffentliche Recht gleichfalls Gestaltungsurteile wie die oben genannten Entscheidungen, die im prisengerichtlichen Verfahren ergehen. Doch fällt die prozessuale und die materiellrechtliche Zugehörigkeit bei ihnen notwendig zusammen.

Die Vollstreckung ist eine an das Urteil geknüpfte Wirkung, die außerhalb des hier behandelten Zusammenhangs steht. In Zivilsachen auch auf Grund ausländischer Entscheidungen möglich, kann sie in Angelegenheiten des öffentlichen Rechts bei ausländischen Urteilen niemals eine eigne Angelegenheit des Inlands bedeuten und kommt insoweit nur als Gegenstand der Rechtshilfe in Betracht (dazu unten § 33). Aber auch sonst mögen sich an Urteile privatrechtlichen und öffentlichrechtlichen Inhalts die mannigfachsten Wirkungen anschließen, die außerhalb des Zwecks liegen, um dessen willen die Entscheidung getroffen wird. Sie gehören zu der Gruppe, die im folgenden unter Z. 5 behandelt werden soll.

Fremde Amtshandlungen als Grundlage sonstiger Wirkungen.

5. Es bedeutet bei rechtsbegründenden Staatsakten eine mögliche Verschiedenheit des Wirkungsstatuts, mag aber auch bei feststellenden Staatsakten als Ordnungsprinzip verwertet werden, wenn an einen fremden Staatsakt andre Wirkungen geknüpft werden als diejenigen, zu deren Herbeiführung er vorgenommen worden ist. Denn über die Wirkung entscheidet auch dann der Staat, der sie eintreten läßt, und das gleiche gilt, wo eine Wirkung an Amtshandlungen geknüpft ist, die nicht zum Zweck einer Rechtsbegründung oder einer Feststellung vorgenommen werden. Das Recht dieses Staats entscheidet, ob und welche Handlungen des Auslands der Rechtsfolge des Inlandsrechts als Voraussetzung dienen können, und wie eng oder locker der Zusammenhang zwischen Voraussetzung und Folge sein soll, die zu einander in Beziehung gebracht sind.

Die Wirkung, von der hier die Rede ist, kann in der Leistung von Rechtshilfe, in der Gewährung von Strafschutz bestehen. Von beidem wird unten §§ 33, 35 zu sprechen sein. Auch sonst sind diese Erscheinungen verschiedenartig genug. Die Inlandsfolge mag an die hoheitliche Auswirkung der fremden Staatstätigkeit anknüpfen — die Besteuerung eines Gegenstands im Ausland hat zur Folge, daß der Gegenstand im Inland steuerfrei bleibt, daß die im Ausland entrichtete Steuer auf die Steuerschuld an das Inland angerechnet wird — und es mag das Inlandsrecht eine Folge an die bloße Rückwirkung anschließen, die fremde Staatstätigkeit in außerrechtlichem Bereich erzeugt: so die Rechtsschmälerungen, die das Inland an den Bezug einer Armenunterstützung, auch einer Unterstützung von seiten eines fremden Staats[22] knüpft und die auf eine Bemakelung des Empfängers zurückgehen. Wie vielerlei Seiten eine Amtshandlung hat, die einen andern Staat zur Anknüpfung einer Rechtsfolge veranlassen, kann das Beispiel ausländischen Strafvollzugs zeigen[23]: als Ausübung der Staatsgewalt gibt der Strafvollzug Anlaß, in dem für die Bestrafung desselben Verbrechens zuständigen inländischen Staat ein neues Verfahren auszuschließen; die innere Umkehr des Verbrechers, die man von der Strafe erhofft, gibt — je nach dem Vertrauen, das man einem Vollzug des Auslands entgegenbringt — Anlaß, ausländische Vorstrafen für eine Rückfallschärfung zu verwerten oder sie von einer solchen Wirkung auszuschließen; daß der Sträfling im Gefängnis Unterhalt findet, veranlaßt, für die Dauer der Strafzeit die Invalidenrente einzustellen; daß die Einschließung den Sträfling seiner Freiheit beraubt, führt dazu, eine elterliche Gewalt, die ihm zusteht, ruhen zu lassen, seinem Ehegatten einen Anspruch auf Scheidung zu gewähren, und wiederum können sich solche Folgen auch an einen Vollzug im Ausland anschließen.

Eine besondre Gruppe innerhalb der Anschlußwirkungen, die an eine fremde Amtshandlung geknüpft sein können, bilden Feststellungswirkungen, auf deren Herbeiführung die Amtshandlung selbst nicht gerichtet war. So unterstehen nach österreichischem Recht Handelsgesellschaften der Zuständigkeit der Handelsgerichte; als Handelsgesellschaft aber gilt die Gesellschaft, „deren Firma im Handelsregister erscheint", und man wendet das (oben 2, 223) auch auf Einträge in ausländischen Registern an. Insbesondre knüpfen sich solche sekundäre Feststellungswirkungen auch an ausländische Prozeßentscheidungen, und es muß darauf zur Vervollständigung der Ausführungen unter Z. 4 (wenn auch nur in Umrissen) eingegangen werden. Die Feststellung der Rechtslage, um deren willen das Urteil erlassen wird, ist in seinem Tenor enthalten: wo eine urteilsmäßige

[22] Oben 2, 421 ff.

[23] Dazu Neumeyer, Zeitschrift für die gesamte Strafrechtswissenschaft 27, 42 ff.

Feststellung der Rechtslage Anlaß zu Rechtsfolgen gibt, können diese Folgen auch auf Grund eines fremden Urteils eintreten. So die Einschreibung entsprechender Zivilurteile in das Handelsregister, in das Standesregister. Ja sogar in Fällen, in denen eine Rechtslage nur durch Urteil dargetan werden kann, mag solche Wirkung ausländischen Urteilen zukommen. Z. B. (BGB. § 1309) wenn niemand eine Ehe eingehen darf, „bevor seine frühere Ehe aufgelöst oder für nichtig erklärt worden ist". Nicht selten findet man dergleichen bei strafgerichtlichen Verurteilungen, etwa wenn nach französischem Recht Verurteilung wegen eines entehrenden Verbrechens heeresunwürdig macht[24].

Jedoch nicht nur an den Tenor, auch an den Untersatz und den Obersatz, aus dem der Spruch gefolgert wird, mag ein andrer Staat Feststellungswirkung knüpfen. Dergleichen kommt für die Tatsachen, die der Untersatz feststellt (für den „Tatbestand" des Urteils) nicht ganz selten vor. In einem Verfahren wegen übler Nachrede soll nach deutschem Recht der Wahrheitsbeweis als erbracht gelten, wenn wegen der behaupteten Handlung Verurteilung erfolgt ist, und es soll ein solcher Beweis ausgeschlossen sein, wenn hiewegen eine Freisprechung vorliegt: man wird das auch auf ausländische Urteile beziehen müssen[25]. Und ebenso wird der Obersatz eines Urteils nutzbar gemacht, wo das Urteil als Präzedenzfall, d. h. zur Feststellung eines bestrittenen Rechtssatzes, angeführt wird[26]. Ist eine solche Verwertung regelmäßig in das Ermessen der Behörden des andern Staats gestellt, so werden diese gerade von einer Verwaltungsentscheidung nicht ohne Not abweichen[27]. Eine Bindung an Präzedenzfälle eines

---

[24] Näheres über ausländische Strafurteile als Voraussetzung inländischer Anschlußwirkungen bei Neumeyer a. a. O. 36ff.

[25] Ähnlich hat der Kassationshof Paris 18. 5. 1928 Revue 1929, 69 — im Rahmen seines freien Ermessens — bei einem Verfahren wegen Verleumdung ein freisprechendes Disziplinarerkenntnis der zuständigen italienischen Stelle zur Grundlage genommen. — Auch andre Staatsakte werden zuweilen für eine Feststellung von Tatsachen verwertet. So nach § 238 der deutschen Konkursordnung, demzufolge die Zahlungsunfähigkeit des Gemeinschuldners keines weiteren Nachweises bedarf, wenn über sein Vermögen im Ausland ein Konkursverfahren eröffnet worden ist.

[26] Es handelt sich hier um eine Verwertung der Präzedenzfälle als Erkenntnismittel für die Rechtsprechung. Wo eine Bindung an Vorentscheidungen etwa ausgesprochen wäre, um das Ansehen der Gerichte nicht zu beeinträchtigen, könnte das nur die Gerichte des Inlands schützen. Über eine Maßgeblichkeit von Vorentscheidungen, die Rechtssätze erzeugen, oben S. 222.

[27] Sehr bedenklich das Oberste Landesgericht München 23. 4. 1928 Zeitschrift 39, 309 gegenüber einer Entscheidung des Wiener Verfassungsgerichtshofs.

andern Staats wird selten sein; vielleicht kann sie für britische Dominien gegenüber Londoner Urteilen festgestellt werden.

Schließlich sei bemerkt, daß es sich auch bei diesen unter Z. 5 behandelten Erscheinungen in aller Regel darum handelt, Rechtsfolgen nicht an die Tätigkeit der fremden Behörde selbst, sondern an deren Auswirkung zu knüpfen; vielleicht an den durch sie begründeten Rechtszustand, öfter an die Ergebnisse einer von ihnen getroffenen Feststellung, oder auch an die Rückwirkung, die der Amtsakt auf einen Privaten gehabt hat. Doch kommt es vereinzelt vor — das kann bei der disparaten Beschaffenheit der Gruppe nicht wunder nehmen —, daß die Folge sich an die behördliche Tätigkeit selbst anschließt; etwa bei der Bestrafung eines Widerstands gegen fremde Staatsgewalt (wo solche ausnahmsweise vorkommt), insbesondre auch bei der Gewährung von Rechtshilfe zu einem ausländischen Verfahren.

§ 31.

Einige Grundfragen.

1. Unmittelbare und mittelbare Erheblichkeit. — 2. Die Herkunft der Amtshandlung. — 3. Mehrfache Zuständigkeit. — 4. Zeitliche Aufeinanderfolge staatlicher Betätigung.

Unmittelbare und mittelbare Erheblichkeit.

1. Knüpft eine Sachnorm des Inlands, die eine Rechtsfolge regelt, den Eintritt dieser Folge an die Voraussetzung, daß eine näher bezeichnete Amtshandlung vorgenommen worden ist, so mag es sein, daß auch Amtshandlungen des Auslands geeignet sein sollen, die Voraussetzung zu verwirklichen; wobei unter Amtshandlung für die Regel nicht die Handlung als Tätigkeit, sondern ihr (tatsächliches) Ergebnis verstanden wird[1]. Beispiele bieten die vorausgehenden Ausführungen in großer Anzahl. Es mag sich dabei um Feststellungen handeln. So, wenn von dem Ausländer die Vorlage seines Reisepasses gefordert wird: es ist ein Rechtssatz oder eine Verwaltungsverordnung des Inlands, die den Ausweis von ihm fordert, und dieser Vorschrift wird durch die fremde Urkunde genügt. Von gleicher Beschaffenheit sind sonstige Anschlußwirkungen, die an die Amtshandlung geknüpft

---

[1] Die Handlungen fremder Behörden in ihrer Eigenschaft als Tätigkeit sind (von einer Ergänzung durch Schutz und Hilfe abgesehen) dem Inlandsrecht nicht erreichbar, nur für die Betätigung inländischer Behörden kann es den oben § 13 genannten Unterschied einer verfahrensrechtlichen und einer materiellrechtlichen Regelung geben. Der im Folgenden behandelte Unterschied unmittelbarer und mittelbarer Erheblichkeit ausländischer Amtshandlungen hat zwar eine gewisse Ähnlichkeit mit jenem Gegensatz, beruht aber dennoch auf andern Gesichtspunkten.

werden: darf die Börse nicht besuchen, wer wegen betrügerischen Bankrotts (auch im Ausland) verurteilt worden ist, so ist es handgreiflich die inländische Börsenordnung, in deren Dienst auf die Verurteilung zurückgegriffen wird. Die gleichen Erscheinungen sind dem Privatrecht bekannt: für die Eheschließung im Inland, für die (als Feststellung) ein ausländisches Ehefähigkeitszeugnis gefordert wird; bei der Berechnung der inländischen Verjährungsfrist, die (eine Anschlußwirkung, auf welche die Amtshandlung nicht gerichtet war) durch ein ausländisches Urteil unterbrochen wird. Dagegen ergibt sich bei rechtsbegründenden Amtshandlungen eine tiefgreifende Verschiedenheit zwischen öffentlichem und Privatrecht. Denn im öffentlichen Recht, das ist schon oben S. 114 bemerkt worden, müssen Amtshandlungen, die auf Herbeiführung eines rechtlichen Erfolgs gerichtet sind, und Rechtssätze, die an solche Handlungen den rechtlichen Erfolg anknüpfen, grundsätzlich demselben Staat angehören. Wohl ist es möglich, daß auch in solchen Fällen der Form nach die Anerkennung der amtlichen Handlung gewährt wird, nicht dem Rechtszustand, der auf Grund ihrer erwachsen ist: man erkennt die Verleihung der Auszeichnung, die Namensänderung, die Entmündigung an — scheinbar als Vorgang. Und doch ist darin notwendig enthalten, daß auch der Status, der nach den Gesetzen des tätig gewordenen Staats mit der Handlung verbunden wird, als rechtlich erheblich Anerkennung findet[2]. Dergleichen kommt auch bei privatrechtlich wesentlichen Handlungen vor; die Anerkennung einer ausländischen Zwangsvollstreckung schließt notwendig eine Übernahme des Satzes in sich, daß durch den Vorgang Eigentum auf den Erwerber übertragen wird. Anders jedoch als im öffentlichen Recht ist im Privatrecht auch die Rechtsform nichts Seltenes, daß der Staat, der über die Folge bestimmt, Amtshandlungen eines ausländischen Staats für ausreichend ansieht, dieser seiner eigenen Rechtsfolge zur Grundlage zu dienen. Es ist ein unzweifelhaftes Beispiel, wenn die Sachnorm des Inlands öffentliche Beurkundung fordert, und es gilt die Urkunde eines auswärtigen Notars als tauglich, dem Erfordernis zu genügen[3]. Vieler-

[2] Von gleicher Beschaffenheit ist insbesondere auch die S. 304 ff. behandelte Anerkennung von Polizeierlaubnissen, Ermächtigungen usw., die ein näherberechtigter Staat ausgesprochen hat. Nicht der Amtsakt, sondern der Rechtszustand, der aus der Amtshandlung im andern Staat erwachsen ist, bildet den Gegenstand der Übernahme. Vgl. schon S. 305 f.

[3] Dabei ist an den Fall gedacht, daß mit der öffentlichen Beurkundung der Form des Inlandsrechts als der lex causae genügt wird. Würde die fremde Urkunde anerkannt, weil sie den Erfordernissen des am Errichtungsort geltenden Rechts entspricht, so geschähe das auf Grund des Satzes *locus regit actum*, wäre der vorher behandelte Fall gegeben, daß mit dem Amtsakt auch privatrechtlich das Recht des handelnden Staats angewendet wird.

lei Fälle des Familien- und Erbrechts bieten weitere Beispiele. Und es mag erwähnt werden (schon oben S. 163 [28] war davon die Rede), daß es unter Umständen sogar eine ausländische Verwaltungsbehörde sein kann, deren Betätigung ausreicht, um eine privatrechtliche Folge unter Inlandsrecht eintreten zu lassen.

Bei solcher unmittelbaren Anerkennung ausländischer Amtsakte fallen zweierlei Typen auf. Die Schiffsvermessung des Auslands soll einer inländischen gleichstehen, der Bezug einer ausländischen Armenunterstützung das Wahlrecht schmälern: in rechtlichen Bestimmungen dieser Art ist zunächst an eine Amtshandlung des Inlands gedacht, und es wird ihr eine solche des Auslands alsdann gleichgestellt. Ebenso auf privatrechtlichem Boden etwa die Gleichstellung einer Testamentseröffnung durch Behörden des Auslands, wenn eine Amtshandlung dieser Art nach Inlandsrecht Voraussetzung der Erbfolge ist. In andern Fällen dagegen bedeutet die Anerkennung der fremden Amtshandlung nicht eine Gleichstellung mit Handlungen inländischer Behörden, kann vielmehr aus rechtlichen oder tatsächlichen Gründen eine entsprechende Betätigung des Inlands überhaupt nicht in Betracht kommen, beispielsweise, wenn das Inland ein Zeugnis über den Gesundheitszustand in einem ausländischen Hafen, ein Ehefähigkeitszeugnis für die Eheschließung von Ausländern fordert. Jedoch um eine Artverschiedenheit der beiderlei Erscheinungen handelt es sich dabei nicht. Die Anerkennung ausländischer Zivilurteile hat den gleichen Inhalt, ob der Streitfall auch durch ein inländisches Urteil hätte entschieden werden können oder nicht [4].

Ein andres Bild hingegen ergibt sich, wenn die Verweisung auf den Amtsakt nicht in einer Sachnorm des Inlands enthalten ist, sondern in einer Sachnorm des Auslands, die aus irgendeinem Grund im Inland Anwendung findet. Vielleicht handelt es sich um einen Gegenstand, der schon ohne amtliches Eingreifen auf Grund der Merkmale des fremden Rechtssatzes bestimmt werden kann: die Staatsangehörigkeit, die einer Person in fremdem Staat zukommt, soll nach dessen Recht beurteilt werden, die Pflicht, einen Namen zu führen, davon abhängen, ob der Name im Heimatstaat geführt werden muß, es ist jemand kirchensteuerpflichtig und seine Bekenntniszugehörigkeit bestimmt sich (wenn auch dort in das öffentliche Recht aufgenommen) nach den Gesetzen des ausländischen Wohnsitzes. Es kann aber auch sein, daß es bei allen diesen Rechtslagen auf eine Amtshandlung ankommt, die für den einzelnen Fall ergangen ist, auf eine

---

[4] Die beiden Typen kommen auch bei der Anwendung ausländischer Rechtssätze vor, nur daß Vorschriften der zweiten Art dort die Regel, Gleichstellungen fremder Rechtssätze eine seltene Ausnahme bilden; Beispiele oben S. 176 [7].

Naturalisation, eine Namensänderung, den Austritt aus dem Bekenntnis, der unter Mitwirkung einer Behörde erfolgt[5]. Das sind rechtsbegründende Akte des öffentlichen Rechts, die derart für das Inland rechtliche Bedeutung erlangen, und es ist grundsätzlich der einzige Weg, auf dem rechtsbegründende Akte des öffentlichen Rechts, die im Ausland vorgenommen wurden, für das Inland Bedeutung erlangen können. Es mögen aber auch Feststellungen, mögen sonstige Anschlußwirkungen sein, die die fremde Sachnorm zur Voraussetzung nimmt. Und es bedarf kaum des Hinweises, daß auch bei Anwendung ausländischen Privatrechts gleichartige Voraussetzungen in Betracht kommen können.

Bei Staatsakten nun aber, die eine inländische Sachnorm voraussetzt, handelt es sich um unmittelbare Erheblichkeit des Vorgangs (auch bei rechtsbegründenden Staatsakten, die ja nicht von sich aus Rechtswirkungen erzeugen können, sondern erst unter Vermittlung des materiellrechtlichen Satzes, der Wirkungen an sie knüpft). Staatsakte, deren Erheblichkeit über eine fremde Sachnorm läuft, können für das Inland immer nur mittelbare Bedeutung besitzen, denn die Sachnorm des Auslands bestimmt, ob der Amtsakt Voraussetzung der Rechtsfolge sein soll und welchem Staat er angehören muß, um hiefür tauglich zu sein. Aber der Unterschied mittelbarer und unmittelbarer Erheblichkeit ist nicht etwa ein Unterschied im Inhalt des rechtlichen Tatbestands, der hier als Erheblichkeit ausländischer Amtshandlungen bezeichnet wird, sondern er nennt den Weg, auf dem ein solcher Tatbestand dem Inland gegenüber zur Entstehung gelangt. Jeder Fall, der für das Inland als mittelbar erheblich in Betracht kommt, bedeutet für den Auslandsstaat, dessen Recht bei uns anzuwenden ist, einen Fall unmittelbarer Erheblichkeit. Und darum ist es auch bei Verweisungen einer fremden Sachnorm, die im Inland anzuwenden ist, nicht damit getan, die Anwendbarkeit des fremden Rechtssatzes selbst ins Reine zu bringen; auch unter solchen Umständen taucht für die vorausgesetzte Amtshandlung die Reihe der Fragen auf, wie sie im folgenden Paragraphen behandelt werden.

Dem Unterschied unmittelbarer und mittelbarer Erheblichkeit kommt praktische Bedeutung zu. Bestimmt doch im einen Fall das Inland, ob ein fremder Akt von Belang sein soll und wie er beschaffen sein muß, um den Anforderungen des Inlandsrechts zu genügen, während über all das bei mittelbarer Erheblichkeit eine andre Rechtsordnung entscheidet. Dabei aber ist es gar nicht immer selbstverständ-

[5] Entsprechend im Bereich der Rechtsfähigkeit und der Geschäftsfähigkeit, die hier dem öffentlichen Recht eingerechnet werden, die Verleihung juristischer Persönlichkeit, Todeserklärung, Großjährigkeitserklärung, Entmündigung.

lich, ob die eine oder die andre Rechtsbeziehung gegeben ist. Für das Privatrecht liegen hier schwierige Fragen [6]. Dem öffentlichen Recht bleiben sie erspart [7].

---

[6] Es kann an ihnen des Gegensatzes halber nicht vorübergegangen werden, wenn auch knappste Zusammendrängung geboten erscheint. Die Schwierigkeiten bestehen nur bei Akten, an die sich eine Rechtsänderung knüpft, und sie wurzeln in der Möglichkeit, daß ein solcher Akt einem andern Staat angehören kann als demjenigen, der privatrechtlich das Rechtsverhältnis beherrscht. Vorweg mag dabei von fremden Zivilurteilen gesprochen sein, denen das Inland Rechtskraft zubilligt. Es handelt sich, wie oben S. 312 f. ausgeführt, um eine Feststellungswirkung, die mit der Anerkennung solchen Urteilen zugeschrieben wird, und damit ist gesagt, daß sie für das Inland unmittelbare Erheblichkeit besitzen. Steht ein Kaufvertrag unter schweizerischem Recht, und es liegt ein italienisches Urteil über ihn vor, so wird der deutsche Richter auf die Anerkennung des Urteils die deutschen, nicht die schweizerischen Bestimmungen anwenden. Die gleiche Bewertung nimmt das deutsche und nehmen andre Rechte aber auch da vor, wo sich mit der Entscheidung des Rechtsstreits ein rechtsbegründender Staatsakt verbindet, wie bei der Ehescheidung. Der Punkt hat in der Praxis zu mancherlei Unklarheiten geführt, über die oben S. 267 und 269 [18] berichtet wurde, auch zu einzelnen Gelegenheitsvorschriften, die dabei die lex causae hereinziehen; einen freilich nicht zur Klärung gelangten Versuch, die Wirkung von Gestaltungsurteilen grundsätzlich der lex causae zu unterstellen, macht § 335 des Entwurfs einer deutschen Zivilprozeßordnung von 1931 (dazu die Begründung des Entwurfs S. 327 f.). — Handelt es sich aber um rechtsbegründende Akte des Auslands, die der freiwilligen Gerichtsbarkeit angehören oder sonst Voraussetzung privatrechtlicher Wirkungen sind, so bedarf es zunächst der Feststellung, ob eine Sachnorm des Inlands als lex causae in Betracht kommt. Trifft das zu, so entscheidet das Inlandsrecht, ob und welchen fremden Staatsakten dabei unmittelbare Bedeutung zukommen soll, z. B. ob die Adoption eines Deutschen auch von der Behörde des ausländischen Wohnsitzes wirksam bestätigt werden kann. Entsprechend handelt es sich um mittelbare Erheblichkeit, wenn eine Sachnorm des Auslands lex causae ist. Steht in derartigen Fällen die materiellrechtliche Regelung eines Rechtsverhältnisses in seiner Gesamtheit in Frage, so ist es sozusagen ein Zufall, wenn dabei auch Amtsakte zu beachten sind, die auf das Rechtsverhältnis einwirken können. In andern Fällen dagegen sind Sonderbestimmungen vorhanden, die sich auf den Amtsakt selbst richten. Sie beschränken sich vielleicht darauf, die Zuständigkeit festzulegen, ohne über die lex causae Anordnung zu treffen (hieher oben S. 113 [5]; auch Art. 12 des Haager Entwurfs zu einem Erbrechtsabkommen), oder sie regeln, und das wird der häufigere Fall sein, die lex causae in Übereinstimmung mit dem Recht, das auch sonst für das Rechtsverhältnis gilt. Beispiel: Eigentumserwerb auf Grund einer Zwangsvollstreckung im Ausland. Wo aber in solchen Vorschriften Sonderbestimmungen über die lex causae getroffen werden, da handelt es sich um den Vorrang einer lex specialis, und sie kommt jedenfalls dann zur Geltung, wenn sie dem Inlandsrecht angehört (Wirkungen des deutschen Erbscheins für Inlandsvermögen eines ausländischen Erblassers; dazu wiederum oben S. 113 [5]); aber doch wohl auch dann,

Die Herkunft der Amtshandlung.

2. Ob an eine Amtshandlung Rechtsfolgen geknüpft werden sollen, so wurde im Vorausgehenden ausgeführt, bestimmt das Recht des Staats, der über die Folge verfügt, und es gehört zu der inhaltlichen Regelung dieses Rechts auch die Entscheidung darüber, welchem Staat die Amtshandlung angehören muß, um die Folge herbeizuführen. Dabei nun mag es sein, daß nur Amtshandlungen des Inlands als tauglich vorausgesetzt sind, die Rechtsfolge zu begründen. Das trifft vor allem bei den rechtsgeschäftlichen Staatsakten zu, die auf Herbeiführung einer öffentlichrechtlichen Folge für das Inland gerichtet sind. Nur wer in Deutschland approbiert ist, darf in Deutschland eine Tätigkeit als Arzt ausüben, und nur auf Grund einer besonders vorgesehenen Gleichstellung vermöchten gleichartige Handlungen des Auslands mittelbare Bedeutung für das Inland zu erlangen. Auf der andern Seite aber fehlt es nicht an Beispielen, bei denen eine Rechtsfolge sich an die vorausgesetzte Amtshandlung knüpft, gleichviel, in welchem Staat sie vorgenommen wurde. Seeschiffe, Luftfahrzeuge können in das Register nicht eingetragen werden, wenn eine solche Eintragung in irgendeinem fremden Staat bereits erfolgt ist [8]. Amtshandlungen, die im Inland auf Antrag jedermann gewährt werden, finden regelmäßig, auch wenn im Ausland vorgenommen, Anerkennung, z. B. Schiffsvermessungen [9]. Und wiederum gilt dies, wenn nicht die

---

wenn die Sondervorschrift sich in ausländischem Recht findet und dort auf der besonderen Natur des Akts beruht (vgl. dazu oben S. 203 und 250).

[7] Denn wie mehrfach erwähnt, ist es bei rechtsbegründenden Akten des öffentlichen Rechts grundsätzlich derselbe Staat, der handelt, und der Wirkungen an die Handlung knüpft. Immerhin findet man sehr seltene Ausnahmefälle, bei denen dies anders liegt. So gewährten einzelne deutsche Rechte (oben 1, 445) einer Befreiung von Zwangsvorschriften für religiöse Erziehung bei Ausländern inländischen Wohnsitzes auch dann Wirkung, wenn sie von deren Heimatstaat erteilt wurde. Jedoch, worauf es im gegenwärtigen Zusammenhang allein ankommt, es ist nicht zweifelhaft, daß solche Befreiung ihre rechtliche Bedeutung aus dem Wirkungsstatut schöpft. Dazu auch oben S. 115 [8]. — Man wird die grundsätzliche Einheit von Handlungsstatut und Wirkungsstatut, von der hier die Rede ist, nicht verwechseln mit dem Fall, daß ein rechtsbegründender Akt des öffentlichen Rechts, der dem Ausland angehört, von seiten des Inlands als Voraussetzung für eine andre Rechtsfolge verwertet wird, z. B. es wird auf Grund eines ausländischen Strafurteils im Inland eine gewerbliche Befugnis entzogen.

[8] Oben 3 I 91 [22], 246.

[9] 3 I 100 ff. Nur lautet die Antwort auf die Frage, ob die Handlung jedermann gewährt werden kann, nicht immer gleichmäßig. So für die Schiffsatteste der Binnenschiffahrt oben 3 I 205: für Rheinschiffe kann das Attest auf Antrag jeder Staat ausstellen und dem entspricht ihre Anerkennung, bei den Schiffen andrer Binnengewässer bedarf es einer Ausstellung durch den Heimatstaat. Vgl. auch 3 I 14: Ausweise für fremde Kraftfahrzeuge.

Amtshandlung selbst, sondern erst ihre Rückwirkung auf die Beteiligten den Anlaß gibt, Rechtsfolgen mit ihr zu verbinden, z. B. wenn nach der neueren Rechtsprechung des Reichsfinanzhofs bei der Berechnung des Einkommens, das im Inland steuerpflichtig ist, Steuern, die im Ausland von dem Gegenstand erhoben wurden, als Werbungskosten abgesetzt werden können.

In andern Fällen enthält das Merkmal, das zu einer Verweisung führt, eine staatliche Beziehung bestimmten Inhalts[10], die, wie für Rechtssätze (oben S. 194), so für Amtshandlungen eindeutig den Staat bezeichnet, dem die Amtshandlung angehören muß, um rechtserheblich zu sein. Daß es für die Rechtmäßigkeit einer Auszeichnung (zuerst) auf den Staat der Verleihung, für die Anerkennung zollamtlicher Identitätszeichen auf den Staat, der die Ware zollamtlich behandelt hat, ankommen muß, ist einleuchtend.

Vielfältig erhebt sich dabei auch hier der Zweifel, welcher Staat von mehreren es ist, dessen Amtshandlungen der inländischen Rechtsfolge zur Grundlage dienen können. Solchen Fragen mag ein Zweifel zugrunde liegen, welche Staatsgewalt beteiligt ist; etwa bei Verfügungen der Bergbehörden, die Deutschland während des letzten Kriegs im besetzten Frankreich eingerichtet hat. Sie können auf Zweifeln beruhen, ob eine Amtshandlung sachlich den Inhalt hat, der ihr bei Vornahme durch diesen Staat Rechtserheblichkeit sichert; es sei dafür auf das früher gebrauchte Beispiel verwiesen, ob eine fremde Nobilitierung als Verleihung einer Auszeichnung oder als Namensänderung zu bewerten ist. Vor allem aber handelt es sich bei diesen Zweifeln um die Frage, ob der oder jener Staat in örtlicher Hinsicht die Zuständigkeit besitzt, die vorausgesetzt wird, um seinen Amtshandlungen rechtliche Bedeutung zuzuschreiben. Ausgangspunkt der Verweisung ist auch hier das Recht des Staats, der die Verweisung aufstellt, so daß wiederum (vgl. oben S. 197) die Frage rechtlich möglich wird, welchem Staat von mehreren die Zuständigkeit zugeschrieben wird, wirksame Handlungen zu begründen, und es ergibt sich gegenüber der Anwendung von Rechtssätzen des zuständigen Auslandsstaats in diesem Zusammenhang ein Unterschied nur dahin, daß, wo Amtshandlungen gewürdigt werden sollen, irgendein Staat meistens schon eingegriffen hat, so daß sich die Frage umformt: ist die Handlung dieses Staats in örtlicher Hinsicht ausreichend, die Anforderungen des Inlandsrechts zu erfüllen?

In zahlreichen Fällen nun findet sich die vorausgesetzte Zuständigkeit in Gesetz oder Staatsvertrag ausdrücklich festgelegt. Ein See-

---

[10] Es sind hier die staatlichen Beziehungen des Gegenstands der Amtshandlung gemeint. Über die staatliche Beziehung der Amtshandlung in ihrer Eigenschaft als verfahrensrechtlicher Akt unten § 32 Z. 1.

schiff soll zum Verkehr zugelassen werden, wenn es im Heimatstaat für fahrtüchtig befunden worden ist, ein Arzt zur Berufstätigkeit, wenn sie ihm an seinem Sitz verstattet ist. Häufig aber ist die Feststellung der maßgebenden Anknüpfung der Auslegung überlassen, und es wird die Auslegung auch hier zum Ausgangspunkt nehmen müssen, daß das Inland andern Staaten im Zweifel diejenige Zuständigkeit zuschreibt, die es für sich selbst in Anspruch nimmt[11]. Eine Namensänderung wird somit anerkannt, wenn sie im Heimatstaat des Fremden erfolgt ist, Beurkundungen im Standesregister, wenn sie dem Staat angehören, in dem sich das beurkundete Ereignis zugetragen hat[12]. —

Ist in den vorausgehenden Ausführungen angenommen, daß die Verweisung, die auf Handlungen eines fremden Staats Bezug nimmt, in einer Sachnorm des Inlands aufgestellt ist, so kann es doch auch vorkommen, daß sie einer ausländischen Sachnorm angehört, die im Inland Anwendung verlangt. Es handelt sich alsdann um die in Z. 1 erörterten Fälle einer mittelbaren Erheblichkeit, und es entscheidet nunmehr die fremde Sachnorm, welchem Staat die Handlung angehören muß, um dem vorausgesetzten Tatbestand zu genügen.

Solche Verweisung auf Akte des öffentlichen Rechts kann für das Inland in irgendeinem Zusammenhang von Belang werden, für den fremde Rechtssätze anzuwenden sind. Um ein einfachstes Beispiel zu gebrauchen, es soll festgestellt werden, ob jemand die Staatsangehörig-

---

[11] Das bedeutet auch hier — s. oben S. 202 — einen Schutz gegen Zuständigkeitsüberschreitungen, ohne daß es einer besondern Disqualifizierung der Handlung eines unzuständigen Staats für das Inland bedürfte.

[12] Es bleibt freilich, wie oben S. 201[13], auch hier zu erwägen, ob nicht bei dieser Übertragung solche Zuständigkeiten ausscheiden müssen, die zur ausschließlichen Begünstigung des Inlands vorgesehen sind, wie der Gerichtsstand des Vermögens nach § 23 der deutschen ZPO. oder Art. 14 des Code civil. Ein zweifelsfreies Beispiel bietet die Zuständigkeit, welche das deutsche Recht für die Entmündigung eines Ausländers an seinem deutschen Wohnsitz in Anspruch nimmt: ist ein Deutscher an seinem ausländischen Wohnsitz entmündigt worden, so wird seine Geschäftsfähigkeit für den deutschen Rechtsverkehr nicht von deren Besitz im Staat des Wohnsitzes abhängig gemacht. Und jedenfalls können fremdenrechtliche Bevorzugungen des Inlands, die sich mit inländischer Zuständigkeit verbinden, bei einer Beurteilung fremder Zuständigkeit nicht in Betracht gezogen werden. Ein Beispiel oben 3 I 245 (Anerkennung des Eintrags in das Luftfahrtregister). — Vereinzelt mag es übrigens auch vorkommen, daß die Zuständigkeit der fremden Amtshandlung bestimmt werden muß, ohne daß vergleichbare Zuständigkeiten im eignen Recht bestehen. Etwa wenn im Pelzhandel die rechtmäßige Gewinnung gewisser Felle durch amtliche Zeugnisse nachgewiesen werden muß. Oder wenn es bei der Eheschließung eines ausländischen Ehefähigkeitszeugnisses bedarf. Auch hier gilt, was für den entsprechenden Fall oben S. 202 ff. ausgeführt wurde.

keit in einem fremden Staat besitzt, und dabei muß eine Naturalisation jenes Staats gewürdigt werden. Es wird sich in solchen Fällen meist um Akte desjenigen Staats handeln, dessen Recht auf den Fall anzuwenden ist. Doch mag die Verweisung auch auf Handlungen eines dritten Staats, vielleicht sogar des verweisenden Staats, zu beziehen sein. In einem Danziger Scheidungsverfahren[13] war ein reichsdeutscher Anwalt als Verkehrsanwalt beigezogen; seine Gebühren bestimmten sich vom Standpunkt Danzigs aus nach deutschem Recht; das deutsche Recht bemißt die Prozeßgebühr nach dem Streitwert und den Streitwert nach der Festsetzung des Prozeßgerichts; so hatte es schließlich auf die Festsetzung des Streitwerts in Danzig anzukommen.

Für das Verwaltungsrecht sind hier vor allem die S. 304 f. beschriebenen Fälle einer Näherberechtigung in Betracht zu ziehen, ein Versicherungsunternehmen wird für das Inland zugelassen, wenn es nach dem Recht des Staats zugelassen ist, in dem sich die Hauptniederlassung befindet usw. Und wenn es sich auch unter solchen Umständen meist um Verwaltungsakte eben dieses fremden Staats handeln wird, so bleibt es doch dessen Entscheidung überlassen, Handlungen eines dritten Staats als gleichberechtigt gelten zu lassen. Der Zugewanderte hat für das Inland dasjenige Bekenntnis, das er an seinem letzten Wohnsitz im Ausland hatte; ob ein zu jener Zeit vollzogener Austritt wirksam nur vor den Behörden des Wohnsitzstaats oder auch vor den Behörden eines dritten Staats vorgenommen werden konnte, bestimmt sich nach dem Recht des damaligen Wohnsitzes. Es kommt aber auch vor, daß gerade für die Frage, ob einer fremden Amtshandlung Zuständigkeit beigemessen werden soll, das Urteil eines andern Staats dazwischengeschoben wird, dem man die nähere Berechtigung zuschreibt, zu solcher Zuständigkeit Stellung zu nehmen. So wird ganz regelmäßig die Besatzung von Luftfahrzeugen für das Inland zugelassen, wenn der Heimatstaat des Fahrzeugs die Zulassung gelten läßt[14]. Einige preußische Bestimmungen machen die Anerkennung akademischer Grade, diejenige von Reifezeugnissen, die Angehörige andrer deutscher Länder im Ausland erworben haben, davon abhängig, ob die Anerkennung im Heimatland gewährt wird[15]. Über das Verhältnis solcher Bestimmungen zu einer angeblichen „Weiterverweisung" ist schon oben S. 269 das Erforderliche gesagt worden. —

Einschränkend ist schließlich allen diesen Erörterungen beizufügen, daß dort, wo ein Staatsakt des Auslands für rechtserheblich erklärt wird, eine solche Verweisung (wie dies oben S. 224 für Rechtssätze des Auslands ausgeführt wurde) regelmäßig nur auf Akte eines Staats

---

[13] Landgericht Danzig, Juristische Wochenschrift 1932, 1175.
[14] 3 I 253 f. (die dort geäußerte abweichende Ansicht ist zu berichtigen).
[15] Oben 1, 346 und 207.

zu beziehen ist, dessen Herrschaft von seiten des Inlands völkerrechtlich anerkannt wird. So hat das Reichsgericht Strafen, die während des Einfalls in das Ruhrgebiet von der besetzenden Macht verhängt worden waren, weil nicht von einer ordnungsmäßigen Gerichtsbarkeit verhängt, die Anerkennung verweigert[16]. Dagegen ändert eine Völkerrechtswidrigkeit im Inhalt der fremden Amtshandlung auch hier nichts an der Verbindlichkeit der Verweisung; sie kann nur unter dem Gesichtspunkt der Vorbehaltsklausel von einer Einwirkung ausgeschlossen werden.

Mehrfache Zuständigkeit.

3. Das wesentlichste Problem jedoch, das die Berücksichtigung fremder Staatsakte mit Rücksicht auf ihre Herkunft aufwirft, ist in der Frage gegeben, wie weit dabei mehreren Staaten nebeneinander Zuständigkeit zugeschrieben werden kann[17].

a) Auszuscheiden ist hier der Fall, daß Amtshandlungen eines Staats erst hilfsweise erheblich sein sollen, wenn Amtshandlungen eines andern Staats, auf die es zunächst ankommt, nicht vorliegen. Z. B. es ist vorgesehen[18], daß die Vermögenszeugnisse, auf Grund deren über ein Armenrechtsgesuch entschieden wird, zunächst von dem Staat des gewöhnlichen Aufenthalts, in Ermangelung eines solchen Zeugnisses von dem Staat des gegenwärtigen Aufenthalts, unter Umständen von den Außenbehörden des Heimatstaats des Bewerbers zu erholen sind. Entsprechend der vorgeschriebenen Reihenfolge kommt dabei immer nur das Zeugnis eines Staats in Betracht.

b) Ebenso liegt es außerhalb des hier behandelten Problems, wenn zwar Amtsakte mehrerer Staaten nebeneinander vorliegen, aber jeder dieser Akte einen Inhalt hat, der neben dem Inhalt des andern Akts bestehen kann. Hat ein Ausländer, der zwei Staaten angehört, einen Reisepaß von jedem dieser Staaten, so beweist der eine Paß die Staatsangehörigkeit im einen, der andre Paß die Staatsangehörigkeit im andern Staat, irgendeine Unvereinbarkeit der beiden Urkunden ist insoweit nicht gegeben. Ebenso, wenn Vormundschaft in zwei Staaten

---

[16] Urteil 14.2.1929, Juristische Wochenschrift 3503. Allerdings scheint mir die Nutzanwendung, die das Urteil für § 7 StGB. macht, nicht begründet: wenn hier vorgeschrieben wird, daß die Strafe, die ein ausländischer Staat verhängt hat, bei einer Bestrafung wegen derselben Handlung durch deutsche Gerichte anzurechnen sei, so dürfte dabei weder die Zuständigkeit noch die völkerrechtliche Legitimation des strafenden Staats wesentlich sein, den Bestraften trifft die Maßregel eines berufenen und eines nichtberufenen Staats gleich schwer.

[17] Man vergleiche dazu oben § 22 Z. 3 die Übereinstimmungen und Verschiedenheiten, die sich für die entsprechenden Fragen bei der Anwendung ausländischer Rechtssätze ergeben.

[18] Oben 2, 405 f.

bestellt ist und es wäre eine jede dieser Vormundschaften auf die Verwaltung des Vermögens beschränkt, das in dem Gebiet ihres Staats belegen ist. Insbesondre gehören auch die S. 304 f. behandelten Fälle einer Näherberechtigung hieher: wird das ausländische Versicherungsunternehmen im Inland zugelassen, wenn es die Zulassung im Staat der Hauptniederlassung besitzt, so sind dabei zwei Zulassungen mit getrenntem Inhalt in Frage, diejenige des fremden Heimatstaats für die Geschäftstätigkeit in dessen Bereich, diejenige des Inlands für eine Betätigung im Inland.

c) Das Problem, das hier zur Behandlung steht, befaßt sich mit Amtshandlungen mehrerer Staaten, die auf den gleichen Gegenstand gerichtet sind, und dabei ergibt sich eine bemerkenswerte Verschiedenheit gegenüber dem früher behandelten Fall, daß Rechtssätze mehrerer Staaten den gleichen Inhalt regeln sollen. Steht eine Mehrheit von Rechtssätzen zur Wahl, so kann doch, wie S. 202 ausgeführt, in Wirklichkeit die Zuständigkeit nur entweder dem einen oder dem andern von ihnen zukommen. Denn der Rechtssatz wirkt automatisch auf den Tatbestand, der ihm unterstellt ist; genauer, wenn der private oder amtliche Beurteiler, gleichviel wann, das Recht aufsucht, das für den Tatbestand gilt, muß er davon ausgehen, daß dies Recht mit der Entstehung des Tatbestands von selbst anwendbar geworden ist, und da ein Tatbestand (regelmäßig) nur entweder der einen oder einer andern Ordnung unterstellt sein kann, ist es unmöglich, den Rechtssätzen mehrerer Staaten gleichzeitig Zuständigkeit für den Fall zuzuschreiben. Das ist bei Amtshandlungen mehrerer Staaten nicht ebenso. Von vornherein nicht bei Feststellungen, aber auch nicht bei rechtsbegründenden Akten. Auch nicht bei Zivilurteilen. Denn mehreren Staaten nebeneinander Zuständigkeit einräumen heißt in diesem Zusammenhang nicht mehr, als jedem von ihnen die Möglichkeit eines Eingreifens freistellen. Erst wenn mehr als einer dieser Staaten von einer solchen Möglichkeit Gebrauch gemacht hätte, tauchen Fragen auf, ähnlich jenen, die aus der Anwendbarkeit der Rechtssätze mehrerer Staaten erwachsen. Es macht dabei keinen Unterschied aus, ob die vorausgesetzten Amtshandlungen für das Inland unmittelbar oder mittelbar erheblich sind. Es besteht auch, anders als bei Rechtssätzen, kein Zwang (nur davon ist zunächst die Rede), Anknüpfungen, die gewöhnlich eindeutig sind, ausnahmsweise aber vervielfacht auftreten, zur Vereinheitlichung zu bringen[19].

---

[19] Es ist bemerkenswert zu sehen, wie bei den Vorschlägen der 6. Haager Konferenz für internationales Privatrecht dieser Unterschied unbewußt durchgebrochen ist. Man befaßte sich mit der doppelten Staatsangehörigkeit der Personen, deren Recht maßgebend sein sollte, und hat für die Wirkungen der Ehe und für die Ehescheidung angenommen, daß dies stets ein Recht

Indessen, die vorstehenden Bemerkungen wollen nicht mehr besagen, als daß eine Mehrheit von Staaten für die vorausgesetzte Amtshandlung zuständig sein **kann**. Ob dies im einzelnen Fall zutrifft, hängt auch hier einzig von dem Willen des verweisenden Staats ab. Dieser Wille mag zweifelsfrei ausgedrückt oder durch Auslegung zu erschließen sein. Jedenfalls ist bei der Auslegung festzuhalten, daß die Anerkennung mehrfacher Zuständigkeit eine Begünstigung der Rechtsfolge bedeutet, die sich an die Amtshandlung knüpft[20]. Bei rechtsbegründenden Akten des öffentlichen Rechts ist eine Mehrheit der Zuständigkeiten nur möglich, wenn auch für die materiellrechtliche Regelung, die den Akt voraussetzt, eine Mehrheit von Zuständigkeiten zugelassen wird (nach dem Schema „es genügt", wenn die Rechtsfolge nach dem einen oder andern Recht besteht, oben S. 199). Dergleichen kommt immerhin vor. So wurde oben 3 I 14[42] eine Bestimmung erwähnt, nach der ein Kraftwagen im Inland zugelassen werden soll, der entweder nach den Bestimmungen des Wohnsitzstaats oder nach denen des Aufenthaltsstaats Zulassung besitzt[21].

---

sein müsse (für die Eheschließung trug man einem besondern favor matrimonii Rechnung, es sollte das günstigere der beiden Rechte genügen). Für Vormundschaft und Entmündigung aber hat man — von gewissen Rechtslagen abgesehen — die Zuständigkeit eines jeden der Heimatstaaten anerkannt und erst an Akte, die eine der Zuständigkeiten geltend machen, weitere Wirkungen geknüpft. Vgl. das Schlußprotokoll und Actes 159.

[20] Das ist bei den Haager Beratungen über die Entmündigung eines Doppelstaaters verkannt worden, vgl. Actes de la 6e Conférence 154, 161.

[21] Ein weiteres Beispiel oben 1, 207[19]. Hieher gehören auch Fälle, bei denen die eigentliche Zuständigkeit einem fremden Staat zugesprochen, eine ergänzende Zuständigkeit vorsorglich aber auch dem Inland vorbehalten wird. So die Entmündigung, die Todeserklärung eines Ausländers in seinem Heimatstaat neben der Möglichkeit, die Entmündigung am inländischen Wohnsitz, die Todeserklärung im Inland mit Rücksicht auf das inländische Vermögen auszusprechen. — Daß unter solchen Umständen mit der Möglichkeit, die Amtshandlungen mehrerer Staaten zu beachten, jeweils auch das materielle Recht des handelnden Staats, das der Handlung Wirkung verleiht, mit zur Wahl gestellt wird, ist für Wirkungen öffentlichen Rechts nicht weiter bemerkenswert, da ja jeder Staat die Wirkung nur für seinen Bereich eintreten läßt. Entsprechendes kann aber auch für privatrechtliche Wirkungen in Betracht kommen und führt hier zu der singulären Möglichkeit, daß Privatrechtssätze mehrerer Staaten für denselben Tatbestand als zuständig angesehen werden müssen. Hätte man anzunehmen, daß eine Zuständigkeit zur Zwangsvollstreckung in Forderungen sowohl dem Staat zukommt, in dem der Gläubiger, wie jenem, in dem der Schuldner den Wohnsitz hat, so ist auch jeder dieser Staaten zuständig, privatrechtlich an den Vollstreckungsakt den Übergang der Forderung zu knüpfen. Aber freilich, auch das sind nur mögliche Zuständigkeiten. Kann (s. gleich unten) nur eine der Vollstreckungen wirksam werden, so ist damit gesagt, daß auch nur eine der Zuständigkeiten des materiellen Rechts zum Zug kommen kann.

Anders dagegen wird die Auslegung etwa sein müssen bei einem Ausländer doppelter Staatsangehörigkeit, der in einem der Heimatstaaten eine Namensänderung erlangt hat. Das Inland bemißt die Pflicht zur Namenführung für seinen Bereich nach dem Rechtszustand des Lands, dessen Staatsangehörigkeit der Fremde hat; hat der Fremde zwei Heimatstaaten, so muß jedenfalls insoweit, als es sich um eine Ordnung der Namenführung nach allgemeinen Gesetzen des materiellen Rechts handelt, eine einheitliche Regelung gefunden werden, nach der der maßgebende Rechtszustand zu bestimmen ist. Dann kann aber auch nicht angenommen werden, daß dieser Rechtszustand preisgegeben würde, wenn im einzelnen Fall der verpflichtende Name nicht durch allgemeine Rechtssätze festgestellt werden kann, sondern erst unter Würdigung eines dazwischengetretenen Staatsakts.

d) Wo eine mehrfache Zuständigkeit im Sinn der vorstehenden Ausführungen begründet ist, da gelangt dies dann zu rechtlicher Bedeutung, wenn einer der zuständigen Staaten die Handlung vorgenommen und nur einer von ihnen sich mit der Angelegenheit befaßt hat. So bei Feststellungen: das Schiffsattest, das in der Rheinschifffahrt gefordert wird, kann allerwärts ausgestellt werden; wird ein solches Attest aus irgendeinem Staat beigebracht, so ist der Voraussetzung für die Zulassung im Inland Genüge getan. Sind mehrere Auslandsstaaten zuständig, ein Zivilurteil zu fällen, und es wird ein Urteil aus einem von ihnen vorgelegt, so findet das Urteil Anerkennung, wenn nur die sonstigen Voraussetzungen einer Anerkennung gegeben sind. Nicht anders aber auch bei rechtsbegründenden Akten. Die Trauung in irgendeinem Auslandsstaat ist rechtserheblich. Die irgendwo im Ausland verbüßte Strafe wird angerechnet, wenn im Inland wegen derselben Handlung ein neues Verfahren stattfindet. In allen diesen Fällen „genügt" die Amtshandlung eines der berufenen Staaten, und es steht die so begründete Rechtslage — insoweit — jener gleich, die bei Rechtssätzen mehrerer Staaten gegeben ist, wenn die Anwendung des einen oder des andern Rechts als Voraussetzung einer Rechtsfolge genügen soll.

e) Diese Rechtslage jedoch ändert sich, wenn mehr als einer der berufenen Staaten von seiner Zuständigkeit tatsächlichen Gebrauch macht. Denn die Amtsakte, die in zweien von ihnen vorgenommen wurden, können unvereinbaren Inhalt besitzen. Es gibt Fälle[22], in denen Standesurkunden des Auslands Erheblichkeit zugesprochen wird, wenn der Vorgang von den örtlichen Behörden, und wenn er von dem heimatlichen Konsul beurkundet worden ist; was soll gelten, wenn die Sterbeurkunde des Konsuls einen andern Todestag nennt

---

[22] Oben 1, 56 f. mit 42 ff.

als die Urkunde des örtlichen Standesbeamten? Auswärts, im Heimatstaat und im Wohnsitzstaat des Mündels, ist eine Vormundschaft eingerichtet worden, welcher der Vormünder soll im Inland befugt sein, den Mündel zu vertreten? Ein Zivilurteil, das am Wohnsitz des Beklagten ergangen ist, setzt den Schadenersatz auf 1000 fest, ein Urteil im Staat des Tatorts auf 10 000; was ist rechtens? Die Antwort wird nicht in allen Fällen die gleiche sein. Wo es sich um widersprechende Feststellungen handelt, wird eine sonst etwa begründete Bindung an deren Inhalt wegfallen, die Würdigung in das freie Ermessen des Beurteilers gestellt sein. Anders bei rechtsbegründenden Akten, aber auch bei Zivilurteilen, deren Ausspruch (gleichviel auf welchem Weg) der Partei ein Recht auf die festgestellte Rechtslage gibt. Ist auf der Grundlage eines solchen Akts ein Recht entstanden, eine Beschränkung verbindlich geworden, so ist eine derart begründete Rechtslage für die Beteiligten verpflichtend[23]. Besonders deutlich zeigt sich das bei Zivilurteilen; es ist gerade der Sinn der Rechtskraft, die ihnen zugeschrieben wird, der Möglichkeit einer späteren abweichenden Beurteilung einen Riegel vorzuschieben. Soll demgemäß bei rechtsbegründenden Akten und bei Urteilen die Einräumung einer Zuständigkeit an mehrere Staaten nicht zu Widersinn führen, so ist eine Auslegung geboten, die solche Häufung der Zuständigkeiten als Möglichkeit ansieht; nach der indessen weitere Möglichkeiten als erloschen gelten, wenn von einer unter ihnen Gebrauch gemacht worden ist[24]. Und es ergibt sich daraus fernerhin, daß derjenige Amtsakt den Vorrang zu beanspruchen hat, der zuerst ergangen ist, nicht derjenige, der zuerst geltend gemacht worden ist[25]. Das klassische Vorbild dieser

[23] Auch dann, wenn die Behörde selbst ihre Entscheidung abändern kann, wie das in der freiwilligen Gerichtsbarkeit vorkommt. Hat die Behörde des fremden Wohnsitzes verfügt, daß die Kinder einer geschiedenen Ehe von Ausländern bis auf weiters bei dem Vater wohnen sollen, so ist damit auch für das Inland eine feste Rechtslage zwischen den Beteiligten begründet. Wenn die gleiche Behörde später anders verfügt, so ergeben sich neue Bindungen für die Beteiligten. Aber eine Entscheidung der heimatlichen Behörden, die etwa nachträglich in der Sache angerufen würden, wäre für das Inland gegenstandslos.

[24] Das trifft selbstverständlich auch für die Wiederaufhebung einer Verfügung zu, die der ersthandelnde Staat erlassen hat. Anders auf vertraglicher Grundlage der höchst anomale Rechtszustand nach Art. 11 des Haager Entmündigungsabkommens. Bei einer verwandten Vorschrift der Rheinschiffahrtsakte 1868[15] (oben 3 I 211 f.) hatte es sich nicht um konkurrierende Zuständigkeiten gehandelt, sondern um die Seltsamkeit, daß die Zuständigkeit zur Verleihung des Schifferpatents einem andern Staat zugesprochen war als die Zuständigkeit zu dessen Entziehung.

[25] Unbeschadet selbstverständlich der prozessualen Bindungen, die sich ergeben können, wenn der später ergangene Akt zuerst in Vorlage gebracht

Lösung ist in der Lehre von der „Prävention" gegeben, die im gemeinen Prozeß, zumal für Strafsachen, seit dem 15. Jahrhundert in Aufnahme gekommen war: ist Strafe in einem Gebiet verhängt worden, so soll wegen derselben Tat in einem andern Gebiet keine weitere Strafe mehr statthaft sein[26].

f) Werden die Behörden mehrerer Auslandsstaaten mit derselben Angelegenheit befaßt, so mag es auch dazu kommen, daß der eine Staat einem Antrag stattgibt, ein andrer ihn ablehnt. Indessen, dabei müssen zwei Erscheinungen auseinandergehalten werden. Im einen Staat ist ein (im übrigen anerkennungsfähiges) Urteil ergangen, das die Klage zuspricht, im andern Staat ein Urteil, das sie als unbegründet abweist: kein Zweifel, daß die Wirkungen der Rechtskraft sich hier dem erstergangenen Urteil anschließen, mag es positiv oder negativ entscheiden; auch hier handelt es sich um einen der vorstehend unter e) behandelten Fälle. Dasselbe gilt für Urteile, die nicht wegen ihrer Rechtskraft, sondern sonst als Feststellungen benützt werden: macht die Verurteilung wegen eines Verbrechens heeresunwürdig und es ist im einen Staat Freisprechung und im andern Verurteilung erfolgt, so liegen wiederum widersprechende Feststellungen im Sinn der früheren Ausführungen vor. Denn es gehört zum Inhalt eines Urteils, über Ja oder Nein zu entscheiden. Das verhält sich bei den meisten Staatsakten anders. Sie werden vorgenommen oder ihre Vornahme unterbleibt, und wenn im letzteren Fall die Ablehnung möglicherweise auf der Annahme beruht, daß die rechtlichen Voraussetzungen für den Akt fehlen, so gewinnt eine solche Annahme doch nicht die Gestalt eines Staatsakts, der auch für andre Staaten Bedeutung haben könnte. Die Folge aber ist, daß unter solchen Umständen nur die vorgenommene Amtshandlung für einen andern Staat erheblich wird, deren Ablehnung der rechtlichen Bedeutung ermangelt. Ist den Verlobten im einen Auslandsstaat die Trauung versagt, im andern gewährt worden, so ist die Ehe für das Inland formgültig geschlossen. Jemand ist die Promotion im einen Staat mißlungen und er erreicht

---

wird. — Vielleicht ist es auch zweckmäßig, dabei auf die Verschiedenheit gegenüber einem Statutenwechsel zu verweisen, bei dem die letzte zuständige Rechtsordnung den Ausschlag gibt. Denn bei einem Statutenwechsel geht mit der Begründung einer neuen Zuständigkeit die frühere Zuständigkeit unter.

[26] Nur ist die Problemstellung hier und dort nicht völlig die gleiche. Für das Strafrecht wird auf Prävention abgestellt, weil mehrfache Bestrafung wegen derselben Handlung unbillig ist; für widersprechende Staatsakte, weil deren gleichzeitige Beachtung unmöglich ist. Möglich wäre im ersteren Fall auch eine mehrfache Bestrafung.

die Graduierung in einem andern Staat; er ist befugt, den Titel im Inland zu führen[27].

g) Ist an einer mehrfachen Zuständigkeit neben fremden Staaten das Inland beteiligt, so können sich Verschiebungen ergeben. Handelt es sich um Feststellungen widersprechenden Inhalts im Sinn der Ausführungen unter e), so erlischt, wie dort ausgeführt, die Bindung an die Feststellungen, und es wird schon aus tatsächlichen Gründen meistens die Feststellung des Inlands den Ausschlag geben. Hingegen muß es bei rechtsbegründenden Akten und Urteilen, die sich widersprechen, bei der Regel verbleiben: es entscheidet[28] die Lösung des ersthandelnden Staats. Dabei aber empfängt der Grundsatz der Prävention eine beträchtliche Ausweitung. Ist ein rechtsbegründender Akt (der nicht Urteil ist), etwa eine Todeserklärung, zuerst im Inland abgelehnt und dann im Ausland vorgenommen worden, so kommt unter solchen Umständen abweichend von dem, was zu f) ausgeführt, auch der ablehnenden Entscheidung des Inlands rechtliche Bedeutung zu. Denn anders als Handlungen fremder Amtsstellen ist die Tätigkeit inländischer Behörden auch als Tätigkeit der rechtlichen Würdigung des eignen Staats zugänglich. — Natürlich hat das Inland die Freiheit der Entschließung auch da, wo die Berücksichtigung fremder Zuständigkeit in das freie Ermessen gestellt ist. Nach deutschem Recht kann die Zuständigkeit des fremden Wohnsitzes anerkannt werden, Vormundschaft über einen Deutschen zu errichten; wird die fremde Zuständigkeit im einzelnen Fall abgelehnt, so steht die deutsche Vormundschaftsbehörde nicht mehr unter Bindung. Und solche Freiheit ist um so mehr begründet, wenn vom Standpunkt des Inlands aus eine mehrfache Zuständigkeit überhaupt nicht besteht. Besitzt jemand doppelte Staatsangehörigkeit und darunter diejenige des Inlands, so kommt für das Inland — auch in Fällen, in denen einer mehrfachen Staatsangehörigkeit sonst Rechnung getragen werden kann — nur die eigne Staatsangehörigkeit in Betracht.

Zeitliche Aufeinanderfolge staatlicher Betätigung.

4. Es ist in § 23 von der Anwendung ausländischen Rechts gehandelt worden, wie sie aus einer zeitlichen Aufeinanderfolge mehrerer

---

[27] In einem Fall aus der Praxis, den ich kenne, wurde einer Person doppelter Staatsangehörigkeit die Namensänderung im einen Heimatstaat versagt, im andern Heimatstaat gewährt; der dritte Staat, in dem die Person wohnte, hat die Namensänderung anerkannt. Indessen liegt dieser Fall darum anders, weil hier eine mehrfache Zuständigkeit überhaupt nicht angenommen werden durfte, s. oben S. 329. — Über Bedenken, die sich unter solchen Umständen für Entmündigung ergeben, oben S. 328[20].

[28] Unbeschadet der Wirkungen einer irrtümlich herbeigeführten Rechtskraft des inländischen Urteils.

Rechtsordnungen sich ergibt, und zunächst kraft einer Änderung im Tatbestand, welche die Parteien herbeiführen. Dergleichen kann es freilich nur für das Privatrecht geben, und es mag die Anwendung des früher oder auch des später zuständigen materiellen Rechts die Anerkennung von Amtshandlungen mit sich bringen, vermöge deren der Rechtszustand begründet oder verändert wurde, z. B. die Anerkennung einer Ehelicherklärung. Für das öffentliche Recht kommen ähnliche Erscheinungen nur etwa in Betracht, wo das Inland seinen Rechtszustand so gestaltet, wie ihn vorher ein andrer Staat für seinen Bereich gestaltet hatte, und wiederum können auf diesem Weg auch Amtshandlungen eines fremden Staats für das Inland von Belang werden [29].

Wichtiger für den gegenwärtigen Zusammenhang ist eine Aufeinanderfolge der Staatsgewalten, wie sie bei einer Gebietsveränderung Platz greift, und wenn es gerade hier mannigfach zu der Anerkennung von Amtshandlungen des Vorgängers in der Herrschaft kommt, so setzt eine Einsicht in die so geschaffene Rechtslage voraus, daß zunächst die zeitliche Abgrenzung der beiderseitigen Wirksamkeiten klarliegt. Das Grundsätzliche hierüber ist oben S. 213 ff. vorgebracht worden: Ausgangspunkt der Scheidung ist der Zeitpunkt, in dem der Nachfolgestaat an die Stelle des Vorgängers tritt, und gerade bei Amtshandlungen ist die Scheidung sehr einfach, soweit es sich um Verfahrensbestimmungen handelt, die der Behörde ein Verhalten gegenüber Privaten vorschreiben; jede Behörde handelt, solang ihr Staat herrscht. Es ist erst die Einwirkung behördlicher Tätigkeit auf private Rechtslagen, die hier zu Zweifeln führt. Dabei aber treten für das öffentliche Recht rechtsbegründende Akte und feststellende Akte auseinander. Rechtsbegründende Akte des öffentlichen Rechts müssen (oben S. 318) grundsätzlich von demjenigen Staat ausgehen, der das von dem Akt beeinflußte Rechtsverhältnis materiell regelt; soll ein solcher Akt des Vorgängers für den Nachfolgestaat erheblich werden, so muß insoweit auch das materielle Recht des Vorgängers für den Nachfolger Erheblichkeit besitzen. Gelegentlich mag das auch für feststellende Akte zutreffen. In aller Regel aber läuft deren Anerkennung über das Recht des Nachfolgers, und ebenso trifft das bei Amtshandlungen zu, die für andre Zwecke verwertet werden als diejenigen, für die sie vorgenommen wurden.

Die Schwierigkeiten indessen, die dem Problem einer zeitlichen Einordnung gerade bei Amtshandlungen eigentümlich sind, ergeben sich bei einer Mehrheit aufeinanderfolgender Tätigkeiten, die derselben

[29] So 1, 399 und 444: behält (im Rahmen einer Zwangsordnung) der Zugewanderte das bisherige Bekenntnis, so gilt dies auch dann, wenn der früher zuständige Staat durch behördliche Mitwirkung bei einem Bekenntniswechsel, durch Dispensation von Vorschriften über religiöse Erziehung in den Rechtszustand eingegriffen hat.

Aufgabe dienen sollen. Für rechtsbegründende Akte ist diese Untersuchung schon oben § 23 Z. 4 vorgenommen worden, denn mit der Bezeichnung des maßgebenden Vorgangs sollte dort der Staat bezeichnet werden, dessen materielles Recht als maßgebend anzusehen war. Bei Feststellungen kann ein verwertbares Ergebnis erst vorliegen, wenn sie zu einem (vielleicht nur vorläufigen) Abschluß gebracht sind. Hier ist auch der Ort, auf Verfahren einzugehen, in denen ein Rechtsstreit entschieden oder die Voraussetzungen eines rechtsbegründenden Akts in einem selbständigen Streitverfahren festgestellt werden sollen. Die Frage, mit welcher Wirkung ein solches Verfahren auf den Nachfolger bei einer Gebietsveränderung übergeht, kann freilich zunächst nur für Verfahren in Zivilsachen gestellt werden; denn in öffentlichrechtlichen Angelegenheiten ist das Verfahren eine Hilfseinrichtung für Rechtslagen, an denen derselbe Staat materiellrechtlich beteiligt ist, und erst dann, wenn der Nachfolger in die materielle Rechtslage eintritt, kann die Fortführung eines vorher begonnenen Verfahrens für ihn in Betracht kommen. Bei einem übergehenden Verfahren aber handelt es sich entweder um selbständige Zwischenwirkungen, die vor dem Hoheitswechsel eingetreten sind, z. B. auf Grund eines Beweisbeschlusses; dann bedeutet die Anordnung einen rechtsbegründenden Akt, für den gilt, was für andre Akte dieser Art, insbesondre auch, daß sich die Wirkungen des Akts (soweit mit dem späteren Rechtszustand vereinbar) nach dem Recht des Vorgängers bestimmen. Oder es hat die Amtshandlung die Bedeutung einer Voraussetzung für Rechtsfolgen, die erst unter der Hoheit des Nachfolgers verwirklicht werden, z. B. eine Beweiserhebung, und wenn auch unter solchen Umständen die verfahrensrechtlichen Voraussetzungen der Handlung unter dem früheren Recht stehen, so können ihre Wirkungen nur nach dem Recht des Nachfolgers bemessen werden.

Alle diese Ausführungen werden anwendbar, wenn der Nachfolgestaat Amtshandlungen des Vorgängers anerkennt. Hier aber greift ein wesentlicher Satz des Rechts der Gebietsveränderungen ein: im Zweifel muß angenommen werden, daß der Nachfolgestaat Amtshandlungen des Vorgängers als rechtserheblich anerkennt, wenn dies mit dem seither bestehenden Recht vereinbar erscheint[30]. Es wird darauf unten § 53 Z. 1 zurückzukommen sein.

---

[30] Ein Beispiel für Feststellungen oben 1, 206[13] Anerkennung von Schulzeugnissen. Vorzugsweise handelt es sich um rechtsbegründende Akte, aufsichtliche Verfügungen, Verleihungen, Erlaubnisse. So 1, 123[24]; 1, 151; 1, 304 ff.; 1, 353; 2, 52; 2, 64; 2, 113[79]; 2, 220 f.; 2, 251; 2, 275; 3 I 67; 3 II 71. Aufgetauchten Zweifeln gegenüber mag noch beigefügt sein, daß auch einer Anerkennung widerruflicher Akte nichts entgegensteht; auch sie können, so lang sie nicht widerrufen sind, Rechtswirkungen begründen. So oben 2, 52[99]; auch 2, 67.

§ 32.

Die Anerkennung im Einzelnen.

1. Verfahrensrechtliche Erfordernisse der Amtshandlung. — 2. Weitere Voraussetzungen. — 3. Vorbehaltsklausel und verwandte Tatbestände. — 4. Die Nachprüfung ausländischer Amtshandlungen. — 5. Feststellung der Rechtserheblichkeit. — 6. Wirkungen der Anerkennung.

Verfahrensrechtliche Erfordernisse der Amtshandlung.

1. Wenn die Konkurseröffnung über das Vermögen des Ehemanns das Verwaltungsrecht und Nutzungsrecht beendigt, das ihm an dem Vermögen seiner Ehefrau zusteht, so ist es die tatsächliche Rückwirkung des Vorgangs, die zu solcher Anordnung veranlaßt, nach der Rechtmäßigkeit der Konkurseröffnung zu fragen, bleibt dabei kein Raum. Wo an den Amtsakt jedoch in seiner Eigenschaft als öffentlichrechtliche Betätigung des Staats Wirkungen geknüpft werden, ist dabei in aller Regel ein gültiger Staatsakt vorausgesetzt — nicht selten heben Gesetze und Staatsverträge dies Erfordernis ausdrücklich hervor[1] — und es ist das Recht des handelnden Staats, an dem diese Gültigkeit gemessen werden muß. Nicht weil das Handlungsstatut solches vorschriebe, sondern weil das Wirkungsstatut insoweit auf jenes Recht verweist[1a].

Die Gültigkeit, die hier vorausgesetzt wird, ist eine Gültigkeit nach dem Verfahrensrecht, unter dem die Handlung vorzunehmen war, während die sachliche Tauglichkeit, Grundlage einer Rechtswirkung zu sein, einer rechtsbegründenden oder einer feststellenden Wirkung, sich nur nach dem Wirkungsstatut richten kann. Dagegen wird die Verweisung auf das Recht des handelnden Staats sich nicht mit der Feststellung begnügen dürfen, ob die Amtshandlung gesetzmäßig vorgenommen wurde oder nicht. Dies Recht muß auch bestimmen, welche Folgen ein Verstoß gegen die Verfahrensordnung nach sich zieht; ob der fehlerhafte Staatsakt absolut nichtig ist, ob er von einem Privaten angefochten oder von Amts wegen zurückgenommen werden kann, ob der Mangel in irgendeiner Weise zu heilen ist. Z. B. es ist die Verfügung, die eine Namensänderung bewilligt, dem Antragsteller nicht eröffnet worden. Die Frage nach der Bedeutung von Mängeln hat freilich nur Sinn für die W i r k u n g e n, die sich mit der Amtshandlung verbinden: aber es ist gerade das Wirkungsstatut, das für das Zustandekommen des Staatsakts auf das Recht des handelnden Staats

---

[1] Beispiele oben 1, 56[84] oder 2, 84[40].

[1a] Einige Anwendungsfälle (bei Gebietsveränderungen) 2, 54; 3 I 67.

verweist, und die Rechtmäßigkeit und die Rechtswidrigkeit des Verfahrens bilden in ihm ein unlösliches Ganze[2].

Zuweilen soll die fremde Amtshandlung erst dann berücksichtigt werden, wenn das Verfahren zu einem gewissen Abschluß gekommen ist. So werden zwischen Deutschland und Österreich Verfügungen in bezug auf Zölle und Verbrauchsabgaben anerkannt und vollstreckt, wenn sie „vollstreckbar und unanfechtbar" geworden sind. Und es sind solche Merkmale als ein Stück des Verfahrensrechts wiederum dem Recht des handelnden Staats zu entnehmen. Es mag für das Inlandsrecht aber auch Bedeutung erlangen, wenn der fremde Staat seine Amtshandlung zurücknimmt (ob wegen eines Fehlers oder aus andern Gründen, ist hiefür unerheblich). Der Staatsakt, den das Inlandsrecht zur Voraussetzung macht, besteht nicht mehr nach dem Recht, das für sein Zustandekommen maßgebend ist; und auch darüber hat kraft der Verweisung des Wirkungsstatuts (und unbeschadet eines Eingreifens der Vorbehaltsklausel) jenes Recht zu entscheiden, ob der Zurücknahme nur eine Wirkung für die Zukunft zukommen soll, oder ob sie rückwirkend den Staatsakt als nicht vorgenommen erscheinen läßt[3].

Weitere Voraussetzungen.

2. Der Staat, der einem Amtsakt des Auslands Rechtserheblichkeit zuschreibt, mag das an jede ihm gut scheinende Voraussetzung knüpfen. Was aber ist neben den im Vorausgehenden besprochenen Anforderungen in diesem Bereich ohne ausdrückliche Anweisung rechtens? Anlaß zu der Frage gibt zunächst der Umstand, daß man für eine Gruppe ausländischer Amtsakte, die Zivilurteile, mehrere Voraussetzungen solcher Art aufzustellen pflegt, besonders scharf herausgearbeitet in § 328 der deutschen Zivilprozeßordnung, der Sache nach mehr oder weniger übereinstimmend in einer beträchtlichen Anzahl ausländischer Rechte. Ist eine Übertragung dieser Anforderungen auf andre Amtsakte im Weg der Auslegung geboten? Es wird hier notwendig unterschieden werden müssen. Vorweg: auch bei Zivilurteilen werden die Anforderungen des deutschen Rechts nur für die Anerkennung ihrer Rechtskraft aufgestellt, anderwärts sogar nur für den Fall, daß auf Grund des Urteils eine Vollstreckung durchgeführt werden soll; nach andrer Richtung mag auch Zivilurteilen ohne solche Beschränkungen Rechtserheblichkeit beigemessen werden. Wenn dann

---

[2] Vgl. etwa (doch ohne die Scheidungen des Textes) van Praag (zit. oben S. 158 [15]) 311 [835]. Melchior 96 [1].

[3] Vgl. zu diesen Fragen oben S. 287 f. Über Zurücknahme des Adels, akademischer Grade und andrer Auszeichnungen oben Bd. 1, 324 350 374. Über Zurücknahme einer ausländischen Naturalisation in ihrem Verhältnis zu dem Verlust inländischer Staatsangehörigkeit Hartmann, Annalen des Deutschen Reiches 50, 784 ff.; auch Niboyet (zit. S. 221 [2]) 769 f. 793.

im Einzelnen Z. 1 der deutschen Vorschrift Zuständigkeit des urteilenden Staats verlangt nach dem Maß, in dem das Inland seinen Gerichten Zuständigkeit zuschreibt, so ist das in der Tat eine Anforderung, die an jeden Amtsakt gestellt werden muß, wenn nicht der Sinn der Verweisung andres ergibt; es ist darüber oben S. 323 ff. das Nähere vorgebracht worden. § 328 Z. 2 verlangt Schutz gegen ein Verfahren, von dessen Anhängigmachung der Beklagte keine Kenntnis erhalten hat. Der Gedanke ist einer Übertragung fähig auf andre Verfahren, in denen eine Partei ihr Interesse zu vertreten hat; aber es handelt sich dabei doch nur um einen verselbständigten Fall der Vorbehaltsklausel, und es besteht kein Anlaß, die partikulare Ausbildung, die der Gedanke gerade im deutschen Prozeßrecht erhalten hat, zu verallgemeinern. In Z. 3 wird die Anerkennung für einzelne aufgezählte Fälle davon abhängig gemacht, daß das Urteil die Kollisionsnormen des Inlands zugrunde gelegt hat. Schon der Beisatz, wenn dies „zum Nachteil einer deutschen Partei" geschehen ist, zeigt, daß es hier um keine grundsätzliche Lösung geht, und sie ist als Sondervorschrift auf andre Akte, auch auf Akte der freiwilligen Gerichtsbarkeit nicht übertragbar[4]. Über die Notwendigkeit der Vorbehaltsklausel in Z. 4 gleich unten. Dagegen handelt es sich wieder um einen außer der Regel liegenden Sondervorteil für das Inland — denn Gegenseitigkeitsbestimmungen wollen einen Druck zugunsten des Inlands üben —, wenn Z. 5 Gegenseitigkeit zur Voraussetzung der Anerkennung macht[5]. Die sehr unglückliche Bestimmung verträgt keine Erweiterung, auch nicht auf Akte der freiwilligen Gerichtsbarkeit; würde es doch bei der Ungleichmäßigkeit des Rechtszustands, die hier besteht, vielfach schon an der rechtlichen Möglichkeit fehlen, Gegenseitigkeit zu gewähren.

Als Endergebnis dieser Erörterungen ist somit festzustellen, daß sich aus den Sonderbestimmungen, wie sie für die Anerkennung aus-

[4] In der französischen Lehre wird das Erfordernis zuweilen grundsätzlich aufgestellt — so Niboyet, Manuel[2] 931 — Vollstreckung eines Urteils, dem andre Kollisionsnormen zugrunde liegen, sei ein Eingriff in die französische Unabhängigkeit. Ich halte die Annahme nicht für zutreffend, auch die französischen Kollisionsnormen sind nur für eine Rechtsanwendung im eignen Land bestimmt (oben S. 261), die Aufteilung der Zuständigkeiten ist bereits unter dem Gesichtspunkt des Verfahrensrechts erfolgt. Wer indessen eine solche Auslegung für begründet hält, wird sie auch sonst durchführen müssen, also zunächst bei Akten der freiwilligen Gerichtsbarkeit. Aber soll die französische Unabhängigkeit Respektierung der französischen Kollisionsnormen auch bei der Würdigung bloßer Vorfragen notwendig machen? Trifft das nicht zu, dann ist die Frage für Akte öffentlichrechtlichen Inhalts gegenstandslos.

[5] Ansätze zu einer weitergreifenden Aufstellung des Erfordernisses finden sich im österreichischen Recht. Doch ist auch dort kein allgemein verbindlicher Grundsatz dieses Inhalts aufgestellt worden.

ländischer Zivilurteile vorgesehen sind, Rückschlüsse auf die Anerkennung andrer Staatsakte nicht ziehen lassen. Und das trifft auch für Urteile der ausländischen Verwaltungsgerichtsbarkeit in öffentlichrechtlichen Angelegenheiten zu[6]. Hingegen werden Verwaltungsentscheidungen in Zivilsachen, sofern es sich dabei um gerichtliche Urteile handelt, nach deutschem Recht den Anforderungen des § 328 ZPO. zu unterwerfen sein[7].

Vorbehaltsklausel und verwandte Tatbestände.

3. Auch Amtshandlungen des Auslands gegenüber kann die abwehrende Vorbehaltsklausel nicht entbehrt werden. Doch sind dabei zweierlei Erscheinungen in Frage:

a) Gehören rechtsbegründende Staatsakte des Auslands dem öffentlichen Recht an, so schreibt ihnen das Inland nicht deshalb Erheblichkeit zu, weil sie eine amtliche Tätigkeit bedeuten, sondern des-

---

[6] Dazu etwa oben 1, 63 (Urteile über Berichtigung der Standesregister). Der Appellhof Amiens 26. 11. 1891 Journal 1895, 412 will die Entscheidung österreichischer Verwaltungsbehörden über den Besitz der österreichischen Staatsangehörigkeit, wenn überhaupt, nur nach Erteilung des Exequatur berücksichtigen. Wegen einer Entscheidung über das Vermögen der schottischen Staatskirche unten Anm. 27. Auch die gelegentlich geäußerte Meinung, eine solche Gleichstellung sei im Codigo Bustamente erfolgt, trifft vermutlich nicht zu: zwar stellt Art. 423 *toda sentencia civil o contencioso-administrativa* in Anerkennung und Vollstreckung gleich; aber die Überschrift *Materia civil*, wie auch die Art der Begründung läßt annehmen, daß dabei nur an verwaltungsgerichtliche Entscheidungen in Zivilsachen gedacht ist.

[7] Die „herrschende Meinung" ist freilich andrer Ansicht. Sie verzichtet überwiegend auf Begründung, hält nicht einmal immer Verwaltungsentscheidungen in Zivilsachen und in Verwaltungsangelegenheiten auseinander (der Streit ist mit größerer Vertiefung für die Nachbarfrage geführt worden, ob zivilrechtliche Entscheidungen eines Strafurteils dem § 328 zu unterstellen seien). Der Oberste Gerichtshof Wien hat in einem Urteil 15. 10. 1902 Zeitschrift 13, 187 abgelehnt, den Beitreibungsbeschluß einer deutschen Oberpostdirektion § 79 der Exekutionsordnung zu unterstellen, weil insoweit keine Gegenseitigkeit bestehe, scheint also grundsätzliche Bedenken gegen die Gleichstellung von Verwaltungsentscheidungen in Zivilsachen (um solche hat es sich doch wohl gehandelt) nicht zu erheben. Parallel dem Text auch für Frankreich Niboyet [2] 920 (während Weiss, Traité de droit international privé [2] 6, 20 Verwaltungsentscheidungen über Privatrecht und über öffentliches Recht wiederum ungeschieden läßt); für Italien Fedozzi (zit. oben S. 17 [31]) 90 ff.; ausdrücklich nach dem Codigo Bustamente Art. 423, 431 (vgl. Anm. 6). Erörterungen de lege ferenda in Verhandlungen der Rechtshilfekonferenz in Wien 1910, 80 ff.; Antrag Italiens bei der 5. Haager Konferenz für internationales Privatrecht, dazu Fedozzi 94 [1]. — Fällt aber die Entscheidung einer ausländischen Verwaltungsstelle nicht unter § 328 und gleichartige Bestimmungen andrer Staaten, weil sie kein gerichtliches Urteil darstellt, so heißt das noch nicht, daß sie unbeachtet bleiben müßte. Dazu unten Z. 5.

halb, weil ein Rechtssatz des fremden Staats Wirkungen an sie knüpft. Und wenn es notwendig wird, fremden Rechtssätzen mit der Vorbehaltsklausel entgegenzutreten, so mag das auch bei Rechtssätzen vorkommen, die behördliche Mitwirkung für den Eintritt einer Rechtsfolge voraussetzen. Es macht für einen Staat, der fremden Adel als rechtserheblich ansieht, keinen Unterschied, ob er die Vorbehaltsklausel dem Rechtssatz entgegenstellt, daß Adel durch Adoption übertragen werden kann, oder ob er dem Rechtssatz: Adel wird durch Verleihung erworben, die Folge versagt, wenn die Verleihung käuflich ist. Insofern gilt die Gesamtheit der Ausführungen in § 25 auch für rechtsbegründende Staatsakte dieser Art. Beispiele einer Abwehr bieten etwa Auszeichnungen des Auslands, denen sonst rechtliche Bedeutung zukäme[8], bei Gebietsveränderungen denkbarerweise Konzessionen, die der Vorgänger in der Herrschaft verliehen hat[9]. Aber auch Rechtsschmälerungen, wie der Entziehung der Rechtsfähigkeit, mag die Anerkennung aus solchem Grund versagt werden[10]. Bei rechtsbegründenden Akten des Privatrechts besteht manchmal dieselbe Rechtslage. Und es ist nur noch ergänzend beizufügen, daß für die Undurchführbarkeit des fremden Rechtssatzes nicht bloß materiellrechtliche Erwägungen in Betracht kommen, sondern auch Mängel des Verfahrens, in dem der vorausgesetzte Staatsakt begründet worden ist (soweit sie nicht schon nach dessen eignem Recht Nichtigkeit des Akts bewirken). Ein Hauptfall wird bei belastenden Eingriffen in der Versagung des rechtlichen Gehörs gegeben sein.

b) Eine andre Aufgabe hat die Vorbehaltsklausel bei Amtshandlungen des Auslands, deren Erheblichkeit nicht über eine Verweisung auf fremdes Recht läuft, sondern auf Sachnormen des Inlands beruht[11]: wenn bei ihnen die Vorbehaltsklausel eingreift, so wendet sie sich nicht gegen ausländisches Recht, sondern gegen fremde Amtstätigkeit als Tatbestandsvoraussetzung eines inländischen Rechtssatzes. Auch hier kann die Klausel nur wirksam werden, wenn ohne sie der beanstandete Akt zu unmittelbarer Auswirkung im Inland gelangen

---

[8] Oben 1, 313 Adel; 343 akademische Grade; 361 Titel und Orden.

[9] Oben 3 I 68[166].

[10] Als Frankreich den Kartäuserorden auflöste, bestand die Rechtsfähigkeit des Ordens für das im Ausland befindliche Vermögen weiter (falls als Inhaber dieses Vermögens der Orden selbst angesehen werden mußte); vgl. darüber oben 1, 180 ff. Die gleiche Rechtslage hat sich für das im Ausland befindliche Vermögen wiederholt, als Rußland die Handelsgesellschaften seines Gebiets nationalisierte; vgl. die umfassende Rechtsprechung und Literatur zu der Frage bei Nußbaum 193[2].

[11] Der seltene Fall, daß eine Feststellungswirkung nach ausländischem Recht für das Inland erheblich wird, kann hier beiseite bleiben. — Über die Vorbehaltsklausel bei Rechtshilfeersuchen unten § 33 Z. 5 b).

würde. Es wird sich dabei meistens um verfahrensrechtliche Mängel handeln. Bei Feststellungen tatsächlichen Inhalts, denen das Inland Erheblichkeit zuschreibt, können nur solche in Betracht kommen. Andrerseits mag insbesondre bei Zivilurteilen des Auslands auch der rechtliche Inhalt zur Abwehr veranlassen. Eine Zuständigkeit schaffende Vorbehaltsklausel kann es hier selbstverständlich nicht geben[12].

c) Auch die früher erörterte Ablehnung artfremder Eingriffe — es handelt sich hier um die S. 248 besprochenen Staatsakte — kann dazu führen, einer Amtshandlung des zuständigen Auslands die Anerkennung zu versagen. Sie steht den im Vorausgehenden unter a) behandelten Fällen gleich. Der Rechtssatz, der an den Staatsakt privatrechtliche Wirkungen knüpft, ist der eigentliche Gegenstand der Ablehnung[13]. Für das Einzelne kann auf die früheren Ausführungen verwiesen werden.

---

[12] Wenn § 328[4] ZPO. die Anerkennung ausländischer Zivilurteile ablehnt, die „gegen den Zweck eines deutschen Gesetzes" verstoßen, so ist das ein rechtsinhaltlicher Schutz für Sätze (Grenznormen und Sachnormen), die gegenüber einer sonst begründeten Anerkennung den Vorrang für das materielle Recht des Inlands beanspruchen und nicht durch Bestimmungen wie in § 328[3] ohnehin vorbehalten sind. Ein solcher Vorrang wird vielfach Sondervorschriften des materiellen Rechts zukommen, die im öffentlichen Interesse das gemeine Recht durchbrechen, und denen eine Grenznorm Anwendung auf den Urteilstatbestand zuspricht, z. B. Vorschriften über die Aufwertung von Markschulden (nicht unbedenklich Reichsgericht, Entscheidungen 132, 193). Hat ein Tatbestand zu inländischer Amtstätigkeit geführt, und es hätte ein ausländisches Urteil über den Tatbestand abweichend entschieden, so muß die Rechtslage gewahrt bleiben, die durch Stellungnahme des Inlands begründet wurde (der Standesbeamte hat einen Ausländer entgegen einem beanstandeten Verbot des heimatlichen Rechts getraut, die Ehe wird im Heimatstaat für nichtig erklärt; Reichsgericht 12. 5. 1915 Juristische Wochenschrift 1264: keine Einrede der Rechtshängigkeit auf Grund ausländischen Verfahrens, wenn in der Sache bereits ein deutsches Urteil vorliegt; weitere Beispiele oben § 19). Eine entsprechende Rechtslage entsteht, wenn das fremde Urteil dem Inlandsrecht die Vorbehaltsklausel entgegengestellt hat (ein Beispiel oben 3 II 323[10]); wenn es Inlandsrecht nicht anwendet, weil dieses einen Eingriff in das Rechtsverhältnis zugunsten inländischer Verwaltung enthalte. — Auch dann bleibt das fremde Urteil von der Anerkennung ausgeschlossen, wenn es das Recht seines Staats zugrunde legt, dies Recht aber bei einer unmittelbaren Anwendung im Inland der Vorbehaltsklausel verfiele oder durch spezialisierte Vorbehaltsklauseln (Art. 12, 17, 21 EG.) von der Anwendung ausgeschlossen wäre. Doch handelt es sich alsdann nicht mehr um einen Sonderschutz für inländisches Recht, sondern um eine Parallele zu der sonstigen Aufgabe der abwehrenden Vorbehaltsklausel.

[13] Auch hier muß alsdann Entsprechendes für Zivilurteile des fremden Staates gelten, die die privatrechtliche Folge des Eingriffs bestätigen. Ein Beispiel oben 3 II 325[27] (das dort geäußerte Bedenken möchte ich nicht aufrecht erhalten).

d) Hinsichtlich der Gesetzesumgehungen, die an eine fremde Amtshandlung anknüpfen, ist oben S. 258 ff. das Erforderliche vorgebracht worden.

Die Nachprüfung ausländischer Amtshandlungen.

4. Die Frage, ob eine ausländische Amtshandlung nachgeprüft werden kann[14], ist ganz und gar nicht eindeutig. Die Zweifel, die dabei auftreten, mögen nach folgenden Richtungen gehen:

a) Ist die Amtshandlung wirklich vorgenommen worden? Ist im besondern die vorgelegte Urkunde, welche die Amtshandlung bezeugen soll, echt? Eine Prüfung der Echtheit steht selbstverständlich frei (soweit nicht etwa Gesetz oder Staatsvertrag im Hinblick auf eine Legalisierung die Nachprüfung einschränken). Indessen erst wenn eine Amtshandlung im Ausland vorgenommen wurde, die Echtheit der Urkunde also feststeht, können die hier zu erörternden Probleme auftauchen.

b) Außerhalb dieses Kreises liegt auch die Frage, ob eine ausländische Amtshandlung ihrer allgemeinen Beschaffenheit nach Rechtserheblichkeit für das Inland besitzt. Wenn man gelegentlich dem Zweifel begegnet, ob in dem Strafverfahren gegen einen Ausgelieferten die Rechtmäßigkeit der Auslieferungsbewilligung „geprüft" werden könne (es wird etwa der Einwand erhoben, der Zufluchtsstaat hätte nicht ausliefern dürfen, weil es sich um ein politisches Verbrechen handle), so geht die Frage nicht dahin, ob die konkrete Auslieferungsbewilligung den Voraussetzungen genügt, unter denen solche Bewilligungen in einem andern Staat als rechtserheblich anerkannt werden, sondern es handelt sich dabei um die Vorfrage, ob der Empfangsstaat das Strafverfahren überhaupt davon abhängig machen will, daß die Verfügungen des Zufluchtsstaats nach dessen Recht ordnungsmäßig erlassen werden.

c) Von einer Nachprüfung kann sachgemäß erst gesprochen werden, wenn zweifelhaft ist, ob die Amtshandlung eines fremden Staats, die ihrer Art nach für das Inland Rechtserheblichkeit besitzt, im einzelnen Fall den Anforderungen entspricht, von denen das Inland ihre Erheblichkeit abhängig macht. Solche Anforderungen kann die lex fori unabhängig von Wirkungsstatut und Handlungsstatut aufstellen, wenn sie (oben Z. 3) einer Amtshandlung die Anerkennung versagt, die der öffentlichen Ordnung des Inlands widerstreitet oder eine betrügerische Umgehung des Inlandsrechts in sich schließt. Hat die lex fori solche Schranken aufgerichtet, so kann selbstverständlich jede

[14] Um die hier behandelten Fragen bemüht sich vornehmlich Fedozzi a. a. O. 57 ff. Vgl. auch van Praag 309 ff.

fremde Amtshandlung auf ihre Vereinbarkeit mit diesen Anforderungen untersucht werden.

d) Das Wirkungsstatut entscheidet über die materiellrechtliche Erheblichkeit der Amtshandlungen. Es bestimmt, ob mit der Handlung rechtsbegründende oder feststellende Wirkungen verbunden sein sollen; ob solche Wirkungen an alle Amtshandlungen der vorausgesetzten Art geknüpft sind oder nur an die Handlungen eines räumlich mit dem Sachverhalt näher verbundenen Staats. Und solche Entscheidungen trifft das Wirkungsstatut auch dann, wenn es mit der lex fori nicht zusammenfällt. Wiederum muß (wenn nicht besondere Gegengründe bestehen sollten) eine Untersuchung der einzelnen Amtshandlung insoweit möglich sein, um ihre Übereinstimmung mit den Anforderungen des Wirkungsstatuts festzustellen.

e) Das Handlungsstatut bestimmt (oben Z. 1) die verfahrensrechtlichen Erfordernisse der Amtshandlung. Gehört die Amtshandlung einem fremden Staat an, so führt das zu einer Nachprüfung unter solchem Gesichtspunkt. Aber freilich, soweit es sich dabei um die Ordnungsmäßigkeit des Verfahrens handelt, unterliegt diese Nachprüfung starken Einschränkungen. Denn nur die Frage, ob der Staatsakt nach dem Handlungsstatut absoluter Nichtigkeit verfällt, hat für andre Staaten rechtliche Bedeutung. Sind sonstige Verstöße gegen die Verfahrensordnung vorgekommen — sie mögen die Partei zu einer Anfechtung, die Behörde oder die ihr vorgesetzte Stelle zu einer Zurücknahme des Akts berechtigen: aber das vollzieht sich nur innerhalb des fremden Rechtssystems; solangeAnfechtung oder Zurücknahme nicht erfolgt sind, liegt dem Inland gegenüber ein verbindlicher Staatsakt vor. Dabei bleibt allerdings möglich, daß das Inland, das an den fremden Akt Wirkungen knüpft, von sich aus verfahrensrechtliche Anforderungen an den Akt stellt, z. B. daß das fremde Urteil, das im Inland vollstreckt werden soll, in einem Verfahren ergangen ist, das den Parteien ausreichendes rechtliches Gehör sichert[15]. Derartige Bestimmungen haben ihre Rechtsgrundlage im Recht des Inlands; sie gehören zu den unter c) besprochenen Fällen.

f) An seinen Kern gelangt das Problem der Nachprüfung indessen erst da, wo es sich frägt, ob dem Staatsakt nicht abschließende Bedeutung zugebilligt werden muß, derart, daß die rechtlichen und die tatsächlichen Voraussetzungen, auf denen er beruht, einer nochmaligen Würdigung entzogen bleiben.

α) In der Tat nimmt die deutsche Staatsrechtslehre an, daß Staatsakte einer Nachprüfung durch andre Organe des Staats grundsätzlich nicht unterstellt sind, und daß dies nur da anders ist, wo für

---

[15] Exzessiv Appellhof Amiens 26. 11. 1891 Journal 1895, 412.

einzelne Gruppen von ihnen durch besondere Rechtssätze eine abweichende Ordnung getroffen wurde. Gilt das auch für andre Staaten, die an den fremden Akt eine Rechtswirkung knüpfen, ihm eine Feststellung entnehmen? Eine Bindung dieser Art muß grundsätzlich verneint werden[16]. Es ist der freie Wille des andern Staats, ob er mit dem fremden Akt überhaupt Rechtsfolgen verbinden will, und er bestimmt, unter welchen Voraussetzungen die Folge eintreten soll. Die Befugnis zur Nachprüfung bedarf keines besondern Rechtsgrunds, vielmehr bedarf es eines besondern Rechtssatzes, um eine Bindung an den fremden Staatsakt zu begründen. Insbesondre besteht auch kein übereinstimmendes Gewohnheitsrecht, das eine solche Bindung zum Inhalt hätte. Gerade die geschichtliche Entwicklung zeigt typische Staatsakte des Auslands, zu deren Nachprüfung von Fall zu Fall man sich jederzeit für berechtigt gehalten hatte; die Behandlung des Adels, der akademischen Grade, die das Ausland verliehen hatte, ist dafür bezeichnend[17]. Damit soll indessen nicht gesagt werden, daß Staatsakte des Auslands in jedem Fall nachgeprüft werden müßten. Vielmehr zeigt das Herkommen der Jahrhunderte — es hat sich vornehmlich bei der freiwilligen Gerichtsbarkeit bewährt und mag hier durch die Rechte des Kaisers gegenüber den deutschen Territorialherren gestützt worden sein —, daß fremde Staatsakte, denen ihrer Art nach

---

[16] Die abweichende Meinung oben 3 I 243 bedarf der Berichtigung. — Italienische Rechtsprechung zu der Frage bei Fedozzi 59[3]. — Ein Urteil des Preußischen Oberverwaltungsgerichts 23.6.1886 Entscheidungen 13, 408 hat die Naturalisation, die ein andrer deutscher Bundesstaat gewährt hatte, für nachprüfbar erklärt, weil der Staatsakt unter Reichsrecht ergangen sei; W. Jellinek, Der fehlerhafte Staatsakt (1908) 171 ff. hat ihr aus eben diesem Grund die Nachprüfbarkeit abgesprochen; Otto Mayer, Deutsches Verwaltungsrecht[2] 1, 469[27] meint, jene Naturalisation sei der Nachprüfung ebenso ausgesetzt gewesen, wie sonst ein ausländischer Staatsakt; nach K. Kormann, System der rechtsgeschäftlichen Staatsakte (1910) 227 f. war die Nachprüfung unstatthaft, wenn ein solcher Ausschluß überhaupt dem internationalen Verwaltungsrecht entspricht. M. E. hat der Staatsakt eines deutschen Landes, der auf Reichsrecht beruht, grundsätzlich Wirksamkeit im ganzen Reich zu beanspruchen (vgl. dazu unten § 37 Z. 2), und er teilt damit auch die Unangreifbarkeit für andre Behörden innerhalb des Reichs. Ein Urteil des Reichsgerichts 29.6.1911, Entscheidungen 77, 19 hat die Rechtsfähigkeit, die Hessen einer preußischen Religionsgesellschaft gewährt hatte, einer Nachprüfung unterstellt; doch hat es sich dabei unter dem Gesichtspunkt des Reichsrechts wohl um einen Fall absoluter Nichtigkeit gehandelt (vgl. Neumeyer, Zeitschrift 22, 490 ff.) und auf seiten des nachprüfenden Staats jedenfalls um eine landesrechtliche Angelegenheit. Bei den viel erörterten Gewerkschaften gothaischen Rechts (oben 2, 58[1]), deren Rechtsfähigkeit in Preußen nachgeprüft wurde, war von vornherein eine Angelegenheit von Land zu Land gegeben. Vgl. auch oben S. 233.

[17] Siehe oben Bd. 1, 312 343[11].

Rechtserheblichkeit für das Inland zukommt, so lang als verbindlich angesehen werden, bis Tatsachen geltend gemacht werden, die zu einer Nachprüfung Anlaß geben.

Es kann der Statthaftigkeit einer Nachprüfung nicht entgegengehalten werden, daß eine Gerichtsbarkeit über fremde Staaten völkerrechtlich unzulässig wäre[18]; will doch mit der Nachprüfung nicht dem fremden Staat ein Verhalten vorgeschrieben, sondern nur eine Voraussetzung für die Anwendung des eigenen Rechts klargestellt werden. Ebensowenig kann es die Nachprüfung hindern, wenn der Staatsakt im eignen Land als eine „Regierungshandlung" der rechtlichen Beurteilung entzogen und unter politische Verantwortlichkeit gestellt ist[19]; die Ordnung der staatsrechtlichen Kontrollen ist eine innere Angelegenheit jenes Staats. Und es gilt das Gesagte insbesondre auch, wenn in dem tätig gewordenen Staat eine Nachprüfung unter dem Gesichtspunkt der Gewaltenteilung beschränkt wird. Der Ausgleich der Machtverhältnisse innerhalb eines Staats ist eine innere Angelegenheit dieses Gemeinwesens, und dasselbe muß für das juristische Abbild solcher Ordnung, Rechtssätze über die Zuständigkeit innerhalb des Staats, gelten. Für eine zufällige Berührung der inländischen Justiz mit der ausländischen Verwaltung oder umgekehrt kann ein solcher Ausgleich nicht in Betracht kommen. Bestehen Beschränkungen dieser Art im ausländischen Handlungsstatut, so sind sie, weil in ihrem Inhalt auf ein aliud gerichtet, für das Inland, das an die Amtshandlung Wirkungen knüpft, unerheblich[20], und es ist nicht möglich, einschränkende Bestimmungen des Inlandsrechts analog auf ausländische Amtshandlungen zu erstrecken[21].

In manchen Fällen ergibt schon der unmittelbare Inhalt des verweisenden Rechtssatzes, daß der fremde Amtsakt der freien Würdigung des Inlandsrechts unterstellt sein soll. Das gilt von vornherein für die Fälle, bei denen die Inlandswirkung sich an den fremden Amtsakt anschließen kann, aber nicht muß, z. B. nach deutschem Recht, wenn

---

[18] Dazu van Praag 309 ff.

[19] Van Praag 314 f.; Travers, Droit pénal international 3, 84 f. für Handlungen des Auslands, die nach französischer Auffassung als *actes de gouvernement* erscheinen (wegen der *acts of state* des englisch-amerikanischen Rechts oben S. 159[18]).

[20] Siehe oben S. 55 f. Um eine Nutzanwendung dieses Gedankens handelt es sich auch bei den S. 166 behandelten Verfahrensbeschränkungen. Vgl. etwa auch, aber freilich mit einer falschen Nutzanwendung, den Kassationshof Luxemburg, Revue 8, 504.

[21] So auch der Kassationshof und der Staatsrat Paris Journal 1876, 274 und Bulletin de l'Institut intermédiaire international 6, 109. Kassationshof Brüssel Journal 1899, 618. Van Praag 317[845]. Travers a.a.O. Kunz (zit. oben S. 221[2]) 33 f. Eingehend Fedozzi 63 ff. Vgl. auch oben 3 II 252[16].

der Tod einer Person durch Auszug aus einem ausländischen Standesregister festgestellt werden kann. Dasselbe trifft zu, wo die Äußerung einer fremden Behörde nur als Auskunft bewertet wird, mag die Einholung der Äußerung auch verpflichtend vorgeschrieben sein wie bei dem Ehefähigkeitszeugnis, das ein Staat bei der Eheschließung von Ausländern fordert. Und man findet Staatsverträge, welche die Befugnis einer Nachprüfung ausdrücklich vorbehalten [22].

β) Steht es dem Inland grundsätzlich frei, ausländische Amtshandlungen auf ihre Richtigkeit nachzuprüfen, so ist damit nicht gesagt, daß dies in jedem Fall geschehen dürfe. Landesrecht und Völkerrecht bringen hier verstreute Einschränkungen [23]. Ist in einer Gesetzesbestimmung wie § 328 ZPO. vorgeschrieben, daß bei der Anerkennung ausländischer Zivilurteile bestimmte Punkte nachzuprüfen sind, so ist damit gleichzeitig ausgesprochen, daß, wenn diese Voraussetzungen vorliegen, eine weitergehende Prüfung unstatthaft ist [24]. Dergleichen findet sich auch auf dem Boden des öffentlichen Rechts; es wird darauf unten S. 372 zurückzukommen sein. — S. 168 sind Vorschriften besprochen worden, bei denen Urteile oder sonstige Feststellungen zur Voraussetzung einer Rechtsfolge gemacht sind und eben deshalb in den Tatbestand aufgenommen sind, um die Rechtslage, die der Feststellung zugrunde liegt, einer erneuten Erörterung zu entziehen. — Auch sonst ergibt zuweilen die Art der Voraussetzung, die sich mit dem fremden Akt verbindet, daß dessen Nachprüfung nicht in Frage kommen soll. Das gilt, wo (vgl. oben S. 315) nicht die Amtshandlung selbst, sondern ihre Rückwirkung auf einen Beteiligten Anlaß zu der Rechtsfolge gibt; z. B. es wird der Versicherer leistungspflichtig, wenn das versicherte Schiff wegen Konterbandeführung aufgebracht worden ist, oder es hat der Bezug einer Armenunterstützung den Verlust des Wahlrechts zur Folge.

Manchmal enthalten Staatsverträge Vereinbarungen über einen Verzicht auf Nachprüfung: in häufigen Fällen ist dies der Sinn einer Vereinbarung, daß Urkunden eines andern Staats „anerkannt" werden

---

[22] Beispiele bieten das Haager Abkommen über internationales Prozeßrecht Art. 22 für das Armutszeugnis, das eingeholt werden kann, wenn ein Gesuch um Gewährung des Armenrechts gestellt ist (vgl. oben 2, 405 f.); das deutsch-französische Handelsabkommen 1927 Art. 24 RGBl. II 524 für Zeugnisse über die Beschaffenheit einer einzuführenden Ware.

[23] Dabei sei auch an die Ausführungen S. 158 ff. erinnert: über die Unzulässigkeit eines Inlandsverfahrens, bei dem die Rechtmäßigkeit fremder Amtshandlungen unter Umständen geprüft werden müßte, die zu einer Einwirkung auf die fremde Verwaltung selbst führen. Ist das ganze Verfahren unzulässig, so wird die Nachprüfung der Handlung gegenstandslos.

[24] Die Vorschrift gilt auch für verwaltungsgerichtliche Entscheidungen in Zivilsachen oben S. 338.

sollen, z. B. Schiffsmeßbriefe oder Registerauszüge für Flugzeuge. Und es scheint sich im Bereich der auswärtigen Verwaltung ein völkerrechtliches Gewohnheitsrecht gebildet zu haben, nach dem — in unsicherem und noch nicht ausreichend geklärtem Umfang — Erklärungen, die ein Staat einem andern gibt, als richtig und einer Nachprüfung entzogen hingenommen werden müssen[25].

γ) Bei den vorstehenden Ausführungen ist wiederum vorausgesetzt, daß Wirkungsstatut das Inlandsrecht ist. Es können Wirkungsstatut und lex fori aber auch auseinanderfallen, und das kann auf die Statthaftigkeit der Nachprüfung Einfluß nehmen.

Handelt es sich um eine Würdigung im Inland, und es ist der zu würdigende Staatsakt selbst unter der Hoheit des Inlands vorgenommen, so nimmt er teil an der Verbindlichkeit, die das Inland seinen Staatsakten zuschreibt, auch dann, wenn der fremde Staat, dem das Wirkungsstatut angehört, den Akt frei nachprüfen könnte. Z. B. das deutsche Nachlaßgericht, das den Nachlaß eines Ausländers behandelt, hat einen Testamentsvollstrecker entlassen. Auf der andern Seite hat das Inland die Freiheit, den ausländischen Staatsakt nachzuprüfen, auch dann, wenn er dem Staat des Wirkungsstatuts angehört und dort einer Nachprüfung entzogen wäre, z. B. eine Naturalisation, die der fremde Staat gewährt hat[26].

Feststellung der Rechtserheblichkeit.

5. Wenn die Verpflichtung, Prozeßkostensicherheit zu leisten, von der Naturalisation des Klägers in einem bestimmten Auslandsstaat abhängt, oder der Ausschluß einer Person vom Wahlrecht davon, daß

[25] So oben 3 I 170[5]; der 171[8] angeführte Fall; 172[13]: Erklärung, daß ein Staatsschiff die Flagge zu Recht führe, daß es der Kriegsmarine angehöre, ein Postschiff sei, zu der staatlichen Handelsflotte gehöre. Erklärung des Führers eines Convoi über die Unschädlichkeit der geleiteten Schiffe und ihrer Waren, vgl. etwa G. Schramm, Prisenrecht (1913) 299 ff. Fedozzi 45: Beglaubigungsschreiben der Gesandten und andre Vollmachten im auswärtigen Verkehr (doch wird die Vollmacht der Delegierten bei Vertragsverhandlungen nach seiten der Form ganz regelmäßig geprüft). Über einen Notenwechsel zwischen den Vereinigten Staaten und Frankreich — die Vereinigten Staaten beanspruchen Anerkennung ihrer Erklärung, eine Person besitze die Staatsangehörigkeit der Vereinigten Staaten — Journal 1889, 253 ff.; dazu auch Borchard, Annuaire de l'Institut de droit international 36 I 277 f.

[26] Wenn es freilich im Wirkungsstatut „Formalakte“ geben sollte, an welche ein Rechtssatz Wirkungen knüpft, auch wenn die Voraussetzungen für die Vornahme des Akts nicht gegeben waren, so wäre eine Nachprüfung dieser Voraussetzungen, wie im eigenen Staat, so auch anderwärts aus Gründen des materiellen Rechts ausgeschlossen. Man hat im deutschen Staatsrecht gerade für die Naturalisation dergleichen annehmen wollen; doch halte ich die Annahme für mißverständlich.

sie in einem fremden Staat Armenunterstützung bezogen hat, wenn der Pelzhandel nur auf Grund eines fremden Zeugnisses gestattet ist, das den rechtmäßigen Erwerb der Pelze dartut, oder der Ausgang eines Rechtsstreits auf dem Eintrag in ein ausländisches Standesregister beruht, so handelt es sich in allen diesen Fällen darum, eine Voraussetzung zu würdigen, an die das inländische Recht eine Folge knüpft, nicht anders wie irgendeine andre Voraussetzung, und es wird der rechtliche Beurteiler eine solche Voraussetzung genau ebenso und das heißt, auch mit derselben Formlosigkeit zu prüfen haben, wie jede andre Voraussetzung, von der die Verwirklichung der Rechtsfolge abhängt. Ja, es wäre schwer begreiflich, wie hier überhaupt Zweifel bestehen können, wenn nicht in einigen Rechtssystemen für die Vollstreckung von Zivilurteilen des Auslands ein Exequatur gefordert würde, und die Grenzen, in denen die Maßregel anzuwenden ist, im Dunkel verblieben wären [27]. Natürlich aber mag es vorkommen, daß das Inland bei einer Verwertung fremder Amtshandlungen ergänzende Anforderungen stellt, die ihrerseits und unabhängig von der fremden Amtshandlung sichtbar in Erscheinung treten, z. B. die amtliche Urkunde des Auslands bedarf einer Legalisation, der Reisepaß eines Visums.

---

[27] Dazu oben Anm. 6. Beachtlich, wenn auch in Einzelheiten anfechtbar (und zunächst auf die freiwillige Gerichtsbarkeit abgestellt) Sereni, Rivista di diritto internazionale 1932, 509 ff. Ein bemerkenswerter Fall, über den Luzzatti, Rivista di diritto pubblico 1 I 97 ff. und Fedozzi 97 ff. berichten, ist in Italien streitig geworden. Spaltungen in der schottischen Staatskirche hatten zu der Notwendigkeit einer Vermögensauseinandersetzung geführt, ein britisches Gesetz 5 Edw. 7 ch. 12 hat die Teilung einem Ausschuß überwiesen und dessen Entscheidung für verbindlich erklärt. Als auf Grund der Zuweisung die Berechtigten Anerkennung ihres Grundeigentums in Italien beanspruchten, hat ein Gutachten des Staatsrats die Durchführung des Delibationsverfahrens nach Art. 941 der Zivilprozeßordnung verlangt, die Verwaltung aber, und Luzzatti und Fedozzi stimmen zu, glaubte sich mit einem königlichen Dekret begnügen zu können (dies letztere wurde als erforderlich angesehen, weil kirchliche Gesellschaften für den „Erwerb" von Grundeigentum des Dekrets bedürfen). Der Schriftwechsel zwischen Ministerium und Staatsrat stellt die Behauptungen gegenüber, ob die neubenannte Kirchengesellschaft identisch mit dem früheren Vermögensträger war, und ob es sich bei der Zuweisung des Ausschusses um eine Streitentscheidung oder eine Verwaltungsverfügung handelte. Wie weit geprüft wurde, ob Art. 941 auch auf Streitentscheidungen des öffentlichen Rechts anzuwenden sei, schon für deren Anerkennung gelte, und ob die Zuweisung des Ausschusses eine „gerichtliche" Entscheidung im Sinn des Artikels darstelle, ist nicht ersichtlich. M. E. war durch das britische Gesetz die Identität der neubenannten und der früheren Kirchengesellschaft festgelegt, die Vermögenszuweisung auch gegenüber Italien formlos wirksam geworden, und es bedurfte für den Fall eines Widerstands nur der Erhebung der Eigentumsklage.

Ja sogar in den oben S. 304 ff. erörterten Fällen, in denen das Inland an Polizeierlaubnisse, an Fähigkeitsverleihungen eines andern Staats gleichartige Maßnahmen für seinen Bereich knüpft, geschieht dies regelmäßig ipso jure und damit notwendig formlos. Wer sich über die Polizeierlaubnis zur Benützung eines Kraftwagens im Ausland ausweisen kann, erhält diese Erlaubnis auch für das Inland, und ohne daß erst noch ein besondrer Verwaltungsakt erforderlich wäre, der solche Erlaubnis gewährt. Nur vereinzelt muß das Einverständnis des Inlands bei der Übernahme besonders zum Ausdruck gebracht werden [28]. Und es ergibt sich die Notwendigkeit eines hinzutretenden Formalakts da, wo an die Übernahme ergänzende weitere Voraussetzungen geknüpft werden. Z. B. (oben 2, 267 [35]), wenn südamerikanische Staaten Rechtsanwälten, die der andre Teil zugelassen hat, die Niederlassung gestatten, falls sie eine Ergänzungsprüfung über das örtliche Recht ablegen. Oder (oben 1, 339), im Verhältnis von Hochschule zu Hochschule, bei der Nostrifikation auswärtiger Grade. Von derselben Art ist es aber auch, wenn ausländische Urteile in Zivilsachen [29] in ihrer Eigenschaft als Vollstreckungstitel (nur in dieser Eigenschaft!) die Grundlage einer Vollstreckung im Inland bilden und diese Tauglichkeit nach Maßgabe der hinzutretenden Anforderungen des Inlandsrechts durch ein Vollstreckungsurteil oder ähnliche Akte bestätigt werden muß. Und in den seltenen Fällen, in denen eine urkundliche Feststellung des Auslands zur Grundlage einer gleichartigen Feststellung des Inlands gemacht wird (oben S. 312), fordert schon der Inhalt des Vorgangs eine Sichtbarmachung [30].

Wirkungen der Anerkennung.

6. Wo immer ausländischen Amtshandlungen Rechtserheblichkeit zugebilligt wird, da wird sie ihnen in ihrer Eigenschaft als Amtshandlungen des Auslands zugesprochen; sie werden damit nicht etwa zu inländischen Akten erklärt. Und das gilt selbst in den genannten Fällen einer Übernahme rechtsbegründender Akte: es bleibt ein fremder Staatsakt, auf Grund dessen ausdrücklich oder stillschweigend ein gleichartiger Staatsakt des Inlands erfolgt; dieser letztere aber geht ausschließlich das Inland an [31].

---

[28] Visum für Lotsen des andern Teils, die in Grenzgewässern tätig werden, oben 3 I 137 [5]. Über Gewerbelegitimationskarten oben 2, 225.

[29] Über die Vollstreckung von Verfügungen und Prozeßentscheidungen in Verwaltungssachen unten § 33 Z. 5 b).

[30] Vgl. auch oben 1, 32 [20]: Inlandspaß für Ausländer auf Grund ihres ausländischen Passes; doch handelt es sich dabei auf seiten des Inlands um Erteilung einer selbständigen Reiseerlaubnis.

[31] Über eine Übertragung ausländischer Feststellungen wiederum oben S. 312.

Auf der andern Seite mag darauf hingewiesen werden, daß auch eine Versagung der Rechtserheblichkeit nur das inländische Recht beeinflußt, den ausländischen Staatsakt als solchen unberührt läßt[32]. Einer Aufhebung ausländischer Staatsakte würde, soweit nicht sehr anomalerweise Staatsverträge dergleichen zulassen[33], schon das Völkerrecht entgegenstehen.

Vor allem aber bedarf in diesem Zusammenhang ein Punkt der Aufklärung: wie bei der Anwendung ausländischer Rechtssätze (oben S. 190 ff.), so hat man auch bei der Anerkennung ausländischer Amtsakte zuweilen Fälle ausscheiden wollen, bei denen der Akt nur „als Tatsache" rechtliche Beachtung findet[34]. Eine solche Gegenüberstellung kann zu denselben Mißverständnissen Anlaß geben, von denen dort gesprochen wurde. Auch Staatsakte des Auslands haben für das Inland niemals normative Bedeutung, sie können Bedeutung nur gewinnen als Voraussetzung einer Wirkung, die für das Inland Rechtserheblichkeit besitzt. Ist eine solche Voraussetzung gegeben, so kommt jeder Amtsakt, der ihr entspricht, als Tatsache (als Verwirklichung eines Tatbestandsmerkmals) in Betracht, und es besteht der Unterschied der beiderlei Gruppen vielmehr in der Verschiedenheit der Rechtswirkungen, die sich möglicherweise an einen „anerkannten" und einen „nichtanerkannten" Amtsakt knüpfen[35].

Gerade bei der Anerkennung von Amtshandlungen des Auslands muß in der Tat immer ein Faktum vorliegen, das nur festgestellt werden kann, darüber hinaus aber einer rechtlichen Beurteilung nicht zugänglich ist: daß die vorausgesetzte Handlung in der Welt der Wirklichkeit vorgenommen wurde. Bei Ermessensentscheidungen, einer Naturalisation, einem Strafurteil, das Strafe von bestimmter Höhe verhängt, läßt sich noch ein weiterer Tatsachenkern herausschälen: zwar ob die Behörde verfahrensrechtlich verbindlich gehandelt hat, ob ihr sachlich freies Ermessen eingeräumt ist, etwaige rechtliche

[32] Vgl. oben 1, 326 (Adel); 2, 225 (Zulassung zum Gewerbebetrieb); 3 I 119[8] und 256 (Zulassung zum Schiffsdienst und Flugdienst). Die Mitteilungen in dem Pariser Urteil 5. 8. 1895 Journal 1895, 602 (Naturalisation); hiezu auch oben S. 260 f. über Naturalisationen, die im Ausland in fraudem legis erwirkt wurden. Teilweise bedenklich Fedozzi 70 ff.

[33] Oben S. 330[24].

[34] So für Zivilurteile Bartin, Journal 1924, 857 ff. und Principes de droit international privé 1, 510 ff.; Niboyet[9] 957 f.; Nußbaum 428. Vgl. zu diesen Problemen auch Frankenstein 1, 352 ff.; 3, 577 ff.

[35] Auch im Privatrecht kommen Wirkungen „nichtanerkannter" Zivilurteile vor, z. B. wenn nach § 775 BGB. der Bürge Befreiung von der Bürgschaft verlangen kann, falls der Gläubiger gegen ihn vollstreckbares Urteil erwirkt hat.

Bindungen des Ermessens eingehalten wurden, das alles mag Gegenstand rechtlicher Nachprüfung sein; daß aber die Behörde innerhalb des ihr freigegebenen Raumes von ihrem Ermessen mit einem bestimmten Inhalt Gebrauch gemacht hat, ist wiederum eine Tatsache, die als solche hingenommen werden muß.

Nur freilich, wenn bei der rechtlichen Würdigung einer fremden Amtshandlung auf deren Tatsächlichkeit verwiesen wird, so meint man in aller Regel andres — und in mancherlei Fällen Verschiedenes. Der Bezug einer Armenunterstützung, auch einer solchen des Auslands, beeinträchtigt vielleicht das Wahlrecht des Empfängers. Wenn in solchen und andern Bestimmungen die Rückwirkung des Akts auf den Betroffenen Anlaß zu einem Rechtssatz des Inlands gibt, so will mit dem Hinweis auf die Tatsacheneigenschaft dargetan werden (siehe oben S. 345), daß der Akt einer rechtlichen Nachprüfung im Inland entzogen sein soll. — Der Erwerber der verurteilten Prise beruft sich auf die Tatsache der Verurteilung, um sein Eigentum in einem andern Staat geltend zu machen, der Erwerber einer ausländischen Konzession, der von seinem Vormann Gewährleistung verlangt, auf die Tatsache, daß die Konzession zurückgenommen wurde[36]. Und doch wären diese Tatsachen rechtlich gleichgültig, wenn nicht hinter ihnen der Rechtssatz stünde, daß die Verurteilung der Prise Eigentum begründet, eine Zurücknahme die Verleihung hinfällig macht, und wenn nicht diese Sätze einer Anwendung auch in andern Staaten fähig wären. — Ihren Schwerpunkt indessen haben solche Bemühungen, „tatsächliche" Wirkungen eines Amtsakts abzusondern, in andern Schwierigkeiten, die vornehmlich den Staatsakten privatrechtlichen Inhalts zu eigen sind. Denn bei Gestaltungsurteilen des Privatrechts und bei Akten der freiwilligen Gerichtsbarkeit kann es vorkommen, daß dem Akt die Anerkennung des Inlands versagt wird, wiewohl er anderwärts die Grundlage weiterer Rechtsverhältnisse geworden ist. So mißlich eine solche Rechtslage erscheint, die „tatsächlichen Wirkungen" des Akts können seiner Verbindlichkeit keine Rechtsgrundlage schaffen, und es wird sich, wenn überhaupt, bei Schwierigkeiten dieser Art nur nach Lage des Falls helfen lassen, zu-

---

[36] Kassationshof Paris 6.1.1841 Sirey 1841 I 24: jemand hatte eine widerrufliche Konzession für ein Bergwerk in der bayrischen Pfalz erhalten und sie weiter veräußert, die Konzession wurde widerrufen und in einem Rechtsstreit von der pfälzischen Kreisregierung als nicht mehr bestehend erklärt, nach der Meinung des Beschwerdeführers entgegen dem geltenden Recht; der Kassationshof erklärt den Veräußerer für gewährleistungspflichtig, es liege ein *fait accompli* vor, die Entscheidung bedürfe keiner Nachprüfung, denn es handle sich nicht um die Vollstreckung eines fremden Urteils.

mal dann, wenn sich erweisen läßt, daß eine Anerkennung des Akts von seiten des Wirkungsstatuts auch für das Inland Erheblichkeit besitzt [87].

III. Zusammenarbeit mit ausländischer Verwaltung.

§ 33.

Tätigkeit von Verwaltung zu Verwaltung, insbesondre Rechtshilfe.

1. Ausgangspunkte. — 2. Typen. — 3. Rechtsgrundlagen. — 4. Formen der Zusammenarbeit. — 5. Die Leistung der Rechtshilfe. — 6. Der Empfang der Rechtshilfe.

Ausgangspunkte.

1. Ein Sonderfall, bei dem Amtshandlungen des Auslands rechtserheblich werden [1], ist bei einer aktiven Zusammenarbeit mehrerer Verwaltungen gegeben. Die rechtliche Erscheinung, um die es sich hier handelt, darf nicht etwa mit einer Tätigkeit zur Förderung auswärtiger Verwaltungen gleichgestellt werden. Es ist oben S. 177 dargelegt worden, daß die Anwendung ausländischen Rechts keineswegs in jedem Fall zur Förderung des Staats geschieht, dessen Rechtssätze zur Anwendung kommen. Dasselbe gilt, wenn fremden Amtshandlungen rechtliche Bedeutung zugemessen wird [2]. Hat doch nicht einmal die engste Form solcher Verbindung, gemeinschaftliche Tätigkeit mehrerer Staaten, immer die Aufgabe, jeden der beteiligten Staaten zu fördern; etwa wenn nach Art. 302 des Versailler Vertrags zur Überwachung der deutschen Rechtsprechung ein gemischtes deutsch-aus-

---

[87] Schwierigkeiten dieser Art ergeben sich vornehmlich bei Scheidungsurteilen. Man hat manchmal versucht, solchen Urteilen auf dem Weg über ihre materiellrechtliche Bedeutung Berücksichtigung zu schaffen (dazu oben S. 269 [18] und 321 [6]); das muß mangels gesetzlicher Grundlagen erfolglos bleiben. Ein Scheidungsurteil anerkennen heißt nach deutschem und fremden Rechten, ihm Feststellungswirkung zuschreiben. Indessen gerade bei einer besonders empfindlichen Rechtslage: wenn das Inland über die Gültigkeit der neuen Ehe befinden soll, die auf Grund der Scheidung geschlossen wurde, wird es häufig möglich sein, dieser Ehe Schutz zu gewähren. Nur wenn der Bestand der bisherigen Ehe zur Entscheidung des Inlands steht, kommt es auf die Bedingungen an, die das Inland für die Anerkennung fremder Urteile aufstellt. Handelt es sich dagegen um die neue Ehe, die der geschiedene Teil geschlossen hat: seine Fähigkeit, diese zweite Ehe einzugehen, hängt von dem Recht des Heimatstaats ab; dies Recht bestimmt, wer als unverheiratet eine Ehe schließen kann, und bestimmt — oben S. 320 — welche Feststellungen in Betracht kommen, das Merkmal des Unverheiratetseins nachzuweisen.

[1] Dazu des näheren unten § 40 Z. 4.

[2] Beispiele oben § 30 Z. 5.

ländisches Schiedsgericht bestellt wurde. Wollte man auf der andern Seite die Rücksicht, ob eine Maßregel Interessen eines andern Staats fördern soll, zum Einteilungsgrund erheben, so würde man auf ein Motiv abstellen, das meistens rechtlich belanglos ist, und es können in der Tat sehr disparate Maßnahmen sein, die hier zu vereinigen wären. Vielleicht unterstützt das Inland fremde Interessen, indem es dem andern Staat gestattet, Amtshandlungen im Gebiet vorzunehmen (es wird darauf unten § 42 zurückzukommen sein). Vielleicht stellt das Inland, um einem fremden Wunsch zu genügen, Rechtssätze auf, die mit denen eines andern Staats übereinstimmen, so wie Preußen in der Frühzeit des Eisenbahnbaus im Interesse seiner Linien Wert darauf gelegt hat, die preußische Eisenbahngesetzgebung in den angrenzenden Kleinstaaten rezipiert zu sehen (oben 3 I 70) — der Beweggrund, warum solches geschieht, hinterläßt im Recht des unterstützenden Teils keine Auswirkung.

Immer noch ermangelt es eines Ausdrucks im innerstaatlichen Recht, wenn auf Grund übereinstimmender Vorschriften übereinstimmende Verwaltungstätigkeit in verschiedenen Staaten vorgenommen wird; z. B. es vernichtet ein jeder Staat auf Grund eines Abkommens die reblausbefallenen Weinstöcke in seinem Gebiet. Und auch da liegt noch keine Verbindung der beiderseitigen Tätigkeiten vor, wo die Handlungen der einen Verwaltung zur Voraussetzung für Handlungen der andern gemacht sind; wenn etwa die Konzession für Wasserbauten an Grenzgewässern nur in Übereinstimmung mit einer entsprechenden Konzession des andern Teils gewährt werden soll[3].

Das wird erst da anders, wo die innerstaatliche Ordnung Vorsorge trifft, daß und in welcher Art bei einer Inlandstätigkeit Beziehungen zu der Tätigkeit einer fremden Verwaltung geknüpft werden sollen. Daß Post, Telegraph, Staatseisenbahnen verschiedener Länder miteinander arbeiten, auch daß durch völkerrechtlichen Vertrag ein Anschlußzwang zwischen ihnen vorgesehen ist, gewährt diesem Sachverhalt noch keinen Eingang in das internationale Verwaltungsrecht. Wird aber festgelegt[4], wie Postsäcke und Pakete von Verwaltung zu Verwaltung übergeben werden sollen, dann kann das nur durch Vorschrift der beteiligten Gebiete geregelt werden, und eine solche Vorschrift ist nicht denkbar, ohne daß in ihren Inhalt die Tätigkeit gegenüber der fremden Verwaltung aufgenommen würde. Es ist im Vorausgehenden von den mannigfachsten Übergaben und Übernahmen die

[3] Erst die Herbeiführung eines solchen Einvernehmens, von der unten S. 356 zu sprechen sein wird, bringt den Gegenstand in den gegenwärtigen Zusammenhang.

[4] Oben 3 II 38[139].

Rede gewesen, in bezug auf ausgewiesene Personen oder verlassene Kinder, Staatsverträge kennen den Übergang einer Vormundschaft, eines Sozialversicherungsverhältnisses[5]: nicht daß erst der eine Staat tätig wird und anschließend dann der andre eintritt, bringt diese Erscheinungen in den gegenwärtigen Zusammenhang, sondern die nicht wegzudenkenden Bestimmungen des innerstaatlichen Rechts, an welchen Staat die Übergabe statthaft ist, aus welchem Staat die Übernahme erfolgen kann, und die Anweisungen, wie ein solcher Übergang zu vollziehen ist. Zugleich aber ergibt dieser Sachverhalt, daß es notwendig Verfahrensvorschriften sein müssen, in denen solche Berührung mit fremder Verwaltung ihre Ordnung findet[6]. Nur wird es sich dabei nicht immer um Rechtssätze über das Verfahren handeln; manchmal sind es bloße Verwaltungsverordnungen, die solche Regelung vornehmen; es mag auch sein, daß auf Grund eines Rechtssatzes oder einer Verwaltungsverordnung Befehl für den einzelnen Fall ergeht, ein Verfahren einzuhalten; und es kann vorkommen, daß die handelnde Stelle auf Grund des ihr eingeräumten Ermessens ihr Vorgehen selbst bestimmt. Jedenfalls aber ist es immer der tatsächliche Vorgang, der den Inhalt einer so geordneten Zusammenarbeit bildet, es besteht insoweit kein Unterschied zwischen „technischen Manipulationen“, wie der Übergabe von Postsäcken, und Handlungen, welche Unterlage einer Rechtsbegründung für Private sein können. Auch bei der Zustellung einer Klage, auf Grund deren den Beklagten ein rechtlicher Abwehrzwang trifft (um ein Beispiel aus dem folgenden Zusammenhang vorwegzunehmen), ist es die Übergabe des Schriftstücks als Tätigkeit, die bei Zustellung im Dienst eines ausländischen Rechtsstreits den Inhalt der Regelung bildet.

Die häufigst begegnende unter den Formen einer aktiven Zusammenarbeit liegt bei der Rechtshilfe vor[7]. Sie unterscheidet sich

---

[5] Vertrag Deutschland-Polen 1931 Art. 5 RGBl. 1933 II 645.

[6] Lehrreich § 47 des Reichsgesetzes über die freiwillige Gerichtsbarkeit. Nach Abs. 1 kann die Anordnung einer Vormundschaft über Deutsche ausländischen Wohnsitzes unterbleiben, wenn die erforderliche Vormundschaft im Ausland angeordnet ist — eine materiellrechtliche Vorschrift, welche die Möglichkeit von Amtstätigkeiten in beiden Staaten voraussetzt, eine Verbindung zwischen ihnen aber nicht herstellt. Dagegen bestimmt Abs. 2: „Hat ein Deutscher, über den eine Vormundschaft angeordnet ist, im Ausland seinen Wohnsitz, so kann das Gericht, bei welchem die Vormundschaft anhängig ist, sie an den ausländischen Staat abgeben, wenn der ausländische Staat sich zur Übernahme bereit erklärt.“ Eine solche Abgabe bedeutet Zusammenarbeit, und soweit sie geregelt ist, müssen es Verfahrensbestimmungen sein, die sie ordnen.

[7] Man hat in Deutschland zuweilen einer „Rechtshilfe“ in Sachen der Justiz die „Amtshilfe“ gegenüberstellen wollen, wenn das Ersuchen von einer Verwaltungsbehörde ausgehe — und doch ist auch eine Unterstützung für

von andern Gestaltungen der Zusammenarbeit unter einem Gesichtspunkt, der zunächst von außerrechtlicher Art ist: daß der unterstützende Teil unselbständige Handlungen vornimmt, die bestimmt sind, Tätigkeiten eines andern Staats zu ergänzen. Juristisch erscheint das bei den Vorschriften des unterstützenden Staats in der inhaltlichen Begrenzung seiner Tätigkeit (und in den Inhalten der Staatstätigkeit, die der Hilfeleistung vorausgehen und nachfolgen). Wo aber die Einrichtung der Rechtshilfe als solche zu einem Rechtsbegriff geworden ist — und das wird unmittelbar oder mittelbar häufig zutreffen —, da wird auch wesentlich, daß sie als „Hilfe" zu leisten ist, wird der Zweck der Einrichtung zu ihrem rechtlichen Tatbestandsmerkmal, und es gestattet dies Folgerungen, die über den Rahmen ausdrücklicher Vorschriften hinausreichen. In ihrer ausgebildetsten Gestalt vollzieht sich eine Rechtshilfe in sechs Abschnitten: in einem Ersuchen um Unterstützung, vielleicht begleitet von Urkunden, Geldbeträgen, die übermittelt werden sollen — der innerstaatlichen Vornahme der begehrten Handlung — in der Übersendung ihres Ergebnisses — in dessen Verwertung nach innerstaatlichem Recht — in der etwaigen Rücksendung überstellter Personen und Sachen, der Zusendung von Empfangsbestätigungen, der Vergütung von Aufwendungen — und der innerstaatlichen Erledigung solchen Rücklaufs[8]. Drei dieser Abschnitte sind ausschließlich innerstaatlichen Rechts, bei dreien kommt eine Berührung zwischen unabhängigen Staaten zustande. Auch bei diesen letzteren ist innerstaatliche Regelung möglich bis zur äußersten Stelle, an der das Schriftstück oder der Gegenstand den staatlichen Bereich verläßt, und ebenso auf der Gegenseite vom ersten Augenblick, in dem Schriftstück oder Gegenstand in den Bereich des andern Staates eintreten. Aber die Berührung von Staat zu Staat, das wurde schon oben S. 36 bemerkt und früher (3 II 150 f.) näher ausgeführt, vollzieht sich außerhalb des Bereichs staatlicher Ordnung. Sie mag unter Völkerrecht erfolgen, wenn eine Vertragspflicht zur Rechts-

---

Zwecke der Justiz „Amtshilfe". Neuere Quellen sprechen manchmal von „Verwaltungshilfe". Indessen ist eine solche Trennung in unserm Zusammenhang schon darum unverwertbar, weil es hier nicht auf die administrative Zugehörigkeit einer ersuchenden Stelle ankommt, vielmehr die inhaltliche Beschaffenheit der Handlung als eine Überwirkung fremder Verwaltung in Betracht gezogen wird. Wenn wir die Bezeichnung Rechtshilfe hier für den Gesamtbereich staatlicher Tätigkeit verwenden, so muß dabei allerdings — für die Justiz ebenso wie für die Verwaltung — die Ungenauigkeit in Kauf genommen werden, daß es nicht immer Rechtssätze sind, nach denen die Hilfe gewährt wird, daher auch Voraussetzungen und Wirkungen des Vorgangs nicht immer dem rechtlichen Bereich angehören.

[8] Denkbarerweise könnte sogar noch die Rücksendung einer Empfangsbestätigung erforderlich werden.

hilfe besteht, oder völkerrechtlich gleichgültig sein, wenn die Rechtshilfe freiwillig gewährt wird, innerstaatlich kann nur geordnet sein, die Leistung an den andern Teil zu gewähren oder sie von ihm zu empfangen.

Einer Klärung bedarf dabei auch das Verhältnis zu dem Recht der auswärtigen Verwaltung[9]. Daß die Tätigkeiten, die in den drei innerstaatlichen Abschnitten erfolgen, in ihrer systematischen Einreihung durch den Inhalt bestimmt werden, kann nicht zweifelhaft sein. Die Beweiserhebung, die für einen auswärtigen Zivilprozeß vorgenommen wird, ist selbst ein Stück Zivilverfahren, und ebenso deren Verwertung in dem ausländischen Rechtsstreit. Auf der andern Seite sind Verfahrensvorschriften über die Herstellung der Verbindung von Staat zu Staat, über die Frage, ob der fremde Staat um die Vornahme der Handlung selbst ersucht werden soll oder nur um die Aushändigung des Ersuchschreibens an eine Amtsstelle seines Bereichs, über die Sprache des Ersuchschreibens oder die Angaben, die es enthalten soll, unzweifelhaft eine Angelegenheit des Rechts der auswärtigen Verwaltung. Wo jedoch zwischen zwei Staaten ein unmittelbarer Verkehr von Behörde zu Behörde zugelassen ist, da gehört nur die Negative: Ausschluß des diplomatischen Verfahrens, in diesen Zusammenhang. Positiv wird ein solcher Verkehr mit der fremden Behörde dem Verkehr mit Amtsstellen des Inlands gleichgestellt, und dieser bildet ein Stück des Verfahrens, das die Behörde im Dienst ihrer innerstaatlichen Aufgabe überhaupt durchführt.

Nur bleibt bei dieser Grenzziehung gegenüber dem Recht der auswärtigen Verwaltung zu beachten, daß nicht jede Zusammenarbeit von Staat zu Staat, die in ihrem Inhalt auf Zivilrecht oder auf das Recht der inneren Verwaltung Bezug hat, deshalb allein immer dem Zivilprozeßrecht oder dem Recht der inneren Verwaltung angehören müßte. Nicht selten wird bei Abschluß eines völkerrechtlichen Vertrags vereinbart, daß die Vertragsteile die zur Ausführung des Abkommens erlassenen Gesetze und Verordnungen einander mitzuteilen hätten, z. B. bei Fischereiabkommen oder einer Regelung der gewerblichen Nachtarbeit[10]: Zweck der Mitteilung ist nicht, den andern Staat an der verwaltungsrechtlichen Ordnung der Fischerei, des Arbeiterschutzes im Gebiet zu beteiligen, die Mitteilung soll dem Empfangsstaat die Nachprüfung ermöglichen, ob das Inland seinen völkerrechtlichen Verpflichtungen aus dem Vertrag nachgekommen ist, sie gehört also dem Bereich der auswärtigen, nicht der inneren Verwaltung an. Ähnlich kann es sich verhalten, wenn vereinbart ist, daß die Zustimmung eines

---

[9] Dazu des näheren Neumeyer, Archiv des öffentlichen Rechts 31, 110 f.
[10] Oben 2, 133 [154]; 2, 307 [69].

andern Staats in Verwaltungssachen einzuholen sei. Ein solches Erfordernis kann verschiedenerlei bedeuten. Vielleicht ist der Sinn der Abrede wirklich, einem fremden Staat im einzelnen Fall die Teilnahme an der administrativen Ordnung des Gegenstands zu gewähren, so daß eine Inlandsangelegenheit unter dem mitwirkenden Willen eines andern Staats ihre Ordnung empfängt, z. B. eine Konzession zu Wasserbauten im Grenzfluß; ein Gegenstück zu den unten S. 380 zu erörternden — sehr seltenen — Fällen einer gemeinsamen Erledigung. In aller Regel jedoch bedeutet das Erfordernis der Zustimmung andres: der zustimmungsberechtigte Staat beansprucht nicht, den Privaten zu binden, der Gegenstand der Verwaltungshandlung ist, oder sonst in den inneren Ablauf einer Verwaltungshandlung einzugreifen, die Beschränkung wirkt von Staat zu Staat; der eine Teil soll nicht tätig werden, ohne dem andern Teil Gelegenheit zu geben, seine abweichenden staatlichen Interessen geltend zu machen; nicht der Konzession, sondern der Erteilung der Konzession durch den Staat, der nach innen allein zuständig ist, wird zugestimmt, und so dient ein solcher Vorbehalt den Beziehungen von Staat zu Staat, gehört damit gleichfalls dem Bereich der auswärtigen Verwaltung an. Die Beispiele eines solchen Erfordernisses sind sehr zahlreich, der Staat, in dessen Gebiet der andre Teil eine Eisenbahn betreibt, muß Fahrplan und Tarif zustimmen, oder der Nachbarstaat einer Schiffahrtskonzession auf dem Grenzfluß[11]. Wird aber für eine Maßnahme wechselseitige Zustimmung vorgesehen, so ist das nichts andres als Abschluß eines Staatsvertrags. Z. B. wenn in einem Viehseuchenabkommen die Grenzzollämter aufgeführt sind, über die eine Einfuhr erfolgen darf, und es heißt, daß dies Verzeichnis „nur in gegenseitigem Einvernehmen abgeändert werden kann“[12]. Ist über den Weg, auf dem solche Mitteilungen vorzunehmen, Zustimmungen einzuholen sind, nichts vereinbart, so fallen sie sinngemäß dem diplomatischen Verfahren zu; vielleicht sind sie auch einem Sonderorgan für auswärtigen Verkehr aufgetragen. Nur wo sie ein Organ der inneren Verwaltung bewirken soll, gilt entsprechend, was oben für eine Rechtshilfe von Behörde zu Behörde bemerkt wurde, ist die Vornahme der Mitteilung (wenn auch nicht notwendig ihr Inhalt) eine Angelegenheit der inneren Verwaltung.

---

[11] Anwendungsfälle oben 1, 277; 2, 57[108]; 3 I 44[70]; 3 I 81[210]; 3 I 137[5]; 3 I 226; 3 II 46. Manchmal in der abgeschwächten Form der Mitteilung eines Vorgangs an den andern Staat, die ihm ermöglicht, sein Interesse wahrzunehmen, z. B. 2, 57[108], oder etwas weitergehend als Verpflichtung ihm Gehör zu geben, z. B. 2, 27[49]; 2, 728.

[12] Deutsch-österreichisches Abkommen 1905 Schlußprotokoll Z. 12 RGBl. 1906, 287. Derartige Bestimmungen sind sehr häufig.

Des weitern ist darauf hinzuweisen, daß die Zusammenarbeit zweier Staaten, von der hier die Rede ist, eine Zusammenarbeit von Gleich zu Gleich ist; eine jede der Verwaltungen handelt dabei unter ihrem Recht. Sie unterscheidet sich damit von andern Rechtslagen, bei denen Amtsstellen des einen Teils in Unterworfenheit unter das Recht eines andern Staats mit dessen Behörden Berührung erlangen. Dergleichen kommt vor, wo fremde Behörden in ein inländisches Verfahren eingegliedert werden, etwa die fremde Staatsbauverwaltung in ein inländisches Enteignungsverfahren, das zu ihren Gunsten durchgeführt wird; wenn der fremden Armenverwaltung ein Antragsrecht auf Entmündigung eingeräumt ist oder ein fremder Staat das Ersuchen um Vollstreckung eines Zivilurteils stellen kann[13]. Und ganz allgemein, wo die fremde Behörde im Bereich des Verwaltungsrechts oder des Zivilrecht eines andern Staates Handlungen vornimmt, bei denen sie einem Privaten gleichsteht (es ist davon oben S. 82 näher gesprochen worden).

Außerhalb des Bereiches staatlicher Zusammenarbeit und der Rechtshilfe im besondern liegt es, wenn ein Privater von sich aus Amtshandlungen des Inlands veranlassen kann — wäre es auch in der Absicht, das Ergebnis dieser Handlungen bei fremden Behörden zu verwerten. Es kommt vor, daß die Beförderung eines amtlichen Ersuchschreibens einem beteiligten Privaten übertragen wird — wird der ersuchte Teil auf Grund eines solchen Schreibens tätig, so leistet er echte Rechtshilfe. Wenn dagegen nach Inlandsrecht ein Zustellungsbeamter seine Aufträge von jedem Privaten entgegennehmen kann, und er führt eine Zustellung aus, die der private Auftraggeber in einem fremden Verfahren verwertet, so hat das Inland, das solche Möglichkeiten bereitstellt, damit den eigenen Rechtsschutz, nicht Rechtshilfe gewährt. Eine rechtliche Verbindung der beiderlei Amtstätigkeiten hat nicht stattgefunden.

Typen.

2. Alle staatliche Zusammenarbeit, die nicht gemeinschaftliche Tätigkeit ist, vollzieht sich in der Grundform einer Übergabe von Staat zu Staat[14]: einer Mitteilung von Nachrichten, einer Übersendung

---

[13] Oben 3 I 43[67]; 2, 425 f.; unten S. 362 Falschmünzereiabkommen 1929 Art. 7 RGBl. 1933 II 913. Eingliederung des fremden Konsuls in ein inländisches Verfahren oben 2, 306; 2, 704; 3 I 176 f.; 3 I 219; 3 II 75.

[14] Auch die Unterstützung, die gemeinschaftlichen Organen mehrerer Staaten gewährt wird, vollzieht sich auf dem Boden innerstaatlichen Rechts und entspricht dieser Grundform. Dazu unten § 34 Z. 2.

von Sachen oder Personen[15]. Und dabei lassen sich wieder zwei hauptsächliche Typen unterscheiden.

a) Bei dem einen dieser Typen besteht die unterstützende Handlung selbst in der Übermittlung eines Gegenstands, an dessen Empfang der andre Staat ein Interesse nimmt. Das mag eine Nachricht sein: so werden Einträge in das Standesregister, Volkszählungsergebnisse, Strafnachrichten übersendet, die Sicherheitspolizeibehörden machen sich Mitteilungen, der Sklavenhandel, der Mädchenhandel, Alkoholschmuggel, der Verkehr mit Opium gibt Anlaß zu solchen, es wird das Auftreten von Krankheiten bei Mensch, Tier, Pflanzen berichtet, Baupläne, Fahrpläne, Tarifänderungen der Eisenbahnen werden mitgeteilt, der Behörde, die ein Binnenschiff geeicht hat, wird Mitteilung von einer Nacheichung, von einem Schiffsverlust gemacht[16] — die Zahl derartiger Mitteilungen ist im Bereich des Verwaltungsrechts außerordentlich groß. Meistens erfolgen sie in Form eines schriftlichen Berichts, so daß sie als Übergabe einer Sache in Erscheinung treten, doch kommt auch die Vereinbarung mündlicher Mitteilung vor[17].

In all den vorgenannten Fällen erfolgt die Übersendung unaufgefordert. Wird die Mitteilung von dem interessierten Staat erbeten, so wird sie auf seiten des ersuchten Teils zur Auskunft. Auch solche Auskünfte werden zu den mannigfachsten Zwecken gewährt[18]. Zur Durchführung der Arbeiterversicherung erteilt der Aufenthaltsstaat des Rentenempfängers Bescheinigungen über Leben und Witwenstand, er veranlaßt eine ärztliche Untersuchung[19]; neuerdings beginnen die Vereinbarungen zahlreicher zu werden, die Mithilfe bei der Veranlagung von Steuern versprechen[20], es werden Auszüge aus dem Straf-

---

[15] Zuweilen begegnen allgemeine Klauseln. Neben den seltenen Fällen, in denen Beistand in Verwaltungsangelegenheiten schlechthin zugesagt wird (unten Anm. 53), findet man öfter das Versprechen einer Unterstützung für bestimmte Arbeitsgebiete, z. B. die Zusage einer „Amtshilfe" in Angelegenheiten der Arbeiterversicherung (Oberschlesienabkommen 1922 Art. 206 RGBl. II 238). Oder es wird für den Grenzbahnhof vereinbart (Deutschland-Polen 1927 Art. 15 RGBl. II 328): „Die Bediensteten der Vertragsteile werden einander bei der Erfüllung ihrer dienstlichen Obliegenheiten unterstützen."

[16] Oben 1, 50 ff.; 1, 66 f.; 1, 77; 1, 105; 1, 261; 2, 85 f.; 2, 123; 3 I 74. Für den Alkoholschmuggel Abkommen der Ostseestaaten 1925 Art. 11 RGBl. 1926 II 221. Für den Verkehr mit Opium Internationales Abkommen 1931 Art. 20 RGBl. 1933 II 321. Internationales Abkommen über die Eichung der Binnenschiffe 1925 Art. 5, 6 RGBl. 1927 II 356.

[17] Ausbruch der Tollwut im Grenzbezirk (Bayern-Österreich 1911 Weber, Gesetz- und Verordnungensammlung 39, 222): telephonisch oder telegraphisch.

[18] Generalklausel auf Grund einer Gebietsveränderung: Deutschland-Dänemark, 17. Abkommen 1922 Art. 6 RGBl. II 230.

[19] 2, 700 ff.; dazu wichtige neuere Verträge.

[20] Dazu etwa Wahl, Revue 4, 59 ff.

register übersandt, auf Grund des Kennzeichens eines Kraftwagens Name des Eigentümers, des Führers mitgeteilt [21]; bei der Feststellung der Staatsangehörigkeit eines Auszuweisenden soll der andre Teil Unterstützung leisten [22]; überhaupt fallen die Beweiserhebungen im Weg der Rechtshilfe (auf die noch zurückzukommen sein wird) in den Rahmen der Auskünfte.

Sachen können den Gegenstand der Übersendung bilden, Ordenszeichen des Verstorbenen [23], Geldbeträge, die für den andern Staat vereinnahmt wurden [24], der Zollbehörde werden Räume im Grenzbahnhof überlassen, der Eisenbahnverwaltung Aushilfe mit Betriebsmitteln versprochen [25]; Akten, Beweisstücke werden übermittelt [26]. Und es kann sich um Personen handeln, die übergeben werden, Häftlinge, die im andern Gebiet vernommen werden sollen, zwangsweise ausgewiesene Personen, verlassene Kinder, verschleppte Mädchen [27]. Oder es vollzieht sich die Zuweisung in der milderen Form, daß Beamte den dienstlichen Auftrag oder auch Urlaub erhalten, eine Tätigkeit im andern Staat vorzunehmen [28], daß Zeugen und Sachverständige veranlaßt werden, sich zur Vernehmung in den andern Staat zu begeben.

Nicht in allen Fällen, von denen hier gesprochen wurde, stehen die Aufschlüsse, die mitgeteilt, die Sachen und Personen, die übergeben werden sollen, der Behörde bereits zur Verfügung, es bedarf einer Nachfrage bei Privaten, einer Aufforderung, den Gegenstand zu überlassen, die Reise vorzunehmen. Es kann aber auch sein, daß der unterstützende Teil den öffentlichen Zwang einsetzt, sich den Besitz der Nachricht, der Sache, der Person zu verschaffen, und diese Übung der Staatsgewalt tritt so sehr in den Vordergrund, daß übersehen werden mag, daß es sich auch dann nur um Hilfstätigkeiten handelt, eine Übergabe von Staat zu Staat zu ermöglichen. Dahin gehört bei Personen neben der Auslieferung in Strafsachen die Festnahme ent-

---

[21] Oben 1, 105; 3 I 36.

[22] Deutsch-schweizerischer Niederlassungsvertrag 1909 Art. 15 RGBl. 1911, 887.

[23] 1, 375 ff.

[24] 2, 426 ff. Rückersatz einer Armenunterstützung. Deutsch-polnischer Vertrag über Sozialversicherung Art. 9. Über Geldstrafen eine französisch-belgische Vereinbarung Journal, Tables 2, 1049.

[25] Oben 3 I 73.

[26] Deutsch-österreichischer Vertrag über Rechtshilfe in Zollsachen 1930 Art. 5 RGBl. II 1114.

[27] Oben 1, 10 ff.; 1, 255; 1, 261.

[28] Übertritt von Polizeiorganen bei Elementarereignissen jenseits der Grenze oben 1, 92 f.; vgl. auch 3 II 73 für Telegraphenpersonal. Beurlaubung von Eisenbahnbeamten 3 I 71 f.

laufener Zwangszöglinge, entwichener Seeleute, geflüchteter Deserteure des Landheers[29]. Bei der Beschaffung von Auskünften wird der Zeugenzwang sichtbar[30]. Und unter den Sachen, die zum Zweck einer Übergabe zwangsweise beschafft werden, kommen vornehmlich Geldbeträge in Betracht; denn die lang geübte Zurückhaltung, Geldforderungen der öffentlichen Hand im Weg der Rechtshilfe zu vollstrecken, beginnt sich in neuerer Zeit zu lockern[31].

Ergänzend ist schließlich darauf hinzuweisen, daß sich mit der Übergabe, die den Inhalt der Rechtshilfehandlung selbst bildet, noch vorgängige und nachfolgende Handlungen verbinden können, bei denen gleichfalls eine Übergabe von Staat zu Staat stattfindet. So bei all den Handlungen, die nur auf Aufforderung vorgenommen werden, die Übergabe des Ersuchschreibens, vielleicht mit Beilagen. Die vollzogene Übergabe mag Anlaß zu einer Empfangsbestätigung geben, zu einer Vergütung der erwachsenen Kosten, zu der Rücksendung von Personen und Sachen, die nur auf Zeit überlassen wurden.

b) Bei einer zweiten Gruppe unterstützender Maßnahmen besteht die Hilfstätigkeit nicht in einer Übergabe von Staat zu Staat, sondern in einer Tätigkeit, die der ersuchte Teil gegenüber Privaten vornimmt; und wenn auch solche Maßnahmen als aktive Zusammenarbeit mehrerer Staaten erscheinen, so kann die Berührung hier nur in Akten vor sich gehen, die der Hilfshandlung vorausgehen oder nachfolgen: wiederum in dem Ersuchen um Betätigung, wo solches erforderlich ist; in der Mitteilung über den Vollzug der Hilfshandlung,

---

[29] Vgl. für Zwangszöglinge oben 1, 250 ff. Für Seeleute 3 I 181 ff. (über den Unterschied von Rechtsschutz und Rechtshilfe bei Entweichungen S. 182[41]). Über die Auslieferung von Deserteuren des Landheers, eine Einrichtung, die heute ziemlich abgestorben ist, v. Martitz, Internationale Rechtshilfe in Strafsachen 1, 245 ff.; etwa auch Alphand, Revue 6, 35 ff.; oben 3 I 183[44].

[30] Hieher auch das Einschreiten fremder Kriegsschiffe, wie es auf vertraglicher Grundlage bei der Fischereiaufsicht, dem Kabelschutz und andern Aufgaben vorkommt. Bleibt die Untersuchung, die das Kriegsschiff vornimmt, ergebnislos und ist eine Anzeige an den Heimatstaat des untersuchten Fahrzeugs nicht vorgesehen, so kommt es nur der Absicht nach, nicht tatsächlich, zu einer Zusammenarbeit der beiden Staaten.

[31] Verträge Deutschlands mit der Tschechoslowakei, Österreich, Ungarn für Steuern mit Ausnahme der Zölle und Verbrauchssteuern RGBl. 1923 II 77, 94; 1925 II 648. Für Zölle und Verbrauchssteuern das oben Anm. 26 angeführte deutsch-österreichische Abkommen. Vertrag Deutschland-Danzig RGBl. 1923 II 428 für sämtliche Steuern. Gelegentliche Sondervereinbarungen finden sich schon früher, z. B. in der Rheinschiffahrtsakte 1868 Art. 40, 34 für Schiffahrtsgebühren, in dem Haager Prozeßabkommen 1905 Art. 17 ff. für Gerichtskosten.

die der unterstützende Staat macht, der Weitergabe von Gegenständen, die er bei der Hilfshandlung entgegengenommen hat; auf seiten des unterstützten Teils möglicherweise in einer Empfangsbestätigung, insbesondre auch in dem Ersatz von Vorschüssen, die der unterstützende Teil dem Privaten gewährt hat.

Im einzelnen nun mögen solche Tätigkeiten gegenüber Privaten in einer Entgegennahme von Mitteilungen oder Sachen für den andern Staat bestehen, Meldungen im Dienst der Arbeiterversicherung des andern Teils können bei ihm vorgenommen, Rechtsmittel in einem Rechtsstreit dieses Inhalts bei ihm eingelegt werden, die Telegraphenverwaltung des Aufgabelands vertritt auch die andern an der Beförderung beteiligten Verwaltungen und empfängt deren Gebührenanteil vom Absender der Depesche[32].

Inhalt der Hilfshandlung kann aber auch sein, daß der unterstützende Staat seinerseits einem Privaten Mitteilungen, Gegenstände zukommen läßt. Die Mitteilung mag in einer Zahlungsaufforderung bestehen[33], vielleicht in einem öffentlichen Anschlag[34]. Insbesondre gehören Zustellungen in diesen Zusammenhang, deren Vornahme in neueren Verträgen über Rechtshilfe für Zwecke der Arbeiterversicherung, in Steuerangelegenheiten häufig näher geregelt wird[35]. Bei den Sachleistungen, die der unterstützende Staat gegenüber Privaten vornimmt, handelt es sich etwa um die Auszahlung von Renten der Arbeiterversicherung[36], auch um Vorschüsse, die er im Dienst der Armenfürsorge, Arbeiterversicherung, Militärversorgung gewährt[37].

Einer besondern Erörterung bedürfen hier noch Vollstreckungen, die als Leistung von Rechtshilfe vorgenommen werden. Daß Forderungen einer fremden Finanzverwaltung zuweilen die Zwangsvollstreckung gewährt wird, ist oben S. 360 bemerkt worden; die Mitwirkung des Inlands ist dabei auf Übergabe des Betrags gerichtet, Zwangsanwendung gegen den Schuldner nur Mittel zum Zweck, und es fällt

---

[32] Deutsch-polnisches Sozialversicherungsabkommen Art. 7, 13 und oben 3 II 74. Im Unterschied zu manchen unter a) behandelten Tatbeständen besteht die Hilfshandlung hier in einer Stellvertretung, nicht in einer Übergabe von Staat zu Staat, deren Gegenstand sich der unterstützende Teil bei Privaten beschafft.

[33] Z. B. oben 2, 426 ff. Führt die Aufforderung zu freiwilliger Zahlung, so gehört die Übermittlung des Betrags zu den vorstehend S. 359 erwähnten Tatbeständen.

[34] Oben 2, 132 f.

[35] Ein andres Beispiel oben 3 I 74.

[36] Oben 2, 704 706.

[37] Oben 2, 429. Deutsch-polnisches Sozialversicherungsabkommen Art. 3, 15. 12. deutsch-dänisches Abkommen 1922 Art. 15 RGBl. II 207.

eine solche Rechtshilfe demgemäß unter die erste hier behandelte Gruppe. In seltenen Fällen ist die Vollstreckung ausländischer Strafurteile vereinbart worden[38]: handelt es sich um die Vollstreckung einer Geldstrafe und es soll der beigetriebene Betrag an den andern Staat abgeliefert werden, so könnte die Hilfe unter fiskalische Gesichtspunkte gebracht und ebenso wie in den vorgenannten Fällen aufgefaßt werden. Aber eine solche Auffassung versagt zum mindesten bei der Vollstreckung von Freiheitsstrafen; hier ist in der Tat ein eigentümlicher Fall der zweiten, hier ausgeschiedenen Gruppe gegeben. In vergangenen Zeiten traf das auch bei einer Vollstreckung fremder Zivilurteile zu. Das Inland gewährte ihnen grundsätzlich nur dann Vollstreckung, wenn von dem urteilenden Gericht oder dessen Staat darum ersucht wurde[39], ausgehend von der Annahme, daß die Vollstreckung einen Teil des Entscheidungsverfahrens bilde. In dieser Auffassung jedoch ist seither ein Wandel eingetreten. Der Staat betrachtet es heute als eine selbständige Aufgabe, unbefriedigtem Recht zur Durchsetzung zu verhelfen, wenn der Gegenstand der Vollstreckung sich im Inland befindet, grundsätzlich ohne Unterschied, ob er die vorausgesetzte Gewißheit über den Bestand des durchzusetzenden Anspruchs einem Inlandsurteil oder (unter Kautelen) einem solchen des Auslands entnehmen muß, und die Kehrseite dieser Auffassung ist, daß nunmehr der Private, der den Anspruch verfolgt, von sich aus das Verfahren in Gang setzen kann. Abgestorbene Reste jener früheren Anschauung haben sich freilich bis in die Gegenwart erhalten, die Prozeßordnungen Deutschlands, Österreichs, Italiens[40] kennen immer noch ein „Rechtshilfeersuchen“ um Vollstreckung. Aber die rechtliche Bedeutung solcher Akte ist nicht mehr die gleiche wie früher. Neben dem Antrag des privaten Gläubigers zugelassen, sind sie zu einer wahlweise zugelassenen Förmlichkeit geworden für die Einleitung eines Verfahrens, das der Staat in eigener Sache durchführt[41]. Er

---

[38] Deutsch-österreichisches Abkommen über Rechtshilfe in Zollsachen Art. 8, 10. Rheinschiffahrtsakte Art. 40, 34. Weiteres bei W. Mettgenberg, Deutsches Auslieferungsgesetz 411 f.

[39] Das war für Vollstreckungen von Amts wegen feste Lehre des römisch-kanonischen Prozeßrechts. Zuerst nachweisbar bei dem Kanonisten Ricardus Anglicus, ordo judiciarius (1196) ed. Wahrmund 77; unter den Legisten bei Hugolinus (zwischen 1216 und 1228) in dissensiones dominorum ed. Hänel 372; Stadtrecht von Pisa 1233 constitutum legis c. 16 ed. Bonaini 2, 702. Seit Bartolus gelockert durch die Streitfrage, ob neben einer Vollstreckung von Amts wegen, die auf Ersuchen erfolgt, die Partei selbst vor einem fremden Gericht die actio judicati erheben dürfe.

[40] Deutschland § 971; Österreich Exekutionsordnung § 82; Italien Art. 942.

[41] Vgl. dazu oben S. 357.

gewährt mit der Vollstreckung auch unter solchen Umständen Rechtsschutz, nicht Rechtshilfe[42].

Übrigens kommt Gewaltanwendung gegen Private auch sonst zuweilen als Rechtshilfehandlung vor. So wenn auf Ersuchen des Konsuls der Uferstaat es übernimmt, auf einem fremden Handelsschiff im Hafen die Ordnung wiederherzustellen oder gegen Mißbrauch einer fremden Flagge einzuschreiten[43].

Rechtsgrundlagen.

3. Das allgemeine Völkerrecht kennt keine Verpflichtung zu einer aktiven Zusammenarbeit der Staaten, keine Verpflichtung zu einer Rechtshilfe im besondern. Wenn zwischen unabhängigen Staaten eine Bindung dieser Art bestehen soll, kann sie nur auf Staatsvertrag oder Vereinsbeschluß beruhen. Daß freilich von solcher Möglichkeit für die mannigfachsten Bedürfnisse Gebrauch gemacht wird, zeigen die vorausgehenden Erörterungen. Vorwiegend sind es Vereinbarungen, die unter besondern Umständen oder zwischen näher verbundenen Staaten zustande gekommen sind, manchmal aber auch Typen, denen weitgehende Verbreitung zukommt, beispielsweise Verständigungen über den Austausch von Standesurkunden, Strafnachrichten, über Mitteilung von Krankheitsfällen, Eisenbahnverträge in großer Zahl, die einschlagende Bestimmungen enthalten, aus dem Bereich der Rechtshilfe neben Abkommen über die Auslieferung entwichener Seeleute in neuerer Zeit besonders bemerkenswert Verträge über Rechtshilfe in Sachen der Sozialversicherung, der direkten Steuern und der Zölle; oder es sind Weltverbände, welche die Zusammenarbeit ordnen, wie das vor allem bei Post und Telegraphie zutrifft.

Auf die wesentlich dichtere Masse der Rechtshilfeverträge aus dem Bereich der Justiz ist hier nicht einzugehen. Insbesondre ist das Haager Prozeßabkommen mit seinen Bestimmungen über Zustellung und Beweiserhebung nur *en matière civile et commerciale* anwendbar. Also nicht, wenn Zivilgerichte in Angelegenheiten des öffentlichen Rechts zu entscheiden haben, über Steuern oder Staatsangehörigkeit[44];

---

[42] Und das wird selbst dann zutreffen, wenn ein Verfahren, das auf Ersuchen vorgenommen wird, mit Vorrechten ausgestattet ist wie in Art. 18 des Haager Prozeßabkommens.

[43] Oben 3 I 96, 125, 179. Auch dies ist Rechtshilfe, nicht Rechtsschutz. Liegt der Unterschied der beiden Bereiche in der sachlichen Entscheidung des Staats, ob er eine Angelegenheit als eigene Aufgabe erledigen will, so kann der Mangel einer Zuständigkeit doch als Anhaltspunkt in Betracht kommen, die sachliche Ablehnung einer Aufgabe anzunehmen.

[44] So auch Cluzel, Journal 1910, 1057 f.; Normann, Internationales Zivilprozeßrecht 18. Entsprechend für den bisherigen Rechtszustand inner-

wohl aber, wenn Verwaltungsbehörden über Privatrecht entscheiden[45]. Ähnlich verhält es sich mangels besondrer Vorschriften, wenn Rechtshilfe „in Strafsachen" vereinbart ist; sie umfaßt auch Strafsachen, die vor Verwaltungsbehörden schweben[46].

Die tatsächliche Zusammenarbeit der Verwaltungen reicht über den Bereich vertraglicher Verpflichtungen nicht unwesentlich hinaus, es sind dafür im Vorausgehenden mancherlei Beispiele nachgewiesen worden[47]. Sie vollzieht sich ohne rechtliche Schwierigkeit bei einem Büroverkehr von Behörde zu Behörde; sie kann auf staatsrechtliche Hindernisse stoßen, wo die Hilfshandlung einen Eingriff in die Freiheit oder das Vermögen eines Privaten notwendig macht. Denn in zahlreichen Ländern gilt der verfassungsrechtliche Satz, daß ein solcher Eingriff nur auf der Grundlage eines Gesetzes ergehen kann. In der Tat hat dies auch im Bereich einer Rechtshilfe in Verwaltungssachen bereits zu Schwierigkeiten geführt[48], und es werden solche Bedenken nur dann entfallen, wenn man einer Annahme folgen darf, die schon oben S. 40 für einen andern Zusammenhang berührt wurde[49]:

---

halb Deutschlands Hartmann, Preußisches Verwaltungsblatt 31, 77 (vgl. aber auch unten S. 366 [53]); innerhalb der Schweiz Fleiner, Schweizerisches Bundesstaatsrecht 455 [7].

[45] Vgl. oben 2, 701 [46]. Die Frage ist bei der Revision von 1904 behandelt, aber in Verwirrung gebracht worden. Der Kommissionsbericht Actes 84 geht zutreffend davon aus, daß die Natur des Rechtsverhältnisses, nicht die Art der befaßten Behörde entscheidet, will dem Vertrag aber alle Angelegenheiten unterstellen, bei denen „private Interessen im Spiel sind". Nach Cluzel 1055 ff. wäre das geltendes Recht geworden. Vgl. auch oben 2, 702 [47]. Ich bin der Meinung, daß die Worte den Sinn behalten haben, den sie in dem ursprünglichen Abkommen von 1896 besaßen. Auf Privatrecht beschränken den Vertrag auch Delius, Handbuch des Rechtshilfeverfahrens [4] 140; Normann 17 f.; vielleicht auch Meili-Mamelok, Internationales Privat- und Zivilprozeßrecht auf Grund der Haager Konventionen 326. — Entsprechend wiederum für die Schweiz Fleiner 455. Für das bisherige Verhältnis der deutschen Länder fehlt es hier an einer Rechtsgrundlage.

[46] Ausdrücklich in diesem Sinn Art. 1 des deutsch-türkischen Auslieferungsvertrags RGBl. 1931 II 197. Vgl. auch das deutsch-österreichische Abkommen über Rechtshilfe in Zollsachen Art. 8 ff.

[47] So 1, 10 f. Übernahme Ausgewiesener; 1, 50 f. Austausch von Standesurkunden; 1, 105 Zusammenarbeit der Sicherheitspolizei; 2, 701 705 Arbeiterversicherung; 3 I 181 f. Auslieferung entwichener Seeleute.

[48] Dazu oben 1, 250 ff. über Heimschaffung flüchtiger Zwangszöglinge; auch 1, 261 [22] für verschleppte Mädchen. 3 I 182 [40] für entwichene Seeleute. Vgl. auch die Begründung des Reichsgesetzes über den Beistand bei Einziehung von Abgaben, Verhandlungen des Reichstags 1894/95 Anlagenband 2, 1294. Delius, Handbuch des Rechtshilfeverfahrens [4] 86 f., 104, 168 ff. (mit weiteren Angaben) für Zeugenzwang.

[49] Vgl. auch Zeitschrift für Völkerrecht 9, 337 f. und oben 3 I 182 [40].

daß in auswärtigen Angelegenheiten solche Eingriffe im Ermessen der Verwaltung verblieben sind[50].

Jedenfalls hat sich eine solche tatsächliche Übung der Zusammenarbeit nicht gleichmäßig entwickelt; sie ist insbesondre, wo es sich um die unmittelbare Stärkung einer fremden Macht handelt, bei Steuern und auf militärischem Gebiet, vielfach ablehnend geblieben[51]. Und es fehlt auch nicht an vertraglichen Feststellungen dieses Rechtszustands, etwa in dem deutschen Handelsvertrag mit Schweden 1926, nach dem die vereinbarte Meistbegünstigung sich nicht auf Rechtshilfe in Steuersachen erstrecken soll; in dem Handelsvertrag mit Japan von 1927, der das gleiche für jede „Unterstützung in Verwaltungs- und Rechtsangelegenheiten" vorsieht[52].

Wo Staaten unter einer einheitlichen Gewalt in einem Bundesstaat zusammengefaßt sind, besteht die Möglichkeit, daß von Gesamtstaats wegen eine Verpflichtung zur Rechtshilfe begründen wird. Im Deutschen Reich ist von einer solchen Möglichkeit im Bereich der Verwaltung vornehmlich durch das Reichsgesetz vom 9. Juni 1895 über den Beistand bei Einziehung von Abgaben und Vollstreckung von Vermögensstrafen Gebrauch gemacht worden; auch die Einziehung von Gerichtskosten ist auf reichsrechtlicher Grundlage geregelt. Darüber hinaus jedoch bestand hier zu Zeiten der bundesstaatlichen Verfassung ein kläglicher Rechtszustand: ein paar verstreute Zufallsregelungen in landesrechtlichen Normen und Vereinbarungen[53], im übrigen ein

---

[50] Der Satz bedarf einer Untersuchung auch für andre Rechtshilfeakte, zumal die Auslieferung, aber auch für Ausweisung (dazu Isay, Fremdenrecht 98 ff., 213 f.), für die Bekämpfung des Seeraubs, für das Recht der Kriegführung, er hat Rückwirkungen auf die Notwendigkeit, Staatsverträge den Parlamenten vorzulegen, und andres mehr. In veränderter juristischer Ausprägung liegt er auch der These zugrunde, daß nach französischem Recht diplomatische Vorgänge als *actes de gouvernement* zu behandeln seien. Eine gegen Ende des 19. Jahrhunderts sich verstärkende, aber freilich ungleichmäßige Tendenz, auch hier die Anforderungen des Rechtsstaats durchzuführen, läßt sich nicht verkennen.

[51] Vgl. etwa für Preußen Delius[4] 180; für die Schweiz L. R. v. Salis, Schweizerisches Bundesrecht[2] 1, 440; 5, 651.

[52] Vertrag mit Schweden Art. 14 RGBl. 1926 II 383; mit Japan Art. 23 RGBl. 1927 II 1087.

[53] Am weitesten ging ein Vertrag Württemberg-Baden vom 21. 4. 1896, Zeitschrift 6, 277, der „Beistand im Verfahren vor den Verwaltungsgerichten und vor den Verwaltungsbehörden" verspricht; auch eine Gegenseitigkeitserklärung zwischen Württemberg und Weimar, anscheinend von 1902, Zeitschrift 13, 221[1], die „Beistandsleistung in Angelegenheiten des öffentlichen Rechts" zusagt. Ausführung einer Zwangsvollstreckung: Abkommen zwischen acht thüringischen Staaten 12. 6. 1885, Weimarer Regierungsblatt 1886, 194; Weimar, Gesetz 9. 6. 1886, übergegangen in § 85 des Gesetzes vom 8. 12. 1899; Sachsen, Verordnung 1. 5. 1903. Auf die Beitreibung von Forderungen be-

freiwilliges Entgegenkommen von schwankendem Ausmaß, und bei Zwangsanwendung von Bedenken über deren Zulässigkeit gehemmt. In der Schweiz ist von Bundes wegen nur eine Rechtshilfepflicht für Zivil- und Strafsachen vorgesehen. Die Kantone selbst haben ein Konkordat über „Rechtshilfe zur Vollstreckung öffentlichrechtlicher Ansprüche" geschlossen[54]; auch das Konkordat über Armenunterstützung[55] und einzelne weitere Vereinbarungen[56] enthalten Bestimmungen über Zusammenarbeit; im übrigen mangelt es für die Verwaltung auch hier an einer Rechtsgrundlage[57].

Im übrigen kommt aktive Zusammenarbeit auch unter den mannigfachsten sonstigen öffentlichen Körperschaften vor, und es kann ihre Rechtsgrundlage wiederum in dem Willen der übergeordneten Staatsgewalt und in der eignen Entschließung der Körperschaft beruhen; beides auch da, wo die Zusammenarbeit zwischen gleichartigen Körperschaften verschiedener Länder stattfindet. Anschauliche Beispiele für die eine oder andre Gestaltung bieten insbesondre die Körperschaften des Arbeiterversicherungsrechts[58].

Formen der Zusammenarbeit.

4. Das unterscheidende Merkmal, das den hier besprochenen Erscheinungen gemeinsam ist, liegt in einer Zusammenarbeit der Ver-

---

schränkt, Bremen, Gesetz vom 15. 6. 1883; nur für Steuerforderungen Bayern-Baden 1873, Weber 10, 91. Ein paar Jurisdiktionsverträge des 19. Jahrhunderts (es ist die „2. Familie" in der Zusammenstellung von A. O. Krug, Das Internationalrecht der Deutschen 1851) verpflichten die Gerichte zu „derjenigen Rechtshilfe, welche sie den Gerichten des Inlands nicht verweigern dürfen", und erfassen damit wenigstens Verwaltungsangelegenheiten, die beiderseits von Gerichten erledigt werden; vielleicht ist auch § 55 des Meininger Ausführungsgesetzes zum Gerichtsverfassungsgesetz, Fassung 1885, in diesem Sinn zu verstehen. Das Rechtshilfegesetz von 1869 beschränkt sich ebenso wie das Gerichtsverfassungsgesetz auf bürgerliche und Strafsachen, und man versucht nur mit einer kümmerlichen Auslegung Disziplinarangelegenheiten als Strafsachen im Sinn der älteren Quellen aufzufassen. Vgl. zu dieser letzteren Frage Delius[4] 83; Annalen des Oberlandesgerichts Dresden 36, 321; Schack, Sächsisches Archiv für Rechtspflege 13, 305.

[54] Eidgenössische Gesetzsammlung 1912, 621; vgl. auch Kirchhofer, Zeitschrift für schweizerisches Recht 48, 531.

[55] Gesetzsammlung 1920, 57. Vorgeschichte oben 2, 387.

[56] Übersicht bei W. Burckhardt, Schweizerisches Bundesrecht 1, 542 ff.

[57] In den Vereinigten Staaten können nicht einmal einzelstaatliche Steuerforderungen in den andern Gliedstaaten der Union durchgesetzt werden. Vgl. etwa State of Colorado v. Harbeck, Appellhof Neuyork 1921 bei Beale, Selection of cases on the conflict of laws[2] 1, 466.

[58] Oben 2, 705 ff. Wo die Zusammenarbeit auf einem Staatsvertrag beruht, ist es der Wille des übergeordneten Staats, der die rechtliche Verbindung herstellt.

waltungen, die sich von Staat zu Staat vollzieht[59] und in bestimmten Formen sich abwickelt. Formen, die auf Übung und Vereinbarung beruhen, jedoch — mit Ausnahme des Satzes vom diplomatischen Verfahren — nicht den Gegenstand allgemein geltender Rechtssätze bilden. Nicht immer bedarf es für diese Zusammenarbeit eines besondern Ersuchens. Ein solches Ersuchen entfällt bei mancherlei Mitteilungen, die vom einen Staat in den andern ergehen[60]; aber auch im Bereich der Rechtshilfe wird für eilige Angelegenheiten zuweilen das gleiche vereinbart, etwa bei Feststellungen im Dienst der Arbeiterversicherung[61]. Für die Regel allerdings verlangt zum mindesten der Rechtshilfeverkehr ein Ersuchen im einzelnen Fall, und wenn nichts andres vereinbart oder herkömmlich zugelassen ist, so muß der Staat, dessen Dienstleistung erbeten wird, im diplomatischen Weg um die Hilfshandlung ersucht werden. Bei der Umständlichkeit und Gewichtigkeit eines solchen Vorgehens hat man sich vielfach um Vereinfachungen bemüht. Zuweilen sind die Erleichterungen des Haager Abkommens für den Zivilprozeß auf Verwaltungsangelegenheiten übertragen worden[62], häufig sind vereinfachende Bestimmungen in den Vertrag selbst aufgenommen, und in vielen Fällen erfolgt auch in Verwaltungssachen ein unmittelbarer Verkehr von Behörde zu Behörde[63]. Neben den ordentlichen Behörden der Verwaltung kommen dabei je nach dem Gegenstand auf seiten des ersuchenden oder des ersuchten Teils die mannigfachsten sonstigen Organe in Betracht, Konsuln, Kriegsschiffe, Fischereikommissare, Körperschaften der Arbeiterversicherung und andre mehr.

Auch für die Beschaffenheit des Ersuchens, zumal seine Sprache, für die Rückleitung der Ergebnisse, die mannigfachen Übermittlungen, welche die Abwicklung für die eine oder die andre Seite notwendig macht, haben Herkommen und Vereinbarung vielfach feste Formen geschaffen. Sie entbehren an dieser Stelle des rechtlichen Interesses[64].

---

[59] Von einer besondern Erörterung der Beziehungen zwischen andern Verbänden kann hier abgesehen werden.

[60] Oben 1, 50; 1, 66; 1, 105; 1, 261; 2, 85. Entsprechend bei der Rücksendung von Ordenszeichen 1, 375.

[61] Oben 2, 703 und neuere Verträge. Auch der 1, 93 erwähnte Übertritt von Sicherheitsorganen bei Elementarereignissen jenseits der Grenze vollzieht sich ohne Requisition.

[62] Deutsch-polnisches Sozialversicherungsabkommen Art. 7 Abs. 6.

[63] Beispiele oben 1, 50; 1, 66; 1, 105 usw. Auch in den Verträgen über Rechtshilfe in Steuersachen.

[64] Wegen der Währung, in der Geldzahlungen erfolgen müssen, vgl. oben 3 II 15.

Die Leistung der Rechtshilfe.

5. Bei der Leistung der Rechtshilfe und bei deren Empfang handelt es sich um Vorgänge des innerstaatlichen Rechts[65]. Unter diesem Gesichtspunkt aber bedarf es noch ergänzender Ausführungen, sowohl um die Verbindung mit Früherem herzustellen, wie auch darum, weil hier die Abgrenzung zwischen Inlandsordnung und fremder Regelung Fragen aufwirft, die diesem Bereich eigentümlich sind.

a) Der Staat, der Rechtshilfe gewährt, handelt im fremden Interesse, aber er führt eben mit dieser Hilfshandlung eine eigene Aufgabe von besondrer Art durch; es ist seine Amtstätigkeit, die dabei wirksam wird, seine Staatsgewalt, die er für die Durchführung einsetzt[66]. Wird aber bei Durchführung der Rechtshilfe ein Privater von der Staatsgewalt erfaßt, so hat er es nur mit dieser Staatsgewalt zu tun[67], und er kann seine Einwendungen grundsätzlich nur vor ihr geltend machen[68]. Umgekehrt ist die Leistung der Rechtshilfe für

[65] Dem Rechtsteil angehörig, der durch den Inhalt der Rechtshilfehandlung bestimmt wird. Es ist irreführend, wenn die Rechtshilfe manchmal schlechthin als eine „Angelegenheit der Verwaltung“ erklärt wird. Zeugenvernehmung in Zivilsachen ist eine Angelegenheit der Zivilrechtspflege. Richtig ist nur, daß über sie in Ermangelung einer gesetzlichen oder vertraglichen Bindung die Justizverwaltung zu entscheiden hat; auch daß (bei einer Vernehmung in Deutschland) auf sie die Vorschriften, die für inländische Zivilrechtsstreitigkeiten aufgestellt sind, nicht von selbst Anwendung finden.

[66] Nach englischem Recht kann der Konsul der ersuchenden Macht mit der örtlichen Staatsgewalt belehnt werden, um eine Beweiserhebung in Großbritannien durchzuführen, und er handelt insoweit unter britischer Hoheit. Das ist in Art. 12 des deutsch-britischen Rechtshilfeabkommens von 1928 für Zivilsachen auf beide Vertragsstaaten ausgedehnt worden; doch wurde die hieraus folgende Abgrenzung der beiderlei Rechte nicht völlig folgerichtig durchgeführt.

[67] Zutreffend Boes, Deutsches Steuerblatt 1931, 453 f.: vollstreckt die deutsche Finanzbehörde auf Grund eines der Rechtshilfeabkommen einen ausländischen Steuerbescheid, so richten sich Einwendungen, die im Betreibungsverfahren erhoben werden, gegen das Reich, nicht gegen den ausländischen Staat, für den vollstreckt wird.

[68] Wenn bei Ordnung der Rechtshilfe innerhalb eines Einheitsstaats gewisse Entscheidungen und Verfügungen, die anläßlich der Hilfshandlung erforderlich werden, an das „Prozeßgericht“ verwiesen sind, so muß, wenn es sich um Rechtshilfe für ein ausländisches Verfahren handelt, mangels besondrer Vorkehrung das entscheidende oder verfügende Gericht in jedem Fall dem Staat angehören, der die Rechtshilfe leistet. Sehr lehrreich für eine Beschwerde wegen Zeugenzwang ein vom Kammergericht entschiedener Fall, Zeitschrift 21, 61. Unrichtig das Landgericht Frankfurt, Juristische Wochenschrift 1933, 1737, der Rechtsanwalt, der für eine im Armenrecht streitende Partei dem inländischen Beweistermin beiwohnen soll, müsse vom ausländi-

den ersuchenden Staat eine fremde Angelegenheit, und er ist bei einer Ablehnung des Ersuchens auf diplomatische Vorstellungen beschränkt; mangels besonderer Zulassung[69] haben seine Behörden keinen Anteil an dem Beschwerderecht, das bei einer Ablehnung des Ersuchens innerstaatlichen Behörden eingeräumt ist.

b) Wo die Rechthilfe bei Vorliegen bestimmter Umstände gewährt werden muß oder ohne deren Vorliegen nicht gewährt werden darf, erlangen die Voraussetzungen, die für die Hilfeleistung aufgestellt sind, rechtliche Bedeutung. Sie können von verfahrensrechtlicher Art sein, Notwendigkeit eines Ersuchens, eines Ersuchens in bestimmter Form, mit bestimmten Beilagen. Und es muß der vorausgesetzte Gegenstand der Rechtshilfe gegeben sein, „Zivilsachen", „Angelegenheiten der Sozialversicherung", „Veranlagung und Beitreibung direkter Steuern". Dabei ist an die Ausführungen oben S. 279 f., 283 f. zu erinnern, nach denen die Systembegriffe „Zivilsachen" usw. dem Landesgesetz oder Staatsvertrag zu entnehmen sind, die eine Rechtshilfe für die Angelegenheit vorsehen. Ob aber die so gefundenen Merkmale inhaltlich verwirklicht sind, muß das Recht des ersuchenden Teils bestimmen; „für" Zivilsachen usw. ist Rechtshilfe zugesagt[70]. Weitere Voraussetzungen mögen je nach dem Anlaß der Mitwirkung gleichfalls dem Recht des ersuchenden Teils zu entnehmen sein. So bei einer Vollstreckung die regelmäßig vorausgesetzte Unanfechtbarkeit und Vollstreckbarkeit des Steuerbescheids[71]. Insbesondre gilt das auch für die häufig aufgestellte Forderung der Gegenseitigkeit.

---

schen Prozeßgericht beigeordnet und ausgewählt werden. Vgl. auch (nur nicht auf Rechtshilfe bezüglich) die Inlandszuständigkeit für Einwendungen, die nach § 767 ZPO. in einem Verfahren auf Vollstreckbarkeitserklärung eines ausländischen Urteils erhoben werden. — Nur vermöge eines übergeordneten Gesetzes oder nach Staatsvertrag kommt es zuweilen vor, daß bei der hilfsweisen Vollstreckung einer öffentlichrechtlichen Forderung des Auslands Einwendungen, die den Anspruch selbst oder seine Vollstreckbarkeit betreffen, einer Entscheidung im Staat der Hauptsache überwiesen werden. So nach § 5 des Reichsgesetzes über den Beistand bei Einziehung von Abgaben und ähnlich schon in dem oben Anm. 53 genannten thüringischen Vertrag; vgl. auch die dort erwähnte sächsische Verordnung §§ 8, 9: Aussetzung der Vollstreckung, wenn Einwendungen dieser Art erhoben werden, und Benachrichtigung des Staats der Hauptsache. Im übrigen aber werden Einwendungen auch nach diesen Quellen von dem Staat entschieden, der die Rechtshilfe gewährt.

[69] Wie sie § 40 der österreichischen Jurisdiktionsnorm gewährt.

[70] Möglicherweise erfolgt eine Einschränkung unter dem gleich zu erwähnenden Gesichtspunkt der Gegenseitigkeit.

[71] Reichsgesetz 1895 § 4. Nach Art. 4 des schweizerischen Konkordats über Vollstreckung öffentlichrechtlicher Ansprüche muß sogar die örtliche und sachliche Zuständigkeit der betreibenden Kantonalbehörde, regelrechte Vorladung, gesetzliche Vertretung nach dem Recht des andern Teils geprüft werden.

Meist genügt es für die Begründung der Rechtshilfepflicht, daß in dem Staat, welcher der Unterstützung bedarf, ein Verfahren tatsächlich anhängig ist. Zuweilen begegnen hier Einschränkungen auf Grund des Gedankens, daß nur einem zuständigen Staat Rechtshilfe geleistet werden soll [72]. Auch auf seiten des in Anspruch genommenen Teils findet man Einschränkungen aus verwandten Rücksichten [73]. Und es nähert sich diesem Gedankenkreis, wenn Verträge über Beistand in Steuersachen die Rechtshilfe versagen, falls es sich um eine Besteuerung von Inländern inländischen Wohnsitzes handelt [74].

Andre Einschränkungen ergeben sich aus dem innerstaatlichen Recht und den Rechtsanschauungen des ersuchten Teils. So kann Rechtshilfe vor allem dann nicht erfolgen, wenn die begehrte Handlung nach dem Recht des ersuchten Staats unzulässig ist [75]; und nicht nur eine Unzulässigkeit in abstracto fällt für die Beziehungen von Staat zu Staat unter die Behinderung, es darf nach dem Recht des ersuchten Teils für den einzelnen Fall kein rechtlicher Hinderungsgrund gegeben sein. Solche Unzulässigkeit ist zunächst begründet, wenn der Handlung im Recht des ersuchten Staats ein Verbot entgegensteht. Dagegen ist die Handlung noch nicht deshalb ausgeschlossen, weil sie dem Recht des ersuchten Staats unbekannt ist; sie wird in einem solchen Fall erst dann unstatthaft, wenn sie einen Eingriff in private Rechtskreise in sich schließt, dessen Vornahme das Recht des ersuchten Staates an feste, einer Erweiterung nicht freigegebene Voraussetzungen geknüpft hat.

Aber auch die Vorbehaltsklausel kann gegenüber einem Ersuchen um Rechtshilfe nicht entbehrt werden, und es mag ihre Anrufung so-

---

[72] So wird manchmal Auslieferung nur dem Staat des Tatorts oder dem Heimatstaat des Täters gewährt. Vgl. auch § 3 des Reichsgesetzes von 1895: „Die Gewährung des Beistands kann behufs Abwendung einer Doppelbesteuerung versagt werden."

[73] So der Thüringer Vertrag von 1885 und das Weimarische Gesetz von 1886/99: die Zwangsvollstreckung wird nur gewährt, wenn der Schuldner im Gebiet seinen Wohnsitz oder in Ermanglung eines solchen seinen Aufenthalt hat, oder die Gegenstände, in welche die Zwangsvollstreckung erfolgen soll, sich im Gebiet befinden.

[74] So die deutschen Verträge mit der Tschechoslowakei und mit Ungarn, dagegen nicht diejenigen mit Österreich und mit Danzig. Außerdem kennen alle diese Verträge eine vorläufige Sicherstellung, die sich auf Angehörige des ersuchenden Staats beschränkt.

[75] So ausdrücklich für administrative Vollstreckungen der Thüringer Vertrag; das Reichsgesetz 1895 § 3. Für besondre Formen der Zustellung und andrer Rechtshilfehandlungen, für besondre Arten der Vollstreckung das deutsch-österreichische Steuerabkommen Art. 8, 13; das Zollabkommen Art. 17, 18. Über die Tragweite einer derartigen Beschränkung etwa Löwe-Rosenberg, Strafprozeßordnung für das Deutsche Reich [18] zu § 158 GVG.

wohl in einer Rücksicht auf das eigne Interesse des angegangenen Staats, wie in Rücksicht auf einen beteiligten Privaten Begründung finden. Nach der ersteren Richtung zielt die Klausel, die dem ersuchten Staat Ablehnung gestattet, wenn er die Handlung für geeignet hält, „seine Hoheitsrechte oder seine Sicherheit zu gefährden". Die Klausel ist vornehmlich im Haager Zivilprozeßabkommen entwickelt worden, von da in die deutschen Verträge über Rechtshilfe in Steuersachen übergegangen[76], wird indessen regelmäßig auch ohne besondern Vorbehalt rechtens sein. Beispiele: Zustellung einer Zeugenladung im andern Gebiet, die eine Strafdrohung für den Fall des Nichterscheinens enthält; Zustellung der Klageschrift in einem ausländischen Rechtsstreit, dessen Ausgang devisenrechtliche Schutzvorschriften des Inlands unwirksam macht. Rücksichten auf einen beteiligten Privaten werden sich bei einer Rechtshilfe in Verwaltungssachen[77] vornehmlich bei Zwangsvollstreckungen geltend machen; im Vordergrund steht hier ein Maß rechtlichen Gehörs für den Belasteten, das nach der Anschauung des ersuchten Teils ausreicht[78].

Macht das Inland somit die Leistung der Rechtshilfe von Voraussetzungen abhängig, so muß es auch die Möglichkeit haben, deren Vorliegen nachzuprüfen[79]. Nur bleibt dabei zu beachten, was zur Voraussetzung der inländischen Hilfshandlung gemacht ist. Das ist etwa bei einer Zustellung oder einer Vollstreckung, die hilfsweise erfolgen soll, das Ersuchen um den Beistand, aber nicht die Begründetheit des konkreten Anspruchs, zu dessen Feststellung oder Durchsetzung die Rechtshilfe beansprucht wird. Eine Nachprüfung des Rechtsverhältnisses selbst, auf das sich Zustellung oder Vollstreckung beziehen, kann nur mit Rücksicht auf sonstige Voraussetzungen nötig werden, die für die Rechtshilfe aufgestellt sind: ob es sich, wie vorausgesetzt, um eine Zivilsache, um eine Angelegenheit der Arbeiterversicherung handelt, ob die Beistandsleistung nicht das Eingreifen der Vorbehaltsklausel auslöst, und ähnliches mehr[80].

---

[76] Vgl. auch die 2, 703 erwähnten Arbeiterversicherungsverträge, die auf das Haager Abkommen verweisen.

[77] Vollstreckung ausländischer Zivilurteile ist nicht Rechtshilfe.

[78] Art. 4 des schweizerischen Konkordats oben Anm. 54 schreibt Nachprüfung der Ladung und Vertretung nach dem Recht des ersuchenden Teils vor.

[79] Die deutschen Verträge über Rechtshilfe in Steuersachen schreiben für fremde Verfügungen, die vollstreckt werden sollen, vor: „Die Anerkennung muß ausdrücklich ausgesprochen werden."

[80] In diesem Sinn ist wohl auch § 5 der oben Anm. 53 erwähnten sächsischen Verordnung zu verstehen: „Eine Nachprüfung der Gesetzmäßigkeit der zu vollstreckenden Entscheidung oder Verfügung findet nicht statt."

Die Nachprüfung zu erleichtern, ist manchmal vereinbart, daß gewisse Nachweise schon dem Rechtshilfeersuchen beigegeben werden, zur Feststellung der vorausgesetzten Gegenseitigkeit [81] oder zum Nachweis der Unanfechtbarkeit, der Vollstreckbarkeit der Verfügung oder Entscheidung, die vollstreckt werden soll [82]. Es kommt aber auch vor, daß die Voraussetzungen, die einer Nachprüfung unterliegen, erschöpfend aufgezählt werden, so daß eine weiterreichende Prüfung damit ausgeschlossen wird. Insbesondre begegnet dergleichen, ähnlich wie bei Zivilurteilen (oben S. 345), so auch bei der Vollstreckung öffentlichrechtlicher Verfügungen und Entscheidungen [83].

Sind die Voraussetzungen, an welche die Beistandsleistung geknüpft ist, verwirklicht, so gewinnt das ausländische Verfahren in dem vorausgesetzten Umfang die Eigenschaft einer fremden Amtstätigkeit, die für das Inland rechtserheblich ist, und fällt damit unter die rechtliche Gesamterscheinung, die in den früheren §§ 27—29 behandelt worden ist.

c) Der Inhalt der Rechtshilfehandlung wird durch das Bedürfnis des unterstützten Staats und damit grundsätzlich durch dessen Recht bestimmt. Hier bestehen schwere Unklarheiten [84]. Man hat die Frage nach dem Recht, das diesen Inhalt bestimmt, zusammengeworfen mit der völlig andern Frage nach dem Recht des Verfahrens, in dem ein solcher Inhalt beschafft werden soll; hat auch Sätze im Recht des unterstützenden Staats, die eine Beschaffung solchen Inhalts beschränken, als die Normen angesehen, nach denen sich dieser Inhalt selbst bestimme; hat über der Ähnlichkeit, die solche Inhalte vielfach nach dem einen und nach dem andern Recht besitzen, versäumt, die grundsätzliche Frage zu stellen. Und doch hat solche Klarstellung wesentliche Folgen. Vor allem diejenige, daß zu Zwecken der Rechtshilfe auch Inhalte beschafft werden können oder müssen, die dem Inlandsrecht unbekannt oder doch in dieser Art unbekannt sind; sofern nur nicht (oben S. 370) im einzelnen Fall für deren Beschaffung Handlungen erforderlich werden, deren Vornahme nach Inlandsrecht unzulässig ist. Gerade das Verwaltungsrecht mit der Verschiedenartigkeit

---

[81] Deutsch-österreichisches Steuerabkommen Schlußprotokoll Z. 2.

[82] Deutsch-österreichisches Zollabkommen Art. 18 II. Reichsgesetz 1895 § 4.

[83] Schweizerisches Konkordat Art. 4. Deutsch-österreichisches Zollabkommen Art. 18 III. — Das deutsch-polnische Sozialversicherungsabkommen Art. 7 verspricht Verwaltungshilfe „in dem Umfang, wie wenn es sich um die Durchführung der eigenen Sozialversicherung handelte". Damit wird die Unangreifbarkeit inländischer Staatsakte (oben S. 342 f.) auch den Amtshandlungen des andern Teils gewährt.

[84] Beachtlich Codigo Bustamante Art. 391: *El que recibe el exhorto o comisión rogatoria debe ajustarse en quanto a su objeto a la ley del comitente y en quanto a la forma de complirla a la suya propria.*

seiner Rechtseinrichtungen von Land zu Land gewährt dafür mancherlei Beispiele[85]. So hat Deutschland mit Italien Rechtshilfe in Sachen der Invalidenversicherung vereinbart zu einer Zeit, als Italien eine Invalidenversicherung nicht kannte[86]. Vorschüsse, die ein Staat hilfsweise ausbezahlt, empfangen regelmäßig Voraussetzungen und Maß aus dem Recht des andern Staats, für den der Vorschuß gewährt wird[87]. Die Postverwaltung wirkt mit zu Diensten, die dem eignen Recht fremd sind[88]. Ein bekanntes Beispiel aus dem bürgerlichrechtlichen Verfahren ist in der Abnahme eines zugeschobenen Parteieids gegeben, wenn das eigne Prozeßrecht des ersuchten Staats nur eine zeugeneidliche Vernehmung der Parteien kennt, und umgekehrt. Man begegnet einem solchen Entgegenkommen aber auch sonst vielfältig im Bereich des bürgerlichrechtlichen und des Strafverfahrens — nur daß es bei der mangelnden Scheidung zwischen dem Inhalt, der beschafft werden soll, und dem Verfahren, das hiefür durchgeführt wird, manchmal zu Übertreibungen kommt und ungeschieden nach beiden Richtungen[89], ja sogar für unzweifelhaft verfahrensrechtliche Bestimmungen eine Anwendung der Vorschriften des ersuchenden Teils zugelassen wird; derlei Lösungen sind auch in das Verwaltungsrecht übergegangen[90].

Ein verwandtes Problem besteht, wo innerhalb eines einzelstaatlichen Rechts ein Privater Amtshandlungen beantragt, die ihren Inhalt aus fremdem Recht empfangen sollen. Es wäre an sich möglich, daß

---

[85] Und auch im Bereich aktiver Zusammenarbeit, die nicht Rechtshilfe ist.

[86] Oben 2, 703.

[87] So Art. 15 des deutsch-polnischen Sozialversicherungsabkommens für die Krankenversicherung. Art. 15 des deutsch-dänischen Abkommens über Militärversorgung 1922 RGBl. II 207. Der abweichende Rechtszustand, der oben 2, 396 f. für das Armenrecht der deutschen Länder dargestellt wurde, gründet sich auf das übergeordnete Reichsrecht und beruht auf der verstärkten Bedeutung, die der vorläufigen Armenfürsorge beigemessen wird.

[88] Oben 3 II 37 [136]. — Nach einer alten Vereinbarung der deutschen Kontingente mit Österreich (W e b e r, Bayrische Gesetz- und Verordnungensammlung 22, 446) waren die Wehrpflichtigen des andern Teils von den Militärärzten des Inlands nach den Anforderungen jenes andern Staats zu untersuchen. — Vgl. auch 1, 66: Erhebungen bei einer Volkszählung für Bedürfnisse eines andern Staats.

[89] Vgl. etwa § 39 der österreichischen Jurisdiktionsnorm; die Angaben für Dänemark, Norwegen, Schweden, Frankreich, bei W e i s s, Traité de droit international privé [2] 5, 534 537 540 545; W a c h, Zivilprozeßrecht 253 f.; v. B a r, Theorie und Praxis 2, 408. Dagegen hat B ü l o w (unten Anm. 92) auf Grund solcher mangelnden Scheidung angenommen, daß das Recht des ersuchenden Staats in keinem Fall angewendet werden dürfe.

[90] So nach dem Vorbild des Haager Prozeßabkommens Art. 3, 14 das deutsch-österreichische Steuerabkommen Art. 8, 13; das Zollabkommen Art. 17, 18. Die Arbeiterversicherungsverträge, die auf das Haager Abkommen verweisen.

gerade die Rechtshilfe als „Hilfe“, die einem andern Staat gewährt wird (oben S. 354), ihren Inhalt aus fremdem Recht schöpfen müßte, für den innerstaatlichen Rechtsschutz dergleichen aber nicht vorkäme. Und doch, jedes Zivilurteil, das auf den Streitgegenstand ausländisches Recht anwendet, gibt einer Amtshandlung den Inhalt fremder Ordnung, ohne Rücksicht auf einen abweichenden Rechtszustand des Inlands; etwa wenn jemand nach ausländischem Recht als Erbe berufen wird, der nach inländischem Recht nicht Erbe wäre. Die streitige und die freiwillige Gerichtsbarkeit kann Inhalte verwirklichen, die das Inlandsrecht nicht kennt [91], sonst würde es des Sinns entbehren, eine Zuständigkeit einzuräumen, die weiter reicht als die inhaltliche Herrschaft des einheimischen Rechts. Schranke ist hier nur die Vorbehaltsklausel und, soweit es sich um die befaßte Amtsstelle handelt, der Aufgabenkreis, der ihr nach Inlandsrecht im allgemeinen zukommt (und der eben mit Rücksicht auf einen Rechtsschutz gemäß ausländischen Gesetzen nicht starr bestimmt werden darf). Selbst das Verwaltungsrecht, das es für gewöhnlich nur mit der Durchführung der eignen Ordnung zu tun hat, kennt Fälle, bei denen die Behörde auf privaten Antrag Ergebnisse nach fremdem Recht herstellt, Messungen, Schiffsprüfungen und ähnliche Vorgänge, von denen oben S. 176 die Rede war.

d) Anders das Verfahren, in dem die Behörde des ersuchten Staats tätig wird. Es ist ein Stück öffentlichrechtlicher Wirksamkeit dieses Staats, das mit dem Ersuchen um Rechtshilfe in Anspruch genommen wird, und die Amtstätigkeit selbst, wie auch alle rechtlichen Zwischenfälle, die sich ereignen bis zur Fertigstellung des rechtlichen Ergebnisses, um das der andre Staat ersucht hat, stehen grundsätzlich unter dem Recht des handelnden Staats [92]. Das gilt etwa für die Möglichkeit, die Privaten eingeräumt ist, Einwendungen gegen die Zulässigkeit der Rechtshilfehandlung zu erheben, und für das Verfahren, in dem solche Einwendungen vorgebracht werden müssen; gilt für die Verhandlungssprache, für die Notwendigkeit, ein Protokoll aufzunehmen, einen besondern Beamten für die Niederschrift beizuziehen; für das Recht der

[91] Eine engherzige Buchstabenauslegung hat hier manches verschuldet. In Deutschland etwa jener Plenarbeschluß des Reichsgerichts, der eine Trennung von Tisch und Bett nach dem heimatlichen Recht der Ehegatten ablehnt, weil die Einrichtung im deutschen Recht unbekannt ist. Oder in neuerer Zeit eine Entscheidung, welche die Bestätigung einer Adoption versagt, wenn der Richter nach dem maßgebenden Auslandsrecht deren Zweckmäßigkeit zu prüfen hätte, während nach deutschem Recht nur die Rechtmäßigkeit des Geschäfts einer Nachprüfung unterstellt wird.

[92] Es ist das Verdienst Bülows, Archiv für zivilistische Praxis 64, 51 ff., diesen staatsrechtlichen Zusammenhang herausgearbeitet zu haben. In Verträgen und Gesetzen häufig anerkannt.

Parteien, bei der Amtshandlung anwesend zu sein, die Mitwirkung eines Rechtsanwalts, die Notwendigkeit, daß es sich um einen in diesem Staat zugelassenen Anwalt handelt. Das Recht des ersuchten Staats bestimmt, ob eine Zustellung an Feiertagen erfolgen kann, ob der Vollstreckung eine Mahnung vorausgehen muß. Vielleicht enthält dies Recht die abschwächende Bestimmung, daß gerade bei Ausführung eines Rechtshilfeersuchens die Zustellung, die Vorladung von Auskunftspersonen nur so weit geschehen soll, als es ohne Zwang erreichbar ist. Das Recht des ersuchten Staats entscheidet über die Gebühren, die Auskunftspersonen zu beanspruchen haben. Und es entscheidet insbesondre auch über die Voraussetzungen und die Wirkungen einer Zwangsausübung: über einen Zeugenzwang und dessen Sanktionen, aber auch über die Gründe, eine Aussage abzulehnen (soweit sie auf einer Interessenabwägung prozessualer Art beruhen); über die Notwendigkeit einer Beeidigung, die weltliche oder kirchliche Form des Eides, die Eidesmündigkeit.

Manchmal wird dabei aus Gründen der Billigkeit vorgesehen, daß solcher Zwang nicht weiter reichen, in seinen Mitteln nicht stärker sein soll, als er auch nach den Gesetzen des ersuchenden Staats geübt werden könnte[93]. Und es ist schon unter c) erwähnt worden, daß infolge mangelnder Scheidung zwischen Inhalt und Verfahren der Rechtshilfehandlung zuweilen vereinbart oder sonst zugelassen wird, auch Verfahrensvorschriften dem Recht des ersuchenden Teils zu entnehmen.

Der Empfang der Rechtshilfe.

6. In den ersten Zeiten der deutschen Unfallversicherung hat sich das Reichsversicherungsamt geweigert, Bescheinigungen, die eine ausländische Behörde über Leben und Witwenstand des Rentenempfängers ausgestellt hatte, rechtliche Bedeutung beizumessen. Dennoch ist es in vielen Fällen gar nicht möglich, Amtshandlungen, die für ein inländisches Verfahren im Ausland notwendig werden, auf andre Weise zu verwirklichen als so, daß der Staat, der dort herrscht, um ihre Vornahme ersucht wird. Für die bürgerliche und die Strafrechtspflege ist das seit sieben Jahrhunderten rechtens, und es muß ebenso für die Verwaltung statthaft sein. Das Reichsversicherungsamt hat denn auch seinen Widerspruch in der Folge aufgegeben[94]. Wo immer aber ordnungsmäßige Rechtshilfe gewährt wird, da ist das Ergebnis einer solchen Hilfshandlung gleichwertig dem Ergebnis, das durch eine

[93] Deutsch-österreichisches Steuerabkommen Art. 8, 13, 14; Zollabkommen Art. 19. Auch das Erfordernis der materiellen Gegenseitigkeit führt zuweilen zu demselben Rechtszustand.

[94] Oben 2, 700.

entsprechende Tätigkeit inländischer Behörden herbeigeführt wird, im einen und im andern Fall die Voraussetzung für Rechtsfolgen, die das Inland an die Amtshandlung knüpft.

Daraus aber folgt weiter, daß über die Wirkungen, die an die Amtshandlung geknüpft werden, auch wenn es eine Amtshandlung des Auslands ist, das inländische, das Recht des unterstützten Staats entscheiden muß. Das wird besonders sichtbar, wenn die Hilfshandlung in einer Feststellung von Tatsachen besteht, und es hat das Inlandsrecht für deren Verwertung feste Beweisregeln aufgestellt. Besteht die fremde Hilfshandlung in Vollstreckung einer staatlichen Geldforderung, so entscheidet dennoch inländisches Steuerrecht, welche von mehreren Forderungen durch die Zahlung getilgt wurde. Erst recht gilt das Gesagte für das Verfahren, in dem diese Inlandswirkung zur Geltung gebracht wird[95].

Aber nur die ordnungsmäßige Hilfshandlung erzeugt solche Wirkungen. Und ordnungsmäßig ist sie nur dann, wenn sie in dem Verfahren zustandegekommen ist, das der hilfeleistende Staat für sie vorschreibt. Zwar Vorschriften dieses Staats, nach denen ein Verhalten beobachtet werden soll, eine Abweichung jedoch unschädlich ist, kommen für den andern Teil nicht weiter in Betracht. Bewirkt eine Verletzung solcher Vorschriften jedoch Unverbindlichkeit, so ist keine Handlung geschehen, die dem Staat zugerechnet werden kann, und es bleibt nichts übrig, woran der andre Teil Rechtsfolgen knüpfen könnte[96]. Insoweit kann auch der beteiligte Private die Unregelmäßigkeit der Hilfshandlung geltend machen.

---

[95] Urteile des Reichsgerichts, Entscheidungen in Strafsachen 11, 391 und 12, 347, hatten darüber zu entscheiden, ob im inländischen Verfahren Zeugenaussagen verlesen werden durften, die im Ausland erhoben worden waren, entsprechend den dortigen Vorschriften, aber nicht im Einklang mit den deutschen Forderungen, die für die Vernehmung eine Benachrichtigung der Parteien, eine Beeidigung des Zeugen verlangen. Es war richtig, daß das Reichsgericht für die Statthaftigkeit der Verlesung vom deutschen Strafprozeßrecht ausging. Aber die deutschen Vorschriften können nach ihrem eignen Inhalt nur auf Vernehmungen bezogen werden, die ein ersuchter Richter unter deutschem Strafprozeßrecht vornimmt. Eine Vernehmung im Weg ausländischer Rechtshilfe erfolgt unter ausländischem Verfahrensrecht, und es kann erst bei der Beweiswürdigung geprüft werden, ob die an sich ordnungsmäßige Vernehmung die nötige Gewißheit verschafft, um eine Verurteilung auf sie zu gründen.

[96] Sehr bedenkliche Bestimmungen der deutschen und der österreichischen Zivilprozeßordnung (§ 369, § 290) sind hier freilich andrer Meinung, und sie folgen darin einer verbreiteten Anschauung, die eine Anwendbarkeit des Verfahrensrechts mit dem Satz *locus regit actum* in Verbindung bringen will und daraus weiter folgert, daß es dann wahlweise genügen müsse, wenn die Hilfshandlung dem Recht am Ort ihrer Vornahme, aber auch, wenn sie nur dem Recht des Prozeßgerichts entspreche. In diesem Sinn etwa das

Dagegen ist es für die Verwertung des Rechtshilfeergebnisses gleichgültig, ob der fremde Staat nach seinem Recht die Rechtshilfe leisten durfte. Das ist eine öffentlichrechtliche Angelegenheit des andern Staats, die das unterstützte Inland rechtlich nicht berührt. Die Rechtslage ist vornehmlich für den Auslieferungsverkehr klargestellt worden [97].

Ist die Verwertung des Rechtshilfeergebnisses von seiten des unterstützenden Teils an Bedingungen geknüpft worden (Rücksendung der überstellten Person oder Sache, freies Geleit für den Zeugen und dergleichen), so bedeutet die Einhaltung der Bedingung zunächst nur eine völkerrechtliche Verpflichtung für den Staat, der die Bedingung angenommen hat. Soweit aber die Einhaltung solcher Bedingungen in das innerstaatliche Recht des unterstützten Teils aufgenommen worden ist, erwachsen daraus Beschränkungen, die auch der beteiligte Private geltend machen kann. Auch dies ist vornehmlich im Auslieferungsrecht zur Klärung gekommen.

Reichsgericht, Juristische Wochenschrift 1903, 25. Vgl. auch das Urteil Juristische Wochenschrift 1893, 135; Wach, Zivilprozeßrecht 222 f.; v. Bar 2, 359 f.; Hellwig, Lehrbuch des Zivilprozeßrechts 1, 33; Garsonnet, Traité de procédure civile [3] 2, 81 n. 43; Fedozzi, Diritto processuale civile internazionale 38. Nach Wach 252 soll das als „allgemeiner Rechtsgedanke" sogar erweiternde Anwendung finden. Und doch kann der Satz *locus regit actum* nur privatrechtliche Bedeutung haben, er macht eine fremde Amtshandlung — die nach ihrem Recht rechtmäßig zustande gekommen ist! — in gleicher Weise zur Grundlage der Formgültigkeit eines privatrechtlichen Geschäfts wie eine Inlandshandlung, die nach Inlandsrecht ordnungsmäßig ist. Den Satz auf die Betätigung der Behörde selbst beziehen, hieße für möglich halten, daß eine öffentlichrechtliche Tätigkeit bald unter dem Recht des eignen Staats, bald unter dem Recht irgend eines andern Staats stehen könnte, führt in den Bereich vollkommenen juristischen Unsinns. Es ist darüber schon oben S. 103 das Erforderliche vorgebracht worden.

[97] Vgl. die deutsche Rechtsprechung bei Mettgenberg, Zeitschrift 18, 436 ff. und 23, 488 ff. Insoweit ist auch die Verletzung von wesentlichen Verfahrensvorschriften des Auslands unerheblich. Denn Voraussetzung für das inländische Verfahren ist bei einer Auslieferung lediglich die Anwesenheit des Angeklagten, nicht irgendein Beschluß des andern Staats. Hier liegt der entscheidende Unterschied etwa zu dem Fall, daß der Steuerbescheid des Inlands im Weg ausländischer Rechtshilfe zugestellt worden ist, und daß diese Zustellung wesentliche Mängel aufweist; denn das Inlandsrecht macht die Vollstreckung von einer ordnungsmäßigen Zustellung abhängig.

§ 34.

Gemeinschaftliche Tätigkeit.

1. Erscheinungsformen. — 2. Die rechtliche Stellung des gemeinschaftlichen Organs. Verhältnis zum Völkerrecht. — 3. Die Stellung im innerstaatlichen Recht. — 4. Abweichende Bildungen. — 5. Das persönliche Dienstverhältnis. — 6. Ergänzungen. — 7. Das für gemeinsame Amtsstellen maßgebende Recht.

Erscheinungsformen.

1. Bei der Zusammenarbeit der Verwaltungen, von der im Vorausgehenden gehandelt wurde, stehen sich die beteiligten Staaten getrennt gegenüber, und es erfolgt eine Verbindung zwischen ihnen durch Tätigkeiten, die sich ergänzen, nach der Grundform: der eine Staat gibt, der andre Staat nimmt. Die Beziehungen der Beteiligten mögen sich aber auch in der Weise verdichten, daß ihre Tätigkeit auf das gleiche Ziel gerichtet, und daß diese gleichlaufend zu einer gemeinschaftlichen Tätigkeit verbunden wird [1].

Nicht überall freilich, wo übereinstimmende Interessen bestehen, werden sie in gemeinschaftlicher Tätigkeit wahrgenommen. Auch dann nicht immer, wenn solche Übereinstimmung rechtlichen Niederschlag gefunden hat. Zunächst, es gibt verbundene oder einheitliche Einrichtungen, die zu einer Tätigkeit regelmäßig überhaupt keinen Anlaß geben, z. B. Währungsgemeinschaften [2]. Und es gibt, wo Tätigkeiten erforderlich sind, mannigfache Ersatzmittel, ihre gemeinschaftliche Vornahme entbehrlich zu machen. Dahin gehört häufig die Zusage gegenseitiger Unterstützung, wohl auch die Vereinbarung gegenseitiger Beaufsichtigung [3]. Manchmal bestimmt der verbindende Staatsvertrag bereits die Normen, die Verwaltungsakte, die sonst gemeinsam vereinbart werden müßten, Festsetzungen über die Spurweite der Eisenbahnen, über die Konzession für einen Wasserbau. Man be-

---

[1] Aus der Literatur des Gegenstands sind hervorzuheben D. Donati, I trattati internazionali nel diritto costituzionale (1906) 407 ff.; Suzanne Basdevant, Les fonctionnaires internationaux (1931); auch Gascon y Marin, Les fonctionnaires internationaux in Académie de droit international, recueil des cours 41, 721 ff. (1932); vor allem Anzilotti, Lehrbuch des Völkerrechts 212 ff. Die genannten Arbeiten weisen unter sich und gegenüber den Ausführungen des Textes zum Teil weitgehende Verschiedenheiten auf. Vgl. auch Neumeyer in der Genfer Revue de droit international 1924, 343 ff.

[2] Dazu oben 3 II 227 ff.

[3] So 3 I 81 [210] bei Eisenbahngemeinschaften. Ähnlich die Entsendung zu gegenseitiger Unterrichtung, z. B. von Verbindungsoffizieren zu der verbündeten Armee. Vgl. auch das deutsch-österreichische Tierseuchenabkommen 1924 Art. 6 RGBl. 1925 II 87, hier jedoch Entsendung in den andern Staat, aber nicht zu den Behörden des andern Staats.

gnügt sich mit einer Aufteilung der Kosten oder auch der Erträgnisse unter die beteiligten Staaten[4]. Und wo eine gemeinschaftliche Tätigkeit nicht völlig entbehrt werden kann, wird sie doch beschränkt auf Verbindungsorgane oder auf eine gemeinsame Spitze, während im übrigen die beteiligten Staaten selbständig handeln[5].

Wird nun aber gemeinschaftliche Tätigkeit vorgenommen, so vollzieht sie sich entweder so, daß getrennte Organe der Staaten zusammen handeln; oder in der Weise, daß ein einheitliches Organ geschaffen wird, das für alle Beteiligten handelt.

a) Getrennte Organe verschiedener Staaten handeln gemeinschaftlich. Handlungen mehrerer Staaten, die auf dasselbe Ziel gerichtet sind, werden in der Regel durch Vereinbarung zu gemeinsamer Tätigkeit zusammengefaßt sein. Doch begegnet gelegentlich auch tatsächliche Zusammenarbeit, etwa bei Kriegshandlungen verbündeter Streitkräfte[6], und es gibt Rechtslagen, bei denen Staaten derart in Beziehung gesetzt sind, daß eine Betätigung nicht anders als zusammengefaßt erfolgen kann, z. B. es bedürfte die Hochseestrecke des Kabels, das im Miteigentum Deutschlands und Norwegens steht, einer Ausbesserung[7].

Die Gemeinschaftlichkeit, von der hier zu sprechen ist, ist eine Gemeinschaftlichkeit des Verfahrens. Das Tätigwerden, nicht das Ergebnis der Tätigkeit, kommt dabei in Betracht, und es besteht deshalb insoweit auch kein Unterschied, ob solche Tätigkeit im Bereich des Tatsächlichen bleibt oder auf Hervorbringung eines rechtlichen Ergebnisses gerichtet ist. Eine häufige Form, in der Organe verschiedener Staaten zusammenarbeiten, ist die gemeinsame Beratung[8], man trifft gemeinschaftlich irgendwelche Feststellungen, führt gemeinsame Aufsicht[9]. Aber auch Rechtssätze und Verwaltungsvorschriften werden gemeinsam erlassen[10]. Man faßt Beschlüsse, die für den gegenseitigen

---

[4] Kostengemeinschaften: oben 3 I 181 Seezeichen der Emsmündung. Ertragsgemeinschaften: 3 I 76 [199] Main-Weser-Bahn 1845; 3 I 228 [151] Strafrechtspflege für Trift auf einem Grenzfluß.

[5] Begegnet vielfach im Eisenbahnbetrieb, oben 3 I 75 ff.

[6] Fälle dieser Art sieht das französisch-britische Prisenabkommen vom 9. 11. 1914 Journal 1915, 455 vor.

[7] 3 II 75. Das könnte nur dann anders sein, wenn eine nicht bekannt gewordene Sondervereinbarung darüber geschlossen wäre.

[8] Beispiele 3 I 48 [88], 80 [207], 82 [215], 137 [5], 181, 227 [146, 147, 149 f.] über die Führung einer Eisenbahnlinie, eines Kanals, über Seezeichen, den Erlaß von Betriebsvorschriften für Eisenbahnen usw.

[9] 3 I 137 [5], 155 [61], 181 Aufsicht über das Fahrwasser, Unfalluntersuchungen. 3 I 227 [148] Besichtigung von Wasserläufen.

[10] So der 2, 135 [162] angeführte Fischereivertrag Art. 5, 7, 17 über Aussetzung von Netzen, Schongebiete, Schonzeiten. 3 I 81 [210] Eisenbahnfahrplan und Tarif.

Staatenverkehr von Belang sind[11], trifft Verfügungen und Entscheidungen, die mittelbar Privatinteressen beeinflussen[12]. Und auch unmittelbar wirksame Verwaltungsakte kommen zuweilen vor, Beamtenernennungen[13], Befreiungen[14], Konzessionen für Wasserbauten oder für einen Fährbetrieb[15].

b) Unter mancherlei Umständen ist ein einheitliches Organ für eine Mehrheit von Staaten bestellt, und es ist einleuchtend, daß die Staaten, die das Organ bestellt haben, eben durch dessen Tätigkeit gemeinschaftlich handeln[16]. Der Übergang von einer Zusammenarbeit getrennter Organe zu der Begründung einer gemeinsamen Veranstaltung vollzieht sich in kaum merklichen Abstufungen, und es sind zuweilen völlig gleichartige Angelegenheiten, die im einen Fall durch den Zusammentritt der „Kommissare", im andern Fall durch die Einsetzung einer „Kommission" ihre Regelung empfangen.

Aber handelt es sich denn in jedem Fall bei Kommissionen, Konferenzen und gleichartigen Gebilden um ein einheitliches Organ, das gemeinschaftliche Angelegenheiten ordnet? Man hat es mehrfach in Zweifel gezogen[17]. Doch zu Unrecht. Wenn die Staatenkonferenz sich eine Geschäftsordnung gibt, Ausschüsse wählt, Vorsitzende bestimmt, so ordnet sie als einheitlicher Körper ihr Verfahren, und wenn ihre Beratung zu abschließenden Ergebnissen gelangt, so ist es ein Entwurf, den die Konferenz aufgestellt hat, nicht die Staaten 1, 2, 3, die auf ihr vertreten waren. Es darf hier nur Mehreres nicht verwechselt werden: die Konferenz, die über einen künftigen Staatsvertrag beraten soll, kann freilich die einzelnen Teilnehmerstaaten nicht verpflichten — aber diese Aufgabe ist ihr auch nicht gestellt, die Konferenz ist als

[11] 3 I 227[150] Verrechnung von Schiffahrtsabgaben.

[12] 2, 57 Regelung der Wasserhaltung eines Kanals; 3 I 226[140] Kanalsperre. — Art. 27 des deutsch-österreichischen Sozialversicherungsabkommens 1930 RGBl. 1931 II 58: die obersten Verwaltungsbehörden der Vertragsstaaten entscheiden gemeinsam über Streitigkeiten, die sich bei Auslegung und Anwendung des Vertrags zwischen beiderseitigen Organen ergeben.

[13] Vertrag über Errichtung eines Thüringischen Oberverwaltungsgerichts 15. 12. 1910 Art. 3 Jahrbuch des öffentlichen Rechts 6, 298. Trifft zum mindesten für den Leiter einer gemeinschaftlichen Organisation in allen Fällen zu, bei denen der Gründungsvertrag nichts andres vorsieht.

[14] Art. 13, 14, 21 des oben Anm. 10 genannten Fischereivertrags.

[15] So 2, 57. 3 I 226[143], 227[144].

[16] Eine Zwischenbildung, die rechtlich noch der vorausgehenden Gruppe angehört, ist gegeben, wo die beteiligten Staaten einen Privaten mit einer Tätigkeit beauftragen, die in den Bereich beider Staaten gehört. Beispiele 3 I 76[195]; 3 I 228[151]; 3 II 75[142].

[17] So (im einzelnen verschieden) Donati 421 f.; Anzilotti 214 ff.; S. Basdevant 5 ff., 40[1], 60 f. Auch meine Ausführungen Revue 1924, 351 f. bedürfen der Ergänzung.

einheitliches Organ begründet, um einen Entwurf auszuarbeiten[18]. Insbesondre kann dagegen auch nicht vorgebracht werden, daß die Delegierten der Staaten, die an der Konferenz teilnehmen, von dem Absendestaat möglicherweise an verpflichtende Weisungen gebunden sind. Die Konferenz als ein mehrköpfiges Organ kann zu einer Willensbildung nur über die Person ihrer Mitglieder gelangen. Wie sich deren Wille formt, ob nach eigner Entschließung oder veranlaßt durch fremden Auftrag, ist vom Standpunkt der Konferenz aus ein Internum, das diese nicht berührt[19]. Wohl steht der Vertreter in solchem Fall unter der Möglichkeit einzelstaatlicher Bindung — es ist die Folge des Umstands, daß er zwei Aufgaben in seiner Person vereinigt[20]: als Konferenzmitglied die Aufgabe, der Konferenz zu dienen, als Beauftragter eines Staats, auf die Konferenz in einem dem Auftraggeber genehmen Sinn einzuwirken. Es ist Sache der Verfassung des Gesamtkörpers, zu bestimmen, ob solche Aufgabenhäufung in der Person der Mitglieder zugelassen werden will.

Wo Mehrheitsentschließungen gefaßt werden können, muß notwendig ein einheitlicher Körper vorhanden sein[21]. Das Erfordernis der Einstimmigkeit schließt die Einheitlichkeit des Organs nicht aus; ist eine solche Einheitlichkeit aus andern Gründen zu bejahen, so bedeutet das Erfordernis der Einstimmigkeit nur eine Besonderheit in der Willensbildung des Organs[22].

Die Fälle nun, in denen von solcher Möglichkeit Gebrauch gemacht worden ist, sind überaus zahlreich, es kann sich hier nur um eine Veranschaulichung durch Beispiele handeln. Sie kommen ebensowohl zwischen zwei Staaten vor wie zwischen einer unbeschränkten Mehrheit von Teilnehmerstaaten, sie mögen zu pfleglichen und hoheitlichen

[18] Vgl. im übrigen über Mehrheitsbeschlüsse und Einstimmigkeitserfordernisse gleich unten.

[19] Ich habe einmal an einer Staatenkonferenz teilgenommen, bei der ein Teil der Vertreter an Aufträge gebunden war, ein Teil nach freiem Ermessen stimmen konnte. Wäre die Konferenz nur für die zweiten, nicht für die ersten eine Einheit gewesen? Und wenn der Vertreter für einige Fragen gebunden, für andre frei ist?

[20] Über die Möglichkeit einer solchen Ämterhäufung unten Z. 4.

[21] Beispiele oben 3 I 55 [120], 59 [132]. Natürlich ist hier von Mehrheitsentscheidungen als einer Art des Verfahrens die Rede. Die inhaltliche Verbindlichkeit der Mehrheitsentschließung für den überstimmten Teil beruht auf Begründung eines den Gegenstand erfassenden völkerrechtlichen Vereins.

[22] Der „Rat des Völkerbunds“ in dem ihm vorgezeichneten Verfahren kann ein Gutachten des Haager Gerichtshofs erwirken, nicht die 15 Staaten, die in ihm vertreten sind. Und wenn sich einer dieser Staaten im Rat nicht vertreten läßt, so bedarf es seiner Zustimmung überhaupt nicht.

Handlungen führen[23], können Rechtsbildung, Rechtsprechung und Verwaltung zum Gegenstand haben, und es mag dabei auch auf die Feststellung unten Z. 2 hingewiesen sein, daß Gemeinschaftsorganisationen, denen angeblich völkerrechtliche Aufgaben zugewiesen sind, gleichfalls dem innerstaatlichen Recht, dem Bereich der auswärtigen Verwaltung angehören.

Besonders sichtbar wird die Gemeinschaftlichkeit der Organisation, wo der Staat eine Verwaltungsaufgabe mit eigner Tätigkeit durchführt, und mehrere Staaten sich zu deren gemeinschaftlicher Erledigung zusammenschließen. So hatte die Mehrzahl der thüringischen Staaten noch in der Zeit ihrer Selbständigkeit das gemeinsame Thüringische Oberverwaltungsgericht begründet[24], und sie hatten sich zur Erhaltung der Universität Jena vereinigt[25], die ältere Zeit kannte einen gemeinschaftlichen Betrieb von Staatseisenbahnen und Staatstelegraphen, im Pariser Amt für Maß und Gewicht sind die Staaten zur Herstellung der Urmaße verbunden[26], ein gemeinsamer Oberbefehl hat zu Ende des letzten Kriegs die interalliierten Truppen zusammengefaßt[27]. In andern Fällen ist die staatliche Betätigung getrennt geblieben, aber verbindende Organe fördern ihre Zusammenarbeit. Das hauptsächliche Anwendungsgebiet für solche Einrichtungen bietet die staatliche Ordnung der Verkehrswege und Verkehrseinrichtungen, Eisenbahn, Binnenschiffahrt, der sich nahverwandt die sonstige Nutzung der Wasserläufe anschließt, Post und Telegraph[28]; doch kommt dergleichen auch sonst vor[29]. Eine besondre Ausprägung

---

[23] Beispiele hoheitlicher Betätigung bieten unter den nachgenannten Einrichtungen die Entscheidungen gemeinschaftlicher Gerichte, Eintragungen in das Zeichen- und das Musterregister des Amts für gewerbliches Eigentum, Erlaubnisse und Eintragungen des Internationalen Ausstellungsbureaus; das Verhältnis der vormals gemeinsamen Universität Jena zu ihren Studenten; insbesondre die Tätigkeit der unter c) erwähnten Gemeinschaftsorgane, die volle staatliche Herrschaft durchführen.

[24] Oben Anm. 13. Die innerdeutschen Verträge über Gerichtsgemeinschaften im Bereich der Justiz bei Pfafferoth, Jahrbuch der deutschen Gerichtsverfassung 1880, 265 ff. — Auch die Rheinschiffahrtskommission kann bei Abgabenstreitigkeiten in die Lage kommen, als gemeinsames Verwaltungsgericht tätig zu werden. Eine gleichartige Aufgabe hatten die Gemischten Schiedsgerichte des Versailler Vertrags, wo sie über Entschädigungen für außerordentliche Kriegsmaßnahmen Deutschlands zu befinden hatten.

[25] Darüber Georg Meyer in Handbuch des öffentlichen Rechts (1884) 3 II 2, 24 ff.

[26] Vgl. oben 3 I 75 ff. und 3 II 75. 3 II 77 f.

[27] Dazu S. Basdevant 54 f.

[28] Oben 2, 57. 3 I 75 ff. 3 I 227 ff. 3 II 38 f. 3 II 75 f.

[29] Internationales Gesundheitsamt: Neumeyer, Revue 24 f. Hilfsstellen für die Bekämpfung des Sklavenhandels, ebenda 23 f. Eine bemerkens-

solcher Verbindung zeigen die großen Nachrichtenstellen (denen übrigens, im einzelnen wechselnd, auch andre Geschäfte zugewiesen sind)[30], und es stehen ihnen Veranstaltungen nahe, die zunächst wissenschaftliche Aufgaben verfolgen[31].

c) Die gemeinsame Tätigkeit mehrerer Staaten mag sich steigern zu gemeinsamer Herrschaft über ein Gebiet, zu gemeinsamer Herrschaft im eigenen Land, zu einer Mitherrschaft mehrerer Staaten in fremdem Gebiet; es wird davon unten § 49 des Näheren zu sprechen sein. Auch eine solche Herrschaft muß sich — unbeschadet der Möglichkeit, für einen Teil der Aufgaben ausgeschiedene Zuständigkeiten durchzuführen — in den beiden Grundformen einer Zusammenarbeit getrennter Organe der beteiligten Staaten oder durch Betätigung gemeinsamer Einrichtungen abwickeln; auf zahlreiche Anwendungsfälle wird seinerzeit einzugehen sein. Es mag dabei auch zu der Begründung besonderer Selbstverwaltungskörper innerhalb des gemeinsamen Herrschaftsbereiches kommen, die Gemeinde Moresnet während der deutsch-belgischen Herrschaft über das Gebiet bot ein Beispiel. Und es kann sein, daß der ganze Bereich, über den eine Mehrherrschaft besteht, (zwar nicht als Staat, aber doch) als ein selbständiger Verband des öffentlichen Rechts ausgestaltet ist, wie dies für das Saargebiet zutraf.

Die rechtliche Stellung des gemeinschaftlichen Organs. Verhältnis zum Völkerrecht.

2. Bevor die Rechtslage, welche gemeinschaftlichen Organen mehrerer Staaten zukommt, näher bestimmt werden kann, ist eine Feststellung vonnöten, wie weit hier Völkerrecht, und wie weit dabei innerstaatliches Recht eingreift. Die Grundlagen hiefür sind schon oben S. 19 ff. und 35 ff. gegeben worden.

In der Tat sind solche Organe und ihre Wirksamkeit dem Bereich des Völkerrechts entzogen. Die völkerrechtliche Gemeinschaft ist nach ihrem Wesen eine unorganisierte Gemeinschaft: es ist nicht möglich, daß eine Gemeinschaft, die als Ganzes der Organisation ermangelt, dennoch für einzelne Aufgaben Teilorgane besitzen könnte[32]. Die

---

werte Neubildung der jüngsten Zeit bringt das Ausstellungsabkommen vom 22. 11. 1928 RGBl. 1930 II 727 Art. 10 ff., 29.

[30] Oben 2, 86 Landwirtschaftliches Institut. 2, 227 Bureau für Handelsstatistik. 2, 307 [69] Arbeitsamt. 3 I 85 Eisenbahnzentralamt. 3 I 286 Luftschifffahrtskommission. Revue 1924, 29 Bureau zur Veröffentlichung der Zolltarife. Außerhalb des Bereichs der Verwaltung die Ämter für geistiges und gewerbliches Eigentum.

[31] Oben 2, 135 und 3 I 181 Meeresforschung. 3 II 81 Erdvermessung. Revue 1924, 22 f. Kälteinstitut.

[32] Darum kann es auch keine „völkerrechtlichen juristischen Personen" geben, denen in dieser Eigenschaft Rechtsfähigkeit für das Privatrecht zukäme, und ebensowenig „völkerrechtliche Beamte"; dazu unten Z. 6.

völkerrechtliche Gemeinschaft kann aber auch nicht Verwaltung üben — ihre einzige Aufgabe ist, Träger einer Rechtsüberzeugung zu sein. Sie kann nicht verwalten, schon nicht mit Rücksicht auf die Privaten, die durch solche Tätigkeit in ihrer rechtlichen Freiheit beschränkt würden; denn die Rechtslage des Privaten ist dem Völkerrecht nicht erreichbar. Sie kann aber auch nicht verwalten mit Rücksicht auf die Amtsstellen, denen die Verwaltung aufgetragen wäre. Das innerstaatliche Recht kennt (das ist oben S. 109 ff. näher ausgeführt) zwei Arten von Rechtssätzen: die eine wendet sich unmittelbar an die Rechtsgenossen und besagt, ob an einen Tatbestand, der sich ereignet hat oder als geschehen vorgestellt wird, Rechtsfolgen sich anknüpfen. Die andre Art wendet sich zunächst an die Behörden und bestimmt, wie sie handeln sollen. Das Völkerrecht jedoch kennt nur die erstbezeichnete Gruppe von Rechtssätzen, seine Vorschriften normieren nicht Handlungen [33], sondern sie geben Auskunft, ob eine Tatsachenlage mit völkerrechtlichen Wirkungen verknüpft ist. In aller Regel aber haben die Bestimmungen, die über Gemeinschaftsorgane vorkommen, deren Tätigkeit zum Gegenstand.

Man wird zu einem andern Ergebnis auch nicht darum kommen, weil möglicherweise die Aufgabe der gemeinschaftlichen Stelle nach ihrem Inhalt die unmittelbare Anwendung von Völkerrecht fordert, z. B. bei der Entscheidung von Staatsstreitigkeiten. Auch bei Bestimmungen für eine solche Stelle steht zunächst nicht die Normierung des Inhalts, sondern die Normierung der Tätigkeit in Frage; so wie die staatsrechtliche Zugehörigkeit einer Verfahrensordnung für den Zivilrichter nicht dadurch beeinträchtigt wird, daß er einen Rechtsstreit nach ausländischem Privatrecht entscheidet.

Unerheblich sind in diesem Zusammenhang Staatsverträge und Beschlüsse völkerrechtlicher Vereine, welche über die Einrichtung, die Aufgabe, das Verfahren solcher gemeinschaftlichen Stellen Bestimmung treffen, die vorsorgen, daß Hindernisse, die einer Tätigkeit erwachsen könnten, aus dem Wege geräumt werden (z. B. bei Vornahme von Hoheitsakten in fremdem Staatsgebiet, oder daß dieser Tätigkeit Förderung zuteil wird (etwa in Gestalt von Rechtshilfe). Solche Verträge und Beschlüsse entnehmen dem Völkerrecht den Rechtssatz, daß sie für die angeschlossenen Staaten verbindlich sind. Diese Verbindlichkeit besteht unabhängig von dem besondern Inhalt des Vertrags oder Beschlusses, ein Rückschluß auf die völkerrechtliche Natur jenes Inhalts selbst kann nicht gezogen werden.

---

[33] Auch bei völkerrechtlichen Rechtsgeschäften wird nicht deren Vornahme geregelt; die einschlagenden Rechtssätze bestimmen, ob das Ergebnis der Handlung als Voraussetzung einer Rechtswirkung dienen kann.

Vollends aber wird man diese gemeinsamen Stellen und ihre Tätigkeit nicht in einer Rechtsordnung ansiedeln wollen, deren Träger die verbundenen Staaten wären, verschieden von der Rechtsordnung des Völkerrechts und verschieden von der Rechtsordnung der einzelnen Staaten. Wo gäbe es in der geschichtlichen Wirklichkeit eine rechtserzeugende Macht solcher Art? Die Frage klar stellen heißt sie erledigen.

Und so bleibt es bei dem Ergebnis: Vorschriften über Bestand und Tätigkeit gemeinsamer Stellen, sofern sie Rechtssätze sind, gehören dem Bereich des innerstaatlichen Rechts an, und es ist nur zu beachten, daß manche von ihnen (die Zahl der in Z. 1 erwähnten Beispiele erfährt damit eine wesentliche Erweiterung!), auf die Beziehungen von Staat zu Staat gerichtet, im Recht der auswärtigen Verwaltung ihren Platz finden. Demgemäß ist es auch nicht möglich, unter den Tätigkeiten der Gemeinschaftsorgane solche auszusondern, die dem innerstaatlichen Recht angehören, und andre, die „nur völkerrechtlich erheblich sind“ [34]. Der Scheidung liegt ein berechtigter Gedanke zugrunde, aber sie geht nicht auf einen Unterschied von Völkerrecht und innerstaatlichem Recht, sondern darauf, ob die Tätigkeit der Gemeinschaftsstelle unmittelbar in die innere Verwaltung (oder andre Angelegenheiten des innerstaatlichen Rechts) eingreift, oder ob die Stelle darauf beschränkt ist, in bezug auf solche Angelegenheiten von Staat zu Staat sich zu betätigen [35].

Sind nun aber alle solchen Gemeinschaftsbildungen Amtsstellen im Rahmen des innerstaatlichen Rechts, ist die Ordnung ihrer Tätigkeit dessen Aufgabe, so kommt doch für all das eine Mehrheit staatlicher Rechte in Betracht, und da Organisation und Verfahrensordnung notwendig für alle diese Rechte eines Inhalts sein müssen, bedarf die Herstellung dieser Einheit besondrer Vorsorge: sie wird entweder durch Regelung in dem zugrunde liegenden Staatsvertrag oder Vereinsbeschluß erreicht, mag im einzelnen nach dem Vertrag oder Beschluß der Amtsstelle selbst überlassen sein; mangelt solche Regelung, so ist einer der S. 379 erwähnten Fälle gegeben, bei denen die getrennten Organe mehrerer Staaten eine Angelegenheit gemeinsam behandeln müssen.

Die Stellung im innerstaatlichen Recht.

3. Soll die Rechtslage gemeinsamer Amtsstellen näher bestimmt werden, so ist es vonnöten, die Merkmale festzulegen, nach denen sich die staatliche Zugehörigkeit einer Amtsstelle bestimmt — als grund-

[34] Anzilotti, Lehrbuch 224. Vgl. auch schon Donati, Trattati 425.
[35] Vgl. oben 2, 135; 2, 227; 2, 307 [69] (Formulierung gleichfalls anfechtbar); 3 I 268; 3 II 38 f.

sätzliches Problem eine Angelegenheit des internationalen Staatsrechts, das hier nur in seiner Auswirkung auf gemeinschaftliche Einrichtungen in Betracht kommt.

Staatliches Amt ist ein durch das öffentliche Recht bezeichneter Kreis von Staatsgeschäften. Amtsstelle ist eine Einrichtung, die dazu bestimmt ist, die Geschäfte eines Amts zu verwirklichen. Amtsträger ist eine Person, die beauftragt ist, die Geschäfte einer Amtsstelle zu besorgen oder an deren Besorgung teilzunehmen. Bedeutet das „Geschäft", das den Gegenstand eines Amtes ausmacht, (die Aufgabe des Amts) Handlungen, die geschehen sollen, hinter denen also ein staatlicher Wille sich erhebt, der die Handlungen fordert, so steht ihnen in dem Amtsträger und, verpersönlicht gesehen, in der Amtsstelle Person und Einrichtung gegenüber, die beauftragt sind, solche Handlungen auszuführen. Ein Amt gehört demjenigen Staat an, der über den Inhalt der Amtsaufgabe entscheidet. Über die Zugehörigkeit der Stelle und ihres Trägers entscheidet die Herkunft des Amtsauftrags. Die Bezeichnung der Aufgabe aber und der Auftrag, sie durchzuführen, müssen notwendig von demselben Staat ausgehen; Amt, Amtsstelle und Amtsträger können staatsrechtlich nicht auseinanderfallen.

Das alles gilt auch für gemeinschaftliche Amtsstellen. Ist einer solchen die Aufgabe von mehreren Staaten bezeichnet, die Durchführung von mehreren Staaten aufgetragen, so muß die Einrichtung dem innerstaatlichen Recht eines jeden dieser Staaten angehören. Sie erscheint für jeden von ihnen als eine Amtsstelle des Inlands, kann etwa den Strafschutz inländischer Ämter beanspruchen, und es stand der Satz, daß der Staat nur vor Gerichten des Inlands Recht nehmen muß, einer Gerichtsbarkeit der Gemischten Schiedsgerichte, wie sie die Friedensverträge vorsehen, nicht entgegen[36]. Die rechtliche Eigentümlichkeit aber, die solche Stellen von allen andern Stellen des Inlands unterscheidet, beruht in dem Umstand, daß sie als die gleichen Amtsstellen auch dem Stellenkreis andrer Staaten angehören. Ein jeder von ihnen hat demgemäß im Rahmen der Gründungsvereinbarung die Möglichkeit, auf die Durchführung der Amtsaufgabe einzuwirken. Von seiten des einzelnen Mitgliedsstaats gesehen bedeutet das die Teilnahme fremder Staaten an der Willensbildung eines inländischen Organs.

Es ist unerheblich für die staatsrechtliche Zugehörigkeit einer Amtsstelle, daß ein Staat die Stelle einrichtet und beaufsichtigt, daß er ihre Kosten trägt, wenn der Amtsauftrag von einem andern Staat herrührt, und das gilt auch für gemeinsame Amtsstellen. Beispiele

---

[36] In der Rechtsprechung dieser Gerichte anerkannt, aber auf vertragliche Unterwerfung begründet; vgl. besonders Recueil 6, 771; 7, 17.

bieten nach seiten der Einrichtung oder Beaufsichtigung in der Zeit der Selbständigkeit der beteiligten Länder das gemeinsame Thüringische Oberverwaltungsgericht und die gemeinsame Universität Jena, die Einrichtungen mehrerer internationaler Unionen, die der Schweizerischen Eidgenossenschaft unterstellt sind[37]; nach seiten der Kostentragung einige gemeinsame Institute, die ganz oder teilweise von Frankreich und Italien erhalten werden[38]. Wie auch umgekehrt der Umstand, daß eine Mehrheit von Staaten an den Kosten, vielleicht auch an dem Ertrag einer Einrichtung teilnimmt, nicht ausreicht, sie zu einer gemeinsamen Einrichtung zu machen, wenn der Amtsauftrag lediglich von einem einzelnen Staat ausgeht[39].

Insbesondre aber bedarf es hier der Auseinanderhaltung zweier Dinge: es kann sein, daß einer gemeinsamen Amtsstelle Tätigkeiten aufgetragen sind, an deren Vornahme alle Gründungsstaaten beteiligt sind, deren besondrer Inhalt aber deshalb aufgetragen ist, weil ein einzelner Staat in seiner Rechtsordnung solche Amtshandlungen zur Voraussetzung bestimmter Rechtswirkungen macht[40] — an der staatsrechtlichen Gemeinsamkeit der Einrichtung wird damit nichts geändert. Das Gemischte deutsch-französische Schiedsgericht hatte über die Entschädigung zu befinden, die Deutschland für außerordentliche Kriegsmaßnahmen leisten mußte: die Entscheidung zu treffen war eine Angelegenheit Frankreichs und Deutschlands, eine Zahlungspflicht entstand auf Grund des Urteils unter deutschem Recht[41].

Zur Verdeutlichung dieser Erscheinung sei darauf hingewiesen, daß gleichartige Rechtslagen auch im Verhältnis eines einzelnen Staats zu einem andern vorkommen. In einem deutsch-luxemburgischen

---

[37] Vgl. für das Oberverwaltungsgericht Art. 14 des Anm. 13 angeführten Vertrags, für die Universität Jena Georg Meyer a. a. O. 26; für die genannten Unionen Genfer Revue 1924, 348 ff.

[38] Institute für geistige Zusammenarbeit, für Vereinheitlichung des Privatrechts, für Kulturfilme; dazu S. Basdevant 59[1]. Vgl. auch die Rechtslage des Haager Internationalen Gerichtshofs, dessen Kosten der Völkerbund trägt; dazu S. Basdevant 60[1].

[39] Beispiele einer solchen Kostengemeinschaft: 3 I 180 Eisdienst der Vereinigten Staaten auf dem Atlantischen Ozean. Ertragsgemeinschaften: 1, 277 f. Preußisch-deutsche Lotterie„gemeinschaft"; 3 I 77 [199] Eisenbahn„gemeinschaften".

[40] Es ist der S. 109 näher entwickelte Unterschied, nur daß der Blickpunkt diesmal auf seiten der handelnden Stelle verbleibt.

[41] In beachtlichen Ausführungen hat schon Anzilotti, Lehrbuch 224 ff. auf einen Unterschied der „Zurechnung" und der „Wirkungen" einer Tätigkeit gemeinsamer Organe hingewiesen; doch verbindet sich die Unterscheidung dort mit dem Gegensatz völkerrechtlicher und innerstaatlicher Bedeutung solcher Tätigkeit.

Staatsvertrag ist vorgesehen (oben 2, 727 f.), daß bei einem Zweifel über die Zuständigkeit der Unfallversicherung des einen oder des andern Staats die oberste Versicherungsbehörde des einen über die Zuständigkeit auch mit Wirkung für den andern Teil entscheidet; das Anm. 6 angeführte Abkommen über eine gemeinsame Aufbringung von Prisen erklärt für gewisse Fälle die Prisengerichtsbarkeit des einen Staats als ausschließlich zuständig und begründet damit eine prisenrechtliche Kontrolle auch für den mitbeteiligten andern Staat: die Versicherungsbehörde, das Prisengericht empfängt den Auftrag, tätig zu werden, lediglich von seinem Staat, der Auftrag aber wird zu einem Teil deshalb erteilt, weil der andre Staat an diese Tätigkeit Wirkungen knüpft. Dergleichen findet sich auch als dauernde organisatorische Zuweisung: es sind die Fälle eines sogenannten „Anschlusses". So hatte das sächsische Oberverwaltungsgericht in letzter Instanz auch die Verwaltungsrechtsstreitigkeiten der beiden Reuß zu erledigen [42], man kennt Zollanschlüsse [43] und Anschlüsse des Post- und Telegraphendienstes [44], entsprechende Gestaltungen des Eisenbahnbetriebs [45]. Und es werden zu einem Teil auch die schwer zu fassenden Verhältnisse in Grenzpfarreien und Grenzschulen hieher gehören. Bei dem in Deutschland verbreitetsten Typ wird für die Organe der Kirchengemeinde und Schulgemeinde als Selbstverwaltungskörper die Rechtsform des Anschlusses vorliegen, während für Pfarramt und Schulamt selbst eine planmäßige Ämterhäufung gegeben ist; denn Pfarrer und Lehrer erhalten ihren Amtsauftrag getrennt von jedem der Staaten für seinen Bereich [46]. Die Amtsstelle aber, die bei einem Anschluß tätig wird, ist kein Gemeinschaftsorgan der beteiligten Staaten, sie empfängt ihren Auftrag nur von dem Staat, dem sie organisatorisch angehört. Dem mitwirkenden Interesse des angeschlossenen Teils ist manchmal durch Aushilfen Rechnung getragen, wie die Übernahme von Beamten in die Behörde des Anschluß gewährenden Teils [47], und seinen materiellrechtlichen Inhalt schöpft der

---

[42] Vertrag 22. 1. 1912 Jahrbuch des öffentlichen Rechts 6, 303. Über Gerichtsanschlüsse im Bereich der Justiz ein Teil der oben Anm. 24 genannten Verträge.

[43] Dazu unten § 45.

[44] Hieher zum Teil oben 3 II 18 [61] und 70.

[45] Oben 3 I 77 f., insbesondre Anm. 201. Auch die besondern Verhältnisse in Grenzbahnhöfen 3 I 37 ff. dürften von hier aus ihre Erklärung finden.

[46] Dazu oben 1, 508 ff. und 203 (die dort gegebenen rechtlichen Ausdeutungen sind hier in Einzelheiten berichtigt). — Über Ämterhäufung gleich unten.

[47] So in dem Fall des sächsischen Oberverwaltungsgerichts (und ähnlich bei Gerichtsanschlüssen im Bereich der Justiz; Laband, Staatsrecht [5] 3, 397 f.). Bei Eisenbahnverwaltungen 3 I 76 f. Bei Kirchengemeindevertretungen

Amtsauftrag insoweit mangels abweichender Regelung ohnehin aus dem Recht des angeschlossenen Teils.

Abweichende Bildungen.

4. Den gemeinschaftlichen Ämtern sollen im folgenden einige abweichende Bildungen gegenübergestellt werden.

a) Es gibt Fälle, in denen ein öffentliches Amt nicht den Staaten angehört, die einen Verband gemeinschaftlich begründet haben, bei denen vielmehr öffentliche Ämter dieses Verbands selbst gegeben sind. Oben S. 383 sind herrschaftliche Verbände erwähnt worden, die staatliche oder gemeindliche Verwaltung über Untertanen führen. Sie gehören als Verband einer Mehrheit von Staaten an. Aber sie üben, anerkannt von diesen Staaten, ihre eigne öffentliche Gewalt, besitzen ein öffentliches Recht, und sie sind in der Lage, selbst Aufgaben zu bestimmen, die durchgeführt werden sollen, und Amtsstellen für deren Verwirklichung einzusetzen. So waren die Ämter des Saargebiets für die Dauer seiner selbständigen Verwaltung öffentliche Ämter, und Ämter des Saargebiets; nur die Regierungskommission erhielt ihren Auftrag von außen.

Auch bei andern Einrichtungen, die von mehreren Staaten gemeinsam begründet sind, kann die Frage aufkommen, ob eine Aufgabe, die durchgeführt werden soll, von den begründenden Staaten gefordert oder von den Organen der Einrichtung selbst bestimmt wird. Aber alle solchen gemeinschaftlichen Einrichtungen unterscheiden sich von den vorgenannten in dem entscheidenden Punkt: sie haben keine Untertanen. Sie können nicht Recht erzeugen, können Privaten gegenüber keinen Zustand rechtlicher Unterordnung schaffen, und sie können darum auch keine öffentlichen Ämter haben. Wo eine solche Einrichtung dennoch öffentliche Gewalt über Private übt, die Europäische Donaukommission, die Regierungskommission des Saargebiets, da kann dies nur die öffentliche Gewalt der begründenden Staaten sein. Vielleicht gehört alsdann auch das Amt, das solche Gewalt zu handhaben hat, als öffentliches Amt den begründenden Staaten an. Vielleicht handelt es sich auch in solchem Fall um das Amt einer gemeinschaftlichen Einrichtung, die dazwischengeschoben ist; so bei der Regierungskommission des Saargebiets in ihrem Verhältnis zum Völkerbund. Unmöglich aber ist es, daß ein Völkerbundsamt ein öffentliches Amt im Rechtssinn sein könnte[48].

1, 495. — Wenn das sächsische Oberverwaltungsgericht reußische Fälle „im Namen des Fürsten Reuß“ zu entscheiden hatte, so war das eine Höflichkeit ohne staatsrechtliche Bedeutung.

[48] Es seien dazu die Ausführungen in Z. 6 verglichen.

b) Verschieden von der Rechtslage gemeinsamer Ämter ist ferner der Rechtszustand, der bei einer Ämterhäufung gegeben ist. Ich habe einen Wahlkonsul in Deutschland gekannt, der für Schweden, Norwegen, Dänemark bestellt war. Amt, Amtsstelle, Amtsträger sind in solchen Fällen rechtlich völlig getrennt, der Umstand, daß diese Beziehungen in derselben Person auch gegenüber einem andern Staat bestehen, entbehrt der rechtlichen Bedeutung. Und diese Unabhängigkeit ist auch da rechtens, wo eine Ämterhäufung planmäßig vorgenommen wird[49]. Ein Fall dieser Art hat für den gegenwärtigen Zusammenhang unmittelbare Bedeutung: wenn eine Landesbehörde neben ihrer Aufgabe nach dem Recht des eignen Staats gleichzeitig als Gemeinschaftsorgan für eine Staatenmehrheit tätig wird. Das kommt zuweilen in der Weise vor, daß ein wechselnder Vorort die Gemeinschaftsaufgabe übernimmt, z. B. bei dem Internationalen Güterwagenverband[50], oder so, daß die Gemeinschaftsaufgabe dauernd mit derselben Landesbehörde verbunden bleibt, etwa die Geschäfte der Internationalen Falschgeldzentrale mit der für Österreich tätigen Wiener Stelle[51]. Landesbehörde und Gemeinschaftsstelle sind wiederum getrennte Einrichtungen; aber die Gemeinschaftsstelle ihrerseits gehört staatsrechtlich den sämtlichen Teilnehmerstaaten an, und wo über der Stelle noch Konferenzen oder Ausschüsse bestehen, die ihr vorgeordnet sind, pflegen sie als Gemeinschaftsorgan normaler Art ausgebildet zu sein.

Möglicherweise erteilt ein Staat dem Träger eines seiner Ämter den Auftrag, das Amt eines andern Staats zu übernehmen[52]. Nicht selten verbleibt der Beteiligte dabei in einem persönlichen Dienstverhältnis zu dem bisherigen Dienstherrn, zumal im Beurlaubtenstand oder im Wartestand, und er mag dabei sogar sein bisheriges Amt bewahren; aber freilich nur im Zustand der Hemmung, soweit es inhaltlich mit dem von dem neuen Herrn übertragenen Amt zusammenfällt[53]. Eine aktive Ausübung der Ämter zweier Staaten wird unter

---

[49] Beispiele: das doppelte Amt eines österreichisch-ungarischen Botschafters; die 3 I 52 ff. erörterte Übertragung der Bahnpolizei auf das Personal ausländischer Eisenbahnbetriebe, die sich in das Inland erstrecken; die oben besprochene Doppelstellung des Pfarrers und Lehrers in Grenzpfarreien und -schulbezirken. Vgl. auch gleich unten.

[50] 3 I 84.

[51] Oben 3 II 207. Weitere Beispiele 3 I 83; 3 II 81; Genfer Revue 1924, 18 f.

[52] So auch ein Gutachten von Giese und Heyland, Zeitschrift für Völkerrecht 15, 94, doch ohne die hier für erforderlich gehaltenen Unterscheidungen.

[53] Vgl. etwa Heyland im Wörterbuch des Völkerrechts 2, 163; Giese-Heyland a. a. O. 86 ff. Aber mit der „Gebietshoheit", wie sie im besetzten Gebiet besteht, wird auch hier schlechterdings nichts zu erklären sein.

solchen Umständen selten sein[54]. Doch ist auch dergleichen für deutsche Offiziere angenommen worden, die während des letzten Kriegs in türkische Dienste getreten sind[55], sogar für ganze deutsche Truppenformationen, die dem türkischen Heer eingereiht wurden[56]. Muß eine solche Rechtslage wirklich angenommen werden, so führt das zu einer Scheidung zwischen den beiderseitigen Amtsaufträgen, die nicht immer einfach ist[57]. Jedenfalls aber liegt auch in solchen Fällen eine Ämterhäufung in dem oben besprochenen Sinn vor, nicht etwa die Besorgung eines gemeinschaftlichen Amts[58].

c) Zweifel der Praxis geben Anlaß, in diesem Zusammenhang auf die Rechtslage der Behörden einzugehen, wie sie zu Kriegszeiten in einem besetzten Gebiet und bei den mannigfachen Formen einer Gebietsbesetzung in Friedenszeiten begründet ist. Auch hier muß die Herkunft des Amtsauftrags entscheiden. Besetztes Gebiet ist der örtlichen Staatsgewalt immer nur auf Zeit entzogen und verbleibt staatsrechtlich Gebiet des verdrängten Teils. Aber von da führt keine rechtliche Verbindung zu den Behörden des Gebiets. Denn nicht ein Gebiet kann Aufgaben haben und Einrichtungen, sie zu bewältigen, sondern nur eine organisierte Macht. Diese Macht ist in besetzten Landesteilen, soweit nach Völkerrecht oder Staatsvertrag seine Befugnisse reichen, der besetzende Staat. Die leitenden Organe, die er mit der Verwaltung des Gebiets beauftragt, gehören ihm selbst an. Die örtlichen Behörden aber, die unter deren Leitung tätig werden, hören für

---

[54] Die Praxis hat österreichisch-ungarische Offiziere gekannt, die zum deutschen Heer kommandiert, und denen deutsche Truppen unterstellt waren (Armeeverordnungsblatt 1916, 501). Sie hatten ein deutsches Amt, und es war nur folgerichtig, wenn ihnen auch Disziplinargerichtsbarkeit über diese Truppen verliehen wurde. Ihre österreichisch-ungarischen Ämter hatten sie darüber nicht verloren. Aber die Amtsaufträge, die ihnen zugrunde lagen, waren insolang gehemmt.

[55] Reichsversorgungsgericht 15. 4. und 27. 9. 1929 Entscheidungen 8, 224 und 9, 1. Die Begründung, daß der Dienst auf Befehl übernommen wurde, wird dafür nicht ausreichen. Daß das türkische Große Hauptquartier, dem einer der Offiziere angehörte, der deutschen Obersten Heeresleitung unterstellt war, ist unergiebig; denn die ausschließliche Zugehörigkeit des Hauptquartiers zur türkischen Streitmacht ist dadurch nicht geändert worden.

[56] Wunderlich, Mitteilungen der Deutschen Gesellschaft für Völkerrecht 11, 79 ff. Auch hier wird auf den Befehl der deutschen Obersten Heeresleitung verwiesen, außerdem auf den Umstand, daß die Truppe in Deutschland aufgestellt und von hier aus ergänzt wurde.

[57] Dazu bemerkenswerte Ausführungen bei Wunderlich, denen ich nicht immer zu folgen vermag.

[58] Dazu Wunderlich 104[16]. Auch bei den „gemeinschaftlichen Dienstverhältnissen", die § 8 des deutschen Militärstrafgesetzbuchs erwähnt, handelt es sich (wie die Beispiele der Kommentare zeigen) um mehrfache selbständige Dienststellungen in verbündeten Armeen.

die Dauer der Besetzung auf, Behörden des verdrängten Staats zu sein. Sie werden auch nicht zu Amtsstellen im heimatlichen Bereich der besetzenden Macht (auch nicht, wenn sie als Ortsbehörden des besetzten Gebiets von dieser ernannt wären). Das besetzte Gebiet steht während der Dauer der Besetzung als ein selbständiger öffentlichrechtlicher Verband (als ein „Außengebiet", vgl. unten § 43 Z. 2) in Abhängigkeit von der besetzenden Macht, aber es kann dieser Verband seine eigenen Behörden besitzen. Solche Stellung der Ortsbehörden zeigt sich (außer bei dienstrechtlichen Angelegenheiten der Beamten, von denen in Z. 5 zu sprechen sein wird) bei einer Haftung des Staats für Amtshandlungen oder bei einer strafrechtlichen Verantwortlichkeit der Amtsträger für Amtsverbrechen. — All das trifft dann auch bei einer Besetzung durch mehrere Staaten zu. Während der Verwaltung Oberschlesiens durch einen Interalliierten Ausschuß 1920 hatte ein Mitglied der von dem Ausschuß gebildeten Polizei sich einer Bestechung schuldig gemacht; die deutschen Gerichte waren nicht in der Lage, die Handlung als Amtsverbrechen zu bestrafen (außer unter dem Gesichtspunkt einer Staatennachfolge, wenn der Tatort nach der Teilung an Deutschland gefallen war)[59]. In solchen Fällen verbindet sich die eben besprochene mit der unter a) erörterten Rechtslage.

Das persönliche Dienstverhältnis.

5. Damit die Amtsstelle ihrer Aufgabe gerecht werden kann, müssen Personen verfügbar sein, die bereit sind, den Amtsauftrag auf sich zu nehmen. Es ist Sache eines ergänzenden Rechtsverhältnisses, hiefür die Grundlage zu bieten: sie wird geschaffen durch Begründung eines persönlichen Dienstverhältnisses zwischen Staat und Amtsträger. Den Inhalt seiner Regelung bilden Recht und Pflicht zur Dienstleistung mit ihren Grenzen, eine Sicherung der wirtschaftlichen Möglichkeit für die Person, ihre Arbeitskraft zur Verfügung zu stellen, Sanktionen für die angemessene Erledigung des Amtsauftrags. Vielfach ist jene Beziehung zwischen Staat und Person als berufsmäßiges Dienstverhältnis ausgebildet; aber auch die Inanspruchnahme von beschränkten Dienstleistungen, kraft Gesetzes oder Einverständnisses,

---

[59] Das Reichsgericht 26. 6. 1923 Entscheidungen in Strafsachen 57, 340 hat schlechtweg verurteilt: die Mitglieder der Polizei seien „durch die interalliierte Behörde ernannte oberschlesische Landesbeamte" gewesen, denen gleichartige Aufgaben zukamen wie sonst deutschen Polizeibeamten, und Oberschlesien habe damals zu Deutschland gehört. Aus einer Gleichartigkeit der Aufgaben nun läßt sich von vornherein nichts entnehmen. Man kann aber auch nicht Beamter eines „Gebiets" sein. Jene Beamten (ob Amtsträger der besetzenden Mächte oder des durch die Besetzung geschaffenen Verwaltungskörpers selbst) hatten ihren Amtsauftrag von einer Deutschland fremden Staatsgewalt.

ist ohne eine Ordnung der persönlichen Dienststellung nicht denkbar. Dabei mag es sein, daß der Staat als Dienstherr sich begnügt, das persönliche Dienstverhältnis (auch wenn sein Inhalt Wahrnehmung eines öffentlichen Amts ist) auf dem Boden des Privatrechts zu regeln. Ist das Dienstverhältnis öffentlichrechtlich ausgestaltet (und das kann auch bei öffentlichen Ämtern sein, die ohne Inanspruchnahme der Staatsgewalt über Private ausgeführt werden), so bedarf es der Anstellung als eines ausdrücklichen oder stillschweigenden organisatorischen Staatsakts, diese Rechtslage zu begründen[60]. Solche persönlichen Dienstverhältnisse müssen auch für die Angehörigen gemeinschaftlicher Amtsstellen bestehen, und es sind dabei nur die Ausführungen in Z. 6 über die Möglichkeit öffentlichrechtlichen Dienstes und über die Ausgestaltung privatrechtlicher Dienstverhältnisse bei ihnen vorzubehalten.

Unerheblich für die rechtliche Zugehörigkeit eines Dienstverhältnisses ist es, wenn einem Staat für die Anstellung bei einem andern Staat das Vorschlagsrecht eingeräumt ist[61], darum auch, wenn für das Dienstverhältnis bei einer gemeinsamen Amtsstelle das Vorschlagsrecht einem einzelnen Staat zukommt[62]. Auch die Bestreitung der Kosten von seiten eines Staats reicht nicht aus, das Dienstverhältnis ihm gegenüber zu spezialisieren.

Vor allem aber handelt es sich hier darum, die staatliche Zugehörigkeit des persönlichen Dienstverhältnisses klarzustellen gegenüber der staatlichen Zugehörigkeit der Amtsstelle, der das persönliche Dienstverhältnis nutzbar gemacht wird. In aller Regel freilich fallen die beiderlei Beziehungen zusammen, auch bei den gemeinsamen Amtsstellen. Es kann aber auch sein, daß das Dienstverhältnis der Person und das Amt, das sie führt, in ihrer Zugehörigkeit auseinandergehen, daß der eine Staat den Bediensteten „stellt“[63], der andre — und dieser andre kann wiederum eine Staatenmehrheit sein — ihm seine Geschäfte anweist. Die Fälle sind nicht ganz so selten, als man annehmen möchte. So im Verhältnis von Staat zu Staat, als bei der Teilung Oberschlesiens deutsche Eisenbahnbeamte unter Fortdauer dieses Dienstverhältnisses, unter grundsätzlichem Ausschluß eines persönlichen Dienstverhältnisses gegenüber Polen, von diesem Staat zu

---

[60] Vgl. schon oben 3 I 78.

[61] So bei den gemischten Gerichten oder der Staatsschuldenverwaltung Ägyptens, bei der Verwaltung der chinesischen Seezölle; dazu S. Basdevant 30 ff.

[62] Ein Beispiel 3 I 232[164].

[63] So in der Tat Art. 32 der Donauakte 1921: *Le personnel sera fourni par les Etats co-riverains.*

dienstlicher Verwendung übernommen wurden[64]; bei Begründung der preußisch-hessischen Eisenbahngemeinschaft, als vereinbart wurde, daß ein hessischer Beamter unter Beibehaltung dieser Eigenschaft als vortragender Rat in das preußische Eisenbahnministerium eintreten sollte, andre hessische Beamte, wiederum als solche, in die preußische Direktion Frankfurt[65]. Auch in gemeinsamen Behörden mehrerer Staaten findet man demgemäß Beamte, die mit ihrem persönlichen Dienstverhältnis lediglich einem der Verbandsstaaten angehören, auch dies im Eisenbahndienst[66], bei Schiffahrtskommissionen[67]; die nichtständigen Mitglieder des Thüringischen Oberverwaltungsgerichts standen nach der persönlichen Seite nur in einem Dienstverhältnis zu dem Staat, in dessen Streitsachen sie beigezogen wurden[68]. Und die Zahl solcher Rechtslagen vergrößert sich außerordentlich, wenn man an die Delegierten diplomatischer Konferenzen, die Mitglieder einer vorübergehend tätigen Kommission, eines zwischenstaatlichen Schiedsgerichts denkt; die Stellung eines deutschen Richters Gemischter Schiedsgerichte hat in dieser Hinsicht Anlaß zu einer interessanten Entscheidung des Reichsgerichts gegeben[69].

Unter solchen Umständen bedarf es einer Scheidung der Rechtsfragen, welche das persönliche Dienstverhältnis, und andrer, welche die sachliche Amtstätigkeit angehen. Einige der einschlagenden Staatsverträge haben hier Anlaß zu sehr sorgfältigen Unterscheidungen

---

[64] Darüber oben 3 I 71 f. Wegen der unter ähnlichen Umständen übernommenen Lehrer unten Anm. 78.

[65] Oben 3 I 76[197] und 77 f.[200], [202]. Entsprechend bei dem Anschluß Badens an diese Gemeinschaft (3 I 78[202]), und zugunsten Hessens schon bei Übernahme der Main-Weser-Bahn durch Preußen, 3 I 76 und 78[202].

[66] So bei der Direktion der vormaligen Main-Neckar-Bahn oben 3 I 76 und 79[208]; bei dem oberschlesischen Eisenbahnkomitee 3 I 81[211]; innerhalb der schon genannten preußisch-hessischen Gemeinschaft bei der gemeinsamen Direktion Mainz.

[67] Nach Art. 8 des Vertrags von 1865 die obersten Beamten der Europäischen Donaukommission (seitdem geändert); das Unterpersonal der Dienststellen am Eisernen Tor (die 3 I 232[164] erwähnte „dienstrechtliche" Unterworfenheit dieser Angestellten unter die Kommission meint die sachliche Unterstellung unter deren Weisungen).

[68] Vgl. Art. 2, 3 des mehrgenannten Vertrags.

[69] Urteil 9. 6. 1925 Entscheidungen 111, 115. Das Reichsgericht nimmt zutreffend an, daß ein solcher Richter „Reichsbeamter" gewesen sei (aber freilich unzutreffend, daß deshalb auf ihn die reichsrechtlichen Vorschriften für Berufsbeamte anwendbar seien). Nicht haltbar erscheint dagegen, wenn ihm ein deutsches „Amt" zugesprochen wird: die Amtsaufgabe wurde diesen Richtern von den beiden am Gericht beteiligten Staaten bezeichnet, der Amtsauftrag von beiden erteilt. Indessen hat es sich bei der Widerruflichkeit des Dienstverhältnisses, die zur Entscheidung stand, um die persönliche Seite der Dienststellung gehandelt.

genommen. Gewiß ist, daß in derartigen Fällen die dienstliche Leitung und die sachliche Aufsicht über den Geschäftsgang dem Staat des Amtes zukommt[70]. Dagegen ist die Ernennung Sache des Staats, der das persönliche Dienstverhältnis regelt[71], wobei der Gemeinschaftsvertrag für die preußisch-hessischen Eisenbahnen bezeichnend unterscheidet: die „Ernennung" der hessischen Beamten bleibt Hessen vorbehalten, die „Verleihung der Stelle" erfolgt durch die Gemeinschaftsverwaltung (soweit es sich um preußische Behörden handelt, durch Preußen). Entsprechend wird für die Voraussetzungen und Wirkungen der Ernennung auf den Staat des persönlichen Dienstverhältnisses abgestellt, für die erforderlichen Prüfungen, für die Unwiderruflichkeit der Beamtenstellung, Titel, Rang[72], zuweilen sogar für die Dienstkleidung[73]. Aufschlußreich sind wiederum die Bestimmungen über die Vereidigung im preußisch-hessischen Vertrag: der verfassungsmäßige Beamteneid wird den hessischen Beamten von der heimatlichen Regierung abgenommen, die eidliche Verpflichtung für den Dienst der Gemeinschaftsverwaltung durch deren Behörden[74]. Sache des an dem persönlichen Dienstverhältnis beteiligten Staats ist grundsätzlich auch die Gewährung der Unterhaltsrente für den Angestellten während des Dienstes, im Ruhestand, an seine Hinterbliebenen, während es freilich billig erscheint, daß der Staat der Amtsstelle, der den Vorteil der Dienstleistung hat, sich an den Kosten beteiligt. Die folgerichtigste Lösung bringt auch hier der preußisch-hessische Vertrag: die Heimatverwaltung besoldet, die Gemeinschaftsverwaltung vergütet ihr den Aufwand; in andern Vereinbarungen hat man die Besoldung unmittelbar dem nutzenden Teil übertragen, zuweilen mit der Maßgabe, daß

---

[70] So ausdrücklich Art. 515 des Oberschlesienabkommens für die deutschen Eisenbahnbeamten in polnischen Diensten (unter Beifügung zahlreicher Bindungen, zum Teil in Angleichung an das deutsche Recht). Vgl. auch die angeführten Verträge für die obersten Beamten der Europäischen Donaukommission und für das Unterpersonal der Dienststellen am Eisernen Tor.

[71] So die Verträge über die Main-Weser-Bahn, über die preußisch-hessische Gemeinschaft (Ernennung teils durch Hessen, teils durch die Gemeinschaftsverwaltung im Namen Hessens, Art. 15), über die deutschen Eisenbahnbeamten in Polen (Art. 516), für die nichtständigen Richter der Vertrag über das Thüringische Oberverwaltungsgericht.

[72] All dies nach dem preußisch-hessischen Vertrag Art. 15. Über die Unwiderruflichkeit der Richter Gemischter Schiedsgerichte das oben genannte Reichsgerichtsurteil.

[73] Die deutschen Eisenbahnbeamten in Polen, Art. 529.

[74] Art. 15 des Vertrags. Vereidigung „auf" das Amt durch die anstellende Regierung: Direktionsmitglieder bei der Main-Neckar-Bahn; oberste Beamte der Europäischen Donaukommission. Über die deutschen Eisenbahnbeamten in Polen Art. 515 des Oberschlesienabkommens.

sie nach den heimatlichen Sätzen gewährt werden müsse[75]. Wo es sich allerdings nicht um die allgemeine Unterhaltsrente des Beamten handelt, sondern um Vergütung für Dienstleistungen besondern Inhalts, ist es grundsätzlich der Staat des Amts, dem solche Vergütung nach seinen Vorschriften obliegt[76]. Schließlich gehört auch die Übung der Dienstzucht zu den Aufgaben, die dem Staat des persönlichen Dienstverhältnisses zukommen, wenngleich der Staat, dem die Dienste geleistet werden, hier das Bedürfnis empfinden kann, die Druckmittel für eine sachgemäße Erfüllung des Dienstes mindestens teilweise selbst in die Hand zu bekommen. Die Vereinbarungen tragen dem in wechselndem Umfang Rechnung[77].

Neben alledem ist es aber auch möglich, daß der Angestellte in einem gleichzeitigen persönlichen Dienstverhältnis zu mehreren Staaten steht. Das wird ohne weiters zutreffen, wo er aktiv ein mehrfaches Amt führt. So sind die Anm. 55 erwähnten deutsch-türkischen Offiziere in beiden Armeen befördert worden, und es sind ihnen dem Reich gegenüber Versorgungsansprüche nach deutschem Recht zuerkannt worden. Aber auch bei Beurlaubungen zur Übernahme eines fremden Amts wird zu dem ursprünglichen meist ein weiteres persönliches Dienstverhältnis hinzutreten. Während bei den von Polen

[75] Preußisch-hessischer Vertrag Art. 14. Direktion der Main-Neckar-Bahn. Dienststellen am Eisernen Tor. Deutsche Eisenbahnbeamte in Polen (Art. 518, 536; s. auch für Unfallfürsorge Art. 535).

[76] So zutreffend das Reichsgericht 30. 4. 1929 Deutsche Juristenzeitung 1205 und das Anm. 52 erwähnte Gutachten von Giese-Heyland für die Fahrgelder der deutschen Lokomotivführer, die in den Dienst der französisch-belgischen Eisenbahnregie im Ruhrgebiet übernommen wurden (über die Rechtslage dieser Beamten gleich unten). Möglich bleibt natürlich, daß der Staat des Dienstverhältnisses auch solche Kosten übernimmt, zumal bei der Entsendung von Vertretern zu vorübergehenden gemeinschaftlichen Veranstaltungen, z. B. die Tagegelder seiner Konferenzdelegierten.

[77] Bei den unwiderruflich angestellten hessischen Beamten der preußisch-hessischen Gemeinschaft (Art. 15) kann auf Entfernung aus dem Amt nur von den hessischen Behörden im hessischen Verfahren erkannt werden, andre Maßnahmen und ein Einschreiten gegen sonstige Beamte ist der Gemeinschaftsverwaltung überlassen. Bei dem Anschluß Badens an die Gemeinschaft ist die heimatliche Zuständigkeit für jede Verhängung von Ordnungsstrafen gegen etatsmäßige Beamte vorbehalten worden. Auch bei den deutschen Eisenbahnbeamten in Polen (Art. 523) sind diesem Staat Maßnahmen entzogen, die zu einem Amtsverlust führen, andre Maßnahmen freigegeben unter Bindung an das deutsche Disziplinarrecht und Mitwirkung eines deutschen Beamten in der polnischen Direktion. Über diesen Beamten selbst (den „Personalkodezernent", vgl. oben 3 I 72) sollte die Disziplinargewalt von der deutschen und der polnischen Direktion gemeinsam geübt werden. Absetzungsrecht der anstellenden Regierung seinerzeit auch bei den obersten Beamten der Europäischen Donaukommission.

verwendeten deutschen Eisenbahnbeamten Oberschlesiens die Ausschließlichkeit des deutschen Dienstverhältnisses unzweideutig vereinbart wurde, ist für die unter gleichen Umständen verwendeten preußischen Lehrer ein mehrfaches Dienstverhältnis entstanden[78]. Auch bei der Rechtsstellung der von der Saarregierung übernommenen deutschen Beamten[79] hat es sich um ein doppeltes Dienstverhältnis gehandelt: sie wurden aus ihren deutschen Verwaltungen ohne Gehalt beurlaubt, von der Saarregierung „ernannt", in beiden Verwaltungen, rechtlich unabhängig voneinander, befördert, hatten, von besondern deutschen Zusicherungen abgesehen, Gehaltsansprüche nur gegen die Saarregierung, standen unter doppelter Disziplinargerichtsbarkeit, wobei mit Recht festgestellt wurde, daß deren Übung durch die Saarregierung die deutschen Verwaltungen nicht binde, die deutsche Dienstgewalt ohne Rücksicht auf die saarländische Dienststellung geübt werden könne[80]. Eine ähnliche Rechtslage ist alsdann entstanden, als 1923 bei der Besetzung des Ruhrgebiets deutsche Eisenbahnbeamte der im Gebiet eingerichteten französisch-belgischen Eisenbahnregie zur Verfügung gestellt wurden[81].

---

[78] Sie sind von Polen durch „Privatvertrag" angestellt worden, Art. 124 des Oberschlesienabkommens. Dabei ist auch hier eine Aufteilung zwischen den beiden Dienstverhältnissen notwendig geworden, sie treten nach Beendigung der Dienstleistung bei Polen von selbst in den preußischen Dienst zurück, behalten Anwartschaft auf Ruhegehalt und Hinterbliebenenversorgung, während die laufenden Bezüge von Polen mindestens in Höhe der preußischen Sätze gewährt werden; Polen kann keinen Beamteneid, aber das schriftliche Versprechen gewissenhafter Pflichterfüllung fordern. Eine Disziplinargerichtsbarkeit erübrigt sich für Polen durch die privatrechtlichen Kündigungsbefugnisse.

[79] Dazu oben S. 389.

[80] Die Rechtsgrundlage bilden ein Beschluß des Reichskabinetts 28. 9. 1920 (mit entsprechenden Beschlüssen der Landesregierungen), das Beamtenstatut der Saarregierung von 1920 und das Baden-Badener Abkommen 21. 12. 1925, sämtlich in der Anlage bei Zschucke (s. unten). Entscheidungen über die Dienstbezüge der übernommenen Beamten: Reichsgericht 21. 10. 1927 Juristische Wochenschrift 1928, 1451; auch eine Entscheidung Deutsche Juristenzeitung 1932, 1464 und der von Zschucke behandelte Fall. Über die Disziplinargerichtsbarkeit Weißbuch über das Saargebiet (1921) Nr. 201 und 203; Preußisches Oberverwaltungsgericht 20. 6. 1930 Entscheidungen 86, 422 (freilich mit der sehr unrichtigen Begründung, die Disziplinargewalt der Heimatverwaltung folge aus der „Souveränität", welche Reich und Länder im Gebiet bewahrt haben). Die Selbständigkeit der Disziplinargewalt beruhte für beide Teile eben darauf, daß sie für das eigene Dienstverhältnis wirksam werden konnte, ohne in den Dienstbereich des andern Teils überzugreifen. Ein doppeltes Dienstverhältnis der übernommenen Saarbeamten nimmt auch Zschucke, Beamtenjahrbuch (1928) 15, 283 ff. an.

[81] Sie galten als ohne Gehalt beurlaubt. Hat demnach ihr Dienstverhältnis zum Reich fortbestanden, so muß doch auch ein solches zu den

Ergänzungen.

6. Es sind im Vorausgehenden einige Zweifel zurückgestellt worden, die, unter sich in Verbindung stehend, nunmehr erörtert werden können: die Frage, wer von den Rechtssätzen gebunden wird, die für die gemeinsame Amtsstelle bei ihrer Tätigkeit in Betracht kommen; und die Frage, wem gegenüber die Angehörigen der Stelle im persönlichen Dienstverhältnis stehen.

a) Die Aufgabe einer gemeinsamen Amtsstelle kann sich im Bereich des Tatsächlichen erschöpfen. Bedarf sie zur Durchführung ihrer Aufgabe einer Teilnahme am Rechtsverkehr, so muß feststehen, wer das Rechtssubjekt ist, das dabei von Rechtssätzen gebunden wird[82]. Die Amtsstelle ist eine Einrichtung, und soweit nicht besondre Maßnahmen eingreifen, kann nicht die Einrichtung von Rechtssätzen angesprochen werden, sondern diejenigen, welche die Einrichtung begründen. Das aber ist eine Vielheit von Rechtssubjekten, die Summe der an der Einrichtung beteiligten Staaten. In der Tat entspricht dem eine häufige Rechtslage, zumal da, wo es sich um gemeinsame Einrichtungen für vorübergehende Zwecke handelt[83].

Immerhin kann es sein, daß die beteiligten Staaten als Verein (allenfalls auch als Gesellschaft) oder die gemeinsame Amtsstelle als Anstalt zu einem selbständigen Zurechnungspunkt für Rechte und Pflichten ausgestaltet sind. Dies zu erklären wird freilich die abenteuerliche Begriffsbildung einer „internationalen juristischen Person" gänzlich unvermögend sein. Sie kann nicht im Völkerrecht wurzeln und nicht in einer dritten Schicht, die weder Völkerrecht ist, noch innerstaatliches Recht, das ist in Z. 2 des näheren begründet worden. Insbesondre wäre es ein erhebliches Mißverständnis, eine solche Persönlichkeit daraus herleiten zu wollen, daß in manchen Fällen — längst nicht in allen — die begründenden Staaten sich in ihrem gegenseitigen Verhältnis Mehrheitsbeschlüssen fügen, also einen völkerrechtlichen Verein darstellen, und daß in manchen Fällen — längst nicht in allen — völkerrechtliche Vereine die Eigenschaft eines Rechtssubjekts im Völkerrecht genießen: besteht solche Eigenschaft für

---

Staaten der Regie entstanden sein. Das Material bringen das oben Anm. 76 erwähnte Gutachten und Urteil. In dem dort erörterten Fall handelte es sich allerdings nicht um das persönliche Dienstverhältnis, sondern um eine Auswirkung der Amtszugehörigkeit zu dem Betrieb der Regie.

[82] Vgl. zum Folgenden schon Genfer Revue 1924, 357 ff. Reiches Material bei Gutzwiller, Mitteilungen der Deutschen Gesellschaft für Völkerrecht 12, 155 ff.

[83] Dabei mag denkbarerweise für den Vermögensverkehr eine Verbindung dieser Staaten durch Dazwischentreten eines Treuhänders geschaffen werden. Ein Beispiel bei Gutzwiller Note 122.

das Völkerrecht, so gestattet das keinen Rückschluß für den Bereich des innerstaatlichen Rechts; die Rechtsfähigkeit für das Völkerrecht dient andern Bedürfnissen als Rechtsfähigkeit für das innerstaatliche Recht. Sollen also Verein oder Anstalt für den Rechtsverkehr als selbständiges Rechtssubjekt in Betracht kommen, so kann eine solche Eigenschaft nur unter der Herrschaft innerstaatlicher Rechtsordnungen erworben sein [84]. Für das innerstaatliche Recht bedeutet, wie S. 54 ausgeführt, Rechtsfähigkeit die Fähigkeit zur Teilnahme an der Rechtsordnung und damit einen Status des öffentlichen Rechts, der für jede Rechtsordnung gesondert bestehen muß. So ist es auch möglich, daß die gemeinsame Amtsstelle als Anstalt oder der sie tragende Verein von jedem der beteiligten Staaten selbständig die Rechtsfähigkeit zugesprochen erhält [85]. In aller Regel indessen (s. oben S. 184) begnügen sich dritte Staaten, für ihr Recht auf den Rechtszustand zu verweisen, wie er von dem Staat des Sitzes für die dortige Rechtsordnung begründet worden ist, und das wird im Zweifel auch für die Rechtsfähigkeit jener Anstalten und Vereine anzunehmen sein. Doch auch dann geht die begründende Verweisung von den einzelnen Teilnehmerstaaten aus, und so bleiben derartige Sonderbildungen, die innerhalb der weitergreifenden Aufgabe der Amtsstelle für die besondern Zwecke des Rechtsverkehrs geschaffen sind, im Einklang mit der Rechtslage, daß die gemeinsame Amtsstelle organisatorisch jedem der Teilnehmerstaaten angehört [86].

---

[84] Jene Fehlmeinungen haben freilich zuweilen in amtliche und sogar in gesetzliche Äußerungen Eingang gefunden. So das vielbesprochene Urteil des Kassationshofs Rom über das Internationale landwirtschaftliche Institut Rivista di diritto internazionale 1931, 286. Eine Äußerung des schweizerischen Bundesrats bei Gutzwiller Note 129. Die grundsätzliche Verständigung zwischen Schweiz und Völkerbund Art. 7 Société des Nations, Journal officiel 1926, 1422. Gesetze, in denen die Schweiz die Rechtsfähigkeit gewisser Gründungen schweizerischen Sitzes „anerkennt" (Eidgenössische Gesetzsammlung 1932, 18 und 32). Eine solche Auffassung — sie äußert sich selbst auf dem Boden innerstaatlichen Rechts — ist freilich nicht imstande, das Problem grundsätzlich zu verändern. Sie schafft, was sie „anerkennt", und hat nur die weitere rechtliche Auswirkung, daß der zuständige Staat gegenüber Lebensäußerungen des neuen Rechtssubjekts auf die Geltendmachung seiner Hoheit im einzelnen Fall verzichtet.

[85] Diesen Weg ist man in der Tat beim Welthilfsverband gegangen, vgl. Art. 8 des Vertrags und Art. 1 des deutschen Ausführungsgesetzes RGBl. 1929 II 529.

[86] Ergänzend wäre noch die Frage aufzuwerfen, ob Verein und Anstalt nicht auch als Rechtssubjekt des öffentlichen Rechts ausgestaltet sein können. Da eine Überwirkung des Völkerrechts oder einer unbekannten dritten Rechtsschicht auch hier ausgeschlossen ist, könnte eine solche Rechtslage wiederum nur so entstehen, daß in Unterordnung unter ein einzelstaatliches Recht Verein oder Anstalt als Selbstverwaltungskörper öffentlichen Rechts diesem

b) Auf Grund dieser Feststellungen kann nunmehr auch die Frage beantwortet werden, zu wem die Angehörigen gemeinsamer Amtsstellen im persönlichen Dienstverhältnis stehen. Es ist denkbar, daß eine solche Dienstbeziehung gegenüber Verein oder Anstalt in ihrer Eigenschaft als selbständiges Rechtssubjekt begründet ist, und es ist möglich, daß die Beziehung gegenüber den einzelnen Staaten besteht, welche die gemeinsame Amtsstelle errichtet haben. Besteht das Dienstverhältnis gegenüber dem besondern Rechtssubjekt, so kann es nur ein Rechtsverhältnis des Privatrechts sein; denn Verein und Anstalt verfügen in dieser Eigenschaft nicht über eine öffentliche Gewalt; und doch bedürfte es (wie S. 25 ff. ausgeführt) einer solchen zur Begründung der rechtlichen Überordnung, die Kennzeichen des öffentlichen Beamtenverhältnisses ist. Die Angestellten des Völkerbundssekretariats sind Privatbeamte. Schiebt sich dagegen ein Rechtssubjekt dieser Art nicht dazwischen, oder läuft ausnahmsweise trotz seines Vorhandenseins das Dienstverhältnis nicht über Verein oder Anstalt, so sind dienstberechtigt die einzelnen Teilnehmerstaaten. Auch ein derartiges Dienstverhältnis mag nach Lage des Falls dem Privatrecht angehören, und es wird dann als ein einheitliches Dienstverhältnis mit mehreren Dienstberechtigten gemeint sein. Mannigfach aber werden unter diesen Umständen Dienstverhältnisse öffentlichen Rechts entstehen — der Staat als Dienstherr hat die Möglichkeit, sie auf dem Fuß der Überordnung zu begründen — und wo dies zutrifft, müssen notwendig so viele Dienstverhältnisse gegeben sein, als Staaten beteiligt sind. Diese Dienstverhältnisse sind unter sich nicht identisch, wie es das Amt ist, auf das sie sich beziehen [87], und sie stehen je unter der Hoheit des Staats, dem gegenüber sie begründet sind. Die Unzuträglichkeiten zu vermeiden, die aus solcher Häufung folgen können, ist jedoch manchmal vorgesehen (und gerade dies ist ein Kennzeichen, daß hier mehrfache Dienstverhältnisse des öffentlichen Rechts vorliegen), es solle nur der

---

Staat eingegliedert wäre — ein Rechtszustand von äußerster Unwahrscheinlichkeit. Anklänge finden sich nur insofern, als einige gemeinsame Amtsstellen (das Amt für Maß und Gewicht, das Gesundheitsamt, das Tierseuchenamt), die in Frankreich niedergelassen sind, von diesem Staat die Stellung eines *établissement d'utilité publique* empfangen haben, eines Rechtssubjekts des Privatrechts also, dem einige Vorrechte verwaltungsrechtlicher Art verliehen sind. — Anders hingegen verhält es sich mit der Rechtsfähigkeit der S. 389 besprochenen gemeinschaftlichen Verbände, die staatliche oder gemeindliche Verwaltung üben. Sie haben ihr eignes öffentliches Recht und können nach Maßgabe dieses öffentlichen Rechts von den beteiligten Staaten als Rechtssubjekt anerkannt sein.

[87] Doch unterscheidet die Beziehung auf dasselbe Amt diese mehrfachen Dienstverhältnisse von den S. 396 besprochenen Fällen mehrfacher Dienstverhältnisse.

eine oder andre der beteiligten Staaten von seiner Dienstgewalt Gebrauch machen[88].

Das für gemeinsame Amtsstellen maßgebende Recht.

7. Erfordert die Aufgabe der gemeinsamen Amtsstelle eine Teilnahme am Rechtsverkehr, so erwächst die weitere Frage, welches Recht hiefür maßgebend ist. Doch bietet die Frage im Grundsätzlichen keine Besonderheiten. Solche Teilnahme kann nur in Unterordnung unter innerstaatliches Recht erfolgen, und es ist Aufgabe des internationalen Privatrechts, Prozeßrechts, Verwaltungsrechts, festzusetzen, ob die Rechtsordnung eines bestimmten Staats auf sie anwendbar ist. Will der Weltpostverein in Bern bauen, so kann das nur nach Maßgabe der bernischen Baupolizeivorschriften geschehen. Was im Vorausgehenden über das maßgebende Recht für Rechtsfähigkeit der Anstalten und Vereine, für persönliche Dienstverhältnisse der Angestellten ausgeführt wurde, ist nur die Auswirkung dieser Rechtslage. Eine Anzahl einschlagender Zweifel sind an andrer Stelle[89] näher erörtert worden.

Hat indessen die gemeinsame Amtsstelle Dritten gegenüber in deren Angelegenheiten Recht anzuwenden, so ergibt sich ein Problemenkreis von besondrer Art.

a) Staatliche Behörden besitzen, wie früher (S. 95) ausgeführt, eine Rechtsordnung, die für sie „verbindlich“ ist, die ihnen insbesondre den Ausgangspunkt zu bieten hat für die Frage, nach welchem Recht sachlich eine Rechtsangelegenheit beurteilt werden soll. Gemeinsame Amtsstellen aber entbehren nicht etwa einer solchen lex fori[90]; vermöge ihrer Eingliederung in den Ämterbereich mehrerer Staaten sind die Rechtsordnungen aller dieser Staaten für sie verbindliches Recht, und es fordert nur die Einheit des Amtsauftrags, daß die Stelle von jedem dieser Staaten übereinstimmend angewiesen wird, einer bestimmten Lösung zu folgen. Dies der Ausgangspunkt für die Frage, welches internationale Privatrecht die Stelle zu befolgen hat[91].

---

[88] So bei den früher erwähnten Richtern des Thüringischen Oberverwaltungsgerichts oder den Professoren der Universität Jena; bei den 3 I 230[158] und 232[164] genannten Rheinaufsehern. Dagegen handelt es sich bei den Angestellten der S. 387 erwähnten Unionen, die der Aufsicht der Schweiz unterstehen, um Angehörige der Amtsstellen selbst, und die Schweiz übt über sie die Dienstzucht nur vertretungsweise.

[89] Genfer Revue 1924, 350 ff. 361 f.

[90] Oder gar, ihre lex fori wäre das Völkerrecht, und was sonst noch in diesem Zusammenhang zu lesen ist.

[91] Die Frage ist vor allem für die Gemischten Schiedsgerichte der Friedensverträge vielfältig erörtert worden. Aus der umfangreichen Literatur sind hervorzuheben Gutzwiller, Jahrbuch für Schiedsgerichtswesen 3,

Die Frage kann allerdings gegenstandslos sein: wenn nämlich nach Lage des Falls das anzuwendende Recht auf andre Weise als durch Sätze des allgemeinen internationalen Privatrechts bestimmt wird. So kann es sein, daß der die Stelle begründende Staatsvertrag selbst Sätze des materiellen Rechts aufnimmt, die für ihre Tätigkeit maßgebend sein sollen; es ist möglich, daß dieser Staatsvertrag die Stelle ermächtigt, solches Recht zu bilden; vielleicht verweist der Staatsvertrag oder autonome Rechtsbildung der Stelle auf das Recht eines bestimmten einzelnen Staats, das ergänzend beigezogen werden soll[92]. Und auch die Möglichkeit besteht, daß Staatsvertrag oder kraft ausreichender Ermächtigung[93] autonome Festsetzung der Stelle eine Kollisionsnorm aufstellen, die der Rechtsanwendung zugrunde gelegt werden soll. Mangeln aber alle solchen Vorkehrungen, so muß sich die Frage nach dem maßgebenden internationalen Privatrecht dennoch beantworten lassen — nur wird die Antwort nicht für jeden Fall die gleiche sein. Denn es handelt sich um die Auslegung des jeweiligen Amtsauftrags, und die Eigenart der einzelnen Aufgabe entscheidet. So können im folgenden also nur Beispiele gegeben werden.

Bindet der begründende Staatsvertrag die gemeinsame Stelle ganz allgemein an das Rechtssystem eines Gebiets, so auch an dessen internationales Privatrecht; auch für die Gemeindeverwaltung von Moresnet galt in den Zeiten ihrer gemeinschaftlichen Bestellung französisches internationales Privatrecht. Wo der gemeinsamen Stelle räumlich teilbare Aufgaben zugewiesen sind, kann es der Sinn des Amtsauftrags sein, von dem Recht des beteiligten Gebiets auszugehen. So wird ein Gericht erster Instanz, das mehreren Staaten angehört (zumal wenn es nur aus Gründen der Kostenersparnis als gemeinsame Be-

---

123 ff. mit weiteren Angaben und dazu W. Lewald, Zeitschrift für ausländisches Privatrecht 6, 696 ff.; Nußbaum 11 ff. Die Frage ist aber auch für Schiedsgerichte praktisch geworden, die über Staatsstreitigkeiten zu entscheiden hatten (dazu J. Basdevant, Revue 1, 817 ff.; Zitelmann in Das Werk vom Haag² 1 III 208 ff.; jetzt vor allem Niboyet, Académie de droit international, recueil des cours 40, 153 ff.; Urteile des Haager Internationalen Gerichtshofs 12. 7. 1929 Publications, Série A No. 20, 21 S. 40 ff., 120 ff. und zu ihnen Hammarskjöld, Revue 1934, 322 f. 324 f.), und es gilt das vornehmlich für Streitigkeiten, die aus der Übung des diplomatischen Schutzrechts erwachsen sind. Voraussetzung ist dabei, daß der Ersatz fordernde Staat als verletzt angesehen wird, wenn sein Untertan auf dem Boden innerstaatlichen Rechts verletzt worden ist; vielleicht auch, daß das Maß des Schadens, den der fordernde Staat ersetzt verlangt, nach dem Maß bestimmt wird, in dem der Untertan Schaden erlitten hat.

[92] So etwa bei verfahrensrechtlichen Verweisungen auf das Recht am Sitz der Stelle. Ein Beispiel Genfer Revue 359. Vgl. auch Anzilotti, Lehrbuch 222 f. Eine Parallele unten b).

[93] Hier zeigt die Praxis häufige Übergriffe!

hörde errichtet ist, wie das zwischen deutschen Staaten mehrfach vorkam), das internationale Privatrecht des Staats anwenden, auf dessen Gebiet die verfahrensrechtliche Anknüpfung seiner Zuständigkeit hinweist[94]. Es kann ferner sein, daß die gemeinsame Stelle eine Rechtsangelegenheit bereits nationalisiert empfängt, und daß damit auch das maßgebende internationale Privatrecht festgelegt ist: wenn die Rheinschiffahrtskommission oder die Elbschiffahrtskommission als Berufungsinstanz tätig wird, übernimmt sie die Streitsache mitsamt dem internationalen Privatrecht, wie es für die erste Instanz maßgebend war[95].

Fragen dieser Art sind vornehmlich für die Gemischten Schiedsgerichte der Friedensverträge wichtig geworden, und sie mußten hier nach dem Anlaß, der das Gericht zur Tätigkeit berief, verschieden beantwortet werden. Auch unter den Zuständigkeiten dieser Gerichte waren solche, bei denen die Streitsache bereits nationalisiert aus der einzelstaatlichen Rechtsprechung übernommen wurde, z. B. bei Klagen gegen Reich oder Länder, die vor elsaß-lothringischen Gerichten anhängig waren und nach der Abtretung vor dem deutsch-französischen Gericht weitergeführt werden sollten[96]. In andern Fällen hatte das Gericht über Recht und Pflicht zu staatlichen Betätigungen zu entscheiden, die ihrerseits in den Friedensverträgen geregelt waren[97] und bei deren sachlicher Regelung die oben S. 262 beschriebene Rechtslage praktisch wurde: die Betätigung war jeweils von Voraussetzungen innerstaatlichen Rechts abhängig, für die von dem internationalen Privatrecht des handelnden Staats auszugehen war, aber dieser Staat war nur dann berechtigt, die Handlung vorzunehmen, wenn der andre Teil sie auf Grundlage seines internationalen Privatrechts dulden mußte, nur dann verpflichtet, tätig zu werden, wenn der andre Teil die Betätigung, von seinem Recht ausgehend, fordern konnte. Z. B. es handelte sich um die Einziehung feindlichen Privatvermögens, und es war fraglich, wer Gläubiger der beschlagnahmten Forderung war; es handelte sich um den Ersatz für außerordentliche Kriegsmaßnahmen, der davon abhing, ob der Kläger den Geschädigten beerbt hatte. Wiederum in andern Fällen aber, bei Privatstreitigkeiten ver-

---

[94] Vgl. die Parallele unten b).

[95] So auch Niboyet, Revue générale de droit international public 1923, 27 und in Mélanges Antoine Pillet (1929) 1, 154 f.; eine Parallele unten b). Das Vorbild ist bei staatlichen Obergerichten zu finden, die Streitsachen von unteren Instanzen mit verschiedenerlei internationalem Privatrecht übernehmen; vgl. dazu unten § 38 Z. 3.

[96] Abkommen 5. 5. 1920 Art. 2 RGBl. 1996.

[97] Versailler Vertrag Art. 297.

schiedener Art[98], hatten die Verträge lediglich prozessual eine Zuständigkeit der Gemischten Gerichte begründet, ohne über das streitige Rechtsverhältnis materiell Vorschriften zu treffen. Auch hier erwuchs eine staatsvertragliche Bindung: die Urteile anzuerkennen und zu vollstrecken. Aber diese verfahrensrechtliche Bindung des Vertrags stand außer Zusammenhang mit dem Recht, das inhaltlich bei der Entscheidung anzuwenden war, und bot weder einen Ansatz, die für das materielle Recht zunächst verbindliche Rechtsordnung festzustellen, noch einen Anlaß, sie der rechtlichen Kontrolle des andern Teils zu unterstellen. Dennoch war es auch hier unerläßlich, eine einzelne Rechtsordnung als Ausgangspunkt der Kollisionsregelung festzuhalten, und sie mochte in der heimatlichen Rechtsordnung des Beklagten gefunden werden; denn die Verpflichtung, über die zu entscheiden war, wurde durch die Staatsangehörigkeit des Beklagten der Gerichtsbarkeit der Gemischten Schiedsgerichte unterstellt[99].

b) Gleichartige Schwierigkeiten können bei gemeinsamen Stellen auch da entstehen, wo eine Rechtsordnung in Einzelheiten ihrer sachlichen Regelung auf staatliche Einrichtungen des Inlands, wirtschaftliche Zustände des Inlands, sittliche Anschauungen des Inlands verweist oder solche vor andern bevorzugt. Wiederum ist eine einzelstaatliche Behörde an derartige Bestimmungen ihres Rechts schlechthin gebunden, bedarf es für gemeinsame Stellen einer Auslegung des

---

[98] Vor allem nach Art. 304 b des Versailler Vertrags, von vertraglich geregelten Einzelheiten abgesehen aber auch bei Art. 296, 299 ff.

[99] Ich sehe mich genötigt, insoweit früher vertretene Meinungen aufzugeben; angesichts der Verschiedenheit dieser von den Fällen des Art. 297, bei denen die Tätigkeit eines bestimmten Staats als rechtlicher Ausgangspunkt dienen kann; und belehrt durch die Konsequenzen: denn wie die nachstehenden Ausführungen unten b) zeigen, wird eine Lösung nach der Formel „nicht weiter gehend als nach beiden Rechten" undurchführbar, wo es sich nicht um ein Mehr oder Weniger, sondern um ein So oder Anders handelt, wie bei der (von der lex causae und durch sie von der lex fori abhängigen) Frage, in welcher Währung eine Geldschuld entsteht. Die nunmehr angenommene Lösung steht derjenigen des deutsch-englischen Schiedsgerichts nahe und will mit der Abstellung auf die Staatsangehörigkeit des Teils, der vor dem Schiedsgericht Beklagter ist, nur einen Mangel vermeiden, der dort zuweilen hervortritt. Denn hält man sich mit dem deutsch-englischen Schiedsgericht an das Recht des Staats, dessen Gerichte ohne die Friedensverträge zuständig wären, so kann das zu einer Mehrheit zuständiger Staaten führen. — Dagegen wird die Meinung, das Gericht könne seine Kollisionsnormen nach freiem Ermessen formen, nach wie vor bestimmt abgelehnt. Sie gedeiht in dem doppelten Zwielicht, in dem das Gemischte Schiedsgericht als „internationales" Gericht, das internationale Privatrecht als ein „internationales" Recht erscheint. Und wo fände sich von hier aus anwendbares Recht, wenn es sich um die Ausgangsrechtsordnung für Fragen des materiellen Rechts (unten b) handelt?

Amtsauftrags, die auch hier nur nach dem Zusammenhang der einzelnen Vorschrift gegeben werden kann.

So besteht innerhalb einer Rechtsordnung die Regel, daß Verweisungen auf eine Rechtseinrichtung sich im Zweifel auf die Einrichtungen des eignen Staates beziehen, und das kann (oben 3 II 145 ff., 154 ff.) auch bei der Währung dieses Staats zur Geltung kommen. Die Währung internationaler Ämter ist oben 3 II 235 ff. näher untersucht worden, und dabei hat sich ergeben, daß die anzuwendende Währung in dem begründenden Staatsvertrag manchmal unmittelbar vorgesehen ist, manchmal auch, zumal wo es sich nicht um die Ausübung von Hoheitsrechten gegenüber Privaten handelt, der Bestimmung der Stelle selbst überlassen bleibt. Die unter a) behandelte Möglichkeit, daß die gemeinsame Stelle an ein ganzes Rechtssystem gebunden ist, wirkt sich auch in der Bindung an die Währung dieses Systems aus; wiederum mag die Gemeindeverwaltung von Moresnet ein Beispiel bilden. Auch zu der andern Möglichkeit findet sich hier das Gegenstück, daß die gemeinsame Stelle die Angelegenheit bereits nationalisiert empfängt; das zeigt sich auch in der Währung, in der Rheinschiffahrts- und Elbekommission Verfahrenskosten und Geldstrafen ansetzen. Und wenn für das Verfahren, in dem die gemeinsame Stelle tätig wird, zuweilen ergänzend auf das Recht des Lands verwiesen ist, in dem sie den Sitz hat, so mag das wiederum zu einer gleichartigen Lösung hinsichtlich der Währung Anlaß geben; wie das für die Bewertungen, welche die Gemischten Schiedsgerichte in Verfahrenssachen vorzunehmen hatten, ausgeführt worden ist. Wo aber solche besondern Rechtsbeziehungen nicht gegeben sind, muß sich — vor allem wesentlich für die Währung, in der Geldschulden entstehen — dennoch eine feste Grundlage finden lassen. Sie ist gegeben in der Rechtsordnung, die nach den Erörterungen unter a) die Ausgangsrechtsordnung ist, nach der sich die lex causae bestimmt, und ihrer Verweisung folgend die maßgebende Währung.

Diese lex causae entscheidet auch für andre staatliche Verweisungen. Kann ihr zufolge eine Konzession aus Gründen des „öffentlichen Wohls" zurückgenommen werden, so ist damit auch für eine gemeinsame Stelle das öffentliche Wohl jenes Staats gemeint[100]. Macht die lex causae den Eintritt einer Rechtsfolge von einer vorgängigen Amtshandlung abhängig (oben S. 320), so bestimmt sie auch

---

[100] Unbeschadet natürlich sonstiger Einwände gegen die Handhabung eines solchen Satzes. — In diesen Zusammenhang gehört auch ein S. 165 [36] behandelter Fall: die sachliche Zuständigkeit eines gemeinsamen Gerichts wird ausgeschlossen, wenn nach Maßgabe der lex causae (dazu oben S. 402) das öffentliche Interesse beteiligt und der Privatrechtsstreit deshalb dem Verwaltungsverfahren überwiesen ist.

für eine gemeinsame Stelle, ob nur Amtshandlungen des Inlands ausreichen, diese Folge eintreten zu lassen.

Anders hingegen verhält es sich mit selbständigen Rechtssätzen eines der Teilnehmerstaaten, die inländische Einrichtungen, Anschaungen bevorzugen, solche eines andern Teilnehmerstaats zurückweisen. Staatsakte des Inlands haben manchmal das Vorrecht, sich einer Nachprüfung durch andre Behörden zu entziehen (oben S. 342 f.) — eine gemeinsame Stelle kann dadurch nicht gebunden werden. Man hat davon einmal bei der Entscheidung eines Staatenstreits Gebrauch gemacht gegenüber der behaupteten Unangreifbarkeit einer Naturalisationsurkunde[101]. Insbesondre wird dies auch für die materielle Rechtskraft eines Zivilurteils gelten[102]; und nur, wenn das Urteil auch im andern Gebiet der Anerkennung fähig ist, kann solche Rechtskraft wirksam werden.

Ein andres Beispiel von Bevorzugungen, die für die gemeinsame Stelle nicht in Betracht kommen, ist etwa in dem Satz gegeben, daß ein Mehrstaater bei einem Zusammentreffen inländischer und fremder Staatsangehörigkeit nur als Inländer gelten soll. Die Stellung, die das gemeinsame Organ zu dem Satz einnimmt, wird je nach dem Zusammenhang verschieden sein. Wenn beispielsweise die mehrfache Staatsangehörigkeit bei einem Staatenstreit zu würdigen ist, der um die Ausübung des diplomatischen Schutzrechts geht[103], so liegt die Lösung in dem Satz des materiellen Rechts, daß diplomatischer Schutz nicht zugunsten einer Person geübt werden kann, die gleichzeitig die Angehörigkeit in dem verantwortlich gemachten Staat besitzt.

Es geht auch nicht an, daß der eine Teil bei einer gemeinsamen Stelle mit der Vorbehaltsklausel durchdringen könnte, wenn das Recht des andern Teils zur Anwendung berufen ist; die gemeinsame Stelle

---

[101] So der von J. Basdevant, Revue 5, 43 erörterte Schiedsspruch.

[102] Die Gemischten Schiedsgerichte haben sich nicht selten vor die Frage gestellt gesehen und sie sehr verschieden beantwortet. Das deutsch-französische Gericht (Recueil 2, 268 und 793) hat eine Bindung angenommen, wenn das Urteil auch nur in einem der Teilnehmerstaaten Rechtskraft besitze, eine andre Kammer desselben Gerichts (Recueil 3, 334 und 5, 823; 8, 757 betrifft einen Sonderfall) lehnt zwar die Bindung ab, will das Urteil aber als „Beweismittel" gelten lassen. Das deutsch-englische Gericht (Recueil 1, 314 und 4, 17) frägt zunächst, ob sich der Beklagte auf das Verfahren eingelassen hat, und nimmt bejahendenfalls formelle Verbindlichkeit des Urteils an; in dem Fall Recueil 7, 438 standen sich nun aber widersprechende deutsche und englische Urteile gegenüber, und hier entscheidet das Gericht, als würde es sich um eine Rechtswahl nach internationalem Privatrecht handeln: es soll die Rechtslage im Staat des Beklagten entscheiden.

[103] Über Streitfälle dieser Art J. Basdevant, Revue 5, 45 ff.; Zitelmann (zit. oben Anm. 91) 203 ff.; E. M. Borchard, The diplomatic protection of citizens abroad (1928) 587 ff.

kann sicht nicht zum Träger eines einseitigen Eingriffs in den normalen Ablauf der Rechtsverhältnisse machen [104]. Eben darum wird die gemeinsame Stelle auch nicht mitwirken dürfen, Maßnahmen des Wirtschaftskampfes oder des politischen Kampfes durchzusetzen, die sich gegen den andern Vertragsstaat richten, auch nicht, wenn solche Maßnahmen in der sonst zuständigen Rechtsordnung enthalten sind — außer es hätte der begründende Staatsvertrag darüber andres vorgesehen [105].

IV. Grenzen der Überwirkung.

§ 35.

1. Strafschutz. — 2. Auslieferung. — 3. Öffentliche Ansprüche des Auslands im Zivilverfahren. — 4. Privatrechtlicher Schutz. — 5. Schützende Maßnahmen des Auslands.

Ausländische Verwaltung mit allen ihren Auswirkungen entbehrt grundsätzlich der rechtlichen Erheblichkeit für das Inland, und das ist nur da anders, wo das inländische Recht selbst Wirkungen an ihren Bestand oder ihre Betätigung knüpft. Das Bedürfnis nach einer solchen Rücksichtnahme ist von Rechtseinrichtung zu Rechtseinrichtung verschieden, und es ist die Aufgabe des Besondern Teils, auf

[104] Vgl. für die Gemischten Schiedsgerichte Niboyet, Mélanges Pillet 1, 170 f.; Gutzwiller 151 f.; Nußbaum 70 f. Grundsätzlich anders wird es sich dagegen verhalten, wenn bei einem Staatenstreit, der durch Ausübung des diplomatischen Schutzrechts veranlaßt ist, auf die Rechtslage nach innerstaatlichem Recht abgestellt wird, und es beruft sich der verantwortlich gemachte Staat auf die Vorbehaltsklausel. Fälle dieser Art bespricht J. Basdevant, Revue 2, 861 ff.: amerikanische Sklavenschiffe haben bei Seenot in britischen Häfen Zuflucht gesucht, die britischen Behörden haben die Sklaven befreit; die Vereinigten Staaten verlangen Schadenersatz. Das Schiedsgericht hat hinsichtlich des Eigentums an den Sklaven (mit zweifelhafter Berechtigung) amerikanisches Recht für anwendbar gehalten, dabei aber nach der Meinung mehrerer Beurteiler versäumt, der Vorbehaltsklausel Rechnung zu tragen. Sie war in der Tat (wenigstens wenn man den Tatbestand leicht verändert denkt) nach englischer Anschauung begründet, im Gegensatz zur Anschauung der Vereinigten Staaten. Bei einem Staatenstreit aber handelt es sich, auch wenn ihn die Ausübung des diplomatischen Schutzrechts veranlaßt, um die völkerrechtliche Verantwortlichkeit des beklagten Staats, und man wird ihn für entlastet halten dürfen, wenn die Handlung nach den bei ihm herrschenden sittlichen Anschauungen rechtmäßig war; die Verschiedenheit sittlicher Volksanschauungen ist eine Tatsache, mit der auch als einer Voraussetzung einheitlichen Völkerrechts gerechnet werden muß.

[105] Die Frage wird von dem deutsch-rumänischen Schiedsgericht Recueil 7, 111 berührt. Doch erklärt § 1 der Anlage zu Art. 303 des Versailler Vertrags einseitige Maßnahmen dieser Art für verbindlich.

das Maß solcher Rücksicht jeweils hinzuweisen. Indessen lassen sich in dieser Rücksichtnahme doch einige große Linien erkennen. Auf sie kommt es vornehmlich da an, wo das Inlandsrecht über sein Verhältnis zu fremder Verwaltung schweigt. Und so sollen einige geschlossene Fragenkreise dieser Art im folgenden erörtert werden, die geeignet sind, jene Beziehungen zu beleuchten, wohl auch, sich damit gegenseitig aufzuhellen. Sie liegen ihrerseits außerhalb des Verwaltungsrechts. Soweit aber fremder Verwaltung dabei Berücksichtigung zuteil wird, wird diese Rücksicht im Inhalt der Rechtssätze zu einem „Merkmal mit staatlicher Beziehung" (oben S. 194), und es erwächst damit die Möglichkeit, daß zu seiner näheren Bestimmung ausländisches Recht angewendet werden muß; wie ja auch zum Teil (bei Betätigung, aber nicht bei Einrichtungen des fremden Staats) solche Berücksichtigung mit einer Erheblichkeit fremder Amtshandlungen verbunden sein muß[1].

Strafschutz.

1. Den unmittelbaren Gegenstand des Schutzes bildet für jede Strafdrohung der Rechtsfriede des Inlands; nicht das Eigentum des Bestohlenen, sondern die Rechtssicherheit des Landes soll durch eine Bestrafung des Diebstahls geschützt werden, bei einer Bestrafung wegen Steuerhinterziehung nicht die staatlichen Finanzen, sondern das öffentliche Interesse, daß der Staat die nötigen Mittel erhält und daß deren Aufbringung die Pflichtigen gleichmäßig belastet. Aber mittelbar dient solcher Strafschutz den privaten und staatlichen Interessen selbst, deren Mißachtung als Störung des Rechtsfriedens angesehen wird, und so erwächst auch die Frage, wieweit eine Beeinträchtigung ausländischer Verwaltung als Störung des inländischen Rechtsfriedens erscheinen kann. Dergleichen kommt nicht selten auf Grund Staatsvertrags[2], wohl auch in selbständigen gesetzlichen Bestimmungen vor, wenn ein Staat Interesse daran nimmt, daß Vorschriften einer fremden Verwaltung nicht zuwidergehandelt wird, Einrichtungen einer solchen nicht verletzt werden[3]. Solche ausdrückliche Bestimmungen — positiver und negativer Art — haben im gegenwärtigen Zusammenhang nur etwa Interesse, soweit sie eine ohnehin bestehende Rechtsüberzeugung wiedergeben; hier soll festgestellt werden, was mangels besondrer Vorschriften als im Zweifel

---

[1] Vgl. im übrigen auch unten § 40 unter 5).

[2] Beispiele oben 2, 71ff. 77ff. für Land- und Forstwirtschaft; 2, 102ff. Jagd und Fischerei; 3 I 74f. Eisenbahnen; 3 I 179 Seeschiffahrt; 3 I 194[12] und 2, 55[105] Binnenwasserstraßen; 3 II 206f. Währung.

[3] Beispiele 1, 366f. Auszeichnungen; 3 I 287[52], 290 Auswanderungsbestimmungen; 3 II 206 Währung.

geltendes Recht anzusehen ist[4]. Als Antwort aber ergibt sich für das deutsche und das französische Strafrecht, wie wohl auch für die meisten andern Rechtsgebiete, daß Strafdrohungen, die zum Schutze des Staats und seiner Verwaltung aufgestellt sind, im Zweifel nur das Inland und seine Verwaltung schützen sollen[5]. Wohl finden sich in älterer Zeit auch für das Strafrecht einige Ansätze, die monarchischen Interessen als solidarisch zu betrachten, doch ist das nie zu einer geschlossenen und allseits anwendbaren Auffassung geworden und mit der Überwindung des patrimonialen Staatsgedankens verschwunden. Dahinter aber stand und steht in aller Bestimmtheit der Gedanke, daß mangels besondern Anlasses fremde Staaten, ihre Einrichtungen und Handlungen eine Förderung durch Gewährung inländischen Strafschutzes nicht beanspruchen können.

Nun gibt es freilich Straftaten, die unmittelbar oder mittelbar gegen den Staat und seine Verwaltung gerichtet sind, bei denen jedoch letzten Endes der Schutz dennoch andern Interessen, zumal dem Privaten gilt, der durch die Handlung gleichfalls Schaden leidet. Hier entspricht es der Entwicklung, den Schutz zu gewähren, und nicht dem formalen Umstand, daß ein fremder Staat oder seine Verwaltung mitangegriffen ist, das Übergewicht einzuräumen. Damit aber erwächst die Notwendigkeit, zwischen Handlungen der einen und der andern Art zu unterscheiden, und es ergibt sich etwa folgendes Bild[6]:

Nicht anwendbar auf Angriffe gegen fremde Staaten sind (unbeschadet von Sondervorschriften) Strafdrohungen, welche die Verfassung[7] oder die Ausübung verfassungsmäßiger Rechte[8] schützen. Ein Schutz gegen die Verächtlichmachung von Staatseinrichtungen gilt

---

[4] Aus der Literatur hervorzuheben K. Binding, Lehrbuch des gemeinen deutschen Strafrechts, Besonderer Teil (1905) 2, 372 ff. v. Weber, Der Schutz fremdländischer staatlicher Interessen, in Festgabe für R. v. Frank (1930) 2, 269 ff. Nagler, Die Widersetzlichkeit gegen die ausländische Strafgewalt, in Festgabe für P. Heilborn (1931) 31 ff. Travers. Droit pénal international 1, 299 ff.

[5] Das ist in der vorstehend genannten Literatur mit verschiedenerlei, zum Teil zwingenden Gründen dargetan. Anders freilich eine widerspruchsvolle, des buchstabenfreien Einblicks in die geschichtlichen Zusammenhänge empfindlich entbehrende Rechtsprechung des Reichsgerichts.

[6] Eine Unterscheidung verschiedener Fälle auch bei v. Weber 281 ff., und zwar nach dem Maßstab, ob das Inland an der Straftat ein eignes Interesse nimmt. Das deckt sich zum Teil, aber nur teilweise mit der hier durchgeführten Unterscheidung.

[7] Reichsgericht, Entscheidung in Strafsachen 17, 84 (auf Grund des Markenschutzgesetzes von 1874) für Staatswappen.

[8] Vgl. Reichsgericht a. a. O.

nur dem Inland[9], und das trifft auch bei Bestrafung einer Beamtenbeleidigung als Sondervergehen[10], einer Amtsanmaßung[11], bei Bestrafung eines Widerstands gegen die Staatsgewalt zu[12]. Wo die Fälschung öffentlicher Urkunden mit höheren Strafen belegt wird als die Privaturkundenfälschung, handelt es sich gleichfalls um den Schutz öffentlicher Einrichtungen, können der Strafschärfung im Zweifel öffentliche Urkunden des Auslands nicht zur Grundlage dienen, und Strafe wegen Herbeiführung einer Falschbeurkundung, etwa in einem ausländischen Standesregister, soll augenscheinlich der Amtstätigkeit selbst Sicherheit schaffen[13]. Geldfälschung gehört hieher, wo sie als crimen laesae majestatis mit Strafe belegt ist[14]. Unter den einzelnen Verwaltungszweigen sind es vornehmlich die Heeresverwaltung und die Finanzverwaltung, bei denen Strafbestimmungen mangels besondrer Vorsorge zweifelsfrei auf das Inland zu beschränken sind[15]. Dasselbe muß aber auch bei allen andern Vergehen

---

[9] Das Reichsgericht, Entscheidungen in Strafsachen 21, 394 läßt die Frage offen. Wie hier v. Bar, Das Strafgesetz (1906) 217[220] und ein dort angeführtes Urteil des Bayerischen Kassationshofs.

[10] Kassationshof Paris Journal 1884, 61; Polizeigericht Marseille Journal 1913, 902.

[11] Anders das Reichsgericht Juristische Wochenschrift 1925, 1293 für Militärpolizeibeamte des besetzten Rheinlands (zum Teil auf Grund anfechtbarer völkerrechtlicher Erwägungen). Die Strafdrohung will vor allem die Schlagkraft der öffentlichen Gewalt sichern. Dem Bedürfnis, mitbeteiligte private Interessen zu schützen, kann durch die Strafdrohungen des gemeinen Rechts (Nötigung, Erpressung) genügt werden; vgl. unten S. 412.

[12] Gerade hier äußert sich jene schon erwähnte bedenkliche Rechtsprechung des Reichsgerichts. Dazu und dagegen vornehmlich Nagler a. a. O. mit weiteren Angaben. Ich kann mich aber auch nicht der seit Binding mehrfach vertretenen Meinung anschließen, daß eine Ermächtigung ausländischer Beamten, im Inland tätig zu werden, von selbst eine Erstreckung des Strafschutzes auf ihre Tätigkeit in sich schließe. Dergleichen ist nicht selten vertragsmäßig vereinbart worden. Mangels solcher Abreden bleibt zu bedenken, daß eine Zulassung fremder Staatstätigkeit auf inländischem Boden so anomal ist, daß sich eine Begünstigung über das eingeräumte Maß hinaus nicht von selbst verstehen kann. Die Tätigkeit des derart zugelassenen Beamten bleibt Tätigkeit für einen fremden Staat, an der das Inland kein rechtliches Interesse nimmt, und der Beamte ist bei seinen Handlungen auch nicht schutzlos, da er ja wie jedermann im Land an dem Schutz des gemeinen Rechts Teil hat.

[13] Für eine Gleichstellung das Reichsgericht, Entscheidungen in Strafsachen 40, 402. Ebenso Juristische Wochenschrift 1934, 2920 (soweit nach internationalem Strafrecht strafbar) bei Erschleichung eines ausländischen Passes.

[14] Oben 3 II 206.

[15] Ebenso v. Weber 274, 282 und hier auch das Reichsgericht: vgl. für Verletzung der Wehrpflicht Entscheidungen in Strafsachen 17, 84; für Zollvergehen Entscheidungen in Strafsachen 14, 124; 19, 192. M. E. handelt es

zutreffen, die wegen Schädigung eines Verwaltungszweigs bestraft werden, und die Rechtslage ist vollends unzweifelhaft, wenn Privatinteressen, die gleichzeitig bedroht würden, bei dem Tatbestand gar nicht vorhanden sind, z. B. bei Schädigungen der Postverwaltung[16]. Eine besonders befremdende Entscheidung hat nach dieser Richtung das Reichsgericht in neuerer Zeit gegeben[17]: ein Paß war in Deutschland gefälscht worden, um einem polnischen Staatsangehörigen die Einwanderung in die Vereinigten Staaten über die Polen zugebilligte Quote hinaus zu ermöglichen; § 363 StGB. sieht Strafmilderung vor, wenn jemand zum Zwecke des besseren Fortkommens einer Person Pässe fälscht, doch setzt die Anwendbarkeit der Vorschrift nach der Rechtsprechung voraus, daß mit der Handlung nicht in private oder öffentliche Rechte eingegriffen werde; hier habe der Angeklagte versucht, „das Recht Amerikas auf Beschränkung der polnischen Einwandererquote zu vereiteln", und könne deshalb auf die Milderung des § 363 keinen Anspruch machen!

Auf der andern Seite steht einer Erstreckung des Schutzes von vornherein kein Hindernis entgegen, wo die Straftat zwar in fremde Verwaltungstätigkeit eingreift, diese Wirkung der Handlung im gesetzlichen Tatbestand aber gar nicht zum Ausdruck kommt, z. B. bei der Gefährdung eines Eisenbahntransports (wenn es sich um einen Staatsbahnbetrieb handelt) oder bei Unterdrückung des Personenstands[18]. Jedoch auch da, wo die Beteiligung der fremden Verwaltung tatbestandsmäßig ist, verlieren Private, welche die Straftat bedroht, nicht den Schutz, wenn der Schutz der Privaten den überwiegenden Grund für die Bestrafung der Handlung abgibt. Dahin gehört die Anmaßung fremdländischer Auszeichnungen: nicht das Verleihungsrecht der Stelle, welche die Auszeichnung gewährt haben soll, sondern die gesellschaftliche Bewertung des Beliehenen ist regelmäßig Gegenstand des Schutzes, und es kann eine solche Bewertung auch aus Adel, Titeln, Orden des Auslands hergeleitet werden[19]. Zumeist werden Ur-

---

sich auch bei der Fälschung von Wertzeichen (§ 275 StGB.) in erster Reihe um fiskalische Vergehen, die nur strafbar sind, wenn zu Lasten des Inlands begangen; vgl. schon oben 3 II 35[126]. Doch begründet das Reichsgericht seine gegenteilige Auffassung, Entscheidungen in Strafsachen 6, 387; 55, 81 mindestens in dem neueren Urteil mit der Verletzung privater Interessen, die der Gebrauch falscher Stempelmarken mit sich bringe. Wie das Reichsgericht hier auch v. W e b e r 285; anders die überwiegende Meinung, Nachweise bei v. F r a n k , Strafgesetzbuch[15] zu § 275.

[16] Oben 3 II 34.

[17] Entscheidungen in Strafsachen 62, 351.

[18] Entsprechend das Reichsgericht, Entscheidungen in Strafsachen 13, 229 und 40, 402. Anders freilich verhält es sich im letzteren Fall mit der Veranlassung falscher Einträge in das Standesregister, s. oben S. 410.

[19] S. oben 1, 317 ff. 365 ff.

kundenfälschung und Geldfälschung in diesen Zusammenhang gehören, die Sicherheit des Verkehrs veranlaßt, sie mit Strafe zu belegen. Ich bin aber auch der Meinung, daß es sich bei Bestrafung falscher Anschuldigung viel mehr darum handelt, einen fälschlich angeschuldigten Menschen vor Schaden zu bewahren als das sehr abstrakte Vergehen: Irreführung der Rechtspflege zu verhüten, daß also auch Anschuldigung bei einer fremden, sogar bei einer rechtswidrig tätigen fremden Behörde ausreicht, die Strafbarkeit zu begründen [20]. Die Bestrafung des Meineids, der vor einer ausländischen Behörde geleistet worden ist, bietet ein Beispiel anderweitiger Interessen, die das Inland für schlechthin schutzwürdig erachtet; Ausgangspunkt sind die religiösen Werte, die das Verbrechen verletzt, sittliche Werte verwandter Art sind neben sie oder an ihre Stelle getreten [21].

Eine Sonderstellung haben unter all den Vergehungen, denen das Strafrecht zum Schutz der öffentlichen Tätigkeit entgegentritt, die Amtsverbrechen. Nicht wenige dieser Strafdrohungen wollen dem Privaten, der ihr Opfer wird, Schutz, sogar gesteigerten Schutz gewähren. Dennoch ist ihre Bestrafung nur möglich, wenn der Träger eines inländischen Amts die Handlung verübt hat [22]. Denn wie schon früher, S. 158 f. ausgeführt, ein Staat kann nicht öffentlichrechtliche Angelegenheiten eines andern Staates zum unmittelbaren Gegenstand seiner Aburteilung machen; hier zieht Völkerrecht der Strafrechtspflege Schranken. Ein solches Hindernis besteht jedoch nicht, wo es sich um Pflichtverletzungen bei Ausübung eines freien Berufs handelt, auch nicht, wenn dieser Beruf verwaltungsrechtliche Regelung empfangen hat. —

Auch da, wo nach den Ausführungen dieses Abschnitts die fremde Verwaltung als solche schutzlos bleibt, nimmt sie an dem Schutz des gemeinen Rechts teil. Ist Beamtenbeleidigung zu Lasten eines ausländischen Beamten in Frankreich nicht als Sondervergehen strafbar, so verbleiben dem Beleidigten doch die Rechtsbehelfe des ge-

---

[20] Hier hat das Reichsgericht Entscheidungen in Strafsachen 60, 317 die falsche Anzeige bei Behörden des rechtswidrig besetzten Ruhrgebiets, aber auch, Juristische Wochenschrift 1929, 444, bei Behörden der rechtmäßig besetzten Rheinlande als nicht strafbar angesehen, übrigens im Einklang mit der Literatur. — Ähnlich wird es sich verhalten mit der Bestrafung dessen, der die Anzeige eines bevorstehenden Verbrechens unterlassen hat (oben 1,97), soweit es sich dabei um Verbrechen gegen Private handelt.

[21] Für die Strafbarkeit auch das Reichsgericht, Entscheidungen in Strafsachen 3, 70 und 64, 15. Es ist folgerichtig, wenn das letztgenannte Urteil die Handlung nach deutschem Recht auch dann als strafbar erklärt, wenn sie nach dem Recht der fremden Behörde, vor der der Eid geleistet wurde, nicht mit Strafe bedroht ist.

[22] Vgl. z. B. oben 3 II 8 [29], 34.

meinen Rechts[23]. Wer in Deutschland einen fremden Beamten gewaltsam nötigt, eine Amtshandlung zu unterlassen, kann (soweit nicht ein Staatsvertrag andres bestimmt) zwar nicht wegen des in § 114 StGB. vorgesehenen Staatsverbrechens bestraft werden, wohl aber wegen Nötigung nach § 240[24]. Und es bedarf hier nur der Beachtung, ob die entsprechende Straftat des gemeinen Rechts nach ihrem Inhalt nicht ein aliud darstellt gegenüber einer gleichartigen Handlung, die gegen die staatliche Verwaltung verübt wird. So hat das Reichsgericht zutreffend festgestellt, daß die Zollhinterziehung zum Schaden eines ausländischen Staats, die als solche straflos ist, nicht dennoch unter dem Gesichtspunkt des Betrugs bestraft werden könne[25].

Erwähnt mögen noch zwei besondere Rechtslagen sein, für die eine Erweiterung des sonst begründeten Strafschutzes in Frage kommen kann. Wenn innerhalb eines Gesamtstaats, wie Deutschland zu Zeiten der bundesstaatlichen Verfassung, Strafdrohungen zum Schutz des Staats, seiner Einrichtungen und Handlungen auf Reichsrecht beruhten, so war dabei vorausgesetzt, daß alle Gliedstaaten in jedem von ihnen an diesem Schutz teilhaben sollten[26]. Ein Bedürfnis

---

[23] So die Anm. 10 genannten französischen Entscheidungen. Ein andres Beispiel oben 3 II 35.

[24] Dergleichen mag auch bei Amtsverbrechen vorkommen. Ein Urteil des Reichsgerichts, Entscheidungen in Strafsachen 57, 46, nimmt an, ein deutscher Vizefeldwebel, der, in französischer Kriegsgefangenschaft von Frankreich als Lagerfeldwebel bestellt, andre deutsche Kriegsgefangene geschlagen hatte, sei nach § 122 MilStGB. (Mißhandlung durch Vorgesetzte) zu bestrafen. Das wird nicht möglich sein, weil die Tat in Ausübung eines ausländischen Amts begangen war. Aber einer Bestrafung wegen Körperverletzung nach gemeinem Recht stand nichts entgegen. Es war alsdann keine Amtshandlung, die den unmittelbaren Gegenstand der Aburteilung gebildet hätte, und nur für die Würdigung einer Vorfrage, die Rechtswidrigkeit der Tat, wäre es — zunächst — auf die Auslandszugehörigkeit des Amts angekommen.

[25] Entscheidungen in Strafsachen 14, 124. v. Weber 275, der diese Fragen näher erörtert, nimmt an, die Handlung bleibe strafbar, „wenn das gemeine Delikt neben dem Angriff auf die Staatsgewalt selbständige Bedeutung hat, d. h. wenn es, gegen die inländische Staatsgewalt begangen, von der Strafbestimmung gegen diese nicht konsumiert würde". Aber auf dem Weg wird es wohl nicht gehen. Das zeigt das oben gebrauchte Beispiel von der Nötigung.

[26] So Reichsgericht, Entscheidungen in Strafsachen 21, 394. Das war auch nicht anders, wo die Strafdrohung des Reichsrechts Anordnungen der Landesverwaltungen schützen sollte, z. B. in den Fällen des § 367 Z. 13 ff. StGB., bei denen Ungehorsam gegen eine polizeiliche Verfügung mit Strafe bedroht ist. — Eine verwandte Frage hat während des Kriegs zu Verwirrungen geführt. Die Militärbefehlshaber haben vielfach für ihren Bezirk Verordnungen über die Bewirtschaftung der knapp gewordenen Vorräte erlassen, administrative Vorschriften, die in Bayern ihren Strafschutz durch

nach Ausdehnung des Strafschutzes hat sich auch vielfach während des letzten Krieges zugunsten der verbündeten Heere ergeben. Das bot keine Schwierigkeit bei Strafdrohungen, die den Schutz der Bevölkerung zum Ziel haben, z. B. in dem oben 2, 85 behandelten Fall, wo die Verfügung einer österreichischen Pferdesammelstelle auf deutschem Boden als polizeiliche Anordnung zur Abwehr von Viehseuchen gelten konnte. Dagegen war mangels besondrer Vorsorge eine Erstreckung nicht statthaft, wo es sich um den Schutz der fremden Armee selbst handelte[27].

Art. 4^2 des Gesetzes über den Kriegszustand vom 5. 11. 1912, für das übrige Deutschland durch § 9^b des (zum außerbayrischen Reichsrecht erhobenen) preußischen Gesetzes vom 4. 6. 1851 erhielten. Fälle aber, bei denen es sich in Bayern um Bestrafung von Verstößen gegen außerbayrische Verordnungen handelte und umgekehrt, haben die Praxis in Verlegenheit gesetzt, und man findet Entscheidungen, die den Strafschutz unter solchen Umständen einfach versagen, bis zu andern, die sogar das Strafrecht des auswärtigen Gebiets anwenden (vgl. darüber Zeiler, Zeitschrift für Rechtspflege in Bayern 1917, 41 ff.; auch Juristische Wochenschrift 1919, 89). Selbstverständlich hat auch hier jeder Richter nur das Strafrecht seines Gebiets anzuwenden, für das weitere aber bedarf es zweier Feststellungen. Zunächst: auch hier wird der Strafschutz auf die Verordnungen des andern Teils erstreckt. Zwar beruht dieser Schutz anders als bei den im Text behandelten Fällen nicht auf Reichsrecht, nicht in Bayern, Bayern gegenüber auch nicht im übrigen Reich. Doch mußte bei der einheitlichen Kriegführung, der diese Verordnungen dienten, eine wechselseitige Gleichstellung im Schutz notwendig angenommen werden. Ist die Rechtslage insoweit klar, so besteht allerdings noch eine zweite Schwierigkeit: der Strafrichter hat es mit einer Zuwiderhandlung zu tun, die außerhalb seines Gebiets und vielleicht von einer Person begangen ist, die nicht die Staatsangehörigkeit seines Landes hat, und so wird fraglich, ob die Handlung nach den Grenznormen, die für sein Landesstrafrecht gelten, überhaupt unter die Strafgewalt des Inlands fällt. Indessen haben die Gliedstaaten des Reichs die Freiheit bewahrt, auf Grund der besondern Bedürfnisse eines Tatbestands Grenznormen für das Landesstrafrecht aufzustellen, die von ihren sonstigen Regeln des internationalen Strafrechts abweichen, und ich möchte glauben, daß hinter jener Mehrheit der Kriegszustandsgesetze der übereinstimmende Rechtswille der deutschen Länder stand, daß diese Gesetze sich ergänzen sollten, daß sie also auch Anwendung finden sollten, wenn die Handlung in einem deutschen Bezirk außerhalb des Geltungsgebiets des Strafgesetzes und gleichviel von wem begangen wurde. (Daß auch der Satz *nulla poena sine lege poenali* nicht entgegenstand, kann hier nicht näher ausgeführt werden.)

[27] Dazu etwa v. Weber 271 für § 329 StGB. (Nichterfüllung von Verträgen über Kriegsbedürfnisse). Die französische Rechtsprechung (Travers 301, 305 ff.) hat geschwankt bei der Verheimlichung von Deserteuren, sich für die Erstreckung ausgesprochen bei Beamtenbeleidigung oder dem Schutz der Uniformen; gegen solche Ausdehnung Travers selbst. Besondere Vorsorge z. B. in einer deutschen Verordnung für das besetzte Rumänien 2. 3. 1917, Verordnungen für die Bevölkerung Rumäniens 1917, 30.

Auslieferung.

2. Das Maß des Schutzes, das fremde Verwaltung genießt, tritt auch in der Frage zutage, wieweit der fremde Staat selbst durch Auslieferung in die Lage versetzt werden soll, seiner Verwaltung Strafschutz zu gewähren. Nur müssen die bestehenden Rechtsanschauungen hier im wesentlichen aus den Gesetzen und Staatsverträgen abgenommen werden, welche die Auslieferung regeln [28], und es ist selbstverständlich, daß dabei keine schlechthin widerspruchsfreien Ergebnisse zu erwarten sind. Überdies aber wird die Möglichkeit einer Beobachtung bestehender Strömungen durch die neueste Entwicklung des Auslieferungsrechts selbst erschüttert, das nicht mehr wie früher die auslieferungsfähigen Verbrechen aufzählt, sondern unter Ziehung einer Mindestgrenze für die Schwere der Straftat die Auslieferung grundsätzlich zu Gebote stellt, wenn nicht bestimmte Ausnahmefälle vorliegen, und es erfolgen solche Vorbehalte naturgemäß seltener, als man früher Lücken in der Aufzählung belassen hat.

Geblieben ist zunächst der grundsätzliche Ausschluß der Staatsverbrechen, die als „politische Delikte" der Auslieferung entzogen sind [29]. Auch Vergehen gegen die staatliche Betätigung, die nicht zu den eigentlichen Staatsverbrechen gehören, wie Widerstand gegen die Staatsgewalt, sind in die älteren Verträge nur selten aufgenommen [30]. Für Vergehen wider die Religion verweigern Frankreich und einige andre Länder die Auslieferung [31]. Vor allem aber sind es die militärischen und die finanziellen Interessen des fremden Staats, denen eine Unterstützung durch Auslieferung ganz allgemein versagt wird oder mindestens versagt wurde [32]. Auch Amtsverbrechen, die nur der

---

[28] Übersicht bei H. Lammasch, Auslieferungspflicht und Asylrecht (1887) 356 ff. M. Travers, L'entreaide répressive internationale (1928) 74 ff.

[29] Ausgangspunkt das belgische Auslieferungsgesetz 1833, das unter politischen Delikten die Staatsverbrechen versteht, und die darauf gegründeten Staatsverträge. So auch wieder das deutsche Auslieferungsgesetz 1929. Die Erweiterung des Auslieferungsverbots auf *délits connexes à un délit politique*, die auf den politischen Beweggrund der einzelnen Handlung abstellt, gleichviel welchen Inhalt die Handlung sonst hat, gibt für den gegenwärtigen Zusammenhang keinen Ertrag, und dasselbe gilt für Gesetzgebungen und Verträge, die das politische Delikt selbst subjektiv nach dem Beweggrund des Täters bestimmen. — Nach der Reichsministerialbekanntmachung 27. 3. 1934 Z. 18, 113 Reichsministerialblatt 141 wird auch Rechtshilfe in Pressesachen regelmäßig versagt.

[30] Lammasch 357 ff.

[31] Travers 108 ff.

[32] Unter den Auslieferungsgesetzen, die die auslieferungsfähigen Straftaten aufzählen, fehlen die militärischen Vergehen in Belgien 1833 und 1874, Großbritannien 1870/73, Schweiz 1892, und die Schweiz Art. 11 begnügt sich nicht mit der mangelnden Erwähnung, sondern verbietet die Auslieferung,

Träger eines Amts begehen kann, sind lediglich vereinzelt in den Auslieferungsverkehr einbezogen worden[33], solche, die ein gemeines Delikt in sich schließen, in schwankendem Umfang[34].

Wo es sich dagegen bei der Bestrafung, zu deren Ermöglichung ausgeliefert wird, nicht unmittelbar um den fremden Staat, seine Einrichtungen und Tätigkeiten handelt, erfolgt die Unterstützung auch hier, vielleicht noch weitergehend als bei dem Strafschutz, den das Inland mit seiner eignen Rechtsfolge gewährt. So sind Geldfälschung, Urkundenfälschung, Meineid ganz allgemein auslieferungsfähige Verbrechen. Die jüngste Entwicklung aber, von der oben die Rede war, die grundsätzliche Gewährung der Auslieferung für jede Straftat, die nicht besonders ausgeschlossen ist, hat überraschende Rückwirkungen

---

überdies mit dem Beisatz, daß Auslieferung wegen sonstiger Handlungen nur unter der Bedingung erfolgen dürfe, daß die militärische Übertretung weder bestraft werde, noch einen Strafschärfungsgrund bilden dürfe. Unter den neueren Auslieferungsgesetzen enthält ein ausdrückliches Verbot das deutsche Gesetz, der Sache nach auch Norwegen 1908, Schweden 1913, Finnland 1922, Frankreich 1927. Über die Verträge Lammasch 364 ff.; Travers 103 ff. Allerdings haben abseits des allgemeinen Auslieferungsrechts und wesentlich auf dynastischer Grundlage in früherer Zeit Kartelle bestanden, die eine Auslieferung von Deserteuren zum Gegenstand hatten, doch sind solche Vereinbarungen unter dem Vorgang Frankreichs seit einem Jahrhundert außer Übung gekommen, heute fast völlig verschwunden, s. v. Martitz, Internationale Rechtshilfe in Strafsachen, 1, 245 ff.; Lammasch a. a. O., und es hat sich nur, wie oben 3 I 181 ff. näher ausgeführt und aus den besonderen Verhältnissen der Seefahrt erwachsen, eine Auslieferung flüchtiger Seeleute, auch wenn sie der Kriegsmarine angehören, erhalten. — Auch die Finanzvergehen fehlen in der Aufzählung der älteren Auslieferungsgesetze, und die Schweiz sieht ein gleiches Verbot und gleiche Vorbehalte, wie für die militärischen, auch für diese Straftaten vor; in neueren Gesetzen begegnet zwar kein Verbot, doch werden Finanzvergehen vielfach durch die vorausgesetzte Mindesthöhe der Bestrafung von der Auslieferung ausgeschlossen. Jedenfalls wird nach der genannten Reichsministerialbekanntmachung eine solche Rechtshilfe in Deutschland übungsgemäß versagt. In der Aufzählung der älteren Staatsverträge mangeln die Finanzvergehen ganz allgemein, vereinzelt finden sich auch noch in neueren Vereinbarungen besondere Vorbehalte; dazu Lammasch 368 ff., Travers 110 ff. Eine besondere Rechtsgrundlage für Auslieferung abseits der allgemeinen Entwicklung begründen hier die Zollkartelle (P. Grabs, Internationales Zollkartellrecht Diss. 1928).

[33] Lammasch 360 ff. Doch hat das belgische Gesetz von 1874 die Bestechung aufgenommen, eine Anzahl weiterer Vergehen die Schweiz. In Schweden sind die Handlungen dieser Art von der Auslieferung ausgeschlossen.

[34] So schon Belgien 1833. Einer Auslieferung wegen des eingeschlossenen gemeinen Delikts steht im allgemeinen überhaupt kein Hindernis entgegen, s. gleich unten. Doch haben zuweilen Verträge politisch gefärbte Straftaten dieser Art der Auslieferung völlig entzogen; Lammasch 360 f.

gezeitigt; sie führt hier zu einem Schutz fremder Verwaltung, wie er für gleichartige Tatbestände in andern Teilen des innerstaatlichen Rechts nicht zu finden ist. So mußte vor kurzem Deutschland auf Grund dieses Rechtszustands eine Auslieferung wegen Verletzung österreichischer Devisenvorschriften gewähren [35].

Einer ergänzenden Feststellung bedarf die Frage, wieweit in Fällen, die der Auslieferung entzogen sind, das in die Straftat eingeschlossene gemeine Delikt die Auslieferung ermöglicht. Hier beansprucht das politische Verbrechen eine Sonderstellung, insofern auch der Tatbestand des gemeinen Strafrechts, den die Handlung verwirklicht, die Auslieferung nicht begründen kann [36]. Doch ist diese Rechtslage unter dem Gesichtspunkt der „Attentatsklausel" und ihrer neueren Fortbildungen durchbrochen worden, und bei sonstigen Straftaten, die als solche nicht auslieferungsfähig sind, begründet das gemeine Delikt, das durch sie verwirklicht wird, ganz allgemein Recht oder Pflicht zur Auslieferung; zumal für militärische und für Amtsvergehen ist das mehrfach ausdrücklich vorgesehen worden [37].

Schließlich soll noch erwähnt sein, daß manche Länder auch die sonstige Rechtshilfe in Strafsachen versagen, wenn es sich um Verfolgung wegen politischer, militärischer, fiskalischer Vergehen handelt [38]. Die Versagung trifft auch Straftaten des gemeinen Rechts, die mit ihnen verbunden sind; doch mag der Umstand, daß der ersuchte Staat die Versagung in solchen Fällen manchmal in das Ermessen seiner Behörden stellt, Unzuträglichkeiten vorbeugen.

Öffentliche Ansprüche des Auslands im Zivilverfahren.

3. Ermangelt die Führung ausländischer Verwaltung der rechtlichen Bedeutung für das Inland, so können auch Ansprüche, die einem fremden Staat aus seiner öffentlichrechtlichen Betätigung erwachsen, mit den Mitteln inländischen Rechts nicht durchgesetzt werden, wenn das Inland dies nicht eigens vorsieht. Deswegen werden

---

[35] Oberlandesgericht Stuttgart, Juristische Wochenschrift 1933, 986.

[36] Über die Behandlung des *délit politique complexe* vornehmlich v. Martitz 2, 280 ff.

[37] So für militärische Vergehen Norwegen, Schweden, Finnland, Frankreich, mittelbar auch Deutschland; für Amtsvergehen Schweden. Wegen der Verträge (Widerstand gegen die Staatsgewalt) etwa Lammasch 357 ff.

[38] Lammasch 851. Die früher genannte Reichsministerialbekanntmachung von 1934 Z. 90, 174 nennt übereinstimmend, wie bei der Auslieferung, politische Straftaten, solche, die nur nach den Militärstrafgesetzen, nur nach den Pressestrafgesetzen oder nur nach den Vorschriften über öffentlichrechtliche Abgaben strafbar sind.

Strafurteile des Auslands im Inland nicht vollstreckt[38a], und dasselbe gilt für Abgabenforderungen irgendwelcher Art. Die Rechtshilfe, die in solcher Vollstreckung liegt (oben S. 361), wird nur kraft besondrer Vorsorge gewährt[39].

Ebensowenig aber kann ein ausländischer Staat seine Abgabenforderungen innerhalb des inländischen Rechtsschutzes zur Durchsetzung bringen. So kann er sie nicht in einem inländischen Konkursverfahren anmelden[40]: Wohl würde die Natur des Konkursverfahrens als einer Maßnahme zur gleichmäßigen Befriedigung der Gläubiger solche Einbeziehung gestatten. Aber der Einsatz öffentlicher Gewalt, mit dem die Befriedigung durchgeführt wird, kommt jenen Forderungen nicht von selbst zugute[41]. Aussichtslos ist es auch (bei richtiger Würdigung), Abgaben mit einer Zivilklage vor fremden Gerichten beitreiben zu wollen[42]. Da die Behörden des Inlands (oben S. 157) nicht über öffentlichrechtliche Angelegenheiten eines andern Staats entscheiden können, hätte eine solche Klage die Umformung des öffentlichrechtlichen Anspruchs in eine Forderung des Privatrechts zur Voraussetzung. Nun ist es freilich gerade für das internationale Privatrecht eine ganz gewöhnliche Erscheinung, daß Einrichtungen des Aus-

---

[38a] Der Satz ist Zeitschrift für Strafrechtswissenschaft 27, 24 als Gewohnheitsrecht bezeichnet worden, bedarf indessen keiner selbständigen Rechtsgrundlage; eine solche ist erst für Abweichungen von dem Satz vonnöten.

[39] Entsprechend neuerdings Foreign Judgements Act 1933 23 Geo. 5 c. 13 s. 1: ausländische Urteile, die auf eine Geldsumme lauten, können registriert werden, wenn es sich nicht um Steuern oder Strafen handelt.

[40] Oberlandesgericht Hamm 21. 4. 1912, Rechtsprechung der Oberlandesgerichte 25, 333; Nußbaum 453[2]; für einen besonderen Fall F. Meili, Lehrbuch des internationalen Konkursrechts (1909) 179; entgegen früher geäußerten Meinungen jetzt auch Jäger, Zeitschrift für deutschen Zivilprozeß 58, 280 f. Anders Herzfeld (zit. S. 18[33]) 445 ff.; etwa auch Delius, Preußisches Verwaltungsblatt 33, 212. Selbstverständlich sind dagegen die Steueransprüche der Gliedstaaten eines Bundesstaats zugelassen, wo das Konkursverfahren durch den Gesamtstaat geordnet ist (für die Vereinigten Staaten Herzfeld 446[149]). Und auch die sächsische Praxis (Zeitschrift 2, 217) war zutreffend, die unter der Herrschaft des sächsisch-österreichischen Abkommens, das Vollstreckungshilfe im Konkurs gewährte, österreichische Steuerforderungen den inländischen gleichstellte, wenn auch nur die Gleichartigkeit einer Zulassung mit der Vollstreckungshilfe die Entscheidungen tragen konnte.

[41] Und kann ihnen nicht schaden. Oder will man in eine ausländische Steuerforderung im Weg des Zwangsvergleichs eingreifen? — Dementsprechend erfolgt auch die Zurückweisung einer solchen Anmeldung nach deutschem Recht (gegen Jäger) von Amts wegen.

[42] Die Zahl einschlagender Entscheidungen und literarischer Äußerungen ist beträchtlich. Angaben bei Herzfeld 439 ff., 444 f.; bei Nußbaum 385[5], 388[4]; für die ältere Zeit bei van Praag (zit. S. 158[15]) 337 ff.

lands einer Konversion unterstellt werden, wenn sie ohne eine solche Umdeutung in das Rechtssystem des Inlands nicht eingepaßt werden können. Aber hier bedarf es keiner Umdeutung, die öffentlichrechtliche Natur des Abgabenanspruchs ergibt zweifelsfrei, daß er mangels besondrer Einbeziehung keinen Gegenstand inländischer Gerichtsbarkeit bildet. Erhebung der Zivilklage wäre der Versuch, diese Rechtslage zu umgehen, und er müßte schon darum vergeblich bleiben, weil der Staat des Prozeßgerichts selbst den Maßstab gibt, was als öffentlich- und privatrechtlich gelten soll[43]. Der Umstand aber, daß das Inland Steuerforderungen des eignen Rechts vor die Zivilgerichte verweist, oder auch, daß dies in dem andern Staat rechtens ist, der die Steuer fordert, geht regelmäßig nur die Behördenordnung dieses Staates an, ohne die öffentlichrechtliche Natur eines Abgabenanspruchs zu ändern[44].

Wo freilich aus andern Gründen angenommen werden muß, daß Ansprüche eines fremden Staats nicht schutzlos bleiben sollen — gerade für Steuerforderungen bestehen solche Gründe nicht —, da mag dies auch für Ansprüche zutreffen, die der fremde Staat in sein öffentliches Recht aufgenommen hat, und es kann alsdann die Einpassung in das Rechtssystem des Inlands eine Konversion öffentlichen in Privatrecht notwendig machen. Auch ausländische Staaten genießen für ihr Vermögen den Rechtsschutz des Inlands, und es kann dabei keinen Unterschied bedeuten, ob der fremde Staat sein Vermögen im eignen Bereich dem öffentlichen Recht oder dem Privatrecht unterstellt; kommt aber öffentliches Eigentum eines fremden Staats in das Inland, und es soll nicht als herrenlos gelten, so bedarf es einer Konversion des öffentlichen zu privatem Eigentum, um ihm den Rechtsschutz des Inlands zu sichern[45]. Ähnliches ist (1, 249) für das Gewaltverhältnis angenommen worden, das dem Staat kraft öffentlichen Rechts über einen Fürsorgezögling zustehen kann, und es wäre ein solcher Zögling in das Ausland geflüchtet.

---

[43] Anwendungen oben 2, 10 f. und 55 f. Beiträge zu öffentlichen Wassergenossenschaften; 2, 363 690[3] 701[42] Beiträge zu öffentlichen Versicherungen. — Eine unklare Rolle spielen in diesen Erörterungen Berufungen auf das Völkerrecht. Es ist selbstverständlich vom Völkerrecht nicht verboten, daß ein Staat freiwillig fremde Steuerforderungen durchsetzt, auch nicht verboten, daß er den Zivilrechtsweg dafür zur Verfügung stellt. Indessen steht hier nur in Frage, was in Ermangelung besondrer Vorsorge rechtens ist. Ein einseitiger Wunsch des fremden Staats aber, die Angelegenheit vor die inländischen Gerichte zu bringen, würde wohl den Einwand einer völkerrechtlich unzulässigen Einmischung beseitigen, aber er würde, wie schon oben S. 157 f. bemerkt, nicht ausreichen, das Inland zu einer Bereitstellung seiner Gerichte zu verpflichten.

[44] Dazu des näheren oben S. 161 f. und 164.

[45] Vgl. oben 1, 249. (Die Bedenken, die 2, 56[106] erhoben wurden, unterscheiden nicht zwischen verschieden gelagerten Fällen.)

Privatrechtlicher Schutz.

4. Fremde Verwaltung mag auch für einen Schutz des bürgerlichen Rechts unter besondern Gesichtspunkten in Betracht kommen [46]. Rechtsgeschäfte des Privatrechts, Kauf, Darlehen, Gesellschaft, Versicherung und ähnliche Verträge stehen (das ist die häufigste dieser Rechtslagen) unter Inlandsrecht. Ihr Vollzug aber bringt die Parteien in Widerspruch zu ausländischen Verwaltungsvorschriften, zu Ein- und Ausfuhrbeschränkungen, die dem Bereich der inneren Verwaltung angehören, zu Zollvorschriften, mit denen Einfuhr oder Ausfuhr belastet sind. Steht der Vertrag unter inländischem Privatrecht, so haben jene Auslandsbestimmungen für ihn keine rechtliche Bedeutung, von ihrer „Anwendung" im Sinn internationalen Privatrechts kann keine Rede sein. Aber die Praxis hat zwei Wege gewiesen, die dennoch zu ihrer rechtlichen Berücksichtigung führen können.

a) Es ist vornehmlich die neueste englische Rechtsprechung, die betont, es verstoße gegen *international comity*, verletze die berechtigten Erwartungen auf Schutz, die ein befreundeter Staat hegen dürfe, wenn Verträge privatrechtlich aufrechterhalten würden, die eine Verletzung fremder Vorschriften mit sich bringen [47], und man findet in der Literatur nicht selten den Hinweis [48], daß es die Unabhängigkeit des fremden Staats beeinträchtige, wenn das inländische Privatrecht solche Übergriffe unbeachtet lasse. Das könnte somit zu einer materiellrechtlichen Einschränkung inländischen Privatrechts aus völkerrechtlichen Gründen führen. Sucht man indessen in dem wirklich geltenden, nicht in einem ad hoc konstruierten Völkerrecht nach einschlagenden Regeln, so findet man nur etwa den Satz, daß das Inland sein Gebiet nicht für eine Verletzung fremder Staaten zur Verfügung stellen dürfe. Aber das bezieht sich auf Verletzungen tatsächlicher Art. Eine völkerrechtliche Pflicht, den Ungehorsam gegen fremde Gesetze zu unterdrücken, besteht nicht. Und es ist bezeichnend, daß gerade die neue englische Rechtsprechung das Gebot, fremden Staaten Rücksicht zu tragen, auf den gleich zu besprechenden andern

---

[46] Über die im folgenden behandelten Fragen besteht eine umfängliche Literatur, vornehmlich im Hinblick auf Schmuggel und verwandte Tatbestände. Hervorzuheben Herzfeld a. a. O. 449 ff.; auch Philonenko, Journal 1930, 437 ff. und die nicht sehr scharf geschnittene, aber stoffreiche These von P. Messinesi, La contrebande en droit international privé 1932.

[47] Ralli Brothers v. Compania Naviera Sota y Aznar, Court of Appeal 26. 3. 1920, LJ. Scrutton, Law Times Reports 123, 375. Foster v. Driscoll, Court of Appeal 13. 12. 1928, LLJJ. Scrutton, Lawrence, Sankey, Law Times Reports 140, 179.

[48] Vgl. etwa die Angaben bei Messinesi 98 ff.

Gesichtspunkt zurückführt: eine Außerachtlassung jener *comity* verstoße gegen die guten Sitten[49].

b) In der Tat liegt hier der Schwerpunkt des Fragenkreises: inwieweit bedeutet solche Mißachtung fremder Vorschriften eine unsittliche Handlung, die den Kaufvertrag, den Versicherungsvertrag, der auf sie gerichtet ist, nichtig macht? Die Rechtsprechung hatte sich mit diesen Fragen vornehmlich im Hinblick auf Schmuggel und verwandte Tatbestände zu befassen. Aber auch da, wo sie zu einer rechtlichen Mißbilligung der Geschäfte gelangte, ist das unter sehr verschiedenen Gesichtspunkten geschehen. Das Reichsgericht findet die Begründung in der entsittlichenden Wirkung, welche gewerbsmäßiger Schmuggel auf die Bevölkerung selbst ausübt[50]. Man hat auf die Notwendigkeit abgestellt, einem Landstrich seinen guten Ruf zu erhalten[51], ältere Literatur hat nicht selten in der Täuschung der Behörden des andern Staats den Makel gesehen, bis neuerdings, zumal in England, die Störung im nachbarlichen Zusammenleben der Staaten in den Vordergrund gerückt wurde — unmittelbar handelt es sich dabei stets um den Schutz der Sittlichkeit des Inlands, aber mittelbar führt er, wenn auch in verschiedenen Abstufungen, dennoch zu einem Schutz fremder Verwaltung; nicht anders, wie auch der Strafschutz, von dem oben gehandelt wurde, unmittelbar stets dem Rechtsfrieden des Inlands gilt; aber dieser Friede mag eben dadurch gestört werden, daß fremder Verwaltung zuwider gehandelt wird.

Eine solche Entrechtung privater Geschäfte hat nichts mit der Vorbehaltsklausel zu tun, sie gehört dem Inhalt des Inlandsrechts an.

---

[49] Foster v. Driscoll, LJ. Scrutton: *as a matter of public policy;* LJ. Lawrence: *would offend against our notions of public morality.*

[50] Urteil 4. 12. 1916 in Das Recht 1917 Nr. 155: „Der gewerbsmäßige Schmuggel gewöhnt die damit befaßte Bevölkerung an verhältnismäßig mühelosen, hohen unrechtmäßigen Gewinn, an unredliche Schleichwege und Gesetzwidrigkeit, an Hintergehung und Bestechung der Beamten; er führt vielfach zu blutigen Kämpfen mit den Grenzwächtern und erzeugt durch all dies eine dem Gemeinwohl gefährliche Verwirrung und Verwilderung der sittlichen Begriffe. Aus diesem Grund widerstreitet der gewerbsmäßige Schmuggel dem Anstandsgefühl jedes rechtlich denkenden Menschen.“ Ähnlich schon 5. 11. 1898, Entscheidungen 42, 295; auch 30. 9. 1919, Entscheidungen 96, 282 und zahlreiche weitere Urteile, die auf diese Entscheidungen Bezug nehmen. Durchaus unzutreffend ist jedenfalls die Meinung von Philonenko 439 ff., daß die deutsche Rechtsprechung die Unsittlichkeit des Geschäfts in der bloßen Gesetzwidrigkeit gegenüber dem fremden Recht suche.

[51] Obergericht Danzig 1. 3. 1927, Zeitschrift für ausländisches Privatrecht 3, 893: Nicht deshalb sei der Schmuggel unsittlich, weil er sich gegen einen befreundeten Staat richte. „Schutzwürdig ist vor allem das eigne Danziger Interesse. Dies aber geht dahin, Danzig unter keinen Umständen zu einem übelbeleumundeten Mittelpunkt des Spritschmuggels werden zu lassen.“

Aber sie weist naheliegenderweise Ähnlichkeiten mit ihr auf. Auch hier entscheiden die sittlichen Anschauungen des Inlands[52]. Und auch hier gilt, daß die Entrechtung nur dann Platz greift, wenn das beanstandete Ergebnis durch das Geschäft unmittelbar herbeigeführt werden soll[53].

Wesentlich für den gegenwärtigen Zusammenhang ist jedoch vornehmlich die Feststellung, bei welchen Angelegenheiten eine privatrechtliche Entrechtung zugunsten fremder Verwaltung anerkannt wird, und inwieweit dabei übereinstimmende Anschauungen in den wichtigsten Staaten bestehen. Es wurde schon erwähnt, daß es sich hier in erster Reihe um Verbote und Belastungen im Verkehr über die Grenze handelt[54]. Dabei aber gingen und gehen die Anschauungen zum Teil noch erheblich auseinander. Eine sehr feste Linie hat für lange die englische Rechtsprechung verfolgt. Im Anschluß an gesamteuropäische Anschauungen der älteren Zeit[55] hat man hier mit der Kraft eines Rechtsgrundsatzes die Regel aufgestellt, daß „Steuergesetze des Auslands nicht vollstreckt werden", und man hat damit ohne weiters auch die Gültigkeit von Schmuggelgeschäften begründet[56], hat den Satz angewendet auf Goldausfuhrverbote in Portugal, auf die verbotene Einfuhr von Assignaten in Frankreich[57] — bis die jüngste

---

[52] Wäre lex causae für das Geschäft das Recht eines dritten Staats, der von dem Staat der schutzbedürftigen Verwaltung verschieden ist, so hätte freilich jene lex causae zu entscheiden, ob unsittliche Geschäfte nichtig sind, und wann eine solche Unsittlichkeit vorliegt. Ergebnisse indessen, die von inländischen Anschauungen wesentlich abweichen, wären einer Durchführung im Inland nicht fähig, und es wäre die wirkliche Vorbehaltsklausel, die alsdann einzugreifen hätte.

[53] Das ist besonders in der deutschen und der englischen Rechtsprechung herausgearbeitet worden: Kenntnis der Schmuggelabsicht genügt nicht, die Gültigkeit des Geschäfts zu beeinträchtigen, es bedarf dazu einer aktiven Mitwirkung der Parteien. Vgl. aus den zahlreichen Entscheidungen des Reichsgerichts, die sich mit der Frage befassen, etwa das schon genannte Urteil von 1898 oder ein Urteil 17. 10. 1930, Juristische Wochenschrift 1931, 928, für England das gleichfalls schon erwähnte Urteil Foster v. Driscoll u. a. m. Man hat das sogar bei einer verbotenen Einfuhr in das I n l a n d gelten lassen, in England schon 1773 in dem Fall Holman v. Johnson (vgl. H e r z f e l d 451[172]); Oberlandesgericht Hamburg 10. 6. 1903, Zeitschrift 14, 81.

[54] Der Oberste Gerichtshof Wien 5. 5. 1928, Rechtsprechung 1928, 123 hat auch eine Vereinigung, die Steuerbanderolen zur Umgehung der deutschen Tabaksteuer aufgekauft hatte, für unsittlich erklärt.

[55] Angaben bei v. B a r , Theorie und Praxis 2, 31.

[56] So schon 1735 Boucher v. Lawson; besonders einflußreich das schon erwähnte Urteil Holmann v. Johnson 1773 und seitdem oft. Vgl. die Zusammenstellung bei M e s s i n e s i 38 ff.

[57] Auch auf ein Waffeneinfuhrverbot in Persien, doch stützt sich das Urteil auf die mangelnde Ernstlichkeit des persischen Verbots.

Entwicklung einen stark bemerkten Umschwung gebracht hat: Alkoholschmuggel nach den Vereinigten Staaten macht die Verträge der Beteiligten nichtig, jener Satz von der Unbeachtlichkeit fremder Steuergesetze gilt nur für „reine" Steuergesetze, aber nicht da, wo die Zuwiderhandlung ein Übel in sich bedeutet[58]. Im großen und ganzen hat man den Satz von der Unbeachtlichkeit fremder Steuergesetze auch in den Vereinigten Staaten übernommen[59]. Die französische Rechtsprechung ist nicht völlig einheitlich[60], doch überwiegt Ablehnung einer Rücksicht auf die fremden Verbote (das erste dieser Urteile läßt ein spanisches Seidenausfuhrverbot außer Betracht), und noch 1928 hat der Kassationshof die Versicherung einer Alkoholladung, die nach den Vereinigten Staaten geschmuggelt werden sollte, für gültig erklärt, weder das französische Recht, noch die öffentliche Ordnung, noch das Völkerrecht stünden entgegen. Am andern Ende der Reihe steht die ständige Rechtsprechung des Reichsgerichts, die gewerbsmäßigen Schmuggel wegen seiner volksverderblichen Wirkung als unsittlich erklärt und diesen Gesichtspunkt nicht bloß auf die Umgehung von Finanzzöllen, sondern auch auf sonstige Grenzdelikte, zumal auf Alkoholschmuggel anwendet[61]. Dabei begegnet einmal eine beachtliche Unterscheidung: beruhen die Einfuhrbeschränkungen für Kokain, die Indien getroffen hat, auf handelspolitischen Gründen, so sollen sie unberücksichtigt bleiben, im Gegensatz zu Beschränkungen, denen eine Rücksicht auf die Volksgesundheit zugrunde liegt[62].

---

[58] LJ. Sankey in Foster v. Driscoll. Dazu der schon erwähnte Hinweis auf die Störung der freundnachbarlichen Beziehungen. Den Ausgangspunkt dieser neuen Rechtsprechung bildet wunderlicherweise eine theoretische Fehlmeinung: man glaubte im Anschluß an Dicey den kollisionsrechtlichen Satz aufstellen zu müssen, daß ein Vertrag unter Inlandsrecht nichtig ist, wenn er den Gesetzen des ausländischen Erfüllungsorts widerspricht (so zuerst Ralli Brothers, oben Anm. 47 und danach Foster v. Driscoll). In diesem Punkt hat freilich das Privy Council wenige Wochen nach Aufstellung jenes Satzes gegenteilig entschieden (Trinidad Shipping Co. v. Alston & Co., Law Times Reports 123, 476), und es leistet die Regel gerade für Schmuggelgeschäfte nicht, was sie soll: denn der Alkoholschmuggel vollzieht sich vielfach so, daß die Schmuggelfahrt vor Eintritt in die fremden Gewässer beendigt wird, der Landschmuggel vom Inland in das Ausland häufig in der Weise, daß die Schmuggelware noch diesseits der Grenze hinterlegt wird, um zu geeigneter Zeit abgeholt zu werden; die Handlung ist also nach den Gesetzen des Erfüllungsorts gar nicht verboten.

[59] Dazu Herzfeld a. a. O.; Messinesi 52 ff.

[60] Übersicht bei Philonenko 446 ff.; Messinesi 16 ff.

[61] So Juristische Wochenschrift 1926, 2169; 1927, 2287; Rechtsprechung über internationales Privatrecht 1928, 42.

[62] Urteil 24. 6. 1927, Juristische Wochenschrift 2288. Freilich soll, wenn sich mit der Übertretung eines handelspolitischen Verbots Zollhinterziehung verbindet, das Geschäft dennoch unverbindlich sein.

Niemals hingegen ist es der bloße Ungehorsam gegen die fremden Gesetze, der Geschäfte unter Inlandsrecht unsittlich macht [63], und so wird außerhalb des Bereichs jener Grenzumgehungen Zuwiderhandlung gegen verwaltungsrechtliche Vorschriften des Auslands in den mannigfaltigsten Fällen als unbeachtlich erklärt. Vom Reichsgericht ein Kaufvertrag über Wurzelgummi, dessen Verkauf in Französisch-Sudan gegen das Gesetz verstößt [64]; vom Hohen Rat der Niederlande ein Versicherungsvertrag über die Beförderung empfängnisverhütender Gegenstände, die in New York verboten ist [65]; vom Privy Council die Gewährung von Frachtrabatt, der ein Verbot des fremden Bestimmungshafens engegensteht [66]. Und vollends entfällt solche Rücksichtnahme, wo das Interesse des Inlands die gegenteilige Lösung fordert [67].

Schützende Maßnahmen des Auslands.

5. Die Frage, wieweit fremde Verwaltung privatrechtlichen Schutz genießt, kann für das Inland aber auch noch in einer andern Form auftreten. Im Vorstehenden hat es sich darum gehandelt, wieweit das Privatrecht des Inlands (oder eines zuständigen dritten Staats) seinen Inhalt zugunsten fremder Verwaltung erweitert. Es kann aber auch sein, daß der fremde Staat selbst, dessen Verwaltung in Frage steht, seine Gesetzgebung einsetzt, um die Zuwiderhandlung gegen seine Verwaltungsvorschriften mit privatrechtlichen Mitteln zu verhindern, durch Nichtigkeitserklärungen, Zwangsumstellungen und andre Eingriffe in den normalen Ablauf der Rechtsverhältnisse, und die Frage geht nunmehr dahin, ob solche Schutzmaßnahmen des fremden Staats von einer Durchführung im Inland ausgeschlossen sind. Die Ergeb-

---

[63] Erst eine Unmöglichkeit der Erfüllung, die aus der fremden Verwaltungsvorschrift hervorgeht, mag für das Inland wiederum rechtserheblich werden. So Reichsgericht 2. 5. 1923, Entscheidungen 107, 173. Weitere Beispiele oben S. 191.

[64] Urteil 16. 4. 1912 Warneyer, Rechtsprechung 5, 276.

[65] Urteil 22. 2. 1924 Weekblad van het recht 28. 5. 1924.

[66] So das oben Anm. 58 erwähnte Urteil Trinidad Shipping Co. Anders freilich in einer verwandten Frage das Urteil Ralli Brothers, oben Anm. 47.

[67] Vgl. etwa die Urteile des Reichsgerichts 22. 12. 1916 und 21. 10. 1921, Beiträge zur Erläuterung des deutschen Rechts 61, 460; 66, 104 (Einfuhr von Öl, Vieh während der deutschen Blokade entgegen ausländischen Ausfuhrverboten); 15. 2. 1930 Rechtsprechung über internationales Privatrecht 1930, 42 (verbotene Beförderung aus völkerrechtswidrig besetztem Gebiet). Nicht unbedenklich erscheint hier das Urteil des Obersten Gerichtshofs Wien 3. 3. 1931, Rechtsprechung 1931, 70, das einen Speditionsvertrag, mit dessen Hilfe während des deutsch-polnischen Zollkriegs die deutsche Herkunft einer Ware verschleiert werden sollte, für unsittlich erklärt; ein solcher Eingriff in den Vertragsablauf ist Parteinahme.

nisse der folgenden Ausführungen sind mit Rücksicht auf ihre systematische Zugehörigkeit schon oben § 25 Z. 7 und 8 aufgenommen und in ihren Auswirkungen untersucht worden. Hier jedoch ist deren Begründung nachzubringen, die erst in Verbindung mit den unmittelbar vorausgehenden Feststellungen sich erschließt, und soll die wissenschaftliche Annäherung an eine Lösung verfolgt werden.

Es ist die regelmäßige Aufgabe des Privatrechts, Beziehungen zwischen Privaten so auszugestalten, wie es für die Art einer jeden dieser Beziehungen am zweckmäßigsten erscheint. Um dieser Regelung willen verweist der Staat, wo sein eignes Privatrecht nicht mehr zuständig ist, auf fremde Ordnung. Die Anwendung von Sondersätzen zugunsten fremder Verwaltung aber, nur deshalb, weil sie rechtstechnisch zum Privatrecht gehören, liegt außerhalb jenes Gedankens. Und wenn die bisherigen Feststellungen ergeben, daß eine Unterstützung ausländischer Verwaltung sich nach dem gegenwärtigen Stand der staatlichen Beziehungen nicht von selbst versteht, so wird dies im Zweifel geltendes Recht auch da sein, wo solche Förderung durch privatrechtliche Eingriffe erstrebt wird.

In der Tat läßt sich eine unsicher umgrenzte Rechtsüberzeugung dieses Inhalts vielfältig nachweisen. So mit der weitgreifenden Annahme, es könne „öffentliches Recht" eines andern Staats nicht angewendet werden[68]. Das ist nun freilich, auf Privatrecht bezogen, ein Widerspruch in sich selbst. Wie man auch die Grenze zwischen Privatrecht und öffentlichem Recht zieht, das entscheidende Merkmal der Zugehörigkeit zum einen oder andern Bereich ist stets die Art der Rechtsfolge. Und wenn als Rechtsfolge die Nichtigkeit eines Vertrags, die Unzulässigkeit einer Eheschließung in Betracht kommt, so ist das ein Satz des Privatrechts, mag das Verbot, das er einschließt, außerdem auch noch mit Mitteln des öffentlichen Rechts gesichert sein, mag die Einrichtung oder Tätigkeit, der das Verbot dient, im übrigen lediglich dem öffentlichen Recht angehören[69]. Immerhin er-

[68] Mit dieser Begründung ist Frankreich von den Haager Verträgen über internationales Privatrecht zurückgetreten (vgl. schon oben S. 257): das deutsche Militärrecht verlangte die Einholung einer Eheschließungsbewilligung für Militärpersonen, die französische Denkschrift erklärt, das sei, auch wenn als Ehehindernis ausgestaltet, öffentliches Recht und falle nicht unter die Verpflichtung des Eheschließungsabkommens, auf Deutsche deutsches Eherecht anzuwenden. Ähnlich das Schweizerische Bundesgericht 17. 4. 1916 Journal 1917, 306, angewendet auf Handelsverbote eines kriegführenden Staats. Etwa auch Fedozzi (angeführt S. 17[31]) 38 ff.

[69] Auch die Meinung Frankensteins, Zeitschrift für Ostrecht 3, 1371: bei einer Enteignung (es handelt sich um die russischen Nationalisierungen) gehöre wohl das Eigentum, das auf Grund ihrer entsteht, dem Privatrecht an, aber der Rechtssatz, der in einem andern Staat möglicherweise von der Anwendung ausgeschlossen wird, sei ein solcher des öffentlichen Rechts —

weisen solche Äußerungen eine Rechtsüberzeugung, daß Privatrechtssätzen, die mit öffentlichem Recht des Auslands verbunden sind, die Anwendung im Inland versagt bleibt — nur schießt eine derartige Annahme, auf das ganze öffentliche Recht bezogen, weit über das Ziel. Müßte darnach doch jeder Vollstreckungsakt, den das Ausland in Zivilsachen vornimmt, rechtlicher Beachtung entzogen sein.

Bei Dicey, dessen Buch als die beste Zusammenfassung der englischen Rechtsprechung gilt, liest man: *The Court has no jurisdiction to entertain an action for the enforcement, either directly or indirectly, of a penal, revenue or political law of a foreign state*[70].

Für „politische Gesetze“, die unanwendbar sein sollen, ist allerdings die englische Rechtsprechung wenig ergiebig, die hauptsächlichen Erörterungen hierüber findet man in der französischen Literatur[71]. Jedoch was ist unter politischen Gesetzen zu verstehen? Man wird die Antwort aus dem Zusammenhang suchen müssen, für den ein Ausschluß politischer Auslandsgesetze in Frage kommt. Es bedürfte keines besonderen Vorbehalts, wenn damit hoheitliche Ansprüche eines fremden Staats gemeint wären[72]. Weder gestattet das Völkerrecht Entscheidungen über öffentlichrechtliche Angelegenheiten eines andern Staats gegen dessen Willen, noch ist dessen Wunsch nach einer zwangsweisen Durchsetzung (wie schon oben ausgeführt) hin-

---

trifft nicht zu. Dem Ausschluß verfällt gegebenenfalls der Satz des russischen Privatrechts, daß die Enteignung Eigentum begründet. Vgl. oben S. 110.

[70] Conflict of laws[4] 224 Rule 54 (wegen des angeblichen Mangels der „Gerichtsbarkeit“ oben S. 240). — Den Versuch einer Zusammenfassung findet man auch bei Arminjon (s. gleich unten): von der Anwendung seien ausgeschlossen *les lois constitutives, fiscales et politiques étrangères.* Unter *lois constitutives* versteht Arminjon die rechtlichen Grundlagen der Rechtsordnung selbst, mit einigen Erweiterungen etwa das, was man bei uns Rechtsanwendungsrecht nennt. Aber die Gleichsetzung mit den beiden andern Gruppen ist mißverständlich. Gewiß können Sätze, die das Ausland über die Entstehung verbindlichen Rechts aufstellt, nur auf das ausländische Recht angewendet werden, und sie können insofern nicht den Gegenstand einer unmittelbaren Entscheidung im Inland bilden. Aber sie sind im Inland sehr wohl anwendbar, wenn es sich um die Verbindlichkeit ausländischer Rechtssätze handelt, die ihrerseits im Inland angewendet werden (vgl. z. B. oben S. 221 ff.). Dagegen handelt es sich bei den politischen Gesetzen (die Gruppe der Finanzgesetze ist mehrdeutig) um privatrechtliche Vorschriften des Auslands, die an sich einer unmittelbaren Anwendung im Inland fähig sind, deren Anwendbarkeit aber wegen ihrer politischen Natur bestritten wird.

[71] Hervorzuheben Pillet, Revue 1907, 531 f. und öfter; Arminjon, Les lois politiques et le droit international privé, Revue 1930, 385 ff. Vgl. aber auch schon (zu dem unten zu nennenden Urteil von 1836) v. Bar, Theorie und Praxis 1, 429[32]. Über „politische Eheverbote“ Angaben bei Franz Kahn, Abhandlungen 2, 115 f.

[72] Darin sucht Dicey 226 f. den Sinn des Satzes.

reichend, den andern Staat zu einer Durchführung zu verpflichten. Es handelt sich bei einer solchen Regel augenscheinlich um den Ausschluß von Privatrechtssätzen, denen irgendwie politische Beschaffenheit zukommt. Die Regel will eine Ausnahme von der sonst vorgesehenen Anwendbarkeit fremden Rechts aufstellen, es muß sich bei der ausgeschlossenen Vorschrift, wie zutreffend formuliert wurde, um eine Abweichung vom gemeinen Recht handeln[73] oder, wie es oben S. 243 ff. genannt wurde, um einen artfremden Eingriff in den normalen Ablauf der Rechtsverhältnisse[74]; einer Anwendung des gemeinen Rechts selbst steht es nicht entgegen, daß sie im einzelnen Fall politische Bedeutung besitzt[75]. Jedoch wann ist ein Ausnahmegesetz der bezeichneten Art „politisch"? Pillet und andre verstehen darunter ohne weiters Vorschriften, die auf einem „politischen Motiv" beruhen. Und doch erheben sich gegen eine solche subjektive Ausdeutung die gleichen Bedenken, die auch im Auslieferungsrecht überwiegend dazu geführt haben, als politisch nicht beliebige Vergehungen anzusehen, die auf einem politischen Motiv beruhen, sondern objektiv die Verbrechen gegen den Staat. Eine Prüfung der Beweggründe, aus denen ein Gesetz oder sogar ein einzelner Staatsakt hervorgeht, führt häufig zu Unsicherheiten, manchmal zu der Unmöglichkeit einer Feststellung. Auch hier also werden objektive Merkmale gesucht werden müssen. Überblickt man die Tatbestände, auf die der Satz von dem Ausschluß politischer Gesetze angewendet worden ist[76], so steht im Mittelpunkt der Kampf um die Macht im Staate[77]. Privatrechtliche Auswirkungen eines solchen Kampfes können sich ergeben bei einem

[73] So Pillet a. a. O. und ähnlich Arminjon.

[74] Wobei das Urteil, ob eine Ausnahmevorschrift vorliegt, dem Staat zukommen muß, der sonst den fremden Rechtssatz anzuwenden hätte. Darum versagt der Einwand von Wohl, Ostrecht 1, 65, die russischen Enteignungsvorschriften könnten keine politischen Gesetze sein, weil sie — nach russischer Auffassung — kein Sonderrecht, sondern einen Bestandteil des neuen Systems bildeten.

[75] So zutreffend Handelsgericht Luxemburg 8. 3. 1930 Journal 1931, 229: ein Vertrag unter deutschem Recht, während der Separatistenherrschaft im Rheinland geschlossen und auf Zahlung einer Geldsumme für Gewährung einer Alkoholeinfuhrerlaubnis gerichtet, war nach den deutschen Gesetzen nichtig; der luxemburgische Richter kann nicht aus politischen Gründen von der sonst veranlaßten Anwendung des deutschen Rechts absehen, Völkerrecht und Völkerbundssatzung verpflichten vielmehr, die territoriale Unversehrtheit andrer Staaten anzuerkennen.

[76] In ihrer Mehrzahl freilich sind es Tatbestände, bei denen der Einwand erhoben wurde, um Inlandswirkungen auszuschließen, für deren Herbeiführung der fremde Staat gar nicht zuständig war, z. B. die Enteignung von Gegenständen, die nicht in seinem Gebiet, sondern im Inland belegen waren.

[77] Vgl. etwa Niboyet 641.

Kampf nach außen, etwa in Gestalt von Zahlungsverboten[78]. Bei einem Kampf um die Macht innerhalb des Staats mag es ein Streit um die Regierungsform sein, der bei einem Umsturz zur Enteignung von Fürstenvermögen führt[79]; in Monarchien mag der Kampf um die Thronrechte gehen[80]; gegen Aufständige werden privatrechtliche Maßregeln ergriffen[81], der Kampf geht gegen Klassen — seinem Verlauf gehören die russischen Enteignungen an[82]. In allen solchen Fällen ist es dritten Staaten nicht zuzumuten, Partei zu ergreifen, schließt die politische Natur des Eingriffs seine unmittelbare Durchsetzung in andern Staaten aus[83]. Dabei wird man noch einen Schritt weitergehen müssen. Politisch heißt auf den Staat bezüglich, die rechtliche Form des Staats ist seine Verfassung, und so wird jeder privatrechtliche Sonderschutz dieser Verfassung (auch wenn es sich nicht um einen Kampf im vorbezeichneten Sinn handelt) als politisch von der unmittelbaren Durchführung in andern Staaten ausgeschlossen sein. Dahin gehören aus dem Bereiche der „politischen Eheverbote" solche über die Ehebewilligung für Mitglieder des landesherrlichen Hauses[84].

---

[78] Oben S. 253. Über das Vermögen entthronter Fürsten bei Einverleibung eines Staats v. Bar a. a. O.

[79] Dazu (jedoch mit abweichender Begründung) Zivilgericht Rom 30. 8. 1933 Il foro italiano 1934 I 268 für das Vermögen des Königs von Spanien. Zu dem S. 233 erwähnten Fall unten Anm. 83.

[80] „Entmündigung" des Herzogs von Braunschweig, Appellhof Paris 16. 1. 1836, Sirey 1836 II 70.

[81] Verfügungsbeschränkungen gegen den Grafen Potocki, Zivilgericht Paris 7. 5. 1873, Journal 1875, 20.

[82] Oben S. 252 f.

[83] Doch könnte es sein, daß die sonst mangelnde Rechtsgemeinschaft wenigstens zwischen bestimmten Staaten besteht, die gleichlaufende Interessen verfolgen. Als in Deutschland Reich und Länder die Republik einführten, wurde in den Ländern zu einem Teil das Fürstenvermögen enteignet. Diese Enteignungen waren zwar nicht im Reichsausland, wohl aber in den andern deutschen Ländern durchsetzbar (in dem S. 233 erwähnten Fall standen der Anerkennung im andern Land sonstige Hindernisse entgegen). Dagegen wird ein Kriegsbündnis nicht ausreichen, um etwa Zahlungsverboten des verbündeten Staats Anwendung zu schaffen. Ein Bündnis schließt nicht von selbst die volle Identifizierung mit den Kriegsmitteln des andern Teils in sich (vgl. auf strafrechtlichem Boden S. 414); für Deutschland wird auch die Parallele 3 II 330 mit ihren Kautelen einen Anhaltspunkt in diesem Sinn geben.

[84] Dazu Franz Kahn a. a. O. Über die Ehe des Prinzen Jerome Bonaparte Huberich in International law notes 3, 189[1]. Dagegen kann ein Erfordernis administrativer Ehebewilligung nicht als politisch in dem hier gemeinten Sinn angesprochen werden — wenn eine solche Vorschrift auch (s. gleich unten) aus andern Gründen gleichfalls von der Anwendung in dritten Staaten ausgeschlossen sein mag. Dasselbe gilt für die Annahme

Zu den politischen Maßnahmen im vorerwähnten Sinn gehören unzweifelhaft auch solche, die bei einer gewaltsamen Auseinandersetzung von Staat und Kirche getroffen werden[85]. Dagegen wird man bei Rechtsminderungen, die dem Schutz kirchlicher Einrichtungen dienen, möglicherweise auf eine Spaltung treffen: denn Staaten, die ihr Privatrecht selbst einer Durchsetzung kirchlicher Vorschriften dienstbar machen, werden bereit sein, fremden Eingriffen gleicher Art Rechnung zu tragen; wo solche Voraussetzung mangelt, kann die Durchbrechung des gemeinen Rechts nicht auf Anerkenung zählen: die Nichtigkeit, welche in Teilen der Vereinigten Staaten für Sonntagsgeschäfte rechtens ist, bietet dafür Beispiele[86].

Daß privatrechtliche Eingriffe zur Sicherung öffentlicher Abgaben einer unmittelbaren Durchsetzung in andern Staaten nicht fähig sind, ist schlechthin geltendes Recht (vgl. darüber oben S. 245 f., 250) und steht im Einklang mit der Behandlung, die der Gegenstand bei Rechtshilfe und Auslieferung erfährt, mittelbar in aller Regel auch mit der Behandlung der Frage, wieweit privatrechtliche Ge-

Pillets, bei Veräußerungsverboten für Kunstwerke handle es sich um politisches Recht. Der oben genannte Aufsatz von Arminjon will nachweisen, daß die deutsche Aufwertungsgesetzgebung als politisch in andern Staaten nicht angewendet werden könne — ich kann diese Gesetzgebung nicht als politisch ansehen und bin der Meinung, daß sie in andern Staaten anwendbar ist (vgl. schon oben S. 248 mit S. 250).

[85] So oben 1, 180 ff. Ihrem Ausgangspunkt nach trifft das auch für die mancherlei Erwerbsbeschränkungen zu, die gegen kirchliche Gemeinschaften vorgesehen wurden; doch haben sich derlei Maßnahmen heute wohl in den meisten Fällen zu politisch farblosen Beschränkungen des Privatrechtsverkehrs abgeschliffen.

[86] Oben S. 247. Vgl. auch für Auslieferung oben S. 415. — Dagegen gehören die Beziehungen zwischen Staaten kirchlichen und weltlichen Eherechts nicht in diesen Zusammenhang; denn es handelt sich bei kirchlichem Eherecht nicht um artfremde Eingriffe, mit denen andre, außerhalb des Eherechts liegende Interessen des Staats geschützt werden sollten, sondern um die Regelung des Eherechts selbst. — Aus andern Gründen bleiben Zwangsvorschriften über religiöse Erziehung hier außer Betracht. Wenn das private Erziehungsrecht gebunden wird, um einem Bekenntniszwang Durchsetzung zu schaffen, so liegt hier allerdings ein artfremder Eingriff vor. Aber das private Erziehungsrecht erhält unter solchen Umständen nicht selbst irgendeinen vom gemeinen Recht abweichenden Inhalt, sondern es wird beiseite geschoben und der Bekenntniszwang unmittelbar als ein öffentlichrechtliches Verhältnis verwirklicht (vgl. darüber oben 1, 407 ff.). — Bloße Vorfragen kirchlicher Art aber, soweit es sich bei ihnen nicht um die unmittelbare Durchsetzung der fremden Regelung handelt, scheiden hier gleichfalls aus. So Vorschriften über die Zwangsordnung des Bekenntnisses von Erwachsenen z. B. über einen Austritt aus der Kirche als Voraussetzung für die Anwendung konfessionellen Eherechts oder Vorschriften über kirchliche Feiertage als Voraussetzung einer Fristberechnung.

schäfte, die gegen fremdes Abgabenrecht verstoßen, als unsittlich gelten sollen. Ähnlich verhält es sich mit einer Unterstützung fremder Wehrmacht[87]. Und daß Eingriffe in das Privatrecht, die auf strafrechtlichem Boden erfolgen, im Zweifel die unmittelbare Anerkennung andrer Staaten nicht finden können, entspricht einem festen Rechtszustand von weitester Verbreitung[88].

Indessen kann die Heraushebung solcher Einzelbereiche, wenn sie auch wesentliche Teile des Problems decken, nicht befriedigen. Um das Maß ausgeschlossener Eingriffe in das Privatrecht zu kennen, wird es notwendig sein, sich den Gesamtbereich von Rechtsschutz und Rechtshilfe vor Augen zu halten und festzustellen, wo die Grenze läuft, bis zu der die Staaten im Zweifel andern Staaten Unterstützung gewähren. Das läßt sich nun freilich selbst nur aus einzelnen Einrichtungen erkennen. Sie werden in aller Regel in ihrer Vereinzelung betrachtet, und so kann es nicht wundernehmen, daß diese Grenzziehung sich nicht überall deckt, zumal auch Sondererwägungen, die nur für die einzelne Einrichtung gelten, auf das Ergebnis einwirken. Dennoch lassen sich hinter solchen Einzelregelungen formende Gedanken finden, die mehr oder weniger ihnen allen gemeinsam sind. Darnach aber bleibt der Staat an fremder Verwaltung grundsätzlich unbeteiligt. Und das wird erst da anders, wo der Schutz privater Interessen den unmittelbaren Inhalt der Verwaltungstätigkeit bildet[89].

---

[87] Ehehindernis mangelnder Eheerlaubnis, soweit dessen Erheblichkeit nicht durch Staatsvertrag begründet worden ist.

[88] Vgl. oben S. 248 und Zeitschrift für die gesamte Strafrechtswissenschaft 27, 24ff. Die Frage, was unter einem Strafgesetz in diesem Sinn zu verstehen ist, hat im englisch-amerikanischen Rechtskreis eingehende Erörterung erfahren; vgl. darüber die lehrreichen Angaben bei Dicey 225f., und man ist jetzt wohl darüber einig, daß es sich dabei um öffentliche Strafen handeln muß, nicht um Bestimmungen, die einen Privaten wegen einer mißbilligten Handlung zu Ersatzleistungen über das Maß des zugefügten Schadens hinaus verpflichten oder ihn einer verschärften Haftung unterstellen. Für eine Rückwirkung auf das Privatrecht verbleiben also nur jene Verwirkungen privatrechtlichen Inhalts, die als Strafe oder Straffolge verhängt werden.

[89] Ansätze zu einer solchen Unterscheidung finden sich in der englischen und der deutschen Rechtsprechung bei der Frage, wie weit Zuwiderhandlung gegen fremdes Verwaltungsrecht als unsittlich zu bewerten ist. In Strafschutz und Auslieferung ist es entscheidendes Merkmal für das Eingreifen, ob eine Handlung sich vorzugsweise gegen den Staat oder vorzugsweise gegen einen mitverletzten Privaten richtet, und es wird auch bei Verbrechen gegen den Staat Strafe und Auslieferung vielfach wegen der in die Handlung eingeschlossenen Verletzung Privater gewährt. Dabei mag auch auf die Ausführungen oben 2, 37ff. verwiesen werden, nach denen Bezugnahmen auf das „öffentliche Wohl" dem Ausland gegenüber verschieden zu handhaben sind, je nachdem solche Verweisung eine staatliche Beziehung in sich schließt oder nur private Interessen deckt.

Eine Solidarität in der staatlichen Betätigung als solcher hat sich für die geschichtliche Lage der Gegenwart noch nicht herausgebildet. Aber der Schutz der Interessen des Einzelnen hat gerade für das Privatrecht zu besondrer Vorsorge geführt, durch Verweisung auf fremde Gesetze, wo das Inlandsrecht nicht mehr zuständig ist, und es ist nur Fortbildung dieser Einstellung, wenn dann fremde Ordnung auch da berücksichtigt wird, wo sie zum Schutze Privater in den normalen Ablauf der Rechtsverhältnisse hemmend oder abändernd eingreift. Die Erheblichkeit zivilprozessualer Eingriffe des Auslands in Gestalt von Urteilen oder Zwangsvollstreckungen beruht von vornherein auf diesem Gedanken[90].

6. Kapitel.

Die rechtliche Eigenart des internationalen Verwaltungsrechts.

§ 36.

Internationales Verwaltungsrecht als positives Recht.

1. Die staatsrechtliche Zugehörigkeit. — 2. Verhältnis zum Völkerrecht. — 3. Die Wirkung.

Die staatsrechtliche Zugehörigkeit[1].

1. Der Verfasser dieses Buches stellt sich mit Nachdruck auf den Boden positiven Rechts, und er weist den Gedanken, es könnte irgendein Naturrecht von sich aus Geltung innerhalb eines geschichtlich gegebenen Rechtssystems zu beanspruchen haben, weit von sich. Aber er braucht nicht vor der plumpen Verwechslung warnen, als wäre positives Recht gleichbedeutend mit geschriebenem Recht. Und er kann auch nicht annehmen (wenn man sich mehr an die Sache als an das Wort hält), daß positives Recht und Naturrecht unter allen Umständen Gegensätze wären, die sich ausschließen. Positives Recht kann jeden Inhalt in sich aufnehmen, durch Verweisung, wie das oben S. 174 ausgeführt wurde, auch außerrechtlichen Normenkreisen Verbindlichkeit zuschreiben, und damit auch Forderungen, die irgendeiner Zeit — weil gottgewollt oder dem Menschen gemäß, weil sie vernünftig oder

[90] Nutzanwendungen beispielsweise oben 3 II 318, 322 ff., 336.

[1] Auch hier wie so oft in diesem Buch muß sich Verfasser darauf beschränken, die Ergebnisse einer Auseinandersetzung mit umfänglicher rechtstheoretischer Literatur vorzulegen.

sittlich sind — als „natur“gegeben erscheinen. Für die Gegenwart freilich kann Verfasser in den staatlichen Rechtssystemen, die er zu übersehen vermag, nirgends eine Rechtsüberzeugung feststellen, die einer so weitreichenden Verweisung Verbindlichkeit zuschreiben wollte. Aber in sehr viel bescheideneren Grenzen und in andrer Bedeutung wird auch hier ein Zurückgreifen auf die „Natur der Sache“ nicht zu entbehren sein.

Die folgenden Erörterungen beziehen sich zunächst auf die Positivität der Grenznormen und Kollisionsnormen. Vielleicht könnte es genügen, auf die bloße Tatsache zu verweisen, daß jeder Staat sein Recht in irgendwelchen gleichviel wie gezogenen Grenzen anwendet und unter irgendwelchen Voraussetzungen auf Tatbestände des Privatrechts auch ausländische Gesetze zur Anwendung bringt. Denn solche Begrenzungen und Verweisungen müssen notwendig selbst dem rechtlichen Bereich angehören, und wenn sie auf dem Willen dieses Staats beruhen, positives Recht eben dieses Staats enthalten. In jedem Fall indessen schafft hier eine Einwirkung des Völkerrechts feste Grundlagen: die Staaten, die der völkerrechtlichen Gemeinschaft angehören, sind verpflichtet, sich wechselseitig als Staaten anzuerkennen. Darin liegt die Anerkennung beschlossen, daß den andern Staaten für ihren Bereich Aufgaben zukommen, die den Aufgaben des Inlands gleichartig sind, im besondern die Aufgabe, eine rechtliche Ordnung aufzustellen, und es folgt daraus weiter, zunächst negativ, daß es einem Staat nicht freisteht, alle Tatbestände, die sich irgendwo auf der Erde verwirklichen, der eignen Ordnung zu unterwerfen, darüber hinaus positiv, daß ein Staat verpflichtet ist, seiner Ordnung gegenüber der Ordnung andrer Staaten feste Grenzen zu geben [2]. Hat aber ein Staat solcher Anforderung des Völkerrechts Genüge getan — und Übereinstimmung mit dem Völkerrecht ist zu vermuten —, so besitzt er auch für jeden seiner Rechtsinhalte eine Grenznorm.

---

[2] R. Ago, Teoria del diritto internazionale privato (1934) 1, 123 ff. vermißt den Nachweis einer solchen Rechtsüberzeugung aus der Staatenpraxis. Er wird in Zeugnissen des Staatenverkehrs zu suchen sein, in denen der Bestand eines Systems von Grenznormen vorausgesetzt oder über ihren Inhalt gestritten wird. Beispiele: Freundschaftsvertrag Deutschland-Mexiko 5. 12. 1882 [18] RGBl. 1883, 247, keine Ausübung des diplomatischen Schutzrechts, wenn nicht „eine klare Verletzung der von den gesitteten Nationen allgemein anerkannten Normen des internationalen Privatrechts vorliegen sollte“; ähnlich die deutschen Verträge mit Kolumbien 1892 [20] und Bolivien 1908 [10] RGBl. 1894, 471; 1910, 512. Internationales Privatrecht und Prozeßrecht als Gegenstand diplomatischer Auseinandersetzungen: Handbuch der diplomatischen Korrespondenz der europäischen Staaten (1932) 1, 455 ff.; J. B. Moore, A digest of international law (1906) 2, 484 ff. Als Gegenstand völkerrechtlicher Rechtsprechung: die oben S. 402 [21] genannten Urteile des Internationalen Gerichtshofs. Für das internationale Steuerrecht Moore 2, 55 ff. usw.

Steht der Rechtscharakter der Grenznormen und der Kollisionsnormen fest, so ist es innerhalb einer gegebenen Rechtsordnung lediglich eine Auslegungsfrage, wie dieser Inhalt näher bestimmt werden muß. Kann in Ermangelung geschriebenen Rechts die Lösung nicht aus besondern Anhaltspunkten erschlossen werden, die etwa für diesen Fall bestehen, so erlangen Grenznorm und Kollisionsnorm ihre rechtliche Fundierung durch einen Hilfssatz, der schon der Handhabung des klassischen römischen Rechts zugrunde lag und heute in der Rechtsanwendung aller Kulturstaaten zu finden ist: daß in Zweifelsfällen die Auslegung einer Vorschrift im Einklang mit der „Natur", das will besagen, mit der rechtlich anerkannten Eigenart des zu regelnden Tatbestands erfolgen soll[3]. Ein solcher Rechtssatz gehört zu den zahlreichen Normen ungeschriebenen Rechts, wie sie allen entwickelten Rechtsordnungen innewohnen; es ist ein Rechtssatz über Auslegung, denn Auslegung ist jedes Urteil über einen zweifelhaften Rechtsinhalt. Den „Tatbestand" aber, den die vorausgesetzte Grenznorm regeln soll, bildet (oben § 12) die Zuweisung von Lebensbeziehungen an eine Sachnorm nach örtlichen Rücksichten. Es muß also der Inhalt der Sachnorm Ansatzpunkte ergeben, diese Verbindung vorzunehmen, müssen sich unter den möglichen örtlichen Beziehungen ihres Inhalts Merkmale herausschälen lassen, die der Eigenart dieses Inhalts (sie ist „rechtlich anerkannt", weil sie aus der Sachnorm abgeleitet ist) am besten entsprechen. Das gilt für die Sachnormen des

---

[3] Den Versuch, die ungeschriebenen Kollisionsnormen eines Rechtssystems unter Beiziehung eines selbständigen Hilfssatzes aufzufinden, hat schon Th. Niemeyer, Positives internationales Privatrecht (1894) 86 ff., 6 ff. für das gemeine Recht unternommen: der Richter habe in Ermangelung besonderer Kollisionsnormen „nach freiem Ermessen dasjenige Recht zur Anwendung zu bringen, dessen Anwendung gemäß dem Wesen und der Aufgabe der Rechtspflege im Sinne friedlicher und gemeinsamer Kulturarbeit der verschiedenen staatlichen Verbände vernünftig erscheint". Das reicht mit seiner Abstellung auf Zusammenarbeit der Staaten über den Satz unseres Textes hinaus, läßt sich in der Tat für das Privatrecht vielleicht als geltend anerkennen, wird jedoch eine sinngemäße Übertragung auf die Begrenzung öffentlichen Rechts unter den Verhältnissen der Gegenwart mindestens nicht unbeschränkt gestatten. Indessen geht der Hilfssatz, der oben aufgestellt wurde, überhaupt nach einer andern Richtung: er legt nicht allgemeine Tendenzen zugrunde, sondern verweist gerade auf die Besonderheit des zu regelnden Tatbestands, insoweit aber mit Wirkung für den ganzen Rechtsbereich, und es ist nur eine besondre Nutzanwendung, die von ihm bei der Feststellung von Grenznormen gemacht wird. — Einen Vorläufer hatte der Hilfssatz Niemeyers in seinem Inhalt bei v. Bar, dessen Ausführungen über internationales Privatrecht mannigfach auf die „Natur der Sache" verweisen; die aber sei hier identisch (so Lehrbuch 19; ähnlich Theorie und Praxis 1, 5) mit den zwingenden Bedürfnissen des Verkehrs und der gegenseitigen Anerkennung der Rechtsordnungen der zivilisierten Staaten.

Inlands und, wenn ihnen das Inland Erheblichkeit zuschreibt, für Sachnormen des Auslands. Häufig wird der Zweck, dem die Sachnorm dient, die wesentlichste unter den örtlichen Beziehungen ihres Tatbestands erkennen lassen: seuchenpolizeiliche Maßnahmen müssen jede Person im Inland erfassen, sollen sie ihre Wirkung nicht verfehlen. Ist aber das Mittel in die Sachnorm aufgenommen, mit dem ihr Zweck erreicht werden soll, so muß die Anknüpfung diesem Mittel entsprechen: die deutsche Unfallversicherung ist als eine Ordnung für Betriebe ausgebildet und gilt darum für Betriebe, die sich im Inland befinden, die Krankenversicherung ergreift unmittelbar den einzelnen Arbeiter, gilt dementsprechend, wenn dessen Beschäftigungsort im Inland belegen ist. Und so besitzt auch das Ergebnis einer solchen Prüfung, vermittelt durch jenen Hilfssatz, die Eigenschaft positiven Rechts[4]. Daß aber auch das Recht öffentlicher Verbände innerhalb eines Staats feste Grenzen haben muß, kann — wenn es nicht schon aus dem eignen Rechtswillen dieses Verbands folgte — als ein Bestandteil des staatlichen Rechtssatzes angesehen werden, der die Autonomie des Verbands anerkennt; und es wird alsdann der Inhalt solcher Begrenzung in Zweifelsfällen wiederum durch jenen Hilfssatz, der auf die Eigenart des Gegenstands abstellt, erschlossen.

So muß sich also eine jede Grenznorm auf den Willen einer anerkannten autonomen Gewalt zurückführen lassen, geschriebene Grenznormen und solche, die durch wissenschaftliche Überlegung gefunden werden. Und auch dann, wenn solche Rechtssätze mit übereinstimmendem Inhalt in verschiedenen Staaten gelten, beruht ihr Geltungsgrund[5] je für seinen Bereich auf dem Rechtswillen des einzelnen Staats. In Deutschland darf nur Reichsrecht und Landesrecht, das in mehreren Oberlandesgerichtsbezirken verbindlich ist, in der Revisionsinstanz nachgeprüft werden, nicht sonstiges deutsches Partikularrecht, nicht ausländisches Recht: Kollisionsnormen, die einem Landesrecht kleineren Bereichs angehören[6], Kollisionsnormen des Auslands, die

---

[4] Es ist nicht etwa ein Widerspruch zu der positiven Geltung allen internationalen Verwaltungsrechts, wie sie hier angenommen wird, wenn dies Buch bei seinen Darlegungen nebeneinander auf die Rechte der verschiedensten Staaten und sonst autonomen Verbände abstellt. Das Buch gibt positives Recht in rechtsvergleichender Darstellung. Jede der behandelten Ordnungen wird dabei als die positive Ordnung eines Inlands behandelt.

[5] Dies gegen M. Wolff 5; auch gegen die S. 402[91] genannten Urteile des Internationalen Gerichtshofs.

[6] So auch das Reichsgericht 8. 7. 1904 Zeitschrift 15, 287 und 11. 10. 1907 Zeitschrift 19, 222 für die aus dem internationalen Privatrecht des Reichs im Wortlaut übernommenen Kollisionsnormen des badischen Rechts. Gleichartig das (etwas tumultuarische) Urteil des Reichsgerichts 21. 6. 1919, Juristische Wochenschrift 1920, 49. Eine entsprechende Unterscheidung für Grenznormen

für das Inland Erheblichkeit besitzen[7], sind anders als die Kollisionsnormen des Reichsrechts einer Revision entzogen. Über die staatsrechtliche Zugehörigkeit des Gewohnheitsrechts ist schon oben S. 130 ff. gehandelt worden. Daß aber der Geltungsgrund einer Rechtswahl nicht etwa auf den Willen einer Privatperson zurückgehen kann, wurde S. 145 ff. ausgeführt.

Die Grenznorm gehört im Zweifel dem Recht derjenigen Gemeinschaft an, welche die Sachnorm aufstellt[8]. Innerhalb der Gemeinschaft aber, der sie staatsrechtlich zugehört, hat sie im Zweifel diejenige Kraft, welche die Sachnorm besitzt, der sie Grenzen zieht. Grenznormen für Rechtssätze besitzen selbst die Eigenschaft von Rechtssätzen, solche, die einer Verwaltungsverordnung Schranken ziehen, haben im Zweifel die Eigenschaft einer Verwaltungsverordnung.

Das bisher Gesagte bezog sich auf Grenznormen und Kollisionsnormen. Daß aber eine Überwirkung fremden Rechts die Eigenschaft positiven Rechts haben muß, steht vollends außer Zweifel. Sie beruht auf feststehenden Rechtssätzen des Inlands, und sie besteht nur so weit, als solche Rechtssätze eine Überwirkung vorsehen[9].

---

des Steuerrechts in der oben S. 18[35] erwähnten Entscheidung des Reichsgerichts (die fatale Äußerung des Urteils, es gäbe kein internationales Steuerrecht, und es könne deshalb ein solches auch nicht Gegenstand zulässiger Revision sein, wollte nach dem Zusammenhang nur besagen, daß die — nicht revisible — Grenznorm des bremischen Rechts, die hier vorlag, nicht gegen Rechtssätze höherer Ordnung verstoße). — Eine weitere Folgerung aus der staatsrechtlichen Zugehörigkeit der Grenznormen zieht der Reichsfinanzhof 18. 6. 1930, Reichssteuerblatt 1930, 761: die Grenznormen, die ein preußisch-luxemburgisches Abkommen zur Vermeidung der Doppelbesteuerung für die Einkommensteuer Preußens und Luxemburgs aufgestellt hat, sind auf die Reichseinkommensteuer nicht anwendbar. Die Entscheidung wird zutreffen. Zwar hat man partikularen Staatsverträgen, die Grenznormen für Strafrecht und für Verfahrensrecht enthalten, in Deutschland fortdauernde Geltung zugesprochen, auch als in der Folge Strafrecht und Verfahrensrecht von Reichs wegen geregelt wurden. Aber die Rechtspflege in Zivil- und Strafsachen war dabei Angelegenheit der deutschen Einzelstaaten geblieben, es hatte sich nicht wie bei der Einkommensteuer die beteiligte Staatsgewalt verändert.

[7] Reichsgericht 25. 6. 1924 Juristische Wochenschrift 1925, 249; das Urteil setzt die Statthaftigkeit einer Weiterverweisung voraus und erklärt die Feststellung der Vorinstanz, daß das internationale Privatrecht Englands zu einer Weiterverweisung führe, für nicht revisibel.

[8] Dazu Neumeyer, Zeitschrift für öffentliches Recht 11, 41. — Doch hat man in Deutschland bis 1900 in Anspruch genommen, den Geltungsbereich der Reichsgesetze durch partikulare Kollisionsnormen zu begrenzen; vgl. z. B. Niemeyer, Positives internationales Privatrecht 28. — Über staatliche Kollisionsnormen für partikulare Rechtsinhalte unten S. 444.

[9] Dazu auch hier Neumeyer, Zeitschrift für öffentliches Recht 11, 43.

Verhältnis zum Völkerrecht.

2. Es bedarf nach den bisherigen Erörterungen dieses Buches keiner erneuten Ausführung, daß alles internationale Verwaltungsrecht innerstaatliches Recht ist, nicht Völkerrecht. Eben darum aber bleibt möglich, daß das Völkerrecht, wie für alle Teile des innerstaatlichen Rechts, so auch für das internationale Verwaltungsrecht Anforderungen an die Staaten richtet, ihrem Recht für den oder jenen Punkt einen bestimmten Inhalt zu geben. Das liegt auf der Hand bei Staatsverträgen, die über den Gegenstand vereinbart werden, es ist auch nicht völlig ausgeschlossen, daß das allgemeine Völkerrecht dergleichen Anforderungen stellte. Für einen grundlegenden Satz: dem Inlandsrecht feste Grenzen zu geben, ist das eben ausgeführt worden. Der Satz reicht noch weiter und mag in seltenen Fällen sogar auf den Inhalt einzelner Grenznormen Einfluß nehmen. Wenn die Inanspruchnahme einer Zuständigkeit allgemein anerkannte Anschauungen über eine sachgemäße Begrenzung gröblich verletzt, so mag darin ein Verstoß gegen die Anerkennung gefunden werden, die dieser Staat nach Völkerrecht dem beeinträchtigten andern Staat schuldet, und es wäre eine solche Inanspruchnahme als völkerrechtswidrig anzusehen. Beispiele könnte etwa die Auferlegung einer Wehrpflicht an Ausländer [10], die Beanspruchung einer Grundsteuer von ausländischen Grundstücken, die Zwangsenteignung im Ausland belegener Gegenstände [11] bieten, insbesondre auch ein Eingriff in die öffentlichrechtlichen Beziehungen des Betroffenen zu einem fremden Staat, wie die Verhängung von Strafen, durch die Auszeichnungen eines andern Staats aberkannt oder Gewerbeberechtigungen, die diesem gegenüber begründet sind, entzogen würden [12]. Wesentlicher als solche Abwehr

---

[10] Moore a. a. O. 4, 51 ff.

[11] Ein Beispiel völkerrechtswidriger Enteignung oben S. 233; hieher auch gewisse Bestimmungen des Versailler Vertrags (die nur im Verhältnis der Vertragsteile zueinander durch Zustimmung gedeckt sind) oben S. 65. Vgl. überhaupt oben S. 101.

[12] Neumeyer, Zeitschrift für die gesamte Strafrechtswissenschaft 27, 2 ff. Ein Fall der letztgenannten Art oben 2, 148. Um eine völkerrechtswidrige Überschreitung der Zuständigkeit handelt es sich auch bei einer rechtlichen Einmischung in den öffentlichen Dienst eines andern Staats. Beispiele oben 1, 14; 3 I 38; 3 I 170; 3 II 9 [30] und 69 (während die Übung einer Gerichtsbarkeit über fremde Staaten — oben S. 157 ff.; auch unten § 42 [71] — zunächst materiellrechtlich unstatthaft ist und erst in ihren Auswirkungen zu einem Eingriff in den Dienst des andern Staats führen könnte. — Auch bei Rechtseinrichtungen, die als Anknüpfungsbegriffe in Betracht kommen, sind solche Überschreitungen nicht ausgeschlossen, so bei Begrenzung des Kreises der Staatsangehörigen; dazu H. Triepel, Virtuelle Staatsangehörigkeit (1921) 30 ff. Über die Staatszugehörigkeit der Seeschiffe oben 3 I 90 f. — Neben der Zurückweisung mit Mitteln des Völkerrechts bleibt dem beein-

ist es, daß Völkerrecht zuweilen positive Begrenzungen aufstellt und damit die Grundlage für innerstaatliches Recht gibt, z. B. bei der Wirksamkeit fremder Konsuln oder bei der Ausübung des diplomatischen Schutzrechts[13]. Überschreitungen einer so bestimmten Zuständigkeit sind wiederum Völkerrechtsverletzungen. In andern Fällen dagegen stellt das Völkerrecht selbst nachgiebiges Recht auf, das nur im Zweifel gilt, insoweit aber auch in das innerstaatliche Recht rezipiert ist. Für das internationale Verwaltungsrecht kommen hier vornehmlich Regeln über die Landgrenzen des Staatsgebiets in Betracht, z. B. über den Verlauf der Grenze in Grenzflüssen[14].

---

trächtigten Staat nach Lage des Falls natürlich auch eine Abwehr auf dem Boden des innerstaatlichen Rechts offen: wenn der Rechtssatz oder die Amtshandlung des andern Staats sonst rechtserheblich für das Inland wäre, wird ihnen solchenfalls wie bei jeder Begrenzung, die das Inland als Zuständigkeitsüberschreitung auffaßt, die Erheblichkeit entzogen.

[13] Vgl. oben S. 112[3] und [4]. Auch hier sind einige Völkerrechtssätze von Belang, die auf das internationale Verwaltungsrecht mittelbar einwirken. So die Begrenzung des Staatsgebiets gegenüber der See und dem staatsfreien Luftraum, oder Sätze über die Teilung der Staatsgewalt im besetzten Gebiet.

[14] Nach einer jüngst entwickelten Meinung soll freilich dem Völkerrecht für das internationale Verwaltungsrecht und für das internationale Finanzrecht im besondern eine ganz anders umfassende Bedeutung zukommen. E. Isay (Internationales Finanzrecht 17, 22ff., 32ff., 145f., 269; vgl. auch schon im Handwörterbuch der Rechtswissenschaft 3, 347ff.) stellt dem „positiven internationalen Finanzrecht" ein „reines internationales Finanzrecht" gegenüber, das Völkerrecht ist und für alle gegenwärtigen (und künftigen?) Steuerarten scharf umrissene Grenznormen zu Gebote stellt. Die Gründe? Sehr zutreffende Ausführungen, daß jeder Steuer eine Grenznorm entsprechen müsse, und daß es in Ermangelung ausdrücklicher Begrenzung ein im Zweifel geltendes Recht gebe, das die Grenznorm bestimmt; aber zu letzterem braucht es kein Völkerrecht. Der Schluß, wenn es nicht für alle Fälle völkerrechtliche Schranken gebe, könne es solche in keinem Fall geben, ist unzulässig; nicht weil weitergreifende Beschränkungen unmöglich wären, sondern weil sie im geltenden Völkerrecht nicht zu finden sind, gibt es deren nur eine kleine Anzahl. Über eine Herleitung aus angeblicher Personalhoheit und Gebietshoheit wurde oben in §§ 15 und 16 das Nötige vorgebracht. Und ist man sich über die Tragweite einer solchen Aufstellung im klaren? Bestimmt das Völkerrecht, daß eine allgemeine Besteuerung juristischer Personen nur zulässig ist, wenn sie den Verwaltungsmittelpunkt in diesem Staat haben, so ist es eine Völkerrechtsverletzung, genauer, weil vorsätzlich oder fahrlässig begangen, ein völkerrechtliches Delikt, wenn ein Staat die Besteuerung darauf gründet, daß die juristische Person nur nach ihren Satzungen den Sitz im Gebiet hat, und der wuchtige Mechanismus kann zum Ablauf gebracht werden, den die Begehung eines völkerrechtlichen Delikts für die Beziehungen von Staat zu Staat auslöst. Indessen, solche Annahmen sind Spekulationen weit ab von aller Wirklichkeit. Ein Satz des Völkerrechts, der in Angelegenheiten des innerstaatlichen Rechts eingreift, liegt nur da vor, wo eine im Staatenverkehr anerkannte Rechtsüberzeugung besteht, daß die Rechtsbildung in diesem Punkt beschränkt

Die Wirkung.

3. Daß Grenznormen des geschriebenen Rechts, Kollisionsnormen dieser Art, Sätze, welche einer Überwirkung Rechnung tragen, die Eigenschaft positiven Rechts besitzen (wenn sie nur sonst den Anforderungen an die Rechtsbildung dieser Gemeinschaft Genüge tun), ist kein Gegenstand weiterer Erörterung. Daß dies auch bei Rechtssätzen zutrifft, die durch wissenschaftliche Überlegung gefunden werden, folgt aus den Feststellungen in Z. 1. Von der andern Seite gesehen aber ergibt sich für theoretische Aussagen über diejenige Begrenzung, die der rechtlichen Eigenart eines Gegenstands entspricht: sie vermitteln (wenn als richtig anerkannt) der Rechtsordnung, auf deren Boden sie aufgestellt sind, ein im Zweifel geltendes Recht. Sie sind gegenstandslos, wenn diese Rechtsordnung unmittelbar oder mittelbar andres vorschreibt. Im übrigen aber sind sie der Auslegungsbehelf, durch den der Inhalt einer unbestimmt gebliebenen Grenznorm oder Kollisionsnorm festgestellt wird. Irgendwelche Bedeutung für das Völkerrecht kommt solchen Aussagen zunächst nicht zu, und selbst in den seltenen Fällen, in denen geprüft werden muß, ob eine Zuständigkeitsüberschreitung völkerrechtswidrig ist, entscheidet die Meinung, die sich im Staatenverkehr kundtut, wenn diese auch ihrerseits aus wissenschaftlichen Überlegungen schöpfen mag.

Staaten und andre Verbände des öffentlichen Rechts.

§ 37.

I. Abgrenzung.

1. Die grundsätzliche Gleichstellung. — 2. Voraussetzungen. — 3. Abgrenzung durch den Staat. — 4. Unvollkommene Bildungen.

Die grundsätzliche Gleichstellung.

1. In den gesamten Ausführungen, die vorausgehen, ist zur Vereinfachung der Darstellung angenommen worden, daß es Staaten, zumal Einheitsstaaten sind, deren Recht und Behördentätigkeit nach außen abgegrenzt werden soll, für die eine Anwendung ausländischen Rechts, die Anerkennung fremder Amtshandlungen, in Betracht zu ziehen ist. Und doch gibt es auch innerhalb des Staats mannigfache Verbände, die rechtliche Ordnungen zu eignem Recht besitzen und, neben andre Verbände gleicher Art gestellt, einer Abgrenzung und Kollisionsregelung bedürfen. Das nächste Beispiel bieten zusammen-

---

sein solle. Verglichen mit der Zahl der Rechtssätze, die ein Staat aufstellt, sind solche völkerrechtlichen Bindungen ganz außerordentlich selten; außerhalb ihrer ist die staatliche Rechtsbildung frei.

gesetzte Staaten, deren Teile, wie die Länder des Deutschen Reiches bis 1934, selbst die Eigenschaft eines Staats besitzen. Sie haben in Angelegenheiten, die sie frei von der Einwirkung des Gesamtstaats regeln, gleiche Stellung wie ein Einheitsstaat, wie sie ja auch insoweit in ihren gegenseitigen Beziehungen Völkerrecht, nicht staatliches Recht über sich tragen. Provinzen eines Einheitsstaats — seit 1934 stehen ihnen die deutschen Länder gleich —, Kolonien mögen zu Rechtsbildung befugt, mit eigner Verwaltung ausgestattet sein. Dasselbe trifft, und zumal auf verwaltungsrechtlichem Boden, für die Gemeinden zu. Landesteile innerhalb des Staats, die auf Grund einer Gebietsveränderung derselben Hoheit unterstehen, haben ihr Recht bewahrt. Auch Gemeinschaften persönlicher Art kommen in Betracht, die der Abgrenzung bedürfen, es wurde von ihnen oben S. 133 f. gehandelt: die Rechtskreise der Weißen und Farbigen in den Kolonien; der Angehörigen eines Bekenntnisses (vielleicht auch eines Ritus innerhalb desselben), wo die kirchliche Ordnung Bedeutung für das staatliche Recht besitzt; das Privatfürstenrecht in seinem Verhältnis zum gemeinen Recht im früheren Deutschland. Und es treten dazu in dem beschränkten Rahmen der ihnen gestellten Aufgaben die mannigfaltigen Genossenschaften und Anstalten des öffentlichen Rechts, denen ein Selbstbestimmungsrecht eingeräumt ist.

Auf privatrechtlichem Boden ist über die Frage, ob ein „interlokales" Privatrecht, das solchen Rechtsordnungen die Grenzen bestimmt, dem internationalen Privatrecht wesensgleich sei, viel geschrieben worden [1]. Es wird hier an der grundsätzlichen Gleichartigkeit der Problemstellung festgehalten. Der Umstand, daß der übergeordnete Staat bei Verbänden innerhalb seines Bereichs die Lösung an sich ziehen *kann* — er könnte ja auch einheitliches materielles Recht setzen und es selbst durchführen —, kann nicht wesentlich sein, da doch von dieser Möglichkeit unzweifelhaft in vielen Fällen nicht Gebrauch gemacht wird. Nicht selten ist das Problem dadurch verdunkelt worden, daß man Abgrenzung und Überwirkung zwar im Verhältnis von Staat zu Staat vom Standpunkt des einen Teils aus in seinen Beziehungen zu dem andern Teil ins Auge faßt, daß man aber bei andern Verbänden den Standort wechselt, sie nicht mehr in ihrer Eigenschaft als nebengeordnete Gemeinschaften betrachtet, sondern von oben her als Erscheinungen, die unter einem bestimmenden Staatswillen stehen [2]. Und doch handelt es sich überall, wo autonome (selbst-

[1] Übersicht etwa bei *Ago* (zit. S. 432 [2]) 203 [1].

[2] Dazu *Neumeyer*, Gemeinrechtliche Entwickelung des internationalen Privat- und Strafrechts 1, 8 ff. (System der persönlichen Rechte); Zeitschrift für Völkerrecht 6, 154 f. (Recht der Weißen und Farbigen in den Kolonien); oben 1, 526 (kirchliche Eidesform).

verwaltende) Verbände zu gleichem Recht nebeneinander bestehen, um dieselbe Fragestellung: welche Einschränkungen die Rücksicht auf diese andern Verbände für die Anwendbarkeit der eignen Ordnung mit sich bringt, und welche Überwirkung auf die eigne Ordnung der fremden Regelung dabei eingeräumt wird. Es mag auch darauf hingewiesen sein, daß sich das internationale Privatrecht von heute an dem Nebeneinander örtlicher Satzungen und Gewohnheitsrechte entwickelt und ohne Bruch auf das Verhältnis von Landesrechten übertragen hat.

Dieser Übereinstimmung entspricht es denn auch, daß hier wie dort Konflikte, die aus solcher Selbständigkeit erwachsen, nichts Seltenes sind[3]. Die vorausgehenden Bände dieses Werks zeigen Beispiele in beträchtlicher Anzahl. Manchmal sind bösartige Folgen daraus erwachsen: etwa bei der distriktspolizeilichen Erlaubnis, die Bayern für die Verehelichung seiner Staatsangehörigen forderte; die Überschneidung der Zwangsordnungen für religiöse Kindererziehung hat zu einer Fülle von Gewissensbedrängnissen geführt; und man mag sich jener merkwürdigen Diözesanstatuten erinnern, die „in Ausübung des Retorsionsrechts" der Zuständigkeit zur Erhebung von Stolgebühren eine besondre Begrenzung geben[4]. Manchmal ist es eine Verschiedenheit des Zeitpunkts, zu dem eine örtliche Anknüpfung vorliegen soll, die Konflikte zur Folge hat; wiederum bilden die Zwangsordnungen des religiösen Bekenntnisses einen unerfreulichen Beleg[5]. In andern Fällen führt eine Verschiedenheit der sachlichen Anknüpfung zu Schwierigkeiten: die eine Gemeinde erläßt Ortsstatuten über den Verkauf, die andre über die Herstellung von Backwaren, eine Krankenversicherung nach Landesrecht deckt die Gefahr des Krankwerdens, eine andre die Gefahr des Krankseins in der versicherten Zeit[6]. Ihre Zahl vermehrt sich durch abweichende Bestimmung der Anknüpfungsbegriffe, etwa der Mitgliedschaft in einem Verband[7].

---

[3] Derartige Unstimmigkeiten sind von vornherein unvermeidlich, wo der partikulare Rechtskreis sein eignes internationales Zivil- oder Strafrecht besitzt. So galt bis 1900 innerhalb des Reichs und zum Teil innerhalb der einzelnen Länder eine Vielheit internationaler Zivilrechte. Gleiche Rechtslage in Polen bis 1926, vgl. etwa das Urteil Journal 1927, 1174. Dasselbe muß mangels besondrer Vorsorge zutreffen, wo innerhalb des Staats eine Mehrheit autonomer Strafgesetzgebungen nebeneinander besteht (anders freilich der Oberste Gerichtshof Warschau 17. 12. 1928 Zeitschrift für Ostrecht 4, 206 mit zutreffender Kritik von H e i l b o r n; vgl. auch unten S. 451 [1]).

[4] Oben 1, 21 f.; 1, 451; 1, 542 f. Weitere Beispiele 1, 204 (Schullasten); 1, 529 (Kirchensteuer bei Mischehen); 2, 429 f. (Armenfürsorge).

[5] 1, 461 ff. Vgl. auch 2, 590 [66] über Krankenversicherung.

[6] Oben 2, 162 f.; 2, 590 [66].

[7] Dazu Zeitschrift für Völkerrecht 6, 182 ff. Abgrenzung zwischen Weißen und Farbigen; zwischen Angehörigen verschiedener farbiger Stämme.

Und es ist als besonders bezeichnend auf die Selbständigkeit hinzuweisen, mit der Fragen der Qualifikation von jedem Teil nach eignem Gutbefinden gelöst werden[8].

Aber freilich, wenn hier angenommen wird, daß die grundsätzliche Fragestellung für die vorgenannten Verbände die gleiche ist wie zwischen unabhängigen Staaten, ihre Tragweite ist nach der Art der Verbände sehr verschieden, von einer völligen Gleichartigkeit bis herunter zu kümmerlichen Resten einer solchen.

Voraussetzungen.

2. Das Problem, das hier behandelt wird, reicht über den Bereich des Rechtslebens weit hinaus und besteht für soziale Ordnungen jeder Art, bei denen eine Mehrheit normbildender Gemeinschaften nebeneinander gegeben ist[9]. Für das Folgende kommen nur rechtliche Ordnungen in Betracht[10]. Aber auch dann müssen noch eine Anzahl

---

Hieher auch die Zugehörigkeit zu mehreren Kirchengemeinden 1, 546 (Kirchensteuer); zu mehreren Kantonen 2, 431 f. (Armenfürsorge).

[8] Das Reichsstrafgesetzbuch gestattet den Ländern, den Forstdiebstahl aus der allgemeinen Strafdrohung gegen Diebstahl herauszunehmen und mit milderer Strafe zu belegen. Der Täter wohnt in Preußen, hat in Hessen geschlagenes Holz entwendet, ein Tatbestand, der nach hessischem, aber nicht nach preußischem Recht als Forstdiebstahl anzusehen ist; welches Recht soll der Richter des preußischen Wohnsitzes anwenden? Hier ist zunächst eine Frage aus dem Bereich des Überordnungsverhältnisses zu beantworten: wie weit das Reich den Ländern eine Bevorrechtung des Forstdiebstahls freigegeben hat. Besteht insoweit aber kein Zweifel — und man wird annehmen müssen, daß die Ermächtigung jedenfalls auf die Tatbestände sich erstreckt, die eines der bei Erlaß des Reichsstrafgesetzbuchs vorliegenden Landesgesetze als Forstdiebstahl behandelt — so stehen sich gleichberechtigte Landesrechte gegenüber (dazu unten S. 442 f.) und es kann jeder Richter nur das für ihn geltende Recht anwenden. Vgl. schon Zeitschrift für Völkerrecht 9, 321. Die Frage, zuerst von Seyfferth, Zeitschrift 10, 196 f. erörtert, hat sehr verschiedene Lösungen gefunden, s. A. Köhler, Blätter für Rechtsanwendung 1903, 97 ff. und Lehrbuch des Strafrechts (1917) 127²; J. Schiedermaier, Die strafrechtlichen Nebengesetze Bayerns (1912) 23; J. Kohler, Internationales Strafrecht (1917) 223 f.; v. Frank, Strafgesetzbuch¹⁸ § 5 V 2.

[9] Neumeyer, Das „internationale Privatrecht" der Sozialnormen, Zeitschrift für öffentliches Recht 11, 34 ff.

[10] Die Frage, ob eine solche vorliegt, mag selbst zweifelhaft werden. Für die Rechtsqualität der Eingeborenenordnungen in ihrem Verhältnis zu dem Recht der Weißen unter deutschem Kolonialrecht Neumeyer, Zeitschrift für Völkerrecht 6, 139 ff. — Nach einer andern Richtung gehen Zweifel Otto Mayer's, Deutsches Verwaltungsrecht³ 1, 86 f., nach denen Vorschriften öffentlicher Genossenschaften nur da Recht seien, wo sie für Nichtmitglieder verbindlich sind, in ihrer Verbindlichkeit für Mitglieder dagegen seien sie Ausfluß einer Vereinsgewalt, die durch Vertrag oder Verwaltungsakt begründet wurde, ähnlich wie auch sonst im öffentlichen Recht

Voraussetzungen verwirklicht sein, wenn das Problem ebenso liegen soll wie zwischen unabhängigen Staaten.

So muß es sich zunächst um nebengeordnete Gemeinschaften handeln, die sich wechselseitig anerkennen. Abgrenzungen, die auf dem Verhältnis von Überordnung und Unterordnung beruhen, die Frage etwa, ob in Deutschland Landesgesetze über einen Zuständigkeitsstreit zwischen Justiz und Verwaltung sich auf beteiligte Reichsbehörden erstrecken[11], hat mit internationalem Verwaltungsrecht nichts zu schaffen[12]. Wo indessen der übergeordnete Verband eine Angelegenheit regelt, einem Unterverband aber freigibt, über sie abweichende Bestimmungen nach seinem Gutbefinden zu treffen, da

---

auf Grund eines besondern Gewaltverhältnisses verbindliche Verwaltungsvorschriften möglich seien, denen die Eigenschaft von Rechtssätzen nicht zukommt. Das Mißverständnis wird in erster Reihe auf der Gleichsetzung einer solchen „Vereinsgewalt" mit besondern Gewaltverhältnissen des staatlichen Rechts beruhen. Wenn unter Einsetzung der allgemeinen Staatsgewalt ein besondres Gewaltverhältnis für den Staat begründet worden ist, über die eingezogene Militärperson oder den Sträfling, dann braucht man für die Auswirkungen einer solchen Herrschaft über die Gewaltunterworfenen die Rechtsbildung nicht mehr zu bemühen. Wenn dagegen in dem öffentlichen Verein unter Anerkennung des Staats ein neues Machtzentrum sich selbst begründet hat, dann ist ein ursprüngliches, kein abgeleitetes Gewaltverhältnis entstanden, und die Verhaltensvorschriften, die von diesem Zentrum ausgehen, sind Rechtssätze. Es wäre auch seltsam genug, wenn dieselben Vorschriften über die Regelung des Lehrlingswesens in ihrer Verbindlichkeit für Nichtmitglieder der Innung Rechtssätze wären, in ihrer Verbindlichkeit für die Mitglieder diese Eigenschaft nicht besäßen. Und welche Eigenschaft hätten die Vorschriften der Religionsgemeinschaften des öffentlichen Rechts — soweit sie genossenschaftlich organisiert sind — bei denen eine Vereinsgewalt nicht durch „Vertrag oder Verwaltungsakt" begründet ist? Und was soll für anstaltliche Verbände gelten?

[11] Reichsgericht Entscheidungen 44, 4; 44, 377; 48, 195. Preußisches Oberverwaltungsgericht 11, 403.

[12] In diesen Gedankenkreis gehört auch eine Frage, die unter der kaiserlichen Verfassung große Schwierigkeiten bereitet hat: die Verbindlichkeit des Landesstrafrechts für Militärpersonen, die eine Handlung im einen Gebiet verübten, aber dem Kontingent eines andern Gebiets angehörten. Reichsrecht hatte die bürgerliche Strafgerichtsbarkeit des Tatorts beseitigt und sie auf die vier Kontingentsherren übertragen, sie traten insoweit an die Stelle der verdrängten bürgerlichen Gerichtsbarkeit und hatten nach Maßgabe des Tatorts alle deutschen Landesrechte anzuwenden (dazu Autenrieth, Deutsche Juristenzeitung 1907, 1369 f.; das Material Archiv für Militärrecht 3, 135 f., 198 ff., 321 ff.; Ferd. Fleischmann, Landespolizeistrafrecht und Militärstrafgerichtsordnung, Diss. 1917). — Dagegen findet die Frage, ob Landesstrafrecht für deutsche Militärpersonen in Feindesland verbindlich ist, auch die Frage, ob Landesstrafrecht deutsche Schiffe in die hohe See begleitet, ihre Antwort nicht in dem Verhältnis zwischen Reich und Land, sondern in der besonderen Rechtslage, die für Militärpersonen in Feindesland, für Schiffe in hoher See gilt; dazu unten Kapitel 7.

stehen sich solche Ordnungen zu gleichem Recht gegenüber, nicht anders wie Gesetze selbständiger Staaten. Das galt beispielsweise im Reich, als die Armenfürsorge durch das Unterstützungswohnsitzgesetz von Reichs wegen geregelt war, Bayern jedoch seine besondre Heimatgesetzgebung in Kraft erhielt [13]. Und es ist eine solche Rechtslage auch da gegeben, wo ein Gegenstand im allgemeinen unter partikularer Regelung steht, der übergeordnete Verband aber für Gebiete, die ihm unmittelbar unterstellt sind, Regelung treffen muß. So war es beispielsweise im Reich mit dem Recht Elsaß-Lothringens in seinem Verhältnis zu dem der andern deutschen Länder [14], und es trifft für die Außenbereiche zu, in denen das Reich unmittelbare Herrschaft übt, die Gebiete der Konsulargerichtsbarkeit [15], die vormaligen Kolonien [16].

Jedoch nicht jede Nebenordnung von Rechtsbereichen und Amtsbereichen genügt, die Probleme des internationalen Zivilrechts, internationalen Verwaltungsrechts lebendig werden zu lassen: sie können nur für Gemeinschaften bestehen, denen Selbstgesetzgebung oder Selbstverwaltung zukommt. Den Gegensatz bilden Beziehungen zwischen einer Mehrheit von Rechts- und Amtsbereichen, die von derselben übergeordneten Gewalt geschaffen sind; von ihnen wird unten § 39 zu sprechen sein.

Abgrenzung durch den Staat.

3. Die Selbstbestimmung, die hier als Kennzeichen vorausgesetzt wird, um von Fragen des internationalen Zivilrechts oder Verwaltungsrechts sprechen zu können, ist Bestimmung des Inhalts von Rechtssätzen und Amtstätigkeiten. Ihre Begrenzung steht, wie S. 435 aus-

---

[13] Oben 2, 370 ff. 430. Weitere Beispiele 2, 588 f.: Reichsversicherungsrecht und aufrechterhaltene Versicherungseinrichtungen des Landesrechts. 1, 525 [26]: das Eherecht der Katholiken wird von Staats wegen geregelt, Protestanten und Juden verbleiben unter dem Eherecht ihres Bekenntnisses. Neumeyer, Deutsche Juristenzeitung 1905, 494 f.: gemeines Recht und Privatfürstenrecht. Ein kirchliches Gegenstück oben 1, 540.

[14] EG. BGB. Art. 5: „Als Bundesstaat im Sinne des Bürgerlichen Gesetzbuchs und dieses Gesetzes gilt auch das Reichsland Elsaß-Lothringen.“ Man wird auch an den Distrikt Columbia denken, in dem die Bundeshauptstadt der Vereinigten Staaten belegen ist.

[15] Reichsgericht 26. 4. 1897, Entscheidungen 39, 53. Vgl. auch § 16 des Konsulargesetzes: die Urkunden, die ein Konsul in seinem Amtsbezirk aufnimmt, gelten im Mutterland als Urkunden eines (andern) deutschen Bundesstaats.

[16] Kammergericht 24. 1. 1911, Archiv für Strafrecht 59, 168: die Strafbestimmungen einer kaiserlichen Verordnung für Südwestafrika sind Landesstrafrecht dieses Schutzgebiets, Zuwiderhandlungen können (wie stets bei Landesstrafrecht) in andern deutschen Ländern nicht bestraft werden.

geführt, dem Grundsatz nach derselben Gemeinschaft zu[17]. Auch an dieser Stelle aber kann die Überordnung des Staats oder Gesamtstaats wirksam werden, und es wird zur Verhütung von Konflikten der übergeordnete Teil die Grenznorm oder Kollisionsnorm vielleicht selbst aufstellen, unter Umständen sogar ausschließlich dazu berufen sein.

Nicht ganz selten räumt der Staat dabei einer unter den mehreren nebengeordneten Rechtsquellen einen Vorzug ein: das Recht des Stammlands soll das allgemeine Recht sein, das der erworbenen Provinz für die gegenseitigen Beziehungen von deren Einwohnern weitergelten, bei Mischbeziehungen zwischen Weißen und Farbigen sollen Recht und Gericht der Weißen zuständig sein; zumal die Anwendung kirchlicher Normen auf Mischehen, die Befugnis, solche Ehen abzuschließen und Gerichtsbarkeit über sie zu üben, wird in Staaten kirchlichen Eherechts vielfach unter Bevorzugung eines Bekenntnisses oder mit Aushilfen, wie Häufung oder Wahl der Zuständigkeit, bestimmt[18]. Regel jedoch ist die Zulassung der Normenkreise und Tätigkeitsbereiche zu gleichem Recht, und die Zuweisung der Tatbestände erfolgt alsdann nach der Eigenart des Rechtsinhalts.

Die Grenznormen, welche der Staat für die Wirksamkeit der ihm eingegliederten Verbände aufstellt, sind vielfach ausdrücklich erlassen. Höchstpreise, welche die Gemeinde ansetzt, finden Anwendung, wenn der Verkäufer seine Niederlassung im Bezirk hat; ein Gemeindestatut, das den Unfallrentenempfänger mit Sachleistungen abfindet, gilt für Personen mit Wohnort im Bezirk[19]. In andern Fällen (oben S. 135) liegt die Regelung in der Festsetzung, wer Mitglied der Genossenschaft, Zugehöriger der Anstalt sein soll. Die Grenznorm kann durch eine Bestimmung der sachlichen Anknüpfung festgelegt sein: ist die Gemeinde ermächtigt (oben S. 440), Vorschriften über die Herstellung von Backwaren zu treffen, so gelten sie für die Herstellung im Bezirk, ist die Ermächtigung auf eine Veräußerung der Ware zu beziehen,

---

[17] Sie mag auch auf einer Vereinbarung der beteiligten Verbände beruhen, die, wenn der Verband Staat ist, die Eigenschaft eines Staatsvertrags hat.

[18] Oben 1, 522 ff. S. 524 auch ein Beispiel, daß solche Aushilfen möglicherweise durch Auslegung erschlossen werden müssen.

[19] Oben 2, 166; 2, 543; verfahrensrechtlich: 2, 396. Ein drastisches Gesetz Polens begrenzt die Erhebung der Erbschaftssteuer für die nebeneinander bestehenden Steuersysteme der einzelnen Landesteile (**Isay**, Internationales Finanzrecht 238). Bayrische Verordnung 1807 über den Geltungsbereich der mehreren Strafgesetzgebungen innerhalb des Lands bei **Meili**, Lehrbuch des internationalen Strafrechts 21. Nach Art. 4 EG. BGB. gilt das internationale Privatrecht des Reichs auch für das Landeszivilrecht, soweit nicht die dem Landesrecht vorbehaltene Angelegenheit nach ihrer Eigenart zu Abweichungen veranlaßt.

so gilt sie für die Veräußerung im Bezirk. Vielfach indessen begnügt sich das staatliche Recht, im Rahmen einer staatlichen Regelung Einzelheiten einer Festsetzung durch den Unterverband zu überlassen oder auch in Angelegenheiten, deren allgemeine Regelung dem Unterverband zusteht, mit Beschränkungen einzugreifen, die den Geltungsbereich der Regelung berühren, doch ohne über die Art der Begrenzung nähere Bestimmung zu treffen. Dennoch muß auch unter solchen Umständen eine feste Begrenzung der partikularen Vorschriften bestehen, und zwar nach dem Willen des übergeordneten Staats bestehen: im ersten Fall, weil dem Unterverband nur eine Fertigstellung der staatlichen Normen und Organisationen für einzelne Punkte übertragen ist, eine selbständige Bestimmung des Wirkungsbereichs aber, die dieser vornehmen würde, die gleichmäßige Aufteilung unter die Unterverbände des Staats vereiteln müßte; im zweiten Fall handelt es sich ohnehin nur um eine Entfaltung des Inhalts, mit dem eine staatliche Vorschrift in partikulare Angelegenheiten übergreift. Der Inhalt der geforderten, jedoch nicht ausgesprochenen Grenznorm aber muß auf demselben Weg gefunden werden, auf dem die ungeschriebenen Grenznormen für staatliches Recht gefunden werden: durch Feststellung der örtlichen Beziehung, welche für den fraglichen Rechtsinhalt nach seiner Eigenart die wesentlichste ist. So hat die Bundesverfassung der Schweiz mit einem Verbot der Doppelbesteuerung in die Steuergesetzgebung der Kantone eingegriffen, ohne Näheres über die Durchführung zu bestimmen, und es hat das Bundesgericht in schöpferischer Rechtsprechung ein System von Grenznormen entwickelt, das die Steuergewalt der Kantone gleichmäßig bindet und Doppelbesteuerung dadurch unmöglich macht[20]. Gelegentlich mag die Zentralgewalt einem der beteiligten Unterverbände die Grenzziehung übertragen[21]. Auch eine Teilregelung kommt zuweilen vor: der Staat bestimmt den Verband, der die Gerichtsbarkeit üben soll, und überläßt es diesem, ob er materiellrechtlich eine andre als die eigne Ordnung anwenden will[22]. Jedenfalls aber sind

[20] Von gleicher Art sind die Ansätze zu einem internationalen Privatrecht des Bundes, die der Oberste Gerichtshof der Vereinigten Staaten für das Privatrecht der Einzelstaaten aus gewissen Klauseln der Bundesverfassung herleitet; dazu Dodd, Harvard Law Review 39, 533 ff. — Beispiele für die Begrenzung partikularer Bestimmungen, die in Einzelheiten staatliches Recht ergänzen: 1, 226 f. Gemeindestatuten für den Besuch gewerblicher Fortbildungsschulen; 2, 592 ff. Gemeindestatuten über Ausdehnung der Krankenversicherung. Oder verfahrensrechtlich: 2, 591 Gerichtsbarkeit nach Landesrecht in Sachen der reichsrechtlichen Krankenversicherung.

[21] Beispiel 2, 549 f. Unterstellung landwirtschaftlicher Nebenbetriebe unter eine gewerbliche Berufsgenossenschaft.

[22] So oben 1, 523 f. für kirchliche Ehegerichtsbarkeit. Zeitschrift für Völkerrecht 6, 127 (aber auch 149) für Streitsachen zwischen Weißen und

Abweichungen in der Grenzziehung, die einer staatlich gesetzten Grenznorm gegenüber der Unterverband vornähme, im Zweifel nichtig[23].

Unvollkommene Bildungen.

4. Das vollkommene Abbild einer Grenzziehung zwischen unabhängigen Staaten bietet die Abgrenzung für Gemeinschaften innerhalb des Staats, denen die Rechtsbildung in ihren Angelegenheiten freisteht, und die selbständige Einrichtungen besitzen, sie durchzuführen. Doch nicht immer fallen Selbstgesetzgebung und Selbstverwaltung (oder auch selbständige Rechtspflege) zusammen. Nach beiden Richtungen finden sich Zwischenbildungen.

Es kann sein, daß die Gemeinschaft eignes Recht besitzt, aber einer Organisation überhaupt ermangelt, die für dessen Durchführung in Betracht kommen könnte. So die partikularen Rechtsbereiche innerhalb des Staats, die durch eine Gebietsveränderung nebeneinander getreten sind; von ihnen wird alsbald näher zu sprechen sein. Dieselbe Rechtslage ergibt sich aber auch da, wo ergänzende Rechtsbildung einer organisierten Körperschaft im Staat übertragen wird, die Organe der Körperschaft jedoch an der Durchführung des so geschaffenen Rechts nicht beteiligt werden; z. B. bei den Höchstpreisen, welche die Gemeinden im Rahmen des Reichsrechts für ihren Bezirk festzustellen hatten[24]. Eine polizeiliche Durchsetzung, Zivilgerichtsbarkeit, Strafgerichtsbarkeit kommt unter solchen Umständen nicht dem Verband, sondern dem Staat zu[25].

Auf der andern Seite mag ein organisierter Verband im Staat Selbstverwaltung ohne Selbstgesetzgebung besitzen. Dann kann er freilich durch Rechtssatz Privaten keine Bindung auferlegen, aber seine Amtstätigkeit übt der Verband auch unter solchen Umständen zu eignem Recht[26]. Dergleichen wird praktisch, wo eine Verbands-

---

Farbigen. Vgl. auch Gemeinrechtliche Entwickelung des internationalen Privat- und Strafrechts 1, 11.

[23] Dazu oben 2, 163 (doch wird dem Satz des Textes dort nicht ausreichend Rechnung getragen).

[24] Für Verbandsrecht dieser zweiten Art besteht, den Feststellungen S. 445 entsprechend, überdies die Beschränkung, daß die Grenznormen, die seinen Geltungsbereich bestimmen, stets von der übergeordneten Gemeinschaft gesetzt sein müssen.

[25] Beispiele 1, 227; 1, 524; 2, 165 ff.; 2, 305. Vgl. auch schon oben S. 116 ff. Über die weiteren Auswirkungen dieser Rechtslage unten § 38 Z. 3.

[26] Ein Unterschied zwischen eignem und übertragenem Wirkungskreis des Verbands, wie er nach manchen Gesetzgebungen besteht, ist für den gegenwärtigen Zusammenhang bedeutungslos. Auch da, wo der Verband im übertragenen Wirkungskreis tätig wird, übt er diese Tätigkeit zu eignem Recht, und es bestehen Verhaltenspflichten, die sich auf die Durch-

angelegenheit im Interesse der Einheitlichkeit von seiten der übergeordneten Macht ihre Normierung empfängt; auch davon soll alsbald näher die Rede sein. Und es ergibt sich der gleiche Rechtszustand, wenn der Staat (Gesamtstaat) zwar in eignen Angelegenheiten Gesetze erläßt, aber der geeigneten Organe ermangelt, sie durchzuführen, an der Durchführung deshalb Länder und Gemeinden beteiligt oder auch besondere Selbstverwaltungskörper hiefür begründet, wie das in Deutschland vornehmlich bei der Arbeiterversicherung geschehen ist. Nur ist dabei zu unterscheiden, ob eine Tätigkeit von Staats wegen (Reichs wegen) unmittelbar der Behörde des Lands, der Gemeinde, der Versicherungskörperschaft aufgetragen ist — dann handelt die Behörde im Auftrag des Staats (Reichs), und es gehört der Gegenstand unter die unten § 39 zu behandelnden Erscheinungen. Ist aber der Auftrag, eine Tätigkeit vorzunehmen, dem Land, der Gemeinde, der Versicherungskörperschaft als Selbstverwaltungskörper erteilt, so schiebt sich deren Ämtergewalt dazwischen, und sie sind es, die ihren Behörden die dienstliche Weisung geben[27]. Auch Weisungen dieser Art bedürfen einer Begrenzung der Tatbestände, für die sie gelten sollen, und so erwachsen auch hier — mit der Kraft einer Verwaltungsverordnung, vgl. oben S. 106[6] — Grenznormen, die nur freilich in ihrem Inhalt übereinstimmen müssen mit der örtlichen Begrenzung des Auftrags, den der Verband von Staats wegen erhält. —

Zwei Rechtslagen, welche zu den vorstehend behandelten Erscheinungen gehören, bedürfen noch einer näheren Erörterung. Ein Fall, bei dem sich Gemeinschaften mit Selbstgesetzgebung ohne Selbstverwaltung (oder selbständige Rechtspflege) gegenüberstehen, ist vornehmlich da gegeben, wo auf Grund eines Gebietszuwachses örtliche Bereiche im Staat, vielleicht aber auch in der Gemeinde nebeneinander treten, deren jeder sein bisheriges Recht bewahrt, ohne daß doch diese Teilrechtsordnungen organisierten Körperschaften als deren Recht zugeordnet werden könnten. Dergleichen ist auf privatrechtlichem Boden eine bekannte Erscheinung, darf aber auch im Bereich des öffentlichen Rechts nicht übersehen werden. Zumal unmittelbar nach einer Gebietsveränderung ist ein solches Nebeneinander der Ordnungen häufig

---

führung beziehen, nicht dem übertragenden Staat gegenüber, sondern gegenüber dem mit der Durchführung beauftragten Selbstverwaltungskörper.

[27] Dazu oben 2, 434; auch 2, 543[76]; 3 I 188[2]. Ist ein Auftrag der Behörde, etwa einer Gemeindebehörde, von Reichs wegen unmittelbar erteilt, so bleibt es freilich auch dann die Behörde einer dem Reich fremden Ämterordnung, die handeln soll, und gegenüber einer Säumnis hätte die Gemeinde (oder das Land), jedenfalls nicht das Reich einzuschreiten. Aber der Inhalt des Auftrags kommt auch dann vom Reich, und es ist ein aliud, wenn Vorkehrungen gegen Nachlässigkeit im Dienst einer andern Stelle zustehen.

anzutreffen. In Polen galt bis 1932, in Litauen gilt noch jetzt eine Mehrheit von Strafgesetzgebungen nebeneinander. Polen hat auch die Erbschaftssteuergesetze bewahrt, die in den drei Landesteilen bei deren Vereinigung in Kraft waren, mannigfach sind Währungsverschiedenheiten solcher Landesteile in Geltung verblieben[28], Italien kennt heute noch aus der Zeit vor der Staatsgründung Verschiedenheiten im Bergrecht oder Jagdrecht[29], innerhalb Preußens trifft man Verschiedenheiten des Schulrechts, des Wegerechts, und es war besonders die Zwangsordnung der religiösen Erziehung in Deutschland ein Gegenstand weitestgehender Zersplitterung. Zunächst, auch unter derlei Umständen stehen sich autonome Gemeinschaften gegenüber. Die Teilrechtsordnungen sind Recht der einzelnen Landschaften, ihr Träger ist der anstaltlich oder genossenschaftlich aufgefaßte Landstrich selbst. Als unorganisierte Gemeinschaft freilich kann der Landstrich sein Recht nicht selbst handhaben, er ist dafür auf die staatlichen Behörden verwiesen (dazu unten S. 455); und eben deshalb handelt es sich hier in Verwaltungssachen um die verkümmerte Bildung von Gemeinschaften mit Selbstgesetzgebung ohne Selbstverwaltung. Dagegen wird eine solche Rechtslage allerdings noch durch einen weiteren Umstand gekennzeichnet. Wenn in verschiedenen Landesteilen verschiedene Steuergesetze bestehen, dann regeln sie nicht eine Steuererhebung zugunsten dieses Landesteils: es ist der Staat, der auf Grund des einen und des andern Gesetzes die Steuer zu beanspruchen hat; wo verschiedenerlei Strafgesetzgebungen in Kraft geblieben sind, da ist es immer die eine staatliche Strafrechtspflege, die auf verschiedene Weise normiert ist. Und wenn in solchen Fällen einer subjektiven Leistung an den Staat diese Eigentümlichkeit besonders sichtbar wird, so ist es im öffentlichen Recht doch auch sonst ganz regelmäßig der Staat, dem auf Grund der Teilrechtsordnung eine Unterlassung geschuldet wird, der eine Erlaubnis zu erteilen hat usw.[30]. Die Teilordnung regelt von ihrem Standpunkt aus eine staatliche Angelegenheit für den Gesamtstaat[31]. Es kann nicht verkannt werden, daß eine solche Rechtslage den in § 39 behandelten Fällen, bei denen es

---

[28] Oben 3 II 259 ff., 226 f.

[29] Näheres bei F. Cammeo, Corso di diritto amministrativo (1914) 1, 302 ff.

[30] Hieher auch 3 I 188[2] (der dortige Text ist insoweit zu berichtigen).

[31] Darum müssen auch Tatbestände dieser Art, die sich in einem Gebietsteil abweichenden Rechts zutragen, behandelt werden, als wären sie im eignen Rechtsgebiet verwirklicht. Gelten im Staat mehrere Strafgesetzgebungen nebeneinander und es hat das Gericht über eine Handlung zu urteilen, die im andern Teilgebiet begangen wurde, so unterliegt die Tat als eine im „Inland" begangene Handlung der eignen Strafgesetzgebung. Weiteres hiezu unten S. 451[1].

sich um räumlich verschiedene Inhalte eines einheitlichen Staatswillens handelt, merklich näher steht als andre bisher besprochene Erscheinungen. Dennoch verbindet sie mit diesen als entscheidendes Merkmal: daß auch unter solchen Umständen der Inhalt der Sachnormen nicht durch den Staat, sondern durch die Gemeinschaft bestimmt ist. Hinzutritt, diese Selbständigkeit zu betonen, daß der Landesteil bis zu einem Eingreifen der Staatsgesetzgebung auch seine Grenznormen behält, den Geltungsbereich der von ihm getragenen Inhalte festzusetzen [32]. Für das bürgerliche Recht aber, bei dem eine Unterscheidung, ob Beziehungen zum Staat oder zu dem Landesteil vorliegen, überhaupt nicht in Betracht kommt, ergibt sich eine Einordnung in die Lehre vom gegenseitigen Verhältnis autonomer Gemeinschaften von vornherein ohne Schwierigkeit.

Beigefügt mag noch sein, daß eine ähnliche Rechtslage wie zwischen räumlich geltenden Rechtsordnungen, die durch Gebietsveränderung nebeneinander getreten sind, auch für persönlich geltende Teilrechtsordnungen vorkommen kann: wenn in Kolonien eine Rechtsverschiedenheit zwischen dem Recht der Weißen und dem der Eingeborenen besteht. Auch hier kann der Inhalt der Sachnormen für jeden Teil selbständig bestimmt sein. Aber auch hier wird eine Steuer, ob sie nach Weißenrecht oder Farbigenrecht geschuldet ist, stets dem Staat geschuldet. —

Auf der andern Seite muß hier auch noch auf die Rechtslage eingegangen werden, die durch eine staatliche Normierung von Verbandsangelegenheiten, die vor allem im Deutschen Reich durch die reichsrechtliche Normierung von Landesangelegenheiten entsteht. So ist die innere Verwaltung in Deutschland zum größten Teil Landessache geblieben, ist aber mannigfach, z. B. im Gewerberecht, von Reichs wegen geregelt, und dasselbe galt, solange (bis 1934) die Zivil- und Strafrechtspflege Sache der Länder war. Das Reich hat sich bei solcher Normierung nicht damit begnügt, übereinstimmende Rechtssätze für die Betätigung der Länder aufzustellen, es hat dieser Betätigung die Reichsgewalt zur Verfügung gestellt. Verwaltung und Rechtspflege bleiben auch dann noch Landessache. Wo aber Verpflichtungen einer Person durch deren räumliche Beziehungen zum Staatsgebiet vermittelt werden, da ist es nicht mehr Landesgebiet, sondern das gesamte Reichsgebiet, das die Bindung vermittelt. Das bayrische Gericht kann einen Zeugen in Hamburg zum Erscheinen verpflichten. Durch die Übertragung der Reichsgewalt wird es aber auch möglich, daß eine

---

[32] Besonders sichtbar im Steuerrecht. Für das internationale Strafrecht oben S. 440 [3] und unten 451 [1].

gliedstaatliche Verwaltung öffentlichen Körperschaften eines andern Landes Verpflichtungen auferlegt, z. B. bei Ausübung einer reichsrechtlich übertragenen Gerichtsbarkeit, ja sogar für andre Gliedstaaten selbst mögen auf diese Weise Bindungen entstehen, wie in jenen Zeitschrift für die gesamte Strafrechtswissenschaft 27, 12 f. geschilderten Fällen: bei denen ein wüttembergisches Gericht die Möglichkeit hat, in Handhabung des Reichsstrafrechts jemand einen preußischen Orden abzuerkennen oder ihn zum Verlust eines preußischen Amts zu verurteilen [33]. Und es treten solche Wirkungen auch da ein, wo sie sich auf landesrechtliche Ausführungsbestimmungen gründen, deren Erlaß das Reichsrecht vorsieht; auch da, wo solche Ausführungsbestimmungen von Land zu Land verschiedenen Inhalt besitzen [34].

§ 38.

II. Überwirkung.

1. Anwendung fremden Rechts. — 2. Erheblichkeit fremder Amtshandlungen. — 3. Die Stellung verbandsfremder Organe im Staat. — 4. Teilordnungen im Ausland.

Anwendung fremden Rechts.

1. Wie zwischen Staaten kann es auch zwischen sonstigen Verbänden, die ein Selbstbestimmungsrecht besitzen, veranlaßt sein, das Recht eines andern gleichgeordneten Verbands anzuwenden. Das vollzieht sich auf privatrechtlichem Boden in übereinstimmender Weise; ist auf den Sachverhalt, der einer Beurteilung bedarf, das eigne Recht nicht anwendbar, so wird auf den Sachverhalt fremdes Recht angewendet. Im gesamten Bereich des öffentlichen Rechts aber gilt auch hier, daß der Verband unbeteiligt bleibt, wenn ein Tatbestand außerhalb der Grenzen eigner Zuständigkeit liegt, nicht etwa (von Sonderfällen abgesehen), daß er nach fremdem Recht für einen fremden Verband handelt. Gemeindesteuern werden erhoben, wenn die örtlichen Voraussetzungen für ihre Erhebung vorliegen; fehlen sie, so ist die Gemeinde rechtlich unbeteiligt daran, ob und welche andre Gemeinde einen Gegenstand mit Steuer belegt. Das Partikularstrafrecht der

---

[33] Auf dieser Übertragung der Reichsgewalt beruht es auch, daß eine gliedstaatliche Verwaltung Amtshandlungen in allen Teilen des Reichs vornehmen kann, soweit nicht Rücksichten der Geschäftsverteilung dem entgegenstehen. Über weitere Auswirkungen einer solchen reichsrechtlichen Normierung unten S. 453/454.

[34] Vgl. zu mehreren dieser Feststellungen oben Bd. 2 S. 393 ff., 399 f., 541, 591 [68], 719 [100].

deutschen Länder gelangt nur in dem Land zur Geltung, das die Strafdrohung aufgestellt hat [1].

Soll es im Verhältnis von Verband zu Verband zu einer Anwendung fremden öffentlichen Rechts kommen [2], so ist das auch hier nur in der Weise möglich, daß Rechtsfolgen, die für den Verband in eignen Angelegenheiten erwachsen, von einer Voraussetzung abhängig gemacht sind, die aus dem öffentlichen Recht eines andern Verbands zu beantworten ist [3]. Das mag, wie zwischen Staaten, auf der Erwägung beruhen, daß der andre Teil zuständig ist, eine Regelung vorzunehmen [4], erfolgt insbesondre auch, um Übereinstimmung

---

[1] Auch da, wo in Angelegenheiten öffentlichen Rechts bei einer Gebietsveränderung die Rechte unorganisierter Gebietsteile in Kraft verblieben sind, kann es sich bei der Rechtsanwendung nur darum handeln, ob die Ordnung eines dieser Gebietsteile gilt oder nicht gilt, kann es nicht zu einer Anwendung auswärtigen Rechts auf den unmittelbaren Gegenstand der Entscheidung kommen. Ein Zweifel könnte sich aus dem S. 455 besprochenen Umstand ergeben, daß in solchen Fällen staatliche Behörden zur Rechtsanwendung berufen sind, für die keines dieser Teilrechte ein fremdes Recht ist. Indessen wenn staatliche Behörden nicht verhindert sind, jedes dieser Teilrechte anzuwenden: was materiellrechtlich gilt, kann nur vom Boden einer dieser Teilrechtsordnungen beantwortet werden. Die Staatsbehörde hätte öffentliches Recht des andern Gebietsteils anzuwenden, wenn sie verfahrensrechtlich Anlaß hätte, im Instanzenzug jenes andern Gebietsteils tätig zu werden; im Instanzenzug des eignen Gebietsteils kann sie nur dessen Recht anwenden. Die Frage ist vornehmlich für das Strafrecht praktisch geworden, als Gebiete verschiedenen Rechts unter einer Herrschaft vereinigt wurden. Zutreffend der Oberste Gerichtshof München 1854, Zeitschrift für Gesetzgebung des Königreichs Bayern 1, 204; anders das Preußische Obertribunal und das Oberappellationsgericht Kassel 1867, Goltdammers Archiv 15, 767; 16, 141 und 383; das Obertribunal Kaunas 1931, Juristische Wochenschrift 1932, 439. Eben deshalb, weil eine Handlung nur nach dem Strafrecht der lex fori oder überhaupt nicht bestraft werden kann, muß auch (vgl. oben S. 440 [3]) das internationale Strafrecht der lex fori unter solchen Umständen verbindlich bleiben. (Über das Recht, das bei Begehung im andern Gebietsteil anzuwenden ist, auch oben S. 448 [31].)

[2] Über subjektive Leistungspflichten der Verbände gegeneinander oben S. 182.

[3] Bei Beurteilung einer Rechtslage, z. B. durch ein Verwaltungsgericht, kommt fremdes Recht selbstverständlich nicht als Vorfrage für die Bildung des Urteils als Amtstätigkeit in Betracht, sondern als mögliche Norm für den Gegenstand der Beurteilung. Darum gehört es nicht in den gegenwärtigen Zusammenhang, wenn Landesbehörden (2, 394 ff.) bei einem Verwaltungsrechtsstreit zwischen Armenverbänden das Recht eines andern deutschen Landes anzuwenden haben.

[4] 1, 327 Besitz des hohen Adels im Verhältnis von Hausrecht zu Hausrecht. 2, 736 eine Krankenkasse leistet vorläufige Krankenhilfe nach den Bestimmungen derjenigen Kasse, deren Mitglied der Unterstützte ist.

mit dem Recht eines andern Verbands herzustellen [5]. Wo eine Verweisung auf fremde Regelung aus dem selbstgesetzten Recht des verweisenden Verbands hervorgeht, ist die Rechtslage völlig die gleiche wie bei einer Verweisung von staatlichem auf staatliches Recht. Doch wird es bei Verbänden, die dem Staat eingegliedert sind, manchmal vorkommen, daß der übergeordnete Staat die Verweisung vorschreibt, insbesondre auch bestimmt, welches Verbandsrecht unter mehreren anwendbar sein soll; verbleibt die Angelegenheit im übrigen der Selbstbestimmung des Verbands, so gehören auch derlei Bestimmungen in den gegenwärtigen Zusammenhang.

Daß die Verbände, die sich derart gegenüberstehen, in verschiedenen Staaten belegen sind, schließt die Verweisung noch nicht aus. Beruht sie auf dem Willen des verweisenden Verbands selbst, so entscheidet er auch darüber, ob Verbände des Auslands im Sinn seiner Verweisung als gleichgestellt gelten sollen. Gründet sich die Verweisung auf den Willen des übergeordneten Staats, so muß dieser — vielleicht veranlaßt durch einen Staatsvertrag — bestimmen, ob sich eine Verweisung auf das Recht ausländischer Verbände erstreckt. Es sind vornehmlich die Beziehungen zwischen Versicherungskörperschaften mehrerer Staaten, die dafür mancherlei Beispiele bieten [6].

Es entspricht der Gleichartigkeit des Problems, wie es für Staaten und für Unterverbände im Staat besteht, daß auch im Verhältnis von Verband zu Verband die Notwendigkeit erwachsen kann, dem Recht des andern Teils die abwehrende Vorbehaltsklausel entgegenzustellen (wie ja auch — oben S. 440 — Konflikte zwischen ihren Lösungen entstehen können). Das ist vor der Vereinheitlichung des bürgerlichen Rechts zwischen deutschen Ländern mehr als einmal vorgekommen. Ein Beispiel aus dem Bereich der Verwaltung wurde oben S. 233 erwähnt. Aber allerdings, die Gleichartigkeit der Problemstellung besteht nur da, wo nicht bloß die Rechtsbildung, sondern auch die Handhabung des Rechts dem Verband zusteht. Die Rechtslage ist anders, wo die Rechtsanwendung staatlichen Behörden zukommt, denen die mehreren Verbände gleich nahe stehen; es wird darauf unten Z. 3 zurückzukommen sein.

Ähnlich verhält es sich mit der Ablehnung privatrechtlicher Eingriffe, die dem Schutz fremder Verwaltung dienen. Als Bayern im

---

[5] Hieher Bestimmungen über Gegenseitigkeit und Retorsion. 2, 549 [89] Unfallverhütungsvorschriften, übereinstimmend mit den Vorschriften einer andern Berufsgenossenschaft. 3 I 105 [16] Verhältnis zwischen Riten der katholischen Kirche: Feiertage des Arbeitnehmers übereinstimmend mit solchen, die dem Ritus des Arbeitgebers entsprechen.

[6] Vgl. oben 2, 734 f. für das Verhältnis des Reichs zu Danzig und Memel. Dazu seither wichtige Staatsverträge des Reichs über Sozialversicherung mit Österreich, Südslawien, Polen, der Tschechoslowakei.

Interesse seiner Heimatgesetzgebung Ehen seiner Staatsangehörigen für nichtig erklärte, die ohne distriktspolizeiliche Erlaubnis geschlossen wurden, haben andre deutsche Länder dieser Bestimmung die Anwendung versagt. Doch kann die Unterordnung der Teilverbände unter einen Gesamtstaat auch hier zu Annäherungen führen, wie sie zwischen unabhängigen Staaten nicht bestehen. Es ist oben S. 413, 418 [40] bemerkt worden, daß der Strafschutz von Verwaltungseinrichtungen, der auf Reichsrecht beruht, die Einrichtungen aller deutschen Länder umfaßt, daß in einem auf Reichsrecht gegründeten Konkursverfahren Steuerforderungen aller deutschen Länder angemeldet werden können. Und so kommen auch Eingriffe in den normalen Ablauf privatrechtlicher Beziehungen, mit denen das Reichsrecht ein Verwaltungsinteresse schützen will, der Verwaltung aller deutschen Länder zustatten. Es wurde schon oben S. 256 bemerkt, daß § 134 BGB. — Nichtigkeit eines Rechtsgeschäfts, „das gegen ein gesetzliches Verbot verstößt“ — auf Verbote aller deutschen Länder bezogen werden muß, und ohne Unterschied, in welchem von ihnen die Angelegenheit zu gerichtlichem Austrag kommt [7].

Erheblichkeit fremder Amtshandlungen.

2. Auch Amtshandlungen eines öffentlichen Verbands innerhalb des Staates können für andre Verbände gleicher Art rechtliche Erheblichkeit erlangen. Und es mag vorweg darauf hingewiesen sein, daß die Frage nur zwischen Verbänden praktisch werden kann, die ein Ämtersystem besitzen, also nicht zwischen unorganisierten Rechtsgebieten, die durch eine Gebietsveränderung neben einander getreten sind, auch nicht zwischen organisierten Verbänden, denen die Rechtsbildung für einen Gegenstand übertragen ist, aber nicht die Durchführung des so entstandenen Rechts; während umgekehrt für Körperschaften, welchen Selbstverwaltung ohne Selbstgesetzgebung zukommt, Amtshandlungen andrer solcher Körperschaften beträchtliche Bedeutung besitzen können.

Die Erheblichkeit einer Amtshandlung kann, wie zwischen selbständigen Staaten, darauf beruhen, daß in dem Recht eines fremden Verbands, das anzuwenden ist, auf die Amtshandlung verwiesen wird [8].

---

[7] Beruht der früher erwähnte Ausschluß der Vorbehaltsklausel auf der engeren Verbindung, die aus der Handhabung des partikularen Rechts durch die übergeordnete Macht folgt, so ist es hier eine Rechtsbildung durch den Gesamtstaat, welche die Verbindung herstellt.

[8] Beispiel 1, 444: wurde bei einer Zwangsordnung der religiösen Erziehung auf die Rechtslage, die vor der Wohnsitznahme im Gebiet bestand, das Recht des früheren Wohnsitzes angewendet, so waren auch Dispensationen verbindlich, die auf Grund des früher geltenden Rechts erteilt waren.

In aller Regel sind es die Sachnormen des eignen Verbands, die eine solche Verweisung aufstellen. Die Hochschule anerkennt die Promotion, die eine andre Hochschule vorgenommen hat, die protestantische Landeskirche die kirchlichen Akte einer andern Landeskirche; der Knappschaftsverein schreibt der Versicherung Wirkungen zu, die bei einem andern solchen Verein begründet waren; Studienzeugnisse, Dienstbücher, die der andre Teil ausgestellt hat, werden anerkannt [9]. Zum Teil beruht eine Überwirkung dieser Art auf Vereinbarung der beteiligten Verbände, sie wird manchmal auch einseitig zugelassen. Jedenfalls bildet den Ausgangspunkt die eigne Entschließung des Verbands, ob er der fremden Handlung Bedeutung beimessen will, und er kommt dabei auch in die Lage, zu entscheiden, ob die Voraussetzungen solcher Überwirkung gegeben sind, z. B. ob die Handlung Betätigung eines gleichartigen Verbands ist. So [10], wenn für eine protestantische Kirche fraglich wird, ob eine geistliche Handlung von einer Kirche gleichen Bekenntnisses vorgenommen ist. Vielfältig freilich beruht auch hier die Erheblichkeit der fremden Amtshandlung auf einer Anweisung der übergeordneten Staatsgewalt, und sie kann nur auf einer solchen beruhen (von Ermessensfragen abgesehen), wenn der Verband Selbstverwaltung ohne Selbstgesetzgebung besitzt. Demgemäß sind in Deutschland auch Amtshandlungen der Länder, die reichsrechtlich normiert sind, in den andern Ländern schlechthin anzuerkennen [11].

Auch Rechtshilfe von Verband zu Verband kommt mannigfach vor, nach eigner Entschließung der Rechtshilfe leistenden Körperschaft, nach dem Willen des übergeordneten Staats [12]; wenn auch das Bedürfnis nach Rechtshilfe hier um deswillen geringer sein mag, weil die Körperschaft, ohne eine Gebietshoheit zu verletzen, selbst in dem Amtsbezirk der andern Körperschaft tätig werden kann. Und auch eine gemeinsame Betätigung der mehreren Körperschaften ist nicht

---

[9] Oben 1, 337; 1, 537; 2, 734; 1, 206 f.; 2, 303.

[10] Oben 1, 531.

[11] Die Gleichstellung, welche das Reichsrecht solchen Amtsakten gewährt, hat freilich eine unerwartete Folge: beruht der Akt auf Rechtssätzen über Abgrenzung oder Überwirkung, die verschieden sind von den Rechtssätzen eines andern Lands, so kann dies andre Land dennoch genötigt sein, den Akt anzuerkennen, sogar durchzusetzen, auch wenn das rechtliche Ergebnis des Akts im Gegensatz steht zu dem Rechtszustand, der sich bei eigner Beurteilung in dem andern Land ergeben würde. Vgl. oben 1, 320 461 ff. und eingehend Blätter für Rechtsanwendung (1906) 71, 333 ff.

[12] Beispiele oben 2, 364 [34] (Viehversicherungsverbände); 2, 428 f. (Kantone als Armenverbände); 2, 735 f. (Körperschaften der Arbeiterversicherung). Über den kümmerlichen Rechtszustand, der für Rechtshilfe in Verwaltungssachen zwischen den deutschen Ländern bestand, oben S. 365 f.

selten, in den mannigfachen Abstufungen, wie sie in § 34 für eine Zusammenarbeit selbständiger Staaten aufgeführt wurden[13].

Bei alledem ist es auch hier möglich, daß die Amtshandlung, die anzuerkennen ist, dem Verband eines ausländischen Staats angehört, daß Rechtshilfe einem solchen gewährt wird[14]. Es gilt in derartigen Fällen das gleiche, was oben S. 452 für die Verweisung auf das Recht eines ausländischen Verbands ausgeführt wurde.

Die Stellung verbandsfremder Organe im Staat.

3. Bei dem Fragenbereich des interlokalen Rechts handelt es sich grundsätzlich um das Verhältnis des einen öffentlichen Verbands im Staat zu andern öffentlichen Verbänden gleicher Art. Es kann indessen sein (und wurde oben S. 446 ff. erwähnt), daß auch Stellen andrer Ämterkreise, daß vor allem staatliche Behörden in die Lage kommen, das Recht des einen oder andern Verbands anzuwenden[15]. Z. B. es haben die Gemeinden Höchstpreise aufgestellt, das staatliche Gericht soll Zuwiderhandlungen bestrafen. Für die staatlichen Behörden aber hat sich die Fragestellung geändert: nicht, ob das Recht des eignen oder etwa eines fremden Verbands zur Geltung kommen soll, muß festgestellt werden, sondern, welches Recht von mehreren, die der Herkunft nach alle dem Staat fremd sind. Die Stellung, welche unter solchen Umständen der staatlichen Behörde zukommt, ist zu einem erheblichen Teil ähnlich jener in § 34 Z. 7 beschriebenen, welche bei der Rechtsanwendung gemeinsame Behörden mehrerer Staaten besitzen. Auch die staatliche Behörde, in deren Land mehrere Rechte bestehen, kann bei der Rechtsanwendung einer lex fori nicht entbehren, kann ihrer insbesondre nicht entbehren, wenn im Land verschiedenerlei Grenznormen und Kollisionsnormen neben einander gelten. Es ist bei Unterbehörden die Rechtsordnung des Sitzes, die ihnen derart den ersten Ausgangspunkt gewährt[16]. Da aber die Amtsstelle unter verfahrensrechtlichen Gesichtspunkten (Wohnsitz, Ort des

---

[13] Beispiele 1, 203 f. (Grenzschulen); 1, 508 ff. (Grenzpfarreien); 2, 542 (Landesbehörden für Unfallversicherung); 2, 632 (Versicherungsanstalten der Invalidenversicherung). Vgl. auch Otto Mayer, Deutsches Verwaltungsrecht[3] 2, 380 ff.

[14] Dazu auch oben S. 366.

[15] Es handelt sich dabei meistens, aber nicht immer, um staatliche Behörden. Die Behörden der Armenverbände im Reich stehen zunächst unter dem einheitlichen Reichsrecht, haben aber auch die Landesgesetze anzuwenden, die zur Ausführung des Reichsrechts erlassen sind. Hier sind es also Selbstverwaltungskörper einer andern Schicht, die das eine oder andre Landesrecht anwenden sollen.

[16] Reichsgericht 14. 11. 1895 Entscheidungen 36, 282; 11. 2. 1900 Zeitschrift 11, 416. Vgl. auch oben S. 451[1].

Vorgangs usw.) mit der Angelegenheit befaßt wird, bestimmen mittelbar diese das anzuwendende Grenz- und Kollisionsrecht, und es ist damit zugleich die Lösung gegeben, wenn im Amtsbezirk der Behörde selbst verschiedenerlei Recht gelten sollte; sie entscheidet, wie wenn sie innerhalb des Bezirks an jenem verfahrensrechtlich maßgebenden Ort den Sitz hätte. Eine zweite Instanz hat das Grenz- und Kollisionsrecht anzuwenden, das für die erste Instanz verbindlich war[17]. Und für Zentralbehörden, die unmittelbar mit einer Angelegenheit befaßt werden, gilt, was für Unterbehörden mit verschiedenerlei Recht im Bezirk ausgeführt wurde. Auch materiellrechtlich mag für die befaßte Behörde eine Ausgangsrechtsordnung nicht zu entbehren sein. So für die Währung, in der sie tätig wird, wenn im Staat, räumlich getrennt, verschiedene Währungen bestehen[18]. Oder es soll Auslieferung nur statthaft sein, wenn die Handlung nach den Gesetzen des Zufluchtsstaats strafbar ist, und es gilt im Zufluchtsstaat mehrfaches Strafrecht: die Zentralbehörde, die über die Auslieferung entscheidet, wird im Zweifel das Teilrecht des Zufluchtsorts zugrundelegen[19].

Im übrigen aber steht die Staatsgewalt allen Teilrechtsordnungen des Gebiets gleichmäßig nah, und sie kann sich darum nicht irgendwelche Kampfbestimmungen zu eigen machen, die ein Verband gegen einen andern aufstellt und die bei einer Handhabung durch Verbandsorgane zur Durchführung kämen. Hier liegt die Antwort auf die oft gestellte Frage, ob im interlokalen Privatrecht die abwehrende Vorbehaltsklausel angerufen werden kann: ja, wenn es sich um Rechtsanwendung durch Verbandsorgane handelt, nein, wenn die Rechtsanwendung durch übergeordnete Staatsbehörden erfolgt.

Die Überwirkung von Amtshandlungen eines Verbands in den Rechtskreis eines andern Verbands bereitet auch für eine Beurteilung durch Staatsbehörden keine Schwierigkeiten, wenn nur erst das Recht feststeht, auf Grund dessen der Amtshandlung Erheblichkeit zukommt.

---

[17] Vgl. etwa Raape 40 mit weiteren Angaben; Niboyet in Mélanges Pillet 1, 155. — Selbstverständlich bildet es alsdann auch kein Hindernis, wenn am Sitz der Behörde für Angelegenheiten, die von jenem Ort aus an die Behörde kommen, ein abweichender Rechtszustand bestünde. Ein Beispiel 2, 305: polizeiliche Entscheidung von Gesindestreitigkeiten.

[18] Oben 3 II 226 f.

[19] Dazu eingehend Hudson, American Journal of international law 1934, 286 ff. Die erste Frage freilich, die in diesem Zusammenhang beantwortet werden muß, geht dahin, ob das Auslieferungsrecht des Zufluchtsstaats nach seinem sachlichen Inhalt die Auslieferung schon dann ausschließen will, wenn irgendeines der Rechte des Zufluchtsstaats die Handlung nicht mit Strafe bedroht, oder ob es dafür auf das „zuständige" Recht ankommen soll (vgl. dazu oben S. 195).

Teilordnungen im Ausland.

4. Handelt es sich in diesen Ausführungen zunächst um das Verhältnis von Verband zu Verband, nicht um dasjenige von Staat zu Staat, so bedarf doch auch die Möglichkeit noch der Einreihung, daß das staatliche Recht des Inlands Vorschriften eines ausländischen Staats für anwendbar erklärt, Amtshandlungen eines solchen Erheblichkeit beimißt, und es besteht in jenem Auslandsstaat eine Mehrheit von Teilrechten, von selbständigen Amtsbereichen neben einander. In aller Regel wird der Sinn einer solchen Verweisung fordern, daß die Rücksicht, um deren willen auf jenen Staat verwiesen ist, sinngemäß weiterverfolgt wird, den maßgebenden Teilbereich festzustellen. Ist die Beförderung von Auswanderern in ein Land verboten, das ihnen die Einwanderung versagt, so kann es nur auf das Recht des Teilgebiets ankommen, in das eine Einwanderung erfolgen soll[20]. Bei Gegenseitigkeitsklauseln wird es in aller Regel[21] auf Recht und behördliche Tätigkeit des Teils ankommen, auf dessen Verhalten durch die Klausel ein Druck geübt werden soll. Wo aber die Verweisung auf ein zuständiges Recht unter mehreren geht, muß die Anknüpfung, welche die Zuständigkeit bestimmt, auf einen Teilbereich innerhalb des fremden Staats weitergeführt werden.

Dieser einfachen Rechtslage droht indessen Verwirrung durch den Umstand, daß bei einer Verschiedenheit der Privatrechte, die in einem fremden Staat gelten, der fremde Staat manchmal selbst Anlaß nimmt, für die Wahl zwischen ihnen Sätze des interlokalen Rechts aufzustellen. Und nun wird vielfach angenommen, daß eine solche Regelung auch das Inland bindet, wenn nach Inlandsrecht die Gesetze jenes Staats angewendet werden sollen[22]. In der Tat ist dergleichen

[20] Entsprechend wird es, wo Voraussetzung der Auslieferung die Strafbarkeit der Handlung nach dem Recht des ersuchenden Staats ist, im Zweifel auf das Recht des Teilgebiets ankommen, in dem die Aburteilung stattfinden soll. Vgl. auch hieher Hudson a. a. O. Wiederum ist es eine ganz andre Frage, ob der Zufluchtsstaat die Auslieferung nur dann gewähren will, wenn die Strafbarkeit nach allen Teilrechten des ersuchenden Staats gegeben ist, oder ob es genügen soll, wenn sie nur nach einem derselben begründet ist.

[21] Dazu etwa (sehr knapp) W. Mettgenberg, Die Verträge mit der Tschechoslowakei (1925) 11.

[22] Streitstand etwa bei Ago (zit. S. 432[2]) 199[1]. Ago 219 f. glaubt dabei unterscheiden zu sollen, ob in dem fremden Staat räumlich geschiedene Ordnungen nebeneinander bestehen, oder ob dies bei Personengruppen verschiedenen Rechts zutrifft; es handle sich im ersteren Fall um Auslegung der inländischen Verweisung, im zweiten um Auslegung der ausländischen Sachnorm. Indessen, eine ausländische Sachnorm liegt auch bei einer persönlichen Aufspaltung des Rechts, z. B. nach Maßgabe des Bekenntnisses, nur dann vor, wenn von Staats wegen bestimmt wird, was für das eine oder andre Bekenntnis rechtens sein soll (dazu unten S. 461); die Ver-

zuweilen positiv angeordnet[23]. In Ermangelung einer solchen Anordnung kann die Lösung nicht zutreffen. Zunächst, es ist grundsätzlich unrichtig, anzunehmen, daß die Abgrenzung zwischen autonomen Teilrechtsordnungen stets von dem übergeordneten Staat ausgehen müsse. Im Vorausgehenden wurde gezeigt, daß die Grenzziehung in erster Reihe diesen Teilrechtsordnungen selbst zusteht — und daß sie sogar von der einen und der andern von ihnen verschieden erfolgen kann. Wenn ein italienisches Gericht vor 1900 in Zivilsachen deutsches Recht anwenden sollte, so fand es kein einheitliches deutsches Zivilrecht, aber auch kein einheitliches deutsches internationales Privatrecht, in Berlin galten andre Kollisionsnormen als in Köln, und hier andre als in Frankfurt. Nicht minder ist die Unrichtigkeit der Lösung erkennbar an der Möglichkeit, daß das internationale Privatrecht des für zuständig erklärten Staats überhaupt keines seiner Teilrechte, sondern das Recht eines dritten Staats als anwendbar bezeichnet, z. B. wenn Dänemark die Ehe eines Deutschen mit polnischem Wohnsitz nach polnischem Recht beurteilen will — der Zusammenhang mit den Irrtümern der Rückverweisungslehre ist augenscheinlich. Denn auch bei der hier zu erörternden Frage handelt es sich um die Verweisung des Inlands, die ihre Sachnorm sucht und sie, wenn in dem zuständigen Staat nicht unmittelbar zu finden, in einem Teilrechtsgebiet desselben weitersuchen muß. Es besteht dabei eine bezeichnende Verschiedenheit gegenüber der S. 261 f. behandelten Frage, ob Merkmale, welche eine ausländische zur Anwendung berufene Sachnorm aufstellt, nach deren internationalem Privatrecht bestimmt werden müssen. Dort war die Frage zu bejahen, denn die anzuwendende Sachnorm stand fest, und es bedurfte nur ein Umstand, der mittelbar durch Verweisung bestimmt war, einer näheren Feststellung durch Vornahme der gebotenen Verweisung. Hier dagegen ist die anzuwendende Sachnorm noch gar nicht bekannt, bevor die maßgebende Teilrechtsordnung ermittelt ist.

Nur freilich, wenn die Meinung abgelehnt wird, es müsse im Inland das interlokale Recht des für zuständig erklärten fremden Staats grundsätzlich übernommen werden, so kann das nicht heißen, daß dessen Recht dabei in keiner Richtung in Betracht käme[24]. Denn, wie in § 24 ausgeführt, fremdes Recht ist nach Maßgabe seiner staatsrechtlichen Voraussetzungen anzuwenden. Das Staatsrecht jenes ausländi-

---

weisung auf eine autonome Regelung der Bekenntnisse schafft das gleiche Problem wie bei räumlich geschiedenen Gebietsrechten.

[23] Polnisches Gesetz über internationales Privatrecht 2. 8. 1926 Art. 37. Deutsch-polnisches Vormundschaftsabkommen 5. 3. 1924 RGBl. 1925 II 145. Rumänischer Entwurf Art. 64 Revue 1933, 171.

[24] Vgl. schon Neumeyer, Internationales Privatrecht[2] 13.

schen Staats aber bestimmt erstens — bestimmt mit Wirkung auch für uns —, ob in seinem Gebiet einheitliches Recht gelten soll oder eine Mehrheit autonomer Rechte neben einander. Er mag eine Mehrheit persönlicher Ordnungen neben einander aufrichten, nach dem Bekenntnis, nach der Trennung von weiß und farbig, und er bestimmt, wer dabei als Bekenntnisangehöriger, als Weißer oder Farbiger gelten soll[25]. Er mag räumliche Rechtsgebiete neben einander stellen und er bestimmt das Gebiet einer jeden dieser Teilrechtsordnungen, bestimmt aber auch, wie die persönliche Zugehörigkeit zu solchen Rechtsgebieten begründet sein soll, durch eine Unterstaatsangehörigkeit, Heimat, Wohnsitz oder wie sonst. Des weitern und zweitens entscheidet das Staatsrecht jenes Staats (und es war davon schon S. 444 die Rede), ob die verschiedenen Ordnungen zu gleichem Recht neben einander gelten sollen, oder ob das Recht eines Gebietsteils und zumal das Recht einer Personengruppe den Vorrang haben, oder was sonst geschehen soll, um — mit andern Mitteln als einer Zuständigkeitsbestimmung auf Grund der Natur des Rechtsverhältnisses — Konflikte zu verhüten. Auch dabei handelt es sich um die Ordnung der Rechtsquellen. Wie der Staat in der Lage ist, einer Gemeinschaft die volle rechtliche Wirksamkeit einzuräumen und sie ganz auszuschalten, so mag er in der Zulassung einen mittleren Weg gehen, dem einen Teil nur beschränkte Wirksamkeit gestatten oder einen andern Ausgleich vornehmen: auch das gehört zu den staatsrechtlichen Vorentscheidungen, an die das Inland bei einer Verweisung auf fremdes Recht gebunden ist[26]. Verzichtet der fremde Staat auf Sondervorschriften dieser Art, so heißt das, daß er die zuständige Ordnung nach der Natur des Rechtsverhältnisses auswählt. Auch diese Entscheidung bindet. Welche der Ordnungen jedoch Zuständigkeit besitzt, bemißt das Inland nach seinen eignen Kollisionsregeln.

Bei ihrer Handhabung bedürfen diese Kollisionsregeln des Inlands allerdings noch einer Ergänzung. Sie bezeichnen, entsprechend der von ihnen verwendeten Anknüpfung, zunächst den Gesamtstaat, dessen Regelung zur Geltung kommen soll. Steht dieser aber fest[27], so bedarf es einer zweiten Anknüpfung, um unter den mehreren Teilrechtsordnungen des fremden Staats diejenige aufzufinden, auf welche die Ver-

[25] Beispiele Zeitschrift für Völkerrecht 6, 177 (im Sinn des Textes zu präzisieren), 186[3].

[26] Ein Beispiel oben 1, 525 Bevorzugung eines Bekenntnisses. Verzweigen sich die Rechtsordnungen innerhalb einer Gruppe noch weiter, so mag der Ausgleich auch dieser Gruppe überlassen sein. So Zeitschrift für Völkerrecht 6, 189: ist mohammedanisches Recht anzuwenden, dann gilt auch der Satz des mohammedanischen Rechts, daß im Rechtsstreit der Beklagte den maßgebenden Ritus bestimmt.

[27] Dazu etwa Zeitschrift für Völkerrecht 6, 176 f.

weisung gerichtet ist. Auch diese zweite Anknüpfung muß sich aus der Natur des Rechtsverhältnisses ergeben, und sie ist einfach zu finden, wenn sie (es handle sich etwa um den Ort eines Vorgangs) gleichartig für die Bezeichnung des zuständigen Staats und der zuständigen Teilrechtsordnung verwendet werden kann. Das trifft nun freilich nicht immer zu — jedoch auf Einzelheiten kann hier nicht eingegangen werden.

Im übrigen aber, die Zweifel, ob interlokales Recht des fremden Staats, auf den verwiesen ist, bindet, beziehen sich auf das Privatrecht, und auch hier zunächst nur auf den Fall, daß die Rechtsordnung gesucht wird, die den unmittelbaren Gegenstand der Beurteilung regelt. Für Vorfragen, deren Recht bestimmt werden soll, läge eine Rücksicht auf das Recht, das der fremde Staat selbst anwendet, noch ferner; denn der fremde Staat kommt in solchem Fall gar nicht in die Lage, eine eigne Entscheidung zu treffen. Das gilt für Vorfragen des Privatrechts und des öffentlichen Rechts. Öffentliches Recht des Auslands aber kann für das Inland überhaupt nur anwendbar sein, wenn es sich um Vorfragen handelt. So bleibt es also gerade für öffentliches Recht schlechthin bei der inländischen Verweisung; und das auch dann, wenn die Verweisung auf ein Recht unter mehreren geht, z. B. es ist jemand im einen Staat polizeilich verpflichtet, seinen Namen zu führen, wie er im Heimatstaat geführt werden muß, und es überläßt der Heimatstaat die Regelung Verbänden innerhalb seines Bereichs (wie das im Deutschen Reich für Namensänderungen im Verhältnis zu den Ländern zutrifft). Auch bei der Geschäftsfähigkeit eines Ausländers mögen Fragen dieser Art auftreten [28].

§ 39.

III. Mehrfache Ordnung durch den Staat.

1. A. Mehrfaches Recht. — 2. Fortsetzung. — 3. Fortsetzung. Polizeiverordnungen. — 4. B. Die örtliche Zuständigkeit der Behörden. — 5. Fortsetzung. Örtliche und staatliche Zuständigkeit.

A. Mehrfaches Recht.

1. In grundsätzlichem Gegensatz zu den Erscheinungen, die in den beiden vorausgehenden Paragraphen behandelt worden sind, steht es, wenn der Staat selbst für Teilgebiete oder Personengruppen seines

---

[28] Die genannten Beispiele gehören zu der Gruppe von Fällen, bei denen auf Auslandsrecht verwiesen wird, um Übereinstimmung mit dem Rechtszustand eines andern, dem Tatbestand näherstehenden Staats herbeizuführen. Es mag nicht unnütz sein, beizufügen, daß auch dieser Gesichtspunkt die Lösung nicht ändert. Eine Sachnorm des fremden Staats, mit der

Bereichs Recht verschiedenen Inhalts aufstellt[1]. Eine solche Spaltung des einheitlichen Staatswillens mag in mehrfacher Gestalt auftreten[1a].

Nicht selten ist es die oberste gesetzgebende Instanz, welche für ein Teilgebiet im Staat Rechtssätze aufstellt, die vom allgemeinen Recht abweichen, oder auch für eine Mehrheit von Teilgebieten Rechtssätze verschiedenen Inhalts begründet. Das geschieht in erster Reihe, um auf anderweitiges autonomes Recht dieses Gebietsteils oder auf früher dort geltendes autonomes Recht Rücksicht zu nehmen, vielleicht auch, um solches Recht fortzubilden oder anzugleichen[2]. Doch finden sich solche Spaltungen auch aus andern Gründen. Z. B. gelten manche Verwaltungsgesetze des Reichs nur für das „Zollinland“, nicht für Zollausschlüsse, die innerhalb des Reichs belegen sind. Bayern hat auf Grund des Gegensatzes von Stadt und Land die Dauer der Schulpflicht verschieden nach der Gemeinde geregelt. Ähnlich eine mehrfache Regelung für Personengruppen im Staat. Die vormals autonome Ordnung des kirchlichen Eherechts hat dem Staat zuweilen Anlaß gegeben, die eignen Vorschriften, nach den Bekenntnissen verschieden, mit dem kirchlich gewünschten Inhalt zu erfüllen; ein bezeichnendes Beispiel bietet das Scheidungsrecht im Bürgerlichen Gesetzbuch Österreichs. Der koloniale Gesetzgeber erläßt Vorschriften für Weiße und für Farbige. In Ägypten besteht getrenntes Landesrecht für Einheimische und Fremde (soweit diese nicht völlig dem ägyptischen Recht entzogen sind)[3]. Und auch hier führen mannigfache Rücksichten sonstiger Art zu Spaltungen des staatlichen Rechts, zwischen Handelsrecht und allgemeinem bürgerlichen Recht, zwischen Militärstrafrecht und gemeinem Strafrecht.

Übereinstimmung hergestellt werden könnte, ist nicht vorhanden; welcher Teilordnung das Inland aber seinen Rechtszustand anpassen will, kann nur das Inland bestimmen.

[1] Daß bei jeder Behörde des Staats das Recht aller dieser Gebiete und Gruppen anwendbar, alle Amtshandlungen, die ihnen angehören, der Anerkennung fähig sind, ist für den modernen Einheitsstaat kein Problem mehr.

[1a] Über die tiefer greifende Spaltung staatlichen Rechts für Mutterland und Kolonie oder andre Außengebiete unten § 43 Z. 2.

[2] So für Italien Cammeo (zit. S. 448[29]) 1, 612. Schweizerisches Gesetz über Schuldbetreibung und Konkurs Art. 327. Bernisches Einführungsgesetz zum Zivilgesetzbuch. Zahlreiche Beispiele im Reich und in den einzelnen deutschen Ländern.

[3] Verfahrensrechtlich besteht eine solche Trennung in Ägypten auch für Verwaltungsstreitsachen, während materiellrechtlich für die Fremden wie für die Einheimischen das einheitliche Landesverwaltungsrecht gilt. Auch die Strafgerichtsbarkeit bei Zuwiderhandlungen gegen dies Landesverwaltungsrecht ist gespalten, in geringerem Umfang das materielle Strafrecht.

Wo immer nun aber eine solche Spaltung des einheitlichen Staatswillens sich findet, bedarf es einer Wahl zwischen den mehreren Ordnungen für den einzelnen Fall, und es kann nur der Wille des Staats selbst sein, der die Tatbestände der einen oder andern Regelung zuweist. Nun wird dieser Wille vielfach dahin gehen, die Verteilung nach der rechtlichen Eigenart der Tatbestände vorzunehmen, und das bedeutet insoweit nichts andres als eine Herübernahme der Lösungen, welche das internationale, zumal das interlokale Privat- und Verwaltungsrecht darbieten. So wurde früher ausgeführt, daß die Verschiedenheiten des Feiertagskalenders sich in gleicher Weise bestimmen, ob dessen Festlegung autonom den Bekenntnissen überlassen bleibt, oder ob sie der Staat selbst nach den Wünschen der Bekenntnisse bestimmt; daß die Zugehörigkeit zu der Sektion einer Berufsgenossenschaft (der Sektion kommt ein Selbstbestimmungsrecht nicht zu) für abhängige Betriebe ebenso umgrenzt werden muß, wie die Zugehörigkeit zu der Berufsgenossenschaft, die ein Selbstverwaltungskörper ist[4]. Der Bayrische Verwaltungsgerichtshof hat die Abgrenzung zwischen der Heimatgesetzgebung für die rechtsrheinischen Bezirke und für die Pfalz in derselben Weise vorgenommen, als für die Pfalz noch autonomes Recht galt, und als der Rechtszustand in einem einheitlichen Landesgesetz verschieden für jeden der Landesteile geregelt wurde[5]. In der Tat werden schon die vielfältigen Übergangsbildungen zwischen autonom gesetzten Teilrechtsordnungen und Teilregelungen, die der Staat selbst aufstellt, eine solche Auslegung wahrscheinlich machen. Doch mag es auch aus andern Gründen zu gleichartigen Lösungen kommen. In Frankreich hat neuerdings die Frage Aufmerksamkeit erregt, welche Rechtsfolgen es habe, wenn ein Gesetz in verschiedenen Teilen des Lands zu verschiedenem Zeitpunkt in Geltung trete und es besitzt ein Tatbestand Beziehungen zu mehreren dieser Landesteile[6]. Die Frage wird nicht oft praktisch werden, umfaßt dafür aber ohne Ausnahme die Gesamtheit der Angelegenheiten des öffentlichen und des Privatrechts. Solche Vorschriften über den Geltungsbeginn rechnen mit der Möglichkeit, daß in einem bestimmten Zeitpunkt verschiedenerlei Recht im Lande gilt, und es wird auf die Frage, welches von ihnen auf einen Tatbestand angewendet werden soll, in Ermangelung eines Anhaltspunkts für abweichende Lösungen auch hier die Analogie des internationalen Zivilrechts und (mit als-

---

[4] Oben 3 II 102; 2, 546[81].

[5] Sammlung 5, 303; 6, 258; 10, 120; 15, 74. Dazu auch oben S. 266[8].

[6] Niboyet, Répertoire de droit international 4, 635 ff. mit weiteren Angaben, seither vor allem die Verhandlungen der Société d'études législatives, Bulletin 1932, 181 ff.; 1933, 62 ff. 268 ff.

bald zu erwähnenden Modifikationen) des internationalen Verwaltungsrechts, Strafrechts, Prozeßrechts entscheiden müssen[7].

Die letzterwähnte Rechtslage ist auch geeignet, zwei Erscheinungen ins Licht zu setzen. Die eine: Im öffentlichen Recht handelt der Einzelne, wo es sich um sein Verhältnis zum Staat handelt, in Unterordnung unter den Staat, und man könnte daran denken, bei einer räumlichen Verschiedenheit der staatlichen Rechtssätze stets auf dasjenige Teilrecht abzustellen, das am Sitz der Staatsverwaltung als der bevorzugten Partei des Rechtsverhältnisses gilt. Indessen schon oben S. 448, bei Behandlung autonomer Teilrechte im Staat, hat sich die Notwendigkeit ergeben, staatliche Angelegenheiten unter die verschiedenen Teilrechtsordnungen aufzuteilen, je nach den Beziehungen des Privaten, der der Staatsgewalt gegenübersteht. Die Notwendigkeit einer solchen Aufteilung ergibt sich besonders sichtbar bei Rechtsverschiedenheiten, die auf dem Willen des Staats selbst beruhen. Einer Vorschrift, die den Geltungsbeginn der Gesetze je nach dem Ort verschieden ansetzt, liegt die Rücksicht zugrunde, das Gesetz den Privaten, die von ihm betroffen werden, nahezubringen. Wollte man dabei für das öffentliche Recht auf den Staat als den bevorzugten Teil abstellen und das Rechtsverhältnis in jedem solchen Fall am Sitz der staatlichen Verwaltung lokalisieren, so müßte das den Zweck jener Vorschrift vereiteln[8]. So sind also Fragen dieser Art zu behandeln, als hätte der Staat den Sitz in jedem seiner Teilgebiete[9], müssen die örtlichen Beziehungen des Tatbestands, wie sie im Hinblick auf den beteiligten Privaten bestehen, den Ausschlag geben.

Die andre der Erscheinungen, die an jenem Beispiel sichtbar wird, führt zu der Feststellung, daß sogar bei Rechtsverschiedenheiten, die der Staat selbst begründet, die einzelne Behörde einer lex

---

[7] Der Gedanke liegt auch dem Gesetzentwurf zugrunde, den die Société d'études législatives für den Gegenstand aufgestellt hat. Doch hat sich der Entwurf im allgemeinen mit einer Beantwortung der Frage begnügt, ob das örtliche Recht für alle Personen oder nur für diejenigen mit Wohnsitz im Bezirk gelten solle. — Die Zweckmäßigkeit eines derartigen Rechtszustands darf bezweifelt werden.

[8] In Frankreich gab es eine Verschweigung für Staatseigentum in privater Hand, deren Frist von dem Geltungsbeginn eines Gesetzes von 1799 ab laufen sollte. Streitiges Staatseigentum lag in Quimper, die Frist war verstrichen, wenn man von der Geltung jenes Gesetzes in Paris auszugehen hatte, aber nicht, wenn von der Geltung in Quimper. Der Kassationshof 25. 2. 1845, Dalloz 1845 I 107, hat geglaubt, den Rechtszustand von Paris zugrundelegen zu sollen, weil dort der Sitz der staatlichen Vermögensverwaltung sei, es handle sich um *rapports personnels*, nicht *réels* (denn, so meint der Berichterstatter der Société d'études législatives, die *capacité* des Staats sei in Frage).

[9] Parallelen oben S. 455 f.

fori nicht entraten kann[10] — man nehme an, daß die räumliche Anwendbarkeit eines Steuergesetzes geändert, daß neue Vorschriften über internationales Wechselrecht eingeführt werden, und je nach dem Amtsbezirk altes oder neues Recht gilt. Und es mag auch rechtsinhaltlich eine der Ordnungen als lex fori anzuwenden sein. In Bayern gelten, beide vom Staat erlassen, getrennte Forstgesetze für das rechtsrheinische Gebiet und für die Pfalz; die besondern Verfahrensvorschriften, welche diese Gesetze für Forststrafsachen enthalten, sind für die Behörden verbindlich, die in ihrem Bereich den Amtssitz haben, auch wenn sie (s. gleich unten) inhaltlich das Recht des andern Teils anzuwenden haben.

Besteht also insoweit Übereinstimmung zwischen Rechtslagen, bei denen Rechtsverschiedenheiten innerhalb des Staats sich autonom gegenübertreten, und solchen, die der Staat selbst schafft, so sind die beiderlei Rechtslagen dennoch wesentlich verschieden. Sie gehören soziologisch sehr verschiedenen Zusammenhängen an: bei dem Verhältnis autonomer Rechte zueinander handelt es sich um eine grundsätzliche Angelegenheit, den Ausgleich mit fremden Gemeinschaften, die gleichartige Aufgaben erfüllen; gespaltenes staatliches Recht dient irgendwelchen Gelegenheitsbedürfnissen, denen eine grundsätzliche Bedeutung nirgends zukommt. Und so hat diese Verschiedenheit auch ihre rechtlichen Auswirkungen Autonom geltende Vorschriften des öffentlichen Rechts sind, so wurde S. 451[1] ausgeführt, für ihren Bereich anwendbar oder nicht anwendbar, aber es kann nicht öffentliches Recht eines andern Bereichs Anwendung finden; bestehen im Staat mehrere Strafgesetzgebungen autonom nebeneinander, so wird nach der lex fori gestraft oder die Handlung bleibt straflos. Wo dagegen der Staat mehrerlei Recht setzt, mag die eine oder die andre Gruppe von Vorschriften zur Anwendung kommen, es ist stets das eigne staatliche Recht, das angewendet wird. Hat ein pfälzisches Gericht über Forstpolizeiübertretungen zu entscheiden, die im rechtsrheinischen Gebiet begangen sind, so muß das pfälzische Gericht die Strafe dem Forstgesetz, wie es für den rechtsrheinischen Tatort gilt, entnehmen[11]. Es ist eine weitere Auswirkung dieser Verschiedenheit, daß die Auswahl zwischen mehreren staatlich gesetzten Rechten stets in Verwendung einer einzigen Anknüpfung erfolgt; denn es wäre sinnwidrige Auslegung, anzunehmen, daß die staatliche Zuweisung der Tatbestände an eines der Teilrechte Lücken oder Rechtshäufungen zulassen wollte. Die Verschiedenheit der beiderlei Rechtslagen zeigt sich auch bei einer Verweisung auf ausländisches Recht. Gilt in dem fremden Staat, auf dessen Recht verwiesen ist, eine Mehrheit auto-

---

[10] Vgl. dazu schon oben S. 455 f.

[11] Dazu Neumeyer, Zeitschrift für Völkerrecht 9, 320 f.

nomer Rechte nebeneinander, so werden (oben S. 457 ff.) Kollisionsnormen, die dort die Anwendbarkeit solcher Rechte bestimmen, von der Verweisung nicht mitumfaßt; es ist der verweisende Rechtssatz des Inlands, der die maßgebende Anknüpfung bezeichnet. Wenn dagegen in jenem Land eine Mehrheit staatlicher Regelungen nebeneinander besteht, so ist das eine Zufälligkeit, für welche die verweisende Norm des Inlands weder vorsorgt noch vorsorgen kann; soll die Verweisung vollziehbar sein, so muß sie dem Recht des bezogenen Staats entnehmen, welche der Teilordnungen zur Anwendung berufen ist [12].

Fortsetzung.

2. Eine solche Vervielfachung des staatlichen Willens kommt manchmal in einer eigentümlichen Form vor, die besondre Erörterung verlangt. Das Deutsche Reich hat, zumal in den ersten Jahrzehnten seines Bestehens, nicht selten seine Angelegenheiten nur grundsätzlich geregelt, für Einzelheiten aber den Satz aufgestellt, sie sollten so geordnet sein, wie Landesrecht gleichartige Angelegenheiten der Länder geordnet hat. Auch auf diesem Weg entsteht Reichsrecht verschiedenen Inhalts, und bei Abweichungen der Landesrechte voneinander mußte das zu der Frage führen, welches der Landesrechte zur Ergänzung beizuziehen war. So bestimmt § 19 des Reichsbeamtengesetzes von 1873, daß auf die Rechtsverhältnisse der Reichsbeamten, für die das Reichsgesetz nichts bestimmt, die Vorschriften Anwendung finden sollen, die an ihrem Wohnort für Staatsbeamte gelten [13]. Das Landesrecht, das für die Landesbeamten gilt, wird umgeformt auf das Verhältnis des Reichs zu seinen Beamten und in dieser Gestalt in das Reichsrecht rezipiert; zugleich bestimmt eine Sachnorm des Reichs, welches Landesrecht die Grundlage der Umformung binden soll [14].

---

[12] Nicht weil die Verweisung ihrer Natur nach „Gesamtverweisung" wäre, sondern weil sie für diesen besondern Fall einer Ergänzung aus dem Recht des bezogenen Staats bedarf. Man vergleiche dagegen, was oben S. 289 über zeitlich gespaltenes Recht ausgeführt wurde. — Ohne weiters folgerichtig ist die Lösung, wo der fremde Staat (unten S. 483) die Abgrenzung zwischen seinen Ordnungen mit Mitteln des materiellen Rechts vornimmt.

[13] Bei Auslandsbeamten die Vorschriften des Heimatsstaats, in Ermangelung eines solchen jene des preußischen Rechts.

[14] Anderweitige Beispiele im Folgenden. — Die behandelte Rechtsform muß von scheinbar ähnlichen unterschieden werden. So von Sätzen des Reichsrechts, die ein Tatbestandsmerkmal rechtlicher Art enthalten und dessen Regelung der zuständigen Rechtsordnung überlassen, z. B. der Satz, daß der „Erbe" Steuer bezahlen soll. Nicht die Rechtsfolge, sondern eine ihrer Voraussetzungen wird hier durch Verweisung bestimmt. — Um eine andre Rechtsform handelt es sich ferner, wenn ein Reichsgesetz die Regelung von Einzelheiten landesrechtlichen Ausführungsgesetzen überläßt, z. B. nach dem Reichsgesetz über den Unterstützungswohnsitz. Für solche Punkte ent-

Die Frage, welches der mehreren Landesrechte zur Ergänzung beigezogen werden soll, kann Schwierigkeiten bereiten. Die Auswahl richtet sich im Zweifel nach den örtlichen Beziehungen der Tatbestände, und so ergeben sich, wiewohl einem andern Zusammenhang angehörig, gleichartige Fragen, wie sie das internationale Zivilrecht, internationale Verwaltungsrecht zu beantworten haben. So mußte sich die Haftung des Reichs für seine Beamten (Rechtszustand vor 1900 und 1910) im allgemeinen nach dem Recht des Lands bestimmen, in dem der Beamte den Dienstsitz hatte[15]. Für das Verfahren in Verwaltungssachen hatte es bei einer Übertragung bürgerlichrechtlicher Verfahrensvorschriften auf das Recht am Ort der befaßten Verwaltungsbehörde anzukommen[16]. Von gleichartigen Bestimmungen

---

behrt das Reich überhaupt einer eignen Regelung, auch einer solchen durch Verweisung. — Der öfter aufgestellte Satz, daß der Reichsfiskus die Vorrechte der einzelnen Landesfisci teile, faßt mehrfache Erscheinungen zusammen. Zum Teil bedeutet ein solcher Satz (wenn er überhaupt als Rechtssatz des Reichs angesehen werden kann) die Abänderung von Landesrecht in landesrechtlichen Angelegenheiten, z. B. das Reich soll ebenso wie der Einzelstaat frei von Landessteuern bleiben. Eine derartige Auswirkung gehört nicht in den gegenwärtigen Zusammenhang. Wohl aber, wenn aus jenem Grundsatz etwa gefolgert wird, daß Beschränkungen der Zwangsvollstreckung, die gegenüber dem Landesfiskus als Schuldner bestehen, auch zugunsten des Reichsfiskus begründet sein sollen.

[15] Eine sehr unglückliche Rechtsprechung hat — für das Reichsrecht und sogar für das Landesrecht selbst — auf die Gesetze des Tatorts abgestellt: Reichsgericht 30. 3. 1903, Entscheidungen 54, 198 (liegt der Ort der Tätigkeit und ihrer Wirkung in verschiedenen Rechtsgebieten, so soll der Anspruch gar von beiden Rechten „beherrscht“ werden!); Oberlandesgericht Colmar 22. 5. 1903, Das Recht 1903, 341; Gierke, Verhandlungen des 28. deutschen Juristentags 1, 129. Und doch gelten die Vorschriften eines Lands schlechthin für seine Beamten, gleichviel wo sie tätig werden, und es können diese Vorschriften für Handlungen im Gebiet nicht anderen Staaten eine Haftung für deren Beamte auferlegen (gut H. Delius, Die Beamtenhaftpflichtgesetze [4] 1929, 21 ff.; vgl. auch Neumeyer, Internationales Privatrecht [2] 33). Die Aufteilung für das Reich aber mußte zunächst die tunlichst dauernde Verbindung des Reichsorgans mit einem der Landesrechte ins Auge fassen — als solche ergab sich für die Regel der Sitz der Amtsstelle — und sie mußte die Möglichkeit von Handlungen der Reichsorgane außerhalb des Reichsgebiets vorsehen. Bei Beamten mit Sitz im Ausland mochte die Analogie des Reichsbeamtengesetzes § 14 verwertbar sein, aber auch bei beweglichen Organen wie Kriegsschiffen mußte (entgegen dem Reichsgericht 5. 1. 1910, Entscheidungen 72, 347) eine entsprechende Anknüpfung im Inland zu finden sein, etwa an dem Ort, an dem das Fahrzeug stationiert war.

[16] So ausdrücklich das preußische Gesetz über das Verwaltungsverfahren 3. 7. 1875 § 33 für Ausschließung und Ablehnung von Gerichtspersonen (in Preußen galten damals verschiedenerlei Zivilprozeßrechte nebeneinander). Zulässigkeit des ordentlichen Rechtswegs: Kriegsleistungsgesetz 1873 § 34

über Verzugszinsen, Verjährung, über Vermögensanlage war gelegentlich schon die Rede[17]. Bei Vorschriften aber, die auf Zivilrecht abstellen, darf nicht aus den Augen verloren werden, daß es sich um die Lokalisierung einer Verwaltungsangelegenheit handelt, nicht um diejenige des Privatrechtsverhältnisses, dessen Regelung übernommen werden soll, und daß deshalb eine Verweisung auf bürgerliches Recht nicht etwa eine Verweisung auf das internationale Privatrecht in sich schließt, das für die bürgerlichrechtliche Angelegenheit gilt. Das frühere bayrische Recht hatte die Verjährung der Gemeindeumlagen nach der Verjährung privatrechtlicher Forderungen bemessen, auch vor 1900, als eine Vielheit von Privatrechten im Lande galt: es ist zutreffend angenommen worden, daß hier die Verjährung am Sitz der Gemeinde zu entscheiden hatte[18], während privatrechtlich etwa das Wohnsitzrecht des Schuldners in Betracht zu ziehen war. Sehr mißverständlich hingegen hat der Verwaltungsgerichtshof eine andre Bestimmung des bayrischen Rechts ausgelegt: von der Zwangsordnung der religiösen Erziehung sollten die Eltern durch Vertrag abweichen dürfen, die Form und die zeitliche Zulässigkeit des Vertrags sollten sich nach den Vorschriften für Eheverträge richten; aber nicht nach denjenigen Vorschriften, die internationales Privatrecht für Güterverträge als anwendbar erklärte[19], sondern nach Maßgabe der Anknüpfung, auf Grund deren das bayrische Recht für religiöse Erziehung anwendbar war. Es kam zu ähnlichen Mißverständnissen, als älteres Reichsrecht die Ablehnung von Ehrenämtern der Unfallversicherung unter den Voraussetzungen zuließ, unter denen eine Vormundschaft abgelehnt werden konnte; nicht internationales Vormundschaftsrecht, wie das Reichsversicherungsamt annahm, sondern das Vormundschaftsrecht, das am Sitz der Behörde galt, war zur Entscheidung beizuziehen[20].

(mit bedenklicher Formulierung; dazu Kommentar von O. Hirsch 1915, 228 f.); vgl. auch Neumeyer, Annalen des Deutschen Reiches 1917, 70. Für sachenrechtliche Ansprüche gegen das Reich stellt ein Gesetz 25. 5. 1873 § 1 auf das Verfahrensrecht am Ort der Sachen ab. — Über die Vollstreckung öffentlichrechtlicher Forderungen des Reichs entscheidet das Recht des Vollstreckungsorts: Reichsfinanzhofordnung 1918 § 71; s. auch oben 2, 539.

[17] Oben 2, 396[76]; 2, 631[45].

[18] G. v. Kahr, Bayerische Gemeindeordnung (1896) 1, 512.

[19] So eine ständige Rechtsprechung, insbesondere 17. 3. 1897, Sammlung 18, 227; auch 26. 4. 1918, Sammlung 39, 109. Über den Gegenstand im allgemeinen oben 1, 446 ff.

[20] Oben 2, 539 f. Hier, 540[67], noch ein weiterer Fall, der zu einem solchen Mißverständnis geführt hat: die Haftung von Beamten der Arbeiterversicherung sollte nach der vormundschaftlichen Haftung bemessen werden.

Fortsetzung. Polizeiverordnungen.

3. Um eine Vervielfachung staatlichen Willens handelt es sich auch da, wo der Staat die Rechtsbildung seinen Unterbehörden je für ihren Amtsbereich delegiert. Der Hauptfall ist in den Polizeiverordnungen gegeben, die eine staatliche Mittel- oder Unterbehörde für einen Bezirk innerhalb des Staats erläßt[21]. Auch hier ist möglicherweise zwischen mehrfachem staatlichem Recht zu wählen, und es gilt dabei völlig, was für gespaltenes staatliches Recht unter Z. 1 ausgeführt wurde. Mangels besondrer Gegengründe wird auch die Anwendbarkeit einer Bezirkspolizeiverordnung nach der rechtlichen Eigenart des polizeilich zu regelnden Tatbestands zu bemessen sein; es sind zahlreiche Beispiele hiefür in diesem Werk vorgebracht worden[22]. Doch auch hier bleibt richtig, daß bei einer Verschiedenheit des Rechtszustands in zwei Bezirken nur entweder die eine oder die andre Regelung maßgebend sein, somit nur eine Anknüpfung wirksam werden kann[23]. Und es mögen Gründe vorliegen, von einer Aufteilung der Tatbestände nach ihrer rechtlichen Eigenart überhaupt abzusehen.

---

[21] Während des letzten Kriegs sind in Deutschland Verordnungen der Generalkommandos in entsprechender Weise nebeneinander getreten. — Soweit eine solche Verordnungsbefugnis auf dem Übergang der vollziehenden Gewalt an die Militärbefehlshaber beruhte, hat sich ihre Verordnungsgewalt nach dem Recht des Bundesstaats bestimmt, in dem die Verordnung wirksam werden sollte; Reichsgericht 28. 2. 1916, Entscheidungen in Strafsachen 49, 410. — Über das Verhältnis des bayrischen zu dem außerbayrischen Reichsrecht in dieser Materie oben S. 413[26].

[22] So 1, 78 ff.; 1, 95 f.; 1, 260; 2, 162[36]; 2, 165, 166[47]; 2, 288[11]; 3 I 6 ff.

[23] Das ist ohne weiters einleuchtend, wenn die mehreren Verordnungen unvereinbaren Inhalt haben. Es wird aber meistens auch zutreffen, wenn die Verordnung des einen Bezirks eine Beschränkung auferlegt, im andern Bezirk eine solche Beschränkung nicht vorgesehen ist. Denn im Rechtsstaat besitzt der Einzelne in Ermangelung einer gesetzentsprechenden Beschränkung das Recht auf Handlungsfreiheit. Die Rechtsprechung hat dem nicht immer Rechnung getragen. Wenn freilich eine Gesetzgebung wie das vormalige preußische Gesetz über die Polizeiverwaltung der Behörde Herrschaft gibt über „Jeden, der sich in ihrem Verwaltungsbezirk aufhält oder daselbst ansässig ist“, so bewirkt das eine Bindung, wenn auch nur eine dieser Anknüpfungen im Bezirk verwirklicht ist, die andre aber in einen Bezirk verweist, nach dessen Recht die Beschränkung nicht besteht. — Für polizeiliche Verfügungen liegt, wie gleich unten auszuführen, die Nötigung, sich mit einer Anknüpfung zu begnügen, überhaupt nicht vor, wenn sie sich auf allgemeines Landesrecht gründen. — Bemerkt sei noch, daß auch da, wo die Strafbarkeit einer Zuwiderhandlung beurteilt werden soll, zuerst die verwaltungsrechtliche Anwendbarkeit der übertretenen Polizeiverordnung festgestellt sein muß, nicht etwa mit der Fragestellung begonnen werden kann, ob für die Strafbarkeit „das Recht des Tatorts“ oder was sonst entscheiden soll. Dazu unten § 42 Z. 2.

Eine ganz andre Frage ist es dagegen, wenn nach dem Geltungsbereich des staatlichen Rechtssatzes gesucht wird, der die Übertragung der Rechtsbildung auf die Polizeibehörde ausspricht. Es ist deshalb eine echte Angelegenheit des internationalen Verwaltungsrechts, wenn der Geltungsbereich einer Polizeiverordnung dem Ausland gegenüber festgestellt werden soll, z. B. einer wasserpolizeilichen Verordnung, welche den Aufstau verbietet. Aber es handelt sich dabei um die Grenzen der Staatsgewalt in wasserpolizeilichen Angelegenheiten, nicht um diejenigen der einzelnen Polizeiverordnung.

B. Die örtliche Zuständigkeit der Behörden.

4. Es bildet ein Gegenstück zu den mehrfachen Teilrechtsordnungen, die der Staat nebeneinanderstellt, wenn er für Zwecke des Verfahrens eine Mehrheit von Behörden aufrichtet, deren jede die sachliche Befugnis hat, in einer Angelegenheit tätig zu werden, zwischen denen aber eine Geschäftsverteilung in der Weise stattfindet, daß die Tatbestände einer von ihnen nach örtlichen Rücksichten zugewiesen werden. Das Ergebnis einer solchen Geschäftsverteilung ist die „örtliche Zuständigkeit" der Behörde. Auch eine Regelung der örtlichen Zuständigkeit wirkt zurück auf den beteiligten Privaten, die Tatbestände, die für ihn von Belang sind, werden unter dem Gesichtspunkt des Verfahrens aufgeteilt nach ihren örtlichen Beziehungen. Ihm gegenüber steht ein Staatswille, der über Teilorgane neben einander verfügt und, wenn er verfahrensrechtlich wirksam werden soll, sich in einem von ihnen lokalisiert [24]. Vom Standpunkt der Behörde aus erwächst demgemäß die Nötigung zu fragen, wie weit ihre Vollmachten in örtlicher Hinsicht reichen. Vom Standpunkt des Privaten mag gefragt werden, welche Behörde für seine Angelegenheiten ört-

---

[24] Um gespaltenen Staatswillen der gleichen Art handelt es sich auch da, wo eine mehrfache Organisation für die Angelegenheiten verschiedener Personengruppen im Staat oder für sachlich differenzierte Angelegenheiten besteht. So in Kolonien, wenn die Verwaltung von getrennten Staatsorganen für Weiße und für Farbige geführt wird (anders, soweit eine Selbstverwaltung der beiden Teile reicht). Manchmal tritt sie als eine mehrfache Gerichtsbarkeit auf, in Ägypten als „gemischte" Gerichtsbarkeit für die Fremden gegenüber derjenigen für die Einheimischen (die „gemischte" umfaßt auch eine Verwaltungsgerichtsbarkeit, oben S. 461 [3]), Handels- und Militärgerichtsbarkeit stehen einer bürgerlichen Gerichtsbarkeit gegenüber. Und es greift eine solche Scheidung noch tiefer, wenn sie sich bis in die oberste Instanz fortsetzt, und wenn für jeden der Teile eine besondere Verfahrensordnung besteht. — Dagegen gehört es nicht unter die hier besprochene Erscheinung, wenn zuweilen die Länder im Auftrag des Reichs und in dessen Angelegenheiten (oben 2, 395 f.; 2, 590 f.) Verwaltungsgerichtsbarkeit üben oder geübt haben. Diese Gerichtsbarkeit war den Ländern zu eignem Recht übertragen.

lich zuständig ist. Aber anders als bei einer Mehrheit örtlich geltender Rechtssätze, von denen nur entweder der eine oder der andre angewendet werden kann, besteht die Möglichkeit, mehreren Amtsstellen neben einander örtliche Zuständigkeit zuzusprechen (verschiedenerlei Anknüpfungen neben einander zur Bestimmung der örtlichen Zuständigkeit zu verwenden), und erst bei der Durchführung einer so begründeten Zuständigkeit erwächst die Nötigung, einer dieser Amtsstellen die ausschließliche Verkörperung des Staatswillens zu überlassen[25].

Die Anknüpfungen, die zur Bestimmung der örtlichen Zuständigkeit dienen, sind im Gesamtbereich des Rechts von zweierlei Art: sie können materiellrechtlich dem Gegenstand entnommen sein, wegen dessen ein Verfahren stattfindet, und sie können verfahrensrechtlich durch Rücksichten auf die Amtstätigkeit veranlaßt sein. Die polizeiliche Verfügung, unbefugt gelagerte Sprengstoffe zu entfernen, wird die Behörde des Orts erlassen, an dem die Sprengstoffe gelagert sind. Es mag aber auch sein — und ist gerade in Verwaltungssachen häufig —, daß mannigfache sonstige Erwägungen die Zuständigkeit bestimmen: Rücksichten auf den beteiligten Privaten machen dessen Wohnort zuständig, Rücksichten auf die billigste oder auf die sachkundigste Erledigung behalten der Oberbehörde vor, die zuständige Stelle im einzelnen Fall zu bezeichnen, zumal wenn eine Mehrheit von Behörden neben einander oder nach einander beteiligt ist; vielleicht wird für solche Fälle schon durch allgemeine Regeln vorgesorgt (Zuständigkeit kraft Zusammenhangs, auf Grund der ersten Befassung); oder es wird um der raschen Erledigung willen, bei Gefahr auf Verzug, auf die Einhaltung der Zuständigkeitsgrenzen völlig verzichtet. Da es sich um bloße Geschäftsverteilung zwischen gleichgestellten Behörden handelt, mag fingiert werden, daß jede von ihnen die Angelegenheit in derselben Weise erledigt (wenngleich die Würdigung der Tatsachen, die Auslegung der Rechtssätze, der Gebrauch des Ermessens erheblichste Verschiedenheiten bewirken kann); die Rücksicht auf eine gleichmäßige Geschäftsverteilung wird deshalb leichter hinter andre Interessen zurückgestellt werden.

Fortsetzung. Örtliche und staatliche Zuständigkeit.

5. Damit aber ist eine Frage von erheblicher Bedeutung gestellt: wie verhalten sich die Anknüpfungen, von denen die örtliche Zuständigkeit Gebrauch macht, zu den Anknüpfungen, nach denen der Staat beansprucht, das Verfahren dem Ausland gegenüber durchzu-

[25] Dagegen kann bei einer Spaltung der Organisation nach persönlichen oder sachlichen Merkmalen, wie sie in Anm. 24 erwähnt wurde, sinngemäß auch für die Zuständigkeit nur eine einzige Anknüpfung maßgebend sein.

führen und den Gegenstand des Verfahrens materiellrechtlich dem Ausland gegenüber zu regeln[26]? Die Möglichkeit von Verwirrungen ergibt sich hier um so leichter, als vom Standpunkt des beteiligten Privaten aus (oben S. 105) auch eine solche Begrenzung unter dem Gesichtspunkt einer „Zuständigkeit" angesehen werden mag[27].

Zunächst sei an Hand früherer Ausführungen das Nötigste zusammengefaßt über die Zuständigkeit des Staats, dem Ausland gegenüber ein Verfahren durchzuführen. Die staatliche Zuständigkeit, einen Zivilprozeß zu entscheiden, bestimmt sich in erster Reihe nach Anknüpfungen verfahrensrechtlicher Art, dem Wohnsitz des Beklagten im Inland, dem Ort eines Vermögensstücks, in das vollstreckt werden kann, und dergleichen; daneben führt die Rücksicht auf den Inhalt des Rechtsstreits zu einer zweiten Reihe von Anknüpfungen: das Postulat, es solle stets ein inländisches Gericht verfügbar sein, wenn der Streitgegenstand unter inländischem Privatrecht steht, veranlaßt, daß häufig auch Anknüpfungen materiellrechtlicher Art für den Prozeß verwertet werden. Die Entscheidung von Privatrechtsstreitigkeiten ist eine selbständige staatliche Aufgabe, die demgemäß auch einer selbständigen Lokalisierung bedarf. Das ist überall da anders, wo der Rechtsstreit um einen Gegenstand des öffentlichen Rechts geht. Ein Strafprozeß, ein Verwaltungsprozeß kann im Inland nur dann geführt werden, wenn festgestellt werden soll, ob ein Strafanspruch für den eignen Staat begründet ist, ob die Verwaltungshoheit des Inlands zu Recht eingesetzt wurde, und es muß stets, wenn dies Gegenstand des Streites ist, eine Zuständigkeit des Inlands gegeben sein. Die staatliche Zuständigkeit, einen solchen Rechtsstreit durchzuführen, ist also davon abhängig, ob materiellrechtlich nach internationalem Strafrecht, internationalem Verwaltungsrecht das Inland Zuständigkeit besitzt; für prozessuale Anknüpfungen bleibt dabei kein Raum[28]. Entsprechendes gilt aber

---

[26] Auch bei selbstverwaltenden oder autonomen Verbänden innerhalb des Staats erwächst die Frage nach dem Verhältnis örtlicher Zuständigkeit zu ihrem Wirkungsbereich; auch für ihr Verhältnis zu gespaltenem staatlichem Recht, wenn dessen Geltungsbereich nach den örtlichen Beziehungen des Tatbestands bestimmt wird.

[27] Die Begrenzung, in der ein Verfahren dem Ausland gegenüber (oder einem andern Verband gegenüber) durchgeführt werden kann, wird hier der Kürze wegen staatliche Zuständigkeit genannt. Über den Unterschied örtlicher und staatlicher Zuständigkeit im Zivilprozeß Neumeyer im Wörterbuch des Staatsrechts [2] 2, 442; jetzt vor allem R. Neuner, Internationale Zuständigkeit 1929 mit weiteren Angaben. Für Einzelfragen des Verwaltungsrechts häufige Stellen dieses Werks, vornehmlich 2, 22 f.

[28] Vgl. zu alledem schon oben S. 73 f., 71, vornehmlich S. 154 f. Das Gesagte gilt auch für Verwaltungsstreitsachen, die von Zivilgerichten erledigt werden, oben 2, 23. Über Zivilsachen, die von Verwaltungsbehörden entschieden werden, oben 2, 23 f.; 2, 415.

auch für ein Verfahren außer Streitsachen. Das Gegenstück der aktiven Verwaltung ist für Angelegenheiten des Privatrechts die freiwillige Gerichtsbarkeit, und auch hier begegnen bei einer Umgrenzung der staatlichen Zuständigkeit die beiden Reihen von Anknüpfungen, die verfahrensrechtliche und die materiellrechtliche. Für das Verfahren der aktiven Verwaltung aber gilt abermals, daß es immer verfügbar sein muß und nur dann Platz greifen kann, wenn es sich um die eigne Verwaltung handelt; wiederum können dabei nur materiellrechtliche, nicht verfahrensrechtliche Anknüpfungen in Betracht kommen [29].

Damit kann nun auch die oben gestellte Frage beantwortet werden. Häufig ist die örtliche Zuständigkeit bekannt, muß die staatliche Zuständigkeit erst gesucht werden: im Zivilprozeß werden die Anknüpfungen verfahrensrechtlicher Art, die den Rechtsstreit im Gerichtsbezirk und im Staat selbst lokalisieren, vielfach die gleichen sein, nämlich dann, wenn sie auf wesentlichen örtlichen Beziehungen der Prozeßführung beruhen, z. B. dem Wohnsitz des Beklagten; ein Schluß von der örtlichen auf die staatliche Zuständigkeit ist insoweit statthaft. Dasselbe gilt für die freiwillige Gerichtsbarkeit. Im Verwaltungsprozeß dagegen und im Verfahren der aktiven Verwaltung ist ein solcher Schluß niemals zulässig, wenn die örtliche Zuständigkeit auf verfahrensrechtlichen Gründen beruht; man kann nicht über Verwaltungsangelegenheiten eines fremden Staats entscheiden wollen deshalb, weil ein Beteiligter im Inland wohnt und für Angelegenheiten des eignen Staats am Wohnort örtliche Zuständigkeit besteht [30]. Beruht die Anknüpfung auf materiellrechtlichen Erwägungen, so wird sie in Zivilsachen meistens mit der Anknüpfung für die staatliche Zuständigkeit zusammenfallen; eben dann, wenn sie der wesentlichsten örtlichen Beziehung des streitigen Rechtsverhältnisses entnommen ist. Und dasselbe gilt in Verwaltungssachen. Ist die Polizeibehörde am Ort der schädigenden Handlung örtlich zuständig, so gilt auch der Rechtssatz, der die Behörde zum Einschreiten ermächtigt, für Hand-

[29] Vgl. auch hiezu schon oben S. 76ff., 113f. Im Bereich des Strafrechts findet sich ein Gegenstück zu der aktiven Verwaltung nur bei dem Strafvollzug, und hier ist die Abhängigkeit der Zuständigkeit von der Begrenzung der Strafgewalt vollends selbstverständlich.

[30] Beispiele für den Verwaltungsprozeß: 2, 592 [68], auch in der S. 266 [8] genannten Entscheidung des Bayrischen Verwaltungsgerichtshofs, kein Schluß aus dem Gerichtsstand des Wohnorts. 2, 591 [68] kein Schluß aus dem Gerichtsstand des Zusammenhangs. 3 I 16 [53] kein Schluß aus dem Gerichtsstand, der durch die vorgesetzte Behörde bestimmt worden ist. Dazu im allgemeinen 2, 22f. Beispiele für die aktive Verwaltung: 3 I 8 [26] Zulassung eines Kraftfahrzeugs ist am Wohnort des Eigentümers zu erwirken, zulassungsbedürftig sind die Kraftfahrzeuge, die im Inland verkehren. Ähnlich 2, 161 für Genehmigung von Zeitungsanzeigen.

lungen, die in diesem Rechtsgebiet vorgenommen werden[31]. Doch besteht auch bei einer materiellrechtlichen Begründung der örtlichen Zuständigkeit die Möglichkeit von Diskrepanzen, sei es, daß gerade dieser Tatbestand zu verfahrensrechtlichen Rücksichten besondrer Art veranlaßt oder aus andern Gründen[32]. Örtliche Zuständigkeit aber, die nicht von einer Zuständigkeit des Staats getragen wird, für den die Behörde handeln soll, entbehrt der rechtlichen Bedeutung. Steht dagegen umgekehrt die staatliche Zuständigkeit des Inlands fest, so muß sich zum mindesten im Weg der Auslegung unter allen Umständen eine Behörde des Inlands finden lassen, die örtlich zuständig ist, sich mit der Angelegenheit zu befassen[33].

§ 40.

Die Bestandteile des internationalen Verwaltungsrechts.

Soll nunmehr das Ergebnis der vorausgehenden Kapitel zusammengefaßt werden, so ergibt sich die Feststellung: das internationale Verwaltungsrecht ist kein Rechtsteil von einheitlichem Inhalt, so wenig wie die benachbarten Rechtszweige und im besondern das internationale Zivilrecht. Seine Bestandteile sind die folgenden:

1) Die Grenznormen des Inlandsrechts. Eine Sachnorm: Zinseszinsen sind verboten, so wurde oben S. 104 ausgeführt, gilt schlechthin und entbehrt als Sachnorm jeder örtlichen Beziehung. Soll die Vorschrift in ihrer Anwendbarkeit auf Tatbestände beschränkt werden, die dem Rechtsverkehr des Inlands näherstehen, so bedarf es eines hinzutretenden andern Rechtssatzes, der etwa besagt, die Regel solle für Schuldner inländischen Wohnsitzes verbindlich sein. Auch damit wird aus dem Inhalt der Vorschrift nicht irgend etwas abgestrichen, das Verbot entbehrt nach wie vor einer örtlichen Beziehung; die Be-

[31] Dazu oben 1, 80 f. (Gesundheitspolizei); 1, 260 (Sittenpolizei); 2, 16 (Wasserpolizei, Gegenstück 2, 17 19 f.). Vgl. auch den Schluß von der örtlichen Zuständigkeit auf subjektive Leistungspflichten 1, 78 f. (Kosten einer Zwangsheilung); 2, 70 [7] (Entschädigung für Viehseuchenverluste).

[32] Beispiele aus dem öffentlichen Arbeitsrecht 2, 290 [17] und 301 [45]. Vgl. auch W. Jellinek, Verwaltungsrecht [3] 147, kein Schluß auf die staatliche Zuständigkeit, wenn die Polizeibehörde am Ort der schädigenden Wirkung örtlich zuständig ist. Ein Beispiel für den Zivilprozeß in § 27 I ZPO.

[33] Vgl. etwa 2, 301 [45]; 2, 688 [1]. Nicht selten wird für solche Fälle ausdrücklich vorgesorgt. So § 3 des österreichischen Gesetzes über das allgemeine Verwaltungsverfahren 1925: die örtliche Zuständigkeit richtet sich . . . nach dem Wohnsitz des Beteiligten, dann nach dem Aufenthalt, der Heimatgemeinde, nach seinem letzten Wohnsitz im Inland, wenn keiner dieser Zuständigkeitsgründe in Betracht kommt, nach dem Anlaß zum Einschreiten; letzten Endes soll die oberste Behörde zuständig sein. Ähnliche Vorsorge in §§ 8, 9 StPO. und in zahlreichen Bestimmungen der deutschen Zivilprozeßordnung und des Gesetzes über die freiwillige Gerichtsbarkeit.

grenzung auf bestimmte Tatbestände ist Gegenstand eines andern hinzutretenden Rechtssatzes. Oder systematisch gesehen, erst muß der Rechtssatz gegeben sein, der die Sachnorm des Inlands als anwendbar erklärt, dann erst kann der Inhalt der Sachnorm zur Geltung kommen. Die gleiche Rechtslage besteht allerwärts im öffentlichen Recht. Eine Feststellung, daß nach deutschem Arbeiterversicherungsrecht für die Folgen des Unfalls das oder jenes rechtens sei, hat erst dann Sinn, wenn zuvor feststeht, daß das deutsche Arbeiterversicherungsrecht auf diesen Unfall Anwendung findet. Nun besteht zwischen Privatrecht und öffentlichem Recht allerdings in einem Punkt ein grundsätzlicher Unterschied: die Sachnorm des Privatrechts gibt Verhaltensvorschriften zwischen Privaten und entbehrt in ihrem Inhalt regelmäßig jeder örtlichen Beziehung. Die Sachnorm des öffentlichen Rechts regelt, soweit sie auf Angelegenheiten der Privaten gerichtet ist, unmittelbar oder mittelbar Verhaltensvorschriften zwischen dem Staat und dem Einzelnen, zwischen eben diesem örtlich bestimmten Staat und dem Einzelnen, und damit tritt eine örtliche Beziehung auch in die Sachnormen dieses Inhalts. Dennoch bleibt das Verhältnis zwischen Grenznorm und Sachnorm auch hier das nämliche. Denn die Sachnorm des öffentlichen Rechts mitsamt ihrer staatlichen Beziehung kann wiederum nur zum Zuge kommen, wenn vorher die Grenznorm ihre Anwendbarkeit bestimmt hat.

Dies grundsätzliche Verhältnis mag verschleiert werden, wenn die Anknüpfung der Grenznorm in den Wortlaut der Sachnorm aufgenommen wird. Z. B. ein Reichsgesetz besagt: Personen, die im Inland einen Wohnsitz haben, sind einkommensteuerpflichtig. Hier ist rechtstechnisch gesehen die örtliche Beziehung „Wohnsitz" allerdings eines der Merkmale geworden, von denen eine materielle Rechtsfolge, die Steuerpflicht, abhängig gemacht ist. Aber auch diese Bestimmung mit ihren sämtlichen Merkmalen kann nur wirksam werden, wenn eine Grenznorm sie für anwendbar erklärt, und es ist in der sachlichen Voraussetzung, die Wohnsitz im Reich fordert, nur ein Hinweis darauf gegeben, daß auch der dabei vorausgesetzten Grenznorm die gleiche Anknüpfung zugeschrieben wird [1].

---

[1] In der Tat verwenden die Gesetze wahllos die beiderlei Formen für denselben Gegenstand, vgl. z. B. oben 1, 208 für die Schulpflicht. Ja sogar dasselbe Gesetz macht gelegentlich von der einen und der andern Möglichkeit Gebrauch, z. B. StGB. §§ 3 ff. und 102. Es ist deshalb auch nicht tunlich, aus solchen Verschiedenheiten der Formulierung sachliche Verschiedenheiten herleiten zu wollen. Wenn die Sachnorm, die das örtliche Merkmal aufgenommen hat, aufgehoben wird, verfällt allerdings auch das örtliche Merkmal, das ihr angehört, der Aufhebung (oben S. 87); aber die Grenznorm, zu deren Erschließung sie gedient hat, kann bestehen bleiben und wird auch

Es bedürfen also die sämtlichen Sätze des inländischen Privatrechts und des inländischen öffentlichen Rechts, die sich auf ein Verhalten von Privaten beziehen, einer Grenznorm, die außerhalb dieser Sätze liegt. Doch ist damit der Bestand an Grenznormen noch nicht erschöpft. Es wurde oben in § 13 darauf verwiesen, daß neben den Rechtssätzen, die ein Verhalten von Privaten zum Gegenstand haben, andre Sätze stehen, vielleicht auf Grund der Dienstgewalt über die Beamten Dienstanweisungen, vielfach aber auch Rechtssätze, die eine amtliche Tätigkeit regeln. Auch Verfahrensvorschriften, die den Inhalt einer solchen Amtstätigkeit bestimmen, können erst wirksam werden, wenn aus den allerwärts bestehenden Lebensbeziehungen wiederum nach örtlichen Rücksichten diejenigen ausgeschieden werden, mit denen sich die Amtsstellen dieses Staats zu befassen haben. Wohl besteht auch hier ein Unterschied, ob Privatrecht oder öffentliches Recht den Gegenstand der Amtstätigkeit bildet; Angelegenheiten des Privatrechts entbehren auch in solchem Zusammenhang einer örtlichen Beziehung, während es sich im Bereich des öffentlichen Rechts um Beziehungen zwischen diesem Staat und Privaten handelt. Aber wiederum, die privatrechtlichen und die öffentlichrechtlichen Angelegenheiten können nur dann Gegenstand von Verfahrensvorschriften sein, wenn der Staat die Durchführung des Verfahrens auf Grund seiner örtlichen Beziehungen überhaupt als seine Aufgabe erklärt: auch hier muß der Sachnorm (die in diesem Zusammenhang Verfahrensvorschrift ist) eine Grenznorm vorausgehen und der Anwendbarkeit der Sachnorm erst die Grundlage geben.

Die Summe aller dieser Grenznormen bildet einen geschlossenen Teil innerhalb der Gesamtheit eines Normensystems, und wenn sich die Teile einer solchen Gesamtheit grundsätzlich durch eine Verschiedenheit der Rechtsfolge von einander lösen, so trifft das auch hier zu: die eigentümliche Rechtsfolge, welche die Grenznormen kennzeichnet, ist in der Anwendbarkeit von Sachnormen gegeben.

2) Anders als für den Bereich des öffentlichen Rechts kann es nach den Anschauungen der Gegenwart in der Ordnung privatrechtlicher Tatbestände keinen rechtsleeren Raum geben. Findet inländisches Privatrecht auf einen Tatbestand keine Anwendung, so steht er unter ausländischer Ordnung, und es muß innerhalb des inländischen Rechtssystems Sätze geben, die — für die Bedürfnisse des inländischen Rechtsverkehrs — bestimmen, welches ausländische Recht auf den Tatbestand Anwendung finden soll. Es handelt sich dabei um jene eigentümliche „Rechtsfürsorge durch Verweisung", von der oben S. 79 und öfter die Rede war. Maßstab der Verweisung ist (soweit sie nicht

---

für künftige Sachnormen wirksam, wenn sie nur den gleichen örtlichen Schwerpunkt besitzen wie die aufgehobene Sachnorm.

eine Bevorrechtung des Inlands bezweckt) die Anknüpfung der Grenznorm. Doch mag es (oben S. 202 ff.) zuweilen erforderlich sein, einer Einrichtung ausländischen Rechts den Geltungsbereich zu bestimmen, die das Inlandsrecht nicht oder nicht in gleicher Beschaffenheit kennt, und für die als Ausgangspunkt eine Grenznorm des Inlandsrechts nicht zu Gebote steht; solche Verweisungen werden entsprechend gebildet und sind für die systematische Betrachtung von gleicher Art.

Auch diese Verweisungen auf fremdes Recht werden durch eine besondre Rechtsfolge gekennzeichnet: die Anwendbarkeit einer Rechtsordnung[2], und es ist damit gegeben, daß sie demselben Rechtsteil angehören, von dem unter Z. 1 gehandelt wurde. Er besitzt sonach für das Privatrecht einen weiter reichenden Inhalt als für das öffentliche Recht.

3) Die Sachnormen, die angewendet werden sollen, ob dem Privatrecht oder dem Verwaltungsrecht oder irgendeinem andern Rechtsteil angehörig, sind rechtstechnisch vielfach so beschaffen, daß eines der Merkmale, das sie verwenden, erst auf Grund einer Verweisung seinen vollständigen Inhalt erlangt, einer Verweisung, die auf natürliche und soziale Gegebenheiten der mannigfachsten Art sich beziehen mag und auch Rechtssätze zum Gegenstand haben kann. Es ist davon oben S. 174 ff. gehandelt worden. So kommt das Rechtssystem des Inlands in die Lage, sich auch mit der Anwendung ausländischen Rechts auf solche „Vorfragen" befassen zu müssen. Nicht jede Anwendung ausländischen Rechts auf Vorfragen, so wurde in § 22 gezeigt, ist das Ergebnis einer örtlichen Auswahl zwischen mehreren Rechten, die an sich fähig wären, das Merkmal zu bestimmen; zumal da, wo der Verweisung eine staatliche Beziehung bestimmten Inhalts innewohnt, kann es nur zu der Anwendung desjenigen Rechts kommen, dessen Bereich die staatliche Beziehung angehört. Und so ist es nur ein Teil jener Merkmale, der nach dem „zuständigen" Recht bestimmt werden soll: etwa wenn die Rechtmäßigkeit eines Verhaltens zu prüfen ist, z. B. bei der Schweigepflicht eines Arztes; oder wenn das Inland eigne Angelegenheiten mit dem Inhalt regelt, mit dem sie von einem näherberechtigten fremden Staat geregelt worden sind, z. B. die Pflicht zur Namenführung bei einem Ausländer, der sich vorübergehend im Inland aufhält; Merkmale privatrechtlichen Inhalts allerdings sind ganz regelmäßig nach einem zuständigen Recht zu beurteilen. Wird nun in dem verweisenden Rechtssatz die Anknüpfung nicht besonders vorgesehen, so ist der Maßstab, solche Zuständigkeit zu ermitteln (oben S. 201), bei privatrechtlichen Merkmalen grundsätzlich in den Kollisionsnormen gegeben, bei Merkmalen öffentlichen Rechts in den Grenznormen der

---

[2] Dazu oben S. 175.

eignen Rechtsordnung, die auf Auslandsbeziehungen entsprechend übertragen werden[3]. Und so tritt das Recht, das auf Vorfragen solcher Art anzuwenden ist, in der Tat in Zusammenhang mit den unter Z. 1 und 2 geschilderten Rechtserscheinungen: der Bestand von Grenznormen und Kollisionsnormen ist dabei vorausgesetzt. Durch ihre Verwendung bei Vorfragen wird die Zahl der Rechtseinrichtungen, deren örtlicher Schwerpunkt zu prüfen ist, nicht vergrößert, vielmehr die Möglichkeit begründet, den unabhängig von ihnen bestehenden Grenz- und Kollisionsnormen erweiterte Anwendung zu geben. Aber freilich, ob eine Grenznorm einmal oder zehnmal angewendet werden kann, fügt ihrem Inhalt kein neues Merkmal hinzu. Soweit hier Besonderheiten bestehen — daß die Grenznorm bei Vorfragen nicht eine Sachnorm für den Gegenstand der unmittelbaren Entscheidung bezeichnet, sondern nur eine Voraussetzung hiezu liefert; daß die Grenznorm bei solcher Verwendung möglicherweise in ihrem Inhalt modifiziert wird — gehören diese Besonderheiten nicht einer Lehre von den Grenznormen, sondern einer Lehre von der Verweisung an. Die Verweisung zum Gegenstand einer zusammenfassenden wissenschaftlichen Darstellung zu machen, erscheint berechtigt und erforderlich. Und es treten dabei Verweisungen auf „zuständiges" Auslandsrecht wieder in Verbindung mit den weit zahlreicheren Verweisungen, nach denen Auslandsrecht unter andern Gesichtspunkten als dem der Zuständigkeit angewendet werden soll. Aber für eine systematische Aufteilung der Rechtsinhalte kann eine solche Zusammenfasung nicht in Betracht kommen. Nach seiten der Inhalte zerstreuen sich die Verweisungen über die verschiedensten Rechtsteile.

Ganz ebenso verhält es sich, wenn unter die Merkmale einer Sachnorm Amtshandlungen eines fremden Staats aufgenommen sind. Auch hier kommt es vor, daß nur den Handlungen eines zuständigen Staats Erheblichkeit beigemessen wird, bei feststellenden Staatsakten wie dem Reisepaß, bei rechtserzeugenden Staatsakten wie der Zulassung eines Versicherungsunternehmens. Sachnormen, die eine solche Verweisung enthalten und nicht selbst den Staat bezeichnen, dessen Handlungen erheblich sein sollen, setzen auch hier regelmäßig voraus, daß Sätze des Inlandsrechts bestehen, die verfahrensrechtlich oder dienstrechtlich die eigne Amtstätigkeit begrenzen und bei der Durchführung der Verweisung als Maßstab dienen können[4]. Wiederum fügt das jenen Grenznormen keine neuen Inhalte bei, ergibt sich daraus nur ein Gegen-

[3] Auch die seltenen Fälle — oben S. 203 — bei denen eine vergleichbare Grenznorm des Inlandsrechts nicht zu Gebote steht, gehören hieher. Vgl. dazu oben S. 476.

[4] Zuweilen kommt es allerdings auch bei Amtshandlungen des Auslands vor, daß vergleichbare Zuständigkeiten im inländischen Recht nicht

stand für eine wissenschaftliche Lehre von den Verweisungen im vorerwähnten Sinn.

Sucht man nach einem andern Einteilungsgrund, den Verweisungen auf fremdes Recht und fremde Amtshandlungen ihren Standort im Rechtsganzen anzuweisen, so bietet sich vielleicht der folgende Gesichtspunkt an: es handle sich darum, den Mangel eigner Zuständigkeit durch Verweisung auf fremde Ordnung zu ergänzen. In der Tat wird etwa eine Darstellung des internationalen Zivilprozeßrechts nicht darauf verzichten wollen, der Lehre von den Grenzen, in denen sich die Entscheidungsgewalt des Inlands betätigt, eine Lehre von der Anerkennung ausländischer Urteile anzuschließen, und es könnte in solcher Anerkennung eine Ergänzung der mangelnden eignen Zuständigkeit gesehen werden. Auch in Angelegenheiten des Verwaltungsrechts mag eine solche Auffassung naheliegen, wo es sich um Einrichtungen von allgemeiner Verbreitung handelt und das Inland an der fremden Ordnung Interesse nimmt; vielleicht an Amtshandlungen des Auslands wie der Beurkundung des Personenstands oder den Bordpapieren, die der fremde Staat einem dort beheimateten Seeschiff ausgestellt hat; soweit es sich um Rechtssätze des fremden Staats handelt, mag man in jener „Näherberechtigung" (oben S. 184 ff.) die eigentümliche Form finden, in der das Verwaltungsrecht sich aus einer fremden Rechtsordnung ergänzt. Dennoch ist es auch auf diesem Wege nicht möglich, zu einer systematischen Zusammenfassung zu gelangen, die folgerichtig eine rechtliche Einteilung durchführt. Scheint für das bürgerliche Recht eine Parallele zu bestehen zwischen der Anwendung ausländischer Rechtssätze und der Anerkennung ausländischer Urteile, so zeigt sich ein Unterschied alsbald darin, daß die Anwendung ausländischen Zivilrechts, wenn anwendbares Inlandsrecht mangelt, notwendig ist, daß dagegen, auch wenn die eigne Zuständigkeit fehlt, ausländische Urteile anerkannt oder nicht anerkannt werden; in der Tat wird z. B. in Deutschland solche Anerkennung nur den Urteilen sehr weniger Staaten gewährt. Überhaupt aber, die Gegenüberstellung ist schief. Denn die fremde Regelung tritt nicht als solche, sondern nur in ihrer Rückwirkung auf das Inlandsrecht neben die eigne Ordnung. Und in zahlreichen Fällen einer Verweisung auf ausländisches Recht versagt der Gedanke einer Ergänzung. Mancherlei Amtshandlungen, denen das Inland Erheblichkeit zuspricht, werden gar nicht zu dem Zweck vorgenommen, für den sie das Inland nutzbar macht (oben S. 314 ff.): wenn Empfänger einer Armenunterstützung im Inland nicht wählen sollen und es werden Unterstützungen von seiten

---

zu finden sind, s. oben S. 324 [12]. Auch solche Zuständigkeitsbestimmungen gehören in den gegenwärtigen Zusammenhang, vgl. oben S. 476 und 477 [3].

einer ausländischen Stelle dabei eingerechnet, so handelt es sich bei einer Berücksichtigung ausländischer Unterstützungen weder um eine Ergänzung der inländischen Armenpflege durch die Armenpflege des Auslands, noch um eine Ergänzung des inländischen Wahlrechts durch dasjenige des andern Staats. Und der Gedanke einer Ergänzung wird gänzlich abwegig bei Verweisungen (oben S. 194), bei denen der fremde Staat eine Berührung mit dem Tatbestand überhaupt nicht erlangt, z. B. es ist unter dem Rechtsschutz des Inlands ein Geldbetrag fremder Währung zu bezahlen und es muß nach dem Recht dieser Währung bestimmt werden, wie weit die Zahlkraft angebotener Geldzeichen reicht.

Will man ein rechtliches Merkmal finden, das den sämtlichen Fällen einer Anwendung ausländischen Rechts, einer Erheblichkeit ausländischer Amtshandlungen gemeinsam ist, so wird nur die eine Feststellung möglich sein: daß bei ihnen allen Regelungen des einen Staats rechtliche Bedeutung gewinnen innerhalb des Rechtssystems eines andern Staats. Das ist in der Tat ein rechtliches, aber auch das ist kein systembildendes Merkmal und kann es nicht sein, wenn man (oben § 3) von einer Systembildung fordert, daß die Gesamtheit einer Rechtsordnung durch sie aufgegliedert wird in eine Mehrheit von Teilen, deren keiner den andern überschneidet. Eine solche Einteilung ist nur auf Grund der Rechtsinhalte möglich. Jene Verweisungen aber liegen eingeschlossen in die mannigfaltigsten Sachnormen des inländischen (oder eines durch Verweisung anwendbar gewordenen ausländischen) Rechts, zuweilen als ein zusammengefaßtes Bündel, vielfach auf die Ordnung eines einzelnen Tatbestands beschränkt, und haben ihren Standort demgemäß in den verschiedensten Rechtsteilen. Dennoch verbindet alle solchen Formen einer „Überwirkung“ unzweifelhaft ein Gemeinsames. Das Verhältnis einer selbständigen Gemeinschaft gegenüber andern Gemeinschaften gleicher Art erlangt seinen rechtlichen Ausdruck in der Grenzziehung gegenüber solchen, aber auch in dem Maß rechtlicher Einwirkung, das sie den fremden Gemeinschaften einräumt (mag diese Beachtung eine Zusammenarbeit, eine Abwehr zum Anlaß haben oder der bloßen Tatsache Rechnung tragen, daß die andre Gemeinschaft als Rechtsträger vorhanden ist). Jedoch es ist ein außerrechtlicher, ein soziologischer Gesichtspunkt, unter dem diese Gegenüberstellung erfolgt. Und wenn eine Behandlung des Grenzrechts dieses Gegenstücks nicht wohl entraten kann — auch die Untersuchung der Verweisungen selbst nur bei einer Einstellung förderlich wird, die von vornherein auf das Verhältnis von Gemeinschaft zu Gemeinschaft gerichtet ist —, so beruht eine solche Anreihung nicht auf systematischer Notwendigkeit, sondern auf Zweckmäßigkeitserwägungen.

4) Unter den Verfahrensvorschriften gibt es eine besondre Gruppe von Rechtssätzen oder Dienstanweisungen, die außerhalb der sonstigen Verfahrensvorschriften bestehen und durch ihren Inhalt gekennzeichnet werden. Es handelt sich bei ihnen um Zusammenarbeit zwischen den Staaten in Gestalt einer Tätigkeit von Behörde zu Behörde, zumal als Rechtshilfe (oben § 33) und in Gestalt einer gemeinsamen Amtstätigkeit mehrerer Staaten (§ 34). Ihre Regelung gehört, wie S. 355 näher ausgeführt, zwei verschiedenen Rechtsteilen an: soweit es sich um die Durchführung eines Verfahrens handelt, als ein in sich abgeschlossener Bestandteil, nach Rechtszweigen geschieden, dem Verfahrensrecht der beteiligten Staaten; soweit, die Durchführung zu ermöglichen, dabei eine Verbindung zwischen den beteiligten Staaten hergestellt werden muß, dem Recht der auswärtigen Verwaltung. Zusammenfassende Darstellung der beiden Teilregelungen ist unentbehrlich, der geeignetste Ort, sie vorzunehmen, im Anschluß an die grenzrechtliche Lehre von den Verfahren gegeben. Überdies aber, Zusammenarbeit und Gemeinschaftstätigkeit können zur Anwendung ausländischen Rechts führen, und sie sind mit einer Anerkennung von Amtshandlungen andrer Staaten notwendig verbunden, gehören demnach schon unter dem Gesichtspunkt einer Überwirkung in den gegenwärtigen Zusammenhang. Innerhalb der Fälle einer Überwirkung aber, wie sie unter 3) im allgemeinen behandelt wurden, liegt hier ein Gegenstand vor, der für die Rechtserkenntnis durch seinen besondern Inhalt zur Einheit zusammengefaßt wird.

5) Eine Überwirkung fremder Verwaltung mag auch noch andre Formen aufweisen als die Anwendung ausländischen Rechts oder die Anerkennung, die ausländischen Amtshandlungen gewährt wird. Wo der Verwaltung eines andern Staats rechtliche Bedeutung eingeräumt ist, k a n n es freilich immer dazu kommen, daß der Bestand, die Tragweite einer Einrichtung nach dem fremden Recht beurteilt werden muß oder Anlaß gibt, einer Amtshandlung jenes Staats Erheblichkeit zuzusprechen. Denn es handelt sich ja stets um ein Merkmal mit staatlicher Beziehung im Sinn der Ausführungen oben S. 93. Aber auch da, wo im einzelnen Fall dazu kein Anlaß besteht, wird dem Vorhandensein einer fremden Verwaltung Rechnung getragen, wenn im Rahmen des Inlandsrechts irgendeine Rechtsfolge mit ihr in Verbindung gebracht wird. Dergleichen mag etwa als Strafschutz oder als Schutz zivilrechtlicher Art in Erscheinung treten und kann in mancherlei andern Bestimmungen Form gewinnen. Eine erschöpfende Statistik ließe sich nur auf dem Boden einer einzelnen Rechtsordnung geben. Ihr Wert wäre begrenzt. Nur da, wo aus einer Gegenüberstellung grundsätzliche Folgerungen irgendwelcher Art gezogen werden können — so oben § 35 —, wird auf solche Rechtsbildungen einzugehen

sein. Da die ganze Einbeziehung der Überwirkungen in das internationale Verwaltungsrecht auf Rücksichten der Zweckmäßigkeit beruht, darf auch diese Auswahl nach Zweckmäßigkeitsrücksichten getroffen werden.

6) Wenn eine Darstellung des internationalen Verwaltungsrechts über die Inhalte hinausgreift, die systematisch zwingend ihre Selbständigkeit besitzen, so ist es eine Frage der Zweckmäßigkeit, wie weit dabei auf andre Inhalte ausgegriffen werden soll. Aber es wäre eine Erstreckung von äußerster Unzweckmäßigkeit, wenn nunmehr allem Eingang gewährt würde, was im Verwaltungsrecht Beziehung zu Ausland und Ausländern hat, im besondern allem früher erörterten „Fremdenrecht". Die feste, wenn nicht juristisch, so doch soziologisch bestimmte Grenze ist mit Sachnormen gegeben, in denen Rücksicht auf fremde Verwaltung zum rechtlichen Merkmal wird. Vorschriften sammeln, in denen Auslandsbeziehungen von Privatpersonen rechtliche Bedeutung haben, hieße einen gänzlich disparaten Rechtsstoff zusammentragen, und er müßte, in eine Darstellung des internationalen Verwaltungsrechts aufgenommen, die Übersicht empfindlich beeinträchtigen.

§ 41.

Die Stellung im Rechtssystem. Einteilung. Name.

1. Stellung im Rechtssystem. — 2. Einteilung. — 3. Name.

Stellung im Rechtssystem.

1. Wenn auf Grund der Ausführungen in § 40 nunmehr die Stellung des internationalen Verwaltungsrechts im Rechtssystem festgelegt werden soll, so kann einer solchen Fragestellung von vornherein nur beschränkte Bedeutung zukommen. Soweit es sich dabei um Rechtsinhalte handelt, deren Darstellung dem Gegenstand angeschlossen wird, können sie in diesem Zusammenhang keinen eignen Platz im Rechtssystem haben. Die Frage nach dem Standort kann nur für die Rechtsinhalte aufgeworfen werden, an deren Darstellung die Erörterung jener andern sich anschließt: für die Gesamtheit der Grenznormen und für die Kollisionsnormen des Privatrechts. Das Problem soll, weil am deutlichsten sichtbar, zuerst — in erreichbarer Knappheit — für das Privatrecht behandelt werden[1].

Es ist bekannt, daß die Kollisionsnormen des Privatrechts vielfach selbst als Privatrecht angesehen werden. Zunächst muß hier außer Betracht bleiben, daß irgendeine Sondervorschrift wie Art. 55 EG. BGB. solche Bestimmungen für ihre Zwecke als privatrechtlich behandeln

[1] Über den Streitstand etwa Ago 113[1].

kann; der grundsätzlichen Einreihung wird damit nicht vorgegriffen. Unergiebig ist die Erwägung, daß nur durch ein Zusammenwirken von Kollisionsnorm und Sachnorm über den einzelnen Sachverhalt entschieden werden könne: das gilt für alle Voraussetzungen, von denen eine Rechtsfolge abhängig gemacht ist, wenn unter diesen Voraussetzungen eine Verweisung sich befindet, für Sitte und Naturgesetz oder wissenschaftliche Erkenntnis, auf die verwiesen ist; will man auch sie als Privatrecht ansehen? Nicht selten bescheidet man sich mit der Feststellung, daß Privatrecht gegeben sei, weil die Kollisionsnorm sich auf Angelegenheiten der Privaten beziehe: und doch, Verfassung und Verfahren der Behörden der freiwilligen Gerichtsbarkeit sind trotzdem nicht Privatrecht, auch nicht der Satz der Reichsverfassung, daß die Gesetzgebung über bürgerliches Recht dem Reich zusteht.

Andre Meinungen erklären das Kollisionsrecht als Zubehör des Privatrechts, als Rahmen seiner Inhalte. Nun beruht die Einteilung unseres Rechtssystems auf der Eigenart der Rechtsfolge. Privatrecht ist die Summe der Rechtssätze, die über Rechtsfolgen des Privatrechts bestimmen. Gewiß gibt es in den Gesetzbüchern Paragraphen, die keine Rechtsfolge aufstellen und dennoch dem Privatrecht angehören; so die begriffsentwickelnden Rechtssätze. Aber sie sind nur sprachlich selbständig und regeln Merkmale eines Tatbestands, von dem unmittelbar eine Privatrechtsfolge abhängt. Auch die Kollisionsnorm hat eine Rechtsfolge: die Anwendbarkeit einer Sachnorm. Was sie auch ist, jedenfalls ist sie keine Rechtsfolge des Privatrechts.

Die Frage wurde gefördert, doch nur teilweise gefördert, als man Grenz- und Kollisionsnormen in ein „Recht über Recht" einreihte[2]. Wer in Rechtssätzen, die über Recht Bestimmung treffen, eine besondre Gruppe erblickt, die außerhalb der Einteilung in öffentliches und Privatrecht stehe, stellt vielleicht eine wissenschaftliche Kategorie von selbständiger Art auf; die Inhalte einer gegebenen Rechtsordnung zerfallen (es sei an die Ausführungen S. 25 ff. erinnert) erschöpfend in solche des öffentlichen und des Privatrechts, und auch die Inhalte der Grenz- und Kollisionsnormen werden in diesem Buch einzig als Inhalte gegebener Rechtsordnungen behandelt. Sind solche Sätze öffentliches Recht, so jedenfalls nicht deshalb, weil sie zu der Gruppe Recht über Recht gehören. Denn diese Gruppe umfaßt Bestandteile, die außerhalb des öffentlichen Rechts liegen können. Das „eheliche Kind" soll erben, Begehung einer „strafbaren Handlung" zu Schadenersatz verpflichten — auch Verweisungen dieser Art enthalten als Verweisung Recht über Recht, aber sie sind systematisch gesehen Tatbestandsmerk-

---

[2] Den Anstoß gab F. Affolter, Geschichte des intertemporalen Privatrechts (1902) 1 ff. Dann H. Giesker-Zeller, Die Rechtsanwendbarkeitsnormen 1914. Zitelmann in Festgabe für Bergbohm (1919) 207 ff.

male eines Zivilrechtssatzes (und es ist nicht einmal bezeichnend für sie, daß in ihnen von Recht auf Recht verwiesen wird, da doch Verweisungen von Recht auf Technik oder Sprachgebrauch oder irgend andre Gegebenheiten von gleicher Art sind). Bei selbständigen Rechtssätzen über Recht verhält sich das allerdings anders: bei Vorschriften über Rechtsbildung; über Auslegung, soweit sie einer Fertigstellung der Rechtsordnung dienen; über die Abgrenzung rechtlicher Ordnungen gegenüber andern Ordnungen gleichen Inhalts. Sie alle gehören dem Staatsrecht an, jede der Gruppen, weil sie Recht zum Gegenstand hat, doch jede von ihnen aus Gründen, die ihr eigen sind. Hier beschäftigt nur die dritte der Gruppen. Sie umfaßt Vorschriften für gespaltenes Recht desselben Rechtsträgers und umfaßt Vorschriften für autonome Rechtskreise, gegenübergehalten andern autonomen Rechtskreisen.

Auch da, wo der Staat Teilrecht gegenüber dem allgemeinen Recht begründet oder neben einander, in der Zeit, im Raum, nach Personengruppen geschieden, mehrere Ordnungen aufstellt, gehören Rechtssätze, welche die anwendbare Ordnung bezeichnen, dem Staatsrecht an. Wenn für denselben Tatbestand mehrere Regelungen verschiedenen Inhalts zu Gebote stehen, so bedeutet ein Rechtssatz, der eine von ihnen für anwendbar erklärt, eine Bestimmung über die Handhabung rechtlicher Regelungen, nicht eine Vorschrift über den Inhalt der für anwendbar erklärten Ordnung. Und es bedarf dabei nur der Abscheidung von andern Erscheinungen: denn bei gespaltenem staatlichem Recht bleibt es allerdings möglich — der Staat ist Gesetzgeber für den einen und den andern Bereich —, die Zuteilung der Tatbestände durch eine Ausgestaltung der Sachnormen selbst herbeizuführen. Die Abgrenzung zwischen Handelsrecht und bürgerlichem Recht wird in Deutschland nicht so vorgenommen, daß über die Anwendbarkeit der Handelsgesetzgebung und der bürgerlichen Gesetzgebung bestimmt würde, sondern in der Weise, daß Sachnormen aufgestellt sind, die nach ihrem besondern Inhalt „für Handelsgeschäfte" das und jenes vorschreiben [3]. Durch Aufnahme des Tatbestandsmerkmals „Handelsgeschäfte" ist der Gegenstand eines Rechtssatzes, der die Zinsen für Handelsgeschäfte zu 5 Prozent ansetzt, nicht mehr identisch mit dem Gegenstand eines andern Satzes, der bei Geschäften, die nicht Handelsgeschäfte sind, Zinsen in Höhe von 4 Prozent geschuldet erklärt; zu einer Wahl zwischen Vorschriften gleichen Inhalts besteht kein Anlaß mehr. Aber

[3] Auch die Regelung, ob eine Rechtsfolge einseitige oder zweiseitige Handelsgeschäfte voraussetzt, gehört alsdann zum Inhalt der Sachnorm und muß, wenn zusammenfassend geregelt (§ 345 HGB.), in die einzelnen Sachnormen übertragen werden.

in andern Fällen geht der Gesetzgeber einen andern Weg. Bei einer Abgrenzung zwischen altem und neuem Recht wird in aller Regel über die Anwendbarkeit der Rechtssätze selbst bestimmt (wo fände man bei einem umfassenden Rechtswechsel Sätze, die in den Inhalt früherer Vorschriften hineinschrieben, sie sollten künftig nur mehr für einen zeitlich bezeichneten Teil ihrer Tatbestände weitergelten) und es ist damit der staatsrechtliche Weg einer Grenzziehung beschritten.

Für das Verhältnis autonomer Rechtskreise zu andern ihrer Art ist nur dieser staatsrechtliche Weg gegeben. Das erhellt zunächst, wo es sich im Privatrecht um die Anwendung ausländischen Rechts handelt. Wohl mag auch hier der inländische Gesetzgeber in seine Sachnormen örtliche Merkmale aufnehmen, von denen die privatrechtliche Folge abhängig gemacht wird. Sind aber die Voraussetzungen der inländischen Sachnorm nicht verwirklicht, so kann aus diesem Nein nicht erschlossen werden, was alsdann positiv mit dem Tatbestand geschehen soll. Und daß das Inland, wenn auch nur für die Bedürfnisse eigner Rechtsanwendung, ausländischen Sachnormen entsprechende Merkmale einsetzen würde, kommt nicht ernstlich in Betracht. Soll also fremden Sachnormen Anwendung im Inland ermöglicht werden, so bleibt dafür nur der eine Weg, sie durch selbständige Rechtssätze für anwendbar zu erklären.

Der wesentlichste Punkt aber — und er kommt für das internationale Verwaltungsrecht allein in Betracht — ist in der Frage gegeben, ob es möglich ist, mit einer Aufnahme örtlicher Merkmale in die Sachnormen dem Bedürfnis nach einer Abgrenzung des Inlandsrechts zu genügen. In der Tat erscheint die Mehrzahl ausdrücklicher Begrenzungen für das Verwaltungsrecht in dieser Gestalt. „Jeder deutsche Mann ist wehrpflichtig", bestimmt ein Reichsgesetz, und das Merkmal „deutsch" ist dabei unzweifelhaft in den Inhalt der Sachnorm eingegangen. Indessen, hinter solchen Merkmalen des materiellen Rechtssatzes muß (oben S. 474) notwendig eine selbständige Grenznorm stehen. Bei gespaltenem staatlichen Recht erscheint eine Verteilung der Tatbestände mit Mitteln des materiellen Rechts denkbar, denn die Frage, ob dieser Staat andern Staaten gegenüber zur Regelung zuständig ist, wird dabei nicht aufgeworfen. Eine Begrenzung des Inlandsrechts selbst in seinem Verhältnis zum Ausland läßt sich mit Sachnormen nicht erreichen. Dergleichen wäre vorstellbar, wenn fremden Staaten und ihrem Recht die Anerkennung schlechthin versagt wäre. Ist eine solche Anerkennung aber rechtens, so verlangt sie eine geordnete Aufteilung der Zuständigkeiten — das wurde schon oben S. 98 f. des näheren ausgeführt — und so muß eine jede sachliche Regelung von der Zuständigkeit des regelnden Staats getragen sein. Es sind selbständige Rechtssätze, die diese Zuständigkeit begrenzen. Ihr Gegenstand ist die Anwendung von Rechtssätzen, und so haben auch sie den Standort im Staatsrecht.

Diese formale Lösung aber beruht materiell auf der Unabhängigkeit der Rechtsbildung autonomer Körper und ihrem Verhältnis zu andern Körpern gleicher Art. Die Grenznorm bestimmt den Umfang öffentlicher Gewalt. Und damit fließt das vorhin festgestellte Ergebnis zusammen mit andern Ansichten, die den internationalen Rechtszweigen ihren Ort im öffentlichen Recht darum zuweisen, weil sie der Übung öffentlicher Gewalt zur Grundlage dienen.

In der Darstellung ist eine selbständige Behandlung der internationalen Rechtszweige geboten, ihre gegenseitige Zusammenordnung erwünscht.

Einteilung.

2. Es ist oben S. 33 ausgeführt worden[4], daß die großen Rechtsteile durch die Verschiedenheit der Rechtsfolge sich von einander abscheiden, daß aber innerhalb des Verwaltungsrechts eine Übersicht über dessen Inhalte nur durch Aufteilung nach Verwaltungsaufgaben erreichbar erscheint. Dasselbe gilt für das internationale Verwaltungsrecht, für dessen Spaltung in ein Recht der Finanzverwaltung, der Heeresverwaltung, in ein internationales Recht der äußeren und der inneren Verwaltung (vgl. darüber oben § 5), und es gilt für die einzelnen Aufgaben innerhalb des Rechts der inneren Verwaltung, die in den vorausgehenden Bänden erörtert wurden. Niemand bezweifelt, daß im internationalen Privatrecht die Wechselverpflichtung und die Verpflichtung aus Kaufvertrag gesondert geprüft werden müssen, um das für sie anwendbare Recht aufzufinden. Wie sollte das internationale Verwaltungsrecht — dessen einzelne Inhalte eben erst dem Nebel entsteigen — anders vorgehen dürfen? Aus einer Betrachtung der Rechtsformen, in denen das Verwaltungsrecht sich verwirklicht, mag man allenfalls zu Allgemeinheiten kommen wie dem Satz (und der ist nicht einmal immer richtig), das Verwaltungsrecht gelte territorial: weiß man alsdann, ob die Unfallversicherung des Inlands für Unfälle gilt, die sich im Gebiet ereignen, für Arbeiter, die hier den gewöhnlichen Beschäftigungsort haben, für Betriebe — Teilbetriebe, Hauptbetriebe —, die hier niedergelassen sind? Und vollends, Maß und Art einer Überwirkung sind von einem Gegenstand der Verwaltung zum andern verschieden[5].

---

[4] Vgl. auch schon Archiv des öffentlichen Rechts 31, 105.

[5] Es war vornehmlich Otto Mayer, Archiv des öffentlichen Rechts 28, 352 f., der hier Bedenken erhoben hatte. Dazu schon Zeitschrift 24, 190. Das Bedenken, daß eine Darstellung nach Rechtseinrichtungen zu der Einbeziehung von Privatrecht, Völkerrecht und anderm fremdem Rechtsstoff führe, ist nicht unbegründet. Aber ihre Einbeziehung ist nicht Selbstzweck, sie dient (von einigen Parallelausführungen abgesehen), Fälle einer Über-

Der Lehre von den einzelnen Verwaltungseinrichtungen wird nunmehr ein „Allgemeiner Teil" vorausgeschickt[6]. Seine Aufgabe ist eine doppelte: er hat diejenigen Inhalte zu bringen, die den einzelnen Abschnitten des internationalen Verwaltungsrechts unabhängig von deren besonderem Inhalt gemeinsam sind, beispielsweise das Recht der Vorbehaltsklausel. Weit wesentlicher aber ist seine Aufgabe als wissenschaftliche Darstellung. Denn ihr obliegt, die Erscheinungen verständlich zu machen, die eine Erfassung der Inhalte des internationalen Verwaltungsrechts erst ermöglichen[7]. Die allgemeinen Lehren hören auf, wo die Feststellung der besondern Inhalte beginnt. Der „Allgemeine Teil" des materiellen Verwaltungsrechts ist in seinen Inhalten für das internationale Verwaltungsrecht Gegenstand des „Besonderen Teils"[8].

Name.

3. Der Name internationales Privatrecht ist schlecht und dennoch nicht zu entbehren[9]. Und so wird trotz aller Mängel auch an dem Ausdruck internationales Verwaltungsrecht festzuhalten sein, um die Inhalte, die dies Buch behandelt, zusammenzufassen. Von der Entstehung der Bezeichnung ist oben S. 1 ff. des nähern gehandelt worden, und es wäre allerdings zu wünschen, daß nicht dasselbe Wort ver-

---

wirkung ausländischer Verwaltung aus solchem Rechtsstoff herauszulösen. — Aber auch die Erwartung angesehener Beurteiler, der vorliegende Band werde die „Systematisierung" des Werkes bringen, muß ich zu einem Teil enttäuschen. Eine Systematisierung versucht dieser Band für den allgemeinen Teil der Lehren zu geben. Aber alle die Bände, die vorausgehen, sind bereits systematisiert, sie geben das internationale Verwaltungsrecht der einzelnen Verwaltungsaufgaben.

[6] Auch der Verfasser betrachtet es selbstverständlich als ein notwendiges Übel, ihn erst am Schluß des Werkes veröffentlichen zu können. Von den Gründen spricht schon das Vorwort des Bandes.

[7] Bei Isay, Internationales Finanzrecht, findet sich eine Teilung in „reines internationales Finanzrecht" und „positives internationales Finanzrecht der einzelnen Länder", die sich mit einer Scheidung zwischen Allgemeinem und Besonderem Teil des Gegenstands berührt. In das „reine" Recht werden einige Erörterungen zur wissenschaftlichen Erschließung des Rechtsstoffs und Ausführungen über gemeinsame Einrichtungen aufgenommen, in beträchtlichem Umfang aber inhaltliche Lösungen für die einzelnen Abgaben, soweit solche Lösungen nach der Meinung des Verfassers (gegen sie oben S. 437[14]) dem Völkerrecht angehören. Mir scheint diese Zusammenordnung wesentliche Verschiedenheiten zu verdecken.

[8] Dazu Neumeyer, Grundriß[2] 14.

[9] Übersicht der Meinungen bei Gutzwiller 1549ff. Der von Zitelmann vorgeschlagene Ausdruck „Zwischenprivatrecht" wäre zur Not vertretbar, wenn man mit Zitelmann von einer völkerrechtlichen Herkunft solcher Rechtssätze ausgeht, die eine Ordnung „zwischen den Staaten" begründen; er ist widerspruchsvoll, wenn man in diesen Sätzen Landesrecht zu erblicken hat.

wendet würde, um jenes juristische Scheingebilde zu benennen, das als Verwaltungsvölkerrecht oder ähnlich präsentiert wird. Auf einige ergänzende Bezeichungen ist S. 104 ff. hingewiesen worden. Unzulässig ist es bei der Einseitigkeit allen internationalen öffentlichen Rechts (oben § 14), für das Verwaltungsrecht von einem „Konflikt der Gesetze", von „Kollisionsnormen" und dergleichen zu sprechen.

Das internationale Privatrecht, internationale Verwaltungsrecht und die andern Nachbarbereiche bedürfen einer zusammenfassenden Bezeichnung. Wo kein Mißverständnis möglich ist, mag allenfalls von internationalem Privatrecht im Sinn einer pars pro toto gesprochen werden. Eine unmißverständliche Gesamtbezeichnung ist noch nicht gefunden.

§ 42.

Verhältnis zu andern Rechtszweigen.

1. Verhältnis zum internationalen Zivilrecht. — 2. Verhältnis zum internationalen Strafrecht. — 3. Völkerrecht. Handlungen im Ausland.

Um die Eigenart des internationalen Verwaltungsrechts herauszustellen, mag es nützlich sein, auch noch einige Berührungspunkte dieses Rechtsgebiets mit andern Rechtszweigen ins Auge zu fassen — anhangsweise, da solchen Untersuchungen keine selbständige Stellung im System des internationalen Verwaltungsrecht zukommen kann, und es wird sich demgemäß um eine Anzahl von Einzelfragen handeln, deren Auswahl dem Ermessen Spielraum läßt.

Verhältnis im internationalen Zivilrecht.

1. Wo ein Tatbestand seine Regelung teilweise von Sätzen des Verwaltungsrechts, teilweise von solchen des Privatrechts empfängt, wird der Geltungsbereich der Verwaltungsvorschriften vielfach auch für den Geltungsbereich der anschließenden Privatrechtssätze maßgebend sein. Werden die Standespflichten des Rechtsanwalts nach seiten des Verwaltungsrechts durch seinen Sitz bestimmt, so gilt das (oben 2, 261 ff.) auch für das Vertragsverhältnis zwischen Anwalt und Klient, auch für gesetzliche Verbindlichkeiten des Privatrechts, die dem Anwalt aus seiner Tätigkeit erwachsen. Vor allem aber tritt solche Abhängigkeit des internationalen Zivilrechts vom internationalen Verwaltungsrecht da zutage, wo Tatbestände des Verwaltungsrechts den Anlaß geben, in Verhältnisse des Privatrechts aus Gründen einzugreifen, die außerhalb des normalen Ablaufs solcher Privatrechtsverhältnisse liegen. Die Wechselverpflichtung soll nichtig sein, wenn die Stempelmarke nicht geklebt worden ist, die Verurteilung der Prise soll Eigentum übertragen — es ist von solchen Eingriffen oben S. 243 ff.

eingehend gehandelt worden. Unter allen Umständen teilt in derartigen Fällen das Privatrecht den Geltungsbereich der Verwaltungsvorschrift, wenn der eigne Staat die Maßnahme verfügt. Und wenn es sich um Maßnahmen des Auslands handelt, so mag es sein, daß sie vom Inland nicht anerkannt werden; werden sie aber anerkannt, so muß die privatrechtliche Folge wiederum in dem Umfang eintreten, den die fremde Verwaltungsmaßnahme beanspruchen kann. Durch die Abhängigkeit von verwaltungsrechtlichen Bestimmungen ist der Schwerpunkt auch für das Privatrecht verlagert worden.

Auch der umgekehrte Fall: Einfluß einer Begrenzung nach internationalem Privatrecht auf das internationale Verwaltungsrecht mag sich zuweilen ergeben. So untersteht die administrative Ordnung der Eisenbahntarife (oben 3 I 64) im Zweifel dem Staat, der über ihre privatrechtliche Anwendbarkeit zu bestimmen hat. Wenn ein Privatrechtssatz des Inlands als Voraussetzung der privaten Rechtsfolge Mitwirkung einer Verwaltungsbehörde fordert, die das öffentliche Interesse wahrnehmen soll, etwa in Gestalt einer Genehmigung wie bei einem Jagdpachtvertrag, so sind die räumlichen Grenzen der Amtstätigkeit für die Behörde notwendig die gleichen, wie sie für den veranlassenden Privatrechtssatz gegeben sind. Wo ein polizeilicher Erfüllungszwang ergänzend neben eine Verpflichtung nach inländischem Privatrecht tritt, wie vormals in Gesindesachen (vgl. dazu 2, 294), wird wohl Gleiches zutreffen. Dagegen wird die prozessuale Erledigung von Zivilstreitigkeiten durch Verwaltungsbehörden — auch bei ihr können, wie S. 163 ff. bemerkt, Fragen der Begrenzung auftauchen — zwar häufig dem Inland dann zustehen, wenn auch der Streitgegenstand unter inländischem Recht steht. Aber solche Zuständigkeit folgt doch ihren eignen Bedürfnissen, und es fehlt nicht an Beispielen, bei denen sich eine Verschiedenheit ergibt[1].

Verhältnis zum internationalen Strafrecht.

2. Die Beziehungen zwischen internationalem Verwaltungsrecht und internationalem Strafrecht klarzustellen, ist schon deshalb vordringlich, weil hier für Rechtsprechung und Literatur eine Quelle stets erneuter Irrtümer fließt. Das zeigt sich vor allem da, wo eine Verwaltungsvorschrift des Inlands den ergänzenden Schutz einer Strafdrohung des Inlands besitzt. Mit Strafe bedroht ist unter solchen Umständen nur dasjenige Verhalten, das den Vorschriften des Verwaltungsrechts zuwiderläuft. Da aber die Verwaltungsvorschrift des Inlands nur verbindlich sein kann, wenn sie nach internationalem Verwaltungs-

---

[1] So oben 3 I 148 [42] Verwaltungsverfahren für Ansprüche aus einer Bergung oder Hilfeleistung zur See.

recht zur Anwendung berufen ist, muß bei der Würdigung eines solchen Tatbestands die erste Frage auf die Anwendbarkeit der Verwaltungsvorschrift gerichtet sein[2]. Versendung von Wild während der Schonzeit ist verboten und strafbar. Ist solches Wild vom Ausland in das Inland versandt worden, so helfen dem Strafrichter Erwägungen über das Territorialprinzip des internationalen Strafrechts, über den Tatort einer strafbaren Handlung nicht weiter. Erst muß festgestellt sein, ob solche Versendung jagdpolizeilich verboten ist, und wenn das nicht zutrifft, kann die Handlung auch nicht strafbar sein[3]. Umgekehrt: erstreckt sich eine verwaltungsrechtliche Verpflichtung auf Handlungen im Ausland, und es ist ihr nicht genügt worden, so steht die Rechtswidrigkeit der Handlung fest, und es ist eine zweite selbständige Frage, die hinzutritt, ob die Zuwiderhandlung nach den Grundsätzen des internationalen Strafrechts nun auch bestraft werden kann. Nicht selten wird sich dabei ergeben, daß der Strafschutz, der der Verwaltungsvorschrift zugedacht ist, nur in engeren Grenzen wirksam werden kann als diese Vorschrift selbst. Ein in Bayern schulpflichtiger Bursche spielt in Baden zum Tanz auf, was nach bayrischem, aber nicht nach badischem Recht strafbar war, in Bayern wird ein Strafverfahren eingeleitet: die erste Feststellung mußte hier dahin gehen, daß die schulpolizeilichen Vorschriften des bayrischen Rechts auf den Fall in der Tat anwendbar gewesen sind; alsdann aber ergab internationales Strafrecht, daß die Handlung als eine außer Landes begangene Übertretung dennoch nicht mit Strafe belegt werden konnte[4].

[2] So die Reihenfolge, von seiten des Tatbestands her gesehen. Für den Strafrichter freilich ist die Reihenfolge dem Ausgangspunkt nach umgekehrt, muß die Frage, ob ihm das internationale Strafrecht Strafgewalt über eine Handlung zuspricht, der andern Frage vorausgehen, ob die Handlung nach materiellem Recht strafbar ist, und die Verweisung auf Verwaltungsrecht ist für das Strafrecht eine Vorfrage, die erst bei Anwendung des materiellen Rechts auftaucht. Jedoch die Sätze des internationalen Strafrechts selbst können zuweilen nicht angewendet werden, ehe feststeht, was sachlich Gegenstand der Bestrafung sein soll, und in jedem Fall, um den Tatbestand rechtlich würdigen zu können, muß auch der Strafrichter in der oben bezeichneten Reihenfolge verfahren.

[3] Oben 2, 101 f. Gleichartige Fälle 2, 156[17] Anzeigen in einer ausländischen Zeitung, die nach inländischem Wettbewerbsrecht verboten sind; 2, 172[62] Überschreitung inländischer Höchstpreise für Waren im Ausland; 3 I 271[5], [6] Werbung eines ausländischen Auswanderungsunternehmens; 3 I 287 f. Beförderung von Rückwanderern auf ausländischer Strecke; vgl. auch 1, 275 f. Spiel in einer nichtzugelassenen Lotterie. Eine übereinstimmende Rechtslage mag sich auch im Verhältnis zwischen Zolleinschlüssen und Ausschlüssen ergeben (oben 2, 217; 2, 60; vgl. auch 1, 44[40] für das Verhältnis zwischen örtlicher Staatsgewalt und ausländischen Konsuln).

[4] Oben 1, 224 f. Ebenso 2, 295[30] Lohnzahlungsvorschriften, Zahlung außer Landes; 3 I 162 f. und 222[125] Beschränkungen in der Verfügung über

Doch mag, wo die rechtliche Möglichkeit einer solchen Auslegung besteht, gerade die Erstreckung der verwaltungsrechtlichen Verbindlichkeit den Anlaß geben, auch dem Strafschutz die gleiche Reichweite zuzusprechen. Hamburgische Vorschriften verpflichten den Betriebsleiter, schadhafte Schiffskessel außer Betrieb zu setzen, ein hamburgisches Schiff in Singapore hat der Bestimmung zuwidergehandelt. In einem lehrreichen Urteil wird erfolglos versucht, den Fall von seiten des internationalen Strafrechts her aufzuklären. Wiederum mußte mit internationalem Verwaltungsrecht begonnen werden: die Vorschriften blieben für das hamburgische Schiff auch im Ausland verbindlich, für die Bestrafung der Zuwiderhandlung aber kam es nunmehr auf das internationale Strafrecht an, und hier war nach der besondern Rechtslage in der Tat auch die Bestrafung einer solchen Auslandshandlung möglich[5].

In Ausnahmefällen wird der Schutz des inländischen Strafrechts auch ausländischen Verwaltungsvorschriften zuteil, vielleicht auf Grund eines Staatsvertrags oder nach Gegenseitigkeitsklauseln eines Landesgesetzes — hier wiederholen sich die gleichen Fragestellungen. Und eben dies gilt bei Strafgesetzen, die zwar nicht den Zweck haben, eine Verwaltungsvorschrift durchzusetzen, die aber die kriminelle Rechtswidrigkeit einer Handlung davon abhängig machen, ob sie nach Verwaltungsrecht, je nach Lage auch nach dem Verwaltungsrecht eines fremden Staats, unbefugt vorgenommen worden ist. Ein Staatsvertrag hat Bayern verpflichtet, gegen die Übertretung forstpolizeilicher Vorschriften Österreichs Strafen zu verhängen: zuerst hatte der bayrische Richter bei Fällen dieser Art zu prüfen, ob österreichisches Forstpolizeirecht zur Anwendung kam, dann, was es besagte, weiter, wie es mit der Möglichkeit stand, die Zuwiderhandlung nach dem für Bayern geltenden internationalen Strafrecht mit Strafe zu belegen[6].

Schiffsraum, Verfügung im Ausland; 3 II 8[29] und 68[114] Verletzung des Postgeheimnisses, des Funkgeheimnisses im Ausland; 3 II 327 f., 334[5] Anwendung devisenrechtlicher Vorschriften auf Handlungen im Ausland; vgl. auch 3 II 345 f. verbotene Zahlung von Goldaufgeld.

[5] Siehe oben 3 I 105[65]. Ebenso 3 I 139[10] und 141[17] Verstoß gegen Vorschriften über das Seestraßenrecht. Ein Fall ausdrücklicher Gleichstellung der Zuständigkeiten oben 1, 17. — Die Notwendigkeit, erst die verwaltungsrechtliche, dann die strafrechtliche Seite zu prüfen, bleibt natürlich auch dann bestehen, wenn die Ermächtigung der Verwaltung, Vorschriften zu erlassen, ihrerseits in einem Strafgesetz enthalten ist, wie dies § 145 des Reichsstrafgesetzbuchs für das Seestraßenrecht vorsieht.

[6] Oben 2, 73 f. Ebenso 2, 103 f. für Jagd- und Fischereipolizei; vgl. auch 105[43] Strafschutz jagdpolizeilicher Vorschriften im besetzten Rheinland. Ein zweifelhafter Fall entsprechender Art 2, 177[4] Strafe wegen Übertretung aktienpolizeilicher Vorschriften. — Ähnlich verhält es sich, wo die Verwaltungsvorschrift nicht dem Ausland, sondern einem andern Bezirk

Ob der ärztliche Eingriff, der ohne Zustimmung des Patienten erfolgte, als Körperverletzung bestraft werden muß, bestimmt sich zunächst nach dem Ärzterecht am Ort des Eingriffs, auch wenn dieser Ort im Ausland belegen ist, und dann mag weiter geprüft werden, ob eine Überschreitung der Berufsrechte nach dem internationalen Strafrecht des Inlands der Strafe verfällt[7]. Und wenn umgekehrt feststeht, daß eine Strafdrohung nur auf Vorschriften des eignen Verwaltungsrechts bezogen werden kann, und es ist fremden Vorschriften zuwidergehandelt, so vermag keine Berufung auf das Territorialprinzip oder auf die Begründung eines Tatorts im Land zu einer Bestrafung zu führen[8].

So ergibt sich denn auch eine bezeichnende Verschiedenheit in der Reichweite einer Strafdrohung auf der einen Seite, wenn sie für eine Vorfrage von verwaltungsrechtlicher Art auf deren Regelung verweist; auf der andern Seite, wenn sie die sämtlichen Voraussetzungen einer Bestrafung in ihrem Tatbestand unmittelbar regelt. Denn für den letzteren Fall kommt internationales Strafrecht, nicht mehr internationales Verwaltungsrecht in Frage. Ein anschauliches Beispiel bietet es etwa, wenn die Verletzung der ärztlichen Schweigepflicht nach deutschem Strafrecht von ihrer Verwaltungswidrigkeit abhängig gemacht ist, während die entsprechende Strafdrohung des Code pénal wahrscheinlich nur aus ihrem eignen Inhalt interpretiert werden muß[9]. Und es mag auch noch ganz allgemein auf die Möglichkeit verwiesen sein, ähnliche Ergebnisse sowohl auf administrativem wie auf strafrechtlichem Wege zu erreichen: aber gerade im Geltungsbereich werden sich solche Maßnahmen manchmal unterscheiden, z. B. bei einer

---

desselben Staats angehört; so 2, 165[44] und 171 ff. für versäumte Anzeige von Vorräten, für die Überschreitung von Höchstpreisen.

[7] Oben 2, 235 f. Entsprechend bei Bestrafung des Bruchs der Berufsverschwiegenheit 2, 240 ff. 258 f. 292. Vgl. auch unten Anm. 8.

[8] So sehr bezeichnend die Fälle 2, 20 f.: verwaltungsrechtliche Verbote einer Einführung von Abwässern gelten nur für eine Einführung im Inland, eine anschließende Strafdrohung kann nur diese Verbote sichern wollen; sind im Oberlauf des Flusses auf fremdem Staatsgebiet schädliche Abwässer eingeführt worden, so mag der Staat, der den Unterlauf des Flusses beherrscht, vielleicht unter dem Gesichtspunkt der Sachbeschädigung strafberechtigt sein, wegen der Einführung kann er Strafe nicht verhängen. Vgl. auch 1, 116 Mitgliedschaft in einer gesetzlich verbotenen Vereinigung; 1, 265 Veranstaltung einer nicht genehmigten Lotterie; den besonders gelagerten Fall 1, 75[37] unbefugte Aufbewahrung von Gift im Bereich der Konsulargerichtsbarkeit.

[9] Oben 2, 241. Ähnliche Unterschiede 1, 96 f. unterlassene Anzeige eines Verbrechens; 2, 158[23] Versendung verfälschter Nahrungsmittel aus dem Ausland in das Inland; 2, 177[4] aktienrechtliche Verfehlungen; 2, 294 Dienstbotendelikte; 3 I 147[38] Aufnahme seetriftigen Guts, ohne Anzeige zu erstatten.

strafrechtlich und einer verwaltungsrechtlich verhängten Zwangserziehung oder bei einem Einschreiten gegen Bahnbeamte ausländischen Dienstsitzes unter dem Gesichtspunkt der Dienstzucht und wegen Begehung einer strafbaren Handlung[10].

Völkerrecht. Handlungen im Ausland.

3. Wenn hier von dem Verhältnis des internationalen Verwaltungsrechts zum Völkerrecht gesprochen wird, so kann das nicht in demselben Sinn geschehen, wie von dessen Verhältnis zum internationalen Privatrecht oder Strafrecht. Denn Völkerrecht ist materielles Recht[11]. Dennoch besteht für das Völkerrecht eine Fragenreihe, die äußerlich den Problemen des internationalen Verwaltungsrechts ähnelt, ja in überaus häufigen Fällen und bis hinein in die Kreise der Sachverständigen mit ihnen zusammengeworfen wird: die Begrenzungen, zu denen das Verbot führt, Handlungen in fremdem Staatsgebiet vorzunehmen. Eine Gegenüberstellung der beiden Fragenbereiche wird damit allerdings sehr wünschenswert. Und sie bedürfte auch keiner langen Erörterung, wenn für die völkerrechtliche Seite einfach auf die Feststellungen der Völkerrechtswissenschaft verwiesen werden könnte. Leider aber versagt diese fast vollkommen, und wenn für den gegenwärtigen Zusammenhang nicht eine mißliche Lücke entstehen soll, muß hier auf die völkerrechtliche Frage selbst eingegangen werden. Die folgenden Ausführungen sind nur als ein erster Versuch gemeint; endgültige Stellungnahme müßte sich — zumal angesichts einer überaus widerspruchsvollen Staatenpraxis — auf sehr viel umfangreicheren Rechtsstoff stützen.

a) Staatliche Handlungen im Inland sind nicht deshalb völkerrechtswidrig, weil sie Wirkungen im Ausland hervorrufen. Das gilt zunächst für rechtliche Wirkungen, die ein inländischer Vorgang im Ausland erzeugt. Es können im Inland Befehle rechtsverbindlich auch an Personen ausländischen Aufenthalts gerichtet werden[12]. Sie finden ihre Schranke nicht in einer Völkerrechtswidrigkeit solcher Bindung, sondern in der Zuständigkeit, die für den Inhalt der Anordnung dem Inland zukommt. Es bestehen nach beiden Richtungen keine Hindernisse, wenn dem Eigentümer eines inländischen Hauses aufgetragen

---

[10] Wegen der Zwangserziehung oben 1, 233 ff.; wegen Verfehlung eines Bahnbeamten 3 I 32 f. Ein weiterer Fall 2, 409[107] Unbotmäßigkeit eines Empfängers von Armenunterstützung. Auch das verwendete Druckmittel mag verschiedenen Geltungsbereich haben, je nachdem es von der Verwaltung oder vom Strafrichter gehandhabt wird, z. B. 2, 146 ein Berufsverbot.

[11] Über Berührungen zwischen Völkerrecht und internationalem Verwaltungsrecht im allgemeinen oben S. 436 f.

[12] Vgl. schon oben 1, 6.

wird, Bauschäden, durch die Vorübergehende gefährdet werden, auszubessern, auch wenn der Eigentümer im Ausland wohnt und staatsangehörig ist. Aber es wäre eine Überschreitung inländischer Zuständigkeit, wenn eine Verfügung erginge, die jemand aus einem fremden Staat ausweist. Auch die Herbeiführung tatsächlicher Wirkungen, die ein inländischer Staatsakt im Ausland hervorruft, ist als solche ein völkerrechtlich unerheblicher Vorgang. Erläßt der eine Staat ein Ausfuhrverbot für Baumwolle, so kann sich der andre Staat (falls nicht zufällig ein Handelsvertrag entgegensteht) nicht darüber beschweren, auch wenn seine Fabriken deswegen feiern müssen. Erst dann, wenn eine solche Handlung im andern Gebiet zu Einwirkungen führt, die nach ihrem besondern Inhalt als Schädigung von Gütern dieses Staats völkerrechtlich verboten sind, erwächst für das Inland eine Verpflichtung, die Handlung zu verhindern oder, wenn für den Staat vorgenommen, sie zu unterlassen; so bei der Zuführung von Wasser, Dämpfen, Geräuschen, vielleicht auch elektrischen Wellen, die im andern Gebiet Personen- oder Sachschaden bewirken [13], bei abirrenden Geschossen, die im andern Gebiet einschlagen, und man wird dies auch auf die Entziehung beweglichen Zubehörs erstrecken dürfen, vor allem für Wasser, das sonst dem Gebiet zuströmt, wohl auch für wandernde Tiere, die als Zubehör dieses Staats aufzufassen sind [14]. Dagegen ist es völkerrechtlich nicht zu beanstanden (nur von dieser Seite ist hier die Rede), wenn durch Staatshandlungen im Inland mittelbar Wirkungen herbeigeführt werden, deren unmittelbare Herbeiführung im Ausland dem Staat nach Völkerrecht verwehrt wäre. Etwa indem er im Inland einen Steuerabzug bei dem Schuldner vornimmt, um den im Ausland wohnenden Gläubiger damit abgabenpflichtig zu machen [15]; wenn die inländische Zweigniederlassung eines ausländischen Unternehmens verpflichtet wird, im Inland Handelsbücher vorzulegen, die außer Landes geführt werden [16]. Und auch die Auflage kann völkerrechtlich nicht beanstandet werden, die in Angelegenheiten des Inlands eine Partei verpflichtet, Handlungen im Ausland [17], ja sogar bei den Behörden des Auslands vorzunehmen [18].

---

[13] Oben 2, 4 ff.; 2, 151; vgl. auch 1, 91; 3 II 50 f.

[14] Oben 2, 86 ff. (Fischzüge, Robben, Zugvögel) und für das Wasserrecht wiederum 2, 4 ff.

[15] Vgl. darüber oben S. 255 f.

[16] Reichsfinanzhof 27. 9. 1933, Juristische Wochenschrift 2722.

[17] „Zwangspaß" für die Reise durch einen dazwischenliegenden Staat im Übernahmeverkehr, oben 1, 5. Appellhof Paris Journal 1889, 687 Pflicht, die Ausgrabung einer Leiche im Ausland zu veranlassen. Preußisches Oberverwaltungsgericht 28. 11. 1916, Entscheidungen 72, 277, Pflicht, eine Kläranlage für Abwässer in einem andern Land anzulegen. Selbstverständlich

b) Die Einschränkungen, die hier aufgezeigt werden sollen, kommen erst da in Betracht, wo staatliche Handlungen in fremdem Gebiet vorgenommen werden[19]. Sie finden ihre Rechtsgrundlage in dem Recht des Staats an seinem Gebiet, das, wie oben S. 121 ausgeführt, andre Staaten von dessen Benützung für ihre Zwecke ausschließt[20]. Damit aber ergibt sich als erste Frage in diesem Zusammenhang: welches ist der Ort, an dem der Staat gehandelt hat? Die Frage bietet in mehrfacher Hinsicht Schwierigkeiten. In der Welt der erfahrungsmäßigen Tatsachen kann nicht „der Staat" handeln, müssen Menschen für ihn tätig werden. Doch welches sind die Personen, deren Tätigkeit im Sinn der hier erörterten Beschränkungen dem Staat zugerechnet wird? Jedenfalls die Beamten, die berufsmäßig staatliche Aufgaben der fraglichen Art zu besorgen haben. Vielleicht Private, denen die Ausführung einer staatlichen Aufgabe übertragen wird, der Rechtsanwalt, der im Dienst eines englischen Verfahrens im Ausland eine Vereidigung vornimmt, der Geheimagent, der militärische Nachrichten

---

bleibt in solchen Fällen vorausgesetzt, daß die Ausführung der Auflage nicht mit dem Verwaltungsrecht am Ort der Handlung in Widerspruch gerät. — Privatrechtliche Parallelen bei Nußbaum 389[1].

[18] Verpflichtung, eine Klage im Ausland zurückzunehmen, oben S. 170[5]. Über die völkerrechtliche Zulässigkeit solcher Auflagen z. B. Portarlington v. Soulby, Court of Chancery 1834, Revised Reports 41, 23.

[19] Wenn im folgenden nur von staatlichen Handlungen gesprochen wird, so gelten doch die Ausführungen in gleicher Weise auch für Auslandshandlungen von Unterverbänden des öffentlichen Rechts, die unzulässig wären, wenn ein Staat sie vornehmen würde. (Wegen der Handlungen, die von solchen innerhalb des Staats im Gebiet eines andern Verbands vorgenommen werden, unten S. 505).

[20] Die Ausschließlichkeit des staatlichen Rechts am Gebiet führt, wie S. 122 ausgeführt, zu einer Undurchdringlichkeit des staatlichen Bereichs, und dieser Gedanke ist seinerseits wieder die Grundlage einer Weiterbildung geworden. Denn auch in Gebieten, in denen mehrere Staaten nebeneinander zu gleichem Recht herrschen — bei persönlich aufgeteilten Kondominien, bei einer Mitherrschaft in Staaten unter Konsulargerichtsbarkeit, im staatenlosen Gebiet, voran auf hoher See — hat jeder Teil seinen Eigenbereich, in den der andre Teil nicht eingreifen darf, und da das Merkmal einer räumlichen Zusammenfassung der staatlichen Interessen dabei versagt, werden Handlungen, die sich gegen Personen richten, unzulässig, wenn sie sich gegen Amtsträger oder Schutzbefohlene des andern Teils wenden. Ja auch der unten zu entwickelnde Gesichtspunkt, daß es unstatthaft sei, fremdes Gebiet als Stützpunkt für eigne Staatszwecke zu benützen, bleibt bei einer persönlich aufgeteilten Herrschaft verwertbar, wo die Gruppe, die solcher Herrschaft untersteht, durch eine örtliche Verbindung zusammengehalten wird. Es wird unten § 51 Z. 2 zu zeigen sein, daß auch Handelsschiffe fremder Flagge auf hoher See nicht eigenmächtig als derartiger Stützpunkt benützt werden dürfen.

beschafft [21]. Aber auch da, wo dieser Staat sich der bloßen Vermittlung von Personen bedient, die durch ihre Tätigkeit im Ausland Zwangsfolgen für den Bereich des auftraggebenden Staats herbeiführen, wird die Rechtslage die gleiche sein. Z. B. (dazu gleich unten) bei einer Zustellung durch die Post. Nicht weil der Staat, der die Zustellung veranlaßt, in fremdem Gebiet Wirkungen hervorruft, sondern weil er durch den zustellenden Postboten dort handelt [22].

In andern Fällen bleibt unsicher, welches der Vorgang ist, in dem sich die staatliche Handlung verkörpert. Der Notar hatte in fremdem Staatsgebiet der Unterzeichnung des Schriftstücks durch den Aussteller beigewohnt, im eignen Land die Unterzeichnung beglaubigt: das Reichsgericht [23] hält den Vorgang für völkerrechtlich einwandfrei, denn die öffentliche Urkunde, die der Notar mit der Beglaubigung ausstelle, sei in dem Land errichtet, in dem der Beglaubigungsvermerk auf das Schriftstück gesetzt wurde. Insbesondre schafft eine klare Beantwortung dieser Frage die Grundlage, um die verschiedenerlei Formen einer Zustellung an Personen im Ausland würdigen zu können [24]. Zustellung ist Übermittlung einer Nachricht, an die sich Zwangswirkungen knüpfen, z. B. ein Abwehrzwang, wenn es sich um die Zustellung einer Klage handelt. Somit entscheidet der Ort desjenigen tatsächlichen Vorgangs, an den die Zwangswirkung geknüpft ist, und es ist völkerrechtlich einwandfrei, wenn eine Zustellung an Personen im Ausland nach französischem Brauch *au parquet du procureur* erfolgt, durch Anschlag an der Amtstafel, durch Auf-

---

[21] Entgegen der oben 1, 100 geäußerten Meinung möchte ich die Verantwortlichkeit des Staats auch dann annehmen, wenn der Auftrag von dem zuständigen Beamten „privat" weitergegeben wird. Die rechtliche Einkleidung des Vorgangs ist für den tatsächlichen Vorgang bedeutungslos. Erst der ernstliche Wille, solche Handlungen zu verhindern und, wenn geschehen, einen eingetretenen Schaden auszugleichen, könnte deren Zurechnung an den Staat, dem sie nützen, aufheben. Hieher auch die Entführung einer Person durch Private, um sie in die Hand eines andern Staats zu bringen.

[22] Es scheint hier eine beachtliche Verschiedenheit zu bestehen gegenüber andern scheinbar ähnlichen Fragen. Ist das Versenden von Wild während der Schonzeit verboten, so verstößt der Absender, der vom Ausland her das Stück durch die Post in das Inland schickt, nicht gegen das Verbot (oben 2, 101 f.); was für den Absender im Inland geschieht, ist lediglich die Beförderung eines Poststücks. Bei der Postzustellung für einen fremden Staat ist das anders. Sie erschöpft sich nicht in der Aushändigung eines der Post übergebenen Briefes, sondern es verbindet sich mit ihr ein weiterer Vorgang, der auf den besondern Inhalt der Sendung zurückgreift, die gleich zu erwähnende Übung rechtlichen Zwanges für den Absendestaat, die durch die Aushändigung ausgelöst wird.

[23] Urteil 13. 5. 1927 Juristische Wochenschrift 2126. Dazu gleich unten.

[24] Vgl. zum Folgenden Neumeyer, Zeitschrift 1899, 455 ff.

gabe zur Post. Dagegen tritt die Zwangswirkung bei einer Übermittlung durch Boten [25], insbesondre durch einen eingeschriebenen Brief, erst da ein, wo der Brief ausgehändigt wird, und ist damit völkerrechtlich unstatthaft [26].

c) Überblickt man die verschiedenerlei Inhalte staatlicher Handlungen im Ausland, die das geltende Völkerrecht als zulässig und als unzulässig ansieht, so wird man nicht erwarten dürfen, daß die Grenze zwischen den beiden Gruppen völlig folgerichtig verlaufe. Die Gründe, die auf die Abgrenzung einwirken, überschneiden sich zuweilen, und es fehlt nicht an Zufälligkeiten, die das Ergebnis beeinflussen. Unzweifelhaft völkerrechtswidrig sind zunächst Amtshandlungen in fremdem Gebiet, die mit körperlicher Gewalt durchgeführt werden, Kriegshandlungen in neutralem Staatsgebiet, Durchsuchungen [27], Wegnahme von Sachen, die Festnahme und Festhaltung von Personen [28], und es nehmen an solcher Untersagung auch vorbereitende Handlungen wie die Veröffentlichung eines Steckbriefs [29] teil; während Akte der Täuschung, die im staatlichen Interesse außer Landes durchgeführt werden, als solche schwerlich völkerrechtswidrig sind [30].

d) Völkerrechtlich einwandfrei sind Amtshandlungen tatsächlicher Art, die in fremdem Gebiet vorgenommen werden und bei denen ein Zwang nicht geübt wird. So, wenn der Konsul im Dienst der Arbeiterversicherung seines Staats Mitteilungen macht, Anzeigen entgegen-

---

[25] Über das englische System Inhülsen, Zeitschrift 3, 504 ff.; 5, 147 f.; 14, 569 ff.

[26] Dazu Art. 4, später 6 des Haager Prozeßabkommens (auch Actes de la 4e Conférence 68). Seresia, Revue de droit international 1901, 580 ff. 589 ff. Badisches Justizministerium, Zeitschrift 13, 405. Schweizerischer Bundesrat Revue 7, 940 f. Zivilgericht Haarlem 18. 2. 1919, Schweizerisches Bundesgericht 29. 6. 1915 und 10. 7. 1917 bei Kosters et Bellemans, Les conventions de la Haye 1274, 1317, 1329. Auf der andern Seite aber auch das Preußische Oberverwaltungsgericht 13. 11. 1931 Juristische Wochenschrift 1932, 2329 sowie § 5 einer Finanzministerialverordnung 29. 9. 1925 RGBl. I 383!

[27] Dazu beispielsweise oben 3 I 294. Über den Fall Panther Schön im Wörterbuch des Völkerrechts 2, 232.

[28] So die Durchlieferung in Strafsachen, die Verschubung bei administrativer Ausweisung (oben 1, 6 f. 14).

[29] v. Salis, Schweizerisches Bundesrecht [2] 1, 426.

[30] Als im Fall Schnäbele der französische Polizeikommissar auf deutschen Boden gelockt und dort verhaftet wurde, wurde nicht die Täuschung, sondern der Bruch freien Geleits als völkerrechtswidrig angesehen. Dagegen ist 1909, als auf Veranlassung eines Gendarmen jemand aus der Schweiz nach Deutschland gelockt und dort festgenommen wurde, die Unzulässigkeit solchen Vorgehens von Deutschland anerkannt worden; Burckhardt, Schweizerisches Bundesrecht 1, 31. Ein ähnlicher Fall scheint 1935 im selben Sinn behandelt worden zu sein. Vgl. auch unten S. 498.

nimmt, Zahlungen leistet, ärztliche Untersuchungen vermittelt[31]. Und dasselbe gilt für Handlungen des Staats, die in gleicher Weise auch ein Privater vornehmen könnte. Z. B. es wird eine Expedition ausgesandt, um Ausgrabungen vorzunehmen. Wer unter solchen Umständen für den Staat handelt, tritt dabei unter das örtliche Recht wie jeder Private[32].

Sehr unsicher freilich verläuft die Grenze in dem wichtigsten dieser Fälle, bei der Beschaffung von Nachrichten. Kein Zweifel, daß Erkundungen für Zwecke, an die sich unmittelbar kein Zwangsakt knüpft, Staatsorganen in gleicher Weise offenstehen wie Privatpersonen. Es wurde oben 1, 98 das Beispiel von Kommissionen gebraucht, welche die Wildbachverbauung oder die Gerichtsorganisation eines Landes studieren sollen. Aber auch da, wo die Erkundung im Dienst hoheitlicher Betätigung erfolgt, ist sie völkerrechtlich einwandfrei, wenn sie nur von solcher hoheitlichen Betätigung als selbständige Handlung sich ablöst. Es war unbedenklich, als das Schatzamt der Vereinigten Staaten Agenten nach Solingen schickte, Muster von Stahlwaren einzukaufen, um an Hand der dabei festgestellten Preise Zollhinterziehungen im eignen Land unterdrücken zu können[33]. Die Entsendung eines Amtsarztes, der sich durch Nachfrage über den Gesundheitszustand von Mensch oder Tier im andern Gebiet unterrichtet, eines Sicherheitskommissars zur Beobachtung staatsgefährlicher Umtriebe wird nicht beanstandet werden können, und die Beschaffung militärischer Geheimnisse wird zwar das Strafrecht des örtlichen Staats in Bewegung setzen, kann aber (mangels besonderer Qualifizierung) nicht als völkerrechtlich unzulässige Gebietsverletzung angesehen werden.

Doch kann solche Nachrichtenbeschaffung unter mehrfachen Gesichtspunkten völkerrechtlich unstatthaft werden. Selbstverständlich,

---

[31] Oben 2, 695 ff. Ähnlich die Vermittlung des Konsuls bei der Aufwertung von Staatsanleihen 3 II 383 (die dort geäußerten Bedenken werden hinsichtlich einer Vermittlung nur aufrechtzuerhalten sein, wenn selbständige Stellen hiefür im Ausland errichtet werden, vgl. unten S. 499). Auch eine 3 II 28[60] erwähnte Vermittlung von Zahlungen durch den Konsul würde ich heute ebenso beurteilen.

[32] Die Vereinigten Staaten haben einmal die Zustimmung Kanada's eingeholt, als für die Zwecke einer Landesvermessung auf kanadischem Land- und Wassergebiet Hilfspunkte für die Vermessung gekennzeichnet werden mußten; Moore, Digest of international law 2, 364. Völkerrechtlich war eine solche Zustimmung schwerlich von nöten. Dagegen war, nicht anders als bei einer privaten Vermessung, privatrechtlich und verwaltungsrechtlich Erlaubnis erforderlich, um Grundstücke und Gewässer für die Aufnahme benützen zu können.

[33] Frankfurter Zeitung 18. 7. 1911. Dagegen ist die zwangsfreie Einholung gleichartiger Auskünfte bei den verkaufenden Firmen von der Schweiz und andern Staaten beanstandet worden; Burckhardt 1, 34 f.

wenn dabei Zwang geübt wird. Auch dann — davon unten —, wenn dabei Dienstkleidung getragen würde. Der Vorgang hört auf, völkerrechtlich gleichgültig zu sein, wenn sich mit der Erkundung, wie sie jedermann vornehmen kann, als weitere Handlung die tätige Vorbereitung eines künftigen Hoheitsakts unmittelbar verbindet, vermutlich schon dann, wenn die Vornahme der Erkundung selbst im einzelnen Fall mit einem Zwangsakt unmittelbar zusammenhängt, der später im eignen Gebiet ausgeführt wird. Ein deutscher Zollbeamter hatte sich auf Schweizer Boden unter Vorwänden Einblick in das Lichtbild eines Schmugglers verschafft und diesen beim Betreten deutschen Gebiets verhaftet; das Reich hat die Unzulässigkeit des Vorgehens anerkannt [34]. Alsdann aber dürfte sich auch der vom Reichsgericht behandelte Fall (oben S. 495) weniger harmlos darstellen, bei dem sich der Notar in fremdes Staatsgebiet begeben, dort der Unterzeichnung eines Schriftstücks beigewohnt und den Vermerk über Beglaubigung der Unterschrift im eignen Land unter das Schriftstück gesetzt hatte.

Betätigungen, die nach seiten ihres Inhalts einem Staat auf fremdem Gebiet sonst freistehen, können aber auch dadurch unstatthaft werden, daß sie das fremde Gebiet als Stützpunkt für die eignen Staatszwecke benützen. Es handelt sich dabei um Agenten, die (im Gegensatz zu der Tätigkeit vorübergehend anwesender Personen) in einem Gebiet niedergelassen sind, um dort Angelegenheiten eines andern Staats zu betreiben, und vor allem um Einrichtungen, die dort für einen fremden Staat begründet werden [35]. Denn unter solchen Umständen nimmt ein fremdes Land in Anspruch, was das ausschließende Recht des örtlichen Staats ist, das Gebiet für staatliche Zwecke nutzbar zu machen. Un-

---

[34] Journal 1913, 1430. Hieher gehört auch die von Zollverwaltungen vielfach geübte Praxis, Einkäufe im Ausland beobachten zu lassen und auf Grund dieser Feststellungen den Reisenden, der bei der Rückkehr den Einkauf verschweigt, wegen Zollhinterziehung zu belangen. In einem Fall dieser Art (Münchener Neueste Nachrichten 15. 6. 1911) hat die österreichische Zollverwaltung die Unvereinbarkeit solchen Vorgehens mit dem deutsch-österreichischen Zollkartell zugegeben. Erst recht muß das Vorgehen als unzulässig erscheinen, wenn sich mit der Beobachtung weitere Handlungen verbinden, welche die Wiedererkennung und damit die Verfolgung des Schmugglers erleichtern sollen; so (Augsburger Abendzeitung 8. 11. 1894), als österreichische Finanzwächter im Zivilanzug dem Herbstmarkt in der bayrischen Stadt Lindau beiwohnten und einkaufende Landsleute mit einem heimlichen Kreidestrich bezeichneten. — Über ärztliche Beobachtung als Vorbereitung eines Ausschlusses von Einwanderern oben 3 I 292 [78], 293 [77].

[35] Vgl. oben 1, 98 ff. über Geheimpolizei. Der Gedanke hat wohl zuerst seine Formulierung gefunden, als 1871 die zweite der „Washingtoner Regeln" die neutralen Staaten als verpflichtet erklärte, *not to permit or suffer either belligerent to make use of its ports or waters as the base of naval operations* etc.

zulässig ist es demgemäß, ohne Erlaubnis in einem andern Staat öffentliche Anstalten zu begründen. Deutsche Schulen, deutsche Krankenhäuser können im Ausland nur als Privatunternehmungen errichtet werden [36]. Erst recht unstatthaft wäre die Begründung von Behörden und von Selbstverwaltungskörpern des öffentlichen Rechts, die dort ihren Sitz hätten. Es ist unzulässig, Handelskammern als Personen des öffentlichen Rechts im Ausland zu errichten, die Landsleute im Ausland als öffentlichrechtliche Gemeinschaft zu organisieren [37], die Einrichtung einer organisierten Geheimpolizei ist ohne Erlaubnis unstatthaft. Ein Staat kann nicht Amtsärzten den Sitz im Ausland anweisen, um dort den Gesundheitszustand zu überwachen [38], nicht selbständige Handelsagenten entsenden, die sich in einem fremden Staat niederlassen [39], nicht Amtsstellen für Aufwertung von Staatsanleihen einrichten [40]. Und wenn nach völkerrechtlichem Gewohnheitsrecht die Einrichtung von Gesandtschaften und Konsulaten in andern Ländern statthaft ist, so deckt das die Organisation, umfaßt jedoch nur die herkömmliche Betätigung dieser Behörden. Übernehmen sie neue Aufgaben, so müssen Handlungen, die in deren Dienst geschehen, nach ihrem besondern Inhalt zulässig sein. Und wenn mit solchen Aufgaben eine organisatorische Veränderung der Behörde selbst verbunden ist, so wird deren Niederlassung auch unter diesem Gesichtspunkt erlaubnispflichtig. Als während des letzten Kriegs zur Überwachung der Wareneinfuhr in die gegnerischen Länder das britische Konsulat in Genua von 5 auf 70 Beamte verstärkt wurde [41], war das eine Veränderung der Behörde, die der Genehmigung bedurfte (und Italien konnte die Genehmigung nicht erteilen, ohne seine Neutralitätspflichten zu verletzen). Einer ständigen Beanspruchung fremden Gebiets steht dabei auch die regelmäßig wiederkehrende Inanspruchnahme gleich.

---

[36] Das schließt natürlich nicht aus, daß Privaturkunden, in denen solche Anstalten einen Befähigungsnachweis ausstellen, in Deutschland ebenso wie öffentliche Urkunden behandelt werden. So für Auslandsschulen oben 1, 202; für Krankenhäuser, die Medizinalpraktikanten zur Ausbildung aufnehmen, Beilage zur Allgemeinen Zeitung 18. 7. 1907.

[37] Dazu oben 1, 130; 2, 215. Handelt es sich im gegenwärtigen Zusammenhang nur um die organisatorische Seite, so wäre die Wirksamkeit solcher Einrichtungen überdies auch inhaltlich unzulässig, wenn sie ein Umlagenrecht geltend machten, wenn sie beanspruchten, öffentliche Urkunden auszustellen, und dergleichen mehr.

[38] Oben 1, 74.

[39] Oben 2, 214 f.

[40] Oben 3 II 383. Diese Stellen waren nicht der staatlichen Vermögensverwaltung dienstbar, sondern sie entschieden oder vermittelten in hoheitlichen Angelegenheiten. Die Schweiz hat freilich eine solche Einrichtung als zulässig angesehen; B u r c k h a r d t 1, 40.

[41] Oben 2, 215 [17].

Deshalb ist es nicht statthaft, ohne Erlaubnis Postkurse durch fremdes Gebiet zu führen[42], und es würde dasselbe für einen Eisenbahnbetrieb gelten, wenn hier nicht schon die Benützung ortsfester Anlagen jeden Zweifel ausschlösse. Anders dagegen verhält es sich mit der Einrichtung von Stellen, die der staatlichen Vermögensverwaltung dienen und zu Dritten nur nach Maßgabe des örtlichen Rechts in Beziehung treten; der Staat hat dabei die Freiheit eines jeden Privaten.

e) Auch da, wo die Auslandshandlung rechtlichen Inhalt besitzt, ist es die Handlung als tatsächlicher Vorgang, der sie völkerrechtlichen Beschränkungen aussetzt. Nicht ob die Rechtssätze, mit denen sich die Handlung befaßt, dem Ausland gegenüber wirksam sind, steht dabei in Frage, sondern ob die Handlung, zu der die Rechtssätze veranlassen, im andern Staat vorgenommen werden darf[43]. Über diese Zulässigkeit der Handlung aber entscheidet allerdings ihr rechtlicher Inhalt. Unstatthaft sind demgemäß auch hier Handlungen, mit denen unmittelbarer rechtlicher Zwang gegen eine bestimmte Person geübt wird. Darum ist, wie oben S. 495 ausgeführt, eine Zustellung, die in fremdem Staat erfolgt, unzulässig. Unstatthaft ist Übung eidlichen Zwanges jeder Art. So bei Beweiserhebungen im Prozeß oder bei Aufnahme eines affidavit. Als die Großherzogin von Luxemburg während eines Aufenthalts in Italien zur Statthalterin ernannt wurde und eine Abordnung des Parlaments ihr in einem italienischen Hotel den Verfassungseid abnahm[44], konnte das nur mit Zustimmung Italiens geschehen. Von gleicher Art sind verbindliche Feststellungen für ein Gerichtsverfahren[45]. Unzulässig ist unter solchen Umständen die ge-

---

[42] Oben 3 II 17 und dazu Neugebauer, Archiv für Post und Telegraphie 1930, 283 (bestritten).

[43] Darum ist es für die Beantwortung dieser Frage auch unerheblich, ob der örtliche Staat das rechtliche Ergebnis, das mit der Handlung herbeigeführt werden soll, als nichtig betrachtet, ob er der in seinem Gebiet errichteten Urkunde öffentlichen Glauben zubilligt usw. — Auch die Frage kann beispielsweise nicht einheitlich beantwortet werden, ob ein Staat öffentliches Eigentum in einem andern Staat haben kann. Denn eine Antwort, öffentliches Eigentum sei Innehabung in Ausübung der Staatsgewalt, entbehrt der Bestimmtheit. Zerlegt man die Besonderheiten der Rechtslage aber in ihre Wirkungen, so ist die Herausnahme des Rechtsverhältnisses aus dem Privatrecht eine Regelung durch Rechtssätze, für deren Aufstellung der Staat der belegenen Sache zuständig ist (oben S. 101[7]), Handlungen kommen dabei nicht in Betracht. Der besondere Schutz öffentlichen Eigentums durch Mittel des Verwaltungs- und Strafrechts kann in einem andern Staat selbstverständlich nicht ausgeübt werden.

[44] Münchener Neueste Nachrichten 4. 4. 1908.

[45] So oben 3 I 294. Dagegen weiß ich mit den zahlreichen Äußerungen der Staatenpraxis, die „Beweiserhebungen“ durch einen fremden Staat als unzulässig erklären, nicht viel anzufangen. Unstatthaft ist ein Zwang, jemand zum Erscheinen, zur Aussage, zur Duldung eines Augenscheins zu nötigen,

samte Vornahme von Verwaltungsakten und gleichartigen Staatshandlungen andrer Bereiche. So Vorladungen jeder Art, wenn für den Fall des Nichterscheinens ein Rechtsnachteil von Gesetzes wegen eintritt oder im einzelnen Fall angedroht wird[46]; ein gesundheitspolizeiliches Einreiseverbot, das im Grenzbahnhof jenseits der Grenze erlassen wird[47]; die Absetzung und Einsetzung eines Geschäftsführers für einen Verein außer Landes[48]; Aushebung von Wehrpflichtigen[49]; Entscheidungen über die Aufwertung öffentlicher Anleihen[50]; die vorläufige oder endgültige Fällung von Urteilen[51]. Aber auch die Entscheidung über Erlaubnisse wird hieher gehören, da deren Versagung rechtlichen Zwang begründet[52]. Die Zustimmung des beteiligten Privaten befreit die Handlung von einer ihr sonst anhaftenden Rechtswidrigkeit, soweit es sich um die Vornahme der Tätigkeit als eines körperlichen Vorgangs handelt, aber nicht, wenn diese Tätigkeit nach ihrem rechtlichen Inhalt Zwang übt, z. B. eidlichen Zwang, wenn die Aussage freiwillig gegeben wurde; und auch die Handlung als Vorgang bleibt unstatthaft, wenn der zustimmende Private bei einer Versagung des Einverständnisses rechtlichem Zwang ausgesetzt wäre. Amtliche Untersuchung des Unfallrentners im Ausland ist unzulässig, auch wenn der Renten-

---

unstatthaft sind Vereidigungen. Aber sollte wirklich die Vernehmung jemands, der freiwillig Auskunft gibt, ohne bei einer Weigerung Rechtsnachteile fürchten zu müssen, gegen das Völkerrecht verstoßen? Auch bei der Aufzeichnung des Ergebnisses handelt es sich nicht um die Herstellung einer öffentlichen Urkunde, die öffentlichen Glauben gegen jedermann beansprucht (dazu unten S. 502).

[46] Das österreichisch-ungarische Konsulat München hat (Münchener Neueste Nachrichten 31. 8. 1912) Wehrpflichtige mit Postkarte vorgeladen und für den Fall des Nichterscheinens „die Strafamtshandlung im Sinne des Wehrgesetzes" angedroht!

[47] Oben 1, 74.

[48] Italienische Handelskammer in der Schweiz, Burckhardt 1, 43.

[49] Die Konsulate nehmen dergleichen vielfach in Anspruch, vgl. etwa für Deutschland Reichsgesetz 22. 7. 1913 § 30; für Österreich oben Anm. 46; für Italien Cammeo, Corso di diritto amministrativo 628. Die Schweiz hat derartige Handlungen fremder Konsuln im Inland einmal als zulässig erklärt; Burckhardt 1, 30.

[50] Oben 3 II 383. Über die entgegenkommende Haltung der Schweiz oben Anm. 40.

[52] Dazu oben 1, 74 Ausstellung eines Leichenpasses zur Beförderung im Bestimmungsland. 3 I 295 Zustimmung zu einem Auswanderungsvertrag, Erlaubnis zur Beförderung von Rückwanderern. Doch handelt es sich in diesen Fällen um Tätigkeiten der Konsuln, und sie sind jedenfalls dann einwandfrei, wenn es sich in den letztgenannten Fällen um Schiffe des eignen Staats handelt.

bezieher der Untersuchung zustimmt, denn er würde im Fall der Weigerung seine Rente verlieren [53].

Für Rechtshandlungen, die unmittelbaren Zwang gegen einen bestimmten Privaten nicht in sich schließen, bestehen hier Schwierigkeiten. Man wird geneigt sein, jeden Gestaltungsakt öffentlichrechtlichen Inhalts, der im Ausland vorgenommen wird, als unzulässig anzusehen. Doch stößt man alsbald auf einen Vorgang, bei dem das unzweifelhaft nicht zutrifft, die Befugnis des Staatsoberhaupts, auch in fremdem Staatsgebiet Gesetzen und Verordnungen durch seine Unterschrift Verbindlichkeit zu verleihen [54]. Man hat versucht, diese Möglichkeit aus der Exterritorialität herzuleiten, die dem Staatsoberhaupt außer Landes zukommt. Indessen das Staatsoberhaupt ist so wenig wie etwa der exterritoriale Gesandte befugt, jeden beliebigen Hoheitsakt auf fremdem Staatsgebiet vorzunehmen [55], es scheint sich in der Tat bei dieser Einräumung um eine gewohnheitsrechtliche Sonderbildung gerade für diesen Vorgang zu handeln, und so werden weitere Folgerungen aus dieser Rechtslage nicht zu ziehen sein. Es bleibt demgemäß zutreffend, wenn man annimmt, daß Wahlen zu einem öffentlichen Vertretungskörper außer Landes nicht vorgenommen werden dürfen [56]. Insbesondre gehört hieher auch die Errichtung öffentlicher Urkunden außer Landes, deren öffentlicher Glaube zwar nicht eine im Voraus bestimmte Einzelperson, aber jeden möglichen Beweisgegner rechtlich bindet. Und auch eine Beurkundung des Personenstands im Ausland ist grundsätzlich von gleicher Art [57].

Anders verhält es sich natürlich, wenn der Staat im Ausland in Unterordnung unter das fremde Recht Rechtshandlungen vornimmt, wie sie auch jeder Privatmann vornehmen könnte. Dafür ist die Er-

---

[53] Oben 2, 699 f. Ebenso bei der Tätigkeit einer öffentlichrechtlichen Kommission, die einen Brandschaden außer Landes schätzen soll, 2, 364; bei der Besichtigung von Auswandererschiffen außer Landes 3 I 294.

[54] Das Reichsgesetzblatt bietet dafür zahlreiche Beispiele, so 1902, 279; 1905, 241; 1907, 759 usw. Für Italien etwa Cammeo a. a. O.

[55] Sehr bezeichnend sind dafür die Schwierigkeiten, die man vormals dem auswärtigen Monarchen bei einer zeremonialen Adelsverleihung außer Landes in den Weg legte, vgl. darüber oben 1, 289 f.

[56] Deutsche Verordnung 7. 7. 1932 § 4 RGBl. I 348 und spätere Verordnungen: den wahlberechtigten Auslandsdeutschen werden deutsche Schiffe zur Verfügung gestellt, die Abstimmung darf erst auf hoher See stattfinden. Über die Unzulässigkeit solcher Wahlen in der Schweiz Burckhardt, 1, 39 f.

[57] Die Beurkundung durch den Konsul allerdings und gewisse weitere Fälle einer Beurkundung außer Landes sind völkerrechtlich gedeckt. Dagegen wird die Regel praktisch, wenn Geburten und Todesfälle in der landesherrlichen Familie einer Beurkundung durch staatsrechtlich besonders qualifizierte Organe bedürfen. Dazu oben 1, 36 ff. (Bemerkungen S. 37 sind insoweit zu berichtigen); auch Burckhardt 1, 36.

richtung von Urkunden bezeichnend. Nimmt ein Staat Akte der Vermögensverwaltung im Ausland vor, etwa bei der Verwaltung staatlicher Forsten jenseits der Grenze, so mögen Urkunden, zu deren Ausstellung die Verwaltung Anlaß gibt, als Privaturkunden ohne weiters Bestand haben[58].

f) Schließlich hat sich die Staatenpraxis auch gegen eine symbolische Übung der Staatsgewalt in fremdem Gebiet aufgelehnt, und so erklärt sich das Verbot, Uniform außer Landes zu tragen, auch dann, wenn sich der Träger als Privatmann im Ausland aufhält[59]. Erst recht aber ist es danach unzulässig, geschlossene Truppenteile durch fremdes Gebiet zu führen[60].

g) Ist nun nach all dem Vorstehenden eine staatliche Handlung außer Landes zulässig, so bedeutet das, daß sie völkerrechtlich gleichgültig ist. Nichts jedoch hindert unter solchen Umständen den Staat, auf dessen Gebiet die Handlung erfolgt, sie durch Verbote des innerstaatlichen Rechts unmöglich zu machen oder, wenn sie rechtlichen Inhalt hat, ihr die Anerkennung zu versagen[61]. Ein Recht auf die Handlung erwirkt der andre Teil (von einzelnen Bindungen nach Völkerrecht abgesehen) erst durch die Zusage des örtlich beteiligten Staats.

Ist die Handlung in fremdem Gebiet nach dem Vorstehenden unzulässig, so mag es doch vorkommen, daß der beeinträchtigte Staat sie trotzdem duldet, d. h. daß er sie nach wie vor als völkerrechtswidrig ansieht, aber von einer Geltendmachung dieser Rechtswidrigkeit Abstand nimmt. Überaus häufig aber erteilt der örtlich beteiligte Staat eine Erlaubnis, die Handlung auf seinem Gebiet vorzunehmen[62]. Sie hört damit auf völkerrechtswidrig zu sein, und der begünstigte Teil erwirbt ein Recht, sie vorzunehmen. Zuweilen ist es schon das allgemeine Völkerrecht, das Ausnahmen von der Regel vorsieht: die Errichtung von Gesandtschaften und Konsulaten als behördlicher Einrichtungen ist freigegeben, und die herkömmlichen Amtshandlungen der Gesandten und Konsuln sind statthaft, auch wenn sie einen Zwang in sich

---

[58] Reichsgericht 26. 6. 1883 Entscheidungen in Strafsachen 8, 372. Dazu aber auch oben S. 51 f.

[59] Oben 1, 360; 3 I 295. Auch Journal 1913, 1431; Burckhardt 1, 41.

[60] Als 1903 der Deutsche Kaiser bei einem Staatsbesuch im Vatikan vor und hinter seinem Wagen Züge eines deutschen Reiterregiments reiten ließ (B. v. Bülow, Denkwürdigkeiten 1, 610), konnte das nicht ohne Erlaubnis Italiens geschehen.

[61] Dazu oben 1, 45 f.

[62] Beispiele oben Bd. 1 S. 5[9] und 14, 74, 93, 99 und 100, 100 f. und 103, 131, 277, 360[87]; Bd. 2 S. 77, 83, 104, 363 usw.

schließen[63]. In aller Regel ist es ein Staatsvertrag, der die Organisation zuläßt oder einer Betätigung für wiederkehrende Fälle die Grundlage gibt. Doch kommen auch Erlaubnisse für den einzelnen Fall vor[64]; sie müssen von der zur Vertretung des Staats in auswärtigen Angelegenheiten zuständigen Stelle ausgehen[65]. Die Erlaubnis mag auch stillschweigend erteilt werden (die Grenze gegenüber einer bloßen Duldung bleibt dabei rechtlich bestehen, die Würdigung der Tatsachen mag manchmal zweifelhaft sein), und so wird es unter Umständen möglich, in Fällen, in denen die stillschweigende Zustimmung wahrscheinlich ist, die Handlung vorzunehmen und abzuwarten, ob der örtlich beteiligte Staat widerspricht[66]. Jedenfalls aber reicht eine Einräumung nur so weit, als sie gewährt werden will[67].

Ist die Handlung völkerrechtlich unzulässig, so mag ihr Ergebnis unter Umständen auf andrem Weg erreicht werden. Nicht selten ent-

---

[63] Die Frage, welche Betätigungen herkömmlich sind, birgt weitere Schwierigkeiten. Einer Erstreckung der Zulassung auf Tätigkeiten, die der bisher zugelassenen Tätigkeit gleichartig sind, wird das Völkerrecht kaum entgegenstehen. Anders bei neuen Aufgaben, die unverbunden neben die bisher geübte Wirksamkeit treten. — Im Bereich der Konsulargerichtsbarkeit sind dem Konsul Amtshandlungen freigegeben, denn sein Staat übt Mitherrschaft in dem belasteten Gebiet, und die Zweifel, wieweit der Konsul Handlungen mit Rücksicht auf ihren Inhalt vornehmen kann, betreffen den Umfang, in dem solche Mitherrschaft eingeräumt ist.

[64] Vernehmungen und Vereidigungen durch Beauftragte oder Behörden des Auslands Leske-Löwenfeld, Rechtsverfolgung im internationalen Verkehr 2, 1003; Meili, Internationales Zivilprozeßrecht 435f.; Burckhardt 1, 37. Anlegung einer Uniform oben 1, 360[87].

[65] Hieher der Fall Savarkar. Vgl. etwa Strupp im Wörterbuch des Völkerrechts 2, 443.

[66] Bei einem deutsch-amerikanischen Zwischenfall (Beach-Lawrence, Commentaire sur Wheaton 4, 99ff.) hat die Reichsregierung einmal zugesichert, sich einer Beweiserhebung durch fremde Beauftragte „nicht zu widersetzen"; das war einfach als Erlaubnis aufzufassen. In den Haager Verträgen über internationales Privatrecht (Eheschließungsabkommen[6], erneuertes Prozeßabkommen[6, 15]) werden mehrfach Handlungen in fremdem Gebiet zugelassen, wenn der Aufenthaltsstaat nicht widerspricht: der Sinn der Klausel ist wohl eine Rechtsvermutung dafür, daß Erlaubnis bestehe. Auch in Ausführungen dieses Buches ist einigemal ein ähnlicher Rechtszustand angenommen worden (oben 1, 43; 3 I 295; vgl. auch 2, 699); das war als praesumtio facti für die Erlaubtheit gemeint (doch würde ich den an erstgenannter Stelle behandelten Fall heute sachlich anders beurteilen). Viel zu weit in der Annahme einer solchen Rechtslage geht m. E. Morelli, Rivista di diritto internazionale 1922, 517 ff.

[67] Die Zulassung einer hoheitlichen Handlung wird im Zweifel die Erlaubnis in sich schließen, eine öffentliche Urkunde über die Handlung aufzunehmen; aber sie wird ihr mangels besonderer Zusage (oben S. 410[12]) keinen Anteil an dem Strafschutz geben, den der örtliche Staat gleichartigen Amtshandlungen seines Bereichs verleiht.

läßt der Staat unter solchen Umständen den Vorgang aus dem Aufgabenbereich seiner Verwaltung und begnügt sich mit einer Verwertung privater Tätigkeit, die unabhängig von staatlichem Auftrag in freier Wirksamkeit vorgenommen wird[68]. Vor allem ist die Rechtshilfe berufen, hier ergänzend einzugreifen. Man hört gelegentlich auch von wunderlichen Veranstaltungen an der Grenze, bei denen das staatliche Organ, das die Grenze nicht überschreiten kann, diesseits tätig wird, die Person, die etwa verhört werden soll, im andern Gebiet bleibt[69].

h) Soll abschließend noch von dem Verhältnis internationalverwaltungsrechtlicher Probleme zu der hier erörterten Frage gesprochen werden, so ist vor allem eine klare Auseinanderhaltung geboten, ob es sich bei einem Zweifel um Zuständigkeitsbegrenzung handelt oder um die Statthaftigkeit von Tätigkeiten außer Landes[70]. Die Gefahr einer Vermischung ist um so größer, als unter Umständen auch eine Überschreitung der Zuständigkeit völkerrechtswidrig sein kann. Wenn ein Staat Vermögen enteignet, das in einem andern Staat belegen ist, so verstößt er in der Tat gegen Völkerrecht, aber (soweit es sich um die Verfügung als solche handelt) nicht deshalb, weil er in fremdem Gebiet eine Tätigkeit vorgenommen hätte, sondern darum, weil er unstatthafterweise Zuständigkeit beansprucht hat[71].

Die Verschiedenheit der beiderlei Tatbestände erhellt schon allein daraus, daß Zuständigkeit nur für Tätigkeiten rechtlichen Inhalts in Betracht kommen kann, das Verbot gewisser Handlungen im Ausland auch Vorgänge ohne rechtlichen Inhalt umfaßt, z. B. das Tragen einer Uniform. Die Verschiedenheit zeigt sich bei öffentlichen Verbänden innerhalb des Staats, für deren rechtliche Wirksamkeit wiederum Zuständigkeitsgrenzen bestehen müssen, für deren Amtshandlungen aber das Völkerrecht überhaupt keine Beschränkungen vorsieht; das innerstaatliche Recht mag für Handlungen ihrer Organe Schranken ziehen, die den vom Völkerrecht aufgerichteten mehr oder weniger ähnlich sind, es mag auf solche Einschränkungen aber auch völlig verzichten[72]. Und so kann es sein, daß ein Vorgang zwar der Zuständig-

---

[68] S. die Beispiele oben S. 300.

[69] Ein Fall dieser Art Journal 1906, 1334.

[70] Dazu oben S. 492 f. und S. 500 [43]; auch schon S. 100 [8]. Als vordringlich erweist sich die Scheidung bei den in Kapitel 7 behandelten Rechtslagen.

[71] Um eine Überschreitung der Zuständigkeit handelt es sich auch, wo ein Staat sich in öffentlichrechtliche Angelegenheiten eines andern Staats einmischt (oben S. 436). Ein deutscher Gerichtsvollzieher hatte die Sicherheit gepfändet, die der Schuldner bei einer schweizerischen Behörde hinterlegt hatte (Burckhardt 1, 30). Das Zahlungsverbot, das auf Grund dieser Pfändung an die Behörde erging, war unverbindlich. Aber unzulässig als Gebietsverletzung war nicht der Pfändungsbeschluß, sondern seine vermutliche Zustellung auf Schweizer Boden.

[72] Ein Beispiel oben 2, 364.

keit des Inlands untersteht, daß aber die Möglichkeit, sie zu verwirklichen, mangelt, weil Handlungen außer Landes hiefür nicht vorgenommen werden können, z. B. es soll ein Staatsangehöriger ausländischen Aufenthalts seiner Wehrpflicht genügen[73]. Und es mag ebenso vorkommen, daß eine staatliche Betätigung zwar in ihrer Eigenschaft als Handlung rechtmäßig vorgenommen werden könnte, daß aber mangels einer Zuständigkeit die Handlung rechtlich wertlos wäre. Steht die Pfändung einer im Ausland belegenen Forderung in Frage und es erfolgt solche Pfändung durch Zustellung des Pfändungsbeschlusses, so könnte es immerhin sein, daß dem Drittschuldner der Pfändungsbeschluß bei einer zufälligen Anwesenheit im Inland zugestellt würde; aber die Zustellung wäre wirkungslos, weil nur in inländisches Vermögen zuständigerweise vollstreckt werden kann.

Handelt es sich demgemäß bei den beiderlei Erscheinungen, die hier gegenübergestellt werden, rechtlich um völlig verschiedene Tatbestände, so soll damit gewiß nicht gesagt sein, daß zwischen ihnen keine Wechselbeziehungen bestehen könnten. Es ist ein oft erwogener gesetzgeberischer Gedanke, Zuständigkeiten so zu begrenzen, daß die aus ihnen erwachsenden Rechtsverhältnisse auch verwirklicht werden können, und es mag zuweilen veranlaßt sein, sogar bei der Auslegung geltenden Rechts dieser Erwägung Raum zu geben[74].

7. Kapitel.

Besondere Rechtslagen.

§ 43.

Einleitung.

1. Die Beziehungen von Staat zu Staat. — 2. Beziehungen zum Stammland.

Die Gesamtheit der Ausführungen, die vorausgehen, setzt Staaten voraus, die unbeschränkte Hoheit besitzen und fest in der Zeit begründet sind. Vorgänge und Zustände, die dem Völkerrecht angehören, können diese Ergebnisse verschieben; sie bedürfen demgemäß einer ergänzenden Untersuchung, soweit sich aus ihnen ein Einfluß auf die Abgrenzung der Rechtsordnungen, auf die Überwirkung fremder Regelungen herleitet[1]. Es handelt sich bei solchen Rechts-

---

[73] Sehr bedenklich ist hier eine 1, 6 f. besprochene Entscheidung des Privy Council, nach der eine zuständig verfügte Ausweisung auch in fremdes Staatsgebiet hinein soll gewaltsam durchgeführt werden dürfen.

[74] Ein Beispiel oben 2, 44 f. Für das Steuerrecht Herzfeld, Vierteljahrsschrift für Steuer- und Finanzrecht 6, 437 ff.

[1] Es kann nicht Aufgabe der folgenden Untersuchungen sein, eine Kette von Monographien zu bieten, deren mehrere, auch in der Beschränkung des

lagen um eine Mehrheit staatlicher Herrschaft im selben Gebiet, um ein Nebeneinander und um ein Nacheinander der Herrschaft verschiedener Staaten. Die Fragen, welche ein vorübergehender oder ein endgültiger Wechsel der Herrschaft aufwirft, gehören einem einheitlichen Problemenkreis an und können unten, § 53, gemeinsam behandelt werden. Bei einem Nebeneinander staatlicher Herrschaft im gleichen Bereich dagegen sind disparate Rechtslagen gegeben, die gesondert untersucht werden müssen, zum Teil eine Mitherrschaft in fremdem Staatsgebiet, zum Teil eine Mehrherrschaft zu gleichem Recht, und auch die Ordnung in staatenlosem Gebiet führt zu übereinstimmenden Fragen. Erörterungen über Exterritorialität mußten vorausgeschickt werden, um festzustellen, wie weit die Einrichtung in den gegenwärtigen Zusammenhang gehört.

Die Beziehungen von Staat zu Staat.

1. Eine Mitherrschaft in fremdem Gebiet zeigt Eigentümlichkeiten, die in den Beziehungen zwischen dem berechtigten und dem belasteten Teil häufig wiederkehren, und auch mehrfache Herrschaft zu gleichem Recht führt zum Teil zu gleichartigen Erscheinungen.

a) Nahezu allen Fällen einer Mitherrschaft in fremdem Gebiet und einer Mehrherrschaft zu gleichem Recht ist es gemeinsam, daß dem berechtigten Teil bestimmte staatliche Aufgaben überlassen sind, und das kann zu einer Aufteilung führen [2]. Entweder zu einer Aufteilung nach sachlichen Bereichen, so daß dem berechtigten Teil im Verhältnis zum örtlichen Staat bestimmte Angelegenheiten zur Regelung überlassen sind, andre dem örtlichen Staat vorbehalten bleiben. Oder auch in der Weise, daß zwar gleichartige Angelegenheiten unter die Regelung des fremden und es örtlichen Staats, des einen oder des andern

---

Textes genommen, selbst einen Band füllen müßten. Dementsprechend ist nicht überall das gesamte Material beigezogen worden, das erreichbar gewesen wäre, können die vorgelegten Ergebnisse nicht überall subjektive Endgültigkeit in Anspruch nehmen. Immerhin liegt auch dem Folgenden ein breiter Rechtsstoff zugrunde, von dem nur wenig mitvorgelegt wird. Bekanntere Rechtslagen sind besonders knapp behandelt worden.

[2] In staatenlosem Gebiet und in Gebieten, in denen der örtliche Staat von jeder staatlichen Betätigung ausgeschlossen ist (das kommt bei Verpachtung, Verpfändung, Überlassung zur Verwaltung, bei Mandaten oder feindlicher Besetzung vor), gibt es keine örtliche Gewalt, mit der sich der berechtigte Teil in die staatlichen Aufgaben zu teilen hätte; aber das Verhältnis einer Mehrheit von Berechtigten zu einander kann die hier zu erörternde Rechtslage auch bei ihnen begründen. Dagegen kann es allerdings bei der primitiven Form des Kondominiums, bei der alle Angelegenheiten gemeinsam erledigt werden müssen, nicht zu einer Aufteilung im Sinn des Textes kommen. Und auch nicht, wo die Rechte der Beteiligten durch ein gemeinsames Organ wahrgenommen werden.

neben einander berechtigten Staats fallen sollen, daß aber eine Aufteilung nach Tatbeständen vorgesehen ist, mit denen der eine und der andre Teil sich befassen kann, und es bedarf alsdann örtlicher und insbesondre persönlicher Merkmale, um auf Grund ihrer die staatlichen Rechte von einander abzuscheiden. Z. B. der Konsul kann gewisse Angelegenheiten bei Angehörigen seines Staats erledigen. Alle solchen Ansprüche auf Beteiligung an staatlicher Herrschaft beruhen auf Völkerrecht, auf Staatsvertrag, zuweilen auch auf allgemeinem Völkerrecht, und die Merkmale, nach denen die Herrschaftsbefugnisse sich von einander abgrenzen, sind inhaltlicher Bestandteil eines völkerrechtlichen Rechtsverhältnisses. Aber Herrschaft heißt Hoheit über Einzelpersonen, nach innen setzt sich die völkerrechtliche Beziehung zwischen den Staaten um in eine Verbindlichkeit von Rechtssätzen für Private, und was im Verhältnis der Staaten zu einander sachliches Merkmal ist, wird im Verhältnis des Staats zu den rechtsunterworfenen Einzelnen zur Anknüpfung einer Zuständigkeit. So gehört die Abgrenzung solcher Zuständigkeiten zu den wesentlichen Aufgaben der folgenden Ausführungen.

Mangeln ausdrückliche Festlegungen, so muß sich die Zuständigkeit auch hier nach der Natur der Dinge begrenzen lassen. Aber die Natur der Dinge ist an dieser Stelle nicht unmittelbar dem Rechtsverhältnis des Privaten zu entnehmen, sondern den Umständen, die für dies Verhältnis zu einer Mitherrschaft oder Mehrherrschaft führen. Die Frage, welches Privatrecht bei einer Eheschließung gilt, gibt noch keinen Aufschluß für den Zweifel, ob der fremde Konsul eine Trauung nur dann vornehmen kann, wenn beide Brautleute seinem Staat angehören.

Handelt es sich um Mitherrschaft in fremdem Gebiet oder auch um Mehrherrschaft im selben Umkreis, so können die Besonderheiten der so geschaffenen Rechtslage für einen Tatbestand nur dann in Erscheinung treten, wenn eine räumliche Anknüpfung den Tatbestand mit dem Gebiet verbindet [3]. Aber eben darum, weil für Tatbestände des Gebiets eine Mehrheit von Rechtsordnungen neben einander Geltung haben kann, muß eine zweite, in aller Regel [4] persönliche, Anknüpfung hinzutreten, um eine dieser Ordnungen als zuständig erscheinen zu lassen [5]. Vielfach wird als solche ergänzende Anknüpfung die Staats-

[3] Daß bei einem Aufenthalt in solchem Gebiet zufällig eines der neben einander stehenden Rechte auf Grund sonstiger Anknüpfung anwendbar ist, gehört nicht hieher. Beispiele unten § 46 Z. 2 b) oder § 51 Z. 2 c).

[4] Anders in einzelnen Fällen gemeinsamer Herrschaft, § 49.

[5] Es sei als Gegenstück auf die Anwendung kolonialen Rechts verwiesen, wenn in der Kolonie Weißenrecht und Farbigenrecht neben einander gilt; Neumeyer, Zeitschrift für Völkerrecht 6, 176 f.; auch 179 f. und oben 2, 667.

angehörigkeit in Betracht kommen, manchmal aber auch die Mitgliedschaft in einer Gruppe, die Zugehörigkeit zu einem militärischen Verband oder zu einer Schiffsgemeinschaft. Normalerweise werden solche persönlichen Beziehungen ihre Rechtsgrundlage in Umständen finden, die außerhalb des belasteten Gebiets liegen; vereinzelt — Fälle der Schutzgenossenschaft im Konsulargerichtsbezirk können ein Beispiel bieten — mag die Gruppenzugehörigkeit auch durch Beziehungen vermittelt werden, die dem Gebiet selbst angehören.

b) In Fällen, bei denen es sich um beschränkte Mitherrschaft innerhalb eines fremden Gebiets handelt, zeigt sich die Zuständigkeit des berechtigten Teils in einer eigentümlichen Umgrenzung. Die Zuständigkeit besteht für die einzelne Angelegenheit, für die dem berechtigten Teil Mitherrschaft eingeräumt oder, bei einem Kriegsschiff, für Vorgänge in dem Raum, über den ihm Mitherrschaft zukommt. Sobald jedoch ein Tatbestand, im ersten Fall sachlich, im zweiten Fall räumlich, den vorbehaltenen Bereich überschreitet, tritt er unter die Ordnung der örtlich herrschenden Staatsgewalt. Es werden im Folgenden mancherlei Beispiele dieser Art zu geben sein[6]. Ist der Bau der Eisenbahn dem fremden Staat zu eigenem Recht überlassen, so bleibt er doch für Wasser- und Wegepolizei, die von dem Bau berührt werden, unter örtlichem Recht. Und wenn sich eine solche Umfassung je aus der Art der einzelnen Betätigung ergibt, so kehren andre Tatbestände bei verschiedenerlei Betätigungen gleichmäßig wieder: zur Durchführung seiner Mitherrschaft unterhält der fremde Staat regelmäßig Beamte im Inland; sie stehen für die Ausübung ihres Amts und nach seiten der persönlichen Dienststellung unter der heimatlichen Ordnung, im übrigen aber treten sie, wenn nicht Vertragsklauseln oder auch allgemeines Völkerrecht ihnen eine Sonderstellung einräumen, unter das örtliche Recht[7].

c) Wo Herrschaft statthaft ist, müssen auch Amtshandlungen zulässig sein, sie durchzuführen. Aber nicht in allen Lagen ist das Maß dieser Zulässigkeit das gleiche. Handelt es sich um bloße Mitherrschaft für bestimmte Zwecke, so sind auch Amtshandlungen nur für diese Zwecke zugelassen, während umgekehrt dem örtlichen Staat die volle Handlungsfreiheit verbleibt, soweit sie nicht durch die Zulassung der

---

[6] So § 45 für Bergbau, Postbetrieb, Bau und Betrieb von Eisenbahnen; § 46 Z. 1 Zustellung und Beweisaufnahme durch den Konsul; § 51 Z. 1 b) und 2 c) Kriegsschiffe und Privatschiffe in fremdem Hafen.

[7] Vgl. oben 2, 61; 2, 77; 3 I 32 ff.; 3 II 20 für Berg-, Forst-, Eisenbahn-, Postbeamte; auch unten § 44 b) und § 47 Z. 1 für Militärpersonen, § 46 Z. 1 für Konsuln. Für Zollbeamte beispielsweise A. Bloch-F. Frank, Normen über die internationalen Rechtsbeziehungen (Wien 1910) 440, 692, 860. Über Auswirkungen dieser Rechtslage 1, 1[1] Aufenthalt; 1, 36[6] Beurkundung des Personenstands; 1, 213[30] Schulpflicht; 1, 552[41] kirchliche Verhältnisse.

fremden Wirksamkeit eingeschränkt ist. Werden aber mehrere Staaten neben einander zu gleichem Recht tätig, und so, daß eine persönliche Aufteilung der Bereiche unter ihnen statthat, bei Übung der Konsulargerichtsbarkeit oder in staatenlosem Gebiet, so beschränkt sich die Zulässigkeit der Amtshandlungen auf denjenigen Bereich, der auch für die rechtliche Regelung der Ordnung dieses Staats unterstellt ist[8]. Wiederum bietet solche Aufteilung ein Stück Inhalt des völkerrechtlichen Vertrags oder Rechtssatzes, der die Herrschaft des zur Handlung befugten Staats zuläßt. Bei der Durchführung verwandelt auch diese Aufteilung sich in innerstaatliches Recht. Aber nicht, wie bei Aufteilung rechtlicher Regelung, in eine Zuständigkeit gegenüber Privaten. Denn sie entbehrt der unmittelbaren Beziehung auf Private. Sie bleibt fremdenrechtliche Anweisung, wie Amtshandlungen im Verhältnis zu andern Staaten vorzunehmen sind.

d) Häufig hat sich der Staat, dessen Hoheit durch die Mitherrschaft eines andern Staats beschränkt wird, durch Vertrag, zumal durch den Vertrag, der die Mitherrschaft zuläßt, zu deren Unterstützung und Schutz verpflichtet. Zuweilen mag eine solche Zusammenarbeit auch aus der Art der Beziehung folgen: soll der Betriebswechsel der Eisenbahn im Grenzbahnhof erfolgen, so kann das nicht ohne Zusammenarbeit der Verwaltungen geschehen; gemeinsame Herrschaft über ein Gebiet kann nur im Einverständnis ausgeübt werden. Zumal da, wo ein Gegenstand der Regelung des örtlichen Staats überlassen bleibt, ihm aber die Durchsetzung unmöglich gemacht ist, wird im Zweifel — wenn es sein eigenes Recht gestattet — die Durchsetzung Aufgabe des andern Staats sein, zu dessen Gunsten die Beschränkung erfolgt ist[9]. Auch ein eigenes Interesse des örtlichen Staats mag ihn zur Gewährung des Schutzes veranlassen[10]. Im übrigen aber steht der beschränkte Staat den rechtlichen Vorgängen im Bereich des andern Staats ebenso unbeteiligt gegenüber wie Vorgängen, die dessen Stammland angehören. Nichts hindert ihn, mangels einer gegenteiligen Abrede eine konkurrierende Zuständigkeit auszuüben, wenn er nach Lage des Falls ein Interesse daran nimmt[11]. Die Anwendung fremden Rechts, die Anerkennung von Amtsakten ist den

---

[8] Einzelheiten unten § 46 Z. 2 b); § 48 Z. 2 e) und 4; § 50; § 51 Z. 2 a) und b); § 52 Z. 2 und für Gebiete gemeinsamer Herrschaft § 49 Z. 1 und 3.

[9] Vgl. etwa für Exterritorialität unten § 44 b) und insbesondre für den Strafschutz im Bereich der Konsulargerichtsbarkeit unten § 46 Z. 2 b), bei vertraglicher Besetzung oben 3 I 20[67], bei feindlicher Besetzung im Verhältnis zum örtlichen Recht 3 II 247.

[10] Beispiele oben 2, 85; 2, 222[26].

[11] Beispiele unten § 45 Postbetrieb; 1, 44 f. Beurkundung des Personenstands.

gleichen Beschränkungen unterworfen[12]. Es besteht keine Pflicht zur Zusammenarbeit der Behörden[13]. Der beschränkte Teil ist nicht gehalten, der Tätigkeit des andern Teils Strafschutz zu gewähren[14].

Beziehungen zum Stammland.

2. Man mag alle Bereiche außerhalb der Landesgrenzen, in denen das Recht des Stammlands auf Grund räumlicher Anknüpfungen anwendbar werden kann, als „Außengebiete" zusammenfassen. Es empfiehlt sich jedoch, den Ausdruck einer besondern Gruppe unter ihnen vorzubehalten. Denn es besteht eine erhebliche Verschiedenheit unter den Fällen einer Mitherrschaft oder Mehrherrschaft, je nachdem solche Hoheit sich auf das Rechtssystem des Ausgangslandes gründet oder aber selbständig auf einem Rechtssystem beruht, das für ein solches Außengebiet gilt. Die Erscheinungen, um die es sich dabei handelt, sind am besten an dem Verhältnis von Mutterland und Kolonie anschaulich zu machen, und es ergibt sich dabei die Gelegenheit, Lücken, die insoweit bei früheren Erörterungen (§§ 37—39) geblieben sind, zu schließen.

a) Es ist Sache der auswärtigen Verwaltung eines Staats, Kolonien zu erwerben und, solang nicht anderweitig über den Erwerb verfügt wird, sie nutzbar zu machen, sie auch für die Aufrichtung einer rechtlichen Ordnung nutzbar zu machen. Beruht der Erwerb auf der Abtretung eines anerkannten Staats, und es hat dort vor der Abtretung eine für Weiße verbindliche Rechtsordnung gegeben, so kommt die Kolonie mit ihrem bisherigen Recht unter die neue Herrschaft (unten § 53), und es ist dann kein Zweifel, daß der erworbene Besitz eine Rechtsordnung hat, die dem Recht im Stammland des Erwerbers selbständig gegenübersteht. Im übrigen aber, und insbesondre wenn die Kolonie in staatenlosem Gebiet neu begründet wurde, empfängt sie ihr Recht durch einen Vorgang, der mit dem Vorgang bei Neubegründung eines Staats, wie er oben S. 94 f. beschrieben wurde, zu einem Teil übereinstimmt. Ausgangspunkt ist, von seiten der örtlichen Bevölkerung gesehen, auch hier ein außerrechtliches Ereignis, die Begründung einer örtlichen Gewalt, deren Weisungen als Recht hingenommen werden; nur daß, anders als bei der Begründung eines selbständigen Gemeinwesens, ein fremder Staat (der als oberste Gewalt von einem fremden Personenkreis anerkannt ist) als Träger der neubegründeten Hoheit auftritt. Für den erwerbenden Staat und über ihn für dritte Staaten wird eine solche Normierung zur Rechtsordnung, wenn der

---

[12] Dazu oben S. 256[96]; auch 1, 45 f.

[13] Dazu oben 3 II 30[105] und 33 für Postverwaltungen.

[14] Oben S. 409, auch S. 415.

Erwerber sie in ein Verhältnis zur eigenen Rechtsordnung bringt. Ein Staat kann erworbenes Gebiet mit dem Stammland verschmelzen, räumlich gesprochen, es zu einem Teil des verfassungsmäßigen Staatsgebiets (oben S. 124) erklären. Dann aber hört das erworbene Gebiet auf, Kolonie zu sein, denn eben darin besteht der Unterschied der beiden Rechtslagen, daß die Kolonie außerhalb des verfassungsmäßigen Staatsgebiets verbleibt. Tritt aber eine solche Verschmelzung nicht ein, und es besteht in der Kolonie eine Rechtsordnung, der Tatbestände kraft räumlicher Anknüpfung angehören können, so muß das eine Rechtsordnung sein, die der Rechtsordnung des Mutterlands gegenüber selbständig ist[15]. Das ist ohne weiters sichtbar, wenn solches Recht einer Autonomie entspringt, die der Kolonie verliehen ist; wenn es sich um örtliches Gewohnheitsrecht handelt, dessen Bildung für die Kolonie anerkannt wird. Es liegt ebenso, wenn dies Recht durch Organe des Mutterlands bestimmt wird, vielleicht durch dieselben Organe und denselben Gesetzgebungsakt, durch die und mit dem für das Mutterland Recht begründet wird. Als in Deutschland das Bürgerliche Gesetzbuch erlassen wurde, hat es nicht deshalb in den Kolonien Geltung erlangt, weil es als Reichsgesetz erging, sondern darum, weil nach dem Schutzgebietsgesetz das bürgerliche Recht des Mutterlands auch in den Kolonien gelten sollte.

So besteht also in den Kolonien ein selbständiges Rechtssystem, mit eigener lex fori, mit eigenem internationalem Privatrecht[16] und eigenem internationalem Verwaltungsrecht[17]. Bleibt freilich noch die eine Frage offen, ob es sich dabei um echtes internationales Verwaltungsrecht im Sinn der Ausführungen in §§ 37 ff. handelt, also um eine Abgrenzung und Überwirkung autonomer Rechte, oder ob das gegenseitige Verhältnis von Rechtsinhalten in Frage ist, die, für verschiedene Ortsbereiche aufgestellt, auf den Willen desselben Staats zurückgehen. Daß jenes Erstere zutrifft bei dem Recht einer Kolonie, die mit Selbstgesetzgebung oder Selbstverwaltung ausgestattet ist, bei örtlichem Gewohnheitsrecht, bei der Fortdauer einer vor der Abtretung begründeten Rechtsordnung, ist nicht weiter zweifelhaft. Wenn aber der Inhalt des kolonialen Rechts auf den Willen mutterländischer Organe zurückgeht? Die Frage läßt sich nicht einfach mit ja oder nein

[15] Dazu Neumeyer, Archiv des öffentlichen Rechts 31, 117 ff.

[16] Dazu Neumeyer, Zeitschrift für Völkerrecht 6, 176.

[17] Beispiele einer Abgrenzung kolonialen Verwaltungsrechts oben 2, 59 Diamantenmonopol; 2, 149 f. 284 293 f. Dienstverhältnisse der Farbigen; 3 II 313 Währung der Buchführung. Durch die Einführung des Reichsdoppelsteuergesetzes in den deutschen Schutzgebieten hatte auch deren Steuerrecht seine räumliche Begrenzung empfangen. Über Rechtshilfe in Verwaltungssachen J. Gerstmeyer, Schutzgebietsgesetz (1910) 219 f.

beantworten. Denn das gegenseitige Verhältnis zwischen gespaltenem staatlichem Recht, von dem früher gehandelt wurde, bezieht sich auf das Verhältnis von Regelungen, die alle demselben Rechtssystem angehören, während hier getrennte Ordnungen sich gegenüberstehen. Immerhin, die Rechtslage steht auch unter solchen Umständen geteiltem innerstaatlichem Recht näher. Aber es werden dennoch im Zweifel auf sie die Grundsätze des internationalen Privat- und Verwaltungsrechts Anwendung finden müssen.

Endlich bedarf noch der Feststellung, daß nicht jede Regelung, welche die Kolonie betrifft, darum auch selbst dem Recht der Kolonie angehören müßte. Die Tätigkeit, die auf den Erwerb der Kolonie gerichtet ist; bis zu abweichender Regelung die Organisation der Landesverwaltung [18]; möglicherweise die auf die Bewahrung der Kolonie gerichtete Tätigkeit, insbesondre deren militärische Besetzung — sie alle fallen der Rechtsordnung des Mutterlands anheim. Die Rechtsbeziehungen zwischen Privaten dagegen und die Amtstätigkeit gegenüber Privaten kann nur in dem Rechtssystem der Kolonie ihre Grundlage finden.

b) Die Kolonie steht unter der Hoheit des Mutterlands und nur unter dieser. Bei den Rechtslagen, die den Anlaß dieser Untersuchungen bilden, handelt es sich um Außengebiete, bei denen dem berechtigten Teil Herrschaft neben einem andern Staat zukommt. Am nächsten unter ihnen steht der kolonialen Herrschaft eine solche, die im Bereich der Konsulargerichtsbarkeit geübt wird. Es gehören hieher aber auch Protektorate und Mandate, Gebiete, die völlig der Verwaltung eines fremden Staats überlassen sind, wie Bosnien in der Zeit der österreichisch-ungarischen Besetzung, besetztes Feindesland. Sie alle haben eine Rechtsordnung, die jener des Stammlands der Herrschaft selbständig gegenübersteht [19], besitzen eine lex fori, haben ihr eigenes internationales Privatrecht [20] und Verwaltungsrecht, Amtsakte des Stammlands und des Außengebiets stehen sich nur soweit gleich, als dies besonders vorgesehen ist [21], und dasselbe gilt für wechselseitige Rechts-

[18] Dazu des Näheren Archiv a. a. O. 116 f.

[19] Unter besondern Umständen allerdings werden auch solche Besitzungen als Innengebiet behandelt, so (unten § 49 Z. 2) die Stadt Wismar, als sie im bloßen Pfandbesitz Mecklenburgs war. Und die Frage, ob Innengebiet oder Außengebiet, ist gegenstandslos, wo eine Besitzung auch bei Außerachtlassung des fremden Anteils an der Herrschaft nur als Außengebiet in Betracht kommt, bei „gepachteten" Kolonien oder kolonialen Kondominien wie den Neuen Hebriden.

[20] § 36 des deutschen Konsulargerichtsbarkeitsgesetzes: Form der Eheschließung für Schutzgenossen; jedoch gültig für das internationale Privatrecht der Konsulargerichtsbezirke und des Mutterlands.

[21] Oben 2, 273 [52] über Zulassung von Rechtsanwälten der Konsulargerichtsbezirke und umgekehrt.

hilfe[22]. Und auch bei solchen Rechtslagen bedarf es der Feststellung, was dem örtlichen Rechtsbereich angehört (bei Übung der Konsulargerichtsbarkeit natürlich dem örtlichen Rechtsbereich, dessen Ordnung dem Stammland zusteht); denn die Begründung des Rechts am fremden Gebiet und seine Durchführung sind Sache der auswärtigen Verwaltung des fremden Staats und stehen unmittelbar unter dessen Rechtsordnung, besonders sichtbar, wo die Mitherrschaft durch eine militärische Besetzung gesichert wird.

c) Einer selbständigen Rechtsordnung entbehren staatenlose Gebiete, Kondominien, die von den Stammländern aus verwaltet werden[23], sie kann den im Folgenden behandelten nachbarlichen Erstreckungen der Herrschaft, der normalen Tätigkeit der Konsuln nicht zu Grunde liegen. Von einer Abgrenzung zwischen dem Recht des Außengebiets und jenem des Stammlands kann hier nicht die Rede sein[24], und Amtshandlungen, die außer Landes vorgenommen werden, sind solche des Stammlands selbst[25].

§ 44.
Exterritorialität.

a) Die rechtliche Einrichtung der Exterritorialität darf hier als bekannt vorausgesetzt werden. Es ist hier weder der Ort, festzustellen, wer den Anspruch auf Exterritorialität hat, noch soll erörtert werden, was die Summe der Inhalte ist — sie ist keineswegs in allen Fällen die gleiche —, die man mit einer solchen Bezeichnung zusammenfaßt. Für den gegenwärtigen Zusammenhang handelt es sich nur um die Frage, ob eine Rechtserscheinung dieser Art zu Abgrenzungen zwischen dem Rechtskreis mehrerer Staaten veranlaßt; genauer, um die Frage, ob dem Recht des Staats, der durch eine Exterritorialität beschränkt wird, Grenzen gezogen sind, die sich als eine Begrenzung seiner Zuständigkeit dem Ausland gegenüber darstellen.

Eine solche Annahme wird durch mehrere Erscheinungen ausgeschlossen. Zunächst, es gibt Sachgebiete, für die eine Exterritorialität

[22] § 75 des deutschen Konsulargerichtsbarkeitsgesetzes, Beistand bei Einziehung von Kosten.

[23] Eine Zwischenbildung ist gegeben bei Kondominien dieser Art, die einheitliches Ortsrecht besitzen wie vormals Moresnet (unten § 49 Z. 1). Ein solches Gebiet hat in der Tat eine selbständige Rechtsordnung. Aber die Amtshandlungen, die auf Grund ihrer vorgenommen werden, sind nicht Amtshandlungen des Gebiets, sondern der benachbarten Staaten.

[24] Staatliches Sonderrecht, das für eine solche Angelegenheit ergeht, muß natürlich seinen örtlichen Bereich haben, auch für die Rechtsanwendung im Stammland.

[25] Nur daß eine Einordnung erforderlich wird, wenn innerhalb des Stammlands keine einheitliche Ämterordnung besteht. Hieher § 19 des deutschen Konsulatsgesetzes.

verwaltungsrechtlich und privatrechtlich überhaupt nicht eingeräumt wird: die Bewirtschaftung eines Grundstücks und ein Gewerbebetrieb im Gebiet[1]. Und auch da, wo das Vorrecht Platz greift, bedeutet es den Schutz gegen zwangsweise Durchsetzung eines geforderten Rechtszustands. Die Rechtssätze selbst gelten regelmäßig auch für den Bevorrechteten, wenn ihre räumlichen Voraussetzungen erfüllt sind. Weder läßt die geschichtliche Entwicklung eine so weitgehende Befreiung erkennen, noch wird sie durch den Zweck der Einrichtung gefordert. So ist das räumlich wirksame Privatrecht für den Exterritorialen verbindlich, etwa wenn er im Inland einen Wechsel ausstellt. Erhebt er eine Klage, so ist er den Vorschriften des Verfahrensrechts unterworfen[2]. Und gerade das Verwaltungsrecht bietet die zahlreichsten Beispiele einer solchen Verbindlichkeit. Vorschriften der Baupolizei oder Gesundheitspolizei, über Jagdrecht oder äußere Sonntagsheiligung verpflichten ihn, sie können nur nicht zwangsweise gegen ihn durchgesetzt werden. Erfüllt er aber ohne Zwang seine Obliegenheiten, etwa die Pflicht zur Anzeige eines Todesfalls oder zur Versicherung seiner an Ort und Stelle aufgenommenen Dienstleute, so ist der Standesbeamte verpflichtet, die Anzeige einzutragen, werden die Dienstleute Teilnehmer der örtlichen Versicherungseinrichtungen[3]. Und es darf auch nicht irreführen, daß in der Tat Rechtssätze bestehen, die den Bevorrechteten materiell nicht verpflichten: nämlich diejenigen, deren Geltung die Freiheit seiner amtlichen Betätigung beeinträchtigen würde. In diesem Sinn hat eine exterritoriale Person, deren Tätigkeit der inländische Staat zugelassen hat, ein Recht auf unbeschwerten Aufenthalt, sie ist Vorschriften über Meldepflichten der Ausländer, über kirchlichen Zwang und Zensur nicht unterworfen, hat Freiheit des Geldverkehrs und des Nachrichtenverkehrs zu beanspruchen, steht nicht unter Alkoholverboten oder Verbrauchsbeschränkungen einer

---

[1] Bezüglich des Grundstücksrechts wenigstens privatrechtlich allgemein anerkannt. Wegen des Gewerbebetriebs Material etwa bei van Praag (zit. S. 158[15]) 257 ff.; Strisower, Académie de droit international, recueil des cours 1, 254 f. Für die bezeichnendste Form, einen Gewerbebetrieb durch den fremden Staat selbst, oben 3 I 30 f.; 174; 220; 267. Vgl. auch Harvard Law School, Research in international law 1932, 597 ff.

[2] Auch auf eine Klage gegen ihn sind die Vorschriften über Zuständigkeit anwendbar. Aber er kann — wenigstens wo es sich um diplomatische Exterritorialität handelt — dem Abwehrzwang nicht unterworfen werden, den eine Klagerhebung gegen den Beklagten mit sich bringt.

[3] Vgl. oben 1, 36 standesamtliche Anzeigen; 1, 66[12] Volkszählung; 1, 71 Gesundheitspolizei; 1, 92 Bau- und Feuerpolizei; 1, 94 f. Sicherheitspolizei; 1, 257[2] Sittenpolizei; 2, 88 Jagd und Fischerei; 2, 216 gewerbliche Tätigkeit; 2, 249 Betätigung des Gesandtschaftsarztes; 2, 301 Arbeitsrecht; 2, 314 Sonntagsheiligung; 2, 659 ff. Arbeiterversicherung; 3 I 16 Straßenpolizei.

Kriegszeit, genießt Freiheit von Personalsteuern und ähnliches mehr[4]. Daß es sich bei diesen Ausnahmen nicht um eine abweichende Verteilung der Zuständigkeiten handelt, zeigt sich insbesondre auch darin, daß manchmal von vornherein kein andrer Staat beteiligt ist, der die Lücke ausfüllen könnte, nämlich bei Fällen einer Exterritorialität, die nicht im Interesse eines bestimmten Auslandsstaats gewährt wird (z. B. bei Mitgliedern des Internationalen Gerichtshofs). Und daß bei öffentlichrechtlichen Angelegenheiten eine Ergänzung von fremder Seite her nicht möglich ist, weil sie jeweils nur gegenüber einem bestimmten Staat gegeben sein können; eine Freiheit von Aufenthaltsbeschränkungen im Empfangsstaat kann nicht durch Beschränkungen im Heimatstaat des Gesandten ersetzt werden.

b) Dagegen scheint es allerdings im Bereich des Exterritorialitätsrechts eine Gruppe von Fragen zu geben, bei denen in der Tat eine Einschränkung inländischer Zuständigkeit, möglicherweise gleichzeitig eine Erweiterung ausländischer Zuständigkeit vorliegt, und es wird eine solche Rechtslage gerade bei Tatbeständen sichtbar, für die auch der Bevorrechtete sonst dem örtlichen Recht untersteht: bei Vorgängen innerhalb eines exterritorialen Personenkreises, wenn die bevorrechteten Personen für denselben ausländischen Staat im Inland tätig sind[5]. Sieht man von den Gegenständen ab, für die eine Exterri-

---

[4] Dazu oben 1, 1[1] Recht auf Aufenthalt, Freiheit von Paß- und Meldepflichten. 1, 71 Impfzwang. 1, 94 f. Waffenführung (im Sinn des Textes zu erweitern). 1, 192[31] Zensur. 1, 219 Schulpflicht. 1, 428[48] religiöse Kindererziehung. 1, 504 freie Religionsübung. Verbrauchsbeschränkungen und Ablieferungen während eines Kriegs: 2, 216; 3 I 16; 3 I 204[55]. Freiheit des Geldverkehrs 3 II 387. Über Abgabenfreiheit etwa Isay, Internationales Finanzrecht 262 ff. Sätze, nach denen Geburt im Land von selbst die örtliche Staatsangehörigkeit begründet, sind unverbindlich; Research (zit. Anm. 1) 133. Die Frage ist auch für das materielle Strafrecht wichtig und dürfte hier für verschiedene Gruppen von Exterritorialen verschieden zu beantworten sein. Die Mitglieder einer Gesandtschaft etwa werden nicht unter die Strafdrohung fallen (was natürlich mit der Rechtswidrigkeit oder der objektiven Strafbarkeit einer Handlung nichts zu tun hat), gegen ihre Bediensteten oder Familienangehörigen ist für die Dauer ihrer Bevorrechtung lediglich die Durchführung eines Strafverfahrens ausgeschlossen. Ähnlich wird es sich (bei nichtdienstlichen Angelegenheiten) mit der Zeugenpflicht verhalten.

[5] Der Gesichtspunkt ist wenig beachtet worden. Er steht jedoch dem geschichtlichen Ausgangspunkt der Befreiungen nahe und wird, wie ich glaube, durch die Eigenart der Rechtslage geboten, hat sich demgemäß in der neueren Rechtsbildung da und dort von selbst Bahn gebrochen, vgl. besonders oben 2, 658 f. 661 f. über Arbeiterversicherung; dazu auch 2, 249 über Tätigkeit des Gesandtschaftsarztes; 2, 301 f. über Arbeitsrecht; auch Zeitschrift 32, 13[18]. Die Lebenskreise, die einen Anhaltspunkt für solche Rechtsbildung gewähren, sind für die ältere Zeit vornehmlich in dem Verhältnis des Gesandten zu den Mitgliedern der Mission (freiwillige Gerichtsbarkeit!)

torialität überhaupt nicht in Betracht kommt (Grundbesitz und Gewerbebetrieb), so begegnet die Durchführung des Satzes kaum Schwierigkeiten[6]. Für das öffentliche Recht freilich kann es anders als im Privatrecht keine Rechtsbeziehungen geben, die ausschließlich zwischen Einzelpersonen bestünden, immer ist dabei das öffentliche Interesse beteiligt. Aber auch hier wird in der Zulassung der fremden Betätigung im Zweifel ein Verzicht enthalten sein, das öffentliche Interesse des Inlands geltend zu machen, soweit sich ein Vorgang auf den bevorrechteten Kreis beschränkt. Wenn fremden Truppen der Durchzug durch das Gebiet gestattet wird, dann bedarf der begleitende Militärarzt keiner ärztlichen Approbation von seiten des Aufenthaltsstaats, er ist nicht an Beschränkungen des örtlichen Rechts gebunden in der Verabreichung und in der Zusammensetzung von Medikamenten, sofern er nur seine ärztliche Tätigkeit auf die Angehörigen der Truppe beschränkt. Auch auf strafrechtlichem Boden dürften Vorgänge innerhalb der Truppe im Zweifel der örtlichen Strafgewalt entzogen sein[7].

In die Lücke, die derart in der Zuständigkeit des Aufenthaltsstaats entsteht, wird häufig der Absendestaat (wenn es einen solchen nach Lage der Umstände gibt) eintreten. Fallen die exterritorialen Angestellten der Gesandtschaft nicht unter das örtliche Arbeiterversicherungsrecht, so wird der Absendestaat für ihre Versicherung Sorge tragen. Aber die grundsätzliche Einseitigkeit aller Grenznormen des öffentlichen Rechts zeigt sich auch hier. Es kann ebensowohl sein, daß der fremde Staat die Lücke unausgefüllt läßt, wie es vorkommt, daß er in seiner Regelung über jenen Rahmen hinausgreift[8].

c) Unter die Rechtsform der Exterritorialität wird man sachgemäß auch die Befreiungen einzureihen haben, die der fremde Staat selbst als Rechtssubjekt beanspruchen kann[9]. Unter dem Gesichts-

und in der Rechtslage durchziehender Truppen gegeben, wenngleich letzterenfalls zunächst die zugrunde liegenden Verträge entscheiden (und es gehen solche Verträge in der Gewährung der Exemtion über den Rahmen innerer Vorgänge innerhalb des Verbands vielfach hinaus).

[6] Nicht unbedenklich Reichsarbeitsgericht 1. 3. 1933 Juristische Wochenschrift 1739. — Doch handelt es sich auch bei solcher Unterstellung unter das heimatliche Recht nur um eine im Zweifel geltende Lösung. Verbindung des Privatrechtssatzes mit Zuständen oder Einrichtungen, die nur innerhalb des Heimatstaats selbst bestehen, mag eine abweichende Lösung erforderlich machen.

[7] Disziplinär zu würdigende Vorgänge innerhalb der Truppe, wie überhaupt bei jedem Staatsorgan im Ausland, ob bevorrechtet oder nicht, stehen schon darum unter der alleinigen Zuständigkeit des Heimatstaats, weil der Aufenthaltsstaat auch nach seiten des öffentlichen Interesses an ihnen unbeteiligt ist.

[8] Vgl. für Arbeiterversicherung oben 2, 662[52].

[9] Allerdings kommt für den Staat als Rechtssubjekt nicht jede Auswirkung in Betracht, die eine solche Bevorrechtung für Menschen mit sich

punkt einer „Gerichtsbarkeit über fremde Staaten" ist das ein vielverhandelter Gegenstand. Man übersieht häufig, daß gleichartige Fragen auch andre Rechtsteile durchziehen und vornehmlich im Verwaltungsrecht sichtbar werden [10]. Eine Rechtslage dieser Art kann freilich nur da zustande kommen, wo ein Staat in Unterworfenheit unter das innerstaatliche Recht eines andern Staats handelt; es ist davon oben S. 82 näher gesprochen worden. Eben darum ergibt sich hier auch als Sonderproblem, die Fälle derartiger Unterworfenheit abzugrenzen von andern, bei denen sich die beteiligten Staaten von gleich zu gleich gegenüberstehen, wo also Völkerrecht, nicht Verwaltungsrecht, ihre Beziehungen beherrscht [11]. Aber freilich, gerade für das Verwaltungsrecht wird eine Exterritorialität des fremden Staats nur in geringem Ausmaß praktisch werden. Denn für die Hauptfälle, bei einem Unternehmen, das er im Gebiet betreibt, und bei Grundstücken, die er dort bewirtschaftet, kann der fremde Staat Exterritorialität überhaupt nicht beanspruchen [12].

d) Man spricht zuweilen von einer „räumlichen Exterritorialität" und will damit zum Ausdruck bringen, daß mit Rücksicht auf besondere Befreiungen das räumlich geltende Recht eines Staats auf Vorgänge innerhalb seines Gebiets nicht angewendet werden soll. Dergleichen ist vornehmlich bei fremden Kriegsschiffen im Hafen rechtens; jedoch nicht, weil sie „exterritorial" sind, sondern weil sie (unten § 51 Z. 1 b) Gebiet eines andern Staats darstellen. Umgekehrt ist heute längst anerkannt, daß die Gesandtschaftsgebäude eines Staats nicht einen Gebietsteil dieses Staats bilden, und eben darum, daß räumliche Anknüpfungen auf Vorgänge im Gebäude das örtliche Recht anwendbar machen [13]. Dasselbe gilt für gewisse Grabkirchen fremder Fürsten-

bringen kann. Aber auch für natürliche Personen hat die Bevorrechtung nicht immer denselben Umfang.

[10] Dazu oben 3 I 172 ff.; auch 265. Über die Gerichtsbarkeit in Verwaltungssachen oben S. 157.

[11] Darüber oben 2, 7 f. für Wasserrecht; 3 I 24 [3] und 36 [37] für Eisenbahnrecht. — Eine Grenzziehung ist auch veranlaßt zwischen den hier erörterten Tatbeständen, bei denen der Staat in Unterworfenheit unter das Recht eines fremden Staats handelt, und andern Tatbeständen, bei denen ihm für den Gegenstand eigene Mitherrschaft eingeräumt wird; zahlreiche Beispiele hiezu im folgenden Paragraphen.

[12] Dazu die S. 82 [2] gegebenen Nachweisungen, vornehmlich 3 I 30 f. Die im 2. Band vertretene Meinung, daß gegen den fremden Staat auch unter solchen Umständen Zwang nicht statthaft sei, wird nicht mehr festgehalten.

[13] So oben 1, 504 f. über Gottesdienst und Eheschließungen in einer Gesandtschaftskapelle; 2, 663 f. über Gesandtschaftsgebäude und Arbeiterversicherung. Daß auch Grundbesitz ausländischer Landesherren unter dem räumlich geltenden Ortsrecht steht, ist nicht minder zweifellos; dazu Giese, Zeitschrift für Völkerrecht 13, 561 ff. (Anwendung des preußischen Fluchtliniengesetzes auf luxemburgischen Besitz in Preußen).

häuser, deren Befreiung von einem Verbot klösterlicher Niederlassungen man gelegentlich mit ähnlicher Begründung zu stützen versuchte[14]. Indessen, Freiheit vom örtlichen Recht und Exterritorialität sind überhaupt keine Erscheinungen, die sich grundsätzlich entsprechen. Soll der Ausdruck „räumliche Exterritorialität" einen juristisch greifbaren Inhalt besitzen[15], so hätte er etwa die Exterritorialität von Personen zu bedeuten, die durch räumliche Beziehungen zu einem Gebiet (Aufenthalt, Niederlassung) an den für eine Exterritorialität bezeichnenden Vorrechten teilhaben. Die Vorstellung ließe sich allenfalls anwenden auf fremde Truppen, die mit Erlaubnis des örtlichen Staats sich in dessen Gebiet befinden; denn die Vorrechte genießt eine Gruppe von Personen, die auf Grund ihres Aufenthalts im Gebiet von der ausländischen Streitmacht abgezweigt ist. Aber die Exterritorialität, die dem Truppenteil unter solchen Umständen zukommt, wird ihm eingeräumt, weil er Teil einer ausländischen Streitmacht ist. Daß sie einer Gruppe gewährt ist, die durch Aufenthalt im Gebiet zur Einheit zusammengefaßt wird, ist rechtserheblich, aber es schafft keine neue Art der Exterritorialität, und so wird man den Ausdruck räumliche Exterritorialität am besten vermeiden.

§ 45.
Mitherrschaft in fremdem Staatsgebiet. Nachbarliche Beziehungen.

Nicht selten ereignet es sich in nachbarlichen Beziehungen, daß einem andern Staat die Befugnis eingeräumt wird, Angelegenheiten im Inland unter eigener Hoheit durchzuführen, die er sonst nicht oder doch nur in Unterworfenheit unter das örtliche Recht zu verwirklichen in der Lage wäre. Das mag mit der Ermächtigung verbunden sein, eigene Amtshandlungen im Inland vorzunehmen. Es kann eine solche Einräumung aber auch die Befugnis in sich schließen, unabhängig von der örtlichen Staatsgewalt Rechtsvorschriften für Private aufzustellen. Durch eine derartige Erweiterung der Herrschaft können Abgrenzungsfragen erwachsen. Sie liegen meistens einfach: es handelt sich um den Ort eines Vorgangs, und er untersteht der Ordnung des beherrschenden Staats, wie wenn er in dessen eigenem Gebiet sich zugetragen hätte. Auf seiten des Aufenthaltsstaats entspricht dem, wenn

---

[14] Oben 1, 119 f.

[15] Man könnte auch an Geschäftsräume und Wohnungen denken, die nach Staatsvertrag oder allgemeinem Völkerrecht dem behördlichen Zwang des Aufenthaltsstaats entzogen sind. Dergleichen beruht auf verwandten Erwägungen, liegt aber außerhalb der typischen Erscheinungen, die als Exterritorialität bezeichnet werden. Jedenfalls kommen solche Bildungen für den gegenwärtigen Zusammenhang nicht weiter in Betracht.

er an dem Vorgang überhaupt rechtliches Interesse nimmt, zumeist ein Verzicht auf Geltendmachung der eigenen Hoheit.

Regelungen solcher Art kommen vor, wo von fremdem Gebiet aus Bergbau im Inland betrieben oder Eisenbahnen durch einen Tunnel geführt werden, der nur vom andern Gebiet her zugänglich ist. So betreibt Frankreich von französischem Gebiet aus Kohlengruben im Bereich des wieder deutsch gewordenen Saargebiets; Bergpolizei, Arbeitsrecht bestimmen sich dabei nach den französischen Gesetzen, Handlungen und Unterlassungen sollen insoweit als „in Frankreich geschehen" angesehen werden[1]. Für einen Tunnel in italienischem Boden, dessen beide Enden in Frankreich liegen, ist vereinbart worden, daß der gesamte Eisenbahnbetrieb behandelt werden solle, als würde er sich auf französischem Gebiet vollziehen[2].

Verwandte Ausweitungen und Beschränkungen der Herrschaft finden sich auf Grenzbrücken. Es kommt zuweilen vor, daß zwar die Landesgrenze über die Mitte einer Brücke läuft, das Eigentum an der Brücke aber in der vollen Länge dem einen Teil zusteht und in Verbindung damit auch hoheitliche Rechte über die ganze Brücke ihm vorbehalten bleiben. Das war insbesondre 1920 für die Rheinbrücken zwischen Deutschland und Frankreich in bezug auf die Brücken- und Verkehrspolizei vereinbart worden[3].

Fremde Staaten oder Gemeinden haben Forstbesitz im Gebiet, besitzen hier Jagd- oder Fischereirechte: man findet in den Verträgen

---

[1] Vertrag 18.2.1935 Art. 32 ff. RGBl. II 135. Dagegen sollen Bergschäden deutschem Recht unterliegen, und es ist die deutsche Hoheit insbesondre auch für Vorkommnisse außerhalb des Betriebs unbeeinträchtigt geblieben. Andre Beispiele oben 2, 61 f.: Bergbau des niederländischen Staats in einer preußischen Grube, bergrechtlich unter der Hoheit der Niederlande. Ähnlich ein Betrieb Österreichs in Bayern, und es wird hier — unter Wahrung der Oberhoheit Bayerns — nicht nur Einrichtung einer Bergbaubehörde auf bayrischem Boden vorgesehen, sondern mit Rücksicht auf die Schwierigkeit der Ortsbestimmung auch die allgemeine „Jurisdiktion und Polizei" für den österreichischen und den bayrischen Teil so aufgeteilt, daß sie über österreichische Untertanen Österreich, für bayrische und Untertanen dritter Länder Bayern zustehen soll.

[2] Oben 3 I 41[55]. Dagegen haben sich in einem verwandten Fall, als während des Baues die italienische Strecke des Simplontunnels nur von der Schweiz aus zugänglich war, die beiden Staaten dahin verständigt, daß bei Unfällen auf der italienischen Strecke, auch bei Straftaten, die dort verübt würden, die italienische Hoheit bestehen bleiben, die vom italienischen Recht vorgesehenen Amtshandlungen aber von schweizerischen Behörden vorgenommen werden sollten; Journal 1905, 505.

[3] Dazu des Näheren oben 3 I 18; seither eingeschränkt durch Art. 22, 23 des Vertrags 14.8.1925 RGBl. 1927 II 960. Oben 3 I 18 auch über eine Vereinbarung Baden-Schweiz von 1854, die unter ähnlichen Umständen dem Kanton Thurgau die „niedere Polizei" auf der Brücke überträgt.

alle Abstufungen von völliger Unterworfenheit unter das örtliche Recht bis zur Einrichtung von Forstämtern des andern Teils als öffentlicher Behörden, die den Wald nach eigenem Recht bewirtschaften und befugt sind, selbst den Forstschutz auszuüben[4]. Wird eine solche Vorschiebung des Rechts im allgemeinen auf Grund räumlicher Anknüpfungen wirksam, so finden sich zuweilen auch Teilungen der Herrschaft nach Maßgabe der Staatsangehörigkeit[5]. Die Rechtsprechung hat sich auch schon befugt geglaubt, eine Teilung nach sachlichen Rücksichten durchzuführen, bei Fischereirechten, über die ein Staat für die Breite eines in der Mittellinie geteilten Grenzflusses zu verfügen hat, die Entscheidungen über die Berechtigung den Gesetzen des bevorrechteten Staats, die Polizeivorschriften dem örtlichen Recht zu entnehmen, und eine solche Lösung wurde insbesondre versucht für Jagd und Fischerei in Gemeindebezirken, die über die Landesgrenze hinaus in andres Gebiet hineinreichten (doch standen in jenen elsässisch-badischen Fällen Jagd und Fischerei wahrscheinlich nach allen Richtungen unter dem heimatlichen Recht der Gemeinde). Eine Aufteilung der Gewalten wird hier aber auch noch nach einer andern Richtung hin von nöten: soweit bei einer Regelung des Forstrechts nicht die pflegliche Behandlung des Waldes im Interesse des Gemeinwohls, sondern Fürsorge für staatliches oder gemeindliches Vermögen in Frage steht, kann eine solche Regelung, wenn es sich um den Besitz eines andern Staats oder seiner Gemeinden handelt, nur jenem andern Staat zustehen, entbehren Bestimmungen des örtlichen Rechts insoweit der Bedeutung, und so kann es erforderlich werden, innerhalb des örtlichen Forstrechts Vorschriften der einen und der andern Art — die Scheidung wird nicht immer leicht sein — auseinanderzuhalten[6].

Unter den öffentlichen Diensten ist es etwa der Post- und Telegraphenbetrieb, der, früher häufiger, zuweilen aber auch heute noch Anlaß gibt, öffentliche Ämter mit Außenbetrieb in fremdem Staatsgebiet zu errichten. Ein bekanntes Beispiel bietet das polnische Postamt in Danzig. Bestehen daneben örtliche Einrichtungen, wie in Danzig, so bestimmt die Wahl des Benützers über die Zuständigkeit.

---

[4] Ähnlich (doch unabhängig von staatlichem oder gemeindlichem Besitz) die Fischereipolizei Badens auf dem schweizerischen Teil des Untersees.

[5] Waldbesitz französischer Gemeinden in Sardinien, Forstschutz gegenüber Franzosen, die in Frankreich wohnen, durch die französischen Beamten. Insbesondre stand die Fischerei französischer Fahrzeuge an der britischen Neufundlandküste bis 1904 unter den fischereipolizeilichen Vorschriften Frankreichs, diejenige britischer Fahrzeuge unter britischem Recht.

[6] Eingehende Erörterung aller dieser Fragen Bd. 2 S. 74 ff., 78; 104, 105 ff., 119. Die grenzüberschreitenden Gemeindebezirke sind seither durch Art. 32, 52 des oben erwähnten Vertrags 14. 5. 1925 beseitigt worden.

Das polnische Postamt verfährt dem Benützer gegenüber nach polnischem Recht, kann aber freilich keinen Zwang gegen Dritte üben, ist für Rechtsbeziehungen, in die der Betrieb nach außen tritt, dem örtlichen Recht unterstellt[7].

Überaus häufig begegnen solche Fragen im Eisenbahnrecht[8]; denn jede Linie, welche die Grenze überschreitet, veranlaßt den einen der betreibenden Staaten oder einen ihm angehörigen Privatunternehmer, zum mindesten bis zur ersten Station jenseits der Grenze einen Betrieb in fremdem Gebiet zu unterhalten. Stehen Bau, technischer Betrieb, Verkehr auch unter solchen Umständen grundsätzlich unter der Hoheit des Staats, in dessen Gebiet die Strecke liegt, so ist doch — mit wechselndem Ausmaß im einzelnen — vielfältig vereinbart worden, daß diese Vorgänge der Ordnung des fremden Staats (als Betriebsunternehmer, aber auch als Träger der Staatsgewalt) überlassen bleiben sollen. Dabei mag gelegentlich auch eine sachliche Abgrenzung nötig werden, denn Bahnpolizei, Straßen- und Wasserpolizei, die von einem Bahnbetrieb berührt werden, pflegen dem örtlichen Staat vorbehalten zu bleiben; erst recht eine hoheitliche Beschränkung dritter Personen, wie Enteignung oder Anliegerbeschränkungen. Insbesondre aber bedarf es einer Klarstellung, welcher Staat beteiligt ist, wenn sich auf der Strecke, auf Zwischenbahnhöfen und vor allem im Wechselbahnhof, in dem der Betrieb vom einen auf den andern Teil übergeht, Unternehmungen des einen und des andern Bereichs berühren.

Auf Bahnhöfen, die in fremdes Gebiet vorgeschoben sind, mag es auf der Grundlage eines Vertrags auch für sonstige Angelegenheiten vorkommen, daß eine andre als die örtliche Staatsgewalt rechtlich wirksam wird, und es sind solche Bildungen besonders sichtbar, weil es sich bei ihnen um hoheitliche Betätigung gegen Dritte handelt. Man begegnet dergleichen bei einer Übung der Gesundheitspolizei über Mensch und Tier[9]; vielfältig bei der Paßpolizei. Vor allem aber kommt hier[10] die Einrichtung von Zollstellen auf dem vorgeschobenen Bahnhof oder sonst auf fremdem Boden in Betracht[11]. Der Bereich einer

---

[7] Dazu oben 3 II 17 f., auch 18[61] a. E. und für das polnische Postamt in Danzig 29[105], 70[122], 242. Als Rest einer früher geübten Mitherrschaft kommen fremde Postanstalten auch noch in Französisch- und Spanisch-Marokko vor, oben 3 II 32.

[8] Dazu des Näheren 3 I 23 ff. — Für Binnenschiffahrt etwa 3 I 225[136] (und, über nachbarliche Beziehungen hinausführend, 228 ff.).

[9] Oben 2, 249 f. 83.

[10] Unter den sehr zahlreichen Staatsverträgen, welche über die Errichtung vorgeschobener Zollstellen Bestimmung treffen, ist hervorzuheben ein deutsch-polnisches Abkommen 15. 5. 1922 RGBl. II 573.

[11] Auch dabei handelt es sich in der Regel um Erweiterungen der Staatsgewalt an der Landesgrenze. Doch macht es die Rechtslage immerhin an-

solchen Stelle bleibt fremdes Gebiet, bleibt auch für das örtliche Zollrecht Gebiet des Staats, auf dessen Boden die Stelle errichtet ist. Jedoch der zur Mitherrschaft zugelassene Staat ist befugt, am vereinbarten Ort eine Zollinie für die Zwecke seines Rechts zu ziehen, und es begründet ihre Überschreitung eine Zollschuld zu seinen Gunsten, wenn sie mit der Absicht erfolgt, den Gegenstand in den Verkehr seines Zollgebiets zu bringen[12]. Folge dieser Zulassung ist alsdann, daß am selben Ort zwei Zollrechte neben einander bestehen[13], und daß nun auch eine Abgrenzung zwischen deren Bereich notwendig wird. In ihrem Ausgangspunkt freilich ist diese Abgrenzung sehr einfach: für

schaulich, daß solche Zollstellen des örtlichen Anschlusses an das Heimatgebiet auch völlig entbehren können, z. B., mitten in Österreich belegen, die deutsche Zollstelle in Bad-Gastein. Auch auf Schiffen fremder Flagge, die auf hoher See fahren, findet man dergleichen vorgeschobene Stellen, so nach einer deutsch-amerikanischen Vereinbarung 1931 RGBl. 1933 II 644.

[12] Es ist Sache des inneren Rechts dieses Staats, zu bestimmen, ob die Zollpflicht schon dann entsteht, wenn die Zollinie mit der bezeichneten Absicht überschritten wird, oder ob die tatsächliche Einführung des Gegenstands in sein Zollgebiet hinzukommen muß. Das erstere ist in Deutschland seit dem Gesetz 26. 6. 1934 rechtens (dazu die Begründung Reichsanzeiger 1934 Nr. 147: die Zollschuld entsteht „sofort" und „unbedingt"), während man bis dahin auch Einbringung in das Zollgebiet gefordert hatte; im Anschluß an Hoffmann (bei A. Hoffmann-E. Trautvetter, Kommentar zu den Zoll- und Steuergesetzen des Deutschen Reichs 1912, 24) bezeichnet das Reichsgericht, Entscheidungen in Strafsachen 66, 194 diese Einbringung als Gegenstand einer „auflösenden Bedingung" für die Entstehung der Zollschuld. (Die Folge eines solchen Rechtszustands, die der Reichsfinanzhof ausdrücklich zieht, ist, daß bei einem Schmuggelversuch, der noch in der Zollstelle aufgedeckt wird, eine Zollschuld nicht zur Entstehung kommt.) Im übrigen aber war die oberstrichterliche Rechtsprechung Deutschlands sehr unsicher in der Erfassung der materiellrechtlichen, nicht bloß verfahrensrechtlichen Bedeutung, welche dem Vorgang bei der vorgeschobenen Stelle zukommt (besonders mißlich das Reichsgericht, Entscheidungen in Zivilsachen 42, 107). — Über die berüchtigte „Inlands"frage, welche solche Tatbestände noch weiter verwirrt, oben S. 144[17].

[13] Art. 3 des deutsch-polnischen Abkommens und einige neuere Verträge glauben, die „Geltung" der fremden Zollvorschriften zeitlich einschränken zu sollen auf die Dauer der Amtshandlungen, welche die Beamten der vorgeschobenen Stelle vornehmen. Das ist mißverständlich, die fremden Vorschriften gelten im zugelassenen Ausmaß dauernd (nicht anders wie etwa Strafgesetze im Verhältnis zu ihrer Handhabung durch die Strafgerichte), und es könnten die Amtshandlungen gar nicht beginnen ohne die Grundlage der Vorschriften, die ihnen rechtliche Bedeutung zuschreiben. Man sah sich denn auch alsbald zu Abweichungen genötigt für den Fall, daß die Tätigkeit der Zollbehörde umgangen wurde. — Auf der andern Seite beginnt für den örtlichen Staat die Geltung seiner Zollgesetze an den Landesgrenzen, auch wenn er eingehende Waren erst auf dem Wechselbahnhof innerhalb des Gebiets zollamtlich behandelt.

jeden Teil gilt sein Recht. Doch können auf Grund der tatsächlichen Umstände gleichzeitige Zuständigkeiten für beide Teile erwachsen, die bei der Gleichberechtigung der beiden Ordnungen einer juristischen Lösung überhaupt nicht zugänglich sind, zumal wenn beide Teile Zugriff auf eine Sache oder eine Person nehmen wollen; man hat in neueren Verträgen den verständigen Ausweg vereinbart, daß in solchen Fällen der Zugriff demjenigen Staat zustehen soll, aus dem Person oder Sache kommen [14].

Anders ist die Rechtslage bei Zollanschlüssen, bei denen auf der Grundlage eines Staatsvertrags Gebietsteile, sogar ganze Staaten, den Zolleinrichtungen eines andern Staats unterstellt werden [15]. Hier werden in dem vereinbarten Bereich lediglich die Zollbehörden des andern Teils tätig; es gilt dessen Zollrecht [16], und es gilt ausschließlich, ohne daß ein abweichendes Zollrecht des örtlichen Staats daneben

---

[14] Vertrag Deutschland-Polen Art. 4, 6; entsprechend die deutschen Verträge mit Frankreich 13. 4. 1925 [14] RGBl. 1927 II 469, mit Österreich 12. 4. 1930 [26] RGBl. II 1116. Rechtsnotwendig wäre eine solche Lösung nur gewesen, wenn das Eigentum am Schmuggelgut dem erstbeteiligten Staat von selbst, ohne Dazwischentreten einer Amtshandlung, zufiele. In einem österreichisch-italienischen Notenwechsel von 1890, Martens [2] 18, 720, hat Italien auch ohne die Grundlage eines Vertrags anerkannt, daß der Zugriff Österreich zustehe, aus dessen Gebiet die Sachen gekommen waren, allerdings mit der Begründung, daß in jenem Fall der Grenzbahnhof auf österreichischem Boden lag; auch das freilich eine zweckmäßige, aber keine von selbst gegebene Lösung. — Die genannten Verträge enthalten auch eine Anzahl sonstiger Vorschriften über die Abgrenzung der beiden Rechtskreise (Vertrag mit Polen Art. 2, 3, 7); für Zollbewachung etwa Kopp (zit. oben 3 I 23 [1]) 75. — Der Vertrag mit Polen Art. 6 unterscheidet auch, ob die Reisenden die Staatsangehörigkeit des einen oder des andern Teils besitzen; doch handelt es sich dabei nicht um eine Begrenzung der Zuständigkeit des zugelassenen fremden Staats, sondern um fremdenrechtliche Unterscheidungen innerhalb seiner Zuständigkeit.

[15] Über die Rechtsform des Anschlusses oben S. 388. Bei dem gewöhnlich als Anschluß bezeichneten Verhältnis Luxemburgs zum Deutschen Reich, wie es bis 1920 bestand, handelte es sich um eine Zollgemeinschaft mit getrennten Organen.

[16] Nach Hoffmann a. a. O. 38 f. wären diese Gesetze — auf Grund ihres „Dienstrechts" — zwar für die Beamten unmittelbar verbindlich, aber für die örtliche Bevölkerung sollen sie, vermittelt durch den Vertrag, als Recht des örtlichen Staats gelten. Dergleichen ist nicht möglich. Weder handelt es sich dabei für die Beamten um Dienstrecht, das nur ihr persönliches Dienstverhältnis regelt, noch können Verhaltensvorschriften für Beamte in ihrem Verhältnis zum Einzelnen einer andern Rechtsordnung angehören als die Pflicht des Einzelnen, dem Beamten gegenüber eine Handlung, Duldung oder Unterlassung vorzunehmen. Vielleicht wäre es denkbar, daß beide Seiten dem örtlichen Recht angehörten. Allein der Zoll wird ja (unbeschadet späterer Vergütung) dem fremden Staat geschuldet, und er übt, soweit sie ihm eingeräumt ist, bei Zuwiderhandlungen die eigene Strafgewalt.

bestände. Mit Überschreitung der Zollinie gelangen Personen und Waren unmittelbar in das Zollgebiet des berechtigten Teils. Und auch darin äußert sich eine Verschiedenheit der beiden Rechtslagen, daß zwar vorgeschobene Zollstellen auch andre als zollrechtliche Angelegenheiten, mit deren Behandlung sie der Heimatstaat betraut, insbesondre Einfuhrbeschränkungen aus wirtschaftlichen, gesundheitlichen, steuerlichen Gründen entsprechend ihren heimischen Gesetzen durchführen können, wenn sie der zulassende Staatsvertrag daran nicht hindert[17], denn es handelt sich dabei nur um Einfuhr in das Stammland; bei Anschlußgebieten dagegen, die staatsrechtlich einem fremden Staat gehören, steht zunächst eine Einfuhr in dessen Bereich in Frage, und es muß dieser Staat die entsprechenden wirtschaftlichen, gesundheitlichen, steuerlichen Beschränkungen selbst eingeführt haben, wenn die Zollbehörde eine solche Maßnahme soll handhaben dürfen[18]. — Das innere Verhältnis zwischen den Gebietsteilen eines Staats, die sein Zollgebiet bilden, und andern, die zollfrei belassen werden, gehört nicht in den gegenwärtigen Zusammenhang[19].

§ 46.

Konsuln und Konsulargerichtsbarkeit.

1. Die Konsuln. — 2. Gebiete der Konsulargerichtsbarkeit.

Die Konsuln.

1. Von gleicher Art wie die im Vorstehenden behandelten Erscheinungen ist auch die normale Tätigkeit der Konsuln und, wo sie Angelegenheiten Privater wahrzunehmen haben, die Tätigkeit der Gesandtschaften im Ausland. Es ist oben S. 508 ausgeführt worden, daß die Schranken, die einer Mitherrschaft nach Völkerrecht und Staatsvertrag gezogen sind, für das Verhältnis von Staat zu Staat sachlichen Inhalt haben, daß aber, umgesetzt in innerstaatliches Recht, für das Verhältnis des Staats zu den rechtsunterworfenen Einzelnen, diese Schranken zu Begrenzungen einer Zuständigkeit werden. Das

---

[17] Entgegen dem Reichsgericht und den Ausführungen oben 2, 217 möchte ich eine solche Zulassung im Zweifel als gegeben ansehen, und das bestimmt jetzt auch das Reichsgesetz 26. 6. 1934; auch neuere Verträge lassen die Erweiterung ausdrücklich zu. Dabei ergibt sich dann wieder die oben behandelte Frage, ob es genügt, wenn der Gegenstand in den Bereich der Zollstelle verbracht wird mit der Absicht, ihn in deren Stammland einzuführen, oder ob diese Absicht verwirklicht sein muß, um Rechtsfolgen einer Zuwiderhandlung zu begründen.

[18] Dies letztere ist allgemein anerkannt. Vgl. etwa oben 2, 60 f. 78 89 217; auch 1, 65 [11].

[19] Dazu oben S. 461 und wiederum 2, 60 78 89 216 f.

wird gerade bei einer Zulassung fremder Konsuln besonders sichtbar, und es muß nur die Frage, wie weit solche Zuständigkeit reicht, geschieden werden von der ganz andern Frage (oben § 42 Z. 3), wie weit bei Ausübung zuständiger Betätigung Amtshandlungen in fremdem Staatsgebiet vorgenommen werden dürfen. Wie jede Grenznorm haben auch die Rechtssätze, welche die konsularische Tätigkeit begrenzen, sachliche und örtliche Merkmale. Auf die sachlichen Schranken, die einer Betätigung der Konsuln gezogen sind, braucht hier nicht eingegangen werden [1]. Örtlich wird dabei vornehmlich die Staatsangehörigkeit des beteiligten Privaten [2], die Zugehörigkeit des Seeschiffs [3] wesentlich, dem die Tätigkeit des Konsuls bestimmt ist. Doch begegnen nicht nur Erstreckungen auf verwandte Fälle [4], die Zuständigkeit des Konsuls wird grundsätzlich anerkannt werden müssen, wo es sich um Angelegenheiten seines Heimatstaats handelt; wenn es Rechtssachen sind, um Angelegenheiten, die dessen Recht unterstehen. Und es muß dabei nur vorbehalten bleiben, daß die Tätigkeit in ihrer Eigenschaft als Amtshandlung im Ausland statthaft ist. Mit dieser Einschränkung kann der deutsche Konsul im Ausland Geschäfte der deutschen Arbeiterversicherung ohne Rücksicht auf die Staatsangehörigkeit der Beteiligten ausführen [5], Tätigkeiten, für die deutsches Auswanderungsrecht gilt, gegenüber Inländern und Ausländern, deutschen und fremden Schiffen vornehmen [6]. Und man braucht nur an Legalisationen, an die mannigfache Mitwirkung des Konsuls zu Ein-

---

[1] Materialien Research (zit. S. 515 [1]) 251 ff.

[2] So 1, 30 Pässe; 1, 42 Beurkundung des Personenstands; 2, 406 Auskunft über Vermögensverhältnisse. Hieher auch der diplomatische Schutz (dazu oben S. 112); zugleich ein Beispiel für eine Verfeinerung der Frage: in welchem Zeitpunkt muß die vorausgesetzte Staatsangehörigkeit gegeben sein? Andre Zweifel mögen auf die Person gehen, deren Staatsangehörigkeit entscheiden soll, z. B. bei Vornahme einer Eheschließung — solche Fragen können (wie schon S. 508 bemerkt) nur aus der Eigenart der einzelnen Aufgabe beantwortet werden, die dem Gesandten oder Konsul gestellt ist.

[3] 2, 695 f. Arbeiterversicherung; 3 I 176 (mit weiteren Verweisungen) Sorge für Flagge, Fahrzeug, Dienst und Fahrt. Vereinzelt findet sich eine entsprechende Begrenzung auch für Binnenschiffe (3 I 219), regelmäßig für Luftfahrzeuge, oben 3 I 267.

[4] Erstreckung auf Angehörige befreundeter Staaten, wenn der Aufenthaltsstaat nicht widerspricht: 1, 43 Beurkundung des Personenstands. Dazu Research 227 f., 259. Für Schiffe andrer Staaten 1, 75 f. Ausstellung eines Gesundheitspasses.

[5] Dazu des Näheren 2, 698 f.

[6] 3 I 295 f. (dabei der bezeichnende Unterschied in der Erstreckung der Zuständigkeit und in der Statthaftigkeit hoheitlicher Amtshandlungen; letztere können nur gegenüber deutschen Schiffen vorgenommen werden). Entsprechende Zuständigkeit wie bei Auswanderung auch bei Einwanderung, 3 I 291, 295. Und dasselbe gilt (immer unter der Voraussetzung, daß die Or-

reisen in sein Land[7] denken, um sich von dem Bestand einer solchen Rechtslage zu überzeugen.

Vom Standpunkt des beteiligten Privaten mag zuweilen die Frage veranlaßt sein, ob der Konsul des einen oder eines andern Staats zur Tätigkeit berufen ist. Hier können konkurrierende Zuständigkeiten in Betracht kommen. Bei unzulässiger Flaggenführung gilt sowohl der Konsul des wirklichen Heimatstaats wie derjenige, dessen Flagge mißbraucht wurde, als zuständig; Fürsorge für den entlassenen Schiffsmann kann dem Staat der Flagge und dem Heimatstaat des Seemanns zukommen (vielleicht beiden, vielleicht aber erklärt sich jeder von ihnen im Hinblick auf den andern als unbeteiligt)[8]. Die gleiche Frage mag insbesondre auftauchen für das Verhältnis des Konsuls zur örtlichen Staatsgewalt. Vielfältig freilich erledigen sich Zweifel dabei durch den Umstand, daß der Aufenthaltsstaat an dem Vorgang überhaupt kein rechtliches Interesse nimmt, z. B. an der Meldung ankommender Schiffe bei dem Konsul ihrer Flagge. Es kommen aber auch konkurrierende Zuständigkeiten vor, und so, daß beiden genügt werden muß, wie bei der Beurkundung von Geburten und Sterbefällen[9]. Und es mag sein, daß zwar beide Zuständigkeiten von Belang sind, die eine oder andre von ihnen aber nur subsidiär wirksam wird, bei der Musterung von Seeleuten, bei Verklarung und Seebericht[10]. Dann wieder gibt es ausschließende Zuständigkeiten, die wechselnd dem Konsul oder den Ortsbehörden zugeschrieben werden, wie das die Verträge über Hilfeleistung in Seenot[11] aufweisen. Und es müssen von derartigen Rechtslagen nur andre unterschieden werden, bei denen die ausschließende Zuständigkeit des Konsuls feststeht, bei deren Durchführung jedoch Rechtshilfe von seiten der örtlichen Behörden gewährt wird[12].

Der fremde Konsul handelt regelmäßig im Auftrag seines Staats, und damit ist gesagt, daß er dabei grundsätzlich nach dem Recht dieses Staats vorgeht[13]. Das gilt zunächst für die Gesamtheit der ver-

ganisation oder die einzelne Amtshandlung zulässig ist) für besondere Aus- und Einwanderungsbehörden, die im Ausland errichtet sind oder auf fremden Schiffen tätig werden.

[7] 1, 30[14] 32 Pässe. 1, 75 Gesundheitspässe für Seeschiffe. Einreise von Luftfahrzeugen 3 I 249[47] 263[95].

[8] Oben 3 I 95; 3 I 126[38].

[9] Oben 1, 44 f.

[10] Oben 3 I 120 f.; 3 I 151 f.

[11] 3 I 143 f.

[12] So 3 I 95[35], [37] bei Flaggenmißbrauch; 124[32], 182 bei Festnahme entlaufener Seeleute; 125[33] bei Aufrechterhaltung der Disziplin über die Schiffsmannschaft.

[13] Die häufigen Vorschriften, daß der Konsul das örtliche Recht zu beobachten habe (Research 360 ff.), beziehen sich in erster Reihe auf sein außer-

fahrensrechtlichen Vorschriften, und wenn der Konsul in privatrechtlichen Angelegenheiten nach Maßgabe seines Kollisionsrechts auch einmal fremde Gesetze anzuwenden hat[14], wird er Obliegenheiten des öffentlichen Rechts stets nach den heimatlichen Vorschriften zu erledigen haben; wobei natürlich möglich bleibt, daß der Heimatstaat selbst dem Konsul gestattet oder vielleicht vorschreibt, sich nach örtlichen Bestimmungen zu richten[15]. So steht eine Hinterlegung beim Konsul unter dessen Recht[16], werden Konsulatsgebühren mangels abweichender Anordnung in der heimatlichen Währung geschuldet[17], das Konsulat amtet nach dem heimischen Kalender[18], und es ist besonders die Feiertagsordnung ein Gegenstand, der diese Rechtslage anschaulich macht[19]. Grundsätzlich bestimmt das heimatliche Recht, wann Feiertag ist, und was an Feiertagen gültig geschehen kann. Vielleicht werden die Diensträume aus Gründen der Höflichkeit oder Zweckmäßigkeit auch an örtlichen Feiertagen geschlossen, und für Tätigkeiten, die nach außen wahrnehmbar sind, mag das örtliche Recht, wie gleich zu erwähnen, auch von sich aus eingreifen. Aber das sind Ergänzungen und Beschränkungen eines unabhängig vom örtlichen Recht bestehenden Rechtszustands, und wo es sich um Bindungen eines Privaten handelt, da behält dieser dem Konsulat gegenüber (mangels abweichender Anordnung des Heimatstaats selbst) ein Recht auf die heimischen Feiertage. Es wurde früher gezeigt, daß solche Fragen etwa bei Schiffsmeldungen mehrfach praktisch geworden sind. Auch die Rechtshilfe, welche der Konsul den Behörden des Mutterlands ge-

---

dienstliches Verhalten. — Sein dienstliches Verhalten tritt manchmal in Abhängigkeit von örtlichem Recht, wenn dies über die Zulässigkeit einer Tätigkeit in ihrer Eigenschaft als Handlung zu befinden hat; ist aber die Handlung einmal zugelassen, so steht sie unter ihren heimatlichen Vorschriften. — Sehr verwunderlich eine 3 II 75 besprochene italienische Bestimmung.

[14] Bedenklich die Bindung des Konsuls an die öffentliche Ordnung des Aufenthaltsstaats im Haager Eheschließungsabkommen (Actes de la 3e Conférence 177), wenn dies auf einer grundsätzlichen Annahme beruhen sollte.

[15] Vgl. etwa oben 3 I 153[58] Verklarung und Seebericht mit dem Inhalt, den ausländische Vorschriften (nicht notwendig diejenigen des Uferstaats) verlangen. — Nach Dienstanweisungen und Staatsverträgen soll zuweilen (Research 258 mit weiteren Angaben) die notarielle Tätigkeit der Konsuln dem örtlichen Recht unterstellt sein; wenn ich nach der einzigen dieser Quellen, die mir zugänglich ist, dem Konsularvertrag Vereinigte Staaten-Schweden[10] (American Journal of international law 1911, Documents 227) schließen darf, wird sich das doch wohl auf den Inhalt der notariellen Urkunden beziehen.

[16] Deutsch-polnisches Gemischtes Schiedsgericht 5. 3. 1926 Recueil 6, 349.

[17] Dazu des Näheren 3 II 41.

[18] 3 II 88.

[19] Dazu 2, 317 f. und 3 II 115 f.

währt, steht grundsätzlich unter dessen Gesetzen[20], und wenn eine schwankende deutsche Praxis[21] bei Zustellungen manchmal auf das deutsche, manchmal auf das örtliche Recht abstellt, so ist das nur darum einwandfrei, weil das deutsche Recht den Konsul bei Zustellungen von der Einhaltung fester Regeln überhaupt entbindet. Ihre Grenze findet diese Verbindlichkeit des heimatlichen Rechts erst da, wo die Amtstätigkeit des Konsuls nach außen wahrnehmbar wird. Vielleicht verstößt eine Zustellung, die nach heimatlichem Recht einwandfrei ist, gegen örtliche Vorschriften über das Hausrecht, oder eine Ortsbesichtigung gegen örtliche Vorschriften über Sonntagsheiligung. Insoweit hat das örtliche Recht von sich aus Geltung zu beanspruchen. — Anders aber ist die Rechtslage, wo der Konsul seine Vollmachten von dem Aufenthaltsstaat übertragen erhält, wie dies zumal in England bei Beweiserhebungen vorkommt; nur bedarf es einer genauen Abgrenzung, welche Handlungen der Konsul dabei im Auftrag des Aufenthaltsstaats, und welche er im Auftrag des Heimatstaats vornimmt[22]. Und ähnlich verhält es sich auch da, wo Konsul und Ortsbehörde zusammen eine Angelegenheit besorgen[23].

Gebiete der Konsulargerichtsbarkeit.

2. a) Wurde im Vorstehenden eine Mitherrschaft fremder Staaten erörtert, die an die Person des Konsuls geknüpft und auf eine Anzahl einzelner Angelegenheiten beschränkt ist, so handelt es sich bei der Erscheinung, die mit dem Schlagwort Konsulargerichtsbarkeit bezeichnet wird, um sehr viel mehr: der fremde Staat übt in dem belasteten Gebiet, wenn auch gegenständlich eingeschränkt, volle staatliche Herrschaft. Die Einrichtung, vor wenigen Jahrzehnten noch weit verbreitet, ist freilich dem Absterben nahe. Sie besitzt heute nur mehr,

---

[20] § 32 des Reichsgesetzes 28. 9. 1935 verpflichtet den Konsul, bei Untersuchung von Seeunfällen Amtshilfe zu leisten „nach diesem Gesetz . . . soweit sich nicht aus den Gesetzen des Ortes etwas anderes ergibt". Doch wird sich dieser Vorbehalt wohl auf die Zulässigkeit einer Handlung in ihrer Eigenschaft als Tätigkeit beziehen.

[21] Kammergericht 8. 10. 1897, Blätter für Rechtspflege im Bereich des Kammergerichts 9, 11. Oberlandesgericht Hamburg 10. 6. 1899, Zeitschrift 14, 92 und 25. 2. 1914, Rechtsprechung der Oberlandesgerichte 31, 36. Einem nichtveröffentlichten Fall von 1907 entnehme ich, daß das deutsche Generalkonsulat London eine Ersatzzustellung nach den englischen Vorschriften vorgenommen hat.

[22] Dazu oben S. 368[66].

[23] Vgl. den vom Reichsgericht 7. 12. 1909, Zeitschrift für Rechtspflege in Bayern 6, 137, behandelten Fall: Vernehmung des Zeugen durch den Konsul, Beeidigung durch den Ortsrichter. Für Zustellungen oben 2, 318. Hieher auch die S. 357[13] angeführten Fälle, bei denen der Konsul an dem Verfahren örtlicher Stellen beteiligt wird.

sachlich eingeengt, für Ägypten und, auf wenige Staaten beschränkt, für China größere Bedeutung. Wohl sind Konsul und Konsulargericht die wichtigsten Organe, solche Befugnisse durchzuführen, doch sie werden tätig, weil ihrem Staat Herrschaftsrechte im Gebiet zukommen. Und wenn für den Deutschen in Kairo das deutsche Bürgerliche Gesetzbuch gilt — als räumlich maßgebendes Recht gilt —, so setzt das eine Mitherrschaft des Reiches voraus, die auch dann wirksam ist, wenn der Konsul niemals mit dem Rechtsverhältnis befaßt wird, das auf Grund des Gesetzbuchs geformt wurde. Demgemäß mögen auch andre Behörden an der Ausübung dieser Mitherrschaft teilhaben, häufig noch in jüngstvergangener Zeit Postämter der fremden Staaten, vielleicht sogar Selbstverwaltungskörper, die dem zur Mitherrschaft berechtigten Staat eingegliedert sind [24]. Der fremde Staat begründet im Bereich der Konsulargerichtsbarkeit einen selbständigen Machtmittelpunkt, dem Stammland gegenüber wird der Bezirk zu einem „Außengebiet" dieses Staates [25].

Quelle des örtlichen Verwaltungsrechts, das von dem fremden Staat ausgeht, sind vorwiegend Polizeiverordnungen des Konsuls. In einigen Staaten ist die entsprechende Rechtsbildung Organen im Heimatstaat vorbehalten. Dazu Satzungen der genannten Selbstverwaltungskörper. Für einzelne Verwaltungszweige, wie die Post, Sonderregelungen des Heimatstaats. Und es kommen auch die allgemeinen Verwaltungsgesetze des fremden Staats in Betracht; nur werden sie meist nach ihrem eigenen Inhalt nicht auf Vorgänge außerhalb des Mutterlands anwendbar sein [26].

b) Im Vordergrund steht bei solcher Mitherrschaft das Verhältnis des fremden Staats zur örtlichen Staatsgewalt. Teils durch vertragliche Einräumung begründet, teils durch einseitige Besitzergreifung geschaffen, die in der Folge von dem belasteten Staat anerkannt wurde, ist das Maß der Mitherrschaft von Land zu Land verschieden gewesen [27]. Den festen Stock der fremden Herrschaft bildet die Ord-

---

[24] Über die französische „Nation" in der Levante als verkümmerter Rest einer solchen Bildung etwa G. Pelissier du Rausas, Le régime des capitulations dans l'empire ottoman [2] (1910) 1, 349 ff. Österreichisch-ungarische Konsulargemeinden in der Türkei: J. v. Malfatti, Handbuch des österreichisch-ungarischen Konsularwesens [2] (1904) 1, 555; 2, 417. Vor allem gehören hieher die Fremdenniederlassungen in Ostasien; darüber unten d).

[25] Dazu des näheren oben § 43 Z. 2 b); eine Nutzanwendung 3 II 243. Für die Unterhaltung, ob ein Gebiet „Inland" oder „Ausland" ist (oben S. 144 [17]), sind auch die Konsulargerichtsbezirke ein beliebter Gegenstand.

[26] Dazu oben 1, 76 f.; 1, 124; 2, 219 [13]; 2, 668; 3 II 33; 3 II 153 [31] und 243 ff.

[27] Sogar innerhalb des belasteten Staats ist die fremde Mitherrschaft, nach Landstrichen getrennt, zu verschiedenem Ausmaß gekommen. Vgl. etwa für Siam Padoux, Journal 1908, 712 1052.

nung des Privatrechts und Strafrechts. Für das Verwaltungsrecht ist mit der Auflösung der geschlossenen Fremdenkolonien und mit dem Erstarken der örtlichen Staatsgewalt der Konflikt der sich gegenüberstehenden Interessen besonders empfindlich geworden und hat, sehr verschieden in den einzelnen Ländern unter Konsulargerichtsbarkeit und vielfach heftig umstritten, zu einer Aufteilung der verwaltungsrechtlichen Aufgaben geführt, welche den Fremdstaaten zur Regelung überlassen bleiben sollten, und die der belastete Staat auch den Fremden gegenüber durchführen konnte [28]. Freilich auch da, wo eine Aufgabe dem örtlichen Staat überlassen blieb, wurde ihm nur ausnahmsweise die rechtliche Möglichkeit eingeräumt, seine Vorschriften gegen die Fremden durchzusetzen. Der Mangel einer Strafgerichtsbarkeit und die allgemeinen Vorrechte der Fremden, insbesondre der Ausschluß jedes persönlichen Zwangs, standen dem entgegen. Doch hat sich seit den letzten Jahrzehnten des 19. Jahrhunderts wohl die Rechtsüberzeugung herausgebildet, daß der fremde Staat verpflichtet sei, Verwaltungsmaßnahmen der örtlichen Gewalt, deren Zuständigkeit nicht bestritten wurde, seinerseits Schutz zu gewähren [29].

Die Mitherrschaft des fremden Staats beschränkt sich auf die eigenen Staatsangehörigen und auf die ihnen gleichgestellten Schutzgenossen [30]. Und wenn dieser Umstand im Verhältnis des fremden zum Aufenthaltsstaat ein Merkmal sachlicher Auseinandersetzung bildet, so verwandelt er sich für das Verhältnis des Staats zu dem rechtsunterworfenen Einzelnen wiederum in die Anknüpfung für eine Abgrenzung von Zuständigkeiten. Allerdings nur in eine ergänzende Anknüpfung. Denn sie greift nur Platz, wenn überhaupt eine Angelegenheit des Konsulargerichtsbezirks gegeben ist; d. h. wenn (oben S. 508) eine räumliche Anknüpfung den zu regelnden Tatbestand in

---

[28] Einzelheiten: 1, 8 ff. Ausweisung. 1, 33 Pässe. 1, 46 ff. Beurkundung des Personenstands. 1, 76 f. Gesundheitspolizei. 1, 124 131 ff. Vereinspolizei, Rechtsfähigkeit der Vereine. 1, 151 ff. Stiftungen. 1, 198 ff. Preßpolizei. 1, 202 [1] Schutz der Altertümer. 1, 202 [4] Auslandsschulen. 1, 258 Verkehr mit geistigen Getränken. 1, 261 [18] Sittenpolizei. 2, 51 [98] Wasserbauten. 2, 79 [29] Landwirtschaft. 2, 218 ff. Handel und Gewerbe. 2, 251 Ärzte. 2, 273 f. Rechtsanwälte. 2, 317 Sonntagsruhe. 2, 370 Postsparkassen. 2, 668 Arbeiterfürsorge. 3 I 19 Straßenpolizei. 3 I 66 Eisenbahnen. 3 I 277 [23] Auswanderung. 3 II 30 ff. Post. 3 II 70 Telegraphie. 3 II 115 [50] Feiertage. 3 II 243 ff. Währung.

[29] Dazu 1, 76 [37]; 1, 199 200; 3 I 19 [65]; 3 II 34; 3 II 245. Über eine Verpflichtung des örtlichen Staats, der fremden Verwaltung Unterstützung zu gewähren, 3 II 33.

[30] Über Schutzgenossen Anordnung des Reichskanzlers 27. 10. 1900, Zentralblatt für das Deutsche Reich 576. Für Frankreich etwa P. Arminjon, Etrangers et protégés dans l'empire ottoman (1903) 1, 261 ff. Für Großbritannien W. E. Hall, A treatise on the foreign powers and jurisdiction of the british crown (1894) 136 ff., 141 f.

diesen Bezirk verweist. Daß der Deutsche in Kairo für das Erbrecht unter deutschen Gesetzen verbleibt, ist keine Besonderheit, das gilt in gleicher Weise für einen Deutschen in Italien, und ebenso verhält es sich, wenn ein hamburgisches Schiff in Alexandrien unter den hamburgischen Vorschriften für Schiffskesselprüfungen steht, oder eine dort vorgenommene Arbeit als Ausstrahlung eines deutschen Betriebs unter der deutschen Unfallversicherung. Daß das Bürgerliche Gesetzbuch für Deutsche in Ägypten gilt, wenn die unerlaubte Handlungen dort begangen wurde, die Eintragung in das Standesregister erfolgt, wenn der Deutsche dort gestorben ist, ergibt die bezeichnende Rechtslage. Da aber die räumliche Anknüpfung nicht ausreicht, um die zuständige Rechtsordnung zu bestimmen — es gelten zwei Gewalten im Gebiet — bedarf die Anknüpfung einer hinzutretenden weiteren Bestimmung, die durch Staatsangehörigkeit (oder Schutzgenossenschaft) gegeben wird. Unter Umständen mag alsdann eine weitere Frage praktisch werden: welches die Person ist, auf deren Staatsangehörigkeit es ankommen soll. Wenn nicht Vertrag oder Herkommen eine Sonderregelung vorsehen, und auch das allgemeine Verhältnis zwischen Fremden und Einheimischen nicht zu Abweichungen veranlaßt, wird die Frage für das bürgerliche Recht auf dem Fuß der Gleichberechtigung, in Anlehnung an die sonstigen Sätze des internationalen Privatrechts, zu lösen sein. Im Zivilprozeß wird — immer unter den gleichen Vorbehalten — die Staatsangehörigkeit des Beklagten, im Strafrecht diejenige des Täters entscheiden müssen. Auch für das Verwaltungsrecht wäre eine solche Frage nach denselben Gesichtspunkten zu behandeln, doch ist mir bei einer Musterung der Praxis kaum ein Zweifel dieser Art bekannt geworden[31].

Wesentlich endlich für das rechtliche Bild, das die Mitherrschaft des fremden Staats bietet, ist der Umstand, daß der fremde Staat Amtshandlungen jeglicher Art in dem belasteten Gebiet zu eigenem Recht vornehmen darf. Nur beschränkt sich diese Möglichkeit auf Handlungen im Dienst der ihm vorbehaltenen Zuständigkeit. Der fremde Konsul kann nicht einen örtlichen Staatsangehörigen verhaften und, wenn dort ein Strafverfahren anhängig ist, in das Mutterland ausliefern.

c) In der Regel ist es eine Mehrheit ausländischer Staaten, die in dem belasteten Gebiet Mitherrschaft in Gestalt der Konsulargerichtsbarkeit üben. Sie üben ihre Rechte unverbunden neben einander[32]. Damit erwächst für den berechtigten Teil die Notwendigkeit einer Ab-

---

[31] Vgl. allenfalls 1, 49: Geburten oder Todesfälle von Angehörigen des fremden Staats ist nur der anzuzeigen verpflichtet, der selbst die Angehörigkeit dieses Staats besitzt.

[32] Nur ausnahmsweise wird eine derartige Mitherrschaft gemeinsam

grenzung nicht nur gegenüber dem örtlichen Staat, sondern auch im Verhältnis zu den andern mitberechtigten Staaten, und da gerade ihnen gegenüber die Abgrenzung auf dem Boden völliger Gleichberechtigung erfolgen muß, bedürfen Mischbeziehungen — falls sie nicht in ihrer Gesamtheit oder für den in Betracht kommenden Gegenstand dem Recht des örtlichen Staats unterstellt sind — einer Zuweisung nach internationalem Privatrecht[33]. Wiederum wird es dabei erforderlich, neben der räumlichen eine hinzutretende persönliche Anknüpfung nutzbar zu machen und, wenn es sich nicht um teilbare Angelegenheiten handelt, diejenige Person zu bestimmen, deren Staatsangehörigkeit entscheiden soll. Gehören Personen verschiedener Staatsangehörigkeit einem Verein an, so steht die Vereinspolizei einem jeden dieser Staaten für seine Angehörigen zu[34]. Die Rechtsfähigkeit einer juristischen Person zu verleihen, wird nach vernünftiger Auslegung nur ein Staat berufen sein, und es wird die Zuständigkeit dem Staat zukommen (es ist insoweit unzweifelhaft nur einer), der nach innen die Verfassung der Person zu regeln hat. Vielleicht ist es zweckmäßig, daß ein Staat, der Zuständigkeit, die Rechtsfähigkeit zu verleihen, besitzt, von seiner Zuständigkeit nur dann Gebrauch macht, wenn Beteiligte, die einem andern Staat angehören, die Verleihung besonders beantragen. Aber es ist widersinnig, den Besitz der Zuständigkeit von einer „Unterwerfung" solcher Personen erst abhängig zu machen. Der Einzelne steht nicht über dem Recht, und wenn ein Staat die Zuständigkeit, einem gemischten Verband Rechtsfähigkeit zu gewähren, von sich aus nicht besäße, so bedürfte es einer Zustimmung nicht von seiten des Einzelnen, sondern von seiten des Staats, dem er angehört. Die Frage hat in der Praxis zu starken Unsicherheiten geführt[35].

Auch in diesem Zusammenhang ist auf die Befugnis zurückzukommen, die der zur Mitherrschaft berufene Staat besitzt, Hoheitsakte im Gebiet zu eigenem Recht vorzunehmen. Die Befugnis ist auch im

---

betätigt, wie in den „internationalen" Niederlassungen Ostasiens — heute noch in Schanghai — vgl. dazu unten § 49 Z. 2.

[33] Auch für den Richterkonsul kann nicht einfach die lex fori maßgebend sein. Dazu beispielsweise ein Urteil des italienischen Konsulargerichts Konstantinopel bei G. Menzinger di Preussenthal, Nove anni di giurisdizione consolare in Turchia (1909) 55. Pallamary, Journal 1908, 450. — Über Schwankungen des englischen Rechts in der Frage, ob sich ein Ausländer im einzelnen Fall der britischen Konsulargerichtsbarkeit mit oder ohne Zustimmung seines Heimatsstaats unterwerfen könne, F. Piggott, Exterritoriality[2] (1907) 178 ff.

[34] Oben 1, 124[29]. Auf die Rechtsfähigkeit des Vereins einzuwirken ist allerdings nur der Staat zuständig, der diese Rechtsfähigkeit verliehen hat, 1, 135[35].

[35] Siehe des Näheren 1, 133 ff. Dazu oben S. 145.

Verhältnis zu den an der Mitherrschaft beteiligten andern Staaten beschränkt, so wenig wie gegen örtliche Untertanen kann sie gegen deren Angehörige geübt werden[36], und so ergibt sich auch nach dieser Richtung eine Aufteilung nach Maßgabe der Staatsangehörigkeit.

d) Eine bemerkenswerte und gerade für das Verwaltungsrecht wesentliche Erweiterung hat fremde Mitherrschaft in den geschlossenen Fremdenniederlassungen Ostasiens erfahren[37]; in China haben mehrere von ihnen ihre Rechtslage bis zur Gegenwart bewahrt. Hier sind Gemeinden gebildet worden, denen Bau- und Feuerpolizei, Gesundheits- und Sicherheitspolizei, Verkehrspolizei und manches mehr zur Regelung oder Durchführung übertragen worden ist. Solche Gemeinden sind von dreierlei Art, Niederlassungen eines bestimmten Auslandsstaats, in denen nur dessen Angehörige wohnen dürfen, Niederlassungen eines Staats, in die auch Angehörige andrer Staaten zugelassen werden, und gemeinsame Niederlassungen wie in Schanghai, die unter der Oberleitung der Konsuln mehrerer Staaten eine einheitliche Gemeindeverwaltung besitzen und fremde Einwohner ohne Unterschied der Staatsangehörigkeit aufnehmen. In Gemeinden der erstbezeichneten Art empfängt fremdgeschaffenes Verwaltungsrecht nur der Menge nach erweiterte Anwendung. Bei Gemeinden dagegen, die Angehörige dritter Staaten aufnehmen (bei gemeinsamen Niederlassungen, die Einwohner aus Staaten besitzen, die an der gemeinsamen Verwaltung nicht beteiligt sind), erlangen solche Vorschriften räumliche Wirkung gegen jedermann, also auch gegen Fremde, die nicht Staatsangehörige dieser Staaten sind[38]. Man wird die Rechtslage als feststehend ansehen dürfen, ihr Rechtsgrund ist bestritten, und es haben deshalb einige Gemeindestatuten oder Verordnungen für die Gemeinde Zustimmung der heimatlichen Behörde verlangt, wenn der Angehörige eines dritten Staats sich in der Gemeinde niederlassen will, während andre Gemeindeordnungen (auch die deutschen) wieder einmal „Unterwerfung" des Fremden unter das gemeindliche Recht fordern. Auch hier gilt,

---

[36] Eine bedenkliche Entscheidung des Oberlandesgerichts Hamburg, Zeitschrift 14, 92, behandelt die Zustellung einer Klage als wirksam, die im Auftrag des deutschen Konsulargerichts bei einem Griechen vorgenommen wurde, obwohl der Empfänger die Annahme ausdrücklich verweigerte. Die Zustellung ist ein Zwangsakt. Völkerrechtliche Hindernisse sind, wenn nicht besonders ausgeschlossen, auch im innerstaatlichen Recht zu beachten.

[37] Dazu vornehmlich Catellani in Atti del R. Istituto Veneto (1902/03) Band 61 und 62. Text einer Anzahl von Gemeindeordnungen bei M. Baudez, Essai sur la condition juridique des étrangers en Chine (1913) 303 ff. Die deutschen Gemeindeordnungen für Tientsin und Hankau — heute aufgehoben — im Reichsanzeiger 25. und 26. 1. 1906. Über die neuere Entwicklung etwa Escarra, Académie de droit international, recueil 27, 5 (1930).

[38] Über die Stellung der Einheimischen Catellani 62, 500 ff.

daß der Private durch „Unterwerfung" nicht eine Zuständigkeit begründen kann, die vorher nicht bestünde; wenn es auch zweckmäßig sein mag, ihm die Niederlassung nicht zu gestatten, wenn die sogenannte Unterwerfung nicht ausgesprochen wird. Die Zuständigkeit selbst, auf grund deren sich solche Regelungen auf Fremde erstrecken, dürfte in einem auf Herkommen beruhenden Einverständnis der beteiligten Staaten begründet sein.

e) Auf Grund besonderer Rechtsbeziehungen kann die Herrschaft des fremden Staats über den Kreis der Staatsangehörigen und Schutzgenossen hinausreichen. So bei Rechtsanwälten, die bei dem Konsulargericht dieses Staats zugelassen sind. Ein solcher tritt unter die Standesordnung des zulassenden Staats, wenn auch nur im Rahmen des durch die Zulassung begründeten Rechtsverhältnisses. Ist der Anwalt von dem fremden und dem örtlichen Staat oder von mehreren fremden Staaten zugleich zugelassen, so steht er nach seiten der Standespflichten für jede Betätigung gehäuft unter der Standesordnung eines jeden dieser Staaten. Im übrigen aber, z. B. für die Gebühren (soweit auf ihre Ansetzung Standespflichten nicht einwirken), entscheidet der Rechtskreis, für den der Anwalt tätig geworden ist[39].

§ 47.

Vertragliche Besetzung und verwandte Fälle.[1]

1. Die Streitkräfte — 2. Verwaltungsbefugnisse.

Man mag unter Besetzung eines fremden Gebiets — das Wort sehr weit genommen — die Entsendung einer Truppenmacht zu mehr als vorübergehendem Aufenthalt verstehen. Hier ist von Besetzungen zu handeln, die auf vertraglicher Zulassung des Staats beruhen, dem das besetzte Gebiet gehört. Solche Vereinbarungen können den verschiedensten Zwecken dienen: einer Bereitschaft zur Abwehr gemeinsamer Feinde, der Aufrechterhaltung des Landfriedens, einem Druck auf die

[39] Dazu des Näheren oben 2, 273 f.

[1] Aus der Literatur sind hervorzuheben R. Robin, Des occupations militaires en dehors des occupations de guerre (1913) mit umfassender Mitteilung der Präzedenzfälle. K. Heyland, Die Rechtsstellung der besetzten Rheinlande (Stier-Somlo, Handbuch des Völkerrechts 3 IV 1923); J. M. Bumiller, Die völkerrechtliche Stellung der fremden Truppen im Saargebiet (1928); beide Schriften über ihren unmittelbaren Inhalt hinaus von Belang. — In den gegenwärtigen Zusammenhang gehören auch Gebiete, die auf Grund eines Waffenstillstandsvertrags dem Gegner zur Besetzung überlassen werden, während Gebiete, die während des Kriegs vom Gegner besetzt wurden und während des Waffenstillstands in seiner Besetzung verbleiben, den Regeln über kriegerische Besetzung unterworfen sind. Dazu Heyland im Wörterbuch des Völkerrechts 3, 315 ff. mit weiteren Angaben.

Bevölkerung des Gebiets, um sie zur Anerkennung einer bestimmten Regierungsform zu veranlassen, einem Druck auf die Regierung des besetzten Gebiets, um sie zur Einhaltung übernommener Verpflichtungen zu nötigen, vielleicht auch noch andern Zwecken. Die Aufgabe, welcher eine Besetzung im einzelnen Fall dient, kann zur Auslegung der getroffenen Abrede dienen. Gemeinsam ist allen diesen Fällen nur das eine: daß ein auswärtiger Staat eine geschlossene Truppenmacht im Inland unterhält. Vielleicht wird den fremden Streitkräften zugleich mit der Zulassung eine rechtliche Schutzzone eingeräumt, die auch die Einwohner des Landes in den rechtlichen Bereich des entsendenden Staats bringt; davon gleich nachher. Im übrigen aber bleibt die Truppe ein für sich stehender Fremdkörper im Land, verbleibt es bei der rechtlichen Herrschaft des Aufenthaltsstaats. Anders jedoch in andern Fällen. Bei ihnen verbindet sich mit der Entsendung der Truppen und rechtlich unabhängig von ihr ein Weiteres: der fremden Macht wird ein Teil, vielleicht die volle staatliche Herrschaft im besetzten Gebiet eingeräumt, und es ist einleuchtend, daß unter solchen Umständen eine Fremdherrschaft über die Bevölkerung begründet wird, deren Rechtsgrund außerhalb der Zulassung militärischer Streitkräfte belegen ist.

Die Streitkräfte.

1. Zunächst die Rechtslage, welche die Entsendung der Streitkräfte selbst mit sich bringt[2]. Der militärische Dienst und das persönliche Dienstverhältnis der Militärpersonen bleiben der heimatlichen Ordnung und den von der Heimat eingesetzten Behörden unterstellt[3]. Die Angehörigen der Truppe haben Exterritorialität zu beanspruchen[4], und es entziehen sich Vorgänge im Innern des exterritorialen Per-

---

[2] Die Erörterungen dieses Abschnitts gelten auch für Streitkräfte eines fremden Staats, denen vertragsmäßig ein Durchzugsrecht eingeräumt ist. Ein wichtigerer Fall dieser Art, Streitkräfte, die sich während eines Kriegs im Gebiet eines verbündeten Staates aufhalten, wird unten § 48 Z. 3 besonders behandelt werden.

[3] Hieher z. B. oben 2, 105[43] militärpolizeiliche Jagderlaubnis im besetzten Rheinland.

[4] Das schließt sachliche Unterwerfung unter das örtliche Verwaltungsrecht nicht aus. Vgl. z. B. 2, 105[43] für örtliches Jagdpolizeirecht; 2, 663[54] für Arbeiterversicherung; 3 I 19 f. für Straßenpolizei. — Die Exterritorialität der Militärpersonen deckt sich in ihrem Inhalt nicht völlig mit jener, die den Diplomaten und gleichgestellten Personen zukommt. Sie reicht weiter, insofern mit der Zulassung der Truppen auch Zwangsakte der Militärbehörden gegen Angehörige der Truppe zugelassen sind; sie ist enger, insofern diese — von Zwangsakten gegen die Person abgesehen — im Zweifel der örtlichen Zivilgerichtsbarkeit nicht entzogen sind (vgl. dazu Strisower, Académie, recueil 1, 271 und die Angaben bei Bumiller 105).

sonenkreises überhaupt der Zuständigkeit der örtlichen Staatsgewalt[5]. Im übrigen stehen sie mangels besonderer Abrede unter der rechtlichen Herrschaft des Aufenthaltsstaats. Als 1815—1867 in der Bundesfestung Luxemburg neben einer kleinen luxemburgischen eine preußische Besatzung garnisonierte[6], war Verwaltung und Rechtspflege ausdrücklich den örtlichen Behörden vorbehalten. Im wesentlichen ebenso verhielt es sich, als das Saargebiet unter Völkerbundsverwaltung stand, bei der Besetzung des Gebiets durch französische Truppen[7]. Aber auch bei der Besetzung französischer Departements durch deutsche Truppen 1871—1873[8], bei der Besetzung der Rheinlande 1920—1930[9] und mancherlei andern Fällen[10] war die Rechtslage grundsätzlich die gleiche.

Nur haben praktische Notwendigkeiten mannigfach veranlaßt, die Truppe im fremden Land mit einer rechtlichen Schutzzone zu umgeben, in der sie zu eigenem Recht und losgelöst von der örtlichen Staatsgewalt auch den Einwohnern gegenüber den Schutz ihrer Person und ihrer Einrichtungen selbst in die Hand nimmt. Die Frage ist vornehmlich auf strafrechtlichem Boden erörtert worden[11], aber sie

---

[5] Nutzanwendung auf die Währung oben 3 II 257.

[6] Frankfurter Territorialrezeß 20. 7. 1819 Art. 35—37, Martens, Nouveau recueil 4, 604.

[7] Erst als „Garnisonstruppen", dann als „Bahnschutz". Das Nähere bei Bumiller a. a. O. Es handelt sich hier um das Verhältnis, wie es zwischen Frankreich und der Saarregierung vereinbart war. Im Verhältnis zum Deutschen Reich bedeutete die Besetzung eine Kette von Rechtswidrigkeiten.

[8] Präliminarfriede Art. 3, 4, 8; Frankfurter Friede Art. 7, 8; insbesondre Vertrag 16. 3. 1871, Martens [1] 19, 680.

[9] Versailler Vertrag Art. 428—432. Rheinlandabkommen 28. 6. 1919 RGBl. 1336.

[10] Vgl. die Mitteilungen bei Robin 693 ff. (freilich ohne scharfe Scheidung).

[11] Ausdrückliche Bestimmung in Art. 3 e) des Rheinlandabkommens: die Militärgerichte können „Verbrechen oder Vergehen gegen Personen oder Eigentum der Streitkräfte" aburteilen. Dazu Heyland 162 ff. Im Saargebiet war den französischen Militärgerichten Bestrafung wegen Spionage vorbehalten; Bumiller 78 ff. Robin 632 ff. glaubt eine solche Zuständigkeit nach allgemeinem Völkerrecht annehmen zu können; besonnene Abwägung nach Lage der Umstände bei Bumiller 85 ff. Mit der Einräumung einer Gerichtsbarkeit muß auch eine Zeugenpflicht der Bevölkerung als eingeräumt gelten, ohne die eine solche Gerichtsbarkeit nicht durchgeführt werden könnte. — Die örtliche Strafrechtspflege wird im Zweifel konkurrierende Geltung besitzen (dazu Heyland 186 ff.). Auch Aufteilung der Zuständigkeit für dieselbe Handlung bleibt möglich, je nach dem Rechtsgut, das die Strafdrohung der besetzenden Macht und des örtlichen Staats schützen will (dazu — ich kann nicht überall zustimmen — Heyland 191 f.). Nach einer andern Richtung ergeben sich Grenzfragen, wenn fremde Militärpersonen und Einwohner des Gebiets gemeinsam handeln; dazu Heyland 160 f., Bumiller 82 f.

hat auch verwaltungsrechtliche Bedeutung. Liegen besondere Vereinbarungen über den Gegenstand nicht vor[12], so wird bei Besetzungen, die sich auf einen Waffenstillstand gründen, wohl ebenso wie in Kriegszeiten der Erlaß von Polizeiverordnungen und Polizeibefehlen statthaft sein, die den Einwohnern Zusammenrottung verbieten, die Ablieferung von Waffen fordern, Druckschriften unter Zensur stellen und ähnliches mehr. Man wird dergleichen auch sonst als vereinbart annehmen müssen für Gebiete, die einer geordneten Verwaltung, insbesondre eines zuverlässigen Polizeischutzes entbehren. In andern Fällen dagegen werden sich solche Vollmachten nicht von selbst verstehen, sofern es sich nicht um unverschiebliche Notmaßnahmen handelt[13], und das wird insbesondre da nicht zutreffen, wo der besetzenden Macht mit der Verhängung des Belagerungszustands ohnehin die Möglichkeit gegeben ist, gegen eine bedrohliche Verschärfung der Lage einzuschreiten[14]. Denn bei einer solchen Verhängung gehen auf die besetzende Macht höchst umfassende Verwaltungsbefugnisse über[15]. — Neben derartigen Maßnahmen der Sicherheitspolizei kann eine Selbsthilfe der Truppen aber auch noch nach andrer Richtung in Betracht kommen: für die Beschaffung des unentbehrlichen Bedarfs an Gegenständen, Dienstleistungen und Unterkunft. Auch hier wird

[12] Der Frankfurter Rezeß hatte für Luxemburg bestimmt, daß die luxemburgischen Behörden, vermittelt durch einen örtlichen Sonderkommissar, Weisungen des preußischen Kommandanten entgegenzunehmen hatten, die sich „auf Militärangelegenheiten und die Verteidigung des Platzes" bezogen. Bei der Besetzung Frankreichs waren nach Art. 4 des Abkommens 16. 3. 1871 die Behörden den Befehlen der Truppenbefehlshaber unterworfen, die „im Interesse der Sicherheit, des Unterhalts und der Verteidigung der Truppen" ergingen. Das Rheinlandabkommen zählt einzelne Punkte auf, bei denen ein Eingriff in die örtliche Verwaltung statthaft sein soll, doch hat der Interalliierte Ausschuß wesentlich weitere Rechte in Anspruch genommen; vgl. Heyland 236 ff., insbesondre 245 ff.

[13] Vgl. Art. 13 des Rheinlandabkommens.

[14] Der Belagerungszustand konnte von dem preußischen Kommandanten in Luxemburg verhängt werden, war in Art. 3 des deutsch-französischen Abkommens vom 16. 3. 1871 vorgesehen, war von der Saarregierung zugestanden (Bumiller 102 ff.), in Art. 13 des Rheinlandabkommens aufgenommen. Das Rheinlandabkommen stellt ausdrücklich klar, daß es sich dabei um den Belagerungszustand des deutschen Rechts handelt. Man wird aber auch sonst mangels näherer Bezeichnung annehmen müssen, daß bei der Abrede die örtlichen Vorschriften über den Belagerungszustand gemeint sind, da nur bei Durchführung dieser Rechtssätze klar wird, welche örtlichen Behörden und welcher Teil ihrer Vollmachten zugunsten der fremden Militärverwaltung ausgeschaltet werden, während entsprechende Vorschriften, die der Heimatstaat der Truppe besitzt, auf eine andre Behördenorganisation, eine andre Verteilung der Gewalten berechnet sein mögen.

[15] Vgl. für die Besetzung Frankreichs 1871 Robin 334, 702; für die Rheinlande Heyland 263 f.

manchmal schon durch die Verträge Vorsorge getroffen [16]. In ihrer Ermangelung wird wiederum zu unterscheiden sein, werden bei Besetzung auf Grund eines Waffenstillstandsvertrags die kriegsrechtlichen Bestimmungen anwendbar bleiben, wird ähnliches zutreffen in Gebieten, die einer geordneten Verwaltung ermangeln, werden Notfälle vorzubehalten sein, während im übrigen eine derartige Inanspruchnahme der Bevölkerung nicht statthaft sein wird [17]. Eine einhellige Staatenpraxis läßt sich für alle diese Fragen kaum nachweisen, zumal die tatsächliche Abwicklung der Vereinbarungen unter solchen Umständen wenig beweiskräftig ist. Denn wenn der belastete Staat geneigt sein wird, den Umfang dieser Belastung möglichst einzuschränken, zeigt die Geschichte eine häufige Übersteigerung der Vollmachten — und sie ist der stärkere Teil — auf seiten der besetzenden Macht [18].

Verwaltungsbefugnisse.

2. Es ist die heimatliche Staatsgewalt der besetzenden Macht, die bei einem solchen Selbstschutz auf Grund ausdrücklicher oder stillschweigender Zustimmung des belasteten Teils wirksam wird [19]. Um ganz andre Dinge dagegen handelt es sich, wo dem fremden Staat über die Entsendung von Truppen hinaus ein Verwaltungsrecht im besetzten Gebiet eingeräumt wird. Er begründet im besetzten Gebiet einen neuen Ausgangspunkt eigener Machtübung, unabhängig von dem belasteten Teil, aber auch getrennt von der Staatsgewalt, die er im Mutterland betätigt; die Rechtslage ist insoweit die nämliche wie bei einer kriegerischen Besetzung. Jedenfalls aber folgt eine solche Einräumung örtlicher Verwaltung nicht aus der bloßen Zulassung der Truppe — die Bezeichnung „Besetzung“ darf nicht irreführen —, sie erfordert einen andern und selbständigen Rechtsgrund [20]. — Manchmal

---

[16] Art. 8 des Frankfurter Friedens verbietet Requisitionen und Kontributionen, solang die französische Regierung ihrer Pflicht, Verpflegung zu gewähren, nachkommt. Art. 6 des Rheinlandabkommens erklärt die Vorschriften des Landkriegsabkommens für anwendbar; dazu aber auch Heyland 150.

[17] Robin 731 ff. will eine solche Inanspruchnahme grundsätzlich ausschließen, nennt aber einzelne gegenteilige Beispiele aus der Praxis. Etwas weiter in der Zulassung geht Heyland 71. Für Requisition übrigens auch unten § 48 Z. 3.

[18] Neben einer Verwaltungshoheit, die aus Gründen des Selbstschutzes der besetzenden Macht unmittelbar eingeräumt ist, mag solcher Selbstschutz auch mittelbar zu der Geltung heimischen Verwaltungsrechts führen. So ist die besetzende Macht befugt, Forderungen und Schulden, die der Selbstschutz veranlaßt, in der heimischen Währung abzuwickeln; oben 3 II 257.

[19] Seltsame Mißverständnisse bei Heyland 43 ff.; vgl. auch oben S. 223 [11], 224.

[20] Demgemäß finden sich unter den im folgenden besprochenen Fälle, bei denen eine militärische Besetzung überhaupt nicht in Erscheinung tritt

reicht die Zulassung fremder Verwaltung so weit, daß sie einer völligen Verdrängung der örtlichen Staatsgewalt nahekommt; die Besetzung der Abstimmungsgebiete von Oberschlesien, Ostpreußen, Schleswig, die dem Friedensschluß von 1919 folgte, bietet Beispiele[21]. Und es gibt nicht wenige geschichtliche Ereignisse, bei denen die besetzende Macht die gesamte staatliche Herrschaft übernommen hat, so daß dem verdrängten Teil für begrenzte oder unbegrenzte Zeit nichts als das Recht am Gebiet verblieben ist, daß er von jeglicher Nutzbarmachung des Gebiets ausgeschlossen war. Es handelte sich um einen solchen Rechtszustand, als Österreich-Ungarn Bosnien und die Herzegowina, als Großbritannien die Insel Cypern „zur Besetzung und Verwaltung" überlassen waren, China hatte Gebietsteile an europäische Staaten „verpachtet", Schweden die Stadt Wismar an Mecklenburg verpfändet[22], und auch die Rechtslage im Saargebiet ist von gleicher Art gewesen[23]. Bei einer solchen völligen Verdrängung der örtlichen Staatsgewalt blieb für eine Abgrenzung von Zuständigkeiten überhaupt kein Raum, der eine Staat (oder die berechtigte Staatengruppe) übte für die Dauer der Innehabung die Gesamtheit der staatlichen Rechte, der andre Staat war von ihrer Inanspruchnahme insolang völlig ausgeschlossen. Und nur nach seiten der Überwirkung: einer Gleichstellung von Staatsakten des so verwalteten Gebiets, hat es zuweilen Zweifel gegeben. Für den Staat, der in solchen Gebieten herrschte, war es eine Frage freien Beliebens, ob er die Akte des Gebiets denen des Stammlands gleichstellen wollte, und es war dabei zu unterscheiden, ob er jenes Gebiet als „Innengebiet" oder als „Außengebiet" behandelte. Nie-

---

(so in Wismar) oder doch von einer andern Macht ausgeübt wird als derjenigen, die verwaltet, wie im Saargebiet.

[21] Versailler Vertrag Art. 88 mit Anlage; 95 und 97; 109. Für das oberschlesische Abstimmungsgebiet J. A. Rittau, Die Stellung Oberschlesiens nach dem Versailler Vertrag während der interalliierten Besetzung, Diss. s. a. (1929). Entgegen der in Oberschlesien geübten Praxis hatte das Reich während der Dauer der Besetzung, wenn auch sehr stark eingeschränkt, doch wohl eigene Rechte bewahrt, und es blieb deshalb ein Rechtszug an reichsdeutsche Stellen außerhalb des Gebiets offen (so auch das Reichsgericht, Entscheidungen 99, 235). Dagegen kann ich einem Urteil des Reichsgerichts, Entscheidungen in Strafsachen 57, 340 nicht zustimmen, das einen Beamten der „oberschlesischen Polizei" als deutschen Beamten behandelt. Die Ausübung der Polizei gehörte zu den Aufgaben des Interalliierten Ausschusses, das Polizeikorps war von dem Ausschuß gebildet und unterstand seinen Befehlen; dazu schon oben S. 392. — Andre Beispiele einer Übertragung der Verwaltung auf die besetzende Macht bei Robin 704 ff., 713, 715 ff.

[22] Die Rechtslage dauerte bis 1903; RGBl. 1904, 295.

[23] Versailler Vertrag Art. 45 ff. mit Anlage. Dazu ein umfassendes Schrifttum; Angaben etwa bei A. Geimer, Die völkerrechtliche Stellung des Saargebiets unter besonderer Berücksichtigung der ausländischen Literatur, Diss. 1931.

mand im Deutschen Reich hat bezweifelt, daß auch in den Zeiten des bloßen Pfandbesitzes Urteilen aus Wismar die gleiche Wirksamkeit zukam wie andern Urteilen aus irgend einem Teil des Reiches; Urteile aus dem „Pachtgebiet" Kiautschou wurden ebenso behandelt wie solche aus Kolonien, die unter der vorbehaltslosen Herrschaft des Reiches standen [24]. Wesentlicher ist hier die andre Seite der Frage: gegenüber dem verdrängten Staat, der das Recht am Gebiet sich bewahrte. Der Vertrag, durch den er dem andern Teil die Nutzungsbefugnisse abgetreten hat, wird ihn regelmäßig hindern, solche Beziehungen zu dem Landesteil zu unterhalten, welche die Ausschließlichkeit der Nutzungsrechte, die dem andern Teil überlassen wurden, beeinträchtigen. Im übrigen mag es wiederum in seinem freien Belieben stehen, Staatsakte dieses Landesteils seinen eigenen gleichzustellen. Aber von selbst versteht sich derlei durchaus nicht, da es doch Staatsakte sind, in denen sich eine fremde Staatsgewalt verkörpert. Niemand wird wohl in Schweden auf den Gedanken gekommen sein, vor 1903, als Wismar im bloßen Pfandbesitz Mecklenburgs war, Urteile des dortigen Amtsgerichts als schwedische Urteile zu behandeln. Als das Saargebiet unter fremder Staatsgewalt stand, hat die gleiche Rechtslage in Deutschland vielfache Unsicherheiten hervorgerufen [25].

§ 48.

Herrschaft in Feindesland. Eigenmächtige Besetzungen sonstiger Art.

1. Kriegsschauplatz in Feindesland. — 2. Besetztes feindliches Gebiet. — 3. Truppen in verbündetem Gebiet. — 4. Eigenmächtige Besetzungen sonstiger Art.

Kriegsschauplatz in Feindesland.

1. Die Armee, die in feindliches Gebiet eindringt, kommt ungerufen. Sie kommt außerhalb des örtlichen Rechtsschutzes. Sie lebt rechtlich wie im staatenlosen Gebiet. Nicht irgendeine Exterritorialität, die der örtliche Staat gewähren würde, befreit die Heeresangehörigen

---

[24] Bosnien und die Herzegowina waren im Verhältnis zu Österreich und Ungarn Außengebiete, unbeschadet einer teilweisen Gleichstellung ihrer Staatsakte, dazu etwa J. Ulbrich, Staatsrecht der österreichisch-ungarischen Monarchie (1884) 27 f.; E. Jettel, Handbuch des internationalen Privat- und Strafrechts (1893) 12 f.; Art. XIX EG. EO.

[25] Träger der Rechte, auf die Deutschland nach Art. 49 des Versailler Vertrags verzichten mußte, waren (da staatliche Herrschaft nur Staaten zustehen kann) die Vertragsmächte der Gegenseite, die unter Ausschluß eigener Betätigung ihre Rechte durch den Völkerbund auszuüben hatten.

von der rechtlichen Herrschaft des Gegners, sie sind dieser Herrschaft von vornherein entzogen. Indessen das schafft (so wenig wie Fahrten ins staatenlose Gebiet) für die Truppe keinen rechtsleeren Raum. „Der Soldat trägt sein Recht mit sich." Die Gesamtheit des heimatlichen Rechts und damit auch des heimatlichen Verwaltungsrechts folgt ihm — soweit nicht dessen besonderer Inhalt Tatbestände im Heimatland voraussetzt. So behält der Soldat den Anspruch auf Löhnung in heimatlicher Währung; es wird vielfach für die Beurkundung des Personenstands im Feld vorgesorgt, für Zwecke der Arbeiterversicherung mögen Sondervorschriften ergehen, es wird eine Pflicht zur Ein-

---

Die Vertragsmächte waren von einer rechtsgeschäftlichen Verfügung über das Gebiet des Saarlandes ausgeschlossen, denn das Gebiet war Reichsgebiet geblieben. Aber es stand ihnen bis zur Rückgliederung — unter zahlreichen materiellrechtlichen Beschränkungen, die Wortlaut und Sinn des Abkommens ergaben (und die vielfach mißachtet wurden) — die alleinige Nutzbarmachung und damit auch die ungeteilte staaliche Beherrschung des Gebiets zu. Die Behörden des Saarlands haben eine Deutschland fremde Staatsgewalt ausgeübt, und es war mangels besondrer Rechtsgrundlagen unrichtig, ihre Akte als Akte deutscher, d. h. nach dem Willen Deutschlands tätiger Behörden zu behandeln (für die Armenverbände des Gebiets bedenklich das Bundesamt für Heimatwesen 27. 5. 1922, Entscheidungen 59, 1; für Zivilgerichte Oberlandesgericht Stuttgart 9. 7. 1926, Juristische Wochenschrift 2003; für den Strafvollzug Reichsgericht 21. 1. 1930, Entscheidungen in Strafsachen 63, 395); es konnte in Angelegenheiten des Gebiets einen Rechtszug an Oberbehörden des Reichs — mit Wirkung einer Aufhebung von Akten einer fremden Staatsgewalt! — nur im Einverständnis der saarländischen Regierung geben (bedenklich das Reichsversicherungsamt 28. 2. 1920, Monatsschrift für Arbeiterversicherung 1920, 491 und das vorerwähnte Urteil des Bundesamts für Heimatwesen; auch die Bemerkungen oben 2, 63 und 669 bedürfen insoweit der Berichtigung); es war ausgeschlossen, daß eine reichsdeutsche Stelle zu Hoheitsakten im Gebiet hätte ermächtigen können (bedenklich das Oberste Landesgericht München 26. 11. 1930, Sammlung 30, 422, für Erteilung der Vollstreckungsklausel). Es ist bei solchen Annahmen nicht selten aus der gehemmten eine „Souveränität" Deutschlands schlechtweg und aus dieser eine aktuelle deutsche Staatsgewalt geworden. Besonders verwirrend aber hat auch hier wieder — vgl. schon oben S. 144[17] — die Fragestellung gewirkt, ob das Saargebiet „Inland" sei. Wo die Unterscheidung von Inland und Ausland in einem Rechtssatz auf einer Verschiedenheit der Machtgebiete beruhte, da mußte das Saargebiet als Ausland gelten. Es war bemerkenswert zu sehen, wie sich gegenüber abweichenden Konstruktionen (vgl. die Begründung, Verhandlungen des Reichstags 371, 3514) die wirkliche Rechtslage für den Bereich der Strafrechtspflege in einem Reichsgesetz vom 10. 2. 1922 durchgesetzt hat. Die Regierungskommission des Saargebiets hat ihrerseits in einer Verordnung vom 2. 8. 1921, Amtsblatt 125, den Rechtszug an Behörden des Reichs grundsätzlich unterbunden, und sie hat, da die deutschen Gesetze weiter gelten sollten, in umfangreicher Kasuistik versucht, die Änderungen festzustellen, die sich aus der Verschiedenheit der politischen Gewalten innerhalb der deutschen Gesetze ergaben.

holung militärpolizeilicher Erlaubnis für Jagd und Fischerei eingeführt[1].

Um die rechtlichen Verhältnisse der Bevölkerung, welche das Kampfgebiet[2] bewohnt, bekümmert sich die eingedrungene Macht im allgemeinen nicht. Die Bevölkerung bleibt, soweit das die tatsächlichen Verhältnisse zulassen, unter der Herrschaft des eigenen Staats. Aber sie muß die Akte kriegerischer Gewalt dulden, die, gegen den feindlichen Staat im Rahmen des Völkerrechts gerichtet, ihr eigenes Leben und Gut schädigen. Und sie kann in begrenztem Ausmaß unter die Rechtsvorschriften der eingedrungenen Macht gestellt werden: die rechtliche Schutzzone, von der oben S. 537 ff. gesprochen wurde, die eine Truppe schon bei friedlicher Besetzung fremden Gebiets manchmal umgibt, ist in feindlich gesinnter Umgebung durchaus unentbehrlich und wird von jedem kriegführenden Staat beansprucht. Sie wird auch für das Kampfgebiet zuerst bei der Strafrechtspflege sichtbar[3], aber auch hier, und gerade hier, betätigt sie sich in weitem Ausmaß als kriegspolizeiliche Anordnung von Handlungen und Unterlassungen und als unmittelbare Herstellung eines polizeigemäßen Zustands, die eine Vernichtung von Gütern und Menschenleben in sich schließen kann. Und ebenso macht es die Beschaffung des Kriegsbedarfs nötig, die Bevölkerung zur Leistung geforderter Requisitionen, Kontributionen, Quartierlasten zu verpflichten. Das alles vollzieht sich unter der Hoheit und damit auch nach den Rechtssätzen der eingedrungenen Macht[4].

Der verdrängte Staat ist nicht verpflichtet, gegenüber einem Einbruch, der wider seinen Willen erfolgt ist, den Geltungsbereich des

---

[1] Vgl. oben 3 II 245; 1, 38 (im Sinn des Textes zu berichtigen) und 2, 669 ff.; 2, 105[43]. Es bedarf insoweit keiner Unterscheidung, ob der Tatbestand dem Kampfgebiet oder einem besetzten Gebiet angehört.

[2] Operationsgebiet oder Etappe.

[3] In Deutschland hat neben den Bestimmungen des Militärstrafgesetzbuchs eine Verordnung über das außerordentliche kriegsrechtliche Verfahren gegen Ausländer vom 28. 12. 1899 zu rechtlichen Schwierigkeiten geführt (erläuterte Ausgabe von G. Rotermund, Die kaiserlichen Verordnungen vom 28. Dezember 1899, 1916. Weiteres Material in „Aus der Tagung richterlicher Militärjustizbeamter", Brüssel 1915 und in den Kriegsjahrgängen der strafrechtlichen und militärrechtlichen Zeitschriften). Sie wird hier deshalb erwähnt, weil sie, ein Ausfluß der Kommandogewalt, zunächst dem verwaltungsrechtlichen Bereich angehört und erst innerhalb seiner zu einer Abspaltung strafrechtlicher Vorschriften geführt hat. Ausdrücklich handeln § 18 von den „polizeilichen Maßregeln", die zur Sicherheit der Truppe getroffen werden können, und § 3 über den Erlaß von Polizeiverordnungen. Die Diskussion über die kaiserliche Verordnung hat wesentlich dazu beigetragen, den Begriff des Kriegspolizeirechts klarzustellen.

[4] Nicht zutreffend (wenn auch im Ergebnis unschädlich) der Oberste Gerichtshof Wien, der die privatrechtlichen Auswirkungen einer russischen Requisition in Galizien dem österreichischen Recht unterstellt; Zeitschrift für

eigenen Rechts einzuschränken. Aber er ist tatsächlich verhindert, sein Recht durchzusetzen, soweit die Macht des Gegners reicht, und es bleibt ihm nur die Möglichkeit einer etwaigen nachträglichen Repression, vornehmlich mit strafrechtlichen Mitteln. Aber er muß, richtet sich das Verfahren gegen Einwohner des Gebiets, dem Umstand Rechnung tragen, daß sie nicht rechtswidrig handeln, wenn sie den rechtmäßigen Anordnungen des Eroberers gehorchen oder auch nur einem tatsächlichen Druck nachgeben. Auch ein Strafverfahren gegen Militärpersonen des Gegners ist nicht ausgeschlossen, wenn sie nachträglich in seine Gewalt kommen. Aber wiederum, diese Militärpersonen haben nicht rechtswidrig gehandelt, wenn sie bei völkerrechtlich zulässigen Kriegshandlungen mitgewirkt haben, und sie sind darüber hinaus entlastet, wenn sie auf Befehl gehandelt haben und es schließt militärischer Befehl nach dem örtlichen Strafrecht die Verantwortlichkeit aus. Selbstverständlich muß eine rechtliche Würdigung solcher Vorgänge den tatsächlichen Unabwendbarkeiten der Kriegführung Rechnung tragen; eine Reihe gehässiger Urteile hat sich darüber hinweggesetzt.

Besetztes feindliches Gebiet[5].

2. a) Im Kampfgebiet bekümmert sich die eingedrungene Macht nicht um das örtliche Rechtsleben. Im besetzten Gebiet wickelt sich das örtliche Rechtsleben unter der eigenen Verantwortlichkeit der eingedrungenen Macht ab. Die Landkriegsordnung verpflichtet sie, „nach Möglichkeit die öffentliche Ordnung und das öffentliche Leben wiederherzustellen und aufrechtzuerhalten“, das aber kann nichts andres bedeuten als Ausübung voller staatlicher Herrschaft. Es ist nicht die Staatsgewalt des verdrängten Teils, die etwa von der besetzenden Macht als dessen Vertreter ausgeübt würde. Gegen den Willen des verdrängten Teils und unabhängig von ihm wird hier Herrschaft verwirklicht. Es ist ein andrer, von andern Menschen anerkannter oberster Wille, der hier zur Geltung gelangt, und die Verfassung, welche die Ausübung der rechtlichen Gewalt für den verdrängten Staat ordnet,

Völkerrecht 10, 390 f. — Das Problem der privatrechtlichen Mischbeziehungen, das wegen seiner dort größeren praktischen Bedeutung erst für das besetzte Gebiet erörtert werden soll, kann immerhin auch schon für das Kampfgebiet Bedeutung erlangen. Bekümmert sich der eingedrungene Staat nicht um eine örtliche Rechtspflege im Kampfgebiet, so können derartige Fragen doch vor seine heimischen Gerichte oder vor solche dritter Staaten gelangen. — Auch von der Möglichkeit, im Kampfgebiet Amtshandlungen zur Durchführung des heimatlichen Rechts vorzunehmen, soll erst bei der entsprechenden Rechtslage des besetzten Gebiets die Rede sein.

[5] Eine zusammenfassende Darstellung, welche die Erfahrungen des letzten Kriegs verarbeitet, fehlt empfindlich.

hat keinerlei Beziehung zu der Staatsgewalt, welche die eingedrungene Macht ausübt. Wie denn auch nach der räumlichen Seite das Staatsgebiet des verdrängten Teils häufig in seinem Umfang verschieden sein wird von dem Gebiet, das die besetzende Macht beherrscht, die Grenzen dieses Bereichs vielfach auch mit administrativen Verbands- oder Bezirksgrenzen innerhalb des Staats nicht zusammenfallen werden. An solcher Verschiedenheit des Staatswillens ändert auch der Umstand nichts, daß der besetzende Teil, soweit kein zwingendes Hindernis besteht, gehalten ist, die Landesgesetze in Geltung zu belassen. Die Rechtssätze, die derart weiterbestehen, werden nunmehr von einem andern Staatswillen getragen. Ihr Inhalt wird rezipiert, der Befehl, diesen Inhalt als Recht anzunehmen, geht nunmehr von einer andern Gewalt aus. Und es vollzieht sich auch im Inhalt der übernommenen Rechtssätze die bezeichnende Veränderung wie bei dauernden Gebietsveränderungen (unten § 53 Z. 2): daß die staatlichen Beziehungen der Rechtssätze nicht mehr auf den früher herrschenden, sondern auf den nunmehr regierenden Staat verweisen. Die gleiche Veränderung erfolgt bei den Behörden des besetzten Gebiets, die ihre Tätigkeit fortsetzen. Wie die Rechtssätze, aus denen sie ihre Vollmachten ableiten, so ist auch ihre Tätigkeit selbst nunmehr von einem andern Staatswillen getragen[6].

Die oberste Gewalt, die im besetzten Gebiet wirksam wird, ist die verfassungsmäßige Gewalt eines fremden Staats. Aber die Herrschaft, die sie im besetzten Gebiet ausübt, ist eine andre als die Herrschaft über das Heimatland. Dem heimatlichen Rechtskreis der besetzenden Macht gehört die rechtliche Möglichkeit der Besetzung und die rechtliche Ordnung der Mittel an, die hiefür eingesetzt werden (es wird darauf gleich zurückzukommen sein). Wenn aber im besetzten Gebiet unter solcher Herrschaft eine rechtliche Ordnung für die Angelegenheiten der Bevölkerung selbst bestehen soll, so muß diese Ordnung — ganz ebenso wie das oben S. 511 f. für Kolonien ausgeführt wurde — ihren eigenen Machtmittelpunkt haben. Darum sind die Rechtssätze, die für das besetzte Gebiet gelten, andre als diejenigen des Heimatstaats, auch wenn sie übereinstimmenden Inhalt besitzen, sind die Amtshandlungen, die dort vorgenommen werden, auch wenn der Amtsträger von der besetzenden Macht neu eingesetzt wurde, ausländische

[6] Vgl. schon oben S. 391 f. — Ebenso wie die rechtliche Herrschaft ist der besetzenden Macht auch die sonstige Nutzbarmachung des besetzten Gebiets in den Schranken des Völkerrechts freigestellt, z. B. eine Benutzung feindlichen Staatseigentums, und es kann wesentlich werden, ob eine Anordnung dabei als allgemein gültiger Rechtssatz oder als Anweisung zur Vermögensnutzung ergeht. So für Bewirtschaftung von Staatsforsten des Näheren oben 2, 79 ff.

Amtshandlungen gegenüber jenen im Heimatgebiet der besetzenden Macht, und umgekehrt.

b) Bleibt die Armee für das Folgende zunächst außer Betracht, so sind dem örtlichen Recht, wie es der besetzende Teil aufrechterhält, nach Maßgabe des örtlichen Grenzrechts alle Personen des Gebiets unterworfen. Auch Angehörige der besetzenden Macht, die sich im Gebiet befinden, gewerbliche Niederlassungen solcher Personen, die dort bestehen, auch solche, die erst während des Kriegs dort errichtet worden sind.

Inhaltlich sind der Herrschaft des besetzenden Teils von der Landkriegsordnung mehrfach Schranken gezogen, insbesondre ist er gehalten, die bestehenden Gesetze aufrechtzuerhalten, soweit kein zwingendes Hindernis besteht. Die Frage, ob ein solches Hindernis vorhanden ist, wird naturgemäß häufig umstritten sein[7]. Indessen ist dieser Punkt für den gegenwärtigen Zusammenhang ohne Belang. Denn wenn der besetzenden Macht in einem gegebenen Fall nicht freisteht, eine Vorschrift zu erlassen, so heißt das nicht, daß statt ihrer der verdrängte Staat zur Regelung berufen wäre; es bedeutet, daß nicht eine neue, sondern eine bisher bestehende Vorschrift im Ortsrecht des besetzenden Teils verbindlich sein soll. Dem Untertan gegenüber handelt es sich dabei nicht um Begrenzung von Zuständigkeiten.

c) Die Armee ist in das Kampfgebiet außerhalb des örtlichen Rechtsschutzes gekommen und sie verbleibt, wie in Z. 1 ausgeführt, soweit es nur inhaltlich anwendbar ist, unter dem heimatlichen Recht. Die Armee behält diese Rechtsstellung im besetzten Gebiet, behält sie auch dann, wenn sie mit Rücksicht auf die Bevölkerung dort eine geordnete Verwaltung und Rechtspflege durchführt. Zwei Rechtsblöcke liegen nunmehr neben einander, der Bereich der Armee mit ihrem Gefolge, die unter heimatlichem Recht steht, und der örtliche Rechtsschutz, der sich nach örtlichem Recht abwickelt[8]. Es wäre schief, von einer Exterritorialität der Armee im besetzten Gebiet zu sprechen: verbleibt das Heer außerhalb des örtlichen Rechtsschutzes, so liefe das auf eine Befreiung des Staats vor sich selbst hinaus. Und es wäre auch darum irreführend, weil der Armee nicht bloß die Vorrechte zustehen, die eine Exterritorialität einschließt, sondern weil sie als ein Fremdkörper im Land schlechthin nach eigenem Recht lebt. Wie schon für das Kampfgebiet ausgeführt, auch verwaltungsrechtliche Vorschriften können die Armee in das Ausland begleiten, und es besteht für das besetzte Gebiet Anlaß, die Negative zu betonen: die Armee zusamt ihren Einrichtungen steht nicht unter dem örtlichen Verwaltungsrecht, die

[7] Material hiezu oben 2, 79; 2, 669; 3 I 19; 3 II 89; 3 II 188; 3 II 248 ff.

[8] Vgl. z. B. oben 3 II 247 für die Währung. Für das Strafrecht etwa Gidel, Journal 1916, 1388.

Heereszeitung, die eine Truppe herausgibt, nicht unter örtlichem Preßrecht, die Bäckerei nicht unter dem örtlichen Gewerberecht, die örtlichen Vorschriften über Arbeiterfürsorge bleiben unanwendbar[9].

Dagegen führt eben der Rechtssatz, daß der Soldat sein Recht mit sich trägt, für das besetzte Gebiet in einen Fragenkreis, der zwar auch im Kampfgebiet sichtbar werden mag, aber bei der Häufigkeit friedlicher Berührungen erst für das besetzte Gebiet klar heraustritt: was bei Mischbeziehungen zwischen Militärpersonen und Landeseinwohnern rechtens sein soll. Die Fragen haben ihren Schwerpunkt im Privatrecht[10], und es muß des Gegensatzes halber ihrer wenigstens kurz Erwähnung geschehen. Gesetzliche Verpflichtungen der besetzenden Macht können auch für das Privatrecht nur nach deren Recht entstehen, und das wird im allgemeinen auch für ihre Rechtsgeschäfte gelten. Wo freilich die besetzende Macht sich dem Privatrecht unterstellt, um Ergebnisse zu erreichen, die sie auch unter Einsetzung der öffentlichen Gewalt hätte erwirken können (Miete, Vertrag über einzelne Dienstleistungen statt Requisition), da hat sie auf die Geltendmachung ihres Übergewichts verzichtet, und es stehen sich bei staatlichen Angelegenheiten dieser Art wie bei den Privatangelegenheiten der Militärpersonen, an denen Landeseinwohner beteiligt sind, die beiden Rechtskreise gleichberechtigt gegenüber. Das führt nicht zu Schwierigkeiten, wenn nach dem internationalen Privatrecht der Stelle, die das Rechtsverhältnis beurteilen soll, das Personalstatut eines Beteiligten anzuwenden ist; die Praxis zeigt als Beispiele Eheschließung, vereinzelt Verlobung, uneheliche Vaterschaft. Die den Umständen eigentümliche Lage aber zeigt sich bei Kollisionsnormen, die regelmäßig eine räumliche Anknüpfung vorsehen. Denn da zweierlei Recht im Gebiet vorhanden ist, kann es zwischen den Beteiligten keine räumliche Anknüpfung geben, und es muß, ebenso wie dies früher für die Konsulargerichtsbarkeit bemerkt wurde, unten für staatenloses Gebiet erwähnt

---

[9] Vgl. oben 2, 220 für Gewerberecht, 2, 671 673 für Arbeiterversicherung. Exzessiv das deutsch-belgische Gemischte Schiedsgericht, Recueil 2, 715, welches die deutsche Militäreisenbahnverwaltung, nicht haltbar zwei Urteile Recueil 2, 721 und 4, 81, welche ein militärisches Walzwerk in Belgien dem (privatrechtlichen) Arbeitsunfallrecht des Landes unterstellen. Über die privatrechtliche Stellung der Heeresbetriebe im besetzten Gebiet überhaupt eine bemerkenswerte Untersuchung von Graf Stauffenberg, Zeitschrift für ausländisches öffentliches Recht 2 I 86ff.

[10] Strafrechtlich entscheidet Recht und Gericht des Täters; auch bei Teilnahme von Angehörigen beider Gruppen, wenn nicht Abweichungen besonders vorgesehen sind. Ist allerdings der Täter ein Landeseinwohner, der Verletzte ein Soldat oder eine militärische Einrichtung, so wird häufig unter dem gleich zu behandelnden Gesichtspunkt des Selbstschutzes eine Verschiebung der Zuständigkeiten eintreten.

werden soll, die für das Rechtsverhältnis entscheidende Person bestimmt und deren Recht angewendet werden. Kauf und Arbeitsvertrag, Miete, Sachbeschädigung, Körperverletzung und manches mehr haben Anlaß gegeben, die Frage aufzuwerfen. Es muß darauf verzichtet werden, hier Einzelheiten vorzulegen [11]. Für die Gerichtsbarkeit in Zivilsachen wird der alte Satz *actor sequitur forum rei* den Ausgangspunkt bilden müssen, ohne daß für Klagen gegen Militärpersonen im Land selbst immer ein Gerichtsstand aufzufinden wäre; Klagen von Militärpersonen gegen Einheimische ist im letzten Krieg manchmal durch eine dazwischengeschobene Entscheidung im (militärischen) Verwaltungsweg vorgebeugt oder durch Kontrolleinrichtungen Schutz gewährt worden [12].

Wie im Kampfgebiet, so behält die Armee auch im besetzten Gebiet ihre rechtliche Schutzzone gegenüber der örtlichen Bevölkerung. Sie ist hier sogar noch ausgedehnter, insofern an dem Schutz auch die Verwaltung selbst mit ihrem Anspruch auf Gehorsam teilhat. Auch hier vollzieht sich dieser Selbstschutz unter der Hoheit der eingedrungenen Macht. Hat ein deutscher Befehlshaber im besetzten Polen den Besitz von Waffen verboten, so ist das ein Satz des deut-

---

[11] Eine Rückwirkung auf das Verwaltungsrecht hat die Lösung bei der Währung. Denn nach dem maßgebenden Privatrecht bestimmt sich auch die gesetzliche Währung, in der eine Geldschuld begründet ist, vgl. oben 3 II 246. — Zusammenhang mit dem Verwaltungsrecht hat auch die Frage, ob die Ehe einer Militärperson mit einer Frau des besetzten Gebiets durch den örtlichen Standesbeamten oder durch eine militärische Stelle, der standesamtliche Befugnisse verliehen sind, geschlossen werden kann. Für den Staat freilich, der seine Stelle für solchen Fall zur Mitwirkung beruft, ist die Frage wenigstens in dem Sinn erledigt, daß eine Mitwirkung seiner Amtsstelle zur Gültigkeit der Eheschließung genügt. Im übrigen aber, und auch für dritte Staaten, die über die Rechtsbeständigkeit einer derart geschlossenen Ehe entscheiden sollen, wird es auf die für das Privatrecht maßgebende Kollisionsnorm ankommen müssen, und es wird dem deutschen, auch dem französischen Kollisionsrecht wohl entsprechen, sowohl bei Mitwirkung der fremden, wie der einheimischen Behörde die Ehe als formgültig geschlossen anzusehen (das Reichsgericht 17. 11. 1924, Warneyer, Rechtsprechung 17, 76, erklärt Eheschließung in örtlicher Form als ausreichend, scheint sie sogar als einzig zulässig anzusehen, das Zivilgericht Antwerpen 12. 1. 1927, Blätter für internationales Privatrecht 110, hat Trauung durch den fremden Militärbeamten als verbindlich erklärt). Aber diese Rechtslage besteht auch nur bei feindlicher Besetzung, nicht bei einer Besetzung kraft Vertrag; bei ihr kann mangels besondrer Abrede nur die örtliche Stelle rechtmäßig mitwirken.

[12] Vgl. Stauffenberg 114 ff. Hier auch über den besondern Rechtszustand im besetzten Polen. Über den besondern Rechtszustand im besetzten Rumänien Sobotka bei H. Kerchnawe, Die Militärverwaltung in den von den österreichisch-ungarischen Truppen besetzten Gebieten (1928) 300.

schen Rechts, kann Zuwiderhandlung auch im Reich bestraft werden [13]. Wo die Grenze zwischen diesem Selbstschutz, den der Heimatstaat übt, und der örtlichen Verwaltung läuft, ist freilich nicht immer zweifellos. Einen ersten, aber keineswegs immer zutreffenden Anhaltspunkt mag der Umstand abgeben, daß die Durchführung der Angelegenheit der Militärpolizei und den Militärgerichten übertragen ist [14]. Jedenfalls fällt nicht jede Regelung, die im Interesse der Truppe getroffen wird, darum allein schon unter jenen Selbstschutz. Die Einführung einer Fleischbeschau, eines zuverlässigen Feuerschutzes, einer Aufsicht über Gasthäuser, Bordelle ist Sache der örtlichen Verwaltung [15], und es mag die Notwendigkeit, mit solchen Bestimmungen der Truppe Schutz zu gewähren, in einem andern Zusammenhang wesentlich werden: in der Ermächtigung, bei Ausübung der örtlichen Verwaltung von dem bestehenden Rechtszustand und den bestehenden Einrichtungen abzuweichen.

d) Auch unter anderm Gesichtspunkt mag das heimische Recht und im besondern das Verwaltungsrecht der besetzenden Macht auf Vorgänge im Gebiet angewendet werden: bei Rechtssätzen, die für Auslandstatbestände gelten, gleichviel in welchem Land sie sich zugetragen haben. Lehrreich ist hier die Anwendung der deutschen Arbeiterversicherungsgesetze während des letzten Kriegs, die oben 2, 699 ff. geschildert wurde. Dem Bedürfnis, die Arbeit im besetzten Gebiet zu schützen, hat man zunächst durch Beiziehung bekannter Grenznormen zu genügen gesucht: daß auch Ausstrahlungen eines heimischen Betriebs unter Unfallschutz bleiben, daß Kranken- und Invalidenversicherung die Anwendbarkeit bewahren, wenn der Mittelpunkt der Beschäftigung im Land verbleibt. Man hat dann diese Gedanken immer mehr angespannt und ist schließlich zu Sondervorschriften gelangt, welche die Anwendbarkeit der deutschen Versicherungsgesetze sicherstellten. Natürlich bestehen solche Begrenzungen nur für den deutschen Rechtsschutz zu Recht. Das örtliche Grenzrecht — das auch für die Ortsbehörden der besetzenden Macht verbindlich ist — mag andre Grenzen ziehen [16]. — Die Mehrzahl der verwaltungs-

---

[13] So zutreffend das Reichsmilitärgericht gegenüber abweichenden Meinungen, Archiv für Militärrecht 8, 186 ff.

[14] Der Anhaltspunkt ist deshalb unsicher, weil Militärpolizei und Militärgerichte manchmal auch für Angelegenheiten der allgemeinen Landesverwaltung eingesetzt und damit als örtliche Organe verwendet werden.

[15] Anschauungsstoff bei Behrend, Blätter für vergleichende Rechtswissenschaft 1916, 143 ff.

[16] Insoweit hat auch das deutsch-belgische Gemischte Schiedsgericht in einem Urteil vom 14. 3. 1924, Recueil, 4, 312 zutreffend angenommen, daß ein Arbeitsunfall, der dem deutschen Unfallversicherungsgesetz unterlag, gleichzeitig der Unfallhaftung des belgischen Rechts unterstellt sein könne. Mit

rechtlichen Vorschriften freilich, die der Heimatstaat besitzt, wird auf Tatbestände abgestellt sein, die ausschließlich dem Inland angehören. Jagd- und Fischereipolizei [17], Einfuhrbeschränkungen und Ausfuhrverbote [18] können Tatbestände des besetzten Gebiets nicht erfassen.

e) Die Angelegenheiten der örtlichen Rechtspflege und Verwaltung im besetzten Gebiet sind für das Recht des besetzenden Teils fremde Rechtsangelegenheiten. Die Leistung von Rechtshilfe, Vollstreckungen jeder Art, sind nur in dem Umfang möglich, in dem sie auch ausländischen Staaten gewährt werden können [19]. Dasselbe gilt umgekehrt für Rechtsangelegenheiten des Heimatstaats der Armee, mit denen die örtlichen Behörden des besetzten Gebiets befaßt werden. Der Rechtsanwalt des Heimatstaats kann vor den örtlichen Behörden nur nach Maßgabe des örtlichen Prozeßrechts auftreten [20]. Indessen sind hier Erleichterungen bei Rechtshilfe und Vollstreckung möglich. Soweit nicht das heimatliche Recht Handlungen bestimmter Behörden voraussetzt, besteht die Möglichkeit, Zustellungen, Vollstreckungen, Festnahmen unter Einschiebung der heimatlichen Organe des Gebiets im Verwaltungsweg vorzunehmen. Denn Heer und Zivilverwaltung sind weder durch ein fremdes Gebietsrecht verhindert, Zwangshandlungen durchzuführen, noch durch verfassungsrechtliche Vorschriften des verdrängten Staats gebunden, Eingriffe in die Freiheit oder das Vermögen nur nach Maßgabe eines Gesetzes vorzunehmen. Doch bedarf es, wenn die Handlung (auch abgesehen von der verfassungsrechtlichen Schranke) mit dem Ortsrecht nicht vereinbar sein sollte, dessen Abänderung, die ihrerseits nur freisteht, wenn sie unabweisbar ist.

f) Der verdrängte Staat hört nicht auf Staat zu sein, auch dann nicht, wenn sein ganzes Gebiet vom Gegner besetzt wäre. Sein Heer mag außer Landes weiterbestehen, vielleicht ist ihm ein Postschalter eingeräumt, wie Belgien während des letzten Kriegs von Frankreich usw. In jedem Fall sind Gesetze, welche er während der Dauer der Besetzung erläßt, für den örtlichen Rechtsschutz des besetzten Gebiets ausländische Rechtssätze, Amtshandlungen, die er während dieser Zeit vornimmt, Handlungen eines fremden Staats. Darüber

---

der Selbstverständlichkeit, mit der dabei das belgische Grenzrecht zu grunde gelegt wurde, verhält es sich anders.

[17] Oben 2, 105 [43].

[18] Reichsgericht, Entscheidungen 52, 278.

[19] Anders natürlich im Verhältnis der im besetzten Gebiet tätigen Militärgerichte zum Mutterland — aber auch nur, soweit diese Gerichte in militärischen Angelegenheiten und in Angelegenheiten des Selbstschutzes tätig werden.

[20] 2, 275. — Aus den zahlreichen Einzelerörterungen hervorzuheben Thiesing, Deutsche Juristenzeitung 1917, 709 (Rechtshilfe in Sachen der freiwilligen Gerichtsbarkeit).

hinaus aber ist der verdrängte Teil verpflichtet, eine dem Völkerrecht entsprechende Besetzung anzuerkennen und deshalb auch sich der Einwirkung auf diejenigen Tatbestände zu enthalten, die nach dem örtlichen Grenzrecht dem örtlichen Rechtsschutz unterstehen. Er kann nicht den Zwangskurs für Papiergeld erklären, das im besetzten Gebiet umläuft, oder die Verjährungsfristen für Forderungen dieses Bereichs abändern[21]. — Über das Verhältnis des örtlichen Rechtsschutzes zu Amtshandlungen des verdrängten Teils, die vor der Besetzung erfolgt sind, und über dasjenige, das nach der Befreiung gegenüber Handlungen der besetzenden Macht besteht, wird unten § 53 zu sprechen sein.

Truppen in verbündetem Gebiet.

3. Der Rechtsstellung der Truppen in Feindesland soll diejenige, die für sie während eines Kriegs in verbündeten Staaten besteht, gegenübergehalten werden. Die Rechtslage schließt sich der in § 47 Z. 1 behandelten an.

Mit der Exterritorialität in dem früher erörterten Sinn verbindet sich auch hier die Einräumung, daß der Dienst und das persönliche Dienstverhältnis der Ordnung des Heimatstaats der Truppe überlassen bleiben[22]. Nur mögen hier durch eine Einreihung geschlossener Verbände des einen Staats in die Armee des Verbündeten schwierige Fragen entstehen[23], und auch der Umstand, daß auf Grund einer Requisition des eigenen Staats Dienste bei dem verbündeten Heer geleistet werden, hat schon zu Verwicklungen geführt[24]. Die Frage, wer zum

---

[21] Oben 3 II 254; 2, 670.

[22] Vgl. z. B. oben 2, 85 Anordnung der österreichischen Pferdesammelstelle in Deutschland, rotzkranke Pferde zu töten und zu vergraben.

[23] Dazu oben S. 391. Über Disziplinargerichtsbarkeit unter derartigen Umständen Wunderlich (zit. S. 391[56]) 85 f. Vgl. auch unten § 49 Z. 3 über Beziehungen solcher Art in Feindesland.

[24] So der von Weinhagen, Archiv des Militärrechts 6, 378 ff. mitgeteilte Fall. M. E. ist es nicht mehr eine Frage des Requisitionsrechts, sondern der persönlichen Dienststellung bei der Truppe, wenn der von Ungarn requirierte Fuhrmann in ein Vertragsverhältnis zum deutschen Heer getreten ist; er steht nunmehr dienstlich und strafrechtlich ausschließlich unter deutschem Recht, und es ist unerheblich, daß er nur nach deutschem, nicht nach ungarischem Recht wegen Insubordination vor das Militärgericht gestellt werden konnte. Daß aber im Verhältnis von Staat zu Staat die Einräumung der Gerichtsbarkeit an die fremde Truppe nur auf die Tatbestände sich erstrecken sollte, bei denen solche Gerichtsbarkeit auch nach dem Inhalt des Inlandsrechts besteht, kann nicht angenommen werden. In einer Verfügung des Generalquartiermeisters vom 8. 10. 1916 (bei Wunderlich 98) hat indessen das Reich auf Ausübung der Militärstrafgerichtsbarkeit über österreichisch-ungarische Staatsangehörige verzichtet, die zu Kriegsleistungen für die deutsche Wehrmacht in Anspruch genommen wurden.

Heer gehört, bestimmt sich zunächst nach dessen Recht. Es könnte sein, daß zwischen Staaten völlig gleicher Kulturstufe eine Auslegung veranlaßt ist, nach der die Einräumung der Exemtion nur soweit reichen soll, als eine Person auch bei Anwendung inländischen Rechts als Heeresangehöriger anzusehen ist. Wenn dagegen während des letzten Kriegs deutsche Werkmeister in der Türkei, die in einem Vertragsverhältnis zur deutschen Marine standen und ihre eigene Messe hatten, für deren Betrieb von der Türkei zur Gewerbesteuer herangezogen wurden[25], so hat das kaum der bestehenden Rechtslage entsprochen.

Einen Selbstschutz gegenüber der Bevölkerung wird dagegen die Truppe im Zweifel polizeilich so wenig wie strafrechtlich in Anspruch nehmen können[26], während eine selbständige Beschaffung des unentbehrlichen Bedarfs an Gegenständen, Dienstleistungen, Unterkunft auch im verbündeten Staat unvermeidlich werden mag[27]. Drei Rechtsformen können dafür verfügbar sein: die örtlichen Stellen requirieren zu gunsten des verbündeten Heeres; es wird der fremden Truppe die Ausübung des örtlichen Requisitionsrechts eingeräumt; die fremde Truppe requiriert zu eigenem Recht. Die erste Möglichkeit wickelt sich ausschließlich unter örtlichem Recht ab; im zweiten Fall handelt zwar der fremde Staat, aber er übt Befugnisse des andern Teils, somit unter den Voraussetzungen, die dessen Recht aufstellt, und es geht der Entschädigungsanspruch des Enteigneten an die örtlichen Behörden; im dritten Fall ist mit Recht und Behörden ausschließlich der fremde Staat beteiligt. Die beiden ersten Möglichkeiten setzen eine Verständigung der beteiligten Staaten über die Ausübung des Requisitionsrechts voraus, der dritte Fall nur die rechtmäßige Anwesenheit der fremden Armee, und ich möchte glauben, daß in Ermangelung einer (gewiß wünschenswerten) Verständigung bei den Unerläßlichkeiten der Kriegführung der dritte Weg der im Zweifel gangbare ist[28].

---

[25] Wunderlich 95. In dem vorerwähnten ungarischen Fall scheint die Zugehörigkeit der Fuhrleute zur deutschen Armee nicht bezweifelt worden zu sein.

[26] Für das Polizeiverordnungsrecht Wunderlich 99 ff., für die Strafgerichtsbarkeit 95 ff. In der Anm. 24 erwähnten Verfügung des Generalquartiermeisters wird die Militärgerichtsbarkeit über die Bevölkerung Österreich-Ungarns ausdrücklich ausgeschlossen. Ebenso sechs Verträge Frankreichs mit den verbündeten Staaten, vgl. die Übersicht bei Travers, Droit pénal international 1, 461 ff.

[27] Dazu vornehmlich Henry, Revue 1918, 44 ff. Auch Sénéchal, Journal 1916, 810 ff. 1581 ff.

[28] In der Tat hat Frankreich bei Beginn des letzten Kriegs die Befugnis der britischen Armee anerkannt, zu eigenem Recht zu requirieren — was freilich von Henry so aufgefaßt wird, daß Rechtsgrund der britischen Befug-

Eigenmächtige Besetzungen sonstiger Art.

4. Die neuere Geschichte kennt zahlreiche Beispiele einer eigenmächtigen Besetzung außerhalb des Kriegszustands[29]. Sie können rechtmäßig sein, wenn sie als Ausübung berechtigter Repressalien oder im Notstand vorgenommen werden, in der großen Mehrzahl sind sie völkerrechtswidrig gewesen; die Frage, wieweit solchenfalls die Rechte der besetzenden Macht reichen, ist damit gegenstandslos, und es mögen die tatsächlich beobachteten Grenzen nur etwa als Anhaltspunkt für bestehende Rechtsüberzeugungen von Belang sein.

Auch bei einer eigenmächtigen Besetzung außerhalb des Kriegszustands kommt die Armee wider den Willen des örtlichen Staats in das Gebiet, und sie hat regelmäßig mit dem schlechten Willen der örtlichen Behörden und der Bevölkerung zu rechnen. So drängt sich auch hier die Lösung auf, daß die Armee wie in Feindesland außerhalb des örtlichen Rechts verbleibt[30]. Das gilt auch für den Selbst-

---

nisse eine (staatsrechtlich unverbindliche) Einräumung durch das französische Kriegsministerium gewesen sei, und daß die Befugnisse entsprechend dem französischen Kriegsleistungsgesetz auszuüben waren; während Sénéchal eine andre Möglichkeit als Beteiligung an dem französischen Requisitionsrecht überhaupt als ausgeschlossen erklärt. Eine nachfolgende Verständigung der beiden Staaten hat den Betroffenen gestattet, nach Angehung der britischen Stellen sich an die französischen Behörden zu wenden; aber auch die Tragweite dieser Vereinbarung wurde vom französischen Kriegsministerium zu verschiedenen Zeiten verschieden beurteilt. — Die Verständigung zwischen Deutschland und Österreich-Ungarn, Armeeverordnungsblatt 1916, 51, läßt den entscheidenden Punkt gleichfalls im Schatten, geht aber wohl von der Annahme aus, daß dem andern Staat Beteiligung an dem örtlichen Requisitionsrecht eingeräumt werden sollte. — Der oben mitgeteilte deutsch-ungarische Fall hat sich auf dem Boden einer örtlichen Requisition zu gunsten der verbündeten Armee zugetragen, und es sieht das ungarische Kriegsleistunggesetz von 1912 den Pflichtigen gegenüber eine solche Erstreckung ausdrücklich vor. In Frankreich, wo ausdrückliche Vorschriften dieser Art mangeln, hat die Praxis eine solche Belastung zu gunsten der Verbündeten — unter dem Gesichtspunkt des innerstaatlichen Rechts — gleichfalls als statthaft angesehen.

[29] Angaben über deren rechtliche Durchführung sind freilich selten. Eingehende Mitteilungen für Luxemburg bei Mettgenberg, Zeitschrift für Völkerrecht 11, 409 ff. Für das Ruhrgebiet vier Weißbücher der Reichsregierung, Verhandlungen des Reichstags Bd. 376—379, Nr. 5555, 5651, 5876, 6126, in den beiden letzteren die Anordnungen des Oberkommandos. Einige weitere Angaben bei Robin (zit. oben S. 535 [1]).

[30] Vgl. oben 3 II 256 f. für die Währung. Entsprechend haben Urteile des Pariser Kassationshofs vom 22. 3. und 9. 8. 1923, Dalloz 1923 I 124, 125, das besetzte Ruhrgebiet als feindliches Gebiet im Sinn des Militärstrafgesetzbuchs erklärt. Dagegen hat man in Luxemburg während des letzten Kriegs den besetzenden Truppen beiderseits „Exterritorialität" zugeschrieben; Mettgenberg 437 ff.

schutz, den die Truppen gegenüber der Bevölkerung in Anspruch nehmen, auf strafrechtlichem Boden[31], und auch im Bereich der Verwaltung. Bei der Besetzung Luxemburgs 1914—1918, wo die persönliche Sicherheit der Truppen wenig bedroht war, hat sich der polizeiliche Schutz vornehmlich auf die Abwehr von Ausspähung, auf Sicherstellung der Verkehrsverbindungen bezogen, mußte immerhin auch Aufreizungen der Bevölkerung vorbeugen[32]. Mit dem vollen Kriegsterror dagegen haben die Truppen 1923 im besetzten Ruhrgebiet gearbeitet, es gab einen verschärften Belagerungszustand, Festnahme von Geiseln, Kollektivstrafen, Ausweisungen, Einreiseverbote, Beschlagnahme von Fabriken, Beschränkungen des Vereins- und Versammlungsrechts, und es wurde eine allgemeine Gehorsamspflicht gegenüber Anordnungen der Militärbehörden auferlegt[33]. Aber auch Inanspruchnahme von Heeresbedarf im Weg der Requisition wird unter solchen Umständen nicht versagt werden können.

Je nach dem Zweck, den eine solche Besetzung verfolgt, wird der einrückende Staat über solchen Selbstschutz noch hinausgehen. Bei der Besetzung des Ruhrgebiets wurden (außerhalb des Heeresbedarfs) Kohlenlieferungen requiriert, wesentliche Teile der Staatseinnahmen beschlagnahmt. Bei der Besetzung Kreta's, 1897 und in den folgenden Jahren, die, mit Zustimmung des Gebietsherrn begonnen, zu einer eigenmächtigen Besetzung geworden war, haben die fremden Mächte die volle Verwaltung der Insel in Anspruch genommen[34].

Der verdrängte Staat behält seine Verwaltung und Gerichtsbarkeit, soweit er an ihrer Ausübung nicht tatsächlich verhindert wird[35]. Für das Mutterland der fremden Streitkräfte bleibt das besetzte Gebiet fremdes Land. Und wenn die Anwesenheit der Truppen Handlungen für jenen Staat möglich macht, denen sonst die örtliche Hoheit entgegenstünde[36], so liegt das jedenfalls außerhalb des Selbstschutzes,

---

[31] So für Luxemburg Mettgenberg 417 ff., 442 ff.; die kaiserliche Verordnung von 1899 hat Rotermund a. a. O. 28, 31 nicht für anwendbar gehalten, weil es sich nicht um feindliches Gebiet gehandelt habe, doch scheint man die Verordnung nach den Angaben bei Mettgenberg 442 als geltendes Recht verwertet zu haben. Im Ruhrgebiet ist die Militärstrafgerichtsbarkeit noch über das bei feindlicher Besetzung übliche Maß hinaus erstreckt worden.

[32] Näheres bei Mettgenberg 428 ff.

[33] Neben zahlreichen Einzelverfügungen kamen vornehmlich die Anordnungen des Oberkommandos vom 29. 1., 1. 3. und 2. 5. 1923 in Betracht.

[34] Robin 486 ff.

[35] So mit Recht von Luxemburg beansprucht (Mettgenberg 452). Das Reichsgericht 25. 3. 1926, Juristische Wochenschrift 1992, begründet die Selbständigkeit der deutschen Rechtspflege im Ruhrgebiet mit der Rechtswidrigkeit seiner Besetzung.

[36] So für Luxemburg Mettgenberg 442 ff., insbesondere 427 f.

den die Truppe beanspruchen kann, lag in Luxemburg, wo es sich um die Sicherung der rückwärtigen Verbindungen handelte, auch außerhalb dieses Zwecks der Besetzung.

§ 49.

Gemeinsame Herrschaft.

1. Kondominien. — 2. Zusammengesetzte und abhängige Staaten. — 3. Gemeinsame Mitherrschaft in fremdem Gebiet.

Kondominien.

1. Bei den rechtlichen Erscheinungen, die im Vorausgehenden besprochen wurden, hat es sich durchweg um eine Mitherrschaft gehandelt, deren Gegenstand dem berechtigten Staat allein zu regeln überlassen war. Im folgenden sind Rechtslagen zu besprechen, bei denen dieselbe Angelegenheit einer rechtlichen Einwirkung durch mehrere Staaten unterworfen ist. Ihre bezeichnendste Form ist die des völkerrechtlichen Kondominiums[1]. Bei einem Kondominium handelt es sich um die Herrschaft, die mehrere Staaten gemeinsam über dasselbe Gebiet ausüben[2]. Nach außen, gegenüber dritten Staaten, steht den Kondomini die ausschließende Verfügung über das Gebiet zu, die Möglichkeit, es zu veräußern, die Möglichkeit, es nutzbar zu machen, insbesondre für die Aufrichtung einer rechtlichen Ordnung nutzbar zu machen. Nach innen aber erwächst hier ein neues Problem: das gegenseitige Verhältnis der Kondomini zu bestimmen, und was im Verhältnis der beteiligten Staaten zueinander als Inhalt eines völkerrechtlichen Rechtsgeschäfts erscheint, das verwandelt sich, wo für das Gebiet eine rechtliche Ordnung durchgeführt wird, für die rechtsunterworfenen Menschen wiederum in eine Frage nach der Zuständigkeit: wieweit die Herrschaft des einen und des andern Teils dabei reicht.

---

[1] Übrigens kommen Kondominien auch bei Gemeinden vor. So in Österreich noch unter der Gemeindeordnung von 1849; F. Tezner, Die Ordnung der Zuständigkeiten der österreichischen Verwaltungsbehörden (1925) 266. — Die literarische Behandlung des Gegenstands ist, soweit ich sie kenne, äußerst unzulänglich. Neben einer sehr dürftigen Dissertation von Gautier 1906 allenfalls Kunz bei Stier-Somlo, Handbuch des Völkerrechts 2 IV 278 ff. R. Tullio, Il condominium nel diritto internazionale pubblico, Padova 1910 — die Schrift findet auch in italienischen Arbeiten kaum Beachtung — konnte ich nicht einsehen.

[2] Wobei auch hier mit der verkürzten Bezeichnung „Gebiet“ im Sinn der Ausführungen oben S. 123 die durch ihre Beziehungen zu dem Raum zusammengefaßten Interessen gemeint sind. — Subjekt der Berechtigung aber sind die einzelnen Teilnehmerstaaten, nicht etwa eine von ihnen verschiedene „Gemeinschaft“, die in der Rechtswirklichkeit nirgends als ein Träger selbständiger Hoheit anerkannt ist.

Sind Kondominien heute seltener als früher, so haben sich doch mancherlei Fälle bis in eine nahe Vergangenheit, einige bis in die Gegenwart erhalten, und auch die neueste Geschichte zeigt die Einrichtung immer wieder in Verwendung. Es wird zweckmäßig sein, dabei im Sinn der Ausführungen S. 511 zu unterscheiden, ob das gemeinsam beherrschte Gebiet je von der Staatsgewalt erfaßt wird, wie sie sich im Stammland der Vertragsteile betätigt, oder ob es Außenbesitzungen sind, in denen sie die gemeinsame Herrschaft ausüben.

Es gibt Straßen entlang der Landesgrenze, die den angrenzenden Staaten gemeinsam sind, so dem Deutschen Reich und Belgien[3]. Es gibt Grenzgewässer zwischen Deutschland und Luxemburg, die als Kondominien beherrscht werden, gewisse Strecken des Rheins gehören zu Zürich und Schaffhausen[4], und man hat eine solche Ordnung auch für Inseln im Grenzfluß angenommen wie die Fasaneninsel an der französisch-spanischen Grenze[5]. Hier überall kann kein Zweifel sein, daß es die Staatsgewalt des Stammlands ist, die sich, beschränkt durch die gleichen Rechte des Nachbarlands, in diesen Randgebieten betätigt; wo wäre auch die Möglichkeit für einen besondern Machtbereich auf Flüssen oder Straßen, die nicht bewohnt sind? Man darf nur die Einheit der Staatsgewalt nicht darum verkennen, weil sie — ebenso wie dies auch im Innern eines Lands vorkommt — in solchen Randgebieten sich manchmal nach andern Rechtssätzen betätigt als im Stammland. Dieselbe Rechtslage war für den vormals nicht seltenen Gemeinschaftsbesitz deutscher Länder begründet, Fälle, von denen für den Kommunionharz, der bis 1874 Preußen und Braunschweig gemeinsam war[6], für Kürnbach, das bis 1904 zu Baden und Hessen gehörte[7], nähere Angaben erreichbar sind. Das gleiche war aber auch anzunehmen für das grenzstreitige Gebiet von Moresnet, das, von Preußen und von Belgien als ausschließlicher Besitz beansprucht, 1815—1920 als Kondominium verwaltet wurde[8]. Dagegen handelt es

---

[3] Oben 3 I 18 f. Ebenso besaßen zur Zeit seiner Abtrennung das Saargebiet und das Reich gemeinsame Straßen, RGBl. 1927 II 274.

[4] Oben 2, 116 und 51. Der Bodensee ist entgegen den früher manchmal vertretenen Meinungen auch in der inneren Wasserfläche territorial aufgeteilt (oben 2, 111 ff.), doch finden sich zuweilen Vereinbarungen und landesrechtliche Vorschriften, die jene Meinung voraussetzen (vgl. oben 1, 41; 3 II 114[46]). — Für Grenzbrücken 3 I 17.

[5] Vertrag 2. 12. 1856, Dalloz 1857 IV 170 und Abkommen 27. 3. 1901, Martens [3] 5, 737.

[6] Dazu Achenbach, Zeitschrift für Bergrecht (1867) 8, 66 ff.; Lahmeyer ebenda 15, 513 ff.

[7] Dazu E. Dorner, Kommentar zur badischen Rechtspolizeigesetzgebung (1902) 564 ff. Verhandlungen der Ständeversammlung des Großherzogtums Baden 1903/04, 2. Kammer Beilagen 3, 396 ff. (Bericht der Justizkommission).

[8] Dazu oben 1 S. 8, 41[28], 279 f.; 2, 669; 3 II 28[102] und 243[14]. Weiteres bei

sich um Außengebiete im vorerwähnten Sinn bei der gemeinsamen Herrschaft Großbritanniens und Frankreichs über die Neuen Hebriden[9], bei der Herrschaft Ägyptens und Großbritanniens über den Sudan[10], und das gilt insbesondre auch für die zahlreichen Fälle, welche die letzten Friedensverträge geschaffen haben, Fälle von vorübergehender Dauer, wie der Mitbesitz, der den vier Hauptmächten an Memel, Ostgalizien und andern Gebieten bis zu deren endgültiger Zuweisung übertragen wurde[11], Fälle, die auch jetzt noch bestehen, wie die Herrschaft über die vormaligen deutschen Kolonien, die an die vier Hauptmächte übertragen wurden, um sie unter Vermittlung des Völkerbunds der „Vormundschaft" gewisser Staaten zu unterstellen[12].

Wie weit der gemeinsame Landstrich dem übrigen Staatsgebiet eines jeden der Beteiligten gleichsteht, ist eine Frage des innerstaatlichen Rechts, die für jeden einzelnen Fall eines Kondominiums und für jede einzelne Nutzanwendung gesondert geprüft werden muß. Doch wird bei Kondominien, in denen je die Staatsgewalt des Stammlands herrscht, eine solche Gleichstellung meist veranlaßt sein[13]. Auf der

---

Fleischmann im Wörterbuch des Staats- und Verwaltungsrechts[2] 2, 901 ff. Das besondere Interesse, das Moresnet in diesem Zusammenhang bietet, liegt nicht in der Bedeutung des Landstrichs, sondern in dem seltenen Umstand, daß hier eine Verwaltungsübung bis in ihre Einzelheiten verfolgt werden kann.

[9] Jetzt gilt das Protokoll 6. 8. 1914, Martens [3] 12, 198. Über den vorangegangenen Rechtszustand Politis, Revue générale du droit international public 1901, 1904, 1907. Der Vertrag bezeichnet die Inseln als „gemeinsames Einflußgebiet", doch ist nicht zweifelhaft, daß es sich bei der dort geübten Herrschaft um den Ausschluß dritter Staaten, nicht um eine staatenlose koloniale „Interessensphäre" handeln sollte.

[10] Vertrag 19. 1. 1899, Martens [3] 4, 791. Seit 1924 tatsächlich außer Wirksamkeit.

[11] Für Memel durch Art. 99 des Versailler Vertrags; für Ostgalizien durch Art. 91 des Vertrags von St. Germain.

[12] Versailler Vertrag Art. 119. Der Streit, ob es sich bei den Mandaten um Annexion handle oder nicht, setzt öfter an der unrichtigen Stelle ein: Für die mit der Vormundschaft beauftragte Macht kann es sich nicht um Einverleibung handeln. Aber jene Besitzungen selbst sind weder deutsch geblieben, noch staatenlos geworden. Und noch einmal ein andres ist es (s. gleich unten), daß die vier Mächte die genannten Gebiete wohl erworben haben, aber in ihrer Eigenschaft als Kondomini von jeder Eigennutzung ausgeschlossen bleiben sollten.

[13] Vgl. für Moresnet 1, 8 Ausweisung; 3 II 28 [102] Postgebiet. Aufenthalt in Moresnet ist kein Aufenthalt im Ausland, der Verlust der Staatsangehörigkeit begründet (Erlaß des Reichskanzlers 1875 in dem Reichsgerichtsurteil 1905). Eine im Bezirk begangene strafbare Handlung ist kraft räumlicher Anknüpfung der deutschen Strafgewalt unterworfen, wenn auch abgeleitet aus dem Strafrecht (und internationalen Strafrecht) des Code pénal; so im

andern Seite sollte bei den Kondominien, die von den letzten Friedensverträgen geschaffen worden sind, den beteiligten Mächten nur die gemeinsame Weitergabe des Gebiets übertragen, aber nicht eigene Nutzung eingeräumt werden, und auch bei kolonialen Kondominien kommt eine Gleichstellung mit dem mutterländischen Gebiet im Höchstmaß nur soweit in Betracht, als Kolonialbesitz dieser Macht auch sonst mutterländischem Gebiet gleichgestellt ist.

Wesentlicher für den gegenwärtigen Zusammenhang sind die Fragen, die sich aus der Aufteilung der Zuständigkeiten auf die mitberechtigten Staaten ergeben. Den Ausgangspunkt aber bildet hier der Satz, daß mangels abweichender Vereinbarung jegliche Betätigung im Gebiet nur im gegenseitigen Einverständnis erfolgen kann. Das gilt für die Vornahme von Machthandlungen im Gebiet und gilt für jede rechtliche Regelung, die auf Grund räumlicher Verbindung mit dem Gebiet wirksam werden soll. Verträge, Verwaltungsübung, Rechtsprechung haben von diesem Grundsatz vielfältigsten Gebrauch gemacht [14], und es ist nur die Kehrseite desselben Gedankens, daß mangels einer Regelung der Rechtszustand weiterbesteht, wie er vor Begründung der gemeinsamen Herrschaft beschaffen war [15]. Besondre Organe dienen in der Regel der Durchführung des Systems [16]. Bei der äußersten Unzweckmäßigkeit eines solchen Rechtszustands hat man sich zuweilen mit der Tätigkeit der Organe eines Teils begnügt, zumal bei der Tätigkeit der Sicherheitspolizeibeamten [17], vielleicht auch dem

---

Ergebnis auch das Reichsgericht 1898 und 1905, Entscheidungen in Strafsachen 31, 259 und 38, 289 (sehr eingehend, doch mit nichttragfähiger Begründung; ob der Bezirk zum „Staatsgebiet" gehört, ist für diesen Zusammenhang unergiebig). Wegen der Unklarheiten, die in solchen Fällen kritiklose Verwertung eines „Inlands"begriffs hervorruft, oben S. 144 [17].

[14] Vgl. z. B. den Vertrag Preußens und Luxemburgs über die Fischereipolizei in den gemeinsamen Grenzgewässern oben 2, 116, ein Abkommen für Kürnbach von 1835, den Neuhebridenvertrag an zahlreichen Orten. Aus der Praxis: die deutschen Arbeiterversicherungsgesetze haben in Moresnet nicht gegolten (Reichsversicherungsamt, oben 2, 669), die Aachener Polizeiverordnungen nicht auf der deutsch-belgischen Grenzstraße (Kammergericht, oben 3 I 18 f.). Eine Konzession für Wasserbauten in der gemeinsamen Flußstrecke des Rheins muß von beiden Uferstaaten gewährt sein (2, 51). In Moresnet haben die beiden Kommissare den Bürgermeister ernannt (Fleischmann 903).

[15] Frankenwährung in Moresnet 3 II 243 [14]. Strafrecht des 16. Jahrhunderts im Kommunionharz bis zur Einführung des Reichsstrafgesetzbuchs (Achenbach).

[16] Kürnbach hatte zwei Bürgermeister, für den Kommunionharz hatte jeder Teil ein Direktorium eingesetzt, Preußen und Belgien für Moresnet einen Kommissar bestellt. Über die besonders weitgehende Doppelorganisation auf den Neuen Hebriden unten.

[17] So auf vertraglicher Grundlage bei den preußisch-luxemburgischen

einen Teil stellvertretende Befugnisse übertragen[18]. Vor allem aber war man bestrebt, eine rechtliche Ordnung aufzurichten, die eine mehrfache Aktion gegenstandslos machen mußte. Das geschah mit restloser Wirksamkeit, wo die Staatsverwaltung in ihrem vollen Umfang einer vertraglich berufenen Stelle übertragen wurde, wie im Sudan oder in den durch die letzten Friedensverträge geschaffenen Kondominien. In andern Fällen hat man materiellrechtliche Bestimmungen in den begründenden Staatsvertrag aufgenommen[19], oder hat für Gruppen von Geschäften gemeinsame Organe oder auch Selbstverwaltungskörper begründet[20]. Ein andrer Ausweg bot sich in einer geregelten Teilung der Zuständigkeiten. Vielleicht so, daß durch Vereinbarung in zeitlichem Wechsel der eine oder der andre Staat berufen war[21]. Vor allem aber — und diese Seite steht hier im Vordergrund — durch eine Aufteilung auf räumlicher oder persönlicher Grundlage. Eine Teilung, die nach dem Willen der Kondomini[22] derart erfolgt, daß in einem geographisch bestimmten Bereich je einer von ihnen die Herrschaft übt — eine solche Regelung wurde 1865 nach der Abtretung Schleswig-Holsteins an Preußen und Österreich getroffen —, mag einfache Verhältnisse schaffen[23]. Vornehmlich greift

---

Grenzgewässern, oben 2, 116; ohne solche Grundlage in Moresnet (Fleischmann 903). Vgl. auch 3 II 28[102] Einspruch Belgiens gegen Errichtung eines Privatpostamts in Moresnet.

[18] In Moresnet hat Preußen für Rechnung beider Teile Steuern erhoben (Fleischmann 904).

[19] So für das Immobiliarsachenrecht der Neuhebridenvertrag.

[20] So das Gemischte Gericht und die Gemeinden der Neuen Hebriden oder die Gemeinde von Moresnet.

[21] So für Polizei und Strafgerichtsbarkeit auf der Fasaneninsel; andre Fälle in Kürnbach und im Kommunionharz, auf den Neuen Hebriden.

[22] Darin unterscheidet sich eine solche Rechtslage von der Aufteilung eines sozial zusammengehörigen Gebiets unter die ausschließliche Herrschaft benachbarter Staaten. Vgl. etwa für die teils zu Tennessee, teils zu Virginia gehörende Stadt Bristol Frankfurter Zeitung 17. 10. 1909.

[23] Daß eine Teilung nach räumlichen Gesichtspunkten aber auch sehr verwickelte Zustände schaffen kann, hat Kürnbach gezeigt. Hier haben die einzelnen Häuser entweder zu Baden oder zu Hessen gehört, die unbebauten Grundstücke der Gemarkung zu dem Staat, dessen Angehörigkeit der Eigentümer besaß, und diese Angehörigkeit bestimmte sich nach der jeweiligen Wohnung in einem badischen oder hessischen Haus. Doch scheint eine solche Staatszugehörigkeit die Grundstücke nur als Objekt erfaßt zu haben (für die badischen Häuser galt das badische, für die hessischen das hessische Fluchtliniengesetz), aber nicht als Raum der staatlichen Herrschaft. Denn zum mindesten für die Rechtspflege mit Einschluß der Polizeigerichtsbarkeit entschied nicht der Ort einer Handlung über Recht und Gericht, sondern die durch die Wohnung bestimmte staatliche Zugehörigkeit der Beteiligten. Überdies aber hat es gemeinsame Angelegenheiten des Bezirks gegeben; von

man zu dem Mittel einer persönlichen Aufteilung[24]. Auf den Neuen Hebriden hat das zu einer völligen Doppelorganisation für Engländer und Franzosen geführt: zwei Regierungen, zwei Delegierte in den Unterbezirken, zwei Polizeiabteilungen, doppelte Gerichtsorganisation[25]. Die Zuständigkeit bestimmt sich alsdann nach der Staatsangehörigkeit[26]. Doch ergeben sich auch bei einer solchen persönlichen Aufteilung Schwierigkeiten nach zwei Richtungen. Neben einander bestehend, müssen die Zuständigkeiten sich (ähnlich wie oben S. 533) bei Mischbeziehungen von einander abgrenzen lassen; es ist zuweilen für solchen Fall besonders vorgesorgt worden[27]. Und es bedurfte einer Vorsorge für Behörden und Recht, die bei Angehörigen dritter Staaten zuständig sein sollten[28], aber — bei bewohnten Kondominien — auch für die ursprünglichen Einwohner des Gebiets, welche die Staatsangehörigkeit der beherrschenden Staaten nicht er-

---

den Gebäuden waren Kirche, Rathaus, Schulhaus gemeinsam, und neben den beiden Gemeinden (s. unten) gab es eine Gesamtgemeinde.

[24] So für die Gerichtsbarkeit oder doch für die Strafgerichtsbarkeit auf der Fasaneninsel, in Kürnbach, den deutsch-luxemburgischen Grenzgewässern, auf den Neuen Hebriden für alle Angelegenheiten, die nicht für gemeinsam erklärt worden sind. — Es handelt sich dabei um eine persönliche Aufteilung von Zuständigkeiten, die im Einheitsstaat nach räumlichen Anknüpfungen bestimmt werden; davon muß die Geltung von Rechtssätzen geschieden werden, die auch bei einem Aufenthalt in fremdem Staat kraft persönlicher Verbindung angewendet werden. So die Wehrpflicht der Belgier und Deutschen in Moresnet.

[25] Auch Kürnbach hatte zwei Gemeinden, jede mit eigenem Bürgermeister, der Kommunionharz zwei Direktorien für die Rechtspflege, Moresnet zwei Staatskommissare.

[26] Über die sehr eigentümliche Staatsangehörigkeit in Kürnbach oben Anm. 23.

[27] In Kürnbach sollte nach einem Abkommen von 1835 in Zivilsachen der Richter des Beklagten, in Straf- und Polizeisachen derjenige des Beteiligten entscheiden, und durch das Gericht auch das anwendbare Recht (in Zivilsachen bis 1900 das Badische oder das Württembergische Landrecht) bestimmt werden. Ähnlich war bezüglich der Gerichtsbarkeit auch die Regelung auf den Neuen Hebriden (Vertrag 1906), doch hat Art. 20 des Protokolls von 1914 für Zivilsachen eine Verfeinerung gebracht: zunächst entscheidet die Gerichtsbarkeit des Staats, unter dessen Recht ein Vertrag geschlossen oder eine Handlung vorgenommen wurde, sonst diejenige des Beklagten.

[28] Auf der Fasaneninsel läßt man (bei der Strafgerichtsbarkeit) einen Turnus eintreten, wenn nicht der Zusammenhang mit Straftaten eines Spaniers oder Franzosen die Zuständigkeit bestimmt. In Kürnbach stand die Gerichtsbarkeit in solchen Fällen Baden zu. Auf den Neuen Hebriden müssen sich die Angehörigen dritter Staaten von vornherein, insoweit aber nach ihrer Wahl, dem französischen oder dem englischen Regime unterstellen.

langt hatten[29]. Doch finden sich auch Aufteilungen der Zuständigkeit nach andern Gesichtspunkten, etwa wenn fischereipolizeiliche Erlaubnisse für die deutsch-luxemburgischen Grenzgewässer bei den Behörden des Wohnsitzes, hilfsweise des Aufenthaltsorts erholt werden sollen[30]. Und man hat sogar die Wahl der Beteiligten entscheiden lassen, wie das besonders in Moresnet weitgehend geschehen ist[31].

Zusammengesetzte und abhängige Staaten.

2. Um gemeinsame Herrschaft handelt es sich auch in Bundesstaaten und kann es sich in abhängigen Staaten handeln. Doch sie sind unergiebig für den gegenwärtigen Zusammenhang und werden nur des Gegensatzes halber erwähnt.

Im Bundesstaat übt der Gesamtstaat Mitherrschaft in den Gliedstaaten, üben die Gliedstaaten möglicherweise Mitherrschaft im Gesamtstaat. Jedoch die Herrschaft über die Gliedstaaten ist sachlich aufgeteilt zwischen dem Gesamtstaat und dem örtlichen Staatswesen; bei der Regierung des Gesamtstaats wirken die Gliedstaaten durch ein einheitliches Organ mit, das in die Verfassung des Gesamtstaats eingebaut ist, wie der Bundesrat im kaiserlichen Deutschland — wenn nicht der Teilstaat als Staat von einer Mitwirkung an der Gesamtregierung überhaupt ausgeschlossen ist, seinen Sonderinteressen durch andre Einrichtungen des Gesamtstaats Rechnung getragen wird, wie den Ständerat der Schweiz. Zu einer Abgrenzung räumlicher oder

---

29 Die Eingeborenen der Neuen Hebriden unterliegen demgemäß der gemeinsamen Herrschaft der beiden Regierungen. Auch in Moresnet sind die Nachkommen der Einwohner, die 1815 im Gebiet ansässig waren, weder Belgier noch Deutsche gewesen, doch haben sich in Moresnet die Zuständigkeiten nicht nach der Staatsangehörigkeit abgegrenzt (und ob ein solcher Einwohner einem Deutschen oder Belgier gleichzustellen war, hatte sich nach dem Zusammenhang der einzelnen Bestimmungen zu entscheiden; ein Beispiel oben 1, 8).

30 Oben 2, 116. Für den Bodensee hat man (oben 1, 41) — es mag die Auffassung, der innere See sei Kondominium, im Spiel gewesen sein — vereinbart, für die Beurkundung des Personenstands solle der Standort des Fahrzeugs entscheiden, auf dem sich der Vorgang ereignet hat oder von dem aus eine Leiche aus dem See aufgenommen worden ist.

31 In Zivilstreitsachen wählt der Kläger die Gerichtsbarkeit, für die Aufnahme von Urkunden wählt die Partei den Notar, Hypotheken können (für dasselbe Grundstück!) in Preußen oder Belgien eingetragen werden. In Strafsachen wird die Gerichtsbarkeit von dem Teil bestimmt, der das Verfahren in Gang bringt, mag das der antragstellende Verletzte oder eine öffentliche Behörde sein; bei Zollvergehen sollte nach einer Vereinbarung von 1821 der Zuwiderhandelnde Recht und Gericht wählen dürfen. So Pandectes belges 66, 421 ff. — Über die Wahl des Regimes auf den Neuen Hebriden oben Anm. 28.

persönlicher Zuständigkeiten bleibt im Verhältnis zwischen Gesamtstaat und Teilstaat kein Anlaß[32].

Bei einem völkerrechtlichen Protektorat handelt es sich einseitig um eine Beteiligung, die dem Oberstaat an der Herrschaft des Unterstaats zukommt. Es muß ein Mindestmaß von Befugnissen vorhanden sein, die dem Oberstaat zu eigenem Recht zustehen, wenn eine solche Beziehung vorliegen soll, beispielsweise für Angelegenheiten der auswärtigen Verwaltung (Danzig, Monaco), und insoweit bedarf es einer Zusammenarbeit, oder es ist wiederum eine sachliche Aufteilung der beiden Gewalten gegeben. In andern Fällen reicht der Einfluß des Oberstaats weiter, in Andorra, vormals auf den Jonischen Inseln, und er erstreckt sich in Protektoraten mit kolonialem Einschlag wie Tunis und Marokko auf die Gesamtheit des staatlichen Lebens. Doch handelt es sich auch hier überall entweder um Zusammenarbeit oder um sachliche Aufteilung zwischen den beiden Gewalten, insbesondre auch (und gerade in den letztgenannten Fällen sehr weitgehend) um eine Einwirkung des Oberstaats innerhalb der formal aufrechterhaltenen Rechtsordnung des Unterstaats. Diese nämliche Lösung ist auch bei einigen Mandaten angewendet worden, bei denen der bevormundete Teil Staatscharakter hat, bei dem Irak und Transjordanien, während in Palästina und zunächst in Syrien die Gesamtheit der öffentlichen Verwaltung vom Oberstaat geführt wird, die Eigenrechte des Unterstaats sich auf ein nudum jus beschränken.

Nun kommen freilich bei Protektoraten mit kolonialem Einschlag und bei den Mandaten doppelte und mehrfache Organisationen in Recht und Behördeneinrichtung für dieselben Angelegenheiten vor. Der Europäer steht für Zivilrecht und Zivilgerichtsbarkeit unter einer andern Ordnung als der Eingeborene, diese selbst mögen nach Herkunft oder Bekenntnis wieder verschiedenen Regelungen unterstellt sein; manchmal erstreckt sich die Scheidung auf das Strafrecht, und sie findet sich, was hier im Vordergrund steht, zuweilen auch bei der Verwaltung[33]. Hier können in der Tat gleichartige Tatbestände der einen oder andern Ordnung unterstellt sein, bedarf es im Verhältnis zu den Rechtsunterworfenen einer Abgrenzung der Zuständigkeit zwischen ihnen — aber es handelt sich nicht um eine Abgrenzung zwischen dem Rechtskreis des Oberstaats und des Unterstaats. Es sind die Fragen, die überall auf kolonialem Boden auftreten, auch da, wo

---

[32] Anders natürlich im Verhältnis der Gliedstaaten zu einander, und auch da, wo der Gesamtstaat für einen Teilbereich Aufgaben eines Gliedstaats erfüllt; dazu oben S. 438 ff.

[33] Über die besondere Organisation der Eingeborenenverwaltung in Tunis und Marokko etwa A. Girault, Principes de colonisation et de législation coloniale[5] (1928) 5, 31 ff. 131 f.; 245 260.

ein Staat die ungeteilte Herrschaft über eine ihm gehörende Besitzung ausübt. Sie bilden in Protektoraten und Mandatsgebieten zunächst ein Problem für den Unterstaat und mögen dann ihrerseits dem Oberstaat, dem Unterstaat, vielleicht auch in sachlicher Aufteilung oder Zusammenarbeit beiden zur Regelung überwiesen sein.

Gemeinsame Mitherrschaft in fremdem Gebiet.

3. Gleichartige Fragen wie bei Kondominien können auch da entstehen, wo eine Mehrheit von Staaten in fremdem Staatsgebiet eine Mitherrschaft im Sinn der vorausgehenden Paragraphen gemeinsam ausübt. Es gab und gibt gemeinsame Protektorate, Andorra bietet ein Beispiel[34]. Der Völkerbund übt eine Obervormundschaft über die A-Mandate, die sich aus vormals türkischem Gebiet gebildet hatten[35]. Die Abstimmungsgebiete des Versailler Vertrags, das Rheinland standen unter gemeinsamer Besetzung, das Ruhrgebiet war von Frankreich und Belgien sanktionsweise besetzt worden, und es war das Saargebiet einer Regierung der alliierten und assoziierten Mächte unterstellt, die der Völkerbund als Treuhänder auszuüben hatte[36]. Auch die Herrschaftsrechte, die unter der Bezeichnung Konsulargerichtsbarkeit gehen, werden zuweilen gemeinsam ausgeübt, so[37] in der Internationalen Niederlassung Schanghai, und es besteht eine verwandte Rechtslage in Tanger, rechtlich einem Hoheitsgebiet des Sultans von Marokko[38]. Auch Flußschiffahrtskommissionen, voran die Europäische Donaukommission, sind zuweilen berufen, Herrschaft in fremdem Staat auszuüben[39].

---

[34] Dazu vornehmlich Löwenstein, Zeitschrift für öffentliches Recht (1934) 14, 417 ff., dessen Abhandlung die im weiteren benützten Angaben entnommen sind. Andorra ist nicht Kondominium, das Gebiet hat eine selbständige oberste Gewalt (so werden die Vögte der beiden Schutzmächte von einer örtlichen Stelle vereidigt, die Zuständigkeit der Vögte ist sachlich begrenzt). — Für das gemeinsame Protektorat über Krakau 1815—1846 Beilage zur Wiener Schlußakte 21. 4./3. 5. 1815 Martens, Nouveau recueil 2, 251. — Ein Vertrag 14. 6. 1889 Martens [2] 15, 571, hatte für zehn Jahre ein gemeinsames Protektorat über die Samoa-Inseln geschaffen.

[35] Völkerbundsakte Art. 22. Von der Türkei anerkannt im Lausanner Vertrag Art. 3, 16.

[36] Über diese letztgenannten Bildungen oben § 47 Z. 1, 2 und § 48 Z. 4.

[37] Oben § 46 Z. 2 d).

[38] Zur Zeit gilt noch der Vertrag 18. 12. 1923, P. L. Rivière, Traités, codes et lois du Maroc (1924) 1, 144. Verwaltung und Gerichtsbarkeit werden von Organen geübt, die rechtlich Organe des Sultans sind. Nur im Kontrollausschuß und bei Ernennung zu gewissen Ämtern werden die fremden Mächte zu eigenem Recht tätig. (Italien und die Vereinigten Staaten stehen außerhalb des Vertragswerks und haben Konsulargerichtsbarkeit bewahrt.)

[39] Oben 3 I 228 ff.

Für die Mehrzahl dieser Fälle freilich kann das gegenseitige Verhältnis der mitberechtigten Staaten — und nur davon ist in diesem Zusammenhang die Rede — nicht zu Schwierigkeiten führen: überall da nicht, wo die Herrschaftsrechte der Beteiligten durch ein gemeinsames Organ ausgeübt werden, das für sie handelt [40], im wesentlichen auch da nicht, wo die öffentliche Gewalt einer örtlichen Gemeinschaft (Staat oder Gemeinde) überlassen bleibt, die Mitherrschaft fremder Staaten sich auf Einsetzung von Behörden oder Überwachung beschränkt [41]. Es gibt aber auch Fälle, bei denen die mitberechtigten Staaten unmittelbare Herrschaft über die Einzelnen üben. Auch hier muß alsdann gelten, daß mangels besonderer Vorsorge Handlungen nur in Übereinstimmung statthaft sind [42], ist es zuweilen, wie in Andorra, zu einer Doppelorganisation der Schutzmächte gekommen [43], und es hat unter solchen Umständen, ähnlich wie in Kondominien, bei gemeinsamen Angelegenheiten auch eine Aufteilung der Zuständigkeiten stattgefunden [44]. Nur bedarf es dabei einer Auseinanderhaltung gemeinsamer und solcher Angelegenheiten, welche die beteiligten Staaten getrennt angehen. So die Ernennung von Mitgliedern des Gemeinderats von Tanger je durch den Konsul der berechtigten Macht. Oder bei der gemeinsamen Besetzung Rumäniens, bei der es deutsche und österreichisch-ungarische Etappenbezirke gab [45]: zur Übung der

---

[40] So die beauftragten Mächte in den A-Mandaten, die internationalen Ausschüsse in den Abstimmungsgebieten, zum Teil auch der internationale Ausschuß der besetzten Rheinlande, die Flußschiffahrtskommissionen. Für gewisse Organe ist hier auch Schanghai und das vormalige Protektorat über Samoa zu nennen.

[41] So bei dem Protektorat über Krakau, im wesentlichen auch bei jenem über Samoa, zu einem Teil bei dem Protektorat über Andorra. In Schanghai. In Tanger. Im Saargebiet.

[42] So die begründete Beschwerde Spaniens gegen eine einseitige Polizeiaktion, die Frankreich 1933 in Andorra vorgenommen hatte. Entsprechend die Rechtslage für zahlreiche andre Staatsakte, die in Andorra den Schutzmächten vorbehalten sind. Die Samoa-Akte von 1889 fällt durch die Sorgfalt auf, mit der Abhilfe vorgesehen wird für den Fall, daß für Ernennungen und Genehmigungen, die im Einverständnis erfolgen sollen, Übereinstimmung nicht herbeigeführt werden kann.

[43] Zwei Vögte als Vertreter der Schutzmächte, jeder ernennt einen Ortsrichter.

[44] Für die Zivilgerichtsbarkeit hat in Andorra in erster Instanz der Kläger die Wahl zwischen dem spanischen und dem französischen Ortsrichter, in 2. Instanz entscheidet ein Appellationsrichter, der im Turnus von der einen und der andern Schutzmacht bestellt wird, der dritte Rechtszug geht nach Wahl der zuerst handelnden Partei nach Frankreich oder Spanien. Wahl des Benutzers auch bei der französischen und der spanischen Postanstalt des Landes.

[45] Verordnung 26. 1. 1917, Verordnungsblatt der Militärverwaltung in Rumänien 49.

Kriegspolizei, die dem Schutz der Truppe gegen die Bevölkerung diente, war jeder Truppenteil von seinem Staat ermächtigt[46]. Wo freilich ein Truppenteil in die verbündete Armee eingegliedert ist, da tritt er auch in deren Schutzzone ein, soweit sie auf Maßnahmen einer übergeordneten Stelle beruht, und kriegspolizeiliche Anordnungen des Armeebefehlshabers sind auch für die Militärgerichte des andern Teils, die über den eingegliederten Verband Zuständigkeit besitzen, eine verbindliche Rechtsquelle[47].

§ 50.
Staatenloses Gebiet.

Im staatenlosen Gebiet[1] kann es keine örtlich tätige Staatsgewalt, kann es kein räumlich geltendes Recht geben. Vielleicht sind solche Landstriche unbewohnt, und wenn bewohnt und die Bewohner zu einer Gemeinschaft zusammengefaßt, so doch nicht zu einer solchen, die durch Anerkennung in Verbindung mit unserm eigenen Rechtssystem gebracht wäre[2]. Dennoch ist es angesichts der Möglichkeit, daß Angehörige unsres Staats sich in solche Bereiche begeben, daß sie

[46] Vgl. auch Art. 8 des Abkommens für die von vier Mächten besetzten Rheinlande: Zivilbeamte und Offiziere sind „nach Maßgabe der bei jeder einzelnen Armee zur Zeit in Kraft befindlichen Einquartierungsbestimmungen" unterzubringen. Entsprechend die dem Schutz der Streitkräfte dienende Militärstrafgerichtsbarkeit über die Bevölkerung: jeder Teil wendete dabei sein materielles Strafrecht und sein Verfahrensrecht an; Heyland, Rheinlande 158, 173 f.

[47] Der deutsche Oberbefehlshaber, dem österreichisch-ungarische Verbände unterstellt waren, hatte „auch im Namen der österreichisch-ungarischen Armee" (anscheinend in Serbien) ein Waffenverbot für die Bevölkerung erlassen. Ein österreichisch-ungarisches Gericht sieht die Bekanntmachung zwar für die österreichisch-ungarischen Kommandanten als verbindlich an, aber nicht für die österreichisch-ungarischen Gerichte; für diese kämen nur Verordnungen des k. und k. Armee-Oberkommandos in Betracht. Dietz, der das Urteil Archiv für Militärrecht 6, 396 f. mitteilt, stimmt der Entscheidung zu. Ich halte sie nach dem wahrscheinlich gegebenen Tatbestand für bedenklich. Das kriegspolizeiliche Verordnungsrecht ist ein Ausfluß der Kommandogewalt, und mit der rechtsgültigen Unterstellung österreichisch-ungarischer Verbände unter deutschen Oberbefehl waren solche Anordnungen für das österreichisch-ungarische Recht den Verordnungen der k. u. k. Befehlshaber gleichwertig geworden.

[1] Eine Untersuchung von Gewicht hat dem Gegenstand Rudolf Stammler in Festschrift für Binding (1911) 1, 331 gewidmet. Ohne Verbindung mit den Einsichten des internationalen Privatrechts über persönliche und räumliche Anwendung, über Geltung und Durchsetzung einer Rechtsordnung geschrieben, ist die Untersuchung nach des Verfassers Meinung unfruchtbar geblieben. Näheres darüber in Zeitschrift für Völkerrecht 6, 172[3].

[2] Dazu Neumeyer, Zeitschrift für Völkerrecht 6, 139 ff.

dort mit Angehörigen andrer anerkannter Staaten in Verbindung treten, ein unannehmbarer Zustand, Vorgänge in diesem Bereich, an denen sie teilhaben, als rechtlich gleichgültig zu behandeln. Und so bleibt nur der Weg, Tatbestände solcher Art mit dem Recht eines anerkannten Staats in Verbindung zu bringen. Das Problem hat noch vor fünfzig Jahren für Innerafrika und zumal für die Inselwelt der Südsee eine nicht ganz geringe Bedeutung besessen, und es ist in naher Vergangenheit noch einmal für Spitzbergen aufgeflackert. Heute ist seine Bedeutung für staatenloses Landgebiet klein geworden. Seine grundsätzliche Tragweite aber, vor allem für die Rechtslage der hohen See und den Luftraum über ihr (sie sollen im Folgenden selbständig behandelt werden) ist unvermindert.

Es bedarf sohin einer Verbindung des rechtlich zu würdigenden Tatbestands mit dem Rechtssystem eines anerkannten Staats[3]. Bei der Schwierigkeit des Zugangs und der Lebensbedingungen in solchem Bereich sind es vielfach geschlossene Unternehmungen, die in das Gebiet vordringen, und es muß innerhalb einer Gemeinschaft dieser Art notwendig eine einheitliche Ordnung, auch rechtlich eine einheitliche Ordnung bestehen für die gegenseitigen Beziehungen der Teilnehmer, wie für ihre etwaige Begegnung mit andern Unternehmungen. So drängt sich die Lösung auf: der Staat, von dem die Unternehmung ausgeht, begleitet sie mit seinem Recht; die Staatsangehörigkeit des einzelnen Teilnehmers bleibt insoweit ohne rechtliche Bedeutung. Das klassische Vorbild der Lösung ist das Recht der Flagge, das dem Schiff in die hohe See folgt. Man wird den Satz, sofern nicht eine unbedachte Kodifikation Schwierigkeiten macht, auch sonst als das im Zweifel geltende Recht ansehen dürfen[4], und er findet demgemäß auch in Ver-

[3] Natürlich kann das nicht bedeuten, daß die Rechtssätze des zuständigen Staats in ihrer Gesamtheit auf Tatbestände des staatenlosen Gebiets angewendet werden sollten. Gerade für das Verwaltungsrecht wird dies vielfach schon ihr eigener Inhalt verhindern. Vgl. z. B. oben 2, 63 f.; 3 II 28.

[4] § 77 des deutschen Konsulargerichtsbarkeitsgesetzes (auf Strafsachen beschränkt) wird dem Bedürfnis im wesentlichen gerecht, wenn er die Geltung deutschen Rechts im staatenlosen Gebiet auf Deutsche und „Schutzgenossen“ erstreckt. s. 2 der Foreign Jurisdiction Act 53 & 54 Vict. c. 37 beschränkt sich freilich — wie frühere Statuten — auf *Her Majesty's subjects.* Doch ist dabei der Satz des englischen Rechts zu beachten, daß unter britischer Hoheit verbleibt, wer in den letzten drei Monaten auf einem britischen Schiff geweilt hat, und es ist in einzelnen Orders in Council für Fremde die Möglichkeit einer Unterwerfung ins Auge gefaßt (Hall [zit. oben 531[30]] 232; Einzelheiten sind mir nicht erreichbar gewesen); man wird auch an die Grundsätze über Siedlung im staatenlosen Gebiet erinnern dürfen (hiezu etwa Evans, Leading cases on international law 1917 160). Frankreich besitzt, nur für die Südsee gültig, auf Grundlage des Gesetzes 30. 7. 1900 ein Dekret vom 28. 2. 1901, das zunächst nur von dem „Schutz“ der Franzosen

waltungssachen Anwendung. Die Praxis hat seine Notwendigkeit etwa in Angelegenheiten des Arbeiterschutzes oder des Jagdrechts erwiesen[5]. Nur unter Verhältnissen, bei denen jemand als Einzelner und von verschiedenen Staaten her[6] in staatenloses Gebiet gelangen kann, bleibt ein Rückgriff auf die Staatsangehörigkeit der Person unentbehrlich[7].

Ähnlich wie in Ländern unter Konsulargerichtsbarkeit mag es auch im staatenlosen Gebiet sich ereignen, daß eine Mehrheit von Staaten neben einander Anlaß hat, ihre rechtliche Hoheit zu entfalten. Sind an einem Tatbestand Gruppen oder Einzelpersonen mehrerer Staaten beteiligt, so bedarf es, wo eine einheitliche Lösung erforderlich ist (also vornehmlich in Zivilsachen) wiederum einer Feststellung der Zuständigkeit[8]. Auch für das staatenlose Gebiet bestimmt sich eine solche Zuständigkeit zweigliedrig. Erst muß feststehen, daß der Tatbestand mit dem staatenlosen Gebiet räumlich verbunden ist — nur freilich nicht in dem Sinn, daß eine hier geltende Rechtsordnung zur Anwendung berufen wäre, sondern im Sinn der Negative, daß der Tatbestand nicht räumliche Beziehungen zu einem andern Rechtsgebiet aufweist — und es hat dann die persönliche Anknüpfung der Gruppe oder Einzelperson zu entscheiden, die als die wesentlichste für das Rechtsverhältnis angesehen werden muß. In Verwaltungsangelegenheiten werden Fragen dieser Art selten vorkommen. Doch können schon durch das Nebeneinander der Ordnungen, durch eine Verschiedenheit des materiellen Rechts, durch eine Spaltung der Behördenzuständigkeit Schwierigkeiten erwachsen. Man hat deshalb zuweilen versucht, auf dem Vertragsweg Abhilfe zu schaffen. So sollte

---

im staatenlosen Gebiet spricht, aber nach Art. 7, 10, 12, wohl von einer Verbindlichkeit seiner Vorschriften für Franzosen ausgeht. Doch hat das die Rechtsprechung nicht an freier Entfaltung gehindert. Der Appellhof Bordeaux 10. 8. 1906, Revue 2, 935, betont (unter etwas anders gelagerten rechtlichen Bedingungen und für Franzosen) die Zugehörigkeit zu der Unternehmung, die in unbekanntes Land vorstößt, der Kassationshof 23. 2. 1884, Dalloz 1884 I 431, hat Ausländer, Angestellte und Bewohner eines französischen Forts, das in staatenlosem Gebiet errichtet war, wegen eines Angriffs, den sie in Schußweite des Forts auf einen andern Ausländer verübt hatten, strafrechtlich verantwortlich gemacht. Mit dem Gedanken der Schutzgenossenschaft (und hilfsweise einer Unterwerfung) arbeitet auch der unten zu nennende Vertragsentwurf für Spitzbergen.

[5] So oben 2, 63 f. für Bergbau; 2, 116 f. Jagd und Fischerei; 2, 218 Handel; 2, 302 Arbeiterschutz. Vgl. auch 3 II 23[79], 28, 70 über Post und Telegraphie.

[6] Ein Gegenbeispiel oben 1, 279 (Begründung ungenau): Spielhaus auf dem Eis von Alaska, mehr als 3 Seemeilen vom Festland entfernt.

[7] Oben 2, 116 f. 218.

[8] Der gleich zu erwähnende Spitzbergenvertrag ist auch nach dieser Richtung ein sehr bemerkenswertes Dokument.

nach der Kongoakte die — nie ins Leben getretene — Schiffahrtskommission für den Kongo gesetzgebende und richterliche Gewalt über das staatenlose Gebiet in Schiffahrtssachen und verwandten Angelegenheiten ausüben [9]. Für Spitzbergen wurde 1912 der Entwurf eines umfangreichen und sorgfältig durchgearbeiteten Staatsvertrags vereinbart [10], der — neben Angelegenheiten der Justiz — auch gewisse Verwaltungsangelegenheiten einheitlich geregelt und die Verwaltung einer internationalen Kommission unterstellt hat — bis 1920 die Eingliederung der Inseln in Norwegen weitere Bemühungen gegenstandslos gemacht hat. Jedenfalls aber konnten auch Verträge nicht über den Kreis der Gruppen oder Einzelpersonen hinausgreifen, die einem der Vertragsstaaten angehörten.

Hoheitsakte kann im staatenlosen Gebiet jeder Staat vornehmen. Aber allerdings, wenn in einem solchen Gebiet sich Gruppen oder Einzelpersonen aufhalten, die der rechtlichen Zuständigkeit dieses Staats nicht unterworfen sind, so ist er auch nicht in der Lage, sie zum Gegenstand von Amtshandlungen zu machen. Die Möglichkeit, Amtshandlungen vorzunehmen, ist hier ebenso, wie dies oben S. 533 f. für eine entsprechende Rechtslage im Bereich der Konsulargerichtsbarkeit ausgeführt wurde, im Verhältnis zu gleichberechtigten andern Staaten inhaltlich beschränkt.

Einer Erweiterung bedurften die vorstehend entwickelten Abgrenzungen für die „Interessensphären" [11], staatenlose Gebiete, die der Aneignung eines bestimmten Staats vorbehalten waren (heute wird es dergleichen kaum mehr geben). Denn das berechtigte Interesse des künftigen Gebietsherrn, das Gebiet nicht entwertet zu übernehmen, mußte dazu führen, schon vor dem Erwerb eine rechtliche Kontrolle mit Wirksamkeit gegen jedermann durchzuführen. So hatte Deutschland in den noch nicht unter Herrschaft genommenen Teilen Südwestafrikas eine räumlich verbindliche Jagdordnung, eine allgemeine Konzessionspflicht für den Betrieb von Bergwerken eingeführt [12].

Insbesondre aber kann ein späterer Übergang des staatenlosen Gebiets auf einen anerkannten Staat nach einer andern Richtung hin wesentlich werden [13]: Häufig wurde in staatenlosen Gebieten Grundbesitz von Eingeborenen erworben, nicht selten haben — was hier unmittelbar einschlägt — eingeborene Machthaber an Weiße Kon-

---

[9] Kongoakte 26. 2. 1885 Art. 8, 19, 20.

[10] Jahrbuch des Völkerrechts 1, 142.

[11] Dazu etwa A. Weissmüller, Die Interessensphären, Diss. 1908, 41 ff.

[12] Oben 2, 117; 2, 63. Aber auch 2, 218: der bloße Wettbewerb im Handel kann ausländische Gesellschaften nicht konzessionspflichtig machen.

[13] Eingehend über das Folgende Zeitschrift für Völkerrecht 6, 143 ff. 172 ff. Dazu oben 2, 64 f. 66 f. 82; 3 I 66.

zessionen für die landwirtschaftliche Erschließung, für Bergbau oder Eisenbahnbau verliehen. In den Zeiten der Staatenlosigkeit konnten daraus für einen europäischen Beurteiler Rechte nur aus dem Rechtssystem des Erwerbers erwachsen sein, für Grundeigentum etwa aus dessen Bestimmungen (wenn es solche gab) über Besitzergreifung oder Ersitzung; für Konzessionen mochte sich vielleicht ein privatrechtlicher Besitzschutz gegen Dritte herleitet lassen, jedenfalls aber ließ sich aus dem Recht des Erwerbers keine Bindung einer örtlichen, überdies einer nichtanerkannten öffentlichen Gewalt herleiten. Diese Rechtslage aber hat sich mit der Unterstellung des Gebiets unter eine anerkannte Herrschaft geändert. Es muß im Zweifel als der Wille des erwerbenden Staats angesehen werden, die Rechtsverhältnisse, die im Zeitpunkt der Übernahme bestanden, nicht in Verwirrung zu bringen, und das führt rückwirkend zu einer Anerkennung des zur Zeit der Staatenlosigkeit geltenden Eingeborenenrechts, soweit es mit den Anschauungen des erwerbenden Staats vereinbar ist, und zu einer Legalisierung der Rechtsverhältnisse, die auf dessen Grundlage entstanden sind. Aus den früher erteilten Konzessionen ergibt sich nunmehr eine Bindung der jetzt herrschenden Staatsgewalt, aber freilich nur im Zweifel, d. h. soweit deren Rechtssätze einem Weiterbestand der Konzession nicht entgegen sind.

§ 51.

Das Meer.

1. Ausgangspunkte. — 2. Die Zuständigkeiten.

Ausgangspunkte.

1. a) Der Wasserfläche des Meeres[1] kommt nach Völkerrecht eine verschiedene Rechtslage zu, je nachdem es sich um die hohe See, un Küstengewässer oder Eigengewässer handelt[2]. Die hohe See ist staatenlos[3]. Die Eigengewässer unterstehen der vollen Hoheit des

[1] G. Gidel, Le droit international public de la mer, bisher 3 Bände 1932/34, grundlegend und sehr reichhaltig. Durch Fühlungnahme mit dem internationalen Verwaltungsrecht hätte sich der Wert einiger Ausführungen noch weiter steigern lassen.

[2] Nach Gidel 3, 361 ff. würde es sich um eine Vierteilung handeln, läge zwischen Küstengewässern und hoher See die „angrenzende Zone", ein Teil der hohen See, der für bestimmte Zwecke dem Uferstaat räumliche Herrschaft gewährt. M. E. handelt es sich dabei — soweit nicht von vornherein die bloße Duldung von Übergriffen in Frage ist — um eine Mehrzahl heterogener Sonderrechte, von denen nur einzelne dem allgemeinen Völkerrecht angehören, und die nicht alle dem Uferstaat ein gleiches Maß von Rechten gewähren.

[3] Es widerspricht der geschichtlichen Entwicklung, sie als Kondominium der seefahrenden Staaten aufzufassen. Es ist gänzlich unjuristisch, die hohe

Uferstaats[4]. Bei den Küstengewässern aber hat sich in jüngster Zeit eine bemerkenswerte Veränderung der Rechtslage vollzogen. Als die vorausgehenden Bände dieses Werkes geschrieben wurden, mußte noch angenommen werden, daß die Küstengewässer einen Bestandteil der staatenlosen hohen See bilden, daß aber dem Uferstaat die Möglichkeit räumlicher Herrschaft zustehe für rechtliche Beziehungen, die das durchfahrende Schiff mit dem Uferstaat selbst oder mit andern Fahrzeugen verbinden. Tendenzen, diese Gewässer dem angrenzenden Festlandsstaat einzuverleiben, sind in den letzten Jahrzehnten stärker hervorgetreten; sie haben den unter ähnlichen Bedingungen befahrenen Luftraum schon vorher der staatlichen Herrschaft unterstellt, und sie sind in den letzten Jahren nun auch für die Küstengewässer zum Abschluß gekommen[5]. Sind aber Küstengewässer heute als Staatsgebiet anzusehen, so bedarf diese Annahme doch einer wesentlichen Einschränkung. Die Herrschaft, welche in Küstengewässern der Heimatstaat über die inneren Vorgänge des Schiffs übt, ist nach wie vor eine Herrschaft zu eigenem Recht und unabhängig von dem guten Willen des Uferstaats; es fehlt jeder Anhaltspunkt, hier einen Bruch in der Rechtsüberzeugung anzunehmen, die seit Jahrhunderten die Vorgänge innerhalb des Kreises der Schiffsinsassen der rechtlichen Regelung der Flagge unterstellt und diesem Staat die Hoheitsakte vorbehält, die innerhalb eines solchen Kreises erforderlich werden können[6]. Und so läßt sich die Rechtslage von heute in die Formel bringen: Herrschaft des Uferstaats unter Mitherrschaft des Staats der Flagge für die inneren Angelegenheiten des Schiffes[7]. Damit unterscheidet sich die Rechtslage der Küstengewässer auch jetzt von der-

---

See mit der Staatengemeinschaft in Verbindung zu bringen: weder kann sie der Gemeinschaft „gehören" — wie könnte ein unorganisierter Verband Träger von Rechten sein — noch kann die Gemeinschaft Träger einer Rechtsordnung für die Privaten sein; sie begründet eine Ordnung zwischen Staaten, der Einzelne ist ihren Rechtssätzen nicht erreichbar. Und wo wäre der Inhalt einer solchen Rechtsordnung zu finden? — Besitzergreifung einzelner Teile der hohen See ist nicht schlechthin ausgeschlossen, im Sinn völliger Beherrschung wie bei den „historischen Gewässern" (oben 2, 120 f.) oder für eine Nutzbarmachung nach bestimmter Richtung (Perlenfischerei oben 2, 126 128 f.), setzt aber Anerkennung der andern Staaten voraus. Über vereiste Meeresteile oben S. 567[6].

[4] Die Grenze gegenüber dem Festland wird sich bei Gewässern, die Ebbe und Flut haben, so in Deutschland bei dem Wattenmeer (oben 2 120 f.), wechselnd darnach bestimmen, ob der Boden überspült ist. Zu der Abgrenzung gegenüber Binnengewässern 3 I 188 ff.; auch 2, 648.

[5] Das Material bei Gidel 3, 153 ff.

[6] Dazu übrigens auch unten S. 580[3]

[7] Ausdehnung der Küstengewässer drei Seemeilen seewärts. Über Buchten und Inseln eingehend Gidel 3, 532 ff. Erweiterungen der räumlich wirksamen Rechte des Uferstaats kommen für bestimmte Zwecke nach all-

jenigen der Eigengewässer, für die eine geschlossene Mitherrschaft dieser Art nicht begründet ist Nur kraft freiwilliger Einräumung und auf bestimmte Angelegenheiten beschränkt können auch in Eigengewässern fremde Staaten rechtliche Herrschaft über ihre Schiffe ausüben.

b) Die unbewohnte Wasserfläche kann kein eigenes Recht besitzen. Sollen Tatbestände, die örtlich mit der See verbunden sind, einer rechtlichen Ordnung unterstehen, so muß das die Ordnung eines Festlandstaates sein. Vielleicht auf Grund einer Anknüpfung, die auch Vorgänge in andern Räumen umfaßt und nur zufällig bei Tatbeständen der See anwendbar wird. Wenn eine Strafgesetzgebung jede Verletzung eines Inländers bestraft, auch wenn sie ein Ausländer im Ausland vorgenommen hat, so gilt das für eine fahrlässige Tötung, die irgendwo auf dem Festland verübt wird, und gilt für eine Tötung, die bei einem Zusammenstoß durch Verschulden eines fremden Schiffes auf hoher See herbeigeführt wurde. Auch Tatbestände, die der Seefahrt eigentümlich sind, mögen ihr Recht durch irgendwelche Anknüpfungen erhalten, die unabhängig von dem Ort des Vorgangs wirksam werden; nach deutschem Recht steht die große Haverei unter den Vorschriften des Orts, an dem die Dispache aufgemacht wird. Wo aber der Ort des Vorgangs entscheiden soll, da ist zweierlei möglich. Entweder spielt sich der Vorgang in Hoheitsgewässern eines Uferstaats ab: hier bezeichnet der Ort der Wasserfläche das Gebiet, das Gebiet den Staat, dessen Recht zur Anwendung kommen soll. Oder aber, die Anknüpfung läuft über das Schiff.

Das Privatschiff empfängt durch die Flagge, die es führt, seinen Ort im Raum und wird über diesen mit einer ihm eigenen Rechtsordnung verbunden[8]. Aber es wird durch solche Verbindung nicht etwa zu einem Gebietsteil dieses Staats. Vielleicht ist das Schiff als Sache der Ordnung der Flagge unterstellt. Handelt es sich um Vorgänge während der Fahrt, so sind sie mit dieser Rechtsordnung nicht darum verbunden, weil sie sich auf den Planken des Fahrzeugs ereignen, sondern deshalb, weil sie der Gruppe von Menschen angehören, die durch die gemeinsame Fahrt zu einer Einheit zusammengefaßt sind. Vorschriften über Beurkundung von Todesfällen, die das Recht der Flagge aufstellt, sind auch dann anwendbar, wenn sich ein

---

gemeinem Völkerrecht vor, so für Zwecke der Fischerei bei den Zehnmeilenbuchten (oben 2, 121 ff.); nach Gidel 3, 379 ff. — mir zweifelhaft — auch für Zwecke des Zollschutzes. Im übrigen aber bedürfen solche Erweiterungen für jeden einzelnen Fall einer Anerkennung durch andre Staaten.

[8] Über den Sinn einer solchen Lokalisierung oben 3 I 238. — Führung einer fremden Flagge: oben 3 I 97 ff.; Gidel 1, 93 ff.

Todesfall durch Sturz über Bord außerhalb der Schiffswände ereignet [9]. Dies Recht der Flagge aber wird durch die Gruppenzugehörigkeit vermittelt, ohne Unterschied der Staatsangehörigkeit des einzelnen Mitglieds.

Sollen Vorgänge der Fahrt dem Recht des Schiffes unterstehen, so muß dem notwendig eine räumliche Anknüpfung zum Ausgangspunkt dienen. Richtet sich die Verbindlichkeit einer Wechselerklärung nach dem Recht des Ausstellungsorts, so bezeichnet dieser Ort auch zur See das Wassergebiet, dessen Rechtslage maßgebend sein soll. Vielleicht ist der Wechsel noch im Hafen ausgestellt, vielleicht auf der staatenlosen hohen See. Trifft aber dies letztere zu, so bedarf es (siehe gleich unten) einer hinzutretenden weiteren Anknüpfung, um unter den vielen Festlandsordnungen, die für die hohe See gelten können, die maßgebende zu bestimmen, und sie ist mit der Zugehörigkeit zu einer Schiffsgemeinschaft gegeben. Das Fahrzeug selbst kommt dabei weder als angeblicher Gebietsteil, noch auch nur als die Örtlichkeit in Betracht, in der sich die Beteiligten aufhalten [10].

Wenn auf einem Privatschiff sich Amtsstellen befinden, die behördliche Tätigkeit entfalten, bedarf es freilich nicht solcher Umwege, das maßgebende Recht zu bestimmen, eine Verwaltung verbleibt unter ihrem Recht, wo immer sie sich betätigt (und es ist nur die Frage, ob ihrer Tätigkeit mit Rücksicht auf den Ort nicht rechtliche Hindernisse entgegenstehen). Das französische Postamt, das auf einem französischen Dampfer eingerichtet ist, arbeitet unter französischem Postrecht. Dergleichen kann aber auch auf Schiffen einer andern Flagge vorkommen. Eben der Postdienst, die Mitsendung von Auswanderungskommissaren, die Tätigkeit von Zollstellen bietet Beispiele (es wird unten darauf zurückzukommen sein). Auch dann steht die fremde Verwaltung unter ihrem Recht, nicht unter dem Recht der Flagge, und das ist zumal da bemerkenswert, wo die Dienststelle in der Lage ist, ihre Hoheit gegen Dritte geltend zu machen. Befindet sich eine Zollstelle der Vereinigten Staaten auf einem deutschen Schiff, das, zur Zeit auf hoher See, nach Neuyork fährt, so tritt mit dem Beginn ihrer Amtstätigkeit der Fahrgast, auch auf hoher See, auch auf einem deutschen Schiff, insoweit unter das Recht der Vereinigten Staaten.

---

[9] Oben 1, 39. Ähnlich 3 II 48 [31] für den Taucher, der ein Kabel beschädigt.

[10] Entsprechend 3 II 48 [32], [33] für strafbare Handlungen auf hoher See: sie sind, auch wenn auf einem heimischen Schiff, im Ausland (eben im staatenlosen Gebiet) begangen. Dem Erfordernis, daß sie nach den Gesetzen des Tatorts strafbar sein müssen, ist genügt, wenn sie nach den Gesetzen der Flagge strafbar sind, mag der Täter unter heimischer oder fremder Flagge fahren.

Anders als die Rechtslage des Privatschiffs ist diejenige des Kriegsschiffs[11]. Denn das Kriegsschiff ist nicht bloß der Ort, der die Schiffsgemeinschaft zusammenfaßt (auch diese Eigenschaft bleibt ihm gewahrt), es ist ein wirkliches Stück Staatsgebiet im Umkreis der Planken, und jede räumliche Anknüpfung, die auf diesen Boden Bezug hat, ist in der Lage, einem Tatbestand sein Recht zu vermitteln[12]. Die besondre Rechtsstellung der Kriegsschiffe wird vornehmlich in fremden Eigengewässern sichtbar: alle die Vorschriften, die der Uferstaat sonst fremden Schiffen auflegt, über die Sicherheit des Fahrzeugs, die Besatzung, die Fahrgäste, die Ladung, werden hier unanwendbar[13]; nicht daß ihre Durchsetzbarkeit Schwierigkeiten begegnete, sie ermangeln der Geltung. Und ebenso sind Hoheitsakte des Uferstaats als Handlungen in fremdem Gebiet ausgeschlossen. Aber freilich, diese Sonderstellung läßt sich erst dann richtig würdigen, wenn man ein Weiteres hinzunimmt: das Kriegsschiff im fremden Hafen ist von dem Wassergebiet und dem Luftgebiet eines andern Staats umgeben (man mag als Parallele an den Fall denken, daß auf der Grenzbrücke die Staatsgrenze anders verläuft als auf dem unten durchströmenden Fluß). Und wenn das Schiff Wirkungen in der umgebenden Welt hervorruft, dann wird das Schiff nicht als Raum staatlicher Herrschaft, sondern als ein Gegenstand wirksam, der sich in fremdem Gebiet befindet. Treten die Wellen, die das Funkgerät des Schiffs aussendet, in den Luftraum des Uferstaats über, so wird das Funkrecht dieses Staats zuständig[14]. Dessen Vorschriften über Verkehrspolizei, Zollpolizei, soweit nach außen gerichtet über Gesundheitspolizei, werden anwendbar, und wenn die Durchsetzbarkeit solcher Vorschriften dennoch auf Schwierigkeiten stößt (es sind keine Amtshandlungen an Bord statthaft, es kann keine Einmischung in den öffentlichen Dienst eines andern Staats erfolgen, und andre Hindernisse mehr), so bleibt dem Uferstaat immer noch die Möglichkeit, das Schiff auszuweisen[15]. Auch Kriegshandlungen gegen ein andres Schiff haben den Ort nicht auf dem Kriegsschiff, sondern auf der befahrenen Wasserfläche — sonst müßte die Handlung auch in den Eigengewässern eines Neutralen statthaft sein[16].

---

[11] Dazu oben 3 I 169 ff. Ebenda über die Stellung der Staatsschiffe, die nicht Kriegsschiffe sind.

[12] Beispiele: 2, 650 f. Versicherung schiffsfremder Arbeiter. 3 II 20 Seepost.

[13] So 3 I 169. Auch 1, 39 über Beurkundung des Personenstands; 1, 71 über gesundheitspolizeiliche Maßnahmen auf dem Schiff.

[14] 3 II 51 f., 56 f.

[15] Vgl. dazu 3 I 169 ff.

[16] Der Gedanke ist einmal benützt worden, um die Rechtmäßigkeit von Prisenmaßregeln zu bestreiten, die ein aufgebrachtes schwedisches Schiff,

c) Eine Verbindung von Räumen der See mit Festlandsstaaten mag auch durch die Legung eines Kabels erfolgen. Von den Rechtsverhältnissen, die dadurch begründet werden, ist oben 3 I 45 ff. gehandelt worden [17].

Die Zuständigkeiten.

2. a) Was in § 50 über das Recht in staatenlosem Gebiet ausgeführt wurde, findet seine vorzugsweise Anwendung auf die hohe See. Auch hier begleitet das heimische Recht die Unternehmungen, die sich in staatenloses Gebiet begeben: das Recht folgt dem Schiff, das die heimische Flagge trägt, ohne Unterschied der Staatsangehörigkeit der Schiffsinsassen [18]. Das mögen Sondervorschriften sein, die dieser Staat für Vorgänge der Fahrt gegeben hat, mögen seine allgemeinen Rechtsvorschriften sein, sofern sie nur — und die Einschränkung ist gerade für das Verwaltungsrecht veranlaßt — nach ihrem eigenen Inhalt Anwendung außerhalb des heimischen Bodens gestatten.

Jeder anerkannte Staat läßt sein Recht der Flagge folgen. Das bedeutet, zumal für das Verwaltungsrecht, klare Abgrenzungen. Immerhin mag zuweilen auch hier die Frage auftauchen, welches bei einer Berührung mehrerer das Schiff ist, das von der Vorschrift gebunden werden soll [19]: handelt es sich bei einer Abwehr aufgenötigter Hilfeleistung um polizeiliche Beschränkungen des Hilfswilligen, so

---

das auf hoher See unter deutscher Kriegsflagge mit deutscher Prisenbesatzung fuhr, gegen ein norwegisches Schiff vorgenommen hatte; die Kriegshandlung sei — die schwedische Prise war wahrscheinlich zu Unrecht aufgebracht — auf neutralem Gebiet geschehen. Das Oberprisengericht Berlin 29. 6. 1916 (Tello), Zeitschrift 26, 614, erklärt zutreffend, das Gebiet, in dem die Handlungen stattfanden, sei nicht das Schiff, sondern die hohe See gewesen.

[17] Die Unterwerfung der Küstengewässer unter die Hoheit des Uferstaats scheint hier immerhin Veränderungen mit sich gebracht zu haben. Sachenrechtlich dürfte das Kabel in diesen Gewässern jetzt dem Uferstaat unterstellt sein, und ebenso gilt das für Zollpflichten oder Ausschließlichkeitsrechte — wenn das Recht des Uferstaats nach seinem materiellen Inhalt die Zollgrenze an den Rand der Küstengewässer verlegt, oder Ausschließlichkeitsrechte nach ihrem Inhalt schon durch das Vorhandensein einer Leitung als beeinträchtigt angesehen werden.

[18] Beispiele oben 1, 39 f.; 1, 72; 1, 102; 1, 259 f.; 2, 129 ff.; 3 I 96; 3 I 138 ff.; 3 I 141; 3 II 47 f. Gegenbeispiele 2, 148; 3 I 136 ff.; 3 I 142.

[19] Auf strafrechtlichem und privatrechtlichem Boden muß es bei Schiffszusammenstößen im Zweifel auf das Recht des Schiffs ankommen, dem der Täter angehört. Wird ein Verschulden auf beiden Seiten angenommen, so muß privatrechtlich — für das Strafrecht bestehen hier keine Schwierigkeiten — jede Verpflichtung ihrem Recht unterstellt werden, mit Einschluß der Bestimmungen dieses Rechts über Aufrechnung des Verschuldens.

wird es auf das Recht dieses Teils anzukommen haben[20]. Auch die Frage, ob der Vorgang räumlich dem staatenlosen Gebiet angehört, mag auf rechtlichen Zweifeln beruhen. Wenn Regeln über die Bergung seetriftigen Guts als Vorschriften für die Aufnahme, nicht für die Innehabung der Gegenstände gemeint sind, so kommt für eine Bergung auf hoher See nur das Recht der Flagge in Betracht, nicht das Recht des Hafens, in dem das Schiff nach der Aufnahme anlegt[21].

Die häufigen Rechtssätze, die ein Verhalten von „Untertanen" oder „Staatsangehörigen" auf hoher See fordern, werden in aller Regel auf die Schiffe dieses Staats zu beziehen sein[22]. Im Verwaltungsrecht der Fischerei freilich findet man bedenkliche Gesetze, die ein Verhalten auf hoher See nicht nur von den Schiffen der Flagge, sondern auch von Staatsangehörigen verlangen, die auf fremden Schiffen dienen. Eine in England beliebte Auslegung jedenfalls, daß dies auch ohne die Grundlage eines Gesetzes rechtens sein sollte, wird nicht annehmbar sein[23]. — Im übrigen sind die Versuche andrer Staaten als des Staats der Flagge, ein Verhalten auf hoher See zu erzwingen, ziemlich häufig. Und sie sind rechtlich einwandfrei, wenn sie sich auf Mittel beschränken, für die ein solcher Staat zuständig ist. So ist es ein öfter gewählter Ausweg, dem fremden Schiff die Landung zu versagen, wenn es sich nicht zur Einhaltung einer Bestimmung verpflichtet, zur Beachtung fischereipolizeilicher Vorschriften, zur Mitnahme von Post; erhält der Auswanderungsunternehmer die Konzession, einen Betrieb im Inland durchzuführen, so wird ihm die Auflage gemacht, auch auf hoher See für die Auswanderer in vorgeschriebener Art zu sorgen usw.[24]. Nur können solche Verbote und Auflagen (s. schon oben S. 141 f.) keine weiterreichende Zuständigkeit begründen, als dem Gegenstand entspricht, der mit dem Verbot, mit der Auflage belastet wird. Wird der Konzessionsbedingung zuwidergehandelt, die den Auswanderungsunternehmer verpflichtet, ein Verhalten außer Landes zu beobachten, so mag das zur Rücknahme der Konzession führen. Aber es erwächst daraus noch nicht von selbst die Zuständigkeit, den Kapitän des fremden Schiffs, das die Auswanderer befördert, an solche Vorschriften zu binden. Ausdrückliche Gesetzesbestimmungen mögen sich auch darüber hinwegsetzen. Aber

---

[20] Oben 3 I 142.

[21] Oben 3 I 144 ff.

[22] Oben 2, 129 f.; 3 I 147 und öfter.

[23] Dazu oben 2, 130 f. Unschädlich dagegen, unter Umständen sogar zweckmäßig ist es, wenn der Heimatstaat der Person neben dem Staat der Flagge als zuständig erklärt wird, eine einheitlich geltende materiellrechtliche Regelung durch Strafe zu schützen. So oben 3 II 48.

[24] Beispiele oben 1, 72; 2, 131 f.; 3 I 138[6]; 3 I 274 ff. 283 ff. 286 ff.; 3 II 46.

sie nähern sich dem Bereich, in dem Zuständigkeitsüberschreitungen völkerrechtswidrig sind.

Hoheitsakten, die ein Staat auf hoher See vornimmt, steht keine örtliche Staatsgewalt entgegen. Aber die Gleichberechtigung, die regelmäßig[25] den andern Staaten zukommt, hat zur Folge, daß derlei Maßnahmen nicht Schiff oder Schiffsgemeinschaft eines andern Staats treffen können.

Die Frage, ob ein Vorgang Betätigung fremder Hoheit bedeutet, wird zumeist nicht zweifelhaft sein. Jedenfalls aber, die Schiffsgemeinschaft stellt einen geschlossenen Machtbereich der Flagge dar, und so kann schon die Einrichtung einer Behörde, die ein andrer Staat auf dem Schiff vornehmen würde, nicht ohne Zustimmung der Flagge geschehen — die Mitsendung von Auswanderungskommissaren, Einrichtung eines Postdienstes, Aufnahme einer Zollstelle des andern Teils bieten Beispiele[26] — und es sind für solche Amtsstellen die gleichen Handlungen unstatthaft, deren Vornahme in dem Festlandsgebiet eines andern Staats unzulässig wäre[27].

b) Die Verschiebung staatlicher Gewalten, die neuerdings in den Küstengewässern erfolgt ist, hat gerade für den Geltungsbereich der Rechtssätze wenig Veränderungen zur Folge gehabt. Vorgänge, die bisher unter der räumlichen Herrschaft des Uferstaats waren, weil sie über den Bereich der Schiffsgemeinschaft hinauswirkten[28], sind denselben Rechtssätzen nunmehr als der Ordnung eines Staatsgebiets unterworfen. Entsprechend der Mitherrschaft, die der Staat der Flagge auch jetzt noch über die inneren Angelegenheiten der Schiffsgemeinschaft übt, sind solche Angelegenheiten der Ordnung der Flagge verblieben. Ein Alkoholverbot des Uferstaats bindet das durchfahrende Schiff nicht, die Währung, die zwischen den Insassen des Schiffs gesetzliche Währung ist, ist die Währung der Flagge. „Innere Angelegenheiten" in dem hier gemeinten Sinn sind solche, deren unmittelbare tatsächliche Wirkung nicht über den Kreis der Schiffsgemeinschaft hinausreicht[29].

---

[25] Ausnahmen: in Kriegszeiten die Beschränkungen der Neutralen. Über Nacheile aus Hoheitsgewässern in die hohe See Gidel 3, 339 ff. Die Zulässigkeit eines Einschreitens gegen Seeräuber beruht auf dem Satz, daß Seeraub denationalisiert; oben 1, 102 f.

[26] Oben 3 I 295; 3 II 23 f. Über Zollstellen eine deutsch-amerikanische Vereinbarung RGBl. 1933 II 644.

[27] Die Zustimmung des Kapitäns kann staatliche Zulassung nicht ersetzen. Darum ist es für den Kapitän auch unstatthaft, im Auftrag eines fremden Staats ohne Erlaubnis der heimischen Stelle einen Häftling zu befördern.

[28] Beispiele oben 1, 72; 1, 102; 1, 259; 2, 118; 2, 316; 3 I 138 ff.; 3 I 141 f.; 3 I 144 ff.; 3 II 49 f.; 3 II 241.

[29] Ausnahmsweise wird einem fremden Staat Mitherrschaft auch in

Die Mitherrschaft, die der Staat der Flagge in Küstengewässern übt, kann sich auch in Amtshandlungen äußern, die er für den vorbehaltenen Bereich ausführt. Nichts hindert die deutsche Poststelle, die auf einem deutschen Dampfer eingerichtet ist, während der Durchfahrt durch fremde Gewässer tätig zu werden. Dagegen hat die Veränderung der Hoheitsverhältnisse die Rechte des Uferstaats in diesem Punkt erweitert. Waren die Küstengewässer vordem Teile der hohen See, so konnte der Uferstaat Amtsakte gegen das fremde Schiff nur für die Angelegenheiten vornehmen, die, während der Fahrt vorgekommen, als nach außen wirkende Vorgänge seiner Hoheit unterstanden. Jetzt mag er Handlungen jeder Art durchführen, auch wenn sie nicht in Vorgängen der Fahrt ihren Anlaß finden, Verhaftungen, Zustellungen, Vollstreckungen[30], und sie finden ihre Schranke erst in dem materiellrechtlichen Satz des Völkerrechts, der dem Fahrzeug das Recht der unschädlichen Durchfahrt gewährt.

c) Wenn die Rechtsgeltung für die Eigengewässer bestimmt werden soll, so können dabei nur Anknüpfungen in Betracht kommen, die durch eine Beziehung zur Wasserfläche vermittelt werden. Daß der Arbeiter, der an Bord Malerarbeiten verrichtet, einem Betrieb der Hafenstadt angehört und auf Grund des Betriebssitzes auch für die Arbeiten an Bord der Unfallversicherung des Uferstaats untersteht, gehört nicht in den gegenwärtigen Zusammenhang.

Der Uferstaat nun hat die Möglichkeit, räumliche Herrschaft über Schiff und Schiffsinsassen in seinen Gewässern zu üben, und er macht davon für Vorgänge im Hafen vielfältigsten Gebrauch. Beurkundung des Personenstands, Verkehrspolizei, Gesundheitspolizei und vieles mehr bieten Beispiele[31]. Auf der andern Seite bleibt das Schiff für Angelegenheiten, die einer einheitlichen Regelung bedürfen,

äußeren Angelegenheiten und mit Einschluß der Möglichkeit, Hoheitsakte zu setzen, eingeräumt; so bis 1904 Frankreich für die Fischereipolizei in den Gewässern Neufundlands (oben 2, 119). — Auch kann sich die Abgrenzung verschieben, wo räumliche Anknüpfung überhaupt nicht in Frage steht. Müßte man die Beschränkungen einer Aufnahme seetriftigen Guts als Maßregel zur Wahrung der Mannszucht, nicht als Vorsorge für den Schutz des Eigentums auffassen (dazu oben 3 I 144 ff.), so könnten Vorschriften des Uferstaats auf fremde Schiffe so wenig in Küstengewässern wie in Eigengewässern angewendet werden. — Subsidiäre Geltung des Rechts der Flagge: 3 I 140. — Auf der andern Seite aber ist die Anwendbarkeit der Gesetze des Uferstaats wiederum davon abhängig, daß sie nach ihrem Inhalt Vorgänge der Küstengewässer mitumfassen, oben 2, 118.

[30] Dazu auch Gidel 3, 260 ff.

[31] So 1 S. 40, 71 f., 101, 259; 3 I S. 99, 136, 139, 164; 3 II S. 22, 26, 45 f. Bezeichnend die Verschiedenheit in der Rechtsstellung der Hafenarbeiter und der Besatzung 2, 315; 3 I 128.

auch im fremden Hafen unter der heimischen Ordnung; ihre Vorschriften über Seetüchtigkeit und Ausrüstung des Fahrzeugs, über Besatzung, Fahrgäste und Ladung bleiben für das Schiff verbindlich[32], und es mag die Hoheit der Flagge, wo ein Interesse des Uferstaats nicht entgegensteht, für die Zwecke des Heimatstaats auch sonst nutzbar gemacht werden[33]. Wiederum wird die Geltung des fremden Rechts auch unter solchen Umständen vom örtlichen Recht umfaßt, wo örtliche Interessen in Frage kommen; steht die Sonntagsruhe der Besatzung unter dem Recht der Flagge, so verlangen doch Vorschriften des Uferstaats über die äußere Sonntagsheiligung auch auf geräuschvolle Arbeiten an Bord Anwendung[34]. — Aber freilich, bei der mangelnden Ausbildung des Seeverwaltungsrechts mancher Länder sind die Uferstaaten in wachsendem Umfang dazu übergegangen, nicht bloß örtliche Angelegenheiten, sondern auch solche, die sonst der Regelung der Flagge überlassen sind, an sich zu ziehen, zumal wenn ein Schiff im Inland Fahrgäste aufnimmt oder landet[35], und es ist dabei nicht ohne Übersteigerungen abgegangen. Folge solcher Regelung ist, daß nunmehr dieselbe Angelegenheit häufig der Anordnung mehrerer Rechte unterliegt[36]. Die Schwierigkeiten, die aus solcher Häufung erwachsen, werden gemildert, wo der Uferstaat im Rahmen der eigenen Zuständigkeit Regelungen unter fremdem Recht, Verwaltungsakte fremder Behörden als gleichwertig der eigenen Regelung, den eigenen Amtsakten gelten läßt, vielleicht sogar dem eigenen Recht von vornherein den Inhalt gibt, den, als näher berechtigt anerkannt, das Recht der Flagge aufstellt.

Amtshandlungen kann der Uferstaat auch gegenüber fremden Schiffen unbeschränkt vornehmen[37]; nur daß zahlreiche Staatsverträge oder auch das Recht des Uferstaats selbst zur Vornahme von

---

[32] Oben 2 S. 250, 315, 645 ff. und 652 ff.; 3 I S. 97, 103 ff., 116 ff. 129 ff., 135 ff.; 3 II S. 52 ff., 54, 114 f. Über eine Überspannung der heimatlichen Zuständigkeit (Funkrecht) 3 II 54 ff.

[33] So 1, 40 Beurkundung des Personenstands; 1, 66[14] Volkszählung; 3 I 136 Meldung der Ankunft und Abfahrt.

[34] Oben 2, 315. Auch 2, 250 über Anzeigepflichten des Schiffsarztes.

[35] Dazu 3 I 103 ff. und 3 II 52 f.; 3 I 116 ff.; 3 I 129 ff. und 284 f. Über eine besonders weitgehende Inanspruchnahme der Zuständigkeit (Beurkundung des Personenstands) 1, 39 f.

[36] Darin unterscheidet sich die Rechtslage von andern nur scheinbaren Doppelzuständigkeiten, bei denen eine gleichartige Handlung mehrfach, aber für verschiedene Zwecke angeordnet wird, wie die verschiedenen Meldepflichten für ankommende Schiffe; darüber 3 I 136.

[37] Daß es sich bei dem „französischen System" nur um eine freiwillig geübte Zurückhaltung, nicht um mangelnde Berechtigung handelt, hat jetzt Gidel 2, 86 f. 204 ff. klargelegt.

Zwangsakten, die eine Angelegenheit des Uferstaats fordert, die Zuziehung des Konsuls der Flagge vorsehen. In Angelegenheiten, die der Uferstaat der Zuständigkeit der Flagge überläßt, ist der Konsul dieses Staats befugt, von sich aus Amtshandlungen an Bord vorzunehmen [38]. Dienststellen eines fremden Staats, die an Bord eingerichtet sind, verletzen durch ihre Anwesenheit keine Rechte des Uferstaats, aber sie sind im Zweifel nicht in der Lage, gegen Dritte dienstlich tätig zu werden [39]. Doch scheint sich ein Gewohnheitsrecht gebildet zu haben, nach dem eine Festhaltung von Häftlingen im Auftrag eines fremden Staats (wenn nicht die besondern Umstände der Festhaltung ein Einschreiten des Uferstaats veranlassen) während des Aufenthalts im Hafen als zulässig gilt [40].

§ 52.

Die Luft.

1. Ausgangspunkte. — 2. Die Zuständigkeiten.

Ausgangspunkte.

1. a) Der Luftraum über staatenlosem Boden, Wasser oder Festland, ist selbst staatenloses Gebiet. Eine gewisse Ähnlichkeit in den rechtlichen Bedürfnissen, wie sie für Küstengewässer im Verhältnis zum Uferstaat, für den Luftraum über Staatsboden im Verhältnis zum Bodenstaat besteht, schien in den ersten Zeiten einer aufkommenden Luftfahrt zu der zweckmäßigen Lösung zu führen, die höheren Schichten der Luft als staatenlos zu behandeln, dem Bodenstaat aber Herrschaft über jedes Fahrzeug für dessen Beziehungen nach unten und zu andern Fahrzeugen zu gewähren. Doch hat sich die Unterwerfung des Luftraums über Staatsboden (mit Einschluß des Raumes über Küstengewässern) noch früher vollzogen als bei den Küstengewässern selbst — heute ist die Einheit wieder hergestellt. Somit: der Luftraum über Staatsboden ist jetzt Gebiet des Bodenstaats [1]. Aber freilich, eine schrankenlose Durchführung dieser Herrschaft steht durchaus nicht im Einklang mit der allgemeinen Rechtsüberzeugung, die bei dem Widersinn mancher Konsequenzen immer wieder ver-

---

[38] Dazu die Materialien Research (zit. S. 515 [1]) 281 ff.

[39] So 3 II 26 Seepost.

[40] v. König, Handbuch des Konsularrechts [8] 431; Strafvollstreckungsvorschrift für Reichsheer und Reichsmarine Z. 53, RGBl. 1933 II 979; Hall (zit. S. 531 [30]) 81; australische Entscheidung bei Gidel 2, 94 [2]. Freilich auch Malteser Vorschriften bei Anzilotti, Rivista di diritto internazionale 1912, 259 [3]; der Staatssekretär der Vereinigten Staaten 1885 bei Moore, Digest of international law 4, 406. — Noch weiter geht Art. 21 des 13. Haager Abkommens vom 18. 10. 1907 mit der Zulassung, während eines Seekriegs Prisen in einen neutralen Hafen einzubringen.

[1] Dazu des Näheren oben 3 I 234 ff.

sucht, Vorgänge im Innern eines durchziehenden Fahrzeugs von der Herrschaft des Bodenstaats auszunehmen[2]. Man wird diesen widerstrebenden Meinungen am ehesten gerecht werden, wenn man sie auf den Gedanken einer Mitherrschaft des Heimatstaats zurückführt; man wird den Rechtssatz aufstellen dürfen, daß zum mindesten für das ohne Aufenthalt durchziehende fremde Fahrzeug[3] dessen Heimatstaat zuständig ist, Vorgänge zu regeln, deren unmittelbare tatsächliche Wirkung nicht über den Kreis der Insassen des Fahrzeugs hinausreicht.

b) Bei der verhältnismäßigen Kürze der Fahrten werden Tatbestände des Luftraums wesentlich häufiger als im Seerecht mit einer Rechtsordnung des Bodens verbunden sein; einer Rechtsordnung, die nicht deshalb zuständig ist, weil sich der Tatbestand innerhalb des Luftgebiets zugetragen hat, sondern darum, weil irgendeine andre Beziehung als Anknüpfung verwertet wird, der Ort der Betriebsstelle auf dem Grund, der Sitz des Unternehmens usw., und es besteht nicht selten ein drängendes Bedürfnis, der Anknüpfung an den Ort des Vorgangs auszuweichen, gegenüber der für manche Rechtsbeziehungen unbrauchbaren Regelung, welche die Staatszugehörigkeit der Luftfahrzeuge empfangen hat. Für das Folgende kommen nur Anknüpfungen in Betracht, die auf den Luftraum selbst als Ort eines Vorgangs verweisen. Das aber kann nur zu einer Zuständigkeit des Bodenstaats oder aber einer solchen im Heimatstaat des Fahrzeugs führen.

Auch in den Luftraum können Menschen nur durch ein Fahrzeug, Luftschiff oder Flugzeug, gelangen, und es wird ein solches Fahrzeug wiederum lokalisiert auf Grund einer staatlichen Zugehörigkeit[4]. Durch falsche seerechtliche Analogien verführt, ist der bestehende Rechtszustand in dieser Hinsicht besonders unzulänglich und in jüngster Zeit nur wenig verbessert worden. Jedenfalls aber, auch das Luftfahrzeug hat regelgemäß einen Heimatstaat, und dieser

---

[2] Solche Versuche begegnen vornehmlich für das internationale Privatrecht und Strafrecht, haben auch öfter in Landesgesetzen Niederschlag gefunden. Einiges Material bei Makarov, Zeitschrift für das gesamte Luftrecht 1, 169 ff. Für das Verwaltungsrecht z. B. oben 3 II 27. Doch liegt den vorausgehenden Bänden der im folgenden vertretene Gedanke einer Mitherrschaft des Heimatstaats noch nicht zugrunde.

[3] Daß Flüge zwischen Orten desselben Staats anders behandelt werden sollten, wird, seitdem Spaight (zit. 3 I 240[13]) 120 auf den Punkt hingewiesen, mehrfach angenommen. Die gleiche Frage könnte auch für Küstengewässer aufgeworfen werden, doch scheint die Unterscheidung dort der Positivität zu ermangeln. Jedenfalls halte ich eine abweichende Behandlung der beiden Fälle bei der gleich zu erwähnenden stärkeren Verbindung des Flugrechts mit dem Boden für vertretbar.

[4] Dazu des Näheren 3 I 237 ff.

Staat muß überall da Zuständigkeit besitzen, wo ein Vorgang rechtlicher Regelung deshalb unterliegt, weil er im Luftraum sich ereignet hat, ohne daß doch eine Anknüpfung an das Recht des Bodenstaats gegeben wäre, also bei Vorgängen über staatenlosem Gebiet und solchen im Innern eines durchziehenden Fahrzeugs. Wie im Seerecht ist auch eine derartige Anknüpfung zweigliedrig: erst muß, von seiten des Tatbestands gesehen, örtlich bestimmt werden, ob er sich in dem Luftgebiet des einen oder andern Staats oder auch über staatenlosem Gebiet zugetragen hat, und dann geht die Verweisung auf den Staat, dem das Fahrzeug angehört. Und wiederum kommt das Fahrzeug für die Verbindung mit dem Heimatstaat nicht als räumlicher Bereich (oder gar als fliegendes Stück „Staatsgebiet") in Betracht, sondern als Zusammenfassung einer Gruppe von Menschen, die für die gemeinsame Reise der Ordnung des Heimatstaats unterstellt sind.

Das gelandete Flugzeug, zu längerem Aufenthalt von Menschen ungeeignet, verliert sein räumliches Sonderdasein. Was sich innerhalb seiner Gestelle zuträgt, ist auf dem Erdboden des Landeplatzes geschehen, und wenn auch unter solchen Umständen eine Anwendbarkeit heimatlichen Rechts nicht ausgeschlossen ist, so doch unter dem Gesichtspunkt, der hier allein interessiert, daß ein Vorgang innerhalb des Luftraums sich ereignet hat. Für Wasserflugzeuge, die in Hoheitsgewässern niedergegangen sind, wird wohl das gleiche rechtens sein. Dagegen könnte sich im Gegensatz zu Flugzeugen eine abweichende Rechtslage für verankerte oder in der Halle schwebende Luftschiffe herausbilden; geltendes Recht stellt sie vermutlich noch nicht dar. —

Auch im Flugverkehr ereignet es sich bereits, daß auf dem Fahrzeug öffentliche Dienste eingerichtet werden, wenn auch bisher wohl nur solche des Heimatstaats, etwa ein Postdienst auf Luftschiffen [5]; vor allem sind die Funkstellen der Luftfahrzeuge der Telegraphenverwaltung ihres Heimatstaats eingeordnet, und wie jede Verwaltung nur unter ihrem Recht steht, so verbleiben auch diese Funkstellen telegraphenrechtlich unter der Ordnung dieses Staats, auch dann, wenn sie sich im Luftraum eines andern Staats befinden [6]. —

Militärische Luftfahrzeuge haben die gleichen Rechte zu beanspruchen wie Kriegsschiffe auf der See [7]. Doch verliert diese Sonderstellung schon darum an Bedeutung, weil solche Fahrzeuge nach geltendem Recht nur mit Erlaubnis des Bodenstaats einfliegen können. Vor allem aber, während die Sonderstellung der Kriegsschiffe vornehmlich in Eigengewässern eines andern Staats sichtbar wird, das

---

[5] Oben 3 II 28.

[6] Oben 3 II 42, 63, 67.

[7] Oben 3 I 264 f. Über andre staatliche Luftfahrzeuge ebenda 266 f.

Flugzeug, auch das militärische Flugzeug, verliert mit der Landung seinen räumlichen Eigenbestand, und es hat die Besatzung nunmehr, solang sie im geschlossenen Verband bleibt, persönliche Exterritorialität zu beanspruchen, wird das Flugzeug zu einem militärischen Gegenstand eines andern Staats, der Schutz verlangen kann. Für das schwebende Militärluftschiff, das mit dem Boden verbunden ist, mag sich eine fortdauernde Gleichstellung mit dem Kriegsschiff vielleicht künftig herausbilden.

c) Auch durch eine Aussendung elektrischer Wellen wird der Luftraum andrer Staaten in Anspruch genommen. Über die Rechtslage, die hieraus entsteht, ist oben 3 II 50 ff. gehandelt worden.

Die Zuständigkeiten.

2. Schon im Vorausgehenden wurde darauf hingewiesen, daß bei Tatbeständen der Luftfahrt auch andern Anknüpfungen als solchen an den Aufenthalt im Luftraum beträchtliche Bedeutung zukommt, und das wird gerade auch bei dem Verwaltungsrecht sichtbar. Für Betriebsvorschriften, die den inneren Dienst während der Fahrt regeln, wird es im Zweifel auf das Recht am Standort des Fahrzeugs ankommen müssen, Vorschriften des Bodenstaats über den Arbeiterschutz, über die Notwendigkeit einer Unternehmerkonzession oder Linienkonzession werden anwendbar, wenn das Fahrzeug einen Betriebsmittelpunkt im Gebiet begründet, allgemeine Anforderungen an die Beförderungsbedingungen regelt im Zweifel das Recht am handelsrechtlichen Sitz des Unternehmens, und mannigfach wird durch Konzessionsbedingungen eines gleichviel unter welchem Gesichtspunkt zuständigen Staats auf Vorgänge während der Fahrt Einfluß genommen [8].

Was nun aber die Tatbestände angeht, die ihr Recht durch eine räumliche Beziehung zum Luftgebiet erlangen, so vereinfacht sich die Rechtslage gegenüber dem Seerecht schon dadurch, daß Fragen dieser Art nur für das Schiff während des Flugs, nicht für das gelandete Fahrzeug auftreten können. Vorweg sei ein Flug durch staatenlosen Luftraum ins Auge gefaßt. Die dort begründete Rechtslage entspricht jener auf hoher See: die Insassen verbleiben für räumliche Anknüpfungen unter dem heimatlichen Recht des Fahrzeugs; die Staatsangehörigkeit der einzelnen Person ist insoweit unerheblich. Beispiele für die Anwendung des heimatlichen Rechts bieten die Straßenordnung, die Vorschriften über Lichter und Signale [9]. Eine entsprechende Aufteilung findet alsdann auch für Hoheitsakte im staaten-

---

[8] Dazu oben 3 I 258. — 3 I 257; 261 f. — 3 I 263. — Über Konzessionsbedingungen 3 I 260 f., 263 und über die Grenzen ihrer rechtlichen Wirksamkeit 264.

[9] Oben 3 I 259.

losen Raum statt, und das dürfte in Ermangelung eines entgegenstehenden Gewohnheitsrechts auch für Kriegshandlungen im Luftraum gelten.

Vornehmlich jedoch ergibt sich das Bedürfnis nach einer Abgrenzung der Zuständigkeiten für den staatlichen Luftraum. Die Schwerkraft, die jeden vom Fahrzeug gelösten Gegenstand auf den Boden führt, die Freiheit des Tiefenblicks geben dem Bodenstaat ausschließliche Zuständigkeiten; seine Vorschriften über Auswurf, über Wegbeschränkungen und Sperrgebiete, über Mitnahme von Brieftauben und Lichtbildgerät erfassen jedes Fahrzeug in der Luft. Und dasselbe gilt für eine Regelung der Beziehungen zwischen den Fahrzeugen, wie das Wegerecht mit seinen Sicherungen gegen Zusammenstoß[10]. Auf der andern Seite veranlaßt das Bedürfnis nach einheitlicher Ordnung den Heimatstaat, seine Vorschriften über die Beschaffenheit des Fahrzeugs und dessen Ausrüstung, über die Besatzung, die Fahrgäste, die Ladung, seine Bestimmungen über den Betrieb (soweit sie überhaupt von dem Heimatstaat ausgehen) dem Fahrzeug überallhin folgen zu lassen. Aber freilich, das sind Angelegenheiten, an denen zum Teil auch der Bodenstaat Interesse nimmt (sein Interesse ist größer als das des Uferstaats gegenüber Schiffen im Küstengewässer), und so zeigt der bestehende Rechtszustand für diese Regelungen der Luftfahrt eine bunte Mischung der Zuständigkeiten[11]. Dagegen tritt im Zweifel die ausschließliche Zuständigkeit des Heimatstaats bei jenen andern Vorgängen zutage, die nicht die Luftfahrt selbst betreffen, sondern — in diesem Sinn zufällig — sich während der Fahrt ereignen und in ihrer unmittelbaren tatsächlichen Auswirkung nicht über das Fahrzeug hinausreichen; ein verwaltungsrechtliches Beispiel bietet der Todesfall im Fahrzeug, der einer standesrechtlichen Beurkundung bedarf.

Im gleichen Umfang mag der Heimatstaat auch Amtshandlungen im fremden Gebiet vornehmen. Im übrigen aber sind solche Handlungen dem Bodenstaat vorbehalten, und es steht ihrer Vornahme (soweit nicht Verträge eingreifen) auch sachlich kein Recht auf unschädlichen Durchflug entgegen.

§ 53.

Gebietsveränderungen.

1. Ausgangspunkte. — 2. Zeitliche Abgrenzung. — 3. Räumliche Abgrenzung.

Ausgangspunkte.

1. Andre Probleme als die im Vorausgehenden behandelten stellen sich bei einer Gebietsveränderung ein. Es handelt sich bei

[10] Oben 3 I 260. 3 I 259.

[11] Dazu des Näheren 3 I 248 ff., 252 ff., 258 ff., 261 ff. Für Funkgerät und Funkbetrieb der Luftfahrzeuge 3 II 60 ff.

einem solchen Vorgang zunächst um den endgültigen Wechsel der Herrschaft, wie er durch Abtretung eines Teilgebiets oder völlige Einverleibung, durch Auflösung eines Einheitsstaats und Zusammenschluß vordem getrennter Staaten, durch revolutionäre Neubildungen auf dem bisherigen Staatsgebiet zustandekommt[1]. Aber auch eine Veränderung der Staatsgewalt auf Zeit, wie sie nach Völkerrecht oder Staatsvertrag die Besetzung fremden Staatsgebiets in Krieg und Frieden mit sich bringen kann, führt zu gleichartigen Problemen, und sie treten hier sogar verdoppelt auf, insofern nicht nur das Verhältnis des Zwischenherrschers zu der früher herrschenden Macht, sondern auch das Verhältnis des in seine Rechte wiedereingesetzten Staats zu dem Zwischenherrscher Fragen dieser Art veranlaßt[2]. Überdies mögen sich gleichartige Rechtslagen auch zwischen Selbstverwaltungskörpern innerhalb des Staats ergeben. Veränderungen des Gemeindegebiets durch Teilabtretung, volle Einverleibung, Auflösung und Zusammenschluß stehen entsprechenden Tatbeständen, die sich zwischen Staaten ereignen, grundsätzlich gleich. Von dem „Gebiet" aber, das Gegenstand der Veränderung sein soll, wird hier überall nur in dem bildlichen Sinn gesprochen, von dem oben S. 123 die Rede war: als einer Zusammenfassung sozialer und natürlicher Gegebenheiten auf räumlicher Grundlage[3].

Dem Recht der Gebietsveränderung, bei endgültigem und zeitweiligem Wechsel der Herrschaft, ist der Zusammenhang eigentümlich, der den Rechtszustand, wie er nach dem Wechsel begründet ist, mit dem vorher bestehenden Rechtszustand verbindet. Es muß im Zweifel angenommen werden, daß der Erwerber des Gebiets die Verwirrung vermeiden will, die eine Durchschneidung des öffentlichen Rechtslebens mit sich bringen muß (bei einer Besetzung feindlichen Gebiets ist die Wahrung dieses Zusammenhangs Gegenstand einer völkerrechtlichen Verpflichtung), und das hat alsdann zur Folge, daß die Rechtsverhältnisse, die im Zeitpunkt des Herrschaftswechsels begründet

[1] Ein bemerkenswertes Urteil des Schweizerischen Bundesgerichts hat auch Gebiete, die, bisher vom einen Kanton tatsächlich beherrscht, einem andern Kanton durch Richterspruch zugewiesen wurden, den Regeln über Gebietsabtretung unterstellt; vgl. darüber oben 2, 54 f.

[2] Doch kann es auch durch aufeinanderfolgende selbständige Abtretungen desselben Gebiets zu einer solchen Verdoppelung kommen. Ein Beispiel oben 2, 65.

[3] Auch zwischen persönlichen Verbänden des öffentlichen Rechts kann sich durch Teilübernahme oder volle Aufnahme des Mitgliederbestands ein Vorgang vollziehen, der demjenigen der Gebietsveränderung gleichartig ist, vgl. darüber oben 2, 685 ff. Nur wird es in solchen Fällen nicht das im Zweifel geltende Recht sein, daß ein solcher Kreis als autonomer Unterverband innerhalb der neuen Gemeinschaft sein bisheriges Verbandsrecht bewahrt (eine Bemerkung 2, 686 ist in diesem Sinn zu modifizieren).

sind, als die bisher bestehenden Rechtverhältnisse unter die neue Herrschaft treten, es hat zur Folge, daß die Amtstätigkeit des Vorgängers in derjenigen des Nachfolgers ihre Fortsetzung findet. So kommt es, daß der Nachfolger Rechtssätze des Vorgängers, unter denen ein Rechtsverhältnis entstanden ist, anwendet, Amtshandlungen, die er vorgenommen hat, anerkennt. Und es ist nur eine der Auswirkungen dieses Zusammenhangs, daß entgegen dem, was zwischen unverbundenen Staaten sonst rechtens ist, der Nachfolger auch Rechtslagen, die durch artfremde Eingriffe des Vorgängers begründet wurden, übernimmt [4].

Eine solche Verbindung bedeutet den im Zweifel anzunehmenden Rechtszustand. Aber freilich, es steht dem Nachfolger frei, bestehenden Rechtsverhältnissen die Übernahme zu versagen, wenn ihn nicht Bestimmungen eines Staatsvertrags oder etwa Vorschriften seiner eigenen Verfassung (zumal solche, die eine Enteignung ohne Entschädigung verbieten) daran hindern [5]. Und ebenso mag er Amtshandlungen des Vorgängers nach Lage der Umstände die Erheblichkeit absprechen oder an die Übernahme einschränkende Voraussetzungen knüpfen [6]; das im Zweifel geltende Recht ist ihre Anerkennung [7].

Um dem Nachfolgestaat die Fortsetzung des öffentlichen Rechtslebens möglich zu machen, muß alsdann ein Weiteres hinzutreten: bei endgültigem Erwerb geht das Verwaltungsvermögen des Vorgängers auf ihn über, bei einer vorübergehenden Beherrschung (zumal bei feindlicher Besetzung) mindestens dessen Gebrauch. Denn das Gebiet soll als eine verwaltungsfähige Gesamtheit in die Verfügung des Nachfolgers gelangen.

Zeitliche Abgrenzung.

2. Die wesentlichste unter den Fragen indessen, die eine Gebietsveränderung für den gegenwärtigen Zusammenhang aufwirft, ist in der zeitlichen Abgrenzung gegeben, in der Recht und Amtstätigkeit des

---

[4] Oben S. 257. (Die 3 II 354 [30] gegebene Begründung ist im Sinn des Textes zu berichtigen.)

[5] Dazu beispielsweise 3 I 68 und 3 II 71; 3 II 262f. Vgl. auch 1, 305 [31].

[6] Beispiele 2, 251 276.

[7] Oben 3 I 69 ist die Anerkennung sogar als Gegenstand einer völkerrechtlichen Verpflichtung bezeichnet worden, ausgehend von der Annahme, daß ein Staat verpflichtet sei, Amtshandlungen eines andern Staats, und hier des Vorgängers, als rechtmäßig geschehen gelten zu lassen. Eine solche Verpflichtung besteht in der Tat, aber sie besagt nicht mehr, als daß der Handlung des andern Staats für d e s s e n Bereich die Eigenschaft einer rechtlichen Betätigung zuerkannt werden müsse (es ist keine bei uns strafbare Erpressung, wenn im Ausland eine Steuer zwangsweise beigetrieben wird), sie besagt nichts über eine Nutzbarmachung der Handlung für die Zwecke des inländischen Rechtssystems.

Vorgängers und des Nachfolgers sich von einander abscheiden. Es sind damit freilich nicht die Zweifel gemeint, die bei einem endgültigen Herrschaftswechsel zumeist allein die Aufmerksamkeit auf sich ziehen, die Frage nämlich, ob im abgetretenen Gebiet die Gesetze des bisher herrschenden Staats zunächst in Geltung bleiben, oder ob sie sogleich von den Gesetzen des erwerbenden Teils abgelöst werden. Es mag nur kurz erwähnt sein, daß (mangels einer Bindung durch Staatsvertrag) darüber allein der Erwerber zu befinden hat, daß er mit Rücksicht auf eine Fortführung geordneter Verwaltung vielfach schon tatsächlich außerstande sein wird, mit dem Augenblick des Herrschaftswechsels Recht und Behördentätigkeit neu zu gestalten, und daß deshalb im Zweifel angenommen werden muß, es bleibe das bisherige Recht bis zu weiterer Entschließung in Geltung; nur da ist dies anders, wo es sich um die Bildung des Staatswillens selbst handelt oder [8] um Rechtssätze, die zu staatspolitischen oder moralischen Anschauungen, die das Recht des Erwerbers beherrschen, in grundsätzlichem Widerspruch stehen [9]. Indessen, die ganze Frage gehört nicht in den gegenwärtigen Zusammenhang. Wenn der Nachfolgestaat die bestehenden Vorschriften zunächst in Kraft beläßt und sie später ändert, so ist das unzweifelhaft eine innere Angelegenheit dieses Staats, die mit einer Abgrenzung von Rechtsbereichen nach außen nichts zu tun hat. Wohl ist das übernommene Recht seiner geschichtlichen Herkunft nach das Recht eines andern Staats, aber es ist durch die Übernahme Recht des Erwerbers geworden. Die gleiche Rechtslage ist aber auch da gegeben, wo der Nachfolgestaat die Anwendbarkeit der sonst bei ihm geltenden Vorschriften auf den Zeitpunkt der Einverleibung vorrückt; auch hier ändert er ein Recht, das sein eigenes sein könnte, eine Abgrenzung gegenüber andern Staaten wird auch damit nicht getroffen.

Der Umstand, der zwei Staatsgewalten scheidet, ist vielmehr in dem Herrschaftswechsel gegeben: erst war es der eine Staat, dessen

---

[8] Abgesehen von mittelbarer Aufhebung, die sich aus einer Unvereinbarkeit mit andern Rechtseinrichtungen des Erwerbers ergibt.

[9] Gerade für das öffentliche Recht freilich findet man vornehmlich in Frankreich eine abweichende Anschauung: bei einem Gebietserwerb müsse das öffentliche Recht des Erwerbers sofort in Geltung treten. Dazu oben 3 I 20; auch 1, 121; 1, 323 [7]; 1, 506 f.; 2, 53. Dabei fließen öffentliches Recht, öffentliche Ordnung, zwingendes Recht unerfreulich ineinander. — Auf dem Boden des Gemeinderechts ist hier eine mißliche Rechtsprechung des Preußischen Oberverwaltungsgerichts festzustellen (zu der Frage oben 1, 81; 1, 92; 1, 227; 1, 257 [4]; 2, 303; 2, 318; 2, 364 f.; 2, 684; 3 I 20 f.), und es wird diese Rechtsprechung besonders mißlich, wenn, wie an der letztgenannten Stelle zu ersehen, die sofortige Geltung neuen Rechts sogar bei Observanzen angenommen wird, die doch (oben § 16 Z. 3) auf dem Willen einer von der Gemeinde verschiedenen Gemeinschaft beruhen.

Regelung oberster Wille gewesen war, nunmehr ist die maßgebende Bestimmung auf einen andern Staat übergegangen. Und es ist der genaue Zeitpunkt der Gebietsübernahme, an dem sich dieser Herrschaftswechsel vollzieht. Gerade dann, wenn der Nachfolger die Rechtssätze des Vorgängers beibehält, äußert sich diese Veränderung besonders deutlich. Wohl werden in solchem Fall die Inhalte übernommen, wie sie den Rechtssätzen des Vorgängers zu eigen waren. Aber der Rechtswille, der sie belebt, ist ein andrer geworden, es sind nicht mehr die bisherigen, sondern neue Rechtssätze mit übereinstimmendem Inhalt, es hat eine „Rezeption" des früheren Rechts stattgefunden [10]. Aber auch die Rechtsinhalte können von solcher Übernahme nicht unberührt bleiben, und das gilt vor allem für die Gesamtheit des öffentlichen Rechts. Handelt es sich bei Sätzen des öffentlichen Rechts in ihrer Grundform um Verhaltensvorschriften für Private gegenüber dem Staat und um Bindungen der Behörden in ihrem Verhalten gegen Private, so hat nunmehr der Staat gewechselt, der mit solchen Ordnungen verbunden ist, und es bedarf gar nicht erst des Hinweises auf Fälle einer subjektiven Berechtigung des Staats wie Strafe oder Steuer, um dies sichtbar werden zu lassen. Ebenso setzen sich im übernommenen Recht alle sonstigen Merkmale mit staatlicher Beziehung um auf den nunmehr herrschenden Staat; der Strafschutz gegen Staatsverbrechen; wo von Inland und Ausland die Rede ist, in Grenznormen und in Sachnormen, tritt ein andres Gebiet an die Stelle; Bestimmungen, die eine Staatsangehörigkeit im eigenen oder in einem fremden Staat voraussetzen, wechseln die Bedeutung, der Rechtszug geht an andre Behörden, andre sind die Staatsakte, die im Inland vollstreckt werden können, die Einrichtungen, auf die eine Vorschrift verweist: das Amtsblatt, in dem Veröffentlichungen erfolgen sollen, die Landeswährung, in der ein Schuldner an Stelle der geschuldeten Fremdwährung leisten darf; und auch für Merkmale, die auf das Gemeinschaftsleben im Staat Bezug nehmen, das „öffentliche Wohl" und dergleichen, wechselt der Blickpunkt [11]. Diese völlige und von selbst erfolgende Umstellung tritt allerdings nur bei endgültiger Gebietsveränderung ein. Im besetzten Gebiet wird sie nur soweit wirksam, als sie nicht Verschmelzung der im einen und im andern Gebiet geübten Staatsgewalt voraussetzt [12].

[10] Über das Verhältnis solchen Rechts zu dem sonstigen Recht des Nachfolgestaats oben S. 447 ff., 451 [1], 453.

[11] Beispiele verschiedener Art oben 2, 52 f.; 2, 667; 3 II 118; 3 II 264, 331, 375.

[12] Verschieden von der hier besprochenen Umstellung ist der Fall, daß der Erwerber des Gebiets neue Einrichtungen einführt, die folgeweise auch andre Bestimmungen seines Rechts anwendbar werden lassen, z. B. (3 II 331) bei Einführung seiner Währung auch die Bestimmungen, die zum Schutz dieser Währung aufgestellt sind.

Wie die Rechtssätze selbst, so werden alsdann auch die von ihnen begründeten Einrichtungen zu Einrichtungen des Inlands. Als der Besitz des Adels noch eine Rolle spielte, hat man genau unterschieden: der Adelige, der im Inland naturalisiert wird, bewahrt seinen auswärtigen Adel, der Adel einverleibter Gebiete, auch wenn er unter bisherigem Recht verbleibt, wird Adel des Inlands. Die Währung, die im abgetretenen Gebiet beibehalten wird, verselbständigt sich und wird zur inländischen Währung[13]. Und es kommen die Rechtsverhältnisse selbst, die weiterbestehen können, unter eine neue Staatsgewalt, die in der Lage ist, ihren rechtlichen Inhalt zu ändern, soweit sie nicht die vor dem Herrschaftswechsel erfolgte Regelung übernimmt. Für Rechtsverhältnisse des öffentlichen Rechts aber tritt wiederum die gleiche Umstellung in Kraft, die oben für Rechtssätze aufgezeigt wurde: sie sind nunmehr in Beziehung auf einen andern Staat begründet als vordem; die Polizeierlaubnis, die aufrechterhalten wird, bindet jetzt einen andern Staat.

Diese Zäsur nun aber, die der Herrschaftswechsel mit sich bringt, ist maßgebend für die Zuteilung der Tatbestände zu der alten und der neuen Ordnung, und es erwachsen aus ihr, auf die Privaten bezogen, wiederum Abgrenzungen staatlicher Zuständigkeit. Die Einzelheiten der Abgrenzung sind schon oben § 23 Z. 4, 5 und § 31 Z. 4 erörtert worden.

Kann für diese entscheidende Frage zeitlicher Abgrenzung auf frühere Ausführungen verwiesen werden, so ist hier allerdings noch eine Ergänzung von nöten. Dort handelte es sich um die Grenzziehung zwischen alter und neuer Herrschaft im abgetretenen Gebiet selbst. Hier ist noch auf Rechtsverhältnisse oder deren Voraussetzungen einzugehen, die außerhalb dieses Gebiets liegen.

Zunächst im Hinblick auf den abtretenden Staat. Auf Rechtsverhältnisse, die unter die Hoheit des Nachfolgers kommen, kann er nach dem Herrschaftswechsel nicht mehr einwirken[14]. Aber nichts hindert ihn, Amtshandlungen, die von Behörden des abgetretenen Landesteils vor dem Herrschaftswechsel vorgenommen wurden, auch nach diesem Zeitpunkt für die Regelung a n d r e r ihm verbleibender Tatbestände als Voraussetzung zu benützen. Feststellungen jeder Art, Fähigkeitsverleihungen, Vollstreckbarkeitserklärungen des öffentlichen Rechts (wenn der Anspruch, für den vollstreckt werden soll, seiner Hoheit verbleibt) gehören hieher. Der Rechtsanwalt, der bei einem Gericht des abgetretenen Gebiets zugelassen ist, wird für den abtretenden Staat ein ausländischer Rechtsanwalt; will dieser aber in der Folge sich im früheren Heimatstaat niederlassen, so hat er (un-

---

[13] Vgl. über den Adel oben 1, 304 ff. Über die Währung 3 II 259 f.

[14] Dazu beispielsweise oben 3 II 254 f., 267.

beschadet sonstiger Erfordernisse) die Fähigkeit, Rechtsanwalt zu sein, bewahrt, wenn sie ihm vor dem Herrschaftswechsel von einer Behörde des abgetretenen Gebiets zuerkannt worden ist.

Für den erwerbenden Staat werden gleichartige Fragen — wenn es sich um einen endgültigen Erwerb handelt — nach andrer Richtung praktisch. Sind derlei Feststellungen, Fähigkeitsverleihungen usw. vor dem Herrschaftswechsel von Behörden des Nachfolgestaats selbst ausgegangen, die außerhalb des erworbenen Gebiets den Sitz haben, so mögen sie nach dem Übergang auch bei Tatbeständen des erworbenen Gebiets als Voraussetzung einer Regelung in Betracht kommen. Vorstrafen aus dem Altgebiet des Erwerbers begründen die Rückfallschärfung auch für das erworbene Gebiet.

Dagegen wird die Frage einer zeitlichen Abgrenzung gegenstandslos bei Rechtsverhältnissen, die nach ihrem besondern Inhalt nur auf den Staat abgestellt sind, der sie geschaffen hat; sie verbleiben seine Angelegenheiten, auch wenn mittelbar eine Gebietsveränderung auf sie Einfluß nimmt. Das trifft (oben 1, 1 ff.) bei Ausweisungen zu. Landesverweisungen sollen belastete Personen aus der Lebensgemeinschaft gerade dieses Volks entfernen. War eine solche Maßnahme vor dem Gebietserwerb von einer Behörde des Nachfolgestaats ausgesprochen, so erstreckt sie sich im Zweifel von dem Übergang an auch auf den hinzugekommenen Landesteil. Eine Ausweisung des abtretenden Staats aber bleibt für dessen Restgebiet verbindlich, auch wenn sie von einer Behörde des verlorenen Landstrichs ausgegangen ist.

Räumliche Abgrenzungen.

3. Es wird wenig beachtet, daß bei einer Gebietsveränderung neben zeitlicher auch räumliche Abgrenzung vielfach Bedeutung erlangen kann.

a) Daß für Tatbestände, die sich im abgetretenen Gebiet nach dem Herrschaftswechsel ereignen, eine Abgrenzung nach den Regeln des internationalen Verwaltungsrechts, des internationalen Privatrechts erforderlich wird, ist nicht weiter bemerkenswert. Kein Zweifel, daß eine Haftung aus der Krankenversicherung, die nach diesem Zeitpunkt läuft, soweit deutsches Recht beteiligt ist, sich nach dem Beschäftigungsort bestimmt. Die räumliche Abgrenzung, die hier untersucht werden soll, betrifft Rechtsverhältnisse, die im Zeitpunkt des Herrschaftswechsels bereits bestehen. Denn wenn auch solche Beziehungen unter die Herrschaft des Nachfolgers treten, so doch nur dann, wenn sie dem abgetretenen Gebiet räumlich angehören. Die Rechtslage ist allerdings einfach, wo ein Staat völlig von einem andern aufgenommen wird, durch Einverleibung oder Zusammenschluß. Denn unter solchen Umständen gelangen alle Rechtsverhältnisse, die unter dem Recht des Vorgängers bestanden hatten (wenn sie überhaupt den Herrschaftswechsel überleben) unter die Hoheit des Nachfolgers. Das Problem wird deutlich, wo es sich um eine Teilabtretung handelt oder ein Staat sich in eine Mehrheit von Nachfolgestaaten auflöst. Es ist auch für einen vorübergehenden Wechsel der Herrschaft gegeben.

Bestehende Stiftungen gehen über — aber eben nur dann, wenn sie zu dem abgetretenen Gebiet gehören; als 1815 ein Teil Sachsens an Preußen fiel, hat es acht Staatsverträge gebraucht, um gegenüber der Vielfalt örtlicher Verzweigungen die einen von den andern zu sondern[15]. Wo die Berufsorganisation den Rechtsanwalt in Verbindung mit einem Gericht bringt, bei dem er zugelassen ist, wird der Ort des untersten Gerichts entscheiden, bei dem der Anwalt zugelassen ist; sonst muß es auf den Ort seiner Niederlassung ankommen, und ohne weiters trifft dies bei Ärzten zu[16]. Für deutschen Uradel kam es bei Gebietsveränderungen auf die Lage des Stammguts, bei der Eingliederung des hohen Adels, der vordem reichsunmittelbar gewesen, zum Teil auf die Lage der standesherrlichen Besitzung, zum Teil auf den Wohnsitz an, während bei dem Briefadel des alten Reichs über die Eingliederung die Untertanschaft in einem der Territorien entschied[17]. Auch bei Rechtsverhältnissen, bei denen auf Einrichtungen des abgetretenen Gebiets verwiesen wird, kann die gleiche Aufteilung erforderlich sein. Rechtsverhältnisse des öffentlichen und des Privatrechts, die eine Bewertung in Geld notwendig machen, gehen mangels abweichender Regelung[18] auf die „gesetzliche" Währung des Gebiets; bei einer Gebietsveränderung aber erfolgt die Umstellung der staatlichen Beziehungen eines Rechtsverhältnisses (hier: die Umstellung auf die gesetzliche Währung des Nachfolgers statt jener des Vorgängers) für diejenigen Rechtsverhältnisse, die ihrerseits der Herrschaft des Nachfolgers unterstehen. Somit, die Steuer, die vor der Abtretung fällig wurde, ist in der Währung des Nachfolgers zu entrichten, der Wert der Aktie stellt sich um, ein Preis ist in der neuen

[15] Oben 1, 144 f.

[16] Oben 2, 275 f. und 251 f.

[17] Dazu 1, 304 ff. Sonstiger Briefadel bleibt natürlich, wie irgendeine Ordensauszeichnung, mit dem verleihenden Staat oder Hof verbunden, solang diese weiterbestehen, ohne daß Gebietsveränderungen darauf Einfluß nehmen könnten.

[18] Durch Rechtssatz und, soweit zugelassen, durch Rechtsgeschäft kann auch eine andre als die gesetzliche Währung in den Inhalt des Rechtsverhältnisses aufgenommen sein. Dadurch mag die Währung des abgetretenen Gebiets ebensowohl ausgeschlossen werden, wenn sie sonst gesetzliche Währung wäre, wie sie umgekehrt anwendbar werden kann, ohne die gesetzliche Währung des Rechtsverhältnisses zu sein.

Währung zu bezahlen — also dann, wenn der steuerpflichtige Tatbestand, der Sitz der Aktiengesellschaft, der Wohnsitz des Käufers dem abgetretenen Gebiet angehört[19]. Ähnlich verhält es sich mit der Aufwertung einer notleidenden Währung. Die Aufwertung folgt der Währung, die Schaden genommen hat; handelt es sich um die Währung des abgetretenen Gebiets, also nach Maßgabe der dort geltenden Vorschriften über Aufwertung. Wiederum ist es eine Verweisung, welche die Anwendbarkeit von Vorschriften dieses Landesteils ergibt, und es müssen unter den bestehenden Schuldverhältnissen diejenigen ausgesondert werden, in deren Inhalt die Währung des abgetretenen Landesteils als die gesetzliche Währung oder auf Grund rechtsgeschäftlicher Bestimmung eingetreten ist[20].

Daß in öffentlichrechtlichen Angelegenheiten zur Zeit des Herrschaftswechsels ein behördliches Verfahren anhängig ist, genügt nicht, das Rechtsverhältnis am Ort der Behörde zu lokalisieren. Liegt die Wasserkraft, die Gegenstand der Verleihung sein soll, im Stammland und es ist das Verleihungsverfahren bei einer Behörde des abgetretenen Landesteils anhängig, so bleibt die Wasserkraft zur Verfügung des Stammlands. Ist der Wohnsitz des Steuerpflichtigen unter fremde Hoheit gekommen, aber nicht der Sitz der Steuerbehörde, bei der die Veranlagung schwebt, so rückt dennoch der Nachfolgestaat in die Steuerforderung ein. Das wird dem Grundsatz nach auch in Strafsachen gelten müssen: der Tatort der Handlung sei im Gebiet des abtretenden Teils (und der Täter dessen Angehöriger geblieben), aber ein Strafverfahren sei anhängig am Wohnsitz des Angeklagten, dieser Ort unter neue Herrschaft gekommen; die örtliche Zuständigkeit der Wohnsitzbehörde entbehrt vom Herrschaftswechsel ab des Inhalts. Mittelbar mag sich die gleiche Erscheinung auch bei einem Zivilstreitverfahren

---

[19] Rechtsgrund für die Änderung im Inhalt der Rechtsverhältnisse ist nicht irgendein „Geltungsbereich", der der Währung zukäme; Währung und Währungsänderungen haben keinen Geltungsbereich; nur Bestimmungen, die eine Verwendung der Währung vorschreiben (und darum handelt es sich hier nicht), können einen Geltungsbereich besitzen. Ebensowenig ist die inhaltliche Änderung ein Ausfluß des Schuldstatuts oder der sonst maßgebenden lex causae, so daß sie etwa Platz griffe bei allen Schuldverhältnissen, die materiellrechtlich unter den Gesetzen des abgetretenen Staats stünden; ein Kaufvertrag kann diesem Recht unterstehen und dennoch auf fremde Währung lauten, wie umgekehrt ein Vertrag unter fremdem Recht die Währung des abgetretenen Landesteils in seinen Inhalt aufgenommen haben kann. Rechtsgrund der inhaltlichen Änderung ist stets eine Verweisung: die Verweisung auf eine „gesetzliche" Währung in dem Rechtssatz, der den einer Bewertung bedürftigen Tatbestand beherrscht, oder, im Rahmen des gesetzlich Zulässigen, die Verweisung auf diese Währung durch Parteiwillen. Vgl. über all dies oben 3 II 264 ff., 288 ff.

[20] Oben 3 II 373 ff.

oder einem Verfahren der freiwilligen Gerichtsbarkeit ergeben. Ihre Anknüpfungen sind (oben S. 74) zu einem Teil so bestimmt, daß der Staat, der privatrechtlich den Gegenstand des Verfahrens regelt, auch für die Durchführung des Verfahrens selbst zuständig sein soll, z. B. bei einem Streitverfahren über Grundstückseigentum. Liegt aber das Grundstück im Stammland, das mit der Streitsache befaßte Gericht im abgetretenen Landesteil, so erlischt die staatliche Zuständigkeit des Gerichts, und keine perpetuatio fori vermag sie (wenn nicht besondre Vorsorge erfolgt) aufrechtzuerhalten[21]. Verfahrensrechtliche Schwierigkeiten dieser Art haben nach dem Ausgang des letzten Kriegs erhebliche Bedeutung für Deutschland erhalten, und es hat das Reich mit fast allen Staaten, die deutsches Gebiet übernommen haben, für Zivil- und Strafsachen „Überleitungsabkommen" abgeschlossen[22], in denen diese Fragen teils übereinstimmend mit dem im Zweifel geltenden Recht, zum Teil auch abweichend geregelt worden sind.

Andre Schwierigkeiten der räumlichen Zuweisung mögen in Zweifeln beruhen, ob ein Gegenstand, der sich aus mehreren Bestandteilen zusammensetzt, rechtlich als Einheit zu behandeln ist, z. B. ein Fideikommiß. Eine Zuweisung als Einheit (das deutsch-polnische Überleitungsabkommen behandelt die Fideikommißaufsicht solcherart) wird nur möglich sein, wenn beide Rechte über die Zusammenfassung der Teile einig sind. — Wo eine Grenznorm mehrere Anknüpfungen zur Wahl stellt, mag es auch geschehen, zumal bei der Auflösung eines Einheitsstaats in mehrere Nachfolgestaaten, daß jeder der Staaten, auf den eine der Anknüpfungen hinweist, das Rechtsverhältnis an sich zieht. Ist dabei jeder dieser Staaten befugt, sich nur an seine Zuständigkeit zu halten, so kann doch für dritte Staaten die Nötigung erwachsen, unter den mehreren Anknüpfungen die letztlich allein maßgebende auszuwählen. Die Rechtslage ist beispielsweise bei der Eingliederung des hohen Adels praktisch geworden[23].

b) Es sind die gleichen Anknüpfungen, die neue Tatbestände, welche sich nach dem Herrschaftswechsel bilden, dem einen oder andern Recht unterwerfen, und die bestehende Rechtsverhältnisse bei dem Herrschaftswechsel dem einen oder andern Recht zuweisen. Auch im letzteren Fall handelt es sich um die Grundfrage allen inter-

---

[21] Natürlich kann im Zivilverfahren eine entsprechende Rechtslage auch unmittelbar (ohne Rücksicht auf die materiellrechtliche Zugehörigkeit des Streitgegenstands) eintreten, so, wenn der Wohnsitz einer Partei, der die Zuständigkeit bestimmt, in ein andres Gebiet zu liegen kommt als das befaßte Gericht.

[22] RGBl. 1920, 1995 (Frankreich); 2043 (Polen). 1921, 197 (Belgien); 723 (Tschechoslowakei). 1922, 45 (Dänemark). 1922 II 550 (Oberschlesien). Dazu spätere Ergänzungen.

[23] Oben 1, 308[42].

nationalen Verwaltungsrechts und Privatrechts: nach der wesentlichsten räumlichen Beziehung eines Tatbestands, die ihn der Herrschaft einer Rechtsordnung unterstellt. Es bedürfte hiezu keiner weiteren Ausführungen, hätte nicht das deutsche Reichsgericht in diesem Zusammenhang eine neue Lehre improvisiert[24]: bestehende Rechtsverhältnisse seien bei einer Gebietsabtretung der Änderung durch das Recht des Erwerbers zwar nicht grundsätzlich entzogen, aber die Änderung greife nur dann Platz (es handelte sich zunächst um Schuldverhältnisse), wenn beide Parteien den Wohnsitz im Gebiet bewahrt, oder wenn sie sich dem neuen Recht unterworfen hätten. Wenn hier von den erheblichen Irrtümern abgesehen wird, die einem Teil dieser Urteile sonst zu grunde liegen, sie sind auch für das Recht der Gebietsveränderung nicht durchgedacht. Verweisung auf den Parteiwillen, um über die Anwendbarkeit einer Rechtsordnung in ihrer Gesamtheit zu entscheiden? Über die Anarchie, die eine solche Lösung in sich schlösse, ist oben S. 149 ff. das Erforderliche vorgebracht worden. Abstellung darauf, ob beide Parteien im abgetretenen Gebiet wohnen bleiben, also auf einen Umstand, der nachträglich eintritt, der dem Schuldner ermöglicht, durch Wohnsitzwechsel seine Verpflichtung teilweise oder ganz abzuschütteln, und außer Zusammenhang mit der Natur des einzelnen Schuldverhältnisses steht? Oder wäre die Meinung, daß es im Fall einer Gebietsveränderung für die Anwendbarkeit des neuen Rechts (und das müßte folgerichtig nicht nur für bestehende, sondern auch für neue, seither begründete Rechtsverhältnisse gelten) gar nicht oder nicht nur auf eine sonst begründete Zuständigkeit nach internationalem Verwaltungsrecht und internationalem Privatrecht anzukommen hätte, sondern daß es mit Rücksicht auf den Vorgang der Gebietsveränderung einer hinzutretenden weiteren Anknüpfung bedürfte, um dem Nachfolger für seinen Bereich verbindliche Rechtsbildung zu gestatten? Das alles hat freilich nicht gehindert, daß wir uns auf der Grundlage dieser Rechtsprechung bereits einer „herrschenden Meinung" erfreuen.

c) Beziehen sich diese vorausgehenden Erörterungen auf die Lokalisierung von Rechtsverhältnissen, die vor dem Herrschaftswechsel (mit oder ohne behördliche Mitwirkung) begründet worden sind, so bedarf es einer entsprechenden Lokalisierung auch bei Amtshandlungen, die, vor diesem Zeitpunkt vorgenommen, für später begründete Rechtsverhältnisse als Voraussetzung dienen sollen. So Feststellungen von mancherlei Art, Schulzeugnisse, Einträge in Standesregister oder Handelsregister. In solchen Fällen ist es die behördliche Tätigkeit, auf die verwiesen wird, nicht die Beziehungen des Privaten, welche die be-

[24] Über sie oben 3 II 274 ff., 291, 374 f. Seither etwa Melchior 72 ff. mit weiteren Angaben; M. Wolff 91.

hördliche Tätigkeit veranlaßt hatten. Gehört die Behörde, welche das Standesregister führt, dem abgetretenen Landesteil an, so haben ihre Eintragungen im Zweifel die Beweiskraft inländischer Einträge, auch wenn etwa der Todesfall, der den Eintrag veranlaßte, an einem Ort erfolgt war, der unter der alten Herrschaft verblieben ist. Ebenso verhält es sich mit der Rechtskraft von Entscheidungen oder mit der Verwertung amtlicher Vorgänge für andre Zwecke, als diejenigen sind, für welche die Handlungen vorgenommen wurden, z. B. mit der Verwertung eines Strafurteils als Grundlage einer Rückfallschärfung.

d) Die Ausführungen unter a) bis c) behandeln Angelegenheiten, die als Gegenstände rechtlicher Herrschaft der räumlichen Einordnung bedürfen. Ein Gebietszuwachs aber überträgt dem Erwerber nicht nur die Möglichkeit rechtlicher Herrschaft, er tritt, wie schon in Z. 1 bemerkt, als eigenberechtigt in das Verwaltungsvermögen des Vorgängers ein, und wiederum erhebt sich die Frage, in welchem räumlichen Umfang solche Nachfolge Platz greift. Soweit nun eine Herrschaft, die über Private geübt wird, vermögensrechtliche Wirkungen für den Staat nach sich zieht, haben auch Rechte und Pflichten dieser Art bereits ihre räumliche Einordnung empfangen. Geht die Strafgewalt über ein Vergehen auf den Nachfolger über, so fällt ihm auch die Geldstrafe zu, auf die vor dem Herrschaftswechsel erkannt wurde. Im übrigen aber geschieht ein solcher Übergang in dem Umfang, den die Verwaltungsfähigkeit des abgetretenen Gebiets fordert. Übernimmt der Nachfolger die Staatseisenbahn des abgetretenen Gebiets, so umfaßt der Übergang auch Teilstrecken, die dieser Staat bis zum Wechselbahnhof jenseits der Grenze betreibt[25]. Die Strecke wäre für den Erwerber ohne das Teilstück nicht betriebsfähig, eine Zurückhaltung durch den bisher berechtigten Teil (wenn er den Gebietswechsel überhaupt überlebt) wäre für dessen Verwaltung wertlos, und sie würde seiner Verpflichtung widersprechen, an dem Übergang nach Treu und Glauben mitzuwirken. Das Beispiel ist bezeichnend, weil es einen Übergang im Ausland liegenden Verwaltungsvermögens zeigt, im Gegensatz zu der Regel, die bei rechtlicher Herrschaft über Private gilt: daß nur Inlandsvermögen der Privaten Gegenstand unmittelbarer staatlicher Einwirkung sein kann. Doch es wäre völlige Oberflächlichkeit, Anknüpfungen, die für den einen Zusammenhang gegeben sind, unbesehen in einen andern Zusammenhang zu übernehmen. — Auf den Übergang des Finanzvermögens braucht hier nicht eingegangen werden.

e) Es kann geschehen, daß durch eine Abtretung staatlichen Gebiets auch das Gebiet zerschnitten wird, das öffentlichen Verbänden innerhalb des Staats nach ihrer Verfassung zusteht. Die Rechtslage

[25] Oben 3 I 67.

von Provinzen, Kreisen, Gemeinden, Kirchengemeinden, Kreditverbänden, Versicherungsverbänden, Sparkassen des öffentlichen Rechts hat die deutsche Rechtsprechung der neueren Zeit unter diesem Gesichtspunkt beschäftigt[26]. Mangels einer abweichenden Vereinbarung[27] wird unter solchen Umständen auch die öffentlichrechtliche Wirksamkeit des Verbands gespalten. Nicht nur, daß er im fremd gewordenen Staatsgebiet keine Amtshandlungen mehr vornehmen kann (auch nicht für Rechtsverhältnisse aus der Zeit vor der Trennung); für Tatbestände, die sich seit der Trennung verwirklicht haben, kann er nur mehr Zuständigkeit besitzen, wenn ihre Anknüpfung auf einen Ort diesseits der Landesgrenze verweist. Wie aber verhält es sich mit Rechtsverhältnissen, die vor der Abtretung entstanden sind?

Verbleibt der Sitz des Verbands unter der bisherigen Hoheit, so wird im Zweifel der Verband dennoch weiterbestehen, und er wird als der nämliche Träger öffentlicher Gewalt und als der nämliche Träger von Rechten und Pflichten weiterbestehen, der er vorher gewesen war; gelangt der Sitz unter die Hoheit des Nachfolgers, und es ist die Fortdauer des Verbands mit dessen sonstigem Recht vereinbar, so wird es abermals im Zweifel dem Willen dieses Staats entsprechen, daß der Verband als der nämliche, der er gewesen war, weiterlebt. Aber auch für das Teilstück, das der Leitung beraubt wurde, wird es meist zu einer entsprechenden Fürsorge kommen. Vielleicht baut der beteiligte Staat das Teilstück der früheren zu einer eigenen Gemeinde aus, und abermals wird es dem vermutlichen Willen des Staats ent-

[26] Die Probleme, die eine solche Rechtslage aufwirft, können hier nicht erschöpft werden. Bei der Unbekanntheit des Gegenstands sei einiges Material angegeben: Reichsgericht 13. 4. 1923 Leipziger Zeitschrift 561; 20. 3. 1925 Entscheidungen 110, 315; 24. 5. 1932 Entscheidungen 136, 339; 29. 6. 1933 Entscheidungen 141, 290. Kammergericht 7. 5. 1921 Jahrbuch für Entscheidungen 53, 196; 17. 10. 1929 Höchstrichterliche Rechtsprechung 1930 n. 420; 9. 1. 1930 ebenda n. 421; 30. 6. 1932 Juristische Wochenschrift 2817; 6. 10. 1932 ebenda 3819. Auch schon Oberappellationsgericht Cassel 22. 11. 1864 Seufferts Archiv 19, 23. Max Huber, Die Staatensukzession (1898) an mehreren Orten. Anmerkungen zu Urteilen Juristische Wochenschrift 1932 S. 2793, 2817, 3819; 1933, 2579. Für öffentliche Sparkassen ein deutsch-polnischer Vertrag RGBl. 1929 II 609.

[27] Ungewöhnlicherweise hatte ein badisch-französischer Vertrag von 1840 badischen Gemeinden ihr Gemeindegebiet im französischen Elsaß belassen und umgekehrt; über die Schwierigkeiten, die hieraus erwachsen sind, oben 2, 105 ff. Neuerdings gibt Nawiasky, Zeitschrift für Theorie des Rechts 8, 193 ff. von einem verwickelten Fall ähnlicher Art (zwischen Baden und Thurgau) Kenntnis. — Eine fortdauernde Mitbenützung von Einrichtungen des andern Teils hat bei Schul- und Kirchengemeinden manchmal zu der oben S. 388 besprochenen Form eines „Anschlusses" geführt; auch bei der 2, 363 erörterten Beteiligung an öffentlichen Versicherungseinrichtungen des andern Teils dürfte es sich um einen Anschluß handeln.

sprechen, eine solche Gemeinde als die Fortsetzung der bisherigen Gemeinde anzusehen. Für das Schicksal bestehender Rechtsverhältnisse aber wird unter derartigen Umständen unterschieden werden müssen: Handelt es sich um Bindungen eines Privaten gegenüber der Gemeinde, so entscheiden die örtlichen Beziehungen des Privaten; die vor dem Herrschaftswechsel fällig gewordene Gemeindesteuer kann nur von derjenigen Gemeinde eingefordert werden, in deren Bezirk der Schuldner den Wohnsitz hat[28], und dasselbe gilt für Mitgliedschaftsverhältnisse in der Gemeinde[29]. Verpflichtungen dagegen, welche die frühere Gemeinde als solche getroffen haben, müssen auf den Verband übergehen, der sie fortsetzt, und da dies im vorausgesetzten Fall zwei Gemeinden neben einander sind, ist die Verpflichtung auf beide Gemeinden — man wird annehmen müssen[30], pro rata — übergegangen. Die Praxis zeigt als Beispiele den Gehaltsanspruch eines Gemeindebeamten oder die Ersatzforderung aus Verschulden bei dem Betrieb eines Gemeindeschlachthauses. Entsprechendes muß bei Finanzschulden der früheren Gemeinde gelten und muß bei der Nachfolge in deren Eigentum richtig sein; es handelt sich bei dem Übergang solchen Vermögens nicht um einen Beutezug auf herrenloses Gut, den jeder Teil in seinem Umkreis durchführen könnte. — Im Vorausgehenden wurde zu grunde gelegt, daß die vormalige Gemeinde sich gespalten und seither in zwei Gemeinden als die nämliche, die sie war, sich fortgesetzt hat. Die Rechtslage bleibt (mangels besondrer Gegengründe) im Ergebnis aber auch dann die gleiche, wenn eines der Teilstücke nicht zur selbständigen Gemeinde ausgebaut, sondern einer andern Gemeinde eingegliedert wurde; wenn die Aufgabe des gespaltenen Verbands einem sonstigen öffentlichen Verband oder auch dem Staat selbst übertragen wurde[31]. Denn hier überall hat im Zweifel eine Gesamtrechtsnachfolge gegenüber dem vormals einheitlichen Verband stattgefunden, und der nunmehrige Rechtsträger ist in dessen Pflichten und Rechte nicht als der nämliche, aber eben als sein Nachfolger eingetreten. Hat der Arbeitsunfall vor dem Hoheitswechsel sich unter deutschem Arbeiterversicherungsrecht ereignet, so ist die be-

[28] Der eingegangene Betrag fällt allerdings in die Teilungsmasse, an der beide Gemeinden berechtigt sind.

[29] Vgl. die Parallele oben 2, 373.

[30] Auf Einzelheiten darf hier nicht eingegangen werden.

[31] Ist die Aufgabe im einen Staat ins Leere gefallen (die Praxis zeigt als Beispiel einen Kreditverband des öffentlichen Rechts), so wird man dem im andern Staat weiterbestehenden Verband für vorher begründete Rechtsverhältnisse wohl die Gesamtheit der Rechte und Pflichten zuerkennen dürfen, sofern er sie nur nicht mit Mitteln des öffentlichen Rechts jenseits der Landesgrenze verwirklichen will.

teiligte Berufsgenossenschaft für die Dauer Schuldner der Unfallrente geworden; ist aber ihr Bezirk durch eine staatliche Gebietsveränderung zerschnitten worden[32], so ist (mangels abweichender Vereinbarung) die Last pro rata auf denjenigen Verband übergegangen, der ihre Aufgabe im andern Gebiet fortgesetzt hat, mag das gleichfalls eine Berufsgenossenschaft desselben Gewerbes sein, die für das abgetretene Gebiet ausgebaut wurde, eine sonstige Berufsgenossenschaft oder vielleicht der Staat.

---

[32] Diese Seite der Frage ist oben 2, 680 unbeachtet geblieben.

Sachregister

S

T

U

V

W

Z

FSC
www.fsc.org
MIX
Papier | Fördert gute Waldnutzung
FSC® C083411

Kolibri 360 GmbH
Ferdinand-Jühlke-Straße 7
99095 Erfurt, Deutschland
produktsicherheit@kolibri360.de